2023

ANDERSON
SCHERNER KIST

ORGANIZADOR

NORMAS PARA A ATIVIDADE EXTRAJUDICIAL ESTADO DO TOCANTINS

INSTITUÍDA PELO PROVIMENTO Nº 02/2013

ATUALIZADA ATÉ O PROVIMENTO Nº 16/2022

2023 © Editora FOCO

Organizador: Anderson Scherner Kist
Direitor Acadêmico: Leornardo Pereira
Editor: Roberta Densa
Revisora Sênior: Georgia Renata Dias
Revisora: Simone Dias
Projeto Gráfico e Diagramação: Ladislau Lima
Capa: Leonardo Hermano
Impressão miolo e capa: DOCUPRINT

Dados Internacionais de Catalogação na Publicação (CIP) de acordo com ISBD

K61n   Kist, Anderson

Normas para a atividade extrajudicial Estado do Tocantins / Anderson Kist. - Indaiatuba, SP : Editora Foco, 2023.

360 p. ; 17cm x 24cm.

Inclui bibliografia e índice.

ISBN: 978-65-5515-674-4

1. Direito. 2. Atividade extrajudicial. 3. Estado de Tocantins. 4 Normas. I. Título.

2022-3605

CDD 340   CDU 34

Elaborado por Vagner Rodolfo da Silva – CRB-8/9410
Índices para Catálogo Sistemático:
1. Direito 340   2. Direito 34

Direitos autorais: É proibida a reprodução parcial ou total desta publicação, por qualquer forma ou meio, sem a prévia autorização da Editora Foco, com exceção dos textos legislativos que, por serem atos oficiais, não são protegidos como direitos autorais, na forma do Artigo 8º, IV, da Lei 9.610/1998. Referida vedação se estende às características gráficas da obra e sua editoração. A punição para a violação dos Direitos Autorais é crime previsto no Artigo 184 do Código Penal e as sanções civis às violações dos Direitos Autorais estão previstas nos Artigos 101 a 110 da Lei 9.610/1998.

Atualizações e erratas: A presente obra é vendida como está. As atualizações voluntárias e erratas são disponibilizadas no site www.editorafoco.com.br, na seção Atualizações. Esforçamo-nos ao máximo para entregar ao leitor uma obra com a melhor qualidade possível e sem erros técnicos ou de conteúdo. No entanto, nem sempre isso ocorre, seja por motivo de alteração de *software*, interpretação ou falhas de diagramação e revisão. Sendo assim, disponibilizamos em nosso site a seção mencionada (Atualizações), na qual relataremos, com a devida correção, os erros encontrados na obra. Solicitamos, outrossim, que o leitor faça a gentileza de colaborar com a perfeição da obra, comunicando eventual erro encontrado por meio de mensagem para contato@editorafoco.com.br.

Impresso no Brasil (11.2022) – Data de Fechamento (01.11.2022)

2023
Todos os direitos reservados à
Editora Foco Jurídico Ltda.
Avenida Itororó, 348 – Sala 05 – Cidade Nova
CEP 13334-050 – Indaiatuba – SP
E-mail: contato@editorafoco.com.br
www.editorafoco.com.br

APRESENTAÇÃO

Este livro foi pensado e organizado de forma bastante criteriosa e detalhada para que fosse possível estabelecer uma padronização a fim de ser reproduzida nas demais obras que vierem em sua sequência, mantendo-se, então, a familiarização no manuseio do livro, principalmente para o estudante que presta Concurso de Outorga de Delegações de Serviços Notarias e Registrais.

Aliás, as Normas para a Atividade Extrajudicial do Estado do Tocantins também se prestam aos já Tabeliães e Registradores, pois, além de rigorosamente atualizada, em determinadas situações, necessária e imprescindível sua consulta para auxílio no desempenho da atividade.

Este livro, além do Código de Normas Extrajudicial do Estado do Tocantins e a Tabela de Emolumentos, contém mais 71 (setenta e um) regramentos entre Leis, Lei Complementar, Decreto, Provimentos, Resoluções, Regimentos Internos e a Lei Orgânica que estabelece a Organização e a Divisão Judiciária do Estado.

Além disso, todos os artigos em que são feitas referências a algum dispositivo do Código de Processo Civil de 1973, há nota de rodapé com a correspondência, sempre que possível, do artigo vigente do Código de Processo Civil de 2015, além de outras remissões inteligentes que facilitam a leitura e a compreensão global dos artigos.

Esta obra ganhou espaço diferenciado para os anexos citados nos regulamentos. Desta forma, fica o alerta aos estudantes, pois estes anexos podem configurar sugestões/modelos de respostas/confecções de peças, devendo, quando da realização de 2ª Fase do Concurso de Outorga de Delegações de Serviços Notarias e Registrais, ser vedados, conforme eventuais instruções passadas pela banca em edital oportuno.

Gize-se, por fim, que os anexos da Lei n. 1.287/2001, da Resolução n. 08/2021 e da Lei Complementar n. 10/1996 não ingressaram nesta obra, pois não possuem conteúdo de cunho extrajudicial.

Ótima leitura e bons estudos.

Anderson Scherner Kist

SUMÁRIO

ÍNDICE SISTEMÁTICO.. IX

NORMAS PARA A ATIVIDADE EXTRAJUDICIAL DO ESTADO DO TOCANTINS............................. 1

PROVIMENTO N. 02 DE 24 DE JANEIRO DE 2013... 3

LEGISLAÇÃO COMPLEMENTAR 41

    LEI N. 1.287 DE 28 DE DEZEMBRO DE 2001 43

    LEI N. 3.408 DE 28 DE DEZEMBRO DE 2018 75

    LEI N. 3.525 DE 08 DE AGOSTO DE 2019 81

    LEI N. 3.730 DE 16 DE DEZEMBRO DE 2020.. 83

    LEI COMPLEMENTAR N. 112 DE 30 DE ABRIL DE 2018.. 85

    DECRETO N. 5.425 DE 04 DE MAIO DE 2016... 91

    PROVIMENTO N. 16/2022... 95

    PROVIMENTO N. 15/2022... 97

    PROVIMENTO N. 12/2022... 99

    PROVIMENTO N. 28/2021... 105

    PROVIMENTO N. 27/2021... 107

    PROVIMENTO N. 26/2021... 109

    PROVIMENTO N. 19/2021... 115

    PROVIMENTO N. 18/2021... 119

    PROVIMENTO N. 05/2021... 121

    PROVIMENTO N. 04/2021... 123

    PROVIMENTO N. 13/2020... 129

    PROVIMENTO N. 07/2020... 131

    PROVIMENTO N. 04/2020... 133

    PROVIMENTO N. 21/2019... 137

    PROVIMENTO N. 19/2019... 139

    PROVIMENTO N. 18/2019... 141

    PROVIMENTO N. 09/2019... 143

    PROVIMENTO N. 06/2019... 145

    PROVIMENTO N. 25/2018... 147

    PROVIMENTO N. 13/2018... 149

PROVIMENTO N. 12/2018 151

PROVIMENTO N. 05/2018 153

PROVIMENTO N. 02/2018 155

PROVIMENTO N. 06/2017 157

PROVIMENTO N. 04/2017 161

PROVIMENTO N. 09/2016 163

PROVIMENTO N. 10/2015 167

PROVIMENTO N. 02/2015 171

PROVIMENTO N. 07/2014 173

PROVIMENTO N. 05/2014 177

PROVIMENTO N. 01/2014 181

PROVIMENTO N. 18/2012 183

PROVIMENTO N. 09/2012 185

PROVIMENTO N. 08/2012 187

PROVIMENTO N. 07/2012 191

PROVIMENTO N. 08/2011 193

PROVIMENTO N. 12/2010 195

PROVIMENTO N. 02/2010 197

PROVIMENTO N. 02/2009 201

PROVIMENTO N. 01/2009 203

PROVIMENTO N. 06/2007 207

PROVIMENTO N. 01/2007 209

PROVIMENTO N. 06/2006 211

PROVIMENTO N. 01/2006 213

PROVIMENTO N. 03/2005 215

PROVIMENTO N. 24/2002 217

PROVIMENTO N. 04/2001 219

PROVIMENTO N. 02/2001 221

PROVIMENTO N. 06/2000 223

PROVIMENTO N. 02/1999 225

PROVIMENTO N. 09/1998 227

PROVIMENTO N. 03/1998 229

PROVIMENTO N. 11/1996 231

PROVIMENTO N. 08/1995 233

PROVIMENTO N. 03/1994 235

PROVIMENTO N. 01/1994 237

PROVIMENTO N. 12/1990 239

PROVIMENTO N. 09/1990 241

RESOLUÇÃO N. 21 DE 21 DE JULHO DE 2021 243

RESOLUÇÃO N. 43 DE 1º DE OUTUBRO DE 2020 245

RESOLUÇÃO N. 12 DE 19 DE SETEMBRO DE 2013 247

RESOLUÇÃO N. 13 DE 19 DE SETEMBRO DE 2011 251

RESOLUÇÃO N. 08 DE 25 DE MARÇO DE 2021 253

RESOLUÇÃO N. 104 DE 21 DE JUNHO DE 2018 273

LEI COMPLEMENTAR N. 10 DE 11 DE JANEIRO DE 1996 303

ANEXOS 315

ÍNDICE SISTEMÁTICO

PROVIMENTO N° 02, 24 DE JANEIRO DE 2013

ANEXO ÚNICO

CAPÍTULO I – DAS DISPOSIÇÕES GERAIS; DA FUNÇÃO CORREICIONAL; DAS DISPOSIÇÕES ESPECIAIS; DOS LIVROS E CLASSIFICADORES OBRIGATÓRIOS E DOS EMOLUMENTOS, CUSTAS E DESPESAS DAS UNIDADES DO SERVIÇO NOTARIAL E DE REGISTRO – Arts. 1° a 84 3

SEÇÃO I – DAS DISPOSIÇÕES GERAIS – Arts. 1° a 9° 3

SEÇÃO II – DA FUNÇÃO CORREICIONAL – Arts. 10 a 24...... 3

SEÇÃO III – DAS DISPOSIÇÕES ESPECIAIS – Arts. 25 a 51 4

SUBSEÇÃO I – DISPOSIÇÕES GERAIS – Arts. 25 a 44 ... 4

SUBSEÇÃO II – DAS ESCRITURAS – Arts. 45 a 51 7

SEÇÃO IV – DOS LIVROS E CLASSIFICADORES OBRIGATÓRIOS – Arts. 52 a 71 8

SUBSEÇÃO I – DOS LIVROS OBRIGATÓRIOS – Arts. 52 a 69 8

SUBSEÇÃO II – DOS CLASSIFICADORES OBRIGATÓRIOS – Arts. 70 e 71 9

SEÇÃO V – DOS EMOLUMENTOS, CUSTAS E DESPESAS DAS UNIDADES DO SERVIÇO NOTARIAL E DE REGISTRO – Arts. 72 a 84 9

SUBSEÇÃO I – DAS DISPOSIÇÕES GERAIS – Arts. 72 a 79 9

SUBSEÇÃO II – DAS RECLAMAÇÕES E RECURSOS SOBRE EMOLUMENTOS, CUSTAS E DESPESAS DAS UNIDADES DO SERVIÇO NOTARIAL E DE REGISTRO – Arts. 80 a 84 10

CAPÍTULO II – DOS REGISTROS PÚBLICOS – Arts. 85 a 108.................... 10

CAPÍTULO III – DO REGISTRO DE IMÓVEIS – Arts. 109 a 381 11

SEÇÃO I – DAS DISPOSIÇÕES GERAIS – Arts. 109 a 111... 11

SEÇÃO II – DAS ATRIBUIÇÕES – Arts. 112 a 115 11

SEÇÃO III – DOS LIVROS, SUA ESCRITURAÇÃO E PROCESSO DO REGISTRO – Arts. 116 a 286 13

SUBSEÇÃO I – DISPOSIÇÕES GERAIS – Art. 116 13

SUBSEÇÃO II – DO LIVRO DE RECEPÇÃO DE TÍTULOS – Arts. 117 a 127 14

SUBSEÇÃO III – DO LIVRO N° 1 – PROTOCOLO – Arts. 128 a 158.................... 14

SUBSEÇÃO IV – LIVRO N° 2 – REGISTRO GERAL – Arts. 159 a 189.................... 16

SUBSEÇÃO V – LIVRO N° 3 – REGISTRO AUXILIAR – Arts. 190 a 203.................... 19

SUBSEÇÃO VI – LIVRO N° 4 – INDICADOR REAL – Arts. 204 a 209.................... 19

SUBSEÇÃO VII – LIVRO N° 5 – INDICADOR PESSOAL – Arts. 210 a 214 20

SUBSEÇÃO VIII – LIVRO DE REGISTRO DE AQUISIÇÃO DE IMÓVEL RURAL POR ESTRANGEIRO – Arts. 215 a 223.................... 20

SUBSEÇÃO IX – CONTROLE DE INDISPONIBILIDADES – Arts. 224 a 232.................... 20

SUBSEÇÃO X – DAS PESSOAS – Arts. 233 a 236.......... 21

SUBSEÇÃO XI – DOS TÍTULOS – Arts. 237 a 246.......... 21

SUBSEÇÃO XII – DA ALIENAÇÃO FIDUCIÁRIA DE BENS IMÓVEIS – Arts. 247 a 272 22

SUBSEÇÃO XIII – DA CÉDULA DE CRÉDITO IMOBILIÁRIO – Arts. 273 a 282.................... 24

SUBSEÇÃO XIV – DAS RETIFICAÇÕES DO REGISTRO – Arts. 283 a 286 25

SEÇÃO IV – DOS CLASSIFICADORES DO REGISTRO DE IMÓVEIS – Arts. 287 a 297.................... 27

SEÇÃO V – DAS CERTIDÕES E INFORMAÇÕES REGISTRAIS – Arts. 298 a 311.................... 28

SEÇÃO VI – DOS LOTEAMENTOS DE IMÓVEIS URBANOS E RURAIS – Arts. 312 a 366 28

SUBSEÇÃO I – DISPOSIÇÕES GERAIS – Arts. 312 a 315.................... 28

SUBSEÇÃO II – DO PROCESSO E REGISTRO – Arts. 316 a 338.................... 29

SUBSEÇÃO III – DAS INTIMAÇÕES E DO CANCELAMENTO – Arts. 339 a 350 31

SUBSEÇÃO IV – DOS DEPÓSITOS NOS LOTEAMENTOS URBANOS IRREGULARES – Arts. 351 a 356 .. 32

SUBSEÇÃO V – DA REGULARIZAÇÃO FUNDIÁRIA – Arts. 357 a 366.................... 33

SEÇÃO VII – INCORPORAÇÕES – Arts. 367 a 381 39

SUBSEÇÃO I – DAS INCORPORAÇÕES IMOBILIÁRIAS – Arts. 367 a 381.................... 39

ÍNDICE SISTEMÁTICO

LEGISLAÇÃO COMPLEMENTAR

LEI N° 1.287, 28 DE DEZEMBRO DE 2001

Dispõe sobre o Código Tributário do Estado do Tocantins, e adota outras providências.

DISPOSIÇÃO PRELIMINAR – Art.1º.......................43

TÍTULO I – DOS TRIBUTOS

Art. 2º...43

CAPÍTULO I – DO IMPOSTO SOBRE OPERAÇÕES RELATIVAS À CIRCULAÇÃO DE MERCADORIAS E SOBRE PRESTAÇÕES DE SERVIÇOS DE TRANSPORTE INTERESTADUAL E INTERMUNICIPAL E DE COMUNICAÇÃO – ICMS – Arts. 3º a 52.....................................43

SEÇÃO I – DA INCIDÊNCIA – Art. 3º.....................43

SEÇÃO II – DA NÃO-INCIDÊNCIA – Art. 4º.........43

SEÇÃO III – DOS BENEFÍCIOS FISCAIS – Art. 5º.............44

SUBSEÇÃO I – DA ISENÇÃO – Art. 6º.............44

SUBSEÇÃO II – DA SUSPENSÃO E DO DIFERIMENTO – Art. 7º.............44

SEÇÃO IV – DA SUJEIÇÃO PASSIVA – Art. 8º a 13.............44

SUBSEÇÃO I DO CONTRIBUINTE – Art. 8º e 9º.............44

SUBSEÇÃO II – DA RESPONSABILIDADE PESSOAL – Art. 10.............44

SUBSEÇÃO III – DA RESPONSABILIDADE SOLIDÁRIA – Art. 11.............45

SUBSEÇÃO IV – DA RESPONSABILIDADE POR SUBSTITUIÇÃO – Arts. 12 e 13...45

SEÇÃO V – DA SUBSTITUIÇÃO TRIBUTÁRIA – Arts. 14 a 17..46

SUBSEÇÃO I – DO FATO GERADOR – Art. 14.............46

SUBSEÇÃO II – DA BASE DE CÁLCULO – Art. 15.........46

SUBSEÇÃO III – DA SUBSTITUIÇÃO TRIBUTÁRIA RELATIVA A ÁLCOOL ETÍLICO – Art. 16.............47

SUBSEÇÃO IV – DA SUBSTITUIÇÃO TRIBUTÁRIA RELATIVA A ENERGIA ELÉTRICA – Art. 17.............47

SEÇÃO VI – DO LOCAL DA OPERAÇÃO E DA PRESTAÇÃO – Art. 18.............47

SEÇÃO VII – DO ESTABELECIMENTO – Art. 19.............47

SEÇÃO VIII – DO FATO GERADOR – Art. 20.............48

SEÇÃO IX – DO FATO GERADOR PRESUMIDO – Art. 21 .. 48

SEÇÃO X – DA BASE DE CÁLCULO – Arts. 22 a 26.........48

SEÇÃO XI – DAS ALÍQUOTAS – Art. 27 50

SEÇÃO XII – DO PERÍODO DE APURAÇÃO, PRAZOS DE PAGAMENTO E COMPENSAÇÃO DO ICMS – Arts. 28 a 34.............50

SEÇÃO XIII – DA MANUTENÇÃO DO CRÉDITO – Arts. 35 e 36.............51

SEÇÃO XIV – DA VEDAÇÃO DO CRÉDITO – Art. 37 51

SEÇÃO XV – DO CADASTRO – Art. 38.............52

SEÇÃO XVI – DOS REGIMES ESPECIAIS – Arts. 39 e 40... 52

SEÇÃO XVII – DOS DOCUMENTOS E LIVROS FISCAIS – Arts. 41 a 43.............52

SEÇÃO XVIII – DAS OBRIGAÇÕES DOS CONTRIBUINTES E DOS RESPONSÁVEIS – Arts. 44 e 45 52

SUBSEÇÃO I – DAS OBRIGAÇÕES – Art. 44.............52

SUBSEÇÃO II – DAS VEDAÇÕES – Art. 45.............53

SEÇÃO XIX – DAS INFRAÇÕES E PENALIDADES – Arts. 46 a 84

SUBSEÇÃO I – DAS INFRAÇÕES – Art. 46.............54

SUBSEÇÃO II – DAS PENALIDADES – Arts. 47 a 52.......54

CAPÍTULO II – DO IMPOSTO SOBRE A TRANSMISSÃO CAUSA MORTIS E DOAÇÃO DE QUAISQUER BENS OU DIREITOS – ITCD – Arts. 53 a 68.............58

SEÇÃO I – DA INCIDÊNCIA – Art. 53.............58

SEÇÃO II – DA NÃO INCIDÊNCIA – Art. 54.............58

SEÇÃO III – DA ISENÇÃO – Art. 55.............58

SEÇÃO IV – DA SUJEIÇÃO PASSIVA – Arts. 56 a 58.........59

SUBSEÇÃO I – DO CONTRIBUINTE – Art. 56.............59

SUBSEÇÃO II – DA RESPONSABILIDADE SOLIDÁRIA – Art. 57.............59

SUBSEÇÃO III – DA RESPONSABILIDADE POR SUCESSÃO – Art. 58.............59

SEÇÃO V – DO FATO GERADOR – Art. 59.............59

SEÇÃO VI – DA BASE DE CÁLCULO – Art. 60.............59

SEÇÃO VII – DAS ALÍQUOTAS – Art. 61.............60

SEÇÃO VII-A – DAS OBRIGAÇÕES DO CONTRIBUINTE – Art. 61-A.............60

SEÇÃO VIII – DO VENCIMENTO, DO PAGAMENTO E DO LANÇAMENTO – Arts. 62 a 63-B.............60

SUBSEÇÃO I – DO VENCIMENTO E DO PAGAMENTO – Arts. 62 a 62-B.............60

SUBSEÇÃO II – DO LANÇAMENTO – Arts. 63 a 63-B.....61

SEÇÃO IX – DAS INFRAÇÕES E DAS PENALIDADES – Arts. 64 e 65.............61

SEÇÃO IX-A – DA RESTITUIÇÃO DE INDÉBITO – Art. 65-A ... 61

SEÇÃO X – DAS DISPOSIÇÕES – Arts. 66 e 67.............61

SEÇÃO XI – DA DECADÊNCIA E DA PRESCRIÇÃO – Arts. 67-A a 68.............62

CAPÍTULO III DO IMPOSTO SOBRE A PROPRIEDADE DE VEÍCULOS AUTOMOTORES – IPVA – Arts. 69 a 83-C 62

SEÇÃO I – DA INCIDÊNCIA – Art. 69.............62

SEÇÃO II – DA NÃO INCIDÊNCIA – Art. 70.............62

SEÇÃO III – DA ISENÇÃO – Art. 71.............62

SEÇÃO IV – DA SUJEIÇÃO PASSIVA – Arts. 72 a 75.........63

SUBSEÇÃO I – DO CONTRIBUINTE – Art. 72.............63

SUBSEÇÃO II – DA RESPONSABILIDADE PESSOAL – Art. 73.............63

SUBSEÇÃO III – DA RESPONSABILIDADE SOLIDÁRIA – Art. 74.............63

X

ÍNDICE SISTEMÁTICO

SUBSEÇÃO IV – DA RESPONSABILIDADE POR SUBSTITUIÇÃO – Art. 75 (Revogado) 63

SEÇÃO V – DO FATO GERADOR – Art. 76 63

SEÇÃO VI – DA BASE DE CÁLCULO – Art. 77 63

SEÇÃO VII – DAS ALÍQUOTAS – Art. 78 63

SEÇÃO VIII – DO CADASTRO, DO LANÇAMENTO, DO PAGAMENTO E DA FISCALIZAÇÃO – Arts. 79 a 81-A 64

SUBSEÇÃO I – DO CADASTRO – Art. 79 64

SUBSEÇÃO II – DO LANÇAMENTO – Art. 79-A 64

SUBSEÇÃO III – DO PAGAMENTO – Arts. 79-B a 81 64

SUBSEÇÃO IV – DA FISCALIZAÇÃO – Art. 81-A 65

SEÇÃO IX – DAS INFRAÇÕES E DAS PENALIDADES – Arts. 82 e 83 65

SEÇÃO X – DISPOSIÇÕES GERAIS – Arts. 83-A a 83-C.... 65

CAPÍTULO IV DA TAXA JUDICIÁRIA – TXJ – Arts. 84 a 91-C...66

SEÇÃO I – DA INCIDÊNCIA – Art. 84 66

SEÇÃO I-A – DA NÃO INCIDÊNCIA – Art. 84-A 66

SEÇÃO II – DAS ISENÇÕES – Art. 85 66

SEÇÃO III – DO CONTRIBUINTE – Art. 86 66

SEÇÃO IV – DO FATO GERADOR – Art. 87 66

SEÇÃO V – DA BASE DE CÁLCULO – Art. 88 66

SEÇÃO VI – DAS ALÍQUOTAS – Arts. 89 e 90 67

SEÇÃO VII – DOS PRAZOS E FORMAS DE PAGAMENTO – Art. 91 67

SEÇÃO VIII – DOS RESPONSÁVEIS E DAS OBRIGAÇÕES ACESSÓRIAS – Art. 91-A 67

SEÇÃO IX – DAS PENALIDADES – Art. 91-B 67

SEÇÃO X – DISPOSIÇÕES DIVERSAS – Art. 91-C 67

CAPÍTULO V – DA TAXA DE SERVIÇOS ESTADUAIS – TSE – Arts. 92 a 94 67

SEÇÃO I – DA INCIDÊNCIA E DO FATO GERADOR – Art. 92 67

SEÇÃO II – DAS ISENÇÕES – Art. 93 68

SEÇÃO III – DO CONTRIBUINTE – Art. 94 68

CAPÍTULO VI – DA TAXA FLORESTAL – TXF – Arts. 95 a 102 68

SEÇÃO I – DA INCIDÊNCIA E DO FATO GERADOR – Art. 95 (Revogado) 68

SEÇÃO II – DOS CONTRIBUINTES – Art. 96. (Revogado) .. 68

SEÇÃO III – DOS RESPONSÁVEIS – Art. 97. (Revogado) 68

SEÇÃO IV – DO RECOLHIMENTO – Arts. 98 e 99. (Revogados).. 68

SEÇÃO V – DAS INFRAÇÕES E PENALIDADES – Art. 100. (Revogado) 68

SEÇÃO VI – DO CONTROLE E FISCALIZAÇÃO – Arts. 101 e 102. (Revogados).. 68

CAPÍTULO VI-A – DAS TAXAS PARA EMISSÃO DOS ATOS ADMINISTRATIVOS DE LICENCIAMENTO, AUTORIZAÇÃO E CONCESSÃO AMBIENTAL, DE COMPETÊNCIA DO INSTITUTO NATUREZA DO TOCANTINS – NATURATINS – Arts. 102-A a 102-I 68

SEÇÃO I – DAS DISPOSIÇÕES PRELIMINARES – Arts. 102-A e 102-B 68

SEÇÃO II – DOS ATOS ADMINISTRATIVOS – Art. 102-C ... 68

SEÇÃO III – DOS ESTUDOS AMBIENTAIS – Art. 102-D (Revogado)... 69

SEÇÃO IV – DOS CUSTOS DE LICENCIAMENTO AMBIENTAL – Arts. 102-E a 102-I... 70

SUBSEÇÃO ÚNICA – DOS CUSTOS OPERACIONAIS – Arts. 102-E a 102-I 70

CAPÍTULO VII – DA TAXA DE SEGURANÇA PREVENTIVA – TSP – Arts. 103 a 109 70

SEÇÃO I – DA INCIDÊNCIA E DO FATO GERADOR – Art. 103 70

SEÇÃO II – DAS ISENÇÕES – Art. 104 70

SEÇÃO III – DO CONTRIBUINTE – Art. 105 70

SEÇÃO IV – DO RECOLHIMENTO – Arts. 106 e 107 70

SEÇÃO V – DAS INFRAÇÕES E PENALIDADES – Art. 108 .. 70

SEÇÃO VI – DO CONTROLE DA ARRECADAÇÃO E FISCALIZAÇÃO – Art. 109 70

TÍTULO I

Arts. 109-A a 121 70

CAPÍTULO VII-A – DA TAXA DE SERVIÇOS DE BOMBEIROS – TSB – Arts. 109-A a 109-G 70

SEÇÃO I – DA INCIDÊNCIA E DO FATO GERADOR – Art. 109-A 70

SEÇÃO II – DAS ISENÇÕES – Art. 109-B 71

SEÇÃO III – DO CONTRIBUINTE – Art. 109-C 71

SEÇÃO IV – DO RECOLHIMENTO – Arts. 109-D e 109-E .. 71

SEÇÃO V – DAS INFRAÇÕES E PENALIDADES – Art. 109-F 71

SEÇÃO VI – DO CONTROLE DA ARRECADAÇÃO E FISCALIZAÇÃO – Art. 109-G 71

CAPÍTULO VIII DA CONTRIBUIÇÃO DE MELHORIA – CME – Arts. 110 a 121 71

SEÇÃO I – DA INCIDÊNCIA E DO FATO GERADOR – Art. 110 71

SEÇÃO II – DA BASE DE CÁLCULO – Art. 111 71

SEÇÃO III – DO CONTRIBUINTE – Art. 112 71

SEÇÃO IV – DOS RESPONSÁVEIS – Art. 113 71

SEÇÃO V – DOS CRITÉRIOS PARA COBRANÇA – Arts. 114 e 115 71

SEÇÃO VI – DO LANÇAMENTO – Art. 116 71

SEÇÃO VII – DA IMPUGNAÇÃO E DOS RECURSOS – Arts. 117 a 120 71

SEÇÃO VIII – DAS PENALIDADES – Art. 121 71

TÍTULO II – DA ADMINISTRAÇÃO TRIBUTÁRIA

Arts. 122 a 143 71

XI

ÍNDICE SISTEMÁTICO

CAPÍTULO I – DA REPARTIÇÃO DA RECEITA – Arts. 122 e 123...71

CAPÍTULO II – DO CONTROLE E DA FISCALIZAÇÃO – Arts. 124 a 129 72

CAPÍTULO III – DA ATUALIZAÇÃO MONETÁRIA DOS CRÉDITOS TRIBUTÁRIOS E DOS JUROS DE MORA – Arts. 130 a 143 72

SEÇÃO I – DA ATUALIZAÇÃO MONETÁRIA – Art. 130 72

SEÇÃO II – DOS JUROS DE MORA – Art. 131 72

SEÇÃO III – DAS DISPOSIÇÕES COMUNS – Arts. 132 e 133...72

SEÇÃO IV – DISPOSIÇÕES GERAIS, TRANSITÓRIAS E FINAIS – Arts. 134 a 143.............................72

LEI Nº 3.408, DE 28 DE DEZEMBRO DE 2018

Dispõe sobre a fixação, a contagem, a cobrança e o pagamento de emolumentos no exercício das atividades notariais e registrais, regulamenta o Fundo Especial de Compensação da Gratuidade dos Atos do Registro Civil de Pessoas Naturais (FUNCIVIL) e adota outras providências...75

CAPÍTULO I – DOS EMOLUMENTOS E SEU RECOLHIMENTO- Arts. 1º a 12 75

CAPÍTULO II – DA ISENÇÃO, DA NÃO INCIDÊNCIA E DE SUA COMPENSAÇÃO – Arts. 13 a 16................76

CAPÍTULO III – DA CONSULTA E DAS RECLAMAÇÕES – Arts. 17 a 19 77

CAPÍTULO IV – DA TAXA DE FISCALIZAÇÃO JUDICIÁRIA E DA CONTRIBUIÇÃO PARA A COMPENSAÇÃO DAS GRATUIDADES DOS ATOS DO REGISTRO CIVIL DE PESSOAS NATURAIS – Arts. 20 a 22 77

CAPÍTULO V – DA FISCALIZAÇÃO E DAS PENALIDADES – Arts. 23 a 25 78

CAPÍTULO VI – DO SELO DE FISCALIZAÇÃO JUDICIÁRIA PODER JUDICIÁRIO TRIBUNAL DE JUSTIÇA – Arts. 26 a 28...78

CAPÍTULO VII – DO FUNCIVIL – Arts. 29 a 35 78

CAPÍTULO VIII – DAS DISPOSIÇÕES GERAIS E FINAIS – Arts. 36 a 43 79

LEI Nº 3.525, DE 08 DE AGOSTO DE 2019

Dispõe sobre o reconhecimento e a convalidação dos registros imobiliários referentes a imóveis rurais no Estado, na forma que especifica, e adota outras providências............81

LEI N. 3.730, DE 16 DE DEZEMBRO DE 2020

Dispõe sobre os procedimentos para a convalidação dos registros imobiliários referentes a imóveis rurais no Estado do Tocantins, e adota outras providências 83

LEI COMPLEMENTAR Nº 112, DE 30 DE ABRIL DE 2018

Dispõe sobre a organização dos serviços notariais e de registro exercidos em caráter privado, por delegação do Poder Público do Estado do Tocantins. 85

TÍTULO I – DA ORGANIZAÇÃO DOS SERVIÇOS NOTARIAIS E DE REGISTRO

Arts. 1º a 35 85

CAPÍTULO I – DAS DISPOSIÇÕES GERAIS – Arts. 1º a 3º....85

CAPÍTULO II – DA ORGANIZAÇÃO DOS SERVIÇOS NOTARIAIS E DE REGISTROS – Arts. 4º a 10...........................85

CAPÍTULO III – DA SITUAÇÃO DO FORO EXTRAJUDICIAL – Arts. 11 e 12...86

CAPÍTULO IV – DO INGRESSO NA ATIVIDADE NOTARIAL E DE REGISTRO – Arts. 13 a 17 87

CAPÍTULO V – DA FISCALIZAÇÃO DO SERVIÇO NOTARIAL E DE REGISTRO – Arts. 18 a 23 87

CAPÍTULO VI – DAS COMPETÊNCIAS – Arts. 24 a 26..........88

CAPÍTULO VII – DOS DEVERES E PROIBIÇÕES E DO PROCESSO ADMINISTRATIVO – Arts. 27 e 28 88

CAPÍTULO VIII – DOS RECURSOS – Art. 29 89

CAPÍTULO IX – DA INTERVENÇÃO E DA SUBSTITUIÇÃO – Arts. 30 a 32...89

CAPÍTULO X – DA PRESCRIÇÃO – Arts. 33 a 35..................89

DECRETO Nº 5.425, DE 04 DE MAIO DE 2016

Regulamento do Imposto sobre a Transmissão Causa Mortis e Doação de Quaisquer Bens ou Direitos (ITCD). 91

PROVIMENTO Nº 16/2022

Dispõe sobre a criação do portal de boas práticas dos serviços extrajudiciais no âmbito da Corregedoria-Geral de Justiça do Estado do Tocantins 95

CAPÍTULO I – DISPOSIÇÕES GERAIS – Arts. 1º a 4º 95

CAPÍTULO II – DAS ETAPAS DE SELEÇÃO DE BOAS PRÁTICAS – Arts. 5º a 14..95

SEÇÃO I – DO CADASTRAMENTO DA PROPOSTA – Art. 7º 95

SEÇÃO II – DA ADMISSÃO DA PROPOSTA – Arts. 8º e 9º..95

SEÇÃO III – DA AVALIAÇÃO TÉCNICA DA PRÁTICA – Arts. 10 a 12...95

SEÇÃO IV – DA SUBMISSÃO AO CORREGEDOR-GERAL DA JUSTIÇA OU À CORREGEDORA-GERAL DE JUSTIÇA E PUBLICAÇÃO NO PORTAL – Arts. 13 e 14 95

CAPÍTULO III – DISPOSIÇÕES FINAIS – Arts. 15 a 19.........96

PROVIMENTO Nº 15/2022

Regulamenta o procedimento administrativo de estremação de imóveis rurais e urbanos em situação de condomínio pró diviso consolidado, na forma regulada pelo art. 571 da Lei Federal nº 13.105/2015 (Código de Processo Civil). 97

PROVIMENTO Nº 12/2022

Regulamenta o Sistema de Gestão Integrada das Serventias Extrajudiciais (GISE) e adota outras providências. 99

CAPÍTULO I – DAS DISPOSIÇÕES PRELIMINARES – Art. 1º..99

ÍNDICE SISTEMÁTICO

CAPÍTULO II – DA COMPETÊNCIA – Arts. 2º a 7º 99

CAPÍTULO III – DAS CARACTERÍSTICAS DO SISTEMA GISE – Art. 8º..99

CAPÍTULO IV – DA POLÍTICA DE ACESSO E RESPONSABILIDADE DO USUÁRIO – Arts. 9º a 13 99

CAPÍTULO V – DAS FUNCIONALIDADES DO SISTEMA GISE E DAS REGRAS PROCEDIMENTAIS – Arts. 14 a 69..100

SEÇÃO I – SELOS DE FISCALIZAÇÃO ELETRÔNICA – Arts. 14 a 19 100

SEÇÃO II – REGISTRO DE ATOS – Arts. 20 a 25.............. 100

SEÇÃO III – MOVIMENTO MENSAL – Arts. 26 e 27 101

SEÇÃO IV – CONTROLE DE ARRECADAÇÃO DE TAXA DE FISCALIZAÇÃO JUDICIÁRIA (TFJ), FUNDO ESPECIAL DE COMPENSAÇÃO DA GRATUIDADE DOS ATOS DO REGISTRO CIVIL DE PESSOAS NATURAIS (FUNCIVIL) E DO FUNDO ESPECIAL DE COMPENSAÇÃO E ELETRONIZAÇÃO DE SERVENTIAS EXTRAJUDICIAIS (FUNCESE) – Arts. 28 e 29 101

SEÇÃO V – FICHA FINANCEIRA – Arts. 30 a 33............... 101

SEÇÃO VI – DOS PERFIS DO SISTEMA GISE – Arts. 34 a 63 101

SEÇÃO VII – REGISTRO DE IMÓVEIS POR ESTRANGEIROS – Arts. 64 a 69 102

CAPÍTULO VI – DA ATIVIDADE DA CORREGEDORIA PERMANENTE DA COMARCA – Arts. 70 a 74....................103

CAPÍTULO VII – DAS PARCERIAS – Arts. 75 e 76 103

CAPÍTULO VIII – DISPOSIÇÕES GERAIS – Arts. 77 a 88 103

PROVIMENTO N° 28/2021

Reajusta as Tabelas de Emolumentos do Provimento nº 14/2020/CGJUS/TO em cumprimento a Lei Estadual nº 3.408, de 28 de dezembro de 2018. 105

PROVIMENTO N° 27/2021

Institui prêmio de qualidade para as serventias extrajudiciais do Estado do Tocantins, com o objetivo de aperfeiçoamento do serviço cartorário e promover a melhora do serviço prestado ao cidadão. 107

PROVIMENTO N° 26/2021

Disciplina a conciliação e a mediação no âmbito dos serviços notariais e de registro do Estado do Tocantins, bem como as medidas de incentivo à quitação ou renegociação de dívidas protestadas no âmbito dos Cartórios de Protestos..109

CAPÍTULO I – DAS REGRAS GERAIS – Art. 2º....................109

CAPÍTULO II – DOS CONCILIADORES E MEDIADORES – Arts. 3º a 5º 109

CAPÍTULO III – DA CAPACITAÇÃO E DO CADASTRO DE CONCILIADORES E MEDIADORES – Arts. 6º a 9º 110

CAPÍTULO IV – DAS PARTES – Arts. 10 e 11 110

CAPÍTULO V – DO OBJETO – Art. 12....................................111

CAPÍTULO VI – DO REQUERIMENTO – Arts. 13 a 20 111

CAPÍTULO VII – DAS SESSÕES DE CONCILIAÇÃO E MEDIAÇÃO – Arts. 21 a 27 111

CAPÍTULO VIII – DOS LIVROS – Arts. 28 a 35.....................112

CAPÍTULO IX – DA RETRIBUIÇÃO PECUNIÁRIA – Arts. 36 a 38..113

CAPÍTULO X – DAS MEDIDAS DE INCENTIVO À QUITAÇÃO E RENEGOCIAÇÃO DE DÍVIDAS PROTESTADAS – Arts. 39 a 57 113

CAPÍTULO XI – DAS DISPOSIÇÕES FINAIS – Arts. 58 a 60 113

PROVIMENTO N° 19/2021

Regulamenta o processo de tratamento e proteção de dados pessoais pelos Delegatários Titulares, Interventores e Interinos responsáveis pelas delegações dos serviços extrajudiciais de notas e de registro do Estado do Tocantins de que trata o art. 236 da Constituição da República. 115

PROVIMENTO N° 18/2021

Institui normas procedimentais de atuação da Comissão Permanente de Assuntos Notariais e Registrais (CPANR). ...119

I – A COMISSÃO PERMANENTE DE ASSUNTOS NOTARIAIS E REGISTRAIS (CPANR) – Art. 2º 119

II – DAS REUNIÕES – Arts. 3º a 6º..119

III – DISTRIBUIÇÃO DOS PROCESSOS – Arts. 7º e 8º........119

IV – DA DELIBERAÇÃO – Arts. 9º a 14 119

PROVIMENTO N° 05/2021

Dispõe sobre medidas preventivas, aplicáveis às serventias extrajudiciais, para redução do risco de contaminação pelo coronavírus. 121

PROVIMENTO N° 04/2021

Regulamenta o processo de escolha de interinos e interventores, e regulamenta suas prestações de contas. 123

SEÇÃO I – DISPOSIÇÕES COMUNS PARA INTERVENTOR E INTERINO RECEITAS E DESPESAS – Arts. 1º a 8º 123

SEÇÃO II – DISPOSIÇÕES ESPECÍFICAS PARA INTERINO – Arts. 9º a 13 124

DA PRESTAÇÃO DE CONTAS – Arts. 14 a 18.................. 125

DA REMUNERAÇÃO – Arts. 19 e 20 125

DA RECEITA EXCEDENTE – Arts. 21 a 23........................ 125

PROVISÃO PARA OBRIGAÇÕES TRABALHISTAS – Arts. 24 e 25 126

SEÇÃO III – DISPOSIÇÕES ESPECÍFICAS PARA INTERVENTOR – Arts. 26 a 28 126

DA PRESTAÇÃO DE CONTAS – Arts. 29 a 36.................. 126

DA REMUNERAÇÃO – Art. 37 127

DA RECEITA EXCEDENTE – Arts. 38 e 39........................ 127

PROVISÃO PARA OBRIGAÇÕES TRABALHISTAS – Arts. 40 e 41 127

SEÇÃO IV – DISPOSIÇÕES FINAIS – Arts. 42 a 46 128

XIII

ÍNDICE SISTEMÁTICO

PROVIMENTO N° 13/2020

Dispõe sobre a automação cartorária e exigências para contratação de empresas de fornecimento de softwares pelas serventias extrajudiciais do Estado do Tocantins e os padrões de segurança do selo digital de fiscalização......129

TÍTULO I – DAS DISPOSIÇÕES GERAIS

Arts. 1º a 4º 129

TÍTULO II – DOS SISTEMAS DE AUTOMAÇÃO

Arts. 5º e 6º 129

TÍTULO III – DOS ARQUIVOS DE SEGURANÇA

Arts. 7º e 9º 130

TÍTULO IV – DO SELO DIGITAL DE FISCALIZAÇÃO

Arts. 10 a 21 130

TÍTULO V – DAS PENALIDADES

Arts. 22 a 25 130

TÍTULO VI – DISPOSIÇÕES FINAIS

Arts. 26 a 28 130

PROVIMENTO N° 07/2020

Dispõe sobre o protesto de dívidas relativas à Taxa de Fiscalização Judiciária (TFJ) e da contribuição para ressarcimento dos atos gratuitos do registro civil das pessoas naturais (FUNCIVIL), pelos delegatários dos serviços extrajudiciais responsáveis tributários, nos termos da Lei nº 3.408, de 28 de dezembro de 2018 131

PROVIMENTO N° 04/2020

Dispõe sobre o atendimento ao público e a prática de atos notariais e de registros públicos durante o período de distanciamento social decorrente da crise pandêmica causada pelo novo coronavírus (Covid 19), e dá outras providências..133

CAPÍTULO I – ATOS DO OFICIAL DE REGISTRO DE IMÓVEIS – Arts. 4º e 5º..133

CAPÍTULO II – ATOS DO OFICIAL DE REGISTROS CIVIS DAS PESSOAS NATURAIS – Arts. 6º a 9º 133

CAPÍTULO III – ATOS DO OFICIAL DE REGISTROS CIVIS DE PESSOAS JURÍDICAS E DE TÍTULOS E DOCUMENTOS – Art. 10...134

CAPÍTULO IV – ATOS DO TABELIÃO DE NOTAS – Arts. 11 a 27..134

SEÇÃO I – COMPETÊNCIA TERRITORIAL – Arts. 11 a 13....134

SEÇÃO II – LAVRATURA DE ATOS PROTOCOLARES POR VIDEOCONFERÊNCIA – Arts. 14 a 22.....................134

SEÇÃO III – RECONHECIMENTO DE FIRMA EM DOCUMENTOS ASSINADOS REMOTAMENTE – Arts. 23 a 27.. 135

CAPÍTULO V – ATOS DO TABELIÃO DE PROTESTO – Arts. 28 a 30 135

SEÇÃO I – APONTAMENTO DE TÍTULOS POR INDICAÇÃO ELETRÔNICA – Art. 28...................................... 135

SEÇÃO II – CANCELAMENTO DO PROTESTO COM DOCUMENTOS DIGITALIZADOS – Arts. 29 e 30.............. 135

CAPÍTULO VI – DISPOSIÇÕES FINAIS – Arts. 31 a 38........135

PROVIMENTO N° 21/2019

Dispõe sobre os prazos e informações a serem prestadas ao Sistema Nacional de Informações de Registro Civil (SIRC) pelas serventias extrajudiciais de registro de pessoas naturais. 137

PROVIMENTO N° 19/2019

Regulamenta o procedimento para prática de atos de registro de títulos de propriedade e de constituição de garantia real em meio eletrônico e dá outras providências. ..139

PROVIMENTO N° 18/2019

Dispõe sobre a vedação de oferta de comissões e descontos vinculados à captação de serviços notariais e proibição de atos notariais fora da circunscrição geográfica que detém o tabelião.....................................141

PROVIMENTO N° 09/2019

Dispõe sobre o protesto de sentença condenatória transitada em julgado, custas processuais, taxa judiciária, multas e honorários advocatícios. 143

PROVIMENTO N° 06/2019

Dispõe sobre a obrigatoriedade de inserção de dados das partes nos mandados dirigidos aos Cartórios de Registro Civil..145

PROVIMENTO N° 25/2018

Regulamenta a paternidade e maternidade socioafetiva e outros procedimentos relativos à paternidade biológica, no âmbito do Programa Pai Presente, desenvolvido pelo Poder Judiciário do estado do Tocantins. 147

PROVIMENTO N° 13/2018

Institui o Conselho Gestor do Sistema de Gestão Integrada das Serventias Extrajudiciais (GISE). 149

PROVIMENTO N° 12/2018

Altera os artigos 12, 13 e 16, do Provimento n° 09/2016/CGJUS/TO, de 9 de junho de 2016 e regulamenta o Edital Eletrônico para as publicações dos atos notariais e de registros das serventias extrajudiciais do Estado do Tocantins..151

XIV

ÍNDICE SISTEMÁTICO

PROVIMENTO N° 05/2018

Institui e regulamenta o Núcleo de Prevenção e Regularização Fundiária no âmbito da Corregedoria Geral da Justiça do Estado do Tocantins e dá outras providências.... 153

PROVIMENTO N° 02/2018

Institui a Central de Informações do Registro Civil no Estado do Tocantins (CRC-TO). 155

PROVIMENTO N° 06/2017

Regula o procedimento de retificação administrativa de matrícula para inserção das coordenadas dos vértices definidores dos limites dos imóveis rurais, georreferenciadas ao Sistema Geodésico Brasileiro, na forma regulada pela Lei Federal n° 10.267/2001. 157

PROVIMENTO N° 04/2017

Dispõe sobre a Sindicância, Processo Administrativo Disciplinar e regulamenta o processo de escolha de interinos e interventores dos serviços notariais e de registro e da outras providências. 161

DO PROCEDIMENTO RELATIVO À REVOGAÇÃO DE INTERINOS – Art. 8° 162

DA NOMEAÇÃO DE INTERINO OU INTERVENTOR – Arts. 9° a 19 (Revogados) 162

DA SINDICÂNCIA E DO PROCESSO ADMINISTRATIVO DISCIPLINAR – Arts. 20 a 23 162

DOS SUBSTITUTOS, DOS AFASTAMENTOS DOS TITULARES E VEDAÇÕES – Arts. 24 a 33 162

PROVIMENTO N° 09/2016

Disciplina, no âmbito do Estado do Tocantins, a operacionalização do sistema de registro público eletrônico, previsto nos art. 37 da Lei Federal n° 11.977, de 07 de julho de 2009, regulamentado pelos Provimentos n°s 46, de 16/06/2015, 47, de 19 de junho de 2015 e 48, de 16 de março de 2016 da Corregedoria Nacional de Justiça, bem como normatiza a criação da Central de Serviços Eletrônicos Compartilhados. 163

CAPÍTULO I – DO SISTEMA DE REGISTRO ELETRÔNICO – Arts. 1° a 6° 163

SEÇÃO I – DISPOSIÇÕES GERAIS – Arts. 1° a 3° 163

SEÇÃO II – DA GESTÃO DE DADOS E DOCUMENTOS ELETRÔNICOS – Arts. 4° a 6° 163

CAPÍTULO II – DA CENTRAL DE SERVIÇOS ELETRÔNICOS COMPARTILHADOS – Arts. 7° a 11 164

CAPÍTULO III – DA PRESTAÇÃO DOS SERVIÇOS EXTRAJUDICIAIS ELETRÔNICOS – Arts. 12 a 15.................... 165

SEÇÃO I – SERVIÇOS PRESTADOS AO PODER JUDICIÁRIO E À ADMINISTRAÇÃO PÚBLICA – Art. 15....... 166

CAPÍTULO IV – DOS PRAZOS PARA A ELETRONIZAÇÃO DOS ATOS PRETÉRITOS – Art. 16 166

DISPOSIÇÕES FINAIS – Arts. 17 e 18 166

PROVIMENTO N° 10/2015

Dispõe sobre a lavratura de escritura pública de declaração de união estável homoafetiva e sua conversão em casamento, no âmbito dos cartórios de serviços notariais e de registros do Estado do Tocantins. 167

PROVIMENTO N° 02/2015

Dispõe sobre as regras de implantação do Selo Digital de Fiscalização no âmbito das Serventias Extrajudiciais do Estado do Tocantins e adota outras providências. 171

CAPÍTULO I – DAS DISPOSIÇÕES PRELIMINARES – Art. 1° 171

CAPÍTULO II – DA COMPETÊNCIA – Arts. 2° a 4° 171

CAPÍTULO III – DA IMPLANTAÇÃO DO SELO DIGITAL DE FISCALIZAÇÃO – Arts. 5° a 10 171

PROVIMENTO N° 07/2014

Regulamenta o Protesto das Certidões da Dívida Ativa (CDA) nos Cartórios de Ofício de Notas deste Estado da Federação, nos termos do parágrafo único264 do art. 1° da Lei n° 9.492/97, e o seu processamento por meio eletrônico. 173

DA CENTRAL DE INFORMAÇÕES DE PROTESTO (CIP) – Arts. 8° a 11 174

DA CENTRAL DE REMESSA DE ARQUIVOS (CRA) – Arts. 12 a 18 174

PROVIMENTO N° 05/2014

Regulamenta o Sistema de Gestão Integrada das Serventias Extrajudiciais (GISE), e adota outras providências. ... 177

CAPÍTULO I – DAS DISPOSIÇÕES PRELIMINARES – Art. 1° 177

CAPÍTULO II – DA COMPETÊNCIA – Arts. 2° a 7° 177

CAPÍTULO III – DAS CARACTERÍSTICAS DO SISTEMA GISE – Art. 8° 177

CAPÍTULO IV – DA POLÍTICA DE ACESSO E RESPONSABILIDADE DO USUÁRIO – Arts. 9° a 13 177

CAPÍTULO V – DAS FUNCIONALIDADES DO SISTEMA GISE E DAS REGRAS PROCEDIMENTAIS – Arts. 14 a 77 .. 178

SEÇÃO I – ESTOQUE DE SELOS FÍSICOS – Arts. 14 a 22 178

SEÇÃO II – REGISTRO DE ATOS – Arts. 23 a 28.............. 178

SEÇÃO III – INUTILIZAÇÃO DE SELOS FÍSICOS – Arts. 29 a 32 178

SEÇÃO IV – FURTO OU EXTRAVIO DE SELOS FÍSICOS – Arts. 33 a 38 178

SEÇÃO V – ENVIO DO MOVIMENTO – Arts. 39 a 44 178

SEÇÃO VI – CONTROLE DE ARRECADAÇÃO DE TAXA DE FISCALIZAÇÃO JUDICIÁRIA (TFJ) – Arts. 45 e 46 178

SEÇÃO VII – DO RECOLHIMENTO ESTIPULADO NO ART. 13, I, DO PROVIMENTO N° 45/2015 DO CONSELHO NACIONAL DE JUSTIÇA (CNJ) – Art. 47 178

SEÇÃO VIII – FICHA FINANCEIRA – Arts. 48 a 52 179

XV

SEÇÃO IX – REGISTRO DE IMÓVEIS POR ESTRAN-GEIROS – Arts. 53 a 58 179

SEÇÃO X – COMUNICA – Arts. 59 a 74 179

SEÇÃO XI – ATUALIZAÇÃO CADASTRAL – Arts. 75 a 77 .. 180

CAPÍTULO VI – DA ATIVIDADE DO JUIZ CORREGEDOR PERMANENTE – Arts. 78 a 82 180

CAPÍTULO VII – DAS PARCERIAS – Arts. 83 a 85 180

CAPÍTULO IX – DISPOSIÇÕES GERAIS – Arts. 86 a 94 180

PROVIMENTO N° 01/2014

Dispõe sobre o procedimento a ser adotado nos registros das citações de ações reais ou pessoais reipersecutórias, relativas à imóvel envolvido em demanda judicial (art. 167, inciso I, item 21, da Lei n° 6015, de 1973)............ 181

PROVIMENTO N° 18/2012

Regulamenta o horário de atendimento nas serventias extrajudiciais e o plantão do registro civil de pessoas naturais. 183

PROVIMENTO N° 09/2012

Dispõe sobre a recepção, pelos Oficiais de Registro Civil das Pessoas Naturais, de indicações de supostos pais de pessoas registradas sem paternidade estabelecida, bem como sobre o reconhecimento espontâneo de filhos perante os referidos registradores. 185

PROVIMENTO N° 08/2012

Dispõe sobre a instalação e funcionamento das Unidades Interligadas dos Serviços de Registro Civil de Pessoas Naturais nas unidades hospitalares de propriedade ou conveniadas com o Estado do Tocantins........................ 187

PROVIMENTO N° 07/2012

Regulamenta o processo de instalação de novos Cartórios de Registro de Imóveis no Estado do Tocantins e revoga o Provimento n° 08/2006-CGJUS/TO. 191

PROVIMENTO N° 08/2011

Implanta e Regulamenta a utilização do Sistema GISE (Gestão Integrada das Serventias Extrajudiciais) no âmbito do Poder Judiciário do Estado do Tocantins. 193

PROVIMENTO N° 12/2010

Altera dispositivos do Provimento n. 02/2010 195

PROVIMENTO N° 02/2010

Revoga, na íntegra, os Provimentos 06/1995, 02/2000 e 16/2009, bem como dispõe sobre os registros de nascimento e óbito e dá outras providências. 197

CAPÍTULO I – DO REGISTRO DE NASCIMENTO – Arts. 1º a 8º 197

SEÇÃO I – DO PROCEDIMENTO COMUM A SER OBSERVADO – Arts.1º a 3º-A.. 197

SEÇÃO II – DA FILIAÇÃO HAVIDA FORA DO CASAMENTO – Art. 4º.. 197

SEÇÃO III – DO RECONHECIMENTO – Art. 5º 197

SEÇÃO IV – DA INVESTIGAÇÃO DA PATERNIDADE OFICIOSA – Art. 6º.. 197

SEÇÃO V – DA ADOÇÃO- Art. 7º 198

SEÇÃO VI – DOS REQUISITOS OBRIGATÓRIOS DO ASSENTO DO REGISTRO CIVIL – Art. 8º 198

CAPÍTULO II – DO REGISTRO DE ÓBITO – Arts. 9º e 10 198

CAPÍTULO III – DISPOSIÇÕES GERAIS – Arts. 11 e 12....... 199

PROVIMENTO N° 02/2009

Trata do fornecimento de certidões às entidades vinculadas à proteção do crédito, adota índice para correção dos valores dos emolumentos devidos aos notários e registradores do Estado do Tocantins e outras providências. 201

PROVIMENTO N° 01/2009

Regulamenta os procedimentos relativos à aquisição, repasse e uso do Selo de Fiscalização dos Serviços Extrajudiciais e disciplina o ressarcimento aos registradores civis das pessoas naturais pelos atos gratuitos praticados em decorrência de lei.. 203

TÍTULO I – DO SELO DE FISCALIZAÇÃO

Arts. 1º a 20 203

CAPÍTULO I – DISPOSIÇÕES GERAIS – Arts. 1º a 4º.......... 203

CAPÍTULO II – DOS TIPOS DE SELOS – Art. 5º 203

CAPITULO III – DO PROCEDIMENTO DE UTILIZAÇÃO – Arts. 6º a 8º.. 203

CAPITULO IV – DAS ISENÇÕES E DO PAGAMENTO DIFERIDO – Arts. 9º e 9º-A... 204

CAPITULO V – DO PEDIDO DE FORNECIMENTO DE SELO – Arts. 10 a 14 204

CAPÍTULO VI – DO RELATÓRIO DE UTILIZAÇÃO DOS SELOS – Arts. 15 e 16 (Revogados) 204

CAPITULO VII – DAS DISPOSIÇÕES FINAIS – Arts. 17 a 20.. 204

TÍTULO II – DO FUNDO ESPECIAL DE COMPENSAÇÃO DA GRATUIDADE DOS ATOS DO REGISTRO CIVIL DE PESSOAS NATURAIS – FUNCIVIL

Arts. 21 a 25 204

CAPÍTULO I – ADMINISTRAÇÃO DO FUNCIVIL – Arts. 21 e 22... 204

CAPITULO II – DA GRATUIDADE DOS ATOS DE REGISTRO CIVIL DE PESSOAS NATURAIS – Arts. 23 a 25........... 205

TÍTULO III – DAS COMPETÊNCIAS

Arts. 26 a 28 205

TÍTULO IV – DISPOSIÇÕES FINAIS E TRANSITÓRIAS

Arts. 29 a 31 205

XVI

ÍNDICE SISTEMÁTICO

PROVIMENTO N° 06/2007

Dispõe sobre a comunicação de decretação de indisponibilidade de bens. 207

PROVIMENTO N° 01/2007

Regulamenta a cobrança, por parte dos Tabelionatos de Protestos de Títulos, de emolumentos para fornecimento de certidões a órgãos do Poder Público. 209

PROVIMENTO N° 06/2006

Regula a atuação e funcionamento das serventias extrajudiciais no Estado do Tocantins, compreendendo os Ofícios de Notas, de Protesto de Títulos, de Registro de Imóveis, de Registro Civil das Pessoas Naturais, Registro Civil das Pessoas Jurídicas, Registro de Títulos e Documentos e os demais cumulativos, no sentido de imprimir maior segurança jurídica nos atos notariais e de registro. 211

1. DOS OFÍCIOS DE NOTAS – Arts. 1º a 5º 211

2.1. DO RECONHECIMENTO DE FIRMA – Arts. 6º a 8º ... 211

2.2. DA AUTENTICAÇÃO – Art. 9º 211

3. DAS DISPOSIÇÕES GERAIS – Arts. 10 a 17 211

PROVIMENTO N° 01/2006

Estabelece prazo para o arquivo de registros de títulos e documentos nos Cartórios de Protestos, e normatiza a emissão de certidões negativa ou positiva. 213

PROVIMENTO N° 03/2005

Veda o apontamento de cheques devolvidos pelos motivos que especifica. 215

PROVIMENTO N° 24/2002

Determina como os Cartórios de Registro e Tabelionatos de Notas devem proceder no caso de atendimento aos cidadãos portadores de deficiência visual. 217

PROVIMENTO N° 04/2001

Institui procedimento a ser observado pelos Cartórios de Registros de Imóveis, quando do registro de desmembramento de imóvel rural...219

PROVIMENTO N° 02/2001

Dispõe sobre normas ao Ofício de Protesto de Títulos Extrajudiciais. Fornecimento de certidão, revoga os Provimentos n° 07/96; 01/97 e 05/97, e dá outras providências. 221

PROVIMENTO N° 06/2000

Dispõe sobre a necessidade da outorga de ambos os genitores para lavratura da escritura pública de emancipação..223

PROVIMENTO N° 02/1999

Disciplina a cobrança de emolumentos pelos Oficiais de Registro de Imóveis, quando da prática de atos de registro de ordens judiciais decorrentes de constrição de imóveis por penhora, arresto e sequestro. 225

PROVIMENTO N° 09/1998

Regulamenta o art. 7º344 da Lei n° 9.534, de 10.12.97 – estabelece normas de como devem proceder os oficiais dos cartórios de Registro Civil deste Estado em relação aos serviços itinerantes de registro. 227

PROVIMENTO N° 03/1998

Proíbe qualquer modificação ou alteração nos registros dos imóveis que abrigavam as agências do Banco do Estado de Goiás S/A, em território tocantinense, até nova deliberação da CGJ. 229

PROVIMENTO N° 11/1996

Dispõe sobre autenticação de documentos fotocopiados, mediante a apresentação dos originais. 231

PROVIMENTO N° 08/1995

Dispõe sobre a execução de atos do Registro Civil. 233

PROVIMENTO N° 03/1994

Manter, no ato de escrituração da matrícula de imóvel, colocação do número de ordem ao infinito. 235

PROVIMENTO N° 01/1994

Determina mencionar a data e o número de registro anterior por ocasião da abertura da matrícula..............................237

PROVIMENTO N° 12/1990

Autoriza o uso de livro de folhas soltas e fichas pelos Tabelionatos e Cartórios dos Registros Públicos. 239

PROVIMENTO N° 09/1990

Dispõe sobre procedimento a ser adotado acerca de Registro de Imóveis nos Municípios recém-instalados..............241

RESOLUÇÃO N° 21, DE 21 DE JULHO DE 2021

Dispõe sobre a delegação do cumprimento de atos de comunicação processuais aos titulares dos serviços notariais e de registro no âmbito do Poder Judiciário do Estado do Tocantins. 243

RESOLUÇÃO N° 43, DE 1º DE OUTUBRO DE 2020

Regulamenta o art. 39 da Lei n° 3.408, de 28 de dezembro de 2018, que instituiu o fundo destinado à compensação dos custos referentes aos atos registrais da Regularização Fundiária Urbana de Interesse Social (Reurb-S) e ao custeio da eletronização dos serviços notariais e de registro do Estado do Tocantins...245

RESOLUÇÃO N° 12, DE 19 DE SETEMBRO DE 2013

Dispõe sobre o concurso público de provas e títulos para a outorga das delegações dos serviços de notas e de registro....247

TÍTULO I – DAS DISPOSIÇÕES GERAIS

Arts. 1º e 2º 247

TÍTULO II – DO CONCURSO PÚBLICO

Arts. 3º a 30 247

ÍNDICE SISTEMÁTICO

CAPÍTULO I – DA COMISSÃO DE CONCURSO – Arts. 4º e 5º 247

CAPÍTULO II – DO CONCURSO DE INGRESSO – Arts. 6º a 17. 248

SEÇÃO I – DO EDITAL – Arts. 6º a 9º.............................248

SEÇÃO II – DAS PROVAS DE CONHECIMENTO – Arts. 10 e 11...248

SEÇÃO III – DA PROVA DE TÍTULOS – Arts. 12 e 13........248

SEÇÃO IV – DA CLASSIFICAÇÃO DOS CANDIDATOS – Arts. 14 a 16...................................249

SEÇÃO V – DOS RECURSOS – Art. 17 249

CAPÍTULO III – DA OUTORGA DA DELEGAÇÃO, POSSE E EXERCÍCIO – Arts. 18 a 20...................................249

CAPÍTULO IV – DA VALIDADE DO CONCURSO – Art. 21...249

CAPÍTULO V – DO CONCURSO DE REMOÇÃO – Arts. 22 a 30...249

TÍTULO III – DAS DISPOSIÇÕES TRANSITÓRIAS FINAIS

Arts. 31 a 35 250

RESOLUÇÃO Nº 13, DE 19 DE SETEMBRO DE 2011

Institui e determina a implantação e obrigatoriedade do Sistema GISE (Gestão Integrada das Serventias Extrajudiciais) no âmbito do Poder Judiciário do Estado do Tocantins. 251

RESOLUÇÃO Nº 08, DE 25 DE MARÇO DE 2021

Dispõe sobre o Regimento Interno da Corregedoria-Geral da Justiça do Estado do Tocantins e dá outras providências. 253

ANEXO I – REGIMENTO INTERNO DA CORREGEDORIA-GERAL DA JUSTIÇA....................................253

TÍTULO I – DA ESTRUTURA E ORGANIZAÇÃO DA CORREGEDORIA-GERAL DA JUSTIÇA DO ESTADO DO TOCANTINS

Arts. 1º a 4º.. 253

CAPÍTULO I – DISPOSIÇÕES PRELIMINARES – Arts. 1º e 2º..253

CAPÍTULO II – DA ESTRUTURA ORGÂNICA – Arts. 3º e 4º..253

TÍTULO II – DA COMPOSIÇÃO E ATRIBUIÇÕES

Arts. 5º a 10 253

CAPÍTULO I – DAS ATRIBUIÇÕES DO(A) CORREGEDOR(A)- GERAL DA JUSTIÇA – Arts. 5º a 9º......................253

CAPÍTULO II – DO(A) VICE-CORREGEDOR(A)-GERAL DA JUSTIÇA – Art. 10..255

TÍTULO III – ÓRGÃOS DE ASSESSORAMENTO E ASSISTÊNCIA AO(À) CORREGEDOR(A)-GERAL DA JUSTIÇA

Arts. 11 a 43 255

CAPÍTULO I – DO GABINETE DO(A) CORREGEDOR(A)-GERAL DA JUSTIÇA – Art. 11 a 15 255

SEÇÃO I – DA ASSESSORIA JURÍDICA DO GABINETE – Arts. 12 e 13...255

SEÇÃO II – DA ASSISTÊNCIA MILITAR DA CORREGEDORIA-GERAL DA JUSTIÇA – Arts. 14 e 15.................... 255

CAPÍTULO II – DA CHEFIA DE GABINETE – Arts. 16 a 43...256

SEÇÃO I – DA ASSESSORIA JURÍDICO-ADMINISTRATIVA DO GABINETE – Arts. 18 e 19................................. 256

SEÇÃO II – DA ASSESSORIA DE PLANEJAMENTO, PROJETO E AÇÕES ESTRATÉGICAS – Arts. 20 a 24 257

SEÇÃO III – DA ASSESSORIA DE COMUNICAÇÃO E IMPRENSA – Arts. 25 e 26............................... 258

SEÇÃO IV – DA ASSESSORIA DE TECNOLOGIA DA INFORMAÇÃO E DE GESTÃO DE SISTEMAS – Arts. 27 e 28.. 258

SEÇÃO V – DA COORDENADORIA DE ADMINISTRAÇÃO DA CORREGEDORIA-GERAL DA JUSTIÇA – Arts. 29 a 31 259

SUBSEÇÃO I – DA SECRETARIA ADMINISTRATIVA, PROCEDIMENTO E ARQUIVO – Arts. 32 e 33............... 260

SUBSEÇÃO II – DO SERVIÇO DE DISTRIBUIÇÃO, PROTOCOLO E ATENDIMENTO – Arts. 34 a 37............ 260

SUBSEÇÃO III – DO SERVIÇO DISCIPLINAR E DE MOVIMENTAÇÃO DE MAGISTRADOS(AS) – Arts. 38 e 39.. 261

SUBSEÇÃO IV – DO SERVIÇO DE REGISTRO FUNCIONAL, CONTROLE E CADASTRO DE PESSOAL – Arts. 40 e 41... 261

SUBSEÇÃO V – DO SERVIÇO DE TRANSPORTE, PATRIMÔNIO E SERVIÇOS GERAIS – Arts. 42 e 43...... 262

TÍTULO IV – ÓRGÃOS AUXILIARES AO(À) CORREGEDOR(A)-GERAL DA JUSTIÇA

Arts. 44 a 79 262

CAPÍTULO I – DO GABINETE DOS(AS) JUÍZES(AS) AUXILIARES – Arts. 44 a 48 262

SEÇÃO I – DA ASSESSORIA JURÍDICO-ADMINISTRATIVA DO GABINETE – Art. 46 a 48................................. 262

CAPÍTULO II – DO(A) JUIZ(A) AUXILIAR DA CORREGEDORIA SUPERVISOR(A) DOS SERVIÇOS ADMINISTRATIVOS DA CORREGEDORIA_GERAL DA JUSTIÇA E DOS ÓRGÃOS DO PRIMEIRO GRAU DE JURISDIÇÃO – Arts. 49 a 66 263

SEÇÃO I – DA COORDENADORIA DE CORREIÇÃO, PLANEJAMENTO E APRIMORAMENTO DA PRIMEIRA INSTÂNCIA – Arts. 52 a 54 263

SUBSEÇÃO I – DA DIVISÃO DE CORREIÇÃO E INSPEÇÃO – Arts. 55 a 57............................. 264

SUBSEÇÃO II – DA DIVISÃO DE MONITORAMENTO PÓS-CORRECIONAL – Arts. 58 a 60........................... 265

SUBSEÇÃO III – DA DIVISÃO DE MONITORAMENTO DE METAS E INDICADORES – Arts. 61 a 63 265

XVIII

ÍNDICE SISTEMÁTICO

SUBSEÇÃO IV – DA DIVISÃO DE SUPORTE AO PLANEJAMENTO E À GESTÃO – Arts. 64 a 66............ 265

CAPÍTULO III – DO(A) JUIZ(A) AUXILIAR SUPERVISOR(A) DOS SERVIÇOS NOTARIAIS E DE REGISTRO DO ESTADO DO TOCANTINS – Arts. 67 a 79............266

SEÇÃO I – DA COORDENADORIA DOS SERVIÇOS NOTARIAIS E DE REGISTRO – Arts. 70 a 72 267

SUBSEÇÃO I – DA DIVISÃO DE CORREIÇÃO, INSPEÇÃO E FISCALIZAÇÃO DOS SERVIÇOS NOTARIAIS E DE REGISTRO – Arts. 73 a 76.............. 267

SUBSEÇÃO II – DA DIVISÃO DE ACOMPANHAMENTO E MONITORAMENTO DAS ATIVIDADES CORRECIONAIS E DE FISCALIZAÇÃO DOS SERVIÇOS NOTARIAIS E DE REGISTRO – Arts. 77 a 79......... 268

TÍTULO V – ÓRGÃOS ESPECIALIZADOS DA CORREGEDORIA-GERAL DA JUSTIÇA

Arts. 80 a 109 268

CAPÍTULO I – DOS NÚCLEOS, COMISSÕES E COORDENADORIA – Art. 80 a 109............................268

SEÇÃO I – DO NÚCLEO DE MONITORAMENTO DO PERFIL DE DEMANDAS (NUMOPEDE) – Arts. 81 a 84..... 269

SEÇÃO II – DO NÚCLEO DE PREVENÇÃO E REGULARIZAÇÃO FUNDIÁRIA (NUPREF) – Arts. 85 a 88 269

SEÇÃO III – DA COORDENADORIA DA CIDADANIA – Arts. 89 a 92 269

SEÇÃO IV – DA COMISSÃO ESTADUAL JUDICIÁRIA DE ADOÇÃO (CEJA) – Arts. 93 a 95 269

SEÇÃO V – DA COMISSÃO PERMANENTE DE SINDICÂNCIA – Arts. 96 a 102 270

SEÇÃO VI – DA COMISSÃO PERMANENTE DE PROCESSO ADMINISTRATIVO DISCIPLINAR – Arts. 103 a 109... 270

TÍTULO VI – DAS DISPOSIÇÕES COMPLEMENTARES

Arts. 110 a 120 271

RESOLUÇÃO Nº 104, DE 21 DE JUNHO DE 2018

Dispõe sobre o Regimento Interno do Tribunal de Justiça do Estado do Tocantins. 273

REGIMENTO INTERNO DO TRIBUNAL DE JUSTIÇA DO ESTADO DO TOCANTINS 273

DISPOSIÇÃO PRELIMINAR 273

TÍTULO I – DO TRIBUNAL DE JUSTIÇA

Arts. 2º a 37 273

CAPÍTULO I – DA COMPOSIÇÃO DO TRIBUNAL – Arts. 2º e 3º 273

CAPÍTULO II – DO TRIBUNAL PLENO – Arts. 4º a 7º 273

CAPÍTULO III – DAS CÂMARAS CÍVEIS E CRIMINAIS – Arts. 8º a 11 274

SEÇÃO I – DA COMPOSIÇÃO DAS CÂMARAS – Arts. 8º e 9º... 274

SEÇÃO II – DA COMPETÊNCIA DAS CÂMARAS CÍVEIS – Art. 10.. 275

SEÇÃO III – DA COMPETÊNCIA DAS CÂMARAS CRIMINAIS – Art. 11... 275

CAPÍTULO IV – DA PRESIDÊNCIA DO TRIBUNAL – Art. 12 275

CAPÍTULO V – DA VICE-PRESIDÊNCIA DO TRIBUNAL – Art. 13..277

CAPÍTULO VI – DO CONSELHO DA MAGISTRATURA – Arts. 14 e 15...277

CAPÍTULO VII – DA CORREGEDORIA-GERAL DA JUSTIÇA – Arts. 16 e 17...277

CAPÍTULO VIII – DAS COMISSÕES PERMANENTES – Arts. 18 a 24..278

SEÇÃO I – DAS DISPOSIÇÕES COMUNS – Art. 18 278

SEÇÃO II – DA COMISSÃO DE REGIMENTO E ORGANIZAÇÃO JUDICIÁRIA – Art. 19................................. 278

SEÇÃO III – DA COMISSÃO DE JURISPRUDÊNCIA E DOCUMENTAÇÃO – Art. 20................................. 278

SEÇÃO IV – DA COMISSÃO DE SELEÇÃO E TREINAMENTO – Arts. 21 e 22 278

SEÇÃO V – DA COMISSÃO DE SISTEMATIZAÇÃO – Art. 23 278

SEÇÃO VI – DA COMISSÃO DE DISTRIBUIÇÃO E COORDENAÇÃO – Art. 24 278

CAPÍTULO IX – DA ESCOLA SUPERIOR DA MAGISTRATURA – Arts. 25 a 27...279

CAPÍTULO X – DA OUVIDORIA JUDICIÁRIA – Arts. 28 a 31 ..279

CAPÍTULO XI – DOS SERVIÇOS AUXILIARES DO TRIBUNAL – Arts. 32 a 35...279

CAPÍTULO XII – DA REVISTA TOCANTINENSE DE JURISPRUDÊNCIA – Art. 36 279

CAPÍTULO XIII – DO CENTRO JUDICIÁRIO DE SOLUÇÃO DE CONFLITOS E CIDADANIA DE 2º GRAU – Art. 37 280

TÍTULO II – DOS DESEMBARGADORES

Arts. 38 a 71 280

CAPÍTULO I – DO RELATOR – Arts. 38 a 40 280

CAPÍTULO II – DO REVISOR E VOGAL – Arts. 41 e 42 281

CAPÍTULO III – DOS GABINETES DOS DESEMBARGADORES – Arts. 43 e 44 281

CAPÍTULO IV – DA ELEIÇÃO E NOMEAÇÃO – Arts. 45 a 51 281

CAPÍTULO V – DO COMPROMISSO, POSSE E EXERCÍCIO – Arts. 52 a 55 281

CAPÍTULO VI – DAS INCOMPATIBILIDADES – Arts. 56 a 59.. 281

CAPÍTULO VII – DA ANTIGUIDADE – Arts. 60 e 61 282

CAPÍTULO VIII – DAS FÉRIAS, LICENÇAS E DEMAIS VANTAGENS – Art. 62 282

CAPÍTULO IX – DAS SUBSTITUIÇÕES – Arts. 63 a 69........282

CAPÍTULO X – DA APOSENTADORIA – Arts. 70 e 71 282

XIX

ÍNDICE SISTEMÁTICO

TÍTULO III – DOS SERVIÇOS JUDICIAIS

Arts. 72 a 136 283

CAPÍTULO I – DO REGISTRO E CLASSIFICAÇÃO – Arts. 72 a 74... 283

CAPÍTULO II – DAS CUSTAS E DAS DESPESAS – Arts. 75 a 77... 283

CAPÍTULO III – DA DISTRIBUIÇÃO – Arts. 78 a 82............. 283

CAPÍTULO IV – DA BAIXA DOS AUTOS – Arts. 83 e 84 284

CAPÍTULO V – DOS JUÍZES CERTOS – Art. 85 284

CAPÍTULO VI – DA APRESENTAÇÃO DE MEMORIAIS – Art. 86... 284

CAPÍTULO VII – DO FUNCIONAMENTO DO TRIBUNAL DAS SESSÕES – Arts. 87 a 125.................................. 284

CAPÍTULO VIII – DOS ACÓRDÃOS – Arts. 126 a 130 287

CAPÍTULO IX – DAS AUDIÊNCIAS – Arts. 131 a 135 287

CAPÍTULO X – DO NOTICIÁRIO DO EXPEDIENTE – Art. 136 288

TÍTULO IV – DOS PROCESSOS E RECURSOS

Arts. 137 a 329 288

CAPÍTULO I – DO CONFLITO DE COMPETÊNCIA E DE ATRIBUIÇÕES – Arts. 137 a 145 288

CAPÍTULO II – DA AÇÃO DIRETA DE INCONSTITUCIO-NALIDADE – Arts. 146 a 150.................................. 288

CAPÍTULO III – DA DECLARAÇÃO INCIDENTAL DE IN-CONSTITUCIONALIDADE – Arts. 151 a 153 289

CAPÍTULO IV – DA REQUISIÇÃO DE INTERVENÇÃO FE-DERAL NO ESTADO – Arts. 154 a 157.................................. 289

CAPÍTULO V – DA INTERVENÇÃO DO ESTADO NOS MUNICÍPIOS – Arts. 158 e 159.................................. 289

CAPÍTULO VI – DO *HABEAS CORPUS* – Arts. 160 a 168 ... 289

CAPÍTULO VII – DO MANDADO DE SEGURANÇA – Arts. 169 a 175 290

CAPÍTULO VIII – DO MANDADO DE INJUNÇÃO E DO *HABEAS DATA* – Arts. 176 a 188 290

CAPÍTULO IX – DA AÇÃO PARA A PERDA DO CARGO DE MAGISTRADO – Arts. 189 290

CAPÍTULO X – DA AÇÃO PENAL ORIGINÁRIA – Arts. 190 a 198 290

SEÇÃO I – DA ACUSAÇÃO E DA INSTRUÇÃO – Arts. 190 a 195... 290

SEÇÃO II – DO JULGAMENTO – Arts. 196 a 198............. 291

CAPÍTULO XI – DA REVISÃO CRIMINAL – Arts. 199 a 202 ... 292

CAPÍTULO XII – DA AÇÃO RESCISÓRIA – Arts. 203 a 210 ... 292

CAPÍTULO XIII – DA SUSPEIÇÃO E DO IMPEDIMENTO – Arts. 211 a 226 293

CAPÍTULO XIV – DA EXCEÇÃO DA VERDADE – Arts. 227 a 231 294

CAPÍTULO XV – DA HABILITAÇÃO INCIDENTE – Arts. 232 a 236 294

CAPÍTULO XVI – DO INCIDENTE DE FALSIDADE – Art. 237....294

CAPÍTULO XVII – DA RESTAURAÇÃO DE AUTOS – Arts. 238 a 240 294

CAPÍTULO XVIII – DA GRATUIDADE DA JUSTIÇA – Arts. 241 a 246 294

CAPÍTULO XIX – DO INCIDENTE DE INSANIDADE MEN-TAL – Art. 247 294

CAPÍTULO XX – DO DESAFORAMENTO – Arts. 248 a 251...294

CAPÍTULO XXI – DA SUSPENSÃO CONDICIONAL DA PENA – Art. 252 295

CAPÍTULO XXII – DO LIVRAMENTO CONDICIONAL – Arts. 253 e 254 295

CAPÍTULO XXIII – DA VERIFICAÇÃO DE CESSAÇÃO DA PERICULOSIDADE – Art. 255 295

CAPÍTULO XXIV – DA GRAÇA, INDULTO E ANISTIA – Arts. 256 e 257 295

CAPÍTULO XXV – DA REABILITAÇÃO – Art. 258 295

CAPÍTULO XXVI – DA TUTELA PROVISÓRIA NOS PRO-CESSOS DE COMPETÊNCIA ORIGINÁRIA E DAS MEDI-DAS CAUTELARES NOS FEITOS CRIMINAIS – Arts. 259 a 261... 295

CAPÍTULO XXVII – DO SOBRESTAMENTO – Arts. 262 e 263 295

CAPÍTULO XXVIII – DA FIANÇA – Arts. 264 295

CAPÍTULO XXIX – DISPOSIÇÕES GERAIS ACERCA DA EXECUÇÃO – Arts. 265 a 275 295

SEÇÃO I – DA CARTA DE SENTENÇA – Arts. 268 e 269 ... 295

SEÇÃO II – DA REQUISIÇÃO DE PAGAMENTO – Arts. 270 a 275... 295

CAPÍTULO XXX – DOS PROCESSOS E RECURSOS JU-DICIAIS – Arts. 276 a 329 296

SEÇÃO I – DO PREPARO E DESERÇÃO – Arts. 276 a 279... 296

SEÇÃO II – DOS RECURSOS EXTRAORDINÁRIO E ESPECIAL – Arts. 280 e 281 296

SEÇÃO III – DO RECURSO ORDINÁRIO CONSTITU-CIONAL – Art. 282 296

SEÇÃO IV – DO RECURSO EM SENTIDO ESTRITO – Art. 283 296

SEÇÃO V – DO AGRAVO DE INSTRUMENTO – Art. 284 . 296

SEÇÃO VI – DO AGRAVO EM RECURSO ESPECIAL E EM RECURSO EXTRAORDINÁRIO – Art. 285 296

SEÇÃO VII – DO AGRAVO INTERNO – Arts 286 e 287..... 296

SEÇÃO VIII – DA APELAÇÃO CRIMINAL – Arts. 288 a 290... 297

SEÇÃO IX – DA APELAÇÃO CÍVEL – Arts. 291 e 292 297

SEÇÃO X – DOS EMBARGOS INFRINGENTES E DE NULIDADES CRIMINAIS – Arts. 293 a 296 297

SEÇÃO XI – DO INCIDENTE DE RESOLUÇÃO DE DE-MANDAS REPETITIVAS – Arts. 297 a 305 297

SEÇÃO XII – DO INCIDENTE DE ASSUNÇÃO DE COMPETÊNCIA – Arts. 306 a 314 298

SEÇÃO XIII – DAS SÚMULAS – Arts. 315 a 320 298

SEÇÃO XIV – DOS EMBARGOS DE DECLARAÇÃO – Art. 321 299

SEÇÃO XV – DA RECLAMAÇÃO – Arts. 322 a 329 299

TÍTULO V – DOS PROCESSOS E PROCEDIMENTOS ADMINISTRATIVOS

Arts. 330 a 353 299

CAPÍTULO I – DA ELEIÇÃO PARA OS CARGOS DO TRI-BUNAL – Arts. 330 a 334 299

CAPÍTULO II – DA PROMOÇÃO DE JUIZ DE DIREITO – Art. 335 300

CAPÍTULO III – DA REMOÇÃO VOLUNTÁRIA DE JUIZ DE DIREITO – Art. 336 300

CAPÍTULO IV – DO PROCESSO ADMINISTRATIVO DIS-CIPLINAR RELATIVO A MAGISTRADOS – Arts. 337 e 338 .300

CAPÍTULO V – DO VITALICIAMENTO – Art. 339 a 346 300

CAPÍTULO VI – DOS RECURSOS ADMINISTRATIVOS – Art. 347 301

CAPÍTULO VII – DA REFORMA DO REGIMENTO – Arts. 348 a 352 301

CAPÍTULO VIII – DA INTERPRETAÇÃO DO REGIMENTO – Art. 353 301

TÍTULO VI – DAS DISPOSIÇÕES GERAIS E TRANSITÓRIAS

Arts. 354 a 360 301

LEI COMPLEMENTAR N° 10, DE 11 DE JANEIRO DE 1996

Institui a Lei Orgânica do Poder Judiciário do Estado do Tocantins e dá outras Providências. 303

TÍTULO I – DA ORGANIZAÇÃO JUDICIÁRIA

Arts. 1° a 12 303

CAPÍTULO I – DAS DISPOSIÇÕES GERAIS – Arts. 1° e 2° .. 303

CAPÍTULO II – DA DIVISÃO JUDICIÁRIA – Arts. 3° a 5° 303

CAPÍTULO III – DA CRIAÇÃO, CLASSIFICAÇÃO, INS-TALAÇÃO, ELEVAÇÃO, REBAIXAMENTO E EXTINÇÃO DAS COMARCAS – Arts. 6° a 12 303

TÍTULO II DOS ÓRGÃOS JUDICIÁRIOS

Arts. 13 a 44 303

CAPÍTULO I – DO TRIBUNAL DE JUSTIÇA – Arts. 14 a 24-A 303

SEÇÃO I – DA COMPOSIÇÃO – Arts. 14 a 18 303

SEÇÃO II – DA COMPETÊNCIA – Art. 19 304

SEÇÃO III – DO TRIBUNAL PLENO – Art. 20 304

SEÇÃO IV – DO PRESIDENTE E VICE-PRESIDENTE – Art. 21 304

SEÇÃO V – DO CONSELHO DA MAGISTRATURA – Art. 22 304

SEÇÃO VI – DA CORREGEDORIA-GERAL DA JUS-TIÇA E DA VICE-CORREGEDORIA-GERAL DA JUS-TIÇA – Arts. 23 a 23-C 304

SEÇÃO VII – DAS COMISSÕES PERMANENTES – Art. 24 305

SEÇÃO VIII – DA OUVIDORIA JUDICIÁRIA – Art. 24-A 305

CAPÍTULO II – DOS JUÍZES DE DIREITO E JUÍZES SUBSTITUTOS – Arts. 25 a 27 305

CAPÍTULO III – DOS JUIZADOS ESPECIAIS – Art. 28 306

CAPÍTULO IV – DA JUSTIÇA DE PAZ – Art. 29 306

CAPÍTULO V – DOS TRIBUNAIS DO JÚRI – Arts. 30 a 33 .. 306

CAPÍTULO VI – DOS CONSELHOS DA JUSTIÇA MILI-TAR – Arts. 34 a 40 306

CAPÍTULO VII – DA COMPETÊNCIA DOS ÓRGÃOS JU-DICIÁRIOS DA PRIMEIRA INSTÂNCIA – Arts. 41 a 44 307

SEÇÃO I – ÂMBITO JUDICIAL – Art. 41 307

SEÇÃO II – ÂMBITO ADMINISTRATIVO – Arts. 42 e 43 307

SEÇÃO III – DA JUSTIÇA DE PAZ – Art. 44 308

TÍTULO III – DOS AUXILIARES DA JUSTIÇA

Arts. 45 a 65 308

CAPÍTULO I – DAS DISPOSIÇÕES GERAIS – Arts. 45 a 49 308

CAPÍTULO II – DOS DEVERES COMUNS – Arts. 50 a 59 ... 308

SEÇÃO I – DAS ATRIBUIÇÕES, DEVERES E PROIBI-ÇÕES ESPECÍFICOS DOS ESCRIVÃES – Arts. 51 e 52 ... 308

SEÇÃO II – DA CONTADORIA – Art. 53 309

SEÇÃO III – DA DISTRIBUIÇÃO – Art. 54 309

SEÇÃO V – DO DEPOSITÁRIO – Arts. 55 e 56 309

SEÇÃO VI – DAS ATRIBUIÇÕES DOS OFICIAIS DE JUSTIÇA-AVALIADORES – Arts. 57 e 58 309

SEÇÃO VII – DAS ATRIBUIÇÕES DOS PORTEIROS DOS AUDITÓRIOS – Art. 59 310

CAPÍTULO III – DAS ATRIBUIÇÕES DE OUTROS AUXI-LIARES DA JUSTIÇA – Arts. 60 a 65 310

SEÇÃO I – DAS ATRIBUIÇÕES DOS ESCREVENTES – Art. 60 310

SEÇÃO II – DAS ATRIBUIÇÕES DOS ASSISTENTES SOCIAIS – Art. 61 310

SEÇÃO III – DAS ATRIBUIÇÕES DOS COMISSÁRIOS DE VIGILÂNCIA DE CRIANÇAS E ADOLESCENTES – Art. 62 310

SEÇÃO IV – DAS ATRIBUIÇÕES DOS SERVIDORES AUXILIARES DO PODER JUDICIÁRIO E AUXILIARES EVENTUAIS – Arts. 63 a 65 310

ÍNDICE SISTEMÁTICO

TÍTULO IV – DO REGIME JURÍDICO DOS MAGISTRADOS E SERVIDORES AUXILIARES DO PODER JUDICIÁRIO

Arts. 66 a 80 310

CAPÍTULO I – DO PROVIMENTO, POSSE E EXERCÍCIO – Arts. 66 a 72 310

CAPÍTULO II – DO ESTÁGIO PROBATÓRIO – Arts. 73 e 74 311

CAPÍTULO III – DA PROMOÇÃO, DA REMOÇÃO, DA PERMUTA, DO ACESSO E DA TRANSFERÊNCIA – Arts. 75 a 77 311

CAPÍTULO IV – DA ANTIGUIDADE NA MAGISTRATURA – Art. 78 311

CAPÍTULO V – DAS SUBSTITUIÇÕES – Arts. 79 e 80 311

TÍTULO V – DOS VENCIMENTOS, VANTAGENS E OUTROS DIREITOS

Arts. 81 a 94 311

CAPÍTULO I – DOS VENCIMENTOS E VANTAGENS – Arts. 81 a 85 311

CAPÍTULO II – DA APOSENTADORIA – Arts. 86 e 87 311

CAPÍTULO III – DAS FÉRIAS – Arts. 88 a 92 311

CAPÍTULO III – DAS LICENÇAS – Arts. 93 e 94 312

TÍTULO VI – DOS RECURSOS

Arts. 95 a 98 312

TÍTULO VII – DO REGIME DISCIPLINAR

Arts. 99 a 113 312

CAPÍTULO I – DOS DEVERES E PROIBIÇÕES – Arts. 99 e 100 312

CAPÍTULO II – DAS PENAS DISCIPLINARES – Arts. 101 a 103 312

SEÇÃO I – DAS PENAS APLICÁVEIS AOS MAGISTRA-DOS E FUNCIONÁRIOS – Art. 101 312

SEÇÃO II – DA COMPETÊNCIA PARA APLICAÇÃO DAS PENAS – Arts. 102 e 103 312

CAPÍTULO II – DOS PROCEDIMENTOS – Art. 104 312

CAPÍTULO III – DAS CORREIÇÕES – Arts. 105 a 107 313

CAPÍTULO IV – DO EXPEDIENTE FORENSE – Arts. 108 a 113 313

TÍTULO VIII – DAS DISPOSIÇÕES FINAIS E TRANSITÓRIAS

Arts. 114 a 144 313

ANEXOS

TABELA DE EMOLUMENTOS – ANEXO ÚNICO À LEI Nº 3.408, DE 28 DE DEZEMBRO DE 2018 315

TABELA I – REGISTRO CIVIL DE PESSOAS NATURAIS......315

TABELA II – REGISTRO DE PESSOAS JURÍDICAS 317

TABELA III – REGISTRO CIVIL DE TÍTULOS E DOCU-MENTOS..318

TABELA IV – REGISTRO DE IMÓVEIS 320

TABELA V – TABELIONATO DE NOTAS 323

TABELA VI – TABELIONATO DE PROTESTO.......................326

TABELA VII – ATOS COMUNS...327

PROVIMENTO N° 13/2020

ANEXO ÚNICO 328

PROVIMENTO N° 09/2012

ANEXO I..330

ANEXO II...331

PROVIMENTO N° 12/2010

ANEXO I..332

PROVIMENTO N° 01/2009

ANEXO I..333

ANEXO II...334

ANEXO III..335

ANEXO IV..336

**NORMAS PARA A
ATIVIDADE EXTRAJUDICIAL
DO ESTADO DO TOCANTINS**

PROVIMENTO N. 02
DE 24 DE JANEIRO DE 2013

Institui o Manual de Normas de Serviço Notarial e Registral do Estado do Tocantins. A CORREGEDORA-GERAL DA JUSTIÇA DO ESTADO DO TOCANTINS, no uso de suas atribuições legais e regimentais.

Art. 1º Fica instituído o Manual de Normas de Serviço Notarial e Registral do Estado do Tocantins, em conformidade com o Anexo Único deste Provimento.

Art. 2º As alterações e atualizações que se mostrarem necessárias serão feitas por meio de Provimento, a ser elaborado com vistas a preservar a sistemática e a numeração existentes.

Art. 3º Este Provimento entra em vigor na data de sua publicação, revogando-se o Provimento n. 02, de 22 de fevereiro de 1994.

ANEXO ÚNICO
Capítulo I
DAS DISPOSIÇÕES GERAIS; DA FUNÇÃO CORREICIONAL; DAS DISPOSIÇÕES ESPECIAIS; DOS LIVROS E CLASSIFICADORES OBRIGATÓRIOS E DOS EMOLUMENTOS, CUSTAS E DESPESAS DAS UNIDADES DO SERVIÇO NOTARIAL E DE REGISTRO

SEÇÃO I
DAS DISPOSIÇÕES GERAIS

Art. 1º Os serviços notariais e de registro são exercidos por bacharéis em Direito, em caráter privado, mediante delegação do Poder Público, outorgada em razão de aprovação em concurso público de provas e títulos, sujeita ao regime jurídico estabelecido na Constituição Federal e nas Leis n. 6.015, de 31 de dezembro de 1973 e n. 8.935, de 18 de novembro de 1994, que lhes definem a organização, o funcionamento, a competência e as atribuições.

Art. 2º As normas a seguir devem ser observadas pelos notários e registradores, e visam disciplinar as atividades das serventias, sendo aplicadas subsidiariamente às disposições da legislação pertinente em vigor.

Art. 3º Os notários e registradores são dotados de fé pública, razão pela qual devem pautar-se pela correção em seu exercício profissional. Cumpre-lhes prestar os serviços a seu cargo de modo adequado e observar rigorosamente os deveres próprios da delegação pública de que estão investidos, a fim de garantir autenticidade, publicidade, segurança e eficácia dos atos jurídicos constitutivos, translativos ou extintivos de direitos em que intervêm.

Art. 4º Para os fins do disposto no art. 3º, serviço prestado de modo adequado é o que atende ao interesse público e corresponde às exigências de qualidade, continuidade, regularidade, eficiência, atualidade, generalidade, modicidade, cortesia e segurança.

§ 1º Entende-se por atualidade do serviço o uso de métodos, instalações e equipamentos que correspondam aos padrões de modernidade e avanço tecnológico, e a sua ampliação, na medida das necessidades dos usuários e em apoio ao labor jurídico do notário e do registrador, desde que a sua capacidade de investimento assim o permita;

§ 2º Para atender ao princípio da eficiência na prestação do serviço público delegado, deverá o registrador empenhar-se em soluções para dar celeridade e maior rapidez ao trâmite da documentação a seu cargo, e liberá-la em prazos inferiores aos máximos assinalados;

§ 3º A eficiência funcional será periodicamente aferida pelo juiz-corregedor, considerando os fatores produtividade e celeridade, bem como a correção do trabalho, segurança jurídica e sua adequação técnica aos fins visados;

§ 4º Compete ao notário e ao registrador apontar, de forma imparcial e independente, aos usuários dos serviços os meios jurídicos mais adequados para o alcance dos fins lícitos objetivados, instruindo-os sobre a natureza e as consequências do ato que pretendam produzir.

Art. 5º O gerenciamento administrativo e financeiro dos serviços notariais e de registro é de responsabilidade exclusiva do respectivo titular, inclusive no que diz respeito às despesas de custeio, investimento e pessoal, cabendo-lhe estabelecer normas, condições e obrigações relativas à atribuição de funções e de remuneração de seus prepostos, de modo a obter melhor qualidade na prestação dos serviços.

Parágrafo único. Aos responsáveis interinamente designados pelos serviços, é defeso contratar novos prepostos, aumentar salários dos já existentes na unidade, ou contratar novas locações de bens móveis ou imóveis, de equipamentos ou de serviços, que possam onerar a renda da unidade vaga de modo continuado, sem a prévia autorização da Corregedoria Geral da Justiça. Todos os investimentos que comprometam a renda futura da unidade vaga deverão ser objeto de projeto encaminhado para aprovação do respectivo Tribunal de Justiça (Resolução do CNJ n. 80, art. 3º, § 4º¹).

---
1. Art. 3º Fica preservada a situação dos atuais responsáveis pelas unidades declaradas vagas nesta resolução, que permanecerão respondendo pelas unidades dos serviços vagos, precária e interinamente, e sempre em confiança do Poder Público delegante, até a assunção da respectiva unidade pelo novo delegado, que tenha sido aprovado no

Art. 6º É vedada a prática de ato notarial e registral fora do território da circunscrição para a qual o agente recebeu delegação.

Art. 7º Verificada a absoluta impossibilidade de provimento por concurso público da titularidade de serviço notarial ou de registro, seja por desinteresse ou inexistência de candidatos, o serviço poderá ser anexado precariamente a outro da mesma comarca por ato do órgão competente do Tribunal de Justiça.

Art. 8º Autorizada a providência prevista no artigo anterior, os livros serão encaminhados ao serviço da mesma natureza mais próximo, ou àquele localizado na sede da respectiva comarca ou de município contíguo, a critério do Juízo ou da Corregedoria (Lei n. 8.935, de 1994, art. 44).

Art. 9º Os delegados ou designados para responderem por serventias extrajudiciais devem cadastrá-las e manter-lhes os dados atualizados no Cadastro Nacional de Cartórios do Ministério da Justiça e o Cadastro Nacional da Corregedoria Nacional de Justiça no sítio http://www.mj.gov.br e http://www.cnj.jus.br/corregedoria.

SEÇÃO II
DA FUNÇÃO CORREICIONAL

Art. 10. A função correicional consiste na fiscalização dos serviços extrajudiciais de notas e de registro, delegados na forma do art. 236² da Constituição Federal, sendo exercida, em todo o Estado, pelo Corregedor-Geral da Justiça, e,

---
concurso público de provas e títulos, promovido na forma da disposição constitucional que rege a matéria.

§ 4º Aos responsáveis pelo serviço, que tenham sido designados interinamente, na forma deste artigo, é defeso contratar novos prepostos, aumentar salários dos prepostos já existentes na unidade, ou contratar novas locações de bens móveis ou imóveis, de equipamentos ou de serviços, que possam onerar a renda da unidade vaga de modo continuado, sem a prévia autorização do respectivo tribunal a que estiver afeta a unidade de serviço. Todos os investimentos que comprometam a renda da unidade vaga no futuro deverão ser objeto de projeto a ser encaminhado para a aprovação do respectivo tribunal de justiça.

2. Art. 236. Os serviços notariais e de registro são exercidos em caráter privado, por delegação do Poder Público.

§ 1º Lei regulará as atividades, disciplinará a responsabilidade civil e criminal dos notários, dos oficiais de registro e de seus prepostos, e definirá a fiscalização de seus atos pelo Poder Judiciário;

§ 2º Lei federal estabelecerá normas gerais para fixação de emolumentos relativos aos atos praticados pelos serviços notariais e de registro;

§ 3º O ingresso na atividade notarial e de registro depende de concurso público de provas e títulos, não se permitindo que qualquer serventia fique vaga, sem abertura de concurso de provimento ou de remoção, por mais de seis meses.

ART. 11 NORMAS PARA A ATIVIDADE EXTRAJUDICIAL DO ESTADO DO TOCANTINS

nos limites de suas jurisdições, pelos juízes de Direito.

Art. 11. A Corregedoria Nacional do Conselho Nacional de Justiça, no uso de suas atribuições constitucionais e regimentais, poderá realizar inspeções e correições, e desenvolver outras atividades inerentes à função correcional nas serventias extrajudiciais. Pode, também, avocar processos administrativos.

Art. 12. O exercício da função correicional será permanente, ou por meio de correições e inspeções ordinárias ou extraordinárias, gerais ou parciais.

§ 1º A correição ordinária periódica consiste na fiscalização normal, prevista e efetivada segundo estas normas e leis de organização judiciária;

§ 2º A correição extraordinária consiste na fiscalização excepcional, realizável a qualquer momento, e pode ser geral ou parcial, conforme abranja todas as unidades do serviço notarial e de registro da comarca, ou apenas algumas.

Art. 13. A Corregedoria Permanente das unidades do serviço notarial e de registro caberá aos juízes a que o Código Judiciário do Estado, as Leis de Organização Judiciária e Provimentos cometerem essa atribuição.

Art. 14. Compete aos juízes-corregedores permanentes apurar as infrações disciplinares ocorridas nas serventias extrajudiciais, e aplicar aos infratores as penas correspondentes, conforme o prescrito na Lei n. 8.935, de 1994.

Parágrafo único. As sindicâncias e processos administrativos relativos às unidades do serviço notarial e de registro serão realizados pelos juízes-corregedores permanentes a que, na atualidade do procedimento, estiverem subordinadas.

Art. 15. Instaurado procedimento administrativo contra notário ou registrador, sob a forma de sindicância ou processo disciplinar, imediatamente será remetida cópia do ato inaugural à Corregedoria-Geral da Justiça.

Art. 16. Ao término do procedimento, será remetida à Corregedoria cópia da decisão proferida, com ciência ao delegado do decidido, e certidão indicativa do trânsito em julgado.

Parágrafo único. Caso aplicada a pena de suspensão, deverá constar o período desta, sem necessidade da remessa dos autos originais.

Art. 17. Eventuais recursos deverão ser entranhados nos autos originais e estes remetidos à Corregedoria Geral da Justiça.

Art. 18. O juiz-corregedor permanente deverá, uma vez por ano, efetuar correição ordinária em todas as unidades do serviço notarial e de registro sujeitas à sua fiscalização correicional, e remeter relatório à Corregedoria-Geral da Justiça.

Art. 19. Ao assumir a titularidade de vara ou comarca o juiz de Direito fará, no prazo de trinta dias, visita correicional em todas as unidades do serviço notarial e de registro, sob sua corregedoria permanente, verificando-lhes a regularidade de funcionamento.

§ 1º Essa visita correicional independerá de edital ou de qualquer outra providência, devendo, apenas, ser lançado sucinto termo no livro de Visitas e Correições, sem prejuízo das determinações que o magistrado fizer no momento;

§ 2º Cópia desse termo será encaminhada à Corregedoria Geral da Justiça.

Art. 20. Haverá, em cada unidade do serviço notarial e de registro, um livro de Visitas e Correições, no qual serão lavrados os respectivos termos.

Art. 21. Na última folha utilizada dos autos e livros que examinar, lançará o juiz-corregedor o seu "visto em correição".

Art. 22. Em caráter excepcional e justificado, poderá o juiz-corregedor permanente determinar que livros e processos sejam transportados para onde estiver a fim de serem aí examinados.

Art. 23. Os delegados do serviço notarial ou de registro e os responsáveis por serventias vagas são obrigados a exibir, no início das correições ou por exigência do juiz-corregedor permanente, seus títulos e provisões.

Art. 24. Ficará à disposição do juiz-corregedor permanente e dos juízes-corregedores, para os trabalhos de correição, todos os delegados do serviço notarial ou de registro e oficiais de justiça da comarca. E, se necessário, poderá, ainda, ser requisitada força policial.

SEÇÃO III
DAS DISPOSIÇÕES ESPECIAIS

SUBSEÇÃO I
DISPOSIÇÕES GERAIS

Art. 25. É obrigação de cada delegado disponibilizar a adequada e eficiente prestação do serviço público notarial ou de registro; manter instalações, equipamentos, meios e procedimentos de trabalho dimensionados ao bom atendimento, e um número suficiente de prepostos.

§ 1º Ao corregedor permanente caberá a verificação, observadas as peculiaridades locais e critérios de razoabilidade, de padrões necessários ao atendimento deste artigo, em especial quanto a:

I – local, condições de segurança, conforto e higiene da sede da unidade do serviço notarial ou de registro;

II – número mínimo de prepostos;

III – adequação de móveis, utensílios, máquinas e equipamentos, fixando prazo para regularização, se for o caso;

IV – acondicionamento, conservação e arquivamento adequado de livros, fichas, papéis e microfilmes, e utilização de processos racionais que facilitem as buscas;

V – adequação e segurança de softwares, dados e procedimentos de trabalho adotados, fixando-lhes, se for o caso, prazo para regularização ou implantação;

VI – acessibilidade aos portadores de necessidades especiais, mediante existência de local para atendimento no andar térreo (cujo acesso não contenha degraus ou, caso haja, disponha de rampa, ainda que removível); rebaixamento da altura de parte do balcão, ou guichê, para comodidade do usuário em cadeira de rodas; destinação de pelo menos uma vaga, devidamente sinalizada com o símbolo característico na cor azul (nas serventias com estacionamento para veículos dos usuários) e, finalmente, um banheiro adequado ao acesso e uso por tais cidadãos.

§ 2º O corregedor permanente deverá observar, ainda, se estão sendo atendidas as exigências listadas no item 1.3.15 do Provimento n. 002/2011/CGJUS/TO – Consolidação das Normas Gerais da Corregedoria-Geral da Justiça do Estado do Tocantins;

§ 3º O corregedor permanente, ao realizar a visita correicional referida no art. 18, consignará no termo o cumprimento ou não das determinações do art. 25;

§ 4º Ao final de cada ano, quando da realização da correição ordinária, o corregedor permanente averiguará o cumprimento das determinações do § 1º deste artigo consignando no termo da correição o que for necessário para cumprimento ou aprimoramento.

Art. 26. Os delegados e seus prepostos farão atendimento prioritário às pessoas portadoras de deficiência física ou com mobilidade reduzida, pessoas com idade igual ou superior a sessenta anos, gestantes e pessoas com criança no colo, mediante garantia de lugar privilegiado em filas, distribuição de senhas com numeração adequada ao atendimento preferencial, alocação de espaço para atendimento exclusivo no balcão ou implantação de outro serviço para atendimento personalizado.

Parágrafo único. No caso de prenotação de título, para cumprimento do princípio da prioridade, contido no art. 186[3] da Lei de Registros Públicos (Lei n. 6.015, de 1973), o atendimento será efetuado rigorosamente pela ordem de chegada, independentemente do estado ou condição do apresentante.

Art. 27. As serventias deverão manter em suas dependências, à disposição dos interessados para consultas relacionadas aos serviços prestados, edições atualizadas das seguintes normas:

I – Constituição da República Federativa do Brasil;

II – Constituição do Estado;

III – Código Civil Brasileiro;

IV – Lei dos Registros Públicos – Lei n. 6.015, de 31 de dezembro de 1973;

V – Lei dos Notários e Registradores – Lei n. 8.935, de 18 de novembro de 1994;

VI – Normas da Corregedoria Geral da Justiça.

Parágrafo único. Cada serventia, conforme sua especialidade, possuirá ainda, nas mesmas condições, exemplares atualizados das Leis, Regulamentos, Resoluções, Provimentos, Decisões Normativas, Ordens de Serviço e quaisquer atos que digam respeito à sua atividade, como a Lei de Protestos (Lei n. 9.492, de 1997), o Estatuto da Criança e do Adolescente (Lei n. 8.069, de 1990), o Estatuto da Cidade (Lei n. 10.257, de 2001), a lei estadual que estabeleça as normas para a cobrança do Imposto sobre a Transmissão "Causa Mortis" e Doação de quaisquer bens ou direitos (ITCMD) e o Código Tributário do Município ou a Lei Municipal que regulamenta a cobrança do Imposto Sobre a Transmissão de Bens imóveis (ITBI).

---

3. Art. 186. O número de ordem determinará a prioridade do título, e esta a preferência dos direitos reais, ainda que apresentados pela mesma pessoa mais de um título simultaneamente.

PROVIMENTO N. 02 DE 24 DE JANEIRO DE 2013 — ART. 31

Art. 28. As unidades do serviço notarial e de registro deverão possuir e escriturar todos os livros e fichas regulamentares, observadas as disposições gerais e específicas de cada uma.

§ 1º Na escrituração dos livros e certidões, além das normas gerais e das normas específicas de cada serviço, serão observados:

I – a impressão será feita com tinta preta, resolução e design gráfico ostensivos e legíveis o suficiente à boa leitura e compreensão;

II – as folhas serão confeccionadas em papel "ofício" ou "A-4", com gramatura não inferior a 75g/m², salvo disposição expressa em contrário ou quando adotado papel com padrões de segurança;

III – a parte destinada à impressão do texto não conterá desenhos ou escritos de fundo que prejudiquem a leitura ou a nitidez da reprodução;

IV – os caracteres terão dimensão mínima equivalente à das fontes Times New Roman 12 ou Arial 12;

V – o espaçamento entre linhas (a quantidade de espaço da parte inferior de uma linha do texto até a parte inferior da próxima linha do texto) será de 1,5 linha (uma vez e meia maior que o espaçamento simples entre linhas), salvo no caso de fichas de matrículas do registro de imóveis confeccionadas em dimensão inferior, que poderão ter espaçamento simples.

VI – no alinhamento e justificação do texto serão observadas as medidas, não inferiores, de 3,0 a 3,5cm para a margem esquerda; 1,5 a 2,0cm para a margem direita; 3,0 a 3,5cm para a margem superior; e 2,0 a 2,7cm para a margem inferior, invertendo-se as medidas das margens direita e esquerda para impressão no verso da folha;

VII – a lavratura dos atos notariais será sempre iniciada em folha nova, vedada a utilização de uma mesma folha para atos distintos, total ou parcialmente;

VIII – o espaço entre o encerramento do ato e a identificação dos signatários será o estritamente necessário à aposição das assinaturas;

IX – nas serventias notariais que adotarem a lavratura de atos somente no anverso das folhas, o que deverá ser identificado no termo de abertura, os espaços em branco após as assinaturas e no verso da folha deverão ser identificados pelo notário como destinado às anotações ou averbações.

§ 2º É facultada a utilização dos versos das folhas dos livros dos Tabelionatos de Notas, para a lavratura de escrituras públicas, desde que consignada no termo de abertura, observados os critérios de escrituração do parágrafo anterior, especialmente dos incisos VIII e IX;

§ 3º As folhas soltas dos livros ainda não encadernados deverão ser guardadas em colecionadores, de onde somente poderão ser retiradas quando utilizadas;

§ 4º As folhas utilizadas deverão ser guardadas em pasta própria, correspondente ao livro a que pertençam, até a encadernação;

§ 5º Nos livros de folhas soltas, logo que concluídos, será lavrado termo de encerramento, com imediata encadernação;

§ 6º O corregedor permanente deverá observar, ainda, se estão sendo cumpridas as determinações contidas nos itens 1.3.17 a 1.3.21 do Provimento n. 002/2011/CGJUS/TO – Consolidação das Normas Gerais da Corregedoria-Geral da Justiça do Estado do Tocantins.

Art. 29. Os papéis utilizados para escrituração de atos, certidões ou traslados, terão fundo inteiramente branco, salvo disposição expressa em contrário ou quando adotados padrões de segurança.

Parágrafo único. As certidões deverão ser fornecidas em papel e mediante escrita que lhes permitam a reprodução por fotocópia ou outro processo equivalente.

Art. 30. É vedado o uso de borracha, detergente ou raspagem por qualquer meio, mecânico ou químico, para correção de texto.

Parágrafo único. São vedadas anotações a lápis nos livros, mesmo que a título provisório.

Art. 31. A redação dos atos usará linguagem clara, precisa e lógica, mantida a ordem cronológica, evitando-se na escrituração erros, omissões, rasuras ou entrelinhas e, caso ocorram, devem ser ressalvadas no final do instrumento, antes das assinaturas e subscrições, de forma legível e autenticada.

§ 1º Mesmo que ressalvadas, ficam proibidas as entrelinhas que afetem elementos essenciais do ato, como, por exemplo, o preço, o objeto, as modalidades de negócio jurídico, dados inteiramente modificadores da identidade das partes e a forma de pagamento;

§ 2º Na redação dos atos, aos enganos cometidos, seguirá a palavra "digo", prosseguindo-se corretamente, após repetir a última palavra correta;

§ 3º Os nomes são compostos por prenome e sobrenome, salvo nome empresarial, vedadas abreviaturas de nome civil, em atos e termos notariais e registrais;

§ 4º As siglas menos conhecidas serão precedidas da grafia por extenso; e os algarismos serão seguidos dos respectivos extensos, entre parênteses;

§ 5º Ressalvadas adições e emendas não efetuadas no ato, na forma dos itens anteriores, só poderão ser efetuadas em cumprimento de decisões judiciais, nos termos das disposições legais de registros públicos, atinentes a retificações, restaurações e suprimentos (Lei n. 6.015, de 1973, arts. 40[4] e 109 a 121[5]), ou em decor-

---

4. Art. 40. Fora da retificação feita no ato, qualquer outra só poderá ser efetuada nos termos dos arts. 109 a 112 desta Lei.

5. Art. 109. Quem pretender que se restaure, supra ou retifique assentamento no Registro Civil, requererá, em petição fundamentada e instruída com documentos ou com indicação de testemunhas, que o Juiz o ordene, ouvido o órgão do Ministério Público e os interessados, no prazo de cinco dias, que correrá em cartório.

    § 1º Se qualquer interessado ou o órgão do Ministério Público impugnar o pedido, o Juiz determinará a produção da prova, dentro do prazo de dez dias e ouvidos, sucessivamente, em três dias, os interessados e o órgão do Ministério Público, decidirá em cinco dias;

    § 2º Se não houver impugnação ou necessidade de mais provas, o Juiz decidirá no prazo de cinco dias;

    § 3º Da decisão do Juiz, caberá o recurso de apelação com ambos os efeitos;

    § 4º Julgado procedente o pedido, o Juiz ordenará que se expeça mandado para que seja lavrado, restaurado e retificado o assentamento, indicando, com precisão, os fatos ou

---

circunstâncias que devam ser retificados, e em que sentido, ou os que devam ser objeto do novo assentamento;

§ 5º Se houver de ser cumprido em jurisdição diversa, o mandado será remetido, por ofício, ao Juiz sob cuja jurisdição estiver o cartório do Registro Civil e, com o seu "cumpra-se", executar-se-á;

§ 6º As retificações serão feitas à margem do registro, com as indicações necessárias, ou, quando for o caso, com a trasladação do mandado, que ficará arquivado. Se não houver espaço, far-se-á o transporte do assento, com as remissões à margem do registro original.

Art. 110. O oficial retificará o registro, a averbação ou a anotação, de ofício ou a requerimento do interessado, mediante petição assinada pelo interessado, representante legal ou procurador, independentemente de prévia autorização judicial ou manifestação do Ministério Público, nos casos de:

I – erros que não exijam qualquer indagação para a constatação imediata de necessidade de sua correção;

II – erro na transposição dos elementos constantes em ordens e mandados judiciais, termos ou requerimentos, bem como outros títulos a serem registrados, averbados ou anotados, e o documento utilizado para a referida averbação e/ou retificação ficará arquivado no registro no cartório;

III – inexatidão da ordem cronológica e sucessiva referente à numeração do livro, da folha, da página, do termo, bem como da data do registro;

IV – ausência de indicação do Município relativo ao nascimento ou naturalidade do registrado, nas hipóteses em que existir descrição precisa do endereço do local do nascimento;

V – elevação de Distrito a Município ou alteração de suas nomenclaturas por força de lei.

§ 1º (Revogado pela Lei n. 13.484, de 2017);

§ 2º (Revogado pela Lei n. 13.484, de 2017);

§ 3º (Revogado pela Lei n. 13.484, de 2017);

§ 4º (Revogado pela Lei n. 13.484, de 2017).

§ 5º Nos casos em que a retificação decorra de erro imputável ao oficial, por si ou por seus prepostos, não será devido pelos interessados o pagamento de selos e taxas.

Art. 111. Nenhuma justificação em matéria de registro civil, para retificação, restauração ou abertura de assento, será entregue à parte.

Art. 112. Em qualquer tempo poderá ser apreciado o valor probante da justificação, em original ou por traslado, pela autoridade judiciária competente ao conhecer de ações que se relacionarem com os fatos justificados.

Art. 113. As questões de filiação legítima ou ilegítima serão decididas em processo contencioso para anulação ou reforma de assento.

Art. 114. No Registro Civil de Pessoas Jurídicas serão inscritos:

I – os contratos, os atos constitutivos, o estatuto ou compromissos das sociedades civis, religiosas, pias, morais, científicas ou literárias, bem como os das fundações e das associações de utilidade pública;

II – as sociedades civis que revestirem as formas estabelecidas nas leis comerciais, salvo as anônimas.

III – os atos constitutivos e os estatutos dos partidos políticos.

Parágrafo único. No mesmo cartório será feito o registro dos jornais, periódicos, oficinas impressoras, empresas de radiodifusão e agências de notícias a que se refere o art. 8º da Lei n. 5.250, de 09.02.1967.

Art. 115. Não poderão ser registrados os atos constitutivos de pessoas jurídicas, quando o seu objeto ou circunstâncias relevantes indiquem destino ou atividades ilícitos ou contrários, nocivos ou perigosos ao bem público, à segurança do Estado e da coletividade, à ordem pública ou social, à moral e aos bons costumes.

Parágrafo único. Ocorrendo qualquer dos motivos previstos neste artigo, o oficial do registro, de ofício ou por provocação de qualquer autoridade, sobrestará no processo de registro e suscitará dúvida para o Juiz, que a decidirá.

Art. 116. Haverá, para o fim previsto nos artigos anteriores, os seguintes livros:

I – Livro A, para os fins indicados nos incisos I e II do caput do art. 114 desta Lei; e

5

NORMAS PARA A ATIVIDADE EXTRAJUDICIAL DO ESTADO DO TOCANTINS

rência de retificação administrativa (Lei n. 6.015, de 1973, art. 213;[6] Resolução do CNJ n. 35, de 2007, art. 13[7]);

II – Livro B, para matrícula das oficinas impressoras, jornais, periódicos, empresas de radiodifusão e agências de notícias.

Art. 117. Todos os exemplares de contratos, de atos, de estatuto e de publicações, registrados e arquivados serão encadernados por periódicos certos, acompanhados de índice que facilite a busca e o exame.

Art. 118. Os oficiais farão índices, pela ordem cronológica e alfabética, de todos os registros e arquivamentos, podendo adotar o sistema de fichas, mas ficando sempre responsáveis por qualquer erro ou omissão.

Art. 119. A existência legal das pessoas jurídicas só começa com o registro de seus atos constitutivos.

Parágrafo único. Quando o funcionamento da sociedade depender de aprovação da autoridade, sem esta não poderá ser feito o registro.

Art. 120. O registro das sociedades, fundações e partidos políticos consistirá na declaração, feita em livro, pelo oficial, do número de ordem, da data da apresentação e da espécie do ato constitutivo, com as seguintes indicações:

I – a denominação, o fundo social, quando houver, os fins e a sede da associação ou fundação, bem como o tempo de sua duração;

II – o modo porque se administra e representa a sociedade, ativa e passivamente, judicial e extrajudicialmente;

III – se o estatuto, o contrato ou o compromisso é reformável, no tocante à administração, e de que modo;

IV – se os membros respondem ou não, subsidiariamente, pelas obrigações sociais;

V – as condições de extinção da pessoa jurídica e nesse caso o destino do seu patrimônio;

VI – os nomes dos fundadores ou instituidores e dos membros da diretoria, provisória ou definitiva, com indicação da nacionalidade, estado civil e profissão de cada um, bem como o nome e residência do apresentante dos exemplares.

Parágrafo único. Para o registro dos partidos políticos, serão obedecidos, além dos requisitos deste artigo, os estabelecidos em lei específica.

Art. 121. O registro será feito com base em uma via do estatuto, compromisso ou contrato, apresentada em papel ou em meio eletrônico, a requerimento do representante legal da pessoa jurídica.

§ 1º É dispensado o requerimento de que trata o caput deste artigo caso o representante legal da pessoa jurídica tenha subscrito o estatuto, compromisso ou contrato;

§ 2º Os documentos apresentados em papel poderão ser retirados pelo apresentante nos 180 (cento e oitenta) dias após a data da certificação do registro ou da expedição de nota devolutiva;

§ 3º Decorrido o prazo de que trata o § 2º deste artigo, os documentos serão descartados.

6. Art. 213. O oficial retificará o registro ou a averbação:

I – de ofício ou a requerimento do interessado nos casos de:

a) omissão ou erro cometido na transposição de qualquer elemento do título;

b) indicação ou atualização de confrontação;

c) alteração de denominação de logradouro público, comprovada por documento oficial;

d) retificação que vise a indicação de rumos, ângulos de deflexão ou inserção de coordenadas georreferenciadas, em que não haja alteração das medidas perimetrais;

e) alteração ou inserção que resulte de mero cálculo matemático feito a partir das medidas perimetrais constantes do registro;

f) reprodução de descrição de linha divisória de imóvel confrontante que já tenha sido objeto de retificação;

g) inserção ou modificação dos dados de qualificação pessoal das partes, comprovada por documentos oficiais, ou mediante despacho judicial quando houver necessidade de produção de outras provas;

II – a requerimento do interessado, no caso de inserção ou alteração de medida perimetral de que resulte, ou não, alteração de área, instruído com planta e memorial descritivo

assinado por profissional legalmente habilitado, com prova de anotação de responsabilidade técnica no competente Conselho Regional de Engenharia e Arquitetura (CREA), bem assim pelos confrontantes.

§ 1º Uma vez atendidos os requisitos de que trata o caput do art. 225, o oficial averbará a retificação;

§ 2º Se a planta não contiver a assinatura de algum confrontante, este será notificado pelo Oficial de Registro de Imóveis competente, a requerimento do interessado, para se manifestar em quinze dias, promovendo-se a notificação pessoalmente ou pelo correio, com aviso de recebimento, ou, ainda, por solicitação do Oficial de Registro de Imóveis, pelo Oficial de Registro de Títulos e Documentos da comarca da situação do imóvel ou do domicílio de quem deva recebê-la;

§ 3º A notificação será dirigida ao endereço do confrontante constante do Registro de Imóveis, podendo ser dirigida ao próprio imóvel contíguo ou àquele fornecido pelo requerente; não sendo encontrado o confrontante ou estando em lugar incerto e não sabido, tal fato será certificado pelo oficial encarregado da diligência, promovendo-se a notificação do confrontante mediante edital, com o mesmo prazo fixado no § 2º, publicado por duas vezes em jornal local de grande circulação;

§ 4º Presumir-se-á a anuência do confrontante que deixar de apresentar impugnação no prazo da notificação;

§ 5º Findo o prazo sem impugnação, o oficial averbará a retificação requerida; se houver impugnação fundamentada por parte de algum confrontante, o oficial intimará o requerente e o profissional que houver assinado a planta e o memorial a fim de que, no prazo de cinco dias, se manifestem sobre a impugnação;

§ 6º Havendo impugnação e se as partes não tiverem formalizado transação amigável para solucioná-la, o oficial remeterá o processo ao juiz competente, que decidirá de plano ou após instrução sumária, salvo se a controvérsia versar sobre o direito de propriedade de alguma das partes, hipótese em que remeterá o interessado para as vias ordinárias;

§ 7º Pelo mesmo procedimento previsto neste artigo poderão ser apurados os remanescentes de áreas parcialmente alienadas, caso em que serão considerados como confrontantes tão somente os confinantes das áreas remanescentes;

§ 8º As áreas públicas poderão ser demarcadas ou ter seus registros retificados pelo mesmo procedimento previsto neste artigo, desde que constem do registro ou sejam logradouros devidamente averbados;

§ 9º Independentemente de retificação, dois ou mais confrontantes poderão, por meio de escritura pública, alterar ou estabelecer as divisas entre si e, se houver transferência de área, com o recolhimento do devido imposto de transmissão e desde que preservadas, se rural o imóvel, a fração mínima de parcelamento e, quando urbano, a legislação urbanística;

§ 10. Entendem-se como confrontantes os proprietários e titulares de outros direitos reais e aquisitivos sobre os imóveis contíguos, observado o seguinte:

I – o condomínio geral, de que trata o Capítulo VI do Título III do Livro III da Parte Especial da Lei n. 10.406, de 10 de janeiro de 2002 (Código Civil), será representado por qualquer um dos condôminos;

II – o condomínio edilício, de que tratam os arts. 1.331 a 1.358 da Lei n. 10.406, de 10 de janeiro de 2002 (Código Civil), será representado pelo síndico, e o condomínio por frações autônomas, de que trata o art. 32 da Lei n. 4.591, de 16 de dezembro de 1964, pela comissão de representantes; e

III – não se incluem como confrontantes:

a) os detentores de direitos reais de garantia hipotecária ou pignoratícia; ou

b) os titulares de crédito vincendo, cuja propriedade imobiliária esteja vinculada, temporariamente, à operação de crédito financeiro.

§ 11. Independe de retificação:

§ 6º Reputam-se inexistentes e sem efeitos jurídicos emendas ou alterações posteriores, não ressalvadas ou não lançadas na forma acima indicada (Lei n. 6.015, de 1973, art. 41[8]);

§ 7º Na hipótese de erro material que não altere a substância do ato (por exemplo: numeração de documentos ou endereço das partes), a falha poderá ser sanada mediante certidão lançada após as assinaturas.

Art. 32. As assinaturas deverão ser apostas logo após a lavratura do ato, não se admitindo espaços em branco, que serão inutilizados com traços horizontais ou diagonais, ou com uma sequência de traços e pontos.

Parágrafo único. É vedado abrir e escriturar novos livros, enquanto não encerrados os anteriores.

Art. 33. O desaparecimento ou danificação de qualquer livro, folha, carimbo, documento e banco de dados ou de imagens da serventia deverá ser imediatamente comunicado ao juiz-corregedor permanente e à Corregedoria Geral da Justiça.

I – a regularização fundiária de interesse social realizada em Zonas Especiais de Interesse Social, promovida por Município ou pelo Distrito Federal, quando os lotes já estiverem cadastrados individualmente ou com lançamento fiscal há mais de 10 (dez) anos;

II – a adequação da descrição de imóvel rural às exigências dos arts. 176, §§ 3º e 4º, e 225, § 3º, desta Lei;

III – a adequação da descrição de imóvel urbano decorrente de transformação de coordenadas geodésicas entre os sistemas de georreferenciamento oficiais;

IV – a averbação do auto de demarcação urbanística e o registro do parcelamento decorrente de projeto de regularização fundiária de interesse social de que trata a Lei n. 11.977, de 7 de julho de 2009; e

V – o registro do parcelamento de glebas para fins urbanos anterior a 19 de dezembro de 1979, que esteja implantado e integrado à cidade, nos termos do art. 71 da Lei n. 11.977, de 7 de julho de 2009.

§ 12. Poderá o oficial realizar diligências no imóvel para a constatação de sua situação em face dos confrontantes e localização na quadra;

§ 13. Se não houver dúvida quanto à identificação do imóvel:

I – o título anterior à retificação poderá ser levado a registro desde que requerido pelo adquirente, promovendo-se o registro em conformidade com a nova descrição; e

II – a prenotação do título anterior à retificação será prorrogada durante a análise da retificação de registro.

§ 14. Verificado a qualquer tempo não serem verdadeiros os fatos constantes do memorial descritivo, responderão os requerentes e o profissional que o elaborou pelos prejuízos causados, independentemente das sanções disciplinares e penais;

§ 15. Não são devidos custas ou emolumentos notariais ou de registro decorrentes de regularização fundiária de interesse social a cargo da administração pública;

§ 16. Na retificação de que trata o inciso II do caput, serão considerados confrontantes somente os confinantes de divisas que forem alcançadas pela inserção ou alteração de medidas perimetrais.

7. Art. 13. A escritura pública pode ser retificada desde que haja o consentimento de todos os interessados. Os erros materiais poderão ser corrigidos, de ofício ou mediante requerimento de qualquer das partes, ou de seu procurador, por escrituração à margem do ato notarial ou, não havendo espaço, por escrituração própria lançada no livro das escrituras públicas e anotação remissiva.

8. Art. 41. Reputam-se inexistentes e sem efeitos jurídicos quaisquer emendas ou alterações posteriores, não ressalvadas ou não lançadas na forma indicada nos artigos 39 e 40.

Parágrafo único. Autorizada pelo juiz-corregedor permanente, será feita, desde logo, a restauração do livro ou banco de dados desaparecido ou danificado, à vista dos elementos constantes dos índices, backups, arquivos próprios ou de outras unidades do serviço notarial e de registro e dos traslados e certidões exibidas pelos interessados, se possível.

Art. 34. Os delegados do serviço notarial e de registro deverão manter em segurança, sob sua guarda e em local adequado, ou em casa-forte ou Data Center, devidamente ordenados, os livros, microfilmes, base de dados e documentos necessários à prestação do serviço notarial e de registro, respondendo por sua segurança, ordem e conservação.

Parágrafo único. Adotado o arquivamento de documentos sob a forma de microfilme ou em meio digital, o delegado manterá cópia de segurança em local diverso do da sede da unidade do serviço, observado o já disposto neste artigo.

Art. 35. Todos os atos deverão ser escriturados e assinados com tinta preta ou azul, indelével, lançando-se diante de cada assinatura, pelo subscritor, o próprio nome por extenso e de forma legível.

Art. 36. Ao expedir certidões ou traslados, o delegado do serviço notarial e de registro dará fé pública do que constar ou não dos livros ou papéis a seu cargo, e consignará o número e a página do livro onde se encontra o assento.

Art. 37. Os delegados do serviço notarial e de registro e seus prepostos são obrigados a lavrar certidões do que lhes for requerido, e a fornecer às partes as informações solicitadas, salvo disposição expressa em contrário.

Art. 38. Qualquer pessoa pode requerer a expedição de certidão sem informar o motivo ou interesse do pedido.

Parágrafo único. O acesso ou envio de informações aos registros públicos e notas, realizados por meio da rede mundial de computadores (Internet) ou feitos sob a forma de documento eletrônico, deverão ser assinados por meio de certificado digital, que atenderá aos requisitos da Infraestrutura de Chaves Públicas Brasileira (ICP_Brasil) e aos padrões definidos na Arquitetura de Interoperabilidade do Governo Eletrônico (e-PING).

Art. 39. A certidão será lavrada independentemente de despacho judicial, ressalvados os atos sob sigilo judicial ou fiscal e as vedações legais, mencionando o livro do assento ou o documento arquivado, bem como a data da expedição e o termo final do período abrangido pela pesquisa.

Art. 40. O fornecimento da certidão não pode ser retardado por mais de cinco dias.

Art. 41. É obrigatório o fornecimento de protocolo datado do respectivo requerimento no qual constará a data prevista para a entrega da certidão e o valor dos emolumentos cobrados.

Art. 42. A certidão será lavrada em inteiro teor, em resumo, ou em relatório, conforme quesitos, e devidamente autenticada pelo delegado, seus substitutos ou propostos devidamente autorizados.

Art. 43. É vedada a prática de propaganda comercial por parte das serventias, ressalvadas somente as de cunho meramente informativo,

como a divulgação da denominação e endereço da serventia.

§ 1º As páginas na Internet (home page) das serventias de notas e de registro observarão o seguinte:

I – não é permitida a divulgação de qualquer informação de cunho comercial;

II – é vedada a oferta de serviços não prevista em Lei.

§ 2º A página divulgará ao público os atos praticados pela serventia, e podem conter:

I – links;

II – tabelas e cálculos de emolumentos;

III – endereços eletrônicos (e-mails);

IV – horário de funcionamento e endereço da serventia;

V – indicação da qualificação do titular e dos prepostos;

VI – modelos de contratos e requerimentos;

VII – pesquisas online e solicitação de serviços, acompanhamento de protocolos, informações, certidões;

VIII – notícias e informações voltadas a divulgar a função notarial ou registral.

§ 3º Tão logo implantada, a serventia deverá comunicar o endereço de sua home page à Corregedoria Geral da Justiça, que poderá disponibilizá-la em seu site oficial, por meio de links;

§ 4º A Corregedoria Geral da Justiça examinará o conteúdo da home page e, uma vez constatada qualquer irregularidade que configure conduta atentatória às instituições notariais ou de registro ou que desatenda as normas técnicas ou legais, determinará a correção da irregularidade podendo até determinar a desativação da página.

Art. 44. O exercício da atividade notarial e de registro é incompatível com a de corretor de imóveis, advocacia, ou da intermediação de seus serviços ou o de qualquer cargo, emprego ou função públicos, ainda que em comissão.

§ 1º A diplomação, na hipótese de mandato eletivo, e a posse, nos demais casos, implicarão o afastamento da atividade, salvo o de vereador, desde que o horário das sessões ordinárias seja compatível com o horário de trabalho no cartório;

§ 2º Ao delegado é vedado funcionar nos atos em que figure como parte, procurador ou representante legal de interesse de seu cônjuge, parentes na linha reta ou na colateral, consanguíneos ou afins, até o terceiro grau.

SUBSEÇÃO II
DAS ESCRITURAS

Art. 45. Na lavratura de escrituras e termos para registro, serão qualificadas precisamente as partes envolvidas, inclusive testemunhas, e especificados os imóveis com endereço completo (rua, número, complemento, bairro, cidade e Estado), vedada a utilização de expressões genéricas como "residentes nesta cidade" ou "residentes no distrito", "confinando com quem de direito", parte destacada de maior área.

I – nas escrituras relativas a imóveis urbanos, poderá o tabelião descrevê-lo, consignando exclusivamente o número do registro ou matrícula no registro de imóveis, sua completa localização, logradouro, número, bairro, cidade e estado, desde que constem na certidão do ofício de registro de imóveis "todos os elementos necessários à completa identificação do imóvel;

II – cabe ao tabelião fazer a completa identificação do imóvel, mediante indicação de características e confrontações, localização, número e nome(s) dos logradouros dos imóveis confrontantes (por um imóvel se limitar com outro imóvel, e não com pessoa), área, perímetro, ângulos internos ou azimutes, designação cadastral, se houver. Se urbano, suas características e confrontações, localização, área, logradouro, número e sua designação cadastral se houver. Se rural, o código do imóvel, dos dados constantes do Certificado de Cadastro de Imóvel Rural, da denominação e de suas características, confrontações, localização e área, assim como, em se tratando só de terreno, se fica do lado par ou ímpar do logradouro, identificação da quadra e a distância métrica da edificação ou da esquina mais próxima;

III – solicitar do interessado a certidão atualizada do registro anterior, fornecida pelo ofício de registro de imóveis competente, verificando nela a exigência dos elementos pertinentes à descrição e caracterização do imóvel, e a qualificação e identificação do proprietário do imóvel, devolvendo-a para a complementação, se incompleta;

IV – a data da referida certidão, cujo prazo de validade é de trinta dias, deverá figurar da escritura, e se ficou arquivada ou acompanhada do título;

V – na qualificação do comparecente, se houver, poderá também ser declinado seu endereço eletrônico (e-mail);

VI – as testemunhas e as pessoas que assinam a rogo devem ser qualificadas com indicação da nacionalidade, idade, estado civil, profissão, endereço e número do RG;

VII – é expressamente vedada aos notários e registradores a coleta de assinaturas das partes ou de comparecentes em atos inacabados ou folhas em branco, total ou parcialmente, sob pretexto de confiança, seja qual for o motivo alegado;

VIII – se na escritura for procedido desmembramento, fusão ou unificação de imóveis, o tabelião deverá solicitar do interessado a apresentação da certidão própria fornecida pelo órgão competente da Prefeitura, para a referida finalidade, a qual será citada na escritura com elementos identificadores, bem como memorial descritivo e planta da área desmembrada e do remanescente, com suas respectivas ARTs;

IX – para lavratura de escrituras de primeira alienação ou transferência de direitos após averbação da construção de unidades autônomas em edificações condominiais, o tabelião verificará, por meio de certidão do registro de imóveis competente, a existência de instituição e convenção de condomínio respectivo, devidamente registrado, nos casos devidos, sem as quais não poderá lavrar a escritura;

X – o tabelião deverá mencionar na escritura a prova de quitação das obrigações do(s) alienante(s) para com o condomínio, nas alienações e transferências de direito de unidades ou declaração do(s) alienante(s) ou seu procurador, sob

ART. 46 — NORMAS PARA A ATIVIDADE EXTRAJUDICIAL DO ESTADO DO TOCANTINS

as penas da lei, e da inexistência de débitos, inclusive multas;

XI – o tabelião deverá fazer constar o pagamento do Imposto sobre a Transmissão de Bens Imóveis e de Direitos a eles relativos, quando incidente sobre o ato; ou o reconhecimento da exoneração pela autoridade municipal ou fazendária, nos casos de imunidade, isenção ou não incidência;

XII – o tabelião deverá exigir das partes a apresentação das certidões fiscais, assim qualificadas:

a) em relação aos imóveis urbanos, as referentes aos tributos incidentes sobre o imóvel, quando houver transferência de domínio, na forma do art. 289[9] da Lei n. 6.015, de 1973;

b) em relação aos imóveis rurais, o Certificado de Cadastro, com a prova de quitação do Imposto Territorial Rural referente aos cinco últimos exercícios. O imposto não incide sobre pequenas glebas rurais (verificar MÓDULO de cada município), quando exploradas, só ou com sua família, pelo proprietário que não possua outro imóvel;

c) se nas certidões fiscais apresentadas para lavratura da escritura houver existência de débito sobre ele, deve o adquirente expressamente declarar que tem ciência da dívida tributária do alienante;

d) identificar na escritura as certidões e demais documentos cuja apresentação seja exigida por lei mediante indicação de data de expedição, órgão expedidor, se positiva ou negativa e em nome de quem ou referente a que imóvel foi expedida, observando-se a legislação vigente de cada órgão fiscalizador;

e) a certidão de ações reais e pessoais reipersecutórias relativas ao imóvel e a de ônus reais, expedidas pelo Registro de Imóveis competente, cujo prazo de validade, para este fim, será de trinta dias;

f) a declaração do(s) outorgante(s), sob pena de responsabilidade civil e penal, da existência, ou não, de outras ações reais e pessoais reipersecutórias relativas ao imóvel, e de outros ônus reais incidentes sobre este;

g) a certidão negativa de débitos para com o Instituto Nacional do Seguro Social (INSS), se o outorgante for empresa ou pessoa a ela equiparada, nos termos da legislação específica, quando da alienação ou constituição de ônus real, relativamente a imóveis integrantes do ativo permanente da empresa observando as regulamentações administrativas daquele Instituto;

h) certidão negativa de débito da Receita Federal, relativamente a contribuições incidentes sobre o faturamento e o lucro, destinadas à seguridade social, quando da alienação ou constituição de ônus real, versando sobre imóveis integrantes do ativo permanente da empresa, e em se tratando de pessoa jurídica ou de pessoa física a ela equiparada pela legislação tributária federal e observadas as regulamentações administrativas acerca da matéria;

i) a autorização judicial por alvará, quando necessária, deverá ser transcrita na escritura;

j) o pagamento do laudêmio e quitações dos foros nos últimos 03 (três) anos, exclusivamente com relação aos terrenos de marinha.

Art. 46. Se algum dos intervenientes no ato não falar a língua nacional, e o notário ou registrador não lhe entender o idioma, deverá comparecer tradutor público para servir de intérprete, ou, não o havendo na localidade, outra pessoa capaz que, a juízo do delegado, tenha idoneidade e conhecimento bastantes.

Art. 47. Se algum dos intervenientes não for conhecido do oficial, nem puder identificar-se por documento, deverão participar do ato pelo menos duas testemunhas que o conheçam e atestem-lhe a identidade.

Art. 48. A prática de ato por procurador será mencionada no termo, com indicação do cartório, livro, folha, data da lavratura e da expedição da certidão ou do traslado da procuração, se por instrumento público. A procuração deve ser arquivada em pasta própria e nela anotados o livro e as folhas em que foi utilizada.

§ 1º Somente serão aceitas procurações públicas por traslado ou certidão expedida a menos de noventa dias;

§ 2º Quando se tratar de instrumento particular, o original deverá ter firma reconhecida por tabelião de notas da localidade, ou que tenha cartão de autógrafos arquivado na serventia.

Art. 49. Se alguém não puder ou não souber assinar, o delegado do serviço notarial e de registro ou preposto autorizado assim o declarará, assinando, por ele e a seu rogo, uma pessoa capaz. Será ainda colhida a impressão digital do impossibilitado de assinar, sempre que possível do polegar direito, exclusivamente com a utilização de coletores de impressões digitais, vedado o emprego de tinta para carimbo, mediante pressão leve, de maneira a se obter a indispensável nitidez, com anotação dessas circunstâncias no corpo do termo.

§ 1º Recomenda-se, por cautela, impressões datiloscópicas das pessoas que assinam mal, demonstrando não saber ler ou escrever;

§ 2º Em torno de cada impressão digital deverá ser escrito o nome do identificado.

Art. 50. Ao intervir no ato pessoa cega ou com visão subnormal, o notário ou registrador certificará que o deficiente visual apresentou cédula de identidade, anotando o número e o órgão expedidor, ao tempo em que deverá fazer-lhe a leitura do documento; verificar suas condições pessoais para compreensão do conteúdo; e fazer ainda constar a assinatura de duas testemunhas e do próprio interessado, se souber assinar.

Art. 51. As assinaturas constantes dos termos são aquelas usuais das partes. Devem os notários e registradores, por cautela e para facilitar a identificação futura, fazer constar, junto às assinaturas, os nomes por inteiro, exarados em letra de forma ou pelo mesmo meio de impressão do termo. Podem, ainda, colher ao lado as assinaturas por extenso.

SEÇÃO IV
DOS LIVROS E CLASSIFICADORES OBRIGATÓRIOS

SUBSEÇÃO I
DOS LIVROS OBRIGATÓRIOS

Art. 52. Além dos livros estabelecidos nos itens 2.2.16.1 a 2.2.16.6 do Provimento n. 002/2011/

CGJUS/TO – Consolidação das Normas Gerais da Corregedoria-Geral da Justiça do Estado do Tocantins, as unidades do serviço notarial e de registro possuirão obrigatoriamente os seguintes:

I – Normas de Serviço da Corregedoria Geral da Justiça;

II – Registro Diário da Receita e da Despesa;

III – Protocolo;

IV – Visitas e Correições.

Art. 53. Os livros obrigatórios serão abertos, numerados, autenticados e encerrados pelo delegado, podendo ser utilizado, para tal fim, processo mecânico de autenticação.

Art. 54. O termo de abertura deverá conter o número do livro, o fim a que se destina, o número de folhas que contém, o nome do delegado do serviço notarial e de registro responsável, a declaração de que todas as folhas estão rubricadas e o fecho, com data e assinatura.

Parágrafo único: O termo deverá ainda mencionar a opção adotada pelo delegado sobre a forma de escrituração a que se referem os §§ 1º e 2º do artigo 28.

Art. 55. É de exclusiva responsabilidade do delegado o controle da frequência, assiduidade e pontualidade de seus prepostos.

Art. 56. O Livro Registro Diário da Receita e da Despesa será escriturado pelo delegado, pelo que terá direta responsabilidade, ainda que a tarefa seja entregue a preposto.

Art. 57. O livro de que trata o artigo anterior poderá ser impresso e encadernado, ou de folhas soltas, estas, com número fixo ou de quantas bastem à escrituração anual; sempre, todavia, as folhas serão divididas em colunas, para anotação da data, do histórico, da receita ou da despesa, obedecido o modelo usual, em forma contábil.

Art. 58. O histórico dos lançamentos será sucinto, mas deverá permitir, sempre, a identificação do ato que ensejou a cobrança ou a natureza da despesa.

Art. 59. Os lançamentos compreenderão tão somente os emolumentos percebidos como receita do delegado do serviço notarial ou de registro, pelos atos praticados, de acordo com o Regimento de Custas e Emolumentos. Não incluídos custas e contribuições, e outras quantias recebidas em depósito para a prática futura de atos.

Art. 60. No lançamento da receita, além do seu montante, haverá referência ao número do ato, ou do livro e da folha em que praticado, ou do protocolo, de forma que lhe possibilite sempre a identificação.

Parágrafo único. Deverá ser elaborada em paralelo, ainda, relação diária de todos os atos praticados, com remissão individual ao Livro Protocolo (Unidades do serviço de registro de imóveis, títulos e documentos, registro civil das pessoas jurídicas e protesto) ou, na sua falta (Unidades do serviço notarial e de registro civil das pessoas naturais), ao livro em que lançados. Da referida relação deverão constar também os valores dos emolumentos, custas e contribuição, em colunas separadas.

Art. 61. Sempre que a unidade do serviço notarial e de registro se prestar a serviços de dife-

---

9. Art. 289. No exercício de suas funções, cumpre aos oficiais de registro fazer rigorosa fiscalização do pagamento dos impostos devidos por força dos atos que lhes forem apresentados em razão do ofício.

PROVIMENTO N. 02 DE 24 DE JANEIRO DE 2013 — ART. 73

rentes especialidades, a receita referente a cada uma delas será lançada separadamente.

Art. 62. Admite-se apenas o lançamento das despesas relacionadas à unidade do serviço notarial e de registro, sem restrição.

Art. 63. A receita será lançada no Livro Diário no dia da prática do ato, mesmo que o delegado do serviço notarial e de registro não tenha ainda recebido os emolumentos.

Parágrafo único. Considera-se o dia da prática do ato para fins de lançamento da lavratura do termo ou do pagamento do título, para o serviço de protesto de títulos; o da lavratura do ato notarial, para o serviço de notas; o do registro, para os serviços de registros de imóveis, títulos e documentos e pessoa jurídica; e o do pedido da habilitação para o casamento, ou da lavratura dos assentos de nascimento ou óbito, para o serviço de registro civil das pessoas naturais.

Art. 64. A despesa será lançada no dia em que se efetivar, arquivando-se os comprovantes respectivos.

Parágrafo único. O delegado deverá, quando solicitado, encaminhar mensalmente à Corregedoria Geral da Justiça cópias dos comprovantes de pagamento dos encargos trabalhistas, fiscais e previdenciários, e do comprovante de recolhimento mensal do Imposto de Renda (Carnê Leão), podendo ser enviado por meio eletrônico.

Art. 65. Ao final do mês, serão somadas a receita e a despesa, apurando-se separadamente a renda líquida ou o déficit de cada unidade do serviço notarial e de registro.

Art. 66. Ao final do ano, será feito o balanço, com indicação da receita, da despesa e do líquido mês a mês, e apurada, em seguida, a renda líquida ou o déficit de cada unidade do serviço notarial e de registro no exercício.

Art. 67. As informações contábeis e fiscais escrituradas no Livro Diário da Receita e da Despesa gozam da proteção do sigilo fiscal, e a exibição ao juiz-corregedor permanente ou técnico por ele indicado, do livro e dos comprovantes de lançamentos, se revestirá sempre do mesmo caráter sigiloso.

Art. 68. Além do Livro Diário ora disciplinado, poderão os delegados do serviço notarial e de registro adotar outro, para apuração mensal do imposto sobre a renda, obedecida a legislação específica.

Art. 69. No Livro de Visitas e Correições serão arquivados os termos das correições realizadas pelo juiz-corregedor permanente ou pelo corregedor-geral da Justiça.

Parágrafo único. Este livro, cumprindo os requisitos dos demais livros obrigatórios, deverá ser organizado em folhas soltas, em número de cinquenta.

SUBSEÇÃO II
DOS CLASSIFICADORES OBRIGATÓRIOS

Art. 70. As unidades do serviço notarial e de registro possuirão os seguintes classificadores:

I – para atos normativos e de decisões emanados dos órgãos competentes para regular as atividades notariais e registrais;

II – para arquivamento dos documentos relativos à vida funcional dos delegados e seus prepostos;

III – para cópias de ofícios expedidos;

IV – para ofícios recebidos;

V – para guias de recolhimento das custas;

VI – para guias de recolhimento de imposto sobre a renda retido na fonte;

VII – para folhas de pagamento dos prepostos, cópias de dissídios trabalhistas e acordos salariais.

§ 1º O classificador referido no inciso I reunirá apenas atos e decisões de interesse da unidade do serviço notarial ou de registro, com índice por assunto;

§ 2º O classificador a que alude o inciso III destina-se ao arquivamento, em ordem cronológica, das cópias de ofícios expedidos, dispondo de índice e numeração;

§ 3º O classificador referido no inciso IV destina-se ao arquivamento, em ordem cronológica, dos ofícios recebidos, dispondo cada um de numeração e, quando for o caso, de certidão do atendimento, mantido índice;

§ 4º O classificador referido no inciso V destina-se ao arquivamento das guias de recolhimento das custas, inclusive aqueles diretamente à entidade gestora dos recursos destinados ao custeio dos atos gratuitos praticados pelos Oficiais de Registro Civil das Pessoas Naturais, assim como as guias de recolhimento das contribuições, e poderá ser feito em conjunto ou separadamente;

§ 5º No classificador referido no inciso VI deverão ser arquivados os comprovantes de retenção do imposto de renda dos prepostos e de prestadores de serviço;

§ 6º No classificador referido no inciso VII deverão ser arquivados os comprovantes dos recolhimentos de valores a título de Fundo de Garantia por Tempo de Serviço e contribuição previdenciária ao Instituto Nacional do Seguro Social (INSS).

Art. 71. Os arquivos previstos neste Código de Normas e mantidos pelos notários e registradores poderão ser feitos diretamente por meio eletrônico, base de dados, ou microfilmados, ou digitalizados e gravados eletronicamente, salvo se o ato normativo exigir o arquivamento do original.

§ 1º No procedimento de microfilmagem, serão atendidos os requisitos da Lei n. 5.433, de 8 de maio de 1968; do Decreto n. 1.799, de 30 de janeiro de 1996; e da Portaria n. 12, de 8 de junho de 2009, da Secretaria Nacional de Justiça do Ministério da Justiça;

§ 2º No procedimento de digitalização serão obrigatoriamente observadas as seguintes etapas:

I – os documentos necessários à prática dos atos notariais e registrais, ou então decorrentes destes atos, deverão ser digitalizados por meio dos processos técnicos disponíveis, com qualidade suficiente para leitura;

II – os arquivos respectivos serão gerados de acordo com o ato praticado, unicamente no formato PDF/A ou equivalente, com inserção de metadados e assinados digitalmente pelo titular da delegação, seu substituto ou preposto autorizado, mediante uso de certificado digital vinculado a uma autoridade certificadora, no padrão da Infraestrutura de Chaves Públicas Brasileiras

(ICP-Brasil) e da Arquitetura e-PING (Padrões de Interoperabilidade de Governo Eletrônico), segundo as normas técnicas pertinentes;

III – a indexação dos arquivos com os documentos digitalizados será feita com referência aos atos (livro, folhas e número) em que foram utilizados ou em razão do qual foram produzidos, de modo a facilitar-lhe a localização e conferência por sistema de gerenciamento eletrônico de documentos (GED);

IV – todos os dados e imagens deverão ser armazenados de forma segura e eficiente, que garanta a preservação, integridade, fácil localização e Plano de Continuidade de Negócio (PCN). Deve o arquivo redundante (backup) ser gravado em uma mídia digital segura (CD ou DVD ou fita magnética) ou numa unidade externa (Disco Rígido Removível), do qual deverá ser mantida cópia em local diverso do da unidade de serviço, igualmente seguro, preferencialmente em DATA CENTER, cujo endereço deverá ser comunicado ao juiz-corregedor permanente da comarca.

§ 3º Os documentos constantes dos arquivos poderão ser digitalizados, observados os requisitos estabelecidos no subitem anterior, quando então, mediante autorização expressa do juiz-corregedor permanente, poderão ser destruídos por processo de trituração ou fragmentação de papel, resguardado e preservado o sigilo, observadas as normas de regulamentação de gestão documental pertinentes;

§ 4º É vedada a incineração do material gerado, o qual deve ser destinado para reciclagem de papel, mediante coleta selecionada ou doação para associação de catadores de papel ou entidade sem fins lucrativos, quando houver.

SEÇÃO V
DOS EMOLUMENTOS, CUSTAS E DESPESAS DAS UNIDADES DO SERVIÇO NOTARIAL E DE REGISTRO

SUBSEÇÃO I
DAS DISPOSIÇÕES GERAIS

Art. 72. O pagamento das custas, despesas e emolumentos previstos em Lei será feito diretamente ao delegado do serviço notarial e de registro ou preposto autorizado, que passará cota e, obrigatoriamente, emitirá recibo, acompanhado de contrarrecibo, com especificação das parcelas relativas aos emolumentos, custas, contribuições e outras despesas autorizadas, salvo se regulamentado de forma diversa pelo Tribunal.

§ 1º A cotarrecibo, que obedecerá ao modelo padronizado, poderá ser aposta nos documentos por carimbo e será subscrita pelo delegado do serviço notarial e de registro, um de seus substitutos ou por preposto designado;

§ 2º Nos reconhecimentos de firma e nas autenticações de documentos, a cotarrecibo será substituída pela inclusão, nos carimbos utilizados, do valor total recebido na unidade do serviço notarial ou de registro para prática dos atos (ex.: "valor recebido: por firma, R$ ____"; "valor recebido pela autenticação: R$ ____").

Art. 73. O pagamento deverá ser efetivado no ato da apresentação do título (art. 14[10] da Lei n.

---

10. Art. 14. Os oficiais do registro, pelos atos que praticarem em decorrência do disposto nesta Lei, terão direito, a título de remuneração, aos emolumentos fixados nos

9

ART. 74 NORMAS PARA A ATIVIDADE EXTRAJUDICIAL DO ESTADO DO TOCANTINS

6.015, de 1976). Até o valor total previsto na tabela vigente, poderá o delegado do serviço notarial e de registro, por mera liberalidade, exigir depósito prévio para a prática dos atos solicitados, entregando recibo de depósito.

Parágrafo único. Praticados os atos solicitados, o valor depositado se converterá em pagamento. Nesse caso, será lavrada, quando for o caso, cotarrecibo à margem do ato praticado, e expedido recibo definitivo do valor pago, devolvendo-se, também, eventual saldo ao interessado.

Art. 74. Além da cotarrecibo a que se refere o § 1º do art. 72, os delegados do serviço notarial e de registro darão recibo, no qual constarão, obrigatoriamente, a identificação destes e a do subscritor, a declaração do recebimento e o montante total e discriminado dos valores recebidos.

Parágrafo único. Serão mantidos, por cinco anos, os arquivamentos de cópias dos recibos, além dos contrarrecibos, comprobatórios de entrega do recibo de pagamento dos atos praticados ao interessado, podendo ser microfilmados ou digitalizados.

Art. 75. No do prazo de quinze dias da publicação de qualquer tabela que lhes diga respeito, os delegados do serviço notarial e de registro a afixarão na sede da serventia, em lugar bem visível e franqueado ao público, além dos dispositivos fixados pela legislação específica e por atos normativos da Corregedoria Geral da Justiça.

§ 1º Recomenda-se a manutenção na serventia de uma versão da tabela de emolumentos em Alfabeto Braille;

§ 2º A tabela deverá ser elaborada em design gráfico com letras e números de tamanho que lhe permitam a leitura;

§ 3º No caso de setores separados para prática de atos por especialidade, será observada novamente a disposição desta Norma, mediante afixação de tabela quanto aos atos típicos da natureza.

Art. 76. Sempre que forem alteradas ou divulgadas novas tabelas, estas não se aplicarão aos atos extrajudiciais já solicitados ao delegado do serviço notarial e de registro, haja ou não depósito total ou parcial das custas e emolumentos previstos.

Art. 77. Para o cálculo de custas, emolumentos e contribuições com base em valores tributários, o delegado do serviço notarial e de registro admitirá aqueles fixados no último lançamento da Prefeitura, quando se tratar de imóvel urbano, ou pelo Órgão Federal competente, no caso de imóvel rural. Se o preço ou o valor econômico do negócio jurídico declarado pelas partes for inferior aos fixados, será considerado aquele do exercício findo, até a data de vencimento da primeira parcela do tributo no exercício corrente.

Regimentos de Custas do Distrito Federal, dos Estados e dos Territórios, os quais serão pagos pelo interessado que os requerer.

Parágrafo único. O valor correspondente às custas de escrituras, certidões, buscas, averbações, registros de qualquer natureza, emolumentos e despesas legais constará, obrigatoriamente, do próprio documento, independentemente da expedição do recibo, quando solicitado.

Art. 78. A qualquer interessado, serão prestados esclarecimentos sobre a aplicação da tabela no cálculo dos emolumentos e sobre o valor de cada serviço executado ou a executar.

Art. 79. O delegado do serviço notarial e de registro poderá formular consulta por escrito ao juiz competente para dirimir dúvida de caráter genérico sobre cobrança de custas, emolumentos, contribuições e despesas.

Parágrafo único. Proferida a decisão, o juiz-corregedor permanente encaminhará cópia à Corregedoria de Justiça.

SUBSEÇÃO II
DAS RECLAMAÇÕES E RECURSOS SOBRE EMOLUMENTOS, CUSTAS E DESPESAS DAS UNIDADES DO SERVIÇO NOTARIAL E DE REGISTRO

Art. 80. A parte interessada poderá oferecer reclamação escrita ao juiz-corregedor permanente contra a cobrança indevida de custas, emolumentos, contribuições e despesas.

Art. 81. Ouvido o reclamado em 48 horas, o juiz-corregedor permanente, em igual prazo, proferirá decisão.

Art. 82. Da decisão do juiz caberá recurso, no prazo de cinco dias, ao corregedor-geral da Justiça.

Art. 83. Sem prejuízo de responsabilidade disciplinar, os delegados do serviço notarial ou de registro que, dolosamente, receberem custas, emolumentos, contribuições e despesas indevidas e excessivas ou infringirem as disposições legais pertinentes serão punidos com multa, nos limites previstos em Lei, imposta de ofício, ou a requerimento de qualquer interessado, pelo juiz-corregedor permanente, além da obrigação de restituir em décuplo a importância cobrada em excesso ou indevidamente.

Art. 84. A multa constituirá renda do Estado, devendo seu recolhimento e a restituição ao interessado serem efetuados no prazo de cinco dias, a contar da decisão definitiva pelo delegado do serviço notarial e de registro, sob pena de suspensão do exercício de suas funções, até o cumprimento da obrigação.

Capítulo II
DOS REGISTROS PÚBLICOS

Art. 85. A escrituração dos registros públicos será feita em livros encadernados, ou em folhas soltas, ou por meio eletrônico.

Art. 86. O sistema de registro eletrônico será instituído nos prazos e condições previstas na Lei n. 11.977, de 7 de julho de 2009, e em seu Regulamento.

Art. 87. Até a implantação do sistema de registro eletrônico, a escrituração em meio eletrônico, sem impressão em papel, se restringirá aos atos subscritos apenas pelo oficial de registro ou preposto autorizado.

Art. 88. Os documentos eletrônicos apresentados aos serviços de registros públicos ou por eles expedidos deverão atender aos requisitos da Infraestrutura de Chaves Públicas Brasileira (ICP-Brasil) e à arquitetura e-PING (Padrões de Interoperabilidade de Governo Eletrônico).

Art. 89. Os serviços de registros públicos disponibilizarão serviços de recepção de títulos e de fornecimento de informações e certidões em meio eletrônico.

§ 1º A certidão digital gerada será sob a forma de documento eletrônico de longa duração, atendidos os requisitos legais, normativos e aqueles preconizados pela Infraestrutura de Chaves Públicas Brasileira (ICP_Brasil), mediante uso de certificado digital do tipo A-3, ou superior, incluída em seu conteúdo a atribuição de "metadados" com base em estruturas terminológicas (taxonomias) que organizem e classifiquem as informações do arquivo digital com o uso do padrão Dublin Core (DC);

§ 2º A certidão digital será arquivada diretamente pela serventia somente em mídia digital por esta oferecida, previamente formatada (CD, token etc.), sem custo adicional ao usuário;

§ 3º A solicitação, postagem, download e conferência de certidão digital pela Internet serão feitos exclusivamente em ambiente seguro;

§ 4º É expressamente vedada a utilização pela serventia registral de remessa da Certidão Digital por meio de correio eletrônico (e-mail) ou similar, ou a postagem do arquivo eletrônico em sites ou ambientes de Internet de despachantes ou comércio de fornecimento de documentos;

§ 5º Os serviços de recepção de títulos e de fornecimento de informações e certidões em meio eletrônico poderão ser compartilhados pelas serventias por meio de centrais de serviços, operadas por entidades de classe dos registradores;

§ 6º A cobrança de eventual taxa de conveniência dos usuários dos serviços deverá atender ao princípio da razoabilidade.

Art. 90. O oficial de registro, considerando a quantidade dos registros, segundo prudente critério, poderá, nos termos da Lei 6.015, de 1973, reduzir o número de páginas dos livros respectivos, até a terça parte do consignado na Lei de Registros Públicos.

Art. 91. Os números de ordem dos registros serão ininterruptos, continuando, sempre, indefinidamente.

Art. 92. Os títulos serão registrados, preferencialmente, na ordem de apresentação, não se podendo adiar o registro civil das pessoas naturais de um dia para outro.

Art. 93. Os oficiais deverão assegurar às partes a ordem de precedência na apresentação dos títulos, com número de ordem. Podem, para tanto, adotar livros auxiliares de protocolo.

Art. 94. Somente os títulos apresentados para exame e cálculos de custas e emolumentos independem de prenotação.

Art. 95. Das comunicações que lhes são feitas, podem os oficiais do Registro Civil exigir o reconhecimento de firmas.

Parágrafo único. Considera-se reconhecida a firma do juiz se o escrivão-diretor do ofício de justiça que expediu o documento certificar-lhe a autenticidade.

Art. 96. A emancipação concedida por sentença judicial será anotada às expensas do interessado.

Art. 97. Quando o interessado no registro for o oficial encarregado de fazê-lo, ou algum parente seu, em grau que determine impedimento, o ato deverá ser praticado por seu substituto legal.

10

PROVIMENTO N. 02 DE 24 DE JANEIRO DE 2013 — ART. 112

Art. 98. A certidão será lavrada em inteiro teor, em resumo, ou em relatório, conforme quesitos, e devidamente autenticada pelo oficial, seus substitutos legais ou preposto autorizado, e expedida com a maior brevidade possível, não podendo seu fornecimento ser retardado por mais de cinco dias.

Art. 99. A certidão de inteiro teor poderá ser extraída por meio datilográfico, impresso, reprográfico, ou digital.

§ 1º Cabe exclusivamente aos oficiais a escolha da melhor forma para expedição das certidões dos documentos registrados e atos praticados no Cartório, respeitado o disposto no art. 89 destas Normas, em que a escolha cabe ao requerente;

§ 2º Faculta-se a opção, a ser exercida no momento do requerimento, de solicitação de entrega das certidões no próprio domicílio do usuário, via postal (SEDEX), caso em que o custo de postagem será acrescido ao preço da certidão.

Art. 100. As certidões do Registro Civil de Pessoas Naturais mencionarão, sempre, a data em que foi lavrado o assento e serão manuscritas, datilografadas, impressas ou digitais. No caso de adoção de papéis impressos, os claros serão preenchidos também em manuscritos ou datilografados.

Art. 101. Quando não houver adoção de papel de segurança padrão, as certidões deverão ser fornecidas em papel de fundo branco e mediante escrita que lhe permitam a reprodução por fotocópia ou por sistema reprográfico equivalente.

Art. 102. Não sendo a certidão expedida no momento da solicitação, é obrigatório o fornecimento de protocolo do respectivo pedido, do qual deverão constar, além dos dados da certidão solicitada, a data e hora do pedido, a data e hora prevista para retirada da certidão, bem como o valor dos emolumentos cobrados.

Art. 103. Havendo alteração posterior ao ato cuja certidão é pedida, deve o oficial mencioná-la, obrigatoriamente, não obstante as especificações do pedido, sob pena de responsabilidade civil e penal, ressalvado o disposto nos arts. 45[11] e 94[12] da Lei de Registros Públicos.

---

11. Art. 45. A certidão relativa ao nascimento de filho legitimado por subsequente matrimônio deverá ser fornecida sem o teor da declaração ou averbação a esse respeito, como se fosse legítimo; na certidão de casamento também será omitida a referência àquele filho, salvo havendo em qualquer dos casos, determinação judicial, deferida em favor de quem demonstre legítimo interesse em obtê-la.

12. Art. 94. O registro das sentenças declaratórias de ausência, que nomearem curador, será feita no cartório do domicílio anterior do ausente, com as mesmas cautelas e efeitos do registro de interdição, declarando-se:
    1º) data do registro;
    2º) nome, idade, estado civil, profissão e domicílio anterior do ausente, data e cartório em que foram registrados o nascimento e o casamento, bem como o nome do cônjuge, se for casado;
    3º) tempo de ausência até a data da sentença;
    4º) nome do promotor do processo;
    5º) data da sentença, nome e vara do Juiz que a proferiu;
    6º) nome, estado, profissão, domicílio e residência do curador e os limites da curatela.

Parágrafo único. A alteração a que se refere este artigo deverá ser anotada na própria certidão, com a inscrição de que "a presente certidão envolve elementos de averbação à margem do termo".

Art. 104. Os oficiais deverão manter em segurança, permanentemente, os livros, papéis, documentos, sistemas de computação, bancos de dados e de imagens, e responderão por sua ordem e conservação.

Art. 105. Os livros de registro, e as fichas que os substituam, somente sairão do respectivo Cartório mediante autorização judicial.

Art. 106. Todas as diligências judiciais e extrajudiciais que exigirem apresentação de qualquer livro, ficha substitutiva de livro ou documento, sistemas informatizados, banco de dados e de imagens serão efetuadas no próprio Cartório.

Art. 107. Os livros, papéis, documentos, sistemas de informatização, bancos de dados e de imagens pertencentes ao arquivo do cartório ali permanecerão indefinidamente.

Art. 108. Ocorrendo fundada dúvida sobre a autenticidade de firma constante de documento público ou particular, o oficial do Registro deverá, sob pena de responsabilidade, exigir-lhe o reconhecimento em tabelião de notas da própria comarca, valendo aquele feito pelo escrivão-diretor nos documentos extraídos dos autos processuais.

Capítulo III
DO REGISTRO DE IMÓVEIS

SEÇÃO I
DAS DISPOSIÇÕES GERAIS

Art. 109. O Serviço de Registro de Imóveis está sujeito ao regime jurídico estabelecido na Constituição Federal, no Código Civil Brasileiro e nas Leis n. 6.015, de 31 de dezembro de 1973; n. 8.935, de 18 de novembro de 1994; e n. 11.977, de 7 de julho de 2009, que lhe definem a organização, a competência, as atribuições e o funcionamento.

Art. 110. Aos Registradores de Imóveis cumpre prestar os serviços a seu cargo de modo adequado, e observar rigorosamente os deveres próprios da delegação pública de que estão investidos, de modo a garantir autenticidade, publicidade, segurança, disponibilidade e eficácia dos atos jurídicos constitutivos, translativos ou extintivos de direitos reais sobre imóveis.

Art. 111. Para os fins do disposto no artigo anterior, os registradores de imóveis adotarão boas práticas de governança corporativa do setor público administrativo e as disseminadas pelas entidades institucionais representativas.

SEÇÃO II
DAS ATRIBUIÇÕES

Art. 112. No Registro de Imóveis, além da matrícula, serão feitos:

I – o registro:

1) da instituição de bem de família (Livros 2 e 3);

2) das hipotecas legais, judiciais e convencionais (Livro 2);

3) dos contratos de locação de prédios, nos quais tenha sido consignada cláusula de vigência no caso de alienação da coisa locada (Livro 2);

4) do penhor de máquinas e de aparelhos utilizados na indústria, inclusive em funcionamento, com os respectivos pertences ou sem eles (Livro 3);

5) das servidões em geral (Livro 2);

6) do usufruto e do uso sobre imóveis e da habitação, se não resultarem do direito de família (Livro 2);

7) das rendas constituídas sobre imóveis ou a eles vinculadas por disposição de última vontade (Livro 2);

8) dos contratos de compromisso de compra e venda de cessão deste e de promessa de cessão, com ou sem cláusula de arrependimento, que tenham por objeto imóveis não loteados, cujo preço tenha sido pago no ato de sua celebração, ou deva sê-lo a prazo, de uma só vez ou em prestações (Livro 2);

9) da enfiteuse (Livro 2);

10 da anticrese (Livro 2);

11) das convenções antenupciais (Livro 3);

12) das cédulas de crédito rural (Livro 3);

13) das cédulas de crédito industrial, à exportação e comercial (Livro 3);

14) dos contratos de penhor rural (Livro 3);

15) dos empréstimos por obrigações ao portador ou debêntures, inclusive as conversíveis em ações (Livro 3);

16) das incorporações (Livro 2), instituições (Livro 2) e convenções de condomínio edilício (Livro 3);

17) dos contratos de promessa de venda, cessão ou promessa de cessão de unidades autônomas condominiais a que alude a Lei n. 4.591, de 16 de dezembro de 1964, quando a incorporação ou a instituição de condomínio tiver se formalizado na vigência da Lei n. 6.015, de 1973 (Livro 2);

18 dos loteamentos urbanos e rurais e desmembramentos urbanos especiais de que trata o artigo 18[13] da Lei n. 6.766, de 1979 (Livro 2);

---

13. Art. 18. Aprovado o projeto de loteamento ou de desmembramento, o loteador deverá submetê-lo ao registro imobiliário dentro de 180 (cento e oitenta) dias, sob pena de caducidade da aprovação, acompanhado dos seguintes documentos:
    I – título de propriedade do imóvel ou certidão da matrícula, ressalvado o disposto nos §§ 4º e 5º;
    II – histórico dos títulos de propriedade do imóvel, abrangendo os últimos 20 (vintes anos), acompanhados dos respectivos comprovantes;
    III – certidões negativas:
    a) de tributos federais, estaduais e municipais incidentes sobre o imóvel;
    b) de ações reais referentes ao imóvel, pelo período de 10 (dez) anos;
    c) de ações penais com respeito ao crime contra o patrimônio e contra a Administração Pública.
    IV – certidões:
    a) dos cartórios de protestos de títulos, em nome do loteador, pelo período de 5 (cinco) anos;
    b) de ações cíveis relativas ao loteador, pelo período de 10 (dez) anos;
    c) da situação jurídica atualizada do imóvel; e
    d) de ações penais contra o loteador, pelo período de 10 (dez) anos;
    V – cópia do ato de aprovação do loteamento e comprovante do termo de verificação, pelo Município ou

ART. 112 — NORMAS PARA A ATIVIDADE EXTRAJUDICIAL DO ESTADO DO TOCANTINS

19) dos contratos de promessa de compra e venda de terrenos loteados em conformidade com o Decreto-Lei n. 58, de 10 de dezembro de 1937, e respectiva cessão e promessa de cessão, quando o loteamento tiver se formalizado na vigência da Lei n. 6.015, de 1973 (Livro 2);

20) das citações de ações reais ou pessoais reipersecutórias relativas a Imóveis (Livro 2);

21) dos julgados e atos jurídicos entre vivos que dividirem imóveis ou os demarcarem, inclusive nos casos de incorporação que resultarem em constituição de condomínio e atribuírem uma ou mais unidades aos incorporadores (Livro 2);

22) das escrituras públicas e das sentenças que nos inventários, arrolamentos e partilhas adjudi-

_____

pelo Distrito Federal, da execução das obras exigidas pela legislação municipal, que incluirão, no mínimo, a execução das vias de circulação do loteamento, demarcação dos lotes, quadras e logradouros e das obras de escoamento das águas pluviais ou da aprovação de um cronograma, com a duração máxima de 4 (quatro) anos, prorrogáveis por mais 4 (quatro) anos, acompanhado de competente instrumento de garantia para a execução das obras;

VI – exemplar do contrato padrão de promessa de venda, ou de cessão ou de promessa de cessão, do qual constarão obrigatoriamente as indicações previstas no art. 26 desta Lei;

VII – declaração do cônjuge do requerente de que consente no registro do loteamento.

§ 1º Os períodos referidos nos incisos III, alínea b e IV, alíneas a, e d, tomarão por base a data do pedido de registro do loteamento, devendo todas elas serem extraídas em nome daqueles que, nos mencionados períodos, tenham sido titulares de direitos reais sobre o imóvel;

§ 2º A existência de protestos, de ações pessoais ou de ações penais, exceto as referentes a crime contra o patrimônio e contra a administração, não impedirá o registro do loteamento se o requerente comprovar que esses protestos ou ações não poderão prejudicar os adquirentes dos lotes. Se o Oficial do Registro de Imóveis julgar insuficiente a comprovação feita, suscitará a dúvida perante o juiz competente;

§ 3º A declaração a que se refere o inciso VII deste artigo não dispensará o consentimento do declarante para os atos de alienação ou promessa de alienação de lotes, ou de direitos a eles relativos, que venham a ser praticados pelo seu cônjuge;

§ 4º O título de propriedade será dispensado quando se tratar de parcelamento popular, destinado às classes de menor renda, em imóvel declarado de utilidade pública, com processo de desapropriação judicial em curso e imissão provisória na posse, desde que promovido pela União, Estados, Distrito Federal, Municípios ou suas entidades delegadas, autorizadas por lei a implantar projetos de habitação;

§ 5º No caso de que trata o § 4º, o pedido de registro do parcelamento, além dos documentos mencionados nos incisos V e VI deste artigo, será instruído com cópias autênticas da decisão que tenha concedido a imissão provisória na posse, do decreto de desapropriação, do comprovante de sua publicação na imprensa oficial e, quando formulado por entidades delegadas, da lei de criação e de seus atos constitutivos;

§ 6º Na hipótese de o loteador ser companhia aberta, as certidões referidas na alínea c do inciso III e nas alíneas a, b e d do inciso IV do caput deste artigo poderão ser substituídas por exibição das informações trimestrais e demonstrações financeiras anuais constantes do sítio eletrônico da Comissão de Valores Mobiliários;

§ 7º Quando demonstrar de modo suficiente o estado do processo e a repercussão econômica do litígio, a certidão esclarecedora de ação cível ou penal poderá ser substituída por impressão do andamento do processo digital.

carem bens de raiz em pagamento das dívidas da herança (Livro 2);

23) dos atos de entrega de legados de imóveis, das escrituras públicas, dos formais de partilha e das sentenças de adjudicação em inventário ou arrolamento quando não houver partilha (Livro 2);

24) da arrematação e da adjudicação em hasta pública (Livro 2);

25) do dote (Livro 2);

26) das sentenças declaratórias de usucapião (Livro 2);

27) da compra e venda pura e da condicional (Livro 2);

28) da permuta (Livro 2);

29) da dação em pagamento (Livro 2);

30) da transferência de imóvel à sociedade, quando integrar quota social (Livro 2);

31) da doação entre vivos (Livro 2);

32) da desapropriação amigável e das sentenças que, em processo de desapropriação, fixarem o valor da indenização (Livro 2);

33) da alienação fiduciária em garantia de coisa imóvel (Livro 2);

34) da imissão provisória na posse, e respectiva cessão e promessa de cessão concedida à União, Estados, Distrito Federal, Municípios ou suas entidades delegadas, para execução de parcelamento popular, com finalidade urbana, destinado às classes de menor renda (Livro 2);

35) dos termos administrativos ou das sentenças declaratórias da concessão de uso especial para fins de moradia (Livro 2);

36) da constituição do direito de superfície de imóvel urbano (Livro 2);

37) do contrato de concessão de direito real de uso de imóvel público (Livro 2);

38) dos atos de tombamento definitivo de bens imóveis requeridos pelo órgão competente federal, estadual ou municipal, do serviço de proteção ao patrimônio histórico e artístico (Livro 2);

39) da legitimação de posse (art. 59[14] da Lei n. 11.977, de 2009);

40) da conversão da legitimação de posse em propriedade, prevista no art. 60[15] da Lei n. 11.977, de 2009;

41) dos outros atos, fatos, negócios ou títulos previstos em lei como hábeis para registro;

42) dos outros atos, fatos ou títulos previstos em lei como hábeis para registro.

Parágrafo único. A escritura pública de separação ou divórcio, ou a sentença de separação judicial, divórcio ou a que anular o casamento só será objeto de registro se decidir sobre partilha de bens imóveis ou direitos reais registrários.

II – a averbação:

1) das convenções antenupciais dos regimes de bens diversos do legal e suas alterações nos registros referentes a imóveis ou a direitos reais pertencentes a qualquer dos cônjuges, inclusive os adquiridos posteriormente ao casamento;

_____

14. Dispositivo revogado pela Lei n. 13.465/2017.
15. Dispositivo revogado pela Lei n. 13.465/2017.

2) por cancelamento, da extinção dos ônus e direitos reais;

3) dos contratos de promessa de compra e venda, das cessões e das promessas de cessão a que alude o Decreto-lei n. 58, de 10 de dezembro de 1937, quando o loteamento se tiver formalizado anteriormente à vigência da Lei n. 6.015, de 31 de dezembro de 1973;

4) da mudança de denominação e de numeração dos prédios, da edificação, da reconstrução, da demolição e do desmembramento de imóveis;

5) da alteração do nome por casamento ou por separação judicial, ou, ainda, de outras circunstâncias que, de qualquer modo, tenham influência no registro ou nas pessoas nele interessadas;

6) dos atos pertinentes a unidades autônomas condominiais a que alude a Lei n. 4.591, de 16 de dezembro de 1964, quando a incorporação tiver sido formalizada anteriormente à vigência da Lei n. 6.015, de 31 de dezembro de 1973;

7) das cédulas hipotecárias;

8) da caução e da cessão fiduciária de direitos relativos a imóveis;

9) das sentenças de separação de dote;

10) do restabelecimento da sociedade conjugal;

11) das cláusulas de inalienabilidade, impenhorabilidade e incomunicabilidade impostas a imóveis, e da constituição de fideicomisso;

12) das decisões, recursos e seus efeitos que tenham por objeto atos ou títulos registrados ou averbados;

13) ex officio, dos nomes dos logradouros, determinados pelo poder público;

14) das escrituras públicas de separação e divórcio e das sentenças de separação judicial, de divórcio e de nulidade ou anulação de casamento, se nas respectivas partilhas existirem imóveis ou direitos reais sujeitos a registro (Incluído pela Lei n. 6.850, de 1980).

15) da re-ratificação do contrato de mútuo com pacto adjeto de hipoteca em favor de entidade integrante do Sistema Financeiro da Habitação, ainda que importando elevação da dívida, desde que mantidas as mesmas partes e que inexista outra hipoteca registrada em favor de terceiros (Incluído pela Lei n. 6.941, de 1981);

16) da fusão, cisão e incorporação de sociedades;

17) do arquivamento de documentos comprobatórios de inexistência de débitos para com a Previdência Social;

18) da indisponibilidade de bens que constituem reservas técnicas das Companhias Seguradoras;

19) do tombamento provisório e definitivo de bens imóveis, declarado por ato administrativo ou legislativo ou por decisão judicial;

20) das restrições próprias dos Imóveis reconhecidos como integrantes do patrimônio cultural, por forma diversa do tombamento, em decorrência de ato administrativo, legislativo ou decisão judicial específicos;

21) das restrições próprias dos Imóveis situados na vizinhança dos bens tombados ou reconhecidos como integrantes do patrimônio cultural;

PROVIMENTO N. 02 DE 24 DE JANEIRO DE 2013 — ART. 116

22) do contrato de locação, para os fins de exercício de direito de preferência (Incluído pela Lei n. 8.245, de 1991);

23) do Termo de Securitização de créditos imobiliários, quando submetidos a regime fiduciário (Incluído pela Lei n. 9.514, de 1997);

24) da notificação para parcelamento, edificação ou utilização compulsórios de imóvel urbano (incluído pela Lei n. 10.257, de 2001);

25) da extinção da concessão de uso especial para fins de moradia (incluído pela Lei n. 10.257, de 2001);

26) da extinção do direito de superfície de imóvel urbano (incluído pela Lei n. 10.257, de 2001);

27) da cessão de crédito imobiliário (incluído pela Lei n. 10.931, de 2004);

28) da reserva legal (incluído pela Lei n. 11.284, de 2006);

29) da servidão ambiental (incluído pela Lei n. 11.284, de 2006);

30) do ajuizamento de execução (averbação premonitória – CPC, art. 615-A[16]);

31) das penhoras, arrestos e sequestros de Imóveis (Livro 2);

32) do destaque de imóvel de gleba pública originária (incluído pela Lei n. 11.952, de 2009);

33) do auto de demarcação urbanística (incluído pela MP n. 459, de 2009, convertida na Lei n. 11.977, de 2009);

34) da extinção da concessão de uso especial para fins especiais de moradia;

35) da extinção da concessão de direito real de uso;

36) do comodato;

37) do arrendamento;

38) do protesto contra alienação de bens.

Parágrafo único. A escritura pública de separação ou divórcio, a sentença de separação judicial, ou de nulidade ou anulação de casamento serão objetos de averbação, se não decidirem sobre a partilha de bens dos cônjuges, ou apenas afirmarem a permanência de tais bens em sua totalidade, em comunhão, atentando-se, neste caso, à mudança de seu caráter jurídico,

---

16. Dispositivo revogado pela Lei n. 13.105/2015. Corresponde ao artigo 828 do NCPC.

Art. 828. O exequente poderá obter certidão de que a execução foi admitida pelo juiz, com identificação das partes e do valor da causa, para fins de averbação no registro de imóveis, de veículos ou de outros bens sujeitos a penhora, arresto ou indisponibilidade.

§ 1º No prazo de 10 (dez) dias de sua concretização, o exequente deverá comunicar ao juízo as averbações efetivadas;

§ 2º Formalizada penhora sobre bens suficientes para cobrir o valor da dívida, o exequente providenciará, no prazo de 10 (dez) dias, o cancelamento das averbações relativas àqueles não penhorados;

§ 3º O juiz determinará o cancelamento das averbações, de ofício ou a requerimento, caso o exequente não o faça no prazo;

§ 4º Presume-se em fraude à execução a alienação ou a oneração de bens efetuada após a averbação;

§ 5º O exequente que promover averbação manifestamente indevida ou não cancelar as averbações nos termos do § 2º indenizará a parte contrária, processando-se o incidente em autos apartados.

---

com a dissolução da sociedade conjugal e surgimento de condomínio pro indiviso.

Art. 113. Todos os atos enumerados no artigo acima são obrigatórios e serão efetuados no Registro de Imóveis da situação do imóvel, salvo as averbações, que serão efetuadas na matrícula ou à margem do registro a que se referirem, ainda que o imóvel tenha passado a pertencer a outra circunscrição; e os registros relativos a imóveis situados em comarcas ou circunscrições limítrofes, que serão feitos em todas elas, devendo constar dos atos tal ocorrência.

§ 1º O acesso ao fólio real de atos de transferência, desmembramento, parcelamento ou remembramento de imóveis rurais dependerá de apresentação de memorial descritivo elaborado, executado e assinado por profissional habilitado e com a devida Anotação de Responsabilidade Técnica (ART), com as coordenadas dos vértices definidores dos limites dos Imóveis rurais, georreferenciadas ao Sistema Geodésico Brasileiro e com precisão posicional estabelecida pelo INCRA;

§ 2º O memorial descritivo devidamente certificado pelo INCRA será arquivado em classificador, com índice no qual haverá remissão ao número da matrícula correspondente;

§ 3º Para os fins e efeitos do § 2º[17] do art. 225 da Lei n. 6.015, de 31 de dezembro de 1973, uma vez apresentado o memorial descritivo segundo os ditames do § 3º[18] do art. 176 e do § 3º[19] do art. 225 da mesma lei, o registro de sub-

---

17. Art. 225. Os tabeliães, escrivães e juízes farão com que, nas escrituras e nos autos judiciais, as partes indiquem, com precisão, os característicos, as confrontações e as localizações dos imóveis, mencionando os nomes dos confrontantes e, ainda, quando se tratar só de terreno, se esse fica do lado par ou do lado ímpar do logradouro, em que quadra e a que distância métrica da edificação ou da esquina mais próxima, exigindo dos interessados certidão do registro imobiliário.

§ 2º Consideram-se irregulares, para efeito de matrícula, os títulos nos quais a caracterização do imóvel não coincida com a que consta do registro anterior.

18. Art. 176. O Livro n. 2 – Registro Geral – será destinado, à matrícula dos imóveis e ao registro ou averbação dos atos relacionados no art. 167 e não atribuídos ao Livro n. 3.

§ 3º Nos casos de desmembramento, parcelamento ou remembramento de imóveis rurais, a identificação prevista na alínea a do item 3 do inciso II do § 1º será obtida a partir de memorial descritivo, elaborado, assinado por profissional habilitado e com a devida Anotação de Responsabilidade Técnica (ART), contendo as coordenadas dos vértices definidores dos limites dos imóveis rurais, georreferenciados ao Sistema Geodésico Brasileiro e com precisão posicional a ser fixada pelo INCRA, garantida a isenção de custos financeiros aos proprietários de imóveis rurais cuja somatória da área não exceda a quatro módulos fiscais.

19. Art. 225. Os tabeliães, escrivães e juízes farão com que, nas escrituras e nos autos judiciais, as partes indiquem, com precisão, os característicos, as confrontações e as localizações dos imóveis, mencionando os nomes dos confrontantes e, ainda, quando se tratar só de terreno, se esse fica do lado par ou do lado ímpar do logradouro, em que quadra e a que distância métrica da edificação ou da esquina mais próxima, exigindo dos interessados certidão do registro imobiliário.

§ 3º Nos autos judiciais que versem sobre imóveis rurais, a localização, os limites e as confrontações serão obtidos a partir de memorial descritivo assinado por profissional habilitado e com a devida Anotação de Responsabilidade Técnica (ART), contendo as coordenadas dos vértices definidores dos limites dos imóveis rurais, georreferenciados ao Sistema Geodésico Brasileiro e com precisão posicional a ser fixada pelo INCRA, ga-

---

sequente transferência da totalidade do imóvel independerá de novo memorial descritivo;

§ 4º O desmembramento territorial posterior ao registro não exige sua repetição no novo cartório;

§ 5º Aberta a matrícula na nova circunscrição competente, o oficial comunicará o fato ao oficial de registro de imóveis da origem para que seja procedido o encerramento da matrícula.

Art. 114. Os atos relativos às vias férreas deverão ser registrados no cartório correspondente à estação inicial da respectiva linha.

Art. 115. Na designação genérica de registro, consideram-se englobadas a inscrição e a transcrição a que se referem as leis civis.

SEÇÃO III
DOS LIVROS, SUA ESCRITURAÇÃO E PROCESSO DO REGISTRO

SUBSEÇÃO I
DISPOSIÇÕES GERAIS

Art. 116. Haverá no Registro de Imóveis, além dos livros comuns a todas as serventias, os seguintes:

I – Livro de Recepção de Títulos;

II – Livro n. 1 – Protocolo;

III – Livro n. 2 – Registro Geral;

IV – Livro n. 3 – Registro Auxiliar;

V – Livro n. 4 – Indicador Real;

VI – Livro n. 5 – Indicador Pessoal;

VII – Livro de Cadastro de Aquisições de Imóveis Rurais por Estrangeiros;

VIII – Livro de indisponibilidade de bens.

§ 1º Os Livros ns. 2, 3, 4 e 5 serão escriturados mecanicamente na forma de fichas, e todos eles, inclusive o Livro de Recepção de Títulos, o Livro n. 1 (Protocolo) e os livros de Cadastro de Aquisições de Imóveis Rurais por Estrangeiros e Livro de Indisponibilidade de bens, poderão adotar sistema informatizado de base de dados, desde que contenham os requisitos previstos para o sistema de registro eletrônico (Lei n. 11.977, de 2009);

§ 2º Entende-se por registro eletrônico a escrituração dos atos registrais em mídia totalmente eletrônica;

§ 3º A migração para escrituração registral no sistema de registro eletrônico será feita de forma gradativa, nos prazos e condições previstos na Lei n. 11.977, de 7 de julho de 2009, e em seu Regulamento, sempre atendidos os critérios de segurança da informação;

§ 4º Até a implantação plena do sistema de registro eletrônico na serventia, a escrituração em meio sistem impresso em papel se restringirá ao Livro de Recepção de Títulos, ao Livro n. 1 de Protocolo e aos Livros ns. 4 e 5, que poderão ser formados por bancos de dados;

§ 5º Adotado o sistema de fichas, estas deverão ser escrituradas com esmero, arquivadas com segurança e, de preferência, em invólu-

---

rantida a isenção de custos financeiros aos proprietários de imóveis rurais cuja somatória da área não exceda a quatro módulos fiscais.

13

ART. 117 — NORMAS PARA A ATIVIDADE EXTRAJUDICIAL DO ESTADO DO TOCANTINS

cros de plásticos transparentes, vedada sua plastificação;

§ 6º As fichas deverão possuir dimensões que lhes permitam a digitalização e extração de cópias reprográficas e lhes facilitem o manuseio, a boa compreensão da sequência lógica dos atos e o arquivamento, podendo ser utilizadas cores distintas para lhes facilitar a visualização;

§ 7º As fichas dos livros ns. 2 e 3 deverão ser autenticadas pelo oficial ou por quem o substitua, e os atos assinados pelo escrevente autorizado que os tenha praticado.

SUBSEÇÃO II
DO LIVRO DE RECEPÇÃO DE TÍTULOS

Art. 117. No Livro de Recepção de Títulos serão lançados os títulos apresentados exclusivamente para exame e cálculo dos respectivos emolumentos, a teor do art. 12, parágrafo único,[20] da Lei n. 6.015, de 1973, que não gozam dos efeitos da prioridade.

Art. 118. O Livro de Recepção de Títulos será escriturado em colunas, das quais constarão, pelo menos, os seguintes elementos:

I – número de ordem, que seguirá indefinidamente;

II – data da apresentação, apenas no primeiro lançamento diário;

III – nome do apresentante;

IV – natureza formal do título;

V – data da devolução do título;

VI – data da entrega ao interessado.

Art. 119. A recepção de títulos somente para exame e cálculo é excepcional e sempre dependerá de requerimento escrito e expresso do apresentante em que declare ter ciência que a apresentação do título na forma escolhida não implica prioridade e preferência de direitos, cujo requerimento será arquivado em pasta própria.

Parágrafo único. A serventia poderá fornecer requerimento para preenchimento de claros, dispensado o reconhecimento de firma quando aposta na presença do registrador ou de seu preposto.

Art. 120. Quando a apresentação de títulos for exclusivamente para exame e cálculo, os emolumentos devidos serão os correspondentes ao valor da prenotação, desde que haja expressa previsão legal. Fica vedada a cobrança de emolumentos pelos atos registrais futuros.

Art. 121. Deverá ser fornecido às partes recibo-protocolo de todos os documentos ingressados para exame e cálculo, com numeração de ordem idêntica à lançada no Livro de Recepção de Títulos, a qual, necessariamente,

constará anotada, ainda que por cópia do mencionado recibo, nos títulos em tramitação.

Art. 122. O recibo-protocolo de títulos ingressados excepcionalmente na serventia apenas para exame e cálculo deverá conter a data em que foi expedida, a prevista para a devolução (máximo de quinze dias), e a expressa advertência de que não implica prioridade prevista no art. 186[21] da Lei n. 6.015, de 1973.

Art. 123. É vedado lançar no Livro n. 01 – Protocolo – títulos apresentados exclusivamente para exame e cálculo.

Art. 124. O prazo para exame ou qualificação do título, cálculo dos emolumentos e disponibilização para retirada pelo apresentante será de, no máximo, quinze dias, contados da data de ingresso na serventia.

Art. 125. Deverá o registrador proceder ao exame exaustivo do título apresentado e ao cálculo integral dos emolumentos, expedindo nota, de forma clara e objetiva, em papel timbrado do Cartório, a qual deverá ser datada e assinada pelo servidor responsável. A qualificação deve abranger completamente a situação examinada, em todos os seus aspectos relevantes para a registração, complementação ou seu indeferimento, permitindo quer a certeza correspondente à aptidão registrária (título apto para registro), quer a indicação integral das deficiências para a inscrição registral e o modo de suprimento, ou a negação de acesso.

Art. 126. A devolução do título ao apresentante com a competente nota do exame e cálculo deverá ficar documentada em cartório, mediante recibo.

Art. 127. Após a devolução do título ao apresentante, poderão o requerimento e o recibo de entrega permanecer arquivados somente em microfilme ou mídia digital.

SUBSEÇÃO III
DO LIVRO N. 1 – PROTOCOLO

Art. 128. O livro n. 1 – Protocolo – servirá para prenotação de todos os títulos apresentados diariamente, com exceção daqueles que o tiverem sido, a requerimento expresso e escrito da parte, apenas para exame e cálculo dos respectivos emolumentos.

§ 1º Apresentado ao cartório o título, este é imediatamente protocolizado e tomará o número de ordem que lhe competir, em razão da sequência rigorosa de apresentação;

§ 2º A cada título corresponderá um número de ordem do protocolo, independentemente da quantidade de atos que gerar. Após cada apontamento, será traçada uma linha horizontal, separando-o do seguinte;

§ 3º Sendo um mesmo título em várias vias, o número do protocolo será apenas um;

§ 4º Nenhuma exigência fiscal, ou dúvida, obstará a apresentação de um título e o seu lançamento no Protocolo, com o respectivo número de ordem.

Art. 129. São elementos necessários à escrituração do Protocolo:

I – número de ordem, que seguirá indefinidamente;

II – data da apresentação, apenas no primeiro lançamento;

III – nome do apresentante;

IV – natureza formal do título;

V – atos formalizados, resumidamente lançados, com menção de sua data;

VI – devolução com exigência e sua data;

VII – data de reingresso do título, se na vigência da prenotação;

VIII – valor do depósito prévio, se houver.

Art. 130. Deverá ser fornecido às partes recibo-protocolo de todos os documentos ingressados, com numeração de ordem idêntica à lançada no Livro n. 01 – Protocolo –, para garantir a prioridade do título e a preferência do direito real, a qual necessariamente constará anotada, ainda que por cópia do mencionado recibo-protocolo, nos títulos em tramitação.

Parágrafo único. O recibo-protocolo deverá conter, necessariamente, o nome e o endereço do apresentante, inclusive número de telefone e e-mail, se houver, os nomes das partes, a natureza e a origem do título, o valor do depósito prévio, a data e a hora em que foi expedido, a data prevista para eventual devolução do título com exigências (máximo de quinze dias), a data prevista para a prática do ato e a data em que cessarão automaticamente os efeitos da prenotação.

Art. 131. É obrigatório o lançamento no indicador pessoal, ou a organização de fichário, ou criação de mecanismo informatizado de controle de tramitação simultânea de títulos contraditórios ou excludentes de direitos sobre um mesmo imóvel.

Parágrafo único. As fichas serão inutilizadas na medida em que os títulos correspondentes forem registrados ou cessarem os efeitos da prenotação.

Art. 132. A escrituração do Livro n. 1 – Protocolo – incumbe ao oficial, seus substitutos ou escreventes autorizados.

Art. 133. Deve ser lavrado no final do expediente diário o termo de encerramento no Livro-Protocolo, com a menção do número de títulos protocolizados.

Parágrafo único. Será lavrado o termo de encerramento diariamente, ainda que não tenha sido apresentado título para apontamento.

Art. 134. É dispensável lavrar termo diário de abertura de Protocolo.

Art. 135. Na coluna "natureza formal do título", bastará referência à circunstância de se tratar de escritura pública, de instrumento particular, ou de título judicial. Apenas os títulos judiciais deverão ser identificados por sua espécie (Formal de Partilha, Carta de Adjudicação, Carta de Arrematação, Mandado Judicial etc.).

Art. 136. Na coluna destinada à anotação dos atos formalizados, serão lançados, de

---

20. Art. 12. Nenhuma exigência fiscal, ou dúvida, obstará a apresentação de um título e o seu lançamento do Protocolo com o respectivo número de ordem, nos casos em que da precedência decorra prioridade de direitos para o apresentante.

Parágrafo único. Independem de apontamento no Protocolo os títulos apresentados apenas para exame e cálculo dos respectivos emolumentos.

21. Art. 186. O número de ordem determinará a prioridade do título, e esta a preferência dos direitos reais, ainda que apresentados pela mesma pessoa mais de um título simultaneamente.

14

PROVIMENTO N. 02 DE 24 DE JANEIRO DE 2013 — ART. 153

forma resumida, os atos praticados nos Livros ns. 2 e 3, e as averbações efetuadas nos livros anteriores ao atual sistema de registro (Exemplos: R.1/457; AV. 4/1950; R.758; AV.1 na T. 3.789-L3D).

Art. 137. O número de ordem determinará a prioridade do título, e esta, a preferência dos direitos reais, ainda que apresentados pela mesma pessoa mais de um título simultaneamente.

Art. 138. Em caso de permuta, e pertencendo os imóveis à mesma circunscrição, serão feitos os registros nas matrículas correspondentes, sob um único número de ordem no Protocolo.

Art. 139. No caso de prenotações sucessivas de títulos contraditórios ou excludentes, será criada uma fila de precedência. Cessados os efeitos da prenotação, poderá retornar à fila, mas após os outros, que nela já se encontravam no momento da cessação.

Parágrafo único. O exame do segundo título subordina-se ao resultado do procedimento de registro do título que goza da prioridade. Somente se inaugurará novo procedimento registrário, ao cessarem os efeitos da prenotação do primeiro.

Art. 140. No registro ou na averbação, serão sempre indicados o número e a data do protocolo do documento apresentado.

Art. 141. É dever do registrador de Imóveis proceder ao exame exaustivo do título apresentado e, havendo exigências de qualquer ordem, estas deverão ser formuladas de uma só vez, por escrito, articuladamente, de forma clara e objetiva, em papel timbrado do cartório, com data, identificação e assinatura do servidor responsável, para que o interessado possa satisfazê-las, ou, não se conformando, requerer a suscitação de dúvida.

§ 1º A nota de exigência deve conter a exposição das razões e dos fundamentos em que o registrador se apoiou para qualificação negativa do título, vedadas justificativas de devolução com expressões genéricas, tais como "para os devidos fins", "para fins de direito" e outras congêneres;

§ 2º Ressalva-se a emissão de segunda nota de exigência apenas na hipótese de, cumpridas as exigências primitivamente formuladas, surgirem elementos que não constavam do título anteriormente qualificado;

§ 3º Elaborada a nota de exigência, será esta imediatamente postada em ambiente de Internet, possibilitando a consulta pelo interessado, e encaminhada ao endereço eletrônico (e-mail) do apresentante, quando houver, sem prejuízo de sua manutenção na serventia para entrega concomitante à devolução do título e dos valores correspondentes ao depósito prévio.

Art. 142. As notas de devolução serão feitas com cópias, as quais deverão ser arquivadas em pastas, em ordem cronológica, a fim de possibilitar o controle das exigências formuladas e a observância do prazo legal.

Art. 143. A ocorrência de devolução com exigência, após a elaboração da nota, será imediatamente lançada na coluna própria do Livro-Protocolo. Reingressando o título no prazo de vigência da prenotação, será objeto

do mesmo lançamento, em coluna própria, recebendo igual número de ordem.

Art. 144. A entrega do título ao apresentante, com registro ou competente nota de exigência, deverá ficar documentada em Cartório, mediante recibo.

Parágrafo único. Idêntica providência será adotada em relação à restituição, total ou parcial, dos valores correspondentes ao depósito prévio, vedada a retenção se o título for devolvido com exigência.

Art. 145. As cópias das notas de exigência e os comprovantes de entrega do título e de restituição de depósito prévio ao apresentante poderão permanecer arquivados somente em microfilme ou mídia digital.

Art. 146. Não se conformando o apresentante com a exigência, ou não a podendo satisfazer, será o título, a seu requerimento e com a declaração de dúvida formulada pelo oficial, remetido ao Juízo competente para dirimi-la, obedecendo-se ao seguinte:

I – o título será prenotado;

II – será anotada, na coluna "atos formalizados", à margem da prenotação, a observação "dúvida suscitada", reservando-se espaço para anotação do resultado;

III – após certificadas, no título, a prenotação e a suscitação da dúvida, será aquele rubricado em todas as suas folhas;

IV – em seguida, o oficial dará ciência dos termos da dúvida ao apresentante, fornecendo-lhe cópia da suscitação e notificando-o para impugná-la, diretamente perante o Juízo competente, no prazo de quinze dias; e

V – certificado o cumprimento do acima disposto, as razões da dúvida serão remetidas ao Juízo competente, acompanhadas do título, mediante carga.

§ 1º Ocorrendo direta suscitação pelo próprio interessado ("dúvida inversa"), o título também deverá ser prenotado, assim que o oficial a receber do Juízo para prestar informações, observando-se, ainda, o disposto nos incisos II e III;

§ 2º Se o interessado não impugnar a dúvida no prazo, será ela, ainda assim, julgada por sentença;

§ 3º Impugnada a dúvida com os documentos que o interessado apresentar, será ouvido o Ministério Público, no prazo de dez dias;

§ 4º Se não forem requeridas diligências, o juiz proferirá decisão no prazo de quinze dias, com base nos elementos constantes dos autos;

§5º Da sentença, poderão interpor apelação, com efeitos devolutivo e suspensivo, o interessado, o Ministério Público e o terceiro prejudicado.

Art. 147. Transitada em julgado a decisão da dúvida, deve-se proceder do seguinte modo:

I – se julgada procedente, os documentos serão restituídos à parte, independentemente de translado, dando-se ciência da decisão ao registrador, para que consigne no Protocolo e cancele a prenotação; e

II – se julgada improcedente, o interessado apresentará, de novo, os documentos, com o respectivo mandado, ou certidão da sentença, que ficarão arquivados, para que, desde logo, se proceda ao registro, declarando o registrador o fato na coluna de anotações do Protocolo.

§ 1º A decisão da dúvida tem natureza administrativa e não impede o uso do processo contencioso competente;

§ 2º Somente serão devidas custas, a serem pagas pelo interessado, se a dúvida for julgada procedente;

§ 3º Aos juízes-corregedores caberá comunicar aos cartórios o resultado da dúvida, após seu julgamento definitivo.

Art. 148. O prazo para exame, qualificação e devolução do título com exigências ao apresentante será de, no máximo, quinze dias; e o prazo para registro do título não poderá ultrapassar trinta dias, contados da data do ingresso na serventia e da prenotação no Livro-Protocolo.

Parágrafo[22] único. Os oficiais de Registro dotarão nas serventias de recursos humanos e tecnológicos, e envidarão esforços para redução desses prazos, com vistas à celeridade na prática dos atos registrais. E devem comunicar trimestralmente a Corregedoria permanente sobre o desempenho alcançado.

Art. 149. Apresentado título de segunda hipoteca, com referência expressa à existência de outra anterior, o oficial, depois de prenotá-lo, aguardará, durante trinta dias, que os interessados na primeira promovam a registro. Esgotado esse prazo, que correrá da data da prenotação, sem que seja apresentado o título anterior, o segundo será registrado.

Art. 150. Não serão registrados, no mesmo dia, títulos dos quais se constituam direitos reais contraditórios sobre o mesmo imóvel.

Art. 151. Prevalecerão, para efeito de prioridade de registro, quando apresentados no mesmo dia, os títulos prenotados sob número de ordem mais baixo, protelando-se o registro dos apresentados posteriormente pelo prazo correspondente a, pelo menos, um dia útil.

Art. 152. Para efeito de prioridade das escrituras públicas de mesma data e que exprimam taxativamente a hora de sua lavratura, apresentadas no mesmo dia, prevalece a que foi lavrada em primeiro lugar.

Art. 153. Cessarão automaticamente os efeitos da prenotação, salvo prorrogação por previsão legal ou normativa, se, decorridos trinta dias do lançamento no Livro-Protocolo, o título não for registrado por omissão do interessado em atender às exigências legais.

§ 1º Na coluna de atos praticados do Livro n. 1, deverá ser anotado que os efeitos da prenotação foram cessados;

---

22. Alterado e corrigido. Redação original consta "Pára-grafo".

15

ART. 154 NORMAS PARA A ATIVIDADE EXTRAJUDICIAL DO ESTADO DO TOCANTINS

§ 2º Será prorrogado o prazo da prenotação nos casos dos arts. 189,[23] 198[24] e 260[25] da Lei n. 6.015, de 1973, e art. 18[26] da Lei n. 6.766, de 1979;

---

23. Art. 189. Apresentado título de segunda hipoteca, com referência expressa à existência de outra anterior, o oficial, depois de prenotá-lo, aguardará durante 30 (trinta) dias que os interessados na primeira promovam a inscrição. Esgotado esse prazo, que correrá da data da prenotação, sem que seja apresentado o título anterior, o segundo será inscrito e obterá preferência sobre aquele.
24. Art. 198. Se houver exigência a ser satisfeita, ela será indicada pelo oficial por escrito, dentro do prazo previsto no art. 188 desta Lei e de uma só vez, articuladamente, de forma clara e objetiva, com data, identificação e assinatura do oficial ou preposto responsável, para que:
I – (Revogado pela Lei n. 14.382/2022);
II – (Revogado pela Lei n. 14.382/2022);
III – (Revogado pela Lei n. 14.382/2022);
IV – (Revogado pela Lei n. 14.382/2022);
V – o interessado possa satisfazê-la; ou
VI – caso não se conforme ou não seja possível cumprir a exigência, o interessado requeira que o título e a declaração de dúvida sejam remetidos ao juízo competente para dirimi-la.
§ 1º O procedimento da dúvida observará o seguinte:
I – no Protocolo, o oficial anotará, à margem da prenotação, a ocorrência da dúvida;
II – após certificar a prenotação e a suscitação da dúvida no título, o oficial rubricará todas as suas folhas;
III – em seguida, o oficial dará ciência dos termos da dúvida ao apresentante, fornecendo-lhe cópia da suscitação e notificando-o para impugná-la perante o juízo competente, no prazo de 15 (quinze) dias; e
IV – certificado o cumprimento do disposto no inciso III deste parágrafo, serão remetidos eletronicamente ao juízo competente as razões da dúvida e o título.
§ 2º A inobservância do disposto neste artigo ensejará a aplicação das penas previstas no art. 32 da Lei n. 8.935, de 18 de novembro de 1994, nos termos estabelecidos pela Corregedoria Nacional de Justiça do Conselho Nacional de Justiça.
25. Art. 260. A instituição do bem de família far-se-á por escritura pública, declarando o instituidor que determinado prédio se destina a domicílio de sua família e ficará isento de execução por dívida.
26. Art. 18. Aprovado o projeto de loteamento ou de desmembramento, o loteador deverá submetê-lo ao registro imobiliário dentro de 180 (cento e oitenta) dias, sob pena de caducidade da aprovação, acompanhado dos seguintes documentos:
I – título de propriedade do imóvel ou certidão da matrícula, ressalvado o disposto nos §§ 4º e 5º;
II – histórico dos títulos de propriedade do imóvel, abrangendo os últimos 20 (vintes anos), acompanhados dos respectivos comprovantes;
III – certidões negativas:
a) de tributos federais, estaduais e municipais incidentes sobre o imóvel;
b) de ações reais referentes ao imóvel, pelo período de 10 (dez) anos;
c) de ações penais com respeito ao crime contra o patrimônio e contra a Administração Pública.
IV – certidões:
a) dos cartórios de protestos de títulos, em nome do loteador, pelo período de 5 (cinco) anos;
b) de ações cíveis relativas ao loteador, pelo período de 10 (dez) anos;
c) da situação jurídica atualizada do imóvel; e
d) de ações penais contra o loteador, pelo período de 10 (dez) anos;
V – cópia do ato de aprovação do loteamento e comprovante do termo de verificação, pelo Município ou pelo Distrito Federal, da execução das obras exigidas pela legislação municipal, que incluirão, no mínimo, a

§ 3º Será também prorrogado o prazo da prenotação se a protocolização de reingresso do título, com todas as exigências cumpridas, ocorrer na vigência da força da primeira prenotação.

Art. 154. Se o documento, uma vez prenotado, não puder ser registrado, ou o apresentante desistir de registrar-lhe a importância relativa aos emolumentos será restituída, deduzida a quantia correspondente às buscas e à prenotação.

Art. 155. Para averbação de arresto ou penhora decorrente de execuções fiscais, será indispensável a apresentação da contra-fé e cópia do termo ou auto respectivo, fornecendo-se recibo ao encarregado da diligência.

§ 1º Havendo exigências a cumprir, o oficial do Registro as comunicará, por escrito e em cinco dias, ao Juízo competente, mantendo o título

---

execução das vias de circulação do loteamento, demarcação dos lotes, quadras e logradouros e das obras de escoamento das águas pluviais ou da aprovação de um cronograma, com a duração máxima de 4 (quatro) anos, prorrogáveis por mais 4 (quatro) anos, acompanhado de competente instrumento de garantia para a execução das obras;
VI – exemplar do contrato padrão de promessa de venda, ou de cessão ou de promessa de cessão, do qual constarão obrigatoriamente as indicações previstas no art. 26 desta Lei;
VII – declaração do cônjuge do requerente de que consente no registro do loteamento.
§ 1º Os períodos referidos nos incisos III, alínea b e IV, alíneas a, e d, tomarão por base a data do pedido de registro do loteamento, devendo todas elas serem extraídas em nome daqueles que, nos mencionados períodos, tenham sido titulares de direitos reais sobre o imóvel;
§ 2º A existência de protestos, de ações pessoais ou de ações penais, exceto as referentes a crime contra o patrimônio e contra a administração, não impedirá o registro do loteamento se o requerente comprovar que esses protestos ou ações não poderão prejudicar os adquirentes dos lotes. Se o Oficial do Registro de Imóveis julgar insuficiente a comprovação feita, suscitará a dúvida perante o juiz competente;
§ 3º A declaração a que se refere o inciso VII deste artigo não dispensará o consentimento do declarante para os atos de alienação ou promessa de alienação de lotes, ou de direitos a eles relativos, que venham a ser praticados pelo seu cônjuge;
§ 4º O título de propriedade será dispensado quando se tratar de parcelamento popular, destinado às classes de menor renda, em imóvel declarado de utilidade pública, com processo de desapropriação judicial em curso e imissão provisória na posse, desde que promovido pela União, Estados, Distrito Federal, Municípios ou suas entidades delegadas, autorizadas por lei a implantar projetos de habitação;
§ 5º No caso de que trata o § 4º, o pedido de registro do parcelamento, além dos documentos mencionados nos incisos V e VI deste artigo, será instruído com cópias autênticas da decisão que tenha concedido a imissão provisória na posse, do decreto de desapropriação, do comprovante de sua publicação na imprensa oficial e, quando formulado por entidades delegadas, da lei de criação e de seus atos constitutivos;
§ 6º Na hipótese de o loteador ser companhia aberta, as certidões referidas na alínea c do inciso III e nas alíneas a, b e d do inciso IV do caput deste artigo poderão ser substituídas por exibição das informações trimestrais e demonstrações financeiras anuais constantes do sítio eletrônico da Comissão de Valores Mobiliários;
§ 7º Quando demonstrar de modo suficiente o estado do processo e a repercussão econômica do litígio, a certidão esclarecedora de ação cível ou penal poderá ser substituída por impressão do andamento do processo digital.

em cartório, para que a Fazenda Pública, intimada, possa, diretamente perante o cartório, satisfazê-las, ou, não se conformando, requerer a suscitação de dúvida.

§ 2º Decorrido o prazo de validade da prenotação sem o cumprimento das exigências formuladas, o título será devolvido ao Juízo de origem, com a informação da inércia da Fazenda Pública;

§ 3º Os emolumentos devidos pela averbação da penhora efetivada em execução fiscal serão pagos a final ou quando da efetivação do registro da arrematação ou adjudicação do imóvel, ou do cancelamento da penhora, pelos valores vigentes à época do pagamento.

Art. 156. Se o imóvel não estiver matriculado ou registrado em nome do outorgante, o oficial exigirá a prévia matrícula e o registro do título anterior, qualquer que seja a sua natureza.

Art. 157. Todos os atos serão assinados e encerrados pelo oficial ou por seu substituto legal, podendo também fazê-lo escrevente expressamente designado e autorizado, ainda que os primeiros não estejam afastados ou impedidos.

Art. 158. Nas vias dos títulos restituídos aos apresentantes, serão declarados, resumidamente, o número e a data da prenotação, os atos praticados, bem como discriminados os valores correspondentes aos emolumentos.

SUBSEÇÃO IV
LIVRO N. 2 – REGISTRO GERAL

Art. 159. O Livro de Registro Geral será destinado à matrícula dos imóveis e aos registros ou averbações dos atos inscritivos atribuídos ao Registro de Imóveis e não atribuídos ao Livro de Registro Auxiliar.

Parágrafo único. Neste livro será indevido qualquer lançamento sob rubrica de "certidão", "anotação" ou "observação", pois o ato deve ser registrado (R) ou averbado (AV), inexistindo previsão legal diversa.

Art. 160. No preenchimento do Livro n. 2, enquanto for utilizado livro encadernado ou de folhas soltas, serão observadas as seguintes normas:

I – no alto da face de cada folha, será lançada a matrícula do imóvel, com os seus requisitos, e, no espaço restante e no verso, serão lançados por ordem cronológica e em forma narrativa, os registros e averbações dos atos pertinentes aos imóveis matriculados;

II – preenchida uma folha, será feito o transporte para a primeira folha em branco do mesmo livro ou do livro da mesma série que estiver em uso, na qual continuarão os lançamentos, com remissões recíprocas;

III – o número da matrícula será repetido na nova folha, sem necessidade do transporte dos dados constantes da folha anterior;

IV – cada lançamento de registro será precedido pela letra "R", e o da averbação, pelas letras "AV", seguindo-se o número de ordem de lançamento do ato e o da matrícula (exemplos: R. 1/780; R. 2/780; AV. 3/780; AV. 4/780).

Art. 161. Sendo utilizadas fichas, serão observadas as seguintes normas:

I – esgotado o espaço no anverso da ficha, e se tornar necessária a utilização do verso, será

16

PROVIMENTO N. 02 DE 24 DE JANEIRO DE 2013 — ART. 169

consignada, ao pé da ficha, a expressão "continua no verso";

II – se for necessário o transporte para nova ficha, o procedimento será feito da seguinte maneira:

a) na base do verso da ficha anterior, será usada a expressão "continua na ficha n. ";

b) o número da matrícula será repetido na ficha seguinte, que levará o número de ordem correspondente (ex: Matrícula n. 325 – Ficha n. 2, Matrícula n. 325 – Ficha n. 3, e assim sucessivamente).

III – é opcional a repetição do número da matrícula em seguida ao número de ordem do lançamento de cada ato.

Art. 162. Cada imóvel terá matrícula própria, que será obrigatoriamente aberta por ocasião do primeiro registro, ou, ainda:

I – quando se tratar de averbação que deva ser feita no livro de transcrição das transmissões e neste não houver espaço, à margem da qual será anotada a abertura da matrícula;

II – nos casos de fusão de matrículas ou unificação de imóveis;

III – para cada lote ou unidade de uso exclusivo, logo em seguida ao registro de loteamento, desmembramento, divisão ou instituição de condomínio edilício;

IV – nos casos de inserção ou alteração de medidas perimetrais, de que resulte ou não alteração de área, nos termos do art. 9º, § 5º,[27] do Decreto n. 4.449/2002.

Art. 163. É facultada a abertura de matrícula:

I – a requerimento do proprietário;

II – de ofício, no interesse do serviço, vedada a cobrança de emolumentos;

III – nos demais casos de inserção ou alteração de medidas perimetrais, de que resulte ou não alteração de área.

Art. 164. A matrícula será aberta com os elementos constantes do título apresentado e do registro anterior. Se este tiver sido efetuado em outra circunscrição, deverá ser apresentada certidão atualizada do respectivo cartório, a qual ficará arquivada, de forma a permitir fácil localização.

§ 1º Devendo compreender todo o imóvel, é irregular a abertura de matrícula para parte ideal;

§ 2º Será, igualmente, irregular a abertura de matrícula de parte do imóvel, sobre a qual tenha sido instituída servidão, que, corretamente, deverá ser registrada na matrícula do imóvel todo;

§ 3º O ônus sobre parte do imóvel deve ser registrado na matrícula do imóvel todo, sendo incorreta a abertura de matrícula da parte onerada;

§ 4º Não deve constar da matrícula a indicação de rua ou de outro logradouro público, sem que tal circunstância conste do registro anterior.

Art. 165. São requisitos da matrícula:

I – o número da ordem, que seguirá ao infinito;

II – a data;

III – a identificação e a caracterização do imóvel;

IV – o nome e a qualificação do proprietário;

V – o número e a data do registro anterior ou, em se tratando de imóvel oriundo de loteamento, o número do registro ou inscrição do loteamento.

Art. 166. A identificação e caracterização do imóvel compreendem:

I – se urbano:

a) localização e nome do logradouro para o qual faz frente;

b) o número, quando se tratar de prédio; ou, sendo terreno, se fica do lado par ou ímpar do logradouro, a quadra e a distância métrica da edificação ou da esquina mais próxima; ou número do lote e da quadra, se houver;

c) a designação cadastral, se houver.

II – se rural, o código do imóvel e os dados constantes do CCIR, a localização e denominação;

III – o distrito em que se situa o imóvel;

IV – as confrontações, com menção correta do lado em que se situam, inadmitidas expressões genéricas, tais como "com quem de direito", ou "com sucessores" de determinadas pessoas e assim por diante;

V – a área do imóvel.

§ 1º É obrigatória a apresentação do certificado de cadastro dos imóveis rurais, transcrevendo-se na matrícula os elementos dele constantes (área, módulo, fração mínima de parcelamento);

§ 2º A descrição georreferenciada constante do memorial descritivo certificado pelo INCRA será averbada para o fim da alínea "a"[28] do item 3 do inciso II do § 1º do art. 176 da Lei n. 6.015, de 1973, mediante requerimento do titular do domínio, nos termos do § 5º[29] do art. 9º do Decreto n.

4.449, de 30 de outubro de 2002, e apresentação de documento de aquiescência da unanimidade dos confrontantes tabulares na forma do § 6º[30] do mesmo artigo, exigido o reconhecimento de todas as suas firmas.

§ 3º Não sendo apresentadas as declarações constantes do § 6º e a certidão prevista no § 1º,[31] ambos do art. 9º do Decreto n. 4.449, de 30 de outubro de 2002, o oficial, caso haja requerimento do interessado nos termos do inciso II[32] do art. 213 da Lei n. 6.015, de 1973, providenciará o necessário para que a retificação seja processada na forma deste último dispositivo.

Art. 167. Para os fins do disposto no art. 225, § 2º,[33] da Lei n. 6.015, de 1973, entende-se por "caracterização do imóvel" apenas a indicação, as medidas e a área, não devendo ser considerados irregulares títulos que corrijam omissões ou que atualizem nomes de confrontantes, respeitado o princípio da continuidade.

Parágrafo único. Entende-se ocorrer atualização de nomes de confrontantes quando, nos títulos, houver referência expressa aos anteriores e aos que os substituírem.

Art. 168. Sempre que possível, nos títulos devem ser mencionados, como confrontantes, os próprios prédios e não os seus proprietários.

Art. 169. Se, por qualquer motivo, não constarem do título e do registro anterior os elementos indispensáveis à caracterização do imóvel (v.g., se o imóvel está do lado par ou ímpar, distân-

---

27. Art. 9º A identificação do imóvel rural, na forma do § 3º do art. 176 e do § 3º do art. 225 da Lei n. 6.015, de 1973, será obtida a partir de memorial descritivo elaborado, executado e assinado por profissional habilitado e com a devida Anotação de Responsabilidade Técnica (ART), contendo as coordenadas dos vértices definidores dos limites dos imóveis rurais, georreferenciadas ao Sistema Geodésico Brasileiro, e com precisão posicional a ser estabelecida em ato normativo, inclusive em manual técnico, expedido pelo INCRA.
   § 5º O memorial descritivo, que de qualquer modo possa alterar o registro, resultará numa nova matrícula com encerramento da matrícula anterior no serviço de registro de imóveis competente, mediante requerimento do interessado, contendo declaração firmada sob pena de responsabilidade civil e criminal, com firma reconhecida, de que foram respeitados os direitos dos confrontantes, acompanhado da certificação prevista no § 1º deste artigo, do CCIR e da prova de quitação do ITR dos últimos cinco exercícios, quando for o caso.

28. Art. 176. O Livro n. 2 – Registro Geral – será destinado, à matrícula dos imóveis e ao registro ou averbação dos atos relacionados no art. 167 e não atribuídos ao Livro n. 3.
   II – são requisitos da matrícula:
   1) o número de ordem, que seguirá ao infinito;
   2) a data;
   3) a identificação do imóvel, que será feita com indicação:
   a – se rural, do código do imóvel, dos dados constantes do CCIR, da denominação e de suas características, confrontações, localização e área;

29. Art. 9º A identificação do imóvel rural, na forma do § 3º do art. 176 e do § 3º do art. 225 da Lei n. 6.015, de 1973, será obtida a partir de memorial descritivo elaborado, executado e assinado por profissional habilitado e com a devida Anotação de Responsabilidade Técnica

---

(ART), contendo as coordenadas dos vértices definidores dos limites dos imóveis rurais, georreferenciadas ao Sistema Geodésico Brasileiro, e com precisão posicional a ser estabelecida em ato normativo, inclusive em manual técnico, expedido pelo INCRA.
   § 5º O memorial descritivo, que de qualquer modo possa alterar o registro, resultará numa nova matrícula com encerramento da matrícula anterior no serviço de registro de imóveis competente, mediante requerimento do interessado, contendo declaração firmada sob pena de responsabilidade civil e criminal, com firma reconhecida, de que foram respeitados os direitos dos confrontantes, acompanhado da certificação prevista no § 1º deste artigo, do CCIR e da prova de quitação do ITR dos últimos cinco exercícios, quando for o caso.

30. § 6º A documentação prevista no § 5º deverá ser acompanhada da declaração expressa dos confinantes de que os limites divisórios foram respeitados, com suas respectivas firmas reconhecidas.

31. § 1º Caberá ao INCRA certificar que a poligonal objeto do memorial descritivo não se sobrepõe a nenhuma outra constante de seu cadastro georreferenciado e que o memorial atende às exigências técnicas, conforme ato normativo próprio.

32. Art. 213. O oficial retificará o registro ou a averbação:
   II – a requerimento do interessado, no caso de inserção ou alteração de medida perimetral de que resulte, ou não, alteração de área, instruído com planta e memorial descritivo assinado por profissional legalmente habilitado, com prova de anotação de responsabilidade técnica no competente Conselho Regional de Engenharia e Arquitetura (CREA), bem assim pelos confrontantes.

33. Art. 225. Os tabeliães, escrivães e juízes farão com que, nas escrituras e nos autos judiciais, as partes indiquem, com precisão, os característicos, as confrontações e as localizações dos imóveis, mencionando os nomes dos confrontantes e, ainda, quando se tratar só de terreno, se esse fica do lado par ou do lado ímpar do logradouro, em que quadra e a que distância métrica da edificação ou da esquina mais próxima, exigindo dos interessados certidão do registro imobiliário.
   § 2º Consideram-se irregulares, para efeito de matrícula, os títulos nos quais a caracterização do imóvel não coincida com a que consta do registro anterior.

17

ART. 170 — NORMAS PARA A ATIVIDADE EXTRAJUDICIAL DO ESTADO DO TOCANTINS

cia da esquina mais próxima etc.), poderão os interessados, para fins de matrícula, completá-los, servindo-se exclusivamente de documentos oficiais.

Art. 170. A qualificação do proprietário, quando se tratar de pessoa física, referirá ao seu nome civil completo, sem abreviaturas, nacionalidade, estado civil, profissão, domicílio e residência, número de inscrição no Cadastro das Pessoas Físicas do Ministério da Fazenda (CPF), número do Registro Geral de sua cédula de identidade (RG) ou, à falta deste, sua filiação e, sendo casado, o nome e a qualificação do cônjuge e o regime de bens no casamento, bem como se este se realizou antes ou depois da Lei n. 6.515, de 1977.

§ 1º Sendo o proprietário casado sob regime de bens diverso do legal, deverá ser mencionado o número do registro do pacto antenupcial no Registro de Imóveis competente, ou o dispositivo legal impositivo do regime;

§ 2º As partes serão identificadas pelos seus nomes completos e corretos, não se admitindo referências dúbias, ou que não coincidam com as que constem dos registros imobiliários anteriores (p.ex., que também assina ou é conhecido) a não ser que tenham sido precedentemente averbadas no Registro Civil das Pessoas Naturais e seja comprovada por certidão;

§ 3º O número de inscrição no CPF é obrigatório para as pessoas físicas participantes de operações imobiliárias, inclusive a constituição de garantia real sobre imóvel (Instrução Normativa RFB n. 864, de 25 de julho de 2008, art. 3º, IV[34]);

§ 4º É igualmente obrigatória a inscrição no CPF das pessoas físicas estrangeiras, ainda que domiciliadas no exterior, quando titularem bens e direitos sujeitos ao registro público, inclusive imóvel (Instrução Normativa RFB n. 864, de 25 de julho de 2008, art. 3º, XII, "a"[35]).

Art. 171. Quando se tratar de pessoa jurídica, além do nome empresarial, serão mencionados a sede social e o número de inscrição do Cadastro Nacional da Pessoa Jurídica do Ministério da Fazenda (CNPJ).

Parágrafo único. É obrigatória a inscrição no CNPJ das pessoas jurídicas domiciliadas no exterior que no País possuam imóveis ou direitos reais a eles relativos (Instrução Normativa RFB n. 748, de 28 de junho de 2007, art. 11, XIV, "a", 1[36]).

Art. 172. Não constando do título, da certidão ou do registro anterior, os elementos indispensáveis à identificação das partes, podem os interessados completá-los exclusivamente com documentos oficiais.

Parágrafo único. Havendo necessidade de produção de provas, a inserção dos elementos identificadores das pessoas será feita mediante retificação do título ou por despacho judicial.

Art. 173. As averbações das circunstâncias atualmente previstas no art. 167, II, 4, 5, 10 e 13,[37] da Lei n. 6.015, de 1973, constantes à

margem de transcrições, deverão ser, quando da respectiva matrícula, incorporadas à descrição do imóvel. Irregular, portanto, será o imóvel matriculado com a mesma descrição anterior, mencionando-se, em seguida, o conteúdo das averbações precedentemente efetuadas.

Art. 174. A descrição do imóvel não poderá incluir construção que não conste do registro anterior ou que nele não tenha sido regularmente averbada. Permite-se seja a averbação feita logo após a abertura da matrícula, se o registro anterior estiver em outro cartório.

Parágrafo único. Logo após a abertura da matrícula, também poderão ser averbadas, no cartório a que atualmente pertencer o imóvel, as circunstâncias previstas no art. 167, II, 4, 5, 10 e 13[38] da Lei n. 6.015, de 1973.

Art. 175. Também não deverá ser feita, na descrição do imóvel, referência a lotes e respectivos números, quando não se trate de loteamento ou desmembramento registrado ou regularizado, ou, ainda, de subdivisão de imóvel constante de planta arquivada no cartório anteriormente à Lei n. 6.766, de 1979.

Art. 176. Quando houver divisão de imóvel, deverá ser aberta matrícula para cada uma das partes resultantes, e registrado, em cada matrícula, o título da divisão. Na originária, será averbada a circunstância, com subsequente encerramento.

Art. 177. Ao se abrir matrícula para registro de sentença de usucapião, será mencionado o número do registro ou transcrição anterior, se houver.

Parágrafo único. A abertura de matrícula para registro de terras indígenas demarcadas será promovida pela União Federal, em seu nome, devendo ser realizada simultânea averbação, a requerimento e diante da comprovação no processo demarcatório, da existência de domínio privado nos limites do imóvel.

Art. 178. Se o imóvel estiver onerado, o oficial, logo em seguida à matrícula e antes do primeiro registro, averbará a existência do ônus, sua natureza e valor, certificando o fato no título que devolver à parte.

II – a averbação:

4) da mudança de denominação e de numeração dos prédios, da edificação, da reconstrução, da demolição, do desmembramento e do loteamento de imóveis;

5) da alteração do nome por casamento ou por desquite, ou, ainda, de outras circunstâncias que, de qualquer modo, tenham influência no registro ou nas pessoas nele interessadas;

10) do restabelecimento da sociedade conjugal;

13) " ex offício ", dos nomes dos logradouros, decretados pelo poder público.

38. Art. 167. No Registro de Imóveis, além da matrícula, serão feitos.

II – a averbação:

4) da mudança de denominação e de numeração dos prédios, da edificação, da reconstrução, da demolição, do desmembramento e do loteamento de imóveis;

5) da alteração do nome por casamento ou por desquite, ou, ainda, de outras circunstâncias que, de qualquer modo, tenham influência no registro ou nas pessoas nele interessadas;

10) do restabelecimento da sociedade conjugal;

13) " ex offício ", dos nomes dos logradouros, decretados pelo poder público.

Parágrafo único. Por tais averbações não são devidos emolumentos e custas.

Art. 179. Uma vez aberta matrícula, não mais poderão ser feitas averbações à margem da transcrição anterior.

Art. 180. Quando for apresentado título anterior à vigência do Código Civil de 1916, referente à imóvel ainda não registrado, a matrícula será aberta com os elementos constantes desse título e aqueles constantes de outros documentos oficiais.

Art. 181. A inocorrência dos requisitos previstos nestes artigos não impedirá a matrícula e registro de escrituras e partilhas, lavradas ou homologadas na vigência do Decreto n. 4.857, de 9 de novembro de 1939, devendo tais atos obedecer ao disposto na legislação anterior.

Art. 182. A matrícula só será cancelada por decisão judicial.

Art. 183. A matrícula será encerrada:

I – quando, em virtude de alienações parciais, o imóvel for inteiramente transferido a outros proprietários;

II – pela fusão.

Art. 184. No caso de dois ou mais imóveis contíguos, pertencentes ao mesmo proprietário, constarem de matrículas autônomas, pode ele requerer a fusão destas numa só, de novo número, encerrando-se as primitivas.

Art. 185. Podem, ainda, ser unificados com abertura de matrícula única:

I – dois ou mais imóveis constantes de transcrições anteriores à Lei dos Registros Públicos, à margem das quais será averbada a abertura de matrícula que os unificar;

II – dois ou mais imóveis registrados por ambos os sistemas, caso em que, nas transcrições, será feita a averbação prevista na alínea anterior, e as matrículas serão encerradas.

Art. 186. No caso de fusão de matrículas, deverá ser adotada rigorosa cautela na verificação da área, medidas, características e confrontações do imóvel que dela poderá resultar, a fim de se evitarem, a tal pretexto, retificações sem o devido procedimento legal, ou efeitos só alcançáveis mediante processo de usucapião.

§ 1º Além disso, para esse propósito, será recomendável que o requerimento seja instruído com prova de autorização da Prefeitura, que poderá ser a aprovação de planta da edificação a ser erguida no imóvel resultante da fusão;

§ 2º Para a unificação de diversas transcrições e matrículas, não deve ser aceito requerimento formulado por apenas um dos vários titulares de partes ideais;

§ 3º A fusão e a unificação não devem ser admitidas quando o requerimento vier acompanhado de simples memorial, cujos dados tornem difícil a verificação da regularidade do ato pretendido.

Art. 187. Tratando-se de unificação de imóveis transcritos, não se fará prévia abertura de matrículas para cada um deles, mas sim a averbação da fusão nas transcrições respectivas e abertura de matrícula única, salvo situações excepcionais.

Art. 188. São requisitos do registro no Livro n. 2:

I – a data;

---

34. Dispositivo revogado pela Instrução Normativa n. 1.042/2010.

35. Dispositivo revogado pela Instrução Normativa n. 1.042/2010.

36. Dispositivo revogado pela Instrução Normativa n. 1.005/2010.

37. Art. 167. No Registro de Imóveis, além da matrícula, serão feitos.

PROVIMENTO N. 02 DE 24 DE JANEIRO DE 2013 **ART. 206**

II – o nome do transmitente, ou do devedor, e do adquirente, ou credor, com as respectivas qualificações;

III – o título da transmissão ou do ônus;

IV – a forma do título, sua procedência e caracterização;

V – o valor do contrato, da coisa ou da dívida, prazo desta, condições e mais especificações, inclusive juros, se houver.

§ 1º O testamento não é título que enseje registro de transmissão;

§ 2º É vedado o registro da cessão, enquanto não registrado o respectivo compromisso de compra e venda.

Art. 189. O protesto contra alienação de bens, o arrendamento e o comodato são atos insuscetíveis de registro, admitindo-se a averbação do protesto contra alienação de bens diante de determinação judicial expressa do juiz do processo, consubstanciada em mandado dirigido ao oficial do Registro de Imóveis.

SUBSEÇÃO V
LIVRO N. 3 – REGISTRO AUXILIAR

Art. 190. O Livro n. 3 será destinado ao registro dos atos que, atribuídos ao Registro de Imóveis por disposição legal, não digam respeito diretamente a imóvel matriculado.

Art. 191. Serão registrados no Livro n. 3:

I – a emissão de debêntures, sem prejuízo do registro eventual e definitivo, na matrícula do imóvel, da hipoteca, anticrese ou penhor que abonarem especialmente tais emissões, firmando-se pela ordem do registro a prioridade entre as séries de obrigações emitidas pela sociedade;

II – as cédulas de crédito rural, de crédito industrial, de crédito à exportação e de crédito comercial, sem prejuízo do registro da hipoteca cedular;

III – as convenções de condomínio edilício;

IV – o penhor de máquinas e de aparelhos utilizados na indústria, instalados e em funcionamento, com os respectivos pertences ou sem eles;

V – as convenções antenupciais;

VI – os contratos de penhor rural;

VII – os títulos que, a requerimento do interessado, forem registrados no seu inteiro teor, sem prejuízo do ato praticado no Livro n. 2;

VIII – transcrição integral da escritura de instituição do bem de família, sem prejuízo do seu registro no Livro n. 2;

IX – tombamento definitivo de imóvel.

Art. 192. Os registros do Livro n. 3 serão feitos de forma resumida, arquivando-se no cartório uma via dos instrumentos que os originarem.

Art. 193. Adotado o sistema de fichas, é recomendável o arquivamento segundo a ordem numérica dos próprios registros.

Art. 194. Ao registrar convenção de condomínio edilício, deverá o cartório referir expressamente o número do registro de especificação do condomínio feito na matrícula do imóvel. No registro da especificação, fará remissão ao número do registro da convenção.

Art. 195. A alteração da convenção de condomínio edilício depende de aprovação, em Assembleia regularmente convocada, de pelo menos dois terços dos titulares dos direitos reais registrados, salvo se a convenção a ser alterada exigir quórum superior.

Art. 196. A alteração da especificação exige anuência da totalidade dos condôminos.

Art. 197. As escrituras antenupciais serão registradas no cartório do domicílio conjugal, sem prejuízo de averbação obrigatória no lugar da situação dos imóveis de propriedade dos cônjuges, ou dos que forem sendo adquiridos e sujeitos a regime de bens diverso do comum.

Art. 198. O registro da convenção antenupcial mencionará, obrigatoriamente, os nomes e a qualificação dos cônjuges, as disposições ajustadas quanto ao regime de bens e a data em que se realizou o casamento, constantes de certidão que deverá ser apresentada com a escritura. Se essa certidão não for arquivada em cartório, deverão ainda ser mencionados no registro o cartório em que se realizou o casamento, o número do assento, o livro e a folha em que tiver sido lavrado.

Art. 199. Os atos de tombamento definitivo de bens imóveis, requeridos por órgão competente, federal, estadual ou municipal, do serviço de proteção ao patrimônio histórico e artístico, serão registrados, em seu inteiro teor, no Livro n. 3, além de averbada a circunstância à margem das transcrições ou nas matrículas respectivas, sempre com as devidas remissões.

§ 1º Havendo posterior transmissão, inter vivos ou causa mortis, dos bens tombados, é recomendável que o cartório comunique imediatamente o fato ao respectivo órgão federal, estadual ou municipal competente;

§ 2º Poderão ser averbados à margem das transcrições ou nas matrículas:

I – o tombamento provisório de bens imóveis;

II – as restrições próprias dos imóveis reconhecidos como integrantes do patrimônio cultural, por forma diversa do tombamento, mediante ato administrativo ou legislativo ou decisão judicial;

III – as restrições próprias dos imóveis situados na vizinhança dos bens tombados ou reconhecidos como integrantes do patrimônio cultural.

§ 3º O registro e as averbações de que tratam o caput e o § 2º deste artigo serão efetuados mediante apresentação de certidão do correspondente ato administrativo ou legislativo ou de mandado judicial, conforme o caso, com as seguintes e mínimas referências:

I – à localização do imóvel e sua descrição, admitindo-se esta por remissão ao número da matrícula ou transcrição;

II – às restrições a que o bem imóvel está sujeito;

III – se for certidão de ato administrativo ou legislativo, à indicação precisa do órgão emissor e da lei que lhe dá suporte, e à natureza do ato, se tombamento (provisório ou definitivo) ou forma diversa de preservação e acautelamento de bem imóvel reconhecido como integrante do patrimônio cultural (especificando-a);

IV – se for mandado judicial, à indicação precisa do Juízo e do processo judicial correspondente, à natureza do provimento jurisdicional (sentença ou decisão cautelar ou antecipatória) e seu caráter definitivo ou provisório, e à especificação da

ordem do juiz do processo em relação ao ato de averbação a ser efetivado;

V – na hipótese de tombamento administrativo, provisório ou definitivo, à notificação efetivada dos proprietários.

Art. 200. Para registro das cédulas de crédito industrial, rural, à exportação e comercial, e de seus aditivos, é dispensável o reconhecimento de firmas. No entanto, tal providência deve ser exigida, para fins de averbação, em relação aos respectivos instrumentos de quitação.

Art. 201. Nas cédulas de crédito hipotecárias, além de seu registro no Livro n. 3, será efetuado o da hipoteca no Livro n. 2, após a indispensável matrícula do imóvel.

§ 1º No registro efetuado na matrícula será feito remissão ao número do registro da cédula. Neste, por sua vez, será feito remissão ao número do registro da hipoteca;

§ 2º Quando o cartório entender conveniente efetuar tais remissões por meio de averbações, estas não poderão ser cobradas.

Art. 202. Os emolumentos devidos pelos registros das cédulas de crédito rural são os previstos na legislação federal, tomando-se por base o salário-referência, com teto fixado em um quarto daquele valor, não importando quantos registros, averbações ou outros atos (incluindo abertura de matrícula, microfilmagem, certidão da matrícula, vias excedentes de documentos etc.) tenham sido praticados.

Art. 203. Os emolumentos devidos pelos registros das cédulas de crédito industrial, de crédito à exportação e de crédito comercial no Livro n. 3, não incluem aqueles atinentes ao registro da hipoteca, no Livro n. 2, que serão cobrados na forma do Regimento de Custas e Emolumentos do Estado.

Parágrafo único. O recolhimento da parcela cabente à União deverá ser efetuado, por meio de guia própria, no dia imediato ao da prática do ato, salvo se o número de registros for reduzido, quando poderá ser feito semanalmente.

SUBSEÇÃO VI
LIVRO N. 4 – INDICADOR REAL

Art. 204. O Livro n. 4 será o repositório das indicações de todos os imóveis que figurarem no Livro n. 2, devendo conter neles a identificação e o número da matrícula.

§ 1º Enquanto não utilizado o sistema de banco de dados ou fichas, o Livro n. 4 conterá, ainda, o número de ordem, que seguirá indefinidamente, nos livros da mesma espécie;

§ 2º Nesse caso, deverá o cartório possuir, para auxílio da consulta, um livro-índice, ou fichas, organizados segundo os nomes das ruas, se se tratar de imóveis urbanos, e conforme os nomes e situações, se rurais.

Art. 205. Uma vez adotado o sistema de fichas para o Livro n. 4, serão elas arquivadas conforme os municípios, distritos, subdistritos e logradouros em que se situem os imóveis a que correspondem.

Parágrafo único. O mesmo critério será seguido quando a escrituração se fizer em livro, especialmente para a divisão de suas folhas.

Art. 206. Na escrituração do Livro n. 4, serão observados critérios uniformes para evitar que

19

imóveis assemelhados tenham indicações discrepantes.

Art. 207. Tratando-se de imóvel localizado em esquina, devem ser abertas indicações para todas as ruas confluentes.

Art. 208. Sempre que forem averbadas a mudança da denominação do logradouro para o qual o imóvel faça frente, a construção de prédio ou a mudança de sua numeração, deverá ser feita nova indicação no Livro n. 4. Se forem utilizadas fichas, será aberta outra e conservada a anterior, com remissões recíprocas.

Art. 209. Os imóveis rurais deverão ser indicados no Livro n. 4, não só por sua denominação, mas também por todos os demais elementos disponíveis para permitir-lhe a precisa localização.

§ 1º Dentre os elementos recomendados, devem figurar aqueles atinentes a acidentes geográficos conhecidos e mencionados nas respectivas matrículas;

§ 2º Cada elemento de identificação utilizado deve ensejar uma indicação;

§ 3º A menção do número de inscrição no cadastro do INCRA (CCIR) é obrigatória, e deve, em casos de omissão, ser incluída, sempre quando realizado novo assentamento.

SUBSEÇÃO VII
LIVRO N. 5 – INDICADOR PESSOAL

Art. 210. O Livro n. 5, dividido alfabeticamente, será o repositório dos nomes de todas as pessoas que, individual ou coletivamente, ativa ou passivamente, direta ou indiretamente, inclusive os cônjuges, figurarem nos demais livros, fazendo-se referência aos respectivos números de ordem.

Art. 211. Se não for utilizado o sistema de banco de dados ou fichas, o Livro n. 5 conterá, ainda, o número de ordem em cada letra do alfabeto, que seguirá indefinidamente, nos livros da mesma espécie.

Art. 212. Nessa hipótese, o cartório poderá adotar, para auxílio das buscas, livro-índice ou fichas em ordem alfabética.

Art. 213. Também para facilitar as buscas, é recomendável que nas indicações do Livro n. 5 figurem, ao lado do nome do interessado, o número de inscrição no Cadastro de Pessoas Físicas, o do Registro Geral da cédula de identidade, ou a filiação respectiva, quando se tratar de pessoa física; ou o número de inscrição no Cadastro Nacional da Pessoa Jurídica, quando pessoa jurídica.

Art. 214. Após a averbação de casamento, em sendo o caso, deve ser indicado o nome adotado pela mulher, com remissão ao nome antigo, cuja indicação será mantida.

SUBSEÇÃO VIII
LIVRO DE REGISTRO DE AQUISIÇÃO DE IMÓVEL RURAL POR ESTRANGEIRO

Art. 215. O Livro de Registro de Aquisição de Imóvel Rural por Estrangeiro servirá para o cadastro especial das aquisições de terras rurais por pessoas físicas (residentes no país) e jurídicas estrangeiras, e deverá conter:

I – menção ao documento de identidade da parte contratante e à prova de residência no

território nacional, ou, se pessoa jurídica estrangeira ou a ela equiparada, aos documentos comprobatórios de sua constituição e de licença para funcionar no Brasil;

II – memorial descritivo do imóvel, com área, características, limites e confrontações;

III – transcrição da autorização do órgão competente, se for o caso; e

IV – menção ao número e à data do registro no Livro n. 2.

Parágrafo único. A escrituração do Livro de Registro de Aquisição de Imóveis não dispensa a correspondente no Livro n. 2.

Art. 216. Este livro poderá ser escriturado pelo sistema de fichas, desde que adotados os mesmos elementos de autenticidade das matrículas.

Art. 217. Todas as aquisições de imóveis rurais por estrangeiros deverão ser obrigatória e trimestralmente comunicadas ao INCRA e à Corregedoria Geral da Justiça. Tal comunicação deverá ocorrer até o décimo dia dos meses de janeiro, abril, julho e outubro, mencionando-se os meses do trimestre findo.

§ 1º Na hipótese de inexistência de aquisição de imóvel rural por estrangeiro, a comunicação negativa também é obrigatória e será feita trimestralmente à Corregedoria-Geral da Justiça;

§ 2º As comunicações serão realizadas mediante utilização de planilhas previamente aprovadas pela Corregedoria Geral da Justiça, acompanhadas de cópia reprográfica da respectiva matrícula do imóvel então adquirido.

Art. 218. Serão também obrigatoriamente comunicadas à Corregedoria-Geral da Justiça do Estado, tão logo ocorram, com cópias reprográficas das respectivas matrículas atualizadas, mas sem necessidade de preenchimento de novas planilhas, as transferências, a brasileiros, de imóveis rurais anteriormente adquiridos por estrangeiros.

Art. 219. Na aquisição de imóvel rural por pessoa estrangeira, física ou jurídica, é da essência do ato a escritura pública, sendo vedado ao registrador, sob pena de responsabilidade, registrar escrituras que não atendam aos requisitos legais.

Art. 220. O registrador deverá manter controle atualizado quanto à dimensão das áreas adquiridas por pessoas estrangeiras, e destas, a dimensão dos da mesma nacionalidade, visando cumprir as restrições impostas pela Lei n. 5.709, de 1971, regulamentada pelo Decreto n. 74.965, de 1974.

Art. 221. A pessoa física estrangeira, ainda que casada com brasileiro(a) e mesmo residindo no Brasil e com filhos brasileiros, para adquirir imóvel rural, submete-se às exigências da Lei n. 5.701, de 1971, regulamentada pelo Decreto n. 74.965, de 1974.

Art. 222. O cidadão português declarado titular de direitos civis em igualdade de condições com os brasileiros (CF, art. 12, § 1º[39]) poderá livremente adquirir imóveis rurais, mediante comprovação dessa condição com apresentação da

carteira de identidade ao tabelião de notas ou ao registrador, consignando-se o fato no registro.

Art. 223. Aplicam-se as mesmas restrições relativas à aquisição de imóvel rural por estrangeiros aos casos de fusão ou incorporação de empresas, de alteração de controle acionário da sociedade, ou de transformação de pessoa jurídica nacional para pessoa jurídica estrangeira.

SUBSEÇÃO IX
CONTROLE DE INDISPONIBILIDA-
DES

Art. 224. Os delegados do serviço de Registro de Imóveis deverão manter registro em base de dados informatizada do Controle das Indisponibilidades de Bens comunicadas pela Corregedoria-Geral da Justiça e por autoridades judiciais e administrativas que detenham essa competência legal.

Art. 225. Os registros conterão a data e o número da prenotação da comunicação ou ordem judicial, a data da efetivação, a indicação do juízo ou órgão emissor, o número do mandado ou do ofício que lhe deu origem, os nomes e os números dos CPFs, ou CNPJs das pessoas cujos bens foram declarados indisponíveis.

Art. 226. Verificada a existência de imóveis no nome comunicado, a indisponibilidade de bens será averbada à margem da respectiva transcrição, inscrição ou na matrícula.

Art. 227. O sistema deverá prever coluna destinada às averbações das comunicações que cancelem ou alterem os respectivos registros, as quais, portanto, serão efetivadas no registro primitivo, nunca constituindo novo registro.

Art. 228. Todas as comunicações serão arquivadas em pasta ou classificador próprio, depois de certificado, o novo, o respectivo registro ou averbação, ou se constatou, realizada a pesquisa, a inexistência de imóveis no nome indicado.

Art. 229. Enquanto não implantado sistema informatizado na forma do art. 224, os nomes das pessoas cujos bens foram tornados indisponíveis também deverão constar em fichas do Indicador Pessoal (Livro n. 5) para consulta simultânea com a de títulos contraditórios.

Art. 230. Em caso de aquisição de imóvel por pessoa cujos bens foram atingidos por indisponibilidade, deverá o oficial, imediatamente após lançamento do registro aquisitivo na matrícula do imóvel, promover a averbação da indisponibilidade, independentemente de prévia consulta ao adquirente, comunicando a prática do ato à autoridade que impôs a constrição.

Art. 231. No caso de indisponibilidade de bens requerida pelo Ministério Público, se a liberação de restrição do imóvel decorreu de decisão que não constatou em Ação Civil Pública a responsabilidade do interessado, proprietário do bem imóvel, o cancelamento deverá ser isento de custas e emolumentos, considerando-se que decorre de atos de função institucional do Ministério Público (CF, art. 129, III[40]).

---

39. Art. 12. São brasileiros:

§ 2º A lei não poderá estabelecer distinção entre brasileiros natos e naturalizados, salvo nos casos previstos nesta Constituição.

---

40. Art. 129. São funções institucionais do Ministério Público:

III – promover o inquérito civil e a ação civil pública, para a proteção do patrimônio público e social, do meio ambiente e de outros interesses difusos e coletivos.

PROVIMENTO N. 02 DE 24 DE JANEIRO DE 2013 — ART. 244

Art. 232. No caso de liberação de restrição de imóvel em que advém por assumir o proprietário a responsabilidade, ou em virtude de provisão administrativa ou judicial, serão devidos os respectivos emolumentos, de acordo com o que prevê a legislação de regência (Lei de Registros Públicos, art. 14[41]).

SUBSEÇÃO X
DAS PESSOAS

Art. 233. O registro e a averbação poderão ser provocados por qualquer pessoa, incumbindo-se-lhe as despesas respectivas.

Art. 234. Nos atos a título gratuito, o registro pode também ser promovido pelo transferente, acompanhado da prova de aceitação do beneficiado.

Art. 235. O registro do penhor rural independe do consentimento do credor hipotecário.

Art. 236. São considerados, para fins de escrituração, credores e devedores, respectivamente:

I – nas servidões, o dono do prédio dominante e o do prédio serviente;

II – no uso, o usuário e o proprietário;

III – na habitação, o habitante e o proprietário;

IV – na anticrese, o mutuante e o mutuário;

V – no usufruto, o usufrutuário e o nu-proprietário;

VI – na enfiteuse, ainda existente, o senhorio e o enfiteuta;

VII – na constituição de renda, o beneficiário e o rendeiro censuário;

VIII – na locação, o locatário e o locador;

IX – nas promessas de compra e venda o promitente comprador e o promitente vendedor;

X – nas penhoras e ações, o autor e o réu;

XI – nas cessões de direito, o cessionário e o cedente;

XII – nas promessas de cessão de direitos, o promitente cessionário e o promitente cedente.

SUBSEÇÃO XI
DOS TÍTULOS

Art. 237. Somente são admitidos registros de:

I – escrituras públicas, inclusive as lavradas em consulados brasileiros;

II – escritos particulares autorizados em lei, assinados pelas partes e testemunhas, com as firmas reconhecidas, sendo dispensado o reconhecimento de firmas quando se tratar de atos praticados por entidades vinculadas ao Sistema Financeiro da Habitação;

III – atos autênticos de países estrangeiros com força de instrumento público, legalizados e traduzidos na forma da lei, e registrados no cartório do Registro de Títulos e Documentos, assim como sentenças proferidas por tribunais estrangeiros após homologação pelo Superior Tribunal de Justiça;

IV – cartas de sentença, formais de partilha, certidões e mandados extraídos de autos de processo;

V – contratos ou termos administrativos, assinados com a União, Estados e Municípios no âmbito de programas de regularização fundiária, dispensado o reconhecimento de firma (incluído pela Medida Provisória n. 459, de 2009)

Art. 238. O título de natureza particular, apresentado em uma só via, será devidamente arquivado em cartório, fornecendo o oficial, a pedido, certidão do registro.

Art. 239. Será adotado sistema de arquivamento adequado e compatível com o movimento do cartório, de forma a permitir rápida localização e fácil consulta.

Art. 240. Se adotado sistema autorizado de microfilmagem (Lei n. 5.433, de 8 de maio de 1968) ou de arquivamento digital que atenda aos requisitos da Infraestrutura de Chaves Públicas Brasileira (ICP-Brasil) e à arquitetura e-PING (Padrões de Interoperabilidade de Governo Eletrônico), será dispensável o arquivamento dos documentos particulares, que poderão ser devolvidos aos interessados.

Art. 241. Para o registro de imóveis adquiridos para fins residenciais, com financiamento do Sistema Financeiro da Habitação, deverá ser exigida, caso a circunstância não conste expressamente do próprio título, declaração escrita do interessado, a qual permanecerá arquivada em cartório, esclarecendo tratar-se de primeira aquisição, a fim de possibilitar o exato cumprimento do disposto no art. 290[42] da Lei n. 6.015, de 1973, e posterior controle.

---

42. Art. 290. Os emolumentos devidos pelos atos relacionados com a primeira aquisição imobiliária para fins residenciais, financiada pelo Sistema Financeiro da Habitação, serão reduzidos em 50% (cinquenta por cento).

§ 1º O registro e a averbação referentes à aquisição da casa própria, em que seja parte cooperativa habitacional ou entidade assemelhada, serão considerados, para efeito de cálculo, de custas e emolumentos, como um ato apenas, não podendo a sua cobrança exceder o limite correspondente a 40% (quarenta por cento) do Maior Valor de Referência;

§ 2º Nos demais programas de interesse social, executados pelas Companhias de Habitação Popular (COHABs) ou entidades assemelhadas, os emolumentos e as custas devidos pelos atos de aquisição de imóveis e pelos de averbação de construção estarão sujeitos às seguintes limitações:

a) imóvel de até 60m² (sessenta metros quadrados) de área construída: 10% (dez por cento) do Maior Valor de Referência;

b) de mais de 60m² (sessenta metros quadrados) até 70m² (setenta metros quadrados) de área construída: 15% (quinze por cento) do Maior Valor de Referência;

c) de mais de 70m² (setenta metros quadrados) e até 80m² (oitenta metros quadrados) de área construída: 20% (vinte por cento) do Maior Valor de Referência.

§ 3º Os emolumentos devidos pelos atos relativos ao financiamento rural serão cobrados de acordo com a legislação federal;

§ 4º As custas e emolumentos devidos aos Cartórios de Notas e de Registro de Imóveis, nos atos relacionados

---

§ 1º Em caso positivo, a redução prevista para cobrança dos emolumentos incidirá exclusivamente sobre o financiamento;

§ 2º Para registro de escrituras ou escritos particulares autorizados por lei, que tenham por objeto imóveis hipotecados a entidades do Sistema Financeiro da Habitação (SFH), os oficiais, sob pena de responsabilidade, procederão na forma do disposto no art. 292[43] da Lei n. 6.015, de 1973.

Art. 242. A formalização de venda, promessa de venda, cessão ou promessa de cessão relativas a imóvel financiado pelo SFH se dará em ato concomitante ao da transferência do financiamento respectivo, com a interveniência obrigatória da Instituição financiadora (Lei n. 8.004, de 1990).

Art. 243. Tratando-se de usucapião, os requisitos da matrícula e do registro devem constar do mandado judicial.

§ 1º Quando se tratar de imóvel transcrito, total ou parcialmente, caberá ao oficial fazer as remissões e averbações, à margem dos registros (transcrições, inscrições) relativamente à matrícula que abrir para registrar o mandado de usucapião;

§ 2º Se o imóvel transcrito ou matriculado foi objeto da usucapião integralmente, e do mandado e peças constam a mesma descrição do ato registrário anterior, basta remissão, na transcrição, indicando a abertura da matrícula, com as referências indispensáveis no Indicador Pessoal;

§ 3º Se o imóvel matriculado for usucapido, e a descrição se identificar com a constante da matrícula, o mandado será registrado na matrícula já existente, considerado o princípio da unitariedade da matrícula, embora não haja impedimento para abertura de nova matrícula e registro da sentença judicial, encerrando-se aquela.

Art. 244. Quando se tratar de mandado de usucapião concernente a imóvel aparentemente não transcrito ou matriculado, isto é, quando os dados relativos ao registro anterior não constarem do mandado, ainda assim deverá o oficial fazer as verificações que entender cabíveis, para apurar se dele foi omitido o número de transcrição ou matrícula, para os fins de que tratam os parágrafos do artigo anterior.

---

com a aquisição imobiliária para fins residenciais, oriundas de programas e convênios com a União, Estados, Distrito Federal e Municípios, para a construção de habitações populares destinadas a famílias de baixa renda, pelo sistema de mutirão e autoconstrução orientada, serão reduzidos para vinte por cento da tabela cartorária normal, considerando-se que o imóvel será limitado a até sessenta e nove metros quadrados de área construída, em terreno de até duzentos e cinquenta metros quadrados;

§ 5º Os cartórios que não cumprirem o disposto no § 4º ficarão sujeitos a multa de até R$ 1.120,00 (um mil, cento e vinte reais) a ser aplicada pelo juiz, com a atualização que se fizer necessária, em caso de desvalorização da moeda.

43. Art. 292. É vedado aos Tabeliães e aos Oficiais de Registro de Imóveis, sob pena de responsabilidade, lavrar ou registrar escritura ou escritos particulares autorizados por lei, que tenham por objeto imóvel hipotecado a entidade do Sistema Financeiro da Habitação, ou direitos a eles relativos, sem que conste dos mesmos, expressamente, a menção ao ônus real e ao credor, bem como a comunicação ao credor, necessariamente feita pelo alienante, com antecedência de, no mínimo 30 (trinta) dias.

---

41. Art. 14. Os oficiais do registro, pelos atos que praticarem em decorrência do disposto nesta Lei, terão direito, a título de remuneração, aos emolumentos fixados nos Regimentos de Custas do Distrito Federal, dos Estados e dos Territórios, os quais serão pagos pelo interessado que os requerer.

Parágrafo único. O valor correspondente às custas de escrituras, certidões, buscas, averbações, registros de qualquer natureza, emolumentos e despesas legais constará, obrigatoriamente, do próprio documento, independentemente da expedição do recibo, quando solicitado.

21

Art. 245. Incumbe ao oficial impedir o registro de título que não satisfaça os requisitos exigidos pela lei, quer sejam consubstanciados em instrumento público ou particular, quer em atos judiciais.

Art. 246. Com exceção do recolhimento do imposto de transmissão, se devido, nenhuma exigência relativa à quitação de débitos com a Fazenda Pública fará o oficial para registro de títulos judiciais.

SUBSEÇÃO XII
DA ALIENAÇÃO FIDUCIÁRIA DE BENS IMÓVEIS

Art. 247. A alienação fiduciária regulada pela Lei n. 9.514, de 20 de novembro de 1997, e alterações posteriores, é o negócio jurídico pelo qual o devedor, ou fiduciante, com o escopo de garantia, contrata a transferência ao credor, ou fiduciário, da propriedade resolúvel de coisa imóvel. E pode ser contratada por qualquer pessoa, física ou jurídica, não sendo privativa das entidades que operam no Sistema de Financiamento Imobiliário (SFI).

Art. 248. A alienação fiduciária será constituída mediante registro do contrato na matrícula do imóvel objeto do negócio, no Registro de Imóveis competente.

Art. 249. Com a constituição da propriedade fiduciária dá-se o desdobramento da posse, o que torna o fiduciante possuidor direto, e o fiduciário possuidor indireto da coisa imóvel.

Art. 250. O imóvel enfitêutico pode ser objeto de alienação fiduciária, não havendo necessidade de anuência do senhorio e de pagamento do laudêmio, porque a transmissão se faz somente em caráter fiduciário, com escopo de garantia.

Art. 251. O pagamento do laudêmio ocorrerá se e quando houver a plena transmissão da propriedade, mediante consolidação em favor do credor fiduciário.

Art. 252. Os atos e contratos relativos à alienação fiduciária de bens Imóveis e negócios conexos poderão ser celebrados por escritura pública ou por instrumento particular.

Art. 253. O contrato que serve de título ao negócio fiduciário deverá conter os seguintes requisitos:

I – valor do principal da dívida;

II – prazo e as condições de reposição do empréstimo ou do crédito fiduciário;

III – taxa de juros e os encargos incidentes;

IV – cláusula de constituição da propriedade fiduciária, com a descrição do imóvel objeto da alienação fiduciária e a indicação do título e modo de aquisição;

V – cláusula assegurando ao fiduciante, enquanto adimplente, a livre utilização, por sua conta e risco, do imóvel objeto da alienação fiduciária;

VI – indicação, para efeito de venda em público leilão, do valor do imóvel e dos critérios para a respectiva revisão;

VII – cláusula dispondo sobre os procedimentos do eventual leilão do imóvel alienado fiduciariamente;

VIII – prazo de carência a ser observado antes que seja expedida intimação para purgação de mora ao devedor, ou fiduciante, inadimplente.

Art. 254. O termo de quitação emitido pelo credor fiduciário é título hábil para averbar a reversão da propriedade plena para o nome do devedor fiduciante, mediante cancelamento do registro da propriedade fiduciária. E pode ser substituído apenas por escritura pública de quitação ou sentença judicial transitada em julgado.

Art. 255. O devedor fiduciante, com anuência expressa do credor fiduciário, poderá transmitir-lhe o direito real de aquisição sobre o imóvel objeto da alienação fiduciária em garantia, assumindo o cessionário adquirente as respectivas obrigações, na condição de novo devedor fiduciante.

Art. 256. Para efeito de assentamento no Registro de Imóveis, o título que instrumenta a transferência de direitos e obrigações deverá ingressar para ato de registro na matrícula do imóvel, cabendo ao oficial observar a regularidade do recolhimento do imposto de transmissão respectivo.

Art. 257. A cessão do crédito objeto da alienação fiduciária implicará transferência ao cessionário de todos os direitos e obrigações inerentes à propriedade fiduciária em garantia, independentemente de anuência do devedor fiduciante.

§ 1º Havendo cessão da posição do credor fiduciário, será indispensável prévia averbação da cessão de crédito na matrícula do imóvel, para fins de substituição do credor e proprietário fiduciário originário da relação contratual pelo cessionário, o qual fica integralmente sub-rogado nos direitos e obrigações do contrato de alienação fiduciária;

§ 2º A cessão da posição do credor fiduciário não constitui hipótese de incidência de imposto de transmissão inter vivos, que somente será devido na consolidação da propriedade em favor do credor fiduciário, se ocorrer o inadimplemento do devedor fiduciário;

§3º Havendo constrições na matrícula do imóvel, faz-se necessário, antes de averbar a consolidação, o levantamento das constrições judiciais perante os Juízos de onde elas partiram.

Art. 258. É dispensável a averbação da cessão de que trata o artigo anterior no caso de o crédito ter sido negociado no mercado secundário de créditos imobiliários, representado por Cédula de Crédito Imobiliário, hipótese em que a comprovação se fará mediante a apresentação da cédula com o respectivo endosso, se cartular; ou se a cédula for escritural, mediante declaração do registro fornecida pelos sistemas de registro e liquidação financeira de títulos privados autorizados pelo Banco Central do Brasil, como a CETIP S/A – Balcão Organizado de Ativos e Derivativos.

Parágrafo único. A CETIP S/A – Balcão Organizado de Ativos e Derivativos é uma sociedade administradora de mercados de balcão organizados, ou seja, de ambientes de negociação e registro de valores mobiliários, títulos públicos e privados de renda fixa e derivativos de balcão. Criada pelas instituições financeiras e pelo Banco Central do Brasil é, na realidade, uma câmara de compensação e liquidação sistemicamente importante, nos termos definidos pela legislação do SPB – Sistema de Pagamentos Brasileiro (Lei n. 10.214, de 2001), que efetua a custódia escritural de ativos e contratos, registra operações realizadas no mercado de balcão, processa a liquidação financeira e oferece ao mercado uma Plataforma Eletrônica para a realização de diversos tipos de operações online, tais como leilões e negociação de títulos públicos, privados e valores mobiliários de renda fixa.

Art. 259. Em caso de falta de pagamento de prestações por parte do devedor fiduciante, para os fins previstos no art. 26[44] da Lei Federal n. 9.514, de 1997, os Oficiais de Registro de

_____
44. Art. 26. Vencida e não paga, no todo ou em parte, a dívida e constituído em mora o fiduciante, consolidar-se-á, nos termos deste artigo, a propriedade do imóvel em nome do fiduciário.

§ 1º Para os fins do disposto neste artigo, o fiduciante, ou seu representante legal ou procurador regularmente constituído, será intimado, a requerimento do fiduciário, pelo oficial do competente Registro de Imóveis, a satisfazer, no prazo de quinze dias, a prestação vencida e as que se vencerem até a data do pagamento, os juros convencionais, as penalidades e os demais encargos contratuais, os encargos legais, inclusive tributos, as contribuições condominiais imputáveis ao imóvel, além das despesas de cobrança e de intimação;

§ 2º O contrato definirá o prazo de carência após o qual será expedida a intimação;

§ 3º A intimação far-se-á pessoalmente ao fiduciante, ou ao seu representante legal ou ao procurador regularmente constituído, podendo ser promovida, por solicitação do oficial do Registro de Imóveis, por oficial de Registro de Títulos e Documentos da comarca da situação do imóvel ou do domicílio de quem deva recebê-la, ou pelo correio, com aviso de recebimento;

§ 3º-A Quando, por duas vezes, o oficial de registro de imóveis ou de registro de títulos e documentos ou o serventuário por eles credenciado houver procurado o intimando em seu domicílio ou residência sem o encontrar, deverá, havendo suspeita motivada de ocultação, intimar qualquer pessoa da família ou, em sua falta, qualquer vizinho de que, no dia útil imediato, retornará ao imóvel, a fim de efetuar a intimação, na hora que designar, aplicando-se subsidiariamente o disposto nos arts. 252, 253 e 254 da Lei n. 13.105, de 16 de março de 2015 (Código de Processo Civil);

§ 3º-B Nos condomínios edilícios ou outras espécies de conjuntos imobiliários com controle de acesso, a intimação de que trata o § 3º-A poderá ser feita ao funcionário da portaria responsável pelo recebimento de correspondência;

§ 4º Quando o fiduciante, ou seu cessionário, ou seu representante legal ou procurador encontrar-se em local ignorado, incerto ou inacessível, o fato será certificado pelo serventuário encarregado da diligência e informado ao oficial de Registro de Imóveis, que, à vista da certidão, promoverá a intimação por edital publicado durante 3 (três) dias, pelo menos, em um dos jornais de maior circulação local ou noutro de comarca de fácil acesso, se no local não houver imprensa diária, contado o prazo para purgação da mora da data da última publicação do edital;

§ 5º Purgada a mora no Registro de Imóveis, convalescerá o contrato de alienação fiduciária;

§ 6º O oficial do Registro de Imóveis, nos três dias seguintes à purgação da mora, entregará ao fiduciário as importâncias recebidas, deduzidas as despesas de cobrança e de intimação;

§ 7º Decorrido o prazo de que trata o § 1º sem a purgação da mora, o oficial do competente Registro de Imóveis, certificando esse fato, promoverá a averbação, na matrícula do imóvel, da consolidação da propriedade em nome do fiduciário, à vista da prova do pagamento por este, do imposto de transmissão inter vivos e, se for o caso, do laudêmio;

§ 8º O fiduciante pode, com a anuência do fiduciário, dar seu direito eventual ao imóvel em pagamento da dívida, dispensados os procedimentos previstos no art. 27.

PROVIMENTO N. 02 DE 24 DE JANEIRO DE 2013 — ART. 261

Imóveis somente aceitarão e farão intimações quando a alienação fiduciária esteja devidamente registrada e já tenha decorrido o prazo de carência previsto no contrato, de conformidade com § 2º do mencionado art. 26.

§ 1º Do requerimento do credor fiduciário dirigido ao oficial do Registro de Imóveis competente (aquele em que estiver matriculado o imóvel objeto do negócio) devem constar, necessária e discriminadamente, no mínimo, as seguintes informações:

I – nome do devedor fiduciante (e do cônjuge, se for casado);

II – endereço residencial atual e anterior;

III – endereço comercial;

IV – números de telefones residencial, comercial ou móvel para contato, se houver;

V – endereço eletrônico (e-mail), se houver;

VI – declaração de que já decorreu o prazo de carência estipulado no contrato;

VII – planilha com demonstrativo do débito e projeção de valores atualizados para pagamento da dívida;

VIII – comprovante de representação legal do credor fiduciário pelo signatário do requerimento.

§ 2º Da planilha com demonstrativo do débito e projeção de valores atualizados para purgação da mora dentro dos quarenta e cinco dias subsequentes ao da data do requerimento, no caso de dívida com juros calculados pro rata die, deverão constar de forma discriminada indicações sobre a(s) prestação(ões) vencidas e as que vencerem até a data do pagamento, os juros convencionais, as penalidades e os demais encargos contratuais, os encargos legais, inclusive tributos e as contribuições condominiais imputáveis ao imóvel;

§ 3º O requerimento será devidamente prenotado e, encontrando-se em ordem, deverá ser autuado com todas as peças apresentadas, formando um processo para cada intimação requerida;

§ 4º Os emolumentos e as despesas com as intimações serão pagos pelo interessado no ato de requerimento;

§ 5º O requerimento de intimação deverá ser lançado no controle geral de títulos contraditórios, a fim de que, em caso de eventual expedição de certidão da matrícula do imóvel, seja consignada a existência da prenotação do requerimento, a qual deverá ser prorrogada até finalização dos procedimentos;

§ 6º Cumpre ao oficial do Registro de Imóveis examinar, com o devido cuidado e sob sua responsabilidade, o teor de todas as intimações requeridas, obstando o processamento das que não atendam às formalidades legais, especialmente as que incluam verbas descabidas ou inexigíveis, mediante expedição da competente nota de devolução, a fim de que aquele seja regularizado;

§ 7º Se o credor fiduciário for pessoa jurídica, incumbirá ao oficial verificar, com base no estatuto social, a regularidade da representação societária, especialmente se quem requer a intimação tem poderes para tanto;

§ 8º Deverá o oficial de Registro de Imóveis expedir intimação para ser cumprida em cada um

dos endereços fornecidos pelo credor fiduciário, na qual conste, necessária e discriminadamente, o seguinte:

I – os dados relativos ao imóvel e ao contrato de alienação fiduciária;

II – o demonstrativo do débito decorrente da(s) prestação(ões) vencida(s) e não paga(s) e das que vencerem até a data do pagamento; os juros convencionais, as penalidades e os demais encargos contratuais; os encargos legais, inclusive tributos; e as contribuições condominiais imputáveis ao imóvel, bem como a projeção dos valores atualizados para purgação da mora, podendo incluir cópia da planilha apresentada, com a informação de que o valor integral deverá ser pago em cheque administrativo ou visado, nominal ao credor fiduciário, ou ao seu cessionário;

III – os valores correspondentes às despesas de cobrança e de intimação deverão ser pagos diretamente no Cartório de Registro de Imóveis, no ato e em dinheiro ou cheque administrativo ou visado;

IV – a informação de que o pagamento deverá ser efetuado no Cartório de Registro de Imóveis, consignando-lhe endereço, dias e horário de funcionamento;

V – a advertência de que o pagamento do débito discriminado deverá ser feito no prazo improrrogável de quinze dias, contado da data do recebimento da intimação;

VI – a advertência de que o não cumprimento da referida obrigação no prazo estipulado garante o direito de consolidação da propriedade do imóvel em favor do credor fiduciário, nos termos do § 7º[45] do art. 26 da Lei n. 9.514, de 1997.

§ 9º A intimação será feita pessoalmente ao fiduciante, ou ao seu representante legal ou ao procurador regularmente constituído. E pode ser promovida por solicitação do oficial do Registro de Imóveis, por oficial de Registro de Títulos e Documentos, da comarca da situação do imóvel ou do domicílio de quem deva recebê-la, ou pelo correio, com aviso de recebimento (AR);

§ 10. Deve-se preferir a intimação pessoal por meio do serviço extrajudicial. Todavia, quando o oficial de Registro de Imóveis optar por envio de correspondência pelo correio, deverá postá-la por sedex registrado, fazendo uso, além do serviço de aviso de recebimento (AR), do serviço denominado "mão própria" (MP), a fim de que a correspondência seja entregue, exclusivamente, ao destinatário;

§ 11. O oficial de Registro de Imóveis poderá enviar, primeiramente, a intimação pelo correio, na forma definida no parágrafo anterior, ou fazer uso dos demais meios permitidos, caso a entrega venha a falhar pela recusa de recebimento ou de assinatura ou pela impossibilidade de entrega, por não encontrar o destinatário da cor-

respondência nas três tentativas efetuadas pelo funcionário do correio;

§ 12. Para atender ao princípio da execução menos gravosa, o oficial de Registro de Imóveis poderá encaminhar correspondência convidando o fiduciante devedor a comparecer à serventia, no prazo de cinco dias, a contar do recebimento, para tomar ciência de assunto relacionado ao contrato de alienação fiduciária do imóvel;

§ 13. Ocorrendo o comparecimento, a notificação do devedor fiduciante será feita diretamente pelo oficial do Registro de Imóveis, ficando as despesas circunscritas aos emolumentos referentes à notificação, vedada a cobrança de despesas com diligências;

§ 14. Cuidando-se de vários devedores fiduciantes, ou cessionários, inclusive cônjuges, é necessária a promoção da intimação individual de todos eles;

§ 15. As intimações de pessoas jurídicas serão feitas aos seus representantes legais, exigindo-se a apresentação, pelo credor fiduciário, de certidão do contrato ou estatuto social, fornecida pela Junta Comercial do Estado ou pelo Cartório do Registro Civil das Pessoas Jurídicas, para aferição da regularidade da representação.

Art. 260. As intimações de devedor fiduciante que não for encontrado nos endereços indicados pelo credor deverão ser feitas mediante procura do interessado no endereço de seu domicílio constante do contrato, e, ainda, no do respectivo imóvel.

Art. 261. Quando o fiduciante, ou seu representante legal ou procurador regularmente constituído se encontrar em outro local, incerto e não sabido, o oficial certificará o fato. Caberá, então, ao oficial do competente Registro de Imóveis promover a intimação por edital, publicado por três dias, pelo menos, em um dos jornais de maior circulação local ou noutro de comarca de fácil acesso, se no local não houver imprensa diária.

§ 1º Caso o devedor fiduciante, ou seu representante legal ou procurador regularmente constituído se ocultar de forma a não concretizar a intimação, o oficial de Registro de Imóveis devolverá o título ao apresentante, devendo essa circunstância constar da respectiva nota de devolução de forma expressa, a fim de que o credor fiduciário promova a intimação do fiduciante, pela via judicial;

§ 2º A intimação judicial deverá conter os requisitos do § 8º do art. 259, especialmente a advertência de que o valor integral reclamado deverá ser pago diretamente no Cartório de Registro de Imóveis competente, em cheque administrativo ou visado, nominal ao credor fiduciário. Para esse fim, deverão ser também declinados na intimação judicial o endereço completo da serventia e o seu horário de funcionamento;

§ 3º Recebido os autos de intimação judicial, entregues à parte na forma do art. 872[46] do CPC, o oficial deverá juntá-los ao procedimento respectivo em curso no Registro de Imóveis, para fins de controle da purgação da mora;

§ 4º A notificação judicial somente será aceita para fins de controle da purgação da mora, se constar da certidão do oficial de justiça que o

---

45. Art. 26. Vencida e não paga, no todo ou em parte, a dívida e constituído em mora o fiduciante, consolidar-se-á, nos termos deste artigo, a propriedade do imóvel em nome do fiduciário.

§ 7º Decorrido o prazo de que trata o § 1º sem a purgação da mora, o oficial do competente Registro de Imóveis, certificando esse fato, promoverá a averbação, na matrícula do imóvel, da consolidação da propriedade em nome do fiduciário, à vista da prova do pagamento por este, do imposto de transmissão inter vivos e, se for o caso, do laudêmio;

46. Dispositivo revogado pela Lei n. 13.105/2015.

ART. 262 **NORMAS PARA A ATIVIDADE EXTRAJUDICIAL DO ESTADO DO TOCANTINS**

intimando foi procurado nos endereços fornecidos pelo credor fiduciário, além daquele mencionado no contrato e no do próprio imóvel objeto da alienação fiduciária.

Art. 262. Verificada a ocorrência de qualquer irregularidade ou omissão na intimação judicial, o oficial de Registro de Imóveis deverá elaborar nota de devolução circunstanciada.

Art. 263. Purgada a mora perante o Registro de Imóveis competente, mediante pagamento dos valores informados e na respectiva projeção, o oficial entregará recibo ao devedor fiduciante e, nos três dias úteis seguintes, comunicará o fato ao credor fiduciário para retirada na serventia das importâncias então recebidas, ou procederá à entrega diretamente ao fiduciário.

Art. 264. Embora seja recomendável o pagamento através de cheque administrativo ou visado, nominal ao credor fiduciário, não poderá o oficial de Registro de Imóveis lhe recusar o recebimento em espécie, na moeda corrente nacional.

Art. 265. Decorrido o prazo da interpelação sem purgação da mora, o oficial do competente Registro de Imóveis deverá certificar esse fato, para fins de prosseguimento do processo de transmissão plena do imóvel, mediante sua consolidação em favor do credor fiduciário.

Art. 266. A consolidação da propriedade em nome do fiduciário será feita à vista de requerimento escrito, instruído com a prova do pagamento do imposto de transmissão inter vivos e, se for o caso, do laudêmio.

§ 1º Caso a intimação tenha sido efetivada pela via judicial, deverá ser ainda anexada certidão emitida pelo escrivão-diretor do ofício judicial, comprovando a inocorrência de pagamento ou depósito em juízo dos valores reclamados;

§ 2º A não apresentação do requerimento e dos comprovantes de pagamento dos tributos, para fins de consolidação da propriedade em favor do credor fiduciário, no prazo de trinta dias da emissão da certidão, acarretará o encerramento do procedimento.

Art. 267. Sendo o requerimento para consolidação da propriedade em favor do fiduciário, com o comprovante de pagamento dos tributos, apresentado dentro do prazo de trinta dias, será juntado no procedimento iniciado com a intimação do fiduciante, podendo o oficial do Registro de Imóveis exigir a complementação do depósito prévio das custas e emolumentos devidos pelo ato de consolidação.

Art. 268. Pode o devedor efetivar o pagamento mediante dação, caso em que transmitirá ao credor seu direito eventual, consolidando-se a propriedade definitivamente no patrimônio deste, dispensada a realização futura do leilão do imóvel (Lei n. 9.514, de 1997, art. 26, § 8[047]).

Art. 269. A dação em pagamento enseja o recolhimento do imposto de transmissão de bens imóveis, calculado sobre o valor do saldo deve-

dor e demais encargos, ou o valor venal do imóvel, podendo ser adotada para sua elaboração a forma pública ou particular.

Art. 270. Uma vez consolidada a propriedade em nome do fiduciário, este deverá promover a realização de leilão público para venda do imóvel, nos trinta dias subsequentes, contados da data do registro da consolidação da propriedade (§ 7[048] do art. 26 da Lei n. 9.514, de 1997).

§ 1º Havendo lance vencedor, a transmissão do imóvel ao licitante deverá ser feita por meio de contrato de compra e venda que poderá ser celebrado por instrumento público ou particular (Lei n. 9.514, de 1997, art. 38[049]) e respectivo registro no Registro de Imóveis competente. No título deverá figurar de um lado, como vendedor, o antigo credor fiduciário e, de outro, como comprador, o licitante vencedor;

§ 2º Se no primeiro público leilão o maior lance oferecido for inferior ao preço mínimo que o do contrato, e as partes tiverem fixado para esse fim, na forma estipulada no inciso VI[050] do art. 24 da Lei n. 9.514, de 1997, será realizado o segundo leilão, nos quinze dias subsequentes;

§ 3º No segundo leilão, será aceito o maior lance oferecido, desde que igual ou superior ao valor da dívida, das despesas, dos prêmios de seguro, dos encargos legais, inclusive tributos, contribuições condominiais e despesas de leilão;

§ 4º Nos cinco dias seguintes ao da venda do imóvel em leilão, o credor entregará ao devedor a importância que sobejar, considerando-se nela compreendido o valor da indenização de benfeitorias, depois de deduzidos os valores da dívida e das despesas e encargos de que tratam os §§ 2º e 3º[051] do art. 27 da Lei n. 9.514, de 1997, fato esse que importará em recíproca quitação.

---

48. Art. 26. Vencida e não paga, no todo ou em parte, a dívida e constituído em mora o fiduciante, consolidar-se-á, nos termos deste artigo, a propriedade do imóvel em nome do fiduciário.

    7º Decorrido o prazo de que trata o § 1º sem a purgação da mora, o oficial do competente Registro de Imóveis, certificando esse fato, promoverá a averbação, na matrícula do imóvel, da consolidação da propriedade em nome do fiduciário, à vista da prova do pagamento por este, do imposto de transmissão inter vivos e, se for o caso, do laudêmio;

49. Art. 38. Os atos e contratos referidos nesta Lei ou resultantes da sua aplicação, mesmo aqueles que visem à constituição, transferência, modificação ou renúncia de direitos reais sobre imóveis, poderão ser celebrados por escritura pública ou por instrumento particular com efeitos de escritura pública.

50. Art. 24. O contrato que serve de título ao negócio fiduciário conterá:

    VI – a indicação, para efeito de venda em público leilão, do valor do imóvel e dos critérios para a respectiva revisão;

51. Art. 27. Uma vez consolidada a propriedade em seu nome, o fiduciário, no prazo de trinta dias, contados da data do registro de que trata o § 7º do artigo anterior, promoverá público leilão para a alienação do imóvel.

    § 2º No segundo leilão, será aceito o maior lance oferecido, desde que igual ou superior ao valor da dívida, das despesas, dos prêmios de seguro, dos encargos legais, inclusive tributos, e das contribuições condominiais;

    § 3º Para os fins do disposto neste artigo, entende-se por:

    I – dívida: o saldo devedor da operação de alienação fiduciária, na data do leilão, nele incluídos os juros convencionais, as penalidades e os demais encargos contratuais;

não se aplicando o disposto na parte final do art. 516[052] do Código Civil;

§ 5º Se, no segundo leilão, o maior lance oferecido for recusado por não ser igual ou superior ao mínimo correspondente à dívida e às despesas, será considerada extinta a dívida e exonerado o credor da obrigação pelo eventual saldo remanescente (Lei n. 9.514, art. 27, § 5[053]), e o imóvel permanecerá no patrimônio do credor, sem qualquer ônus, devendo o auto de leilão ser averbado na matrícula do imóvel;

§ 6º Na hipótese de que trata o parágrafo anterior, o credor, no prazo de cinco dias a contar da data do segundo leilão, dará ao devedor fiduciante quitação da dívida, mediante termo próprio (Lei n. 9.514, de 1997, art. 27, § 6[054]).

Art. 271. A averbação dos leilões negativos será feita a requerimento do antigo credor fiduciário ou de pessoa interessada, instruído com cópias das publicações dos leilões, dos autos negativos destes, assinados por leiloeiro oficial.

Art. 272. Na contagem dos prazos do contrato de alienação fiduciária, exclui-se o dia do começo e inclui-se o dia do vencimento. Encerrando-se o prazo regulamentar em dia de sábado, domingo ou feriado, prorroga-se para o primeiro dia útil subsequente.

SUBSEÇÃO XIII
DA CÉDULA DE CRÉDITO IMOBILIÁRIO

Art. 273. A Cédula de Crédito Imobiliário (CCI) é emitida para representar créditos imobiliários.

§ 1º A CCI será emitida pelo credor do crédito imobiliário e poderá ser integral, quando representar a totalidade do crédito, ou fracionária, quando representar parte dele. A soma das CCIs fracionárias emitidas em relação a cada crédito não pode exceder o valor total do crédito que elas representam;

§ 2º As CCIs fracionárias poderão ser emitidas simultaneamente ou não, a qualquer momento antes do vencimento do crédito que elas representam;

§ 3º A CCI poderá ser emitida com ou sem garantia, real ou fidejussória, sob a forma escritural ou cartular;

II – despesas: a soma das importâncias correspondentes aos encargos e custas de intimação e as necessárias à realização do público leilão, nestas compreendidas as relativas aos anúncios e à comissão do leiloeiro.

52. Art. 516. Inexistindo prazo estipulado, o direito de preempção caducará, se a coisa for móvel, não se exercendo nos três dias e, se for imóvel, não se exercendo nos sessenta dias subsequentes à data em que o comprador tiver notificado o vendedor.

53. Art. 27. Uma vez consolidada a propriedade em seu nome, o fiduciário, no prazo de trinta dias, contados da data do registro de que trata o § 7º do artigo anterior, promoverá público leilão para a alienação do imóvel.

    § 5º Se, no segundo leilão, o maior lance oferecido não for igual ou superior ao valor referido no § 2º, considerar-se-á extinta a dívida e exonerado o credor da obrigação de que trata o § 4º.

54. Art. 27. Uma vez consolidada a propriedade em seu nome, o fiduciário, no prazo de trinta dias, contados da data do registro de que trata o § 7º do artigo anterior, promoverá público leilão para a alienação do imóvel.

    § 6º Na hipótese de que trata o parágrafo anterior, o credor, no prazo de cinco dias a contar da data do segundo leilão, dará ao devedor quitação da dívida, mediante termo próprio.

---

47. Art. 26. Vencida e não paga, no todo ou em parte, a dívida e constituído em mora o fiduciante, consolidar-se-á, nos termos deste artigo, a propriedade do imóvel em nome do fiduciário.

    § 8º O fiduciante pode, com a anuência do fiduciário, dar seu direito eventual ao imóvel em pagamento da dívida, dispensados os procedimentos previstos no art. 27.

PROVIMENTO N. 02 DE 24 DE JANEIRO DE 2013 — ART. 284

§ 4º A emissão da CCI sob a forma escritural será feita mediante escritura pública ou instrumento particular, devendo esse instrumento permanecer custodiado em instituição financeira e registrado em sistemas de registro e liquidação financeira de títulos privados autorizados pelo Banco Central do Brasil;

§ 5º Sendo o crédito imobiliário garantido por direito real, a emissão da CCI será averbada no Registro de Imóveis da situação do imóvel, na respectiva matrícula, devendo dela constar, exclusivamente, o número, a série e a instituição custodiante; § 6º A averbação da emissão da CCI e o registro da garantia do crédito respectivo, quando solicitados simultaneamente, serão considerados como ato único para efeito de cobrança de emolumentos;

§ 7º Quando a CCI é apresentada isolada e posteriormente, a base de cálculo para cobrança da averbação é a do valor da emissão da cédula;

§ 8º A constrição judicial (penhora, arresto etc.) que recaia sobre crédito representado por CCI será efetuada nos registros da instituição custodiante ou mediante apreensão da respectiva cártula;

§ 9º O credor da CCI deverá ser imediatamente intimado de constrição judicial que recaia sobre a garantia real do crédito imobiliário representado por aquele título;

§ 10. No caso de CCI emitida sob a forma escritural, caberá à instituição custodiante identificar o credor, para o fim da intimação prevista no §11 do art. 259.

Art. 274. A CCI deverá conter:

I – a denominação "Cédula de Crédito Imobiliário", quando emitida cartularmente;

II – o nome, a qualificação e o endereço do credor e do devedor e, no caso de emissão escritural, também o custodiante;

III – a identificação do imóvel objeto do crédito imobiliário, com a indicação da respectiva matrícula no Registro de Imóveis competente e do registro da constituição da garantia, se for o caso;

IV – a modalidade da garantia, se for o caso;

V – o número e a série da cédula;

VI – o valor do crédito que representa;

VII – a condição de integral ou fracionária e, nessa última hipótese, também a indicação da fração que representa;

VIII – o prazo, a data de vencimento, o valor da prestação total, nela incluídas as parcelas de amortização e juros, as taxas, seguros e demais encargos contratuais de responsabilidade do devedor, a forma de reajuste e o valor das multas previstas contratualmente, com a indicação do local de pagamento;

IX – o local e a data da emissão;

X – a assinatura do credor, se emitida cartularmente;

XI – a autenticação pelo oficial do Registro de Imóveis competente, no caso de contar com garantia real; e

XII – cláusula à ordem, se endossável.

Art. 275. A emissão e a negociação de CCI independem de autorização do devedor do crédito imobiliário que ela representa.

Art. 276. A cessão do crédito representado por CCI poderá ser feita por meio de sistemas de registro e de liquidação financeira de títulos privados autorizados pelo Banco Central do Brasil.

Parágrafo único. A cessão do crédito representado por CCI implica automática transmissão das respectivas garantias ao cessionário, sub-rogando-o em todos os direitos representados pela cédula. No caso de contrato de alienação fiduciária, o cessionário fica investido na propriedade fiduciária.

Art. 277. A cessão de crédito garantido por direito real, representado por CCI emitida sob a forma escritural, será dispensada de averbação no Registro de Imóveis, aplicando-se, no que couber a Lei n. 10.931, de 2004, desde que não contrarie o disposto nos arts. 286[55] e seguintes do Código Civil Brasileiro.

Art. 278. A CCI, objeto de securitização nos termos da Lei n. 9.514, de 1997, será identificada no respectivo Termo de Securitização de Créditos, mediante indicação do valor, número, série e instituição custodiante, dispensada a enunciação das informações já constantes da Cédula ou do respectivo registro na instituição custodiante.

Art. 279. O regime fiduciário, de que trata a Seção VI do Capítulo I da Lei n. 9.514, de 1997, no caso de emissão de Certificados de Recebíveis Imobiliários lastreados em créditos representados por CCI, será registrado na instituição custodiante, mencionando o patrimônio separado a que estão afetados, não se aplicando o disposto no parágrafo único do art. 10[56] da mencionada Lei.

Art. 280. O resgate da dívida representada pela CCI prova-se com a declaração de quitação, emitida pelo credor, instruído com declaração da instituição custodiante e do balcão de negociações onde a CCI foi negociada, ou, na falta desta, por outros meios admitidos em Direito.

Art. 281. Os emolumentos devidos aos cartórios de Registro de Imóveis para cancelamento do regime fiduciário e das garantias reais existentes serão cobrados como ato único.

Art. 282. É vedada a averbação da emissão de CCI com garantia real se houver prenotação ou registro de outro ônus real sobre os direitos imobiliários respectivos, inclusive penhora ou averbação de qualquer mandado ou ação judicial.

SUBSEÇÃO XIV
DAS RETIFICAÇÕES DO REGISTRO

Art. 283. A retificação administrativa de erro constante do registro será feita pelo oficial de Registro de Imóveis ou por procedimento judicial, a requerimento do interessado.

§ 1º O oficial retificará o registro ou a averbação, de ofício ou a requerimento do interessado, quando se tratar de erro evidente e nos casos de:

I – omissão ou erro cometido na transposição de qualquer elemento do título;

II – indicação ou atualização de confrontação;

III – alteração de denominação de logradouro público, comprovada por documento oficial;

IV – retificação que vise à indicação de rumos, ângulos de deflexão ou inserção de coordenadas georreferenciadas, em que não haja alteração das medidas perimetrais, cuidando para que a retificação não altere a conformidade física do imóvel, e para que na inserção de coordenadas georreferenciadas seja observado o previsto nos §§ 2º e 3º do art. 166;

V – alteração ou inserção que resulte de mero cálculo matemático feito a partir das medidas perimetrais constantes do registro;

VI – reprodução de descrição de linha divisória de imóvel confrontante que já tenha sido objeto de retificação;

VII – inserção ou modificação dos dados de qualificação pessoal das partes, comprovada por documentos oficiais, exigido despacho judicial se houver necessidade de produção de outras provas.

§ 2º Os documentos em que se fundarem a retificação e a motivação do ato pelo oficial registrador nos casos dos incisos I, II e III do parágrafo anterior deverão ser arquivados em classificador próprio, microfilme ou sistema informatizado, com remissões recíprocas que lhe permitam a identificação e localização. Efetuada a retificação com base nos assentamentos já existentes no registro imobiliário, deverá ser feita remissão na matrícula ou transcrição, também de modo a permitir-lhe identificação e localização;

§ 3º Promovida de ofício a retificação prevista nas alíneas I, II, III e IV do parágrafo anterior deverão ser notificados os proprietários do imóvel, arquivando-se comprovante da notificação ou dos atos praticados em classificador próprio, microfilme ou arquivo informatizado, com índice nominal. A notificação será feita pessoalmente pelo oficial registrador ou preposto para isso designado, pelo Correio com aviso de recebimento, ou pelo oficial de Registro de Títulos e Documentos, dispensada a notificação por edital se não localizado o destinatário pelas demais formas indicadas.

Art. 284. A retificação do Registro de Imóveis, no caso de inserção ou alteração de medida perimetral de que resulte, ou não, alteração de área, poderá ser feita a requerimento do interessado, instruído com planta e memorial descritivo assinados pelo requerente, pelos confrontantes e por profissional legalmente habilitado, com prova de anotação de responsabilidade técnica no competente Conselho Regional de Engenharia e Arquitetura (CREA).

§ 1º As assinaturas serão identificadas com a qualificação e a indicação da qualidade de quem as lançou (confinante tabular, possuidor de imóvel contíguo ou requerente da retificação);

§ 2º O requerimento de retificação será lançado no Livro n. 1 – Protocolo –, observada rigorosamente a ordem cronológica de apresentação dos títulos;

§ 3º O protocolo do requerimento de retificação de registro formulado com fundamento no art. 213, inciso II,[57] da Lei n. 6.015, de 1973 não

---

55. Art. 286. O credor pode ceder o seu crédito, se a isso não se opuser a natureza da obrigação, a lei, ou a convenção com o devedor; a cláusula proibitiva da cessão não poderá ser oposta ao cessionário de boa-fé, se não constar do instrumento da obrigação.

56. Dispositivo revogado pela Lei n. 14.430/2022.

57. Art. 213. O oficial retificará o registro ou a averbação:

II – a requerimento do interessado, no caso de inserção ou alteração de medida perimetral de que resulte, ou não, alteração de área, instruído com planta e memorial descritivo assinado por profissional legalmente habilitado, com prova de anotação de responsabilidade técnica no competente Conselho Regional de Engenharia e Arquitetura (CREA), bem assim pelos confrontantes.

25

ART. 285 — NORMAS PARA A ATIVIDADE EXTRAJUDICIAL DO ESTADO DO TOCANTINS

gera prioridade nem impede a qualificação e o registro, ou averbação, dos demais títulos não excludentes ou contraditórios, nos casos em que da precedência destes últimos decorra prioridade de direitos ao apresentante;

§ 4º Protocolado o requerimento de retificação de registro de que trata o art. 213, inciso II, da Lei n. 6.015, de 1973, deverá sua existência constar em todas as certidões da matrícula, até que efetuada a averbação ou negada a pretensão pelo oficial registrador;

§ 5º Ocorrida a transmissão do domínio do imóvel para quem não formulou, não manifestou sua ciência ou não foi notificado do requerimento de retificação, deverá o adquirente ser notificado do procedimento em curso para que se manifeste em quinze dias;

§ 6º É considerado profissional habilitado para elaborar a planta e o memorial descritivo todo aquele que apresentar prova de anotação da responsabilidade técnica no competente Conselho Regional de Engenharia e Arquitetura (CREA);

§ 7º Uma vez atendidos os requisitos de que trata o inciso II, § 1º, do art. 213 da Lei n. 6.015, de 1973, o oficial averbará a retificação no prazo máximo de trinta dias contados da data do protocolo do requerimento. A prática do ato será lançada, resumidamente, na coluna do Livro n. 1 – Protocolo, destinada à anotação dos atos formalizados, e deverá ser certificada no procedimento administrativo da retificação;

§ 8º A retificação será negada pelo oficial de Registro de Imóveis sempre que não for possível verificar que o registro corresponde ao imóvel descrito na planta e no memorial descritivo, identificar todos os confinantes tabulares do registro a ser retificado, ou implicar transposição, para este registro, de imóvel ou parcela de imóvel de domínio público, ainda que, neste último caso, não seja impugnada.

Art. 285. Se a planta não contiver a assinatura de algum confrontante, este será notificado pelo oficial de Registro de Imóveis, a requerimento do interessado, para se manifestar em quinze dias, promovendo-se a notificação pessoalmente ou pelo correio, com aviso de recebimento, ou, por solicitação do oficial de Registro de Imóveis, pelo oficial de Registro de Títulos e Documentos da comarca da situação do imóvel ou do domicílio de quem deva recebê-la, ou por edital na hipótese do § 6º deste artigo.

§ 1º Os titulares do domínio do imóvel objeto do registro retificando serão notificados para se manifestar em quinze dias se não tiverem requerido ou manifestado, voluntariamente, sua anuência com a retificação;

§ 2º Entendem-se como confrontantes os proprietários e os ocupantes dos imóveis contíguos. Na manifestação de anuência, ou para efeito de notificação:

I – o condomínio geral, de que tratam os arts. 1.314[58] e seguintes do Código Civil, será representado por qualquer dos condôminos;

II – o condomínio edilício, de que tratam os arts. 1.331[59] e seguintes do Código Civil, será representado pelo síndico ou pela Comissão de Representantes;

III – sendo os proprietários ou os ocupantes dos imóveis contíguos casados entre si e incidindo sobre o imóvel comunhão ou composse, bastará a manifestação de anuência ou a notificação de um dos cônjuges;

IV – sendo o casamento pelo regime da separação de bens ou não estando o imóvel sujeito à comunhão decorrente do regime de bens, ou à composse, bastará a notificação do cônjuge que tenha a propriedade ou a posse exclusiva;

V – a União, o Estado, o Município, suas autarquias e fundações poderão ser notificadas por intermédio de sua Advocacia Geral ou Procuradoria que tiver atribuição para receber citação em ação judicial. Poderão tais pessoas de direito público, ainda, indicar previamente, a cada Juízo Corregedor Permanente os procuradores responsáveis pelo recebimento das notificações e o endereço para onde deverão ser encaminhadas.

§ 3º As pessoas jurídicas de direito público serão notificadas, caso não tenham manifestado prévia anuência, sempre que o imóvel objeto do registro a ser retificado confrontar com outro público, ainda que dominical;

§ 4º A manifestação de anuência ou a notificação do Município será desnecessária se o imóvel urbano estiver voltado somente para rua ou avenida oficial, e a retificação não importar em aumento de área ou de medida perimetral, ou em alteração da configuração física do imóvel, que possam fazê-lo avançar sobre o bem municipal de uso comum do povo;

§ 5º A notificação poderá ser dirigida ao endereço do confrontante constante no Registro de Imóveis, ao próprio imóvel contíguo ou àquele fornecido pelo requerente;

§ 6º Não encontrado o confrontante nos endereços mencionados no subitem anterior, ou estando em lugar incerto e não sabido, tal fato será certificado pelo oficial encarregado da diligência,

---

Parágrafo único. Nenhum dos condôminos pode alterar a destinação da coisa comum, nem dar posse, uso ou gozo dela a estranhos, sem o consenso dos outros.

59. Art. 1.331. Pode haver, em edificações, partes que são propriedade exclusiva, e partes que são propriedade comum dos condôminos.

§ 1º As partes suscetíveis de utilização independente, tais como apartamentos, escritórios, salas, lojas e sobrelojas, com as respectivas frações ideais no solo e nas outras partes comuns, sujeitam-se a propriedade exclusiva, podendo ser alienadas e gravadas livremente por seus proprietários, exceto os abrigos para veículos, que não poderão ser alienados ou alugados a pessoas estranhas ao condomínio, salvo autorização expressa na convenção de condomínio;

§ 2º O solo, a estrutura do prédio, o telhado, a rede geral de distribuição de água, esgoto, gás e eletricidade, a calefação e refrigeração centrais, e as demais partes comuns, inclusive o acesso ao logradouro público, são utilizados em comum pelos condôminos, não podendo ser alienados ou divididos separadamente, ou divididos;

§ 3º A cada unidade imobiliária caberá, como parte inseparável, uma fração ideal no solo e nas outras partes comuns, que será identificada em forma decimal ou ordinária no instrumento de instituição do condomínio;

§ 4º Nenhuma unidade imobiliária pode ser privada do acesso ao logradouro público;

§ 5º O terraço de cobertura é parte comum, salvo disposição contrária da escritura de constituição do condomínio.

---

promovendo-se a notificação do confrontante mediante Edital publicado por duas vezes em jornal local de grande circulação, com intervalo não inferior a quinze dias, para que aquele se manifeste também em quinze dias, contados da primeira publicação. O Edital conterá os nomes dos destinatários e, resumidamente, a finalidade da retificação;

§ 7º Serão anexados ao procedimento de retificação os comprovantes de notificação pelo Correio ou pelo oficial de Registro de Títulos e Documentos e cópias das publicações dos editais. Caso promovido pelo oficial de Registro de Imóveis deverá ser por este anexada ao procedimento a prova da entrega da notificação ao destinatário, com a nota de ciência por este emitida;

§ 8º Será presumida a anuência do confrontante que deixar de apresentar impugnação no prazo da notificação;

§ 9º Sendo necessário para a retificação, o oficial de Registro de Imóveis realizará diligências e vistorias externas e utilizará documentos e livros mantidos no acervo da serventia, independentemente da cobrança de emolumentos, lançando no procedimento da retificação certidão relativa aos assentamentos consultados. Também poderá o oficial, por meio de ato fundamentado, intimar o requerente e o profissional habilitado para que esclareçam dúvidas e complementem ou corrijam a planta e o memorial descritivo do imóvel, quando os apresentados contiverem erro ou lacuna;

§ 10. As diligências e as vistorias externas, assim como a conferência do memorial e planta, poderão ser realizadas pessoalmente pelo oficial de Registro de Imóveis, ou sob sua responsabilidade, por preposto ou por técnico que contratar, devendo o resultado ser certificado no procedimento de retificação, com assinatura e identificação de quem efetuou a diligência ou a vistoria. Consistindo a prova complementar na simples confrontação do requerimento apresentado com elementos contidos em documentos e livros mantidos no acervo da própria serventia, competirá ao oficial registrador promovê-la ex officio, sem incidência de emolumentos, lançando no procedimento respectivo certidão relativa aos documentos e livros consultados;

§ 11. Findo o prazo sem impugnação e ausente impedimento para sua realização, o oficial averbará a retificação em, no máximo, trinta dias. Averbada a retificação, será a prática do ato lançada, resumidamente, na coluna do Livro n. 1 – Protocolo –, destinada à anotação dos atos formalizados, e certificada no procedimento administrativo da retificação;

§ 12. Averbada a retificação pelo oficial, o procedimento respectivo será formado pelo requerimento inicial, planta, memorial descritivo, comprovante de notificação, manifestações dos interessados, certidões e demais atos que lhe forem lançados, arquivado em fichário, classificador ou caixa numerada, com índice alfabético organizado pelo nome do requerente seguido do número do requerimento no Livro-Protocolo. O classificador poderá ser substituído, a critério do oficial registrador, respeitadas as condições de segurança, mediante utilização de sistema que preserve as informações e permita futura atualização, modernização ou substituição, por arquivo em microfilme ou mídia digital;

§ 13. Oferecida impugnação motivada por confrontante ou pelo titular do domínio do imóvel objeto do registro de que foi requerida a retifica-

---

§ 1º Uma vez atendidos os requisitos de que trata o caput do art. 225, o oficial averbará a retificação.

58. Art. 1.314. Cada condômino pode usar da coisa conforme sua destinação, sobre ela exercer todos os direitos compatíveis com a indivisão, reivindicá-la de terceiro, defender a sua posse e alhear a respectiva parte ideal, ou gravá-la.

26

PROVIMENTO N. 02 DE 24 DE JANEIRO DE 2013 — ART. 292

ção, o oficial intimará o requerente e o profissional que houver assinado a planta e o memorial a fim de que se manifestem no prazo de cinco dias;

§ 14. Será considerada impugnação motivada somente a que contiver exposição, ainda que sumária, dos motivos da discordância manifestada;

§ 15. Decorrido o prazo de cinco dias sem a formalização de transação para solucionar a divergência, ou constatando a existência de impedimento para a retificação, o oficial remeterá o procedimento ao juiz-corregedor permanente do Registro de Imóveis da circunscrição em que situado o imóvel, para a finalidade prevista no art. 213, inciso II, § 6º,[60] da Lei n. 6.015, de 1973;

§ 16. O prazo para a remessa do procedimento ao juiz-corregedor permanente poderá ser prorrogado a requerimento do interessado, para permitir que seja celebrada transação destinada a afastar a impugnação;

§ 17. A remessa do procedimento administrativo de retificação ao juiz-corregedor permanente será efetuada por meio de ato fundamentado, em que serão prestadas todas as informações de que o oficial de Registro de Imóveis dispuser em seus assentamentos, relativas ao imóvel objeto do registro a ser retificado e aos imóveis confinantes, e outras que puderem influenciar na solução do requerimento, juntando aos autos certidões atualizadas das matrículas respectivas e cópias de plantas, croquis, e outros documentos que forem pertinentes para esta finalidade. O oficial de Registro de Imóveis, ainda, manterá prova em classificador com índice organizado pelo nome do requerente seguido do número do protocolo do requerimento no Livro n. 1, e lançará na coluna de atos formalizados contida no mesmo Livro anotação da remessa efetuada. Este classificador poderá ser substituído por microfilme ou arquivo em mídia digital;

§ 18. O oficial de Registro de Imóveis poderá exigir o prévio depósito das despesas com notificação e do valor correspondente aos emolumentos correspondentes ao ato de averbação da retificação, emitindo recibo discriminado, cuja cópia deverá ser mantida no procedimento de retificação;

§ 19. Para a notificação pelo oficial de Registro de Imóveis ou pelo oficial de Registro de Títulos e Documentos será cobrado o valor dos emolumentos devidos a este último, conforme a legislação vigente. Para a notificação por edital será cobrado valor correspondente ao das publicações respectivas;

§ 20. Promovida a retificação, serão os emolumentos lançados, por cota, no procedimento

respectivo. Não efetuada a retificação serão os emolumentos restituídos ao interessado, assim como os valores adiantados para as despesas com notificação que não forem utilizados, mediante recibo cuja cópia permanecerá arquivada em classificador próprio que poderá ser substituído por arquivo em microfilme ou em mídia digital;

§ 21. Importando a transação em transferência de área, deverão ser atendidos os requisitos do art. 213, inciso II, § 9º,[61] da Lei n. 6.015, de 1973, exceto no que se refere à exigência de escritura pública;

§ 22. O juiz-corregedor permanente do Registro de Imóveis da circunscrição em que se encontra situado o imóvel decidirá o requerimento administrativo de retificação que lhe for originariamente formulado, ou encaminhado pelo oficial de Registro de Imóveis.

Art. 286. Determinada a retificação pelo juiz-corregedor permanente, o mandado respectivo será protocolado no Livro n. 1 – Protocolo, observada rigorosamente a ordem cronológica de apresentação dos títulos.

SEÇÃO IV
DOS CLASSIFICADORES DO REGISTRO DE IMÓVEIS

Art. 287. Os Oficiais de Registro de Imóveis deverão arquivar, separadamente e de forma organizada, em pastas, classificadores ou microfichas:

I – decisões do Conselho Superior da Magistratura;

II – atos normativos do Conselho Superior da Magistratura, a Corregedoria Geral da Justiça e da Corregedoria Permanente;

III – cópias de cédulas de crédito rural;

IV – cópias de cédulas de crédito industrial;

V – cópias de cédulas de crédito à exportação;

VI – cópias de cédulas de crédito comercial;

VII – comunicações relativas a diretores e ex-administradores e sociedades em regime de liquidação extrajudicial;

VIII – cópias de comunicações feitas ao INCRA, relativas às aquisições de imóveis rurais por estrangeiros;

IX – cópias de comunicações feitas à Corregedoria Geral da Justiça, relativas às aquisições de imóveis rurais por estrangeiros;

X – documentos comprobatórios de inexistência de débitos com a Previdência Social;

XI – recibos e cópias das comunicações às Prefeituras dos registros translativos de propriedade;

XII – recibos e cópias das comunicações ao órgão da Receita Federal das operações imobiliárias realizadas;

XIII – leis e decretos municipais relativos à denominação de logradouros públicos e de suas alterações;

XIV – recomendações da Corregedoria Geral da Justiça feitas aos Cartórios de Notas e do Registro de Imóveis do Estado, para que não pratiquem atos com base em procurações lavradas em locais expressamente indicados, nem lavrem ou registrem escrituras fundadas em atos praticados nos locais também especificados;

XV – notas de devolução;

XVI – comunicações mensais enviadas ao INCRA relativas a mudanças de titularidade, parcelamento, desmembramento, loteamento, remembramento, retificação de área, reserva legal e particular do patrimônio natural e outras limitações e restrições de caráter ambiental, envolvendo os imóveis rurais, inclusive os destacados do patrimônio público;

XVII – comunicações recebidas do INCRA relativas aos atos descritos na alínea anterior;

XVIII – memoriais descritivos de imóveis rurais certificados pelo INCRA.

Art. 288. As cópias de cédulas de crédito rural, industrial, à exportação e comercial deverão ser arquivadas em ordem cronológica e separadamente, conforme a natureza.

§ 1º No verso de cada via, será certificado o ato praticado.

§ 2º Formando grupos de duzentas folhas por volume, todas numeradas e rubricadas, as cédulas serão encadernadas, lavrando-se termos de abertura e encerramento;

§ 3º Ficam dispensados do arquivamento das cédulas, na forma suprarreferida, os cartórios que adotem sistema autorizado de microfilmagem dos documentos. Nesta hipótese, deverão ser microfilmados todos os documentos apresentados com as cédulas, sendo obrigatória a manutenção, em cartório, de aparelho leitor ou leitor-copiador;

§ 4º Os livros existentes, formados de acordo com o sistema previsto no § 2º deste artigo, também poderão ser microfilmados. Sua destruição, entretanto, dependerá de autorização expressa do juiz-corregedor permanente, após inspeção do novo sistema de arquivamento.

Art. 289. Deverão ser sempre comunicados os negócios imobiliários às Prefeituras, por meio de entendimento com estas mantido, para efeito de atualização de seus cadastros.

Art. 290. As comunicações conterão, em resumo, os dados necessários à atualização cadastral, e podem ser feitas por sistema de listagem diária, semanal ou mensal, segundo o movimento do Cartório no setor.

§ 1º A listagem será feita em duas vias, a primeira para uso da Prefeitura e a outra para arquivamento em cartório, com recibo.

§ 2º As comunicações poderão ser substituídas por fotocópias das matrículas.

Art. 291. Em qualquer hipótese, as despesas correspondentes ficarão sob responsabilidade das Prefeituras interessadas.

Art. 292. A eventual dispensa das comunicações, por parte de qualquer das Prefeituras integrantes da circunscrição imobiliária, deverá

---

60. Art. 213. O oficial retificará o registro ou a averbação:

II – a requerimento do interessado, no caso de inserção ou alteração de medida perimetral de que resulte, ou não, alteração de área, instruído com planta e memorial descritivo assinado por profissional legalmente habilitado, com prova de anotação de responsabilidade técnica no competente Conselho Regional de Engenharia e Arquitetura (CREA), bem assim pelos confrontantes.

§ 6º Havendo impugnação e se as partes não tiverem formalizado transação amigável para solucioná-la, o oficial remeterá o processo ao juiz competente, que decidirá de plano ou após instrução sumária, salvo se a controvérsia versar sobre o direito de propriedade de alguma das partes, hipótese em que remeterá o interessado para as vias ordinárias.

---

61. Art. 213. O oficial retificará o registro ou a averbação:

II – a requerimento do interessado, no caso de inserção ou alteração de medida perimetral de que resulte, ou não, alteração de área, instruído com planta e memorial descritivo assinado por profissional legalmente habilitado, com prova de anotação de responsabilidade técnica no competente Conselho Regional de Engenharia e Arquitetura (CREA), bem assim pelos confrontantes.

§ 9º Independentemente de retificação, dois ou mais confrontantes poderão, por meio de escritura pública, alterar ou estabelecer as divisas entre si e, se houver transferência de área, com o recolhimento do devido imposto de transmissão e desde que preservadas, se rural o imóvel, a fração mínima de parcelamento e, quando urbano, a legislação urbanística.

ficar documentada em cartório, arquivando-se em pasta própria.

Art. 293. As comunicações relativas a diretores e ex-administradores de sociedade em regime de intervenção ou liquidação extrajudicial, as cópias das comunicações ao INCRA e à Corregedoria Geral da Justiça, relativas às aquisições de imóveis rurais por estrangeiros, e as cópias e recibos das comunicações às Prefeituras dos negócios imobiliários deverão ser arquivados em ordem cronológica.

Art. 294. O oficial comunicará à Secretaria da Receita Federal mediante preenchimento da Declaração sobre Operação Imobiliária – DOI (modelo próprio) o título levado a registro, observando, no que couber, a disposição contida no art. 278, se:

I – tiver celebrado por instrumento particular;

II – tiver celebrado por instrumento particular com força de escritura pública;

III – tiver emitido por autoridade judicial, em decorrência de arrematação em hasta pública ou adjudicações, quando o adquirente não for herdeiro ou legatário.

Art. 295. As cópias dos ofícios, que encaminharem essas comunicações ao órgão da Receita Federal, deverão ser arquivadas, juntamente com os respectivos comprovantes de entrega ou remessa.

Art. 296. Nas comarcas onde não houver órgão de imprensa oficial dos Municípios, os cartórios deverão oficiar às Prefeituras, solicitando periódica remessa de cópias dos atos legislativos para fins de cumprimento ao disposto no art. 167, II, 13,[62] da Lei n. 6.015, de 1973.

Art. 297. As recomendações a que alude o inciso XIV do art. 287 deverão ser arquivadas em ordem alfabética, levando-se em consideração o nome da comarca à qual pertença o cartório sob suspeita.

SEÇÃO V
DAS CERTIDÕES E INFORMAÇÕES REGISTRAIS

Art. 298. Os Registradores de Imóveis são obrigados a lavrar certidões do que lhes for requerido e a fornecer às partes as informações solicitadas.

Art. 299. Qualquer pessoa pode requerer certidão do registro sem informar ao oficial ou ao funcionário o motivo ou interesse do pedido, satisfeitos os emolumentos no ato do requerimento.

§ 1º É expressamente proibido às partes, advogados, fiscais e outros interessados procederem a buscas ou pesquisas diretamente nos livros ou retirá-los das serventias;

§ 2º Os livros, fichas, documentos, papéis, microfilmes e sistema de computação deverão permanecer sob a guarda e responsabilidade do titular ou do responsável designado pelo serviço delegado, que zelará por sua ordem, segurança e conservação e somente sairão da serventia mediante autorização judicial.

---

62. Art. 167. No Registro de Imóveis, além da matrícula, serão feitos.

II – a averbação:

13) "ex offício", dos nomes dos logradouros, decretados pelo poder público.

Art. 300. Se houver necessidade de serem periciados, o exame deverá ocorrer na própria sede do serviço, em dia e hora adrede designados, com ciência do titular e autorização do juízo competente.

Art. 301. A certidão será lavrada independentemente de despacho judicial. E deve mencionar o livro do registro ou o documento arquivado no cartório, salvo se for de documentos arquivados na serventia que gozem de sigilo judicial ou fiscal, para as quais se exigirá ordem judicial ou requerimento formulado por todas as pessoas destinatárias da proteção.

Art. 302. A certidão será expedida com a maior brevidade possível; não pode seu fornecimento ser retardado por mais de cinco dias.

§ 1º A certidão em inteiro teor de matrícula ou de registro no Livro n. 3 será disponibilizada para entrega ao usuário dentro de um prazo razoável, contados do recebimento do pedido;

§ 2º É vedado ao registrador expedir certidão com data anterior à do pedido;

§ 3º No caso de recusa ou retardamento na expedição da certidão, o interessado poderá reclamar diretamente ao juiz-corregedor permanente, que tomará a declaração por termo, caso seja feita na forma verbal.

Art. 303. Segundo a conveniência do serviço, a serventia deverá empregar, em relação aos pedidos de certidões, sistema de controle semelhante ao previsto para recepção de títulos, a fim de assegurar às partes ordem de precedência na expedição das certidões.

Art. 304. Quando a certidão não for expedida no momento da solicitação, é obrigatório o fornecimento de protocolo do respectivo pedido, do qual deverão constar, além dos dados da certidão solicitada, a data e hora do pedido, a data e hora prevista para retirada da certidão, e o valor dos emolumentos cobrados.

Art. 305. A certidão será lavrada em inteiro teor, em resumo, ou em relatório, conforme quesitos, e devidamente autenticada pelo oficial ou seus substitutos legais.

Art. 306. A certidão de inteiro teor poderá ser extraída por meio datilográfico, impresso, reprográfico, ou digital.

Parágrafo único. Na certidão de inteiro teor de matrícula, após o último ato, será lavrado o encerramento, que poderá ser datilografado ou carimbado, com menção à existência de títulos contraditórios em tramitação na serventia, se houver.

Art. 307. De toda certidão deverão constar, conforme o caso, a data em que o imóvel passou ou deixou de pertencer à circunscrição imobiliária, bem assim a qual cartório pertencia ou passou a pertencer.

Art. 308. As certidões deverão ser fornecidas em papel de segurança padrão e mediante escrita que lhe permita a reprodução por meio reprográfico ou outro processo equivalente, vedado o uso de impressos não oficiais.

Art. 309. Sempre que houver alteração no ato cuja certidão é pedida, deve o oficial mencioná-la, obrigatoriamente, não obstante as especificações do pedido, sob pena de responsabilidade civil, penal e administrativa, ressalvadas as certidões de transcrições que não farão prova de propriedade e de inexistência de ônus, a não ser que sejam concomitantemente solicitadas

as respectivas certidões negativas de ônus e alienações.

Art. 310. Quando solicitada com base no Indicador Real, o cartório só expedirá certidão após cuidadosas buscas, efetuadas com os elementos de indicação constantes da descrição do imóvel apresentado pelo interessado.

Parágrafo único. Deve ser evitado fazer constar imóvel que, evidentemente, não coincida com o objetivado no pedido, bem assim o uso de expressões que aparentem ausência ou insegurança das buscas.

Art. 311. Faculta-se a opção, a ser exercida no momento do requerimento, de solicitação de entrega das certidões no próprio domicílio do usuário, via postal (SEDEX), caso em que o custo de postagem a ser despendido pela serventia será acrescido ao preço da certidão.

SEÇÃO VI
DOS LOTEAMENTOS DE IMÓVEIS URBANOS E RURAIS

SUBSEÇÃO I
DISPOSIÇÕES GERAIS

Art. 312. Os loteamentos de imóveis urbanos são regidos pela Lei n. 6.766, de 19 de dezembro de 1979, e suas alterações, enquanto que os rurais continuam a sê-lo pelo Decreto-Lei n. 58, de 10 de dezembro de 1937.

Art. 313. O parcelamento de imóvel rural para fins urbanos deve ser precedido de lei municipal que o inclua na zona urbana ou de expansão urbana do Município.

Art. 314. São, porém, dispensados do registro especial:

I – as divisões inter vivos celebradas anteriormente a 20 de dezembro de 1979;

II – as divisões inter vivos extintivas de condomínios formados antes da vigência da Lei n. 6.766, de 1979;

III – as divisões consequentes de partilhas judiciais, qualquer que seja a época de sua homologação ou celebração;

IV – as cartas de arrematação, de adjudicação ou mandados, expedidos em cumprimento de decisões definitivas transitadas em julgado, as alienações ou promessas de alienações de partes de glebas, desde que, no próprio título ou em requerimento que o acompanhe, seja requerida, pelo adquirente ou compromissário, a unificação do imóvel com outro, contíguo, de sua propriedade. Nestes casos, a observância dos limites mínimos de área e de testada para a via pública não é exigível para a parcela desmembrada, mas sim para o remanescente do imóvel que sofreu o desmembramento;

V – os negócios que cumpram compromissos formalizados até 20 de dezembro de 1979;

VI – as cessões e as promessas de cessão integral de compromissos de compra e venda formalizados anteriormente a 20 de dezembro de 1979;

VII – os terrenos que, até o exercício de 1979, tenham sido individualmente lançados para pagamento de imposto territorial.

§ 1º Consideram-se limites mínimos de área e de testada para a via pública os previstos no art.

PROVIMENTO N. 02 DE 24 DE JANEIRO DE 2013 **ART. 321**

4º, II,[63] da Lei n. 6.766, de 1979, salvo se outros forem fixados pela legislação dos municípios interessados, que, então, prevalecerão;

§ 2º Consideram-se formalizados, para fins dos incisos VI e VII, os instrumentos que tenham sido registrados no Cartório de Registro de Títulos e Documentos; ou em que a firma de, pelo menos, um dos contratantes tenha sido reconhecida, ou em que tenha havido o recolhimento antecipado do imposto de transmissão; ou, enfim, se, por qualquer outra forma segura, esteja comprovada a anterioridade dos contratos;

§ 3º Nas divisões, em geral, o registro especial somente será dispensado se o número de imóveis originados não ultrapassar o número de condôminos aos quais forem atribuídos;

§ 4º Os desmembramentos de terrenos situados em vias e logradouros públicos oficiais, integralmente urbanizados, ainda que aprovados pela Prefeitura, com expressa dispensa de o parcelador realizar quaisquer melhoramentos públicos, ficam, também, sujeitos ao registro especial do art. 18[64] da Lei n. 6.766, de 1979;

---

63. Art. 4º Os loteamentos deverão atender, pelo menos, aos seguintes requisitos:

II – os lotes terão área mínima de 125m² (cento e vinte e cinco metros quadrados) e frente mínima de 5 (cinco) metros, salvo quando o loteamento se destinar a urbanização específica ou edificação de conjuntos habitacionais de interesse social, previamente aprovados pelos órgãos públicos competentes.

64. Art. 18. Aprovado o projeto de loteamento ou de desmembramento, o loteador deverá submetê-lo ao registro imobiliário dentro de 180 (cento e oitenta) dias, sob pena de caducidade da aprovação, acompanhado dos seguintes documentos:

I – título de propriedade do imóvel ou certidão da matrícula, ressalvado o disposto nos §§ 4º e 5º;

II – histórico dos títulos de propriedade do imóvel, abrangendo os últimos 20 (vintes anos), acompanhado dos respectivos comprovantes;

III – certidões negativas:

a) de tributos federais, estaduais e municipais incidentes sobre o imóvel;

b) de ações reais referentes ao imóvel, pelo período de 10 (dez) anos;

c) de ações penais com respeito ao crime contra o patrimônio e contra a Administração Pública.

IV – certidões:

a) dos cartórios de protestos de títulos, em nome do loteador, pelo período de 5 (cinco) anos;

b) de ações cíveis relativas ao loteador, pelo período de 10 (dez) anos;

c) da situação jurídica atualizada do imóvel; e

d) de ações penais contra o loteador, pelo período de 10 (dez) anos;

V – cópia do ato de aprovação do loteamento e comprovante do termo de verificação, pelo Município ou pelo Distrito Federal, da execução das obras exigidas pela legislação municipal, que incluirão, no mínimo, a execução das vias de circulação do loteamento, demarcação dos lotes, quadras e logradouros e das obras de escoamento das águas pluviais ou da aprovação de um cronograma, com a duração máxima de 4 (quatro) anos, prorrogáveis por mais 4 (quatro) anos, acompanhado de competente instrumento de garantia para a execução das obras;

VI – exemplar do contrato padrão de promessa de venda, ou de cessão ou de promessa de cessão, do qual constarão obrigatoriamente as indicações previstas no art. 26 desta Lei;

VII – declaração do cônjuge do requerente de que consente no registro do loteamento.

§ 1º Os períodos referidos nos incisos III, alínea b e IV, alíneas a, e d, tomarão por base a data do pedido de registro

§ 5º Igualmente subordinados ao mesmo registro especial estarão os desmembramentos de terrenos em que houver construção, ainda que comprovada por documento público adequado;

§ 6º Nos desmembramentos, o oficial, sempre com o propósito de obstar expedientes ou artifícios que visem a afastar a aplicação da Lei n. 6.766, de 1979, cuidará de examinar, com seu prudente critério e baseado em elementos de ordem objetiva, especialmente na quantidade de lotes parcelados, se se trata ou não de hipótese de incidência do registro especial. Na dúvida, submeterá o caso à apreciação do juiz-corregedor permanente;

§ 7º Em qualquer das hipóteses de desmembramentos não subordinados ao registro especial do art. 18 da Lei n. 6.766, de 1979, sempre se exigirá a prévia aprovação da Prefeitura;

§ 8º Os loteamentos ou desmembramentos requeridos pelas entidades político-administrativas (União, Estado, Município e Distrito Federal) estão sujeitos ao processo do registro especial, dispensando-se, porém, os documentos mencionados nos incisos II, III, IV e VII do art. 18, da Lei n. 6.766, de 1979.

Art. 315. É vedado proceder ao registro de venda de frações ideais, com localização, numeração e metragem certa, ou de qualquer outra forma de instituição de condomínio ordinário que desatenda aos princípios da legislação civil, caracterizadores, de modo oblíquo e irregular, de loteamentos ou desmembramentos.

SUBSEÇÃO II
DO PROCESSO E REGISTRO

---

do loteamento, devendo todas elas serem extraídas em nome daqueles que, nos mencionados períodos, tenham sido titulares de direitos reais sobre o imóvel;

§ 2º A existência de protestos, de ações pessoais ou de ações penais, exceto as referentes a crime contra o patrimônio e contra a administração, não impedirá o registro do loteamento se o requerente comprovar que esses protestos ou ações não poderão prejudicar os adquirentes dos lotes. Se o Oficial do Registro de Imóveis julgar insuficiente a comprovação feita, suscitará a dúvida perante o juiz competente;

§ 3º A declaração a que se refere o inciso VII deste artigo não dispensará o consentimento do declarante para os atos de alienação ou promessa de alienação de lotes, ou de direitos a eles relativos, que venham a ser praticados pelo seu cônjuge;

§ 4º O título de propriedade será dispensado quando se tratar de parcelamento popular, destinado às classes de menor renda, em imóvel declarado de utilidade pública, com processo de desapropriação judicial em curso e imissão provisória na posse, desde que promovido pela União, Estados, Distrito Federal, Municípios ou suas entidades delegadas, autorizadas por lei a implantar projetos de habitação;

§ 5º No caso de que trata o § 4º, o pedido de registro do parcelamento, além dos documentos mencionados nos incisos V e VI deste artigo, será instruído com cópias autênticas da decisão que tenha concedido a imissão provisória na posse, do decreto de desapropriação, do comprovante de sua publicação na imprensa oficial e, quando formulado por entidades delegadas, da lei de criação e de seus atos constitutivos;

§ 6º Na hipótese de o loteador ser companhia aberta, as certidões referidas na alínea c do inciso III e nas alíneas a, b e d do inciso IV do caput deste artigo poderão ser substituídas por exibição das informações trimestrais e demonstrações financeiras anuais constantes do sítio eletrônico da Comissão de Valores Mobiliários;

§ 7º Quando demonstrar de modo suficiente o estado do processo e a repercussão econômica do litígio, a certidão esclarecedora do estado do processo cível ou penal poderá ser substituída por impressão do andamento do processo digital.

Art. 316. O requerimento de registro de loteamento ou desmembramento deve ser feito pelo proprietário da gleba. Autuado em processos que terão suas folhas numeradas e rubricadas, figurando os documentos pertinentes na ordem estabelecida na lei.

§ 1º Logo que autuados, serão certificados, após o último documento integrante do processo, a data da apresentação do requerimento e, em seguida, sempre antes da publicação dos editais, sua protocolização e o correspondente número de ordem;

§ 2º Também serão certificados a expedição e publicação dos editais, o decurso do prazo para impugnações, as comunicações à Prefeitura e o registro;

§ 3º Tendo em vista o intervalo temporal necessariamente decorrente da publicação dos editais, as datas da apresentação e da protocolização jamais poderão coincidir com a do registro.

Art. 317. Quando, eventualmente, o loteamento abranger vários imóveis do mesmo proprietário, com transcrições e matrículas diversas, é imprescindível que se proceda, previamente, à sua unificação.

Art. 318. Será sempre indispensável a correspondência da descrição e da área do imóvel a ser loteado com as que constarem da transcrição ou da matrícula respectiva, exigindo-se, caso contrário, prévia retificação.

Art. 319. Quando o loteador for pessoa jurídica, incumbirá ao oficial verificar, com base no estatuto social, a regularidade da representação societária, especialmente se quem requer o registro tem poderes para tanto.

Art. 320. Os documentos apresentados para registro do loteamento deverão vir, sempre que possível, no original. Podem ser aceitas, porém, cópias reprográficas, desde que autenticadas, salvo memorial, planta, ART e ato de aprovação do Município que deverão ser apresentados em original.

§ 1º Se o oficial suspeitar da autenticidade de alguma delas, poderá exigir a exibição do original;

§ 2º Das plantas e memoriais descritivos deverão constar as assinaturas do técnico responsável e do proprietário e ainda a aprovação da Prefeitura.

Art. 321. As certidões de ações pessoais e penais, inclusive às da Justiça Federal e do Trabalho e às de protestos devem referir-se ao loteador e a todos aqueles que, no período de dez anos, tenham sido titulares de direitos reais sobre o imóvel. Serão extraídas, também, na comarca da situação do imóvel, e, se distintas, naquelas onde domiciliados o loteador e os antecessores abrangidos pelo decênio, com a exigência de que as certidões não tenham sido expedidas há mais de três meses, salvo às de protesto que devem ser apresentadas com menos de trinta dias.

§ 1º Tratando-se de pessoa jurídica, as certidões dos distribuidores criminais deverão referir-se além dela, aos representantes legais da loteadora, inclusive no estatuto social;

§ 2º Tratando-se de empresa constituída por outras pessoas jurídicas, tais certidões deverão referir-se também aos representantes legais destas últimas.

29

ART. 322 — NORMAS PARA A ATIVIDADE EXTRAJUDICIAL DO ESTADO DO TOCANTINS

Art. 322. Para as finalidades previstas no art. 18, § 2º,[65] da Lei n. 6.766, de 1979, sempre que das certidões pessoais e reais constar a distribuição de ações cíveis, deve ser exigida certidão complementar, esclarecedora de seu desfecho ou estado atual.

Parágrafo único. Tal complementação será desnecessária quando se tratar de ação que, pela sua própria natureza, desde logo aferida da certidão do distribuidor, não tenha nenhuma repercussão econômica, ou, de outra parte, relação com o imóvel objeto do loteamento.

Art. 323. Cuidando-se de imóvel urbano que, há menos de cinco anos, era considerado rural, deve ser exigida certidão negativa de débito com o INCRA.

Art. 324. É indispensável, para o registro de loteamento ou desmembramento de áreas localizadas em municípios integrantes da região metropolitana, ou nas hipóteses previstas no art. 13[66] da Lei n. 6.766, de 1979, a anuência da autoridade competente.

Art. 325. Para o registro dos loteamentos e desmembramentos, o oficial exigirá prova de licença de instalação por parte dos órgãos públicos estaduais nas áreas de Saneamento Básico e de Defesa do Meio Ambiente.

Art. 326. Desde que o registro do loteamento ou desmembramento seja requerido apenas com o cronograma de execução das obras, o Cartório também providenciará, conforme o caso, o registro da garantia real oferecida nas matrículas dos imóveis ou lotes correspondentes.

§ 1º A circunstância também será, de forma resumida, averbada na matrícula em que registrado o loteamento ou desmembramento;

§ 2º Decorrido o prazo de execução do cronograma, que não poderá ser superior a quatro anos, sem que o loteador tenha apresentado o termo de verificação de execução das obras, o oficial comunicará a omissão à Prefeitura e ao Curador de Registros Públicos, para as providências cabíveis.

Art. 327. É dever do oficial proceder a exame cuidadoso do teor de todas as cláusulas do contrato-padrão, a fim de se evitar contenham estipulações manifestamente contrárias aos dispositivos, a esse respeito, contidos na Lei n.

---

65. Art. 18. Aprovado o projeto de loteamento ou de desmembramento, o loteador deverá submetê-lo ao registro imobiliário dentro de 180 (cento e oitenta) dias, sob pena de caducidade da aprovação, acompanhado dos seguintes documentos:

§ 2º A existência de protestos, de ações pessoais ou de ações penais, exceto as referentes a crime contra o patrimônio e contra a administração, não impedirá o registro do loteamento se o requerente comprovar que esses protestos ou ações não poderão prejudicar os adquirentes dos lotes. Se o Oficial do Registro de Imóveis julgar insuficiente a comprovação feita, suscitará a dúvida perante o juiz competente.

66. Art. 13. Aos Estados caberá disciplinar a aprovação pelos Municípios de loteamentos e desmembramentos nas seguintes condições:

I – quando localizados em áreas de interesse especial, tais como as de proteção aos mananciais ou ao patrimônio cultural, histórico, paisagístico e arqueológico, assim definidas por legislação estadual ou federal;

II – quando o loteamento ou desmembramento localizar-se em área limítrofe do município, ou que pertença a mais de um município, nas regiões metropolitanas ou em aglomerações urbanas, definidas em lei estadual ou federal;

III – quando o loteamento abranger área superior a 1.000.000m².

6.766, de 1979 (arts. 26,[67] 31, §§ 1º e 2º,[68] 34[69]

67. Art. 26. Os compromissos de compra e venda, as cessões ou promessas de cessão poderão ser feitos por escritura pública ou por instrumento particular, de acordo com o modelo depositado na forma do inciso VI do art. 18 e conterá, pelo menos, as seguintes indicações:

I – nome, registro civil, cadastro fiscal no Ministério da Fazenda, nacionalidade, estado civil e residência dos contratantes;

II – denominação e situação do loteamento, número e data da inscrição;

III – descrição do lote ou dos lotes que forem objeto de compromissos, confrontações, área e outras características;

IV – preço, prazo, forma e local de pagamento bem como a importância do sinal;

V – taxa de juros incidentes sobre o débito em aberto e sobre as prestações vencidas e não pagas, bem como a cláusula penal, nunca excedente a 10% (dez por cento) do débito e só exigível nos casos de intervenção judicial ou de mora superior a 3 (três) meses;

VI – indicação sobre a quem incumbe o pagamento dos impostos e taxas incidentes sobre o lote compromissado;

VII – declaração das restrições urbanísticas convencionais do loteamento, supletivas da legislação pertinente.

§ 1º O contrato deverá ser firmado em 3 (três) vias ou extraídas em 3 (três) traslados, sendo um para cada parte e o terceiro para arquivo no registro imobiliário, após o registro e anotações devidas.

§ 2º Quando o contrato houver sido firmado por procurador de qualquer das partes, será obrigatório o arquivamento da procuração no registro imobiliário;

§ 3º Admite-se, nos parcelamentos populares, a cessão da posse em que estiverem provisoriamente imitidas a União, Estados, Distrito Federal, Municípios e suas entidades delegadas, o que poderá ocorrer por instrumento particular, ao qual se atribui, para todos os fins de direito, caráter de escritura pública, não se aplicando a disposição do inciso II do art. 134 do Código Civil;

§ 4º A cessão a posse referida no § 3º, cumpridas as obrigações do cessionário, constitui crédito contra o expropriante, de aceitação obrigatória em garantia de contratos de financiamentos habitacionais;

§ 5º Com o registro da sentença que, em processo de desapropriação, fixar o valor da indenização, a posse referida no § 3º converter-se-á em propriedade e a sua cessão, em compromisso de compra e venda ou venda e compra, conforme haja obrigações a cumprir ou estejam elas cumpridas, circunstância que, demonstradas ao Registro de Imóveis, serão averbadas na matrícula relativa ao lote;

§ 6º Os compromissos de compra e venda, as cessões e as promessas de cessão valerão como título para o registro da propriedade do lote adquirido, quando acompanhados da respectiva prova de quitação.

68. Art. 31. O contrato particular pode ser transferido por simples trespasse, lançado no verso das vias em poder das partes, ou por instrumento em separado, declarando-se o número do registro do loteamento, o valor da cessão e a qualificação do cessionário, para o devido registro.

§ 1º A cessão independe da anuência do loteador mas, em relação a este, seus efeitos só se produzem depois de cientificado, por escrito, pelas partes ou quando registrada a cessão;

§ 2º Uma vez registrada a cessão, feita sem anuência do loteador, o Oficial do Registro dar-lhe-á ciência, por escrito, dentro de 10 (dez) dias.

69. Art. 34. Em qualquer caso de rescisão por inadimplemento do adquirente, as benfeitorias necessárias ou úteis por ele levadas a efeito no imóvel deverão ser indenizadas, sendo de nenhum efeito qualquer disposição contratual em contrário.

§ 1º Não serão indenizadas as benfeitorias feitas em desconformidade com o contrato ou com a lei;

§ 2º No prazo de 60 (sessenta) dias, contado da constituição em mora, fica o loteador, na hipótese do caput deste artigo, obrigado a alienar o imóvel mediante leilão

---

e 35[70]), e no Código de Defesa do Consumidor.

Parágrafo único. Nos loteamentos registrados antes de 20 de dezembro de 1979, para permitir a averbação ou o registro de compromissos de compra e venda formalizado depois daquela data, os loteadores deverão depositar em cartório novo exemplar do contrato-padrão, que conterá, necessariamente, os elementos previstos no art. 26[71] da Lei n. 6.766, de 1979.

---

judicial ou extrajudicial, nos termos da Lei n. 9.514, de 20 de novembro de 1997.

70. Art. 35. Se ocorrer o cancelamento do registro por inadimplemento do contrato, e tiver sido realizado o pagamento de mais de 1/3 (um terço) do preço ajustado, o oficial do registro de imóveis mencionará esse fato e a quantia paga no ato do cancelamento, e somente será efetuado novo registro relativo ao mesmo lote, mediante apresentação do distrato assinado pelas partes e a comprovação do pagamento da parcela única ou da primeira parcela do montante a ser restituído ao adquirente, na forma do art. 32-A desta Lei, ao titular do registro cancelado, ou mediante depósito em dinheiro à sua disposição no registro de imóveis.

§ 1º Ocorrendo o depósito a que se refere este artigo, o Oficial do Registro de Imóveis intimará o interessado para vir recebê-lo no prazo de 10 (dez) dias, sob pena de ser devolvido ao depositante;

§ 2º No caso de não se encontrado o interessado, o Oficial do Registro de Imóveis depositará quantia em estabelecimento de crédito, segundo a ordem prevista no inciso I do art. 666 do Código de Processo Civil, em conta com incidência de juros e correção monetária;

§ 3º A obrigação de comprovação prévia de pagamento da parcela única ou da primeira parcela como condição para efetivação de novo registro, prevista no caput deste artigo, poderá ser dispensada se as partes convencionarem de modo diverso e de forma expressa no documento de distrato por elas assinado.

71. Art. 26. Os compromissos de compra e venda, as cessões ou as promessas de cessão poderão ser feitos por escritura pública ou por instrumento particular, de acordo com o modelo depositado na forma do inciso VI do art. 18 e conterá, pelo menos, as seguintes indicações:

I – nome, registro civil, cadastro fiscal no Ministério da Fazenda, nacionalidade, estado civil e residência dos contratantes;

II – denominação e situação do loteamento, número e data da inscrição;

III – descrição do lote ou dos lotes que forem objeto de compromissos, confrontações, área e outras características;

IV – preço, prazo, forma e local de pagamento bem como a importância do sinal;

V – taxa de juros incidentes sobre o débito em aberto e sobre as prestações vencidas e não pagas, bem como a cláusula penal, nunca excedente a 10% (dez por cento) do débito e só exigível nos casos de intervenção judicial ou de mora superior a 3 (três) meses;

VI – indicação sobre a quem incumbe o pagamento dos impostos e taxas incidentes sobre o lote compromissado;

VII – declaração das restrições urbanísticas convencionais do loteamento, supletivas da legislação pertinente.

§ 1º O contrato deverá ser firmado em 3 (três) vias ou extraídas em 3 (três) traslados, sendo um para cada parte e o terceiro para arquivo no registro imobiliário, após o registro e anotações devidas.

§ 2º Quando o contrato houver sido firmado por procurador de qualquer das partes, será obrigatório o arquivamento da procuração no registro imobiliário;

§ 3º Admite-se, nos parcelamentos populares, a cessão da posse em que estiverem provisoriamente imitidas a União, Estados, Distrito Federal, Municípios e suas entidades delegadas, o que poderá ocorrer por instrumento particular, ao qual se atribui, para todos os fins de

PROVIMENTO N. 02 DE 24 DE JANEIRO DE 2013 — ART. 341

Art. 328. Tratando-se de loteamento urbano, o edital será publicado apenas no jornal local, ou, não havendo, em jornal da região. Se o jornal local não for diário, a publicação nele será feita em três dias consecutivos de circulação. Na Capital, a publicação se fará, também, no Diário Oficial.

Art. 329. Nos loteamentos rurais, a publicação do edital continua sendo obrigatória no Diário Oficial, mesmo para aqueles situados fora da Capital.

Art. 330. Todas as restrições presentes no loteamento, impostas pelo loteador ou pelo Poder Público, deverão ser, obrigatoriamente, mencionadas no registro. Não caberá ao oficial, porém, fiscalizar-lhe a observância.

Art. 331. Registrado o loteamento, o oficial poderá, a seu critério, abrir em nome do Município matrícula para as vias e praças, espaços livres e outros equipamentos urbanos constantes do memorial descritivo e do projeto.

§ 1º Tratando-se de providência dispensável e, portanto, facultativa, efetuada segundo o interesse ou a conveniência dos serviços, jamais poderá implicar ônus ou despesas aos interessados;

§ 2º É vedado o registro de qualquer título de alienação ou oneração das áreas do Município, sem que, previamente, seja averbada, após regular processo legislativo, a respectiva desafetação.

Art. 332. O registro de escrituras de doação de ruas, espaços livres e outras áreas destinadas a equipamentos urbanos, salvo quando o sejam para fins de alteração do alinhamento das vias públicas, mesmo que ocorrido anteriormente a 20 de dezembro de 1979, não eximirá o proprietário-doador de proceder, de futuro, ao registro especial, obedecidas as formalidades legais.

Art. 333. No registro do loteamento será desnecessário descrever todos os lotes, suas características e confrontações. Basta elaborar um quadro resumido, com a indicação do número de quadras e da quantidade de lotes que compõem cada uma delas, salvo no caso de polígonos irregulares.

Art. 334. Recomenda-se a elaboração de uma ficha auxiliar de controle de disponibilidade ou sistema eletrônico, na qual constarão, em ordem numérica e verticalmente, as quadras e os números dos lotes; será anotado: M_____, cujo espaço será preenchido assim que for aberta a matrícula correspondente.

Art. 335. Os compromissos de compra e venda, as cessões e as promessas de cessão valerão como título para o registro da propriedade do lote adquirido, se acompanhados da respectiva prova de quitação, nos termos do § 6º,[72] do art. 26 da Lei n. 6.766, de 1979.

Art. 336. Para o registro da cessão de compromisso de compra e venda, desde que formalizado o trespasse no verso das vias em poder das partes, o oficial, ao examinar a documentação e achá-la em ordem, praticará os atos que lhe competir e arquivará uma via do título. Se a documentação for microfilmada, poderá ser devolvida, com a anotação do número do microfilme.

Art. 337. O registro do loteamento só poderá ser cancelado:

I – por decisão judicial;

II – a requerimento do loteador, com anuência da Prefeitura, enquanto nenhum lote houver sido objeto de contrato;

III – a requerimento conjunto do loteador e de todos os adquirentes de lotes, com anuência da Prefeitura e do Estado.

Art. 338. Aplicam-se aos loteamentos de imóveis rurais, no que couberem, as normas constantes desta subseção.

SUBSEÇÃO III
DAS INTIMAÇÕES
E DO CANCELAMENTO

Art. 339. Para os fins previstos nos arts. 32[73] e 36, III,[74] da Lei n. 6.766, de 1979, os oficiais somente aceitarão e farão intimações de compromissários compradores, ou cessionários, se o respectivo loteamento ou desmembramento estiver regularmente registrado e os correspondentes contratos de compromisso de venda e compra, ou cessão, dos lotes, averbados ou registrados.

§ 1º Do requerimento do loteador e das intimações devem constar, necessária e discriminadamente, o valor da dívida, incluídos juros e despesas, e o prazo para pagamento, além da informação de que este deverá ser efetuado em cartório, cujo endereço completo será destacado;

§ 2º Constarão, também, o valor do contrato, o número das parcelas pagas e o seu montante, para que o cartório possa, ao efetuar o eventual cancelamento, proceder na forma do disposto no art. 35[75] da Lei n. 6.766, de 1979;

§ 3º Cumpre examinar, com o devido cuidado, o teor de todas as intimações requeridas, obstando o processamento das que não atendam às formalidades legais, especialmente as que incluam verbas descabidas ou inexigíveis.

Art. 340. Devem ser efetuadas pessoalmente, pelo oficial registrador, regularmente autorizado, ou, ainda, por meio dos Cartórios do Registro de Títulos e Documentos da comarca da situação do imóvel ou do domicílio dos intimados, sendo absolutamente vedadas as intimações postais, ainda que por carta com aviso de recebimento.

§ 1º Cuidando-se de vários compromissários compradores, ou cessionários, inclusive cônjuges, é necessária a promoção da intimação individual de todos, sem exceção;

§ 2º As intimações de pessoas jurídicas serão feitas aos seus representantes legais, exigindo-se a apresentação, pelo loteador, de certidão atualizada do contrato ou estatuto social, fornecida pela Junta Comercial ou pelo Cartório do Registro Civil das Pessoas Jurídicas;

§ 3º As intimações de compromissário comprador, ou cessionário, que não for encontrado no endereço indicado no requerimento, deverão ser feitas mediante procura do interessado no endereço de seu domicílio, constante do próprio contrato, e, ainda, no do respectivo lote.

Art. 341. Recusando-se o destinatário a recebê-la, ou a dar recibo, ou, ainda, sendo desconhecido o seu paradeiro, a intimação, devidamente certificada a circunstância, será feita por Edital, publicado por três dias consecutivos na comarca da situação do imóvel. Na Capital, a publicação será feita no Diário Oficial e num dos jornais de circulação diária. Nas demais comarcas, bastará a publicação num dos jornais locais, ou, não havendo, em jornal da região. Se o jornal local não for diário, a publicação nele será feita em três dias consecutivos de circulação.

---

direito, caráter de escritura pública, não se aplicando à disposição do inciso II do art. 134 do Código Civil;

§ 4º A cessão da posse referida no § 3º, cumpridas as obrigações do cessionário, constitui crédito contra o expropriante, de aceitação obrigatória em garantia de contratos de financiamentos habitacionais;

§ 5º Com o registro da sentença que, em processo de desapropriação, fixar o valor da indenização, a posse referida no § 3º converter-se-á em propriedade e a sua cessão, em compromisso de compra e venda ou venda e compra, conforme haja obrigações a cumprir ou estejam elas cumpridas, circunstância que, demonstradas ao Registro de Imóveis, serão averbadas na matrícula relativa ao lote;

§ 6º Os compromissos de compra e venda, as cessões e as promessas de cessão valerão como título para o registro da propriedade do lote adquirido, quando acompanhados da respectiva prova de quitação.

72. Art. 26. Os compromissos de compra e venda, as cessões ou promessas de cessão poderão ser feitos por escritura pública ou por instrumento particular, de acordo com o modelo depositado na forma do inciso VI do art. 18 e conterão, pelo menos, as seguintes indicações:

§ 6º Os compromissos de compra e venda, as cessões e as promessas de cessão valerão como título para o registro da propriedade do lote adquirido, quando acompanhados da respectiva prova de quitação.

73. Art. 32. Vencida e não paga a prestação, o contrato será considerado rescindido 30 (trinta) dias depois de constituído em mora o devedor.

§ 1º Para os fins deste artigo o devedor-adquirente será intimado, a requerimento do credor, pelo Oficial do Registro de Imóveis, a satisfazer as prestações vencidas e as que se vencerem até à data do pagamento, os juros convencionados e as custas de intimação;

§ 2º Purgada a mora, convalescerá o contrato;

§ 3º Com a certidão de não haver sido feito o pagamento em cartório, o vendedor requererá ao Oficial do Registro o cancelamento da averbação.

74. Art. 36. O registro do compromisso, cessão ou promessa de cessão só poderá ser cancelado:

III – quando houver rescisão comprovada do contrato.

75. Art. 35. Se ocorrer o cancelamento do registro por inadimplemento do contrato, e tiver sido realizado o pagamento de mais de 1/3 (um terço) do preço ajustado, o oficial do registro de imóveis mencionará esse fato e a quantia paga no ato do cancelamento, e somente será efetuado novo registro relativo ao mesmo lote, mediante apresentação do distrato assinado pelas partes e a comprovação do pagamento da parcela única ou da primeira parcela do montante a ser restituído ao adquirente, na forma do art. 32-A desta Lei, ao titular do registro cancelado, ou mediante depósito em dinheiro à sua disposição no registro de imóveis.

§ 1º Ocorrendo o depósito a que se refere este artigo, o Oficial do Registro de Imóveis intimará o interessado para vir recebê-lo no prazo de 10 (dez) dias, sob pena de ser devolvido ao depositante.

§ 2º No caso de não se encontrado o interessado, o Oficial do Registro de Imóveis depositará quantia em estabelecimento de crédito, segundo a ordem prevista no inciso I do art. 666 do Código de Processo Civil, em conta com incidência de juros e correção monetária;

§ 3º A obrigação de comprovação prévia de pagamento da parcela única ou da primeira parcela como condição para efetivação de novo registro, prevista no caput deste artigo, poderá ser dispensada se as partes convencionarem de modo diverso e de forma expressa no documento de distrato por elas assinado.

31

§ 1º Tratando-se de loteamento rural, o edital será publicado na forma do regulamento do Decreto-Lei n. 58, de 10 de dezembro de 1937;

§ 2º No edital, individual ou coletivo, deverão constar, além dos elementos especificados para as intimações, o número do registro do loteamento ou desmembramento, o número do registro ou averbação do compromisso de venda e compra, ou da cessão, bem como o nome, a nacionalidade, o estado civil, o número do CPF ou CNPJ, caso constantes do registro, e o local de residência do intimado;

§ 3º Decorridos dez dias da última publicação, devidamente certificado o fato pelo oficial, será considerada aperfeiçoada a intimação;

§ 4º O cancelamento só se fará, mediante requerimento do loteador, se o compromissário comprador, ou cessionário, não efetuar o pagamento até trinta dias depois do aperfeiçoamento da intimação;

§ 5º Os prazos serão contados a partir do primeiro dia útil seguinte ao do aperfeiçoamento da intimação e, recaindo o último em sábado, domingo ou feriado, serão prorrogados até o primeiro dia útil.

Art. 342. O cancelamento do registro ou da averbação de compromisso de compra e venda, ou de cessão, pode ser requerido à vista da intimação judicial; mas tal só será admitido se desta constar certidão do oficial de justiça de que o intimando foi procurado no endereço mencionado no contrato e no do próprio lote, além de certidão do escrivão-diretor do Juízo, comprovando a inocorrência de pagamento dos valores reclamados.

Parágrafo único. Verificada qualquer irregularidade na intimação judicial, o cancelamento deverá ser recusado, elaborando-se nota de devolução.

Art. 343. Ressalvados os casos de intimação judicial, não devem ser aceitos requerimentos de cancelamento em que a intimação efetuada tenha consignado, para pagamento das prestações, outro local que não o Cartório do Registro de Imóveis.

Art. 344. A averbação de cancelamento do registro, por inadimplemento do comprador deverá consignar se ocorreu, ou não, a hipótese prevista no art. 35[76] da Lei n. 6.766, de 1979.

---

76. Art. 35. Se ocorrer o cancelamento do registro por inadimplemento do contrato, e tiver sido realizado o pagamento de mais de 1/3 (um terço) do preço ajustado, o oficial do registro de imóveis mencionará esse fato e a quantia paga no ato do cancelamento, e somente será efetuado novo registro relativo ao mesmo lote, mediante apresentação do distrato assinado pelas partes e a comprovação do pagamento da parcela única ou da primeira parcela do montante a ser restituído ao adquirente, na forma do art. 32-A desta Lei, ao titular do registro cancelado, ou mediante depósito em dinheiro à sua disposição no registro de imóveis.

§ 1º Ocorrendo o depósito a que se refere este artigo, o Oficial do Registro de Imóveis intimará o interessado para vir recebê-lo no prazo de 10 (dez) dias, sob pena de ser devolvido ao depositante;

§ 2º No caso de não se encontrado o interessado, o Oficial do Registro de Imóveis depositará quantia em estabelecimento de crédito, segundo a ordem prevista no inciso I do art. 666 do Processo Civil, em conta com incidência de juros e correção monetária;

§ 3º A obrigação de comprovação prévia de pagamento da parcela única ou da primeira parcela como condição

---

Art. 345. As despesas decorrentes da intimação são as estabelecidas em tabela própria. Os gastos com condução deverão ser fixados pelo juiz-corregedor permanente, que atenderá às peculiaridades da comarca, competindo ao oficial provocar a providência.

Art. 346. Cumpre deixar documentada, por meio da emissão de recibo, a satisfação das despesas de intimação, por parte dos interessados que efetuarem pagamento em cartório, bem assim o efetivo reembolso aos vendedores, que, eventualmente, as tenham antecipado.

Art. 347. Os cartórios deverão adotar sistema adequado e eficiente para arquivamento das intimações efetuadas, de molde a garantir a segurança de sua conservação e a facilidade de buscas.

Parágrafo único. Recomenda-se, para esse fim, sejam as intimações arquivadas em pastas separadas, caso por caso, lançando-se, nos expedientes formados, as certidões devidas e toda a documentação pertinente, sendo inconveniente juntá-las aos processos de loteamentos correspondentes.

Art. 348. As intimações referidas no art. 33[77] da Lei n. 6.766, de 1979, só serão feitas se o interessado apresentar, com o requerimento, cheque administrativo nominal ao credor.

Art. 349. A restituição ou o depósito previsto no art. 35[78] da Lei n. 6.766, de 1979, será feito sem acréscimo, não importando o tempo transcorrido da data do cancelamento do registro ou da averbação.

---

para efetivação de novo registro, prevista no caput deste artigo, poderá ser dispensada se as partes convencionarem de modo diverso e de forma expressa no documento de distrato por elas assinado.

77. Art. 33. Se o credor das prestações se recusar recebê-las ou furtar-se ao seu recebimento, será constituído em mora mediante notificação do Oficial do Registro de Imóveis para vir receber as importâncias depositadas pelo devedor no próprio Registro de Imóveis. Decorridos 15 (quinze) dias após o recebimento da intimação, considerar-se-á efetuado o pagamento, a menos que o credor impugne o depósito e, alegando inadimplemento do devedor, requeira a intimação deste para os fins do disposto no art. 32 desta Lei.

78. Art. 35. Se ocorrer o cancelamento do registro por inadimplemento do contrato, e tiver sido realizado o pagamento de mais de 1/3 (um terço) do preço ajustado, o oficial do registro de imóveis mencionará esse fato e a quantia paga no ato do cancelamento, e somente será efetuado novo registro relativo ao mesmo lote, mediante apresentação do distrato assinado pelas partes e a comprovação do pagamento da parcela única ou da primeira parcela do montante a ser restituído ao adquirente, na forma do art. 32-A desta Lei, ao titular do registro cancelado, ou mediante depósito em dinheiro à sua disposição no registro de imóveis.

§ 1º Ocorrendo o depósito a que se refere este artigo, o Oficial do Registro de Imóveis intimará o interessado para vir recebê-lo no prazo de 10 (dez) dias, sob pena de ser devolvido ao depositante;

§ 2º No caso de não se encontrado o interessado, o Oficial do Registro de Imóveis depositará quantia em estabelecimento de crédito, segundo a ordem prevista no inciso I do art. 666 do Código de Processo Civil, em conta com incidência de juros e correção monetária;

§ 3º A obrigação de comprovação prévia de pagamento da parcela única ou da primeira parcela como condição para efetivação de novo registro, prevista no caput deste artigo, poderá ser dispensada se as partes convencionarem de modo diverso e de forma expressa no documento de distrato por elas assinado.

---

§ 1º Os juros e a correção monetária só terão incidência na hipótese do depósito efetuado na forma do § 2º do art. 35 da Lei n. 6.766, de 1979;

§ 2º Nesse caso, o depósito será feito em conta conjunta bancária, preferencialmente em estabelecimento de crédito oficial, em nome do credor e do cartório, a qual somente será movimentada com autorização do Juízo;

§ 3º Para cada depositante será aberta conta distinta.

Art. 350. As normas constantes desta subseção aplicam-se, no que couber, aos loteamentos de imóveis rurais.

SUBSEÇÃO IV
DOS DEPÓSITOS NOS LOTEAMENTOS URBANOS IRREGULARES

Art. 351. O depósito previsto no art. 38, § 1º,[79] da Lei n. 6.766, de 1979, só será admissível quando o loteamento ou desmembramento não se achar registrado ou regularmente executado pelo loteador.

§ 1º Em qualquer das hipóteses, estará condicionado à apresentação de prova de que o loteador foi notificado pelo adquirente do lote, pela Prefeitura ou pelo Ministério Público. Tal comprovação será dispensada se o interessado demonstrar haver sido notificado pela Municipalidade para suspender o pagamento das prestações;

§ 2º Em se tratando de loteamento ou desmembramento não registrado, o depósito dependerá, ainda, da apresentação do contrato de compromisso de compra e venda, ou de cessão, e de prova de que o imóvel está transcrito ou registrado em nome do promitente vendedor.

Art. 352. Os depósitos serão feitos:

I – em conta conjunta bancária, em nome do interessado e do Cartório do Registro de Imóveis;

II – preferencialmente, onde houver, em estabelecimento de crédito oficial;

III – vencendo juros e correção monetária.

Parágrafo único. As contas assim abertas só serão movimentadas com expressa autorização judicial.

Art. 353. Admitidos os depósitos, o adquirente do lote poderá efetuar os recolhimentos independentemente de pagamento de juros ou quaisquer acréscimos, mesmo que em atraso com as prestações.

Parágrafo único. De todos os recolhimentos efetuados devem ser fornecidos recibos ou có-

---

79. Art. 38. Verificado que o loteamento ou desmembramento não se acha registrado ou regularmente executado ou notificado pela Prefeitura Municipal, ou pelo Distrito Federal quando for o caso, deverá o adquirente do lote suspender o pagamento das prestações restantes e notificar o loteador para suprir a falta.

§ 1º Ocorrendo a suspensão do pagamento das prestações restantes, na forma do caput deste artigo, o adquirente efetuará o pagamento das prestações devidas junto ao Registro de Imóveis competente, que as depositará em estabelecimento de crédito, segundo a ordem prevista no inciso I do art. 666 do Código de Processo Civil, em conta com incidência de juros e correção monetária, cuja movimentação dependerá de prévia autorização judicial.

pias das guias correspondentes, para os fins do art. 41[80] da Lei n. 6.766, de 1979.

Art. 354. Os cartórios deverão dispor, conforme movimento, de um setor destinado ao cumprimento das atribuições previstas nesta subseção, contando, pelo menos, com um servidor apto ao atendimento dos interessados, a quem prestarão as devidas informações, especialmente sobre a documentação necessária à admissibilidade dos depósitos iniciais.

Art. 355. Aos juízes-corregedores permanentes caberá disciplinar, por instruções e portarias, a organização e desenvolvimento desses serviços, podendo, inclusive, estabelecer, em atenção às peculiaridades locais e à conveniência dos interessados, outro sistema de recolhimento dos depósitos, sempre observado, porém, o disposto nos itens anteriores.

Art. 356. Se ocorrer o reconhecimento judicial da regularidade do loteamento antes do vencimento de todas as prestações, o adquirente do lote, uma vez notificado pelo loteador, pelo Cartório do Registro de Imóveis, passará a pagar as remanescentes diretamente ao vendedor, retendo consigo os comprovantes dos depósitos até então efetuados.

Parágrafo único. O levantamento dos depósitos, nesse caso, dependerá do processo previsto no § 3[081] do art. 38 da Lei n. 6.766, de 1979.

SUBSEÇÃO V
DA REGULARIZAÇÃO FUNDIÁRIA

Art. 357. Não se aplica o art. 18[82] da Lei n. 6.766, de 1979, aos registros de loteamento

---

80. Art. 41. Regularizado o loteamento ou desmembramento pela Prefeitura Municipal, ou pelo Distrito Federal quando for o caso, o adquirente do lote, comprovando o depósito de todas as prestações do preço avençado, poderá obter o registro, de propriedade do lote adquirido, valendo para tanto o compromisso de venda e compra devidamente firmado.

81. Art. 38. Verificado que o loteamento ou desmembramento não se acha registrado ou regularmente executado ou notificado pela Prefeitura Municipal, ou pelo Distrito Federal quando for o caso, deverá o adquirente do lote suspender o pagamento das prestações restantes e notificar o loteador para suprir a falta.
    § 3º Regularizado o loteamento pelo loteador, este promoverá judicialmente a autorização para levantar as prestações depositadas, com os acréscimos de correção monetária e juros, sendo necessária a citação da Prefeitura, ou do Distrito Federal quando for o caso, para integrar o processo judicial aqui previsto, bem como audiência do Ministério Público.

82. Art. 18. Aprovado o projeto de loteamento ou de desmembramento, o loteador deverá submetê-lo ao registro imobiliário dentro de 180 (cento e oitenta) dias, sob pena de caducidade da aprovação, acompanhado dos seguintes documentos:
    I – título de propriedade do imóvel ou certidão da matrícula, ressalvado o disposto nos §§ 4º e 5º;
    II – histórico dos títulos de propriedade do imóvel, abrangendo os últimos 20 (vintes anos), acompanhados dos respectivos comprovantes;
    III – certidões negativas:
    a) de tributos federais, estaduais e municipais incidentes sobre o imóvel;
    b) de ações reais referentes ao imóvel, pelo período de 10 (dez) anos;
    c) de ações penais com respeito ao crime contra o patrimônio e contra a Administração Pública.
    IV – certidões:

---

ou desmembramentos, requeridos pelo poder público, pelo responsável pela implantação do assentamento informal ou por beneficiários do processo de regularização, representados pelas respectivas cooperativas habitacionais ou associações civis, para regularizar situações consolidadas de ocupação do solo urbano.

---

a) dos cartórios de protestos de títulos, em nome do loteador, pelo período de 5 (cinco) anos;
b) de ações cíveis relativas ao loteador, pelo período de 10 (dez) anos;
c) da situação jurídica atualizada do imóvel; e
d) de ações penais contra o loteador, pelo período de 10 (dez) anos;
V – cópia do ato de aprovação do loteamento e comprovante do termo de verificação, pelo Município ou pelo Distrito Federal, da execução das obras exigidas pela legislação municipal, que incluirá, no mínimo, a execução das vias de circulação do loteamento, demarcação dos lotes, quadras e logradouros e das obras de escoamento das águas pluviais ou da aprovação de um cronograma, com a duração máxima de 4 (quatro) anos, prorrogáveis por mais 4 (quatro) anos, acompanhado de competente instrumento de garantia para a execução das obras;
VI – exemplar do contrato padrão de promessa de venda, ou de cessão ou de promessa de cessão, do qual constarão obrigatoriamente as indicações previstas no art. 26 desta Lei;
VII – declaração do cônjuge do requerente de que consente no registro do loteamento.
§ 1º Os períodos referidos nos incisos III, alínea b e IV, alíneas a, e d, tomarão por base a data do pedido de registro do loteamento, devendo todas elas serem extraídas em nome daqueles que, nos mencionados períodos, tenham sido titulares de direitos reais sobre o imóvel;
§ 2º A existência de protestos, de ações pessoais ou de ações penais, exceto as referentes a crime contra o patrimônio e contra a administração, não impedirá o registro do loteamento se o requerente comprovar que esses protestos ou ações não poderão prejudicar os adquirentes dos lotes. Se o Oficial do Registro de Imóveis julgar insuficiente a comprovação feita, suscitará a dúvida perante o juiz competente;
§ 3º A declaração a que se refere o inciso VII deste artigo não dispensará o consentimento do declarante para os atos de alienação ou promessa de alienação de lotes, ou de direitos e reais relativos, que venham a ser praticados pelo seu cônjuge;
§ 4º O título de propriedade será dispensado quando se tratar de parcelamento popular, destinado às classes de menor renda, em imóvel declarado de utilidade pública, com processo de desapropriação judicial em curso e imissão provisória na posse, desde que promovido pela União, Estados, Distrito Federal, Municípios ou suas entidades delegadas, autorizadas por lei a implantar projetos de habitação;
§ 5º No caso de que trata o § 4º, o pedido de registro do parcelamento, além dos documentos mencionados nos incisos V e VI deste artigo, será instruído com cópias autênticas da decisão que tenha concedido a imissão provisória na posse, do decreto de desapropriação, do comprovante de sua publicação na imprensa oficial e, quando formulado por entidades delegadas, da lei de criação e de seus atos constitutivos;
§ 6º Na hipótese de o loteador ser companhia aberta, as certidões referidas na alínea c do inciso III e nas alíneas a, b e d do inciso IV do caput deste artigo poderão ser substituídas por exibição das informações trimestrais e demonstrações financeiras anuais constantes do sítio eletrônico da Comissão de Valores Mobiliários;
§ 7º Quando demonstrar de modo suficiente o estado do processo e a repercussão econômica do litígio, a certidão esclarecedora de ação cível ou penal poderá ser substituída por impressão do andamento do processo digital.

---

§ 1º Considera-se situação consolidada aquela em que o prazo de ocupação da área, a natureza das edificações existentes, a localização das vias de circulação ou comunicação, os equipamentos públicos disponíveis, urbanos ou comunitários, dentre outras circunstâncias peculiares indiquem a irreversibilidade da posse titulada que induza ao domínio;

§ 2º A regularização de imóveis que contenham áreas ambientalmente protegidas deverá observar os dispositivos previstos em legislação cabível;

§ 3º Na aferição da situação jurídica consolidada, serão valorizados quaisquer documentos provenientes do Poder Público, em especial do município;

§ 4º O título de propriedade será dispensado quando se tratar de parcelamento popular, destinado às classes de menor renda, em imóvel declarado de utilidade pública com processo de desapropriação judicial em curso e emissão provisória na posse, desde que promovido pela União, Estado ou Municípios, ou suas entidades delegadas, autorizadas por lei a implantar projetos de habitação;

§ 5º No caso de que trata o § 4º deste artigo, o pedido de registro do parcelamento, além do documento mencionado no art. 18, inciso V, da Lei n. 6.766, de 1979, será instruído com cópias autênticas da decisão judicial que tenha concedido a imissão provisória na posse, do Decreto de desapropriação, do comprovante de sua publicação na impressa oficial e, quando formulado por entidade delegada, da Lei de criação, de seus atos constitutivos e comprovante de representação;

§ 6º Nas regularizações coletivas poderá ser exigida a apresentação de memorial descritivo elaborado pelo Município, ou por ele aprovado, abrangendo a divisão da totalidade da área ou a subdivisão de apenas uma ou mais quadras.

Art. 358. Tratando-se de imóvel público ou submetido à intervenção do Poder Público, integrante de Área Especial de Interesse Social o registro poderá ser feito com os documentos mencionados no artigo anterior.

Art. 359. Nas hipóteses de regularização previstas nesta subseção, o registro será efetivado, mesmo não atendidos os requisitos urbanísticos previstos na Lei n. 6.766, de 1979 ou em outros diplomas legais, desde que observada a Legislação Municipal específica.

§ 1º O registro também poderá ser levado a efeito quando observar a sistemática implantada pela Lei n. 11.977, de 2009, que trata em seu Capítulo III da regularização fundiária de assentamentos urbanos;

§ 2º O oficial registrador deverá exigir, para arquivamento na Serventia, a prova de recebimento da notificação prevista no § 2º do art. 56[83] da Lei n. 11.977, de 2009, e exigir a apresentação da anuência expressa do notificado quanto ao pedido de regularização ou declaração firmada pelo representante legal do órgão que solicitou a regularização de que não foi protocolada qualquer resposta àquela notificação que pudesse inviabilizar a regularização fundiária;

---

83. Dispositivo revogado pela Lei n. 13.465/2017.

ART. 360 NORMAS PARA A ATIVIDADE EXTRAJUDICIAL DO ESTADO DO TOCANTINS

§ 3º Para os procedimentos previstos no art. 57[84] da Lei n. 11.977, de 2009, relativos à demarcação urbanística, o oficial registrador deverá proceder ao prévio protocolo da documentação apresentada, que será obrigatoriamente autuada, rubricada e numerada, prorrogando-se o prazo da prenotação, previsto no art. 188[85] da Lei n. 6.015, de 1973, até finalização do processo de regularização. No caso de qualificação negativa, deverá, no prazo de quinze dias, suscitar dúvida perante o juiz-corregedor permanente, segundo o rito previsto no art. 198[86] do mesmo diploma legal;

§ 4º As notificações serão feitas pessoalmente ao proprietário da área e, por edital, aos confrontantes e eventuais interessados para, querendo, apresentarem, no prazo de quinze dias, impugnações à averbação da demarcação urbanística. Por solicitação do oficial do Registro de Imóveis, as notificações poderão ser feitas por oficial de Registro de Títulos e Documentos

84. Dispositivo revogado pela Lei n. 13.465/2017.
85. Art. 188. Protocolizado o título, proceder-se-á ao registro ou à emissão de nota devolutiva, no prazo de 10 (dez) dias, contado do protocolo, salvo nos casos previstos no § 1º deste artigo e nos arts. 189, 190, 191 e 192 desta Lei.
§ 1º Se não houver exigências ou falta de pagamento de custas e emolumentos, deverão ser registrados, no prazo de 5 (cinco) dias;
I – as escrituras de compra e venda sem cláusulas especiais, os requerimentos de averbação de construção e de cancelamento de garantias;
II – os documentos eletrônicos apresentados por meio do Serp; e
III – os títulos que reingressarem na vigência da prenotação com o cumprimento integral das exigências formuladas anteriormente.
§ 2º A inobservância do disposto neste artigo ensejará a aplicação das penas previstas no art. 32 da Lei n. 8.935, de 18 de novembro de 1994, nos termos estabelecidos pela Corregedoria Nacional de Justiça do Conselho Nacional de Justiça.
86. Art. 198. Se houver exigência a ser satisfeita, ela será indicada pelo oficial por escrito, dentro do prazo previsto no art. 188 desta Lei e de uma só vez, articuladamente, de forma clara e objetiva, com data, identificação e assinatura do oficial ou do preposto responsável, para que:
I – (Revogado pela Lei n. 14.382/2022);
II – (Revogado pela Lei n. 14.382/2022);
III – (Revogado pela Lei n. 14.382/2022);
IV – (Revogado pela Lei n. 14.382/2022);
V – o interessado possa satisfazê-la; ou
VI – caso não se conforme ou não seja possível cumprir a exigência, o interessado requeira que o título e a declaração de dúvida sejam remetidos ao juízo competente para dirimi-la.
§ 1º O procedimento da dúvida observará o seguinte:
I – no Protocolo, o oficial anotará, à margem da prenotação, a ocorrência da dúvida;
II – após certificar a prenotação e a suscitação da dúvida no título, o oficial rubricará todas as suas folhas;
III – em seguida, o oficial dará ciência dos termos da dúvida ao apresentante, fornecendo-lhe cópia da suscitação e notificando-o para impugná-la perante o juízo competente, no prazo de 15 (quinze) dias; e
IV – certificado o cumprimento do disposto no inciso III deste parágrafo, serão remetidas eletronicamente ao juízo competente as razões da dúvida e o título.
§ 2º A inobservância do disposto neste artigo ensejará a aplicação das penas previstas no art. 32 da Lei n. 8.935, de 18 de novembro de 1994, nos termos estabelecidos pela Corregedoria Nacional de Justiça do Conselho Nacional de Justiça.

da comarca da situação do imóvel ou do domicílio de quem deva recebê-la;

§ 5º A conciliação prevista no § 9º do art. 57[87] da Lei n. 11.977, de 2009, sempre se iniciará com a abertura de autuação própria, inserida nos autos principais, previstos no § 3º deste artigo, e seguirá com a notificação do impugnante e do poder público para comparecer em dia e hora, previamente agendados, na sede da serventia;

§ 6º A notificação referida no § 5º deste artigo deverá estar acompanhada de proposta elaborada pelo oficial registrador para solução do litígio existente. No dia e hora marcados, tanto o impugnante quanto o agente público deverão vir com propostas próprias de solução para o que motivou a impugnação ou com termo devidamente assinado e com firma reconhecida por autenticidade, manifestando expressa concordância com a proposta feita pelo oficial registrador. Em qualquer hipótese, se o impugnante for pessoa jurídica, deverá ser apresentada prova de regularidade da representação;

§ 7º Se apresentadas propostas próprias para solução dos motivos da impugnação, o oficial registrador as receberá e as juntará aos autos da conciliação para posterior análise dentro do prazo de cinco dias úteis. Finalizada a análise o oficial registrador remeterá aos interessados parecer sobre as propostas apresentadas, ficando os interessados intimados para retorno à Serventia no 7º dia útil seguinte ao da apresentação das propostas. Na data marcada, o oficial registrador tentará nova tentativa de conciliação, ficando certo, desde já, de que se esta se mostrar infrutífera, o oficial registrador deverá proceder na forma do § 10 do art. 57[88] da Lei n. 11.977, de 2009, encerrando o procedimento. Nessa hipótese, deverá qualificar negativamente o título e suscitar dúvida perante o juiz-corregedor permanente, seguindo na forma prevista no art. 198 da Lei n. 6.015, de 1973;

§ 8º As pesquisas determinadas nos itens I e II do parágrafo único do art. 59[89] da Lei n. 11.977, de 2009, deverão ser feitas pelo poder público no Sistema de Ofício Eletrônico, fazendo prova a apresentação dos resultados obtidos na consulta, os quais serão arquivados nos autos da regularização fundiária;

§ 9º O registro da regularização fundiária não implica prejuízo de outras medidas, civis, criminais ou administrativas contra o parcelador faltoso;

§ 10. Ao receber o título para registro em sua Serventia, cujo conteúdo apresente indício ou evidência de parcelamento do solo irregular ou clandestino em implantação, o oficial de Registro de Imóveis deverá noticiar o fato imediatamente ao representante do Ministério Público local e ao juiz-corregedor permanente.

Art. 360. O requerimento de registro da regularização fundiária será apresentado pelo interessado ao Registro de Imóveis competente, instruído com os seguintes documentos:

I – documento público que:

a) ateste a consolidação da situação da ocupação do solo urbano;

b) certifique se a área regularizanda contém ou está localizada em área ambientalmente protegida pela União, pelo Estado ou pelo Município ou, ainda, em área de risco.

II – título de propriedade do imóvel:

c) certidão de ação real ou pessoal reipersecutória, de ônus reais e outros gravames, referente ao imóvel, expedida pelo oficio do Registro de Imóveis;

d) planta do imóvel e memorial descritivo, emitidos ou aprovados pelo Município e assinados por profissional legalmente habilitado, com prova de anotação de responsabilidade técnica no competente Conselho Regional de Engenharia e Arquitetura (CREA), com as subdivisões das quadras, as dimensões, área e enumeração dos lotes, logradouros, espaços livres e outras áreas com destinação específica;

f[90]) quadro indicativo das áreas ocupadas pelos lotes, logradouros públicos, espaços livres e outras áreas com destinação específica;

g) anuência expressa de autoridade competente ligada à Secretaria Estadual competente pelos assuntos de habitação, quando o Município não dispuser de legislação específica sobre regularização fundiária e Plano-Diretor aprovado e atualizado nos termos do Estatuto da Cidade;

h) anuência da autoridade competente do Sistema Nacional do Meio Ambiente (SISNAMA), se o parcelamento contiver ou for localizado em área de proteção aos mananciais ou de proteção ambiental.

§ 1º Tratando-se de imóvel público ou submetido à intervenção do Poder Público, integrante da Área Especial de Interesse Social, o registro dependerá da apresentação dos documentos indicados neste artigo;

§ 2º Quando o pedido de regularização se referir à área remanescente do imóvel objeto de matrícula ou transcrição objeto de cadastramento fiscal, ou circundada por outros imóveis, objetos de matrículas ou transcrições, o interessado apresentará ao Registro de Imóveis os documentos elencados nas alíneas "a", "b", "c", "d" e "g", além de certidão de confrontação da área em regularização, emitida pela Prefeitura. Considera-se interessado, neste caso, aquele que figurar em título como adquirente de direito real passível de registro, observados os princípios registrais;

§ 3º Em imóveis situados nos perímetros urbanos, assim como nos locais urbanizados, ainda que situados na zona rural, em cujos assentos constem estado de comunhão, mas que, na realidade, se apresentem individualizados e em situação jurídica consolidada, nos termos do § 1º do art. 357 os interessados apresentarão requerimento ao oficial de Registro de Imóveis competente, instruído com os seguintes documentos, além daqueles enumerados nas alíneas "a", "b", "c", "e", "f" e "g" do art. 360:

a) anuência dos confrontantes da fração do imóvel que se quer localizar, expressa em instrumento público e particular, neste caso com as assinaturas reconhecidas por autenticidade, en-

87. Dispositivo revogado pela Lei n. 13.465/2017.
88. Dispositivo revogado pela Lei n. 13.465/2017.
89. Dispositivo revogado pela Lei n. 13.465/2017.

90. Redação original não consta alínea "e".

PROVIMENTO N. 02 DE 24 DE JANEIRO DE 2013 — ART. 361

tendidos como confrontantes aqueles previstos no § 10[91] do art. 213 da Lei n. 6.015, de 1973;

b) a identificação da fração, de acordo com o disposto nos arts. 176, inciso II, n. 3, letra "b",[92] e 225[93] da Lei n. 6.015, de 1973, por meio de certidão atualizada expedida pelo Poder Público Municipal.

Art. 361. O pedido de regularização de lote individualizado, de quadra ou área, será apresentado perante o Registro Imobiliário competente, onde será protocolado, autuado e submetido à verificação de sua regularidade, em atenção aos princípios registrais.

§ 1º Havendo exigência a ser satisfeita, o oficial indicá-la-á por escrito. Não se conformando, o apresentante requererá que o oficial remeta a documentação ao juiz-corregedor permanente para apreciação conjunta da exigência e do

91. Art. 213. O oficial retificará o registro ou a averbação:
§ 10. Entendem-se como confrontantes os proprietários e titulares de outros direitos reais e aquisitivos sobre os imóveis contíguos, observado o seguinte:
I – o condomínio geral, de que trata o Capítulo VI do Título III do Livro III da Parte Especial da Lei n. 10.406, de 10 de janeiro de 2002 (Código Civil), será representado por qualquer um dos condôminos;
II – o condomínio edilício, de que tratam os arts. 1.331 a 1.358 da Lei n. 10.406, de 10 de janeiro de 2002 (Código Civil), será representado pelo síndico, e o condomínio por frações autônomas, de que trata o art. 32 da Lei n. 4.591, de 16 de dezembro de 1964, pela comissão de representantes; e
III – não se incluem como confrontantes:
a) os detentores de direitos reais de garantia hipotecária ou pignoratícia; ou
b) os titulares de crédito vincendo, cuja propriedade imobiliária esteja vinculada, temporariamente, à operação de crédito financeiro.

92. Art. 176. O Livro n. 2 – Registro Geral – será destinado, à matrícula dos imóveis e ao registro ou averbação dos atos relacionados no art. 167 e não atribuídos ao Livro n. 3.
II – são requisitos da matrícula:
3) a identificação do imóvel, que será feita com indicação:
b – se urbano, de suas características e confrontações, localização, área, logradouro, número e de sua designação cadastral, se houver.

93. Art. 225. Os tabeliães, escrivães e juízes farão com que, nas escrituras e nos autos judiciais, as partes indiquem, com precisão, os característicos, as confrontações e as localizações dos imóveis, mencionando os nomes dos confrontantes e, ainda, quando se tratar só de terreno, se esse fica do lado par ou do lado ímpar do logradouro, em que quadra e a que distância métrica da edificação ou da esquina mais próxima, exigindo dos interessados certidão do registro imobiliário;
§ 1º As mesmas minúcias, com relação à caracterização do imóvel, devem constar dos instrumentos particulares apresentados em cartório para registro;
§ 2º Consideram-se irregulares, para efeito de matrícula, os títulos nos quais a caracterização do imóvel não coincida com a que consta do registro anterior;
§ 3º Nos autos judiciais que versem sobre imóveis rurais, a localização, os limites e as confrontações serão obtidos a partir de memorial descritivo assinado por profissional habilitado e com a devida Anotação de Responsabilidade Técnica (ART), contendo as coordenadas dos vértices definidores dos limites dos imóveis rurais, georreferenciadas ao Sistema Geodésico Brasileiro e com precisão posicional a ser fixada pelo INCRA, garantida a isenção de custos financeiros aos proprietários de imóveis rurais cuja somatória da área não exceda a quatro módulos fiscais.

período de regularização. Anotada a circunstância no Protocolo, os autos serão remetidos ao juiz-corregedor permanente, prorrogando-se a prenotação. Julgada improcedente a exigência, os autos retornarão ao Registro de Imóveis para procedimento na forma do § 2º deste artigo; julgada precedente a exigência, os autos retornarão ao Registro de Imóveis para ali serem restituídas aos interessados e feitas as respectivas anotações no Protocolo;

§ 2º Examinada a documentação e encontrada em ordem, o oficial do Registro de Imóveis encaminhará comunicação à Prefeitura e fará publicar, em resumo e com pequeno desenho de localização da área, edital do pedido de registro em dois dias consecutivos, podendo este ser impugnado no prazo de quinze dias contados da data da última publicação;

§ 3º A publicação do edital se fará num dos jornais de grande circulação local e é dispensável nas hipóteses de regularização de lote individual;

§ 4º Findo o prazo sem impugnação e se a área em regularização não estiver localizada ou contiver áreas ambientalmente protegidas pela União, Estado ou Município, ou em áreas de risco, assim declaradas pelo Poder Público Municipal, será feito imediatamente o registro;

§ 5º Havendo impugnação de terceiros, o oficial do Registro de Imóveis intimará o requerente e a Prefeitura, quando for o caso, para que sobre ela se manifeste no prazo de cinco dias, após o que o título será enviado ao juiz-corregedor permanente para decisão;

§ 6º Registrada a regularização do parcelamento do solo, o oficial de registro comunicará, por certidão, o seu registro à Prefeitura;

§ 7º No caso de a área parcelada não coincidir com a descrição constante no registro imobiliário, a retificação do registro poderá ser feita no próprio procedimento de registro da regularização fundiária, observado o art. 213[94] da Lei n. 6.015, de 1973;

94. Art. 213. O oficial retificará o registro ou a averbação:
I – de ofício ou a requerimento do interessado nos casos de:
a) omissão ou erro cometido na transposição de qualquer elemento do título;
b) indicação ou atualização de confrontação;
c) alteração de denominação de logradouro público, comprovada por documento oficial;
d) retificação que vise a indicação de rumos, ângulos de deflexão ou inserção de coordenadas georreferenciadas, em que não haja alteração das medidas perimetrais;
e) alteração ou inserção que resulte de mero cálculo matemático feito a partir das medidas perimetrais constantes do registro;
f) reprodução de descrição de linha divisória de imóvel confrontante que já tenha sido objeto de retificação;
g) inserção ou modificação dos dados de qualificação pessoal das partes, comprovada por documentos oficiais, ou mediante despacho judicial quando houver necessidade de produção de outras provas;
II – a requerimento do interessado, no caso de inserção ou alteração de medida perimetral de que resulte, ou não, alteração de área, instruído com planta e memorial descritivo assinado por profissional legalmente habilitado, com prova de anotação de responsabilidade técnica no competente Conselho Regional de Engenharia e Arquitetura (CREA), bem assim pelos confrontantes;
§ 1º Uma vez atendidos os requisitos de que trata o caput do art. 225, o oficial averbará a retificação;

§ 8º Em se tratando de regularização de inte-

§ 2º Se a planta não contiver a assinatura de algum confrontante, este será notificado pelo Oficial de Registro de Imóveis competente, a requerimento do interessado, para se manifestar em quinze dias, promovendo-se a notificação pessoalmente ou pelo correio, com aviso de recebimento, ou, ainda, por solicitação do Oficial de Registro de Imóveis, pelo Oficial de Registro de Títulos e Documentos da comarca da situação do imóvel ou do domicílio de quem deva recebê-lo

§ 3º A notificação será dirigida ao endereço do confrontante constante do Registro de Imóveis, podendo ser dirigida ao próprio imóvel contíguo ou àquele fornecido pelo requerente; não sendo encontrado o confrontante ou estando em lugar incerto e não sabido, tal fato será certificado pelo oficial encarregado da diligência, promovendo-se a notificação do confrontante mediante edital, com o mesmo prazo fixado no § 2º, publicado por duas vezes em jornal local de grande circulação;

§ 4º Presumir-se-á a anuência do confrontante que deixar de apresentar impugnação no prazo da notificação;

§ 5º Findo o prazo sem impugnação, o oficial averbará a retificação requerida; se houver impugnação fundamentada por parte de algum confrontante, o oficial intimará o requerente e o profissional que houver assinado a planta e o memorial a fim de que, no prazo de cinco dias, se manifestem sobre a impugnação;

§ 6º Havendo impugnação e se as partes não tiverem formalizado transação amigável para solucioná-la, o oficial remeterá o processo ao juiz competente, que decidirá de plano ou após instrução sumária, salvo se a controvérsia versar sobre o direito de propriedade de alguma das partes, hipótese em que remeterá o interessado para as vias ordinárias;

§ 7º Pelo mesmo procedimento previsto neste artigo poderão ser apurados os remanescentes de áreas parcialmente alienadas, caso em que serão considerados como confrontantes tão-somente os confinantes das áreas remanescentes;

§ 8º As áreas públicas poderão ser demarcadas ou ter seus registros retificados pelo mesmo procedimento previsto neste artigo, desde que constem do registro ou sejam logradouros devidamente averbados;

§ 9º Independentemente de retificação, dois ou mais confrontantes poderão, por meio de escritura pública, alterar ou estabelecer as divisas entre si e, se houver transferência de área, com o recolhimento do devido imposto de transmissão e desde que preservadas, se rural o imóvel, a fração mínima de parcelamento e, quando urbano, a legislação urbanística;

§ 10. Entendem-se como confrontantes os proprietários e titulares de outros direitos reais e aquisitivos sobre os imóveis contíguos, observado o seguinte:
I – o condomínio geral, de que trata o Capítulo VI do Título III do Livro III da Parte Especial da Lei n. 10.406, de 10 de janeiro de 2002 (Código Civil), será representado por qualquer um dos condôminos;
II – o condomínio edilício, de que tratam os arts. 1.331 a 1.358 da Lei n. 10.406, de 10 de janeiro de 2002 (Código Civil), será representado pelo síndico, e o condomínio por frações autônomas, de que trata o art. 32 da Lei n. 4.591, de 16 de dezembro de 1964, pela comissão de representantes; e
III – não se incluem como confrontantes:
a) os detentores de direitos reais de garantia hipotecária ou pignoratícia; ou
b) os titulares de crédito vincendo, cuja propriedade imobiliária esteja vinculada, temporariamente, à operação de crédito financeiro.
§ 11. Independe de retificação:
I – a regularização fundiária de interesse social realizada em Zonas Especiais de Interesse Social, promovida por Município ou pelo Distrito Federal, quando os lotes já estiverem cadastrados individualmente ou com lançamento fiscal há mais de 10 (dez) anos;
II – a adequação da descrição de imóvel rural às exigências dos arts. 176, §§ 3º e 4º, e 225, § 3º, desta Lei;

35

NORMAS PARA A ATIVIDADE EXTRAJUDICIAL DO ESTADO DO TOCANTINS

resse social, é dispensável a notificação dos confrontantes, desde que presentes concomitantemente as seguintes condições:

I – quando a área regularizanda for designada por lei municipal como Zona Especial de Interesse Social, nos termos da Lei n. 10.257, de 10 de julho de 2001;

II – quando promovida pelo Município;

III – quando os lotes já estiverem cadastrados individualmente ou forem objeto de lançamento fiscal há mais de vinte anos.

§ 9º Na hipótese prevista neste artigo, a retificação da descrição do imóvel será feita com base na respectiva planta e no memorial descritivo que instruem o pedido de regularização fundiária;

§ 10. O registro e a respectiva matrícula poderão ser cancelados em processo contencioso, por iniciativa de terceiro prejudicado ou do Ministério Público, nos casos previstos em lei, em especial nas hipóteses do art. 216[95] da Lei n. 6.015, de 1973;

§ 11. Se o juiz constatar que a abertura da matrícula ou algum ato realizado nos termos desta subseção sejam nulos ou anuláveis, determinará, fundamentadamente e de ofício, a averbação de tal circunstância nas matrículas respectivas, instaurará o procedimento administrativo cabível e informará o ocorrido ao órgão do Ministério Público para outras providências cabíveis.

III – a adequação da descrição de imóvel urbano decorrente de transformação de coordenadas geodésicas entre os sistemas de georreferenciamento oficiais;

IV – a averbação do auto de demarcação urbanística e o registro do parcelamento decorrente de projeto de regularização fundiária de interesse social de que trata a Lei n. 11.977, de 7 de julho de 2009; e

V – o registro do parcelamento de glebas para fins urbanos anterior a 19 de dezembro de 1979, que esteja implantado e integrado à cidade, nos termos do art. 71 da Lei n. 11.977, de 7 de julho de 2009.

§ 12. Poderá o oficial realizar diligências no imóvel para a constatação de sua situação em face dos confrontantes e localização na quadra;

§ 13. Se não houver dúvida quanto à identificação do imóvel:

I – o título anterior à retificação poderá ser levado a registro desde que requerido pelo adquirente, promovendo-se o registro em conformidade com a nova descrição; e

II – a prenotação do título anterior à retificação será prorrogada durante a análise da retificação de registro.

§ 14. Verificado a qualquer tempo não serem verdadeiros os fatos constantes do memorial descritivo, responderão os requerentes e o profissional que o elaborou pelos prejuízos causados, independentemente das sanções disciplinares e penais;

§ 15. Não são devidos custas ou emolumentos notariais ou de registro decorrentes da regularização fundiária de interesse social a cargo da administração pública;

§ 16. Na retificação de que trata o inciso II do caput, serão considerados confrontantes somente os confinantes de divisas que forem alcançadas pela inserção ou alteração de medidas perimetrais.

95. Art. 216. O registro poderá também ser retificado ou anulado por sentença em processo contencioso, ou por efeito do julgado em ação de anulação ou de declaração de nulidade de ato jurídico, ou de julgado sobre fraude à execução.

Art. 362. Não se aplica o disposto no art. 18[96]

---

96. Art. 18. Aprovado o projeto de loteamento ou de desmembramento, o loteador deverá submetê-lo ao registro imobiliário dentro de 180 (cento e oitenta) dias, sob pena de caducidade da aprovação, acompanhado dos seguintes documentos:

I – título de propriedade do imóvel ou certidão da matrícula, ressalvado o disposto nos §§ 4º e 5º;

II – histórico dos títulos de propriedade do imóvel, abrangendo os últimos 20 (vintes anos), acompanhados dos respectivos comprovantes;

III – certidões negativas:

a) de tributos federais, estaduais e municipais incidentes sobre o imóvel;

b) de ações reais referentes ao imóvel, pelo período de 10 (dez) anos;

c) de ações penais com respeito ao crime contra o patrimônio e contra a Administração Pública.

IV – certidões:

a) dos cartórios de protestos de títulos, em nome do loteador, pelo período de 5 (cinco) anos;

b) de ações cíveis relativas ao loteador, pelo período de 10 (dez) anos;

c) da situação jurídica atualizada do imóvel; e

d) de ações penais contra o loteador, pelo período de 10 (dez) anos;

V – cópia do ato de aprovação do loteamento e comprovante do termo de verificação, pelo Município ou pelo Distrito Federal, da execução das obras exigidas pela legislação municipal, que incluirão, no mínimo, a execução das vias de circulação do loteamento, demarcação dos lotes, quadras e logradouros e das obras de escoamento das águas pluviais ou da aprovação de um cronograma, com a duração máxima de 4 (quatro) anos, prorrogáveis por mais 4 (quatro) anos, acompanhado de competente instrumento de garantia para a execução das obras;

VI – exemplar do contrato padrão de promessa de venda, ou de cessão ou de promessa de cessão, do qual constarão obrigatoriamente as indicações previstas no art. 26 desta Lei;

VII – declaração do cônjuge do requerente de que consente no registro do loteamento.

§ 1º Os períodos referidos nos incisos III, alínea b e IV, alíneas a, e d, tomarão por base a data do pedido de registro do loteamento, devendo todas elas serem extraídas em nome daqueles que, nos mencionados períodos, tenham sido titulares de direitos reais sobre o imóvel;

§ 2º A existência de protestos, de ações pessoais ou de ações penais, exceto as referentes a crime contra o patrimônio e contra a administração, não impedirá o registro do loteamento se o requerente comprovar que esses protestos ou ações não poderão prejudicar os adquirentes dos lotes. Se o Oficial do Registro de Imóveis julgar insuficiente a comprovação feita, suscitará a dúvida perante o juiz competente;

§ 3º A declaração a que se refere o inciso VII deste artigo não dispensará o consentimento do declarante para os atos de alienação ou promessa de alienação de lotes, ou de direitos a eles relativos, que venham a ser praticados pelo seu cônjuge;

§ 4º O título de propriedade será dispensado quando se tratar de parcelamento popular, destinado às classes de menor renda, em imóvel declarado de utilidade pública, com processo de desapropriação judicial em curso e imissão provisória na posse, desde que promovido pela União, Estados, Distrito Federal, Municípios ou suas entidades delegadas, autorizadas por lei a implantar projetos de habitação;

§ 5º No caso de que trata o § 4º, o pedido de registro do parcelamento, além dos documentos mencionados nos incisos V e VI deste artigo, será instruído com cópias autênticas da decisão que tenha concedido a imissão provisória na posse, do decreto de desapropriação, do comprovante de sua publicação na imprensa oficial e,

---

da Lei n. 6.766, e o art. 32[97] da Lei n. 4.591, de

quando formulado por entidades delegadas, da lei de criação e de seus atos constitutivos;

§ 6º Na hipótese de o loteador ser companhia aberta, as certidões referidas na alínea c do inciso III e nas alíneas a, b e d do inciso IV do caput deste artigo poderão ser substituídas por exibição das informações trimestrais e demonstrações financeiras anuais constantes do sítio eletrônico da Comissão de Valores Mobiliários;

§ 7º Quando demonstrar de modo suficiente o estado do processo e a repercussão econômica do litígio, a certidão esclarecedora de ação cível ou penal poderá ser substituída por impressão do andamento do processo digital.

97. Art. 32. O incorporador somente poderá alienar ou onerar as frações ideais de terrenos e acessões que corresponderão às futuras unidades autônomas após o registro, no registro de imóveis competente, do memorial de incorporação composto pelos seguintes documentos:

a) título de propriedade de terreno, ou de promessa, irrevogável e irretratável, de compra e venda ou de cessão de direitos ou de permuta do qual conste cláusula de imissão na posse do imóvel, não haja estipulações impeditivas de sua alienação em frações ideais e inclua consentimento para demolição e construção, devidamente registrado;

b) certidões negativas de impostos federais, estaduais e municipais, de protesto de títulos de ações cíveis e criminais e de ônus reais relativamente ao imóvel, aos alienantes do terreno e ao incorporador;

c) histórico dos títulos de propriedade do imóvel, abrangendo os últimos 20 anos, acompanhado de certidão dos respectivos registros;

d) projeto de construção devidamente aprovado pelas autoridades competentes;

e) cálculo das áreas das edificações, discriminando, além da global, a das partes comuns, e indicando, para cada tipo de unidade a respectiva metragem de área construída;

f) certidão negativa de débito para com a Previdência Social, quando o titular de direitos sobre o terreno for responsável pela arrecadação das respectivas contribuições;

g) memorial descritivo das especificações da obra projetada, segundo modelo a que se refere o inciso IV, do art. 53, desta Lei;

h) avaliação do custo global da obra, atualizada à data do arquivamento, calculada de acordo com a norma do inciso III, do art. 53 com base nos custos unitários referidos no art. 54, discriminando-se, também, o custo de construção de cada unidade, devidamente autenticada pelo profissional responsável pela obra;

i) instrumento de divisão do terreno em frações ideais autônomas que contenham a sua discriminação e a descrição, a caracterização e a destinação das futuras unidades e partes comuns que a elas acederão;

j) minuta de convenção de condomínio que disciplinará o uso das futuras unidades e partes comuns do conjunto imobiliário;

l) declaração em que se defina a parcela do preço de que trata o inciso II, do art. 39;

m) certidão do instrumento público de mandato, referido no § 1º do artigo 31;

n) declaração expressa em que se fixe, se houver, o prazo de carência (art. 34);

o) (Revogado pela Lei n. 14.382/2022);

p) declaração, acompanhada de plantas elucidativas, sobre o número de veículos que a garagem comporta e os locais destinados à guarda dos mesmos.

§ 1º A documentação referida neste artigo, após o exame do Oficial de Registro de Imóveis, será arquivada em cartório, fazendo-se o competente registro;

§ 1º-A O registro do memorial de incorporação sujeita as frações do terreno e as respectivas acessões a regime condominial especial, investe o incorporador e os futuros adquirentes na faculdade de sua livre disposição ou

PROVIMENTO N. 02 DE 24 DE JANEIRO DE 2013 ART. 363

oneração e independe de anuência dos demais condôminos;

§ 2º Os contratos de compra e venda, promessa de venda, cessão ou promessa de cessão de unidades autônomas são irretratáveis e, uma vez registrados, conferem direito real oponível a terceiros, atribuindo direito a adjudicação compulsória perante o incorporador ou a quem o suceder, inclusive na hipótese de insolvência posterior ao término da obra;

§ 3º O número do registro referido no § 1º, bem como a indicação do cartório competente, constará, obrigatoriamente, dos anúncios, impressos, publicações, propostas, contratos, preliminares ou definitivos, referentes à incorporação, salvo dos anúncios "classificados";

§ 4º O Registro de Imóveis dará certidão ou fornecerá, a quem o solicitar, cópia fotostática, heliográfica, termofax, microfilmagem ou outra equivalente, dos documentos especificados neste artigo, ou autenticará cópia apresentada pela parte interessada;

§ 5º A existência de ônus fiscais ou reais, salvo os impeditivos de alienação, não impedem o registro, que será feito com as devidas ressalvas, mencionando-se, em todos os documentos, extraídos do registro, a existência e a extensão dos ônus;

§ 6º Os oficiais do registro de imóveis terão 10 (dez) dias úteis para apresentar, por escrito, todas as exigências que julgarem necessárias ao registro e, satisfeitas as referidas exigências, terão o prazo de 10 (dez) dias úteis para fornecer certidão e devolver a segunda via autenticada da documentação, quando apresentada por meio físico, com exceção dos documentos públicos, e caberá ao oficial, em caso de divergência, suscitar a dúvida, segundo as normas processuais aplicáveis;

§ 7º O Oficial de Registro de Imóveis responde, civil e criminalmente, se efetuar o arquivamento de documentação contraveniente à lei ou der certidão (vetado) sem o arquivamento de todos os documentos exigidos;

§ 8º O Oficial do Registro de Imóveis, que não observar os prazos previstos no § 6º ficará sujeito a penalidade imposta pela autoridade judiciária competente em montante igual ao dos emolumentos devidos pelo registro de que trata este artigo, aplicável por quinzena ou fração de quinzena de superação de cada um daqueles prazos;

§ 9º Oficial do Registro de Imóveis não responde pela exatidão dos documentos que lhe forem apresentados para arquivamento em obediência ao disposto nas alíneas e, g, h, l, e p deste artigo, desde que assinados pelo profissional responsável pela obra;

§ 10 As plantas do projeto aprovado (alínea d deste artigo) poderão ser apresentadas em cópia autenticada pelo profissional responsável pela obra, acompanhada de cópia da licença de construção;

§ 11. Até 30 de junho de 1966 se, dentro de 15 (quinze) dias de entrega ao Cartório do Registro de Imóveis da documentação completa prevista neste artigo, feita por carta enviada pelo Ofício de Títulos e Documentos, não tiver o Cartório de Imóveis entregue a certidão de arquivamento e registro, nem formulado, por escrito, as exigências previstas no § 6º, considerar-se-á de pleno direito completado o registro provisório;

§ 12. O registro provisório previsto no parágrafo anterior autoriza o incorporador a negociar as unidades da incorporação, indicando na sua publicação o número do Registro de Títulos e Documentos referente à remessa dos documentos ao Cartório de Imóveis, sem prejuízo, todavia, da sua responsabilidade perante o adquirente da unidade e da obrigação de satisfazer as exigências posteriormente formuladas pelo Cartório, bem como, de completar o registro definitivo;

§ 13. Na incorporação sobre imóvel objeto de imissão na posse registrada conforme item 36 do inciso I do art. 167 da Lei n. 6.015, de 31 de dezembro de 1973, fica dispensada a apresentação, relativamente ao ente público, dos documentos mencionados nas alíneas a, b, c, f e o deste artigo, devendo o incorporador celebrar contrato de cessão de posse com os adquirentes das unidades autônomas, aplicando-se a regra prevista

1964, para a regularização dos conjuntos habitacionais, salvo se o exigir o interesse público ou a segurança jurídica.

§ 1º Entende-se como conjunto habitacional o empreendimento em que o parcelamento do imóvel urbano, com ou sem abertura de ruas, é feito para alienação de unidades habitacionais já edificadas pelo próprio empreendedor;

§ 2º Entende-se por interesse público e segurança jurídica, para os fins do caput deste artigo, o atendimento aos requisitos básicos para assegurar, dentre outros, aspectos urbanísticos, ambientais, jurídicos, registrários e protetivos dos adquirentes.

Art. 363. A regularização dos conjuntos habitacionais compreende:

I – o registro ou averbação do parcelamento do solo, quando couber;

II – a averbação da construção;

III – o registro da instituição e especificação do condomínio e da convenção do condomínio, quando houver duas ou mais unidades no mesmo imóvel.

§ 1º Aplica-se para a regularização de conjunto habitacional, no que couber, o disposto no art. 362;

§ 2º Além dos documentos mencionados no caput do art. 360 que sejam exigíveis neste caso, os interessados instruirão seu requerimento de registro, com os seguintes documentos:

I – a planta do conjunto, emitida ou aprovada pelo Município e assinada por profissional legalmente habilitado, com prova de anotação de responsabilidade técnica no competente Conselho Regional de Engenharia e Arquitetura (CREA), com as edificações subdivisões das quadras, as dimensões, área e numeração dos lotes, logradouros, espaços livres e outras áreas com destinação específica, inclusive garagem para veículos e unidades autônomas se houver;

II – cálculo das áreas das edificações, discriminando, além da global a das partes comuns, e indicando cada tipo de unidade e a respectiva metragem de área construída, tudo de conformidade com as normas da Associação Brasileira de Normas Técnicas (ABNT), aplicáveis ao caso;

III – discriminação das frações ideais de terreno com as unidades autônomas que a elas corresponderão;

IV – minuta da futura convenção de condomínio, que regerá a edificação ou o conjunto de edificações, acompanhada do respectivo regimento interno;

V – memorial descritivo com a descrição sucinta do empreendimento, a identificação das unidades e as restrições incidentes sobre elas, assinado por profissional legalmente habilitado, com

_____

nos §§ 4º, 5º e 6º do art. 26 da Lei no 6.766, de 19 de dezembro de 1979;

§ 14. Quando demonstrar de modo suficiente o estado do processo e a repercussão econômica do litígio, a certidão esclarecedora de ação cível ou penal poderá ser substituída por impressão do andamento do processo digital;

§ 15. O registro do memorial de incorporação e da instituição do condomínio sobre as frações ideais constitui ato registral único.

prova de anotação de responsabilidade técnica no competente Conselho Regional de Engenharia e Arquitetura (CREA);

VI – prova da aprovação pelo órgão ambiental competente;

VII – prova do ato constitutivo do agente empreendedor, observados o art. 8[098] da Lei n. 4.380, de 21 de agosto de 1964, e o art. 18[099] da Lei n. 5.764, de 16 de dezembro de 1971;

_____

98. Art. 8º O sistema financeiro da habitação, destinado a facilitar e promover a construção e a aquisição da casa própria ou moradia, especialmente pelas classes de menor renda da população, será integrado.

I – pelos bancos múltiplos;

II – pelos bancos comerciais;

III – pelas caixas econômicas;

IV – pelas sociedades de crédito imobiliário;

V – pelas associações de poupança e empréstimo;

VI – pelas companhias hipotecárias;

VII – pelos órgãos federais, estaduais e municipais, inclusive sociedades de economia mista em que haja participação majoritária do poder público, que operem, de acordo com o disposto nesta Lei, no financiamento de habitações e obras conexas;

VIII – pelas fundações, cooperativas e outras formas associativas para construção ou aquisição da casa própria sem finalidade de lucro, que se constituirão de acordo com as diretrizes desta Lei;

IX – pelas caixas militares;

X – pelas entidades abertas de previdência complementar;

XI – pelas companhias securitizadoras de crédito imobiliário; e

XII – por outras instituições que venham a ser consideradas pelo Conselho Monetário Nacional como integrantes do Sistema Financeiro da Habitação.

Parágrafo único. O Conselho da Superintendência da Moeda e do Crédito fixará as normas que regulam as relações entre o sistema financeiro da habitação e o restante do sistema financeiro nacional, especialmente quanto à possibilidade, às condições e aos limites de aplicação de recursos da rede bancária em letras imobiliárias, emitidas, nos termos desta lei, pelo Banco Nacional da Habitação.

99. Art. 18. Verificada, no prazo máximo de 60 (sessenta) dias, a contar da data de entrada em seu protocolo, pelo respectivo órgão executivo federal de controle ou órgão local para isso credenciado, a existência de condições de funcionamento da cooperativa em constituição, bem como a regularidade da documentação apresentada, o órgão controlador devolverá, devidamente autenticadas, 2 (duas) vias à cooperativa, acompanhadas de documento dirigido à Junta Comercial do Estado, onde a entidade estiver sediada, comunicando a aprovação do ato constitutivo da requerente.

§ 1º Dentro desse prazo, o órgão controlador, quando julgar conveniente, no interesse do fortalecimento do sistema, poderá ouvir o Conselho Nacional de Cooperativismo, caso em que não se verificará a aprovação automática prevista no parágrafo seguinte;

§ 2º A falta de manifestação do órgão controlador no prazo a que se refere este artigo implicará a aprovação do ato constitutivo e o seu subsequente arquivamento na Junta Comercial respectiva;

§ 3º Se qualquer das condições citadas neste artigo não for atendida satisfatoriamente, o órgão ao qual compete conceder a autorização dará ciência ao requerente, indicando as exigências a serem cumpridas no prazo de 60 (sessenta) dias, findos os quais, se não atendidas, o pedido será automaticamente arquivado;

§ 4º À parte é facultado interpor de decisão proferida pelo órgão controlador, nos Estados, Distrito Federal ou Territórios, recurso para a respectiva administração central, dentro do prazo de 30 (trinta) dias contado da data do recebimento da comunicação e, em segunda e última

37

ART. 364 NORMAS PARA A ATIVIDADE EXTRAJUDICIAL DO ESTADO DO TOCANTINS

VIII – documento comprobatório de inexistência de débito para com a Previdência Social, relativamente à obra;

IX – auto de conclusão ou vistoria ("habite-se") ou documento equivalente.

§ 3º O requerimento do interessado, instruído com os documentos por ele apresentados, será autuado, numerado e rubricado pelo oficial ou escrevente autorizado, formando processo, que será submetido à verificação de sua regularidade em atenção aos princípios registrais;

§ 4º Aplica-se, no que couber, ao procedimento de registro da regularização de conjunto habitacional o disposto no art. 359;

§ 5º Procedido ao registro do conjunto habitacional e arquivado o processo respectivo com a identificação do conjunto regularizado, o cartório elaborará ficha auxiliar, que fará parte integrante da matrícula, na qual constarão todas as unidades, reservando-se espaço para anotação do número da matrícula a ser aberta quando do primeiro ato de registro relativo a cada uma delas;

§ 6º A requerimento do interessado poderão ser abertas todas as matrículas das unidades integrantes do conjunto regularizado.

Art. 364. Nos casos de regularização efetuada nos termos do art. 40[100] da Lei n. 6.766,

---

instância, ao Conselho Nacional de Cooperativismo, também no prazo de 30 (trinta) dias, exceção feita às cooperativas de crédito, às seções de crédito das cooperativas agrícolas mistas, e às cooperativas habitacionais, hipótese em que o recurso será apreciado pelo Conselho Monetário Nacional, no tocante às duas primeiras, e pelo Banco Nacional de Habitação em relação às últimas;

§ 5º Cumpridas as exigências, deverá o despacho do deferimento ou indeferimento da autorização ser exarado dentro de 60 (sessenta) dias, findos os quais, na ausência de decisão, o requerimento será considerado deferido. Quando a autorização depender de dois ou mais órgãos do Poder Público, cada um deles terá o prazo de 60 (sessenta) dias para se manifestar;

§ 6º Arquivados os documentos na Junta Comercial e feita a respectiva publicação, a cooperativa adquire personalidade jurídica, tornando-se apta a funcionar;

§ 7º A autorização caducará, independentemente de qualquer despacho, se a cooperativa não entrar em atividade dentro do prazo de 90 (noventa) dias contados da data em que forem arquivados os documentos na Junta Comercial;

§ 8º Cancelada a autorização, o órgão de controle expedirá comunicação à respectiva Junta Comercial, que dará baixa nos documentos arquivados;

§ 9º A autorização para funcionamento das cooperativas de habitação, das de crédito e das seções de crédito das cooperativas agrícolas mistas subordina-se ainda, à política dos respectivos órgãos normativos.

§ 10. (Revogado pela Lei Complementar n. 130, de 2009).

100. Art. 40. A Prefeitura Municipal, ou o Distrito Federal quando for o caso, se desatendida pelo loteador a notificação, poderá regularizar loteamento ou desmembramento não autorizado ou executado sem observância das determinações do ato administrativo de licença, para evitar lesão aos seus padrões de desenvolvimento urbano e na defesa dos direitos dos adquirentes de lotes.

§ 1º A Prefeitura Municipal, ou o Distrito Federal quando for o caso, que promover a regularização, na forma deste artigo, poderá exigir judicialmente o levantamento das prestações depositadas, com os respectivos acréscimos de correção monetária e juros, nos termos

---

de 1979, por meio de requerimento fundamentado, formalizado em procedimento de jurisdição voluntária, e com parecer favorável ao Ministério Público, poderá o juiz conceder alvará de autorização para o Município firmar contratos de alienação de imóveis pendentes e promover a venda dos lotes remanescentes, revertendo a quantia apurada em benefício da Municipalidade para ressarcimento das despesas decorrentes da regularização.

§ 1º O requerimento deverá ser instruído com certidão do Registro de Imóveis da qual conste o registro da regularização do parcelamento do solo, documentos, públicos ou privados, que comprovem os gastos efetuados, sendo facultada, ainda, a comprovação das despesas por prova testemunhal, além de laudo de avaliação dos lotes, firmado por profissional habilitado;

§ 2º Havendo dúvidas sobre os valores gastos pela Municipalidade na regularização e avaliação dos lotes, o juiz poderá, de ofício ou mediante requerimento do Ministério Público, determinar a realização das diligências ou perícias que entender cabíveis.

Art. 365. Registrado o parcelamento do solo urbano, os adquirentes de lotes de terreno poderão requerer o registro dos seus contratos, padronizados ou não, apresentando o respectivo instrumento no Registro de Imóveis competente.

§ 1º Os requisitos de qualificação das partes necessários ao registro poderão ser comprovados por meio da apresentação de cópia autenticada de documento pessoal de identificação, ou dos cogitados na Lei n. 9.049, de 18 de maio de 1995, de cópia de certidão atualizada de casamento ou equivalente e de declaração para complementação de dados;

§ 2º Admite-se, nos parcelamentos populares, a cessão da posse em que estiverem provisoriamente imitidas a União, Estado ou Municípios, e suas entidades delegadas, o que poderá ocorrer por instrumento particular;

§ 3º Com o registro da sentença que, em processo de desapropriação, fixar o valor da indenização, a posse referida no § 2º deste

---

do § 1º do art. 38 desta Lei, a título de ressarcimento das importâncias despendidas com equipamentos urbanos ou expropriações necessárias para regularizar o loteamento ou desmembramento;

§ 2º As importâncias despendidas pela Prefeitura Municipal, ou pelo Distrito Federal quando for o caso, para regularizar o loteamento ou desmembramento, caso não sejam integralmente ressarcidas conforme o disposto no parágrafo anterior, serão exigidas na parte faltante do loteador, aplicando-se o disposto no art. 47 desta Lei;

§ 3º No caso de o loteador não cumprir o estabelecido no parágrafo anterior, a Prefeitura Municipal, ou o Distrito Federal quando for o caso, poderá receber as prestações dos adquirentes, até o valor devido;

§ 4º A Prefeitura Municipal, ou o Distrito Federal quando for o caso, para assegurar a regularização do loteamento ou desmembramento, bem como o ressarcimento integral de importâncias despendidas, ou a despender, poderá promover judicialmente os procedimentos cautelares necessários aos fins colimados;

§ 5º A regularização de um parcelamento pela Prefeitura Municipal, ou Distrito Federal, quando for o caso, não poderá contrariar o disposto nos arts. 3º e 4º desta Lei, ressalvado o disposto no § 1º desse último.

---

artigo será convertida em propriedade, e a sua cessão em compromisso de compra e venda, conforme haja obrigações a cumprir ou estejam elas cumpridas, circunstâncias que, demonstradas no Registro de Imóveis, serão averbadas na matrícula relativa ao lote;

§ 4º Os compromissos de compra e venda, as cessões e as promessas de cessão valerão como título para o registro da propriedade do lote adquirido, se acompanhados de requerimento escrito do adquirente, da respectiva prova de quitação das obrigações do adquirente e de guia de pagamento ou de exoneração do ITBI, sem prejuízo do cumprimento de outras exigências previstas na Lei dos Registros Públicos;

§ 5º O registro poderá ainda ser obtido, mediante comprovação idônea, perante o oficial registrador, da existência da avença, nos termos do art. 27, §§ 1º e 2º,[101] da Lei n. 6.766, de 1979;

§ 6º A prova de quitação do preço do lote se dará por meio de termo de quitação assinado pelo loteador, com firma reconhecida ou com a apresentação da última parcela do preço avençado, devidamente quitada;

§ 7º Equivale à prova de quitação a comprovação de que decorridos três anos do vencimento da última prestação, não foi ajuizada ação judicial contra o adquirente do lote ou seus cessionários, mediante passada pelo Distribuidor Cível da comarca de localização do imóvel e o da comarca do domicílio, se diversa (CC, art. 206, § 3º, VIII[102]);

§ 8º O disposto neste artigo não impede a cobrança de dívidas que vierem a ser apuradas;

§ 9º O oficial, achando a documentação em ordem, procederá ao registro da transmissão de propriedade e arquivará uma via do título e os comprovantes do pagamento. Se a documentação for microfilmada, de conformidade com a Lei n. 5.433, de 1968, ou armazenada em mídia digital, poderá ser devolvida ao apresentante;

§ 10. Quando constar do título que o parcelador é representado por procurador, deverá ser apresentada a respectiva prova atualizada de sua representação;

---

101. Art. 27. Se aquele que se obrigou a concluir contrato de promessa de venda ou de cessão não cumprir a obrigação, o credor poderá notificar o devedor para outorga do contrato ou oferecimento de impugnação no prazo de 15 (quinze) dias, sob pena de proceder-se ao registro de pré-contrato, passando as relações entre as partes a serem regidas pelo contrato-padrão.

§ 1º Para fins deste artigo, terão o mesmo valor de pré-contrato a promessa de cessão, a proposta de compra, a reserva de lote ou qualquer, outro instrumento, do qual conste a manifestação da vontade das partes, a indicação do lote, o preço e modo de pagamento, e a promessa de contratar;

§ 2º O registro de que trata este artigo não será procedido se a parte que o requereu não comprovar haver cumprido a sua prestação, nem a oferecer na forma devida, salvo se ainda não exigível.

102. Art. 206. Prescreve:

§ 3º Em três anos:

VIII – a pretensão para haver o pagamento de título de crédito, a contar do vencimento, ressalvadas as disposições de lei especial;

PROVIMENTO N. 02 DE 24 DE JANEIRO DE 2013 · ART. 381

§ 11. Quando a descrição do lote constante do título for imperfeita, mas não houver dúvida quanto à identificação do imóvel, o interessado poderá requerer o seu registro desde que em conformidade com a nova descrição inserida na planta de regularização, com base no disposto no art. 213, § 13[103] da Lei n. 6.015, de 1973.

Art. 366. Caso o título ou os documentos de quitação ostentem imperfeições ou desajustes no que diz respeito aos aspectos ligados à especialidade registraria, poderá o interessado requerer por meio de procedimento de jurisdição voluntária perante o juiz-corregedor permanente a sua revalidação, nos termos do § 13[104] do art. 213 da Lei de Registros Públicos, visando habilitá-lo ao registro.

Parágrafo único. Para a revalidação de título, o interessado poderá produzir prova documental ou técnica, notificando, se for o caso, o(s) titular(es) do domínio e/ou o(s) empreendedor(es).

SEÇÃO VII
INCORPORAÇÕES

SUBSEÇÃO I
DAS INCORPORAÇÕES IMOBILIÁRIAS

Art. 367. Os requerimentos para registro de incorporações imobiliárias disciplinadas na Lei n. 4.591, de 1964 devem ser autuados em processos, que terão suas folhas numeradas e rubricadas, figurando os documentos pertinentes na ordem estabelecida na lei.

§ 1º Logo que autuados, serão certificados, após o último documento integrante do processo, a protocolização e, ao final, o registro e arquivamento em cartório;

§ 2º Nos registros decorrentes de incorporação imobiliária, o registrador deverá observar o prazo máximo de quinze dias para o fornecimento do número do registro ao interessado ou a indicação das pendências a serem satisfeitas para sua efetivação.

Art. 368. Quando o incorporador for pessoa jurídica, incumbirá ao oficial verificar, com base nos atos constitutivos, a regularidade da representação societária, especialmente se quem requer o registro tem poderes para tanto.

Art. 369. Os documentos apresentados para registro da incorporação deverão vir, sempre que possível, no original. Podem ser aceitas,

---

103. Art. 213. O oficial retificará o registro ou a averbação:
§ 13. Se não houver dúvida quanto à identificação do imóvel:
I – o título anterior à retificação poderá ser levado a registro desde que requerido pelo adquirente, promovendo-se o registro em conformidade com a nova descrição; e
II – a prenotação do título anterior à retificação será prorrogada durante a análise da retificação de registro.
104. Art. 213. O oficial retificará o registro ou a averbação:
§ 13. Se não houver dúvida quanto à identificação do imóvel:
I – o título anterior à retificação poderá ser levado a registro desde que requerido pelo adquirente, promovendo-se o registro em conformidade com a nova descrição; e
II – a prenotação do título anterior à retificação será prorrogada durante a análise da retificação de registro.

---

porém, cópias reprográficas, desde que autenticadas.

Parágrafo único. Se o oficial suspeitar da autenticidade de alguma delas, poderá exigir a exibição do original.

Art. 370. As certidões dos distribuidores cíveis e criminais, inclusive da Justiça Federal e do Trabalho, as negativas de impostos e as de protestos devem referir-se aos alienantes do terreno (atuais proprietários e compromissários compradores, se houver, inclusive seus cônjuges) e ao incorporador.

§ 1º As certidões cíveis e criminais serão extraídas pelo período de dez anos e as de protesto pelo período de cinco anos;

§ 2º As certidões de impostos relativas ao imóvel urbano são as municipais;

§ 3º Tratando-se de pessoa jurídica, as certidões dos distribuidores criminais deverão referir-se aos representantes legais da incorporadora;

§ 4º Tratando-se de empresa constituída por outras pessoas jurídicas, tais certidões deverão referir-se aos representantes legais destas últimas;

§ 5º Todas as certidões deverão ser extraídas na comarca da situação do imóvel e, se distintas, naquelas onde domiciliadas as pessoas supramencionadas, exigindo-se que não tenham sido expedidas há mais de três meses.

Art. 371. Sempre que das certidões do distribuidor constarem ações cíveis, deve ser exigida certidão complementar, esclarecedora de seu desfecho ou estado atual.

Parágrafo único. Tal complementação será desnecessária, quando se tratar de ação que, pela sua própria natureza, desde logo aferida da certidão do distribuidor, não tenha repercussão econômica, ou, de outra parte, relação com o imóvel objeto da incorporação.

Art. 372. Por ocasião do requerimento de registro de incorporações, deve ser exigida, das empresas em geral, apresentação da Certidão Conjunta de Débitos Relativos a Tributos Federais e à Dívida Ativa da União e a Certidão Negativa de Débitos Relativos a Contribuições Previdenciárias.

Art. 373. Será sempre indispensável a correspondência da descrição e da área do imóvel a ser incorporado com as que constarem da transcrição ou da matrícula respectiva, exigindo-se, caso contrário, prévia retificação.

Art. 374. Não poderá o cartório registrar pedido de incorporação sem que o apresentante exiba planta ou croqui dos espaços destinados à guarda de veículos.

Parágrafo único. Se a legislação da Prefeitura local exigir que a demarcação dos espaços conste da planta aprovada, não será aceitável a simples exibição de croqui.

Art. 375. O atestado de idoneidade financeira deverá conter o endereço e a denominação do empreendimento e deve ser expressamente expedido para fins de registro de incorporação imobiliária.

Art. 376. O quadro de áreas deverá obedecer as medidas que constarem do registro, não se admitindo, em caso de divergência,

que ele se refira às constantes da planta aprovada.

Art. 377. A averbação de construção de prédio só poderá ser feita mediante documento hábil (v.g. "habite-se" ou alvará de conservação), expedido pela Prefeitura; e Certidão Negativa de Débito (CND), expedida pela Receita Federal, relativa à construção. Será exigido que do "habite-se" conste a área construída, que deverá ser conferida com a da planta aprovada e já arquivada. Havendo divergência, deverá ser primeiramente feito o devido esclarecido. Havendo divergência entre a área constante do "habite-se" ou alvará de construção e da CND, prevalecerá a do "habite-se".

I – havendo divergência entre a área constante do "habite-se" e/ou alvará de construção da CND, prevalecerá a do habite-se;

II – na hipótese de a área indicada na CND ser inferior à do "habite-se", deverá o oficial exigir CND complementar.

Art. 378. A instituição e especificação de condomínio serão registradas mediante a apresentação do respectivo instrumento (público ou particular), que caracterize e identifique as unidades autônomas, acompanhado do projeto aprovado e do "habite-se", caso concluída a obra.

§ 1º Para averbação da construção e registro de instituição, cujo plano inicial não tenha sido modificado, será suficiente requerimento que enumere as unidades, com remissão à documentação arquivada com o registro da incorporação, acompanhado de certificado de conclusão da edificação, sendo desnecessária anuência unânime dos condôminos;

§ 2º Quando do registro da instituição, deve ser exigida, também, a convenção do condomínio, que será registrada no Livro n. 3.

Art. 379. Recomenda-se a elaboração de ficha auxiliar de controle de disponibilidade, na qual constarão, em ordem numérica e verticalmente, as unidades autônomas, a exemplo do estabelecido para os loteamentos (art. 334).

Art. 380. Antes de registrada a Instituição do condomínio, será irregular a abertura de matrículas para o registro de atos relativos a futuras unidades autônomas. E todos os atos devem ser lançados na matrícula do empreendimento.

Parágrafo único. Concluída a obra com a certidão municipal comprobatória, proceder-se-á:

à sua averbação na matrícula mãe de forma geral;

à abertura das matrículas das unidades autônomas;

à averbação da construção de cada unidade em cada matrícula aberta.

Art. 381. Uma vez averbada a construção e efetuado o registro da Instituição e especificação do condomínio, além da menção ao número do registro da convenção de condomínio no Livro n. 3, deverá ser averbada na matrícula-matriz referência às matrículas abertas para as unidades autônomas.

39

LEGISLAÇÃO COMPLEMENTAR

LEI N. 1.287[1]
DE 28 DE DEZEMBRO DE 2001

Dispõe sobre o Código Tributário do Estado do Tocantins, e adota outras providências.

DISPOSIÇÃO PRELIMINAR

Art. 1º A ordem tributária do Estado do Tocantins reger-se-á na conformidade desta Lei.

TÍTULO I
DOS TRIBUTOS

Art. 2º Ficam instituídos os seguintes tributos no Estado do Tocantins:

I – Imposto sobre:

a) Operações Relativas à Circulação de Mercadorias e sobre Prestações de Serviços de Transporte Interestadual e Intermunicipal e de Comunicação – ICMS;

b) a Transmissão Causa Mortis e Doação de Quaisquer Bens ou Direitos – ITCD;

c) a Propriedade de Veículos Automotores – IPVA.

II – Taxas, cobradas em razão do exercício do poder de polícia ou pela utilização, efetiva ou potencial, de serviços públicos específicos e divisíveis, prestados ao contribuinte ou postos à sua disposição, compreendendo:

a) Taxa Judiciária – TXJ;

b) Taxa de Serviços Estaduais – TSE;

c) Taxa Florestal – TXF;

d) Taxa de Segurança Preventiva – TSP;

e) Taxa de Serviços de Bombeiro – TSB;

III – Contribuição de Melhoria – CME.

Capítulo I
DO IMPOSTO SOBRE OPERAÇÕES RELATIVAS À CIRCULAÇÃO DE MERCADORIAS E SOBRE PRESTAÇÕES DE SERVIÇOS DE TRANSPORTE INTERESTADUAL E INTERMUNICIPAL E DE COMUNICAÇÃO – ICMS

SEÇÃO I
DA INCIDÊNCIA

Art. 3º O imposto incide sobre:

I – as operações relativas à circulação de mercadorias, inclusive o fornecimento de alimentação e bebidas em bares, restaurantes, hotéis e estabelecimentos similares;

II – as prestações de serviços de transporte interestadual e intermunicipal, por qualquer via, de pessoas, bens, mercadorias ou valores;

III – as prestações onerosas de serviços de comunicação, por qualquer meio, inclusive a geração, a emissão, a recepção, a transmissão, a retransmissão, a repetição e a ampliação de comunicação de qualquer natureza;

IV – o fornecimento de mercadorias com prestação de serviços:

a) não compreendidos na competência tributária dos Municípios;

b) sujeitos ao imposto sobre serviços, de competência dos Municípios, quando a lei complementar aplicável expressamente o sujeitar à incidência do imposto estadual.

V – a entrada de mercadoria ou bem importados do exterior, por pessoa física ou jurídica, ainda que não seja contribuinte habitual do imposto, qualquer que seja a sua finalidade;

VI – o serviço prestado no exterior ou cuja prestação se tenha iniciado no exterior;

VII – a entrada, neste Estado, de petróleo, inclusive lubrificantes e combustíveis líquidos e gasosos dele derivados, e de energia elétrica, quando não destinados à comercialização ou à industrialização;

VIII – a reintrodução no mercado interno de mercadorias ou produtos que por motivo superveniente não se tenha efetivado a exportação, ressalvada a hipótese de retorno ao estabelecimento de origem pelo desfazimento do negócio;

IX – a entrada, no território deste Estado, de mercadoria ou bem oriundos de outra unidade da federação, destinados a uso, consumo ou ativo permanente.

X – a utilização, pelo contribuinte, de serviço cuja prestação se tenha iniciado em outras unidades da Federação e não esteja vinculado à operação ou prestação subsequente, alcançada pela incidência do imposto;

XI – a mercadoria:

a) ou prestação de serviço de transporte, em trânsito neste Estado, encontrada em situação fiscal irregular;

b) desembarcada ou entregue em local diverso do destino indicado na documentação fiscal;

c) constante em documento fiscal relativa a operação de saída interestadual, sem a comprovação da respectiva saída deste Estado;

d) que adentrar neste Estado com documentação fiscal indicando como destino outra unidade da Federação, sem a comprovação da efetiva saída deste Estado.

XII – as operações e prestações oriundas de outra unidade da Federação que destinem bens e serviços a consumidor final, não contribuinte do imposto, localizado neste Estado.

Parágrafo único. Nas hipóteses referidas no inciso III, o imposto incide ainda sobre:

I – os valores cobrados a título de acesso, adesão, ativação, habilitação, disponibilidade, assinatura e utilização dos serviços, e aqueles relativos a serviços suplementares e facilidades adicionais que otimizem ou agilizem o processo de comunicação, independentemente da denominação que lhes seja dada;

II – a parcela da prestação onerosa de serviços de comunicação, ainda que o serviço se tenha iniciado no exterior ou fora do território deste Estado.

SEÇÃO II
DA NÃO INCIDÊNCIA

Art. 4º O imposto não incide sobre:

I – operações com livros, jornais, periódicos e o papel destinado a sua impressão;

II – operações e prestações que destinem ao exterior mercadorias, inclusive produtos primários e produtos industrializados semielaborados;

III – as saídas em operações interestaduais relativas a energia elétrica e petróleo, inclusive lubrificantes e combustíveis líquidos e gasosos dele derivados, quando destinados à industrialização ou à comercialização;

IV – operações com ouro, quando definido em lei como ativo financeiro ou instrumento cambial;

V – operações relativas a mercadorias que tenham sido ou que se destinem a ser utilizadas na prestação, pelo próprio autor da saída, de serviço de qualquer natureza definido em lei complementar como sujeito ao imposto sobre serviços, de competência dos Municípios, ressalvadas as hipóteses previstas na mesma lei complementar;

VI – operações de qualquer natureza de que decorra a transferência de propriedade de estabelecimento industrial, comercial ou de outra espécie;

VII – operações decorrentes de alienação fiduciária em garantia, inclusive a operação efetuada pelo credor em decorrência do inadimplemento do devedor;

VIII – operações de arrendamento mercantil, não compreendida a venda do bem arrendado ao arrendatário;

IX – operações de qualquer natureza de que decorra a transferência para companhias seguradoras, de bens móveis salvados de sinistro;

X – operações que destinem mercadorias a armazém geral ou depósito fechado do próprio contribuinte, e os retornos aos estabelecimentos de origem, quando situados neste Estado;

---

1. Atualizada até a Lei n. 3.943, de 31 de maio de 2022.

43

ART. 5º — NORMAS PARA A ATIVIDADE EXTRAJUDICIAL DO ESTADO DO TOCANTINS

XI – saída interna de bem, em comodato;

XII – as operações relativas às Reduções Certificadoras de Emissões (RCE) e às Reduções Verificadas de Emissões (RVE), também conhecidas como crédito de carbono, ainda que a cessão se destine ao exterior.

Parágrafo único. Equipara-se às operações de que trata o inciso II do caput deste artigo, a saída de mercadoria realizada com o fim específico de exportação, destinada a:

I – empresa comercial exportadora, inclusive trading ou outro estabelecimento da mesma empresa;

II – armazém alfandegado ou entreposto aduaneiro.

SEÇÃO III
DOS BENEFÍCIOS FISCAIS

Art. 5º Fica o Poder Executivo autorizado a conceder benefícios fiscais, observado o disposto no art. 155, § 2º, inciso XII, alínea "g",[2] da Constituição Federal e no art. 1º[3] da Lei Complementar Federal n. 24, de 7 de janeiro de 1975.

Parágrafo único. A concessão de benefício fiscal não dispensa o sujeito passivo do cumprimento das obrigações acessórias previstas na legislação tributária.

SUBSEÇÃO I
DA ISENÇÃO

Art. 6º Ressalvadas as operações a que se referem o artigo anterior, ficam isentas, também, as operações de aquisição de mercadorias em leilão promovido pela Secretaria da Fazenda do Estado do Tocantins, qualquer que seja sua origem.

SUBSEÇÃO II
DA SUSPENSÃO
E DO DIFERIMENTO

Art. 7º Ocorre:

I – suspensão quando a incidência do imposto fique subordinada a evento futuro;

II – diferimento quando o lançamento e o pagamento do imposto incidente sobre determinada operação ou prestação forem adiados

---

2. Art. 155. Compete aos Estados e ao Distrito Federal instituir impostos sobre:
    § 2º O imposto previsto no inciso II atenderá ao seguinte:
    XII – cabe à lei complementar:
    g) regular a forma como, mediante deliberação dos Estados e do Distrito Federal, isenções, incentivos e benefícios fiscais serão concedidos e revogados.
3. Art. 1º As isenções do imposto sobre operações relativas à circulação de mercadorias serão concedidas ou revogadas nos termos de convênios celebrados e ratificados pelos Estados e pelo Distrito Federal, segundo esta Lei.
    Parágrafo único. O disposto neste artigo também se aplica:
    I – à redução da base de cálculo;
    II – à devolução total ou parcial, direta ou indireta, condicionada ou não, do tributo, ao contribuinte, a responsável ou a terceiros;
    III – à concessão de créditos presumidos;
    IV – à quaisquer outros incentivos ou favores fiscais ou financeiro-fiscais, concedidos com base no Imposto de Circulação de Mercadorias, dos quais resulte redução ou eliminação, direta ou indireta, do respectivo ônus;
    V – às prorrogações e às extensões das isenções vigentes nesta data.

---

para etapa posterior, atribuindo-se a responsabilidade pelo pagamento do imposto diferido ao adquirente ou destinatário da mercadoria ou usuário do serviço, na qualidade de contribuinte vinculado à etapa posterior.

§ 1º Sairão com suspensão do imposto, nas condições estabelecidas em regulamento:

I – (Revogado);

II – (Revogado);

III – (Revogado);

IV – (Revogado);

§ 2º (Revogado);

§ 3º (Revogado);

§ 4º (Revogado);

→ Lei n. 2.253/2009.

§ 5º Fica o Poder Executivo autorizado a conceder diferimento do imposto em operações ou prestações internas e de importações.

SEÇÃO IV
DA SUJEIÇÃO PASSIVA

SUBSEÇÃO I
DO CONTRIBUINTE

Art. 8º Contribuinte é qualquer pessoa física ou jurídica que realize, com habitualidade ou em volume que caracterize intuito comercial, operações de circulação de mercadoria ou prestações de serviços de transporte interestadual e intermunicipal e de comunicação, ainda que as operações e as prestações se iniciem no exterior.

§ 1º É também contribuinte a pessoa física ou jurídica que, mesmo sem habitualidade ou intuito comercial:

I – importe mercadorias ou bens do exterior, qualquer que seja a sua finalidade;

II – seja destinatária de serviço prestado no exterior ou cuja prestação se tenha iniciado no exterior;

III – adquira em licitação mercadorias ou bens apreendidos ou abandonados;

IV – adquira lubrificantes e combustíveis líquidos e gasosos derivados de petróleo e energia elétrica oriundos de outro Estado, quando não destinados à comercialização ou à industrialização;

V – estando enquadrada no "caput" deste artigo, seja destinatária, em operação interestadual, de mercadoria ou bem destinado a uso, consumo ou ativo imobilizado do estabelecimento;

VI – estando enquadrada no "caput" deste artigo, seja destinatária, em prestação interestadual, de serviço cuja utilização não esteja vinculada a operação ou prestação subsequente.

§ 2º É ainda contribuinte do imposto nas operações ou prestações que destinem mercadorias, bens e serviços a consumidor final domiciliado ou estabelecido em outro Estado, em relação à diferença entre a alíquota interna do Estado de destino e a alíquota interestadual:

I – o destinatário da mercadoria, bem ou serviço, na hipótese de ser contribuinte do imposto;

II – o remetente da mercadoria ou bem ou o prestador de serviço, na hipótese de o destinatário não ser contribuinte do imposto.

Art. 9º Considera-se contribuinte autônomo cada estabelecimento produtor, extrator, gerador de energia, industrial, comercial, importador ou prestador de serviços de transporte e de comunicação, do mesmo contribuinte, ainda que as atividades sejam integradas e desenvolvidas no mesmo local.

SUBSEÇÃO II
DA RESPONSABILIDADE PESSOAL

Art. 10. É responsável pelo pagamento do ICMS devido:

I – o contribuinte em relação às operações ou prestações que praticar;

II – o armazém geral e o depositário a qualquer título:

a) pela saída real ou simbólica de mercadoria depositada neste Estado por contribuinte de outra unidade federada;

b) pela manutenção em depósito de mercadoria com documentação irregular ou inidônea, ou ainda, desacompanhada de documentação fiscal;

c) pelas saídas de seu estabelecimento de produtos desacobertados de documentação fiscal.

III – o contribuinte, ou ainda qualquer possuidor, em relação à mercadoria ou bem desacoberto de documentos comprobatórios de sua procedência ou acobertado por documentação fiscal inidônea;

IV – a pessoa que tendo recebido mercadoria, bem ou serviço beneficiado com imunidade, isenção ou não incidência, sob determinados requisitos, desvirtue-lhe a finalidade ou não lhe dê a correta destinação;

V – a pessoa jurídica que resulte de fusão, cisão, transformação ou incorporação de outra ou em outra, pelo débito fiscal oriundo de fato gerador ocorrido até a data do ato, pela pessoa jurídica fusionada, cindida, transformada ou incorporada;

VI – o sócio remanescente ou seu espólio pelo débito fiscal da pessoa jurídica extinta, caso continue a respectiva atividade sob a mesma ou outra razão social ou sob firma individual;

VII – o espólio, pelo débito fiscal do de cujus até a data da abertura da sucessão;

VIII – integralmente, até a data do ato, a pessoa natural ou jurídica que:

a) adquira de outra, a qualquer título, fundo de comércio ou estabelecimento comercial, industrial ou profissional, e continue a respectiva exploração, sob a mesma ou outra razão ou denominação social ou nome individual, pelo débito do fundo de comércio ou do estabelecimento adquirido, na hipótese em que o alienante cesse a exploração do comércio, indústria ou atividade;

44

LEI N. 1.2871 DE 28 DE DEZEMBRO DE 2001 — ART. 12

b) subsidiariamente com o alienante, em relação ao fundo de comércio ou estabelecimento adquirido e no caso em que o alienante prossiga na exploração ou inicie, dentro de seis meses, contados da data da alienação, nova atividade no mesmo ou em outro ramo de comércio, indústria ou profissão.

IX – na hipótese do inciso XII do art. 3º desta Lei, o remetente ou o prestador de serviços, inclusive se optante pelo regime do Simples Nacional, em relação à diferença entre a alíquota e a interestadual.

SUBSEÇÃO III
DA RESPONSABILIDADE SOLIDÁRIA

Art. 11. É responsável pelo pagamento do ICMS, solidariamente com o contribuinte ou com a pessoa que o substitua:

I – o transportador, em relação:

a) à mercadoria que despachar, redespachar ou transportar sem documentação fiscal regulamentar ou com documentação inidônea;

b) à mercadoria transportada de outro Estado para entrega sem destinatário certo ou para venda ambulante neste Estado;

c) à mercadoria que entregar a destinatário diverso do indicado na documentação fiscal;

d) à mercadoria transportada que for negociada com interrupção de trânsito no território do Estado;

e) ao serviço de transporte interestadual e intermunicipal, sem o acompanhamento de todas as vias do documento fiscal, exigidas pela legislação;

f) às operações e prestações procedentes de outra unidade da Federação, que destinem bens ou serviços ao consumidor final, não contribuinte do imposto, localizado neste Estado, sem a comprovação do pagamento do valor correspondente à diferença entre a alíquota interna deste Estado e a interestadual, quando o remetente não possuir inscrição no Cadastro de Contribuintes neste Estado.

II – o armazém geral e o depositário a qualquer título que recebam para depósito ou guarda ou deem saída à mercadoria ou bem, inclusive importado, sem documentação fiscal ou acompanhado de documento fiscal inidôneo;

III – o estabelecimento abatedouro (frigorífico, matadouro e similares) que promova a entrada de animais desacompanhados de documentação fiscal apropriada;

IV – o estabelecimento beneficiador ou industrial, na saída de mercadorias recebidas para beneficiamento ou industrialização e remetidas à pessoa ou estabelecimento diverso daqueles de origem;

V – qualquer contribuinte em relação aos produtos agropecuários ou extrativos adquiridos de produtor não inscrito, quando assim exigir a legislação tributária;

VI – o contribuinte que promova a saída de mercadoria sem documentação fiscal, relativamente às operações subsequentes;

VII – o entreposto e o despachante aduaneiro, ou ainda qualquer outra pessoa, que promovam:

a) a saída de mercadoria para o exterior sem a documentação fiscal correspondente;

b) a saída de mercadoria estrangeira ou bem importado com destino ao mercado interno sem os documentos fiscais correspondentes, ou as destine a estabelecimento diverso do importador, arrematante ou adquirente em licitação promovida pelo Poder Público;

c) a reintrodução no mercado interno de mercadoria depositada para o fim específico de exportação;

d) a entrega ou qualquer circulação de mercadoria ou bem importado, ou destinado à exportação, sem documentos fiscais.

VIII – qualquer pessoa que não efetue a exportação de mercadorias recebidas para esse fim, ainda que por motivo de perda, perecimento, deterioração ou sua reintrodução no mercado interno, relativamente à operação ou prestação de que decorra o recebimento;

IX – a pessoa que realize a intermediação de serviços:

a) com destino ao exterior, sem os documentos fiscais exigidos;

b) iniciados ou prestados no exterior, sem a documentação fiscal ou destinando-os a pessoa diversa daquela que os tenha contratado.

X – o representante, o mandatário, o comissário, o administrador de bens de terceiros e o gestor de negócios, em relação à operação ou prestação realizada por seu intermédio;

XI – o leiloeiro, o síndico, o comissário, o inventariante ou liquidante, em relação às saídas de mercadorias decorrentes de alienação ou aquisição em leilões, falências, concordatas, inventários ou dissolução de sociedades;

XII – até a data do ato, a pessoa jurídica que tenha absorvido patrimônio de outra por decorrência de cisão, total ou parcial;

XIII – o sócio, no caso de liquidação de sociedade de pessoas, ou de baixa da inscrição estadual de qualquer estabelecimento da sociedade da qual faça parte;

XIV – os pais, pelos tributos devidos pelos filhos menores;

XV – o tutor ou o curador, em relação ao débito de seu tutelado ou curatelado;

XVI – o fabricante do equipamento ou o credenciado que preste assistência técnica em máquinas, aparelhos e equipamentos destinados à emissão, escrituração e controle de documentos fiscais, o fabricante do software, bem como a empresa desenvolvedora ou o fornecedor do programa aplicativo fiscal, quando a irregularidade cometida por eles concorrer para a omissão ou diminuição do valor do imposto devido.

XVII – os condomínios e os incorporadores, relativamente ao bem ou mercadoria neles encontrado sem documentos fiscais ou acompanhado de documentação inidônea;

XVIII – o encarregado de órgão ou entidade da administração pública direta, indireta ou fundacional, que autorize a saída ou a alienação de mercadoria ou bem sem o cumprimento das obrigações tributárias;

XIX – o estabelecimento gráfico que imprima documentos sem a devida autorização de impressão ou em desacordo com a legislação tributária, relativamente ao dano causado ao erário pela utilização de tais documentos;

XX – a pessoa que tenha interesse comum na situação que origine a obrigação principal;

XXI – os tabeliães, escrivães e demais serventuários de ofício, pelos tributos devidos sobre os atos praticados por eles, ou perante eles, em razão do seu ofício;

XXII – o contratante de serviços ou terceiro que participe de prestação de serviços de transporte interestadual e intermunicipal e de comunicação;

XXIII – a concessionária de serviço de comunicação, com área de atuação neste Estado, que de qualquer forma concorra para a prestação de serviços de telecomunicações realizados mediante fichas, cartões ou assemelhados;

XXIV – a administradora ou operadora de cartão de crédito, débito ou similares, que deixar de cumprir o previsto no inciso XXII do art. 44 desta Lei;

XXV – o destinatário da mercadoria, bem ou serviço, pessoa física ou jurídica não contribuinte do imposto, relativamente ao pagamento da diferença de alíquotas de que trata o inciso XII do art. 3º desta Lei, quando o remetente não possuir inscrição estadual ativa no Estado do Tocantins.

§ 1º A solidariedade referida neste artigo não comporta benefício de ordem, salvo se o contribuinte ou pessoa que o substitua apresentar garantias suficientes para a liquidação integral do crédito tributário;

§ 2º Para os efeitos do disposto no inciso XX, presume-se ter interesse comum o adquirente de mercadoria ou do bem e o contratante ou recebedor de serviço, em operação ou prestação realizada sem documentos fiscais ou com documentação fiscal inidônea;

§ 3º Aos responsáveis solidários mencionados nos incisos XI, XIII, XIV, XV, XXI e XXIV só se aplicam às penalidades de caráter moratório.

SUBSEÇÃO IV
DA RESPONSABILIDADE POR SUBSTITUIÇÃO

Art. 12. São sujeitos passivos por substituição, relativamente às operações ou às prestações antecedentes ou concomitantes:

I – a empresa geradora, a distribuidora ou qualquer outra empresa legalmente autorizada que comercializar energia elétrica;

II – a empresa distribuidora de combustíveis, como tal definida por órgão federal competente, em relação ao álcool etílico anidro combustível (AEAC) adquirido de destilarias, nas situações previstas no regulamento;

III – o estabelecimento adquirente de fundo de estoque ou que o receba por transferência de outro estabelecimento da mesma empresa, em virtude de encerramento das atividades ou mudança de endereço, neste Estado.

Parágrafo único. Na hipótese de responsabilidade tributária em relação às operações ou prestações antecedentes ou concomitantes, o imposto devido nas referidas operações ou prestações será pago pelo responsável, quando:

I – da entrada ou recebimento da mercadoria, do bem ou do serviço;

45

NORMAS PARA A ATIVIDADE EXTRAJUDICIAL DO ESTADO DO TOCANTINS

II – da saída subsequente por ele promovida, ainda que isenta ou não tributada;

III – de qualquer saída ou evento que impossibilite a ocorrência do fato determinante do pagamento do imposto.

Art. 13. São responsáveis por substituição em relação às operações subsequentes:

I – o industrial ou importador em relação:

a) aos produtos constantes dos segmentos do Anexo I a esta Lei;

b) a outros produtos cuja responsabilidade pelo pagamento do ICMS tenha sido a ele atribuída, na conformidade do regulamento ou do termo de acordo de regimes especiais.

II – os remetentes situados em outra unidade da Federação, em relação aos produtos constantes dos segmentos do Anexo I a esta Lei, inclusive quanto ao diferencial de alíquota;

III – o revendedor local, em relação:

a) às mercadorias constantes dos segmentos do Anexo I a esta Lei, adquiridas em outro Estado, nos casos em que o remetente não seja substituto tributário deste Estado;

b) a outros produtos cuja responsabilidade pelo pagamento do ICMS tenha sido a ele atribuída, nos termos da lei ou do regulamento.

IV – o estabelecimento destinatário, relativamente ás operações promovidas pela empresa PETROBRÁS (Petróleo Brasileiro S.A.) com asfalto diluído de petróleo; (Convênio ICMS 74/94);

V – a refinaria de petróleo, a central de matéria prima petroquímica (CPQ), o formulador de combustíveis, o importador de combustível, todos reconhecidos e autorizados pela ANP, por qualquer de seus estabelecimentos, relativamente a combustíveis líquidos e gasosos, derivados ou não de petróleo, inclusive em razão da aquisição não destinada à comercialização ou industrialização, exceto o álcool etílico hidratado combustível;

VI – o transportador revendedor retalhista, na impossibilidade de inclusão na base de cálculo do valor equivalente ao custo do transporte por este cobrado na venda de combustíveis derivados de petróleo em operações internas, hipótese em que a este fica atribuída a responsabilidade pelo pagamento do imposto devido sobre esta parcela;

VII – o distribuidor, como tal definido pelo órgão federal competente, em relação ao imposto que não tenha sido retido anteriormente relativo a:

a) álcool etílico hidratado combustível;

b) óleos lubrificantes, derivados ou não de petróleo;

c) combustíveis derivados de petróleo;

d) gás natural;

e) diferença entre o preço de venda a varejo no município de origem sobre o qual foi retido o imposto e o preço máximo fixado por Portaria Interministerial para venda a varejo no município de destino da mercadoria;

f) entrada no seu estabelecimento de biodiesel – B100;

g) aguarrás mineral (white spirit);

h) outros produtos definidos em regulamento.

VIII – o remetente nas operações internas e interestaduais que destinem mercadorias a revendedores, estabelecidos em território tocantinense, que efetuem venda porta a porta a consumidor final, promovidas por empresas que utilizem sistema de marketing direto para comercialização de seus produtos;

IX – o remetente nas operações interestaduais que destinem mercadorias a contribuintes, regularmente inscritos, que distribuam os produtos a revendedores em banca de jornal ou revista;

X – o possuidor ou o detentor, contribuinte ou não, das mercadorias a que se refere o anexo I, desacompanhadas de documentação fiscal ou acompanhadas de documento fiscal inidôneo;

XI – o transportador, pessoa física ou jurídica, contribuinte ou não do imposto, relativamente à obrigação de pagar antecipadamente o ICMS, referente às mercadorias provenientes de outros Estados, sem destinatário certo, destinadas à comercialização ou industrialização em território deste Estado;

XII – qualquer contribuinte deste Estado que receber ou adquirir mercadorias de que trata o anexo I, provenientes de outros estados ou do exterior, para fins de comercialização no território tocantinense, salvo quando o imposto já tiver sido recolhido na origem;

XIII – o distribuidor, depósito ou atacadista do fabricante de sorvete, situado em outro Estado ou no Distrito Federal que promova saída de mercadoria a estabelecimento tocantinense;

XIV – o revendedor de lubrificantes situado em outro Estado ou no Distrito Federal, não indicado na alínea "b" do inciso VII deste artigo, que promova saída da mercadoria a estabelecimento tocantinense;

XV – o tomador do serviço, quando contribuinte do imposto neste Estado, pela prestação do serviço de transporte de carga iniciado em território tocantinense, realizado por transportador autônomo, qualquer que seja o seu domicílio, ou por empresa transportadora estabelecida fora do território tocantinense e não inscrita no cadastro de contribuintes deste Estado, na conformidade do regulamento.

§ 1º Os contribuintes citados nos incisos VIII, IX, XII e XIV deste artigo devem solicitar regime especial, nos termos do regulamento;

§ 2º As mercadorias ou bens, constantes dos segmentos do Anexo I a esta Lei são agrupados com características assemelhadas de conteúdo ou de destinação, observado o § 3º deste artigo;

§ 3º A identificação e especificação dos itens de mercadorias e bens em cada segmento, bem como suas descrições com as respectivas classificações na Nomenclatura Comum do Mercosul/Sistema Harmonizado (NCM/SH), são tratadas na conformidade do regulamento, observada a relação constante na alínea "a"[4] do inciso XIII do § 1º do art. 13 da Lei Complemen-

tar Federal n. 123, de 14 de dezembro de 2006. (Convênio ICMS 92/15);

§ 4º A responsabilidade de que trata o caput deste artigo é excluída em relação às mercadorias e bens de cada segmento constante do Anexo I a esta Lei, não tratados na forma do disposto do § 3º deste artigo.

SEÇÃO V
DA SUBSTITUIÇÃO TRIBUTÁRIA

SUBSEÇÃO I
DO FATO GERADOR

Art. 14. Além das hipóteses previstas no art. 20 desta Lei, em relação às mercadorias constantes dos segmentos do Anexo I a esta Lei, inclui-se, também, como fato gerador do imposto, para efeito de exigência do imposto por substituição tributária, a entrada de mercadoria ou bem no estabelecimento do adquirente ou em outro por ele indicado.

SUBSEÇÃO II
DA BASE DE CÁLCULO

Art. 15. A base de cálculo, para fins de substituição tributária, será:

I – em relação às operações ou prestações antecedentes ou concomitantes, o valor da operação ou prestação praticado pelo contribuinte substituído;

---

a) nas operações sujeitas ao regime de substituição tributária, tributação concentrada em uma única etapa (monofásica) e sujeitas ao regime de antecipação do recolhimento do imposto com encerramento de tributação, envolvendo combustíveis e lubrificantes; energia elétrica; cigarros e outros produtos derivados do fumo; bebidas; óleos e azeites vegetais comestíveis; farinha de trigo e misturas de farinha de trigo; massas alimentícias; açúcares; produtos lácteos; carnes e suas preparações; preparações à base de cereais; chocolates; produtos de padaria e da indústria de bolachas e biscoitos; sorvetes e preparados para fabricação de sorvetes em máquinas; cafés e mates, seus extratos, essências e concentrados; preparações para molhos e molhos preparados; preparações de produtos vegetais; rações para animais domésticos; veículos automotivos e automotores, suas peças, componentes e acessórios; pneumáticos; câmaras de ar e protetores de borracha; medicamentos e outros produtos farmacêuticos para uso humano ou veterinário; cosméticos; produtos de perfumaria e de higiene pessoal; papéis; plásticos; canetas e malas; cimentos; cal e argamassas; produtos cerâmicos; vidros; obras de metal e plástico para construção; telhas e caixas d'água; tintas e vernizes; produtos eletrônicos, eletroeletrônicos e eletrodomésticos; fios; cabos e outros condutores; transformadores elétricos e reatores; disjuntores; interruptores e tomadas; isoladores; para-raios e lâmpadas; máquinas e aparelhos de ar-condicionado; centrifugadores de uso doméstico; aparelhos e instrumentos de pesagem de uso doméstico; extintores; aparelhos ou máquinas de barbear; máquinas de cortar o cabelo ou de tosquiar; aparelhos de depilar, com motor elétrico incorporado; aquecedores elétricos de água para uso doméstico e termômetros; ferramentas; álcool etílico; sabões em pó e líquidos para roupas; detergentes; alvejantes; esponjas; palhas de aço e amaciantes de roupas; venda de mercadorias pelo sistema porta a porta; nas operações sujeitas ao regime de substituição tributária pelas operações anteriores; e nas prestações de serviços sujeitas aos regimes de substituição tributária e de antecipação de recolhimento do imposto com encerramento de tributação.

---

4. Art. 13. O Simples Nacional implica o recolhimento mensal, mediante documento único de arrecadação, dos seguintes impostos e contribuições:

§ 1º O recolhimento na forma deste artigo não exclui a incidência dos seguintes impostos ou contribuições, devidos na qualidade de contribuinte ou responsável, em relação aos quais será observada a legislação aplicável às demais pessoas jurídicas:

XIII – ICMS devido:

46

LEI N. 1.2871 DE 28 DE DEZEMBRO DE 2001 — ART. 19

II – em relação à operação ou prestação subsequente, obtida pelo somatório das parcelas seguintes:

a) o valor da operação ou prestação própria realizada pelo substituto tributário ou pelo substituído intermediário;

b) o montante dos valores de seguro, de frete e de outros encargos cobrados ou transferíveis aos adquirentes ou tomadores de serviço;

c) a margem de valor agregado, inclusive lucro, relativa às operações ou prestações subsequentes.

§ 1º Tratando-se de mercadoria ou serviço cujo preço final a consumidor, único ou máximo, seja fixado por órgão público competente, a base de cálculo do imposto, para fins de substituição tributária, é o referido preço;

§ 2º Na falta do preço a que se refere o parágrafo anterior e existindo preço final ao consumidor, sugerido pelo fabricante ou importador, este será a base de cálculo do imposto;

§ 3º A margem prevista no inciso II, alínea "c", terá por base a média ponderada dos preços usualmente praticados no mercado deste Estado, obtidos por levantamento, ainda que por amostragem ou valendo-se de informações e outros elementos fornecidos por entidades representativas dos respectivos setores, conforme dispuser ato do Secretário da Fazenda;

§ 4º O imposto a ser pago por substituição tributária, na hipótese do inciso II, corresponderá à diferença entre o valor resultante da aplicação da alíquota prevista para as operações ou prestações internas deste Estado sobre a respectiva base de cálculo e o valor do imposto devido pela operação ou prestação anterior;

§ 5º Em substituição ao disposto no inciso II deste artigo, a base de cálculo em relação às operações ou prestações subsequentes poderá ser o preço a consumidor final usualmente praticado no mercado, considerado, relativamente ao serviço, à mercadoria ou sua similar, em condições de livre concorrência, adotando-se para sua apuração as regras estabelecidas no § 3º;

§ 6º Na falta de preço a que se referem os §§ 1º e 2º deste artigo, a base de cálculo do imposto para os remetentes, citados nos incisos VIII e IX do art. 13 desta Lei, é o valor fixado para venda a consumidor final indicado em catálogo, lista de preço ou instrumento semelhante emitidos por esses mesmos remetentes.

SUBSEÇÃO III
DA SUBSTITUIÇÃO TRIBUTÁRIA RELATIVA A ÁLCOOL ETÍLICO

Art. 16. A distribuidora de combustíveis localizada neste Estado fica responsável pelo pagamento do ICMS relativo às operações anteriores com álcool etílico anidro combustível (AEAC) adquirido com suspensão do imposto, na hipótese do não pagamento pela empresa PETROBRÁS – Petróleo Brasileiro S.A.

SUBSEÇÃO IV
DA SUBSTITUIÇÃO TRIBUTÁRIA RELATIVA A ENERGIA ELÉTRICA

Art. 17. A empresa geradora, distribuidora ou qualquer outra que comercializar energia elétrica fica responsável pelo pagamento do imposto

devido nas operações antecedentes ou subsequentes.

§ 1º O imposto deve ser pago por ocasião da saída do produto dos estabelecimentos a que se refere o *caput* deste artigo e calculado sobre o preço praticado na operação final;

§ 2º Em relação à energia elétrica destinada a adquirente tocantinense para consumo, o imposto é devido a este Estado, devendo ser recolhido e pago pelo remetente;

§ 3º As empresas relacionadas no caput deste artigo devem observar as demais disposições estabelecidas na legislação tributária estadual.

SEÇÃO VI
DO LOCAL DA OPERAÇÃO E DA PRESTAÇÃO

Art. 18. O local da operação ou da prestação, para os efeitos da cobrança do imposto e definição do estabelecimento responsável, é:

I – tratando-se de mercadoria ou bem:

a) o do estabelecimento onde se encontre, no momento da ocorrência do fato gerador;

b) onde se encontre, quando em situação irregular pela falta de documentação fiscal ou quando acompanhado de documentação inidônea, como dispuser a legislação tributária;

c) o do estabelecimento que transfira a propriedade, ou o título que a represente, de mercadoria por ele adquirida no País e que por ele não tenha transitado;

d) importado do exterior, o do estabelecimento que ocorrer sua entrada física;

e) importado do exterior, o do domicílio do adquirente, quando não estabelecido;

f) aquele onde seja realizada a licitação, no caso de arrematação de mercadoria ou bem importados do exterior e apreendidos ou abandonados;

g) o adquirente, inclusive consumidor final, nas operações interestaduais com energia elétrica e petróleo, lubrificantes e combustíveis dele derivados, quando não destinados à industrialização ou à comercialização;

h) o do estabelecimento em que o ouro tenha sido extraído, quando não considerado como ativo financeiro ou instrumento cambial;

i) o de desembarque do produto, na hipótese da captura de peixes, crustáceos e moluscos.

II – tratando-se de prestação de serviço de transporte:

a) onde tenha início a prestação;

b) onde se encontre o transportador, quando em situação irregular pela falta de documentação fiscal ou quando acompanhada de documentação inidônea, como dispuser a legislação tributária;

c) o do estabelecimento destinatário do serviço.

III – tratando-se de prestação onerosa de serviço de comunicação:

a) o da prestação do serviço de radiodifusão sonora e de som e imagem, assim entendida a da geração, emissão, transmissão, retransmissão, repetição, ampliação e recepção;

b) o do estabelecimento da concessionária ou da permissionária que forneça ficha, cartão ou assemelhados com que o serviço é pago;

c) o do estabelecimento ou domicílio do tomador do serviço, quando prestado por meio de satélite;

d) nos demais casos, onde seja cobrado o serviço.

IV – tratando-se de serviços prestados ou iniciados no exterior, o do estabelecimento ou do domicílio do destinatário;

V – tratando-se de operações ou prestações interestaduais destinadas a consumidor final, em relação à diferença entre a alíquota interna do Estado de destino e a alíquota interestadual:

a) o do estabelecimento do destinatário, quando o destinatário ou o tomador for contribuinte do imposto;

b) o do estabelecimento do remetente ou onde tiver início a prestação, quando o destinatário ou tomador não for contribuinte do imposto.

§ 1º O disposto no inciso I, alínea "c", não se aplica às mercadorias recebidas m regime de depósito de contribuinte de outro Estado;

§ 2º Para os efeitos do inciso I, alínea "h", o ouro, quando definido como ativo financeiro ou instrumento cambial, deve ter sua origem identificada;

§ 3º Na hipótese do inciso III, tratando-se de serviços não medidos que envolvam outras unidades da Federação e cujo preço seja cobrado por períodos definidos, será devida a este Estado a parcela proporcional do imposto apurado, quando o prestador ou o tomador for domiciliado neste Estado;

§ 4º Na hipótese da alínea 'b' do inciso V deste artigo, quando o destino final da mercadoria, bem ou do serviço se der em Estado diferente daquele em que estiver domiciliado ou estabelecido o adquirente ou o tomador, o imposto correspondente à diferença entre a alíquota interna e a interestadual será devido ao Estado no qual efetivamente ocorrer a entrada física da mercadoria ou bem ou o fim da prestação do serviço.

SEÇÃO VII
DO ESTABELECIMENTO

Art. 19. Para efeito desta Lei, estabelecimento é o local privado ou público, edificado ou não, próprio ou de terceiro, onde pessoas físicas ou jurídicas exerçam suas atividades em caráter temporário ou permanente, bem como onde se encontrem armazenadas mercadorias, observado, ainda, o seguinte:

I – na impossibilidade de determinação do estabelecimento, considera-se como tal o local em que tenha sido efetuada a operação ou prestação, encontrada a mercadoria ou constatada a prestação;

II – é autônomo cada estabelecimento do mesmo titular;

III – considera-se também estabelecimento autônomo o veículo usado no comércio ambulante e na captura de pescado;

IV – respondem pelo crédito tributário todos os estabelecimentos da mesma pessoa jurídica.

Parágrafo único. Quando a mercadoria for remetida para armazém geral ou para depósito fechado do próprio contribuinte, no mesmo Estado, a posterior saída considerar-se-á ocorrida no estabelecimento do depositante, salvo se para retornar ao estabelecimento remetente.

47

SEÇÃO VIII
DO FATO GERADOR

Art. 20. Considera-se ocorrido o fato gerador do imposto no momento:

I – da saída de mercadoria de estabelecimento de contribuinte, ainda que para outro estabelecimento do mesmo titular;

II – do fornecimento de alimentação, bebidas e outras mercadorias por qualquer estabelecimento;

III – da transmissão a terceiro de mercadoria depositada em armazém geral ou em depósito fechado, neste Estado;

IV – da transmissão de propriedade de mercadoria, ou de título que a represente, quando a mercadoria não tiver transitado pelo estabelecimento transmitente;

V – do início da prestação de serviços de transporte interestadual e intermunicipal de qualquer natureza;

VI – do ato final do transporte iniciado no exterior;

VII – das prestações onerosas de serviços de comunicação, feitas por qualquer meio, inclusive a geração, a emissão, a recepção, a transmissão, a retransmissão, a repetição e a ampliação de comunicação de qualquer natureza;

VIII – do fornecimento de mercadoria com prestação de serviços:

a) não compreendidos na competência tributária dos municípios;

b) compreendidos na competência tributária dos municípios e com indicação expressa de incidência do imposto de competência estadual, como definido na lei complementar aplicável.

IX – do desembaraço aduaneiro das mercadorias ou bens importados do exterior;

X – do recebimento, pelo destinatário, de serviço prestado no exterior;

XI – da aquisição em licitação pública de mercadorias ou bens importados do exterior, apreendidas ou abandonadas;

XII – da saída, de estabelecimento industrial ou prestador de serviço, de mercadoria submetida a processo de industrialização ou prestação de serviço não compreendida na competência tributária municipal, ainda que a industrialização ou a prestação de serviço não envolva aplicação ou fornecimento de qualquer insumo, salvo se a operação e o respectivo retorno forem beneficiados com isenção;

XIII – da entrada no território deste Estado de lubrificantes e combustíveis líquidos e gasosos derivados de petróleo e energia elétrica oriundos de outro Estado, inclusive quando não destinados à comercialização ou à industrialização;

XIV – da utilização, por contribuinte, de serviço cuja prestação se tenha iniciado em outro Estado e não esteja vinculada a operação ou prestação subsequente;

XV – da entrada, no estabelecimento do contribuinte, de mercadoria ou bem oriundo de outro Estado, destinado a consumo ou ativo permanente;

XVI – da verificação de mercadoria:

a) em trânsito ou prestação de serviço de transporte, em situação fiscal irregular;

b) desembarcada ou entregue em local diverso do destino indicado na documentação fiscal;

c) constante em documento fiscal, relativa à operação de saída interestadual, sem a comprovação da respectiva saída deste Estado;

d) que adentrar neste Estado, com documentação fiscal indicando como destino a outra unidade da Federação, sem a comprovação da efetiva saída deste Estado.

XVII – das aquisições em outros Estados e no Distrito Federal, por microempresa ou empresa de pequeno porte optante do Simples Nacional, de mercadorias destinadas à comercialização ou industrialização;

XVIII – da saída de bens do estabelecimento de outra unidade da Federação, bem como do início da prestação de serviço iniciado em outra unidade da Federação, destinado a consumidor final, não contribuinte do imposto, localizado neste Estado;

XIX – da utilização por contribuinte, de serviço de transporte cuja prestação se tenha iniciado em outro Estado e não esteja vinculada a operação ou prestação subsequente;

XX – do início da prestação de serviço de transporte interestadual de qualquer natureza, nas prestações não vinculadas a operação ou prestação subsequente cujo tomador não seja contribuinte do imposto domiciliado ou estabelecido no Estado de destino;

XXI – da entrada no território do Estado de bem ou mercadoria oriundo de outro Estado, adquirido por contribuinte do imposto, e destinados ao seu uso, consumo ou à integração ao seu ativo imobilizado;

XXII – da saída de bem ou mercadoria de estabelecimento de contribuinte, destinado a consumidor final não contribuinte do imposto, domiciliado ou estabelecido em outro Estado.

§ 1º Na hipótese do inciso VII, quando o serviço for prestado mediante pagamento em ficha, cartão ou assemelhados, ou por qualquer outro meio liberatório do serviço, considera-se ocorrido o fato gerador do imposto no momento do fornecimento desses instrumentos ao usuário;

§ 2º Na hipótese do inciso IX, após o desembaraço aduaneiro, a entrega, pelo estabelecimento depositário, de mercadoria ou bem importado do exterior deverá ser autorizada pelo órgão responsável pelo seu desembaraço, que somente se fará mediante a exibição do comprovante de pagamento do imposto incidente no ato do despacho aduaneiro, salvo disposição em contrário;

§ 3º São irrelevantes para caracterização do fato gerador:

I – a natureza jurídica da operação ou prestação de serviço de que resulte qualquer das hipóteses previstas neste artigo;

II – o título pelo qual a mercadoria ou bem estava na posse do detentor;

III – a validade jurídica da propriedade ou posse do instrumento utilizado na prestação do serviço;

IV – o cumprimento de exigências legais, regulamentares ou administrativas, referentes às operações ou prestações;

V – o resultado econômico-financeiro obtido da operação ou da prestação do serviço.

§ 4º (Revogado);

➜ Lei n. 1.709/2006.

§ 5º Na hipótese de entrega de mercadoria ou bem importados do exterior antes do desembaraço aduaneiro, considera-se ocorrido o fato gerador neste momento, devendo a autoridade responsável, salvo disposição em contrário, exigir a comprovação do pagamento do imposto.

SEÇÃO IX
DO FATO GERADOR PRESUMIDO

Art. 21. Presume-se ocorrido o fato gerador do imposto, salvo prova em contrário:

I – o fato de a escrituração indicar:

a) saldo credor de caixa;

b) suprimentos de caixa não comprovados;

c) manutenção, no passivo, de obrigações já pagas ou inexistentes;

d) a entrada de mercadorias não escrituradas fiscal ou contabilmente;

e) receitas inferiores ao valor das despesas efetivamente realizadas;

f) valores inferiores às informações fornecidas por instituições financeiras e administradoras ou operadoras de cartão de crédito, débito ou similar;

g) valores inferiores às informações fornecidas por empresa administradora de shopping Center, centro comercial, feira, exposição e empreendimento ou assemelhada que pratique a mesma atividade.

II – a falta de comprovação por parte do proprietário, do condutor do veículo ou do transportador, perante qualquer repartição fazendária localizada em portos e aeroportos deste Estado ou na fronteira com outra unidade federada, da saída da mercadoria do território tocantinense, quando esta transitar neste Estado acompanhada de documento de controle, instituído pela legislação tributária;

III – a verificação da existência de mercadoria a vender em território tocantinense sem destinatário certo, ou destinada a contribuinte em situação cadastral irregular;

IV – na data de encerramento da atividade do estabelecimento em relação às mercadorias constantes do estoque final;

V – a verificação da existência de estabelecimento de contribuinte do imposto não inscrito no cadastro estadual, ou em situação cadastral irregular, em relação às mercadorias nele encontradas;

VI – a existência de valores, apurados mediante leitura, registrados em equipamento Emissor de Cupom Fiscal (ECF) ou de outra espécie, utilizados de forma irregular ou sem a prévia autorização da Secretaria da Fazenda.

SEÇÃO X
DA BASE DE CÁLCULO

Art. 22. A base de cálculo do imposto é:

I – na saída de mercadoria prevista nos incisos I, III e IV do art. 20, o valor da operação;

II – na hipótese do inciso II do art. 20, o valor da operação, compreendendo mercadoria e serviço;

III – na prestação de serviços de transportes interestadual e intermunicipal, indicada nos incisos V e VI do art. 20 e de comunicação pre-

LEI N. 1.2871 DE 28 DE DEZEMBRO DE 2001 — ART. 26

vista no inciso VII do mesmo artigo, o preço do serviço;

IV – no fornecimento de que trata o inciso VIII do art. 20:

a) o valor da operação, na hipótese da alínea "a";

b) o preço corrente da mercadoria fornecida ou empregada, na hipótese da alínea "b".

V – na hipótese do inciso IX do art. 20, a soma das seguintes parcelas:

a) o valor da mercadoria ou bem constante dos documentos de importação, observado o disposto no art. 23;

b) imposto de importação;

c) imposto sobre produtos industrializados;

d) imposto sobre operações de câmbio;

e) quaisquer outros impostos, taxas, contribuições e despesas aduaneiras.

VI – na hipótese do inciso X do art. 20, o valor da prestação do serviço, acrescido, se for o caso, de todos os encargos relacionados à sua utilização;

VII – no caso do inciso XI do art. 20, o valor da operação acrescido do valor dos impostos de importação e sobre produtos industrializados e de todas as despesas cobradas ou debitadas ao adquirente;

VIII – na hipótese do inciso XII do art. 20, o valor acrescido relativo à industrialização ou serviço, abrangendo mão de obra, insumos aplicados e despesas cobradas do encomendante;

IX – na hipótese do inciso XIII do art. 20, o valor da operação de que decorrer a entrada;

X – na hipótese do inciso XIV do art. 20 desta Lei, o valor da operação ou prestação no Estado de origem;

XI – o preço corrente da mercadoria no mercado atacadista acrescido do valor resultante da aplicação de percentual de lucro bruto fixado em ato do Secretário de Estado da Fazenda:

a) nas hipóteses dos incisos:

1. XVI do artigo 20;

2. III e V do artigo 21.

b) nas operações promovidas por contribuintes eventuais deste Estado.

XII – nas operações realizadas com programa para computador (software), não personalizado, o dobro do valor de mercado de seu suporte físico (CD, disquete ou similar), observado o disposto no § 6º deste artigo.

XIII – na hipótese do inciso XVII do art. 20 desta Lei, o valor da operação constante da respectiva nota fiscal de aquisição;

XIV – na hipótese do inciso I, alínea "g", do art. 21 desta Lei, o resultado da diferença entre o valor informado pelo contribuinte e o informado pela administradora de shopping center, centro comercial, feira, exposição e empreendimento ou assemelhada que pratique a mesma atividade.

XV – nas hipóteses dos incisos XV e XVIII do art. 20 desta Lei, o valor da operação ou prestação na unidade Federada de origem, acrescido do valor do IPI, frete e demais despesas cobradas, devendo o montante do ICMS relativo à diferença de alíquotas integrar a base de cálculo;

XVI – nas hipóteses dos incisos XIX e XXI do art. 20 desta Lei:

a) o valor da operação ou prestação no Estado de origem para o cálculo do imposto devido a esse Estado;

b) o valor da operação ou prestação no Estado de destino, para o cálculo do imposto devido a esse Estado.

XVII – nas hipóteses dos incisos XX e XXII do art. 20 desta Lei, para calcular o imposto devido ao Estado de origem e ao de destino e corresponde ao valor da operação ou ao preço do serviço.

§ 1º Integra a base de cálculo do imposto, inclusive nas hipóteses dos incisos V, XVI e XVII do *caput* deste artigo:

I – o montante do próprio imposto, constituindo o respectivo destaque mera indicação para fins de controle;

II – o valor correspondente a:

a) seguros, juros e demais importâncias pagas, recebidas ou debitadas, bem como descontos concedidos sob condição;

b) frete, caso o transporte seja efetuado pelo próprio remetente ou por sua conta e ordem e seja cobrado em separado.

§ 2º Não integra a base de cálculo o montante do Imposto sobre Produtos Industrializados (IPI) quando a operação, realizada entre contribuintes e relativa a produto destinado à industrialização ou à comercialização, configurar fato gerador de ambos os impostos;

§ 3º No caso do inciso X, o imposto a pagar será o valor resultante da aplicação do percentual equivalente à diferença entre a alíquota interna e a interestadual sobre o valor da prestação;

§ 4º Na saída de mercadoria para estabelecimento pertencente ao mesmo titular, localizado em outro Estado, a base de cálculo do imposto é:

I – o valor correspondente à entrada mais recente da mercadoria;

II – o custo da mercadoria produzida, assim entendida a soma do custo da matéria-prima, material secundário, mão de obra e acondicionamento;

III – tratando-se de mercadorias não industrializadas, o seu preço corrente no mercado atacadista do estabelecimento remetente.

§ 5º Nas operações e prestações interestaduais entre estabelecimentos de contribuintes diferentes, caso haja reajuste do valor depois da remessa ou da prestação, a diferença fica sujeita ao imposto no estabelecimento do remetente ou do prestador;

§ 6º O disposto no inciso XII deste artigo não se aplica aos jogos eletrônicos de vídeo (video-games), ainda que educativos, independentemente da natureza do seu suporte físico e do equipamento no qual sejam empregados.

§ 7º Nos casos da alínea 'b' do inciso XVI e do inciso XVII, o imposto a pagar ao Estado de destino será o valor correspondente à diferença entre a alíquota interna do Estado de destino e a interestadual;

§ 8º Utilizar-se-á, para os efeitos do inciso XVI:

I – a alíquota prevista para a operação ou prestação interestadual, para estabelecer a base de cálculo da operação ou da prestação no Estado de origem;

II – a alíquota prevista para a operação ou prestação interna, para estabelecer a base de cálculo da operação ou prestação no Estado de destino;

§ 9º Utilizar-se-á, para os efeitos do inciso XVII, a alíquota prevista para a operação ou prestação interna no Estado de destino para estabelecer a base de cálculo da operação ou da prestação.

Art. 22-A. Nas hipóteses dos incisos XX e XXII do art. 20, o crédito relativo às operações e prestações anteriores deve ser deduzido apenas do débito correspondente ao imposto devido à unidade federada de origem.

Art. 23. O preço de importação expresso em moeda estrangeira será convertido em moeda nacional pela mesma taxa de câmbio utilizada no cálculo do imposto de importação, sem qualquer acréscimo e direito à restituição do imposto se houver variação da taxa de câmbio até o pagamento efetivo do preço.

Parágrafo único. O valor fixado pela autoridade aduaneira para base de cálculo do imposto de importação, nos termos da lei aplicável, substituirá o preço declarado.

Art. 24. Na falta do valor a que se referem os incisos I e IX do art. 22, a base de cálculo do imposto é:

I – o preço corrente da mercadoria, ou de seu similar, no mercado atacadista do local da operação ou, na sua falta, no mercado atacadista regional, caso o remetente seja produtor, extrator ou gerador, inclusive de energia elétrica;

II – o preço FOB no estabelecimento industrial à vista, caso o remetente seja industrial;

III – o preço FOB no estabelecimento comercial à vista, na venda a outros comerciantes ou industriais, caso o remetente seja comerciante.

§ 1º Para aplicação dos incisos II e III adotar-se-á sucessivamente:

I – o preço cobrado pelo estabelecimento remetente na operação mais recente;

II – caso o remetente não tenha efetuado venda de mercadoria, o preço corrente da mercadoria ou de seu similar no mercado atacadista do local da operação ou, na falta deste, no mercado atacadista regional.

§ 2º Na hipótese do inciso III, se o estabelecimento remetente não efetuar vendas a outros comerciantes ou industriais, ou, em qualquer caso, se não houver mercadoria similar, a base de cálculo será equivalente a 75% do preço de venda corrente no varejo.

Art. 25. Nas prestações sem preço determinado, a base de cálculo do imposto é o valor corrente do serviço, no local da prestação.

Art. 26. Quando o valor do frete, cobrado por estabelecimento pertencente ao mesmo titular da mercadoria ou por outro estabelecimento de empresa que com aquele mantenha relação de interdependência, exceder os níveis normais de preços em vigor, no mercado local, para serviço semelhante, constantes de tabelas elaboradas pelos órgãos competentes, o valor excedente será havido como parte do preço da mercadoria.

Parágrafo único. Considerar-se-ão interdependentes duas empresas quando:

49

ART. 27 NORMAS PARA A ATIVIDADE EXTRAJUDICIAL DO ESTADO DO TOCANTINS

I – uma, por si, seus sócios ou acionistas, e respectivos cônjuges ou filhos menores, for titular de mais de cinquenta por cento do capital da outra;

II – uma mesma pessoa fizer parte de ambas, na qualidade de diretor, ou sócio com funções de gerência, ainda que exercidas sob outra denominação;

III – uma locar ou transferir à outra, a qualquer título, veículo destinado ao transporte de mercadorias.

SEÇÃO XI
DAS ALÍQUOTAS

Art. 27. As alíquotas do imposto são:

I – 27% nas operações e prestações internas relativas a:

a) serviço de comunicação; (Declarado Inconstitucional pela ADI n. 7.113, de 30/08/2022 com efeitos a partir do exercício financeiro de 2024).

b) (Revogado);
➜ *Lei n. 3.019/2015.*

c) gasolina automotiva e de aviação;

d) álcool etílico (metanol), anidro ou hidratado para fins carburantes;

e) (Revogado);
➜ *Lei n. 1.320/2002.*

f) joias, excluídas as bijuterias;

g) perfumes e águas-de-colônia;

h) bebidas alcoólicas;

i) fumo;

j) cigarros;

l) armas e munições;

m) embarcações de esporte e recreio;

n) cervejas e chopes sem álcool.

II – 18% nas operações e prestações internas, exceto as de que trata os incisos I e VI do caput deste artigo;

III – 12% nas operações e prestações interestaduais;

IV – 4% nas:

a) prestações interestaduais de serviços de transporte aéreo de carga e mala postal;

b) operações interestaduais com bens e mercadorias importados do exterior, atendido o disposto nos §§ 5º ao 9º deste artigo.

V – equivalentes à diferença entre a alíquota interna utilizada neste Estado e a alíquota interestadual aplicada no Estado de origem, relativamente à:

a) entrada, no estabelecimento de contribuinte do imposto, de mercadoria ou bem oriundo de outro Estado, destinado a uso, consumo final ou à integração ao ativo fixo;

b) utilização, por contribuinte do imposto, de serviços de transporte ou de comunicação, cuja prestação tenha se iniciado em outro Estado e não estejam vinculados à operação ou prestação subsequente;

c) aquisições em outra unidade da Federação, de mercadorias destinadas à comercialização ou industrialização, por microempreendedor individual, microempresa ou empresa de pequeno porte optantes do Simples Nacional;

d) saída, nas operações e prestações que destinem bens e serviços a consumidor final, não contribuinte do imposto, localizado neste Estado.

VI – 25% nas operações e prestações internas relativas à energia elétrica. (Declarado Inconstitucional pela ADI n. 7.113, de 30/08/2022, com efeitos a partir do exercício financeiro de 2024).

§ 1º A alíquota interna será, também, aplicada quando:

I – da entrada de mercadoria ou bem importados do exterior;

II – da entrada de mercadoria importada e das prestações de serviços de comunicação iniciadas no exterior;

III – da arrematação de mercadorias e bens apreendidos;

IV – (Revogado).
➜ *Lei n. 3.019/2015.*

§ 2º Nas operações e prestações que destinem bens e serviços a consumidor final, contribuinte o não do imposto, localizado em outra unidade da Federação, adotar-se-á a alíquota interestadual;

§ 3º Em se tratando de devolução de mercadorias, utilizar-se-ão a alíquota e a base de cálculo adotadas no documento fiscal que houver acobertado a operação anterior;

§ 4º O disposto no inciso V, alínea "a", aplica-se, também, quando a mercadoria for adquirida para comercialização ou industrialização e posteriormente destinada a uso, consumo final ou à integração ao ativo fixo;

§ 5º O disposto na alínea "b" do inciso IV deste artigo aplica-se aos bens e às mercadorias importados do exterior que, após desembaraço aduaneiro:

I – não sofreram processo de industrialização;

II – se submetidos a transformação, beneficiamento, montagem, acondicionamento, reacondicionamento, renovação ou recondicionamento, resultem em bens ou mercadoria com Conteúdo de Importação superior a 40%.

§ 6º O Conteúdo de Importação a que se refere o inciso II do § 5º deste artigo é o percentual correspondente ao quociente entre o valor da parcela importada do exterior e o valor total da operação de saída interestadual da mercadoria ou do bem;

§ 7º O processo de Certificação de Conteúdo de Importação (CCI) obedece, também, às normas editadas pelo Conselho Nacional de Política Fazendária – CONFAZ;

§ 8º O disposto nos §§ 5º e 6º deste artigo não se aplica:

I – aos bens e às mercadorias importados do exterior sem similar nacional, definidos em lista editada pelo Conselho de Ministros da Câmara de Comércio Exterior – CAMEX;

II – aos bens produzidos em conformidade com os processos produtivos básicos de que tratam o Decreto-Lei n. 288, de 28 de fevereiro de 1967, bem assim as Leis n. 8.248, de 23 de outubro de 1991, 8.387, de 30 de dezembro de 1991, 10.176, de 11 de janeiro de 2001, e 11.484, de 31 de maio de 2007.

§ 9º O disposto na alínea "b" do inciso IV deste artigo não se aplica às operações com gás natural importado do exterior;

§ 10. Na hipótese da alínea "d" do inciso V do caput deste artigo, a responsabilidade pelo recolhimento do imposto é atribuída:

I – ao destinatário, quando este for contribuinte do imposto;

II – ao remetente, quando o destinatário não for contribuinte do imposto.

§ 11. A alíquota do imposto de que trata o inciso I do caput deste artigo fica acrescida de dois pontos percentuais, cujo produto da arrecadação destina-se a prover de recursos o Fundo Estadual de Combate e Erradicação da Pobreza – FECOEP-TO;

§ 12. Fica o Chefe do Poder Executivo autorizado, no interesse da Administração Fazendária, a excluir qualquer serviço ou mercadoria relacionada no inciso I do caput deste artigo, da aplicação, ainda que temporária ou sob determinadas condições, do adicional de dois pontos percentuais na alíquota do ICMS de que trata o § 11 deste artigo.

SEÇÃO XII
DO PERÍODO DE APURAÇÃO, PRAZOS DE PAGAMENTO E COMPENSAÇÃO DO ICMS

Art. 28. O período de apuração e os prazos de pagamento do imposto serão definidos e fixados em regulamento que atenderá ao seguinte:

I – as obrigações consideram-se vencidas na data em que termina o período de apuração;

II – as obrigações consideram-se liquidadas por compensação até o montante dos créditos escriturados no mesmo período mais o saldo credor de período ou períodos anteriores, se for o caso;

III – se o montante dos débitos do período superar o montante dos créditos, a diferença será liquidada dentro do prazo fixado por ato do Secretário da Fazenda;

IV – se o montante dos créditos superar o dos débitos, a diferença será transportada para o período seguinte;

V – (Revogado).
➜ *Lei n. 1.754/2006.*

Art. 28-A. Pode ser exigido o recolhimento antecipado do imposto nas condições e prazos previstos em regulamento.

Art. 29. Para efeito de aplicação do disposto no artigo anterior os saldos credores poderão ser imputados a outros estabelecimentos da mesma pessoa jurídica e da mesma atividade econômica, localizados neste Estado, na conformidade do regulamento.

§ 1º Os saldos credores acumulados por estabelecimentos de produtor rural e de cooperativa de produtores rurais que realizem operações e prestações de que tratam o inciso II do caput e o parágrafo único do art. 4º desta Lei, na proporção que estas saídas representem do total das operações realizadas pelo estabelecimento, podem ser transferidos, nos termos do regulamento e mediante a emissão pela autoridade competente que reconheça o crédito, sucessivamente:

50

LEI N. 1.2871 DE 28 DE DEZEMBRO DE 2001 — ART. 37

I – a qualquer um de seus estabelecimentos, situados neste Estado;

II – a outros contribuintes situados neste Estado na aquisição de bens e insumos;

III – havendo saldo remanescente, a outros contribuintes deste Estado.

§ 2º A proporcionalidade a que se refere o §1º deste artigo, é obtida dividindo-se o valor das exportações do período pelo valor total das saídas promovidas pelo estabelecimento, no mesmo período;

§ 3º É vedada transferência de créditos de que tratam os incisos I, II e III do §1º deste artigo, nos termos do Regulamento, para contribuinte:

I – que usufrua de qualquer benefício ou incentivo fiscal;

II – que realize operações com mercadorias sujeitas ao regime de substituição tributária em volume superior a 20% por período.

Art. 30. O imposto é não cumulativo, compensando-se o que for devido em cada operação relativa à circulação de mercadorias ou prestação de serviços de transporte interestadual e intermunicipal e de comunicação com o montante cobrado nas operações anteriores por este ou por outro Estado.

Art. 31. Para a compensação a que se refere o artigo anterior, é assegurado ao sujeito passivo o direito de creditar-se do imposto anteriormente cobrado em operações de que tenha resultado entrada de mercadoria, real ou simbólica, no estabelecimento, inclusive a destinada ao seu uso ou consumo ou ao ativo permanente, ou o recebimento de serviços de transporte interestadual e intermunicipal ou de comunicação.

§ 1º Não dão direito a crédito as entradas de mercadorias ou utilização de serviços resultantes de operações ou prestações isentas ou não tributadas, ou que se refiram a mercadorias ou serviços alheios à atividade do estabelecimento;

§ 2º Salvo prova em contrário, presumem-se alheios à atividade do estabelecimento os veículos de transporte pessoal;

§ 3º Para efeito do disposto neste artigo, relativamente aos créditos decorrentes de entrada de mercadorias no estabelecimento destinadas ao ativo permanente, deverá considerar-se que:

I – a apropriação será realizada à razão de quarenta e oito avos por mês, devendo a primeira fração ser apropriada no mês em que ocorrer a entrada no estabelecimento;

II – em cada período de apuração do imposto, não será admitido o creditamento de que trata o inciso I, em relação à proporção das operações de saídas ou prestações isentas ou não tributadas sobre o total das operações de saídas ou prestações efetuadas no mesmo período;

III – para aplicação do disposto nos incisos I e II, o montante do crédito a ser apropriado será o obtido multiplicando-se o valor total do respectivo crédito pelo fator igual a quarenta e oito avos da relação entre o valor das operações de saídas e prestações tributadas e o total das operações de saídas e prestações do período, equiparando-se às tributadas, para fins deste inciso, as saídas e prestações com destino ao exterior;

IV – o quociente de quarenta e oito avos será proporcionalmente aumentado ou diminuído,

pro rata die, caso o período de apuração seja superior ou inferior a um mês;

V – na hipótese de alienação dos bens do ativo permanente, antes de decorrido o prazo de quatro anos contado da data de sua aquisição, não será admitido, a partir da data da alienação, o creditamento de que trata este parágrafo em relação à fração que corresponderia ao restante do quadriênio;

VI – é necessário outro lançamento, além do lançamento em conjunto com os demais créditos, para efeito da compensação prevista neste artigo e no art. 30, em livro próprio ou de outra forma que a legislação determinar, para aplicação do disposto nos incisos I a V deste parágrafo;

VII – ao final do quadragésimo oitavo mês contado da data da entrada do bem no estabelecimento, o saldo remanescente do crédito será cancelado.

Art. 32. O direito ao crédito, para efeito de compensação com débito do imposto, reconhecido ao estabelecimento que tenha recebido as mercadorias ou para o qual tenham sido prestados os serviços, está sujeito à idoneidade da documentação e, se for o caso, à escrituração nos prazos e condições estabelecidos na legislação.

§ 1º O direito ao crédito está condicionado à regularidade da documentação na conformidade do regulamento;

§ 2º Na hipótese de extravio da primeira via do documento fiscal, poderá o contribuinte ser autorizado a registrar e utilizar crédito nele destacado, à vista de cópia autenticada de outra via do documento e comprovada a efetiva entrada da mercadoria ou utilização do serviço no estabelecimento destinatário;

§ 3º O direito de utilizar o crédito extingue-se decorridos cinco anos contados da data de emissão do documento.

Art. 33. O cotejo entre créditos e débitos nas operações com gado de qualquer espécie e cereais in natura poderá ser realizado, por produto, a cada operação, como determinar a legislação tributária.

Art. 34. Na aplicação do art. 31 observar-se-á o seguinte:

I – somente darão direito de crédito as mercadorias destinadas ao uso ou consumo do estabelecimento, nele entradas a partir de 1º de janeiro de 2033;

II – somente dará direito a crédito a entrada de energia elétrica no estabelecimento:

a) quando for objeto de operação de saída de energia elétrica;

b) se for consumida no processo de industrialização;

c) caso seu consumo resultar em operação de saída ou prestação para o exterior, na proporção destas sobre as saídas ou prestações totais;

d) a partir de 1º de janeiro de 2033, nas demais hipóteses.

III – somente dará direito a crédito o recebimento de serviços de comunicação utilizados pelo estabelecimento:

a) ao qual tenham sido prestados na execução de serviços da mesma natureza;

b) quando sua utilização resultar em operação de saída ou prestação para o exterior, na proporção desta sobre as saídas ou prestações totais;

c) a partir de 1º de janeiro de 2033, nas demais hipóteses.

SEÇÃO XIII
DA MANUTENÇÃO DO CRÉDITO

Art. 35. Operações tributadas, posteriores às saídas de que tratam os incisos I e II do § 2º do art. 37, dão ao estabelecimento que as praticar direito a creditar-se do imposto cobrado nas operações anteriores às isentas ou não tributadas, sempre que forem relativas a:

I – produtos agropecuários;

II – operações e prestações que destinem ao exterior mercadorias, inclusive produtos primários e produtos industrializados semielaborados, bem como sobre a respectiva prestação de serviço de transporte;

III – saídas de mercadorias e as respectivas prestações de serviço de transporte, em decorrência de doação a entidade governamental ou assistencial reconhecida como de utilidade pública e que atenda aos requisitos previstos no art. 14[5] do Código Tributário Nacional, para assistência às vítimas de calamidades públicas declaradas por ato da autoridade competente.

§ 1º A manutenção do crédito, conforme o disposto neste artigo, não autoriza a restituição de valores já pagos;

§ 2º O disposto neste artigo aplica-se às hipóteses de vedação ou de estorno de crédito quando a saída subsequente ocorrer sem os benefícios que o determinaram, hipótese em que a manutenção será proporcional à saída e à carga tributária sobre ela incidente.

Art. 36. São mantidos os créditos referentes a mercadorias e serviços que venham a ser objeto de operações ou prestações destinadas ao exterior.

SEÇÃO XIV
DA VEDAÇÃO DO CRÉDITO

Art. 37. O sujeito passivo efetuará o estorno do imposto de que se tiver creditado sempre que o serviço tomado ou a mercadoria entrada no estabelecimento:

I – for objeto de saída ou prestação de serviço não tributada, isenta ou diferida, sendo esta cir-

---

5. Art. 14. O disposto na alínea c do inciso IV do artigo 9º é subordinado à observância dos seguintes requisitos pelas entidades nele referidas:

I – não distribuírem qualquer parcela de seu patrimônio ou de suas rendas, a qualquer título;

II – aplicarem integralmente, no País, os seus recursos na manutenção dos seus objetivos institucionais;

III – manterem escrituração de suas receitas e despesas em livros revestidos de formalidades capazes de assegurar sua exatidão.

§ 1º Na falta de cumprimento do disposto neste artigo, ou no § 1º do artigo 9º, a autoridade competente pode suspender a aplicação do benefício;

§ 2º Os serviços a que se refere a alínea c do inciso IV do artigo 9º são exclusivamente, os diretamente relacionados com os objetivos institucionais das entidades de que trata este artigo, previstos nos respectivos estatutos ou atos constitutivos.

cunstância imprevisível na data da entrada da mercadoria ou da utilização do serviço;

II – for integrada ou consumida em processo de industrialização, quando a saída do produto resultante não for tributada ou estiver isenta do imposto;

III – vier a ser utilizada em fim alheio à atividade do estabelecimento;

IV – vier a perecer, deteriorar-se ou extraviar-se.

§ 1º Na hipótese de a operação ou prestação subsequente ser beneficiada com redução da base de cálculo, o estorno do crédito do imposto será proporcional a esta;

§ 2º É vedado o crédito relativo à mercadoria entrada no estabelecimento ou à prestação de serviços a ele feito para:

I – integração ou consumo em processo de industrialização ou produção rural, quando a saída do produto resultante não for tributada ou estiver isenta do imposto, exceto se tratar de saída para o exterior;

II – comercialização ou prestação de serviço, quando a saída ou a prestação subsequente não for tributada ou estiver isenta do imposto, exceto a destinada ao exterior.

SEÇÃO XV
DO CADASTRO

Art. 38. Os contribuintes deverão inscrever-se, obrigatoriamente, no Cadastro de Contribuintes do ICMS do Estado do Tocantins (CCI-TO), na conformidade do regulamento.

SEÇÃO XVI
DOS REGIMES ESPECIAIS

Art. 39. Em casos peculiares e objetivando facilitar o cumprimento das obrigações principal e acessória poder-se-á adotar regime especial.

Parágrafo único. Caracteriza-se regime especial, para os efeitos deste artigo, qualquer tratamento diferenciado da regra geral de emissão de documentos fiscais, de escrituração, apuração e recolhimento do imposto, inclusive aos beneficiários de programa de desenvolvimento ou fomento.

Art. 40. Os regimes especiais serão concedidos mediante a celebração de termo de acordo.

§ 1º Quando o regime especial compreender contribuinte do Imposto sobre Produtos Industrializados – IPI, será encaminhado o pedido, desde que favorável à sua concessão, à Secretaria da Receita Federal do Ministério da Fazenda;

§ 2º O regime especial é revogável a qualquer tempo, podendo, nos casos de acordo, ser denunciado isoladamente ou por ambas as partes;

§ 3º Os acordos ou regimes especiais envolvendo um contribuinte ou determinada categoria de contribuintes terão os respectivos termos publicados no Diário Oficial do Estado em forma de extrato.

SEÇÃO XVII
DOS DOCUMENTOS E LIVROS FISCAIS

Art. 41. Os contribuintes do ICMS e as pessoas naturais ou jurídicas de direito público ou privado emitirão os documentos fiscais exigidos em conformidade com os modelos, formas, momento e locais estabelecidos na legislação tributária, sempre que promoverem operação relativa

à circulação de mercadorias ou prestação de serviços de transporte interestadual e intermunicipal e de comunicação.

§ 1º As mercadorias ou os serviços, em qualquer hipótese, deverão estar sempre acompanhados de documentos fiscais que comprovem a regularidade da operação ou da prestação;

§ 2º Para os efeitos desta Lei são consideradas em situação fiscal irregular as mercadorias e os serviços desacompanhados de documentação fiscal exigida ou acobertados por documentos fiscais inidôneos;

§ 3º Na hipótese de haver divergência entre a quantidade de mercadorias constatadas pela fiscalização e as descritas nos documentos fiscais serão consideradas:

I – em situação fiscal irregular, as que excederem às quantidades indicadas;

II – entregues a destinatário diverso, no território tocantinense, as não constatadas pelo Fisco, observado o disposto no parágrafo seguinte;

§ 4º Não se aplica o disposto no inciso II do parágrafo anterior, tratando-se de mercadorias provenientes de outra unidade da Federação, quando a verificação da falta se der pela fiscalização localizada na divisa interestadual, no momento do ingresso daquelas no território tocantinense, hipótese em que a autoridade fiscal deverá limitar o crédito do imposto, na proporção das mercadorias efetivamente constatadas.

Art. 42. A criação, impressão, autenticação e utilização de livros e documentos fiscais obedecerão às normas estabelecidas em regulamento.

Parágrafo único. O regulamento pode exigir ou autorizar, em substituição:

a) à nota fiscal própria, outros documentos fiscais;

b) aos livros fiscais próprios, a escrituração fiscal digital.

Art. 43. Considera-se inidôneo, para todos os efeitos fiscais, o documento que:

I – não contenha todas as características e requisitos estabelecidos na legislação;

II – não possibilite a identificação da procedência ou do destino das mercadorias ou serviços;

III – o remetente da mercadoria ou bem, o prestador do serviço ou o seu destinatário ou usuário, se contribuinte do imposto, não esteja regularmente inscrito no Cadastro de Contribuintes do ICMS do Estado do Tocantins – CCI-TO;

IV – especifique mercadoria ou descreva serviço não correspondente ao que for objeto da operação ou prestação;

V – consigne valor, quantidade, espécie, origem ou destino diferente nas suas respectivas vias;

VI – tenha sido adulterado, viciado ou falsificado;

VII – não corresponda a uma efetiva operação ou prestação, constituindo-se em documento fiscal gracioso;

VIII – embora atendendo a todos os requisitos, esteja acobertando mercadoria encontrada na posse de pessoa diversa daquela nele indicada como sua destinatária;

IX – tenha sido emitido eletronicamente, sem a devida autorização de seu uso ou utilizado com dolo, fraude, simulação ou erro que possibilite,

mesmo que a terceiro, o não pagamento do imposto ou qualquer outra vantagem indevida;

X – que não atenda outros requisitos previstos em regulamento.

§ 1º Considera-se também inidôneo o documento fiscal que, comprovadamente, já tenha surtido os efeitos fiscais próprios, bem como os que estejam desacompanhados de documento de controle, quando exigido pela legislação tributária, e aqueles que se encontrem com prazo de validade vencido;

§ 2º A inidoneidade de que trata este artigo poderá ser afastada, se o sujeito passivo comprovar, em processo administrativo regular, que a irregularidade não importou em falta de pagamento total ou parcial do imposto.

SEÇÃO XVIII
DAS OBRIGAÇÕES DOS CONTRIBUINTES E DOS RESPONSÁVEIS

SUBSEÇÃO I
DAS OBRIGAÇÕES

Art. 44. São obrigações do contribuinte e do responsável:

I – inscrever-se no Cadastro de Contribuintes do ICMS do Estado do Tocantins (CCI-TO), e manter-se atualizado, na conformidade do regulamento;

II – escriturar nos livros próprios, com fidedignidade, na forma e nos prazos normativos, as operações ou prestações realizadas, ainda que contribuinte substituto ou substituído;

III – emitir, com fidedignidade, documento fiscal correspondente a cada operação ou prestação, tributada ou não, inclusive sujeita ao regime de substituição tributária, ainda que dispensada a escrituração;

IV – escriturar no livro próprio e apresentar o inventário de mercadorias em estoque no final do exercício civil e nos demais casos exigidos na legislação tributária;

V – entregar ou apresentar ao Fisco, na forma e nos prazos normativos:

a) livros, papéis, guias e documentos, inclusive de informação, exigidos conforme a normas;

b) arquivos, registros e sistemas aplicativos em meios magnético, óptico, eletrônico digital ou similar.

VI – manter sob sua guarda e armazenagem, na forma e nos prazos normativos, de modo a evitar o extravio, o dano ou a inutilização:

a) livros e documentos fiscais, em meios físico, magnético, óptico, digital ou similar;

b) equipamentos e dispositivos eletrônicos de armazenamento de dados fiscais;

c) programas aplicativos e arquivos eletrônicos, digitais e similares;

d) arquivos da escrituração fiscal digital e os documentos fiscais que deram origem à escrituração comercial e fiscal.

VII – autenticar os livros fiscais escriturados por processamento eletrônico de dados;

VIII – recolher nos prazos legais o imposto apurado, inclusive o exigido por antecipação;

IX – reter e recolher o imposto devido por substituição tributária, quando exigido pela legislação;

LEI N. 1.2871 DE 28 DE DEZEMBRO DE 2001 — ART. 45

X – estornar créditos do imposto, quando exigido na legislação;

XI – recolher o diferencial de alíquota, na forma e prazo previstos na legislação tributária;

XII – comunicar ao Fisco a comercialização de ECF a usuário final estabelecido neste Estado;

XIII – implantar e utilizar o ECF, quando obrigatório, dentro dos prazos e condições previstos na legislação tributária;

XIV – emitir atestado de intervenção em ECF ou em outros equipamentos previstos na legislação tributária;

XV – encaminhar as vias dos documentos fiscais ao destino previsto na legislação tributária;

XVI – emitir nota fiscal de entrada, nos casos determinados na legislação tributária;

XVII – atender à ordem de parada nas unidades fixas ou móveis de fiscalização;

XVIII – entregar nos postos fiscais os documentos relativos ao controle de trânsito de mercadorias;

XIX – retornar ao estabelecimento de origem as mercadorias ou produtos destinados a terceiros, quando a devolução houver sido pactuada ou determinada na legislação tributária;

XX – requerer baixa no cadastro de contribuintes do Estado, entregando ao Fisco, para destruição, os documentos fiscais não utilizados;

XXI – cumprir as demais obrigações acessórias previstas na legislação tributária;

XXII – informar ao fisco estadual a totalidade das operações realizadas pelas instituições e intermediadores financeiros e de pagamentos, integrantes ou não do Sistema de Pagamentos Brasileiro (SPB), relativas às transações com cartões de débito, crédito, de loja (*private label*), transferências de recursos, transações eletrônicas do sistema de pagamento instantâneo e demais instrumentos de pagamentos eletrônicos bem como as transações comerciais ou de prestação de serviços intermediadas, realizadas pelos beneficiários desses pagamentos, previstas na legislação, observado o parágrafo único deste artigo;

XXIII – requerer a cessação de uso do Emissor de Cupom Fiscal na conformidade do regulamento;

XXIV – verificar a validade, autenticidade e a existência da autorização de uso de documento emitido e armazenado eletronicamente, de existência apenas digital, na conformidade do regulamento;

XXV – recolher a complementação de alíquota, na forma e no prazo previstos na legislação tributária;

XXVI – transmitir a escrituração fiscal digital, quanto obrigatória, nas condições e nos prazos previstos na legislação tributária;

XXVII – registrar os eventos obrigatórios, relativos a documento fiscal eletrônico, nas condições e prazos legais;

XXVIII – solicitar a inutilização de número de documento fiscal eletrônico, nos termos e prazos previstos na legislação;

XXIX – escriturar os documentos fiscais cancelados, denegados e os números inutilizados, de acordo com a legislação tributária;

XXX – encaminhar ou disponibilizar download do arquivo do documento fiscal eletrônico e seu respectivo protocolo de autorização ao destinatário e ao transportador, ou ao tomador do serviço, nos termos previstos na legislação tributária;

XXXI – encerrar o manifesto eletrônico de documentos fiscais, em conformidade ao previsto na legislação tributária;

XXXII – solicitar o cadastro do Programa Aplicativo Fiscal (PAF-ECF), a inclusão de nova versão do PAF-ECF e realizar a atualização de versão do PAF-ECF dos usuários, conforme previsto na legislação tributária;

XXXIII – utilizar Programa Aplicativo Fiscal (PAF-ECF) cadastrado, para o envio de comandos ao software básico do ECF;

XXXIV – comunicar ao fisco a comercialização de Programa Aplicativo Fiscal (PAF-ECF) para contribuintes estabelecidos neste estado;

XXXV – implantar e utilizar documentos fiscais eletrônicos, bem como, programas para geração e transmissão de arquivos, quando obrigatórios, nas condições e nos prazos previstos na legislação tributária;

Parágrafo único. As informações previstas no inciso XXII não abrangem fatos sobre os quais o informante esteja legalmente obrigado a observar sigilo em razão de cargo, ofício, função, ministério, atividade ou profissão.

Art. 44-A. A empresa administradora de shopping center, centro comercial, feira, exposição e empreendimento, ou assemelhada que pratique a mesma atividade, pessoa física ou jurídica, e que firme contrato de locação com base no faturamento da empresa locatária, deve prestar informações que disponham a respeito dos contribuintes localizados nos respectivos empreendimentos, inclusive sobre o valor locatício, nas condições previstas em ato do Secretário de Estado da Fazenda.

SUBSEÇÃO II
DAS VEDAÇÕES

Art. 45. É vedado ao contribuinte e ao responsável:

I – emitir documento fiscal:

a) não correspondente a uma efetiva operação ou prestação;

b) para acobertar operação ou prestação, em que se consigne data, valor, quantidade, espécie, origem ou destino diferentes nas suas respectivas vias.

II – adulterar, viciar ou falsificar livros, documentos, equipamentos fiscais e arquivos eletrônicos e digitais, ou utilizá-los com o propósito da obtenção de vantagens ilícitas, ainda que em proveito de terceiros;

III – entregar, remeter, deter, transportar, receber, estocar ou depositar mercadorias em situação fiscal irregular;

IV – prestar ou utilizar serviços não sujeitos ao pagamento do imposto, na mesma situação do inciso anterior;

V – desviar o trânsito, entregar ou depositar mercadorias em estabelecimento diverso do indicado na documentação fiscal;

VI – entregar ou remeter mercadorias depositadas por terceiros a pessoa ou estabelecimento diferente do depositante;

VII – prestar informações inverídicas em qualquer evento cadastral;

VIII – iniciar suas atividades antes de regularmente inscrito no cadastro de contribuintes do Estado;

IX – preencher documentos fiscais com omissões, incorreções, rasuras ou de forma ilegível;

X – substituir as vias dos documentos fiscais, em relação às suas respectivas destinações;

XI – utilizar livros fiscais sem prévia autorização do Fisco;

XII – retirar livros e documentos fiscais do estabelecimento sem autorização do Fisco;

XIII – utilizar documento fiscal que não atenda aos requisitos estabelecidos na legislação tributária;

XIV – manter ou utilizar irregularmente o ECF;

XV – utilizar, em recinto de atendimento ao público, qualquer equipamento que possibilite registro, processamento ou impressão de dados relativos às operações com mercadorias, ou prestação de serviço não integrado a ECF previamente autorizado pela Secretaria da Fazenda;

XVI – confeccionar ou imprimir documentos fiscais sem observância das exigências legais;

XVII – omitir informações, prestá-las incorretamente ou apresentar arquivos e respectivos registros em meios magnético, óptico, eletrônico, digital ou similar em desacordo com a legislação tributária;

XVIII – aproveitar créditos do imposto em desacordo com a legislação tributária;

XIX – embaraçar, de qualquer forma, o exercício da fiscalização, em especial recusar-se a apresentar livros, documentos, arquivos eletrônicos ou digitais, equipamentos dispositivos ou programas aplicativos solicitados pelo Fisco;

XX – violar lacre de carga, móvel ou imóvel, aposto pela fiscalização;

XXI – internar no território tocantinense mercadoria indicada como em trânsito para outra unidade da Federação;

XXII – simular saída para outra unidade da Federação de mercadoria efetivamente destinada ao território tocantinense;

XXIII – simular saída para o exterior, inclusive por intermédio de empresa comercial exportadora, ou trading company, de mercadoria efetivamente destinada ao território nacional;

XXIV – alterar o valor real do custo das mercadorias ou bens no livro de registro de inventário;

XXV – manter ou utilizar o ECF e bomba medidora de combustível sem lacre ou com lacre rompido;

XXVI – possuir, utilizar ou manter equipamento que possibilite a emissão de comprovante de pagamento das operações ou prestações efetuado por meio de cartões de crédito, débito ou similares, não integrado ao ECF e não vinculado ao respectivo cupom fiscal, exceto nos casos em que seja adotado o procedimento de autorização junto às administradoras ou operadoras de cartão de crédito, débito ou similares, relativo ao fornecimento de informações sobre

53

ART. 46 — NORMAS PARA A ATIVIDADE EXTRAJUDICIAL DO ESTADO DO TOCANTINS

as operações realizadas nessa modalidade de pagamento, nas condições estabelecidas na legislação tributária;

XXVII – possuir, utilizar ou manter equipamento para transmissão eletrônica de dados, capaz de capturar assinaturas digitalizadas, que possibilite o armazenamento, a transmissão das informações de vendas e impressão do comprovante de pagamento em formato digital, por meio de rede de comunicação de dados, sem a correspondente emissão dos comprovantes de pagamento pelo ECF;

XXVIII – possuir, utilizar ou manter equipamento que possibilite a emissão de comprovante de pagamento efetuado por meio de cartão de crédito, débito ou similares, para uso em outro estabelecimento com CNPJ distinto, mesmo que da mesma empresa, independentemente de ser adotada pelo contribuinte a opção de autorização para o fornecimento de informações pelas administradoras ou operadoras de cartão de crédito, débito ou similares, nos termos da legislação tributária;

XXIX – manter, utilizar, desenvolver ou fornecer Programa Aplicativo Fiscal (PAF-ECF) em desacordo com a legislação tributária ou que não atenda aos requisitos estabelecidos na legislação.

XXX – efetuar a escrituração fiscal digital das operações e prestações que realizar, em desacordo com a legislação tributárias estadual;

XXXI – emitir em contingência documento fiscal eletrônico em desacordo com a legislação tributária;

XXXII – emitir documento auxiliar do documento fiscal eletrônico em desacordo com a legislação tributária;

XXXIII – desenvolver ou utilizar Programa Aplicativo Fiscal (PAF-ECF) ou Sistema de Gestão ou Retaguarda que possibilite ao Equipamento Emissor de Cupom Fiscal (ECF) a não impressão, na forma prevista da legislação tributária, do registro das operações ou prestações;

XXXIV – fornecer ou utilizar Programa Aplicativo Fiscal (PAF-ECF) para uso em Equipamento Emissor de Cupom Fiscal (ECF), em versão divergente da cadastrada;

XXXV – entregar ou descarregar mercadoria em volume que caracterize intuito comercial, em local onde funcione empresa regularmente cadastrada, quando o destinatário da mesma seja pessoa física;

XXXVI – desenvolver, fornecer, instalar ou utilizar software destinado à emissão de documentos fiscais eletrônicos que não estejam em conformidade com a legislação tributária.

SEÇÃO XIX
DAS INFRAÇÕES E PENALIDADES

SUBSEÇÃO I
DAS INFRAÇÕES

Art. 46. Constitui infração toda ação ou omissão do contribuinte, responsável ou intermediário de negócios que importe em inobservância de normas tributárias, especialmente das contidas nos arts. 44 e 45.

§ 1º Quem, de qualquer modo, concorra para a infração por ela se responsabiliza, na medida da sua participação;

§ 2º A responsabilidade por infração às normas do ICMS independe da intenção do contribuinte, responsável ou intermediário de negócios, e da efetividade, natureza e extensão dos efeitos da ação ou omissão.

SUBSEÇÃO II
DAS PENALIDADES

Art. 47. Ao infrator da legislação do ICMS serão aplicadas as seguintes penalidades:

I – multa proporcional ao valor do imposto devido ou da operação, quando decorrer de infração relativa à total ou parcial omissão de pagamento;

II – multa formal, quando decorrer de infração relativa ao descumprimento de obrigação acessória;

III – as previstas no art. 51.

Art. 48. A multa prevista no inciso I do art. 47 desta Lei será aplicada da seguinte forma:

I – 60% na hipótese de não recolhimento do imposto declarado em documento de informação e apuração, com exceção do disposto no parágrafo único deste artigo;

II – 80%, na hipótese de não recolhimento do imposto registrado e apurado em livros próprios e não declarado, inclusive o exigido por antecipação;

III – 100%, quando a falta de recolhimento do imposto decorrer da:

a) omissão de registro, ou registro a menor, de operações ou prestações de saídas, no livro próprio;

b) omissão de operação ou prestação realizada por contribuinte dispensado de escrituração fiscal;

c) falta de retorno ao estabelecimento de origem de mercadorias destinadas a terceiros, decorrido o prazo, quando pactuada a devolução;

d) falta da retenção do imposto devido pelo sujeito passivo por substituição;

e) falta de recolhimento do diferencial de alíquota;

f) apuração a menor do imposto devido;

g) (Revogado);
→ Lei n. 2.253/2009.

h) falta de recolhimento da complementação de alíquota devida pelas microempresas e empresas de pequeno porte.

IV – 120%, quando a falta de recolhimento do imposto resultar de:

a) omissão, pelo contribuinte substituto, do registro de operações ou prestações no livro próprio;

b) entrega, remessa, posse, transporte, recebimento, estocagem ou depósito de mercadorias sem documentação fiscal ou acobertada por documentação inidônea;

c) prestação ou utilização de serviços sujeitos ao imposto, na mesma situação da alínea anterior;

d) entrega ou remessa de mercadorias depositadas por terceiros a pessoa ou estabelecimento diferente do depositante;

e) aproveitamento indevido de crédito do imposto;

f) omissão de estorno do crédito do imposto quando exigido pela legislação;

g) posse, transporte, recebimento, depósito, entrega ou remessa de mercadorias a consumidor final, não inscrito como contribuinte do ICMS, com a habitualidade ou em volume que caracterize intuito comercial.

Parágrafo único. Na hipótese de não recolhimento do imposto declarado na Guia de Informação e Apuração Mensal ou na Escrituração Fiscal Digital, e antes do procedimento não contencioso previsto no inciso I[6] do art. 39, da Lei n. 1.288, de 28 de dezembro de 2001, a multa é de:

I – 0,2% do valor do imposto declarado, por dia de atraso do primeiro ao trigésimo dia seguinte ao do vencimento do prazo para pagamento ou parcelamento;

II – 10% do valor do imposto declarado, após o trigésimo dia do vencimento do prazo para pagamento ou parcelamento.

Art. 49. Aplica-se a multa de 150% sobre o valor do imposto devido nas infrações a seguir:

I – omissão do registro de operações ou prestações em razão de fraude nos livros fiscais ou contábeis;

II – emissão de documento fiscal com valor inferior ao que realmente for atribuído à operação ou prestação, ou que contenha declaração falsa quanto à origem ou destino das mercadorias ou serviços;

III – emissão de documento fiscal com valores divergentes em suas respectivas vias;

IV – emissão irregular de documento fiscal sobre operação ou prestação interestadual, inclusive aqueles emitidos eletronicamente e de existência apenas digital;

V – registro de operação ou prestação tributada como não tributada;

VI – fornecimento de declaração falsa ainda que o imposto esteja sujeito ao regime de substituição tributária;

VII – aproveitamento de crédito do imposto relativo a documento fiscal falso, ou que deva saber falso ou inexato;

VIII – desvio, em trânsito, de mercadorias e sua entrega ou depósito a estabelecimento diverso do indicado na documentação fiscal;

IX – falta de recolhimento do imposto retido por substituição tributária;

X – utilizar incentivo fiscal de programa de desenvolvimento econômico em desacordo com o estatuído;

XI – internar no território tocantinense mercadoria indicada como em trânsito para outra unidade da Federação;

XII – simular saída para outra unidade da Federação de mercadoria efetivamente destinada ao território tocantinense;

XIII – simular saída para o exterior, inclusive por intermédio de empresa comercial exportadora,

---

6. Art. 39. Os procedimentos de autolançamento e lançamentos de ofício ou por homologação do crédito tributário obedecerão às normas estabelecidas nesta Seção, desde que provenientes de:

I – tributo declarado, não recolhido e informado em guia de informação e apuração.

ou trading company, de mercadoria efetivamente destinada ao território nacional.

Art. 50. A multa prevista no inciso II do art. 47 será aplicada, na forma a seguir, em moeda nacional, cumulativamente com o pagamento do imposto devido, se for o caso:

I – 50% do valor da operação que:

a) internar no território tocantinense mercadoria indicada como em trânsito para outra unidade da Federação;

b) simular saída para outra unidade da Federação de mercadoria efetivamente destinada ao território tocantinense;

c) simular saída para o exterior, inclusive por intermédio de empresa comercial exportadora ou trading company, de mercadoria efetivamente destinada ao território nacional;

d) motivar em adulteração, vício ou falsificação de livros ou documentos fiscais ou contábeis, ou a sua utilização com o propósito da obtenção de vantagens ilícitas, ainda que em proveito de terceiros;

e) seja destinada mercadoria em volume que caracterize intuito comercial à pessoa física e entregue ou descarregada em local onde funcione empresa regularmente cadastrada.

II – 40% do valor:

a) das mercadorias existentes em estoque no estabelecimento, à data do extravio, perda, destruição ou inutilização dos livros ou dos documentos fiscais, quando o fato inviabilizar a fiscalização do imposto;

b) das mercadorias desacompanhadas de documento de controle de trânsito ou que já tenha produzido seus efeitos fiscais, se exigido em regulamento, considerando-se infrator o transportador.

III – 30% do valor da operação ou da prestação quando a infração se motivar da:

a) falta de registro de aquisição de mercadorias ou serviços, não sujeitos ao pagamento do imposto, ainda que não tenham transitado pelo estabelecimento do adquirente;

b) pela falta de emissão de documento fiscal correspondente a cada operação ou prestação não sujeita ao pagamento do imposto, ressalvada a hipótese do inciso XXVIII;

c) emissão de documento fiscal para acobertar operação ou prestação, não sujeita ao pagamento do imposto, em que se consigne valor, quantidade, espécie, origem ou destino diferente nas respectivas vias;

d) entrega, remessa, posse, transporte, recebimento, estocagem ou depósito de mercadorias, não sujeitas ao pagamento do imposto, em situação fiscal irregular;

e) prestação ou utilização de serviços, não sujeitos ao pagamento do imposto, na mesma situação da alínea anterior.

IV – 20% do valor da operação ou da prestação quando a infração se motivar da:

a) falta de emissão do documento fiscal correspondente a cada operação ou prestação tributada, inclusive sujeita ao regime de substituição tributária;

b) emissão de documento fiscal não correspondente a uma efetiva operação ou prestação;

c) falta de registro de aquisição de mercadorias ou serviços tributados, inclusive sujeitos ao regime de substituição tributária, ainda que não tenham transitado pelo estabelecimento do adquirente;

d) falta de registro das operações ou prestações a varejo no ECF, quando usuário do equipamento;

e) falta de registro de operações ou prestações de saídas de mercadorias isentas ou não tributadas;

f) (Revogado);
→ Lei n. 2.006/2008.

g) omissão de registro de operações ou prestações, nos livros próprios, por contribuintes substituídos;

h) ocultação de documentos que acobertem o trânsito de mercadorias e o respectivo serviço de transporte, com o intuito de ocultar situação que caracterize outro ato infracional, mesmo que não seja de natureza tributária;

V – 2% do valor:

a) do inventário anual de mercadoria ou bem, excluído o inventário de rebanho, pela ausência de apresentação à Agência de Atendimento do domicílio do contribuinte, não inferior a R$ 1.100,00;

b) da operação ou prestação, no uso de sistema eletrônico de processamento de dados para emissão e preenchimento de documento fiscal ou a escrituração de livros fiscais, sem prévio pedido de autorização ao Fisco, não podendo ser inferior a R$ 1.500,00;

c) da operação pela entrega ou fornecimento de informações em meio magnético, eletrônico ou digital que impossibilitem a sua leitura ou que divirjam do estabelecido na legislação, não podendo ser inferior a R$ 1.500,00, excetuadas as guias de informação e apuração do imposto;

d) (Revogado);
→ Lei n. 2.253/2009.

e) da operação pelo não fornecimento de informação em meio magnético, eletrônico ou digital não podendo ser inferior a R$ 1.500,00, excetuadas as guias de informação e apuração do imposto;

f) pela falta de entrega de informações ou informações divergentes das constantes do documento fiscal, utilizadas pelo Sistema Integrado de Informações sobre Operações Interestaduais com Mercadorias (SINTEGRA/ICMS), não podendo ser inferior a R$ 1.500,00;

g) da operação ou prestação, pela não emissão de Nota Fiscal Eletrônica (NF-e) ou Conhecimento de Transporte eletrônico (CT-e), para contribuintes obrigados ao uso destes, que emitir outro documento em seu lugar, não podendo ser inferior a R$ 500,00;

h) da operação, pela emissão de Nota Fiscal Eletrônica (NF-e), modelo 55 ou Nota Fiscal do Consumidor Eletrônica (NFC-e), sem a identificação das mercadorias com o código GTIN-Numeração Global de Item Comercial, quanto obrigatório.

VI – 5% do valor do inventário anual de mercadoria ou bem, excluído o inventário de rebanho, não podendo ser inferior a R$ 1.500,00;

a) pelo seu falso registro;

b) pela falsificação do:

1. visto da repartição fazendária aposto no inventário anual;

2. recebimento eletrônico de dados do inventário anual.

VII – R$ 20,00 por:

a) nota fiscal ou outro documento que utilize para acobertar suas operações e prestações, nas hipóteses de extravio ou inutilização;

b) documento que deu origem à escrituração fiscal digital, nas hipóteses de extravio, inutilização ou dano;

VIII - R$ 50,00 por:

a) (Revogado);
→ Lei n. 2.006/2008.

b) documento fiscal, pela falta de escrituração de operações de saídas de mercadorias ou prestação de serviços, ainda que não tributadas;

c) documento fiscal, pela falta de remessa de suas vias ao destino previsto em regulamento;

d) documento fiscal cancelado, denegado e por números inutilizados, pela falta de escrituração na forma prevista na legislação.

IX – R$ 100,00 por:

a) preenchimento de documento fiscal de forma omissa, ilegível, com rasuras ou incorreções;

b) utilização de documento fiscal cujas características não guardem fidelidade com os requisitos estabelecidos na legislação;

c) livro, por período de apuração, na escrituração de livros fiscais ou contábeis de forma irregular, ilegível, com rasuras, incorreções ou em desacordo com a legislação tributária, exceto a escrituração fiscal digital;

d) falta de apresentação, depois de notificado, dos arquivos, registros ou sistemas aplicativos em meios magnético, eletrônico ou digital, observado o disposto no § 3º;

e) retirada, do estabelecimento, de livros e documentos fiscais sem autorização do Fisco;

X – R$ 150,00 por:

a) extravio ou inutilização de livro ou documento, excetuadas as hipóteses previstas nos incisos VI, VII, XIV, alínea "g", e XV, alínea "m", deste artigo;

b) documento, na falta de emissão da nota fiscal de entrada;

c) encomenda, na confecção ou impressão de documentos fiscais sem observância das exigências legais;

d) descumprimento de outras obrigações acessórias previstas na legislação tributária;

e) livro, escriturado manual ou mecanicamente, sem prévia autorização do fisco ou com características que não atendam aos requisitos estabelecidos na legislação tributária;

XI – R$ 200,00 por:

a) (Revogado);

b) (Revogado);
→ Lei n. 2.006/2008.

ART. 50 — NORMAS PARA A ATIVIDADE EXTRAJUDICIAL DO ESTADO DO TOCANTINS

c) omissão de entrega de guias de informação e apuração do imposto em meio magnético, eletrônico ou digital, bem como sua apresentação contendo informação incorreta ou incompleta referente a qualquer campo de registro, inclusive aquele que apresente valor de operação ou prestação divergente com o valor da operação ou prestação realizada pelo contribuinte;

d) deixar de entregar nos postos fiscais os documentos relativos ao controle de trânsito de mercadorias;

e) falta de requerimento de exclusão do Cadastro de Contribuintes do ICMS do Estado do Tocantins (CCI-TO), no prazo fixado na legislação, ou de entrega[7] ao Fisco, para destruição, dos documentos fiscais utilizados, por livro ou bloco de documentos;

f) início da atividade antes do deferimento do pedido de inscrição no Cadastro de Contribuintes do ICMS do Estado do Tocantins – CCI-TO;

g) equipamento, pela posse ou utilização de ECF sem a etiqueta de identificação ou com a etiqueta danificada ou adulterada;

h) falta de escrituração dos livros fiscais ou contábeis nos prazos regulamentares, por livro e período de apuração, exceto a escrituração fiscal digital;

i) mês, ou fração de mês, quando o contribuinte deixar de cientificar a administradora ou operadora de cartão de crédito, débito ou similares sobre a autorização concedida à mesma para o fornecimento das informações relativas à totalidade das operações realizadas pelo contribuinte, nessa modalidade de pagamento, a contar da data da assinatura do contribuinte na autorização.

j) outras informações não preenchidas ou em desacordo com a legislação, por registro da escrituração fiscal digital.

XII – R$ 300,00 por:

a) violação do lacre de carga ou de imóvel aposto pela fiscalização;

b) desatendimento à ordem de parada nas unidades fixas ou móveis de fiscalização;

XIII – R$ 400,00:

a) por bobina, pelo seccionamento da bobina de papel que contém a fita detalhe;

b) por mês ou fração:

1. pela não utilização de ECF, programa ou sistema eletrônico de processamento de dados para emissão de documentos ou escrituração de livros fiscais, quando exigido pela legislação tributária;

2. pela inversão de bobinas de forma a impedir a gravação da fita detalhe;

3. pela utilização de bobina de papel do equipamento ECF que não atenda às especificações definidas na legislação tributárias.

c) por equipamento, pela falta de comunicação ao Fisco, pelo revendedor cadastrado no cadastro de contribuinte deste Estado, sobre a sua comercialização para usuário final.

XIV – R$ 500,00 pela:

---

7. Alterado e corrigido. Redação original consta "integra".

---

a) falta de implantação de ECF dentro dos prazos previstos em regulamento, sendo este obrigatório, observado o § 3º;

b) (Revogado);
→ Lei n. 3.019/2015.

c) falta de entrega, nos prazos regulamentares, das informações prestadas pelas instituições e intermediadores financeiros e de pagamentos, integrantes ou não do Sistema de Pagamentos Brasileiro (SPB), relativas às transações com cartões de débito, crédito, de loja (private label), transferências de recursos, transações eletrônicas e demais instrumentos de pagamentos eletrônicos, assim como as transações comerciais ou de prestação de serviços intermediadas, previstas na legislação;

d) falta de autenticação, nos prazos regulamentares, dos livros fiscais escriturados por processamento eletrônico de dados;

e) embaraço ao exercício da fiscalização, exceto na hipótese prevista no inciso IV, alínea "h", deste artigo, observado o disposto no § 3º deste artigo;

f) falta de entrega ou apresentação, por documento, de livros, papéis, guias ou documentos, excluídos os documentos de informações, exigidos na legislação, observado o disposto no § 3º deste artigo;

g) ausência, extravio ou inutilização, por documento, exigido para o pedido ou alteração de uso de equipamento ECF, excetuada a hipótese prevista na alínea "m" do inciso XV deste artigo;

h) não atualização da versão do PAF-ECF dos usuários por empresa.

XV – R$ 1.100,00:

a) por lacre, quando este for aposto pelo Fisco ou sob sua autorização, pela sua violação ou rompimento;

b) pela fabricação, posse, ou utilização de lacre falso;

c) pela realização de qualquer procedimento em desacordo com a legislação tributária, relativo à intervenção em ECF e em outros equipamentos;

d) por equipamento ou aparelho em utilização no local de atendimento ao público, que possibilite a emissão de documento que possa ser confundido com o cupom fiscal ou para fins de controle interno do estabelecimento;

e) por equipamento, que possibilite a emissão de comprovante de pagamento por meio de cartão de crédito, débito ou similares, não integrado ao ECF e não vinculado ao respectivo cupom fiscal, exceto quando for optante por autorizar a administradora ou operadora de cartão de crédito, débito ou similares a fornecer informações ao fisco estadual, sobre a totalidade de suas operações ou prestações efetivadas nessa modalidade de pagamento;

f) por equipamento, que mantenha transmissão eletrônica de dados, capaz de capturar assinatura digitalizada, que possibilite o armazenamento, a transmissão das informações de vendas e impressão do comprovante de pagamento em formato digital, por meio de rede de comunicação de dados, sem a correspondente emissão dos comprovantes de pagamento pelo ECF;

g) por equipamento, que permite a emissão de comprovante de pagamento efetuado por meio de cartão de crédito, débito ou similares, quando utilizado ou mantido em outro estabelecimento com CNPJ distinto, mesmo que da mesma empresa, independentemente de ser adotada pelo contribuinte a opção de autorização para o fornecimento de informações pelas administradoras ou operadoras de cartão de crédito, débito ou similares, nos termos da legislação tributária;

h) pela falta de entrega ou apresentação após o prazo do Documento de Informações Fiscais (DIF), ou sua apresentação contendo informações omissas, ilegíveis, com rasuras ou incorreções;

i) pela falta de entrega do inventário de rebanho por produtor agropecuário;

j) pela falta de entrega das informações que a administradora de shopping center, centro comercial, feira, exposição e empreendimento, ou assemelhada que pratique a mesma atividade, disponha sobre contribuinte estabelecido em seu empreendimento;

k) pela falta de apresentação do livro-caixa da microempresa e empresa de pequeno porte optante pelo Simples Nacional, por livro, atendido o disposto no § 3º deste artigo;

l) pela escrituração do livro-caixa da microempresa e empresa de pequeno porte optante pelo Simples Nacional, por livro, de forma que não permita a perfeita identificação da movimentação financeira, inclusive a bancária;

m) pela ausência, pelo extravio ou pela inutilização, por documento, de:

1. formulário do pedido de uso, alteração ou cessação de uso de equipamento ECF;

2. nota fiscal que comprove a aquisição do equipamento ECF;

3. nota fiscal que comprove a aquisição ou contrato de licença para uso do Programa Aplicativo Fiscal (PAF-ECF), conforme o caso.

n) por outras informações não preenchidas ou em desacordo com a legislação, por bloco do arquivo da escrituração fiscal digital e por período de apuração;

o) pela não realização das correções do PAF-ECF pela empresa desenvolvedora, quando intimado pela Secretaria da Fazenda, nos termos e prazos previstos na legislação tributária;

p) por descumprimento de outras obrigações acessórias previstas na legislação para empresa desenvolvedora de PAF-ECF.

XVI – R$ 2.000,00 pela:

a) permanência ou utilizado de forma irregular de ECF e de outros equipamentos previstos na legislação tributária;

b) violação ou adulteração da memória de trabalho, memória de fita detalhe ou memória fiscal e da etiqueta ou lacre do software básico de ECF;

c) (Revogado);
→ Lei n. 2.006/2008.

d) não entrega do arquivo da escrituração fiscal digital ou pela sua transmissão com omissão de movimento, por arquivo e por período de apuração;

e) não realização da inclusão de nova versão do PAF-ECF, junto à Secretaria da Fazenda, referente à atualização obrigatória prevista na legislação tributária;

56

LEI N. 1.2871 DE 28 DE DEZEMBRO DE 2001 — ART. 52

f) não entrega, quando intimado, de cópia demonstração do Programa Aplicativo Fiscal (PAF-ECF) ou Sistema de Gestão ou Retaguarda, acompanhada das instruções para instalação e das senhas de acesso irrestrito a todas as telas, funções e comandos, atendido o disposto no § 3º deste artigo;

g) entrega de cópia demonstração do Programa Aplicativo Fiscal (PAF-ECF) ou Sistema de Gestão ou Retaguarda, em desacordo com a legislação tributária;

h) não entrega, quando intimado, de senha ou meio eletrônico que possibilite o acesso ao banco de dados do Programa Aplicativo Fiscal (PAF-ECF) ou Sistema de Gestão ou Retaguarda, atendido o disposto no § 3º deste artigo;

i) não implantação e não utilização de documentos fiscais eletrônicos, bem como, programas para geração e transmissão de arquivos, quando obrigatórios, nas condições e nos prazos previstos na legislação tributária.

XVII – R$ 3.500,00 pelo:

a) extravio ou destruição de ECF e de outros equipamentos previstos na legislação tributária, autorizados a emitir cupom fiscal, observado o disposto no § 4º;

b) utilização no ECF de software básico divergente do autorizado;

c) dano ou pela perda de arquivos da escrituração fiscal digital, por arquivo e por período de apuração;

d) extravio ou pela inutilização, por unidade, de dispositivo de armazenamento da Memória de Fita-Detalhe;

XVIII – (Revogado).
→ Lei n. 2.172/2009.

XIX – (Revogado).
→ Lei n. 2.640/2012.

XX – 5% do valor da operação ou prestação quando o destinatário deixar de registrar os eventos relacionados à manifestação da confirmação ou não das operações ou prestações acobertadas por documento fiscal eletrônico, nos termos e prazos previstos na legislação tributária, não podendo ser inferior a R$ 100,00 ou superior a R$ 5.000,00;

XXI – 10% do valor da operação ou prestação:

a) quando deixar de encaminhar ou disponibilizar download do arquivo do documento fiscal eletrônico e seu respectivo protocolo de autorização ao destinatário e ao transportador, ou ao tomador do serviço, conforme previsto na legislação;

b) por deixar, o emitente de documento fiscal eletrônico, de transmitir com fidedignidade à Secretaria da Fazenda, os documentos gerados em contingência, nos prazos e nas condições previstas na legislação tributária.

XXII – R$ 10,00 por número de documento, ao emitente que solicitar, após o transcurso do prazo regulamentar, a inutilização de números de documento fiscal eletrônico não utilizado, quando na eventualidade de quebra de sequência da numeração da NF-e;

XXIII – R$ 15,00 por número de documento, ao emitente que deixar de solicitar a inutilização de números de documentos fiscais eletrônicos não

utilizados, quando na eventualidade de quebra de sequência da numeração da NF-e;

XXIV – R$ 500,00 por manifesto eletrônico de documentos fiscais não encerrado, conforme previsto na legislação tributária.

XXV – R$ 4.000,00 por:

a) utilização de Programa Aplicativo Fiscal (PAF-ECF) em desacordo com o cadastrado na Secretaria da Fazenda, desde que não resulte em redução das operações ou prestações;

b) falta de apresentação do Laudo de Análise Funcional pela empresa desenvolvedora de PAF-ECF, nos termos e prazos previstos na legislação tributária;

XXVI – R$ 10.000,00 por:

a) fornecer ou utilizar Programa Aplicativo Fiscal (PAF-ECF) não cadastrado neste Estado, por empresa usuária;

b) deixar de entregar ao fisco, quando intimado, os arquivos fontes e executáveis do Programa Aplicativo Fiscal – PAF-ECF.

XXVII – R$ 15.000,00 por desenvolver, fornecer, instalar ou utilizar Programa Aplicativo Fiscal (PAF-ECF), Sistema de Gestão ou Retaguarda, software ou dispositivo que possibilite o uso irregular de equipamento, resultando em omissão de operações ou prestações, por empresa usuária;

XXVIII – 2% do valor da operação quando a infração decorrer da falta de emissão de documento fiscal correspondente a cada operação ou prestação não sujeita ao pagamento do imposto referente ao gado vivo de qualquer espécie.

§ 1º O pagamento da multa não exime o infrator do cumprimento da obrigação acessória correspondente nem de pagar o imposto devido, na conformidade da legislação tributária;

§ 2º A aplicação de uma penalidade exclui as demais em relação ao mesmo ilícito fiscal, preferindo a maior delas;

§ 3º Nas hipóteses previstas nos incisos IX, alínea "d", XIV, alíneas "a", "e" e "f", XV, alínea "k", e XVI, alíneas "f" e "h", deste artigo, a intimação deve ser repetida tanto quanto necessário, sujeitando-se o infrator, relativamente a cada uma delas, ao dobro da multa cobrada na intimação anterior, atendido o § 6º deste artigo;

§ 4º Nas hipóteses previstas no inciso XVII a multa será cobrada em dobro em cada reincidência;

§ 5º Nas hipóteses previstas nos incisos VI e VII, o Agente do Fisco, após a verificação de que não houve dolo, poderá aplicar a penalidade por grupo de documentos;

§ 6º Na hipótese do descumprimento da quarta intimação efetuada nos termos do § 3º deste artigo, o agente do Fisco pode solicitar, por intermédio do Delegado Regional, a exibição judicial dos documentos, guias, equipamentos e livros fiscais.

Art. 51. O não cumprimento de acordo, de obrigação principal ou acessória, bem assim a inscrição de crédito tributário em dívida ativa, sujeita o contribuinte:

I – a regime especial de controle, fiscalização e recolhimento do imposto;

II – à suspensão temporária ou perda definitiva de benefício fiscal ou regime especial;

III – à proibição de transacionar com órgãos da administração do Estado;

IV – suspensão de inscrição no cadastro de contribuintes do Estado.

§ 1º Deixar de recolher por três meses consecutivos ou intercalados o imposto apurado em livro próprio implica a:

I – sanção prevista no inciso I deste artigo;

II – antecipação parcial e pagamento do imposto em valor equivalente à diferença da alíquota interestadual de origem e a interna, ao evento do ingresso da mercadoria no território do Estado.

§ 2º Saneada a pendência, suspendem-se os efeitos da pena aplicada;

§ 3º. As penalidades previstas neste artigo são aplicadas por ato motivado do Secretário de Estado da Fazenda.

Art. 52. O valor das multas previstas nos incisos II a IV do art. 48, no art. 49 e nos incisos I a V do art. 50 é reduzido em:

I – 50%, se o pagamento ou o parcelamento for efetuado no prazo de cinco dias, contado da ciência pelo sujeito passivo do auto de infração ou notificação;

II – 40%, se o pagamento ou o parcelamento for efetuado no prazo de vinte dias, contado da ciência pelo sujeito passivo do auto de infração ou notificação;

III – 30%, se o sujeito passivo efetuar o pagamento no prazo estabelecido para cumprimento da decisão de primeira instância administrativa;

IV – 30%, se o sujeito passivo efetuar o pagamento ou parcelamento no prazo estabelecido para cumprimento da decisão de primeira instância administrativa;

V – 20%, se o sujeito passivo efetuar o pagamento ou parcelamento no prazo estabelecido para cumprimento da decisão de segunda instância administrativa;

VI – 10% se o pagamento ou parcelamento for efetuado antes do ajuizamento da ação de execução.

§ 1º Não se aplicam as reduções previstas neste artigo, quando se tratar de infrações relativas a mercadorias em situação fiscal irregular encontradas:

I – em trânsito, ainda que conduzidas ou transportadas por comerciantes regularmente cadastrados;

II – em estabelecimento cadastrado ou não;

III – fora do estabelecimento do destinatário, ainda que pertencentes a contribuintes regularmente cadastrados.

§ 2º Nas hipóteses do parágrafo anterior, o pagamento da importância devida implica renúncia tácita de defesa ou recurso administrativo, reduzindo-se o valor da multa nos percentuais a seguir:

I – 50%, se o pagamento for efetuado até o primeiro dia útil seguinte ao da constatação da infração e antes da lavratura do termo de apreensão;

II – 20%, até o vigésimo dia da lavratura do termo de apreensão.

§ 3º As reduções estabelecidas neste artigo para multas previstas nos arts. 48 e 49 não podem ser inferiores às previstas no art. 128, § 3º;

§ 4º As reduções de que trata o § 3º deste artigo não se aplicam às multas previstas nos incisos

XII, alínea "b", e XIV, alínea "e", do art. 50, na hipótese do inciso I do § 1º deste artigo;

§ 5º Na hipótese do inciso I do art. 48 desta Lei o valor da multa é reduzido em:

I – 50%, se o pagamento ou o parcelamento for efetuado antes da inscrição em dívida ativa;

II – 10% se o pagamento ou o parcelamento for efetuado antes do ajuizamento da ação de execução.

Capítulo II
DO IMPOSTO SOBRE A TRANSMISSÃO CAUSA MORTIS E DOAÇÃO DE QUAISQUER BENS OU DIREITOS – ITCD

SEÇÃO I
DA INCIDÊNCIA

Art. 53. O Imposto sobre a Transmissão Causa Mortis e Doação de Quaisquer Bens ou Direitos (ITCD) incide sobre:

I – a sucessão legítima ou testamentária, inclusive a sucessão provisória;

II – doação, a qualquer título;

III – qualquer título ou direito representativo do patrimônio ou capital de sociedade e companhia, inclusive ação, quota, quinhão, participação civil ou comercial, nacional ou estrangeira, bem como direito societário, debênture, dividendo e crédito de qualquer natureza;

IV – dinheiro, haver monetário em moeda nacional ou estrangeira e título que o represente, depósito bancário e crédito em conta corrente, depósito em caderneta de poupança e a prazo fixo, quota ou participação em fundo mútuo de ações, de renda fixa, de curto prazo, e qualquer outra aplicação financeira e de risco, seja qual for o prazo e a forma de garantia;

V – bem incorpóreo em geral, inclusive título e crédito que o represente, qualquer direito ou ação que tenha de ser exercido e direitos autorais.

§ 1º O pagamento do imposto devido na renúncia de herança, de legado ou de doação, não exclui a incidência verificada na sucessão Causa Mortis ou doação anterior a que está sujeito o renunciante, respondendo pelo pagamento aquele a quem passarem a pertencer os bens;

§ 2º Doação é:

I – o ato contratual ou a situação em que o doador, por liberalidade, transmite bem, vantagem ou direito de seu patrimônio ao donatário que o aceita, expressa, tácita ou presumidamente;

II – a cessão não onerosa, a renúncia em favor de determinada pessoa, a instituição convencional de direito real e o excedente de quinhão ou de meação;

III – a transmissão onerosa da propriedade ou a instituição onerosa de direito real, em favor de pessoa que não comprove o pagamento por meio de recursos próprios;

IV – a transmissão onerosa de bem ou direito, na situação em que uma pessoa os adquire de outrem e o pagamento é efetuado por um terceiro que age como interveniente pagador, expressa ou implicitamente;

V – o valor recebido em contrato de empréstimo firmado entre ascendente e descendente ou entre a empresa e sócio com ausência de:

a) prazo de devolução do empréstimo;

b) remuneração do capital;

c) correção monetária;

d) registro do contrato de empréstimo.

VI – a integralização ou aumento de capital social por pessoa que não comprove que o fez por meio de recursos próprios;

VII – a cessão onerosa em que o cessionário não comprove o pagamento por meio de recursos próprios;

VIII – a utilização de reservas de lucros, lucros acumulados e lucros dos exercícios seguintes em pagamento de ações ou quotas em contrato firmado entre ascendente e descendente;

IX – a transferência para sócio ou acionista que detenha a nua propriedade das quotas ou ações, de lucros acumulados e reservas, mediante incorporação ao capital social;

X – a renúncia da meação ou legado.

§ 3º Entende-se por bem ou direito o imóvel ou o direito a ele relativo o móvel, assim como semoventes ou outra qualquer parcela do patrimônio que for passível de mercancia ou de transmissão, mesmo que representado por ação, quota, certificado, registro ou qualquer outro título;

§ 4º A incidência do imposto alcança, a:

I – transmissão ou a doação que se referir a imóvel situado neste Estado, inclusive o direito a ele relativo;

II – doação, cujo doador tenha domicilio neste Estado, ou quando nele se processar o arrolamento ou inventário relativo a bem móvel, direito, título e crédito;

III – doação em que o donatário tenha domicilio neste Estado e o doador domicílio e residência no exterior, exceto quanto a bem imóvel situado em outro Estado e ao direito a ele relativo;

IV – doação em que o doador tenha residência no exterior e domicílio no Brasil, nas hipóteses dos incisos I e II;

V – transmissão, quando o herdeiro ou legatário tiver domicílio neste Estado, em relação ao bem que o de cujus possuía no exterior, ainda que o inventário ou o arrolamento tenha sido processado em outro Estado;

VI – transmissão em que o herdeiro ou legatário tenha domicílio neste Estado e o inventário seja processado no exterior, relativamente a bem móvel, direito, título ou crédito;

VII – hipóteses dos incisos I e II se o de cujus era residente ou domiciliado no exterior e o inventário seja processado no Brasil;

VIII – partilha antecipada, prevista no Código Civil,

IX – transmissão de bem ou direito por qualquer título sucessório, inclusive o fideicomisso;

X – partilha de bens da sociedade conjugal e da união estável, sobre o montante que exceder à meação;

XI – usucapião, obtida por sentença declaratória.

SEÇÃO II
DA NÃO INCIDÊNCIA

Art. 54. O ITCD não incide sobre a transmissão:

I – em que figurem como adquirentes:

a) a União, os Estados, o Distrito Federal e os Municípios;

b) templos de qualquer culto;

c) partidos políticos, inclusive suas fundações;

d) entidades sindicais de trabalhadores;

e) instituições educacionais e de assistência social, sem fins lucrativos, atendidos os requisitos da lei;

f) autarquias e fundações instituídas e mantidas pelo poder público.

II – de livro, jornal, periódico e de papel destinado à sua impressão.

§ 1º As não incidências das alíneas "a" e "f" do inciso I do caput deste artigo, não se aplica ao patrimônio, à renda e aos serviços, relacionados com exploração de atividades econômicas regidas pelas normas aplicáveis a empreendimentos privados, ou em que haja contraprestação ou pagamento de preços ou tarifas pelo usuário, nem exonera o promitente comprador da obrigação de pagar imposto relativamente ao bem imóvel;

§ 2º A não incidência expressa nas alíneas "b" a "e" do inciso I do caput deste artigo, compreende somente o patrimônio, a renda e os serviços, relacionados com as finalidades essenciais das entidades nelas mencionadas;

§ 3º A não incidência de que trata as alíneas "c", "d" e "e" do inciso I do caput:

I – compreende somente o bem relacionado à finalidade essencial das entidades especificadas ou as delas decorrentes;

II – se sujeita à observância dos seguintes requisitos pelas entidades nelas referidas:

a) não distribuir qualquer parcela de seu patrimônio ou de sua renda, a título de lucro ou participação no seu resultado;

b) aplicar integralmente no País os seus recursos, para fim da manutenção dos objetivos institucionais;

c) manter escrituração de suas receitas e despesas em livros revestidos de formalidades capazes de assegurar sua exatidão.

§ 4º A não incidência prevista nas alíneas "b" a "e" do inciso I do caput deste artigo é previamente reconhecida pela administração tributária, na conformidade do Regulamento.

SEÇÃO III
DA ISENÇÃO

Art. 55. É isento do pagamento do ITCD:

I – o herdeiro ou legatário, que receber quinhão ou legado, cujo valor seja igual ou inferior a R$ 25.000,00;

a) (Revogado);

b) (Revogado).

→ Lei n. 3.019/2015.

II – o donatário de imóvel doado pelo Poder Público com o objetivo de implantar programas de casa própria ou reforma agrária;

III – o donatário de lote urbanizado, doado pelo Poder Público, para edificação de unidade habitacional destinada à própria moradia;

IV – o donatário, quando o valor do bem ou direito doado for igual ou inferior a R$ 1.000,00;

LEI N. 1.2871 DE 28 DE DEZEMBRO DE 2001 — ART. 60

V – a transmissão em que o herdeiro ou o legatário renuncie à herança ou ao legado desde que feita sem ressalva ou condição, em benefício do monte e não tenha o renunciante praticado qualquer ato que demonstre ter havido aceitação da herança ou do legado;

VI – a transmissão de seguro de vida, pecúlio por morte e quantia devida ao empregado por institutos de seguro social e previdência, oficiais ou privadas e, de vencimentos, salários, rendimentos de aposentadoria ou pensão, remuneração, honorário profissional, verbas e prestações de caráter alimentar, não recebidos em vida pelo de cujus da fonte pagadora, decorrentes de relação de trabalho ou prestação de serviços;

VII – a extinção de usufruto, desde que este tenha sido instituído pelo nu-proprietário;

VIII – a extinção de usufruto relativo a bem móvel ou imóvel, título e crédito, e o direito a ele relativo, quando houver sido tributada integralmente a transmissão da nua propriedade.

IX – as transmissões de propriedade aos beneficiários de projetos de reassentamento promovidos em virtude de formação de reservatórios de usinas hidroelétricas;

X – os legados e doações de quaisquer bens móveis ou direitos, feitos a museus, públicos e privados, situados neste Estado;

XI – as doações de terrenos feitas pelo Poder Público Estadual a pessoas jurídicas de direito privado, para fins de instalação neste Estado de unidades industriais, centrais de distribuição, ou outros empreendimentos, cujas atividades sejam voltadas ao desenvolvimento econômico da região, observado o disposto no § 3º deste artigo;

XII – a doação de roupa, utensílio agrícola de uso manual, móvel, aparelho de uso doméstico que guarneçam as residências familiares e obras de arte, exceto aquelas sujeitas a declaração à Receita Federal do Brasil ou que sejam cobertas por contrato de seguro específico.

§ 1º A isenção prevista no inciso I é limitada à única transmissão realizada entre transmitente e beneficiário ou recebedor do mesmo bem ou direito;

§ 2º A isenção de que trata o inciso XI do caput deste artigo é condicionada ao pronunciamento prévio da Secretaria da Indústria e Comércio;

§ 3º As isenções previstas neste artigo são reconhecidas pela Administração Tributária, na conformidade do Regulamento.

SEÇÃO IV
DA SUJEIÇÃO PASSIVA

SUBSEÇÃO I
DO CONTRIBUINTE

Art. 56. Contribuinte do ITCD é o:

I – herdeiro ou o legatário, na transmissão por sucessão legítima ou testamentária;

II – donatário, na doação;

III – beneficiário, na desistência de quinhão ou de direito, por herdeiro ou legatário;

IV – cessionário, na cessão de herança ou de bem ou direito a título não oneroso;

IV – cessionário, na cessão não onerosa;

V – o fiduciário, no fideicomisso;

VI – o usufrutuário, na constituição do usufruto;

VII – o fideicomissário, na substituição do fideicomisso;

VIII – o beneficiário, na instituição de direito real.

Parágrafo único. Na hipótese do inciso II, se o donatário não residir ou for domiciliado no Estado, o contribuinte é o doador.

SUBSEÇÃO II
DA RESPONSABILIDADE SOLIDÁRIA

Art. 57. Na impossibilidade de exigência do cumprimento da obrigação principal pelo contribuinte, respondem solidariamente com este nos atos em que intervierem ou pelas omissões de que forem responsáveis:

I – o doador, o cedente de bens ou direitos e no caso do parágrafo único do art. 56, o donatário;

II – o tabelião, o escrivão e os demais serventuários de justiça, em relação aos atos praticados por eles ou perante eles, em razão de seu ofício, bem como a autoridade judicial que não exigir o cumprimento da obrigação;

III – a empresa, a instituição financeira ou bancária e todo aquele a quem caiba a responsabilidade pelo registro ou pela prática de ato que implique a transmissão de bem móvel ou imóvel e respectivos direitos e ações;

IV – o inventariante ou o testamenteiro em relação aos atos que praticarem;

V – o titular, o administrador e o servidor das demais entidades de direito público ou privado onde se processe o registro, a anotação ou a averbação de doação;

VI – qualquer pessoa física ou jurídica que detenha a posse do bem transmitido ou doado;

VII – a pessoa que tenha interesse comum na situação que constitua o fato gerador da obrigação principal;

VIII – os pais, pelo imposto devido pelos seus filhos menores;

IX – os tutores ou curadores, pelo imposto devido pelos seus tutelados ou curatelados;

X – os administradores de bens de terceiros, pelo imposto devido por estes.

§ 1º Os servidores do Departamento Estadual de Trânsito de Estado do Tocantins (DETRAN-TO) que procederem à transferência de propriedade de veículos por doação ou Causa Mortis sem a comprovação do pagamento do ITCD respondem solidariamente com o contribuinte pelo imposto devido;

§ 2º Qualquer banco, casa bancária ou instituição financeira que entregar valores ou títulos depositados em nome de pessoa falecida, sem alvará do juízo competente, responde pelo imposto sonegado e pela multa devida.

SUBSEÇÃO III
DA RESPONSABILIDADE POR SUCESSÃO

Art. 58. É pessoalmente responsável pelo pagamento do ITCD o:

I – sucessor a qualquer título e o cônjuge meeiro quanto ao imposto devido pelo de cujus, até a data da partilha ou da adjudicação, limitada esta responsabilidade ao montante do quinhão, do legado ou da meação;

II – espólio, quanto ao devido pelo de cujus, até a data da abertura da sucessão.

SEÇÃO V
DO FATO GERADOR

Art. 59. Ocorre o fato gerador do ITCD na:

I – transmissão Causa Mortis, na data da:

a) abertura da sucessão legítima ou testamentária, mesmo no caso de sucessão provisória, e na instituição de fideicomisso e de usufruto;

b) morte do fiduciário, na substituição de fideicomisso.

II – transmissão por doação, na data:

a) da instituição de usufruto convencional;

b) em que ocorrer fato ou ato jurídico que resulte na consolidação da propriedade na pessoa do nu-proprietário, na extinção de usufruto;

c) do ato da doação, ainda que a título de adiantamento da legítima;

d) da renúncia à herança ou legado em favor de pessoa determinada;

e) da partilha, como a decorrente de inventário, arrolamento, separação ou divórcio, em relação ao excesso de quinhão que beneficiar uma das partes.

III – data da formalização do ato ou negócio jurídico, nos casos não previstos nos incisos anteriores.

§ 1º O pagamento do imposto devido na renúncia de herança ou legado não exclui a incidência verificada na sucessão Causa Mortis anterior, a que está sujeito o renunciante, respondendo pelo seu pagamento aquele a quem passar a pertencer o bem;

§ 2º Haverá nova incidência do imposto quando for desfeito o contrato que houver sido lavrado e transcrito, relativamente à transmissão não onerosa, em razão da ocorrência de condição resolutória;

§ 3º Ocorrem tantos fatos geradores distintos quantos forem os herdeiros, legatários, donatários ou usufrutuários, ainda que o bem ou direito seja indivisível.

SEÇÃO VI
DA BASE DE CÁLCULO

Art. 60. A base de cálculo do ITCD é o valor venal dos bens ou direitos, ou o valor dos títulos ou créditos, transmitidos ou doados.

§ 1º Considera-se valor venal o valor do bem ou direito transmitido ou doado, na data da avaliação.

§ 2º A base de cálculo do imposto corresponde a cinquenta por cento do valor de avaliação do bem imóvel, nas seguintes situações:

I – transmissão não onerosa, com reserva ao transmitente de direito real;

II – extinção do usufruto, com a consolidação da propriedade na pessoa do nu-proprietário;

III – transmissão de direito real de usufruto, uso, habitação ou renda expressamente constituída, quando o período de duração do direito real for igual ou superior a cinco anos, calculando-se proporcionalmente esse valor quando essa duração for inferior.

§ 3º O valor do bem ou direito transmitido, declarado pelo contribuinte, expresso em moeda

59

nacional, deve ser submetido ao procedimento de avaliação e homologação pelo Fisco Estadual, na conformidade do regulamento;

§ 4º O contribuinte que discordar da avaliação prevista no § 3º, pode requerer avaliação contraditória no prazo de 20 dias úteis contados do momento em que comprovadamente tiver ciência do fato;

§ 5º No caso de valores mobiliários, ativos financeiros e outros bens negociados em bolsa, considera-se valor venal o da cotação média publicada na data do fato gerador;

§ 6º No caso de ações não negociadas em bolsas, quotas ou outros títulos de participação em sociedades comerciais ou civis de objetivos econômicos, considera-se valor venal o seu valor patrimonial na data da ocorrência do fato gerador;

§ 7º A base de cálculo tem o seu valor revisto ou atualizado, sempre que constatada alteração no valor venal dos bens ou direitos transmitidos, ou vício na avaliação anteriormente realizada;

§ 8º Na hipótese de sucessivas doações entre o mesmo doador e o mesmo donatário, serão consideradas todas as transmissões realizadas a esse título, no prazo de cinco anos, devendo o imposto ser recalculado a cada nova doação, adicionando-se à base de cálculo os valores dos bens anteriormente transmitidos e deduzindo os valores dos impostos já recolhidos;

§ 9º São deduzidas da base de cálculo do imposto as dívidas do falecido, cuja origem, autenticidade e preexistência à morte sejam inequivocamente comprovadas.

SEÇÃO VII
DAS ALÍQUOTAS

Art. 61. As alíquotas do ITCD são:

I – 2%, quando a base de cálculo for superior a R$ 25.000,00 e até R$ 100.000,00;

II – 4%, quando a base de cálculo for superior a R$ 100.000,00 e até R$ 500.000,00;

III – 6%, quando a base de cálculo for superior a R$ 500.000,00 e até R$ 2.000.000,00;

IV – 8%, quando a base de cálculo for superior a R$ 2.000.000,00.

§ 1º Para efeito de determinação das alíquotas previstas neste artigo, considera-se o valor total dos bens e direitos tributáveis por este Estado;

§ 2º A alíquota do imposto, relativamente à transmissão:

I – *Causa Mortis*, é a vigente ao tempo da abertura da sucessão;

II – por doação, é a vigente ao tempo da doação.

SEÇÃO VII-A
DAS OBRIGAÇÕES DO CONTRIBUINTE

Art. 61-A. São obrigações do contribuinte e do responsável solidário:

I – recolher o imposto devido, ou exigir a comprovação do seu recolhimento, nos prazos e forma previstos nesta Lei, no seu regulamento e em legislação complementar;

II – apresentar ao fisco, declaração mediante a qual será apurado, lançado e cobrado o Imposto, relativa à transmissão Causa Mortis ou doações de quaisquer bens e direitos efetuadas,

na forma, condições e prazos estabelecidos nesta Lei, no seu regulamento e em legislação complementar;

III – exibir ou entregar ao Fisco, quando exigido pela legislação ou quando solicitados, documentos e outros elementos relacionados com a condição de contribuinte do imposto ou com a sucessão verificada ou doação realizada;

IV – não embaraçar a ação fiscal e assegurar ao Auditor Fiscal da Receita Estadual o acesso aos seus estabelecimentos, depósitos, dependências, móveis, imóveis, utensílios, veículos, máquinas e equipamentos, programas de computador, dados eletrônicos ou óticos, mercadorias, ações, títulos ou direito a eles relativos, papéis de controle e outros elementos relacionados ao fato gerador do ITCD e seu recolhimento;

V – conservar os documentos de arrecadação do imposto e, quando for o caso, os de reconhecimento de desoneração, bem como os demais documentos concernentes à transmissão Causa Mortis ou doação de quaisquer bens ou direitos, por prazo não inferior a 5 anos, contados do primeiro exercício seguinte àquele em que ocorreu o fato gerador ou o recolhimento do imposto;

VI – cumprir as demais obrigações acessórias previstas nesta Lei, no seu regulamento e em legislação complementar.

SEÇÃO VIII
DO VENCIMENTO, DO PAGAMENTO E DO LANÇAMENTO

SUBSEÇÃO I
DO VENCIMENTO
E DO PAGAMENTO

Art. 62. O prazo para o pagamento do ITCD vence quando da:

I – transmissão Causa Mortis, trinta dias após a ciência do contribuinte, da homologação do cálculo do imposto de Fisco Estadual;

II – doação ou cessão não onerosa, antes da realização do ato ou da celebração do contrato correspondente, observado o disposto no § 2º deste artigo.

§ 1º O ITCD será pago antes da lavratura da escritura pública ou do registro de qualquer instrumento;

§ 2º Na hipótese prevista no inciso II do caput deste artigo:

a) na partilha de bem ou divisão de patrimônio comum, o imposto é pago, quando devido, antes da expedição da respectiva carta ou da lavratura da escritura pública;

b) ocorrendo por meio de instrumento particular, os contratantes ficam também obrigados a efetuar o recolhimento do ITCD antes da celebração e mencionar em seu texto, data, valor e demais dados do documento de arrecadação;

c) na doação de qualquer bem ou direito, objeto de instrumento lavrado em outro Estado, o prazo para o pagamento do ITCD é de 30 dias contados da lavratura do instrumento;

d) sendo ajustada verbalmente, aplicam-se no que couber as disposições deste artigo, devendo os contratantes, na forma prevista em regulamento, fazer constar no documento de

arrecadação dados suficientes para identificar o ato jurídico efetivado;

e) todo aquele que praticar, registrar ou intervier em ato ou contrato, relativo à doação de bens ou direitos, está obrigado a exigir dos contratantes a apresentação do respectivo documento de arrecadação do imposto;

f) em se tratando de veículos, a apresentação do respectivo instrumento ao DETRAN/TO é sempre precedida do pagamento do imposto.

§ 3º A alienação de bem, título ou crédito no curso do processo de inventário, mediante autorização judicial, não altera o prazo para pagamento do imposto devido pela transmissão decorrente de sucessão legítima ou testamentária;

§ 4º Na hipótese de bem imóvel cujo inventário ou arrolamento se processar fora do Estado, a carta precatória não pode ser devolvida sem a prova de quitação do imposto devido;

§ 5º Os prazos para pagamento do imposto vencem em dia de expediente normal das agências bancárias autorizadas;

§ 6º Na hipótese de reconhecimento de herdeiro por sentença judicial, os prazos previstos nesta Lei começam a ser contados a partir da data do seu trânsito em julgado.

Art. 62-A. O local e a forma de pagamento do ITCD são estabelecidos em regulamento.

§ 1º Não serão lavrados, registrados ou averbados pelo tabelião, escrivão e oficial de Registro de Imóveis, atos e termos de seu cargo, sem a prova do pagamento do imposto;

§ 2º As partilhas judiciais não serão julgadas sem a prova do pagamento do imposto e de quitação relativa aos bens partilhados, de todos os tributos estaduais;

§ 3º A carta precatória oriunda de outro Estado ou a carta rogatória para avaliação de bem, título e crédito alcançados pela incidência do ITCD, não deve ser devolvida ao juízo deprecante ou rogante, antes da comprovação do pagamento do imposto devido homologada pela Secretaria da Fazenda;

§ 4º O contribuinte deve conservar em seu poder, pelo prazo decadencial de 5 anos, para exibição ao Fisco, os documentos de arrecadação do imposto;

§ 5º Fica a Secretaria da Fazenda autorizada a divulgar lista de preços mínimos para efeitos de base de cálculo do ITCD.

Art. 62-B. O débito fiscal de ITCD poderá ser recolhido em até 24 (vinte e quatro) parcelas mensais e sucessivas, conforme dispuser o regulamento.

§ 1º (Vetado);

§ 2º A primeira prestação será paga na data da assinatura do acordo, vencendo-se as seguintes no mesmo dia dos meses subsequentes;

§ 3º Ocorrendo o rompimento do acordo, prosseguir-se-á na cobrança do débito remanescente sujeitando-se o saldo à atualização monetária, aos juros de mora e aos demais acréscimos legais;

§ 4º O rompimento do acordo acarretará a inscrição do débito na dívida ativa e consequente ajuizamento.

SUBSEÇÃO II
DO LANÇAMENTO

Art. 63. O lançamento do imposto é efetuado:

I – mediante declaração do sujeito passivo, sujeito à homologação de que trata o § 3º do art. 60 desta Lei;

II – de ofício quando:

a) o contribuinte ou responsável deixar de apresentar a declaração de bens e direitos, no prazo legal,

b) em qualquer hipótese, for constatado omissão de pagamento do imposto devido.

§ 1º Na doação ou cessão não onerosa de bem imóvel, o pagamento do imposto deve ser feito antes da lavratura do respectivo instrumento público;

§ 2º Na partilha judicial, o pagamento do imposto deve ser feito antes de proferida a sentença.

Art. 63-A. Constatado o não pagamento do imposto é lavrado o respectivo documento de constituição do crédito tributário.

I – (Revogado);

II – (Revogado).

→ Lei n. 3.019/2015.

§ 1º O documento de constituição do crédito tributário de que trata o caput é processado, revisado, decidido e reexaminado, na forma e prazos estabelecidos em regulamento;

§ 2º No procedimento relativo ao lançamento de ofício, o crédito tributário é instrumentado e formalizado na conformidade do § 1º deste artigo, não se submetendo ao rito e processo administrativo tributário previsto na Lei n. 1.288, de 28 de dezembro de 2001.

Art. 63-B. O crédito tributário decorrente do imposto lançado e não recolhido no prazo previsto é inscrito em Dívida Ativa.

SEÇÃO IX
DAS INFRAÇÕES E DAS PENALIDADES

Art. 64. O descumprimento das obrigações previstas nesta lei sujeita o infrator às seguintes penalidades:

I – na transmissão Causa Mortis, o imposto é calculado com acréscimo de multa equivalente a:

a) 10% do imposto devido se o atraso na entrega da Declaração do ITCD for superior a 60 dias e até 180 dias da abertura da sucessão;

b) 20% do imposto devido se o atraso na entrega da Declaração do ITCD for superior a 180 dias da abertura da sucessão.

II – 40% do valor do imposto devido, quando não recolhido no prazo legal, na hipótese de lançamento de ofício;

a) (Revogado);

b) (Revogado);

c) (Revogado);

d) (Revogado);

e) (Revogado);

f) (Revogado);

g) (Revogado);

h) (Revogado).

→ Lei n. 3.019/2015.

III – 60% do valor do imposto, em virtude de omissão, fraude, dolo, simulação ou falsificação;

IV – R$ 500,00 ao servidor da Justiça que deixar de dar vista dos autos ao Agente do Fisco, nos casos previstos em lei;

V – R$ 1.000,00 pelo descumprimento de outras obrigações acessórias previstas na legislação tributária;

VI – R$ 1.500,00 na hipótese de não incidência ou isenção do imposto, sem o prévio reconhecimento do benefício;

VII – R$ 2.000,00 pela não apresentação das informações exigidas no § 1º, art. 66 desta Lei.

§ 1º As multas previstas nos incisos IV a VII deste artigo, são aplicadas a qualquer pessoa que intervenha no negócio jurídico ou declaração e seja conivente ou auxiliar na inexatidão ou omissão praticada, inclusive o serventuário ou o servidor;

§ 2º A imposição de penalidade ou o pagamento da multa respectiva não exime o infrator de cumprir a obrigação inobservada;

§ 3º Na hipótese dos incisos IV a VII deste artigo, as multas podem ser cobradas em dobro até a quarta reincidência, a partir de então, o Agente do Fisco deve comunicar o fato, por escrito, ao Delegado Regional, que deve adotar as providências necessárias no sentido de solicitar a exibição judicial dos documentos descritos nas intimações não atendidas.

Art. 65. As multas previstas nos incisos I e II do art. 64 desta Lei, são reduzidas em 50% se o pagamento do valor exigido for efetivado dentro do prazo previsto na notificação ou obrigação.

Parágrafo único. O pagamento efetuado com a redução prevista no caput deste artigo importa a renúncia de defesa e o reconhecimento integral do crédito tributário.

SEÇÃO IX-A
DA RESTITUIÇÃO DE INDÉBITO

Art. 65-A. Fica assegurada a restituição das quantias recolhidas indevidamente ao cofres públicos, no todo ou em parte, àqueles que comprovarem o indébito, conforme dispuser o regulamento.

§ 1º No caso de aparecimento do ausente, fica assegurada a restituição do imposto recolhido pela sucessão provisória;

§ 2º Será também restituído o imposto recolhido, se declarado, por decisão judicial passada em julgado, nulo o ato ou contrato respectivo.

SEÇÃO X
DAS DISPOSIÇÕES

Art. 66. Os responsáveis solidários referidos no inciso II do art. 57, ao lavrarem registro público, registro ou averbação de atos, instrumentos ou títulos relativos à transmissão de imóveis ou de direitos reais imobiliários, inclusive formais de partilha e cartas de adjudicação, bem como os referentes à transmissão de títulos, de créditos, de ações, de quotas, de valores e de outros bens móveis de qualquer natureza ou de direitos reais a eles relativos, de que resulte obrigação de pagar o imposto, devem:

I – confirmar previamente o seu pagamento devidamente homologado pela Secretaria da Fazenda, ou, se a operação for isenta ou não tributada, a existência do ato de sua desoneração, se o for o caso;

II – mencionar no documento público de transmissão, os dados relativos ao pagamento do imposto, como número e data do documento de arrecadação, valor venal avaliado pela Secretaria da Fazenda, a instituição financeira recebedora do imposto e o respectivo valor pago ou o número do ato referente a sua desoneração, se for o caso.

§ 1º Os titulares do Tabelionato de Notas, do Ofício do Registro de Títulos e Documentos, do Ofício do Registro Civil das Pessoas Jurídicas, do Ofício do Registro de Imóveis, do Ofício do Registro de Distribuição e do Ofício do Registro Civil das Pessoas Naturais, de acordo com suas atribuições, devem informar à Secretaria da Fazenda, nos dez primeiros dias de cada mês, os atos praticados no mês anterior, relativos:

I – à escritura ou ao registro de doação de quaisquer bens ou direitos, evidenciando os bens ou direitos doados e as suas respectivas avaliações;

II – à constituição e à extinção de usufruto ou de fideicomisso;

III – à alteração de contrato social que constitua fato gerador do imposto;

IV – aos títulos judiciais ou particulares translativos de direitos reais sobre móveis e imóveis;

V – aos testamentos e aos atestados de óbito registrados, evidenciando a existência de bens a inventariar e o nome dos herdeiros;

VI – aos processos de arrolamento e de adjudicação de que trata o Código de Processo Civil, evidenciando nome e endereço dos herdeiros e cessionários, relação dos bens a partilhar e as respectivas avaliações.

§ 2º Compete aos Agentes do Fisco investigar a existência de heranças e doações sujeitas ao imposto, podendo, para esse fim, solicitar o exame de livros e informações dos cartórios e demais repartições;

§ 3º Além das obrigações específicas previstas neste Capítulo, pode o regulamento, no interesse da fiscalização e da arrecadação do imposto, estabelecer outras obrigações de natureza geral ou particular.

Art. 67. As autoridades judiciárias e os escrivães não podem negar vista aos Agentes do Fisco:

I – dos processos em que sejam inventariados, avaliados, partilhados ou adjudicados bens de espólio e dos de liquidação de sociedades em virtude de falecimento de sócio;

II – de precatórias ou rogatórias para avaliação de bens de espólio;

III – de quaisquer outros processos nos quais se faça necessária a intervenção da Fazenda para evitar evasão do imposto de transmissão;

IV – dos inventários processados sob a forma de arrolamento, necessariamente antes de expedida a carta de adjudicação ou formal de partilha.

SEÇÃO XI
DA DECADÊNCIA E DA PRESCRIÇÃO

Art. 67-A. O prazo para a extinção do direito da Fazenda Pública formalizar o crédito tributário é de cinco anos contados do primeiro dia do exercício seguinte àquele em que o lançamento poderia ter sido efetuado com base nas informações relativas à caracterização do fato gerador do imposto, necessárias à lavratura do ato administrativo, obtidas na declaração do contribuinte ou na informação disponibilizada ao Fisco, inclusive no processo judicial.

Art. 67-B. A ação para a cobrança do crédito tributário prescreve em cinco anos, contados da data da sua constituição definitiva.

Art. 67-C. O contribuinte deve conservar os documentos de arrecadação do imposto e, quando for o caso, os de reconhecimento de desoneração, bem como os demais documentos concernentes à transmissão Causa Mortis ou doação de quaisquer bens ou direitos, para exibição ao Fisco, observados os prazos decadencial e prescricional.

Art. 68. (Revogado).

➜ Lei n. 2.574/2012.

I – (Revogado);

II – (Revogado).

➜ Lei n. 2.549/2011.

CAPÍTULO III
DO IMPOSTO SOBRE A PROPRIEDADE DE VEÍCULOS AUTOMOTORES – IPVA

SEÇÃO I
DA INCIDÊNCIA

Art. 69. O Imposto sobre a Propriedade de Veículos Automotores (IPVA) incide sobre a propriedade de veículo automotor aéreo, aquático ou terrestre, quaisquer que sejam as suas espécies, ainda que o proprietário seja domiciliado no exterior.

SEÇÃO II
DA NÃO INCIDÊNCIA

Art. 70. O IPVA não incide sobre a propriedade de veículo pertencente:

I – à União, aos Estados, ao Distrito Federal e aos Municípios;

II – à embaixada e consulado estrangeiros credenciados junto ao Governo brasileiro;

III – às entidades a seguir enumeradas, desde que o veículo esteja vinculado às suas finalidades essenciais ou às delas decorrentes:

a) autarquia ou fundação instituída e mantida pelo poder público;

b) instituição de educação ou de assistência social;

c) partido político, inclusive suas fundações;

d) entidade sindical de trabalhador;

e) templos de qualquer culto.

§ 1º A não incidência que trata o inciso III, alíneas "b" "c" e "d" do *caput*, compreende somente os veículos vinculados e indispensáveis às finalidades essenciais das entidades, observada, ainda, a satisfação dos seguintes requisitos:

I – não distribuir qualquer parcela de seu patrimônio ou de sua renda a título de lucro ou participação no seu resultado;

II – aplicar integralmente, no País, os seus recursos na manutenção dos seus objetivos institucionais;

III – manter escrituração de suas receitas e despesas em livros revestidos de formalidades capazes de assegurar-lhes exatidão.

§ 2º A não incidência prevista no inciso III do caput deste artigo deve ser previamente reconhecida pela administração tributária, por ato do Superintendente de Gestão Tributária.

§ 3º A não incidência de que trata a alínea "b" do inciso III deste artigo no que se refere às instituições de assistência social, condiciona-se à apresentação do Certificado de Entidade Beneficente de Assistência Social, fornecido pelo órgão competente.

§ 4º Cessado o motivo ou a condição que lhe der causa, cessa a não incidência.

SEÇÃO III
DA ISENÇÃO

Art. 71. É isenta do IPVA a propriedade dos seguintes veículos:

I – máquinas e tratores agrícolas e de terraplenagem;

II – aéreos de exclusivo uso agrícola;

III – destinados exclusivamente ao socorro e transporte de feridos ou doentes;

IV – de combate a incêndio;

V – locomotivas e vagões ou vagonetes automovidos, de uso ferroviário;

VI – adquiridos por pessoas portadoras de deficiência física, visual, mental severa ou profunda, ou autistas, de valor não superior a R$ 70.000,00, limitada a isenção a um veículo por proprietário;

VII – ônibus de transporte coletivo urbano;

VIII – de aluguel de táxi ou mototáxi, dotados ou não de taxímetro, destinados ao transporte de pessoa, limitada a isenção a um veículo por proprietário, desde que seja profissional autônomo;

IX – embarcações de pescador profissional, pessoa natural, com capacidade de carga de até três toneladas, por ele utilizado na atividade pesqueira, limitada a isenção a uma embarcação por proprietário;

X – pertencentes à empresa pública, exclusivamente quanto aos veículos vinculados a suas finalidades essenciais ou às delas decorrentes, vedado à aplicação do beneficio aos veículos relacionados com exploração de atividades econômicas regidas pelas normas aplicáveis a empreendimentos privados, ou em que haja contraprestação ou pagamento de preços ou tarifas pelo usuário;

XI – cuja posse tenha sido injustamente subtraída de seu proprietário, em decorrência de furto ou roubo, desde que haja registrado a ocorrência policial à época do fato e comunicação pelo sistema RENAVAM ao Departamento Estadual de Trânsito – DETRAN-TO;[8]

XII – (Revogado);

➜ Lei n. 1.506/2004.

XIII – (Revogado).

➜ Lei n. 3.019/2015.

XIV – ônibus ou micro-ônibus destinado exclusivamente ao transporte de escolares ou turístico de passageiros, desde que credenciado nos órgãos de regulação, controle e fiscalização desses serviços;

XV – automotor novo, desde que adquirido:

a) de estabelecimento fabricante, montador ou revendedor localizado no Estado do Tocantins;

b) por empresa, cuja atividade principal seja a locação de veículo sem condutor, atendido o disposto no § 7º deste artigo;

c) (Revogado).

➜ Lei n. 2.549/2011.

XVI – leiloados pelo poder público, quando:

a) apreendidos, a partir do mês da apreensão até o último dia do exercício fiscal da arrematação;

b) oficiais, até o último mês do exercício fiscal da arrematação.

XVI – apreendidos e leiloados pelo poder público, compreendendo o mês da apreensão ao último mês do exercício fiscal da arrematação, observado o disposto no art. 83-A desta Lei;

XVII – sinistrados com laudo de perda total, veículos irrecuperáveis ou definitivamente desmontados, desde que seu proprietário tenha solicitado ao DETRAN/TO a baixa do registro do veículo, na forma estabelecida no art. 126[9] da Lei n. 9.503, de 23 de setembro de 1997.

§ 1º Cessado o motivo ou a condição que lhe der causa, cessa a isenção;

§ 2º (Revogado);

➜ Lei n. 2.681/2012.

§ 3º As isenções previstas nos incisos VI a XI, XIV a XVII do caput deste artigo são previamente reconhecidas pela Administração Tributária, conforme ato do Secretário de Estado da Fazenda;

§ 4º A dispensa de pagamento do IPVA, nas hipóteses dos incisos XI e XVII, se dá a partir do mês seguinte ao da data do evento, observado que:

I – a isenção é processada pela Secretaria da Fazenda, independentemente de solicitação, quando da inserção dos dados da ocorrência policial no Cadastro Geral de Veículos do DETRAN/TO;

II – cabe pedido de restituição do imposto pago proporcionalmente à razão de um doze avos, contados a partir do mês seguinte à data do evento, desde que haja o prévio reconhecimento da isenção na forma do inciso anterior;

III – a restituição deve ser requerida a partir do primeiro dia útil do ano calendário subsequente

---

8. Alterado e corrigido. Redação original consta "DERAN-TO".

9. Art. 126. O proprietário de veículo irrecuperável, ou destinado à desmontagem, deverá requerer a baixa do registro, no prazo e forma estabelecidos pelo Contran, vedada a remontagem do veículo sobre o mesmo chassi de forma a manter o registro anterior.

    § 1º A obrigação de que trata este artigo é da companhia seguradora ou do adquirente do veículo destinado à desmontagem, quando estes sucederem ao proprietário;

    § 2º A existência de débitos fiscais ou de multas de trânsito e ambientais vinculadas ao veículo não impede a baixa do registro.

à data do evento, pelo proprietário que constar no Certificado de Registro e Licenciamento de Veículos, desde que não constem débitos para a mesma pessoa;

IV – havendo valores a débito e a crédito de IPVA, incidente sobre um mesmo veículo, a Secretaria da Fazenda pode processar a compensação deste, independente de solicitação;

V – a isenção e a restituição previstas, quando não puderem ser processadas automaticamente, podem ser requeridas à Secretaria da Fazenda, instruindo o pedido com os elementos comprobatórios da privação de seus direitos de propriedade;

VI – constatada, a qualquer tempo, a falta de autenticidade dos dados ou que o interessado não satisfazia ou deixou de satisfazer as condições legais ao reconhecimento da isenção ou da restituição, é devido o imposto correspondente, na forma do art. 80, VI, acrescidos das cominações legais, sem prejuízo da imposição das penalidades cabíveis.

§ 5º As isenções previstas nos incisos:

I – I a V, XIII e XVI do caput deste artigo são processadas pela Secretaria da Fazenda, independentemente de solicitação;

II – VI a XI, XIV, XV e XVII do caput deste artigo são requeridas conforme ato baixado pelo Secretário de Estado da Fazenda;

III – VI, VII, VIII e XIV do caput deste artigo aplica-se ao contribuinte sem débitos para com a Fazenda Pública Estadual.

§ 6º (Revogado);

→ Lei n. 2.549/2011.

§ 7º A empresa referida na alínea "b" do inciso XV deste artigo perde o benefício da isenção do IPVA na transferência de propriedade do veículo no mesmo exercício de sua aquisição;

§ 8º Não confere ao sujeito passivo, beneficiário das isenções previstas neste artigo, direito à restituição das importâncias pagas antes da concessão do benefício, ressalvado o disposto nos incisos XI, XV e XVII deste artigo.

SEÇÃO IV
DA SUJEIÇÃO PASSIVA

SUBSEÇÃO I
DO CONTRIBUINTE

Art. 72. Contribuinte do IPVA é o proprietário do veículo automotor aéreo, aquático ou terrestre.

SUBSEÇÃO II
DA RESPONSABILIDADE PESSOAL

Art. 73. É pessoalmente responsável pelo pagamento do IPVA o adquirente ou o remitente do veículo, em relação a fato gerador anterior ao tempo de sua aquisição.

SUBSEÇÃO III
DA RESPONSABILIDADE SOLIDÁRIA

Art. 74. É solidariamente responsável pelo pagamento do IPVA:

I – o fiduciante com o devedor fiduciário, em relação ao veículo objeto de alienação fiduciária em garantia;

II – a empresa proprietária com o arrendatário, no caso de veículo cedido pelo regime de arrendamento mercantil;

III – com o sujeito passivo, a autoridade administrativa que proceder ao registro ou averbação de negócio do qual resulte a alienação ou a oneração do veículo, sem que o sujeito passivo faça prova da quitação de crédito tributário relativo ao imposto;

IV – com o sujeito passivo, qualquer pessoa que adulterar, viciar ou falsificar:

a) documento de arrecadação do imposto, de registro ou de licenciamento de veículo;

b) informação cadastral de veículo com o objetivo de eliminar ou reduzir imposto.

V – qualquer pessoa que tenha, em seu próprio nome, requerido o parcelamento de débito de IPVA;

VI – o proprietário que alienar o veículo e não comunicar a ocorrência ao órgão público encarregado do registro e licenciamento, inscrição ou matrícula.

§ 1º A solidariedade prevista nesse artigo não comporta benefício de ordem;

§ 2º A comunicação a que se refere o inciso VI deste artigo desobriga o alienante de responsabilidade relativa a imposto cujo fato gerador ocorra posteriormente a ela, bem como dos acréscimos legais.

SUBSEÇÃO IV
DA RESPONSABILIDADE POR SUBSTITUIÇÃO

Art. 75. (Revogado).

→ Lei n. 3.019/2015.

SEÇÃO V
DO FATO GERADOR

Art. 76. Ocorre o fato gerador do IPVA:

I – na data da primeira aquisição do veículo novo por consumidor final;

II – na data da montagem do veículo pelo consumidor ou por conta e ordem deste;

III – na data do desembaraço aduaneiro, em relação a veículo importado do exterior, diretamente ou por meio de trading company, por consumidor final;

IV – na data da incorporação de veículo ao ativo permanente do fabricante, do revendedor ou do importador;

V – na data em que ocorrer a perda da isenção ou da não incidência;

VI – no dia 1º de janeiro de cada ano, em relação a veículo adquirido em exercício anterior.

VII – no primeiro dia do ano subsequente, em relação a veículo transferido de outra unidade federada.

Parágrafo único. A perda da isenção de que trata o inciso V do caput deste artigo ocorre quando o contribuinte ou responsável, usufruindo do benefício da isenção ou da não incidência, transmitir a propriedade do veículo no mesmo exercício da obtenção.

SEÇÃO VI
DA BASE DE CÁLCULO

Art. 77. A base de cálculo do IPVA é o:

I – valor constante do documento fiscal relativo à aquisição, acrescido do valor de opcionais e acessórios e das demais despesas relativas à operação, quando se tratar da primeira aquisição do veículo novo por consumidor final;

II – valor constante do documento de importação, acrescido do valor de tributo incidente e de qualquer despesa decorrente da importação, ainda que não pagos pelo importador, quando se tratar de veículo importado do exterior, diretamente ou por meio de trading company, por consumidor final;

III – valor do custo de aquisição ou de fabricação constante do documento relativo à operação, quando se tratar de incorporação de veículo ao ativo permanente do fabricante, do revendedor ou do importador;

IV – somatório dos valores constantes de documento fiscal relativo à aquisição de partes, peças e a serviços prestados, quando se tratar de veículo montado pelo próprio consumidor ou por conta e ordem deste, não podendo o somatório ser inferior ao valor médio de mercado;

V – valor médio de mercado fixado por ato do Secretário da Fazenda, quando se tratar de veículo adquirido em exercício anterior.

VI – valor médio de mercado fixado na forma do inciso V deste artigo, na hipótese de recuperação de veículo subtraído injustamente de seu proprietário.

§ 1º Na impossibilidade da aplicação da base de cálculo prevista neste artigo, deve-se adotar o valor:

I – de veículo similar existente no mercado;

II – arbitrado pela autoridade administrativa na inviabilidade da aplicação da regra precedente.

§ 2º É irrelevante para determinação da base de cálculo o estado de conservação do veículo individualmente considerado;

§ 3º A Secretaria da Fazenda pode:

I – contratar empresa especializada para a elaboração da pesquisa do valor médio de mercado do veículo, atendidas as formalidades legais;

II – adotar, se houver, tabela de valores venais elaborada pelo Conselho de Política Fazendária (CONFAZ), ou celebrar protocolo específico com os demais Estados para uniformização de preços de veículos e fixação da base de cálculo do IPVA.

SEÇÃO VII
DAS ALÍQUOTAS

Art. 78. As alíquotas do IPVA são:

I – 1,25% para veículos terrestres utilizados no transporte de passageiros e de cargas, a seguir relacionados:

a) ônibus;

b) micro-ônibus;

c) caminhão;

d) (Revogado).

→ Lei n. 3.019/2015.

e) (Revogado);

→ Lei n. 2.549/2011.

f) caminhão trator;

g) cavalos mecânicos.

NORMAS PARA A ATIVIDADE EXTRAJUDICIAL DO ESTADO DO TOCANTINS

II – 2% para veículos:

a) aéreos;

b) aquáticos;

III – (Revogado)
→ Lei n. 3.019/2015.

IV – 2,5% para:

a) veículos automóveis de passageiros, camionetas pick-up e furgões equipados com motor de até 100 HP de potência bruta (SEAE);

b) motocicletas e ciclomotores equipados com motor de até 180 cm³ de cilindrada;

c) veículos adquiridos e destinados exclusivamente à locação, observado o § 4º deste artigo;

d) veículos automotores não relacionados neste artigo.

V – 3,5%, para:

a) veículos automóveis de passageiros, camionetas pick-up e furgões equipados com motor acima de 100 HP de potência bruta (SEAE);

b) motocicletas e ciclomotores equipados com motor acima de 180 cm³ de cilindrada.

§ 1º (Revogado);
→ Lei n. 3.019/2015.

§ 2º (Revogado).
→ Lei n. 2.549/2011.

§ 3º Para os efeitos da alínea "c" do inciso I deste artigo, entende-se por caminhão o veículo rodoviário com capacidade de carga igual ou superior a 3.500kg;

§ 4º A alíquota prevista no IV, alínea "c", deste artigo, somente é aplicada a veículo destinado à locação quando operado por empresa com ramo de atividade econômica de locação de veículos.

SEÇÃO VIII
DO CADASTRO, DO LANÇAMENTO, DO PAGAMENTO E DA FISCALIZAÇÃO

SUBSEÇÃO I
DO CADASTRO

Art. 79. A Secretaria da Fazenda pode instituir, isolada ou em conjunto com outros órgãos da administração pública estadual ou federal, o cadastro de proprietário de veículos automotores contribuintes do IPVA.

§ 1º O cadastro de veículos é mantido atualizado:

I – pelo DETRAN/TO, em relação aos veículos rodoviários;

II – pela Secretaria da Fazenda, na forma estabelecida em ato do Secretário de Estado da Fazenda, em relação às embarcações e aeronaves.

§ 2º É vedado ao DETRAN/TO o licenciamento ou a transferência de propriedade de veículos automotores, sem a quitação integral do imposto devido nos exercícios anteriores e do exercício corrente, ressalvada a possibilidade de concessão ao licenciamento caso haja a formalização de parcelamento dos débitos do IPVA dos exercícios anteriores ao corrente;

§ 3º É obrigatória à inscrição do contribuinte do IPVA no órgão responsável pelo registro do veículo automotor, devendo o referido órgão fornecer à Secretaria da Fazenda os dados cadastrais relativos aos veículos e seus respectivos proprietários e possuidores a qualquer título.

SUBSEÇÃO II
DO LANÇAMENTO

Art. 79-A. O lançamento do IPVA para veículo usado é realizado de ofício e anualmente.

§ 1º O procedimento administrativo tributário referente ao IPVA iniciar-se-á com a notificação do lançamento ou por meio do auto de infração.

a) (Revogado);

b) (Revogado);

c) (Revogado);

d) (Revogado);

e) (Revogado);

f) (Revogado).
→ Lei n. 3.019/2015.

§ 2º A notificação de lançamento contém, no mínimo:

I – a identificação do sujeito passivo;

II – a identificação do veículo;

III – o valor da base de cálculo, da alíquota e do imposto devido;

IV – a forma como o débito fiscal pode ser recolhido;

VI – a intimação para recolhimento do valor devido ou impugnação;

VII – a repartição fiscal e a autoridade que deve ser dirigida eventual impugnação;

VIII – a identificação do agente do fisco responsável pelo ato.

§ 3º A notificação de lançamento é efetuada por um dos seguintes meios:

I – publicação no Diário Oficial;

II – por meio eletrônico;

III – pessoalmente, mediante ciência para demonstrar seu recebimento pelo contribuinte, responsável ou mandatário;

IV – mediante envio de carta registrada ao sujeito passivo, para o endereço constante no Cadastro de Contribuintes do IPVA ou de seu domicílio, que tenha sido identificado pela Secretaria da Fazenda por qualquer meio.

§ 4º Os meios de notificação de lançamento previstos neste artigo não estão sujeitos à ordem de preferência.

§ 5º Considera-se efetuada a notificação de lançamento:

I – na data de sua publicação no Diário Oficial;

II – no terceiro dia útil posterior ao seu envio, quando efetuada por meio eletrônico;

III – na data da ciência, quando efetuada pessoalmente;

IV – no terceiro dia útil posterior ao envio da carta registrada.

§ 6º Em relação aos veículos usados e aos importados registrados no Estado, o IPVA deve ser disponibilizado para consulta individualizada por Registro Nacional de Veículos Automotores (RENAVAM), na página da Secretaria da Fazenda, na internet;

§ 7º O sujeito passivo pode apresentar, por escrito, impugnação ao lançamento, no prazo de trinta dias contados da data da notificação, conforme ato do Secretário da Fazenda;

§ 8º É dispensada a assinatura do autor do procedimento formalizado por meio eletrônico;

§ 9º É o Chefe do Poder Executivo autorizado a conceder desconto no valor do IPVA do exercício em que ocorrer o fato gerador, em caso de antecipação do pagamento;

§ 10. Ao procedimento iniciado por meio de Auto de Infração aplica-se o disposto na Lei Estadual n. 1.288/2001, que dispõe sobre o Contencioso Administrativo-Tributário e os Procedimentos Administrativo-Tributários;

§ 11. Cumpre ao Secretário de Estado da Fazenda fixar os demais procedimentos relativos ao lançamento do crédito tributário do IPVA.

SUBSEÇÃO III
DO PAGAMENTO

Art. 79-B. O IPVA deve ser pago:

I – na hipótese dos incisos I a IV do art. 77 desta Lei, no prazo de até 30 dias contados da data do evento;

II – na hipótese do inciso V do artigo 77 desta Lei, nas datas fixadas em ato do Secretário de Estado da Fazenda;

III – na hipótese do inciso VI do art. 77 desta Lei, 30 dias contados da data da recuperação do veículo.

§ 1º Ato do Secretário de Estado da Fazenda fixa o local, a forma e o calendário fiscal de pagamento do IPVA, devendo o recolhimento ser efetuado junto à rede bancária autorizada pela Secretaria da Fazenda;

§ 2º O não pagamento do IPVA no prazo legal implica na exigência de multa, correção monetária e juros de mora, nos termos desta Lei;

§ 2º-A Não haverá recolhimento, retenção ou apreensão do veículo pela identificação do não pagamento do IPVA, exceto se existir outra hipótese de recolhimento ou retenção prevista na Lei Federal n. 9.503/97 ou em Lei Estadual vigente;

§ 3º Na hipótese de parcelamento do IPVA de exercícios anteriores juntamente com o IPVA do exercício de ocorrência do fator gerador, o pagamento da primeira parcela dá direito ao proprietário do veículo ou ao responsável, de requerer junto ao DETRAN/TO a liberação do Certificado de Registro e Licenciamento do Veículo (CRLV), referente ao exercício anterior, para a circulação do veículo até a quitação da última parcela, exigida para a liberação do licenciamento do exercício corrente;

§ 4º No caso de ocorrer pagamento indevido do IPVA, o valor recolhido a maior pode ser compensado com outros débitos do IPVA do mesmo veículo, ou sua restituição solicitada na forma prevista na legislação tributária estadual;

§ 5º Os débitos do IPVA de exercícios anteriores ao corrente, são inscritos em dívida ativa caso não sejam quitados até a data do vencimento previsto no calendário fiscal de que trata o § 1º deste artigo;

§ 6º Ficam suspensas, com vistas a ajuizamento, as inscrições em Dívida Ativa dos débitos do IPVA, cujos montantes atualizados e devidos pelo contribuinte não excedam a R$ 100,00, observando o prazo prescricional.

LEI N. 1.2871 DE 28 DE DEZEMBRO DE 2001 — ART. 83-A

Art. 80. O valor do IPVA compreende tantos doze avos do seu valor quantos forem os meses faltantes para o término do ano civil, incluindo-se o mês da ocorrência do evento, nas seguintes situações:

I – primeira aquisição do veículo por consumidor final;

II – montagem do veículo pelo consumidor ou por conta deste;

III – desembaraço aduaneiro, em relação a veículo importado do exterior, diretamente ou por meio de *trading company*, por consumidor final;

IV – incorporação de veículo ao ativo permanente do fabricante, do revendedor ou do importador;

V – perda de isenção ou de não incidência;

VI – restabelecimento da propriedade ou posse, quando injustamente subtraída.

Art. 81. O IPVA deve ser recolhido na data em que ocorrer a alienação, a transferência da propriedade ou da posse de veículo.

Parágrafo único. (Revogado).
→ Lei n. 1.770/2007.

SUBSEÇÃO IV
DA FISCALIZAÇÃO

Art. 81-A. Compete à Secretaria da Fazenda, com auxílio do DETRAN/TO, da Polícia Militar do Estado do Tocantins e, na forma de convênio, da Polícia Rodoviária Federal e dos Municípios, fiscalizar, a execução desta Lei.

SEÇÃO IX
DAS INFRAÇÕES E DAS PENALIDADES

Art. 82. As infrações relacionadas ao IPVA são punidas com as seguintes multas:

I – de 30% do valor do imposto devido, quando o sujeito passivo deixar de encaminhar, no prazo regulamentar, veículo para matrícula, inscrição ou registro, ou para o cadastramento;

II – quando não pago no prazo estabelecido pelo calendário fiscal anual previsto em ato do Secretário de Estado da Fazenda:

a) 0,12 % do valor do imposto, por dia de atraso, até quarenta e cinco dias do vencimento;

b) 12% do valor do imposto, após quarenta e cinco dias do vencimento até o último dia do exercício;

c) 25% do valor do imposto, em exercício seguinte.

III – (Revogado);
→ Lei n. 2.640/2012.

IV – de 150% do valor do imposto devido:

a) quando o sujeito passivo utilizar-se de documento adulterado, falso ou indevido, com o propósito de comprovar regularidade tributária, para:

1. preencher requisito legal ou regulamentar;

2. beneficiar-se de não incidência ou de isenção;

3. reduzir ou excluir da cobrança o valor do imposto devido.

b) aplicável a qualquer pessoa que adulterar, emitir, falsificar ou fornecer o documento para os fins previstos na alínea anterior, ainda que não seja o proprietário ou o possuidor do veículo.

Parágrafo único. São aplicadas em dobro as multas previstas nas alíneas a, b e c do inciso II deste artigo quando iniciado procedimento fiscal ou policial de trânsito.

Art. 83. Os responsáveis e substitutos sujeitar-se-ão às mesmas penalidades previstas no artigo anterior.

SEÇÃO X
DISPOSIÇÕES GERAIS

Art. 83-A. O Estado deve promover, diretamente ou por meio de concessionária, o leilão de veículo apreendido e não retirado pelo proprietário, e os recursos arrecadados são destinados na forma estabelecida no art. 328[10] da

---

10. Art. 328. O veículo apreendido ou removido a qualquer título e não reclamado por seu proprietário dentro do prazo de sessenta dias, contado da data de recolhimento, será avaliado e levado a leilão, a ser realizado preferencialmente por meio eletrônico.

§ 1º Publicado o edital do leilão, a preparação poderá ser iniciada após trinta dias, contados da data de recolhimento do veículo, o qual será classificado em duas categorias:

I – conservado, quando apresenta condições de segurança para trafegar; e

II – sucata, quando não está apto a trafegar.

§ 2º Se não houver oferta igual ou superior ao valor da avaliação, o lote será incluído no leilão seguinte, quando será arrematado pelo maior lance, desde que por valor não inferior a cinquenta por cento do avaliado;

§ 3º Mesmo classificado como conservado, o veículo que for levado a leilão por duas vezes e não for arrematado será leiloado como sucata;

§ 4º É vedado o retorno do veículo leiloado como sucata à circulação;

§ 5º A cobrança das despesas com estada no depósito será limitada ao prazo de seis meses;

§ 6º Os valores arrecadados em leilão deverão ser utilizados para custeio da realização do leilão, dividindo-se os custos entre os veículos arrematados, proporcionalmente ao valor da arrematação, e destinando-se os valores remanescentes, na seguinte ordem, para:

I – as despesas com remoção e estada;

II – os tributos vinculados ao veículo, na forma do § 10;

III – os credores trabalhistas, tributários e titulares de crédito com garantia real, segundo a ordem de preferência estabelecida no art. 186 da Lei n. 5.172, de 25 de outubro de 1966 (Código Tributário Nacional);

IV – as multas devidas ao órgão ou à entidade responsável pelo leilão;

V – as demais multas devidas aos órgãos integrantes do Sistema Nacional de Trânsito, segundo a ordem cronológica; e

VI – os demais créditos, segundo a ordem de preferência legal.

§ 7º Sendo insuficiente o valor arrecadado para quitar os débitos incidentes sobre o veículo, a situação será comunicada aos credores;

§ 8º Os órgãos públicos responsáveis serão comunicados do leilão previamente para que formalizem a desvinculação dos ônus incidentes sobre o veículo no prazo máximo de dez dias;

§ 9º Os débitos incidentes sobre o veículo antes da alienação administrativa ficam dele automaticamente desvinculados, sem prejuízo da cobrança contra o proprietário anterior;

§ 10. Aplica-se o disposto no § 9º inclusive ao débito relativo a tributo cujo fato gerador seja a propriedade, o domínio útil, a posse, a circulação ou o licenciamento de veículo;

§ 11. Na hipótese de o antigo proprietário reaver o veículo, por qualquer meio, os débitos serão novamente

Lei Federal 9.503, de 23 de setembro de 1997, observado que:

I – o arrematante deve receber o veículo isento de quaisquer ônus tributários;

II – para cumprimento do disposto no inciso anterior, o órgão, a entidade ou a comissão de leilão deve informar antecipadamente à Secretaria da Fazenda a relação dos veículos apreendidos e disponíveis para leilão;

III – os valores arrecadados devem ser utilizados para a quitação dos débitos incidentes sobre o veículo anteriormente à sua arrematação, obedecida a seguinte ordem:

a) IPVA;

b) débitos devidos ao órgão ou entidade responsável pelo leilão:

1. multas a eles devidas;

2. despesas de remoção e estada;

3. despesas efetuadas com o leilão.

c) multas devidas aos órgãos integrantes do Sistema Nacional de Trânsito na ordem cronológica de aplicação da penalidade;

d) outros encargos legais previstos.

---

vinculados ao bem, aplicando-se, nesse caso, o disposto nos §§ 1º, 2º e 3º do art. 271;

§ 12. Quitados os débitos, o saldo remanescente será depositado em conta específica do órgão responsável pela realização do leilão e ficará à disposição do antigo proprietário, devendo ser expedida notificação a ele, no máximo em trinta dias após a realização do leilão, para o levantamento do valor no prazo de cinco anos, após os quais o valor será transferido, definitivamente, para o fundo a que se refere o parágrafo único do art. 320;

§ 13. Aplica-se o disposto neste artigo, no que couber, ao animal recolhido, a qualquer título, e não reclamado por seu proprietário no prazo de sessenta dias, a contar da data de recolhimento, conforme regulamentação do CONTRAN;

§ 14. Se identificada a existência de restrição policial ou judicial sobre o prontuário do veículo, a autoridade responsável pela restrição será notificada para a retirada do bem do depósito, mediante quitação das despesas com remoção e estada, ou para a autorização do leilão nos termos deste artigo;

§ 15. Se no prazo de 60 (sessenta) dias, a contar da notificação de que trata o § 14, não houver manifestação da autoridade responsável pela restrição judicial ou policial, estará o órgão de trânsito autorizado a promover o leilão do veículo nos termos deste artigo;

§ 16. Os veículos, sucatas e materiais inservíveis de bens automotores que se encontrarem nos depósitos há mais de 1 (um) ano poderão ser destinados à reciclagem, independentemente da existência de restrições sobre o veículo;

§ 17. O procedimento de hasta pública na hipótese do § 16 será realizado por lote de tonelagem de material ferroso, observando-se, no que couber, o disposto neste artigo, condicionando-se a entrega do material arrematado aos procedimentos necessários à descaracterização total do bem e à destinação exclusiva, ambientalmente adequada, à reciclagem siderúrgica, vedado qualquer aproveitamento de peças e partes;

§ 18. Os veículos sinistrados irrecuperáveis queimados, adulterados ou estrangeiros, bem como aqueles sem possibilidade de regularização perante o órgão de trânsito, serão destinados à reciclagem, independentemente do período em que estejam em depósito, respeitado o prazo previsto no caput deste artigo, sempre que a autoridade responsável pelo leilão julgar ser essa a medida apropriada.

65

IV – é extinto o crédito tributário relativo ao IPVA de período anterior a apreensão do veículo e não quitado na forma do inciso anterior.

Parágrafo único. Quitados os débitos previstos no inciso III deste artigo, restando saldo, este é restituído do veículo quando da realização do leilão, mediante depósito em instituição por ele indicada.

Art. 83-B. O contribuinte ou o responsável deve manter arquivados, pelo prazo de cinco anos, contados do primeiro dia do exercício seguinte àquele em que ocorreu o fato gerador, os comprovantes de pagamento do imposto.

§ 1º A emissão do Certificado de Registro e Licenciamento de Veículos (CRLV), pelo DETRAN/TO, não desobriga o contribuinte do IPVA, quanto a apresentação dos comprovantes de pagamento do imposto, para fins de comprovação de sua quitação, quando solicitado pela Secretaria da Fazenda;

§ 2º A comprovação do pagamento do IPVA se dá mediante a apresentação do Documento de Arrecadação de Receita Estadual (DARE), autenticado pelos agentes da rede bancária autorizada pela Secretaria da Fazenda.

Art. 83-C. As disposições dos Arts. 70 e 71 alcançam o veículo que se encontrar na posse direta do beneficiário em decorrência de contrato de arrendamento mercantil – *leasing*, e de contrato de financiamento com cláusula de alienação fiduciária em garantia.

Capítulo IV
DA TAXA JUDICIÁRIA – TXJ

SEÇÃO I
DA INCIDÊNCIA

Art. 84. A Taxa Judiciária (TXJ) incide sobre o valor das ações nas causas cíveis e atos judiciais previstos no Anexo III, excluídos os serviços notariais e registrais.

§ 1º A Taxa Judiciária incide sobre os serviços de atuação dos magistrados, e dos membros do Ministério Público, em qualquer procedimento judicial, e é devida, conforme o caso, por aqueles que recorrerem à Justiça Estadual, perante qualquer Juízo ou Tribunal;

§ 2º Consideram-se ações autônomas, obrigando aqueles que as promoverem ao pagamento da taxa correspondente a:

a) reconvenção;

b) intervenção de terceiros, inclusive oposição;

c) habilitações incidentes;

d) processos acessórios, inclusive embargos de terceiros;

e) habilitações de crédito nos processos de falência ou concordata;

f) embargos do devedor.

SEÇÃO I-A
DA NÃO INCIDÊNCIA

Art. 84-A. A taxa não incide sobre:

I – declarações de crédito e pedidos de alvarás em apenso aos processos de inventário;

II – prestações de contas relativas ao exercício de tutela, curatela, testamentária, inventariança, nas de leiloeiro, corretor, tutor judicial, liquidante judicial, inventariante judicial, em relação a quantias ou valores recebidos para aplicação

imediata, quando, não sendo impugnados, independam de processo especial;

III – processos administrativos de iniciativa da União, dos Estados, dos Municípios, do Distrito Federal, as autarquias e as fundações instituídas e mantidas pelo poder público estadual, ou de pessoas no gozo de benefício da justiça gratuita;

IV – processos de restauração, suprimento ou retificação de registros públicos, quando se tratar de registro de pessoas naturais.

Parágrafo único. Não estão sujeitos ao pagamento da taxa judiciária, em separado, os serviços prestados em qualquer fase do processo de cognição ou execução bem como seus incidentes, ainda que processados em apartado.

SEÇÃO II
DAS ISENÇÕES

Art. 85. São isentos da TXJ:

I – os conflitos de jurisdição;

II – os processos de nomeação e remoção de tutores, curadores e testamenteiros;

III – as habilitações de herdeiros para haverem herança ou legado;

IV – os pedidos de licença para alienação ou permuta de bens de menores ou incapazes;

V – os processos que versem sobre alimentos, inclusive provisionais e os instaurados para cobrança de prestações alimentícias já fixadas por sentença;

VI – as justificações para a habilitação de casamento civil;

VII – os processos de desapropriação;

VIII – as ações de execuções fiscais promovidas pelas Fazendas Públicas;

IX – as liquidações de sentenças;

X – as ações populares, habeas corpus, habeas data e mandado de injunção;

XI – os processos promovidos por beneficiários da assistência judiciária aos necessitados;

XII – os processos incidentes nos próprios autos da causa principal;

XIII – os atos ou documentos que se praticarem ou expedirem em cartório e tabelionatos, para fins exclusivamente militares, eleitorais e educacionais;

XIV – as entidades filantrópicas;

XV – os atos e documentos praticados e expedidos para pessoas reconhecidamente pobres;

XVI – a União, o Estado do Tocantins e seus Municípios e as respectivas Autarquias e Fundações de Direito Público.

SEÇÃO III
DO CONTRIBUINTE

Art. 86. O contribuinte da TXJ é o autor da ação ou a pessoa a favor de quem forem praticados os atos ou prestados os serviços previstos na tabela constante do anexo III a esta Lei.

§ 1º Nos processos contenciosos em que sejam autores a União, os Estados, os Municípios, o Distrito Federal, as autarquias e as fundações instituídas e mantidas pelo poder público estadual, ou pessoas no gozo de benefício da justiça gratuita, a taxa é devida pela parte contrária, na

execução, quando condenada ou no caso de aquiescência ao pedido;

§ 2º Nos processos criminais, nos pedidos de alimentos e nos de indenização por acidentes de trabalho quando requeridos por acidentados, seus beneficiários ou sucessores, é devida a taxa pelo réu na execução, quando condenado ou no caso de acordo.

SEÇÃO IV
DO FATO GERADOR

Art. 87. A TXJ tem como fato gerador a prestação da tutela jurisdicional pela Justiça Estadual e a prestação dos serviços constantes do anexo III a esta Lei.

SEÇÃO V
DA BASE DE CÁLCULO

Art. 88. A base de cálculo da TXJ, nas causas que se processarem em juízo, será o valor destas, fixado de acordo com as normas do Código de Processo Civil.

§ 1º Considera-se como valor do pedido, para fins desta Lei, a soma do principal, juros, multas, honorários e quaisquer vantagens pretendidas pelas partes;

§ 2º Quando o litígio tiver por objeto a existência, validade, cumprimento, modificação ou rescisão de obrigação contratual ou legal, entende-se por principal o valor da obrigação;

§ 3º Quando o pedido tiver por objeto prestações periódicas, a taxa é calculada, inicialmente, sobre todas as prestações já vencidas, até a data do pedido e mais as vincendas correspondentes a um ano;

§ 4º Nos processos de desapropriação, a taxa é devida sobre a diferença entre o valor pleiteado pelo réu e o fixado na decisão final;

§ 5º Nos inventários e arrolamentos resultantes de óbito ou dissolução de sociedade conjugal, bem como nos pedidos de alvará não previstos no inciso I do art. 84-A, e, observado o inciso II do § 1º do art. 89, a base de cálculo é o valor equivalente às custas judiciais, fixadas em tabela da Corregedoria-Geral da Justiça, referentes aos atos praticados pelos escrivães;

§ 6º Nas ações relativas a locações, considera-se como valor do pedido:

I – nas ações de despejo e nas consignações de aluguéis, o valor dos aluguéis de um ano;

II – nas ações renovatórias, inicialmente, o aluguel mensal que o autor oferecer pagar, multiplicado por 24; se a decisão final fixar aluguel superior ao proposto na inicial, é devida a taxa calculada sobre a diferença entre o aluguel proposto e o fixado, relativo a 24 meses;

III – nas ações de revisão de aluguel, a diferença de aluguel que o autor pleitear receber, multiplicada pelo número de meses do prazo que pretender que a revisão venha a durar, se não indicar prazo para a duração do aluguel pleiteado, a base de cálculo é de dois anos do valor desse aluguel.

§ 7º Nos mandados de segurança, inclusive preventivos, cada um dos impetrantes e litisconsortes recolhe a taxa, calculada sobre o respectivo valor:

I – do débito cujo cancelamento pleiteie;

II – que possa vir a receber com base no direito pleiteado;

LEI N. 1.2871 DE 28 DE DEZEMBRO DE 2001 **ART. 92**

III – de cujo pagamento pretende exonerar-se;

IV – do pedido, tal como previsto nesta Lei para os casos comuns, quando postule o reconhecimento de direito que consista no recebimento de prestações periódicas;

§ 8º Quando a impetração for desprovida de valor econômico, aplicar-se o disposto no § 1º inciso I do art. 89 por impetrante ou litisconsorte;

§ 9º Nas ações relativas à posse e nos embargos de terceiros, a taxa é calculada, inicialmente, sobre o valor estimado, cobrando-se, ao final, a diferença, tomando-se por base o valor da causa fixado para fins processuais;

§ 10. Nos processos de liquidação de sociedade e de concurso de credores, considera-se como valor do pedido o líquido a partilhar, a adjudicar ou a ratear aos sócios e aos credores;

§ 11. Nos processos de liquidação de sociedade, a taxa é calculada, inicialmente sobre o quinhão, as cotas ou ações do sócio ou acionista requerente;

§ 12. Nas concordatas preventivas, a taxa incide sobre a totalidade dos créditos quirografários, observado os limites previstos no § 2º do art. 89 desta Lei;

§ 13. Nos processos de falência, a TXJ é calculada de acordo com as seguintes regras, observado os preceitos do art. 89 desta Lei:

I – no caso de ser a falência requerida por um dos credores, a taxa corresponde ao valor do crédito do requerente, abrangendo o principal e os acessórios;

II – na hipótese de ser a falência requerida, pelo devedor, é paga a taxa do valor mínimo previsto no § 1º do art. 89 desta Lei, que após apurado o valor devido deve-se recolher a diferença, observando-se o § 6º do art. 91 desta Lei;

III – declarada a falência, inclusive em virtude de conversão da concordata preventiva, sobre o valor total dos créditos quirografários incluídos no quadro geral de credores, deduzindo-se a que já tenha sido paga, mas não cabendo restituição de diferença.

§ 14. Nas execuções fiscais, a taxa é sobre o valor total do débito, na data de sua liquidação, considerando a soma do principal corrigido monetariamente, acréscimos legais e multas calculados sobre o valor principal;

§ 15. A TXJ quando proporcional não pode ser inferior ao valor mínimo que se refere o § 1º. do art. 89 desta Lei;

§ 16. A taxa prevista neste artigo é devida por autor, requerente, impetrante, litisconsorte ou assistente;

§ 17. Nos processos de execução por título judicial, é levada em conta a taxa paga nos correspondentes processos de cognição.

SEÇÃO VI
DAS ALÍQUOTAS

Art. 89. O valor da TXJ resultará da aplicação, sobre a base de cálculo mencionada no artigo anterior, das seguintes alíquotas:

I – 1%, em causas de valor inferior ou igual a R$ 23.000,00;

II – 1,5%, em causas de valor superior a R$ 23.000,00 e inferior ou igual a R$ 117.000,00;

III – 2,5%, em causas de valor superior a R$ 117.000,00.

§ 1º O valor mínimo devido da TXJ será de R$ 50,00, inclusive nas causas de:

I – valor inestimável;

II – separação judicial ou de divórcio, quando inexistirem bens ou estes forem de valor inferior a R$ 5.000,00;

III – inventários negativos.

§ 2º O valor máximo de cobrança da TXJ é limitado a R$ 50.000,00;

§ 3º É também devida a taxa de R$ 50,00 nos seguintes casos:

I – nos processos em que não se questione sobre valores;

II – nos processos acessórios, exceto nos embargos de terceiros;

III – nas precatórias e rogatórias, vindas de outros Estados;

IV – nos processos criminais;

V – na separação judicial e no divórcio, excluída a parte de inventário;

VI – nas retificações de registros públicos;

VII – nos processos de apresentação e aprovação de testamento, não contenciosos;

VIII – nas anulações de casamento;

IX – nas investigações de paternidade;

X – nas notificações, interpelações, protestos e justificações de qualquer natureza;

XI – em qualquer outro processo judicial não sujeito à tributação proporcional.

Art. 90. O valor da TXJ, exceutadas as hipóteses previstas no artigo anterior, será o constante do anexo III a esta Lei.

SEÇÃO VII
DOS PRAZOS E FORMAS DE PAGAMENTO

Art. 91. O pagamento da TXJ devida nas causas que se processarem em juízo poderá ser efetuado em duas parcelas de igual valor, sendo a:

I – primeira no momento do ajuizamento da ação;

II – segunda na conclusão dos autos para prolatação da sentença, definitiva ou terminativa do processo em primeira instância.

§ 1º Havendo modificação, para maior, do valor da causa, o pagamento da diferença da TXJ deve ser efetuado dentro do prazo de até cinco dias, contados a partir da data da decisão;

§ 2º O pagamento da taxa é efetuado antes da apresentação da petição inicial em Juízo, diretamente ou para distribuição;

§ 3º Os atos que constam da tabela judiciária do Anexo III desta Lei só devem ser concretizados após comprovação do recolhimento dos devidos valores que constam na mesma;

§ 4º O pagamento da taxa em condições e formas não previstas nesta Seção podem ser fixadas por Decreto do Poder Executivo;

§ 5º Qualquer complementação de taxa que deva ser paga de acordo com esta Lei, é efetivada antes do arquivamento dos autos e dentro

do prazo de 30 dias contados da data da decisão judicial que der por extinto o processo com julgamento do mérito ou sem ele;

§ 6º. Nos processos de falência, a complementação prevista no inciso II do § 13 do art. 88 desta Lei é feita pela massa até 120 dias após a publicação do quadro geral de credores, ainda que concedida concordata suspensiva.

SEÇÃO VIII
DOS RESPONSÁVEIS E DAS OBRIGAÇÕES ACESSÓRIAS

Art. 91-A. As autoridades judiciárias, em qualquer juízo ou tribunal, nos processos e petições que sejam submetidos a seu exame, para despacho, sentença ou relatório, verificam se a Taxa Judiciária foi paga corretamente.

§ 1º Qualquer irregularidade deve ser comunicada pela autoridade judiciária à Secretaria da Fazenda, por ofício, dentro de 10 dias após a sua constatação, salvo se a taxa devida, juntamente com o valor das sanções e acréscimos legais, for recolhida antes da expedição do ofício;

§ 2º Nenhum servidor, serventuário ou auxiliares do juízo podem expedir mandados de pagamento ou de levantamento de quantias, arquivar processos e dar baixas nos registros de distribuição, sem que tenha sido paga a Taxa Judiciária devida, sob pena de fazendo-o, tornar-se solidariamente responsável com o devedor perante a Fazenda Pública Estadual;

§ 3º Aos Titulares de Cartórios e Serviços Notariais Extrajudiciais a responsabilidade pelo não recolhimento da Taxa Judiciária é pessoal, ficando responsável pelo pagamento sem prejuízo dos acréscimos legais e das sanções previstas na Lei n. 8.935, de 18 de novembro de 1994.

SEÇÃO IX
DAS PENALIDADES

Art. 91-B. A falta de pagamento, no todo ou em parte, da Taxa Judiciária, sujeita o devedor, sem prejuízo dos acréscimos legais, à multa de valor igual ao da taxa não paga, considerada esta pelo seu valor atualizado, sem prejuízo das responsabilidades administrativas e penais.

Parágrafo único. Para atualização do valor citado no caput deste artigo, utilizar-se regra definida pelo Capítulo III do Título II desta Lei.

SEÇÃO X
DISPOSIÇÕES DIVERSAS

Art. 91-C. A fiscalização da Taxa Judiciária é exercida por Auditor Fiscal da Receita Estadual (AFRE) da Secretaria da Fazenda.

Parágrafo único. O Estado pode ingressar em qualquer processo e impugnar o valor declarado pela parte para pagamento da taxa, requerendo inclusive, na forma da legislação processual, o pagamento que for devido.

Capítulo V
DA TAXA DE SERVIÇOS ESTADUAIS – TSE

SEÇÃO I
DA INCIDÊNCIA E DO FATO GERADOR

Art. 92. Constitui fato gerador da Taxa de Serviços Estaduais (TSE) a utilização dos serviços

67

ART. 93 — NORMAS PARA A ATIVIDADE EXTRAJUDICIAL DO ESTADO DO TOCANTINS

públicos e o exercício do poder de polícia, constantes do anexo IV a esta Lei.

SEÇÃO II
DAS ISENÇÕES

Art. 93. São isentos da TSE os:

I – atos pertinentes à vida funcional dos servidores públicos estaduais;

II – papéis necessários à posse no serviço público efetivo do Estado do Tocantins;

III – papéis necessários para a instalação de caixas escolares;

IV – alvarás para portes de armas solicitados por autoridades e servidores estaduais, em razão do exercício de suas funções;

V – atos judiciais de qualquer natureza;

VI – atos praticados para fins eleitorais e militares;

VII – atos praticados em favor de entidades filantrópicas;

VIII – atos e qualquer documento solicitado às repartições estaduais, para instauração de processo de defesa ou de interesse ou direito imediato do Estado e do Município;

IX – atos e documentos relacionados com pessoas reconhecidamente pobres;

X – atos de emissão de nota fiscal avulsa relativos às operações com arroz, feijão, milho, farinha de mandioca, rapadura e hortifrutigranjeiros, quando adquiridos pelas Associações de Apoio às Escolas, dos pequenos produtores, observado o Parágrafo único deste artigo;

XI – atos relativos à restituição de indébito tributário;

XII – atos de emissão de Certidão de Regularidade Tributária com a Fazenda Pública Estadual, por meio do Portal da SEFAZ – www.sefaz.to.gov.br;

XIII – atos e documentos relacionados a veículos oficiais ou particulares que, a interesse do Estado, sejam levados a leilão público realizado nos termos do art. 83-A;

XIV – atos de emissão de nota fiscal avulsa de bens e mercadorias oriundas de leilão público realizado pela Secretaria da Fazenda.

Parágrafo único. A isenção de que trata o inciso X deste artigo está condicionada à apresentação de Declaração emitida pela Associação adquirente, da qual deve constar a identificação do pequeno produtor responsável pela venda e a relação dos produtos a serem adquiridos.

SEÇÃO III
DO CONTRIBUINTE

Art. 94. Contribuinte da TSE é o usuário, efetivo ou potencial, dos serviços sujeitos à sua incidência ou o destinatário de atividade inerente ao exercício do poder de polícia.

Capítulo VI
DA TAXA FLORESTAL – TXF

SEÇÃO I
DA INCIDÊNCIA E DO FATO GERADOR

Art. 95. (Revogado).
→ Lei n. 3.019/2015.

SEÇÃO II
DOS CONTRIBUINTES

Art. 96. (Revogado).
→ Lei n. 3.019/2015.

SEÇÃO III
DOS RESPONSÁVEIS

Art. 97. (Revogado).
→ Lei n. 3.019/2015.

SEÇÃO IV
DO RECOLHIMENTO

Art. 98 e 99. (Revogados).
→ Lei n. 3.019/2015.

SEÇÃO V
DAS INFRAÇÕES E PENALIDADES

Art. 100. (Revogado).
→ Lei n. 3.019/2015.

SEÇÃO VI
DO CONTROLE E FISCALIZAÇÃO

Arts. 101 e 102. (Revogados).
→ Lei n. 3.019/2015.

Capítulo VI-A
DAS TAXAS PARA EMISSÃO DOS ATOS ADMINISTRATIVOS DE LICENCIAMENTO, AUTORIZAÇÃO E CONCESSÃO AMBIENTAL, DE COMPETÊNCIA DO INSTITUTO NATUREZA DO TOCANTINS – NATURATINS

SEÇÃO I
DAS DISPOSIÇÕES PRELIMINARES

Art. 102-A. O procedimento para o cálculo das taxas de licenciamento ambiental de atividades para fins de regularização florestal e uso de recursos hídricos, bem como para localização, instalação, operação e ampliação de empreendimento ou atividade utilizadora de recursos naturais, efetiva ou potencialmente poluidora do meio ambiente no Estado do Tocantins, é estabelecido na conformidade deste Capítulo

Parágrafo único. Incumbe ao NATURATINS executar os cálculos para obtenção dos valores das taxas de que trata este artigo.

Art. 102-B. Para fins do disposto neste Capítulo, considera-se:

I – Agenda Verde – o conjunto dos procedimentos relativos ao cadastro ambiental rural e implementação do Programa de Regularização Ambiental, à execução do ordenamento florestal, controle dos produtos e subprodutos florestais e da reposição florestal obrigatória;

II – Agenda Azul – o conjunto dos procedimentos relativos à autorização do direito de utilizar os recursos hídricos superficiais e subterrâneos e de neles intervir;

III – Agenda Marrom – o conjunto dos procedimentos relativos à execução do licenciamento ambiental das atividades e dos empreendimentos considerados efetiva ou potencialmente poluidores;

IV – Estudos Ambientais – os instrumentos apresentados como subsídio para a análise dos requerimentos dos atos administrativos pertinentes ao licenciamento ambiental;

V – Condicionante – a condição específica atribuída durante o procedimento de licenciamento ambiental que valida os atos administrativos;

VI – Vistoria – visita técnica ao empreendimento objetivando verificar a concordância da realidade em campo com as informações prestadas nos autos;

VII – Vistoria Adicional – aquela motivada por incorreções constantes dos estudos ambientais apresentados;

VIII – Organismos Hidróbios – os seres vivos que passam pelo menos uma fase do ciclo de vida em ambiente aquático.

SEÇÃO II
DOS ATOS ADMINISTRATIVOS

Art. 102-C. O NATURATINS, no âmbito dos processos administrativos para licenciamento ambiental, expedirá os seguintes atos:

I – Certificado do Cadastro Ambiental Rural (CCAR), destina-se a cadastrar e controlar as informações dos imóveis rurais, referentes a seu perímetro e localização, aos remanescentes de vegetação nativa, às áreas de interesse social, às áreas de utilidade pública, às Áreas de Preservação Permanente, às Áreas de Uso Restrito, às áreas consolidadas e às Reservas Legais, nos termos do art. 29[11] da Lei Federal 12.651, de 25 de maio de 2012;

II – Autorização de Exploração Florestal (AEF), autoriza a supressão de vegetação nativa efetuada à corte raso, a supressão de árvores em áreas de pastagens e a limpeza de pasto com rendimento lenhoso;

III – Autorização de Queima Controlada (AQC), autoriza o uso de fogo para queima de resíduos florestais ou culturais provenientes de práticas agropecuárias mediante a verificação da regularidade da propriedade rural;

---

11. Art. 29. É criado o Cadastro Ambiental Rural (CAR), no âmbito do Sistema Nacional de Informação sobre Meio Ambiente (SINIMA), registro público eletrônico de âmbito nacional, obrigatório para todos os imóveis rurais, com a finalidade de integrar as informações ambientais das propriedades e posses rurais, compondo base de dados para controle, monitoramento, planejamento ambiental e econômico e combate ao desmatamento.

§ 1º A inscrição do imóvel rural no CAR deverá ser feita, preferencialmente, no órgão ambiental municipal ou estadual, que, nos termos do regulamento, exigirá do proprietário ou possuidor rural:

I – identificação do proprietário ou possuidor rural;

II – comprovação da propriedade ou posse;

III – identificação do imóvel por meio de planta e memorial descritivo, contendo a indicação das coordenadas geográficas com pelo menos um ponto de amarração do perímetro do imóvel, informando a localização dos remanescentes de vegetação nativa, das Áreas de Preservação Permanente, das Áreas de Uso Restrito, das áreas consolidadas e, caso existente, também da localização da Reserva Legal.

§ 2º O cadastramento não será considerado título para fins de reconhecimento do direito de propriedade ou posse, tampouco elimina a necessidade de cumprimento do disposto no art. 2º da Lei n. 10.267, de 28 de agosto de 2001;

§ 3º A inscrição no CAR é obrigatória e por prazo indeterminado para todas as propriedades e posses rurais;

§ 4º Os proprietários e possuidores dos imóveis rurais que os inscreverem no CAR até o dia 31 de dezembro de 2020 terão direito à adesão ao Programa de Regularização Ambiental (PRA), de que trata o art. 59 desta Lei.

IV – Certidão para Fins de Desmembramento/Unificação de Imóveis Rurais (CDUR), ato administrativo que autoriza o cartório de registro de imóveis a desmembrar ou unificar imóveis rurais com reserva legal averbada à margem da respectiva matrícula;

V – (Revogado);

VI – (Revogado);

→ Lei n. 2.713/2013.

VII – (Revogado);

→ Lei n. 3.019/2015.

VIII – Termo de Compromisso de Reparação de Dano Ambiental (TECORDA), firma o compromisso de reparação de dano ambiental;

IX – (Revogado);

→ Lei n. 3.019/2015.

X – Outorga de Direito de Uso dos Recursos Hídricos (ORH), ato administrativo mediante o qual o órgão gestor de recursos hídricos faculta ao requerente o direito de uso dos recursos hídricos, por prazo determinado, nos termos e condições expressas no respectivo ato, considerando as legislações específicas vigentes;

XI – Declaração de Uso Insignificante (DUI), autoriza o uso dos recursos hídricos em manancial superficial ou subterrâneo de vazão máxima de 21,60m³/dia;

XII – Declaração de Reserva de Disponibilidade Hídrica (RDH), reserva as vazões necessárias à viabilidade do aproveitamento Hidrelétrico, criando as condições para o exercício do direito de acesso à água, planejado pelo setor elétrico;

XIII – Declaração de Disponibilidade Hídrica (DH), ato administrativo emitido com a finalidade de declarar a disponibilidade de água para os usos requeridos, que não confere direito de uso de recursos hídricos e se destina a reservar a razão passível de outorga, possibilitando ao requerente o planejamento de empreendimentos que necessitem desses recursos;

XIV – Anuência Prévia (AP), autoriza a execução de obras de perfuração para extrair água subterrânea;

XV – Declaração de Dispensa de Licenciamento Ambiental (DLA), informa que o empreendimento ou a atividade não estão sujeitos ao licenciamento ambiental;

XVI – Licença Previa (LP), emitida na fase preliminar do planejamento do empreendimento ou atividade, destina-se a aprovar a localização e concepção, atestar a viabilidade ambiental e estabelecer os requisitos básicos e condicionantes a serem atendidos nas próximas fases de implementação;

XVII – Licença de Instalação (LI), emitida antes do início das obras de implantação do empreendimento ou atividade, autoriza a instalação, alteração e/ou ampliação do empreendimento ou atividade de acordo com as especificações constantes dos planos, programas e projetos aprovados, incluindo as medidas de controle ambiental e demais condicionantes da qual constituem motivo determinante;

XVIII – Licença de Operação (LO), emitida antes do início da operação do empreendimento ou atividade, autoriza o início da operação do empreendimento ou atividade após respectiva execução, de acordo com o projeto aprovado, e o efetivo cumprimento de exigências das licenças anteriores, além de observados as medidas de controle ambiental e os condicionantes determinados para a operação;

XIX – (Revogado);

→ Lei n. 3.019/2015.

XX – Autorização Ambiental (AA), autoriza a operação de empreendimentos ou atividades temporários e/ou móveis potencialmente poluidores ou degradadores;

XXI – Autorização para Transporte de Cargas Perigosas (ATCP), autoriza o tráfego no Estado do Tocantins de veículos transportadores de produtos químicos ou outras substâncias nocivas ao meio ambiente;

XXII – Autorização para Transporte/Comércio de Pescado (ATP), autoriza a comercialização de organismos hidróbios em geral, respeitando-se os regulamentos específicos;

XXIII – Autorização para Manejo de Animais Silvestres (AMAS), autoriza a coleta e a captura de espécimes da fauna silvestre para fins de diagnóstico, monitoramento e resgate de fauna durante o processo de licenciamento de um empreendimento, conforme regulamento específico;

XXIV – Autorização para Pesquisa em Unidade de Conservação (APUC), autoriza a realização de pesquisas científicas em Unidade de Conservação estadual;

XXV – Declaração de Bioma Amazônia (DBA), declara a localização da atividade e do empreendimento em relação ao referido Bioma;

XXVI – (Revogado);

→ Lei n. 3.019/2015.

XXVII – Declaração de Regularidade Ambiental (DRA), emitido para atividades e empreendimentos que estejam em conformidade com os pré-requisitos das licenças ambientais e não possuam restrição ambiental em nenhuma das agendas ambientais;

XXVIII – Declaração de Encerramento de Atividade (DEA): emitida para os empreendimentos que concluírem as atividades previstas nos Estudos Ambientais ou que forem desativados sem passivos ambientais.

XXIX – Suplementação de Volume de Material Lenhoso (SVML), liberação de determinado volume de madeira, por meio do reconhecimento pelo órgão ambiental, da diferença entre o volume estimado do inventário florestal aprovado e o volume gerado dos desmatamentos com destoca;

XXX – Aproveitamento do Material Lenhoso (AML), destinação útil e econômica dada a qualquer material lenhoso originário de floresta nativa, independentemente do volume;

XXXI – Autorização para Execução do Plano de Manejo Florestal Sustentável (AEPMFS), práticas voltadas ao uso, exploração, extração, colheita, aproveitamento e demais terminologias que venham usufruir o conjunto de produtos, bens e serviços que o ambiente, bioma, ecossistema, plantio (mono ou poli cultural) florestal possa oferecer, que demonstre a sustentabilidade da atividade a curto e longo prazo;

XXXII – Certidão de Concessão de Créditos de Reposição Florestal (CCRF), documento que certifica a concessão dos Créditos de Reposição Florestal após a comprovação da vinculação do plantio por meio do Termo de Vinculação de Floresta Plantada;

XXXIII – Autorização de Exploração de Floresta Plantada (AEFP), ato administrativo emitido pelo NATURATINS com fins de controle declaratório que autoriza a exploração e o transporte contendo informações sobre os produtos;

XXXIV – Licença Ambiental Simplificada (LAS), emissão simultânea das LP, LI e LO em ato único, para empreendimentos de pequeno e médio porte, conforme enquadramento estabelecido por resolução do COEMA;

XXXV – Licença Ambiental Corretiva (LAC), autoriza provisoriamente a operação do empreendimento ou atividade em funcionamento, mas sem o devido licenciamento ambiental, mediante apresentação de informações requeridas pelo NATURATINS, enquanto o rito completo para emissão da LO esteja em análise pelo NATURATINS;

XXXVI – Licença para Pesca Amadora, autoriza a pesca não comercial praticada no Estado do Tocantins, com equipamentos ou petrechos previstos em legislação específica, tendo como finalidade o lazer ou desporto. Divide em duas categorias:

a) Licença para Pesca Amadora Embarcada – LPA-E;

b) Licença para Pesca Amadora Desembarca – LPA-D.

XXXVII – Autorização para Criação Amadora de Passeriformes da Fauna Silvestre Nativa (ACAP), autoriza a criação amadora de Passeriformes silvestres;

XXXVIII – Autorização para Criação Comercial de Passeriformes da Fauna Silvestres Nativa (ACCP), autoriza a criação comercial de Passeriformes silvestres;

XXXIX – Autorização de Transporte de Passeriformes (ATPS), com a finalidade de Transferência, Pareamento, Exposição e Torneio entre unidades da federação;

XL – Parecer Técnico (PT), manifestação e/ou posicionamento do órgão sobre legislação, procedimentos e rotinas de controle para, na forma da legislação, disciplinar e/ou instruir o requerente, segundo as políticas de gestão ambiental, florestal e de recursos hídricos do estado;

XLI – Laudo de Vistoria (LV), manifestação e/ou posicionamento do órgão sobre demanda de vistoria de atividade, empreendimento, propriedade rural, dano ambiental, degradação, contaminação e outros;

XLII – Certidão Negativa de Débitos Ambientais (CNDA), emitido para comprovação de que o interessado não possui débitos financeiros decorrentes de multas ambientais ou procedimentos administrativos junto ao NATURATINS.

SEÇÃO III
DOS ESTUDOS AMBIENTAIS

Art. 102-D. (Revogado).

→ Lei n. 3.019/2015.

ART. 102-E — NORMAS PARA A ATIVIDADE EXTRAJUDICIAL DO ESTADO DO TOCANTINS

SEÇÃO IV
DOS CUSTOS DE LICENCIAMENTO AMBIENTAL

SUBSEÇÃO ÚNICA
DOS CUSTOS OPERACIONAIS

Art. 102-E. É instituída a taxa referente aos Valores dos Serviços Administrativos (VSA), equivalente a R$ 72,11.

Parágrafo único. Para a atualização monetária do VSA é aplicado o Índice Geral de Preço- Disponibilidade Interna (IGP-DI).

Art. 102-F. São instituídos, a título de taxas, os valores relativos aos custos operacionais da entidade para emissão, retificação, prorrogação ou renovação de:

I – CCAR, AEF, AQC, SVML, AML, AEPMFS, CCRF, ADUR e AEFP, calculados de acordo com os índices e fórmula constante na Tabela I do Anexo VIII a esta Lei;

II – ORH, AP, DUI, DDH e DRDH, calculados de acordo com os índices e fórmula constantes na Tabela I do Anexo VIII a esta Lei;

III – LP, LI, LO, LAS, LAC, ATCP e de AA, calculadas de acordo com os índices e fórmulas constantes nas Tabelas I e II do Anexo VIII a esta Lei;

IV – ATP, AMAS, ACAP, ACCP, ATPS e APUC, calculados de acordo com a Tabela III do Anexo VIII a esta Lei;

V – DLA, CNDA, DBA, DCRA, e DEA, calculados de acordo com a Tabela IV do Anexo VIII a esta Lei;

VI – Licenças para pesca, calculados de acordo com a Tabela V do Anexo VIII a esta lei;

VII – PT e LV, calculados de acordo com a Tabela VI do Anexo VIII a esta Lei.

§ 1º Os valores de que trata o caput deste artigo são calculados separadamente por meio das fórmulas e dos coeficientes previstos no Anexo VIII a esta Lei, de acordo com o ato administrativo requerido;

§ 2º O porte do empreendimento e o Coeficiente de Complexidade (CC) é definido conforme enquadramento contido em Resoluções do Conselho Estadual do Meio Ambiente (COEMA) ou do Conselho Estadual de Recursos Hídricos;

§ 3º (Revogado);

→ Lei n. 3.019/2015.

§ 4º O cálculo da taxa para emissão da Autorização para Manejo de Animais Silvestres considerará o número de grupos faunísticos a serem levantados e/ou monitorados;

§ 5º Será cobrado:

I – 50% do custo originário, devidamente atualizado, para prorrogação de qualquer ato administrativo;

II – o custo integral, calculado no momento do requerimento, para renovação de qualquer ato administrativo;

III – o valor do VSA para expedição de segunda via de qualquer ato administrativo.

§ 6º Quando for solicitada a emissão, renovação e retificação de mais de um ato administrativo, os valores serão cobrados cumulativamente.

Art. 102-G. A elaboração de laudo de vistoria adicional deve ser justificada por meio de relatório técnico, mediante o recolhimento prévio do valor devido.

Parágrafo único. Os cálculos para cobrança da vistoria adicional serão feitos de acordo com Tabela VI do Anexo VIII a esta lei.

Art. 102-H. Ficam isentos do pagamento das taxas previstas neste Capítulo os Entes da Administração Pública Estadual.

Parágrafo único. A isenção de que trata o caput deste artigo alcança as taxas geradas e ainda não recolhidas por respectivos Entes.

Art. 102-I. A prorrogação ou renovação das licenças ambientais já expedidas pelo NATURATINS deve se adequar ao disposto neste Capítulo.

Capítulo VII
DA TAXA DE SEGURANÇA PREVENTIVA – TSP

SEÇÃO I
DA INCIDÊNCIA E DO FATO GERADOR

Art. 103. A Taxa de Segurança Preventiva (TSP) tem como fato gerador o exercício do poder de polícia prestado pelos órgãos da administração policial-militar ao contribuinte ou posto à sua disposição, que exija vigilância, guarda ou zeladoria, visando à prestação da segurança física da pessoa, de seu patrimônio ou da ordem pública.

Parágrafo único. Os serviços ou atos sujeitos à incidência da TSP são os especificados no anexo VI e serão cobrados de acordo com os valores atribuídos aos respectivos eventos ou situações.

SEÇÃO II
DAS ISENÇÕES

Art. 104. São isentos da TSP os atos e os documentos relativos:

I – a fins escolares, militares e eleitorais, político-partidários e sindicais;

II – a situação funcional dos servidores públicos em geral, ativos ou inativos;

III – aos interesses de pessoas comprovadamente pobres;

IV – aos interesses das associações dos deficientes físicos;

V – aos interesses dos órgãos da administração direta ou indireta dos poderes do Estado.

SEÇÃO III
DO CONTRIBUINTE

Art. 105. Contribuinte da TSP é toda pessoa física ou jurídica que solicitar a prestação do serviço público ou a prática do ato decorrente da atividade do poder de polícia, ou ainda que for beneficiária direta do serviço ou ato.

SEÇÃO IV
DO RECOLHIMENTO

Art. 106. A TSP é devida anual, mensal ou unitariamente, na conformidade da natureza do ato, serviço ou evento, e seu pagamento efetuado antes de iniciada a prestação do serviço ou da prática do ato, sob responsabilidade exclusiva do contribuinte.

§ 1º Em caso de renovação a taxa é devida quando:

I – mensal, até o vigésimo dia do mês anterior ao período objeto da renovação;

II – anual, até o dia 28 do mês de dezembro do exercício anterior ao período objeto da renovação.

§ 2º A TSP poderá ser paga, extraordinariamente, após a prestação do serviço, avaliadas as circunstâncias de imprevisibilidade ou de impossibilidade de serem previstos os custos da contraprestação;

§ 3º Quando a atividade não coincidir com o início do mês ou do ano de vigência, o pagamento da TSP, mensal ou anual, obedecerá ao critério da proporcionalidade de cálculo referente aos dias ou meses restantes;

§ 4º O acionamento indevido de alarme ou equipamento similar instalado em central de operações implicará a exigência do pagamento, a cargo do contribuinte, dos custos da diligência, segundo os valores constantes do anexo VI a esta Lei;

§ 5º A falta do pagamento previsto no parágrafo anterior importa na suspensão do serviço até a sua regularização;

§ 6º Para efeito de cobrança da TSP, quando exigida a presença de policiais militares, considerar-se-á o emprego de homem/hora, segundo os valores do anexo VI a esta Lei.

Art. 107. O recolhimento da TSP será efetuado na rede bancária autorizada por intermédio de documento de arrecadação aprovado por ato do Secretário da Fazenda.

Parágrafo único. O agente encarregado de lavrar ato sujeito à incidência da TSP deve exigir a apresentação do comprovante de seu recolhimento.

SEÇÃO V
DAS INFRAÇÕES E PENALIDADES

Art. 108. A falta do recolhimento da TSP nos termos fixados neste Capítulo sujeita o contribuinte ou responsável ao pagamento de juros de mora e multa de cinquenta por cento calculados na conformidade da legislação tributária.

SEÇÃO VI
DO CONTROLE DA ARRECADAÇÃO E FISCALIZAÇÃO

Art. 109. Os mecanismos de controle da arrecadação e fiscalização da TSP serão definidos em ato conjunto do Secretário da Fazenda e do Comandante Geral da Polícia Militar.

TÍTULO I
Capítulo VII-A
DA TAXA DE SERVIÇOS DE BOMBEIROS – TSB

SEÇÃO I
DA INCIDÊNCIA E DO FATO GERADOR

Art. 109-A. A Taxa de Serviço de Bombeiros (TSB) tem como fato gerador o exercício do poder de polícia prestado pelos órgãos da administração do Corpo de Bombeiros Militar ao contribuinte ou posto à sua disposição, que exija vistoria, análise, aprovação de projetos, atividade preventiva, visando a preservação de vidas, de patrimônio ou da ordem pública, bem como outros serviços prestados pela corporação de bombeiros.

Parágrafo único. Os serviços ou atos sujeitos à incidência da TSB são os especificados no Anexo VII desta Lei e são cobrados de acordo com os valores atribuídos aos respectivos eventos ou situações.

SEÇÃO II
DAS ISENÇÕES

Art. 109-B. São isentos da TSB os atos e os documentos relativos:

I – a fins escolares da rede pública, militares e eleitorais, político-partidários e sindicais;

II – a situação funcional dos servidores públicos em geral, ativos ou inativos;

III – aos interesses de pessoas comprovadamente carentes;

IV – aos interesses das associações de portadores de necessidades especiais;

V – aos interesses dos órgãos da Administração Pública Direta ou Indireta dos Poderes do Estado;

VI – a igrejas.

SEÇÃO III
DO CONTRIBUINTE

Art. 109-C. É Contribuinte da TSB toda pessoa física ou jurídica que solicitar a prestação do serviço público ou a prática de ato decorrente da atividade do poder de polícia, ou ainda, que se beneficie diretamente do serviço ou ato.

SEÇÃO IV
DO RECOLHIMENTO

Art. 109-D. A TSB é devida anual, mensal ou unitariamente, na conformidade da natureza do ato, serviço ou evento, e seu pagamento deve ser efetuado antes de iniciar a prestação do serviço ou a prática de ato, sob responsabilidade exclusiva do contribuinte.

§ 1º Em caso de renovação, a taxa é devida, quando:

I – mensal, até o 20º dia do mês anterior ao período objeto da renovação;

II – anual, até o dia 28 do mês de dezembro do exercício anterior ao período objeto da renovação ou no ato da renovação do serviço.

§ 2º A TSB pode ser paga, extraordinariamente, após a prestação do serviço, avaliadas as circunstâncias de imprevisibilidade ou de impossibilidade de serem previstos os custos da contraprestação;

§ 3º Quando a atividade não coincidir com o início do mês ou do ano de vigência, o pagamento da TSB, mensal ou anual, obedece ao critério da proporcionalidade de cálculo referente aos dias ou meses restantes;

§ 4º A falta do pagamento importa na suspensão do serviço até a sua regularização;

§ 5º Para efeito de cobrança da TSB, quando exigida a presença de bombeiros militar, considera-se o emprego de homem/hora, na conformidade dos valores do Anexo VII a esta Lei.

Art. 109-E. O recolhimento da TSB é efetuado na rede bancária autorizada por intermédio de documento de arrecadação aprovado por ato do Secretário de Estado da Fazenda.

Parágrafo único. O agente encarregado de lavrar ato sujeito à incidência da TSB deve exigir a apresentação do comprovante de seu recolhimento.

SEÇÃO V
DAS INFRAÇÕES E PENALIDADES

Art. 109-F. A falta do recolhimento da TSB nos termos fixados neste Capítulo, sujeita o contribuinte ou responsável ao pagamento de juros de mora e multa de 50%, calculados na conformidade da legislação tributária.

SEÇÃO VI
DO CONTROLE DA ARRECADAÇÃO E FISCALIZAÇÃO

Art. 109-G. Os mecanismos de controle da arrecadação e fiscalização da TSB são definidos em ato conjunto do Secretário de Estado da Fazenda e do Comandante-Geral do Corpo de Bombeiros Militar.

Capítulo VIII
DA CONTRIBUIÇÃO DE MELHORIA – CME

SEÇÃO I
DA INCIDÊNCIA E DO FATO GERADOR

Art. 110. A Contribuição de Melhoria (CME) incide sobre a valorização efetiva de imóveis localizados nas áreas beneficiadas, direta ou indiretamente, em decorrência de obras públicas que constituem seu fato gerador.

SEÇÃO II
DA BASE DE CÁLCULO

Art. 111. A base de cálculo da CME é o resultado da valorização efetiva do imóvel, tendo como limite:

I – total o valor da despesa realizada com a construção da obra;

II – individual, o acréscimo de valor que da obra resultar para cada imóvel.

SEÇÃO III
DO CONTRIBUINTE

Art. 112. Contribuinte da CME é o proprietário, o titular de domínio útil ou o possuidor, a qualquer título, dos imóveis situados nas áreas discriminadas no edital de que trata o art. 115.

SEÇÃO IV
DOS RESPONSÁVEIS

Art. 113. São responsáveis pelo pagamento da CME os adquirentes ou sucessores, a qualquer título, do contribuinte.

SEÇÃO V
DOS CRITÉRIOS PARA COBRANÇA

Art. 114. A CME será cobrada pelo Estado para fazer face ao custo de obras públicas de que decorra valorização imobiliária.

Art. 115. Antes do início da obra o órgão encarregado de sua execução publicará edital, do qual constará:

I – a delimitação da área a ser beneficiada e a relação dos imóveis nela compreendidos;

II – a determinação do fator de absorção do benefício da valorização para toda a zona ou para cada uma das áreas diferenciadas nela contidas;

III – o memorial descritivo do projeto;

IV – o orçamento do custo da obra;

V – a determinação da parcela do custo da obra a ser coberto pela CME.

SEÇÃO VI
DO LANÇAMENTO

Art. 116. Iniciada a construção da obra ou totalmente executada, a Secretaria da Fazenda procederá ao lançamento da contribuição de melhoria, notificando os contribuintes do local, da forma e do prazo de pagamento do tributo e, ainda, da possibilidade de parcelamento, se for o caso.

§ 1º O lançamento do valor do tributo referente a cada um dos contribuintes será determinado pela aplicação de multiplicador único sobre o preço de avaliação de cada um dos imóveis;

§ 2º O multiplicador único, mencionado no parágrafo anterior, corresponderá ao percentual representado pelo custo total ou parcial da obra, a ser coberto pela contribuição de melhoria, em relação ao somatório das avaliações de todos os imóveis.

SEÇÃO VII
DA IMPUGNAÇÃO E DOS RECURSOS

Art. 117. Do edital a que se refere o art. 115 caberá recurso, no prazo de trinta dias, ao Secretário de Estado a que estiver subordinado o órgão executor da obra.

Parágrafo único. A impugnação escrita, instruída com a documentação probante, se necessária, terá ingresso no órgão executor da obra, que emitirá parecer técnico sobre o objeto da impugnação e encaminhará os autos, em quinze dias, ao Secretário competente para julgamento que, em igual prazo, proferirá sua decisão.

Art. 118. Do desprovimento da impugnação caberá recurso voluntário ao Chefe do Poder Executivo, no prazo de quinze dias contados a partir da data de ciência da decisão.

Art. 119. Provida a impugnação, a autoridade competente determinará a retificação, nos limites da decisão, ao órgão executor da obra.

Parágrafo único. Da retificação de que trata este artigo será publicado edital, nos quinze dias que se seguirem à decisão, do qual não mais caberá recurso.

Art. 120. Cabem recursos contra os lançamentos tributários relativos a CME, conforme previsto no Código de Procedimentos Administrativo-Tributário, ainda que versem sobre as avaliações realizadas.

SEÇÃO VIII
DAS PENALIDADES

Art. 121. O atraso no pagamento de qualquer parcela da contribuição de melhoria sujeitará o infrator a juros de mora de um por cento ao mês e multa de cinquenta por cento sobre o valor do tributo devido.

TÍTULO II
DA ADMINISTRAÇÃO TRIBUTÁRIA

Capítulo I
DA REPARTIÇÃO DA RECEITA

Art. 122. Pertencem aos municípios:

ART. 123 NORMAS PARA A ATIVIDADE EXTRAJUDICIAL DO ESTADO DO TOCANTINS

I – 25% do valor do ICMS arrecadado no Estado;

II – 50% do valor do IPVA arrecadado sobre a propriedade de veículo licenciado em seu território.

Art. 123. Em caso de restituição parcial ou total do imposto o Estado deduzirá da quantia a ser creditada aos municípios:

I – 25% da quantia restituída referente a ICMS;

II – 50% da importância restituída referente a IPVA.

Capítulo II
DO CONTROLE E DA FISCALIZAÇÃO

Art. 124. Compete à Secretaria da Fazenda o controle e a fiscalização dos tributos estaduais.

§ 1º Os agentes do Fisco, incumbidos de realizar tarefas de fiscalização, identificar-se-ão por meio do documento de identidade funcional, expedido pela Secretaria da Fazenda;

§ 2º O agente do Fisco poderá requisitar o auxílio de força policial sempre que for vítima de desacato ou embaraço no exercício de suas funções ou quando for necessária a efetivação de medidas acauteladoras de interesse do Fisco, ainda que não se configure flagrante de ilícito penal;

§ 3º Constitui embaraço à fiscalização a:

I – desobediência à parada obrigatória de:

a) veículos de carga em postos de fiscalização, fixos ou móveis, da Secretaria da Fazenda;

b) quaisquer outros veículos quando transportando mercadorias.

II – não apresentação de livros, documentos fiscais, equipamentos e software quando solicitados por agente do Fisco.

Art. 125. Aos agentes do Fisco não poderá ser negado o direito de examinar estabelecimentos, dependências, móveis, veículos, mercadorias, livros, documentos e outros feitos comerciais ou fiscais dos contribuintes e responsáveis, assim definidos nesta Lei.

Parágrafo único. No caso de recusa, a fiscalização poderá lacrar os estabelecimentos, veículos e móveis, onde possivelmente estejam os documentos, mercadorias e livros, lavrando termo desse procedimento, deixando cópia com o recusante, solicitando de imediato à autoridade administrativa a que estiver subordinada as providências necessárias à exibição judicial.

Art. 126. A Secretaria da Fazenda e os agentes do Fisco terão, dentro de sua área de competência, precedência sobre os demais setores da administração pública.

Art. 127. Em levantamentos fiscais poderão ser usados quaisquer meios indiciários, bem como aplicados coeficientes médios de lucro bruto, valor adicionado ou preços mínimos, considerados em cada atividade econômica conforme fixado em ato do Secretário da Fazenda.

Parágrafo único. Quando o cálculo do tributo tenha por base, ou tome em consideração, o valor ou o preço de mercadorias, bens, serviços ou direitos, a autoridade lançadora, mediante processo regular, arbitrará aquele valor ou preço, sempre que as declarações ou os esclarecimentos prestados, ou os documentos expedidos pelo sujeito passivo ou pelo terceiro legalmente

obrigado, sejam omissos ou não mereçam fé, ressalvada, em caso de contestação, avaliação contraditória, administrativa ou judicial.

Art. 128. A responsabilidade pelo pagamento de multa é excluída pela denúncia espontânea da infração, acompanhada, se for o caso, do pagamento ou do parcelamento do imposto devido ou do depósito da importância arbitrada pelo Secretário da Fazenda, quando o montante do tributo depender de apuração.

§ 1º Não se considera espontânea a denúncia[12] apresentada após o início de qualquer procedimento administrativo ou medida de fiscalização, relacionada com a infração denunciada;

§ 2º Nas hipóteses de pagamento ou parcelamento a que se refere este artigo, o imposto devido é acrescido de multa moratória de dez por cento e juros de mora na forma prevista no art. 131 desta Lei;

§ 3º A multa prevista no parágrafo anterior é reduzida, do primeiro ao trigésimo dia seguinte ao do vencimento do prazo para pagamento ou parcelamento, a 0,2% do valor do imposto declarado por dia de atraso;

§ 4º As disposições deste artigo só se aplicam aos casos de inutilização, perda ou extravio de livros ou documentos fiscais quando:

I – houver possibilidade de reconstituição ou, tratando-se apenas de documentos fiscais, substituição por cópias de quaisquer de suas vias;

II – a inutilização ou o extravio referir-se a documentos fiscais comprovadamente registrados em livros próprios ou tenham sua inidoneidade declarada por autoridade competente.

§ 5º A apresentação do documento de arrecadação quitado ou do Termo de Acordo de Parcelamento, induz a espontaneidade de que trata este artigo.

Art. 129. (Revogado).
→ Lei n. 2.253/2009.

Capítulo III
DA ATUALIZAÇÃO MONETÁRIA DOS CRÉDITOS TRIBUTÁRIOS E DOS JUROS DE MORA

SEÇÃO I
DA ATUALIZAÇÃO MONETÁRIA

Art. 130. O crédito tributário, inclusive o decorrente de multa, terá o seu valor atualizado monetariamente segundo a variação do Índice Geral de Preços – Disponibilidade Interna, IGP-DI, exceto quando garantido por depósito judicial ou administrativo, do seu montante integral, na conformidade do regulamento.

§ 1º As multas proporcionais e juros de mora incidirão sobre o valor originário do tributo em sua expressão monetária devidamente atualizada;

§ 2º (Revogado);
→ Lei n. 1.304/2002.

§ 3º Na impossibilidade de aplicação dos critérios previstos neste artigo, serão utilizados os estabelecidos pela União na cobrança dos tributos federais;

---

12. Alterado e corrigido. Redação original consta "denuncia".

§ 4º O disposto neste artigo é aplicado também ao crédito não tributário inscrito em dívida ativa;

§ 5º Na hipótese de crédito em execução judicial é facultada a aplicação dos mesmos critérios de atualização monetária utilizados pelo Poder Judiciário.

SEÇÃO II
DOS JUROS DE MORA

Art. 131. Sobre o valor dos tributos não pagos até a data do vencimento incidirão juros de mora de um por cento ao mês ou fração.

§ 1º Também são devidos juros de mora nos casos de:

I – cobrança executiva de dívidas;

II – consulta, a partir do momento em que o imposto for devido, se for o caso;

III – crédito não tributário inscrito em dívida ativa.

§ 2º Na hipótese de crédito em execução judicial é facultada a aplicação dos índices de juros cobrados pelo Poder Judiciário.

SEÇÃO III
DAS DISPOSIÇÕES COMUNS

Art. 132. Nos casos de verificação fiscal, quando não for possível precisar a data da ocorrência do fato gerador, esta será o primeiro dia do mês:

I – de julho, quando o período objeto da verificação coincidir com o ano civil;

II – médio do período, se o número de meses for ímpar, ou do primeiro mês da segunda metade do período, se aquele for par.

Art. 133. As penalidades previstas nesta Lei retroagem em benefício do contribuinte, nos casos de atos não definitivamente julgados.

SEÇÃO IV
DISPOSIÇÕES GERAIS, TRANSITÓRIAS E FINAIS

Art. 134. A restituição do indébito tributário far-se-á conforme procedimentos previstos no Código de Procedimentos Administrativo-Tributário.

Parágrafo único. A restituição das taxas a seguir relacionadas, somente é processada após a manifestação prévia do órgão ou entidade respectiva:

I – taxa do Anexo VIII, Instituto Natureza do Tocantins – NATURATINS;

II – taxa do Anexo VI, Comando-Geral da Polícia Militar;

III – taxa dos Anexos VII e VII-A, Comando-Geral do Corpo de Bombeiros Militar;

IV – taxas do Anexo IV desta Lei, relativas aos atos previstos no:

a) item 1, Secretaria da Segurança Pública;

b) item 2, Secretaria da Educação e Cultura;

c) item 3, Secretaria da Saúde;

d) item 6, Agência de Desenvolvimento Turístico – ADTUR;

e) item 7, Secretaria da Infraestrutura;

f) item 8, Instituto de Terras do Estado do Tocantins – ITERTINS;

LEI N. 1.2871 DE 28 DE DEZEMBRO DE 2001 — ART. 143

g) item 9, Secretaria da Agricultura, Pecuária e Abastecimento;

h) item 10, Casa Civil;

i) item 11, Departamento de Estradas de Rodagem do Estado do Tocantins – DERTINS;

j) item 12, Agência de Defesa Agropecuária do Estado do Tocantins – ADAPEC/TOCANTINS;

k) item 13, Fundação de Medicina Tropical do Tocantins.

Art. 135. Os produtos classificados nos códigos da Nomenclatura Brasileira de Mercadorias (NBM/SH), constantes dos segmentos do Anexo I a esta Lei, correspondem para os efeitos da legislação tributária estadual às suas respectivas classificações na Nomenclatura Comum do Mercosul (NCM/SH).

Art. 136. Os créditos tributários vencidos antes da vigência desta Lei continuam sendo atualizados monetariamente segundo a variação da UFIR até 31 de dezembro de 2.000, e, a partir desta data pelo IGP-DI.

Art. 137. Fica o Poder Executivo autorizado a desenvolver campanhas educativas sobre matéria tributária, inclusive com a participação da rede estadual de ensino em todos os seus níveis.

Art. 138. O Poder Executivo poderá estabelecer que, em função do porte ou da atividade do estabelecimento, o ICMS seja pago em parcelas periódicas e calculado por estimativa, para um determinado período, assegurado ao sujeito passivo o direito de impugná-la e instaurar procedimento contraditório.

§ 1º Na hipótese deste artigo, ao fim do período será feito o ajuste com base na escrituração regular do contribuinte que pagará a diferença apurada, se houver. Verificado saldo credor, este será transportado para o período seguinte;

§ 2º A inclusão de estabelecimento no regime de que trata este artigo não dispensa o sujeito passivo do cumprimento de obrigações acessórias.

Art. 138-A. Incumbe à Junta Comercial do Estado do Tocantins (JUCETINS) enviar mensalmente à Secretaria da Fazenda informações sobre os atos, realizados no mês imediatamente anterior, relativos à constituição, modificação e extinção de pessoa jurídica e de empresário individual.

Art. 138-B. O recolhimento do valor correspondente à diferença entre a alíquota interna e a interestadual a que se refere o inciso XIX do art. 10 desta Lei deve ser realizado pelo contribuinte remetente ou prestador localizado em outra unidade da federação na seguinte proporção:

I – para o ano de 2016: 40%;

II – para o ano de 2017: 60%;

III – para o ano de 2018: 80%;

IV – a partir do ano de 2019: 100%.

Art. 138-C. No caso de operações ou prestações que destinarem bens e serviços a não contribuinte localizado em outra unidade da federação, cabe a este Estado, além do imposto calculado mediante utilização da alíquota interestadual, parte do valor correspondente à diferença entre esta e a alíquota interna da unidade da federação destinatária, na seguinte proporção:

I – para o ano de 2016: 60%;

II – para o ano de 2017: 40%;

III – para o ano de 2018: 20%.

Art. 139 e 140. (Revogados).

Lei n. 2.253/2009.

Art. 141. O Chefe do Poder Executivo expedirá o regulamento desta Lei.

Parágrafo único. Enquanto não for efetivada a regulamentação de que trata este artigo, aplicam-se, no que couber, os dispositivos constantes do Regulamento do ICMS em vigor nesta data.

Art. 142. Revogam-se a Lei n. 888, de 28 de dezembro de 1996, os arts. 1º a 12 da Lei n. 995, de 26 de junho de 1998, e os arts. 1º a 12 da Lei n. 1.202, de 29 de dezembro de 2000.

Art. 143. Esta Lei entra em vigor no 1º dia do mês de janeiro de 2002.

LEI N. 3.408
DE 28 DE DEZEMBRO DE 2018

Dispõe sobre a fixação, a contagem, a cobrança e o pagamento de emolumentos no exercício das atividades notariais e registrais, regulamenta o Fundo Especial de Compensação da Gratuidade dos Atos do Registro Civil de Pessoas Naturais (FUNCIVIL) e adota outras providências.

Capítulo I
DOS EMOLUMENTOS E SEU RECOLHIMENTO

Art. 1º A fixação, a contagem, a cobrança e o pagamento de emolumentos relativos a ato praticado pelos serviços notariais e de registro de que trata o art. 236,[1] da Constituição da República, o recolhimento da Taxa de Fiscalização Judiciária (TFJ) e a contribuição destinada à compensação prevista no art. 8º[2] da Lei Federal n. 10.169, de 29 de dezembro de 2000, concernente aos atos sujeitos à gratuidade estabelecida na legislação federal, obedecerão às disposições desta Lei.

Art. 2º Os emolumentos são a retribuição pecuniária por atos praticados pelo notário ou tabelião e ao oficial de registro ou registrador, no âmbito de suas respectivas competências, e têm como fato gerador a prestação de serviços notariais e de registro, previstos no art. 236[3] da Constituição da República.

---

1. Art. 236. Os serviços notariais e de registro são exercidos em caráter privado, por delegação do Poder Público.

    § 1º Lei regulará as atividades, disciplinará a responsabilidade civil e criminal dos notários, dos oficiais de registro e de seus prepostos, e definirá a fiscalização de seus atos pelo Poder Judiciário;

    § 2º Lei federal estabelecerá normas gerais para fixação de emolumentos relativos aos atos praticados pelos serviços notariais e de registro;

    § 3º O ingresso na atividade notarial e de registro depende de concurso público de provas e títulos, não se permitindo que qualquer serventia fique vaga, sem abertura de concurso de provimento ou de remoção, por mais de seis meses.

2. Art. 8º Os Estados e o Distrito Federal, no âmbito de sua competência, respeitado o prazo estabelecido no art. 9º desta Lei, estabelecerão forma de compensação aos registradores civis das pessoas naturais pelos atos gratuitos, por eles praticados, conforme estabelecido em lei federal.

    Parágrafo único. O disposto no caput não poderá gerar ônus para o Poder Público.

3. Art. 236. Os serviços notariais e de registro são exercidos em caráter privado, por delegação do Poder Público.

    § 1º Lei regulará as atividades, disciplinará a responsabilidade civil e criminal dos notários, dos oficiais de registro e de seus prepostos, e definirá a fiscalização de seus atos pelo Poder Judiciário;

Art. 3º São contribuintes dos emolumentos a pessoa natural ou jurídica que se utilizar do serviço ou da prática de atos notariais e ou de registro.

Parágrafo único. Relativamente à Taxa de Fiscalização Judiciária (TFJ) e à contribuição para ressarcimento dos atos gratuitos do registro civil das pessoas naturais, o delegatário de serviço notarial e ou de registro são responsáveis tributários, nos termos do inciso II[4] do parágrafo único do art. 121 da Lei Federal n. 5.172, de 25 de outubro de 1966.

Art. 4º Os valores dos emolumentos são fixados de acordo com o efetivo custo e a adequada e suficiente remuneração dos serviços prestados, levando-se em conta a natureza pública e o caráter social dos serviços notariais e de registro, atendidas, ainda, as seguintes regras:

I – os valores dos emolumentos constam de tabelas, acrescidas de notas explicativas, expressos em moeda corrente do País;

II – os atos comuns aos vários tipos de serviços notariais e de registro são remunerados por emolumentos específicos, fixados para cada espécie de ato;

III – os atos específicos de cada serviço são classificados em:

a) atos relativos a situações jurídicas sem conteúdo financeiro;

b) atos relativos a situações jurídicas com conteúdo financeiro, cujos emolumentos são fixados mediante a observância de faixas com valores mínimos e máximos, nas quais enquadrar-se-á o valor constante do documento apresentado aos serviços notariais e ou de registro.

Parágrafo único. As tabelas previstas neste artigo, das quais constarão o valor dos emolumentos, o valor da Taxa de Fiscalização Judiciária (TFJ) e o valor da contribuição destinada à compensação dos atos sujeitos à gratuidade estabelecida em lei federal, são afixadas nas

---

§ 2º Lei federal estabelecerá normas gerais para fixação de emolumentos relativos aos atos praticados pelos serviços notariais e de registro;

§ 3º O ingresso na atividade notarial e de registro depende de concurso público de provas e títulos, não se permitindo que qualquer serventia fique vaga, sem abertura de concurso de provimento ou de remoção, por mais de seis meses.

4. Art. 121. Sujeito passivo da obrigação principal é a pessoa obrigada ao pagamento de tributo ou penalidade pecuniária.

    Parágrafo único. O sujeito passivo da obrigação principal diz-se:

    II – responsável, quando, sem revestir a condição de contribuinte, sua obrigação decorra de disposição expressa de lei.

---

dependências do serviço notarial e ou de registro, em local visível, de fácil leitura e acesso ao público.

Art. 5º A base de cálculo dos emolumentos nos atos de conteúdo financeiro é determinada segundo os parâmetros a seguir, prevalecendo o de maior valor:

I – o valor de mercado dos bens e ou direitos objeto do ato notarial e ou de registro;

II – o valor do negócio jurídico declarado pelo usuário do ato notarial e ou de registro;

III – o valor tributário do imóvel urbano, estabelecido no último lançamento efetuado pela receita municipal, para efeito de cobrança do Imposto sobre a Propriedade Predial e Territorial Urbana (IPTU), e para o imóvel rural o Imposto Territorial Rural (ITR), aceito pela receita federal, considerados o valor da terra nua, as acessões, as benfeitorias e as pertenças;

IV – a base de cálculo utilizada para o cálculo do Imposto de Transmissão "intervivos" de Bens Imóveis (ITBI) ou do Imposto sobre a Transmissão "causa mortis" e Doação de Bens ou Direitos (ITCMD).

Parágrafo único. Na hipótese de fundado indício de redução dos valores efetivamente devidos na aplicação dos parâmetros de que trata o caput deste artigo, deve o notário ou registrador proceder de acordo com o disposto no art. 17 desta Lei, apontando o valor de mercado e o valor dos emolumentos que entende devido.

Art. 6º Ao notário ou tabelião e ao oficial de registro ou registrador é assegurada a percepção integral dos emolumentos pelos atos que praticarem, os quais serão acrescidos das seguintes parcelas:

I – Taxa de Fiscalização Judiciária (TFJ), devida ao Fundo de Modernização e Aprimoramento do Poder Judiciário (FUNJURIS);

II – da contribuição destinada à compensação prevista no art. 8º[5] da Lei Federal n. 10.169, de 29 de dezembro de 2000 e complementação da receita mínima das serventias deficitárias, além da compensação das demais gratuidades e isenções previstas em lei, devida ao Fundo de Compensação das Gratuidades dos Atos do Registro Civil das Pessoas Naturais (FUNCIVIL).

§ 1º São acrescidos e cobrados conjuntamente com os emolumentos, além dos valores previs-

---

5. Art. 8º Os Estados e o Distrito Federal, no âmbito de sua competência, respeitado o prazo estabelecido no art. 9º desta Lei, estabelecerão forma de compensação aos registradores civis das pessoas naturais pelos atos gratuitos, por eles praticados, conforme estabelecido em lei federal.

    Parágrafo único. O disposto no caput não poderá gerar ônus para o Poder Público.

75

ART. 7º NORMAS PARA A ATIVIDADE EXTRAJUDICIAL DO ESTADO DO TOCANTINS

tos neste artigo, os valores tributários incidentes, instituídos pela lei do município da sede do serviço notarial e ou de registro;

§ 2º Os emolumentos são contados e cobrados, antes da lavratura do ato, diretamente do usuário do serviço, na conformidade das tabelas anexas a esta Lei;

§ 3º Na hipótese de contagem inferior ao fixado na tabela, inclusive quando indevida isenção previamente concedida, cabe ao usuário a sua complementação, sob pena de sua cobrança na forma processualmente prevista;

§ 4º Na contagem de emolumentos relativos a documentos cujo valor esteja expresso em moeda estrangeira, converter-se-á em moeda nacional o respectivo valor, observado o câmbio de compra do dia da apresentação e, nos frutos, produtos ou coisas, converter-se-á de acordo com a cotação divulgada em jornais ou sites específicos;

§ 5º São devidos ao Juiz de Paz, nos atos e diligências necessários ao cumprimento de suas atribuições, os valores previstos na Tabela VII desta Lei.

Art. 7º Em matéria de emolumentos não é admitida aplicação de analogia, paridade, precedentes, entendimento de outras unidades da federação ou fundamento similar, sendo vedada a cobrança e isenção de qualquer outra quantia não expressamente prevista nesta Lei.

§ 1º No caso em que, por força de lei, deva ser utilizado valor decorrente de avaliação judicial ou de avaliação fiscal, o maior valor deste é considerado para os fins do disposto no art. 5º desta Lei. A modificação do valor da avaliação, após a prática do ato notarial ou registral, não implica modificação no valor dos emolumentos cobrados;

§ 2º A cobrança de emolumentos diferentes daqueles fixados na respectiva tabela, inclusive para dispensar o pagamento ou conceder isenção, parcial ou total, somente será permitida quando houver previsão legal ou for decorrente de convênio ou instrumento similar, celebrados na forma disciplinada nesta Lei;

§ 3º Observado o devido processo legal, a cobrança de emolumentos com infração desta Lei, para mais ou para menos, constitui falta disciplinar punível na forma da lei e cumulada com:

I – a restituição em dobro, ao usuário, da quantia cobrada em excesso, em cinco dias úteis, a contar da decisão da qual não caiba recurso administrativo; ou

II – o pagamento de multa, em benefício do Fundo de Modernização e Aprimoramento do Poder Judiciário (FUNJURIS), correspondente à diferença entre o valor cobrado e o valor efetivamente devido, no caso de cobrança inferior definido nesta Lei.

§ 4º Os notários e os registradores darão recibo dos valores cobrados, sem prejuízo da indicação definitiva e obrigatória dos respectivos emolumentos no documento entregue ao usuário.

Art. 8º Os atos de natureza social que, por sua quantidade, determinarem menor custo de elaboração, poderão ter seus emolumentos, taxas e contribuições reduzidos, mediante instrumentos firmados entre as partes interessadas e entidade de classe de âmbito estadual, com prévia aquiescência da Corregedoria-Geral da Justiça.

Parágrafo único. Os instrumentos de que tratam este artigo, quando de interesse local, poderão ser firmados entre as partes interessadas e o notário, tabelião, oficial de registro ou registrador, mediante prévia aquiescência da Corregedoria-Geral da Justiça.

Art. 9º Os valores dos emolumentos constantes das tabelas anexas a esta Lei são reajustados, uma vez ao ano, por ato do Corregedor-Geral da Justiça, com base na variação positiva do Índice Nacional de Preço ao Consumidor Amplo (IPCA) ou de outro índice oficial que venha a substituí-lo.

§ 1º Na aplicação do índice referido neste artigo, tem-se em conta a variação positiva acumulada no período compreendido entre dezembro do ano anterior e novembro do ano em curso, para vigência a partir de 1º de janeiro do ano seguinte;

§ 2º Até o último dia do ano corrente publica-se provimento contendo as tabelas atualizadas, aplicando-se o mesmo percentual de reajuste, exclusivamente, sobre os valores dos emolumentos, da taxa de fiscalização judiciária (TFJ) e da compensação das gratuidades dos atos do registro civil de pessoas naturais, quando devidos.

Art. 10. Os emolumentos e taxas devidos nos serviços afeto ao tabelionato de protesto de títulos, devidos pelo credor, são cobrados quando do ato elisivo do protesto, mediante compensação dos valores recebidos do devedor.

§ 1º Protestado o título ou documento de dívida, os valores de que trata este artigo são pagos no ato do pedido elisivo do protesto, segundo valores à época do pedido de cancelamento;

§ 2º Os protestos indevidos dos títulos ou documentos de dívida pública são isentos de emolumentos, taxas, contribuições e demais encargos, quando houver justa causa, devendo o tabelião manter a justificativa em arquivo, pelo prazo regulamentar.

Art. 11. Não se aperfeiçoando o ato notarial ou registral, no prazo legal, por desistência ou deficiência de requisitos a cargo do usuário, é devida indenização ao tabelião ou registrador equivalente a 20% (vinte por cento) do valor adiantado para sua realização, do qual é abatido o valor relativo a atos efetivamente praticados.

§ 1º O valor de que trata este artigo poderá ser levantado pelo usuário ou seu procurador, no prazo de 5 (cinco) dias úteis, contados da respectiva notificação;

§ 2º Não é devida a indenização de que trata o caput deste artigo quando o usuário optar pela compensação do valor adiantado com os emolumentos devidos para a prática de outro ato notarial e ou de registro.

Art. 12. No ato notarial ou de registro devem ser lançados, além da descrição do selo de fiscalização, cota discriminando os emolumentos devidos, incluindo o valor da Taxa de Fiscalização Judiciária, da contribuição para a compensação prevista no art. 8⁰⁶ da Lei Federal n.

10.169, de 29 de dezembro de 2000, na conformidade da respectiva tabela, e o valor correspondente ao imposto municipal incidente, se houver, sem prejuízo do fornecimento de orçamento e ou de recibo discriminado, sempre que solicitado pelo usuário.

§ 1º O pagamento dos emolumentos, taxas e contribuições será efetuado pelo usuário na sede da serventia ou em estabelecimento de crédito indicado pelo notário ou tabelião ou pelo oficial de registro ou registrador;

§ 2º Incumbe ao Oficial de Registro Civil das Pessoas Naturais receber do usuário os valores relativos aos atos praticados pelo Juiz de Paz e repassá-lo integralmente, no prazo de 48 horas a contar do respectivo recebimento.

Capítulo II
DA ISENÇÃO, DA NÃO INCIDÊNCIA E DE SUA COMPENSAÇÃO

Art. 13. Para os efeitos desta Lei, considera-se:

I – isenção: a exclusão total ou parcial do recolhimento de emolumentos e ou das taxas e contribuições incidentes sobre atos notariais e ou de registros; e

II – não incidência: a hipótese em que os atos notariais e ou de registros são praticados de forma gratuita, nas hipóteses previstas em legislação federal.

§ 1º São isentos de emolumentos, taxas e contribuições, total ou parcial, as pessoas físicas ou jurídicas que, relativamente aos atos especificados em legislação federal ou editadas pelo Estado do Tocantins, demonstrem o atendimento das condições estabelecidas na respectiva legislação instituidora da isenção no momento da apresentação do título;

§ 2º A isenção é efetivada, em cada caso, mediante prévio requerimento com o qual o interessado faça prova do preenchimento das condições e do cumprimento dos requisitos previstos em lei para sua concessão, não se constituindo em direito adquirido, nos termos do art. 179⁷ do Código Tributário Nacional;

§ 3º Nos atos previstos neste artigo constará o valor dos emolumentos exclusivamente para fins da compensação e ou ressarcimento, na forma da lei.

Art. 14. A União, o Estado do Tocantins e suas respectivas autarquias e fundações públicas e, são isentos de emolumentos, taxas e contribuições, nos atos inerentes à sua finalidade legal, bem como o seguinte:

Parágrafo único. O disposto no caput não poderá gerar ônus para o Poder Público.

7. Art. 179. A isenção, quando não concedida em caráter geral, é efetivada, em cada caso, por despacho da autoridade administrativa, em requerimento com o qual o interessado faça prova do preenchimento das condições e do cumprimento dos requisitos previstos em lei ou contrato para sua concessão.

§ 1º Tratando-se de tributo lançado por período certo de tempo, o despacho referido neste artigo será renovado antes da expiração de cada período, cessando automaticamente os seus efeitos a partir do primeiro dia do período para o qual o interessado deixar de promover a continuidade do reconhecimento da isenção;

§ 2º O despacho referido neste artigo não gera direito adquirido, aplicando-se, quando cabível, o disposto no artigo 155.

---

6. Art. 8º Os Estados e o Distrito Federal, no âmbito de sua competência, respeitado o prazo estabelecido no art. 9º desta Lei, estabelecerão forma de compensação aos registradores civis das pessoas naturais pelos atos gratuitos, por eles praticados, conforme estabelecido em lei federal.

76

LEI N. 3.408 DE 28 DE DEZEMBRO DE 2018 — ART. 21

I – a certidão expedida a requerimento de autoridade policial ou de requisição de órgão do ministério público, inclusive as certidões de registro de nascimento ou casamento das mulheres vítimas de violência doméstica e a certidão de registro de nascimento de seus filhos incapazes;

II – o ato notarial e ou de registro, realizado em favor de assistidos da defensoria pública, para instrução ou decorrente de processo administrativo ou judicial, sem conteúdo financeiro ou, tendo conteúdo financeiro, não ultrapasse 02 (dois) salários-mínimos;

III – o ato praticado em cumprimento de mandado judicial expedido, exclusivamente, em favor da parte beneficiária da justiça gratuita, observado o disposto no § 1º, do art. 13 desta Lei; e

IV – o ato praticado ex-officio, ato de retificação ou ato que teve de ser refeito ou renovado em razão de erro imputável aos respectivos serviços notariais e ou de registro.

Parágrafo único. Não estão abrangidos na isenção, as despesas com a remessa postal ou eletrônica dos atos solicitados e os atos que visem à instrução de processos administrativos ou judiciais de interesse, direto ou indireto, de particulares.

Art. 15. Excetuadas as hipóteses de isenção e não incidência expressamente previstas nesta lei, a determinação judicial destinada a produzir ato notarial ou de registro, é cumprida após o recolhimento dos respectivos emolumentos, taxas e contribuições devidas pela parte interessada na prática do ato.

Parágrafo único. O disposto neste artigo não se aplica aos atos isentos e gratuitos.

Art. 16. O ato praticado por determinação judicial no âmbito de ações judiciais em que sejam partes pessoas beneficiárias de gratuidade de justiça, pessoas jurídicas de direito Público Federal, Estadual, do Distrito Federal e Municipal, o Ministério Público ou a Defensoria Pública, dispensa-se o pagamento antecipado dos emolumentos, taxas e contribuições incidentes, que deverão ser recolhidos ao final do processo, pela parte sucumbente.

Capítulo III
DA CONSULTA E DAS RECLAMAÇÕES

Art. 17. O notário, ou tabelião, e oficial de registro, ou registrador, no âmbito de suas respectivas atribuições, podem realizar consultas fundadas na aplicação desta Lei e de suas tabelas, em petição fundamentada dirigida ao Juiz Corregedor Permanente, no prazo de 5 (cinco) dias úteis a contar da apresentação da insurgência do interessado na prática do ato a ser lavrado ou registrado.

§ 1º Protocolizado o expediente, o delegatário dará ciência dos termos da consulta formulada ao interessado, fornecendo-lhe cópia e notificando-o para impugná-la, perante o juízo competente, no prazo de 05 (cinco) dias úteis;

§ 2º O Juiz Corregedor Permanente proferirá decisão no prazo de 5 (cinco) dias úteis a contar da consulta apresentada. Dessa decisão caberá recurso, em igual prazo, para o Corregedor-Geral da Justiça, que o decidirá no prazo de 15 (quinze) dias úteis, sem efeito suspensivo;

§ 3º O procedimento de consulta formulada, contendo suas respectivas decisões e eventuais recursos, será encaminhado pelo Juiz Corregedor Permanente ao Corregedor-Geral da Justiça, que poderá uniformizar o entendimento através de decisão normativa;

§ 4º Havendo controvérsia interpretativa, assim entendida a situação que evidencie a possibilidade de mais de uma interpretação razoável da aplicação desta Lei e de suas tabelas, não enseja a aplicação de qualquer penalidade ao reclamado por cobrança anterior à decisão definitiva prolatada.

Art. 18. Qualquer interessado pode apresentar, em petição dirigida ao Juiz Corregedor Permanente, reclamação contra a irregular exação na arrecadação de emolumentos.

§ 1º Recebida a petição a que se refere este artigo, o Juiz Corregedor Permanente, ouvido o reclamado em 5 (cinco) dias úteis, proferirá decisão em idêntico prazo, sujeita a recurso na conformidade do §2º do art. 17, desta Lei;

§ 2º Julgada procedente a reclamação, o reclamado é intimado a devolver, em 5 (cinco) dias úteis, o valor cobrado a maior;

§ 3º No caso de cobrança a menor, o reclamado é intimado a ajustar, em 5 (cinco) dias úteis, o valor dos emolumentos ao parâmetro da legislação, bem como notificar o usuário a efetuar o recolhimento da diferença, na forma desta Lei;

§ 4º Dessa decisão cabe recurso, em 5 (cinco) dias úteis, ao Corregedor-Geral da Justiça, com efeito suspensivo até julgamento final.

Art. 19. No caso de divergência na interpretação desta Lei, cabe ao Corregedor-Geral da Justiça instaurar procedimento de uniformização com vistas a padronizar o entendimento administrativo sobre emolumentos.

§ 1º Instaurado o procedimento de uniformização, é aberto à Comissão Permanente de Assuntos Notariais e Registrais prazo de 15 (quinze) dias úteis para manifestar-se, a qual deverá ser convocada para deliberação na forma regimental;

§ 2º Apresentada manifestação a que se refere o § 1º deste artigo, cabe ao Corregedor-Geral da Justiça proferir decisão normativa, em igual prazo, definindo, no caso de divergência, o entendimento administrativo a ser uniformizado.

Capítulo IV
DA TAXA DE FISCALIZAÇÃO JUDICIÁRIA E DA CONTRIBUIÇÃO PARA A COMPENSAÇÃO DAS GRATUIDADES DOS ATOS DO REGISTRO CIVIL DE PESSOAS NATURAIS

Art. 20. São acrescidos ao valor dos emolumentos devidos ao Notário ou Tabelião e ao Oficial de Registro ou Registrador, relativamente ao ato que praticar no âmbito de suas respectivas atribuições, a Taxa de Fiscalização Judiciária (TFJ) e a contribuição destinada à compensação das gratuidades dos atos do registro civil de pessoas naturais e de complementação da receita mínima das serventias deficitárias, além dos valores tributários instituídos pela lei do município da sede do serviço notarial e ou de registro.

§ 1º A Taxa de Fiscalização Judiciária (TFJ) tem como fato gerador o exercício do poder de polícia atribuído ao Poder Judiciário pelo art. 236, § 1º,[8] da Constituição da República, exercido pelo Tribunal de Justiça do Estado do Tocantins, na conformidade da Lei de Organização Judiciária do Estado do Tocantins;

§ 2º A contribuição para a compensação das gratuidades dos atos do registro civil de pessoas naturais e de complementação da receita mínima das serventias deficitárias, prevista no art. 8º[9] da Lei Federal n. 10.169, de 29 de dezembro de 2000, são reguladas na Lei n. 2.011, de 18 de dezembro de 2008;

§ 3º É responsável pelo recolhimento da Taxa de Fiscalização Judiciária (TFJ) e da contribuição destinada à compensação dos atos sujeitos à gratuidade estabelecida em lei federal, nos termos do inciso II[10] do parágrafo único do art. 121 da Lei Federal n. 5.172, de 25 de outubro de 1966, os delegatários titulares, interinos, interventores ou, na hipótese legal, o substituto que for designado para responder pelo expediente de serviço notarial e ou de registro vago;

§ 4º O valor da Taxa de Fiscalização Judiciária (TFJ) e da contribuição para ressarcimento dos atos gratuitos do registro civil das pessoas naturais é constante da Tabelas desta Lei, não se admitindo interpretação que implique majoração de valor ou ampliação da respectiva hipótese de incidência;

§ 5º Nos atos beneficiados pela isenção parcial de emolumentos, os valores da Taxa de Fiscalização Judiciária (TFJ) e da contribuição para ressarcimento dos atos gratuitos do registro civil das pessoas naturais são reduzidos em igual proporção;

§ 6º Não incidem Taxa de Fiscalização Judiciária (TFJ) ou qualquer contribuição, os atos praticados pelo Serviço de Registro Civil de Pessoas Naturais, consoante disposto na respectiva tabela anexa a esta Lei;

§ 7º O disposto no parágrafo anterior deste artigo, aplica-se aos valores não recolhidos pelos Registradores Civis de Pessoas Naturais no período de vigência da Lei Estadual n. 2.828/2014.

Art. 21. O Notário ou Tabelião e Oficial de Registro ou Registrador, deverá recolher a Taxa de Fiscalização Judiciária (TFJ) em favor do Fundo de Modernização e Aprimoramento do Poder Judiciário (FUNJURIS) e a contribuição para ressarcimento dos atos gratuitos do registro civil das pessoas naturais em favor do Fundo de

---

8. Art. 236. Os serviços notariais e de registro são exercidos em caráter privado, por delegação do Poder Público.

    § 1º Lei regulará as atividades, disciplinará a responsabilidade civil e criminal dos notários, dos oficiais de registro e de seus prepostos, e definirá a fiscalização de seus atos pelo Poder Judiciário.

9. Art. 8º Os Estados e o Distrito Federal, no âmbito de sua competência, respeitado o prazo estabelecido no art. 9º desta Lei, estabelecerão forma de compensação aos registradores civis das pessoas naturais pelos atos gratuitos, por eles praticados, conforme estabelecido em lei federal.

    Parágrafo único. O disposto no caput não poderá gerar ônus para o Poder Público.

10. Art. 121. Sujeito passivo da obrigação principal é a pessoa obrigada ao pagamento de tributo ou penalidade pecuniária.

    Parágrafo único. O sujeito passivo da obrigação principal diz-se:

    II – responsável, quando, sem revestir a condição de contribuinte, sua obrigação decorra de disposição expressa de lei.

ART. 22 — NORMAS PARA A ATIVIDADE EXTRAJUDICIAL DO ESTADO DO TOCANTINS

Compensação das Gratuidades dos Atos do Registro Civil de Pessoas Naturais (FUNCIVIL).

§ 1º O recolhimento dos valores previsto neste artigo constará de lançamento tributário, contemplando os atos que foram praticados no mês imediatamente anterior, a ser realizado por meio do sistema eletrônico disponibilizado pela Corregedoria Geral da Justiça, até o quinto dia útil do mês subsequente ao mês de efetivação do ato notarial ou registral respectivo;

§ 2º O integral recolhimento dos valores de que trata o parágrafo anterior será realizado até o décimo dia útil do mês subsequente ao mês de efetivação do ato notarial ou registral respectivo, mediante documento disponibilizado pelo sistema eletrônico e que assegure a destinação dos recursos, respectivamente, ao Fundo de Modernização e Aprimoramento do Poder Judiciário (FUNJURIS) e ao Fundo de Compensação das Gratuidades dos Atos do Registro Civil de Pessoas Naturais (FUNCIVIL).

Art. 22. O titular ou responsável pelo expediente de serviço notarial e ou de registro deverá, obrigatoriamente, informar os atos que forem praticados à Corregedoria-Geral da Justiça, mediante a adoção de solução tecnológica de comunicação sincronizada via WebService ou outro meio eletrônico que possibilite a alimentação dos dados de 30 em 30 minutos, sob pena de responderem administrativamente pela omissão. Parágrafo único. As informações e os relatórios eletrônicos gerados pelos sistemas eletrônicos mantidos pela Corregedoria-Geral da Justiça e pelo FUNCIVIL são acessíveis a terceiros na forma da Lei n. 12.527, de 18 de novembro de 2011.

Capítulo V
DA FISCALIZAÇÃO E DAS PENALIDADES

Art. 23. A fiscalização da cobrança e do recolhimento dos emolumentos, da Taxa de Fiscalização Judiciária e da contribuição para a compensação concernente aos atos sujeitos à gratuidade estabelecida no art. 8º[11] da Lei Federal n. 10.169, de 29 de dezembro de 2000 é exercida:

I – na Comarca, pelo Juiz Corregedor Permanente; e

II – em todo o Estado, pelo Corregedor-Geral da Justiça.

Parágrafo único. As penalidades administrativas previstas neste capítulo são impostas pela autoridade competente em processo administrativo instaurado de ofício ou a requerimento do interessado, assegurado o devido processo legal, o contraditório e a ampla defesa.

Art. 24. A sonegação de informações que acarrete em redução dos valores devidos ao FUNJURIS e ou ao FUNCIVIL, bem como o não recolhimento da taxa de fiscalização judiciária (TFJ) e da contribuição destinada à compensação das gratuidades dos atos do registro civil de pessoas naturais, no prazo legal, sujeita o responsável a

multa de 10% (dez por cento) do valor devido, acrescidos de juros de 1% (um por cento) ao mês, nos termos do art. 161, § 1º[12] do Código Tributário Nacional.

§ 1º Da decisão que aplicar a penalidade prevista no caput, cabe recurso, com efeito suspensivo, no prazo de 15 (quinze) dias, ao Corregedor-Geral da Justiça;

§ 2º A reclamação não acarretará imposição de penalidade quando a arrecadação irregular decorrer de fundada controvérsia interpretativa quanto à aplicação desta Lei;

§ 3º Não será aplicada penalidade administrativa quando verificado que a irregularidade decorreu de inadequação dos sistemas eletrônicos disponibilizados pela Corregedoria-Geral da Justiça, podendo haver parcelamento dos valores devidos, conforme decisão do Corregedor_Geral da Justiça.

Art. 25. As multas impostas na aplicação deste capítulo constituem receitas:

I – do Fundo de Modernização e Aprimoramento do Poder Judiciário (FUNJURIS), as decorrentes do recolhimento irregular da TFJ; e

II – do Fundo de Compensação das Gratuidades dos Atos do Registro Civil de Pessoas Naturais (FUNCIVIL), as decorrentes do recolhimento irregular da Compensação das Gratuidades dos Atos do Registro Civil de Pessoas Naturais.

Parágrafo único. A multa de que trata este artigo será arbitrada pela autoridade competente e obriga o infrator a recolher o respectivo valor, em 5 (cinco) dias úteis, a contar da decisão definitiva.

Capítulo VI
DO SELO DE FISCALIZAÇÃO JUDICIÁRIA PODER JUDICIÁRIO TRIBUNAL DE JUSTIÇA

Art. 26. Fica instituído o Sistema de Selo de Fiscalização Eletrônico dos atos notariais e de registro, o qual tem por objetivo aperfeiçoar o controle administrativo da atividade notarial e registral, buscando garantir transparência e segurança jurídica aos atos oriundos dos respectivos serviços, a serem implementados por sistema eletrônico de processamento de dados.

Parágrafo único. A prática dos atos notariais e de registro será realizada com a obrigatória utilização do selo de fiscalização eletrônico, fornecido gratuitamente ao delegatário e ou responsável pela serventia.

Art. 27. Denomina-se selo de fiscalização eletrônico dos atos notariais e de registro o código alfanumérico autônomo gerado, sem ônus para o delegatário e ou responsável pela serventia, por meio do Sistema de Gestão Integrada das Serventias Extrajudiciais (GISE), no âmbito da Corregedoria Geral da Justiça do Estado do Tocantins.

Parágrafo único. A Corregedoria-Geral da Justiça, por meio do Sistema de Gestão Inte-

grada das Serventias Extrajudiciais (GISE), adotará solução tecnológica de comunicação sincronizada via WebService ou outro meio eletrônico que possibilite o abastecimento, de 30 em 30 minutos, do estoque de selos necessários à prática dos atos notariais e registrais.

Art. 28. O detalhamento dos padrões tecnológicos, aspectos de segurança da informação, protocolos de comunicação e demais questões relacionadas às soluções de informática, fiscalização do uso do selo de fiscalização eletrônico dos atos notariais e de registro são regulamentados por ato do Corregedor-Geral da Justiça, após oitiva da Comissão Permanente de Assuntos Notariais e Registrais.

Parágrafo único. As modificações no sistema de gestão integrada das serventias extrajudiciais e nas demais soluções tecnológicas afetas aos serviços notariais e de registro somente será exigida sua observância passados 90 (noventa) dias da formal notificação das serventias impactadas pela respectiva alteração.

Capítulo VII
DO FUNCIVIL

Art. 29. O Fundo Especial de Compensação da Gratuidade dos Atos do Registro Civil de Pessoas Naturais (FUNCIVIL) fica vinculado ao Tribunal de Justiça do Estado do Tocantins e destina-se:

I – ao provimento da gratuidade dos atos praticados pelos registradores civis de pessoas naturais, na conformidade de Lei Federal;

II – à complementação da receita bruta mínima mensal das serventias de Registro Civil de Pessoas Naturais deficitárias, quando não estiverem cumuladas com outra especialidade;

III – ao suprimento, reaparelhamento, aprimoramento e à otimização dos serviços afetos ao Poder Judiciário.

§ 1º A destinação dos recursos do FUNCIVIL atende à seguinte ordem de prioridade: a) repasse mensal de 10% (dez por cento) do valor arrecadado ao Fundo Especial de Modernização e Aprimoramento do Poder Judiciário (FUNJURIS); b) compensação aos registradores civis de pessoas naturais pelos atos gratuitos praticados em decorrência de lei; c) complementação de receita bruta mínima mensal das serventias de registro civil de pessoas naturais consideradas deficitárias;

§ 2º A operacionalização do disposto no inciso III deste artigo é efetuada por meio de repasse mensal de 10% (dez por cento) do valor arrecadado pelo FUNCIVIL ao Fundo Especial de Modernização e Aprimoramento do Poder Judiciário (FUNJURIS).

Art. 30. Constituem receitas do FUNCIVIL:

I – as contribuições destinadas à compensação da gratuidade dos atos do registro civil de pessoas naturais, incidentes sobre os emolumentos devidos pelos atos praticados pelo notário ou registrador, descritas nas Tabelas desta Lei;

II – as multas que, em razão de lei, são destinadas ao fundo;

III – os rendimentos de aplicações financeiras com recursos do fundo;

IV – as restituições e indenizações devidas ao fundo.

---

11. Art. 8º Os Estados e o Distrito Federal, no âmbito de sua competência, respeitado o prazo estabelecido no art. 9º desta Lei, estabelecerão forma de compensação aos registradores civis das pessoas naturais pelos atos gratuitos, por eles praticados, conforme estabelecido em lei federal.

Parágrafo único. O disposto no caput não poderá gerar ônus para o Poder Público.

12. Art. 161. O crédito não integralmente pago no vencimento é acrescido de juros de mora, seja qual for o motivo determinante da falta, sem prejuízo da imposição das penalidades cabíveis e da aplicação de quaisquer medidas de garantia previstas nesta Lei ou em lei tributária.

§ 1º Se a lei não dispuser de modo diverso, os juros de mora são calculados à taxa de um por cento ao mês.

Parágrafo único. Os recursos destinados à composição da receita do FUNCIVIL são recolhidos em conta própria, movimentada pelo Presidente do Tribunal de Justiça, na instituição financeira que designar.

Art. 31. À Diretoria Financeira do Tribunal de Justiça do Estado do Tocantins compete:

I – exercer o controle da execução orçamentário-financeira do fundo;

II – efetuar os pagamentos a cargo do FUNCIVIL, mediante ordem do Presidente do Tribunal de Justiça, promovendo os correspondentes registros contábeis;

III – encaminhar à Corregedoria-Geral da Justiça do Estado do Tocantins relatório anual sobre a execução orçamentário-financeira do fundo.

§ 1º O Presidente do Tribunal de Justiça do Estado do Tocantins é ordenador das despesas do FUNCIVIL, podendo, para tanto, delegar as atribuições que se fizerem necessárias para a consecução das finalidades previstas nesta lei;

§ 2º Aplicam-se à execução financeira do FUNCIVIL as normas gerais que regem a legislação orçamentária e financeira pública;

§ 3º O FUNCIVIL será fiscalizado pelo Tribunal de Contas do Estado.

Art. 32. A compensação da gratuidade e a complementação da receita mínima devem ser efetuadas até o dia 20 do mês subsequente ao da prática dos atos, obedecendo à seguinte ordem:

I – repasse de 100% (cem por cento) dos valores descritos na tabela de emolumentos prevista em lei, para compensação dos atos gratuitos de registro civil de nascimento, de natimorto, e de óbito, bem como da primeira certidão respectiva;

II – repasse de 50% (cinquenta por cento) dos valores descritos na tabela de emolumentos prevista em lei, para compensação dos demais atos de registro civil de pessoas naturais praticados sob o pálio da gratuidade em favor de pessoas declaradamente pobres nos termos de lei federal;

III – complementação da receita bruta mínima mensal das serventias de registro civil de pessoas naturais deficitárias.

§ 1º O cumprimento do disposto no inciso II está condicionado à existência de saldo após o cumprimento da regra prevista no inciso I;

§ 2º O cumprimento do disposto no inciso III está condicionado à existência de saldo após o cumprimento das regras previstas nos incisos I e II;

§ 3º Não havendo saldo suficiente para cobrir na íntegra os repasses descritos no inciso I ou no inciso II, a compensação dos atos será feita de maneira proporcional, de modo a garantir que todas as serventias de registro civil de pessoas naturais recebam a compensação pelos atos gratuitos e isentos que praticar.

Art. 33. Considera-se deficitária a serventia com receita bruta, somados os valores recebidos a título de compensação dos atos gratuitos e de quaisquer emolumentos, que não ultrapasse o equivalente a 10 salários-mínimos mensais vigentes à época do repasse.

§ 1º O valor da complementação da receita bruta mínima mensal atribuída à serventia considerada deficitária é fixado em montante que, resguardada a existência de disponibilidade financeira, assegure ao Registrador Civil a retribuição mensal equivalente a 10 salários-mínimos vigentes na época do repasse;

§ 2º A complementação da receita bruta mínima mensal inferior ao quantitativo indicado no caput deste artigo só é admitida quando o saldo existente se torne insuficiente;

§ 3º Quando o saldo do fundo for insuficiente para garantir o cumprimento integral no disposto do § 2º deste artigo, a complementação deve obedecer aos critérios a serem fixados mediante provimento expedido pela Corregedoria-Geral da Justiça do Estado do Tocantins;

§ 4º A situação descrita no caput deste artigo será verificada até o quinto dia útil do mês subsequente pela Diretoria Financeira do Tribunal de Justiça do Estado do Tocantins.

Art. 34. À Corregedoria-Geral da Justiça do Estado do Tocantins incumbe:

I – verificar a regularidade do repasse das receitas do fundo pelas serventias extrajudiciais;

II – expedir os atos necessários ao cumprimento desta Lei.

Art. 35. Fica extinto o Conselho Gestor do FUNCIVIL.

§ 1º O Presidente do Tribunal de Justiça do Estado do Tocantins designará comissão para adotar as providências necessárias às rescisões contratuais, cancelamentos e baixas decorrentes da extinção do Conselho Gestor do FUNCIVIL;

§ 2º Os bens imóveis adquiridos na vigência do Conselho Gestor do FUNCIVIL serão incorporados ao patrimônio do Tribunal de Justiça do Estado do Tocantins, mediante ato de registro na matrícula do imóvel, isento de custas, a ser realizado pela serventia extrajudicial competente;

§ 3º Os bens móveis, equipamentos e materiais integrantes do patrimônio da antiga estrutura administrativa do FUNCIVIL passarão ao patrimônio do Tribunal de Justiça do Estado do Tocantins, mediante realização de inventário e lavratura de termo circunstanciado por comissão a ser designada pelo Presidente do Tribunal de Justiça;

§ 4º Os recursos financeiros disponíveis nas contas bancárias vinculadas à antiga estrutura do FUNCIVIL serão destinados à liquidação dos débitos e obrigações assumidos pelo antigo Conselho Gestor do fundo;

§ 5º Caso os recursos de que trata o § 4º deste artigo não sejam suficientes, serão utilizados os recursos arrecadados pelo fundo até o limite de 5% (cinco por cento) da arrecadação mensal, até que sejam liquidadas todas as obrigações.

Capítulo VIII
DAS DISPOSIÇÕES GERAIS E FINAIS

Art. 36. No exercício de suas atribuições, o notário ou tabelião e o oficial de registro ou registrador fica obrigado a disponibilizar seus serviços por meio de Central de Serviços Eletrônicos Compartilhados, a ser criada e implantada pelos respectivos delegatários de serviço notarial e ou de registro do Estado do Tocantins, compreendendo:

I – a expedição de certidões e a prestação de informações em formato eletrônico;

II – o intercâmbio de documentos eletrônicos e de informações entre as delegações, o Poder Judiciário, a Administração Pública Federal e do Estado do Tocantins e o usuário em geral; e

III – a recepção e o envio de títulos em formato eletrônico.

§ 1º Incumbe ao Corregedor-Geral da Justiça, normatizar o funcionamento da Central de Serviços Eletrônicos Compartilhados, contemplando o diário eletrônico de publicações dos serviços notariais e de registro, criada pelos delegatários de serviços notariais e de registro do Estado do Tocantins.

Art. 37. O notário ou tabelião e oficial de registro ou registrador, no estabelecimento de suas serventias, ressalvadas as incompatibilidades expressas na Lei Federal n. 8.935, de 18 de novembro de 1994, são autorizados a celebrar, diretamente ou por meio de entidade de classe de âmbito estadual, contratos, convênios ou instrumentos similares com vistas à prestação de serviços de interesse público.

§ 1º O notário ou tabelião e oficial de registro ou registrador deverá, mediante ofício descritivo das atividades a serem prestadas e com cópia integral do instrumento firmado, informar:

I – ao Juiz Corregedor Permanente, os atos de interesse público local; ou

II – ao Corregedor-Geral da Justiça, os atos de interesse público estadual.

§ 2º Os ofícios do registro civil das pessoas naturais são considerados ofícios da cidadania e, além do previsto neste artigo, estão autorizados a prestar outros serviços remunerados, na forma prevista no § 3º e § 4º[13] do art. 29 da Lei Federal n. 6.015, de 31 de dezembro de 1973;

§ 3º Os instrumentos de que trata este artigo que importem, direta ou indiretamente, em redução de emolumentos e taxas e contribuições dependem da prévia e expressa anuência do Corregedor-Geral da Justiça.

Art. 38. É instituída a Comissão Permanente de Assuntos Notariais e Registrais (CPANR), com competência para, como órgão consultivo e sem força vinculativa, propor modificações e direcionamento na interpretação e aplicação desta Lei, bem assim em todos os assuntos de natureza notarial e de registro de abrangência e repercussão, direta ou indiretamente, em todo o Estado do Tocantins.

§ 1º A CPANR é composta de um Juiz Auxiliar da Corregedoria-Geral da Justiça, que a presidirá com voto de qualidade, e de um representante de cada especialidade das classes notarial e registral;

---

13. Art. 29. Serão registrados no registro civil de pessoas naturais:

§ 3º Os ofícios do registro civil das pessoas naturais são considerados ofícios da cidadania e estão autorizados a prestar outros serviços remunerados, na forma prevista em convênio, em credenciamento ou em matrícula com órgãos públicos e entidades interessadas;

§ 4º O convênio referido no § 3º deste artigo independe de homologação e será firmado pela entidade de classe dos registradores civis de pessoas naturais de mesma abrangência territorial do órgão ou da entidade interessada.

ART. 39 — NORMAS PARA A ATIVIDADE EXTRAJUDICIAL DO ESTADO DO TOCANTINS

§ 2º O representante e o respectivo suplente de que trata o § 1º deste artigo é designado pelo Corregedor-Geral da Justiça, para mandato de 2 (dois) anos, admitida uma recondução, mediante prévia indicação pela Associação dos Notários e Registradores do Tocantins (ANOREG/TO), observando o seguinte:

I – um Registrador Civil de Pessoas Naturais e respectivo suplente, ouvida a Associação dos Registradores de Pessoas Naturais do Estado do Tocantins (ARPEN/TO);

II – um Tabelião de Protesto de Títulos e respectivo suplente, ouvido o Instituto de Estudos de Protesto de Títulos do Brasil, Seção Tocantins (IEPTB/TO); e

III – um Registrador de Títulos e Documentos e um Registrador de Pessoas Jurídicas e respectivos suplentes, ouvido o Instituto de Registro de Títulos e Documentos e de Pessoas Jurídicas do Estado do Tocantins (IRTDPJ/TO);

IV – um Tabelião de Notas e respectivos suplentes, ouvido o Colégio Notarial do Brasil, Seção Tocantins (CNB/TO); e

V – um Registrador de Imóveis e respectivos suplentes, ouvido o Instituto de Registro Imobiliário do Brasil (IRIB/TO).

§ 3º Compete à CPANR manifestar, previamente, sobre as normas e regulamentos do sistema de gestão integrada das serventias extrajudiciais e do selo de fiscalização eletrônica, bem como editar enunciados interpretativos da aplicação das tabelas de emolumentos, de observância obrigatória desde que aprovados pelo Corregedor-Geral da Justiça.

Art. 39. Fica instituído o fundo destinado à compensação dos custos referentes aos atos registrais da Regularização Fundiária Urbana de Interesse Social (Reurb-S), nos termos do art. 73[14] da Lei Federal n. 13.465, de 11 de julho de 2017, e ao custeio da eletronização dos serviços notariais e de registro do Estado do Tocantins, a ser administrado por um colegiado composto pelo Presidente do Tribunal de Justiça e pelos delegatários integrantes da Comissão de Assuntos Notariais e de Registro, nos termos de Resolução do Tribunal de Justiça do Estado do Tocantins, a ser editada no prazo de 90 (noventa) dias, mediante prévia oitiva da Comissão de Assuntos Notariais e Registrais (CPANR).

§ 1º Além da receita prevista no parágrafo único do art. 73 da Lei Federal n. 13.465/2017, constitui fonte de receita deste fundo o valor arrecadado com o fornecimento dos selos eletrônicos de fiscalização, no importe de até R$ 2,00 (dois reais) por selo lançado nos atos praticados pelos serviços notariais e de registro, excetuados os atos cujos emolumentos sejam inferiores a R$ 10,00 (dez reais) e, independentemente do valor, nos atos da especialidade de registro civil de pessoas naturais;

§ 2º A integralidade dos recursos de que trata o parágrafo anterior é revertida ao custeio da eletronização dos serviços notariais e de registro do Estado do Tocantins, mediante a aquisição e manutenção de sistemas de geração, armazenamento unificado e sincronizado, em servidor dedicado e com cópia redundante (backup), alocado em Data Center localizado, preferencialmente, na sede do Tribunal de Justiça do Estado do Tocantins;

§ 3º Todos os livros e atos eletrônicos praticados pelos serviços notariais e de registro do Estado do Tocantins devem ser, obrigatória e exclusivamente, armazenados no Data Center de que trata este artigo, vedada a utilização de qualquer outro meio externo de armazenamento de dados eletrônicos;

§ 4º Nos termos do art. 46,[15] da Lei Federal n. 8.935, de 18 de novembro de 1994, os servidores e sistemas eletrônicos de armazenamento dos dados de que trata o parágrafo anterior, assegurará, mediante utilização de sistema de criptografia, que somente o titular de serviço notarial ou de registro e seus respectivos prepostos terão acesso aos documentos e dados eletrônicos neles armazenados, autorizada a visualização dos atos pela Corregedoria Geral de Justiça, exclusivamente para fins de fiscalização.

Art. 40. É revogada a Lei n. 2.828, de 12 de março de 2014 e a Lei n. 2.011, de 18 de dezembro de 2008.

Art. 41. O inciso I do art. 2º da Lei n. 954, de 3 de março de 1998, passa a vigorar com a seguinte alteração:

"Art. 2º [...]

I – [...]."

Art. 42. Aplicam-se as disposições do art. 9º desta Lei, ao art. 84 e seguintes, bem como ao anexo III da Lei Estadual n. 1.287, de 28 de dezembro de 2001, assim como à Lei Estadual n. 1.286, de 28 de dezembro de 2001.

Art. 43. Esta Lei entra em vigor na data de sua publicação, produzindo seus efeitos após 90 (noventa) dias.

---

14. Art. 73. Devem os Estados criar e regulamentar fundos específicos destinados à compensação, total ou parcial, dos custos referentes aos atos registrais da Reurb-S previstos nesta Lei.

    Parágrafo único. Para que os fundos estaduais acessem os recursos do Fundo Nacional de Habitação de Interesse Social (FNHIS), criado pela Lei 11.124, de 16 de junho de 2005, deverão firmar termo de adesão, na forma a ser regulamentada pelo Poder Executivo federal.

15. Art. 46. Os livros, fichas, documentos, papéis, microfilmes e sistemas de computação deverão permanecer sempre sob a guarda e responsabilidade do titular de serviço notarial ou de registro, que zelará por sua ordem, segurança e conservação.

    Parágrafo único. Se houver necessidade de serem periciados, o exame deverá ocorrer na própria sede do serviço, em dia e hora adrede designados, com ciência do titular e autorização do juízo competente.

LEI N. 3.525[1]
DE 08 DE AGOSTO DE 2019

Dispõe sobre o reconhecimento e a convalidação dos registros imobiliários referentes a imóveis rurais no Estado, na forma que especifica, e adota outras providências.

Art. 1º São reconhecidos e convalidados, com força de título de domínio, os registros imobiliários de imóveis rurais, cuja origem não seja em títulos de alienação ou concessão expedidos pelo poder público, incluindo os seus desmembramentos e remembramentos, devidamente inscritos no Cartório de Registro de Imóveis no Estado do Tocantins, até a data de publicação desta Lei.

Parágrafo único. A convalidação de que trata o caput deste artigo não se aplica a imóveis rurais:

I – cujo domínio jurídico não pertença ao Estado do Tocantins;

II – cuja propriedade ou posse estejam sendo questionadas ou reivindicadas, na esfera administrativa ou judicial, por órgão ou entidade da administração federal ou estadual direta e indireta;

III – objeto de ações de desapropriação por interesse social para fins de reforma agrária ou por utilidade pública, administrativa ou judicial, ajuizadas até a data de publicação desta Lei;

IV – localizados em áreas de reservas indígenas ou quilombolas.

Art. 2º O interessado em obter a convalidação de que trata o caput do art. 1º desta Lei, deverá requerer a certificação e o registro do georreferenciamento no prazo de até três anos a partir da publicação desta Lei, podendo ser prorrogado por Ato do Chefe do Poder Executivo.

§ 1º A convalidação produzirá efeitos com o registro da retificação das coordenadas geodésicas;

§ 2º Averba-se, no Cartório de Registro de Imóveis, a convalidação do imóvel georreferenciado que se enquadrar na hipótese do caput do art. 1º desta Lei.

Art. 3º Na hipótese de haver sobreposição e/ou litígio entre a área correspondente ao registro ratificado e a área correspondente ao título de domínio de outro particular, a ratificação não produzirá efeitos na definição de qual direito prevalecerá.

Art. 4º É o Chefe do Poder Executivo autorizado:

I – a rever qualquer dos atos de convalidação praticados com fundamento nesta Lei durante um período de até cinco anos, a contar de sua publicação, em caso de vício insanável;

II – a baixar os atos necessários à regulamentação e execução desta Lei.

Art. 5º Esta Lei entra em vigor na data de sua publicação.

---

1. Atualizada até a Lei n. 3.896, de 30 de março de 2022.

LEI N. 3.730[1]
DE 16 DE DEZEMBRO DE 2020

Dispõe sobre os procedimentos para a convalidação dos registros imobiliários referentes a imóveis rurais no Estado do Tocantins, e adota outras providências.

Art. 1º A convalidação, com força de título de domínio, dos registros imobiliários de imóveis rurais de que trata a Lei Estadual n. 3.525, de 8 de agosto de 2019, efetiva-se perante o Registro Imobiliário da situação do imóvel rural, após manifestação de conformidade emitida pelo Instituto de Terras do Estado do Tocantins (ITERTINS), na forma prevista nesta Lei.

§ 1º A efetivação da convalidação realizar-se-á a requerimento do interessado, representado por advogado, perante o Registro de Imóveis que, observado os princípios registrais, emitirá a nota positiva ou negativa de regularidade documental, após notificar o Instituto de Terras do Estado do Tocantins – ITERTINS, que emitirá, estando conforme, o Termo Técnico de Reconhecimento e Convalidação;

§2º Denomina-se Termo Técnico de Reconhecimento e Convalidação a manifestação de conformidade, a ser expedida pelo Instituto de Terras do Estado do Tocantins (ITERTINS), no prazo de até 45 (quarenta e cinco) dias úteis, a contar da notificação eletrônica expedida pelo Registrador de Imóveis, caso em que o silêncio importa em anuência e, havendo discordância, aplica-se o disposto no art. 213, § 5º e § 6º[2] da Lei Federal n. 6.015, de 31 de dezembro de 1973;

§ 3º O profissional da advocacia que atuar nos procedimentos de que trata esta Lei é responsável pela segurança jurídica do respectivo processo, nos termos do art. 32[3] da Lei Federal n. 8.906, de 04 de julho de 1.994.

Art. 2º Incumbe ao ITERTINS encaminhar o Termo de Reconhecimento e Convalidação para a respectiva serventia de Registro de Imóveis, ao que, a partir dessa fase, o procedimento tem sua operacionalização definida em ato do Corregedor Geral da Justiça.

Art. 3º A extensão real da área do imóvel rural abrangido pela efetivação da convalidação não pode ser superior a 2.500 hectares, tampouco inferior à fração mínima de parcelamento fixado a cada município pelo Instituto Nacional de Colonização e Reforma Agrária – INCRA.

Parágrafo único. É facultado ao interessado na efetivação da convalidação de registro imobiliário utilizar-se de ata notarial para fazer a comprovação dos requisitos previstos na Lei Estadual n. 3.525, de 8 de agosto de 2019, inclusive no tocante à divergência de área constante do registro e a de fato existente.

Art. 4º O processamento dos atos administrativos a cargo do Instituto de Terras do Estado do Tocantins (ITERTINS) de que trata esta Lei se dará por meio de sistema eletrônico e a comunicação com os Serviços de Registro de imóveis será efetivada por meio da Central de Serviços Eletrônicos Compartilhados, prevista no art. 36 da Lei Estadual n. 3.408, de 28 de dezembro de 2018.

Art. 5º O Secretário Chefe da Casa Civil e o Presidente do ITERTINS são autorizados a firmar convênio com a entidade mantenedora da Central de Serviços Eletrônicos Compartilhados com a finalidade de viabilizar a implementação e a melhoria no intercâmbio e a interoperabilidade entre os sistemas eletrônicos de que trata esta Lei.

Art. 6º O art. 36 da Lei Estadual n. 3.408, de 28 de dezembro de 2018, passa a vigorar acrescido do § 2º, com a seguinte redação: "Art. 36. [...]

§ 2º [...]."

Art. 7º Esta Lei entra em vigor na data de sua publicação.

---

2. Art. 213. O oficial retificará o registro ou a averbação:

§ 5º Findo o prazo sem impugnação, o oficial averbará a retificação requerida; se houver impugnação fundamentada por parte de algum confrontante, o oficial intimará o requerente e o profissional que houver assinado a planta e o memorial a fim de que, no prazo de cinco dias, se manifestem sobre a impugnação;

§ 6º Havendo impugnação e se as partes não tiverem formalizado transação amigável para solucioná-la, o oficial remeterá o processo ao juiz competente, que decidirá de plano ou após instrução sumária, salvo se a controvérsia versar sobre o direito de propriedade de alguma das partes, hipótese em que remeterá o interessado para as vias ordinárias.

3. Art. 32. O advogado é responsável pelos atos que, no exercício profissional, praticar com dolo ou culpa.

Parágrafo único. Em caso de lide temerária, o advogado será solidariamente responsável com seu cliente, desde que coligado com este para lesar a parte contrária, o que será apurado em ação própria.

---

1. Atualizada até a Lei n. 3.896, de 30 de março de 2022.

LEI COMPLEMENTAR N. 112[1]
DE 30 DE ABRIL DE 2018

Dispõe sobre a organização dos serviços notariais e de registro exercidos em caráter privado, por delegação do Poder Público do Estado do Tocantins.

TÍTULO I
DA ORGANIZAÇÃO DOS SERVIÇOS NOTARIAIS E DE REGISTRO
Capítulo I
DAS DISPOSIÇÕES GERAIS

Art. 1º Esta Lei dispõe sobre a organização dos serviços notariais e de registro exercidos em caráter privado, por delegação do Poder Público do Estado do Tocantins.

Art. 2º A organização, criação, anexação ou acumulação, desanexação ou desacumulação, desdobramento, desmembramento e a extinção de serviços notariais e de registros, far-se-ão de conformidade com a presente Lei.

Art. 3º Para os efeitos desta Lei considera-se:

I – Serviços Notariais e de Registro: os de organização técnica e administrativa destinados a garantir a publicidade, autenticidade, segurança e eficácia dos atos jurídicos, nos termos do art. 236,[2] da Constituição Federal, regulamentada pela Lei Federal n. 8.935, de 18 de novembro de 1994;

II – Notário, ou Tabelião, e Oficial de Registro, ou Registrador: os profissionais do direito, dotados de fé pública, a quem é delegado o exercício da atividade notarial e de registro na forma da Lei;

III – Criação: o estabelecimento, mediante Lei, de serviço notarial e/ou de registro inédito, para o exercício da atividade no território sob jurisdição de uma comarca ou juízo, inclusive, quando em decorrência do desdobramento, do desmembramento ou da desacumulação de delegação preexistente;

IV – Anexação ou Acumulação: a concentração de especialidades do serviço notarial e de

registro, em benefício da função delegada de destino;

V – Desanexação ou Desacumulação: a desconcentração de especialidades do serviço notarial e de registro, em prejuízo da delegação de origem;

VI – Desdobramento: o aumento do número de delegações para uma mesma especialidade do serviço notarial preexistente na mesma circunscrição territorial;

VII – Desmembramento: o aumento do número de delegações para uma mesma especialidade do serviço registral preexistente na mesma circunscrição territorial, com a consequente subdivisão da circunscrição em zonas;

VIII – Extinção: a supressão, mediante Lei, de delegação preexistente, com a consequente incorporação de suas atribuições, acervo e circunscrição à função delegada de destino; e

IX – Foro Extrajudicial: o conjunto de delegações notarial e/ou de registro situadas no território do Estado do Tocantins, sob jurisdição do Poder Judiciário.

Capítulo II
DA ORGANIZAÇÃO DOS SERVIÇOS NOTARIAIS E DE REGISTROS

Art. 4º Os serviços notariais e de registros são:

I – serviços de notas;

II – serviços de protesto de títulos;

III – serviços de registro de imóveis;

IV – serviços de registro de títulos e documentos;

V – serviços de registro civil das pessoas jurídicas; e

VI – serviços de registro civil das pessoas naturais e de interdições e tutelas.

§ 1º Os serviços notariais e de registros competem às delegações notariais e/ou de registros e denominar-se-ão conforme suas atividades, precedidas de indicativo numérico segundo a ordem de criação de cada serventia na respectiva circunscrição territorial, devendo obrigatoriamente fazer constar em todos os seus atos o número de identificação no Cadastro Nacional de Serventia – CNS;

§ 2º Nenhum serviço notarial e/ou de registro será outorgado, delegado ou instalado sem que a respectiva criação conste expressamente de Lei específica de iniciativa do Tribunal de Justiça do Estado do Tocantins.

Art. 5º Não são acumuláveis os serviços notariais e registrais, com exceção dos municípios que, em razão do volume ou da receita, não comportem a desacumulação, desanexação ou desmembramento.

Parágrafo único. São obrigatoriamente acumulados os serviços notariais e de registro cujo contingente populacional da respectiva circunscrição territorial do serviço, seja inferior a 20 (vinte) mil habitantes, inclusive.

Art. 6º O desdobramento e o desmembramento de serviço notarial e/ou de registro independem de vacância, ressalvado o direito dos respectivos titulares à opção de que trata o inciso I,[3] do art. 29, da Lei Federal n. 8.935, de 1994, sendo, no entanto, pressuposto para desanexação ou desacumulação, nos termos do art. 49[4] da Lei Federal n. 8.935, de 1994.

§ 1º As garantias previstas no caput são exclusivas dos titulares de delegação, providas na forma prevista na Lei Federal n. 8.935, de 18 de novembro de 1994; assegurando-se ao interino, ocupante de serventia vaga na data da promulgação desta Lei, a opção por um dos serviços desdobrados ou desmembrados até seu respectivo provimento;

§ 2º A desanexação, desacumulação, desmembramento ou criação de novo serviço notarial e/ou de registro na mesma base e competência territorial depende do aumento do contingente populacional e de demanda, bem como de estudos de viabilidade e necessidade decorrente da demanda reprimida;

§ 3º Considera-se verificada a impossibilidade de provimento de que trata o art. 44[5] da Lei Federal n. 8.935, de 1994, quando o serviço notarial e/ou de registro disponibilizado em concurso público não tenha sido provido ao final do certame, ou sobrevenha, por duas vezes consecutivas, a vacância por motivo de renúncia do titular egresso de concurso público, caso em que poderá ser proposta sua extinção e, desde a sua vacância, provisoriamente anexada suas atribuições ao serviço da mesma natureza mais

---

1. Atualizada até a Lei Complementar n. 132, de 07 de outubro de 2021.
2. Art. 236. Os serviços notariais e de registro são exercidos em caráter privado, por delegação do Poder Público.

    § 1º Lei regulará as atividades, disciplinará a responsabilidade civil e criminal dos notários, dos oficiais de registro e de seus prepostos, e definirá a fiscalização de seus atos pelo Poder Judiciário;

    § 2º Lei federal estabelecerá normas gerais para fixação de emolumentos relativos aos atos praticados pelos serviços notariais e de registro;

    § 3º O ingresso na atividade notarial e de registro depende de concurso público de provas e títulos, não se permitindo que qualquer serventia fique vaga, sem abertura de concurso de provimento ou de remoção, por mais de seis meses.

3. Art. 29. São direitos do notário e do registrador:

    I – exercer opção, nos casos de desmembramento ou desdobramento de sua serventia.

4. Art. 49. Quando da primeira vacância da titularidade de serviço notarial ou de registro, será procedida a desacumulação, nos termos do art. 26.

5. Art. 44. Verificada a absoluta impossibilidade de se prover, através de concurso público, a titularidade de serviço notarial ou de registro, por desinteresse ou inexistência de candidatos, o juízo competente proporá à autoridade competente a extinção do serviço e a anexação de suas atribuições ao serviço da mesma natureza mais próximo ou àquele localizado na sede do respectivo Município ou de Município contíguo.

    § 1º (Vetado);

    § 2º Em cada sede municipal haverá no mínimo um registrador civil das pessoas naturais;

    § 3º Nos municípios de significativa extensão territorial, a juízo do respectivo Estado, cada sede distrital disporá no mínimo de um registrador civil das pessoas naturais.

ART. 7º — NORMAS PARA A ATIVIDADE EXTRAJUDICIAL DO ESTADO DO TOCANTINS

próximo ou àquele localizado na sede do respectivo município.

Art. 7º Nas hipóteses de desdobramento ou desmembramento definidos por esta Lei, é assegurado aos respectivos titulares o prazo de 30 (trinta) dias para manifestarem formalmente sua opção pelo serviço de origem ou de destino, mediante manifestação em requerimento dirigido ao Corregedor-Geral da Justiça.

§ 1º Nos casos de desmembramento, a escolha do registrador limitar-se-á ao serviço que tenha sido desmembrado do serviço de origem de sua respectiva delegação;

§ 2º O decurso do prazo, sem manifestação expressa do titular, implica em sua permanência à frente do serviço de origem, com a imediata inclusão do(s) serviço(s) desdobrado(s) e/ou desmembrado(s) na Relação Geral de Vacâncias para provimento nos moldes constitucionais;

§ 3º A opção expressa pelo serviço desdobrado e/ou desmembrado de destino implica na automática extinção da delegação de origem para todos os efeitos, com a consequente inclusão do(s) serviço(s) de origem na Relação Geral de Vacâncias para provimento nos moldes constitucionais.

Art. 8º Para a anexação ou acumulação, nos municípios que contam mais de um serviço regularmente provido, a serventia vaga será anexada à serventia mais antiga provida na forma da Lei:

§ 1º Em caso de haver duas serventias providas na forma da Lei, com a mesma data de instalação, a serventia vaga será anexada à serventia cujo titular seja mais velho;

§ 2º A anexação ou acumulação de que trata este artigo pressupõe o regular provimento da delegação de destino por titular que, na data da anexação ou acumulação, atenda o disposto no art. 14[6] da Lei Federal n. 8.935, de 1994.

Art. 9º A instalação dos serviços notariais e/ou de registros criados, desanexados, desdobrados ou desmembrados por esta Lei, pressupõe a necessária outorga da delegação ao candidato egresso de concurso público.

§ 1º A vedação prevista no caput não se aplica à instalação e provimento precário de serviço notarial e de registro localizado em município e ou distrito municipal na forma prevista no § 2º do artigo 11 desta Lei, cuja designação interina deve recair em delegatário titular de livre escolha do Corregedor Geral da Justiça, até a outorga a candidato egresso do respectivo certame;

§ 2º Os Serviços notariais e/ou de registros criados, desanexados, desdobrados ou desmembrados por esta Lei serão incluídos na primeira publicação da Relação Geral de Vacâncias semestralmente publicada, e disponibilizada no primeiro concurso público cujo edital de abertura seja publicado depois da entrada em vigor desta Lei.

---

6. Art. 14. A delegação para o exercício da atividade notarial e de registro depende dos seguintes requisitos:
   I – habilitação em concurso público de provas e títulos;
   II – nacionalidade brasileira;
   III – capacidade civil;
   IV – quitação com as obrigações eleitorais e militares;
   V – diploma de bacharel em direito;
   VI – verificação de conduta condigna para o exercício da profissão.

Art. 10. As disposições desta Lei no tocante à anexação ou acumulação, desanexação ou desacumulação e extinção de serviço aplicam-se imediatamente em relação aos serviços notariais e de registros atualmente vagos ou, estando providos, quando da primeira vacância, nos termos do art. 49[7] da Lei Federal n. 8.935, de 1994.

Capítulo III
DA SITUAÇÃO DO FORO EXTRAJUDICIAL

Art. 11. O foro extrajudicial passa a ser constituído por 187 (cento e oitenta e sete) delegações notariais e/ou de registro, assim distribuídas:

I – no Município de Palmas, 7 (sete) serviços notariais e/ou de registro, denominados:

a) Serviço de Registro de Imóveis;

b) Serviço de 1º Tabelionato de Notas;

c) Serviço de 2º Tabelionato de Notas

d) Serviço de Tabelionato de Notas e Registro Civil das Pessoas Naturais de Taquaralto;

e) Serviço de Tabelionato de Notas e Registro Civil das Pessoas Naturais de Taquaruçu;

f) Serviço de Tabelionato de Protestos de Títulos, Registro de Pessoas Jurídicas, Títulos e Documentos, e

g) Serviço de Registro Civil das Pessoas Naturais, Interdições e Tutelas.

II – no Município de Araguaína, 5 (cinco) serviços notariais e/ou de registro, denominados:

a) Serviço de Registro de Imóveis;

b) Serviço de 1º Tabelionato de Notas;

c) Serviço de 2º Tabelionato de Notas;

d) Serviço de Tabelionato de Protestos de Títulos, Registro de Pessoas Jurídicas, Títulos e Documentos; e

e) Serviço de Registro Civil das Pessoas Naturais, Interdições e Tutelas.

III – no Município de Gurupi, 5 (cinco) serviços notariais e/ou de registro, denominados:

a) Serviço de Registro de Imóveis;

b) Serviço de 1º Tabelionato de Notas;

c) Serviço de 2º Tabelionato de Notas;

d) Serviço de Tabelionato de Protestos de Títulos, Registro de Pessoas Jurídicas, Títulos e Documentos; e

e) Serviço de Registro Civil das Pessoas Naturais, Interdições e Tutelas.

IV – no Município de Paraíso do Tocantins, 5 (cinco) serviços notariais e/ou de registro, denominados:

a) Serviço de Registro de Imóveis;

b) Serviço de 1º Tabelionato de Notas;

c) Serviço de 2º Tabelionato de Notas;

d) Serviço de Tabelionato de Protestos de Títulos, Registro de Pessoas Jurídicas, Títulos e Documentos; e

---

7. Art. 49. Quando da primeira vacância da titularidade de serviço notarial ou de registro, será procedida a desacumulação, nos termos do art. 26.

---

e) Serviço de Registro Civil das Pessoas Naturais, Interdições e Tutelas.

V – no Município de Porto Nacional, 06 (seis) Serviços notariais e/ou de registro denominados:

a) Serviços de Registro de Imóveis;

b) Serviço de 1º Tabelionato de Notas;

c) Serviço de 2º Tabelionato de Notas, de Protestos de Títulos, Registro de Pessoas Jurídicas e de Registro de Títulos e Documentos;

d) Serviço de Registro Civil das Pessoas Naturais, Interdições e Tutelas;

e) Serviço de Registro de Imóveis, Registro de Títulos e Documentos e Registro Civil das Pessoas Naturais de Luzimangues; e

f) Serviço de Tabelionato de Notas e de Protesto de Títulos de Luzimangues.

VI – nos Municípios de Araguatins, Arraias, Augustinópolis, Colinas do Tocantins, Dianópolis, Guaraí, Miracema do Tocantins, Pedro Afonso, Taguatinga e Tocantinópolis, 3 (três) serviços notarial e/ou de registro, denominados:

a) 1º Tabelionato de Notas e Registro de Imóveis;

b) Registro Civil das Pessoas Naturais e de Interdições e Tutelas; e

c) Tabelionato de Notas, Tabelionato de Protestos de Títulos, Registro de Títulos e Documentos e Registro Civil de Pessoas Jurídicas;

VII – nos Municípios de Formoso do Araguaia, Miranorte, Paranã, Peixe e Xambioá, 2 (dois) serviços notarial e/ou de registro, denominados:

a) Serviço de Registro de Imóveis e Registro Civil das Pessoas Naturais e de Interdições e Tutelas; e

b) Serviço de Registro de Pessoas Jurídicas, Títulos e Documentos, Protestos e Tabelionato de Notas.

VIII – nos Municípios de Abreulândia, Aguiarnópolis, Aliança do Tocantins, Almas, Alvorada, Ananás, Angico, Aparecida do Rio Negro, Aragominas, Araguaçema, Araguaçu, Araguanã, Arapoema, Aurora do Tocantins, Axixá do Tocantins, Babaçulândia, Bandeirantes do Tocantins, Barra do Ouro, Barrolândia, Bernardo Sayão, Bom Jesus do Tocantins, Brasilândia do Tocantins, Brejinho de Nazaré, Buriti do Tocantins, Cachoeirinha, Campos Lindos, Cariri do Tocantins, Carmolândia, Carrasco Bonito, Caseara, Centenário, Chapada de Areia, Colmeia, Combinado, Conceição do Tocantins, Couto Magalhães, Cristalândia, Darcinópolis, Divinópolis do Tocantins,Dois Irmãos do Tocantins, Dueré, Esperantina, Fátima, Figueirópolis, Filadélfia, Goianorte, Goiatins, Ipueiras, Itacajá, Itaguatins, Itapiratins, Itaporã do Tocantins, Jaú do Tocantins, Juarina, Lagoa da Confusão, Lagoa do Tocantins, Lajeado, Lavandeira, Lizarda, Luzinópolis, Marianópolis do Tocantins, Mateiros, Maurilândia do Tocantins, Monte do Carmo, Monte Santo do Tocantins, Natividade, Nazaré, Nova Olinda, Nova Rosalândia, Novo Acordo, Novo Alegre, Novo Jardim, Palmeirante, Palmeiras do Tocantins, Palmeirópolis, Pau d'Arco, Pequizeiro, Pindorama do Tocantins, Piraquê, Pium, Ponte Alta do Bom Jesus, Ponte Alta do Tocantins, Porto Alegre do Tocantins, Praia Norte, Presidente Kennedy, Pugmil, Recursolândia, Riachinho, Rio da Conceição, Rio dos Bois,

86

Rio Sono, Sampaio, Sandolândia, Santa Fé do Araguaia, Santa Maria do Tocantins, Santa Rosa do Tocantins, Santa Tereza do Tocantins, Santa Terezinha do Tocantins, São Bento do Tocantins, São Félix do Tocantins, São Miguel do Tocantins, São Salvador do Tocantins, São Sebastião do Tocantins, São Valério, Silvanópolis, Sítio Novo do Tocantins, Sucupira, Tabocão, Taipas do Tocantins, Talismã, Tocantínia, Tupirama, Tupiratins e de Wanderlândia, respectivamente, um (um) serviço notarial e de registro denominado Único Serviço Notarial e Registral com atribuições especializadas de Tabelionato de Notas, Tabelionato de Protesto de Títulos, Registro de Imóveis, Registro de Títulos e Documentos, Registro Civil das Pessoas Jurídicas, e Registro Civil das Pessoas Naturais.

§ 1º Dentre as delegações que compõem o foro extrajudicial, 146 (cento e quarenta e seis) encontram-se devidamente instaladas, as demais serão instaladas a critério do Tribunal de Justiça, atendido os requisitos objetivos previstos no § 2º deste artigo e no art. 6º desta Lei, observando em relação à delegação de registro civil de pessoas naturais, o disposto no § 3º[06] do art. 44 da Lei Federal n. 8.935, de 18 de novembro de 1994;

§ 2º Resolução do Tribunal de Justiça, após prévio estudo de viabilidade e necessidade, poderá, mediante concomitante desdobramento, desmembramento, desanexação ou desacumulação, determinar a instalação de serviço notarial e de registro em município e ou distrito municipal, desde que o respectivo município ou distrito conte com contingente populacional superior a 10 (dez mil) mil habitantes ou cuja distância da sede do respectivo município a ser desmembrado seja superior a 30 km (trinta quilômetros) do município ou distrito que receberá a nova delegação;

§ 3º São reconhecidos como efetivamente providos, nos termos da Lei Federal n. 13.489, de 2017, os serviços ocupados por titulares que, independentemente da superveniente alteração da delegação inicialmente ocupada, seu ingresso no serviço notarial e ou de registro tenha se dado de acordo com as disposições constitucionais.

Art. 12. As delegações não relacionadas no art. 11 desta Lei, atualmente vagas ou, estando providas, quando de sua primeira vacância, serão consideradas extintas para todos os efeitos.

§ 1º Os Serviços Notariais e de Registros, objeto de anexação conforme redação do inciso VIII do art. 11 desta Lei, atualmente vagos e interinamente ocupados por quem não seja titular de delegação serão anexados quando da publicação do edital de escolha do concurso público realizado pelo Tribunal de Justiça do Tocantins;

§ 2º Os casos omissos referentes à destinação provisória de atribuições, acervos e circunscri-

ções, na hipótese de vacância de serviço declarado extinto por esta Lei, serão decididos pela Corregedoria-Geral da Justiça.

Capítulo IV
DO INGRESSO NA ATIVIDADE NOTARIAL E DE REGISTRO

Art. 13. O concurso público para ingresso ou remoção na atividade notarial e de registro será realizado pelo Poder Judiciário, mediante proposta do Corregedor-Geral da Justiça à Administração do Tribunal de Justiça, e dar-se-á nos termos do § 3º,[9] do artigo 236, da Constituição Federal, da Lei Federal n. 8.935, de 1994, das normas e regulamentos expedidos pelo Conselho Nacional de Justiça e pelo Tribunal de Justiça do Estado do Tocantins, e observará:

I – publicação do edital do concurso por três vezes no Diário da Justiça, cabendo sua impugnação no prazo de quinze dias contados da primeira publicação;

II – indicação no edital acerca da forma de inscrição, dos requisitos para habilitação à função delegada, a valoração dos títulos, os critérios para aprovação, classificação e eliminação dos candidatos, bem como as matérias das provas a serem realizadas;

III – 50% (cinquenta por cento) das questões para conhecimentos gerais e específicos sobre direito notarial e de registro; e

IV – 10% (dez por cento) do total das delegações vagas constantes do edital de abertura asseguradas aos candidatos portadores de necessidades especiais (PNE).

§ 1º Os candidatos terão acesso aos dados sobre as receitas, despesas, encargos, dívidas e controvérsias judiciais a respeito das delegações colocadas em concurso;

§ 2º Não será outorgada delegação quando pender controvérsia judicial que envolva a titularidade da serventia;

§ 3º Na interpretação deste artigo, bem como nas omissões, prevalecerão as disposições das Resoluções editadas pelo Conselho Nacional de Justiça e os Provimentos editados pela Corregedoria-Geral da Justiça.

Art. 14. A Comissão Examinadora será composta por um Desembargador, que atuará como Presidente, por três Juízes de Direito, um Membro do Ministério Público, um Advogado, um Registrador e um Tabelião, cujos nomes constarão do edital, e contarão com o suporte administrativo da Comissão de Seleção e Treinamento.

§ 1º O Desembargador, os Juízes e os respectivos Delegados do Serviço de Notas e de Registro serão designados pelo Presidente do Tribunal de Justiça, depois de aprovados os nomes pelo Pleno ou pelo órgão Especial do Tribunal de Justiça, quando houver;

§ 2º O Membro do Ministério Público e o Advogado serão indicados, respectivamente, pelo Procurador-Geral de Justiça e pelo Presidente

da Ordem dos Advogados do Brasil, Seccional do Tocantins;

§ 3º Aplicam-se à composição da Comissão Examinadora as causas de impedimento e suspeição previstas na legislação processual civil quanto aos candidatos inscritos no concurso, ficando vedada mais de uma recondução consecutiva;

§ 4º Das decisões da Comissão do Concurso caberá recurso ao órgão designado no edital, no prazo de cinco dias, contados da publicação do respectivo ato no Diário da Justiça.

Art. 15. Compete à Comissão Examinadora do Concurso:

I – a confecção, aplicação e correção das provas;

II – a apreciação dos recursos;

III – a classificação dos candidatos; e

IV – demais tarefas necessárias à execução do concurso.

Art. 16. Publicado o resultado do concurso, os candidatos escolherão, pela ordem de classificação, as delegações vagas que constavam do respectivo edital, vedada a inclusão de novas vagas após a publicação do edital de abertura.

§ 1º O resultado do sorteio público para reserva das delegações será divulgado no Diário da Justiça, com antecedência mínima de quinze dias para o encerramento das inscrições provisórias;

§ 2º O inventário e a transmissão do acervo ao particular egresso do certame será regulamentado pelo Corregedor-Geral da Justiça, mediante ato próprio.

Art. 17. O Presidente do Tribunal de Justiça expedirá ato outorgando a delegação.

§ 1º A investidura na delegação dar-se-á perante a Corregedoria-Geral da Justiça, no prazo de 30 (trinta) dias, prorrogável uma vez por igual período;

§ 2º O exercício da atividade notarial ou de registro terá início dentro de 30 (trinta) dias, contados da investidura;

§ 3º Não ocorrendo a investidura ou a entrada em exercício nos prazos mencionados nos §§ 1º e 2º deste artigo, a outorga da delegação será tornada sem efeito por ato do Presidente do Tribunal de Justiça.

Capítulo V
DA FISCALIZAÇÃO DO SERVIÇO NOTARIAL E DE REGISTRO

Art. 18. Os serviços notariais e de registro exercidos em caráter privado, mediante delegação do Poder Público, estão sujeitos à fiscalização do Poder Judiciário do Estado do Tocantins, sendo exercida, em todo o Estado, pelo Corregedor-Geral da Justiça, e, nos limites de suas jurisdições, pelo Juiz Corregedor Permanente.

Art. 19. A fiscalização dos serviços notariais e de registro, de caráter permanente, e que compreende o controle, a orientação e a disciplina da atividade, é exercida com observância aos princípios constitucionais que regem a Administração Pública, devendo pautar-se, ainda, pelas seguintes diretrizes:

I – garantia da publicidade, autenticidade, segurança e eficácia dos atos notariais e de registro;

---

8. Art. 44. Verificada a absoluta impossibilidade de se prover, através de concurso público, a titularidade de serviço notarial ou de registro, por desinteresse ou inexistência de candidatos, o juízo competente proporá a autoridade competente a extinção do serviço e a anexação de suas atribuições ao serviço da mesma natureza mais próximo ou àquele localizado na sede do respectivo Município ou de Município contíguo.

§ 3º Nos municípios de significativa extensão territorial, a juízo do respectivo Estado, cada sede distrital disporá no mínimo de um registrador civil das pessoas naturais.

9. Art. 236. Os serviços notariais e de registro são exercidos em caráter privado, por delegação do Poder Público.

§ 3º O ingresso na atividade notarial e de registro depende de concurso público de provas e títulos, não se permitindo que qualquer serventia fique vaga, sem abertura de concurso de provimento ou de remoção, por mais de seis meses.

II – acessibilidade dos serviços notariais e de registro;

III – universalidade do acesso à delegação;

IV – eficiência e adequação da prestação dos serviços;

V – transparência e publicidade dos emolumentos devidos pelo serviço e respectivas taxas de fiscalização incidentes; e

VI – zelo pela dignidade das instituições notariais e de registro.

Parágrafo único. A fiscalização judiciária dos serviços notariais e de registro será exercida com o resguardo à independência dos titulares no exercício de suas atribuições.

Art. 20. A atividade de controle, que tem por objeto a ordenação do foro extrajudicial, bem assim a organização administrativa dos serviços notariais e de registro, consiste no efetivo acompanhamento:

I – do provimento e vacância das delegações notariais e ou de registros;

II – das anotações funcionais e disciplinares dos delegatários titulares, interventores e seus respectivos substitutos legais e interinos;

III – da destinação das atribuições, acervos e circunscrições, ainda que provisórias; e

IV – das delimitações e confrontações das circunscrições dos serviços registrais.

Art. 21. A atividade de orientação, que tem por objeto a organização administrativa e técnica dos serviços notariais e de registro, bem assim a atuação funcional e disciplinar dos respectivos titulares, consiste, dentre outras medidas de observância cogente por parte de seus destinatários, em:

I – expedição de atos normativos e regulamentares, de caráter geral e cunho preventivo, definindo padrões, exclusivamente quando não especificados em Lei;

II – divulgação das Leis, regulamentos, resoluções, provimentos, regimentos, ordens de serviço e quaisquer outros atos que digam respeito ao serviço;

III – uniformização da aplicação das tabelas de emolumentos e respectivas taxas de fiscalização e contribuições incidentes em todo o Estado; e

IV – dirimir, em caráter supletivo, as dúvidas de qualquer natureza sobre os serviços notariais e de registro, ressalvadas as de competência jurisdicional.

Art. 22. A atividade correcional tem por princípio, dentre outros objetivos:

I – garantir observância da continuidade, celeridade, qualidade, eficiência, regularidade, segurança e urbanidade na prestação dos serviços;

II – o atendimento preferencial às pessoas consideradas por Lei vulneráveis ou hipossuficientes;

III – elaboração de planos de adequada e melhor prestação dos serviços.

Art. 23. A inspeção será realizada in loco, nos moldes do regulamento expedido pela Corregedoria-Geral da Justiça, e examinará, além da observância aos deveres funcionais previstos na Lei Federal n. 8.935, de 1994, os seguintes critérios:

I – organização administrativa e técnica;

II – adequação das instalações e do funcionamento dos serviços;

III – alocação, formação e treinamento e desenvolvimento de recursos humanos;

IV – informatização dos serviços; e

V – cobrança de emolumentos, recolhimento das taxas de fiscalização e contribuições incidentes.

Parágrafo único. Da inspeção, a equipe lavrará relatório circunstanciado no qual deverá consignar as recomendações e providências ordenadas, bem como as advertências ou elogios, remetendo cópia à Corregedoria-Geral da Justiça.

Capítulo VI
DAS COMPETÊNCIAS

Art. 24. No exercício da atividade correcional do foro extrajudicial, o Corregedor-Geral da Justiça será auxiliado pelos:

I – Juízes Auxiliares; e

II – Juízes Corregedores Permanentes das Comarcas.

Art. 25. Ao Corregedor-Geral da Justiça, no exercício da atividade correcional do foro extrajudicial em todo o Estado, dentre outras atribuições definidas nesta Lei e em outras disposições legais, compete:

I – realizar inspeções, correições e visitas correcionais, diretamente ou por delegação, de ofício ou a requerimento;

II – determinar a instauração, de ofício ou mediante representação, de sindicância e processo administrativo disciplinar em desfavor dos titulares de serviços notariais e/ou de registro, ordenando as medidas necessárias ao cumprimento da decisão, bem como julgar os referidos feitos, aplicando-lhes as penalidades previstas em Lei;

III – julgar os recursos, com efeito suspensivo, contra a penalidade de natureza disciplinar imposta pelo Juiz Corregedor Permanente;

IV – instaurar procedimento de uniformização com vistas a padronizar o entendimento administrativo sobre a aplicação das Tabelas de Emolumentos, na forma da Lei;

V – baixar normas de organização técnica e administrativa do serviço notarial e de registro, definindo padrões, exclusivamente, quando não especificados em Lei;

VI – regulamentar os mecanismos de controle da segurança e autenticidade dos atos notariais e de registro;

VII – regulamentar o funcionamento de centrais de serviços eletrônicos compartilhados e outros meios eletrônicos de publicação dos atos das delegações;

VIII – regulamentar o horário de funcionamento das serventias extrajudiciais, através de provimento;

IX – regulamentar a inspeção anual do foro extrajudicial, inclusive, nos casos de serviços notariais e de registros sujeitos à competência dos juízes corregedores permanentes;

X – editar Provimento disciplinando o processo de substituição dos Delegatários, em caso de vacância ou intervenção;

XI – regulamentar a transmissão do acervo do serviço notarial e de registro nas hipóteses previstas em Lei;

XII – propor à Administração do Tribunal de Justiça a abertura de concurso público para regular provimento, quando extinta a delegação e declarada sua vacância;

XIII – instaurar procedimento administrativo de proposição ao Tribunal de Justiça visando à anexação ou acumulação, extinção e a criação, inclusive por desdobramento, desmembramento e/ou desacumulação, de serviços notariais e de registro, bem como a modificação da circunscrição dos serviços registrais já existentes, após prévia manifestação da Comissão de Assuntos Notariais e Registrais;

XIV – manter o controle funcional dos titulares, substitutos e interinos, bem como expedir documento de identidade funcional aos titulares de delegações;

XV – suspender os titulares, substitutos e interinos, até a decisão final, e designar interventor, nas hipóteses previstas na Lei;

XVI – propor ao Tribunal Pleno a pena de perda de delegação;

XVII – revogar a nomeação de interinos.

Parágrafo único. A Comissão Permanente de Assuntos Notariais e Registrais (CPANR), instituída no âmbito da Corregedoria-Geral da Justiça, cabe manifestar-se previamente sobre as propostas de modificação do foro extrajudicial.

Art. 26. Compete aos Juízes Corregedores Permanentes:

I – realizar correição anual dos serviços notariais e de registro situados no território da Comarca ou Juízo sob sua jurisdição;

II – instaurar, de ofício ou por ordem do Corregedor-Geral da Justiça, sindicâncias e processos administrativos disciplinares;

III – aplicar as penalidades previstas na Lei Federal n. 8.935, de 1994, observando as competências privativas previstas no art. 25, desta Lei;

IV – propor ao Corregedor-Geral da Justiça a revogação da nomeação de interinos.

Parágrafo único. O Juiz Corregedor Permanente, responsável pela instauração da sindicância, fica impedido de processar e julgar o processo administrativo, bem como de aplicar penalidades decorrentes daqueles fatos, deslocando-se a competência, de forma exclusiva, para o Corregedor-Geral da Justiça, que poderá delegá-la aos juízes auxiliares, ressalvada a hipótese prevista no inciso XVI, do art. 25, desta Lei.

Capítulo VII
DOS DEVERES E PROIBIÇÕES E DO PROCESSO ADMINISTRATIVO

Art. 27. Os deveres e as proibições inerentes à função pública delegada para o serviço notarial e de registro, bem como as infrações e as penalidades disciplinares a que estão sujeitos os respectivos titulares, são aqueles previstos na Lei Federal n. 8.935, de 1994, cujos procedimentos disciplinares observarão os seguintes preceitos:

I – a citação far-se-á, preferencialmente por meio eletrônico, no qual se assegure a ciência pessoal do acusado, bem como o irrestrito acesso

LEI COMPLEMENTAR N. 112 DE 30 DE ABRIL DE 2018 — ART. 35

a todos os documentos e fases do respectivo processo;

II – o acusado que se encontrar em lugar desconhecido ou inacessível será citado por edital, com prazo de quinze dias, publicado no Diário da Justiça e afixado na serventia onde tem exercício;

III – a tramitação do processo instaurado, se eletrônico, deve assegurar a apresentação eletrônica de defesa e de todas as intervenções que o acusado e/ou seu defensor entendam pertinentes;

IV – a prova testemunhal será colhida no prazo de trinta dias, prorrogável mediante decisão fundamentada, devendo as testemunhas arroladas pela acusação, ser ouvidas antes das arroladas pela defesa;

V – na audiência de instrução serão ouvidas as testemunhas arroladas pela acusação, as arroladas pela defesa e, ato contínuo, realizado o interrogatório do acusado;

VI – serão aplicadas à sindicância e ao procedimento administrativo disciplinar, no que não contrariar esta Lei, as disposições da Lei Estadual n. 1.818, de 23 de agosto de 2007 (Estatuto dos Servidores Públicos Civis do Estado do Tocantins).

Parágrafo único. Pode ser elaborado termo de compromisso de ajuste de conduta quando a infração administrativa disciplinar, no seu conjunto, apontar ausência de efetiva lesividade ao serviço ou a princípios que regem a Administração Pública, observando-se no que couber, o procedimento previsto na Lei Estadual n. 1.818, de 2007.

Art. 28. O Corregedor-Geral da Justiça poderá, a qualquer tempo, avocar os autos de procedimentos administrativos disciplinares em trâmite perante os juízes corregedores permanentes das comarcas, sem prejuízo da validade dos atos até então praticados, considerando a gravidade do fato, a repercussão do ilícito ou a extensão dos danos causados ou, ainda, se houver dificuldades para o Juiz Corregedor Permanente compor comissão de processo administrativo, podendo ser delegada a produção dos atos de instrução processual.

Capítulo VIII
DOS RECURSOS

Art. 29. Da decisão do Juiz Corregedor Permanente que aplicar a penalidade disciplinar caberá recurso com efeito suspensivo, no prazo de quinze dias, ao Corregedor-Geral da Justiça, cabendo, em igual prazo, recurso com efeito suspensivo ao Tribunal Pleno do Tribunal de Justiça do Estado do Tocantins do julgamento proferido pelo Corregedor-Geral da Justiça.

Parágrafo único. O efeito suspensivo previsto no caput não se aplica às hipóteses de afastamento preventivo do serviço, desde que observada as disposições do § 1º,[10] do art. 35 e art. 36[11] da Lei n. 8.935, de 1994.

Capítulo IX
DA INTERVENÇÃO E DA SUBSTITUIÇÃO

Art. 30. Vagando o serviço notarial e/ou de registro por qualquer motivo, o Juiz Corregedor Permanente designará o substituto mais antigo que estiver em exercício legal para responder pelo expediente do serviço.

§ 1º Não recaindo a nomeação sobre o substituto, observar-se-á, no ato respectivo, a preferência dentre os titulares de delegação;

§ 2º O ato de designação deverá autorizar ou não a anexação provisória do serviço nas mesmas instalações físicas do serviço do designado, não implicando a autorização em anexação da serventia;

§ 3º O tabelião ou registrador e/ou o substituto mais antigo que for designado para responder pelo expediente de serviço vacante deve, sob pena de revogação da designação, mencionar em seus atos essa circunstância, fazendo constar o número da portaria de sua designação.

Art. 31. A designação de pessoa estranha à atividade notarial e de registro do Estado tem caráter excepcional, deve ser fundamentada e observará os seguintes requisitos:

I – diploma de bacharel em direito;

II – nacionalidade brasileira;

III – capacidade civil;

IV – quitação com as obrigações eleitorais e militares; e

V – verificação de conduta condigna para o exercício da atividade.

§ 1º Os atos, especialmente os de consulta de interesse na designação, devem ser divulgados no Diário da Justiça e, por meio eletrônico de comunicação, noticiados aos integrantes da classe notarial e registral;

§ 2º O ato de designação de que trata este artigo perde, automaticamente, todos os seus efeitos a partir da posse e entrada em exercício do titular aprovado em concurso público, na forma disciplinada na Lei Federal n. 8.935, de 1994.

Art. 32. Aplicam-se as disposições deste capítulo à Intervenção.

Capítulo X
DA PRESCRIÇÃO

Art. 33. O evento punível prescreverá para os delegatários do serviço notarial e de registro:

I – em 5 (cinco) anos, quanto aos atos de perda da delegação, aplicada isolada ou cumulativamente;

II – em 2 (dois) anos, quanto às faltas sujeitas à pena de suspensão e multa, aplicadas isolada ou cumulativamente;

III – em 1 (um) ano, quanto aos demais casos.

§ 1º O termo inicial de fluência do prazo de prescrição da pretensão punitiva é a ciência da irregularidade pela autoridade competente para a instauração do processo disciplinar adequado à apuração do fato;

§ 2º A falta disciplinar que, também for tipificada na Lei penal ou de contravenção penal, prescreverá juntamente com este.

Art. 34. Esta Lei Complementar poderá ser regulamentada por Resolução do Tribunal de Justiça e provimento da Corregedoria-Geral da Justiça.

Art. 35. Esta Lei Complementar entra em vigor na data de sua publicação, revogando o art. 120 e o Anexo IV, da Lei Complementar n. 10, de 11 de janeiro de 1996.

---

10. Art. 35. A perda da delegação dependerá:

    I – de sentença judicial transitada em julgado; ou

    II – de decisão decorrente de processo administrativo instaurado pelo juízo competente, assegurado amplo direito de defesa.

    § 1º Quando o caso configurar a perda da delegação, o juízo competente suspenderá o notário ou oficial de registro, até a decisão final, e designará interventor, observando-se o disposto no art. 36.

11. Art. 36. Quando, para a apuração de faltas imputadas a notários ou a oficiais de registro, for necessário o afastamento do titular do serviço, poderá ele ser suspenso, preventivamente, pelo prazo de noventa dias, prorrogável por mais trinta.

    § 1º Na hipótese do caput, o juízo competente designará interventor para responder pela serventia, quando o substituto também for acusado das faltas ou quando a medida se revelar conveniente para os serviços;

    § 2º Durante o período de afastamento, o titular perceberá metade da renda líquida da serventia; outra metade será depositada em conta bancária especial, com correção monetária;

    § 3º Absolvido o titular, receberá ele o montante dessa conta; condenado, caberá esse montante ao interventor.

DECRETO N. 5.425
DE 04 DE MAIO DE 2016

Regulamento do Imposto sobre a Transmissão Causa Mortis e Doação de Quaisquer Bens ou Direitos (ITCD).

Art. 1º É instituída a Guia de Informação e Apuração do Imposto de Transmissão Causa Mortis e Doação de Quaisquer Bens ou Direitos (GIA-ITCD) no âmbito da Secretaria da Fazenda.

§ 1º A GIA-ITCD, documento de uso obrigatório, inclusive, no inventário, na partilha, na separação e no divórcio consensual, processados administrativamente[1] nos termos do Código de Processo Civil, é disponibilizada no endereço www.sefaz.to.gov.br, ícone "serviços", opção "GIA-ITCD", devendo ser impressa, preenchida pelo interessado e protocolada, em duas vias, na Agência de Atendimento da Secretaria da Fazenda em cuja circunscrição localizar-se o município no qual:

I – situar-se:

a) o foro em que tramitar ou que venha a tramitar o feito ou o cartório no qual for lavrada a escritura pública;

b) o imóvel, quando o inventário ou escritura pública processar-se em outro Estado ou no Distrito Federal;

c) o imóvel ou o conjunto de imóveis de maior valor atribuído pelo contribuinte, quando houver dois ou mais imóveis informados na GIA-ITCD, localizados em municípios circunscritos a Delegacias Regionais distintas;

II – ocorrer o ato ou negócio jurídico da doação ou da cessão não onerosa.

§ 2º Para a entrega da GIA-ITCD, são estabelecidos os seguintes prazos:

I – sessenta dias contados da data do óbito, no caso de transmissão causa mortis;

II – antes da lavratura de escritura, contrato ou documento equivalente, quando se tratar de doação ou cessão não onerosa.

§ 3º A Secretaria da Fazenda, por meio do endereço www.sefaz.to.gov.br, no ícone de "serviços", opção "GIA-ITCD Eletrônica", poderá autorizar a transmissão online da Guia de Informação e Apuração do Imposto de Transmissão Causa Mortis e Doação de Quaisquer Bens ou Direitos, bem assim dos documentos que a acompanham.

Art. 2º Cumpre ao contribuinte declarar, na GIA-ITCD, os bens ou direitos com os respectivos valores venais, descrevendo:

I – o imóvel urbano, com as suas especificações, endereço completo, extensão da área do terreno em metro quadrado, extensão da área construída em metro quadrado, se houver, e matrícula;

II – o imóvel rural, com as suas especificações e benfeitorias, município e localidade em que se encontra, extensão da área em hectare e matrícula;

III – os semoventes, com a quantidade, espécie, raça, sexo e idade;

IV – o veículo automotor, com a marca, modelo, ano, número do chassi e placa;

V – a ação ou quota, com a quantidade, percentual de participação, inclusive de controlada e coligada, razão social, Cadastro Nacional de Pessoas Jurídicas – CNPJ e endereço completo da respectiva sociedade empresária;

VI – a joia, objeto de ouro e prata, pedra preciosa, com a quantidade, qualidade e peso;

VII – o depósito em conta corrente, de poupança, de investimento ou de outras aplicações, com o nome do banco, número da agência, número da conta e valor depositado;

VIII – os demais móveis e bens, com os sinais característicos para identificação.

§ 1º A GIA-ITCD é acompanhada dos seguintes documentos:

I – tratando-se de causa mortis:

a) petição inicial ou primeiras declarações ou minuta da escritura pública de inventário protocolizada no Tabelionato de Notas, conforme o caso;

b) transcrição da partilha ou plano de partilha;

c) certidão de óbito;

d) certidão de casamento, sentença ou escritura pública de reconhecimento de união estável do de cujus, conforme o caso;

e) certidão do pacto antenupcial do de cujus, quando tenha adotado como regime de bens a separação convencional ou participação final nos aquestos;

f) última declaração do Imposto de Renda Pessoa Física (IRPF) do de cujus e do cônjuge sobrevivo, conforme o caso;

g) avaliação judicial dos bens e direitos, quando houver;

h) comprovante do último endereço do de cujus, por meio de fatura de fornecimento de energia elétrica, de água ou de telefone;

i) termo de nomeação do inventariante ou documento equivalente;

j) documento de identidade e Cadastro de Pessoas Físicas (CPF) do inventariante, do inventariado e do contribuinte;

k) comprovante de endereço do inventariante e do contribuinte, por meio de fatura de fornecimento de energia elétrica, de água ou de telefone;

l) documento de identidade do advogado, expedido pela Ordem dos Advogados do Brasil (OAB);

m) procuração do advogado;

n) conforme a espécie do bem:

1. imóvel urbano:

1.1. Demonstrativo do Imposto Predial Territorial Urbano (IPTU) mais recente, contendo matrícula, valor venal, área do terreno e área edificada, conforme o caso;

1.2. certidão de inteiro teor atualizada;

1.3. alvará de construção ou projeto arquitetônico ou desenho em escala informando a área em metros quadrados assinado pelo contribuinte, no caso de existir área edificada maior do que a informada no documento de IPTU.

2. imóvel rural:

2.1. declaração do Imposto Territorial Rural (ITR) mais recente;

2.2. certidão de inteiro teor atualizada;

2.3. fatura de fornecimento de energia elétrica ou declaração de residência, no caso do não fornecimento de energia elétrica.

3. documento de controle de rebanho em nome do de cujus e do cônjuge sobrevivo, conforme o caso, fornecida pela Agência de Defesa Agropecuária do Estado do Tocantins (ADAPEC), referente à data do óbito, no caso de não ter sido informado gado de qualquer espécie na GIA-ITCD causa mortis;

4. gado de qualquer espécie informado na GIA-ITCD causa mortis, declaração de vacinação antiaftosa fornecida pela Agência de Defesa Agropecuária do Estado do Tocantins (ADAPEC), ou documento que comprove a quantidade, idade, raça e sexo do gado existente na data do óbito, em nome do de cujus e do cônjuge sobrevivo, conforme o caso;

5. veículo automotor, documento de propriedade – certificado de registro e licenciamento de veículo em nome do de cujus e do cônjuge sobrevivo;

6. valor depositado em conta corrente, de poupança, de investimento ou de outras aplicações informados na GIA-ITCD causa mortis, extrato bancário da data do óbito;

7. bem ou direito para o qual haja cláusula prevendo contratação de seguro para sua quitação no caso de óbito, contratos de compra e venda, financiamento, leasing, financiamento imobiliário, agrícola e outros similares, conforme o caso.

II – tratando-se de doação:

---

1. Alterado e corrigido. Redação original consta "dministrativamente".

91

ART. 3º — NORMAS PARA A ATIVIDADE EXTRAJUDICIAL DO ESTADO DO TOCANTINS

a) minuta da escritura de doação protocolizada no Tabelionato de Notas;

b) sentença ou minuta da escritura de dissolução de sociedade conjugal ou de união estável protocolizada no Tabelionato de Notas, conforme o caso, em que ocorrer partilha desigual e certidão do pacto antenupcial dos separados, quando tenha adotado como regime de bens a separação convencional ou participação final nos aquestos;

c) documento de identidade e CPF do doador e do donatário;

d) comprovante de endereço do doador e do donatário, por meio de fatura de fornecimento de energia elétrica, de água ou de telefone;

e) documentos previstos nos itens 1, 2, 5 e 6 da alínea "n" do inciso I do caput deste artigo.

§ 2º É facultada a exigência de outros documentos considerados indispensáveis para a apuração da base de cálculo do ITCD;

§ 3º O Delegado Regional pode determinar diligências para fins de esclarecimentos ou coleta de dados;

§ 4º Em se tratando de causa mortis, havendo dívida dedutível, devem ser apresentados, conforme o caso, contrato registrado em Cartório, nota fiscal, recibo e extrato contendo o valor para quitação da dívida.

Art. 3º Protocolada a GIA-ITCD, o contribuinte poderá requerer a retificação dos dados, no prazo de vinte dias contados da data do protocolo, aplicando-se o mesmo procedimento originário.

Parágrafo único. A GIA-ITCD retificada:

I – tem a mesma natureza da guia originalmente apresentada, substituindo-a integralmente e, portanto, deve conter todas as informações anteriormente declaradas com as alterações e exclusões necessárias, bem como as informações adicionadas, se for o caso;

II – aplica-se também aos casos de inventário, partilha, separação ou divórcio consensual, processados administrativamente.

Art. 4º O valor venal dos bens ou direitos declarados pelo contribuinte, é submetido a procedimento de avaliação e homologação pelo Fisco Estadual.

Parágrafo único. Incumbe ao Agente do Fisco realizar o arbitramento da base de cálculo e o lançamento do imposto.

Art. 5º Na determinação da base de cálculo do ITCD, para os bens a seguir especificados, deve ser observada, como referência mínima, quando houver, a pauta de valores do Estado, utilizada para fixação da base de cálculo:

I – do Imposto sobre a Propriedade de Veículos Automotores (IPVA), para veículo automotor;

II – do Imposto sobre Circulação de Mercadorias e Serviços (ICMS), para as demais mercadorias;

III – do Boletim Informativo de Preço para ave e gado;

IV – da Tabela Referencial do Instituto Nacional de Colonização e Reforma Agrária (INCRA) de preços de terras no Estado do Tocantins, em vigor, para imóveis rurais, observando-se ainda, os seguintes parâmetros:

a) Valor Total Máximo do Imóvel por hectare – Máximo VTI/ha, conforme o caso:

1. para imóvel rural localizado a uma distância de até 40 km do perímetro urbano ou de até 20 km de rodovia pavimentada;

2. para atividade agrícola igual ou superior a 40% do total da área explorada do imóvel.

b) Valor Total Médio do Imóvel por hectare – Médio VTI/ha, quando:

1. o imóvel rural localizado a uma distância de 40 km a 100 km do perímetro urbano ou de 20 km a 40 km de rodovia pavimentada;

2. a atividade pecuária for igual ou superior a 30% do total da área explorada ou a área explorada for igual ou superior a 50% da área total do imóvel.

c) Valor Total Mínimo do Imóvel por hectare – Mínimo VTI/ha, para imóvel rural localizado a uma distância igual ou superior a 100 km do perímetro urbano, observando o tipo de atividade rural.

§ 1º Para efeitos do disposto na alínea "a" do inciso IV do caput deste artigo, considera-se:

I – área total, a totalidade da área constante do documento que confere ao contribuinte a titularidade do imóvel rural ou, conforme o caso, aquela que for objeto do contrato pelo qual lhe foi assegurada a respectiva exploração;

II – área explorada, o total das áreas do imóvel utilizadas para atividade rural.

§ 2º Na determinação da base de cálculo do ITCD para imóveis rurais, cumpre ao contribuinte a incidência em apenas uma das hipóteses previstas nos itens que integram as alíneas "a", "b" e "c" do inciso IV do caput deste artigo;

§ 3º São também parâmetros que determinam o valor venal do imóvel rural:

I – a natureza e a produtividade do solo;

II – o valor das culturas existentes e do número de plantas quando se tratar de cultura permanente, bem como o valor de jazidas radioativas, térmicas, minerais e de outras acessões naturais que valorizem o imóvel;

III – outras benfeitorias existentes.

§ 4º Integram o valor da terra as florestas naturais, matas nativas e qualquer outro tipo de vegetação natural, não podendo o preço apurado superar, em qualquer hipótese, o valor venal do imóvel.

Art. 6º A apuração da base de cálculo de imóvel urbano é formalizado pela análise da GIA-ITCD, bem assim dos documentos que a acompanham, observando:

I – o valor de outros imóveis vizinhos e de igual natureza, quando houver;

II – a proximidade de centros urbanos, escola, hospital, parques e vias de transportes;

III – a localização em rua calçada ou pavimentada;

IV – o tipo de construção.

Parágrafo único. Outros parâmetros podem ser definidos pela Secretaria da Fazenda como referência para a apuração da base de cálculo de que trata este artigo.

Art. 7º Na transmissão de acervo patrimonial de sociedade simples e de empresário individual ou de ações de sociedades de capital fechado ou de quotas de empresa individual de responsabilidade limitada e de sociedade limitada, o contribuinte deve apurar o Balanço Patrimonial Ajustado acrescido do aviamento, assinado pelo sócio administrador e contador responsável, de acordo com o disposto em ato do Secretário da Fazenda, para fins de determinação da base de cálculo do ITCD.

Art. 8º Quando o valor do ITCD for determinado por meio judicial, a avaliação será submetida à apreciação da Secretaria da Fazenda, onde seguirá, no que couber, os procedimentos administrativos estabelecidos para o feito, nos termos das normas do Fisco Estadual, do Código de Processo Civil e deste Regulamento.

Art. 9º Nos inventários processados sob a forma de arrolamento, quando não forem conhecidas ou apreciadas pelo juiz as questões relativas a lançamento, pagamento e quitação do ITCD incidente sobre a transmissão da propriedade dos bens do espólio, o imposto será objeto de lançamento administrativo, conforme dispuser a legislação tributária, não ficando as autoridades fazendárias adstritas aos valores dos bens do espólio atribuídos pelos herdeiros.

Art. 10. No caso de separação ou divórcio, exceto quando todos os bens comuns do casal forem partilhados individualmente com 50% para cada cônjuge, a partilha deve ser submetida à Secretaria da Fazenda para cálculo de eventual excedente de meação, antes da lavratura da escritura ou decisão judicial, conforme o caso.

Art. 11. Na avaliação de bens imóveis atípicos, o avaliador tem autonomia para definir a melhor metodologia avaliatória e a forma de apresentação, considerando as particularidades que influenciam no valor, com observância às disposições deste Regulamento, bem como às regulamentações do Fisco Estadual e da Associação Brasileira de Normas Técnicas – ABNT, na parte referente à matéria.

Art. 12. A avaliação e apuração do ITCD são realizadas pelas seguintes unidades da Secretaria da Fazenda:

I – Delegacia Regional, de acordo com sua circunscrição;

II – Superintendência de Administração Tributária, no caso de impugnação da avaliação administrativa.

Art. 13. O avaliador deve apurar a base de cálculo do ITCD, nos seguintes prazos:

I – em até dois dias úteis, quando se tratar de:

a) veículo automotor;

b) semoventes;

c) outros bens ou direitos cuja avaliação não dependa de diligências no local.

II – até cinco dias, quando se tratar de imóvel urbano, situado no mesmo município onde foi protocolizada a GIA-ITCD;

III – até dez dias, quando se tratar de:

a) imóvel urbano em outro município;

b) imóvel rural situado no município onde foi protocolada a GIA-ITCD.

IV – até quinze dias, quando se tratar de imóvel rural situado em município diverso daquele onde foi protocolizada a GIA-ITCD;

V – até vinte dias, para os demais bens ou direitos.

Parágrafo único. Os prazos previstos neste artigo:

DECRETO N. 5.425 DE 04 DE MAIO DE 2016 — ART. 25

I – são contados a partir da data do recebimento pelo avaliador;

II – podem ser prorrogados pelo superior hierárquico do avaliador.

Art. 14. O ITCD é lançado, por meio de formulário próprio da Secretaria da Fazenda, no qual deve constar:

I – a identificação do sujeito passivo;

II – a descrição do fato gerador;

III – a fundamentação legal do lançamento;

IV – a discriminação dos bens ou direitos e a respectiva base de cálculo, alíquota e valor do imposto devido;

V – os valores relativos a multa, juros moratórios e correção monetária, se for o caso;

VI – a identificação da autoridade lançadora.

Art. 15. O crédito tributário do ITCD pode ser formalizado mediante o cruzamento de informações mantidas no ambiente tecnológico dos sistemas aplicativos da Secretaria de Fazenda.

Art. 16. O contribuinte que discordar da base de cálculo do ITCD, arbitrada nos termos deste Regulamento, pode apresentar impugnação, no prazo de vinte dias, contados da ciência da avaliação, requerendo avaliação contraditória.

§ 1º A impugnação deve conter:

I – a qualificação do impugnante;

II – os motivos de fato e de direito em que se fundamenta;

III – a indicação das provas destinadas a demonstrar a verdade dos fatos alegados.

§ 2º A impugnação deve ser acompanhada dos seguintes documentos, sem prejuízo de outros que possam servir à revisão da base de cálculo, tratando-se de:

I – imóvel, laudo contendo critérios técnicos, assinado por profissional credenciado no Conselho Regional de Engenharia e Arquitetura (CREA) ou Conselho Regional de Corretores de Imóveis (CRECI), que demonstre o valor de mercado;

II – imóvel rural, mapa com as coordenadas geográficas dos limites do imóvel definidas pelo sistema de georreferenciamento,[2] conforme o caso;

III – acervo patrimonial de sociedade simples e de empresário individual ou de ações de sociedades de capital fechado ou de quotas de empresa individual de responsabilidade limitada e de sociedade limitada, documentos previstos no art. 36;

IV – móvel, laudo ou documento que demonstre o valor de mercado.

§ 3º A impugnação firmada por procurador deve estar acompanhada da correspondente procuração conferindo ao mandatário poderes para representar o interessado;

§ 4º A impugnação tempestiva suspende a exigibilidade do crédito tributário, até a data do seu julgamento, do qual não cabe recurso e nem reconsideração.

Art. 17. Opera-se a desistência da impugnação na esfera administrativa:

I – expressamente, por pedido do interessado;

II – tacitamente:

a) pelo pagamento do montante do crédito tributário em litígio;

b) pela propositura de ação judicial relativa à mesma matéria objeto da impugnação;

c) pela falta de ato processual necessário ao andamento do processo, a ser promovido pelo requerente;

d) pelo descumprimento de intimação.

Art. 18. O imposto é pago em agente arrecadador autorizado, mediante a emissão do Documento de Arrecadação de Tributos Estaduais (DARE).

§ 1º São expressos, no campo "informações complementares" do DARE, os seguintes dados:

I – o número da GIA-ITCD;

II – se o ITCD é relativo à transmissão causa mortis ou doação de quaisquer bens ou direitos;

III – o valor do monte-mor, quando houver;

IV – o valor tributável.

§ 2º Deve ser emitido um DARE para cada herdeiro ou legatário, conforme o quinhão ou legado que lhe couber.

Art. 19. As hipóteses de não incidência e de isenção do ITCD previstas na Lei n. 1.287, de 28 de dezembro de 2001 serão reconhecidas pela repartição fazendária competente e homologadas pela autoridade fiscal.

Art. 20. Na hipótese de liquidação de sociedade motivada pelo falecimento de sócio, a Secretaria da Fazenda deverá ser ouvida no processo.

Art. 21. Com vista a prevenir omissões ou outras infrações vinculadas ao ITCD, a Secretaria da Fazenda pode celebrar convênios com a Receita Federal do Brasil, Banco Central do Brasil, Comissão de Valores Mobiliários e outros órgãos.

Art. 22. São enviadas à Secretaria da Fazenda, mensalmente, por meio eletrônico ou digital:

I – pelos titulares do Tabelionato de Notas, do Ofício do Registro de Títulos e Documentos, do Ofício do Registro Civil das Pessoas Jurídicas, do Ofício do Registro de Imóveis, do Ofício do Registro de Distribuição e do Ofício do Registro Civil das Pessoas Naturais, de acordo com suas atribuições, as informações sobre os atos praticados no mês anterior, que constituam fato gerador do imposto;

II – pela Junta Comercial do Estado do Tocantins (JUCETINS), as informações sobre os atos relativos à constituição, modificação e extinção de Pessoas Jurídicas, bem como de empresário individual.

Art. 23. A notificação fiscal do ITCD é individualizada e pessoal, e segue o disposto na Lei n. 1.288, de 28 de dezembro de 2001.

Art. 24. Fica a Secretaria da Fazenda autorizada a divulgar lista de preços mínimos para efeitos de base de cálculo do ITCD.

Art. 25. Cumpre ao Secretário de Estado da Fazenda baixar os atos necessários à execução do disposto neste Regulamento.

---

2. Alterado e corrigido. Redação original consta "georreferenciamento".

PROVIMENTO N. 16/2022

Dispõe sobre a criação do portal de boas práticas dos serviços extrajudiciais no âmbito da Corregedoria-Geral de Justiça do Estado do Tocantins.

Capítulo I
DISPOSIÇÕES GERAIS

Art. 1º Fica instituída a seção de Boas Práticas dos Cartórios Extrajudiciais do Estado do Tocantins no portal da Corregedoria-Geral da Justiça do Estado do Tocantins, com o intuito de ampliar a gestão do conhecimento no âmbito da fiscalização, fomentar a replicação de projetos e disseminar iniciativas e projetos inovadores em busca da melhoria da gestão e da prestação jurisdicional.

Art. 2º O ambiente virtual será destinado ao registro e divulgação de práticas de sucesso, possíveis de serem replicadas, que podem servir de modelo para a gestão das diversas unidades extrajudiciais no Estado do Tocantins.

Art. 3º As boas práticas serão publicadas no portal após processo de cadastramento e análise pela Coordenação dos Serviços Notariais e de Registro, que apresentará ao Juiz Supervisor dos Serviços Notariais e de Registro ou Juíza Supervisora dos Serviços Notariais e de Registro manifestação sobre a Boa Prática apresentada e posterior aprovação pela Corregedoria-Geral de Justiça.

Art. 4º Para os fins deste provimento, serão consideradas as seguintes definições:

I – boa prática: experiência, atividade, ação, caso de sucesso, projeto ou programa, cujos resultados sejam notórios pela eficiência, eficácia e/ou efetividade e contribuam para o aprimoramento e/ou desenvolvimento de determinada tarefa, atividade ou procedimento no âmbito das atribuições da serventia na sociedade tocantinense;

II – eixos temáticos: conjunto de temas definidos pela Corregedoria, com o objetivo de direcionar as práticas cadastradas no portal a assuntos determinados; e

III – proponente: delegatários ou delegatárias, interinos ou interinas, do serviço extrajudicial de qualquer atribuição que manifestem interesse em divulgar as práticas de sucesso desenvolvidas.

Capítulo II
DAS ETAPAS DE SELEÇÃO DE BOAS PRÁTICAS

Art. 5º O processo de seleção das boas práticas da Corregedoria-Geral da Justiça do Tribunal de Justiça do Tocantins é composto pelas seguintes etapas:

I – cadastramento no Sistema SEI da proposta, podendo ser acompanhada de mídia ou documentos que comprovem o sucesso da prática;

II – admissão da proposta de acordo com critérios formais;

III – avaliação da prática pela Coordenação dos Serviços Notariais e de Registro da Corregedoria;

IV – submissão da prática à aprovação pelo Juiz Supervisor dos Serviços Notariais e de Registro ou Juíza Supervisora dos Serviços Notariais e de Registro e pela Corregedora-Geral de Justiça ou pelo Corregedor-Geral da Justiça; e

V – publicação da prática aprovada no portal.

Art. 6º Após a aprovação e publicação da prática, será atribuído elogio formal para o delegatário ou delegatária, interino ou interina, a ser publicado no Diário de Justiça Eletrônico, com menção no registro funcional.

SEÇÃO I
DO CADASTRAMENTO DA PROPOSTA

Art. 7º No ato de cadastramento da prática, o proponente deverá informar o Cartório Extrajudicial e o seu respectivo responsável.

Parágrafo único. A submissão da prática não enseja inclusão automática para divulgação no portal, observado o disposto no art. 3º deste Provimento.

SEÇÃO II
DA ADMISSÃO DA PROPOSTA

Art. 8º Serão consideradas admitidas as propostas de boas práticas que preencherem os seguintes critérios mínimos de admissão, sem prejuízo de outros que possam vir a ser estabelecidos pela Corregedoria-Geral:

I – pertinência aos eixos temáticos divulgados;

II – vínculo comprovado entre o proponente e o órgão cadastrado;

III – preenchimento correto de todos os campos do formulário de submissão de prática, conforme Anexo I deste Provimento;

IV – vigência da prática no órgão proponente;

V – demonstração de evidências dos resultados aferidos;

VI – atendimento aos requisitos formais de admissão; e,

VII – a prática deve ter sido implementada há no mínimo 3 (três) meses.

Art. 9º As propostas que não atenderem aos critérios de admissão serão devolvidas ao proponente e poderão ser novamente submetidas mediante a realização dos ajustes considerados impeditivos para admissão.

Parágrafo único. Não havendo ajuste e reenvio no prazo de 6 (seis) meses, a proposta será automaticamente excluída do cadastramento de práticas.

SEÇÃO III
DA AVALIAÇÃO TÉCNICA DA PRÁTICA

Art. 10. As propostas de boas práticas admitidas serão encaminhadas para avaliação pela Coordenação dos Serviços Notariais e de Registro da Corregedoria-Geral de Justiça.

Art. 11. A avaliação das propostas de boas práticas deverá observar os seguintes critérios gerais:

I – eficiência: demonstração de que a prática produz resultados e utiliza os recursos de forma adequada;

II – qualidade: conjunto de atributos que se refere ao atendimento das necessidades e ao padrão de produtos e serviços disponibilizados;

III – criatividade: capacidade de inovação para resolução de problemas. A prática deve ter sido capaz de provocar mudanças por meio da implantação de novas técnicas, metodologias e outras estratégias criativas;

IV – exportabilidade: capacidade de permitir a replicação da experiência para outras unidades;

V – satisfação do usuário: demonstração da real melhoria dos processos, a partir da implementação da prática;

VI – alcance social: capacidade da prática de beneficiar o maior número de pessoas; e,

VII – desburocratização: simplificação dos processos de trabalho em relação aos benefícios atingidos.

Art. 12. As propostas de boas práticas receberão manifestação obrigatória, não vinculativa, a qual será encaminhada para parecer do Juiz Supervisor dos Serviços Notariais e de Registro ou da Juíza Supervisora dos Serviços Notariais e de Registro da Corregedoria, vinculados à fiscalização da atividade extrajudicial.

SEÇÃO IV
DA SUBMISSÃO AO CORREGEDOR-GERAL DA JUSTIÇA OU À CORREGEDORA-GERAL DE JUSTIÇA E PUBLICAÇÃO NO PORTAL

Art. 13. As práticas com manifestação e parecer favorável serão posteriormente submetidas à apreciação do Corregedor-Geral da Justiça ou da Corregedora-Geral da Justiça.

Art. 14. As práticas aprovadas pelo Corregedor-Geral da Justiça ou pela Corregedora-Geral da Justiça como boas práticas serão publicadas no portal de Boas Práticas da Corregedoria para disseminação do conhecimento.

Capítulo III
DISPOSIÇÕES FINAIS

Art. 15. Ao cadastrar prática no portal de Boas Práticas, o proponente deverá:

I – assumir total responsabilidade por eventuais questões legais decorrentes da prática;

II – ceder gratuitamente à Corregedoria o direito de divulgar e disseminar a prática; e

III – autorizar o uso de imagens, textos, vozes e nomes relacionados à prática, em qualquer meio de divulgação e promoção (interno, externo e/ou de imprensa).

Art. 16. A Corregedoria-Geral da Justiça não se responsabilizará por quaisquer informações falsas, sejam de ordem técnica ou de autoria de imagens, ações, projetos, entre outras, sendo a responsabilidade por essas informações exclusiva do proponente.

Art. 17. As práticas incluídas no portal de Boas Práticas serão divulgadas e disponibilizadas como material de pesquisa, mantidas em arquivo para futuro aproveitamento e/ou consulta.

Parágrafo único. A Corregedoria manterá disponível a boa prática no portal com o intuito de promover a divulgação e o compartilhamento de práticas inovadoras, visando ao aperfeiçoamento dos serviços judiciais.

Art. 18. A Corregedoria-Geral de Justiça, a qualquer tempo, poderá averiguar a autenticidade e a consistência das informações prestadas, assim como solicitar informações complementares a fim de comprovar a prática.

Art. 19. Este Provimento entra em vigor na data de sua publicação.

PROVIMENTO N. 15/2022

Regulamenta o procedimento administrativo de estremação de imóveis rurais e urbanos em situação de condomínio pró diviso consolidado, na forma regulada pelo art. 571 da Lei Federal n. 13.105/2015 (Código de Processo Civil).

Art. 1º As áreas de imóveis rurais registradas em condomínio "pró diviso" regularizar-se-á com abertura de matrícula autônoma, respeitada a fração mínima de parcelamento, com anuência dos confrontantes das parcelas a serem estremadas.

Parágrafo único. Excetuados os imóveis rurais descritos no art. 1º1 da Lei Estadual n. 3.525/2019 e as áreas rurais não inscritas nos Serviços de Registro de Imóveis no Estado do Tocantins, a regularização abrange quaisquer imóveis rurais, sem distinção entre os oriundos de condomínios, em que seja impossível definir a área maior e seus respectivos condôminos, daquelas dentro de área maior identificada e da qual sejam eles conhecidos.

Art. 2º A instrumentalização do ato para fins de localização da parcela será feita mediante escritura pública de estremação, quando dela participar todos os proprietários do imóvel de cuja matrícula pertence a área a ser estremada, nos casos em que a anuência dos demais condôminos se dará na forma do disposto no art. 213² da Lei Federal n. 6.015/73 e mediante ata nota-

rial a fim de confirmar a existência de condomí-

---

1. Art. 1º São reconhecidos e convalidados, com força de título de domínio, os registros imobiliários de imóveis rurais, cuja origem não seja em títulos de alienação ou concessão expedidos pelo poder público, incluindo os seus desmembramentos e remembramentos, devidamente inscritos no Cartório de Registro de Imóveis no Estado do Tocantins, até a data de publicação desta Lei.
   Parágrafo único. A convalidação de que trata o caput deste artigo não se aplica a imóveis rurais:
   I – cujo domínio jurídico não pertença ao Estado do Tocantins;
   II – cuja propriedade ou posse estejam sendo questionadas ou reivindicadas, na esfera administrativa ou judicial, por órgão ou entidade da administração federal ou estadual direta e indireta;
   III – objeto de ações de desapropriação por interesse social para fins de reforma agrária ou por utilidade pública, administrativa ou judicial, ajuizadas até a data de publicação desta Lei;
   IV – localizados em áreas de reservas indígenas ou quilombolas.
2. Art. 213. O oficial retificará o registro ou a averbação:
   I – de ofício ou a requerimento do interessado nos casos de:
   a) omissão ou erro cometido na transposição de qualquer elemento do título;
   b) indicação ou atualização de confrontação;
   c) alteração de denominação de logradouro público, comprovada por documento oficial;
   d) retificação que vise a indicação de rumos, ângulos de deflexão ou inserção de coordenadas georreferenciadas, em que não haja alteração das medidas perimetrais;

e) alteração ou inserção que resulte de mero cálculo matemático feito a partir das medidas perimetrais constantes do registro;
f) reprodução de descrição de linha divisória de imóvel confrontante que já tenha sido objeto de retificação;
g) inserção ou modificação dos dados de qualificação pessoal das partes, comprovada por documentos oficiais, ou mediante despacho judicial quando houver necessidade de produção de outras provas;
II – a requerimento do interessado, no caso de inserção ou alteração de medida perimetral de que resulte, ou não, alteração de área, instruído com planta e memorial descritivo assinado por profissional legalmente habilitado, com prova de anotação de responsabilidade técnica no competente Conselho Regional de Engenharia e Arquitetura (CREA), bem assim pelos confrontantes.

§ 1º Uma vez atendidos os requisitos de que trata o caput do art. 225, o oficial averbará a retificação;

§ 2º Se a planta não contiver a assinatura de algum confrontante, este será notificado pelo Oficial de Registro de Imóveis competente, a requerimento do interessado, para se manifestar em quinze dias, promovendo-se a notificação pessoalmente ou pelo correio, com aviso de recebimento, ou, ainda, por solicitação do Oficial de Registro de Imóveis, pelo Oficial de Registro de Títulos e Documentos da comarca da situação do imóvel ou do domicílio de quem deva recebê-lo

§ 3º A notificação será dirigida ao endereço do confrontante constante do Registro de Imóveis, podendo ser dirigida ao próprio imóvel contíguo ou àquele fornecido pelo requerente; não sendo encontrado o confrontante ou estando em lugar incerto e não sabido, tal fato será certificado pelo oficial encarregado da diligência, promovendo-se a notificação do confrontante mediante edital, com o mesmo prazo fixado no § 2º, publicado por duas vezes em jornal local de grande circulação;

§ 4º Presumir-se-á a anuência do confrontante que deixar de apresentar impugnação no prazo da notificação;

§ 5º Findo o prazo sem impugnação, o oficial averbará a retificação requerida; se houver impugnação fundamentada por parte de algum confrontante, o oficial intimará o requerente e o profissional que houver assinado a planta e o memorial a fim de que, no prazo de cinco dias, se manifestem sobre a impugnação;

§ 6º Havendo impugnação e se as partes não tiverem formalizado transação amigável para solucioná-la, o oficial remeterá o processo ao juiz competente, que decidirá de plano ou após instrução sumária, salvo se a controvérsia versar sobre o direito de propriedade de alguma das partes, hipótese em que remeterá o interessado para as vias ordinárias;

§ 7º Pelo mesmo procedimento previsto neste artigo poderão ser apurados os remanescentes de áreas parcialmente alienadas, caso em que serão considerados como confrontantes tão-somente os confinantes das áreas remanescentes;

§ 8º As áreas públicas poderão ser demarcadas ao ter seus registros retificados pelo mesmo procedimento previsto neste artigo, desde que constem do registro ou sejam logradouros devidamente averbados;

§ 9º Independentemente de retificação, dois ou mais confrontantes poderão, por meio de escritura pública, alterar ou

nio "pró diviso".

---

estabelecer as divisas entre si e, se houver transferência de área, com o recolhimento do devido imposto de transmissão e desde que preservadas, se rural o imóvel, a fração mínima de parcelamento e, quando urbano, a legislação urbanística;

§ 10. Entendem-se como confrontantes os proprietários e titulares de outros direitos reais e aquisitivos sobre os imóveis contíguos, observado o seguinte:

I – o condomínio geral, de que trata o Capítulo VI do Título III do Livro III da Parte Especial da Lei n. 10.406, de 10 de janeiro de 2002 (Código Civil), será representado por qualquer um dos condôminos;

II – o condomínio edilício, de que tratam os arts. 1.331 a 1.358 da Lei n. 10.406, de 10 de janeiro de 2002 (Código Civil), será representado pelo síndico, e o condomínio por frações autônomas, de que trata o art. 32 da Lei n. 4.591, de 16 de dezembro de 1964, pela comissão de representantes; e

III – não se incluem como confrontantes:

a) os detentores de direitos reais de garantia hipotecária ou pignoratícia; ou

b) os titulares de crédito vincendo, cuja propriedade imobiliária esteja vinculada, temporariamente, à operação de crédito financeiro.

§ 11. Independe de retificação:

I – a regularização fundiária de interesse social realizada em Zonas Especiais de Interesse Social, promovida por Município ou pelo Distrito Federal, quando os lotes já estiverem cadastrados individualmente ou com lançamento fiscal há mais de 10 (dez) anos;

II – a adequação da descrição de imóvel rural às exigências dos arts. 176, §§ 3º e 4º, e 225, § 3º, desta Lei;

III – a adequação da descrição de imóvel urbano decorrente de transformação de coordenadas geodésicas entre os sistemas de georreferenciamento oficiais;

IV – a averbação do auto de demarcação urbanística e o registro do parcelamento decorrente de projeto de regularização fundiária de interesse social de que trata a Lei n. 11.977, de 7 de julho de 2009; e

V – o registro do parcelamento de glebas para fins urbanos anterior a 19 de dezembro de 1979, que esteja implantado e integrado à cidade, nos termos do art. 71 da Lei n. 11.977, de 7 de julho de 2009.

§ 12. Poderá o oficial realizar diligências no imóvel para a constatação de sua situação em face dos confrontantes e localização na quadra;

§ 13. Se não houver dúvida quanto à identificação do imóvel:

I – o título anterior à retificação poderá ser levado a registro desde que requerido pelo adquirente, promovendo-se o registro em conformidade com a nova descrição; e

II – a prenotação do título anterior à retificação será prorrogada durante a análise da retificação de registro.

§ 14. Verificado a qualquer tempo não serem verdadeiros os fatos constantes do memorial descritivo, responderão os requerentes e o profissional que o elaborou pelos prejuízos causados, independentemente das sanções disciplinares e penais;

§ 15. Não são devidos custas ou emolumentos notariais ou de registro decorrentes de regularização fundiária de interesse social a cargo da administração pública;

97

ART. 3º — NORMAS PARA A ATIVIDADE EXTRAJUDICIAL DO ESTADO DO TOCANTINS

§ 1º Quando depender da lavratura de ata notarial de constatação da existência do condomínio "pró diviso", a situação de fato da posse do proprietário sobre a parcela "pró diviso" a estremar deve contar com, no mínimo, 5 (cinco) anos, permitida a soma do tempo de posse dos proprietários anteriores;

§ 2º O Tabelião ou Tabeliã da circunscrição territorial em que estiver localizado o imóvel, pessoalmente ou por seus prepostos, empreenderá as diligências necessárias à constatação da situação fática de pró divisão do condomínio tabular existente sobre o imóvel objeto da estremação, a cuja ata notarial aplica-se, no que couber, as disposições do Provimento n. 65/2017 do Conselho Nacional de Justiça, sendo considerada como ata notarial com conteúdo financeiro;

§ 3º A descrição do imóvel estremado obedecerá ao disposto nos art. 176, § 1º, inciso II, n. 3,[3] e art. 225[4] da Lei Federal n. 6.015/73, devendo constar da escritura estremação, a qual terá como base de cálculo o item 2.1 da Tabela V da Lei Estadual n. 3.408/18, a descrição do perímetro com levantamento geodésico e, independentemente da área estremada, observará a prévia certificação geodésica prevista na forma Lei Federal n. 10.267/2001, regulamentada pelo Decreto Federal n. 4.449/2002 e Provimento n. 06/2017/CGJUS/TO;

§ 4º No caso de falecimento ou incapacidade de alguma das partes que deva figurar no ato notarial de que trata este artigo, esta será repre-

---

§ 16. Na retificação de que trata o inciso II do caput, serão considerados confrontantes somente os confinantes de divisas que forem alcançadas pela inserção ou alteração de medidas perimetrais.

3. Art. 176. O Livro n. 2 – Registro Geral – será destinado, à matrícula dos imóveis e ao registro ou averbação dos atos relacionados no art. 167 e não atribuídos ao Livro n. 3.

§ 1º A escrituração do Livro n. 2 obedecerá às seguintes normas:

II – são requisitos da matrícula:

3) a identificação do imóvel, que será feita com indicação:

a – se rural, do código do imóvel, dos dados constantes do CCIR, da denominação e de suas características, confrontações, localização e área;

b – se urbano, de suas características e confrontações, localização, área, logradouro, número e de sua designação cadastral, se houver.

4. Art. 225. Os tabeliães, escrivães e juízes farão com que, nas escrituras e nos autos judiciais, as partes indiquem, com precisão, os característicos, as confrontações e as localizações dos imóveis, mencionando os nomes dos confrontantes e, ainda, quando se tratar só de terreno, se esse fica do lado par ou do lado ímpar do logradouro, em que quadra e a que distância métrica da edificação ou da esquina mais próxima, exigindo dos interessados certidão do registro imobiliário.

§ 1º As mesmas minúcias, com relação à caracterização do imóvel, devem constar dos instrumentos particulares apresentados em cartório para registro;

§ 2º Consideram-se irregulares, para efeito de matrícula, os títulos nos quais a caracterização do imóvel não coincida com a que consta do registro anterior;

§ 3º Nos autos judiciais que versem sobre imóveis rurais, a localização, os limites e as confrontações serão obtidos a partir de memorial descritivo assinado por profissional habilitado e com a devida Anotação de Responsabilidade Técnica (ART), contendo as coordenadas dos vértices definidores dos limites dos imóveis rurais, georreferenciadas ao Sistema Geodésico Brasileiro e com precisão posicional a ser fixada pelo INCRA, garantida a isenção de custos financeiros aos proprietários de imóveis rurais cuja somatória da área não exceda a quatro módulos fiscais.

---

sentada pelo inventariante, tutor ou curador, mediante autorização expressa para a estremação, seja por escritura pública outorgada por todos os herdeiros e sucessores, ou mediante alvará judicial, o qual deverá ser expressamente mencionado no respectivo ato notarial.

Art. 3º Na escritura pública declaratória, de que trata o artigo anterior, não será obrigatória a participação do Município, Estado ou União, ou de seus órgãos representativos, nos casos em que a área a ser estremada confrontar com rua, rodovia, ferrovia ou qualquer outro bem de domínio público.

Parágrafo único. Se a área a ser estremada confrontar com cursos d'águas públicos, rodovias, ferrovias ou outro bem público, ainda que dominical, a respectiva pessoa jurídica de direito público deverá ser notificada pelo registrador ou pela registradora de imóveis para, querendo, apresentar manifestação, na forma e prazo previstos nos § 2º e § 4º[6] do art. 213 da Lei Federal n. 6.015/73.

Art. 4º Protocolizado o requerimento pelo proprietário da área a ser estremada, acompanhado dos atos notariais previsto no artigo anterior, o registrador ou a registradora de imóveis adotará, no que couber, o procedimento previsto para a retificação administrativa de matrícula decorrente de georreferenciamento (art. 213, II,[6] da Lei Federal n. 6.015/73), dentre eles a notificação dos confinantes nos casos em que não expressaram suas anuências no instrumento público apresentado ou em documento à parte, bem como nos casos de impugnação.

§ 1º Deferida a estremação, o registrador ou a registradora de imóveis promoverá seu registro na matrícula antiga, tendo como base de cálculo o item 2.3 da Tabela IV da Lei Estadual n. 3.408/18, a exemplo do que ocorre com as escrituras de divisão e ou de extinção de condomínio, procedendo à abertura da respectiva matrícula para a área estremada e, em ato concomitante, procederá à averbação do destaque na matrícula anteriormente existente, como informação remissiva da matrícula aberta em detrimento da estremação na forma do item 3.5 da Tabela IV da Lei Estadual n. 3.408/18.

§ 2º Ao constatar qualquer irregularidade ou omissão, cabe ao registrador ou à registradora de imóveis fazer exigências para que, no prazo legal, o interessado as sane ou complete, sob pena de indeferimento e, não se conformando, aplica-se o disposto no art. 198 da Lei Federal n.

---

5. Art. 213. O oficial retificará o registro ou a averbação:

§ 2º Se a planta não contiver a assinatura de algum confrontante, este será notificado pelo Oficial de Registro de Imóveis competente, a requerimento do interessado, para se manifestar em quinze dias, promovendo-se a notificação pessoalmente pelo correio, com aviso de recebimento, ou, ainda, por solicitação do Oficial de Registro de Imóveis, pelo Oficial de Registro de Títulos e Documentos da comarca da situação do imóvel ou do domicílio de quem deva recebê-la;

§ 4º Presumir-se-á a anuência do confrontante que deixar de apresentar impugnação no prazo da notificação.

6. Art. 213. O oficial retificará o registro ou a averbação:

II – a requerimento do interessado, no caso de inserção ou alteração de medida perimetral de que resulte, ou não, alteração de área, instruído com planta e memorial descritivo assinado por profissional legalmente habilitado, com prova de anotação de responsabilidade técnica no competente Conselho Regional de Engenharia e Arquitetura (CREA), bem assim pelos confrontantes.

6.015/73 ao juízo competente para dirimir questões acerca de registros públicos;

§ 3º Comprovada a impossibilidade da prévia apresentação do memorial devidamente certificado pelo SIGEF/INCRA por ausência de CCIR (Certificado de Cadastro de Imóvel Rural), o registrador ou a registradora de imóveis, desde que atendidos os demais requisitos, deferirá a estremação, fazendo expressa menção dessa circunstância na matrícula da área estremada, caso em que, sob as penas previstas na Lei Federal n. 10.267/2001, regulamentada pelo Decreto Federal n. 4.449/2002, caberá ao interessado o ônus de, após obter a certificação no SIGEF/INCRA, requerer a retificação da nova matrícula, na forma do disciplinado pelo Provimento n. 06/2017/CGJUS/TO;

§ 4º. Os emolumentos para o ato da notificação são os mesmos da Tabela VII dos Atos Comuns da Lei Estadual n. 3.408/18.

Art. 5º A existência de ônus na matrícula do imóvel não impede a regularização da área a ser estremada, devendo o registrador ou a registradora de imóveis realizar a averbação de transporte para a nova matrícula e, ao final, notificar o credor, credora ou titular do direito objeto do gravame registrado.

Parágrafo único. Enquanto houver penhora previdenciária, indisponibilidade judicial, arrolamento fiscal de bens ou medida de cautela fiscal, não será deferida a regularização de que trata este Provimento.

Art. 6º Havendo indício ou evidência de loteamento irregular ou clandestino, o registrador ou a registradora de imóveis deverá qualificá-lo negativamente em decisão fundamentada, noticiando o fato imediatamente ao representante do Ministério Público local.

Parágrafo único. A mesma providência deverá ser adotada quando restar indícios ou evidências de que o uso da estremação visa burlar os requisitos legais do sistema notarial e registral e da tributação dos impostos de transmissão incidentes sobre os negócios imobiliários.

Art. 7º A adoção deste procedimento não elide a possibilidade do ajuizamento de ação de divisão, na forma do art. 569[7] e seguintes da Lei Federal n. 13.105/2015 (Código de Processo Civil).

Art. 8º Aplica-se ao imóvel urbano o mesmo procedimento e documentos para a estremação de imóvel rural, acrescido da certidão de aprovação do município.

§ 1º No caso de imóveis urbanos, o ato notarial deverá mencionar a anuência do Município;

§ 2º Uma via original da planta e do memorial descritivo, bem como cópias da declaração de responsabilidade técnica pertinente e da anuência do órgão municipal competente, se for o caso, serão arquivadas no registro de imóveis;

§ 3º Já estando o parcelamento regularizado no cartório e havendo coincidência da área estremada com o parcelamento já registrado, dispensa-se a nova apresentação de planta e memorial.

Art. 9º Este Provimento entrará em vigor na data de sua publicação, revogadas as disposições em contrário.

---

7. Art. 569. Cabe:

I – ao proprietário a ação de demarcação, para obrigar o seu confinante a estremar os respectivos prédios, fixando-se novos limites entre eles ou aviventando-se os já apagados;

II – ao condômino a ação de divisão, para obrigar os demais consortes a estremar os quinhões.

98

PROVIMENTO N. 12/2022

Regulamenta o Sistema de Gestão Integrada das Serventias Extrajudiciais (GISE) e adota outras providências.

Capítulo I
DAS DISPOSIÇÕES PRELIMINARES

Art. 1º A sistematização das regras inerentes ao Sistema de Gestão Integrada das Serventias Extrajudiciais (GISE), no âmbito da Corregedoria-Geral da Justiça do Estado do Tocantins, da Taxa de Fiscalização Judiciária (TFJ), devida ao Fundo de Modernização e Aprimoramento do Poder Judiciário (FUNJURIS); do Fundo Especial de Compensação da Gratuidade dos Atos do Registro Civil de Pessoas Naturais (FUNCIVIL); do Fundo Especial de Compensação e Eletronização de Serventias Extrajudiciais (FUNCESE) e das Serventias Extrajudiciais do Estado do Tocantins, é disposta neste Provimento.

Capítulo II
DA COMPETÊNCIA

Art. 2º Compete à Corregedoria-Geral da Justiça do Estado do Tocantins (CGJUS/TO) estipular regras complementares e dirimir dúvidas relacionadas ao Sistema de Gestão Integrada das Serventias Extrajudiciais – GISE.

Art. 3º Compete à Coordenadoria dos Serviços Notariais e de Registro da Corregedoria-Geral da Justiça a atividade de gestão do Sistema GISE, na forma do inciso XIV, do art. 71 da Resolução n. 08/2021 (Regimento Interno da Corregedoria-Geral da Justiça), e de suporte aos seus usuários.

Art. 4º Compete à Diretoria de Tecnologia da Informação do Tribunal de Justiça do Estado do Tocantins a atividade de desenvolvimento e atualização do Sistema GISE, nos termos das diretrizes estipuladas pela Corregedoria-Geral da Justiça do Estado do Tocantins, bem como fornecer o suporte adequado a sanear as inconsistências verificadas por seus usuários.

Art. 5º É obrigação dos delegatários ou delegatárias, interinos ou interinas, interventores ou interventoras, realizar a atualização periódica do registro funcional da serventia extrajudicial, bem como dos prepostos ou das prepostas e do juiz de paz ou da juíza de paz, no módulo "Gestão – Atualização Cadastral", disponibilizado no Sistema GISE, sempre que houver qualquer alteração dos dados cadastrais.

§ 1º Os obrigados na forma disciplinada no caput deste artigo, devem sempre que houver qualquer alteração dos dados, promover a atualização, a qual dependerá de validação pelo Serviço de Registro Funcional, Controle e Cadastro de Pessoal da CGJUS/TO.

Art. 6º Compete ao Serviço de Registro Funcional, Controle e Cadastro de Pessoal realizar o monitoramento e aprovação acerca da ali-

mentação de informações no módulo "Gestão – Atualização Cadastral", disponibilizado no Sistema GISE, pelos delegatários ou pelas delegatárias, interinos ou interinas, interventores ou interventoras das serventias extrajudiciais do Estado do Tocantins, oportunidade na qual realizará, inclusive, o controle dos documentos apresentados.

Parágrafo único. Em casos excepcionais, a atribuição constante no caput poderá ser realizada pela Divisão de Acompanhamento e Monitoramento das Atividades Correcionais e de Fiscalização do Extrajudicial – DIVEX.

Art. 7º O Sistema GISE é disponibilizado de forma gratuita aos delegatários ou às delegatárias, interinos ou interinas, interventores ou interventoras, às instituições representativas de classe ligadas às serventias extrajudiciais do Estado do Tocantins, as empresas de fornecimento de software de automação cartorário e a outras instituições públicas, para utilização de acordo com as regras estabelecidas neste Provimento, ou em outro ato que o regulamente.

Capítulo III
DAS CARACTERÍSTICAS DO SISTEMA GISE

Art. 8º O Sistema GISE é uma ferramenta eletrônica, on-line, desenvolvida pela Diretoria de Tecnologia da Informação do Tribunal de Justiça do Estado do Tocantins em conjunto com a Corregedoria-Geral da Justiça do Estado do Tocantins, o qual atende às seguintes finalidades:

a) gestão e controle dos atos lavrados e registrados realizados pelas serventias extrajudiciais do Estado do Tocantins;

b) ferramenta de fiscalização e levantamento de dados estatísticos voltados à atuação institucional do Tribunal de Justiça, da Corregedoria-Geral da Justiça e das Corregedorias Permanentes das Comarcas, promovendo desempenho das atividades de gestão, fiscalização e correição;

c) ferramenta de controle e fiscalização de arrecadação da Taxa de Fiscalização Judiciária, do Fundo Especial de Compensação da Gratuidade dos Atos do Registro Civil de Pessoas Naturais (FUNCIVIL) e do Fundo Especial de Compensação e Eletronização de Serventias Extrajudiciais (FUNCESE), nos termos da legislação vigente;

d) ferramenta de fiscalização e controle dos repasses dos valores aos Registradores ou as Registradoras Civis de Pessoas Naturais pelo Fundo Especial de Compensação da Gratuidade dos Atos do Registro Civil de Pessoas Naturais – FUNCIVIL;

e) de controle das informações sobre imóveis que já têm ou já tiveram como proprietários pessoa física ou jurídica estrangeira, em atendi-

mento do disposto no art. 11[8] da Lei Federal n. 5.709/1971;

f) de controle e manutenção dos dados cadastrais dos delegatários ou delegatárias, interinos ou interinas, interventores ou interventoras, prepostos ou prepostas e do juiz de paz ou da juíza de paz das serventias extrajudiciais do Estado do Tocantins;

g) de controle das ocorrências que envolvam os selos de fiscalização eletrônicos, disponibilizados por meio de consulta pública;

h) de comunicação institucional entre o Poder Judiciário tocantinense e as serventias extrajudiciais; e

i) de interoperabilidade e comunicabilidade com os sistemas de automação cartorário, utilizados pelas serventias extrajudiciais do Estado do Tocantins que tiverem sido homologados na forma Provimento n. 13/2020/CGJUS/TO.

Capítulo IV
DA POLÍTICA DE ACESSO E RESPONSABILIDADE DO USUÁRIO

Art. 9º Compete à Divisão de Acompanhamento e Monitoramento das Atividades Correcionais e de Fiscalização dos Serviços Notariais e de Registro (DIVEX) deliberar acerca dos pedidos de liberação, alteração ou cancelamento de acesso de usuários do Sistema GISE.

§ 1º As solicitações de liberação de acesso ao Sistema GISE, para servidores do Poder Judiciário tocantinense, deverão ser formalizadas por meio de processo SEI, com autorização do magistrado responsável pela unidade judicial ou do chefe imediato da unidade administrativa, acompanhado do nome completo, CPF, matrícula, lotação, e-mail institucional e tipo de acesso para o usuário ou usuária;

§ 2º As solicitações de liberação de acesso ao Sistema GISE, para os delegatários ou delegatárias, interinos ou interinas, interventores ou interventoras, prepostos ou prepostas e do juiz de paz ou da juíza de paz, deverão ser formalizadas por meio de ofício assinado pelo responsável da serventia extrajudicial, encaminhado via comunica, acompanhado do nome completo, CPF e e-mail;

---

8. Art. 11. Trimestralmente, os Cartórios de Registros de Imóveis remeterão, sob pena de perda do cargo, à Corregedoria da Justiça dos Estados a que estiverem subordinados e ao Ministério da Agricultura, relação das aquisições de áreas rurais por pessoas estrangeiras, da qual constem os dados enumerados no artigo anterior.

Parágrafo único. Quando se tratar de imóvel situado em área indispensável à segurança nacional, a relação mencionada neste artigo deverá ser remetida também à Secretaria-Geral do Conselho de Segurança Nacional.

§ 3º As solicitações de liberação de acesso ao Sistema GISE, formuladas pelas empresas de automação cartorárias e outras, deverão ser formalizadas por ofício, encaminhado no e-mail selodigital@tjto.jus.br, acompanhado do nome completo, CPF e e-mail;

§ 4º O acesso das pessoas constantes no § 1º será por meio do login e senha do EGESP;

§ 5º Quanto às pessoas constantes nos §§ 2º e 3º, o acesso será por meio do login e senha de acesso ao portal GOV.BR.

§ 6º A Divisão de Acompanhamento e Monitoramento das Atividades Correcionais e de Fiscalização dos Serviços Notariais e de Registro (DIVEX) realizará, de ofício, a atualização dos acessos do Corregedor-Geral da Justiça ou da Corregedora-Geral da Justiça, dos Juízes Auxiliares ou das Juízas Auxiliares, dos Servidores ou das Servidoras da CGJUS/TO e dos Juízes Corregedores Permanentes ou das Juízas Corregedoras Permanentes das Comarcas, conforme perfil de acesso adequado a cada tipo de usuário ou usuária;

§ 7º As regras de acesso ao Sistema GISE acompanharão as diretrizes definidas pela Diretoria de Tecnologia da Informação do Tribunal de Justiça do Estado do Tocantins, no que diz respeito à política de acesso aos sistemas Institucionais.

Art. 10. O acesso ao Sistema GISE será liberado de acordo com o perfil do usuário.

Art. 11. O Sistema GISE conta com os seguintes perfis de acesso denominados de "Gestão":

I – perfil Gestão Corregedoria;

II – perfil Gestão Corregedoria Permanente da Comarca;

III – perfil Gestão Cartório;

IV – perfil Gestão FUNCIVIL;

V – gestão Registro Funcional;

VI – perfil Gestão Atualização Cadastral;

VII – perfil Gestão Comunica;

VIII – perfil Gestão Área do Desenvolvedor;

IX – perfil Gestão Correição Presencial;

X – perfil Gestão Pai Presente;

XI – perfil Gestão Selo Digital;

XII – perfil Gestão Prêmio Corregedoria; e

XIII – perfil Gestão Arrecadação de Serventia.

Art. 12. O desenvolvimento de novos perfis no Sistema GISE dependerá de aprovação da Corregedoria-Geral da Justiça, mediante decisão fundamentada, justificando a finalidade e relevância da criação do perfil.

Art. 13. Incumbem aos delegatários ou às delegatárias, interinos ou interinas, interventores ou interventoras, responsáveis pela serventia extrajudicial, promoverem as alterações no perfil "Gestão Atualização Cadastral", imediatamente após a prática dos seguintes atos:

I – de desligamento ou afastamento de qualquer preposto e/ou preposta, juiz de paz ou juíza de paz, para fins de suspensão das permissões de acesso no Sistema GISE;

II – acerca da alteração da função de qualquer preposto e/ou preposta.

Parágrafo único. A não atualização cadastral sobre desligamento ou afastamento de usuário ou de usuária poderá ensejar a instauração de procedimento administrativo, a fim de imputar eventual responsabilização do delegatário ou da delegatária, interino ou interina, interventor ou interventora responsável pela serventia extrajudicial.

Capítulo V
DAS FUNCIONALIDADES DO SISTEMA GISE E DAS REGRAS PROCEDIMENTAIS

SEÇÃO I
SELOS DE FISCALIZAÇÃO ELETRÔNICA

Art. 14. Compete ao delegatário ou à delegatária, interino ou interina, interventor ou interventora responsável pela serventia extrajudicial, gerenciar seu respectivo estoque de selos de fiscalização eletrônica disponibilizado pelo Sistema GISE, via web service, para o sistema de automação cartorário.

Art. 15. As solicitações de selos deverão ser formuladas por meio do sistema de automação cartorário ao Sistema GISE, via web service.

Art. 16. O Sistema GISE automaticamente processará o quantitativo do lote de selos, levando em consideração a média semanal, podendo ser alterada mediante prévia solicitação do responsável pela serventia, conforme demanda da própria unidade.

§ 1º Por especialidade das serventias, o Sistema GISE liberará 2 (dois) lotes de selos na forma do caput, ficando o segundo lote condicionado à utilização e envio ao Sistema GISE para processamento de 80% (oitenta por cento) do primeiro lote em uso;

§ 2º Em eventual solicitação de liberação de um terceiro lote de selos para uma mesma especialidade da serventia, somente será deferida após análise pela Coordenação dos Serviços Notariais e de Registro (CSEX).

Art. 17. Ao disponibilizar o lote de selos ao sistema de automação cartorário credenciado pelo responsável da serventia, o Sistema GISE só liberará sua utilização e processamento dentro do GISE, após arquivo de retorno do sistema de automação cartorário confirmando o recebimento na seguinte forma:

§ 1º A transmissão dos dados dos selos de fiscalização eletrônica tem o seguinte fluxo de eventos entre o sistema de automação cartorário da serventia e o Sistema GISE:

a) o software de automação cartorário usado pela serventia extrajudicial acessa o serviço do Sistema GISE e requisita a transmissão do arquivo (lote de selos) contendo os selos, mediante a informação das credenciais de acesso e validação;

b) todos os selos disponíveis para a serventia são enviados no arquivo de atendimento da solicitação, os quais serão liberados para utilização após o arquivo de retorno do sistema de automação cartorário confirmando o recebimento, de modo que os selos não sejam obtidos em duplicidade;

c) o software de automação cartorário da serventia deve então validar o arquivo recebido e, em caso de falha, proceder à solicitação de redisponibilização da transmissão, que torna possível reobter o último lote de selos transmitidos

pelo Sistema GISE pendente de validação para desbloqueio; e,

d) a redisponibilização somente poderá ser efetuada automaticamente via funcionalidade web service.

§ 2º Todos os arquivos transmitidos via web service do Sistema GISE devem ser válidos segundo a estrutura descrita nos XML Schemas definidos pela Diretoria de Tecnologia da Informação do Tribunal de Justiça e aprovados pela Corregedoria-Geral da Justiça, especificamente para cada um dos serviços/atos disponibilizados. Estes Schemas seguem a recomendação W3C descrita em http://www.w3.org/XML/Schema, e encontram-se disponíveis no Sistema GISE dentro do perfil "Gestão Área do Desenvolvedor".

Art. 18. A devolução de selos pela serventia somente será processada via arquivo web service remetido pelo sistema de automação cartorário ao Sistema GISE, que confirmará o recebimento total ou parcial dos selos livres no Sistema GISE com devolução processada.

Art. 19. O responsável pela serventia extrajudicial deverá realizar o controle diário dos selos de fiscalização eletrônicas sob sua responsabilidade, mediante a comparação do estoque de selos livres constante no Sistema GISE em comparação com os selos livres constantes no sistema de automação cartorário, utilizando-se dos relatórios de apoio disponíveis no sistema.

Parágrafo único. Recomenda-se a conferência dos selos antes do último dia útil do mês, a fim de evitar que os selos utilizados pela serventia dentro da competência não sejam processados e declarados no Sistema GISE

SEÇÃO II
REGISTRO DE ATOS

Art. 20. Os selos vinculados em atos praticados pelas serventias extrajudiciais do Estado do Tocantins, obrigatoriamente deverão ser remetidos via web service ao Sistema GISE em até 30 minutos da conclusão do ato, sob pena de o responsável pela serventia responder administrativamente pela omissão.

Art. 21. O registro do selo de fiscalização eletrônica vinculado ao ato notarial ou registral deverá conter as informações necessárias ao seu correto enquadramento, conforme especificações de cada ato na forma disponibilizada no perfil "Gestão Área do Desenvolvedor".

Art. 22. É admitida a utilização de mais de um sistema de automação cartorário, desde que para especialidades distintas e possua compatibilidade de integração das informações obrigatórias com o Sistema GISE.

Art. 23. O responsável pela serventia extrajudicial deve guardar documentação comprobatória necessária à prática dos atos contemplados pela isenção ou gratuidade de emolumentos e tributos, os quais serão vistoriados por ocasião das correições realizadas pela Corregedoria-Geral da Justiça ou pela Corregedoria Permanente das Comarcas.

Art. 24. Quando o ato, mesmo depois de conferido, for concluído e enviado ao Sistema GISE com equívoco, seja de digitação ou conteúdo, independentemente dos procedimentos de retificação constantes da legislação própria, o responsável pela serventia deverá solicitar o reajuste ou cancelamento do selo, conforme o

PROVIMENTO N. 12/2022 ART. 44

caso, via web service, o qual se dará na forma definida no Provimento n. 13/2020/CGJUS/TO.

Parágrafo único. Em hipótese alguma haverá estorno do selo digital de fiscalização eletrônica para sua reutilização, ficando, inclusive, proibido aos sistemas de automação cartorário reutilizar selos ou possibilitar a utilização do mesmo selo em mais de um ato.

Art. 25. Compete à Coordenação dos Serviços Notariais e de Registro (CSEX) ou ao servidor designado ou à servidora designada pela Corregedoria-Geral da Justiça, a análise e deliberação acerca da aprovação das solicitações de ajuste ou cancelamento.

Parágrafo único. Quando o selo for cancelado a pedido do delegatário ou da delegatária, interino ou interina, interventor ou interventora, por erro material ou pelo cancelamento do ato, deverá na consulta interna e pública conter informação destacando o motivo do cancelamento do selo de fiscalização eletrônica.

SEÇÃO III
MOVIMENTO MENSAL

Art. 26. A ficha financeira do movimento mensal dos atos praticados pelas serventias extrajudiciais declarados no Sistema GISE é automaticamente processada e o seu fechamento ocorre à 00h00min do último dia do mês.

§ 1º O reajuste ou cancelamento de selo processado na competência fechada só produzirá efeitos na ficha financeira do mês seguinte.

Art. 27. A sonegação de informações com o intuito de fraudar a arrecadação de tributos e de contribuições devidos pela serventia é considerada falta grave, passível de responsabilização administrativa, civil ou criminal do delegatário ou delegatária, interino ou interina, interventor ou interventora.

SEÇÃO IV
CONTROLE DE ARRECADAÇÃO DE TAXA DE FISCALIZAÇÃO JUDICIÁRIA (TFJ), FUNDO ESPECIAL DE COMPENSAÇÃO DA GRATUIDADE DOS ATOS DO REGISTRO CIVIL DE PESSOAS NATURAIS (FUNCIVIL) E DO FUNDO ESPECIAL DE COMPENSAÇÃO E ELETRONIZAÇÃO DE SERVENTIAS EXTRAJUDICIAIS (FUNCESE)

Art. 28. O integral recolhimento da Taxa de Fiscalização Judiciária, do Fundo Especial de Compensação da Gratuidade dos Atos do Registro Civil de Pessoas Naturais (FUNCIVIL) e do Fundo Especial de Compensação e Eletronização de Serventias Extrajudiciais (FUNCESE) deve ser realizado até o décimo dia útil do mês subsequente ao mês de efetivação do ato.

Art. 29. Os boletos bancários correspondentes ao documento de arrecadação de que trata o § 1º do art. 21º da Lei Estadual n. 3.408/2018, bem como do FUNCESE, é automaticamente gerado e disponibilizado pelo Sistema GISE no primeiro dia útil do mês, referente ao movimento dos atos declarados na competência anterior.

SEÇÃO V
FICHA FINANCEIRA

Art. 30. Após compensação bancária, os pagamentos realizados a título de recolhimento de TFJ, FUNCIVIL e FUNCESE constarão na ficha financeira da serventia, disponível no painel inicial do Sistema GISE.

Art. 31. Considera-se quitado o pagamento efetivamente baixado no sistema, mediante comunicação bancária de efetivação do pagamento, dispensando-se a apresentação de comprovantes em meio físico.

Parágrafo único. Os comprovantes de pagamento físicos somente serão analisados quando restar evidente a possibilidade de erro de compensação do pagamento por parte da instituição bancária.

Art. 32. O comprovante de agendamento não faz prova do recolhimento.

Art. 33. Os recolhimentos de TFJ, FUNCIVIL e FUNCESE devem ser realizados em parcela única, considerando-se o somatório de todos os atos praticados em uma mesma competência.

§ 1º Caso o pagamento dos valores referentes ao caput não sejam efetuados até o vencimento, o sistema disponibilizará novo boleto incluindo os valores de multa e juros pelo atraso, na forma do art. 24 da Lei Estadual n. 3.408/18.

SEÇÃO VI
DOS PERFIS DO SISTEMA GISE

Art. 34. O perfil "Gestão Corregedoria" – disponibilizado apenas para servidores lotados na Corregedoria-Geral da Justiça, o qual possibilitará e auxiliará na atividade de fiscalização das atividades desenvolvidas pelas Serventias Extrajudiciais e de controle de arrecadação.

Parágrafo único. O perfil "Gestão Corregedoria" conterá informações, relatórios e dados das serventias extrajudiciais e de seus responsáveis; relatórios consolidados dos atos registrados e da arrecadação; módulo de segurança para controle de permissões e acessos aos usuários; mapas estatísticos; controle de prazos e datas para cumprimento das obrigações legais e acesso a todos os outros perfis do sistema.

Art. 35. O perfil "Gestão Corregedoria Permanente da Comarca" – desenvolvido para o uso exclusivo dos Juízes Corregedores Permanentes ou Juízas Corregedoras Permanentes das Comarcas e seus assessores ou suas assessoras, devidamente autorizados ou autorizadas, como ferramenta voltada à fiscalização das atividades desenvolvidas pelas serventias extrajudiciais e de controle de arrecadação.

§ 1º O perfil contará com ferramentas de consulta e relatórios das serventias extrajudiciais sob jurisdição da comarca.

§ 2º A "Prestação de Contas" é o módulo exclusivo para análise das prestações das contas dos interinos e interinas na forma do Provimento n. 04/2021/CGJUS-TO ou outro equivalente;

§ 3º Os Juízes Corregedores Permanentes ou Juízas Corregedoras Permanentes das Comarcas, devem, obrigatoriamente, utilizar o módulo de correição disponibilizado no perfil para realização das correições anuais ordinárias obrigatórias, conforme os padrões definidos pela Corregedoria-Geral da Justiça;

§ 4º O módulo de correição também poderá ser utilizado para as correições extraordinárias ou inspeções sempre que necessárias, conforme os padrões definidos pela Corregedoria-Geral da Justiça.

Art. 36. O perfil "Gestão Cartório" – desenvolvido e disponibilizado para o uso exclusivo dos delegatários ou delegatárias, interinos ou interinas e interventores ou interventoras, voltado para geração de relatórios dos atos declarados e processados pelo Sistema GISE, bem como de informações necessárias para extração de dados estatísticos.

§ 1º O perfil contém o módulo de prestação de contas de uso obrigatório para a efetiva apresentação das contas a serem formalizadas pelos interinos ou interinas e interventores ou interventoras, na forma do Provimento n. 04/2021/CGJUS/TO ou outro equivalente.

Art. 37. O perfil "Gestão Funcivil" – voltado à atividade de gestão e acompanhamento de arrecadação das contribuições destinadas ao fundo e controle de repasse dos valores devidos aos registradores ou registradoras civis de pessoas naturais.

Art. 38. O perfil "Gestão Registro Funcional" – de uso exclusivo da Corregedoria-Geral da Justiça, é voltado à gestão e atualização dos dados cadastrais das Serventias de Notas e de Registro.

Art. 39. O perfil "Gestão Atualização Cadastral" – de uso obrigatório pelos delegatários ou pelas delegatárias, interinos ou interinas e interventores ou interventoras, é destinado para promover anualmente, sempre no primeiro trimestre do ano, a atualização dos dados cadastrais das serventias, dos responsáveis ou das responsáveis e dos prepostos ou das prepostas.

§ 1º Competem aos delegatários ou às delegatárias, interinos ou interinas e interventor ou interventoras, sempre que houver qualquer alteração dos dados declarados no período da atualização cadastral, promoverem no prazo de até 2 dias úteis as alterações por meio do referido módulo;

§ 2º Compete ao Serviço de Registro Funcional, Controle e Cadastro de Pessoal (SEREGIS) realizar a conferência e aprovação dos dados declarados nos termos da legislação em vigor.

Art. 40. Os delegatários ou as delegatárias, interinos ou interinas e interventores ou interventoras deverão manter atualizado o cadastro pessoal de sua respectiva serventia e dos prepostos ou prepostas no Sistema GISE, sob pena de responder administrativamente, na forma da Lei Federal n. 8.935/94.

Art. 41. O perfil "Gestão Comunica" – módulo desenvolvido para a comunicação institucional entre o Poder Judiciário tocantinense e as serventias extrajudiciais.

Art. 42. As comunicações oficiais veiculadas entre as serventias extrajudiciais do Estado do Tocantins e o Poder Judiciário devem ocorrer exclusivamente em meio eletrônico.

Art. 43. Os expedientes direcionados à Corregedoria-Geral da Justiça do Estado do Tocantins, aos Juízes Corregedores Permanentes das Comarcas ou às Juízas Corregedoras Permanentes das Comarcas, e às demais instituições parceiras habilitadas, devem obrigatoriamente ser veiculados por meio da ferramenta denominada "COMUNICA", disponível no Sistema GISE.

Art. 44. O módulo Comunica constitui meio de comunicação institucional on-line, formal e legí-

101

ART. 45 NORMAS PARA A ATIVIDADE EXTRAJUDICIAL DO ESTADO DO TOCANTINS

timo, sem custos para seus usuários ou suas usuárias.

Art. 45. Para os efeitos legais, as comunicações encaminhadas via Comunica são formalizadas de uma unidade organizacional para outra, ou entre instituições, e não entre usuários.

Art. 46. No intuito de viabilizar o acesso à informação, a Corregedoria-Geral da Justiça realizará ações com a finalidade de ampliar o acesso ao Comunica para todas as varas, juizados e unidades do Poder Judiciário, ocasião em que as serventias extrajudiciais também deverão se corresponder via Comunica com as referidas unidades, bem como com as demais serventias extrajudiciais do Estado do Tocantins.

Art. 47. Os expedientes direcionados em meio físico pelas serventias extrajudiciais não serão admitidos pelo Poder Judiciário.

Art. 48. As serventias extrajudiciais ficam obrigadas a realizar o monitoramento diário dos expedientes recebidos via Comunica, atentando-se para o devido cumprimento de prazos e determinações.

Art. 49. Para os devidos efeitos legais, a contagem dos prazos estipulados nos expedientes remetidos via Comunica tem início automático, independentemente da leitura do documento pela serventia extrajudicial notificada.

Parágrafo único. O prazo de que trata o caput deste artigo inicia-se após 48 (quarenta e oito) horas, contado da data e horário de envio registrado no comunica.

Art. 50. Em se tratando de comunicação remetida por serventia extrajudicial para atendimento de prazo previamente definido, considera-se realizado o ato por meio eletrônico no dia e hora do seu envio.

Parágrafo único. Quanto ao disposto no caput deste artigo, são consideradas tempestivas as comunicações transmitidas até às 23h59min59s (vinte e três horas, cinquenta e nove minutos e cinquenta e nove segundos) do dia definido para término do prazo.

Art. 51. O Sistema Comunica é ferramenta de comunicação entre as instituições relacionada nas alíneas abaixo, além de outras que vierem a ser autorizadas pela Corregedoria-Geral da Justiça.

a) Corregedoria-Geral da Justiça do Estado do Tocantins;

b) Serventias Extrajudiciais do Estado do Tocantins (todos os seguimentos);

c) Diretorias dos Foros das Comarcas do Poder Judiciário do Estado do Tocantins;

d) Varas, juizados e unidades do Poder Judiciário;

e) Instituto de Estudo e Defesa da Atividade Notarial e Registral do Estado do Tocantins (INOREG-TO);

f) Instituto de Estudos de Protesto de Títulos do Brasil – Seção Tocantins (IEPTB-TO);

g) Associação dos Notários e Registradores do Estado do Tocantins (ANOREG-TO);

h) Associação dos Registradores de Pessoas Naturais do Estado do Tocantins (ARPEN-TO); e

i) outras instituições públicas ou representativas de classe ligadas às serventias extrajudiciais do Estado do Tocantins que optarem por aderir ao

sistema, após autorização da Corregedoria-Geral da Justiça.

Art. 52. A interface do módulo Comunica permite realizar os seguintes comandos:

a) edição e envio de mensagens mediante o preenchimento dos campos "assunto" e "mensagem" (corpo do texto);

b) anexação de arquivos no formato PDF ou PDF/A as mensagens;

c) filtros de pesquisa;

d) recebimento de mensagens;

e) possibilidade de salvar rascunhos de mensagens;

f) emissão de relatórios de leitura por parte dos destinatários; e

g) possibilidade de enviar uma única mensagem para vários destinatários.

Art. 53. O Comunica é um meio de comunicação restrito aos usuários cadastrados no sistema, e não admite mensagens de agentes externos que não estejam elencados neste Provimento.

Art. 54. O módulo Comunica deve ser utilizado apenas para veiculação de comunicações institucionais, sendo vedada sua utilização para veiculação de mensagens de cunho pessoal, comercial ou que atentem contra o disposto no art. 134, incisos XXIII e XXIV,[9] da Lei Estadual n. 1.818/2007.

Art. 55. Não consta no Comunica opção para exclusão das mensagens veiculadas (enviadas e recebidas). Tal característica visa resguardar a segurança jurídica das informações, bem como viabilizar a contagem de prazos, quando o teor das mensagens contiver notificações com prazo determinado.

Parágrafo único. Recomenda-se a revisão dos textos antes de confirmar o envio das mensagens.

Art. 56. As mensagens enviadas e recebidas compõem o acervo documental da unidade organizacional no banco de dados do Sistema GISE.

Art. 57. As comunicações endereçadas às unidades judiciais e extrajudiciais de outros estados da Federação devem ser remetidas por meio do Sistema Hermes – Malote Digital, conforme disposição contida no Provimento n. 25/2012, do Conselho Nacional de Justiça – CNJ.

Art. 58. O perfil "Gestão Área do Desenvolvedor" – perfil destinado ao apoio dos fornecedores de sistemas informatizados voltados ao serviço extrajudicial.

Art. 59. O perfil "Gestão Correição Presencial" – perfil de uso obrigatório para a realização das correições e inspeções realizadas pela Corregedoria-Geral da Justiça ou pela Corregedoria Permanente da Comarca, gerenciado pela Coordenadoria dos Serviços Notariais e de Registro.

Art. 60. O perfil "Gestão Pai Presente" – destinado fornecer informações, por meio de relatório detalhado acerca da quantidade de reconhecimentos de paternidade e dados individuais destes registros para fins de monitoramento e acompanhamento dos registros realizados pelas serventias de registro civil de pessoas naturais, mensalmente e semestralmente.

Art. 61. O perfil "Gestão Selo Digital" – de uso exclusivo da Corregedoria-Geral da Justiça para acompanhamento e monitoramento do processamento dos selos de fiscalização dos atos registrados pelas serventias extrajudiciais, bem como controle dos acessos dos sistemas de automação cartorário ao Sistema GISE mediante homologação, na forma do Provimento n. 13/2020/CGJUS/TO ou por outro que venha a substituí-lo.

Art. 62. O perfil "Gestão Prêmio Corregedoria" – desenvolvido para acompanhamento e análise dos relatórios correcionais das serventias, a fim de dar cumprimento ao Provimento n. 27/2021/CGJUS/TO.

Art. 63. O perfil "Gestão Arrecadação de Serventia" – destinado a prestar as informações das arrecadações das serventias extrajudiciais, as instituições conveniadas com a Corregedoria-Geral da Justiça como fonte fidedigna para fins de apuração de valores tributários.

Parágrafo único. O acesso ao Sistema GISE pelas instituições conveniadas descritas no caput deste artigo se processam após celebração de Termo de Cooperação Técnica firmado com a Corregedoria-Geral da Justiça.

SEÇÃO VII
REGISTRO DE IMÓVEIS POR ESTRANGEIROS

Art. 64. As serventias de registro de imóveis devem registrar no Sistema GISE as informações relacionadas às aquisições de imóveis por estrangeiros ocorridas dentro de sua jurisdição territorial.

Parágrafo único. As informações de que trata o caput deste artigo devem ser registradas dentro da competência em que for lavrado o respectivo ato de registro ou de baixa.

Art. 65. Os dados sobre a aquisição de imóveis por estrangeiros declarados dentro de uma competência (mês) são confirmados automaticamente após o cadastramento realizado pelo responsável da serventia extrajudicial.

Art. 66. Fica o responsável pela serventia extrajudicial obrigado a informar no Sistema GISE a baixa do imóvel pertencente a estrangeiro.

Art. 67. O registro de informações sobre aquisições de imóveis por estrangeiros no Sistema GISE substitui a obrigatoriedade de envio trimestral de informações para a CGJUS/TO relacionadas ao tema, e atende ao disposto no art. 11[10] da Lei Federal n. 5.709/1971.

---

9. Art. 134. Ao servidor é proibido:

XXIII – introduzir ou distribuir, no órgão de trabalho, quaisquer escritos que atentem contra a disciplina e a moral;

XXIV – utilizar a internet para jogos ou acesso a páginas de conteúdo pornográfico ou outras atividades estranhas ao serviço.

10. Art. 11. Trimestralmente, os Cartórios de Registros de Imóveis remeterão, sob pena de perda do cargo, à Corregedoria da Justiça dos Estados a que estiverem subordinados e ao Ministério da Agricultura, relação das aquisições de áreas rurais por pessoas estrangeiras, da qual constem os dados enumerados no artigo anterior.

Parágrafo único. Quando se tratar de imóvel situado em área indispensável à segurança nacional, a relação mencionada neste artigo deverá ser remetida também à Secretaria-Geral do Conselho de Segurança Nacional.

Parágrafo único. O disposto no caput deste artigo não dispensa a obrigatoriedade de envio das informações trimestrais ao Ministério da Agricultura / Incra.

Art. 68. A partir da data de publicação deste Provimento, a Corregedoria-Geral da Justiça somente tomará conhecimento das informações sobre aquisição de imóveis por estrangeiros que foram registradas no Sistema GISE.

Art. 69. As comunicações relacionadas ao tema, encaminhadas por outros sistemas de comunicação, aplicativos ou quaisquer ferramentas de envio de mensagens serão desconsideradas.

Capítulo VI
DA ATIVIDADE DA CORREGEDORIA PERMANENTE DA COMARCA

Art. 70. Os Juízes Corregedores Permanentes ou as Juízas Corregedoras Permanentes das Comarcas devem solicitar acesso ao Sistema GISE, por meio de processo SEI, para liberação de acesso ao perfil "Gestão Corregedoria Permanente" para utilização dos módulos: Comunica; Prestação de Contas; Correição; Pai Presente, bem como para emissão de relatórios gerenciais acerca da atividade extrajudicial exercida pelas serventias sob sua jurisdição.

Art. 71. O Juiz Corregedor Permanente ou a Juíza Corregedora Permanente da Comarca pode, a seu critério, designar servidores da comarca para auxiliarem no monitoramento das serventias extrajudiciais através do Sistema GISE, cujo acesso se dará mediante requerimento formalizado por meio de processo SEI, devendo, ainda, solicitar a exclusão do acesso destes, quando do seu desligamento das funções.

Art. 72. Compete ao Juiz Corregedor Permanente ou a Juíza Corregedora Permanente da Comarca, ou a quem designar:

I – monitorar diariamente as mensagens recebidas via Comunica;

II – fiscalizar as serventias sob sua jurisdição quanto ao cumprimento das obrigações descritas neste Provimento;

III – julgar as contas dos interinos ou interinas e interventores ou interventoras no módulo de prestação de contas, no prazo estabelecido pelo Provimento n. 04/2021/CGJUS-TO, ou outro relacionado; e

IV – realizar as correições ordinárias, extraordinárias e inspeções utilizando o módulo de correição disponível no Sistema GISE.

Art. 73. Por meio do perfil "Gestão Corregedoria Permanente", o Juiz Corregedor Permanente ou a Juíza Corregedora Permanente da Comarca poderá extrair informações sobre as serventias extrajudiciais da comarca, a fim de auxiliar nos trabalhos correcionais, podendo inclusive verificar o registro funcional da serventia.

Art. 74. Os relatórios extraídos do Sistema GISE constituem prova para fim de instrução de procedimento administrativo disciplinar, destinado à apuração de eventual responsabilização de serventia extrajudicial que incorra em descumprimento dos deveres previstos na Lei Estadual n. 3.408/2018 e contidos neste Provimento.

Capítulo VII
DAS PARCERIAS

Art. 75. Instituições públicas ou representativas de classe ligadas às Serventias Extrajudiciais do Estado do Tocantins poderão solicitar acesso ao sistema GISE, na forma estipulada neste provimento.

Art. 76. Os pedidos de acesso ao Sistema GISE serão submetidos à Corregedoria-Geral da Justiça para deliberação.

Parágrafo único. Os pedidos descritos no caput deste artigo serão processados após celebração de Termo de Cooperação Técnica firmado com a Corregedoria-Geral da Justiça.

Capítulo VIII
DISPOSIÇÕES GERAIS

Art. 77. O código fonte do Sistema de Gestão Integrada das Serventias Extrajudiciais – GISE é de propriedade exclusiva do Poder Judiciário do Estado do Tocantins.

Art. 78. Compete à Diretoria de Tecnologia da Informação do Tribunal de Justiça do Estado do Tocantins elaborar, no prazo de até 6 (seis) meses, e disponibilizar na área do desenvolvedor a documentação integral do Sistema de Gestão Integrada das Serventias Extrajudiciais (GISE), bem como mantê-la constantemente atualizada.

Parágrafo único. A documentação de que trata o caput deverá ser disponibilizada em formato de arquivo YAML (YAML Ain't Markup Language) ou outro formato de serialização de dados legíveis por humanos.

Art. 79. A Corregedoria-Geral da Justiça manterá página específica em seu site institucional dedicada ao Sistema GISE, onde constarão os contatos para suporte, além de notícias e material de apoio aos usuários e usuárias.

Art. 80. Compete à Corregedoria-Geral da Justiça deliberar acerca do desenvolvimento de novas ferramentas e aprimoramentos do Sistema GISE.

Art. 81. A Divisão de Acompanhamento e Monitoramento das Atividades Correcionais e de Fiscalização dos Serviços Notariais e de Registro (DIVEX), conjuntamente com o Serviço de Sistemas Jurisdicionais (SSJ), poderão editar manual complementar com diretrizes de auxílio aos usuários do Sistema GISE, com apoio da equipe de desenvolvimento do sistema.

Art. 82. Havendo a necessidade de atualização do manual e do Sistema GISE, essas serão identificadas por meio da especificação da respectiva versão.

Art. 83. Os casos omissos e excepcionais serão resolvidos pela Corregedoria-Geral da Justiça do Estado do Tocantins.

Art. 84. Para a alimentação dos dados disponibilizados no site institucional da Corregedoria-Geral da Justiça, "Portal da Transparência", acerca dos emolumentos das serventias e prestação de contas FUNCIVIL, bem como os dados sobre as serventias e seus respectivos responsáveis e endereços, serão extraídos do Sistema GISE.

Art. 85. O Sistema GISE deverá manter ambiente de homologação atualizado com a versão de produção, para serem testadas e aprovadas as alterações e modificações promovidas no sistema.

Parágrafo único. As empresas de software de automação cartorário poderão ter acesso ao ambiente de homologação, se necessário para promoverem os testes de conectividade e interoperabilidade dos sistemas.

Art. 86. Os delegatários ou as delegatárias, interinos ou interinas, interventores ou interventoras que descumprirem as disposições contidas neste Provimento estão sujeitos às penas previstas no art. 32[11] da Lei Federal n. 8.935/1994.

Art. 87. Fica revogado o Provimento n. 05/2014 desta Corregedoria-Geral da Justiça.

Art. 88. Este Provimento entrará em vigor a partir da data de sua publicação.

---

11. Art. 32. Os notários e os oficiais de registro estão sujeitos, pelas infrações que praticarem, assegurado amplo direito de defesa, às seguintes penas:

I – repreensão;

II – multa;

III – suspensão por noventa dias, prorrogável por mais trinta;

IV – perda da delegação.

PROVIMENTO N. 28/2021

Reajusta as Tabelas de Emolumentos do Provimento n. 14/2020/CGJUS/TO em cumprimento a Lei Estadual n. 3.408, de 28 de dezembro de 2018.

Art. 1º Ficam reajustadas as Tabelas de Emolumentos n. I, II, III, IV, V, VI e VII, do Provimento n. 14/2020/CGJUS/TO em cumprimento a Lei Estadual n. 3.408, de 2018, com vigência a partir de 1º de janeiro de 2022, aplicando-se o índice IPCA, acumulado no período compreendido entre os meses de dezembro de 2020 a novembro de 2021, na ordem de 10,74%, conforme Tabelas Anexas.

Parágrafo único. Os demais indexadores constantes na Lei Estadual n. 3.408/2018, ficam igualmente ajustados de acordo como o índice aplicado nas tabelas de emolumentos.

Art. 2º Os efeitos financeiros das tabelas de emolumentos entrarão em vigor a partir do dia 1º de janeiro de 2022, e somente terão incidência sobre os serviços notariais e registrais protocolados nas Serventias Extrajudiciais a partir da referida data (01/01/2022).

Art. 3º As notas explicativas constantes das Tabelas de Emolumentos n. I, II, III, IV, V, VI e VII são complementadas por decisões normativas, proferidas pela Corregedora-Geral da Justiça, na forma dos §§ 1º e 2º, do Art. 19, da Lei n. 3.408, de 2018, cujo interior teor pode ser encontrado no site: https://wwa.tjto.jus.br/elegis/Home.

Parágrafo único. Os valores relativos ao item 1.4.1 da Tabela VI estão sujeitos à redução, mediante convênios firmados pelo IEPTB-TO, com as entidades de proteção ao crédito conforme previsão na Nota Explicativa 01, alínea "a", da Tabela VI da Lei n. 3.408, de 2018.

Art. 4º Este Provimento entra em vigor a partir de 1º de janeiro de 2022.

PROVIMENTO N. 27/2021

Institui prêmio de qualidade para as serventias extrajudiciais do Estado do Tocantins, com o objetivo de aperfeiçoamento do serviço cartorário e promover a melhora do serviço prestado ao cidadão.

Art. 1º Fica instituído o Prêmio Corregedoria "Qualidade dos Serviços Notariais e de Registro do Estado do Tocantins", com o objetivo de reconhecer as boas práticas de gestão e que atendam aos requisitos de excelência e qualidade na gestão organizacional da serventia e na prestação dos serviços ao cidadão no âmbito do Estado do Tocantins.

Art. 2º O prêmio será organizado pela Corregedoria-Geral de Justiça do Estado do Tocantins bienalmente e apurará, a partir dos critérios objetivos, o *ranking*, listando a qualidade dos serviços prestados e da cooperação com a Corregedoria-Geral de Justiça do Estado do Tocantins.

Art. 3º A pontuação a ser atribuída às serventias extrajudiciais do Estado do Tocantins dar-se-á em escala que variará de "0" a "10" pontos, observando-se os seguintes critérios de composição, com sua nota respectiva:

I – Instalações (1 ponto);

II – Regularidade Contábil e Tributária (1 ponto);

III – Regularidade Trabalhista e Previdenciária (1 ponto);

IV – Organização e Conservação do Acervo (1 ponto);

V – Cumprimento dos Provimentos do CNJ e da CGJ-TO, alimentação do Sistema Justiça Aberta – CNJ e envio de dados a outros sistemas ou órgãos e entidades a que estejam obrigados por força de lei ou regulamento (2 pontos[1]);

VI – Ordem dos livros específicos, de acordo com cada especialidade e observância da legislação correlata quando da prática dos atos (2 pontos);

VII – Atendimento ao público e respostas tempestivas aos requerimentos do cidadão (2 pontos).

§ 1º Para os critérios elencados nos incisos II, III e IV deste artigo, será considerada apenas a regularidade integral, atribuindo-se, no caso de cumprimento, pontuação máxima (1 ponto em cada critério);

§ 2º. Para os critérios elencados nos incisos I, V, VI e VII deste artigo, será atribuída pontuação máxima apenas no caso de inexistência de pendências ou irregularidades; serão descontados 0,2 pontos, dentro do critério respectivo, para cada ocorrência negativa encontrada;

§ 3º O saneamento das irregularidades verificadas em momento posterior à atribuição da pontuação não influirá nesta, nem poderá modificá-la.

Art. 4º Serão adicionalmente descontados pontos das serventias extrajudiciais a cujos titulares forem aplicadas penalidades no biênio de apuração, na seguinte quantidade:

I – Repreensão (0,5 pontos);

II – Multa por infração leve (0,5 pontos);

III – Multa por infração média (1 ponto);

IV – Multa por infração grave (1,5 pontos);

V – Suspensão (2 pontos).

Art. 5º Receberão selo ouro aquelas serventias extrajudiciais cuja pontuação seja superior ou igual a 9 pontos; selo prata as serventias extrajudiciais cuja pontuação seja inferior a 9 e igual ou superior a 7,5 pontos; e selo bronze as serventias extrajudiciais cuja pontuação seja inferior a 7,5 e igual ou superior a 6 pontos.

Parágrafo único. O delegatário titular, interino ou interventor responsável pelo cartório extrajudicial receberá o selo ouro, bem como elogio oficial do(a) Corregedor(a)-Geral de Justiça a ser anotado no registro funcional.

Art. 6º Fica instituída a Comissão Julgadora, com competência para avaliar e analisar os termos de visitas em correição das serventias extrajudiciais e com o objetivo de pontuar as serventias conforme os critérios estabelecidos nos artigos 3º e 4º.

Parágrafo único. Os membros da Comissão Julgadora serão designados por Portaria da Corregedoria-Geral da Justiça:

I – Juiz Auxiliar Supervisor dos Serviços Notariais e de Registro da Corregedoria-Geral da Justiça do Estado do Tocantins;

II – Coordenador dos Serviços Notariais e de Registro da Corregedoria-Geral da Justiça do Estado do Tocantins – CSEX;

III – Chefe de Divisão de Correição, Inspeção e Fiscalização dos Serviços Notariais e de Registro – DIVCOREX;

IV – um representante indicado pela ANOREG-TO.

Art. 7º Havendo discordância da nota atribuída pela Comissão Julgadora após análise do termo de visita em correição, o responsável pela serventia poderá, mediante requerimento fundamentado, pugnar pela revisão da nota, cuja reanálise caberá ao(à) Corregedor(a)-Geral da Justiça.

Art. 8º O resultado será divulgado em sessão solene ao final de cada biênio, no mês de dezembro, e a certificação entregue pelo(a) Corregedor(a)-Geral da Justiça.

Art. 9º O *ranking* com a pontuação das serventias extrajudiciais será disponibilizado bienalmente no site da Corregedoria-Geral de Justiça do Estado do Tocantins.

Art. 10. A premiação ocorrerá bienalmente, sempre no mês de dezembro do último ano de gestão do(a) Corregedor(a)-Geral da Justiça.

Parágrafo único. O primeiro prêmio de qualidade será entregue no mês de dezembro de 2022.

Art. 11. Este Provimento entrará em vigor na data de sua publicação.

---

1. Alterado e corrigido. Redação original consta "ponto".

PROVIMENTO N. 26/2021

Disciplina a conciliação e a mediação no âmbito dos serviços notariais e de registro do Estado do Tocantins, bem como as medidas de incentivo à quitação ou renegociação de dívidas protestadas no âmbito dos Cartórios de Protestos.

Art. 1º Este provimento disciplina, de forma complementar, a conciliação e a mediação no âmbito dos serviços notariais e de registro do Estado do Tocantins, bem como a capacitação, cadastro e o exercício das funções de conciliador e de mediador extrajudiciais, consoante disposições da Lei Federal n. 13.140/2015 (Lei da Mediação), Lei Federal n. 13.105/2015 (Código de Processo Civil), Resolução n. 125/2010, Provimento n. 67, de 26/03/2018 e da Recomendação n. 28, de 17/08/2018, do Conselho Nacional de Justiça, e, ainda, as medidas de incentivo à quitação ou à renegociação de dívidas protestadas nos tabelionatos de protesto do Brasil, nos termos do Provimento n. 72, de 27/06/2018.

Capítulo I
DAS REGRAS GERAIS

Art. 2º Os procedimentos de conciliação e de mediação nos serviços notariais e de registro serão facultativos e deverão observar os requisitos previstos na Lei n. 13.140/15, no Provimento n. 67, de 26 de março de 2018, da Corregedoria Nacional de Justiça, e neste Provimento.

Parágrafo único. Cabe ao NUPEMEC (Núcleo Permanente de Métodos Consensuais de Solução de Conflitos) emitir a habilitação, realizar a fiscalização, o processamento e a apreciação do preenchimento dos requisitos para a realização de conciliação e de mediação, com informação à Corregedoria-Geral da Justiça dos fatos e reclamações que considerar não abrangidos em sua área de atuação.

Capítulo II
DOS CONCILIADORES E MEDIADORES

Art. 3º É conciliador ou mediador o delegatário ou qualquer pessoa física maior e capaz, inclusive seus prepostos que obtiverem o cadastro junto ao NUPEMEC, que depende de prévia capacitação para o desempenho dessas funções, observadas as diretrizes curriculares estabelecidas no Anexo I da Resolução CNJ n. 125/2010, com a redação dada pela Emenda n. 02, de 08 de março de 2016.

Parágrafo único. Para fins de conciliação e mediação perante os serviços notariais e de registro, o mediador ou conciliador cadastrado depende de expressa autorização do delegatário para realizar mediações e/ou conciliações no respectivo serviço notarial e/ou de registro.

Art. 4º O conciliador e o mediador observarão os princípios e regras previstos na Lei n.

13.140/2015, no art. 166[1] do Código de Processo Civil e no Código de Ética de Conciliadores e Mediadores (Anexo III da Resolução CNJ n. 125/2010).

§ 1º Toda e qualquer informação revelada na sessão de conciliação ou mediação é confidencial, salvo as hipóteses do art. 30[2] da Lei n. 13.140/2015, a informação relativa à ocorrência de crime de ação pública e as informações prestadas à administração tributária;

---

1. Art. 166. A conciliação e a mediação são informadas pelos princípios da independência, da imparcialidade, da autonomia da vontade, da confidencialidade, da oralidade, da informalidade e da decisão informada.

   § 1º A confidencialidade estende-se a todas as informações produzidas no curso do procedimento, cujo teor não poderá ser utilizado para fim diverso daquele previsto por expressa deliberação das partes.

   § 2º Em razão do dever de sigilo, inerente às suas funções, o conciliador e o mediador, assim como os membros de suas equipes, não poderão divulgar ou depor acerca de fatos ou elementos oriundos da conciliação ou da mediação.

   § 3º Admite-se a aplicação de técnicas negociais, com o objetivo de proporcionar ambiente favorável à autocomposição.

   § 4º A mediação e a conciliação serão regidas conforme a livre autonomia dos interessados, inclusive no que diz respeito à definição das regras procedimentais.

2. Art. 30. Toda e qualquer informação relativa ao procedimento de mediação será confidencial em relação a terceiros, não podendo ser revelada sequer em processo arbitral ou judicial salvo se as partes expressamente decidirem de forma diversa ou quando sua divulgação for exigida por lei ou necessária para cumprimento de acordo obtido pela mediação.

   § 1º O dever de confidencialidade aplica-se ao mediador, às partes, a seus prepostos, advogados, assessores técnicos e a outras pessoas de sua confiança que tenham, direta ou indiretamente, participado do procedimento de mediação, alcançando:

   I – declaração, opinião, sugestão, promessa ou proposta formulada por uma parte à outra na busca de entendimento para o conflito;

   II – reconhecimento de fato por qualquer das partes no curso do procedimento de mediação;

   III – manifestação de aceitação de proposta de acordo apresentada pelo mediador;

   IV – documento preparado unicamente para os fins do procedimento de mediação.

   § 2º A prova apresentada em desacordo com o disposto neste artigo não será admitida em processo arbitral ou judicial;

   § 3º Não está abrigada pela regra de confidencialidade a informação relativa à ocorrência de crime de ação pública;

   § 4º A regra da confidencialidade não afasta o dever de as pessoas discriminadas no caput prestarem informações à administração tributária após o termo final da mediação, aplicando-se aos seus servidores a obrigação de manterem sigilo das informações compartilhadas nos termos do art. 198 da Lei n. 5.172, de 25 de outubro de 1966 – Código Tributário Nacional.

§ 2º O dever de confidencialidade aplica-se ao conciliador, ao mediador, às partes, a seus prepostos, advogados, assessores técnicos e a outras pessoas que tenham, direta ou indiretamente, participado dos procedimentos de mediação ou conciliação.

I – serão vedados para fim diverso daquele expressamente deliberado pelas partes o registro, a divulgação e a utilização das informações apresentadas no curso do procedimento, observados os princípios da Lei Geral de Proteção de Dados Pessoais (LGPD – Lei n. 13.709/2018) e do Provimento n. 19/2021 – CGJUS-ASJECJUS.

§ 3º Aos que atuarem como conciliadores e mediadores, aplicar-se-ão as regras de impedimento e suspeição, nos termos do disposto nos arts. 148, II,[3] 167, § 5º,[4] 172[5] e 173[6] do Código de Processo Civil e 5º a 8º[7] da Lei n.

---

3. Art. 148. Aplicam-se os motivos de impedimento e de suspeição:

   II – aos auxiliares da justiça;

4. Art. 167. Os conciliadores, os mediadores e as câmaras privadas de conciliação e mediação serão inscritos em cadastro nacional e em cadastro de tribunal de justiça ou de tribunal regional federal, que manterá registro de profissionais habilitados, com indicação de sua área profissional.

   § 5º Os conciliadores e mediadores judiciais cadastrados na forma do caput, se advogados, estarão impedidos de exercer a advocacia nos juízos em que desempenhem suas funções.

5. Art. 172. O conciliador e o mediador ficam impedidos, pelo prazo de 1 (um) ano, contado do término da última audiência em que atuaram, de assessorar, representar ou patrocinar qualquer das partes.

6. Art. 173. Será excluído do cadastro de conciliadores e mediadores aquele que:

   I – agir com dolo ou culpa na condução da conciliação ou da mediação sob sua responsabilidade ou violar qualquer dos deveres decorrentes do art. 166, §§ 1º e 2º;

   II – atuar em procedimento de mediação ou conciliação, apesar de impedido ou suspeito.

   § 1º Os casos previstos neste artigo serão apurados em processo administrativo;

   § 2º O juiz do processo ou o juiz coordenador do centro de conciliação e mediação, se houver, verificando atuação inadequada do mediador ou conciliador, poderá afastá-lo de suas atividades por até 180 (cento e oitenta) dias, por decisão fundamentada, informando o fato imediatamente ao tribunal para instauração do respectivo processo administrativo.

7. Art. 5º Aplicam-se ao mediador as mesmas hipóteses legais de impedimento e suspeição do juiz.

   Parágrafo único. A pessoa designada para atuar como mediador tem o dever de revelar às partes, antes da aceitação da função, qualquer fato ou circunstância que possa suscitar dúvida justificada em relação à sua imparcialidade para mediar o conflito, oportunidade em que poderá ser recusado por qualquer delas.

   Art. 6º O mediador fica impedido, pelo prazo de um ano, contado do término da última audiência em que atuou, de assessorar, representar ou patrocinar qualquer das partes.

109

ART. 5º NORMAS PARA A ATIVIDADE EXTRAJUDICIAL DO ESTADO DO TOCANTINS

11.340/2015, devendo, quando constatadas essas circunstâncias, ser informadas aos envolvidos, interrompendo-se a sessão;

§ 4º Os delegatários e seus prepostos poderão prestar serviços notariais e/ou de registro às partes envolvidas em sessão de conciliação ou de mediação sob sua responsabilidade e, uma vez cadastrados junto ao NUPEMEC, poderão atuar como conciliadores ou mediadores em qualquer demanda.

Art. 5º A atuação dos responsáveis pelas serventias e de seus prepostos nos procedimentos de conciliação e de mediação será fiscalizada pela Corregedoria-Geral da Justiça, pelos Juízes(as) Corregedores(as) Permanentes, e pelo Juiz(a) Coordenador do Centro Judiciário de Solução de Conflitos e Cidadania (CEJUSC) da jurisdição a que as delegações estejam vinculadas quanto ao exercício da conciliação e mediação.

Capítulo III
DA CAPACITAÇÃO E DO CADASTRO DE CONCILIADORES E MEDIADORES

Art. 6º Somente poderão atuar como conciliadores(as) e mediadores(as) os Registradores(as), Tabeliães e Tabeliãs e seus prepostos que forem formados em curso para o desempenho das funções, observadas as diretrizes curriculares estabelecidas no Anexo I da Resolução CNJ n. 125/10.

§ 1º A capacitação para atuar como conciliador ou mediador extrajudicial será ofertada pelas escolas judiciais ou por instituição formadora, nos termos do art. 11º da Lei Federal n. 13.140/2015, bem como por associações, escolas e institutos vinculados aos serviços notariais e de registro credenciados pelo NUPEMEC para que realizem, sob supervisão, o curso de formação, respeitados os parâmetros estabelecidos pela Resolução ENFAM n. 06, de 21 de novembro de 2016;

§ 2º O interessado em fazer parte do cadastro de mediador ou conciliador do Poder Judiciário deverá ser previamente inscrito no Cadastro de Conciliadores e Mediadores do Tribunal de Justiça do Estado do Tocantins e comprovar participação em curso de formação que tenha carga horária mínima de 100 horas, sendo 40 horas/aulas (módulo teórico) e de 60 horas/aulas (módulo prático – atendimento de casos reais/ auxílio audiências/ sessões);

§ 3º A participação no curso de capacitação de que trata este artigo independe da comprovação de graduação há pelo menos dois anos em curso de ensino superior de instituição reconhecida pelo Ministério da Educação;

Art. 7º O mediador não poderá atuar como árbitro nem funcionar como testemunha em processos judiciais ou arbitrais pertinentes a conflito em que tenha atuado como mediador.

Art. 8º O mediador e todos aqueles que o assessoraram no procedimento de mediação, quando no exercício de suas funções ou em razão delas, são equiparados a servidor público, para os efeitos da legislação penal.

8. Art. 11. Poderá atuar como mediador judicial a pessoa capaz, graduada há pelo menos dois anos em curso de ensino superior de instituição reconhecida pelo Ministério da Educação e que tenha obtido capacitação em escola ou instituição de formação de mediadores, reconhecida pela Escola Nacional de Formação e Aperfeiçoamento de Magistrados – ENFAM ou pelos tribunais, observados os requisitos mínimos estabelecidos pelo Conselho Nacional de Justiça em conjunto com o Ministério da Justiça.

---

§ 4º A admissão, como conciliadores(as) ou mediadores(as) que comprovarem a realização do curso de formação mencionado no caput deste artigo, promovido por entidade não integrante do Poder Judiciário e anterior à edição do Provimento n. 67/18 do CNJ, será condicionada a prévio treinamento e aperfeiçoamento (art. 12, § 1º,[9] da Resolução CNJ n. 125/10);

§ 5º A Associação dos Notários e Registradores do Estado do Tocantins (ANOREG/TO), bem como as demais associações da classe notarial e de registro, atendidos os requisitos da Resolução ENFAM n. 06/2016, ficam autorizadas a promover, diretamente ou mediante convênio com a Escola Superior da Magistratura do Estado do Tocantins (ESMAT) ou mediante parcerias com outras escolas capacitadas, os cursos de capacitação e de qualificação de trata o *caput* deste artigo;

§ 6º A cada 02 (dois) anos, contados da autorização do respectivo serviço notarial e/ou de registro, os conciliadores e mediadores extrajudiciais autorizados deverão comprovar ao NUPEMEC a realização de curso de aperfeiçoamento em conciliação e ou em mediação.

Art. 7º É facultado ao delegatário de serviços notariais e de registro requerer credenciamento do respectivo serviço notarial e/ou de registro para a realização de conciliação e de mediação, mediante a apresentação de requerimento dirigido ao Corregedor-Geral da Justiça, instruído com cópia dos seguintes documentos:

I – ato ou certidão de outorga da delegação notarial e/ou de registro;

II – certificado de curso de capacitação/formação em conciliação e mediação extrajudicial, nos termos da Res. 125/2010 do CNJ e alterações, dos mediadores e conciliadores que atuarão na respectiva serventia;

III – diploma de graduação em curso superior reconhecido pelo MEC, há pelo menos dois anos;

IV – certidão de antecedentes criminais expedidos pela Justiça Estadual e pela Justiça Federal.

§ 1º O requerimento de que trata o *caput* será atuado por meio de Sistema Eletrônico de Informações e submetido ao NUPEMEC para, no prazo de 05 (cinco) dias, manifestar sobre o pedido;

§ 2º Deferido o pedido, a Corregedoria-Geral da Justiça fará publicar portaria de credenciamento e determinará a divulgação do respectivo serviço notarial e/ou de registro credenciado, no sítio virtual do NUPEMEC e da Corregedoria-Geral da Justiça;

§ 3º Salvo motivo justificado, deferida a autorização e cadastro do serviço notarial e/ou de registro, é vedado negar-se a prestar o serviço de mediação ou conciliação.

---

9. Art. 12. Nos Centros, bem como em todos os demais órgãos judiciários nos quais se realizem sessões de conciliação e mediação, somente serão admitidos mediadores e conciliadores capacitados na forma deste ato (Anexo I), cabendo aos Tribunais, antes de sua instalação, realizar o curso de capacitação, podendo fazê-lo por meio de parcerias.

§ 1º Os tribunais que já realizaram a capacitação referida no caput poderão dispensar os atuais mediadores e conciliadores da exigência do certificado de conclusão do curso de capacitação, mas deverão disponibilizar cursos de treinamento e aperfeiçoamento, na forma do Anexo I, como condição prévia de atuação nos Centros.

---

§ 4º O delegatário que, independentemente do motivo, não mais pretender prestar serviços de mediação e conciliação deverá informar sua desistência ao NUPEMEC, ficando imediatamente desincumbido dessas atribuições.

Art. 8º. O interessado em atuar como mediador ou conciliador nos serviços notariais e de registro deve encaminhar ao NUPEMEC a seguinte documentação:

I – diploma de conclusão de Curso Superior;

II – certificado de conclusão do Curso de Conciliador/Mediador;

III – indicação do delegatário;

IV – documentos Pessoais;

V – comprovante de residência.

§ 1º Deferido o pedido, o NUPEMEC inscreverá no cadastro eletrônico, divulgado no portal do Tribunal de Justiça, do qual constará a relação, em colunas pesquisáveis e com filtros, dos mediadores e conciliadores habilitados, contendo os seguintes dados:

I – nome completo;

II – tipo de credenciamento (mediador e/ou conciliador);

III – área de atuação (judicial e/ou serviços notariais/registrais);

IV – área de especialização;

V – dados relevantes de atuação, tais como o número de causas de que participou, percentual de êxito das mediações/conciliações.

§ 2º Visando a ampla publicidade, os delegatários dos serviços notariais e de registros credenciados, diretamente ou por meio de suas associações, ficam autorizados a manter ou replicar o cadastro de que trata este artigo;

§ 3º Os dados de que trata o inciso V do §1º, colhidos eletronicamente por meio do Sistema de Gestão Integrada das Serventias Extrajudiciais (GISE), serão sistematicamente classificados e divulgados para conhecimento da população e para fins estatísticos e de avaliação da conciliação e da mediação nos serviços notariais e de registro.

Art. 9º O efetivo exercício da mediação ou conciliação pelo mediador ou conciliador credenciado depende da entabulação de vínculo contratual com o delegatário do respectivo serviço notarial ou de registro credenciado, nos termos do art. 8º deste Provimento.

Parágrafo único. A relação jurídica contratual entre delegatário e mediador e/ou conciliador independe de vínculo de emprego com o delegatário do respectivo serviço notarial e de registro credenciado, podendo se dar mediante trabalho voluntário, nos termos da Lei Federal n. 9.608/98, não havendo qualquer vínculo com o Poder Judiciário.

Capítulo IV
DAS PARTES

Art. 10. Podem participar da conciliação e da mediação como requerente ou requerido(a) a pessoa natural absolutamente capaz, a pessoa jurídica e os entes despersonalizados a que a lei confere capacidade postulatória.

§ 1º A pessoa natural poderá ser representada por procurador devidamente constituído mediante instrumento público, ou particular com poderes para transigir e com firma reconhecida;

110

PROVIMENTO N. 26/2021 ART. 21

§ 2º A pessoa jurídica e o empresário individual poderão ser representados por preposto, munido de carta de preposição com poderes para transigir e com firma reconhecida, sem necessidade da existência de vínculo empregatício;

§ 3º Deverá ser exigida da pessoa jurídica a prova de representação mediante a exibição dos seus atos constitutivos, de eventuais alterações contratuais ou da respectiva consolidação societária;

§ 4º Os entes despersonalizados poderão ser representados conforme previsto em lei.

Art. 11. As partes poderão ser assistidas ou não por advogados(as), munidos de instrumento de mandato com poderes especiais para o ato, ou defensores(as) públicos.

§ 1º Comparecendo uma das partes desacompanhada de advogado(a) ou de defensor(a) público, o conciliador(a) ou mediador(a) suspenderá o procedimento até que todas estejam devidamente assistidas, podendo ser dispensado a critério das partes, cuja ocorrência deverá ser consignada em termo;

§ 2º Na impossibilidade de nomear defensor(a) para a outra parte, a conciliação será frustrada e o mediador(a)/conciliador(a) orientará os interessados a buscarem atendimento junto ao CEJUSC;

§ 3º O mediador(a)/conciliador(a) poderá fornecer, a pedido das partes, a lista de advogados inscritos na OAB/TO.

Capítulo V
DO OBJETO

Art. 12. Os direitos disponíveis e os indisponíveis que admitam transação poderão ser objeto de conciliação e de mediação, o qual poderá versar sobre todo o conflito ou parte dele.

§ 1º A conciliação e a mediação que envolvam direitos indisponíveis, mas transigíveis, deverão ser homologadas em Juízo, na forma do art. 725, VIII,[10] do CPC e do art. 3º, § 2º,[11] da Lei n. 13.140/15;

§ 2º As partes terão a faculdade de solicitar à serventia que os demais casos de conciliação e mediação sejam submetidos à homologação judicial, devendo constar em ata a solicitação referida, observadas as regras da gratuidade judicial;

§ 3º Na hipótese dos parágrafos anteriores, o responsável pela delegação de notas e de registro encaminhará ao Juízo competente o termo de conciliação ou de mediação e os documentos que instruíram o procedimento e, posteriormente, em caso de homologação, entregará o termo homologado diretamente às partes.

Capítulo VI
DO REQUERIMENTO

Art. 13. O requerimento de conciliação ou de mediação poderá ser dirigido a qualquer serviço notarial ou de registro que tenha credenciamento para tanto, independentemente da matéria tratada.

---

10. Art. 725. Processar-se-á na forma estabelecida nesta Seção o pedido de:

VIII – homologação de autocomposição extrajudicial, de qualquer natureza ou valor.

11. Art. 3º Pode ser objeto de mediação o conflito que verse sobre direitos disponíveis ou sobre direitos indisponíveis que admitam transação.

§ 2º O consenso das partes envolvendo direitos indisponíveis, mas transigíveis, deve ser homologado em juízo, exigida a oitiva do Ministério Público.

§ 1º Se o pedido for formulado fisicamente é competente para proceder o ato a serventia do domicílio de uma das partes. Sendo o requerimento virtual, a serventia será de livre escolha das partes;

§ 2º Admitir-se-á a formulação de requerimento conjunto firmado pelos interessados e, neste caso, a escolha da serventia para realização do ato será de livre escolha das partes, independentemente do pedido ser físico ou virtual.

Art. 14. São requisitos mínimos do requerimento de realização de conciliação ou de mediação:

I – qualificação do requerente, contendo:

a) nome ou denominação social;

b) nome e qualificação do representante legal da pessoa jurídica;

c) endereço, telefone e e-mail de contato;

d) número da carteira de identidade, se pessoa física;

e) número do cadastro de pessoas físicas (CPF) ou do cadastro nacional de pessoa jurídica (CNPJ) na Secretaria da Receita Federal, conforme o caso.

II – dados suficientes da outra parte para que seja possível sua identificação e convite;

III – a indicação de meio idôneo de notificação da outra parte;

IV – narrativa sucinta do conflito e, se houver, proposta de acordo;

V – outras informações relevantes, a critério do requerente.

§ 1º Para os fins do caput deste artigo, os serviços notariais e de registro poderão disponibilizar aos usuários, por intermédio da rede mundial de computadores ou presencialmente, um formulário-padrão;

§ 2º Caberá ao(à) requerente oferecer tantas cópias do requerimento quantas forem as partes interessadas, caso não opte pelo meio eletrônico como forma de notificação;

§ 3º Serão de inteira responsabilidade do requerente a veracidade e correção dos dados fornecidos relacionados nos incisos I a V deste artigo.

Art. 15. Após o recebimento e protocolo do requerimento, se, em exame formal, for considerado não preenchido algum dos requisitos previstos no artigo anterior, o(a) requerente será notificado, preferencialmente por meio eletrônico, para sanar o vício no prazo de 10 (dez) dias, marcando-se nova data para audiência, se necessário.

§ 1º Persistindo o não cumprimento de qualquer dos requisitos, o(a) conciliador(a) ou o mediador(a) rejeitará o pedido;

§ 2º A inércia do(a) requerente acarretará o arquivamento do pedido por ausência de interesse.

Art. 16. No ato do requerimento, o(a) requerente pagará os emolumentos conforme disposto no capítulo IX deste Provimento.

Art. 17. A distribuição do requerimento será anotada no livro de protocolo de conciliação e de mediação conforme a ordem cronológica de apresentação.

Art. 18. Ao receber o requerimento, o serviço notarial ou de registro designará, de imediato, data e hora para a realização da sessão de conciliação ou de mediação e dará ciência dessas

informações ao(à) apresentante do pedido, dispensando-se a notificação do(a) requerente.

§ 1º A ciência a que se refere o caput deste artigo recairá na pessoa do(a) apresentante do requerimento, ainda que não seja ele(a) o(a) requerente;

§ 2º Ao(à) apresentante do requerimento, será dado recibo do protocolo e de todos os valores recebidos a título de depósito prévio.

Art. 19. A notificação da parte requerida será realizada por qualquer meio idôneo de comunicação, devendo ocorrer preferencialmente por meio eletrônico, por carta com AR ou notificação por oficial de registro de títulos e documentos do domicílio de quem deva recebê-la, ficando a escolha do meio a cargo do(a) requerente.

§ 1º O serviço notarial ou de registro informará ao(à) requerente os meios idôneos de comunicação permitidos e respectivos custos;

§ 2º O(a) requerente arcará com o custo da notificação; no entanto, se for feita por meio eletrônico, não será cobrada;

§ 3º O custo do envio da carta com AR não poderá ser superior ao praticado pela Empresa Brasileira de Correios e Telégrafos e o custo da notificação por oficial de registro de títulos e documentos será o previsto na tabela VII da Lei n. 3.408/18.

Art. 20. O serviço notarial ou de registro remeterá à parte requerida a notificação, que conterá expressamente que o comparecimento à sessão é facultativo, com cópia do requerimento em anexo.

§ 1º Para a conveniência dos trabalhos, o serviço notarial ou de registro poderá manter contato com as partes no intuito de designar data de comum acordo para a sessão de conciliação ou de mediação;

§ 2º Em situações excepcionais e, na impossibilidade de não comparecimento em audiência da parte requerida, por motivos devidamente justificados, a audiência será reagendada de acordo com a disponibilidade da serventia, limitada a um reagendamento;

§ 3º Na hipótese do parágrafo anterior, sendo reagendada e não podendo comparecer novamente a parte requerida, o pedido será arquivado, sendo feita a restituição dos emolumentos conforme previsto no 37, § 1º, capítulo IX, deste Provimento.

Capítulo VII
DAS SESSÕES DE CONCILIAÇÃO E MEDIAÇÃO

Art. 21. Os delegatários manterão espaço reservado nas dependências do respectivo serviço extrajudicial para a realização das sessões de conciliação e de mediação, durante o horário de atendimento ao público, observando os procedimentos disciplinados no Provimento n. 67, de 26/03/2018, do Conselho Nacional de Justiça.

§ 1º Na data e hora designadas para a realização da sessão de conciliação ou de mediação, realizado o chamamento nominal das partes e constatado o não comparecimento de qualquer delas, o requerimento será arquivado, salvo na hipótese do artigo 20, § 2º, deste Provimento;

§ 2º. Não se aplicará o disposto no parágrafo anterior se estiverem preenchidos, cumulativamente, os seguintes requisitos:

I – pluralidade de requerentes ou de requeridos;

II – comparecimento de ao menos duas partes contrárias com o intuito de transigir;

111

ART. 22 — NORMAS PARA A ATIVIDADE EXTRAJUDICIAL DO ESTADO DO TOCANTINS

III – identificação formal da viabilidade de eventual acordo.

§ 3º A sessão de conciliação ou de mediação terá eficácia apenas entre as partes presentes;

§ 4º Em sendo virtual, por escolha das partes, a sessão de conciliação ou mediação será realizada por aplicativo de videoconferência que possibilite a identificação do requerente e requerido, não sendo necessária a gravação da sessão uma vez que deverá ser lavrado termo nos moldes dos artigos a seguir.

Art. 22. Obtido o acordo, será lavrado termo de conciliação ou de mediação e as partes presentes assinarão a última folha do termo, rubricando as demais. Finalizado o procedimento, o termo será arquivado no livro de conciliação e de mediação.

§ 1º Será fornecida via do termo de conciliação ou de mediação a cada uma das partes presentes à sessão, que será considerado documento público com força de título executivo extrajudicial, nos termos do art. 784, inciso IV,[12] do Código de Processo Civil.

§ 2º Na hipótese da sessão ser virtual, o(a) conciliador(a)/mediador(a) deverá observar o seguinte procedimento:

I – antes do término da sessão deverá ser gerado um print da tela que servirá como comprovação da presença das partes, dispensando-se as assinaturas delas;

II – lavrada a minuta, as partes deverão manifestar concordância por meio de mensagem de texto, e só depois o termo deverá ser assinado, físico ou digitalmente, pelo(a) conciliador(a)/mediador(a) que presidiu a sessão, dispensando-se as assinaturas das partes;

III – os prints da tela e da mensagem de texto com a concordância das partes deverão ser arquivados juntamente com o respectivo termo.

Art. 23. A não obtenção de acordo não impedirá a realização de novas sessões de conciliação ou de mediação até que finalizadas as tratativas, observadas as regras de cobrança previstas no capítulo IX.

Parágrafo único. A não obtenção de acordo, ou frustrada a audiência, por qualquer motivo previsto neste Provimento, o fato será registrado em ata, cujo termo será entregue à(s) parte(s).

Art. 24. O pedido será arquivado, independentemente de anuência da parte contrária, se o requerente solicitar, a qualquer tempo e por escrito, a desistência do pedido.

§ 1º Solicitada a desistência, o requerimento será arquivado em pasta própria, não subsistindo a obrigatoriedade de sua conservação quando for microfilmado ou gravado por processo eletrônico de imagens;

§ 2º O não comparecimento do requerente na audiência previamente agendada será entendido como desistência por inércia, salvo se a ausência for devidamente justificada no prazo de até 30 dias da data da audiência, quando então será feito novo agendamento, que só poderá acontecer uma única vez;

§ 3º Na hipótese de desistência por inércia do requerente nos termos do parágrafo anterior, não será devida a restituição de emolumentos (artigo 37, § 1º, deste Provimento).

---

12. Art. 784. São títulos executivos extrajudiciais:

IV – o instrumento de transação referendado pelo Ministério Público, pela Defensoria Pública, pela Advocacia Pública, pelos advogados dos transatores ou por conciliador ou mediador credenciado por tribunal.

Art. 25. Em caso de não obtenção do acordo ou de desistência do requerimento antes da sessão de conciliação ou de mediação, o procedimento será arquivado pelo serviço notarial ou de registro, que anotará essa circunstância no livro de conciliação e de mediação.

Art. 26. Nos termos da Recomendação n. 28, de 17 de agosto de 2018, do Conselho Nacional de Justiça, os delegatários dos serviços notariais e de registro credenciados ficam autorizados a celebrarem convênio com o NUPEMEC para realização de conciliações e mediações pré-processual e processual em processos judiciais, nas condições a serem determinadas no respectivo convênio.

§ 1º Para maior abrangência dos serviços e minoração dos custos, os delegatários poderão se organizar em Centros de Solução Consensual de Conflitos nos Serviços Notariais e de Registro, observando-se que as sessões de conciliação e a mediação ocorrerão, quando presencialmente, no espaço físico do respectivo serviço notarial e/ou de registro;

§ 2º Como forma de divulgação e facilitação do acesso ao sistema multiportas de soluções de conflitos, os delegatários poderão criar ferramenta eletrônica que facilite o acesso dos usuários, nos moldes do sistema "mediação judicial", disponibilizado pelo Conselho Nacional de Justiça (cnj.jus.br/mediacaodigital).

Art. 27. É vedado aos serviços notariais e de registro estabelecer, em documentos por eles expedidos, cláusula compromissária de conciliação ou de mediação, ressalvada as nas escrituras públicas e por expressa solicitação das partes e desde que preservada a liberdade escolha às partes, nos termos do art. 22[13] da Lei

---

13. Art. 22. A previsão contratual de mediação deverá conter, no mínimo:

I – prazo mínimo e máximo para a realização da primeira reunião de mediação, contado a partir da data de recebimento do convite;

II – local da primeira reunião de mediação;

III – critérios de escolha do mediador ou equipe de mediação;

IV – penalidade em caso de não comparecimento da parte convidada à primeira reunião de mediação.

§ 1º A previsão contratual pode substituir a especificação dos itens acima enumerados pela indicação de regulamento, publicado por instituição idônea prestadora de serviços de mediação, no qual constem critérios claros para a escolha do mediador e realização da primeira reunião de mediação;

§ 2º Não havendo previsão contratual completa, deverão ser observados os seguintes critérios para a realização da primeira reunião de mediação:

I – prazo mínimo de dez dias úteis e prazo máximo de três meses, contados a partir do recebimento do convite;

II – local adequado a uma reunião que possa envolver informações confidenciais;

III – lista de cinco nomes, informações de contato e referências profissionais dos mediadores capacitados; a parte convidada poderá escolher, expressamente, qualquer um dos cinco mediadores e, caso a parte convidada não se manifeste, considerar-se-á aceito o primeiro nome da lista;

IV – o não comparecimento da parte convidada à primeira reunião de mediação acarretará a assunção por parte desta de cinquenta por cento das custas e honorários sucumbenciais caso venha a ser vencedora em procedimento arbitral ou judicial posterior, que envolva o escopo da mediação para a qual foi convidada.

§ 3º Nos litígios decorrentes de contratos comerciais ou societários que não contenham cláusula de mediação, o mediador extrajudicial somente cobrará por seus serviços caso as partes decidam assinar o termo inicial de mediação

Federal n. 13.140/2015 c/c art. 168[14] do Código de Processo Civil.

Capítulo VIII
DOS LIVROS

Art. 28. Os serviços notariais e de registro optantes pela prestação do serviço criarão livro de protocolo específico para recebimento de requerimentos de conciliação e de mediação.

§ 1º O livro de protocolo, com trezentas folhas, será aberto, numerado sequencialmente, rubricado em todas suas folhas, autenticado e encerrado pelo responsável pelo serviço notarial ou de registro. A rubrica das folhas poderá ser substituída por chancela;

§ 2º Do livro de protocolo, deverão constar os seguintes dados:

I – o número de ordem, que seguirá indefinidamente nos livros da mesma espécie;

II – a data da apresentação do requerimento;

III – o nome do(a) requerente;

IV – a natureza da conciliação ou da mediação;

V – quando existente o número do processo e-proc.

Art. 29. Os serviços notariais e de registro que optarem por prestar o serviço deverão instituir Livro de Conciliação e de Mediação, cuja abertura atenderá às normas estabelecidas neste Provimento.

§ 1º Os termos de audiência de conciliação ou de mediação serão lavrados em livro exclusivo, vedada sua utilização para outros fins;

§ 2º Poderá ser adotado simultaneamente mais de um livro de conciliação e de mediação para lavratura de audiências por meio eletrônico;

§ 3º Deverá ser adotado pelos serviços notariais e de registro livro de carga físico, no qual serão correlacionados os escreventes e os livros quando o serviço utilizar, concomitantemente, mais de um livro de conciliação e de mediação;

§ 4º O livro sob a responsabilidade de um escrevente é de seu uso exclusivo, permitida a utilização por outro escrevente apenas com autorização prévia do notário e do registrador, lançada e datada no livro de carga;

§ 5º O livro eletrônico somente poderá ser adotado por sistema que garanta a verificação da existência e conteúdo do ato, subordinando-se às mesmas regras de lavratura atinentes ao livro físico.

Art. 30. Nos termos de audiências de conciliação e de mediação lavradas em livro de folhas soltas, as partes lançarão a assinatura no final da última, rubricando as demais, salvo se o ato foi realizado de forma virtual, hipótese em que deverá ser observado o disposto no art. 22, § 2º, deste Provimento.

---

e permanecer, voluntariamente, no procedimento de mediação.

14. Art. 168. As partes podem escolher, de comum acordo, o conciliador, o mediador ou a câmara privada de conciliação e de mediação.

§ 1º O conciliador ou mediador escolhido pelas partes poderá ou não estar cadastrado no tribunal;

§ 2º Inexistindo acordo quanto à escolha do mediador ou conciliador, haverá distribuição entre aqueles cadastrados no registro do tribunal, observada a respectiva formação;

§ 3º Sempre que recomendável, haverá a designação de mais de um mediador ou conciliador.

112

PROVIMENTO N. 26/2021 **ART. 46**

Parágrafo único. Na escrituração do termo de conciliação e de mediação serão aplicados supletivamente, no que couber, as regras previstas neste Provimento para a forma de escrituração de escritura pública.

Art. 31. O livro de conciliação e de mediação conterá índice alfabético com a indicação dos nomes das partes interessadas presentes à sessão, devendo constar o número do CPF/CNPJ – ou, na sua falta, o número de documento de identidade – e a referência ao livro e folha em que foi lavrado o termo de conciliação ou de mediação.

Parágrafo único. Os índices poderão ser elaborados pelo sistema de fichas, microfichas ou eletrônico, em que serão anotados os dados das partes envolvidas nos procedimentos de mediação ou de conciliação.

Art. 32. O livro e quaisquer documentos oriundos de conciliação ou de mediação extrajudicial deverão permanecer no ofício e quaisquer diligências judiciais ou extrajudiciais que exigirem sua apresentação serão realizadas, sempre que possível, no próprio ofício, de forma física ou eletrônica, salvo por determinação judicial, caso em que o documento ou o livro poderá deixar o serviço extrajudicial.

Art. 33. Os serviços notariais e de registro deverão manter em segurança permanente os livros e documentos de conciliação e de mediação, respondendo pela ordem, guarda e conservação.

Parágrafo único. O livro de conciliação e de mediação poderá ser escriturado em meio eletrônico e o traslado do termo respectivo poderá ser disponibilizado na rede mundial de computadores para acesso restrito, mediante a utilização de código específico fornecido às partes.

Art. 34. Os documentos eventualmente apresentados pelas partes para a instrução da conciliação ou da mediação serão examinados e devolvidos a seus titulares durante a sessão, devendo os serviços notariais e de registro manter em arquivo próprio (físico ou eletrônico), além do requerimento firmado pelas partes, todos os documentos que julgar pertinentes.

Art. 35. Os serviços notariais e de registro observarão o prazo mínimo de 5 (cinco) anos para arquivamento dos documentos (físicos ou digitais), relativos à conciliação e mediação.

Capítulo IX
DA RETRIBUIÇÃO PECUNIÁRIA

Art. 36. Enquanto não for editada lei específica dispondo sobre a retribuição pecuniária pela prestação dos serviços relativos à promoção de conciliação e mediação no âmbito dos serviços notariais e/ou de registro, aplica-se integralmente a Lei Estadual n. 3.408/2018 (Lei de Emolumentos), tendo por referência a tabela que fixa os emolumentos dos atos dos Tabeliães de Notas, observando o seguinte:

I – pelo protocolo de pedido de conciliação ou mediação é devido o valor previsto no item 1.1 da Tabela V – Atos dos Tabeliães de Notas;

II – por sessão de conciliação ou mediação com ou sem conteúdo financeiro cobra-se o valor constante do item 1.15 da Tabela V – Atos dos Tabeliães de Notas.

§ 1º Para os fins do inciso II deste artigo, a sessão poderá durar até 60 (sessenta) minutos a contar do apregoamento das partes, sendo devido por inteiro a retribuição pecuniária de cada período igual ou inferior a 60 (sessenta) minutos,

incluído o valor de uma via do termo de conciliação e de mediação para cada uma das partes;

§ 2º Se excedidos os 60 (sessenta) minutos mencionados no parágrafo anterior ou se forem necessárias sessões extraordinárias para a obtenção da resolução do conflito, serão cobrados novos emolumentos proporcionais a cada sessão excedida;

§ 3º Os custos das sessões que excederem a primeira mediação poderão ser repartidos *pro rata* entre as partes, salvo se transigirem de forma diversa;

§ 4º Aplica-se, no tocante ao momento do recolhimento dos valores devidos e os relativos às despesas com notificações, as disposições no tocante ao adiantamento pelas partes, considerando-se como depósito prévio, nos termos do Provimento n. 45/2010, do Conselho Nacional de Justiça;

§ 5º A arrecadação de que trata este artigo será informada à Corregedoria-Geral da Justiça por meio do Sistema de Gestão Integrada das Serventias Extrajudiciais (GISE), observando-se as regras relativas ao selo de fiscalização específico de conciliação e mediação que serão disponibilizados para as serventias que possuir mediador e conciliador devidamente cadastrado no NUPEMEC, mediante requerimento à Corregedoria-Geral da Justiça do Estado do Tocantins.

Art. 37. É vedado aos serviços notariais e de registro receber das partes qualquer vantagem referente à sessão de conciliação ou de mediação, exceto os valores previstos neste capítulo e aqueles relativos às despesas de notificação.

§ 1º Na hipótese de o arquivamento do requerimento ocorrer antes da sessão de conciliação ou de mediação, 75% (oitenta por cento) do valor recebido a título de retribuição pecuniária será restituído ao(à) requerente, considerando-se verba meramente indenizatória os 25% (vinte e cinco) retidos. Iniciada a sessão de conciliação ou mediação, é devido o valor integral, com base na Lei Estadual n. 3.408/18;

§ 2º O valor do protocolo e das despesas de notificação não será restituído, salvo se ocorrer desistência do pedido antes da realização do ato;

§ 3º Com base no art. 169, § 2º,[15] do CPC, os serviços notariais e de registro realizarão 10% (dez por cento) das sessões de conciliação e de mediação de forma não remuneradas para atender demandas da gratuidade, como contrapartida da autorização para prestar o serviço, a ser definida em regulamento pelo NUPEMEC.

Art. 38. Todos os termos de conciliação e de mediação contarão com selo digital e com a cota dos emolumentos mediante indicação das parcelas componentes e de seu valor total.

Capítulo X
DAS MEDIDAS DE INCENTIVO À QUITAÇÃO E RENEGOCIAÇÃO DE DÍVIDAS PROTESTADAS

Art. 39. O incentivo à quitação ou renegociação de dívidas representadas por títulos e de-

mais documentos protestados será promovido por meio de medidas prévias e facultativas aos procedimentos de conciliação e mediação, observados os requisitos previstos no Provimento n. 72, de 27 de junho de 2018, da Corregedoria Nacional de Justiça.

Art. 40. Todos os Tabelionatos de Protesto do Estado do Tocantins estão autorizados a realizar as medidas de incentivo à quitação ou a renegociação de dívidas protestadas nas suas respectivas unidades.

Art. 41. A prática dos atos no âmbito das medidas de incentivo à quitação ou renegociação de dívidas protestadas incumbem aos Tabeliães de protesto, substitutos ou escreventes autorizados.

Art. 42. O procedimento de incentivo à quitação ou a renegociação de dívidas protestadas terá início mediante requerimento do credor ou do devedor, que deverá ser formalizado:

I – pessoalmente, no Tabelionato onde foi lavrado o protesto;

II – por meio eletrônico, em ambiente seguro disponibilizado pelo Tabelionato, por correio eletrônico (e-mail), ou qualquer outro meio idôneo de comunicação;

III – por meio das centrais de serviço eletrônico.

Art. 43. Para fins de requerimento a que alude este artigo, o requerente deverá cumprir os mesmos requisitos previstos no art. 14 deste Provimento.

Parágrafo único. Após o recebimento e protocolo do requerimento, caberá ao Tabelião(ã) adotar as providências contidas no art. 15 e parágrafos deste Provimento.

Art. 44. Todos os requerimentos de instauração de procedimento de adoção de medidas de incentivo à quitação ou a renegociação de dívida serão protocolizados e qualificados pela serventia, no prazo máximo de 2 (dois) dias úteis.

Art. 45. O procedimento previsto neste Provimento fica condicionado ao prévio pagamento dos emolumentos na forma do art. 49 deste Provimento, os quais serão contabilizados mediante a utilização de selo eletrônico de fiscalização específico para as medidas de conciliação e mediação e, se for o caso, das despesas de notificação da outra parte.

§ 1º O pagamento dos emolumentos pelo procedimento de incentivo à quitação ou a renegociação de dívidas protestadas será feito pela parte que solicitar o procedimento;

§ 2º Não incidirão emolumentos na hipótese de mera informação pelo credor dos critérios de atualização do valor ou das condições especiais de pagamento, sem que tenha sido solicitada a expedição de notificação ao devedor;

§ 3º As notificações realizadas por meio eletrônico (e-mail, aplicativo de mensagens eletrônicas etc.) serão isentas de despesas;

§ 4º Serão cobradas tantas notificações quantas forem requeridas pelo solicitante, salvo as realizadas por meio eletrônico prevista no § 3º deste artigo;

§ 5º O custo do envio da carta com AR não poderá ser superior ao praticado pela Empresa Brasileira de Correios e Telégrafos e o custo da notificação por oficial de registro de títulos e documentos será o previsto na tabela VII da Lei n. 3.408/18.

Art. 46. O pagamento dos emolumentos pelo procedimento de incentivo à quitação ou à renegociação de dívidas, iniciado mediante solicitação do credor ou do devedor, não isenta do pa-

---

15. Art. 169. Ressalvada a hipótese do art. 167, § 6º, o conciliador e o mediador receberão pelo seu trabalho remuneração prevista em tabela fixada pelo tribunal, conforme parâmetros estabelecidos pelo Conselho Nacional de Justiça.

§ 2º Os tribunais determinarão o percentual de audiências não remuneradas que deverão ser suportadas pelas câmaras privadas de conciliação e mediação, com o fim de atender aos processos em que deferida gratuidade da justiça, como contrapartida de seu credenciamento.

113

gamento de emolumentos devidos pelo registro de protesto, quando for o ato adiado, e as de cancelamento.

Art. 47. O procedimento de incentivo à quitação ou renegociação de dívidas protestadas não poderá ser adotado se o protesto tiver sido sustado ou cancelado.

Art. 48. O cancelamento do protesto poderá decorrer de autorização do credor, no âmbito das medidas de incentivo à quitação ou renegociação de dívidas protestadas.

Art. 49. Enquanto não editada, no âmbito do Estado do Tocantins, norma específica relativa aos emolumentos, aplica-se ao procedimento em comento o menor valor de uma certidão individual de protesto.

Art. 50. É vedado aos responsáveis pela serventia de protesto receber das partes qualquer vantagem referente às medidas de incentivo à quitação ou à renegociação de dívidas protestadas, exceto os valores previstos no art. 8º, II,[16] do Provimento n. 72/CNJ, e emolumentos, custas e selos previstos neste Provimento, além das despesas de notificação.

Art. 51. Os documentos serão arquivados em pasta própria, caso não adotado sistema de microfilmagem, digitalização, gravação eletrônica de imagem e dados e quaisquer outros meios de reprodução.

Art. 52. No requerimento de medidas de incentivo à quitação ou à renegociação de dívidas protestadas, o credor poderá conceder autorização, com prazo de vigência especificado, ao Tabelião de protesto para:

I – expedir aviso ao devedor sobre a existência do protesto e a possibilidade de quitação da dívida diretamente no Tabelionato, indicando o valor atualizado do débito, eventuais condições especiais de pagamento e o prazo estipulado;

II – receber o valor do título ou documento de dívida protestado, atualizado monetariamente e acrescido de encargos moratórios, emolumentos, despesas do protesto e encargos administrativos;

III – receber o pagamento, mediante condições especiais, como abatimento parcial do valor ou parcelamento, observando-se as instruções contidas no ato de autorização do credor;

IV – dar quitação ao devedor e promover o cancelamento do protesto.

§ 1º O valor recebido para quitação da dívida, de forma total ou parcial, nos termos da autorização do credor, será creditado na conta bancária indicada pelo credor ou será colocado a sua disposição no primeiro dia útil subsequente ao do recebimento, com comunicação por meio eletrônico ou outro equivalente;

§ 2º Se o devedor efetuar o pagamento mediante cheque, o valor será creditado na conta bancária indicada pelo credor ou colocado a sua disposição no primeiro dia útil subsequente ao da compensação bancária, com comunicação por meio eletrônico ou outro equivalente;

§ 3º Os encargos administrativos referidos no inciso II do caput deste artigo incidirão somente na hipótese de quitação on-line da dívida ou de pedido de cancelamento por intermédio da central eletrônica mantida pelas entidades representativas de classe, em âmbito nacional ou regional, e serão reembolsados pelo devedor na forma e conforme os valores que forem fixados pela entidade e informados à Corregedoria-Geral da Justiça;

§ 4º Serão compreendidas como encargos administrativos as despesas com compensação de boleto bancário, operação de cartão de crédito, transferências bancárias, certificação digital (SDK, framework, certificado de atributo e de carimbo de tempo) e outras que forem previstas em normas estaduais, desde que indispensáveis para a prestação do serviço por meio das centrais eletrônicas;

§ 5º O credor deverá atualizar os dados cadastrais fornecidos, especialmente os bancários;

§ 6º Se ajustado parcelamento da dívida, o protesto poderá ser cancelado após o pagamento da primeira parcela, salvo existência de estipulação em contrário no termo de renegociação da dívida;

§ 7º Quando realizado o acordo entre as partes, e pagamento da dívida, nos termos da proposta apresentada em decorrência deste procedimento, deverá ser realizado pelo interessado o cancelamento do protesto, no prazo de até 5 (cinco) dias úteis, a contar da assinatura do acordo e, não sendo definido a quem compete a realização do cancelamento, este ficará a cargo do devedor.

Art. 53. A qualquer tempo, o devedor poderá formular proposta de pagamento ao credor, caso em que será expedido aviso ao credor acerca das condições da proposta, arcando o interessado com os emolumentos e demais despesas que incidirem.

Art. 54. É vedado ao Tabelionato de protesto estabelecer, nos documentos que expedir, cláusula compromissória de conciliação ou de mediação extrajudiciais.

Art. 55. O procedimento de incentivo à quitação ou à renegociação de dívidas protestadas será finalizado e arquivado com o efetivo cancelamento do protesto ou quando decorrido o prazo de validade da proposta, havendo ou não acordo.

§ 1º Os documentos físicos decorrentes do procedimento de incentivo à quitação ou à renegociação de dívidas protestadas, que forem digitalizados e arquivados em meio eletrônico, poderão ser imediatamente destruídos e o arquivo deverá ser mantido pelo prazo de 1 (um) ano;

§ 2º Sendo arquivados os documentos em meio físico devem ser mantidos pelo prazo mínimo de 1 (um) ano.

Art. 56. As medidas de incentivo à quitação ou renegociação de dívidas protestadas nos tabelionatos de protesto serão consideradas fase antecedente à possível instauração de procedimento de conciliação ou de mediação.

§ 1º Caso não haja solução nessa fase, as partes poderão requerer a instauração dos procedimentos de mediação e conciliação, cujas medidas serão adotadas pelos tabeliães, seus substitutos ou por seus escreventes credenciados no Núcleo Permanente de Métodos Consensuais de Solução de Conflitos (NUPEMEC), sendo que as sessões de conciliação e de mediação deverão observar as regras previstas no Provi-

mento n. 67/2018 e nas normas estaduais regulamentadoras, mediante realização do curso de formação e capacitação específica por parte da serventia;

§ 2º O interessado em fazer parte do cadastro de mediador ou conciliador do Poder Judiciário deverá se capacitar e credenciar, conforme o capítulo III deste Provimento.

Art. 57. Compete à Corregedoria-Geral da Justiça homologar os convênios firmados pelos responsáveis pelas delegações, correspondentes aos Tabeliães de protesto de títulos e documentos de dívida, ou pelo IEPTB/TO, com o Estado de Tocantins e com os Municípios nesse situados, visando a adoção das medidas de incentivo à quitação ou à renegociação de dívidas representadas por títulos e demais documentos protestados.

§ 1º A homologação dos convênios previstos no caput será realizada mediante estudo prévio da viabilidade jurídica, técnica e financeira do serviço, com encaminhamento de cópia do convênio homologado à Corregedoria Nacional de Justiça para finalidade prevista no art. 13, inc. II,[17] do Provimento CN-CNJ n. 72/2018;

§ 2º Independe de homologação da Corregedoria-Geral da Justiça, os atos normativos expedidos pelo Estado de Tocantins e por seus Municípios que autorizem o Tabelionato de protesto de títulos e documentos ao recebimento da dívida referente à certidão de dívida ativa protestada, devendo o responsável pela delegação repassar ao credor os valores recebidos, no primeiro dia útil seguinte ao pagamento, com arquivamento do respectivo comprovante.

Capítulo XI
DAS DISPOSIÇÕES FINAIS

Art. 58. Visando abreviar a implantação da conciliação e da mediação nos serviços notariais e de registro do Estado do Tocantins, excepcionalmente, pelo prazo de 180 (cento e oitenta) dias a contar da publicação deste provimento, os Delegatários ficam autorizados a cursarem o estágio supervisionado (módulo prático) perante os CEJUSC/TJTO, desde que comprovem terem cursado o módulo teórico em escolas credenciadas pelas demais escolas judiciais dos demais Tribunais de Justiça.

Art. 59. Aplica-se o disposto no art. 132, *caput* e § 1º,[18] do Código Civil brasileiro à contagem dos prazos.

Parágrafo único. Fica autorizada a eliminação dos documentos quando gravados por processo eletrônico de imagens, na forma disciplinada no Provimento n. 09/2016, desta Corregedoria-Geral da Justiça.

Art. 60. Este provimento entra em vigor na data da sua publicação.

---

16. Art. 8º No requerimento de medidas de incentivo à quitação ou à renegociação de dívidas protestadas, o credor poderá conceder autorização ao tabelião de protesto para:

    II – receber o valor do título ou documento de dívida protestado, atualizado monetariamente e acrescido de encargos moratórios, emolumentos, despesas do protesto e encargos administrativos.

17. Art. 13. O convênio mencionado no art. 11 deste provimento, em âmbito local, dependerá da homologação das corregedorias de justiça dos Estados ou do Distrito Federal, às quais competirá:

    II – enviar à Corregedoria Nacional de Justiça cópia do termo celebrado em caso de homologação, para disseminação de boas práticas entre os demais entes da Federação.

18. Art. 132. Salvo disposição legal ou convencional em contrário, computam-se os prazos, excluído o dia do começo, e incluído o dia do vencimento.

    § 1º Se o dia do vencimento cair em feriado, considerar-se-á prorrogado o prazo até o seguinte dia útil.

PROVIMENTO N. 19/2021[1]

Regulamenta o processo de tratamento e proteção de dados pessoais pelos Delegatários Titulares, Interventores e Interinos responsáveis pelas delegações dos serviços extrajudiciais de notas e de registro do Estado do Tocantins de que trata o art. 236 da Constituição da República.

Art. 1º O regime estabelecido pela Lei Federal n. 13.709, de 14 de agosto de 2018, deverá ser observado em todas as operações de tratamento realizadas pelos delegatários dos serviços extrajudiciais de notas e de registro do Estado do Tocantins a que se refere o art. 236[2] da Constituição Federal, independentemente do meio ou do país onde os dados sejam armazenados e tratados, ressalvado o disposto no art. 4º[3] daquele estatuto.

------

1. Atualizado até o Provimento n. 01/2022.
2. Art. 236. Os serviços notariais e de registro são exercidos em caráter privado, por delegação do Poder Público.

   § 1º Lei regulará as atividades, disciplinará a responsabilidade civil e criminal dos notários, dos oficiais de registro e de seus prepostos, e definirá a fiscalização de seus atos pelo Poder Judiciário;

   § 2º Lei federal estabelecerá normas gerais para fixação de emolumentos relativos aos atos praticados pelos serviços notariais e de registro;

   § 3º O ingresso na atividade notarial e de registro depende de concurso público de provas e títulos, não se permitindo que qualquer serventia fique vaga, sem abertura de concurso de provimento ou de remoção, por mais de seis meses.

3. Art. 4º Esta Lei não se aplica ao tratamento de dados pessoais:

   I – realizado por pessoa natural para fins exclusivamente particulares e não econômicos;

   II – realizado para fins exclusivamente:

   a) jornalístico e artísticos; ou

   b) acadêmicos, aplicando-se a esta hipótese os arts. 7º e 11 desta Lei;

   III – realizado para fins exclusivos de:

   a) segurança pública;

   b) defesa nacional;

   c) segurança do Estado; ou

   d) atividades de investigação e repressão de infrações penais; ou

   IV – provenientes de fora do território nacional e que não sejam objeto de comunicação, uso compartilhado de dados com agentes de tratamento brasileiros ou objeto de transferência internacional de dados com outro país que não o de proveniência, desde que o país de proveniência proporcione grau de proteção de dados pessoais adequado ao previsto nesta Lei.

   § 1º O tratamento de dados pessoais previsto no inciso III será regido por legislação específica, que deverá prever medidas proporcionais e estritamente necessárias ao atendimento do interesse público, observados o devido processo legal, os princípios gerais de proteção e os direitos do titular previstos nesta Lei;

§ 1º No tratamento dos dados pessoais, os responsáveis pelos serviços extrajudiciais de notas e de registro do Estado do Tocantins deverão observar os objetivos, fundamentos e princípios previstos nos arts. 1º[4], 2º[5] e 6º[6] da Lei Federal n. 13.709/2018;

------

§ 2º É vedado o tratamento dos dados a que se refere o inciso III do caput deste artigo por pessoa de direito privado, exceto em procedimentos sob tutela de pessoa jurídica de direito público, que serão objeto de informe específico à autoridade nacional e que deverão observar a limitação imposta no § 4º deste artigo;

§ 3º A autoridade nacional emitirá opiniões técnicas ou recomendações referentes às exceções previstas no inciso III do caput deste artigo e deverá solicitar aos responsáveis relatórios de impacto à proteção de dados pessoais;

§ 4º Em nenhum caso a totalidade dos dados pessoais de banco de dados de que trata o inciso III do caput deste artigo poderá ser tratada por pessoa de direito privado, salvo por aquela que possua capital integralmente constituído pelo poder público.

4. Art. 1º Esta Lei dispõe sobre o tratamento de dados pessoais, inclusive nos meios digitais, por pessoa natural ou por pessoa jurídica de direito público ou privado, com o objetivo de proteger os direitos fundamentais de liberdade e de privacidade e o livre desenvolvimento da personalidade da pessoa natural.

   Parágrafo único. As normas gerais contidas nesta Lei são de interesse nacional e devem ser observadas pela União, Estados, Distrito Federal e Municípios.

5. Art. 2º A disciplina da proteção de dados pessoais tem como fundamentos:

   I – o respeito à privacidade;

   II – a autodeterminação informativa;

   III – a liberdade de expressão, de informação, de comunicação e de opinião;

   IV – a inviolabilidade da intimidade, da honra e da imagem;

   V – o desenvolvimento econômico e tecnológico e a inovação;

   VI – a livre-iniciativa, a livre concorrência e a defesa do consumidor; e

   VII – os direitos humanos, o livre desenvolvimento da personalidade, a dignidade e o exercício da cidadania pelas pessoas naturais.

6. Art. 6º As atividades de tratamento de dados pessoais deverão observar a boa-fé e os seguintes princípios:

   I – finalidade: realização do tratamento para propósitos legítimos, específicos, explícitos e informados ao titular, sem possibilidade de tratamento posterior de forma incompatível com essas finalidades;

   II – adequação: compatibilidade do tratamento com as finalidades informadas ao titular, de acordo com o contexto do tratamento;

   III – necessidade: limitação do tratamento ao mínimo necessário para a realização de suas finalidades, com abrangência dos dados pertinentes, proporcionais e não excessivos em relação às finalidades do tratamento de dados;

   IV – livre acesso: garantia, aos titulares, de consulta facilitada e gratuita sobre a forma e a duração do trata-

§ 2º Os responsáveis pelas delegações dos serviços extrajudiciais de notas e de registro do Estado do Tocantins, na qualidade de titulares, interinos ou interventores, são controladores e responsáveis pelas decisões referentes ao tratamento dos dados pessoais;

§ 3º O tratamento de dados pessoais destinado à prática dos atos inerentes ao exercício dos respectivos ofícios será promovido de forma a atender à finalidade da prestação do serviço, na persecução do interesse público, e com os objetivos de executar as competências legais e desempenhar atribuições legais e normativas dos serviços públicos delegados.

Art. 2º Consideram-se inerentes ao exercício dos ofícios os atos praticados nos livros mantidos por força de previsão nas legislações específicas, incluídos os atos de inscrição, transcrição, registro, averbação, anotação, escrituração de livros de notas, reconhecimento de firmas, autenticação de documentos; as comunicações para unidades distintas, visando às anotações nos livros e atos nelas mantidos; os atos praticados para a escrituração de livros previstos em normas administrativas; as informações e certidões; os atos de comunicação e informação para órgãos públicos e para centrais de serviços eletrônicos compartilhados que decorrerem de previsão legal ou normativa.

Art. 3º O tratamento de dados pessoais destinados à prática dos atos inerentes ao exercício dos ofícios notariais e registrais, no cumprimento de obrigação legal ou normativa, in-

------

mento, bem como sobre a integralidade de seus dados pessoais;

V – qualidade dos dados: garantia, aos titulares, de exatidão, clareza, relevância e atualização dos dados, de acordo com a necessidade e para o cumprimento da finalidade de seu tratamento;

VI – transparência: garantia, aos titulares, de informações claras, precisas e facilmente acessíveis sobre a realização do tratamento e os respectivos agentes de tratamento, observados os segredos comercial e industrial;

VII – segurança: utilização de medidas técnicas e administrativas aptas a proteger os dados pessoais de acessos não autorizados e de situações acidentais ou ilícitas de destruição, perda, alteração, comunicação ou difusão;

VIII – prevenção: adoção de medidas para prevenir a ocorrência de danos em virtude do tratamento de dados pessoais;

IX – não discriminação: impossibilidade de realização do tratamento para fins discriminatórios ilícitos ou abusivos;

X – responsabilização e prestação de contas: demonstração, pelo agente, da adoção de medidas eficazes e capazes de comprovar a observância e o cumprimento das normas de proteção de dados pessoais e, inclusive, da eficácia dessas medidas.

ART. 4º NORMAS PARA A ATIVIDADE EXTRAJUDICIAL DO ESTADO DO TOCANTINS

depende de autorização específica da pessoa natural que deles for titular.

§ 1º O tratamento de dados pessoais decorrente do exercício do gerenciamento administrativo e financeiro promovido pelos responsáveis pelas delegações será realizado em conformidade com os objetivos, fundamentos e princípios decorrentes do exercício da delegação mediante outorga a particulares;

§ 2º Para o tratamento dos dados pessoais os responsáveis pelas delegações dos serviços extrajudiciais de notas e de registro, sob sua exclusiva responsabilidade, poderão nomear operadores integrantes e operadores não integrantes do seu quadro de prepostos, desde que na qualidade de prestadores terceirizados de serviços técnicos.

Art. 4º Os prepostos e os prestadores terceirizados de serviços técnicos deverão ser orientados sobre os deveres, requisitos e responsabilidades decorrentes da Lei Federal n. 13.709/2018, e manifestar a sua ciência, por escrito, mediante cláusula contratual ou termo autônomo a ser arquivado em classificador próprio físico ou digital.

Art. 5º Cabe aos responsáveis pelas delegações dos serviços extrajudiciais de notas e de registro do Estado do Tocantins orientar todos os seus operadores sobre as formas de coleta, tratamento e compartilhamento de dados pessoais a que tiverem acesso, bem como sobre as respectivas responsabilidades, e arquivar, em classificador próprio físico ou digital, as orientações transmitidas por escrito e a comprovação da ciência pelos destinatários.

Art. 6º Compete aos responsáveis pelas delegações dos serviços extrajudiciais de notas e de registro do Estado do Tocantins verificar o cumprimento, pelos operadores prepostos ou terceirizados, do tratamento de dados pessoais conforme as instruções que fornecer e as demais normas sobre a matéria.

Art. 7º A orientação aos operadores, e a qualquer outra pessoa que intervenha em uma das fases de coleta, tratamento e compartilhamento abrangerá, ao menos:

I – as medidas de segurança, técnicas e administrativas, aptas a proteger os dados pessoais de acessos não autorizados e de situações acidentais ou ilícitas de destruição, perda, alteração, comunicação ou qualquer forma de tratamento inadequado ou ilícito;

II – a informação de que a responsabilidade dos operadores prepostos, ou terceirizados, e de qualquer outra pessoa que intervenha em uma das fases abrangida pelo fluxo dos dados pessoais, subsiste mesmo após o término do tratamento.

Art. 8º O delegatário responsável pelo serviço extrajudicial de notas e de registro do Estado do Tocantins também deverá manter arquivados, para efeito de formulação de relatórios de impacto, os comprovantes da participação em cursos, conferências, seminários ou qualquer modo de treinamento proporcionado pelo controlador aos operadores e encarregado, com indicação do conteúdo das orientações transmitidas por esse modo.

Art. 9º Cada unidade dos serviços extrajudiciais de notas e de registro do Estado do Tocantins deverá manter um encarregado que atuará como canal de comunicação entre o controla-

dor, os titulares dos dados e a Autoridade Nacional de Proteção de Dados (ANPD).

§ 1º Os responsáveis pelas delegações dos serviços extrajudiciais de notas e de registro do Estado do Tocantins poderão nomear encarregado integrante do seu quadro de prepostos, ou prestador terceirizado de serviços técnicos;

§ 2º Poderão ser nomeados como encarregados prestadores de serviços técnicos com remuneração integralmente paga, ou subsidiada, pelas entidades representativas de classe;

§ 3º A nomeação do encarregado será promovida mediante contrato escrito, a ser arquivado em classificador próprio físico ou digital, de que participarão o controlador na qualidade de responsável pela nomeação e o encarregado;

§ 4º A nomeação de encarregado não afasta o dever de atendimento pelo responsável pela delegação dos serviços extrajudiciais de notas e de registro do Estado do Tocantins, quando for solicitado pelo titular dos dados pessoais.

Art. 10. A atividade de orientação dos prepostos e prestadores de serviços terceirizados sobre as práticas a serem adotadas em relação à proteção de dados pessoais, desempenhada pelo encarregado, não afasta igual dever atribuído aos responsáveis pelas delegações dos serviços extrajudiciais de notas e de registro do Estado do Tocantins.

Art. 11. Os responsáveis pelas delegações dos serviços extrajudiciais de notas e de registro do Estado do Tocantins manterão em suas unidades:

I – sistema de controle do fluxo abrangendo a coleta, tratamento, armazenamento e compartilhamento de dados pessoais, até a restrição de acesso futuro;

II – política de privacidade que descreva os direitos dos titulares de dados pessoais, de modo claro e acessível, aos tratamentos realizados e a sua finalidade;

III – canal de atendimento adequado para informações, reclamações e sugestões ligadas ao tratamento de dados pessoais, com fornecimento de formulários para essa finalidade.

Art. 12. A política de privacidade e o canal de atendimento aos usuários dos serviços extrajudiciais deverão ser divulgados por meio de cartazes que deverão ser afixados nas unidades e avisos nos sítios eletrônicos mantidos pelas delegações de notas e de registro se possuírem, de forma clara e que permita a fácil visualização e o acesso intuitivo.

Parágrafo único. De igual modo, os responsáveis pelas delegações, a política e privacidade e a identificação do canal de atendimento também deverão ser divulgados nos recibos entregues para as partes solicitantes dos atos notariais e de registro.

Art. 13. O controle de fluxo, abrangendo coleta, tratamento, armazenamento e compartilhamento de dados pessoais, conterá:

I – a identificação das formas de obtenção dos dados pessoais, do tratamento interno e do seu compartilhamento nas hipóteses em que houver determinação legal ou normativa;

II – os registros de tratamentos de dados pessoais contendo, entre outras, informações sobre:

a) finalidade do tratamento;

b) base legal ou normativa;

c) descrição dos titulares;

d) categoria dos dados que poderão ser pessoais, pessoais sensíveis ou pseudonimizados, com alerta específico para os dados sensíveis;

e) categorias dos destinatários;

g[7]) identificação dos sistemas de manutenção de bancos de dados e do seu conteúdo;

h) medidas de segurança adotadas;

i) obtenção e arquivamento das autorizações emitidas pelos titulares para o tratamento dos dados pessoais, nas hipóteses em que forem exigíveis;

j) política de segurança da informação;

k) planos de respostas a incidentes de segurança com os dados pessoais mantidos sobre sua guarda e conservação.

Art. 14. Os registros serão elaborados de forma individualizada para cada ato inerente ao exercício do ofício, ou para cada ato, ou contrato, decorrente do exercício do gerenciamento administrativo e financeiro da unidade que envolva a coleta, tratamento, armazenamento e compartilhamento de dados pessoais.

Art. 15. Os sistemas de controle de fluxo abrangendo coleta, tratamento, armazenamento e compartilhamento de dados pessoais deverão proteger contra acessos não autorizados e situações acidentais ou ilícitas de destruição, perda, alteração, comunicação ou difusão, e permitir, quando necessário, a elaboração dos relatórios de impacto previstos no inciso XVII[8] do art. 5º e nos arts. 32[9] e 38[10] da Lei Federal n. 13.709/2018.

Art. 16. As entidades representativas de classe poderão fornecer formulários e programas de informática para o registro do controle de fluxo, abrangendo coleta, tratamento, armazenamento e compartilhamento de dados pessoais, adaptados para cada especialidade dos serviços extrajudiciais de notas e de registro.

§ 1º Os sistemas de controle de fluxo, abrangendo coleta, tratamento, armazenamento e

---

7. Redação original não consta alínea "f".

8. Art. 5º Para os fins desta Lei, considera-se:

XVII – relatório de impacto à proteção de dados pessoais: documentação do controlador que contém a descrição dos processos de tratamento de dados pessoais que podem gerar riscos às liberdades civis e aos direitos fundamentais, bem como medidas, salvaguardas e mecanismos de mitigação de risco.

9. Art. 32. A autoridade nacional poderá solicitar a agentes do Poder Público a publicação de relatórios de impacto à proteção de dados pessoais e sugerir a adoção de padrões e de boas práticas para os tratamentos de dados pessoais pelo Poder Público.

10. Art. 38. A autoridade nacional poderá determinar ao controlador que elabore relatório de impacto à proteção de dados pessoais, inclusive de dados sensíveis, referente a suas operações de tratamento de dados, nos termos de regulamento, observados os segredos comercial e industrial.

Parágrafo único. Observado o disposto no caput deste artigo, o relatório deverá conter, no mínimo, a descrição dos tipos de dados coletados, a metodologia utilizada para a coleta e para a garantia da segurança das informações e a análise do controlador com relação a medidas, salvaguardas e mecanismos de mitigação de risco adotados.

PROVIMENTO N. 19/20211 ART. 31

compartilhamento de dados pessoais, serão mantidos de forma exclusiva em cada uma das unidades dos serviços extrajudiciais de notas e de registro do Estado do Tocantins, sendo vedado o compartilhamento dos dados pessoais sem autorização específica, legal ou normativa, mesmo que para a empresa do sistema de automação cartorária;

§ 2º Os sistemas utilizados para o tratamento e armazenamento de dados pessoais deverão atender aos requisitos de segurança, aos padrões de boas práticas e de governança e aos princípios gerais previstos na Lei Federal n. 13.709/2018, ao Provimento n. 13/2020/CG-JUS/TO e demais normas regulamentares.

Art. 17. O plano de resposta a incidentes de segurança com dados pessoais deverá prever a comunicação ao Juiz Corregedor Permanente e à Corregedoria-Geral da Justiça, no prazo máximo de 24 horas, com esclarecimento da natureza do incidente e das medidas adotadas para a apuração das suas causas e a mitigação de novos riscos e dos impactos causados aos titulares dos dados.

§ 1º Os incidentes de segurança com dados pessoais serão imediatamente comunicados pelos operadores ao controlador.

Art. 18. Para os efeitos deste artigo, a pseudonimização é o tratamento por meio do qual um dado perde a possibilidade de associação, direta ou indireta, a um individuo, senão pelo uso de informação adicional mantida separadamente pelo controlador em ambiente controlado e seguro.

Art. 19. Os titulares terão livre acesso aos dados pessoais, mediante consulta facilitada e gratuita que poderá abranger a exatidão, clareza, relevância, atualização, a forma e duração do tratamento e a integralidade dos dados pessoais.

Art. 20. O livre acesso é restrito ao titular dos dados pessoais e poderá ser promovido mediante informação verbal ou escrita, conforme for solicitado.

Parágrafo único. Na informação, que poderá ser prestada por meio eletrônico, seguro e idôneo para esse fim, ou por documento impresso, deverá constar a advertência de que foi entregue ao titular dos dados pessoais, na forma da Lei Federal n. 13.709/2018, e que não produz os efeitos de certidão e, portanto, não é dotada de fé pública para prevalência de direito perante terceiros.

Art. 21. As certidões e informações sobre o conteúdo dos atos notariais e de registro, para efeito de publicidade e de vigência, serão fornecidas mediante remuneração por emolumentos na forma da Lei Estadual n. 3.408/18, ressalvadas as hipóteses de gratuidade previstas em lei específica.

Art. 22. Para a expedição de certidão ou informação restrita ao que constar nos indicadores e índices pessoais poderá ser exigido o fornecimento, por escrito, da identificação do solicitante e da finalidade da solicitação.

§ 1º Igual cautela poderá ser tomada quando forem solicitadas certidões ou informações em bloco, ou agrupadas, ou segundo critérios não usuais de pesquisa, ainda que relativas a registros e atos notariais envolvendo titulares distintos de dados pessoais;

§ 2º Serão negadas, por meio de nota fundamentada, as solicitações de certidões e informações formuladas em bloco, relativas a registros e atos notariais relativos ao mesmo titular de dados pessoais ou a titulares distintos, quando as circunstâncias da solicitação indicarem a finalidade de tratamento de dados pessoais, pelo solicitante ou outrem, de forma contrária aos objetivos, fundamentos e princípios da Lei Federal n. 13.709/2018;

§ 3º Os itens previstos neste artigo incidem na expedição de certidões e no fornecimento de informações em que a pseudonimização dos dados pessoais for reversível;

§ 4º As certidões, informações e interoperabilidade de dados pessoais com o Poder Público, nas hipóteses previstas na Lei Federal n. 13.709/2018, e na legislação e normas específicas, não se sujeitam ao disposto nos parágrafos anteriores.

Art. 23. Deverá ser exigida a identificação do solicitante para as informações, por via eletrônica, que abranjam dados pessoais, salvo se a solicitação for realizada por responsável pela unidade, ou seu preposto, na prestação do serviço público delegado.

Art. 24. A retificação de dado pessoal constante em registro e em ato notarial deverá observar o procedimento, extrajudicial ou judicial, previsto na legislação ou em norma específica.

Art. 25. Os responsáveis pelas delegações dos serviços extrajudiciais de notas e de registro do Estado do Tocantins não se equiparam a fornecedores de serviços ou produtos para efeito de portabilidade de dados pessoais, mediante solicitação por seus titulares, prevista no inciso V[11] do art. 18 da Lei Federal n. 13.709/2018.

Art. 26. É vedado aos responsáveis pelas delegações de notas e de registro do Estado do Tocantins, aos seus prepostos e prestadores de serviço terceirizados, ou qualquer outra pessoa que deles tenha conhecimento em razão do serviço, transferir ou compartilhar com entidades privadas ou equiparadas dados a que tenham acesso, salvo mediante autorização legal ou normativa.

Parágrafo único. As transferências, ou compartilhamentos, de dados pessoais para as Centrais de Serviços Eletrônicos Compartilhados, incluídos os relativos aos sistemas de registro eletrônico sob a sua responsabilidade, serão promovidas conforme os limites fixados na legislação e normas específicas.

Art. 27. A inutilização e eliminação de documentos não afasta os deveres previstos na Lei Federal n. 13.709/2018, em relação aos dados pessoais que remanescerem em índices, classificadores, indicadores, banco de dados, arquivos de segurança ou qualquer outro modo de conservação adotado na unidade dos serviços extrajudiciais de notas e de registro do Estado do Tocantins.

Art. 28. As Centrais de Serviços Eletrônicos Compartilhados deverão comunicar os incidentes de segurança com dados pessoais, em 24 horas, contadas do seu conhecimento, aos responsáveis pelas delegações de notas e de registro de que os receberam e à Corregedoria-Geral da Justiça, com esclarecimento sobre os planos de resposta.

Parágrafo único. O plano de resposta conterá, no mínimo, a indicação da natureza do incidente, das suas causas, das providências adotadas para a mitigação de novos riscos, dos impactos causados e das medidas adotadas para a redução de possíveis danos aos titulares dos dados pessoais.

Art. 29. O desrespeito às normas da Lei Geral de Proteção de Dados Pessoais (LGPD) não afasta a imediata possibilidade de reparação civil por danos, nem a imposição de sanção de natureza disciplinar prevista na Lei Federal n. 8.935/94, além de sanção específica pela Autoridade Nacional de Proteção de Dados (ANPD).

Art. 30. Os casos omissos serão resolvidos pelo (a) Corregedor(a) Geral da Justiça.

Art. 31. Este Provimento entrará em vigor após 30 (trinta) dias da data de sua publicação.

---

11. Art. 18. O titular dos dados pessoais tem direito a obter do controlador, em relação aos dados do titular por ele tratados, a qualquer momento e mediante requisição:

V – portabilidade dos dados a outro fornecedor de serviço ou produto, mediante requisição expressa, de acordo com a regulamentação da autoridade nacional, observados os segredos comercial e industrial.

PROVIMENTO N. 18/2021

Institui normas procedimentais de atuação da Comissão Permanente de Assuntos Notariais e Registrais (CPANR).

Art. 1º Instituir os procedimentos a serem adotados pela Comissão Permanente de Assuntos Notariais e Registrais (CPANR), criada pelo artigo 38 da Lei Estadual n. 3408, de 28 de dezembro de 2018.

I – A COMISSÃO PERMANENTE DE ASSUNTOS NOTARIAIS E REGISTRAIS (CPANR)

Art. 2º A Comissão Permanente de Assuntos Notariais e Registrais (CPANR) possui competência para, como órgão consultivo e sem força vinculativa, propor modificações e direcionamentos na interpretação e aplicação da Lei n. 3.408, de 2018, bem assim em todos os assuntos de natureza notarial e de registro de abrangência e repercussão, direta ou indiretamente, em todo o Estado do Tocantins.

§ 1º A CPANR é composta de um Juiz Auxiliar da Corregedoria-Geral da Justiça, que a presidirá com voto de qualidade, e de um representante de cada especialidade das classes notarial e registral;

§ 2º O representante e o respectivo suplente de que trata o § 1º deste artigo é designado pelo Corregedor-Geral da Justiça, para mandato de 2 (dois) anos, admitida uma recondução, mediante prévia indicação pela Associação dos Notários e Registradores do Tocantins (ANOREG/TO), observando o seguinte:

I – um Registrador Civil de Pessoas Naturais e respectivo suplente, ouvida a Associação dos Registradores de Pessoas Naturais do Estado do Tocantins (ARPEN/TO);

II – um Tabelião de Protesto de Títulos e respectivo suplente, ouvido o Instituto de Estudos de Protesto de Títulos do Brasil, Seção Tocantins (IEPTB/TO);

III – um Registrador de Títulos e Documentos e um Registrador de Pessoas Jurídicas e respectivos suplentes, ouvido o Instituto de Registro de Títulos e Documentos e de Pessoas Jurídicas do Estado do Tocantins (IRTDPJ/TO);

IV – um Tabelião de Notas e respectivos suplentes, ouvido o Colégio Notarial do Brasil, Seção Tocantins (CNB/TO); e

V – um Registrador de Imóveis e respectivos suplentes, ouvido o Instituto de Registro Imobiliário do Brasil (IRIB/TO).

§ 3º Até o dia 31 de janeiro do biênio em que finda o mandato dos membros da CPANR, a Associação dos Notários e Registradores do Tocantins (ANOREG/TO) deverá indicar os novos componentes da Comissão e seus suplentes ou manifestar pela recondução;

§ 4º Compete à CPANR manifestar, previamente, sobre as normas e regulamentos do sistema de gestão integrada das serventias extrajudiciais e do selo de fiscalização eletrônica, bem como editar enunciados interpretativos da aplicação das tabelas de emolumentos, de observância obrigatória desde que aprovados pelo Corregedor-Geral da Justiça.

II – DAS REUNIÕES.

Art. 3º A Comissão Permanente de Assuntos Notariais e Registrais (CPANR) reunir-se-á uma vez por mês, preferencialmente na última sexta feira do mês, mediante convocação de seu presidente.

§ 1º Incumbe à Corregedoria-Geral de Justiça comunicar aos membros da comissão, com antecedência mínima de 10 (dez) dias, a data e hora da sessão mencionada no caput do artigo, bem como a respectiva a pauta;

§ 2º A comunicação poderá ser feita por qualquer meio eletrônico, desde que certificado o recebimento;

§ 3º O acesso integral aos autos do processo será franqueado aos membros da CPANR, também com antecedência mínima de 10 (dez) dias, mediante remessa de link de acesso aos e-mails de seus membros.

Art. 4º À hora marcada, verificado o quórum, o presidente declarará aberta a sessão.

Parágrafo único. As reuniões poderão ser realizadas mediante sistema informatizado de videoconferência ou presencialmente, informação que deve constar da comunicação de que trata o § 2º do artigo 3º deste provimento.

Art. 5º Do que ocorrer na sessão, será lavrada ata circunstanciada, que será distribuída aos membros e submetida à discussão, as alterações e a aprovação na sessão subsequente.

§ 1º As atas poderão ser aprovadas na própria sessão;

§ 2º A ata mencionará:

I – o dia, mês e ano da sessão e a hora da abertura e do encerramento;

II – o nome do membro que a tenha presidido a sessão, dos que compareceram, dos que não compareceram ou se retiraram antes do encerramento.

III – os processos em debate, número de ordem, o resultado da votação, nome do relator e dos membros que acompanharam e divergiram, bem como dos que se declararam impedidos ou deixaram de votar por qualquer motivo;

IV – tudo o que mais tenha ocorrido.

Art. 6º Encerrada a sessão, restarem em pauta ou em mesa processos sem julgamento, serão eles incluídos na pauta da sessão seguinte, devendo a informação do adiamento constar expressamente da ata.

§ 1º Sempre que houver necessidade, o presidente poderá convocar sessão extraordinária para apreciação de processos remanescentes das pautas anteriores.

III – DISTRIBUIÇÃO DOS PROCESSOS.

Art. 7º Os processos serão distribuídos preferencialmente por sorteio, oportunizando-se, antes do sorteio, que os membros solicitem a relatoria de quaisquer dos processos pendentes de apreciação.

Parágrafo único. Qualquer membro da Comissão poderá solicitar relatoria de processo específico.

Art. 8º Incumbe ao relator, com antecedência mínima de 48h (quarenta e oito horas) da respectiva sessão, encaminhar voto e/ou manifestações referentes aos processos incluídos em pauta ou levados em mesa.

IV – DA DELIBERAÇÃO

Art. 9º Iniciada a sessão, o presidente colherá o voto do relator, em seguida, dos demais membros, e, no caso de empate, proferirá voto de qualidade.

Parágrafo único. Depois da apresentação do voto pelo relator, se houver, ficará aberta a discussão da matéria entre os membros da comissão, usando da palavra os que a solicitarem.

Art. 10. Encerrada a discussão, o presidente tomará os votos dos demais membros.

§ 1º Chamado a votar, o membro poderá justificar seu pronunciamento, usando da palavra pelo tempo necessário.

Art. 11. O membro pedirá vista do processo previamente pelo sistema eletrônico de informações – (SEI), ou no momento de ser convidado a votar em sessão, devendo devolvê-lo na sessão ordinária subsequente.

§ 1º Havendo mais de um pedido de vista, a preferência se dará pela ordem da chamada para votação;

§ 2º Se os autos não forem devolvidos tempestivamente ou se não for solicitada pelo membro prorrogação de prazo, o presidente os requisitará para continuidade da deliberação na sessão subsequente;

§ 3º O feito retirado com vista permanecerá em pauta até que retorne à deliberação;

§ 4º O pedido de vista não impede que votem os membros que se sintam habilitados a fazê-lo.

Art. 12. A deliberação, uma vez iniciada, ultimar-se-á na mesma sessão, salvo motivo superior.

Art. 13. Finda a deliberação, ocorrendo hipótese prevista no § 3º do art. 38 da Lei Estadual n. 3.408, de 2018, encaminhar-se-á o processo ao Corregedor-Geral da Justiça para prolação de decisão normativa.

Art. 14. Este Provimento entra em vigor na data de sua publicação.

PROVIMENTO N. 05/2021

Dispõe sobre medidas preventivas, aplicáveis às serventias extrajudiciais, para redução do risco de contaminação pelo coronavírus.

Art. 1º O funcionamento das serventias extrajudiciais do Estado do Tocantins, durante o período de Emergência em Saúde Pública de Importância Nacional (ESPIN), em decorrência da infecção humana causada pelo Coronavírus (Sars-CoV-2), por serem consideradas atividades essenciais, devem manter a continuidade e o seu funcionamento, seja por meio presencial, remoto e/ou virtual e, quando prestado de forma presencial, o delegatário deverá observar todos os cuidados determinados pelas autoridades sanitárias.

Art. 2º A recepção de documentos e a formalização/prática de atos pelos delegatários titulares, interinos, interventores e prepostos das serventias extrajudiciais do Estado do Tocantins, devem ser preferencialmente praticados de forma remota em meio eletrônico, o qual fica regulado por este Provimento e pelo Provimento n. 4/2020/CGJUS/TO, dentro do expediente normal de trabalho e durante os plantões, que será realizado nos seguintes modos:

I – de forma remota, com a utilização de instrumentos de comunicação e orientação à distância que garanta minimamente a segurança do contato, tais como telefone fixo, celular, aplicativos de envio de mensagens instantâneas e/ou de videoconferência, e-mail, ferramenta de agendamento virtual, quando houver;

II – presencial, nos locais em que não for possível a imediata implementação do atendimento à distância.

Parágrafo único. O atendimento remoto será compulsório nas unidades em que o responsável e os seus prepostos, ou colaboradores, estiverem infectados pelo vírus COVID-19 (soropositivo), condicionando o retorno ao presencial mediante comprovação ao Juiz(a) Diretor(a) do Foro da Comarca (soronegativo).

Art. 3º As serventias extrajudiciais, sem prejuízo do atendimento presencial, devem priorizar o atendimento remoto, dando ampla publicidade aos canais de comunicação disponíveis para a população, adotando:

I – para a remessa e recebimento de arquivos por meio da Central de Serviços Eletrônicos Compartilhados, no portal: www.cartoriostocantins.com.br; e

II – para o atendimento por voz e/ou vídeo, utilizar-se-á de telefone e/ou aplicativos eletrônicos de mensagens, preferencialmente WhatsApp e plataformas de webconferência (por exemplo: Skype, Google Meet, Zoom Meeting e outras).

§ 1º O horário de atendimento e todos os meios de comunicação que forem adotados para o atendimento remoto, especialmente os números de telefones e de celulares vinculados ao aplicativo WhatsApp e links das demais plataformas de webconferência, serão fixados em cartaz na porta da unidade, facilmente visível, e divulgado pela página de internet do cartório, quando houver;

§ 2º As serventias deverão manter atendimento por voz (telefone fixo, celular ou outro sistema eletrônico de comunicação), para esclarecimento de dúvidas, incluindo aquelas referentes à utilização das plataformas colocadas à disposição dos usuários, bem como meio para atendimento dos pedidos de gratuidade;

§ 3º A operação dos canais de atendimento remoto deve, ao menos, coincidir com o horário de funcionamento presencial de que trata o art. 1º do Provimento n. 18/2012/CGJUS/TO e, observando o disposto no Provimento n. 69/2018 do CNJ, as serventias poderão funcionar com quadro de colaboradores reduzido, desde que essa providência não repercuta em retardo nos atendimentos, suficiente para produzir aglomerações em suas dependências ou em área externa contígua.

Art. 4º Os delegatários titulares, interinos e interventores responsáveis pelo expediente, quando da realização de atendimentos presenciais, além das medidas determinadas pelas autoridades sanitárias e administrativas locais, deverão adotar medidas rígidas de precaução, visando a reduzir o risco de contágio pelo Coronavírus (Sars-Cov-2).

§ 1º Ficam os delegatários titulares, interinos e interventores autorizados durante o período de pandemia, no atendimento presencial, controlar o acesso às dependências da serventia, seguindo as normas de seguranças estabelecidas pelas autoridades sanitárias, com objetivo de evitar aglomeração no interior da serventia, mediante a adoção das seguintes providências:

I – intercalar as cadeiras de espera com espaço mínimo de 2,0 metros entre um usuário e outro, de modo que fiquem em uma distância segura uns dos outros;

II – limitar a entrada de pessoas nas áreas de atendimento, evitando aglomerações, sendo indicado que se faça uma triagem do lado de fora da serventia e, quando for possível, orientar o usuário a deixar a documentação para posterior retirada;

IV[1] – marcar uma faixa de segurança a uma distância de 1,5 metro nas áreas de atendimento entre o usuário e o atendente;

V – orientar os usuários sobre a possibilidade de realizar atos em diligência;

VI – disponibilizar álcool em gel, luvas e máscaras para os atendentes que tenham contato com documentos em papel e com o público, bem como, álcool em gel em local de fácil acesso para os usuários;

VII – impedir a entrada na serventia e negar atendimento aos usuários que se negarem a utilizar a máscara facial ou não aceitarem quaisquer das medidas elencadas nestes provimento e demais medidas determinadas pelas autoridades sanitárias e administrativas locais, enquanto seu uso for considerado obrigatório;

VIII – higienizar rotineiramente as máquinas e objetos, canetas e outros materiais de constante contato com os usuários, e se possível individualizar os objetos de uso dos prepostos em relação aos dos usuários;

IX – respeitar as condições de segurança e higiene para manuseio dos documentos e demais papéis;

X – fornecer os equipamentos de proteção individual e coletivos (EPI'S), que visem a redução dos riscos de contágio pelo Coronavírus (Sars-Cov-2) aos seus prepostos, e exigir a utilização, sob pena de adoção das medidas previstas na legislação trabalhista; e

XI – instalar placas de proteção, em acrílico, vidro ou outro material, que seja capaz de criar uma barreira de proteção física nos balcões de atendimento, assim que possível.

Art. 5º Observada a essencialidade do serviço notarial e de registro é compulsória a observância das normas sanitárias de prevenção à Covid-19 expedidas pela União, Estado do Tocantins e pelo Município respectivo no atendimento ao público e nos ambientes internos entre os colaboradores da serventia.

Parágrafo único. Os Juízes Corregedores permanentes das comarcas poderão disciplinar motivadamente expedientes em horário diverso do contido no Provimento n. 18/2012/CGJUS/TO para atender peculiaridades locais, devendo remeter cópia do ato à Corregedoria-Geral de Justiça no prazo de 48h (quarenta e oito horas) a contar de sua edição.

Art. 6º Eventuais omissões e dúvidas serão resolvidas por esta Corregedoria-Geral da Justiça.

Art. 7º A Corregedoria-Geral da Justiça e os Juízes Corregedores Permanentes das Comarcas fiscalizarão a efetiva observância das normas previstas neste provimento pelos gestores dos serviços extrajudiciais, ainda que remotamente.

Art. 8º Nas habilitações para casamento os nubentes deverão preferencialmente apresentar a documentação exigida por meio do e-protocolo disponibilizado no portal: www.cartoriostocantins.com.br, sendo observadas as seguintes

---

1. Redação original não consta inciso "III".

ART. 9º NORMAS PARA A ATIVIDADE EXTRAJUDICIAL DO ESTADO DO TOCANTINS

diretrizes contidas no art. 8º, do Provimento n. 04/2020/CGJUS/TO, quais sejam:

I – contato prévio em meio remoto para instrução aos nubentes acerca da documentação legal exigida por meio de ferramenta que permita o contato simultâneo com os dois nubentes.

II – os nubentes comparecerão à serventia acompanhados de 2 (duas) testemunhas para assinar o requerimento de habilitação, condicionando-se o atendimento à observância das cautelas e determinações das autoridades de saúde pública (municipal, estadual e nacional);

III – os interessados poderão fazer uso de certificado digital, emitido em conformidade com o padrão ICP-Br.

Art. 9º Certificada a habilitação e após todos os trâmites legais, será agendada data e hora para a celebração do casamento, que poderá ser realizado por videoconferência para permitir a participação simultânea de nubentes, juiz de paz, registrador e preposto, além de duas testemunhas, servindo-se para tanto de programa que assegure a livre manifestação, cabendo ao Registrador Civil por meio da fé pública certificar a realização do casamento na conformidade da Lei.

§ 1º Fica dispensada a autorização para casamento fora de sede;

§ 2º A habilitação e o termo de casamento religioso para casamento, cujo prazo de eficácia expirar durante a vigência deste Ato, fica prorrogada por mais noventa dias a contar do fim da situação excepcional que levou à sua edição.

Art. 10. Este Provimento entra em vigor na data de sua publicação.

PROVIMENTO N. 04/2021

Regulamenta o processo de escolha de interinos e interventores, e regulamenta suas prestações de contas.

SEÇÃO I
DISPOSIÇÕES COMUNS PARA INTERVENTOR E INTERINO RECEITAS E DESPESAS

Art. 1º São consideradas receitas da serventia os valores provenientes de:

I – emolumentos recebidos pela prática de atos pagos pelos usuários;

II – ressarcimento pela prática de atos gratuitos;

III – ajuda de custo;

IV – rendimentos de depósitos e aplicações financeiras; e

V – valores recebidos por serviços autorizados por lei ou pela Corregedoria-Geral da Justiça.

§ 1º Os interventores e os interinos deverão lançar as receitas no Livro Diário Auxiliar da Receita e da Despesa de forma individualizada e com expressa referência ao dia da prática do ato;

§ 2º Considera-se dia da prática do ato:

I – o da lavratura e o do encerramento do ato notarial, para os serviços de notas;

II – o do registro, para os serviços de registro de imóveis, de registro de títulos e documentos e de registro civil das pessoas jurídicas;

III – o do registro, para os atos não gratuitos do registro civil das pessoas naturais;

IV – o do recebimento do reembolso dos atos gratuitos; e

V – o da lavratura do termo de cancelamento, o do acatamento do pedido de desistência e o do pagamento do título, nos casos de protesto diferido, para os serviços de protesto.

§ 3º Os interventores e os interinos deverão utilizar o Livro Diário Auxiliar da Receita e da Despesa instituído pelo Provimento n. 45, de 13 de maio de 2015 do Conselho Nacional de Justiça, como base para a prestação de contas mensal, a ser feita no módulo de prestação de contas disponibilizado no Sistema de Gestão Integrado das Serventias Extrajudiciais do Estado do Tocantins – GISE.

Art. 2º Os interventores e os interinos deverão depositar em conta bancária específica todos os recursos provenientes da receita da serventia.

§ 1º O pagamento das despesas deverá ser por meio de ordem bancária, cartão de débito, PIX ou transferência eletrônica;

§ 2º A movimentação de valores por cheques nominais e a realização de saques para pagamento em espécie somente serão admitidas em casos excepcionais, que deverão ser justificados na prestação de contas.

Art. 3º São consideradas despesas da serventia os valores gastos com:

I – locação de bens móveis e imóveis utilizados para a prestação do serviço delegado, incluídos os destinados à guarda de livros, equipamentos e demais itens do acervo;

II – contratação de obras e serviços para a conservação, ampliação ou melhoria dos prédios utilizados para a prestação do serviço delegado, desde que não sejam de responsabilidade do locador, nos termos da legislação civil;

III – contratação de serviços de limpeza e de segurança, inclusive terceirizados;

IV – aquisição de móveis, utensílios, eletrodomésticos e equipamentos;

V – aquisição ou locação de equipamentos (hardware), de programas (software) e de serviços de informática, incluídos os de manutenção prestados de forma terceirizada;

VI – formação e manutenção de arquivo de segurança;

VII – aquisição de materiais para copa e cozinha, higiene e limpeza;

VIII – aquisição de materiais de escritório e de expediente em geral;

IX – aquisição de uniforme para os prepostos;

X – salários líquidos pagos aos prepostos legalmente vinculados à serventia;

XI – encargos trabalhistas com prepostos, incluídos os valores recolhidos ao Fundo de Garantia do Tempo de Serviço, o imposto de renda da pessoa física retido, o vale-alimentação, o vale-transporte, as contribuições previdenciárias devidas ao Instituto Nacional do Seguro Social ou ao órgão previdenciário estadual e demais encargos decorrentes das obrigações diretas dos empregadores;

XII – plano individual ou coletivo de assistência médica e odontológica dos prepostos e seus dependentes legais contratado com entidade privada de saúde;

XIII – custeio de cursos de aperfeiçoamento técnico ou de formação jurídica dos prepostos;

XIV – mensalidade das entidades de classe relacionadas com a atividade-fim da serventia;

XV – recolhimento dos tributos incidentes sobre o imóvel e dos tributos correlatos ao funcionamento ou à atividade da serventia;

XVI – contratação de seguro patrimonial;

XVII – tarifas e taxas bancárias;

XVIII – provisão para obrigações trabalhistas; e

XIX – outros itens autorizados pela Corregedoria-Geral da Justiça.

§ 1º Todas as despesas realizadas deverão estar vinculadas à atividade-fim da serventia e de acordo com os valores praticados no mercado;

§ 2º O vale-alimentação e o vale-transporte não poderão ser pagos em dinheiro, e o lançamento dessas despesas deverá estar acompanhado de declaração do funcionário de que recebeu os benefícios;

§ 3º A contratação de plano de assistência médica e odontológica será permitida:

I – nas serventias sob intervenção, quando implementada na gestão do delegatário afastado;

II – quando repassada integralmente aos prepostos, mediante desconto em folha de pagamento; e

III – nas serventias vagas, quando destinada exclusivamente aos prepostos da serventia e autorizada pela Corregedoria-Geral da Justiça.

§ 4º Os valores devidos por coparticipação no plano de assistência médica e odontológica serão integralmente repassados aos prepostos;

§ 5º As despesas com plano de assistência médica e odontológica deverão estar acompanhadas da cópia do contrato e do rol dos prepostos aderentes;

§ 6º É vedado o pagamento de cursos de aperfeiçoamento técnico ou de formação jurídica de prepostos, salvo nas hipóteses em que o delegatário afastado já realizava o pagamento;

§ 7º As despesas com seguro patrimonial deverão estar acompanhadas de cópia da apólice do contrato;

§ 8º São vedadas a contratação de empresas de consultoria para certificações e a inscrição em prêmios de qualidade, salvo nas serventias sob intervenção, se realizadas pelo(a) delegatário(a) afastado(a);

§ 9º É vedado o lançamento do imposto de renda de pessoa física e da contribuição ao Instituto Nacional do Seguro Social do interventor(a) ou do interino(a) como despesa da serventia.

Art. 4º É considerado comprovante regular de despesa pública a primeira via dos documentos fiscais, conforme definido na legislação tributária, quando demonstrado seu pagamento.

§ 1º O documento fiscal deverá conter:

I – data de emissão, o nome do responsável, seu número de inscrição no Cadastro de Pessoas Físicas e o endereço completo da serventia;

II – discriminação precisa das mercadorias ou serviços, como quantidade, marca, tipo, modelo, qualidade e demais elementos que permitam sua perfeita identificação;

123

ART. 5º NORMAS PARA A ATIVIDADE EXTRAJUDICIAL DO ESTADO DO TOCANTINS

III – valores, unitário e total, das mercadorias ou serviços e o valor total da operação;

§ 2º Os documentos fiscais deverão ser preenchidos com clareza e sem emendas, borrões, rasuras, acréscimos ou entrelinhas que possam comprometer sua credibilidade;

§ 3º Recibos não são considerados documentos aptos a comprovar despesas sujeitas à incidência de tributos federais, estaduais ou municipais, exceto para a aquisição de vale-transporte.

Art. 5º Os interventores e os interinos deverão solicitar autorização do(a) Juiz(a) Corregedor(a) Permanente da Comarca para realizar despesas que onerem a renda da serventia de modo continuado ou excessivo, como:

I – contratação de novos prepostos;

II – aumento de salário dos prepostos;

III – aumento de valores de contratos de locação ou de prestação de serviços;

IV – contratação de novas locações de bens móveis ou imóveis;

V – aquisição de equipamentos;

VI – realização de construções ou de reformas de qualquer natureza;

VII – contratação de serviços de terceiros; e

VIII – provisão para obrigações trabalhistas.

Parágrafo único. A falta de autorização para realizar ou aumentar despesas poderá ser glosada pelo Juiz(a) Corregedor(a) Permanente da Comarca.

Art. 6º. O pedido de autorização de despesa deverá ser apresentado por escrito e instruído com justificativa de sua necessidade e, quando possível, com no mínimo 3 (três) orçamentos de empresas legalmente constituídas.

§ 1º Quando se tratar de locação de bens móveis e imóveis deverão ser anexadas cópias do contrato vigente, se houver, do documento de identificação das partes e do comprovante de propriedade ou de posse legal do bem;

§ 2º Despesas urgentes e imprescindíveis à continuidade dos serviços prestados poderão excepcionalmente ser realizadas e posteriormente comunicadas ao(à) Juiz(a) Corregedor(a) Permanente da Comarca;

§ 3º É dispensada a autorização do(a) Juiz(a) Corregedor(a) Permanente da Comarca nos casos de:

I – substituição de preposto, desde que o salário seja equivalente ao do preposto anterior;

II – reajustes salariais em razão de alteração do salário-mínimo nacional vigente ou de convenções coletivas das categorias; e

III – a designação de substituto legal "ad hoc" pelo(a) Juiz(a) Corregedor(a) Permanente da Comarca.

Art. 7º O pedido de contratação de preposto deverá ser instruído com:

I – cópia do documento de identificação, do número no Cadastro de Pessoas Físicas e do comprovante de residência;

II – declaração de domicílio eleitoral, residencial e de atividade profissional dos últimos 5 (cinco) anos;

III – certidão negativa de antecedentes criminais dos locais de domicílio eleitoral, residencial e de

atividade profissional dos últimos 5 (cinco) anos, expedida pela Justiça dos Estados e pela Justiça Federal;

IV – certidão da Justiça Militar, nos âmbitos federal e estadual;

V – certidão de quitação eleitoral; e

VI – resultado da consulta em Qualificação Cadastral no portal e-Social.

Art. 8º Os interventores e os interinos deverão transferir para seu número de inscrição no Cadastro de Pessoas Físicas todas as obrigações e contratações vigentes no prazo de até 30 (trinta) dias depois da designação a que se refere o art. 7º deste Provimento, sob pena de glosa das despesas.

§ 1º O(A) interventor(a) poderá manter no número de inscrição no Cadastro de Pessoas Físicas do delegatário afastado as obrigações e contratações vigentes, mediante autorização do(a) Juiz(a) Corregedor(a) Permanente da Comarca, quando verificar que a transferência a que se refere o *caput* deste artigo poderá gerar grave prejuízo financeiro à serventia;

§ 2º A transferência dos contratos de trabalho para o novo responsável da serventia deverá ser realizada quando ocorrer transmissão de acervo de:

I – delegatário afastado para interventor;

II – interventor para delegatário afastado;

III – interventor para interventor; ou

IV – interino para interino.

§ 3º A rescisão dos contratos de trabalho deverá ser realizada quando ocorrer transmissão de acervo de:

I – interventor para interino;

II – delegatário para interino; ou

III – interino para delegatário.

SEÇÃO II
DISPOSIÇÕES ESPECÍFICAS PARA INTERINO

Art. 9º Declarada a vacância da serventia, por qualquer dos motivos estabelecidos no art. 39[1] da Lei Federal n. 8.935 de 16 de julho de 1994, o(a) Juiz(a) Corregedor(a) Permanente da Comarca designará o(a) substituto(a) mais antigo que estiver em exercício legal para responder pelo expediente do serviço, devendo ser observado os impedimentos nos casos previstos no Provimento n. 77/2018 do Conselho Nacional de Justiça.

---

1. Art. 39. Extinguir-se-á a delegação a notário ou a oficial de registro por:

    I – morte;

    II – aposentadoria facultativa;

    III – invalidez;

    IV – renúncia;

    V – perda, nos termos do art. 35.

    VI – descumprimento, comprovado, da gratuidade estabelecida na Lei n. 9.534, de 10 de dezembro de 1997.

    § 1º Dar-se-á aposentadoria facultativa ou por invalidez nos termos da legislação previdenciária federal;

    § 2º Extinta a delegação a notário ou a oficial de registro, a autoridade competente declarará vago o respectivo serviço, designará o substituto mais antigo para responder pelo expediente e abrirá concurso.

§ 1º Não recaindo a nomeação sobre o(a) substituto(a), observar-se-á, no ato respectivo, a preferência dentre os titulares de delegação;

§ 2º O ato de designação deverá autorizar ou não a anexação provisória do serviço nas mesmas instalações físicas do serviço do designado, não implicando a autorização em anexação da serventia;

§ 3º O(A) tabelião(ã) ou registrador(a) e/ou o(a) substituto(a) mais antigo que for designado para responder pelo expediente de serviço vacante deve, sob pena de revogação da designação, mencionar em seus atos essa circunstância, fazendo constar o número da portaria de sua designação.

Art. 10. A designação de pessoa estranha à atividade notarial e de registro do Estado tem caráter excepcional, a qual deve ser fundamentada e observará os seguintes requisitos:

I – diploma de bacharel em direito;

II – nacionalidade brasileira;

III – capacidade civil;

IV – quitação com as obrigações eleitorais e militares; e

V – verificação de conduta condigna para o exercício da atividade.

§ 1º O ato de designação de que trata este artigo perde, automaticamente, todos os seus efeitos a partir da posse e entrada em exercício do titular aprovado em concurso público, na forma disciplinada na Lei Federal n. 8.935/1994;

§ 2º Respeitada à ordem de designação, o(à) Juiz(a) Corregedor(a) Permanente, além das vedações, poderá, por decisão fundamentada, deixar de deferir a interinidade a quem não reúna condições de responder pelo expediente da serventia;

§ 3º Não poderá ser designado como interino(a) cônjuge, companheiro ou parente até o terceiro grau, por consanguinidade ou por afinidade nos termos do Provimento n. 77/2018/CNJ:

I – do antigo delegatário;

II – de magistrado do Poder Judiciário do Estado; e

III – de delegatário, interventor ou interino de serventia da mesma comarca.

§ 4º O ato de designação do(a) interino(a) e o relatório de transmissão de acervo deverão ser registrados no histórico da serventia no Sistema GISE – Registro Funcional.

Art. 11. Antes de sua designação, o(a) interino(a) deverá apresentar:

I – documento de identificação;

II – certidão atualizada de casamento ou de nascimento;

III – comprovante de regularidade cadastral do Cadastro de Pessoas Físicas;

IV – comprovante de consulta em Qualificação Cadastral no portal e-Social;

V – comprovante de formação em direito ou de exercício na atividade notarial ou de registro por no mínimo 10 (dez) anos;

VI – certidão negativa de antecedentes criminais dos locais de domicílio eleitoral, residencial e de atividade profissional dos últimos 5 (cinco) anos,

PROVIMENTO N. 04/2021 — ART. 21

expedida pela Justiça dos Estados e pela Justiça Federal;

VII – certidões da Justiça Militar, nos âmbitos federal e estadual;

VIII – certidões dos tribunais de contas da União, do Estado e, quando for o caso, do Município;

IX – certidão de quitação eleitoral;

X – certidão negativa de crimes eleitorais;

XI – declaração de domicílio eleitoral, residencial e de atividade profissional dos últimos 5 (cinco) anos;

XII – declaração de bens ou a última declaração do imposto de renda com a informação de envio e recebimento pela Receita Federal, com todas as folhas assinadas;

XIII – declaração de que não tem parentesco com o antigo delegatário, com delegatário interventor(a) ou interino(a) de serventia da mesma comarca e com magistrado do Poder Judiciário do Estado; e

XIV – declaração de inexistência de penalidade no exercício do serviço público.

Art. 12. A designação de interino(a) será feita no interesse do Poder Público, observados os critérios de conveniência e de oportunidade.

§ 1º O(A) interino(a) não se sujeitará ao regime disciplinar dos servidores públicos nem às penalidades previstas na Lei Federal n. 8.935/94, e ficará sujeito à revogação de sua designação independentemente de processo administrativo disciplinar;

§ 2º Indícios da prática de crime ou de ato de improbidade administrativa pelo interino(a) deverão ser comunicados ao Ministério Público e ao Tribunal de Contas do Estado;

§ 3º O não recolhimento dos valores correspondentes a Taxa de Fiscalização Judiciária, FUNCIVIL e FUNCESE no prazo legal, culminará na revogação da interinidade.

Art. 13. As reclamações sobre a atuação do(a) interino(a) deverão ser apresentadas, por escrito ou por manifestação oral, reduzida a termo, ao(à) Juiz(a) Corregedor(a) Permanente da Comarca responsável pela unidade do serviço para apuração em atenção ao princípio do contraditório e ampla defesa.

Parágrafo único. Cumpre ao(à) Juiz(a) Corregedor(a) Permanente do foro elucidar os fatos, podendo propor ao Corregedor-Geral (a) da Justiça a substituição cautelarmente do(a) interino(a) se a gravidade dos fatos o recomendar.

DA PRESTAÇÃO DE CONTAS

Art. 14. O(A) interino(a) prestará contas mensalmente ao(à) Juiz(a) Corregedor(a) Permanente da Comarca até o 10º (décimo) dia do mês subsequente ao vencido, com a especificação das receitas e despesas, estas instruídas com documentos comprobatórios fiscais digitalizados acompanhados dos comprovantes de pagamento e inseridos no módulo de Prestações de Contas – disponibilizado no Sistema GISE – Gestão Cartório.

§ 1º As receitas aferidas do mês objeto da prestação de contas serão automaticamente disponibilizadas no módulo de prestação de contas, tendo como referência o dia da prática do ato;

§ 2º Para confrontação da receita disponibilizada no módulo de prestação de contas, o(a)

interino(a) deverá incluir o relatório diário mensal de receitas da serventia;

§ 3º As despesas serão lançadas, individualmente, no dia em que se efetivarem e sempre deverão resultar da prestação do serviço delegado, sendo passíveis de lançamento todas as despesas relativas aos investimentos, custeio e pessoal;

§ 4º O(A) interino(a) deverá apresentar, na prestação de contas dos meses de março, junho, setembro e dezembro de cada ano, certidões negativas de débito de obrigações trabalhistas, previdenciárias e tributárias;

§ 5º Os equipamentos, mobiliários, computadores e utensílios que forem adquiridos com recursos da serventia e declarados como despesas, pertencerão ao patrimônio do Poder Judiciário;

§ 6º Para fins de inventário dos bens adquiridos na forma do § 5º, o oficial interino(a), deverá declarar no Sistema GISE – Gestão Cartório – Inventário de bens, independentemente da prestação de contas, mediante a descrição pormenorizada do objeto, juntamente com cópia digitalizada da nota fiscal e do comprovante de pagamento, para fins de controle patrimonial.

Art. 15. O atraso na apresentação da prestação de contas implicará em multa no valor correspondente a 1% (um por cento) sobre a remuneração bruta do(a) interino(a), sem prejuízo de outras sanções.

§ 1º A multa deverá ser paga pelo(a) interino(a) com recursos próprios, em favor do Poder Judiciário do Estado, no prazo de 5 (cinco) dias, contados da intimação da decisão que a reconhecer, mediante a geração da DARJ pela Divisão de Fiscalização da Corregedoria;

§ 2º A Corregedoria-Geral da Justiça, em procedimento administrativo, decidirá sobre a substituição do(a) interino(a) nos termos do inciso XXVII do art. 25 da Lei Complementar n. 112/2018, e poderá adotar outras providências no caso de não pagamento da multa.

Art. 16. Recebida a prestação de contas e havendo necessidade de esclarecimentos, o(à) Juiz(a) Corregedor(a) Permanente da Comarca intimará o interino(a) para se manifestar em 5 (cinco) dias.

§ 1º Em sua manifestação, o(a) interino(a) somente poderá incluir os documentos solicitados para sanar as pendências constatadas, sendo vedada a apresentação de novas despesas;

§ 2º Decorrido o prazo previsto no *caput*, a prestação de contas será examinada pelo(a) Juiz(a) Corregedor(a) Permanente da Comarca, no prazo de 10 (dez) dias, por meio do módulo de prestação de contas disponibilizado no Sistema Gizé – Gestão Juiz.

Art. 17. As contas serão julgadas:

§ 1º regulares, quando evidenciarem a legalidade, a legitimidade e a economicidade dos atos de gestão e a correta aplicação dos recursos. Nesta hipótese, o(a) interino(a) será intimado(a) da decisão e o fluxo do procedimento remetido à Corregedoria-Geral da Justiça para ciência e encerrado;

§ 2º regulares com ressalva, quando evidenciarem impropriedade ou falha de natureza formal que não cause dano ou prejuízo ao erário. Nesta hipótese, o(a) Juiz(a) Corregedor(a) Permanente da Comarca determinará ao(à) interino(a) que

adote medidas para corrigir ou prevenir as falhas apontadas, sendo intimado(a) da decisão e o fluxo do procedimento remetido à Corregedoria-Geral da Justiça para ciência e encerrado; ou

§ 3º irregulares, quando evidenciarem dano ou prejuízo ao erário ou quando não forem prestadas. Nesta hipótese, as contas julgadas irregulares e se resultarem em imputação de débito, o(a) Juiz(a) Corregedor(a) Permanente da Comarca determinará ao interino(a) o pagamento da dívida com recursos próprios, no prazo de 5 (cinco) dias;

§ 4º Em caso de extrema necessidade, no momento da análise da prestação de contas, o(a) Juiz(a) Corregedor(a) Permanente da Comarca poderá solicitar, de forma fundamentada, auxílio da Divisão de Fiscalização da Corregedoria-Geral da Justiça no caso de eventuais dúvidas, não sub-rogando a competência prevista no *caput* deste artigo;

§ 5º Contra a decisão que julgar a prestação de contas irregular caberá recurso ao Corregedor(a)-Geral da Justiça, sem efeito suspensivo, no prazo de 5 dias.

Art. 18. Finda a interinidade, o(a) interino(a) prestará contas referentes ao período em que respondeu pela serventia.

DA REMUNERAÇÃO

Art. 19. A remuneração mensal do(a) interino(a) ficará limitada à quantia correspondente a 90,25% (noventa inteiros e vinte e cinco centésimos por cento) do subsídio mensal, em espécie, dos ministros do Supremo Tribunal Federal.

§ 1º As guias e os comprovantes de recolhimento do imposto de renda de pessoa física e da contribuição previdenciária do(a) interino(a) deverão ser incluídos na prestação de contas para comprovação da regularidade fiscal, não sendo contabilizadas como despesas;

§ 2º O(A) interino(a) deverá apresentar à Corregedoria-Geral da Justiça, no mês de maio de cada ano, declaração completa do imposto de renda de pessoa física, que será arquivada em seu registro funcional.

Art. 20. Ao fim da interinidade, a remuneração do interino será proporcional ao período em que responderu pela serventia referente ao mês.

DA RECEITA EXCEDENTE

Art. 21. A receita excedente será apurada depois do pagamento das despesas da serventia e da remuneração do interino, e deverá ser recolhida trimestralmente ao Poder Judiciário do Estado, o qual deverá ser gerado no módulo de prestação de contas.

§ 1º O comprovante do recolhimento da receita excedente deverá ser incluído na prestação de contas dos meses de março, junho, setembro e dezembro na forma do inciso VI[2] do art. 13 do Provimento n. 45/2015/CNJ;

---

2. Art. 13. As normas impostas por este Provimento aos delegatários de serviços notariais e registrais aplicam-se aos designados para responder interinamente por serventias vagas, observadas as seguintes peculiaridades:

VI – A periodicidade de recolhimento do valor da renda líquida excedente a 90,25% dos subsídios de Ministro do Supremo Tribunal Federal é trimestral, considerando-se as receitas e despesas do trimestre, não havendo lei estadual que estabeleça periodicidade diversa.

125

ART. 22 — NORMAS PARA A ATIVIDADE EXTRAJUDICIAL DO ESTADO DO TOCANTINS

§ 2º A guia de recolhimento da receita excedente deverá conter obrigatoriamente as seguintes informações:

I – Código Nacional da Serventia;

II – denominação da serventia;

III – nome do(a) interino(a) e seu número de inscrição no Cadastro de Pessoas Físicas;

IV – período de referência;

V – valor a ser recolhido.

§ 3º O atraso no recolhimento ao Poder Judiciário do Estado poderá acarretar a imediata substituição do interino;

§ 4º O recolhimento da receita excedente deverá ser realizado até o dia:

I – 25 de abril, referente aos meses de janeiro, fevereiro e março;

II – 25 de julho, referente aos meses de abril, maio e junho;

III – 25 de outubro, referente aos meses de julho, agosto e setembro; e

IV – 25 de janeiro, referente aos meses outubro, novembro e dezembro.

Art. 22. A receita excedente recolhida em atraso deverá ser acrescida de multas e juros na forma do art. 24 da Lei Estadual n. 3.408, de 28 de dezembro de 2.018, independentemente da sanção prevista no § 3º do art. 21 deste Provimento.

Art. 23. Quando a transmissão de acervo ocorrer entre interinos, o(a) interino(a) substituído prestará contas referentes ao período em que respondeu e deverá depositar em conta bancária do novo interino a receita excedente apurada.

PROVISÃO PARA OBRIGAÇÕES TRABALHISTAS

Art. 24. O interino deverá informar na prestação de contas do mês de janeiro de cada ano o cálculo do valor estimado a ser pago com a rescisão trabalhista, considerado o prazo de 12 (doze) meses.

Parágrafo único. O cálculo deverá ser elaborado por contador.

Art. 25. Observada à disponibilidade financeira, no intuito de evitar pendências com verbas trabalhistas dos prepostos da serventia extrajudicial, deverá o interino realizar o recolhimento mensal, mediante depósito judicial, de 1/12 dos valores correspondentes ao 13º salário e 1/3 de férias dos seus prepostos, os quais serão destinados ao pagamento de referidas verbas trabalhistas no momento oportuno.

SEÇÃO III
DISPOSIÇÕES ESPECÍFICAS PARA INTERVENTOR

Art. 26. O(a) interventor(a) será designado pelo(a) Juiz(a) Corregedor(a) Permanente da Comarca ou pela Corregedoria-Geral da Justiça, observada a seguinte ordem:

I – substituto legal da serventia, desde que não seja acusado das faltas imputadas ao delegatário afastado e que a medida seja conveniente para os serviços e apuração das supostas falta que culminaram no afastamento do delegatário titular;

II – não recaindo a nomeação sobre o(a) substituto(a), poderá recair sobre titular de delegação

da comarca, desde que não cause prejuízos na prestação dos serviços da serventia a qual detém titularidade; e

III – por decisão fundamentada, poderá ser designada pessoa diversa das especificadas nos incisos I a II deste artigo, desde que detenha formação de bacharel em direito ou 10 (dez) anos de serviços em atividade notarial ou registral.

§ 1º Não poderá ser designado como interventor cônjuge, companheiro ou parente até o terceiro grau, por consanguinidade ou por afinidade nos termos do Provimento n. 77/2018/CNJ:

I – do delegatário afastado;

II – de magistrado do Poder Judiciário do Estado; e

III – de delegatário, interventor ou interino de serventia da mesma comarca.

§ 2º A Corregedoria-Geral da Justiça manterá cadastro dos candidatos interessados em desempenhar a função de interventor(a);

§ 3º O ato de designação do interventor(a) e o relatório de transmissão de acervo deverão ser arquivados no registro funcional do interventor(a) no Sistema Gise.

Art. 27. Antes de sua designação, o(a) interventor(a) deverá apresentar:

I – documento de identificação;

II – certidão atualizada de casamento ou de nascimento;

III – comprovante de regularidade cadastral do Cadastro de Pessoas Físicas;

IV – comprovante de consulta em Qualificação Cadastral no portal e-Social;

V – comprovante de formação em direito ou de exercício na atividade notarial ou de registro;

VI – certidão negativa de antecedentes criminais dos locais de domicílio eleitoral, residencial e de atividade profissional dos últimos 5 (cinco) anos, expedida pela Justiça dos Estados e pela Justiça Federal;

VII – certidões da Justiça Militar, nos âmbitos federal e estadual;

VIII – certidões dos tribunais de contas da União, do Estado e, quando for o caso, do Município;

IX – certidão de quitação eleitoral;

X – certidão negativa de crimes eleitorais;

XI – declaração de domicílio eleitoral, residencial e de atividade profissional dos últimos 5 (cinco) anos;

XII – declaração de bens ou a última declaração do imposto de renda com a informação de envio e recebimento pela Receita Federal, com todas as folhas assinadas;

XIII – declaração de que não tem parentesco com o delegatário afastado, com delegatário, interventor ou interino de serventia da mesma comarca e com magistrado do Poder Judiciário do Estado; e

XIV – declaração de inexistência de penalidade no exercício do serviço público.

Art. 28. A reclamação disciplinar relacionada à atuação do(a) interventor(a) será endereçada ao(à) Juiz(a) Corregedor(a) Permanente da Comarca responsável pela fiscalização da serventia.

§ 1º Se ao analisar o procedimento preliminar ou administrativo preparatório, verificarem-se indícios da prática de ato incompatível com a função, o(a) Juiz(a) Corregedor(a) Permanente da Comarca em decisão fundamentada proporá a substituição do interventor(a) à Corregedoria-Geral da Justiça;

§ 2º Na hipótese de versar a respeito da gestão administrativo-financeira da serventia, o(a) Juiz(a) Corregedor(a) Permanente da Comarca poderá solicitar, de forma fundamentada, auxílio técnico à Corregedoria-Geral da Justiça, no intuito de amealhar elementos para a formação do seu convencimento a respeito da conduta do interventor.

DA PRESTAÇÃO DE CONTAS

Art. 29. O(A) interventor(a) prestará contas mensalmente ao(à) Juiz(a) Corregedor(a) Permanente até o 10º (décimo) dia do mês subsequente ao vencido, com a especificação das receitas e despesas, estas instruídas com documentos comprobatórios fiscais digitalizados acompanhados dos comprovantes de pagamento e inseridos no módulo de Prestações de Contas – disponibilizado no Sistema GISE – Gestão Cartório.

§ 1º As receitas aferidas do mês objeto da prestação de contas serão automaticamente disponibilizadas no módulo de prestação de contas, tendo como referência ao dia da prática do ato;

§ 2º Para confrontação da receita disponibilizada no módulo de prestação de contas, o(a) interventor(a) deverá incluir o relatório diário de receitas da serventia;

§ 3º As despesas serão lançadas, individualmente, no dia em que se efetivarem e sempre deverão resultar da prestação do serviço delegado, sendo passíveis de lançamento todas as despesas relativas aos investimentos, custeio e pessoal;

§ 4º Para comprovação das despesas deverá ser incluído o documento fiscal acompanhado do comprovante de pagamento;

§ 5º O(A) interventor(a) deverá incluir o extrato detalhado das contas bancárias utilizadas exclusivamente na gestão financeira da serventia, nos formatos PDF e XLS;

§ 6º O(A) interventor(a) deverá incluir cópia do Livro Diário Auxiliar da Receita e da Despesa e do Livro de Controle de Depósito Prévio a que se refere o Provimento n. 45, de 13 de maio de 2015 do Conselho Nacional de Justiça;

§ 7º Os documentos fiscais originais deverão ser arquivados fisicamente ou digitalmente, a critério do interventor(a) na serventia, pelo prazo de 5 (cinco) anos;

§ 8º O(A) interventor(a) deverá apresentar, na prestação de contas dos meses de março, junho, setembro e dezembro de cada ano, certidões negativas de débito de obrigações trabalhistas, previdenciárias e tributárias;

§ 9º Os equipamentos, mobiliários, computadores e utensílios que forem adquiridos com recursos da serventia e declarados como despesas, pertencerão ao patrimônio do delegatário(a) afastado(a).

Art. 30. O atraso na apresentação da prestação de contas implicará em multa no valor correspondente a 1% (um por cento) sobre a remuneração bruta do(a) interventor(a), sem prejuízo de outras sanções.

§ 1º A multa deverá ser paga pelo interventor(a) com recursos próprios, em favor do Poder Judiciário do Estado, no prazo de 5 (cinco) dias contados da intimação da decisão que a reconhecer, mediante a geração da DARJ pela Divisão de Fiscalização da Corregedoria;

§ 2º A Corregedoria-Geral da Justiça, em procedimento administrativo, decidirá sobre a substituição do(a) interventor(a) nos termos do inciso XXVII do art. 25 da Lei Complementar n. 112/2018, e poderá adotar outras providências no caso de não pagamento da multa.

Art. 31. Recebida a prestação de contas, o(a) delegatário(a) afastado(a) será intimado(a) para se manifestar em 5 (cinco) dias.

§ 1º Em caso de inércia, será presumida a concordância do(a) delegatário(a) afastado(a);

§ 2º Se o(a) delegatário(a) afastado(a) impugnar a prestação de contas, o(a) interventor(a) será intimado(a) para se manifestar em 5 (cinco) dias;

§ 3º Em sua manifestação, o(a) interventor(a) somente poderá incluir os documentos solicitados para sanar as pendências constatadas, sendo vedada a apresentação de novas despesas.

§ 4º Decorridos os prazos previstos no *caput* e no § 2º deste artigo, o(a) Juiz(a) Corregedor(a) Permanente da Comarca expedirá decisão, da qual caberá recurso no prazo de 5 (cinco) dias à Corregedoria-Geral da Justiça.

Art. 32. As contas serão julgadas:

I – regulares, quando evidenciarem a legalidade, a legitimidade e a economicidade dos atos de gestão e a correta aplicação dos recursos;

II – regulares com ressalva, quando evidenciarem impropriedade ou falha de natureza formal que não cause dano ou prejuízo ao(a) delegatário(a) afastado(a); e

III – irregulares, quando evidenciarem dano ou prejuízo ao(a) delegatário(a) afastado(a) ou quando não forem prestadas.

Art. 33. Quando as contas forem julgadas regulares, o(a) delegatário(a) afastado(a) e o(a) interventor(a) serão intimados(as) da decisão e o fluxo do procedimento encerrado.

Art. 34. Quando as contas forem julgadas regulares com ressalva, o(a) Juiz(a) Corregedor(a) Permanente da Comarca determinará ao interventor que adote medidas para corrigir ou evitar que se repitam as falhas apontadas.

Parágrafo único. O(A) delegatário(a) afastado(a) e o(a) interventor(a) serão intimados(as) da decisão e o fluxo do procedimento será encerrado.

Art. 35. Quando as contas forem julgadas irregulares e resultarem em imputação de débito, o(a) Juiz(a) Corregedor(a) Permanente da Comarca determinará ao(à) interventor(a) o pagamento da dívida com recursos próprios, no prazo de 5 (cinco) dias.

§ 1º O(A) delegatário(a) afastado(a) e o(a) interventor(a) serão intimados(as) da decisão;

§ 2º O interventor(a) deverá depositar metade da dívida em conta bancária do(a) delegatário(a) afastado(a) e a outra metade em conta bancária especial, com correção monetária vinculada ao Poder Judiciário do Estado, aberta para ser depositada a outra metade da receita líquida, na

forma do que preceitua o § 2º3 do art. 36 da Lei Federal n. 8.935/94;

§ 3º Comprovado o pagamento da dívida, o fluxo do procedimento será encerrado;

§ 4º A Corregedoria-Geral da Justiça, em procedimento administrativo, decidirá sobre a substituição do(a) interventor(a) e poderá adotar outras providências.

Art. 36. Finda a intervenção, o(a) interventor(a) prestará contas referentes ao período em que respondeu pela serventia, e se absolvido(a) o(a) titular, receberá ele(ela) o montante da conta especial, com correção monetária; condenado(a), caberá esse montante ao interventor(a), na forma estabelecida no § 3º4 do art. 36 da Lei Federal n. 8.935/94.

DA REMUNERAÇÃO

Art. 37. A remuneração mensal do(a) interventor(a) fica limitada à quantia correspondente a 90,25% (noventa inteiros e vinte e cinco centésimos por cento) do subsídio mensal, em espécie, dos ministros do Supremo Tribunal Federal, como forma de remuneração pelos serviços prestados.

§ 1º As guias e os comprovantes de recolhimento do imposto de renda de pessoa física e da contribuição previdenciária do(a) interventor(a) deverão ser incluídos na prestação de contas para comprovação da regularidade fiscal, não sendo contabilizadas como despesas da serventia;

§ 2º O(A) interventor(a) deverá apresentar à Corregedoria-Geral da Justiça, no mês de maio de cada ano, declaração completa do imposto de renda de pessoa física, a qual será arquivada no registro funcional – Sistema GISE.

DA RECEITA EXCEDENTE

Art. 38. A receita excedente será apurada mensalmente depois do pagamento das despesas da serventia e da remuneração do interventor(a).

§ 1º Metade da receita excedente deverá ser depositada em conta bancária do delegatário afastado e a outra metade em subconta vinculada ao Poder Judiciário a que se refere o art. 34 e 35 deste Provimento até o dia 25 do mês seguinte ao da apuração;

§ 2º Os comprovantes dos depósitos da receita excedente deverão ser incluídos na prestação de contas;

§ 3º O atraso no depósito da receita excedente ao(à) delegatário(a) afastado(a) ou em conta especial remunerada poderá acarretar a imediata substituição do(a) interventor(a).

Art. 39. O(A) Juiz(a) Corregedor(a) Permanente da Comarca determinará a autuação de processo na justiça de primeiro grau para o depósito da receita excedente em conta especial, com correção monetária vinculada ao Poder Judiciário.

§ 1º A autuação do processo será realizada com cópia da ata de transmissão de acervo e do ato de designação do interventor(a);

§ 2º A guia de depósito da receita excedente em conta especial, com correção monetária vinculada deverá conter as seguintes informações:

I – Código Nacional da Serventia;

II – denominação da serventia;

III – nome do interventor(a) e seu número de inscrição no Cadastro de Pessoas Físicas;

IV – período de referência; e

V – valor a ser recolhido.

§ 3º Os valores depositados em conta especial, com correção monetária vinculada somente poderão ser levantados depois do trânsito em julgado do processo administrativo disciplinar do(a) delegatário(a) afastado(a), por meio de alvará a ser emitido pelo Juiz(a) Corregedor(a) Permanente da Comarca, cabendo a quem de direito, na forma do art. 36⁵ da Lei Federal n. 8.935/94.

PROVISÃO PARA OBRIGAÇÕES TRABALHISTAS

Art. 40. O(A) interventor(a) deverá requerer no mês de janeiro de cada ano ao(à) Juiz(a) Corregedor(a) Permanente da Comarca a fixação do valor mensal da provisão para obrigações trabalhistas, instruindo o pedido com:

I – cálculo estimado do valor a ser pago com a rescisão trabalhista, considerado o prazo de 12 (doze) meses; e

II – sugestão de valor mensal a ser depositado em conta especial, com correção monetária vinculada, que deverá levar em conta a capacidade de arrecadação da serventia.

§ 1º O cálculo deverá ser elaborado por contador;

§ 2º O valor mensal da provisão para obrigações trabalhistas deverá ser depositado em conta especial, com correção monetária específica para guarda dos valores vinculada ao processo a que se refere o art. 34 deste provimento;

§ 3º A provisão para obrigações trabalhistas deverá ser utilizada exclusivamente para o pagamento das verbas rescisórias ao final da intervenção.

---

3.   Art. 36. Quando, para a apuração de faltas imputadas a notários ou a oficiais de registro, for necessário o afastamento do titular do serviço, poderá ele ser suspenso, preventivamente, pelo prazo de noventa dias, prorrogável por mais trinta.
     § 2º Durante o período de afastamento, o titular perceberá metade da renda líquida da serventia; outra metade será depositada em conta bancária especial, com correção monetária.

4.   Art. 36. Quando, para a apuração de faltas imputadas a notários ou a oficiais de registro, for necessário o afastamento do titular do serviço, poderá ele ser suspenso, preventivamente, pelo prazo de noventa dias, prorrogável por mais trinta.
     § 3º Absolvido o titular, receberá ele o montante dessa conta; condenado, caberá esse montante ao interventor.

---

5.   Art. 36. Quando, para a apuração de faltas imputadas a notários ou a oficiais de registro, for necessário o afastamento do titular do serviço, poderá ele ser suspenso, preventivamente, pelo prazo de noventa dias, prorrogável por mais trinta.
     § 1º Na hipótese do caput, o juízo competente designará interventor para responder pela serventia, quando o substituto também for acusado das faltas ou quando a medida se revelar conveniente para os serviços;
     § 2º Durante o período de afastamento, o titular perceberá metade da renda líquida da serventia; outra metade será depositada em conta bancária especial, com correção monetária;
     § 3º Absolvido o titular, receberá ele o montante dessa conta; condenado, caberá esse montante ao interventor.

Art. 41. Ao final da intervenção, o(a) interventor(a) deverá apresentar ao(à) Juiz(a) Corregedor(a) Permanente da Comarca o relatório dos valores pagos com as rescisões trabalhistas de seus prepostos.

Parágrafo único. Se restar saldo da provisão para obrigações trabalhistas metade deverá ser depositada na conta bancária do(a) delegatário(a) afastado(a), se absolvido(a), e a outra metade em conta especial, com correção monetária vinculada ao Poder Judiciário, nos termos do art. 34 deste Provimento.

SEÇÃO IV
DISPOSIÇÕES FINAIS

Art. 42. Durante o lapso temporal que decorrer entre a vacância da serventia e a designação de interino(a)/interventor(a), ficará responsável pela obrigação de prestar contas o substituto.

Art. 43. Cabe à Corregedoria-Geral da Justiça, quando necessário, efetuar a fiscalização *in loco* quanto às despesas que constarem da prestação de contas reputarem fraudulentas.

Art. 44. As despesas devem ser orçadas e realizadas em estrita observância aos princípios da razoabilidade e proporcionalidade, objetivando com isso possíveis excessos, exigindo responsabilidade do(a) interino(a)/interventor(a) na avaliação dos fatores concernentes à necessidade e adequação desses gastos, bem como para garantir a prestação de um serviço qualidade.

Art. 45. Ficam revogados os artigos 9º; 10; 11; 12; 13; 14; 15; 16; 17; 18 e 19º do Provimento n. 04/2017/CGJUS/TO.

Art. 46. Este Provimento entrará em vigor 30 (trinta) dias após sua publicação.

PROVIMENTO N. 13/2020

Dispõe sobre a automação cartorária e exigências para contratação de empresas de fornecimento de softwares pelas serventias extrajudiciais do Estado do Tocantins e os padrões de segurança do selo digital de fiscalização.

TÍTULO I
DAS DISPOSIÇÕES GERAIS

Art. 1º As serventias extrajudiciais devem desempenhar suas atividades mediante a adoção obrigatória e o uso intensivo de recursos de informática, como instrumento essencial à adequada e eficiente prestação dos seus serviços.

Art. 2º Os sistemas de automação específicos para a execução das atividades notariais ou de registro são de livre escolha do titular da serventia.

Parágrafo único. Não serão reconhecidos, como sistemas de automação, os programas utilizados para funções genéricas ou de uso comum, como editores de texto, planilhas de cálculo ou de armazenamento de informações.

Art. 3º A implantação ou adequação do sistema adotado pela serventia deverá ser precedido de:

I – aquisição, adequação, configuração e manutenção da rede elétrica e lógica, de hardware, de sistema operacional e de software para a segurança da informação (antivírus, antispyware, firewall, antissequestro etc.);

II – acesso à internet em suas dependências, de uso exclusivo da serventia, que possibilite a troca de dados do sistema de automação em uso na serventia com o sistema do Tribunal de Justiça do Estado do Tocantins, o acesso à área restrita, além do recebimento e envio de arquivos eletrônicos;

III – meios que permitam o funcionamento do sistema por tempo suficiente para gravação dos atos não finalizados na hipótese de ausência temporária de energia elétrica (nobreak com autonomia mínima de 30 minutos).

Art. 4º Fica proibido o uso de mais de um sistema de automação para uma única especialidade.

TÍTULO II
DOS SISTEMAS DE AUTOMAÇÃO

Art. 5º Os sistemas de automação e gerenciamento dos serviços notariais e registrais deverão:

I – elaborar, imprimir e gravar eletronicamente todos os atos lavrados na serventia;

II – vincular ao ato praticado o Selo Digital de Fiscalização como última etapa, considerando assim o ato finalizado;

III – impossibilitar alterações no ato praticado, após a aplicação do Selo Digital de Fiscalização Extrajudicial;

IV – garantir correspondência entre o ato lavrado e as informações eletrônicas constantes no sistema de automação, por meio da apropriação do Selo Digital de Fiscalização que serão transmitidos via *web servisse* para o Sistema de Gestão Integrada das Serventias Extrajudiciais (GISE), do Tribunal de Justiça do Estado do Tocantins;

V – ordenar eletronicamente o estoque dos Selos Digitais de Fiscalização Extrajudicial da serventia e impedir a sua utilização em duplicidade;

VI – possibilitar a consulta e geração de relatórios (eletrônicos e impressos) referentes ao estoque e à utilização dos Selos Digitais de Fiscalização Extrajudicial, tanto daqueles livres, quanto os utilizados;

VII – permitir consulta e emissão de relatórios, com base em qualquer das informações das guias e recibos;

VIII – cadastrar todas as pessoas que figurarem nos diversos atos praticados pela serventia, à exceção de autenticações que deverão conter o nome do solicitante e CPF, por meio de:

a) leitura biométrica da digital capturada através de scanner ou outra tecnologia; e

b) captura da imagem facial em meio digital.

IX – possibilitar a busca pelo nome completo, prenome e sobrenome das partes, pelo número de inscrição no Cadastro das Pessoas Físicas (CPF) ou Jurídicas (CNPJ) do Ministério da Fazenda, ou pelo número do registro geral da cédula de identidade, e, quando disponível, o número da certidão de nascimento, entre outros dados, visando facilitar o acesso, a emissão de certidões e a fiscalização dos atos pela Corregedoria-Geral da Justiça.

X – conter módulos ou rotinas específicas para fins de controle de:

a. contabilidade e registro de receitas e despesas;

b. relatório de atos notariais e registrais lavrados;

c. controle da aquisição e utilização dos selos digitais;

d. emissão de relatórios exigidos pela legislação fiscal;

e. emissão dos relatórios exigidos pela Corregedoria-Geral da Justiça.

XI – gerenciar o protocolo e gerar recibo, todos eletrônicos, armazenando a respectiva via;

XII – possuir mecanismo de auditoria, capaz de identificar todas as operações executadas pelos usuários, com trilha de auditoria própria que permita a identificação do responsável pela confecção ou por eventual modificação dos atos, bem como da data e hora de efetivação, devendo ainda possuir formas de autenticação por certificação digital própria ou por biometria, além de usuário e senha associados aos perfis pessoais com permissões distintas, de acordo com a função, não sendo permitido o uso de "usuários genéricos".

XIII – gerar escrituras, matrículas, averbações, certidões eletrônicas, e demais atos, e possibilitar suas impressões;

XIV – atender aos padrões técnicos do Selo Digital de Fiscalização do Serviço Extrajudicial estabelecidos pela Corregedoria-Geral da Justiça, disponibilizados no sistema GISE, no perfil "área do desenvolvedor";

XV – utilizar a nomenclatura dos atos e os valores em conformidade com a lei de emolumentos vigente, inclusive com as correções monetárias publicadas anualmente;

XVI – adaptar-se as mudanças, implementações e adequações promovidas no sistema GISE, no prazo de até 90 dias, a depender da complexidade.

XVII – disponibilizar à Corregedoria-Geral da Justiça um módulo de correição on-line que permita a visualização dos livros e atos realizados pela serventia, bem como a documentação que deu origem, de modo a possibilitar a fiscalização contínua da atividade notarial e de registro, pelo Poder Judiciário, nos termos da Lei Federal n. 8.935, de 18 de novembro de 1994, e Lei Complementar Estadual n. 112, de 3º de abril de 2018.

a) os sistemas de automação contratados pelas serventias em atividade terão um prazo de seis meses, a partir da publicação deste Provimento, para disponibilizar o módulo de correição on-line, apenas para visualização, bem como as senhas de acesso aos servidores indicados pela Corregedoria.

Art. 6º O sistema de automação contemplará os seguintes requisitos técnicos:

I – registro das informações em banco de dados, de forma tabelada e estruturada;

II – integração com o sistema GISE do Tribunal de Justiça do Estado do Tocantins, o qual se dará através da troca de dados em formato XML, utilizando-se de *web services*, por meio dos protocolos HTTP e HTTPS;

III – Todos os livros e atos eletrônicos praticados pelos serviços notariais e de registro deverão ser arquivados de forma a garantir a segurança e a integridade de seu conteúdo.

a) os livros e atos eletrônicos que integram o acervo dos serviços notariais e de registro deverão ser arquivados mediante cópia de segurança (*backup*) feita em intervalos não superiores a 24 horas;

b) ao longo das 24 horas mencionadas no parágrafo anterior, deverão ser geradas imagens ou cópias incrementais dos dados que permitam a recuperação dos atos praticados a partir das últimas cópias de segurança até pelo menos 30 minutos antes da ocorrência de evento que comprometa a base de dados e informações associadas;

129

ART. 7º NORMAS PARA A ATIVIDADE EXTRAJUDICIAL DO ESTADO DO TOCANTINS

c) a cópia de segurança mencionada no § 1º deverá ser feita tanto em mídia eletrônica de segurança quanto em serviço de cópia de segurança na internet (*backup* em nuvem);

d) a mídia eletrônica de segurança deverá ser armazenada em local distinto da instalação da serventia, observada a segurança física e lógica necessária;

e) os meios de armazenamento utilizados para todos os dados e componentes de informação relativos aos livros e atos eletrônicos deverão contar com recursos de tolerância a falhas.

IV – possuir manuais de usuário impressos ou eletrônicos;

VII[1] – o banco de dados eletrônico, bem como o arquivo de segurança, integrará o acervo da respectiva serventia e deverá ser transmitido ao novo titular da delegação em caso de extinção da delegação anterior, ou ao novo responsável pela delegação, em conjunto com os softwares que permitam o seu pleno uso e atualização.

TÍTULO III
DOS ARQUIVOS DE SEGURANÇA

Art. 7º Para a necessária segurança e conservação dos registros constantes dos livros da serventia extrajudicial, deverá ser implementado procedimento de digitalização do acervo de modo a garantir a perpetuação desses registros contra problemas decorrentes de sinistros e armazenar de forma segura e eficiente, que garanta fácil acesso, preservação e integridade dos documentos.

Art. 8º No procedimento de digitalização deverão ser obrigatoriamente observadas as seguintes etapas:

I – os documentos que darão suporte à prática dos atos registrais e notariais que não forem nativamente eletrônicos, ou os que decorrerem desses atos, deverão ser digitalizados por meio de processo de captura digital, a partir dos documentos originais, gerando representantes digitais fidedignos ao original;

II – os arquivos decorrentes da digitalização de documentos em substituição ao arquivamento de vias originais serão assinados digitalmente pelo titular da delegação, ou seu substituto, ou preposto devidamente autorizado, mediante uso de certificado digital ICP-Brasil, inclusive com a inclusão de carimbo de tempo;

III – a indexação dos documentos digitais ou digitalizados será feita, no mínimo, com referência aos atos (livro, folha, número, número da prenotação e Selo Digital de Fiscalização) onde foram utilizados ou em razão do qual foram produzidos, bem como quanto ao nome daqueles que figuraram no ato, de modo a facilitar sua localização e conferência, por sistema de Gerenciamento Eletrônico de Documentos (GED).

Art. 9º Todos os dados e imagens deverão ser armazenados de forma segura e eficiente, que garanta fácil localização, preservação e integridade, mediante soluções comprovadamente eficazes de Recuperação de Desastres (DR – *Disaster Recorevy*), entre eles, testes periódicos.

Parágrafo único. A serventia extrajudicial promoverá a criação de cópia de segurança ou arquivo redundante (backup), com frequência necessária a garantir a recuperação plena das informações a qualquer tempo.

_____
1. Redação original não consta incisos V e VI.

TÍTULO IV
DO SELO DIGITAL DE FISCALIZAÇÃO

Art. 10. O Selo de Fiscalização Eletrônico instituído pela Lei Estadual n. 3.408/2018, tem por objetivo aperfeiçoar o sistema de controle administrativo da atividade notarial e registral, buscando garantir transparência e segurança jurídica aos atos oriundos dos respectivos serviços, implementado por meios eletrônicos de processamento de dados, integrando a forma de todos os atos extrajudiciais.

§ 1º É obrigatória a utilização do Selo Digital de Fiscalização em todos os atos notariais e registrais;

§ 2º É vedada a função que possibilite a reutilização do Selo Digital de Fiscalização.

Art. 11. Os elementos constitutivos do selo não poderão ser sobrepostos, assegurada a sua plena visualização.

Art. 12. Cada Selo Digital de Fiscalização ostentará sequência alfanumérica única, sendo composto por três partes:

I – Código CNS da serventia;

II – Código do Selo: constituído por 3 (três) caracteres alfabéticos e 6 (seis) numéricos, fornecidos exclusivamente pela Corregedoria-Geral da Justiça do Estado do Tocantins, por meio do Sistema GISE;

III – Dígitos Verificadores: constituído por 3 caracteres alfanuméricos, gerados exclusivamente pelo sistema de automação da serventia.

Art. 13. A junção dos incisos "I", "II" e "III" do art. 12 obedecerá ao seguinte padrão CNSAAA-000000-XXX (Código CNS, três letras, seis números e três caracteres alfanuméricos).

Art. 14. Deverá constar junto com o código do selo o Texto: "Confirme a Autenticidade http://www.tjto.jus.br"

Art. 15. O selo será impresso no próprio ato, sempre ao final de todas as informações, no canto inferior direito, e no ato que admita o uso de etiqueta, deverão ser incluídos seus elementos constitutivos, conforme os padrões estabelecidos no anexo I deste Provimento.

Art. 16. Tanto na via do ato que for entregue ao interessado, quanto na via que ficar arquivada na serventia, deverá ser estampado o Selo Digital de Fiscalização utilizado no ato praticado e o QR Code, conforme o padrão de impressão disponibilizado no sistema GISE, que possibilite a consulta de sua autenticidade.

Art. 17. O sistema de software da serventia deverá solicitar os lotes de selos de fiscalização exclusivamente por meio do serviço *web service*, seguindo os padrões técnicos disponibilizados no sistema GISE.

Art. 18. Na hipótese de consumo equivocado de selo, decorrente de falha durante a lavratura do ato ou operacional do sistema informatizado de automação, o delegatário deverá deduzir, via Comunica GISE, pedido de cancelamento, fundamentado e acompanhado de documentação ou parecer técnico da empresa fornecedora.

Art. 19. As informações de estoque de selos, incluindo selos livres e utilizados, por especialidade, deverão estar disponíveis no sistema da serventia, possibilitando a consulta por lotes e selos individuais.

Art. 20. O sistema deverá enviar ao GISE as informações dos selos digitais em no máximo 30 minutos após a sua utilização

Art. 21. Os Selos Digitais adquiridos fazem parte do acervo da serventia, devendo ser transmitido ao sucessor em qualquer caso de alteração do delegatário titular, interino ou interventor.

TÍTULO V
DAS PENALIDADES

Art. 22. O atendimento às exigências estabelecidas neste provimento e seus anexos com relação aos softwares utilizados pelas serventias extrajudiciais será fiscalizado pela Corregedoria-Geral da Justiça.

Art. 23. A serventia extrajudicial que mantiver contrato de prestação de serviço e fornecimento de software com empresa que não atenda aos padrões estabelecidos neste provimento e anexos incorrerá em falta administrativa disciplinar, passível de bloqueio de fornecimento de selos de fiscalização eletrônico.

Art. 24. A falta de aplicação do Selo Digital e seus padrões técnicos estabelecidos neste provimento e anexos constitui falta grave a ser apurada na forma da legislação vigente, sujeitando o titular, interino e ou interventor da serventia às penalidades previstas nos arts. 32, III e IV;[2] 33, III[3] e 35,[4] da Lei Federal n. 8.935/1994, sem prejuízo das sanções civis e criminais.

Art. 25. A perda do banco de dados ou arquivo de segurança configura infração disciplinar de natureza grave e implicará responsabilização administrativa do delegatário titular quando apurada em processo administrativo disciplinar, e nos casos de interino ou interventor em processo administrativo.

TÍTULO VI
DISPOSIÇÕES FINAIS

Art. 26. O Conselho Gestor do Sistema GISE poderá propor alterações a este provimento.

Art. 27. A solicitação, geração, aquisição, disponibilização, utilização, transmissão de dados e consulta pública à validade do Selo de Fiscalização Eletrônico para a prática dos atos notariais e registrais obedecerão às normas contidas neste provimento e seus anexos

Art. 28. Fixa-se o prazo de 90 dias para que as empresas atualmente prestam serviços às serventias extrajudiciais se adequem ao disposto neste provimento, contados a partir da data da publicação.

_____
2. Art. 32. Os notários e os oficiais de registro estão sujeitos, pelas infrações que praticarem, assegurado amplo direito de defesa, às seguintes penas:
   III – suspensão por noventa dias, prorrogável por mais trinta;
   IV – perda da delegação.
3. Art. 33. As penas serão aplicadas:
   III – a de suspensão, em caso de reiterado descumprimento dos deveres ou de falta grave.
4. Art. 35. A perda da delegação dependerá:
   I – de sentença judicial transitada em julgado; ou
   II – de decisão decorrente de processo administrativo instaurado pelo juízo competente, assegurado amplo direito de
   § 1º Quando o caso configurar a perda da delegação, o juízo competente suspenderá o notário ou oficial de registro, até a decisão final, e designará interventor, observando-se o disposto no art. 36;
   § 2º (Vetado).

130

PROVIMENTO N. 07/2020

Dispõe sobre o protesto de dívidas relativas à Taxa de Fiscalização Judiciária (TFJ) e da contribuição para ressarcimento dos atos gratuitos do registro civil das pessoas naturais (FUNCIVIL), pelos delegatários dos serviços extrajudiciais responsáveis tributários, nos termos da Lei n. 3.408, de 28 de dezembro de 2018.

Art. 1º Os débitos existentes na ficha financeira das serventias extrajudiciais, disponíveis no Sistema de Gestão Integrada das Serventias Extrajudiciais (GISE), ou outro sistema que venha substituir, decorrentes das declarações dos atos notariais e de registros com a incidência da Taxa de Fiscalização Judiciária (TFJ) e da contribuição para ressarcimento dos atos gratuitos do registro civil das pessoas naturais (FUNCIVIL), serão levados a protestos, no caso de não pagamento, dentro do prazo estabelecido na Lei Estadual n. 3.408, de 28 de dezembro de 2018.

Parágrafo único. Os delegatários dos serviços notariais e de registros são os responsáveis tributários da Taxa de Fiscalização Judiciária (TFJ) e da contribuição para ressarcimento dos atos gratuitos do registro civil das pessoas naturais (FUNCIVIL), nos termos do § 3º, art. 20, da Lei Estadual n. 3.408, de 2018, (Lei de Emolumentos do Estado do Tocantins).

I – a Taxa de Fiscalização Judiciária (TFJ) tem como fato gerador o exercício do poder de polícia atribuído ao Poder Judiciário pelo art. 236, § 1º,[1] da Constituição da República, arts. 37[2] e 38[3] da Lei n. 8.935, de 18 de novembro de 1994, exercido pelo Tribunal de Justiça do Estado do Tocantins, na conformidade da Lei de Organização Judiciária do Estado do Tocantins.

II – o Fundo Especial de Compensação da Gratuidade dos Atos do Registro Civil de Pessoas Naturais (FUNCIVIL), tem com fato gerador a contribuição prevista no art. 8[4] da Lei Federal n. 10.169, de 29 de dezembro de 2000, regulamentada pela Lei n. 3.408, de 2018.

Art. 2º Os valores referentes à Taxa de Fiscalização Judiciária (TFJ) e da contribuição destinada à compensação das gratuidades dos atos do registro civil de pessoas naturais, devem ser recolhidas em favor do FUNJURIS e FUNCIVIL, respectivamente, até o décimo dia útil do mês subsequente ao mês de efetivação do ato notarial ou registral respectivo, nos termos do § 2º, do art. 21, da Lei n. 3.408, de 2018.

Parágrafo único. O não recolhimento integral dos valores devidos, no prazo legal, sujeita o responsável a multa de 10% (dez por cento) do valor devido, acrescidos de juros de 1% (um por cento) ao mês, nos termos do art. 24 da Lei n. 3.408, de 2018, e do art. 161, § 1[05] do Código Tributário Nacional.

Art. 3º Compete à Divisão de Inspetoria e Fiscalização da Corregedoria-Geral da Justiça:

I – promover, mensalmente, o levantamento dos débitos declarados na ficha financeira e não adimplido no prazo legal e expedir a Certidão Administrativa de Existência de Dívida;

II – instaurar procedimento administrativo de cobrança, iniciado com a Certidão Administrativa de Existência de Dívida (CAED), promover a notificação do responsável para o pagamento do débito, no prazo de 15 dias, ou apresentar as justificativas do inadimplemento, em respeito ao princípio do contraditório e da ampla defesa;

III – conhecida a existência do débito por decisão proferida pelo Corregedor-Geral da Justiça ou a quem ele delegar, o delegatário responsável deverá efetuar o pagamento, com os acréscimos devidos, no prazo de 5 (cinco) dias, por meio de Documento de Arrecadação Judicial (DAJ), emitida pelo sistema GISE; e

IV – não havendo pagamento no prazo do inciso anterior, a Divisão de Inspetoria e Fiscalização

expedirá Certidão Administrativa de Existência de Dívida (CAED) com atualização dos débitos e encaminhará à Diretoria Financeira do Tribunal de Justiça (DIFIN) para as providências definidas em regulamento próprio.

Parágrafo único. O não pagamento do débito dentro do prazo estipulado no inciso II, poderá configurar infração disciplinar, nos termos do inciso I,[6] do art. 31, da Lei Federal n. 8.935/1994, com a consequente a abertura de Processo Administrativo Disciplinar.

Art. 4º O protesto da Taxa de Fiscalização Judiciária (TFJ) e da contribuição para ressarcimento dos atos gratuitos do registro civil das pessoas naturais (FUNCIVIL), não recolhidas ou parcialmente recolhidas pela serventia extrajudicial processar-se-á no tabelionato da comarca do devedor.

Parágrafo único. Em caso de pagamento, este será efetuado no valor igual ao declarado pelo credor, acrescido dos emolumentos e demais despesas.

Art. 5º Para a efetivação do protesto deverá o tabelião exigir a apresentação da Certidão Administrativa de Existência de Dívida fornecida pela Divisão de Inspetoria e Fiscalização da Corregedoria-Geral da Justiça.

§ 1º A Certidão Administrativa de Existência de Dívida das serventias extrajudiciais será levada a protesto pelo Tribunal de Justiça do Tocantins e deverá ter a indicação do nome e a qualificação do credor e do devedor, constando o número do CPF, o endereço do devedor, o número do ato e o valor líquido, certo e exigível do débito;

§ 2º A certidão de que trata o caput poderá ser emitida eletronicamente e assinada na forma digital pelo chefe da Divisão de Inspetoria e Fiscalização da Corregedoria-Geral da Justiça, acompanhada de cópia da decisão administrativa do Corregedor-Geral da Justiça do Estado do Tocantins, ou de quem por ele delegado;

§ 3º A cópia da certidão emitida deverá ser anexada, obrigatoriamente, no respectivo processo administrativo interno e individualizado por contribuinte, gerado pela Divisão de Inspetoria e Fiscalização da Corregedoria-Geral da Justiça.

Art. 6º O processo administrativo de cobrança deverá ser regulamentado pela Presidência do Tribunal de Justiça do Estado do Tocantins e Corregedoria-Geral da Justiça, por meio de portaria conjunta.

Art. 7º Este Provimento entra em vigor na data de sua publicação.

---

1. Art. 236. Os serviços notariais e de registro são exercidos em caráter privado, por delegação do Poder Público.

   § 1º Lei regulará as atividades, disciplinará a responsabilidade civil e criminal dos notários, dos oficiais de registro e de seus prepostos, e definirá a fiscalização de seus atos pelo Poder Judiciário.

2. Art. 37. A fiscalização judiciária dos atos notariais e de registro, mencionados nos arts. 6º a 13, será exercida pelo juízo competente, assim definido na órbita estadual e do Distrito Federal, sempre que necessário, ou mediante representação de qualquer interessado, quando da inobservância de obrigação legal por parte de notário ou de oficial de registro, ou de seus prepostos.

   Parágrafo único. Quando, em autos ou papéis de que conhecer, o Juiz verificar a existência de crime de ação pública, remeterá ao Ministério Público as cópias e os documentos necessários ao oferecimento da denúncia.

3. Art. 38. O juízo competente zelará para que os serviços notariais e de registro sejam prestados com rapidez, qualidade satisfatória e de modo eficiente, podendo sugerir à autoridade competente a elaboração de planos de adequada e melhor prestação desses serviços, observados, também, critérios populacionais e socioeconômicos, publicados regularmente pela Fundação Instituto Brasileiro de Geografia e Estatística.

4. Art. 8º Os Estados e o Distrito Federal, no âmbito de sua competência, respeitado o prazo estabelecido no art. 9º desta Lei, estabelecerão forma de compensação aos registradores civis das pessoas naturais pelos atos gratuitos, por eles praticados, conforme estabelecido em lei federal.

   Parágrafo único. O disposto no caput não poderá gerar ônus para o Poder Público.

5. Art. 161. O crédito não integralmente pago no vencimento é acrescido de juros de mora, seja qual for o motivo determinante da falta, sem prejuízo da imposição das penalidades cabíveis e da aplicação de quaisquer medidas de garantia previstas nesta Lei ou em lei tributária.

   § 1º Se a lei não dispuser de modo diverso, os juros de mora são calculados à taxa de um por cento ao mês.

6. Art. 31. São infrações disciplinares que sujeitam os notários e os oficiais de registro às penalidades previstas nesta lei:

   I – a inobservância das prescrições legais ou normativas.

PROVIMENTO N. 04/2020

Dispõe sobre o atendimento ao público e a prática de atos notariais e de registros públicos durante o período de distanciamento social decorrente da crise pandêmica causada pelo novo coronavírus (Covid 19), e dá outras providências.

Art. 1º Os serviços extrajudiciais de notas e de registro são essenciais para o exercício da cidadania, para a circulação da propriedade, para a obtenção e recuperação de crédito, entre outros direitos, os quais, conjuntamente, são indispensáveis para o atendimento das necessidades inadiáveis da comunidade, ou seja, aquelas que, se não atendidas, colocam em perigo iminente a sobrevivência, a saúde, a segurança e a própria vida dos cidadãos.

Art. 2º No caso de suspensão do atendimento ao público presencial no âmbito das serventias notariais e registrais do Estado do Tocantins, em consonância com as orientações das autoridades locais da sede da serventia, estaduais e nacionais de Saúde Pública, os tabeliães e registradores a cumprirão, ressalvados as seguintes hipóteses:

I – prática de atos inerentes aos plantões ordinários do Registro Civil de Pessoas Naturais, nos termos apontados no Capítulo II deste Provimento (Atos do Oficial de Registro Civil de Pessoas Naturais);

II – situações de urgência, a serem avaliadas pela própria serventia e outras situações excepcionais previstas neste provimento que não poderão ser praticadas de forma eletrônica ou remota;

III – atendimentos agendados para coleta de assinaturas, devolução de documentos, entrega de certidões físicas urgentes, pedido de desistência e cancelamento de protesto, situações que envolvam financiamentos bancários, liberação de crédito e outros atos que, eventualmente, não possam ser praticados remotamente;

IV – finalização dos atos já iniciados; e

V – outros atos que devem ser praticados imediatamente para não gerar prejuízo ao erário ou ao usuário.

§ 1º O atendimento presencial ao público será substituído por instrumentos de comunicação e orientação à distância, tais como telefones, aplicativos multiplataforma de mensagens instantâneas, chamadas de voz e vídeo ou outro meio eletrônico disponível, os quais deverão ser divulgados em cartaz afixado na porta e nos sítios eletrônicos das serventias;

§ 2º As serventias deverão manter atendimento telefônico ou por aplicativos de mensagens instantâneas, com esclarecimento de dúvidas, inclusive no que se refere à utilização das plataformas colocadas à sua disposição;

§ 3º Nos casos de urgência ou excepcionalidade em que se exigir a presença física dos interessados na serventia, o delegatário, a seu critério, poderá prestar a atividade de forma presencial, condicionando-se o atendimento à observância rigorosa das cautelas e determinações das autoridades de saúde pública (municipal, estadual e nacional), com prévio agendamento e evitando-se filas ou aglomerações de pessoas no interior da serventia;

§ 4º Fica autorizado o uso dos correios, de mensageiros ou qualquer outro meio seguro para a entrega de documentos físicos destinados à prática de atos durante o período de suspensão do atendimento presencial que trata o caput deste artigo, quando não seja possível a prática do ato integralmente por meio de documento nato-digital ou digitalizado.

Art. 3º A prática de atos e a recepção de documentos pelos delegatários de serventias notariais e registrais do Estado do Tocantins, de forma remota e em meio exclusivamente eletrônico, fica regulada por este Provimento durante o prazo da sua vigência.

§ 1º Aplicam-se, no que couber, a interinos e interventores as disposições atinentes aos delegatários.

§ 2º Os atos realizados em conformidade com este Provimento dispensam o uso de certificação digital no padrão da Infraestrutura de Chaves Públicas (ICP-Br) pelas partes, tendo em vista que as Centrais de Serviços Eletrônicos Compartilhados utilizem de outro meio de comprovação da autoria e integridade de documentos em forma eletrônica, inclusive os que utilizem certificados não emitidos pela ICP-Br, desde que admitido pelas partes como válido ou aceito pela pessoa a quem o oposto o documento, na forma prevista nos § 2º¹ do art. 10 da Medida Provisória n. 2.200-2, de 24 de agosto de 2001.

Capítulo I
ATOS DO OFICIAL DE REGISTRO DE IMÓVEIS

Art. 4º A fim de viabilizar a completa tramitação dos títulos de forma eletrônica, deverá ser observado o Provimento n. 94, de 28 de março de 2020, do CNJ, adotando-se complementarmente as seguintes medidas:

---

1. Art. 10. Consideram-se documentos públicos ou particulares, para todos os fins legais, os documentos eletrônicos de que trata esta Medida Provisória.

   § 2º O disposto nesta Medida Provisória não obsta a utilização de outro meio de comprovação da autoria e integridade de documentos em forma eletrônica, inclusive os que utilizem certificados não emitidos pela ICP-Brasil, desde que admitido pelas partes como válido ou aceito pela pessoa a quem for oposto o documento.

I – a autenticidade das escrituras públicas poderá ser confirmada pela consulta do selo de fiscalização digital;

II – as cópias digitalizadas dos instrumentos particulares e dos demais títulos previstos em lei poderão ser protocoladas eletronicamente por qualquer interessado ou terceiro pela Central de Serviços Eletrônicos Compartilhados (www.cartoriostocantins.com.br), sendo vedada a cobrança de qualquer valor adicional não previsto no regimento de emolumentos, instituída pelo Provimento n. 09 CGJUS/TO; e

III – as procurações poderão ser aceitas por cópia digitalizada, desde que sua autenticidade e validade possam ser verificadas eletronicamente.

Art. 5º Fica autorizada a expedição de certidões e a prática de atos registrais nos dias sem expediente ou fora das horas regulamentares, de forma excepcional durante a vigência deste Provimento.

Capítulo II
ATOS DO OFICIAL DE REGISTROS CIVIS DAS PESSOAS NATURAIS

Art. 6º As certidões do registro civil podem ser solicitadas por meio da Central do Registro Civil Nacional, digitalmente pelo portal www.registro-civil.org.br e da Central de Serviços Eletrônicos Compartilhados www.cartoriostocantins.com.br, bem como por qualquer outro meio escolhido pela parte e viável para cumprimento pelo registrador.

Art. 7º Os delegatários atenderão às solicitações de registros de nascimento e de óbito mediante prévio agendamento, sem prejuízo do atendimento em regime de plantão e observando-se, no que couber, as disposições do Provimento n. 93, de 26 de março de 2020, e da Portaria Conjunta n. 01, de 30 de março de 2020, ambos do CNJ.

§ 1º As declarações colhidas por meio de plataforma de mensagens instantâneas e chamadas de voz ou outro meio eletrônico disponível serão complementadas por informações preenchidas em formulário, que serão encaminhadas e recepcionadas em meio eletrônico, acompanhado dos documentos digitalizados ou fotografados necessários à prática do ato;

§ 2º Antes de concluir o ato de registro, o oficial encaminhará a minuta aos declarantes para leitura, conferência e aprovação;

§ 3º Para a assinatura do ato de registro ou de requerimento de habilitação ao casamento e demais declarações pertinentes, o delegatário solicitará a presença do interessado na sede da serventia, o qual deverá estar de posse dos documentos originais para conferência e arquivamento;

133

ART. 8º NORMAS PARA A ATIVIDADE EXTRAJUDICIAL DO ESTADO DO TOCANTINS

§ 4º O atendimento presencial para assinatura do ato será previamente agendado, condicionando-se o atendimento à observância das cautelas e determinações das autoridades de saúde pública (municipal, estadual e nacional).

Art. 8º A habilitação de casamento observará o disposto no art. 7º e também o seguinte, no que couber:

I – o contato prévio em meio remoto será feito por ferramenta que permita o contato simultâneo com os dois nubentes;

II – os nubentes comparecerão à serventia acompanhados das testemunhas para assinar o requerimento de habilitação, condicionando-se o atendimento à observância das cautelas e determinações das autoridades de saúde pública (municipal, estadual e nacional); e

III – os interessados poderão fazer uso de certificado digital, emitido em conformidade com o padrão ICP-Brasil.

Art. 9º Certificada a habilitação e após todos os trâmites legais, será agendada data e hora para a celebração do casamento, que poderá ser realizado por videoconferência para permitir a participação simultânea de nubentes, juiz de paz, registrador e preposto, além de duas testemunhas, servindo-se para tanto de programa que assegure a livre manifestação.

Capítulo III
ATOS DO OFICIAL DE REGISTROS CIVIS DE PESSOAS JURÍDICAS E DE TÍTULOS E DOCUMENTOS

Art. 10. Os pedidos de registros e certidões devem ser feitos por meio da Central de Serviços Eletrônicos Compartilhados (www.cartoriostocantins.com.br), bem como por qualquer outro meio escolhido pela parte e viável para cumprimento pelo registrador.

Parágrafo único. O atendimento presencial, quando considerado necessário pelo Registrador, ou as diligências para o cumprimento de notificações, serão efetuados com a adoção das medidas de proteção sanitárias cabíveis, podendo haver limitação do número de atendimentos simultâneos, facultando-se o seu agendamento por telefone, e-mail ou WhatsApp ou outra ferramenta eletrônica de comunicação instantânea.

Capítulo IV
ATOS DO TABELIÃO DE NOTAS

SEÇÃO I
COMPETÊNCIA TERRITORIAL

Art. 11. A prática de atos remotos na forma prevista neste Provimento será aplicável apenas aos atos envolvendo pessoas domiciliadas ou bens imóveis situados no Estado do Tocantins ou veículos ou semoventes registrados, respectivamente, junto ao DETRAN/TO e ADAPEC/TO.

Art. 12. A competência para os atos regulados por este Provimento é absoluta e observará a circunscrição territorial para a qual o tabelião recebeu sua delegação.

Art. 13. Será competente para a prática de atos remotos o tabelião:

I – da circunscrição territorial em que estiver situado o imóvel ou do apascentamento dos semoventes junto à ADAPEC/TO ou registrado o veículo junto ao DETRAN/TO;

II – de qualquer uma das circunscrições, quando os imóveis forem localizados em áreas de atuação distintas; e

III – do domicílio no Tocantins de qualquer um dos interessados, seus representantes, advogados e demais pessoas que devam intervir no ato, nos demais casos que não envolverem imóveis.

§ 1º Na hipótese de competência territorial comum, qualquer tabelião de notas da circunscrição poderá praticar atos remotos relativos a imóveis ou pessoas domiciliadas na mesma região geográfica;

§ 2º Os Tabeliães serão competentes para lavraturas de atos remotos de imóveis situados ou pessoas domiciliadas em toda a região geográfica do respectivo distrito ou município para o qual receberam delegação.

SEÇÃO II
LAVRATURA DE ATOS PROTOCOLARES POR VIDEOCONFERÊNCIA

Art. 14. A verificação da capacidade e a formalização da vontade das partes e demais comparecentes, pelo tabelião de notas ou seus prepostos autorizados, em meio eletrônico sem o uso de certificado padrão ICP-Br, serão feitas remotamente através de videoconferência, em plataforma exclusiva disponibilizada pela Central de Serviços Eletrônicos Compartilhados www.cartoriostocantins.com.br.

§ 1º A lavratura de atos protocolares com o uso de certificado digital no padrão ICP-Br (e-CPF ou e-CNPJ) por todos os intervenientes seguirá observando as diretrizes do Provimento n. 9/2016 CGJUS/TO;

§ 2º A manifestação de vontade por videoconferência será admitida em qualquer ato, exceto para o testamento público e a aprovação do cerrado;

§ 3º Os atos serão lavrados respeitando-se os dias e horários regulamentares de funcionamento das serventias extrajudiciais, mas a videoconferência para a coleta da manifestação de vontade poderá ser realizada em qualquer dia e horário, de acordo com a disponibilidade do tabelião ou de seus prepostos.

Art. 15. Obedecida à seguinte ordem, a identidade das partes será atestada remotamente por meio:

I – do exame do documento de identidade eletrônico;

II – da análise do cartão de assinatura arquivado na própria serventia; e

III – da verificação do Cadastro Único de Clientes do Notariado (CCN) ou do Cadastro Único de Clientes, disponibilizado pela Central de Serviços Eletrônicos Compartilhados www.cartoriostocantins.com.br, nos termos do Provimento n. 88, de 01 de outubro de 2019, do CNJ.

Art. 16. A videoconferência será feita em ato único, com a presença virtual de todos os intervenientes, ou separadamente, com apenas parte deles, podendo ser suspensa a qualquer momento se houver necessidade de esclarecimentos complementares ou para a realização de adequações no instrumento, sem prejuízo da sua repetição em momento posterior, no mesmo dia ou em outro subsequente, tantas vezes quanto for necessário.

§ 1º Se o instrumento for alterado após o início das videoconferências, aquelas previamente realizadas serão renovadas para a coleta da manifestação de todas as partes e intervenientes quanto à nova redação;

§ 2º A manifestação do último interessado por videoconferência torna definitiva a aceitação, considerando-se concluído o ato protocolar e sendo vedada a sua alteração.

Art. 17. A videoconferência será conduzida pelo tabelião ou seu preposto autorizado, que:

I – indicará, na abertura da gravação:

a) a data e a hora do seu início;

b) o número de ordem no protocolo e, se o ato já estiver lavrado, o respectivo livro e folha; e

c) o nome por inteiro dos participantes, cuja qualificação completa constará no instrumento lavrado.

II – fará, a seu prudente arbítrio, a verificação da identidade e capacidade dos participantes;

III – procederá à leitura do ato, que poderá ser substituída pela declaração dos participantes de que o leram anteriormente, e esclarecerá as eventuais dúvidas e questionamentos que forem feitos;

IV – colherá a manifestação dos participantes, aceitando ou rejeitando o ato, sendo que a aceitação deverá ser manifestada de forma clara e inequívoca e com todos os requisitos estabelecidos no art. 7º; e

V – encerrará a videoconferência informando a hora do seu término.

Art. 18. O participante do ato prestará declaração expressa e inequívoca de aceitação do instrumento lavrado, que conterá os seguintes requisitos obrigatórios:

I – identidade, capacidade e condições pessoais do interessado no momento da videoconferência;

II – declaração verbal do interessado de que:

a) leu ou lhe foi lido o conteúdo do ato;

b) compreendeu inteiramente o teor do ato;

c) representa fielmente sua vontade as manifestações contidas no ato;

d) não tem dúvidas sobre os efeitos do ato e suas consequências, em relação às quais anui integralmente; e

e) aceita o instrumento tal como redigido e lavrado, e que o faz de forma irretratável, sem reservas e sem incorrer em erro, dolo, coação, fraude, má-fé ou outro vício do consentimento.

III – requerimento para que o ato seja assinado a seu rogo pelo próprio notário, providência que poderá ser substituída pela assinatura digitalizada do declarante colhida por meio da própria plataforma.

Art. 19. A declaração de aceitação, feita em videoconferência com os requisitos do art. 18, será autenticada no instrumento para fins do art. 215, incisos IV e V,[2] da Lei n. 10.406, de 10 de janeiro de 2002 – Código Civil, e indicará:

_____
2. Art. 215. A escritura pública, lavrada em notas de tabelião, é documento dotado de fé pública, fazendo prova plena.

§ 1º Salvo quando exigidos por lei outros requisitos, a escritura pública deve conter:

PROVIMENTO N. 04/2020 **ART. 34**

I – data e hora em que ela se iniciou;

II – as pessoas que dela participaram; e

III – o número do protocolo ou código hash ou link da gravação fornecido pela própria plataforma.

Art. 20. O tabelião, ao final, assinará e encerrará o ato.

Parágrafo único. A autenticação feita pelo tabelião poderá ser substituída por assinatura digital da parte, lançada com o uso de certificado digital padrão ICP-BR de que ela seja titular.

Art. 21. O arquivo com a gravação da videoconferência será gerado e armazenado exclusivamente pela plataforma mencionada prevista no art. 14, com acesso restrito ao responsável pela serventia em que lavrado o ato e seus prepostos.

Parágrafo único. O armazenamento da captura da imagem facial no cadastro dos intervenientes dispensa a coleta da respectiva impressão digital.

Art. 22. Os atos que dependam de realização de diligência externa e deslocamento da serventia somente serão realizados se, a critério da avaliação do notário e, justificadamente, no caso concreto, não ofereçam risco à sua saúde, dos seus prepostos e das demais partes interessadas.

SEÇÃO III
RECONHECIMENTO DE FIRMA EM DOCUMENTOS ASSINADOS REMOTAMENTE

Art. 23. Fica autorizado o reconhecimento eletrônico por autenticidade da firma lançada em documento público ou particular que tenha sido digitalizado pela própria parte, mediante prévia confirmação por videoconferência:

I – da identidade e capacidade daquele que assinou;

II – da autoria da assinatura a ser reconhecida; e

III – de que a digitalização apresentada é reprodução fiel do documento fisicamente assinado.

Parágrafo único. O reconhecimento eletrônico será feito em conjunto com a autenticação da desmaterialização do documento físico em que lançada a assinatura autográfica, sendo devidos os emolumentos e aplicados os selos necessários para a realização de ambos os atos.

Art. 24. Pelo mesmo procedimento descrito no art. 23, poderá ser feito o reconhecimento eletrônico por semelhança em documento digitalizado pelo próprio interessado, desde que possível a comparação da firma com a ficha-padrão depositada na serventia ou disponibilizada para consulta por meio do Cadastro Único de Clientes do Notariado (CCN) ou do Cadastro Único de Clientes, disponibilizada pela Central de Serviços Eletrônicos Compartilhados www.cartoriostocantins.com.br nos termos do Provimento n. 88, de 01 de outubro de 2019, do CNJ.

Parágrafo único. A integridade do documento será conferida por videoconferência.

IV – manifestação clara da vontade das partes e dos intervenientes;

V – referência ao cumprimento das exigências legais e fiscais inerentes à legitimidade do ato.

Art. 25. Para que seja feito o reconhecimento de firma por autenticidade em documentos físicos, públicos ou privados, também poderá ser realizado por videoconferência a verificação:

I – da identidade e da capacidade do signatário; e

II – da autoria da assinatura autográfica.

Art. 26. A videoconferência de trata este provimento será realizada por meio de aplicativo de livre disponibilizado pela Central de Serviços Eletrônicos Compartilhados www.cartoriostocantins.com.br, cuja gravação deverá ser arquivada na própria plataforma de que trata o art. 14 e, também, na respectiva serventia.

Art. 27. O ato de reconhecimento da firma lançado remotamente independe do armazenamento da impressão digital e da abertura de ficha padrão, caso o signatário seja identificado por meio:

I – do documento de identificação eletrônico; ou

II – de Cadastro Único de Clientes do Notariado (CCN) ou do Cadastro Único de Clientes, disponibilizado pela Central de Serviços Eletrônicos Compartilhados www.cartoriostocantins.com.br, nos termos do Provimento n. 88, de 01 de outubro de 2019, do CNJ.

Capítulo V
ATOS DO TABELIÃO DE PROTESTO

SEÇÃO I
APONTAMENTO DE TÍTULOS POR INDICAÇÃO ELETRÔNICA

Art. 28. A indicação a protesto por meio da CRA instituída pelo Provimento n. 07/2014/CGJUS/TO ou pela CENPROT instituída pelo Provimento n. 87/2019 do CNJ dispensa a exibição física do título, do documento de dívida ou de comprovação documental da causa que os originou.

§ 1º Em se tratando de letra de câmbio, cheque e nota promissória, a indicação será instruída com a digitalização frente e verso do título;

§ 2º Nos demais casos, o tabelião poderá solicitar a apresentação em meio exclusivamente eletrônico da imagem integral do título ou documento de dívida, a fim de esclarecer dúvida a respeito dos dados constantes na indicação.

SEÇÃO II
CANCELAMENTO DO PROTESTO COM DOCUMENTOS DIGITALIZADOS

Art. 29. O devedor ou interessado poderá requerer o cancelamento do protesto mediante o encaminhamento, ao endereço eletrônico da serventia:

I – do respectivo instrumento físico ou carta de anuência emitida pelo credor, com firma reconhecida por autenticidade ou semelhança e por ele digitalizados; ou

II – do Instrumento de Protesto Eletrônico (IPE), assinado pelo tabelião que lavrou e registrou o ato.

§ 1º A autenticidade dos documentos digitalizados será confirmada por consulta ao:

I – sinal público do tabelião responsável pelo reconhecimento da firma; e

II – código validador do selo de fiscalização aplicado.

§ 2º A autenticidade dos documentos nato digitais será realizada pela verificação da validade da assinatura com certificado no padrão ICP-Br;

§ 3º O tabelião poderá realizar outras diligências que julgar necessárias para averiguar a legitimidade do pedido de cancelamento.

Art. 30. Será dispensada a apresentação de documentos comprobatórios de representação quando a carta de anuência estiver assinada:

I – pelo próprio empresário individual; ou

II – por qualquer pessoa que ocupe o cargo de administrador, diretor ou exerça função equivalente à de representante legal da sociedade, indicada:

a) em certidão simplificada recente; ou

b) no Quadro de Sócios e Administradores (QSA), disponível para consulta pública no comprovante de inscrição no CNPJ.

Capítulo VI
DISPOSIÇÕES FINAIS

Art. 31. Os atos remotos previstos neste Provimento serão levados a efeito sem prejuízo da manutenção dos serviços disponibilizados nas respectivas Centrais de Serviços eletrônicos compartilhados existentes.

Art. 32. Durante o período de suspensão do atendimento presencial de que trata o art. 2º deste Provimento, os delegatários prestarão, de forma ininterrupta, todas as atividades que puderem ser realizadas em meio eletrônico.

§ 1º Os Delegatários manterão o atendimento ao público, preferencialmente eletrônico, e enviarão as comunicações obrigatórias pelos atos eventualmente realizados de acordo com os prazos regulamentares;

§ 2º Os tabeliães de protesto realizarão preferencialmente por meio eletrônico:

I – a distribuição e o apontamento dos títulos eletronicamente encaminhados a protesto pelos interessados;

II – o processamento dos arquivos eletrônicos transmitidos por meio da CRA, com o envio das confirmações e retornos necessários, devidamente acompanhados dos Instrumentos de Protesto Eletrônicos (IPE), quando for o caso;

III – o repasse dos valores recebidos pela liquidação de títulos;

IV – a recepção e efetivação dos pedidos de retirada e cancelamento realizados por meio eletrônico, seja nos termos deste Provimento, seja através da CRA ou da CENPROT; e

V – a emissão de certidões eletrônicas solicitadas por qualquer meio.

Art. 33. Salvo disposição em contrário, o atendimento remoto será realizado durante o período de expediente, com a ressalva do § 5º do art. 2º deste Provimento.

Art. 34. Os tabeliães manterão, mediante agendamento prévio com horários espaçados, sistema de recepção e devolução de documentos físicos para a prática de atos de sua competência, tais como o reconhecimento de firmas, autenticação de fotocópias e apostilamento de Haia, o qual será organizado de forma a restringir ao máximo o deslocamento de pessoas e o contato pessoal.

135

ART. 35 — NORMAS PARA A ATIVIDADE EXTRAJUDICIAL DO ESTADO DO TOCANTINS

§ 1º Será permitida a adoção de sistema de malote por serviço de courier, motoboy ou assemelhado, cujo custo será reembolsado pelo interessado;

§ 2º O tabelião, nas hipóteses de atendimentos urgentes e excepcionais, deverá organizar espaço que atenda às recomendações de higiene e segurança para o manuseio, no interior da serventia, dos documentos físicos que forem recepcionados, sendo que a prática do ato será retardada pelo prazo mínimo de sobrevivência do coronavírus na superfície dos materiais, observada a sua natureza, características e as informações médicas disponíveis;

§ 3º Respeitadas as condições de segurança e higiene para manuseio dos documentos e demais papéis, o prazo estimado para a realização do serviço será informado ao interessado, e não havendo outro estipulado em norma específica, será limitado a 5 (cinco) dias úteis, desde que não haja necessidade de complementação documental ou de realização de outras pesquisas ou diligências para a realização do ato de acordo com as normas a ele aplicáveis.

Art. 35. O ato será realizado mediante agendamento prévio e a presença de comparecentes limitadas ao mínimo indispensável, caso seja:

I – impossível a realização do ato por meio de videoconferência; e

II – necessário o atendimento presencial para a coleta da manifestação da vontade dos interessados e demais intervenientes.

Parágrafo único. Cumpre ao tabelião providenciar os meios necessários para evitar o contágio pelo vírus, atendidas as circunstâncias e restrições locais.

Art. 36. Na vigência da situação de emergência, e a despeito das medidas de distanciamento social e imposição de quarentena, os delegatários deverão lançar mão de todos os meios que estiverem à sua disposição para a realização de notificações e intimações, especialmente do devedor nos atos dos tabeliães de protesto, sendo excepcionalmente permitida a intimação exclusivamente por correio eletrônico, WhatsApp ou outro aplicativo eletrônico que possibilite solicitação de resposta ou envio de confirmação de leitura.

§ 1º Para a realização de notificações ou intimação eletrônica, e não sendo fornecido endereço eletrônico pelo credor ou apresentante, o delegatário poderá utilizar as informações fornecidas pelos próprios notificandos, devedores ou coobrigados e constantes em bancos de dados públicos, em bancos de dados de acesso restrito a notários e a registradores e por eles mantidos, e ainda informações constantes no acervo da própria serventia;

§ 2º A intimação eletrônica do devedor será enviada em dois dias, em sequência, e não havendo resposta acusando o recebimento, serão considerados esgotados os meios para sua localização pessoal e permitida sua intimação editalícia;

§ 3º O tabelião deverá disponibilizar, junto com a intimação, meio que permita pagamento remoto.

Art. 37. O § 5º do art. 12 do Provimento n. 09/2016 CGJUS/TO passa a vigorar com a seguinte redação:

"Art. 12. .[...]

§ 5º [...]."

Art. 38. O presente Provimento entrará em vigor na data da sua publicação e vigorará enquanto perdurar o período de Emergência em Saúde Pública de Importância Nacional (ESPIN), em decorrência da infecção humana pelo novo Coronavírus (Sars-Cov-2).

Parágrafo único. As medidas previstas neste Provimento poderão ser revistas sempre que necessário, em eventual regressão ou evolução da situação de saúde pública.

PROVIMENTO N. 21/2019

Dispõe sobre os prazos e informações a serem prestadas ao Sistema Nacional de Informações de Registro Civil (SIRC) pelas serventias extrajudiciais de registro de pessoas naturais.

Art. 1º O Oficial do Registro remeterá, em até um dia útil, na forma estabelecida pela Lei n. 13.846, de 18 de junho de 2019, ao Instituto Nacional do Seguro Social (INSS), pelo Sistema Nacional de Informações de Registro Civil (SIRC) ou por outro meio que venha a substituí-lo, a relação dos nascimentos, dos natimortos, dos casamentos, dos óbitos, das averbações, das anotações e das retificações registradas na serventia.

§ 1º As serventias extrajudiciais de registro de pessoas naturais localizadas em municípios que não dispõem de provedor de conexão com a internet ou de qualquer meio de acesso à internet poderão remeter as informações de que trata o *caput* em até 5 (cinco) dias úteis;

§ 2º Para os registros de nascimento constarão das informações, obrigatoriamente, o CPF, gênero, a data e o local de nascimento do registrado, bem como o nome completo, gênero, data e local de nascimento e CPF da filiação, na forma prevista no art. 6º¹ do Provimento n. 63 do Conselho Nacional de Justiça.

§ 3º Para os registros de natimorto, que serão lavrados no Livro C – Auxiliar, constarão os dados que couberem, podendo ser indicado pelos pais prenome e sobrenome do registrando;

§ 4º Para os registros de casamento e de óbito, constarão das informações, obrigatoriamente, a inscrição no CPF, o gênero, a data e o local de nascimento do registrado, bem como, acaso disponíveis, os seguintes dados:

I – número do cadastro perante o Programa de Integração Social (PIS) ou o Programa de Formação do Patrimônio do Servidor Público (Pasep);

II – Número de Identificação do Trabalhador (NIT);

III – número de benefício previdenciário ou assistencial, se a pessoa falecida for titular de qualquer benefício pago pelo INSS;

IV – número de registro da Carteira de Identidade e respectivo órgão emissor;

V – número do título de eleitor;

VI – número e série da Carteira de Trabalho e Previdência Social (CTPS).

§ 5º É obrigatória a inclusão de qualquer outra informação solicitada pelo Sistema Nacional de Informações de Registro Civil (SIRC) que seja de conhecimento do Oficial do Registro;

§ 6º No caso de não haver sido registrado nenhum nascimento, natimorto, casamento, óbito ou averbações, anotações e retificações no mês, deverá o Titular do Cartório de Registro Civil de Pessoas Naturais comunicar este fato ao INSS até o 5º (quinto) dia útil do mês subsequente.

Art. 2º O descumprimento de qualquer obrigação imposta neste Provimento, bem como o fornecimento de informação inexata, sujeitará o Titular do Cartório de Registro Civil de Pessoas Naturais, além das sanções previstas na Lei n. 8.935/1994, à penalidade prevista no art. 92² da Lei n. 8.212/91.

Art. 3º Este provimento entra em vigor na data de sua publicação, revogando-se o de n. 14/2019.

---

1. Art. 6º O CPF será obrigatoriamente incluído nas certidões de nascimento, casamento e óbito.

§ 1º Se o sistema para a emissão do CPF estiver indisponível, o registro não será obstado, devendo o oficial averbar, sem ônus, o número do CPF quando do reestabelecimento do sistema;

§ 2º Nos assentos de nascimento, casamento e óbito lavrados em data anterior à vigência deste provimento, poderá ser averbado o número de CPF, de forma gratuita, bem como anotados o número do DNI ou RG, título de eleitor e outros dados cadastrais públicos relativos à pessoa natural, mediante conferência;

§ 3º A partir da vigência deste provimento, a emissão de segunda via de certidão de nascimento, casamento e óbito dependerá, quando possível, da prévia averbação cadastral do número de CPF no respectivo assento, de forma gratuita;

§ 4º A inclusão de dados cadastrais nos assentos e certidões por meio de averbação ou anotação não dispensará a parte interessada de apresentar o documento original quando exigido pelo órgão solicitante ou quando necessário à identificação do portador;

§ 5º As certidões não necessitarão de quadros predefinidos, sendo suficiente que os dados sejam preenchidos conforme a disposição prevista nos Anexos I, II, III e IV, e os sistemas para emissão das certidões de que tratam referidos anexos deverão possuir quadros capazes de adaptar-se ao texto a ser inserido.

---

2. Art. 92. A infração de qualquer dispositivo desta Lei para a qual não haja penalidade expressamente cominada sujeita o responsável, conforme a gravidade da infração, a multa variável de Cr$ 100.000,00 (cem mil cruzeiros) a Cr$ 10.000.000,00 (dez milhões de cruzeiros), conforme dispuser o regulamento.

* Valores atualizados pela Portaria MPAS n. 4.479, de 4.6.98, a partir de 1º de junho de 1998, para, respectivamente, R$ 636,17 (seiscentos e trinta e seis reais e dezessete centavos) e R$ 63.617,35 (sessenta e três mil, seiscentos e dezessete reais e trinta e cinco centavos).

PROVIMENTO N. 19/2019

Regulamenta o procedimento para prática de atos de registro de títulos de propriedade e de constituição de garantia real em meio eletrônico e dá outras providências.

Art. 1º A solicitação, recepção, realização e a remessa de atos notariais e de registro em formato eletrônico, realizam-se por meio de Central de Serviços Eletrônicos Compartilhados, nos termos do art. 36, da Lei Estadual n. 3.408, de 28 de dezembro de 2018, observado o disposto neste provimento.

Parágrafo único. A prática dos atos notariais e de registro em meio eletrônico é obrigatória e de exclusiva responsabilidade do notário ou tabelião e o oficial de registro ou registrador, cabendo à plataforma digital apenas o intercâmbio das solicitações e documentos entre a serventia e os usuários, operando como interface padrão e exclusiva de acesso aos serviços notariais e de registro do Estado do Tocantins.

Art. 2º A solicitação e o recebimento dos documentos conclusivos dos atos notariais e de registro de títulos de propriedade e de constituição de garantia real realizados por meio eletrônico ocorrerá por meio da Central de Serviços Eletrônicos Compartilhados, desenvolvida, mantida e operacionalizada, na forma regulada pelo Provimento n. 09/2016/CGJUS/TO, sendo vedado:

I – recepcionar ou expedir documentos eletrônicos por e-mail ou serviços postais ou de entrega;

II – postar ou baixar (download) documentos eletrônicos e informações em sites que não sejam os das respectivas centrais de serviços eletrônicos compartilhados; e

III – prestar os serviços eletrônicos referidos neste Título, diretamente ou por terceiros, em concorrência com as centrais de serviços eletrônicos compartilhados, ou fora delas.

Parágrafo único. A certidão, independente do meio utilizado para a prática do ato respectivo, poderá ser solicitada diretamente no balcão da serventia ou por meio da Central de Serviços Eletrônicos Compartilhados, a critério do usuário do serviço.

Art. 3º Para habilitação e utilização da plataforma, os usuários deverão realizar cadastro prévio fornecendo, no mínimo, os seguintes dados:

a) Nome completo;

b) Número de Cadastro de Pessoa Física – CPF;

c) Endereço residencial;

d) Telefone (Celular – WhastApp);

e) Endereço eletrônico (e-mail);

f) Senha de acesso individual.

Parágrafo único. Outros dados poderão ser solicitados quando da solicitação de determina-

dos serviços disponibilizados por meio da Central de Serviços Eletrônicos Compartilhados.

Art. 4º Realizado o prévio cadastro na plataforma eletrônica, o usuário estará autorizado a solicitar, eletronicamente, a prática de atos junto às serventias notariais e de registro do Estado do Tocantins.

Parágrafo único. Visando possibilitar a assinatura digital de atos eletrônicos, as serventias poderão complementar o cadastro dos usuários mediante a solicitação de cópia de documento físico e impresso ou referência a documento eletrônico oficial, disponibilizado em banco de dados público e seguro em que conste o nome e o número do Cadastro de Pessoa Física (CPF) do Solicitante.

Art. 5º A habilitação para apresentação de documento visando à prática de atos registrais, deverá ser precedida de declaração expressa da pessoa física ou jurídica interessada de que os dados e arquivos magnéticos apresentados correspondem ao instrumento particular que se encontra em seu arquivo devidamente formalizado e assinado pelas partes contratantes, responsabilizando-se pela veracidade dos documentos e de seus respectivos conteúdos.

Art. 6º O titular ou responsável pelo expediente de registro de imóveis deverá, obrigatoriamente, recepcionar títulos de transferência de propriedade e ou de constituição de garantia real apresentados para registro e ou averbação, sob a forma de documento eletrônico estruturado, por meio da Central de Serviços Eletrônicos Compartilhados.

§ 1º Para fins de apresentação eletrônica ao serviço registral competente, o extrato substitui o contrato apresentado, desde que acompanhado de arquivo eletrônico em formato padrão PDF/A (Portable Document Format/Archive), contendo a íntegra do instrumento contratual que lhe deu origem, onde constará a assinatura autógrafa do emitente do título, assinado com uso de certificado digital nos padrões da Infraestrutura de Chaves Públicas Brasileira (ICP-Brasil) pelo representante do Credor da garantia real objeto do título apresentado;

§ 2º Eventual exigência relativamente aos pedidos apresentados eletronicamente poderá ser atendida pelo mesmo procedimento adotado neste provimento, dispensada a apresentação do documento físico, desde que o apresentante preste declaração de que os originais se encontram em seu arquivo devidamente formalizado e assinado pelas partes contratantes;

§ 3º A informação, no extrato apresentado, dos impostos pagos pela transmissão imobiliária, com indicação do tipo, valor e da data do recolhimento, dispensa a anexação do comprovante, caso as informações sejam suficientes para que o registro de imóveis possa comprovar

o pagamento da guia no sítio eletrônico do respectivo ente público na rede mundial de computadores;

§ 4º A certidão eletrônica dos atos praticados estará disponível na Central de Serviços Compartilhados, pelo prazo de 30 (trinta) dias a contar de sua emissão.

Art. 7º Os sistemas de gerenciamento dos atos eletrônicos da serventia, de livre escolha e contratação do registrador, devem assegurar os padrões mínimos de tecnologia da informação para a segurança, integridade e disponibilidade de dados para a continuidade da atividade registral, mediante a utilização de API (Application Programming Interface) para integração com a Central de Serviços Eletrônicos Compartilhados e com os usuários corporativos.

Parágrafo único. Independentemente da tecnologia empregada, os sistemas de que trata o *caput* deverão contar com recursos de tolerância a falhas de modo a garantir a interoperabilidade de forma a preservar a ininterrupta acessibilidade aos dados e contínua comunicação com a Central de Serviços Eletrônicos Compartilhados e constante disponibilidade de acesso aos usuários, ainda quando fora do expediente normal da serventia.

Art. 8º As disposições deste provimento aplicam-se aos atos registrais dos Serviços de Registro de Títulos e Documentos e de Pessoas Jurídicas, observando-se que, nos dados do registro, na certidão e ou nas imagens do registro de documento físico ou eletrônico para fins de conservação (art. 127, VII,[1] da Lei Federal n. 6.015/73) deverá constar esclarecimento expresso e em destaque de que esse tipo de registro não gera publicidade nem eficácia contra terceiros.

Parágrafo único. Considera-se sem conteúdo financeiro, o registro de documento físico ou eletrônico apresentado, exclusivamente, para fins de conservação (art. 127, VII, da Lei Federal n. 6.015/73), vedada a realização de notificação dos demais interessados que figurarem no documento apresentado, e a quaisquer terceiros que lhes sejam indicados (art. 160,[2] da Lei Federal n. 6.015/73).

---

1. Art. 127. No Registro de Títulos e Documentos será feita a transcrição:
   VII – facultativo, de quaisquer documentos, para sua conservação.
2. Art. 160. O oficial será obrigado, quando o apresentante o requerer, a notificar do registro ou da averbação os demais interessados que figurarem no título, documento, o papel apresentado, e a quaisquer terceiros que lhes sejam indicados, podendo requisitar dos oficiais de registro em outros Municípios, as notificações necessárias. Por esse processo, também, poderão ser feitos avisos, denúncias e notificações, quando não for exigida a intervenção judicial.

Art. 9º Sem prejuízo da disponibilização de interface gráfica para apresentação de pedidos, a Central de Serviços Eletrônicos Compartilhados disponibilizará API (Application Programming Interface) que possibilite a integração com os sistemas eletrônicos dos usuários corporativos.

Art. 10. Este Provimento entrará em vigor na data de sua publicação.

---

§ 1º Os certificados de notificação ou da entrega de registros serão lavrados nas colunas das anotações, no livro competente, à margem dos respectivos registros;

§ 2º O serviço das notificações e demais diligências poderá ser realizado por escreventes designados pelo oficial e autorizados pelo Juiz competente.

PROVIMENTO N. 18/2019

Dispõe sobre a vedação de oferta de comissões e descontos vinculados à captação de serviços notariais e proibição de atos notariais fora da circunscrição geográfica que detém o tabelião.

Art. 1º É vedado o pagamento ou oferta, direta ou indiretamente, em espécie ou não, de comissões e descontos vinculados à captação de serviços notariais, hipótese que infringe o dever legal de dignificar o exercício da função de tabelião de notas, assim como pode acarretar fraude à autenticidade, segurança e eficácia dos atos jurídicos encerrados pelos tabeliães.

Art. 2º A prática de atos notariais fora da circunscrição geográfica para a qual o tabelião recebeu delegação e a instalação de sucursal ou de posto avançado fora da sede do serviço notarial, constituem violação aos deveres dos notários, nos termos dos artigos 8º,[1] 9º[2] e 43[3] da Lei n. 8.935/94, podendo, ainda, resultar em conduta atentatória às instituições notariais e de registro (art. 31, inciso III,[4] da Lei n. 8.935/94).

Art. 3º A violação ao disposto nos artigos precedentes sujeitará o notário infrator a processo administrativo disciplinar, assegurada a observância aos princípios da legalidade, do contraditório e da ampla defesa, bem como às disposições da Súmula n. 343 do Superior Tribunal de Justiça, com o objetivo de apurar responsabilidades disciplinares e a devida aplicação da penalidade cabível, dentre as elencadas no artigo 32[5] da Lei n. 8.935/94, sem prejuízo da apuração de responsabilidade na esfera criminal.

Art. 4º Este Provimento entra em vigor na data da sua publicação.

---

1. Art. 8º É livre a escolha do tabelião de notas, qualquer que seja o domicílio das partes ou o lugar de situação dos bens objeto do ato ou negócio.
2. Art. 9º O tabelião de notas não poderá praticar atos de seu ofício fora do Município para o qual recebeu delegação.
3. Art. 43. Cada serviço notarial ou de registro funcionará em um só local, vedada a instalação de sucursal.
4. Art. 31. São infrações disciplinares que sujeitam os notários e os oficiais de registro às penalidades previstas nesta lei:

   III – a cobrança indevida ou excessiva de emolumentos, ainda que sob a alegação de urgência.

---

5. Art. 32. Os notários e os oficiais de registro estão sujeitos, pelas infrações que praticarem, assegurado amplo direito de defesa, às seguintes penas:

   I – repreensão;

   II – multa;

   III – suspensão por noventa dias, prorrogável por mais trinta;

   IV – perda da delegação.

PROVIMENTO N. 09/2019

Dispõe sobre o protesto de sentença condenatória transitada em julgado, custas processuais, taxa judiciária, multas e honorários advocatícios.

Art. 1º Nas decisões judiciais condenatórias de 1º grau, havendo trânsito em julgado, realizada a sua liquidação e transcorrido o prazo de quinze dias para pagamento espontâneo (art. 523,[1] CPC), poderá o credor requerer a emissão de certidão judicial de existência de dívida, para registro em Cartório de Protesto.

Parágrafo único. A certidão de dívida judicial será levada a protesto sob a exclusiva responsabilidade do credor.

Art. 2º Para a efetivação do protesto deverá o tabelião exigir a apresentação de certidão da decisão judicial fornecida pela escrivania judicial onde tramitou o processo, com menção à data do trânsito em julgado.

§ 1º A certidão de dívida judicial deverá indicar o nome e a qualificação do credor e do devedor, constando o número do CPF, o endereço do devedor, o número do processo judicial em execução e o valor líquido, certo e exigível do débito;

§ 2º A certidão poderá ser emitida eletronicamente e assinada na forma digital pelo escrivão, acompanhada de cópia da decisão judicial;

§ 3º Cópia da certidão emitida deverá ser juntada obrigatoriamente nos respectivos autos.

Art. 3º Atendidas às exigências do art. 1º, o crédito decorrente de honorários advocatícios fixados na decisão judicial poderá ser protestado pelo profissional a quem beneficia, salvo se anuir, expressamente, que seu crédito seja protestado junto com o do seu cliente.

Art. 4º Apresentados os documentos necessários ao protesto, deverá ser lavrado o ato na conformidade do que dispõe a Lei n. 9.492/1997, após o prévio recolhimento, pela parte interessada, dos emolumentos devidos, valor que será acrescido ao da dívida, para fins de quitação.

Parágrafo único. Havendo convênio firmado entre a Ordem dos Advogados do Brasil – Seccional Tocantins e o Instituto de Estudos de Protestos de Títulos do Brasil – Seção Tocantins, o pagamento dos emolumentos poderá ser postergado para o momento da quitação ou do cancelamento do protesto, às expensas do devedor.

Art. 5º A condenação ao pagamento das custas do processo, da taxa judiciária e das sanções pecuniárias processuais sujeitar-se-á a protesto no tabelionato da comarca do juízo processante.

§ 1º Após o trânsito em julgado da decisão terminativa, proceder-se-á à baixa do processo;

§ 2º Procedida à baixa, os autos serão encaminhados à Contadoria Judicial Unificada (COJUN) para levantamento da existência de débitos processuais, referente ao 1º grau.

Art. 6º O processo administrativo de cobrança deverá ser regulamentado consoante Portaria n. 2230, de 13 de junho de 2016, da Presidência do Tribunal de Justiça do Estado do Tocantins.

Art. 7º Fica revogado o Provimento n. 13/2016-CGJUS/TO.

Art. 8º Este Provimento entra em vigor na data de sua publicação.

---

1. Art. 523. No caso de condenação em quantia certa, ou já fixada em liquidação, e no caso de decisão sobre parcela incontroversa, o cumprimento definitivo da sentença far-se-á a requerimento do exequente, sendo o executado intimado para pagar o débito, no prazo de 15 (quinze) dias, acrescido de custas, se houver.

    § 1º Não ocorrendo pagamento voluntário no prazo do *caput*, o débito será acrescido de multa de dez por cento e, também, de honorários de advogado de dez por cento;

    § 2º Efetuado o pagamento parcial no prazo previsto no *caput*, a multa e os honorários previstos no § 1º incidirão sobre o restante;

    § 3º Não efetuado tempestivamente o pagamento voluntário, será expedido, desde logo, mandado de penhora e avaliação, seguindo-se os atos de expropriação.

PROVIMENTO N. 06/2019

Dispõe sobre a obrigatoriedade de inserção de dados das partes nos mandados dirigidos aos Cartórios de Registro Civil.

Art. 1º Determinar aos Juízes de Direito que insiram o número do Cadastro de Pessoa Física (CPF) ou o número do Cadastro Nacional de Pessoa Jurídica (CNPJ) nos mandados dirigidos aos cartórios extrajudiciais, na forma do Provimento n. 61, de 17 de outubro de 2017, do Conselho Nacional de Justiça.

§ 1º A informação deve ser inserida em todas as determinações dirigidas aos cartórios extrajudiciais, inclusive quando se referirem a beneficiários de assistência judiciária gratuita;

§ 2º A determinação do *caput* se refere apenas a pessoas que já estejam previamente cadastradas junto à Receita Federal, não isentando o mencionado cadastro pelos cartórios de registro civil, a ser feito de modo gratuito quando do registro do nascimento, mediante adesão ao respectivo convênio junto àquele órgão.

Art. 2º Este Provimento entra em vigor na data da sua publicação.

PROVIMENTO N. 25/2018

Regulamenta a paternidade e maternidade socioafetiva e outros procedimentos relativos à paternidade biológica, no âmbito do Programa Pai Presente, desenvolvido pelo Poder Judiciário do estado do Tocantins.

Art. 1º Autorizar, no âmbito do Programa Pai Presente, desenvolvido pelo Poder Judiciário do estado do Tocantins, o reconhecimento espontâneo da paternidade socioafetiva da pessoa que se achar registrada sem paternidade biológica estabelecida.

Art. 2º Fica estabelecida a competência dos magistrados responsáveis pela execução do Programa Pai Presente para decidir sobre as causas relacionadas às averiguações oficiosas de paternidade nas suas jurisdições respectivas.

Parágrafo único. Compete, ainda, ao respectivo magistrado, julgar os processos administrativos relacionados ao reconhecimento de paternidade ou maternidade socioafetiva, inclusive os casos que se enquadram nas hipóteses previstas pelo art. 11, § 6º[1] e art. 12[2] do Provimento n. 63/2017 do Conselho Nacional de Justiça.

Art. 3º Aplica-se aos procedimentos administrativos instaurados perante o Programa Pai Presente, as disposições constantes no Provimento n. 63/2017 do CNJ, relativos aos casos de reconhecimento de paternidade e maternidade socioafetiva eventualmente verificados na execução do Programa.

Art. 4º Para a execução do Provimento n. 12/2010 do CNJ, e com o objetivo de incentivar o reconhecimento espontâneo de paternidade, o juiz competente notificará as instituições de ensino que se encontrem sediadas em sua jurisdição para que informem, no prazo máximo de trinta dias, a relação com o nome e o endereço de todos os alunos que não possuem paternidade estabelecida.

Art. 5º Ao tomar conhecimento do público-alvo do Programa, a serventia providenciará a notificação da genitora do interessado para comparecer à audiência designada no procedimento administrativo de reconhecimento espontâneo de paternidade, munida de seus documentos pessoais e da certidão de nascimento do filho menor, para se manifestar acerca da paternidade biológica ou socioafetiva do interessado.

Parágrafo único. Caso o interessado seja maior, este será notificado para os termos previstos no *caput*.

Art. 6º Ao comparecer à audiência, a parte requerente poderá indicar ou não o nome e o endereço do suposto pai biológico ou socioafetivo, para os termos do procedimento de reconhecimento de paternidade.

§ 1º A anuência da genitora do menor é indispensável para que a averiguação seja iniciada, e se o reconhecido for maior, seu consentimento é imprescindível;

§ 2º Se o filho for maior de doze anos, o reconhecimento da paternidade socioafetiva exigirá seu consentimento;

§ 3º Nas hipóteses de não haver indicação do suposto pai do filho menor ou de manifesto desinteresse pelo procedimento, ou ainda, ausência injustificada à audiência designada e, havendo elementos suficientes para a propositura da ação, o feito será remetido ao Ministério Público para as providências pertinentes, face ao direito indisponível do menor;

§ 4º Na hipótese do parágrafo anterior, caso o interessado seja maior, o feito será arquivado.

Art. 7º Havendo interesse do requerente, a serventia tomará as providências para notificação do suposto pai biológico ou socioafetivo, que deverá comparecer à audiência de conciliação munido de documento oficial de identificação com foto.

Art. 8º Na audiência de conciliação, após os interessados serem regularmente identificados, serão ouvidos pelo juiz competente sobre o pedido de reconhecimento voluntário da paternidade.

Art. 9º Caso manifestem concordância com relação ao reconhecimento, o juiz determinará a lavratura e assinatura do termo de reconhecimento espontâneo de paternidade.

§ 1º Caso o interesse seja específico para o reconhecimento da paternidade socioafetiva, as partes deverão apresentar para a lavratura do termo a certidão de nascimento do filho, original e cópia;

§ 2º Constarão do termo, além dos dados pessoais do requerente, os dados da genitora e do filho reconhecido, caso seja menor;

§ 3º Caso o filho seja maior, o reconhecimento dependerá de sua anuência escrita.

Art. 10. O expediente, formado pelo termo de reconhecimento, cópia dos documentos apresentados pelos interessados e deliberação do juiz elaborada de forma que sirva de mandado de averbação, será encaminhado ao serviço de registro civil em até cinco dias.

Art. 11. Havendo dúvidas acerca da paternidade biológica, será concedido prazo não superior a sessenta dias para a realização do exame de DNA.

§ 1º Na hipótese de realização do exame, as partes ficarão previamente notificadas sobre a audiência de cientificação do exame;

§ 2º Após a manifestação das partes sobre o resultado do exame e não havendo pedido para a realização de nova perícia, o magistrado poderá homologar eventual acordo de reconhecimento de paternidade biológica ou não havendo, encaminhar o feito ao Ministério Público para as providências pertinentes caso o requerente seja menor e, se maior, facultar à parte a propositura da respectiva ação judicial ou arquivar o feito.

Art. 12. Os processos administrativos de paternidade ou maternidade socioafetiva provenientes do Oficial do Registro Civil por motivo de ausência da anuência ou impossibilidade de manifestação válida da mãe, pai ou do próprio filho quando exigido, serão encaminhados ao juiz competente para as deliberações necessárias nos termos da lei.

§ 1º Sempre que possível, o juiz notificará os interessados para se manifestarem sobre os motivos da ausência de anuência ou inexistência de manifestação válida nos termos do disposto no *caput.*

Art. 13. O Oficial do Registro deverá encaminhar ao juiz competente os procedimentos administrativos de reconhecimento de paternidade ou maternidade socioafetiva, sempre que suspeitar de fraude, falsidade, má-fé, vício de vontade, simulação ou dúvida sobre a configuração do estado de posse do filho.

§ 1º O registrador fundamentará o motivo de sua recusa e não praticará o ato até a decisão do juiz competente;

§ 2º Ao receber o feito, e havendo necessidade, o juiz designará audiência para oitiva dos interessados, nos termos deste Provimento;

§ 3º Após a audiência, o juiz decidirá a questão para determinar o reconhecimento voluntário da paternidade socioafetiva nos termos do presente Provimento ou adotar outras medidas cabíveis;

§ 4º Na hipótese do parágrafo anterior, existindo indícios de fraude, falsidade, má-fé, vício de vontade ou simulação, o juiz deverá comunicar o ocorrido à Autoridade Policial e ao Ministério Público para as providências pertinentes.

---

1. Art. 11. O reconhecimento da paternidade ou maternidade socioafetiva será processado perante o oficial de registro civil das pessoas naturais, ainda que diverso daquele em que foi lavrado o assento, mediante a exibição de documento oficial de identificação com foto do requerente e da certidão de nascimento do filho, ambos em original e cópia, sem constar do traslado menção à origem da filiação.

    § 6º Na falta da mãe ou do pai do menor, na impossibilidade de manifestação válida destes ou do filho, quando exigido, o caso será apresentado ao juiz competente nos termos da legislação local.

2. Art. 12. Suspeitando de fraude, falsidade, má-fé, vício de vontade, simulação ou dúvida sobre a configuração do estado de posse de filho, o registrador fundamentará a recusa, não praticará o ato e encaminhará o pedido ao juiz competente nos termos da legislação local.

Art. 14. A discussão judicial sobre o reconhecimento da paternidade ou de procedimento de adoção obstará o reconhecimento da filiação pela sistemática estabelecida neste Provimento.

Art. 15. Nos termos do art. 13, parágrafo único,[3] da Resolução n. 63/2017 do CNJ, o requerido deverá declarar, sob pena de incorrer em ilícito civil e penal, o desconhecimento da existência de processo judicial em que se discuta a filiação do reconhecendo.

Art. 16. Este Provimento entra em vigor na data de sua publicação.

---

3. Art. 13. A discussão judicial sobre o reconhecimento da paternidade ou de procedimento de adoção obstará o reconhecimento da filiação pela sistemática estabelecida neste provimento.

    Parágrafo único. O requerente deverá declarar o desconhecimento da existência de processo judicial em que se discuta a filiação do reconhecendo, sob pena de incorrer em ilícito civil e penal.

PROVIMENTO N. 13/2018

Institui o Conselho Gestor do Sistema de Gestão Integrada das Serventias Extrajudiciais (GISE).

Art. 1º Fica instituído o Conselho Gestor do Sistema de Gestão Integrada das Serventias Extrajudiciais (GISE), ao qual compete:

I – definir políticas e diretrizes referentes a aplicação da tecnologia da informação com relação às serventias extrajudiciais;

II – acompanhar, autorizar e controlar a implementação das atualizações do GISE;

III – promover e coordenar a definição das políticas e aprovação de normas e padrões de tecnologia da informação, fomentar a integração, intercâmbio de experiências, a inovação tecnológica, compartilhamento de soluções e parcerias em ações cooperadas de interesse multi-institucionais relativas ao sistema GISE;

IV – supervisionar o procedimento de especificação, aquisição, desenvolvimento e distribuição de equipamentos e sistemas utilizados pelas serventias extrajudiciais;

V – expedir orientações a serem seguidas pelos oficiais de serventias extrajudiciais;

VI – processar os pedidos de reajustes, cancelamentos e demais ocorrências relativas aos selos de fiscalização, ficha financeira, dentre outros, solicitados pelas serventias extrajudiciais ou decorrentes de demandas reveladas necessárias, mediante decisão administrativa da Corregedoria Geral da Justiça.

Art. 2º O Conselho Gestor do Sistema de Gestão Integrada das Serventias Extrajudiciais (GISE) é composto pelos seguintes membros:

I – o Corregedor-Geral da Justiça;

II – juiz auxiliar da Corregedoria-Geral da Justiça;

III – o Diretor de Tecnologia da Informação do Tribunal de Justiça do Tocantins;

IV – o chefe de divisão da Divisão de Inspeção e Fiscalização da Corregedoria Geral da Justiça;

V – um analista de sistemas;

VI – um secretário.

§ 1º A presidência do Conselho Gestor será exercida pelo Corregedor-Geral da Justiça, membro nato, que será substituído, em suas ausências, pelo Juiz Auxiliar da Corregedoria;

§ 2º O Conselho Gestor deliberará pelo voto da maioria simples dos seus membros, cabendo ao presidente o voto de desempate.

Art. 3º Compete ao Presidente do Conselho do GISE:

I – determinar a publicação semestral dos demonstrativos das atividades do Conselho e as atualizações do sistema GISE;

II – dirigir, coordenar e supervisionar as atividades do Conselho;

III – representar o Conselho Gestor nos atos que se fizerem necessários;

IV – convocar, presidir as reuniões e acompanhar a execução de suas deliberações.

Art. 4º Aos membros do Conselho compete:

I – participar e votar nas reuniões;

II – propor a convocação de reuniões extraordinárias, por provocação de um terço dos seus membros;

III – realizar estudos, apresentar propostas de melhorias na área de atuação do conselho;

IV – propor e requerer esclarecimentos que lhes forem úteis à melhor apreciação dos assuntos em pauta.

Art. 5º Esta Resolução entrará em vigor na data de sua publicação.

PROVIMENTO N. 12/2018

Altera os artigos 12, 13 e 16, do Provimento n. 09/2016/CGJUS/TO, de 9 de junho de 2016 e regulamenta o Edital Eletrônico para as publicações dos atos notariais e de registros das serventias extrajudiciais do Estado do Tocantins.

Art. 1º Dar nova redação aos artigos 12, 13 e 16, do Provimento n. 09/2016/CGJUS/TO, de 9 de junho de 2016, que passam a vigorar com a seguinte redação:

"Art. 12. [...].

Art. 13. [...].

Art. 16. [...]."

Art. 2º O valor da publicação eletrônica, já considerados todos os custos necessários, será de:

I – R$ 0,50 (cinquenta centavos) por edital dos atos do tabelionato de protesto, e R$ 10,00 (dez reais) por edital das demais especialidades; e

II – nas demais publicações aplica-se o valor constante no item 3.5 da tabela II, do Anexo único à Lei n. 2.828/2014.

Parágrafo único. Os valores previstos no inciso I se aplicam exclusivamente aos editais contemplados nas tabelas de emolumentos, dos quais 20% (vinte por cento) é repassado mensalmente ao FUNJURIS, casos em que é vedado repassar o custo da publicação ao usuário do serviço.

Art. 3º Este Provimento entra em vigor na data de sua publicação, ficando revogadas as disposições em contrário.

PROVIMENTO N. 05/2018[1]

Institui e regulamenta o Núcleo de Prevenção e Regularização Fundiária no âmbito da Corregedoria Geral da Justiça do Estado do Tocantins e dá outras providências

Art. 1º Fica instituído, no âmbito da Corregedoria Geral da Justiça do Estado do Tocantins, o Núcleo de Prevenção e Regularização Fundiária, com a seguinte estrutura funcional:

I – um Coordenador, cargo que será exercido por um Juiz de Direito a ser indicado pelo Corregedor-Geral da Justiça;

II – um representante da Procuradoria Geral do Estado do Tocantins;

III – um representante do Instituto Nacional de Colonização e Reforma Agrária – INCRA;

IV – um representante do Instituto de Terras do Tocantins (ITERTINS);

V – um representante da Companhia Imobiliária do Estado do Tocantins – Terra-Palmas;

VI – um representante dos notários e registradores, a ser indicado pela entidade que o represente.

VII – um representante dos municípios, a ser indicado pela entidade que o represente.

VIII – um representante da Superintendência do Patrimônio da União;

IX – um representante do Projeto Terra Legal no Tocantins;

X – um representante da Procuradoria Geral do Município de Palmas;

XI – um representante da Secretaria de Desenvolvimento Urbano, Regularização Fundiária e Serviços Regionais da Prefeitura de Palmas;

Art. 2º Constituem atribuições do Núcleo de Prevenção e Regularização Fundiária:

I – atuar nos processos administrativos envolvendo conflitos de imóveis que tramitem no âmbito da Corregedoria Geral da Justiça do Estado do Tocantins e naqueles de atribuição dos Juízes Corregedores Permanentes;

II – propor medidas concretas voltadas à otimização das atividades do Núcleo;

III – realizar vistorias e perícias em locais de conflitos fundiários para subsidiar a atuação do Núcleo;

IV – realizar estudos, monitoramentos e fiscalização das atividades dos cartórios de registro de imóveis, nas questões relacionadas à regularização fundiária;

V – elaborar projetos de regularização fundiária;

VI – prestar apoio técnico, material e operacional às ações judiciais fundiárias, quando solicitadas pelo Juiz competente;

VII – elaborar estratégias que conduzam à regularização fundiária;

VIII – reduzir a burocracia procedimental que ocasiona entraves à regularização fundiária.

Art. 3º O Núcleo de Prevenção e Regularização Fundiária poderá, mediante aprovação do Corregedor-Geral da Justiça, solicitar apoio de outras instituições, visando à execução de projetos de regularização fundiária, bem como encaminhar ao Poder Executivo competente, diretrizes e demandas com vistas à regularização fundiária.

Art. 4º O Núcleo poderá solicitar, através do Corregedor-Geral da Justiça, apoio técnico operacional, a ser prestado pelo Poder Executivo Estadual ou Municipal.

Art. 5º O Núcleo de Prevenção e Regularização Fundiária poderá requerer ao Corregedor-Geral da Justiça do Estado do Tocantins que solicite de outras instituições, quando necessário, servidores que detenham conhecimentos em questões agrárias para colaborar, os quais prestarão auxílio técnico-jurídico ao Núcleo.

Art. 6º Este Provimento entra em vigor na data de sua publicação.

---

1. Atualizado até o Provimento n. 26/2018.

PROVIMENTO N. 02/2018

Institui a Central de Informações do Registro Civil no Estado do Tocantins (CRC-TO).

Art. 1º Fica instituída a Central de Informações do Registro Civil no Estado do Tocantins (CRC-TO), gerida pela Associação de Registradores de Pessoas Naturais do Tocantins (ARPEN-TO), através de convênio firmado com a CRC Nacional, para armazenamento, concentração e disponibilização de informações sobre os atos lavrados nos Ofícios de Registro Civil das Pessoas Naturais "Ofícios da Cidadania", bem como para efetivação das comunicações dos atos de ofício.

Art. 2º A CRC-TO será integrada, obrigatoriamente, por todos os Registros Civis de Pessoas Naturais do Estado do Tocantins, os quais fornecerão, por meio eletrônico, até o dia seguinte da data da lavratura do ato, os dados referentes aos nascimentos, casamentos, óbitos, natimortos e demais atos relativos ao estado civil lavrados, respectivamente, nos Livros "A", "B", "B Auxiliar", "C", "C Auxiliar" e "E"

§ 1º Para cada registro, será informado:

I – o nome da serventia que o tiver lavrado, contendo o número ordinal do ofício e a localidade;

II – o tipo de ato informado (nascimento, casamento, casamento religioso com efeitos civis, óbito, natimorto, interdição, ausência, emancipação e demais atos do Livro "E");

III – a data do fato;

IV – o número do livro, da folha e do termo em que tiver sido lavrado;

V – a data em que tiver sido lavrado;

VI – o nome da pessoa à qual se refere;

VII – o nome do cônjuge da pessoa, nos casos de casamento e casamento religioso com efeitos civis, ou o nome da genitora, nos demais casos, assim como outras informações que se fizerem necessárias;

VIII – se possui ou não alguma anotação ou averbação à margem do assento.

§ 2º Os Oficiais de Registro Civil das Pessoas Naturais manterão a CRC-TO permanentemente atualizada, comunicando qualquer alteração realizada nos registros informados, observados os mesmos prazos e formas previstos neste artigo;

§ 3º Nos casos de cancelamento de registro por determinação judicial ou averbação de que trata o art. 57, § 7º,[1] da Lei dos Registros Públicos, as informações deverão ser excluídas da CRC-TO pelo oficial de registro responsável, informando o motivo "determinação judicial".

Art. 3º Os Oficiais de Registro Civil das Pessoas Naturais alimentarão a CRC-TO com os dados mencionados no art. 2º deste Provimento também em relação aos registros já lavrados, observando-se os seguintes prazos:

I – até 31 de julho de 2018, para atos lavrados desde 1º de janeiro de 2016;

II – até 31 de dezembro de 2018, para atos lavrados desde 1º de janeiro de 2014;

III – até 31 de julho de 2019, para atos lavrados desde 1º de janeiro de 2012;

IV – até 31 de dezembro de 2019, para atos lavrados desde 1º de janeiro de 2010;

V – até 31 de julho de 2020, para atos lavrados desde 1º de janeiro de 2005;

VI – até 31 de dezembro de 2020, para atos lavrados desde 1º de janeiro de 2000;

VII – até 31 de julho de 2021, para atos lavrados desde 1º de janeiro de 1995;

VIII – até 31 de dezembro de 2021, para atos lavrados desde 1º de janeiro de 1990;

IX – até 31 de julho de 2022, para atos lavrados desde 1º de janeiro de 1985;

X – até 31 de dezembro de 2022, para atos lavrados desde 1º de janeiro de 1980;

XI – até 31 de julho de 2023, para atos lavrados desde 1º de janeiro de 1975;

XII – até 31 de dezembro de 2023, para atos lavrados desde 1º de janeiro de 1970;

XIII – até 31 de julho de 2024, para atos lavrados desde 1º de janeiro de 1965;

XIV – até 31 de dezembro de 2024, para atos lavrados desde 1º de janeiro de 1960.

I – inclusão de sobrenomes familiares;

II – inclusão ou exclusão de sobrenome do cônjuge, na constância do casamento;

III – exclusão de sobrenome do ex-cônjuge, após a dissolução da sociedade conjugal, por qualquer de suas causas;

IV – inclusão e exclusão de sobrenomes em razão de alteração das relações de filiação, inclusive para os descendentes, cônjuge ou companheiro da pessoa que teve seu estado alterado.

§ 7º Quando a alteração de nome for concedida em razão de fundada coação ou ameaça decorrente de colaboração com a apuração de crime, o juiz competente determinará que haja a averbação no registro de origem de menção da existência de sentença concessiva da alteração, sem a averbação do nome alterado, que somente poderá ser procedida mediante determinação posterior, que levará em consideração a cessação da coação ou ameaça que deu causa à alteração.

§ 1º Os Oficiais de Registro Civil das Pessoas Naturais poderão remeter à CRC-TO informações relativas ao acervo completo de suas serventias, a fim de possibilitar a localização de atos praticados anteriormente ao ano de 1960, bem como poderão antecipar o cumprimento dos prazos previstos no caput deste artigo;

§ 2º Os oficiais de registro deverão manter os recibos de transmissão de dados relativos às informações enviadas a CRC-TO e apresentá-los sempre que solicitados pela Corregedoria Geral da Justiça e pela Direção do Foro;

§ 3º A CRC-TO emitirá relatórios sobre os oficiais de registro que não cumprirem os prazos estabelecidos neste Provimento, bem como sobre aqueles que não informarem os registros efetuados, além de outros relatórios de auditoria para acompanhamento e fiscalização pela Corregedoria Geral da Justiça.

Art. 4º Eventual suspensão ou interrupção dos serviços de internet que prejudique a observância dos prazos previstos neste Provimento deverá ser comunicada imediatamente à Corregedoria Geral da Justiça, ficando a transmissão dos dados, neste caso, excepcionalmente prorrogada até o dia seguinte ao da normalização do serviço.

Art. 5º Os Oficiais de Registro Civil das Pessoas Naturais integrantes da CRC-TO terão acesso gratuito às informações públicas constantes do banco de dados contido no sistema.

§ 1º Consideram-se informações públicas aquelas que não se refiram a registro cancelado ou a registro cujo teor seja sigiloso, sendo as informações que se refiram a esses registros acessíveis somente pelo próprio oficial de registro responsável pela serventia que praticou o ato;

§ 2º Os dados a que se referem os incisos IV e V do § 1º do art. 2º deste Provimento também serão de acesso restrito ao oficial de registro responsável pela serventia que praticou o ato.

Art. 6º A Corregedoria Geral de Justiça terá acesso integral, irrestrito e gratuito a todas as informações constantes do banco de dados contido no sistema.

Art. 7º Qualquer pessoa, natural ou jurídica, pública ou privada, poderá acessar a CRC-TO, mediante prévio cadastramento e devida identificação, para verificação da existência de quaisquer dos atos referidos no caput do art. 2 deste Provimento.

§ 1º Não havendo solicitação de emissão de certidão, na pesquisa cujo resultado seja positivo, serão disponibilizadas apenas as informações contidas nos incisos I, II, III, VI, VII e VIII do § 1º do art. 2º deste Provimento;

§ 2º Na hipótese de ser solicitada a expedição de certidão, o consulente efetuará o pagamento

---

1. Art. 57. A alteração posterior de sobrenomes poderá ser requerida pessoalmente perante o oficial de registro civil, com a apresentação de certidões e de documentos necessários, e será averbada nos assentos de nascimento e casamento, independentemente de autorização judicial, a fim de:

ART. 8º NORMAS PARA A ATIVIDADE EXTRAJUDICIAL DO ESTADO DO TOCANTINS

dos valores devidos pelo ato, os quais serão destinados ao oficial de registro responsável pela serventia que lavrou o ato pesquisado, bem como a que materializou a referida certidão, ressalvadas as hipóteses de isenção previstas em lei;

§ 3º Em todas as pesquisas realizadas, o consulente será expressamente alertado para o fato de que o banco de dados da CRC-TO é alimentado pelos oficiais de registro civil das pessoas naturais do Estado do Tocantins, ressalvando-se eventual erro na informação por eles prestada, bem como eventual ausência na transmissão de algum dado, a qual não impede a existência de ato registral relativo à pessoa pesquisada;

§ 4º Também será ressalvado o fato de que a existência ou não de informação sobre o casamento de determinada pessoa não constitui prova suficiente para indicar o respectivo estado civil.

Art. 8º Após prévio cadastramento e devida identificação, a pessoa interessada, ao realizar a solicitação, escolherá uma das seguintes opções sobre a forma pela qual deseja receber a certidão:

I – fisicamente, direto na serventia onde o ato foi lavrado;

II – fisicamente, em Ofício de Registro Civil das Pessoas Naturais diverso daquele onde foi feito o assento;

III – fisicamente, no endereço de seu domicílio, mediante envio pelos correios;

IV – eletronicamente, por meio de disponibilização na Central de Informações de Registro Civil das Pessoas Naturais – CRC.

§ 1º Nas hipóteses previstas nos incisos I e II deste artigo, a certidão poderá ser retirada pessoalmente pelo solicitante ou por terceiro, mediante apresentação do comprovante de solicitação e do pagamento dos valores devidos, observando-se o disposto no § 2º do art. 7 deste Provimento;

§ 2º No caso da opção prevista no inciso II deste artigo, a certidão será assinada eletronicamente, com uso de certificado digital, na serventia de origem, e transmitida à serventia indicada pelo solicitante, contendo expressamente a identificação da respectiva assinatura eletrônica para a devida conferência;

§ 3º Recebida e impressa a certidão assinada eletronicamente, na forma do parágrafo anterior, o oficial de registro ou preposto que atuar na serventia indicada afixará o respectivo selo de fiscalização, apondo a sua assinatura ao lado da identificação do responsável pela emissão eletrônica do documento, para, então, entregá-lo ao interessado, mediante apresentação dos comprovantes de solicitação e do pagamento dos valores devidos;

§ 4º No caso previsto no inciso III deste artigo, o envio da certidão fica condicionado ao prévio pagamento das despesas da remessa postal escolhida pelo solicitante;

§ 5º No tocante ao inciso IV deste artigo, caso seja encontrado o registro pesquisado, poderá o consulente, no mesmo ato, solicitar a expedição da respectiva certidão que, pagos os emolumentos, custas e encargos administrativos devidos, será disponibilizada na Central de Informações de Registro Civil das Pessoas Naturais (CRC-TO), em formato eletrônico, em prazo não superior a 5 dias úteis;

§ 6º As certidões eletrônicas ficarão disponíveis na Central Nacional de Informações do Registro Civil – CRC-TO pelo prazo de 30 dias corridos, vedado o envio por intermédio de correio eletrônico convencional (e-mail);

§ 7º Os Oficiais de Registro Civil das Pessoas Naturais deverão, obrigatoriamente, atender às solicitações de certidões efetuadas por via postal, telefônica, eletrônica, ou pela Central de Informações de Registro Civil das Pessoas Naturais (CRC-TO) ou no balcão da serventia, desde que satisfeitos os emolumentos previstos em lei e, se existentes, pagas as despesas de remessa.

Art. 9º As certidões solicitadas por meio da CRC-TO conterão, obrigatoriamente, todos os requisitos previstos nos modelos instituídos pela Corregedoria Nacional de Justiça, na forma do Provimento n. 63, de 14 de novembro de 2017, e serão expedidas no prazo legal com a devida utilização do selo de fiscalização.

Parágrafo único. A CRC-TO não receberá solicitações de certidões de inteiro teor cuja expedição dependa de autorização judicial, as quais deverão ser pleiteadas diretamente perante o oficial de registro.

Art. 10. Os Oficiais de Registro Civil das Pessoas Naturais, no prazo previsto no inciso I do art. 2º deste Provimento, afixarão, nas dependências de suas serventias, cartazes com informações sobre o funcionamento e as funcionalidades da CRC-TO.

Art. 11. O envio e o recebimento das comunicações determinadas no art. 106[2] da Lei dos Registros Públicos serão realizados no prazo de 5 dias da prática do ato, por meio da CRC-TO, entre os Ofícios de Registro Civil das Pessoas Naturais do Estado do Tocantins, inclusive em relação àquelas destinadas a outros Estados da Federação que já possuam sistema eletrônico de envio de comunicações.

Art. 12. Os Oficiais de Registro Civil das Pessoas Naturais deverão acessar a CRC-TO diariamente, a fim de receber as comunicações feitas na forma dos artigos anteriores, bem como para atender às solicitações de emissão de certidão em relação aos atos praticados em suas serventias.

Art. 13. A CRC-TO funcionará por meio de aplicativo próprio, disponível na internet, em endereço eletrônico seguro, desenvolvido, cedido, mantido, operado e publicado gratuitamente sob o domínio da CRC-Nacional, com aprovação da Corregedoria Geral da Justiça.

Parágrafo único. O endereço eletrônico da CRC-TO na internet será disponibilizado também em link próprio no portal eletrônico da Corregedoria Geral da Justiça, acessível por meio do menu relativo ao portal extrajudicial.

Art. 14. A CRC-TO será hospedada em ambiente eletrônico seguro, capaz de integrar todos os oficiais de registro civil das pessoas naturais do Estado de Tocantins e de se comunicar com aqueles de outros Estados da Federação que já possuam sistema eletrônico de envio de comunicações.

Art. 15. O acesso à CRC-TO e a utilização de todas as funcionalidades nela contidas serão realizados pelos oficiais de registro exclusivamente com uso de certificação digital que atenda aos requisitos da ICP-Brasil e ao e-Ping.

§ 1º A consulta pública à CRC-TO poderá ser realizada com uso de certificação digital ou por meio que possibilite a identificação do usuário por login e senha, que serão fornecidos mediante cadastramento prévio, com indicação, inclusive, de número de documento de identidade oficial ou CPF;

§ 2º A CRC-TO manterá registro de login de todos os acessos ao sistema.

Art. 16. A CRC-TO poderá ser interligada, mediante convênio, com os demais sistemas similares de centrais de informações criados no país.

Art. 17. É requisito documental de legitimação necessário para a segurança jurídica, nos atos de lavratura das escrituras de inventário, de partilha, de separação, de divórcio, de extinção de união estável consensuais e do processo de habilitação em casamento, que as certidões emitidas pelas Serventias de Registro Civil das Pessoas Naturais devem ser apresentadas em seu original e com data não anterior a seis meses de sua apresentação, incluindo eventuais anotações à margem do termo, devendo ser renovadas se, decorrido um ano do ingresso do procedimento, não tenha sido lavrado o ato.

Art. 18. Altera o artigo 1º do Provimento n. 09, de 2 de maio de 2016, da Corregedoria Geral da Justiça do Estado do Tocantins, que passará a vigorar com a seguinte redação:

"Art. 1º [...]".

Art. 19. Este Provimento entrará em vigor na data de sua publicação.

---

2. Art. 106. Sempre que o oficial fizer algum registro ou averbação, deverá, no prazo de cinco dias, anotá-lo nos atos anteriores, com remissões recíprocas, se lançados em seu cartório, ou fará comunicação, com resumo do assento, ao oficial em cujo cartório estiverem os registros primitivos, obedecendo-se sempre à forma prescrita no artigo 98.

Parágrafo único. As comunicações serão feitas mediante cartas relacionadas em protocolo, anotando-se à margem ou sob o ato comunicado, o número de protocolo e ficarão arquivadas no cartório que as receber.

PROVIMENTO N. 06/2017[1]

Regula o procedimento de retificação administrativa de matrícula para inserção das coordenadas dos vértices definidores dos limites dos imóveis rurais, georreferenciadas ao Sistema Geodésico Brasileiro, na forma regulada pela Lei Federal n. 10.267/2001.

Art. 1º A retificação administrativa de matrícula de imóvel rural, inclusive para os fins e efeitos do § 3º[2] do art. 176 da Lei Federal n. 6.015, de 31 de dezembro de 1973, processa-se de acordo com o disposto no art. 213, II,[3] da mesma Lei, perante o registrador de imóveis da circunscrição em que situado o imóvel retificado.

Art. 2º Em nenhuma hipótese a adequação do imóvel às exigências do art. 176, §§ 3º e 4º,[4] e do art. 225, § 3º,[5] da Lei Federal n. 6.015, de 31 de dezembro de 1973, poderá ser feita sem a certificação do memorial descritivo expedida pelo INCRA, a qual será exigida nos casos de transferência, desmembramento, parcelamento, remembramento de imóveis rurais, observado os prazos previstos no art. 10,[6] do Decreto Federal n. 4.449, de 30 de outubro de 2002.

_____

1. Atualizado até o Provimento n. 07/2022.
2. Art. 176. O Livro n. 2 – Registro Geral – será destinado, à matrícula dos imóveis e ao registro ou averbação dos atos relacionados no art. 167 e não atribuídos ao Livro n. 3.

    § 3º Nos casos de desmembramento, parcelamento ou remembramento de imóveis rurais, a identificação prevista na alínea a do item 3 do inciso II do § 1º será obtida a partir do memorial descritivo, assinado por profissional habilitado e com a devida Anotação de Responsabilidade Técnica (ART), contendo as coordenadas dos vértices definidores dos limites dos imóveis rurais, georreferenciadas ao Sistema Geodésico Brasileiro e com precisão posicional a ser fixada pelo INCRA, garantida a isenção de custos financeiros aos proprietários de imóveis rurais cuja somatória da área não exceda a quatro módulos fiscais.
3. Art. 213. O oficial retificará o registro ou a averbação:

    II – a requerimento do interessado, no caso de inserção ou alteração de medida perimetral de que resulte, ou não, alteração de área, instruído com planta e memorial descritivo assinado por profissional legalmente habilitado, com prova de anotação de responsabilidade técnica no competente Conselho Regional de Engenharia e Arquitetura (CREA), bem assim pelos confrontantes.
4. Art. 176. O Livro n. 2 – Registro Geral – será destinado, à matrícula dos imóveis e ao registro ou averbação dos atos relacionados no art. 167 e não atribuídos ao Livro n. 3.

    § 3º Nos casos de desmembramento, parcelamento ou remembramento de imóveis rurais, a identificação prevista na alínea a do item 3 do inciso II do § 1º será obtida a partir de memorial descritivo, assinado por profissional habilitado e com a devida Anotação de Responsabilidade Técnica (ART), contendo as coordenadas dos vértices definidores dos limites dos imóveis rurais, georreferenciadas ao Sistema Geodésico Brasileiro e com precisão posicional a ser fixada pelo INCRA, garantida a isenção de custos financeiros aos proprietários de imóveis rurais cuja somatória da área não exceda a quatro módulos fiscais;

    § 4º A identificação de que trata o § 3º tornar-se-á obrigatória para efetivação de registro, em qualquer situação de transferência de imóvel rural, nos prazos fixados por ato do Poder Executivo.
5. Art. 225. Os tabeliães, escrivães e juízes farão com que, nas escrituras e nos autos judiciais, as partes indiquem, com precisão, os característicos, as confrontações e as localizações dos imóveis, mencionando os nomes dos confrontantes e, ainda, quando se tratar só de terreno, se esse fica do lado par ou do lado ímpar do logradouro, em que quadra e a que distância métrica da edificação ou da esquina mais próxima, exigindo dos interessados certidão do registro imobiliário.

    § 3º Nos autos judiciais que versem sobre imóveis rurais, a localização, os limites e as confrontações serão obtidos a partir de memorial descritivo assinado por profissional habilitado e com a devida Anotação de Responsabilidade Técnica (ART), contendo as coordenadas dos vértices definidores dos limites dos imóveis rurais, georreferenciadas ao Sistema Geodésico Brasileiro e com precisão posicional a ser fixada pelo INCRA, garantida a isenção de custos financeiros aos proprietários de imóveis rurais cuja somatória da área não exceda a quatro módulos fiscais.
6. Art. 10. A identificação da área do imóvel rural, prevista nos §§ 3º e 4º do art. 176 da Lei n. 6.015, de 1973, será exigida nos casos de desmembramento, parcelamento, remembramento e em qualquer situação de transferência de imóvel rural, na forma do art. 9º, somente após transcorridos os seguintes prazos:

    I – noventa dias, para os imóveis com área de cinco mil hectares, ou superior;

    II – um ano, para os imóveis com área de mil a menos de cinco mil hectares;

    III – cinco anos, para os imóveis com área de quinhentos a menos de mil hectares;

    IV – dez anos, para os imóveis com área de duzentos e cinquenta a menos de quinhentos hectares;

    V – quinze anos, para os imóveis com área de cem a menos de duzentos e cinquenta hectares;

    VI – vinte anos, para os imóveis com área de vinte e cinco a menos de cem hectares; e

    VII – vinte e dois anos, para os imóveis com área inferior a vinte e cinco hectares.

    § 1º Quando se tratar da primeira apresentação do memorial descritivo, para adequação da descrição do imóvel rural às exigências dos §§ 3º e 4º do art. 176 e do § 3º do art. 225 da Lei n. 6.015, de 1973, aplicar-se-ão as disposições contidas no § 4º do art. 9º deste Decreto;

    § 2º Após os prazos assinalados nos incisos I a IV do caput, fica defeso ao oficial do registro de imóveis a prática dos seguintes atos registrais envolvendo as áreas rurais de que tratam aqueles incisos, até que seja feita a identificação do imóvel na forma prevista neste Decreto:

    I – desmembramento, parcelamento ou remembramento;

    II – transferência de área total;

    III – criação ou alteração da descrição do imóvel, resultante de qualquer procedimento judicial ou administrativo.

§ 1º Deverá ser exigida, ainda, a certificação geodésica (georreferenciamento) de imóvel rural quando do registro decorrente de ações judiciais, nas seguintes situações e prazos:

I – imediatamente, qualquer que seja a dimensão da área, nas ações ajuizadas a partir da publicação do Decreto Federal n. 5.570, de 31 de outubro de 2005;

II – nas ações ajuizadas antes da publicação do referido Decreto, em trâmite, serão observados os prazos fixados no art. 10, do Decreto Federal n. 4.449, de 30 de outubro de 2002.

§ 2º É dispensada a prévia submissão ao procedimento previsto no _caput_ quando o imóvel rural é afetado reflexamente, em decorrência de decisões judiciais ou por atos administrativos, tais como partilhas, inventário, separação ou divórcio, penhora, arrematação, adjudicação e similares.

Art. 3º O procedimento de retificação administrativa de matrícula de imóvel rural de que trata este provimento é deflagrado mediante requerimento expresso do titular do domínio do imóvel ou de quem, em ato registral concomitante, seja o titular do domínio (artigo 13, II[7] e 213, II, § 13,[8] da Lei Registral, IN/INCRA n. 26, de 28 de novembro de 2005) contendo declaração firmada, sob pena de responsabilidade civil e criminal, de que foram respeitados os direitos dos confrontantes (art. 9º, § 5º,[9] do Decreto Federal n.

_____

§ 3º Ter-se-á por início de contagem dos prazos fixados nos incisos do caput deste artigo a data de 20 de novembro de 2003;

§ 4º Em projetos de assentamento da reforma agrária, a identificação exigida neste artigo considerará a área da parcela a ser desmembrada.

7. Art. 13. Salvo as anotações e as averbações obrigatórias, os atos do registro serão praticados:

    II – a requerimento verbal ou escrito dos interessados.
8. Art. 213. O oficial retificará o registro ou a averbação:

    II – a requerimento do interessado, no caso de inserção ou alteração de medida perimetral de que resulte, ou não, alteração de área, instruído com planta e memorial descritivo assinado por profissional legalmente habilitado, com prova de anotação de responsabilidade técnica no competente Conselho Regional de Engenharia e Arquitetura (CREA), bem assim pelos confrontantes.

    § 13. Se não houver dúvida quanto à identificação do imóvel:

    I – o título anterior à retificação poderá ser levado a registro desde que requerido pelo adquirente, promovendo-se o registro em conformidade com a nova descrição; e

    II – a prenotação do título anterior à retificação será prorrogada durante a análise da retificação de registro.
9. Art. 9º A identificação do imóvel rural, na forma do § 3º do art. 176 e do § 3º do art. 225 da Lei n. 6.015, de 1973, será obtida a partir de memorial descritivo elaborado, executado e assinado por profissional habilitado e com a devida Anotação de Responsabilidade Técnica

ART. 4º — NORMAS PARA A ATIVIDADE EXTRAJUDICIAL DO ESTADO DO TOCANTINS

4.449, de 2002) e de estar ciente de que, verificado a qualquer tempo não serem verdadeiros os fatos constantes do memorial descritivo, responderá, juntamente com o profissional que elaborou a planta e memorial descritivo, pelos prejuízos causados, independentemente das sanções disciplinares e penais (art. 213, § 14,[10] da Lei Registral), acompanhado dos seguintes documentos:

I – documentos pessoais do titular do domínio ou de quem, em ato registral concomitante, seja o titular do domínio do imóvel retificando: PESSOA FÍSICA: Cópia autenticada do RG, da certidão atualizada de registro civil (nascimento/casamento) e número de inscrição no Cadastro de Pessoas Físicas – CPF; ou PESSOA JURÍDICA: Contrato social (completo), certidão simplificada da Junta Comercial respectiva e número de inscrição no Cadastro Nacional de Pessoas Jurídicas – CNPJ; e PROCURADOR: Procuração e documentos pessoais do Procurador;

II – planta e memorial descritivos do imóvel retificando, elaborados na forma narrativa, assinados pelo proprietário e pelo responsável técnico credenciado junto ao INCRA, contendo legenda e o código (hash) gerado pelo SIGEF, observando os formatos de papel da série A, conforme estabelecido na NBR n. 10068 ou outro formado definido pelo INCRA, desde que possibilite a aferição da escala empregada;

III – declaração de responsabilidade técnica, acompanhada de prova da anotação e de sua quitação perante o conselho profissional competente;

IV – certidão de inteiro teor de matrícula ou transcrição dos imóveis confrontantes registrados em circunscrição imobiliária diversa daquela em que registrado o imóvel retificando;

V – certificado de Cadastro de Imóvel Rural (CCIR) vigente; e

VI – Certidão negativa de débitos relativos ao Imposto Territorial Rural – ITR.

§ 1º O memorial descritivo do imóvel retificando deve ser apresentado, também, em arquivos digitais, no formato "KML", acompanhado dos arquivos de levantamento, no formato "RINEX" ou "HATANAKA", os quais passarão a integrar o repositório eletrônico do respectivo registro de imóveis;

§ 2º Quando, em documento oficial, o requerimento for formulado pelo Instituto Nacional de

---

(ART), contendo as coordenadas dos vértices definidores dos limites dos imóveis rurais, georreferenciadas ao Sistema Geodésico Brasileiro, e com precisão posicional a ser estabelecida em ato normativo, inclusive em manual técnico, expedido pelo INCRA.

§ 5º O memorial descritivo, que de qualquer modo possa alterar o registro, resultará numa nova matrícula com encerramento da matrícula anterior no serviço de registro de imóveis competente, mediante requerimento do interessado, contendo declaração firmada sob pena de responsabilidade civil e criminal, com firma reconhecida, de que foram respeitados os direitos dos confrontantes, acompanhado da certificação prevista no § 1º deste artigo, do CCIR e da prova de quitação do ITR dos últimos cinco exercícios, quando for o caso.

10. Art. 213. O oficial retificará o registro ou a averbação:

§ 14. Verificado a qualquer tempo não serem verdadeiros os fatos constantes do memorial descritivo, responderão o responsável técnico e o profissional que o elaborou pelos prejuízos causados, independentemente das sanções disciplinares e penais.

Colonização e Reforma Agrária (INCRA) ou pelo Ministério do Desenvolvimento Agrário (MDA) relativos à área pública da União ou, tratando-se de área pública do Estado do Tocantins, tiver sido formulado pelo Instituto de Terras do Estado do Tocantins (ITERTINS), é dispensado o reconhecimento de firma;

§ 3º Quando o requerimento de retificação administrativa de matrícula de imóvel rural for formulado pelo Instituto Nacional de Colonização e Reforma Agrária (INCRA) ou pelo Ministério do Desenvolvimento Agrário (MDA) para abertura ou retificação de área já existente em nome da união, dispensa-se a apresentação dos documentos descritos nos incisos I, IV, VI e § 1º deste artigo;

§ 4º Nos requerimentos de retificação administrativa de matrícula de imóvel rural formulados diretamente pelo particular beneficiário da reforma agrária, que tenha recebido título de domínio expedido pelo Instituto Nacional de Colonização e Reforma Agrária (INCRA) ou pelo Ministério do Desenvolvimento Agrário (MDA), dispensa-se a apresentação dos documentos descritos no inciso IV e § 1º deste artigo.

Art. 4º Não se deferirá retificação administrativa de registro imobiliário sem a anuência de todos os confrontantes, facultado ao interessado requerer ao registrador imobiliário que proceda à notificação dos confinantes cujas anuências não tenham sido exibidas, observando-se que:

a) deverá declinar o rol de confrontantes a serem notificados, nos termos do art. 213, § 2º,[11] da Lei Federal n. 6.015/73, consignando, além do nome e endereço completo (inclusive CEP) do proprietário, o Código Nacional de Serventia (CNS) e a matrícula do imóvel confrontante;

b) a identificação dos confrontantes deverá ter como referência a caracterização do imóvel e sua denominação, não podendo ser empregados termos variáveis, equívocos ou imprecisos, suscetíveis de alteração, tais como plantações, acessões ou outros indicadores não registráveis na matrícula do confrontante, bem como expressões genéricas, tais como "com quem de direito" ou "com sucessores" de determinadas pessoas;

c) o imóvel retificando que limitar com cursos d'água particular deverá ser observada a descrição matricial, não constando na matrícula que a divisa é pela margem do curso d'água, o divisor será pelo centro do curso, que terá como confrontante o imóvel do outro lado da margem; e

d) se o imóvel retificando confrontar com cursos d'águas públicos, rodovias, ferrovias ou outro bem público, ainda que dominical, a respectiva pessoa jurídica de direito público deverá ser notificada pelo Registrador de Imóveis, podendo essa notificação se dar por meio da Central de Serviços Eletrônico Compartilhado.

---

11. Art. 213. O oficial retificará o registro ou a averbação:

§ 2º Se a planta não contiver a assinatura de algum confrontante, este será notificado pelo Oficial de Registro de Imóveis competente, a requerimento do interessado, para se manifestar em quinze dias, promovendo-se a notificação pessoalmente ou pelo correio, com aviso de recebimento, ou, ainda, por solicitação do Oficial de Registro de Imóveis, pelo Oficial de Registro de Títulos e Documentos da comarca da situação do imóvel ou do domicílio de quem deva recebê-la.

Parágrafo único. Não sendo encontrado o confrontante ou estando em lugar incerto e não sabido pelo proprietário, proceder-se-á à sua notificação mediante edital, na forma prevista no § 3º[12] do art. 213, da citada norma registral, considerando-se publicado, com sua divulgação no diário eletrônico do serviço registral imobiliário.

Art. 5º É dispensada a anuência dos confrontantes quando, em documento oficial, a retificação de matrícula de imóvel rural for formulada pelo Instituto Nacional de Colonização e Reforma Agrária (INCRA) ou pelo Ministério do Desenvolvimento Agrário (MDA) relativos à área pública da União, cujo procedimento é regulado pelo Provimento n. 33, de 3 de julho de 2013, do Conselho Nacional de Justiça.

Parágrafo único. A dispensa da anuência prevista no *caput* depende da expressa declaração do Instituto Nacional de Colonização e Reforma Agrária (INCRA) ou do Ministério do Desenvolvimento Agrário (MDA), de que o memorial descritivo apresentado refere-se tão somente ao perímetro originário do imóvel público retificado, consoante dispõe a Orientação n. 05, de 04 de novembro de 2013, da Corregedoria Nacional de Justiça.

Art. 6º A certificação do memorial descritivo pelo INCRA não implica reconhecimento do domínio ou a exatidão dos limites e confrontações indicados pelo Proprietário e não dispensa a observância obrigatória dos princípios regentes do registro de imóveis, em especial as normas de direito público e os princípios registrais da continuidade e da especialidade objetiva.

§ 1º Se do exame da documentação apresentada, o Oficial constatar qualquer irregularidade ou omissão, relacionará as exigências e, por escrito, notificará o interessado, para que, no prazo legal, ele as sane ou complete. Caso com elas não se conforme, o interessado poderá requerer ao oficial a suscitação de dúvida, na forma do art. 198[13] da Lei n. 6.015, de 31 de dezembro de 1973;

---

12. Art. 213. O oficial retificará o registro ou a averbação:

§ 3º A notificação será dirigida ao endereço do confrontante constante do Registro de Imóveis, podendo ser dirigida ao próprio imóvel contíguo ou àquele fornecido pelo requerente; não sendo encontrado o confrontante ou estando em lugar incerto e não sabido, tal fato será certificado pelo oficial encarregado da diligência, promovendo-se a notificação do confrontante mediante edital, com o mesmo prazo fixado no § 2º, publicado por duas vezes em jornal local de grande circulação.

13. Art. 198. Se houver exigência a ser satisfeita, ela será indicada pelo oficial por escrito, dentro do prazo previsto no art. 188 desta Lei e de uma só vez, articuladamente, de forma clara e objetiva, com data, identificação e assinatura do oficial ou preposto responsável, para que:

I – (Revogado pela Lei n. 14.382/2022);

II – (Revogado pela Lei n. 14.382/2022);

III – (Revogado pela Lei n. 14.382/2022);

IV – (Revogado pela Lei n. 14.382/2022);

V – o interessado possa satisfazê-la; ou

VI – caso não se conforme ou não seja possível cumprir a exigência, o interessado requeira que o título e a declaração de dúvida sejam remetidos ao juízo competente para dirimi-la.

§ 1º O procedimento da dúvida observará o seguinte:

I – no Protocolo, o oficial anotará, à margem da prenotação, a ocorrência da dúvida;

II – após certificar a prenotação e a suscitação da dúvida no título, o oficial rubricará todas as suas folhas;

158

PROVIMENTO N. 06/2017 | ART. 9º

§ 2º O atendimento de exigência que não implique direta ou indiretamente na alteração da coordenadas geográficas, altitude, azimutes e distâncias, processa-se diretamente perante o registro de imóveis, independentemente da retificação dos dados juntos ao cadastro mantido pelo SIGEF/INCRA.

Art. 7º O deferimento da retificação decorrente de certificação geodésica de imóvel rural provocará a averbação de encerramento da matrícula do imóvel retificando e, em ato contínuo, a abertura de nova matrícula, nos exatos termos do artigo 9º, § 5º,[14] do Decreto n. 4.449, de 2002, observando os requisitos do art. 176, § 1º, II,[15] da Lei Federal n. 6.015, de 1973, e conterá o seguinte:

a) a caracterização e localização do imóvel rural e sua denominação como empresa rural, fazenda, sítio, granja ou chácara e, se houver, o endereço do imóvel, com o nome do logradouro ou rodovia de acesso, código de endereçamento postal (CEP), localidade, distrito e município (vedada a utilização da expressão "situado neste município");

b) a área do imóvel, expressa em hectares (vedada a expressão "alqueires"), identificada pelas coordenadas geográficas, azimutes, distâncias e confrontações, extraídos do memorial descritivo obtido junto ao Sistema de Gestão Fundiária – SIGEF/INCRA;

c) os dados do cadastro de imóvel rural (CCIR), mencionando os dados elencados no § 6º[16] do art. 22 da Lei Federal n. 4.947, de 1966, bem como o número do imóvel na Receita Federal – NIRF; e

d) os dados da certificação junto ao INCRA, contendo o código (hash) da certificação, código SNCR, nome do responsável técnico, seguido do código de credenciamento junto ao INCRA, do número de inscrição no conselho competente e da dados identificadores da respectiva anotação de responsabilidade técnica;

e) a qualificação completa do proprietário, mencionando, se pessoa física, nome, RG, CPF, nacionalidade, estado civil e, se casado, dados do cônjuge e regime de casamento, e, se pessoa jurídica, razão social ou denominação, natureza jurídica (sociedade anônima, limitada ou outra), CNPJ e número de identificação do registro de empresas (NIRE), além do endereço completo (incluindo o CEP);

f) os dados do registro anterior, mencionando, inclusive, a realização da averbação de encerramento da matrícula que abrigava o imóvel retificando; e

g) valor dos emolumentos cobrados, dos tributos incidentes e o número do selo de fiscalização.

Parágrafo único. Realizados os atos registrais necessários, realizar-se-á a confirmação da averbação da certificação, mediante simples comunicação dos dados constante da nova matrícula imobiliária, por meio do sistema de interconexão entre o INCRA e o Registro de Imóveis, até o final do mês subsequente à modificação ocorrida (§ 1º[17] do artigo 4º do Decreto n. 4.449/2002).

Art. 8º Este Provimento entra em vigor na data de sua publicação.

Art. 9º Ficam revogados os Provimentos n. 06, de 2005, e n. 01 de 2016, desta Corregedoria.

III – em seguida, o oficial dará ciência dos termos da dúvida ao apresentante, fornecendo-lhe cópia da suscitação e notificando-o para impugná-la perante o juízo competente, no prazo de 15 (quinze) dias; e

IV – certificado o cumprimento do disposto no inciso III deste parágrafo, serão remetidos eletronicamente ao juízo competente as razões da dúvida e o título.

§ 2º A inobservância do disposto neste artigo ensejará a aplicação das penas previstas no art. 32 da Lei n. 8.935, de 18 de novembro de 1994, nos termos estabelecidos pela Corregedoria Nacional de Justiça do Conselho Nacional de Justiça.

14. Art. 9º A identificação do imóvel rural, na forma do § 3º do art. 176 e do § 3º do art. 225 da Lei n. 6.015, de 1973, será obtida a partir de memorial descritivo elaborado, executado e assinado por profissional habilitado e com a devida Anotação de Responsabilidade Técnica (ART), contendo as coordenadas dos vértices definidores dos limites dos imóveis rurais, georreferenciadas ao Sistema Geodésico Brasileiro, e com precisão posicional a ser estabelecida em ato normativo, inclusive em manual técnico, expedido pelo INCRA.

§ 5º O memorial descritivo, que de qualquer modo possa alterar o registro, resultará numa nova matrícula com encerramento da matrícula anterior no serviço de registro de imóveis competente, mediante requerimento do interessado, contendo declaração firmada sob pena de responsabilidade civil e criminal, com firma reconhecida, de que foram respeitados os direitos dos confrontantes, acompanhado da certificação prevista no § 1º deste artigo, do CCIR e da prova de quitação do ITR dos últimos cinco exercícios, quando for o caso.

15. Art. 176. O Livro n. 2 – Registro Geral – será destinado, à matrícula dos imóveis e ao registro ou averbação dos atos relacionados no art. 167 e não atribuídos ao Livro n. 3.

§ 1º A escrituração do Livro nº 2 obedecerá às seguintes normas:

II – são requisitos da matrícula:

1) o número de ordem, que seguirá ao infinito;

2) a data;

3) a identificação do imóvel, que será feita com indicação:

a – se rural, do código do imóvel, dos dados constantes do CCIR, da denominação e de suas características, confrontações, localização e área;

b – se urbano, de suas características e confrontações, localização, área, logradouro, número e de sua designação cadastral, se houver.

16. Art. 22. A partir de 1º de janeiro de 1967, somente mediante apresentação do Certificado de Cadastro, expedido pelo IBRA e previsto na Lei n. 4.504, de 30 de novembro de 1964, poderá o proprietário de qualquer imóvel rural pleitear as facilidades proporcionadas pelos órgãos federais de administração centralizada ou descentralizada, ou por empresas de economia mista de que a União possua a maioria das ações, e, bem assim, obter inscrição, aprovação e registro de projetos de colonização particular, no IBRA ou no INDA, ou aprovação de projetos de loteamento.

§ 6º Além dos requisitos previstos no art. 134 do Código Civil e na Lei n. 7.433, de 18 de dezembro de 1985, os serviços notariais são obrigados a mencionar nas escrituras os seguintes dados do CCIR:

I – código do imóvel;

II – nome do detentor;

III – nacionalidade do detentor;

IV – denominação do imóvel;

V – localização do imóvel.

17. Art. 4º Os serviços de registros de imóveis ficam obrigados a comunicar mensalmente ao INCRA as modificações ocorridas nas matrículas, decorrentes de mudanças de titularidade, parcelamento, desmembramento, loteamento, unificação de imóveis, retificação de área, reserva legal e particular do patrimônio natural, bem como outras limitações e restrições de caráter dominial e ambiental, para fins de atualização cadastral.

§ 1º O informe das alterações de que trata o caput deste artigo deverá ser encaminhado ao INCRA, até o trigésimo dia do mês subsequente à modificação ocorrida, pela forma que vier a ser estabelecida em ato normativo por ele expedido.

159

PROVIMENTO N. 04/2017

Dispõe sobre a Sindicância, Processo Administrativo Disciplinar e regulamenta o processo de escolha de interinos e interventores dos serviços notariais e de registro e dá outras providências.

Art. 1º Os serviços notariais e de registro estão sujeitos à fiscalização do Poder Judiciário do Estado do Tocantins, sendo exercida, em todo o Estado, pelo Corregedor Geral da Justiça, e, nos limites de suas jurisdições, pelo Juiz Corregedor Permanente.

§ 1º Compete ao Juiz de Direito, ou ao seu substituto, nos Juízos das Fazendas e Registros Públicos, onde houver, ou na Vara Cível, processar e julgar as causas que versarem sobre registros públicos;

§ 2º Compete ao Juiz Corregedor Permanente os procedimentos de averiguação oficiosa de paternidade.

Art. 2º Compete ao Juiz Corregedor Permanente da Comarca e ao Corregedor Geral da Justiça a fiscalização administrativa dos serviços notariais e de registros, entendido este como autoridade competente, nos termos do art. 37,[1] da Lei n. 8.935/94.

Art. 3º A fiscalização dos serviços notariais e de registro, de caráter permanente, e que compreende o controle, a orientação e a disciplina da atividade, é exercida com observância aos princípios constitucionais que regem a Administração Pública, devendo pautar-se, ainda, pelas seguintes diretrizes:

I – garantia da publicidade, autenticidade, segurança e eficácia dos atos notariais e de registro;

II – acessibilidade dos serviços notariais e de registro;

III – universalidade do acesso ao serviço delegado;

IV – eficiência e adequação da prestação dos serviços;

V – transparência e publicidade dos emolumentos devidos pelo serviço e respectivas taxas de fiscalização incidentes; e

VI – zelo pela dignidade das instituições notariais e de registro.

Art. 4º Ao Corregedor Geral da Justiça, no exercício da atividade correcional do foro extrajudi-

cial em todo o Estado, dentre outras atribuições definidas nesta lei e em outras disposições legais, compete:

I – realizar, diretamente ou por delegação, de ofício ou a requerimento, correições, visitas correcionais e inspeções;

II – determinar a instauração, de ofício ou mediante representação, de sindicância e processo administrativo disciplinar em desfavor dos titulares de serviços notariais e ou de registro, ordenando as medidas necessárias ao cumprimento da decisão, bem como julgar os referidos feitos, aplicando-lhes as penalidades previstas em lei;

III – julgar os recursos contra a penalidade de natureza disciplinar imposta pelo Juiz Corregedor Permanente;

IV – instaurar procedimento de uniformização com vistas a padronizar o entendimento administrativo sobre a aplicação das Tabelas de Emolumentos, na forma da lei;

V – baixar normas de organização técnica e administrativa do serviço notarial e de registro, definindo padrões exclusivamente quando não especificados em lei;

VI – regulamentar os mecanismos de controle da segurança e autenticidade dos atos notariais e de registros;

VII – regulamentar o funcionamento de Central Única de Serviços Eletrônicos Compartilhados;

VIII – manter o controle funcional dos titulares, substitutos, interventores e interinos;

IX – suspender os titulares, substitutos, interinos e designar interventores;

X – regulamentar a transmissão do acervo do serviço notarial e de registro nas hipóteses previstas em lei;

XI – propor, ao Tribunal Pleno, a pena de perda de delegação contra titular de serventia extrajudicial.

Art. 5º No exercício da atividade correcional do foro extrajudicial, o Corregedor Geral da Justiça será auxiliado pelos:

I – Juízes Auxiliares da Corregedoria Geral da Justiça;

II – Juízes Corregedores Permanentes das Comarcas.

Art. 6º No exercício da atividade correcional do foro extrajudicial, o Juiz Corregedor Permanente é competente para:

I – realizar correição anual dos serviços extrajudiciais situados na circunscrição da Comarca sob sua jurisdição;

II – instaurar, de ofício ou por ordem do Corregedor Geral da Justiça, sindicâncias ou processos administrativos disciplinares contra titulares de delegações notariais e ou de registros;

III – aplicar as penalidades previstas em lei, exceto a perda de delegação;

IV – inspecionar os serviços notariais e de registro situados sob sua jurisdição, visando assegurar a continuidade, celeridade, qualidade, eficiência, regularidade, segurança e urbanidade na prestação dos serviços e do atendimento preferencial às pessoas consideradas por lei vulneráveis ou hipossuficientes;

V – sugerir ao Corregedor-Geral da Justiça a elaboração de planos de adequada e melhor prestação desses serviços, observados, também, critérios populacionais e socioeconômicos, publicados regularmente pela Fundação Instituto Brasileiro de Geografia e Estatística.

Art. 7º A correição será realizada *in loco*, nos moldes do regulamento expedido pela Corregedoria Geral da Justiça, e examinará, além da observância aos deveres funcionais previstos no art. 30[2] da Lei n. 8.935/94, os seguintes critérios:

I – organização administrativa e técnica;

II – adequação das instalações e do funcionamento dos serviços;

---

1. Art. 37. A fiscalização judiciária dos atos notariais e de registro, mencionados nos arts. 6º a 13, será exercida pelo juízo competente, assim definido na órbita estadual e do Distrito Federal, sempre que necessário, ou mediante representação de qualquer interessado, quando da inobservância de obrigação legal por parte de notário ou de oficial de registro, ou de seus prepostos.
   Parágrafo único. Quando, em autos ou papéis de que conhecer, o Juiz verificar a existência de crime de ação pública, remeterá ao Ministério Público as cópias e os documentos necessários ao oferecimento da denúncia.

2. Art. 30. São deveres dos notários e dos oficiais de registro:
   I – manter em ordem os livros, papéis e documentos de sua serventia, guardando-os em locais seguros;
   II – atender as partes com eficiência, urbanidade e presteza;
   III – atender prioritariamente as requisições de papéis, documentos, informações ou providências que lhes forem solicitadas pelas autoridades judiciárias ou administrativas para a defesa das pessoas jurídicas de direito público em juízo;
   IV – manter em arquivo as leis, regulamentos, resoluções, provimentos, regimentos, ordens de serviço e quaisquer outros atos que digam respeito à sua atividade;
   V – proceder de forma a dignificar a função exercida, tanto nas atividades profissionais como na vida privada;
   VI – guardar sigilo sobre a documentação e os assuntos de natureza reservada de que tenham conhecimento em razão do exercício de sua profissão;
   VII – afixar em local visível, de fácil leitura e acesso ao público, as tabelas de emolumentos em vigor;
   VIII – observar os emolumentos fixados para a prática dos atos do seu ofício;
   IX – dar recibo dos emolumentos percebidos;
   X – observar os prazos legais fixados para a prática dos atos do seu ofício;
   XI – fiscalizar o recolhimento dos impostos incidentes sobre os atos que devem praticar;
   XII – facilitar, por todos os meios, o acesso à documentação existente às pessoas legalmente habilitadas;
   XIII – encaminhar ao juízo competente as dúvidas levantadas pelos interessados, obedecida a sistemática processual fixada pela legislação respectiva;
   XIV – observar as normas técnicas estabelecidas pelo juízo competente; e
   XV – admitir pagamento dos emolumentos, das custas e das despesas por meio eletrônico, a critério do usuário, inclusive mediante parcelamento.

161

ART. 8º NORMAS PARA A ATIVIDADE EXTRAJUDICIAL DO ESTADO DO TOCANTINS

III – alocação, formação, treinamento e desenvolvimento de recursos humanos;

IV – informatização dos serviços; e

V – cobrança de emolumentos, recolhimento das taxas de fiscalização e contribuições incidentes.

Parágrafo único. Da correição, lavrará relatório circunstanciado no qual deverá consignar as recomendações e providências ordenadas, bem como as advertências ou elogios, remetendo cópia à Corregedoria Geral da Justiça.

DO PROCEDIMENTO RELATIVO À REVOGAÇÃO DE INTERINOS.

Art. 8º A revogação da investidura precária pode ser feita pelo Juiz Corregedor Permanente ou pelo Corregedor Geral da Justiça e dispensa prévio processo administrativo disciplinar, mas exige processo administrativo que assegure o contraditório e ampla defesa.

Parágrafo único. Da decisão do Juiz Corregedor Permanente que revogar investidura precária cabe recurso para o Corregedor Geral da Justiça, no prazo de 15 dias, sem efeito suspensivo, salvo decisão fundamentada do juízo *ad quem*.

DA NOMEAÇÃO DE INTERINO OU INTERVENTOR

Arts. 9ª a 19. (Revogados).

➜ Provimento n. 04/2021.

DA SINDICÂNCIA E DO PROCESSO ADMINISTRATIVO DISCIPLINAR

Art. 20. Os deveres e as proibições inerentes à função pública delegada para o serviço notarial e de registro, bem como as infrações e as penalidades disciplinares a que estão sujeitos os respectivos titulares, são aqueles previstos na Lei n. 8.935/94 e em leis estaduais, cujos procedimentos disciplinares observarão os seguintes preceitos:

I – a citação far-se-á, preferencialmente por meio eletrônico, no qual se assegure a ciência pessoal do indiciado, bem como o irrestrito acesso a todos os documentos e fases do respectivo processo;

II – se o indiciado encontrar-se em lugar desconhecido ou inacessível, será citado por edital, com prazo de 15 (quinze) dias, publicado no Diário da Justiça e afixado na serventia onde tem exercício;

III – a tramitação do processo instaurado, se eletrônico, deve assegurar a apresentação de defesa e de todas as intervenções que o indiciado e ou seu defensor entendam pertinentes;

IV – a prova testemunhal será colhida no prazo de 30 (trinta) dias, prorrogáveis mediante decisão fundamentada, devendo as testemunhas arroladas pela acusação serem ouvidas antes das arroladas pela defesa;

V – na audiência de instrução serão ouvidas as testemunhas arroladas pela acusação, pela defesa e, ato contínuo, realizado o interrogatório do indiciado.

VI – a sindicância e o procedimento administrativo disciplinar observarão no que couber, às disposições da Lei Estadual n. 1.818 de 23 de agosto de 2007 (Estatuto dos Servidores Públicos Civis do Estado do Tocantins).

§ 1º Pode ser elaborado Termo de Compromisso de Ajuste de Conduta quando a infração administrativa disciplinar, no seu conjunto, apontar ausência de efetiva lesividade, ao serviço ou a princípios que regem a Administração Pública, observando-se no que couber, o procedimento previsto na Lei Estadual n. 1.818/07;

§ 2º Aplicar-se-á à Sindicância e ao Processo Administrativo Disciplinar subsidiariamente, às regras constantes da Lei Estadual n. 1.818/07.

Art. 21. O Corregedor Geral da Justiça poderá, a qualquer tempo, avocar os autos de procedimentos administrativos disciplinares em trâmite perante os Juízes Corregedores Permanentes das Comarcas, na situação em que se encontram, sempre que assim o justifique ou exigir a gravidade do fato apurado, a repercussão do ilícito e a extensão dos danos causados, bem como quando houver dificuldades para o Juiz Corregedor Permanente compor comissão de processo administrativo, podendo delegar a produção dos atos convenientes à instrução processual.

Art. 22. Da decisão do Juiz Corregedor Permanente que aplicar a penalidade disciplinar, caberá recurso, no prazo de 15 (quinze) dias, ao Corregedor Geral da Justiça. Do julgamento proferido pelo Corregedor Geral da Justiça, caberá recurso, em igual prazo, ao Tribunal Pleno do Tribunal de Justiça do Estado do Tocantins.

Art. 23. Cessa, automaticamente, a intervenção, quando expirado o prazo previsto no artigo 36[3] da Lei n. 8.935/94.

DOS SUBSTITUTOS, DOS AFASTAMENTOS DOS TITULARES E VEDAÇÕES

Art. 24. O titular da serventia notarial e de registros indicará o seu substituto mediante expedição de ato próprio, afixando-o em local público nas dependências da serventia, dando ampla divulgação e comunicando ao Juízo da Direção do Foro, observado o disposto no artigo 20[4] da Lei n. 8.935/94.

---

3. Art. 36. Quando, para a apuração de faltas imputadas a notários ou a oficiais de registro, for necessário o afastamento do titular do serviço, poderá ele ser suspenso, preventivamente, pelo prazo de noventa dias, prorrogável por mais trinta.

    § 1º Na hipótese do caput, o juízo competente designará interventor para responder pela serventia, quando o substituto também for acusado das faltas ou quando a medida se revelar conveniente para os serviços;

    § 2º Durante o período de afastamento, o titular perceberá metade da renda líquida da serventia; outra metade será depositada em conta bancária especial, com correção monetária;

    § 3º Absolvido o titular, receberá ele o montante dessa conta; condenado, caberá esse montante ao interventor.

4. Art. 20. Os notários e os oficiais de registro poderão, para o desempenho de suas funções, contratar escreventes, dentre eles escolhendo os substitutos, e auxiliares como empregados, com remuneração livremente ajustada e sob o regime da legislação do trabalho.

    § 1º Em cada serviço notarial ou de registro haverá tantos substitutos, escreventes e auxiliares quantos forem necessários, a critério de cada notário ou oficial de registro;

    § 2º Os notários e os oficiais de registro encaminharão ao juízo competente os nomes dos substitutos;

    § 3º Os escreventes poderão praticar somente os atos que o notário ou o oficial de registro autorizar;

    § 4º Os substitutos poderão, simultaneamente com o notário ou o oficial de registro, praticar todos os atos que

Art. 25. O afastamento do titular da serventia sem prévia autorização da autoridade competente, somente ocorrerá nos casos previstos em lei (v.g. tratamento de saúde, férias normais, participação em congressos), devendo, para tanto, o notário ou registrador comunicar ao Diretor do Foro quem o substituirá, mesmo que já tenha feita a comunicação dos substitutos na forma do artigo anterior.

Art. 26. O exercício da atividade notarial e de registro é incompatível com o da advocacia, da intermediação de seus serviços ou o de qualquer cargo, emprego ou função pública, ainda que em comissão.

Art. 27. Os Tabeliães de Notas poderão realizar todas as gestões necessárias ou convenientes ao preparo dos atos notariais, requerendo certidões e documentos que couberem, ficando vedado acréscimo nos emolumentos devidos pelo ato, salvo o relativo ao reembolso das despesas havidas.

Art. 28. É vedado aos titulares de serventias com atribuições notariais (Tabelionatos, Ofícios de Sede Municipal e Ofícios Distritais) praticarem atos notariais fora da circunscrição territorial abrangida pela delegação (Comarca, Município ou Distrito).

Art. 29. Os prepostos de notários e de registradores não estão sujeitos ao regime disciplinar aplicável aos titulares.

§ 1º Os atos praticados pelos prepostos serão da responsabilidade do titular, passível da fiscalização pela autoridade competente, na forma da Lei n. 8.935/94;

§ 2º Será observada, quanto à jornada diária de trabalho dos prepostos, pelos oficiais de registro e tabeliães, a legislação trabalhista vigente.

Art. 30. Aos oficiais notariais e de registros incumbe a lavratura de termos de abertura e encerramento bem como a rubrica dos livros utilizados nas serventias (art. 4[º6] da Lei n. 6.015/73 e art. 41[6] da Lei n. 8.935/94).

Art. 31. Os atos registrais e notariais, à exceção do protesto de títulos, independem de prévia distribuição.

Art. 32. Este Provimento entrará em vigor na data de sua publicação.

Art. 33. Revogam os seguintes provimentos:

I – Provimento CGJUS n. 10/1995;

II – Provimento CGJUS n. 04/2007; e

III – Provimento CGJUS n. 12/2016.

---

lhe sejam próprios exceto, nos tabelionatos de notas, lavrar testamentos;

§ 5º Dentre os substitutos, um deles será designado pelo notário ou oficial de registro para responder pelo respectivo serviço nas ausências e nos impedimentos do titular.

5. Art. 4º Os livros de escrituração serão abertos, numerados, autenticados e encerrados pelo oficial do registro, podendo ser utilizado, para tal fim, processo mecânico de autenticação previamente aprovado pela autoridade judiciária competente.

    Parágrafo único. Os livros notariais, nos modelos existentes, em folhas fixas ou soltas, serão também abertos, numerados, autenticados e encerrados pelo tabelião, que determinará a respectiva quantidade a ser utilizada, de acordo com a necessidade do serviço.

6. Art. 41. Incumbe aos notários e aos oficiais de registro praticar, independentemente de autorização, todos os atos previstos em lei necessários à organização e execução dos serviços, podendo, ainda, adotar sistemas de computação, microfilmagem, disco ótico e outros meios de reprodução.

162

PROVIMENTO N. 09/2016[1]

Disciplina, no âmbito do Estado do Tocantins, a operacionalização do sistema de registro público eletrônico, previsto nos art. 37 da Lei Federal n. 11.977, de 07 de julho de 2009, regulamentado pelos Provimentos ns. 46, de 16/06/2015, 47, de 19 de junho de 2015 e 48, de 16 de março de 2016 da Corregedoria Nacional de Justiça, bem como normatiza a criação da Central de Serviços Eletrônicos Compartilhados.

Capítulo I
DO SISTEMA DE REGISTRO ELETRÔNICO

SEÇÃO I
DISPOSIÇÕES GERAIS

Art. 1º Fica implantado o Sistema de Registro Eletrônico (SRE), previsto no art. 37[2] da Lei Federal n. 11.977, de 7 de julho de 2009, regulamentado por meio dos Provimentos da Corregedoria Nacional de Justiça n. 46, de 16 de junho de 2015, 47, de 19 de junho de 2015 e 48, de 16 de março de 2016, integrado, obrigatoriamente, pelos serviços notariais e de registro do estado do Tocantins para o armazenamento, a concentração e a disponibilização de informações, bem como pua efetivação das comunicações obrigatórias sobre os atos praticados nos serviços notariais e de registro, além da prestação dos respectivos serviços por meio eletrônico e de forma integrada.

§ 1º As Serventias do Registro Civil das Pessoas Naturais ficam desvinculadas da obrigatoriedade constante do caput deste artigo, tendo em vista a implantação da Central de Informações do Registro Civil no Estado do Tocantins (CRC-TO).

Art. 2º O Sistema de Registro Eletrônico (SRE) é regulamentado pelas normas contidas neste provimento, com observância das diretrizes gerais estabelecidas pela legislação federal e pelo Conselho Nacional de Justiça, destinando-se:

I – ao intercâmbio de documentos eletrônicos e de informações entre os serviços notariais e de registro, o Poder Judiciário, a administração pública e o público em geral;

II – à recepção e ao envio de títulos em formato eletrônico;

III – à expedição de certidões e a prestação de informações em formato eletrônico;

IV – à formação, nos serviços notariais e de registro competentes, de repositórios eletrônicos para o acolhimento de dados e o armazenamento de documentos eletrônicos; e

V – à facilitação do acesso aos serviços notariais e de registro, por meio de uma única central de serviços eletrônicos, inclusive para fins de fiscalização pelo Poder Judiciário.

Parágrafo único. O Sistema de Registro Eletrônico tem como princípio a utilização das Tecnologias de Informação e Comunicação para desmaterializar procedimentos registrais internos dos serviços notariais e de registros, bem como promover a interação destas com o Poder Judiciário, órgãos da Administração Pública, empresas e cidadãos na protocolização eletrônica de títulos e no acesso às certidões e informações notariais e registrais, de forma a aprimorar a qualidade e a eficiência do serviço prestado sob delegação do poder público.

Art. 3º Para os fins deste provimento, considera-se:

I – escrituração mecânica aquela realizada sem o uso de sistema informatizado de base de dados, ainda que utilizados editores de texto em computador;

II – escrituração eletrônica aquela realizada por meio de sistema informatizado de base de dados, com impressão dos atos em fichas ou em livros físicos; e

III – registro eletrônico a escrituração realizada exclusivamente por meio de sistema informatizado de base de dados, observados os requisitos do sistema de registro eletrônico, conforme o disposto na Lei n. 11.977/2009, sem a impressão dos atos em fichas ou em livros físicos.

Parágrafo único. A migração da escrituração exclusivamente por meio de sistema informatizado de base de dados será feita de forma gradativa, observando-se os prazos e condições previstos na Lei n. 11.977/2009, sempre atendidos os critérios de segurança da informação.

SEÇÃO II
DA GESTÃO DE DADOS E DOCUMENTOS ELETRÔNICOS

Art. 4º Os arquivos mantidos pelos serviços notariais e de registro, poderão ser feitos diretamente por meio eletrônico, base de dados, ou microfilmados, ou digitalizados e gravados eletronicamente, salvo quando houver exigência legal de seu arquivamento no original.

§ 1º No procedimento de microfilmagem, deverão ser atendidos os requisitos da Lei Federal n. 5.433, de 08 de maio de 1968, do Decreto n. 1.799, de 30 de janeiro de 1996 e da Portaria n. 12, de 08 de junho de 2009, da Secretaria Nacional de Justiça, do Ministério da Justiça;

§ 2º No procedimento de digitalização deverão ser obrigatoriamente observadas as seguintes etapas:

I – os documentos que darão suporte à prática dos atos registrais e notarias, que não forem nativamente eletrônicos (nato-digitais), ou os que decorrerem desses atos, deverão ser digitalizados por meio de processo de captura digital, a partir dos documentos originais. A captura deverá, necessariamente, gerar representantes digitais de alta e baixa resoluções, denominados respectivamente, matrizes e derivadas, conforme "Recomendações para Digitalização de Documentos Arquivísticos Permanentes", publicadas pelo Conselho Nacional de Arquivos – CONARQ (2010), podendo ser adotado o padrão PDF/A (*Portable Document Format/ Archive*), a critério do titular ou responsável pelo serviço, vedada a utilização de outros padrões, sem prévia autorização da Corregedoria Geral de Justiça;

II – para a geração de matrizes e derivadas em formatos de arquivo digitais deverão ser, sempre que possível, adotados os formatos abertos (*open sources*), previstos no Documento de Referência e-PING (versão 2016) e em suas atualizações;

III – a indexação dos documentos digitais ou digitalizados será feita, no mínimo, com referência aos atos (livro, folha e número ou número da prenotação) onde foram utilizados ou em razão do qual foram produzidos, de modo a facilitar sua localização e conferência, por sistema de Gerenciamento Eletrônico de Documentos (GED).

Art. 5º Todos os dados e imagens deverão ser armazenados de forma segura e eficiente, que garanta fácil localização, preservação, integridade, mediante soluções comprovadamente eficazes de Recuperação de Desastres (*DR – Disaster Recovery*), entre eles, testes periódicos.

§ 1º O arquivo redundante (cópia de segurança) deverá ser gravado em mídia digital segura, local ou remota, com cópia fora do local da unidade de serviço, que cumpra requisitos internacionais de segurança, disponibilidade, densidade e conectividade, o qual, em conjunto com os softwares que permitam o seu pleno uso e atualização, integra o acervo do respectivo serviço para todos os fins de direito, especialmente para a transmissão de acervo a novo titular ou responsável;

§ 2º Sem prejuízo do armazenamento em backup, é facultado o armazenamento sincronizado em servidor dedicado ou virtual, em nuvem privada (*private cloud*), dando-se preferência a Data Center localizados em território nacional e, principalmente, que possuam API (*Application Programming Interface*) e possibilite

---

1. Atualizado até o Provimento n. 12/2018.
2. Art. 37. Os serviços de registros públicos de que trata a Lei n. 6.015, de 31 de dezembro de 1973 (Lei de Registros Públicos) promoverão a implantação e o funcionamento adequado do Sistema Eletrônico dos Registros Públicos (Serp), nos termos da Medida Provisória n. 1.085, de 27 de dezembro de 2021.

a sua integração com a central única de serviços eletrônicos compartilhados;

§ 3º Os documentos em meio físico apresentados para lavratura de atos notariais e registrais poderão ser devolvidos às partes, após sua digitalização ou microfilmagem;

§ 4º As fichas dos indicadores real e pessoal, confeccionadas anteriormente à implantação do registro eletrônico, bem como os documentos em papel arquivados nos Serviços Notariais e Registrais, deverão ser microfilmados ou digitalizados, observados no caso de digitalização, os requisitos estabelecidos neste Provimento, quando então poderão ser destruídos por processo de trituração ou fragmentação de papel, resguardados e preservados o interesse histórico e o sigilo, exceto os livros, que deverão ser conservados indefinidamente.

Art. 6º Os documentos eletrônicos apresentados aos serviços notariais e de registro, ou por eles expedidos, serão assinados com uso de certificado digital, vinculada a autoridade certificadora no âmbito da Infraestrutura de Chaves Públicas Brasileira (ICP-Brasil), sob a forma de dados estruturados, conforme especificações definidas no manual técnico operacional.

§ 1º Os documentos eletrônicos expedidos pelos serviços notariais e de registro devem ser assinados com uso de certificado digital nos padrões da Infraestrutura de Chaves Públicas Brasileira (ICP-Brasil) e consignar, em nota de rodapé no final do documento, os seguintes dados:

I – "Assinado digitalmente por: Nome, CPF e cargo/função da pessoa que o assinou";

II – denominação do Serviço Notarial ou Registral e Código Nacional de Serventias – CNS; e

III – a frase: "A validade jurídica deste documento eletrônico é conferida pela Medida Provisória Federal n. 2.200-2/2001, que instituiu a Infraestrutura de Chaves Públicas Brasileira – ICP-Brasil".

§ 2º É obrigatória a verificação de atributo, a fim de aferir se a pessoa que assinou digitalmente o documento detém os atributos necessários ou se detinha tais atribuições quando da assinatura digital do documento que, em se tratando de documento proveniente de serviços notariais, pode ser realizada mediante consulta diretamente à CENSEC (Central Notarial de Serviços Compartilhados);

§ 3º É dispensada a consulta referida no parágrafo anterior quando o próprio documento eletrônico contenha, além da assinatura eletrônica, o certificado de atributo, em conformidade com a ICP-Brasil, caso em que haverá a confirmação do cargo ou função da pessoa que o assinou.

Capítulo II
DA CENTRAL DE SERVIÇOS ELETRÔNICOS COMPARTILHADOS

Art. 7º Os serviços extrajudiciais eletrônicos serão prestados por meio da Central de Serviços Eletrônicos Compartilhados, desenvolvida, mantida e operada pela Associação de Notários e Registradores do Estado do Tocantins (ANOREG/TO), que se apresenta como titular dos direitos autorais e de propriedade intelectual do sistema e de seu banco de dados, com a cooperação do Instituto de Registro de Títulos e Documentos e de Pessoas Jurídicas do Estado do Tocantins (IRTDPJ/TO), do Instituto de Protesto de Títulos do Estado do Tocantins (IEPTB/TO), e

da Associação dos Registradores de Pessoas Naturais do Estado do Tocantins (ARPEN/TO) e do Fundo Especial de Compensação da Gratuidade dos Atos do Registro Civil de Pessoas Naturais (FUNCIVIL).

§ 1º A Central de Serviços Eletrônicos Compartilhados, integrada obrigatoriamente por todos os serviços notariais e registrais do Estado do Tocantins, contempla dados de todas as especialidades notariais e registrais, as quais deverão adotar, em caráter definitivo, sistemas de informática, para confecção, arquivamento, reprodução, comunicação, expedição de certidões e traslados e recepção de títulos públicos e particulares de forma eletrônica;

§ 2º A Central de Serviços Eletrônicos Compartilhados é operacionalizada em plataforma eletrônica única na *Internet*, sem qualquer ônus para o Tribunal de Justiça do Estado do Tocantins ou para a Administração Pública, nos seguintes endereços:

I – http://www.extrajudicial.org.br, destinado ao acesso de órgãos do Poder Judiciário, da Administração Pública e os Serviços Notariais e de Registros do Estado do Tocantins; e

II – http://www.cartoriostocantins.com.br, destinado ao acesso público de usuários privados.

§ 3º A Central de Serviços Eletrônicos Compartilhados estará disponível 24 horas por dia, em todos os dias da semana, observadas as seguintes peculiaridades e características técnicas:

I – o sistema foi desenvolvido em plataforma *WEB*, em conformidade com a arquitetura e-PING; e

II – o acesso ao sistema, bem como às assinaturas de informações ou outros documentos emitidos por meio deste, deve ser feito mediante uso de certificado digital nos padrões da Infraestrutura de Chaves Públicas Brasileira (ICP-Brasil) ou mediante sistema de acesso facilitado (login e senha), preferencialmente para a prestação de serviços ao público em geral.

§ 4º A Central de Serviços Eletrônicos Compartilhados deverá observar os padrões e requisitos de documentos, de conexão e de funcionamento da Infraestrutura de Chaves Públicas Brasileira (ICP-Brasil) e da arquitetura dos Padrões de Interoperabilidade de Governo Eletrônico (e-Ping), cujo banco de dados deverá ser hospedado em ambiente eletrônico seguro, capaz de se conectar com outras centrais eletrônicas, e seu endereço deve ser comunicado e permanentemente atualizado perante a Corregedoria-Geral de Justiça;

§ 5º O Poder Judiciário, os demais Órgãos da Administração Pública e os Serviços Notariais e de Registro poderão ajustar com a Central Eletrônica de Serviços Compartilhados a utilização de ambiente compartilhado ou adotar solução de comunicação entre servidores, adotando mecanismos que assegurem a autenticidade, preserve a segurança e o sigilo das comunicações e dos dados transmitidos por meio eletrônico;

§ 6º A Associação de Notários e Registradores do Estado do Tocantins (ANOREG/TO) se obriga a manter sigilo relativo à identificação dos órgãos públicos e dos respectivos servidores que acessarem a Central de Serviços Eletrônicos Compartilhados, ressalvados casos de requisição judicial e de solicitação administrativa do Corregedor Geral da Justiça do Estado Tocan-

tins ou dos Órgãos da Administração Pública utilizadores do sistema, estes restritas aos seus Servidores;

§ 7º A Central de Serviços Eletrônicos Compartilhados manterá registro de *log* de todos os acessos ao sistema, pelo período que vier a ser definido no manual técnico operacional.

Art. 8º A Central Eletrônica de Serviços Compartilhados do Estado do Tocantins destina-se a:

I – interligar os serviços notariais e registrais do Estado do Tocantins, permitindo o intercâmbio de documentos eletrônicos e o tráfego de informações e dados;

II – aprimorar tecnologias com a finalidade de viabilizar os serviços notariais e de registro em meio eletrônico;

III – incentivar o desenvolvimento tecnológico do sistema eletrônico notariais e de registro, facilitando o acesso às informações, ressalvadas as hipóteses de acesso restrito nos casos de sigilo; e

IV – possibilitar o acesso direto aos dados pelo Poder Judiciário e pelos órgãos da Administração Pública correspondentes ao serviço notariais e de registro.

Parágrafo único. As comunicações à CENSEC (Central Notarial de Serviços Compartilhados), à Central de Informações de Registro Civil das Pessoas Naturais (CRC), à Central Nacional de Indisponibilidade de Bens Imóveis (CNIB), ao Sistema de Gestão Fundiária (SIGEF), à Receita Federal do Brasil (RFB), à Receita do Estado do Tocantins (SEFAZ/TO), ou outro sistema de recepção de informações e comunicações obrigatórias, poderão ser realizadas por meio da Central Eletrônica de Serviços Compartilhados, desde que haja interligação, mediante convênio, via solução de comunicação.

Art. 9º Os documentos eletrônicos, públicos ou particulares, e as informações eletrônicas deverão atender aos requisitos de assinatura digital, vinculada a autoridade certificadora no âmbito da Infraestrutura de Chaves Públicas Brasileira – ICP-Brasil, sob a forma de dados estruturados, de modo a atender, no mínimo, as especificações:

I – do Sistema de Selo de Fiscalização Eletrônico – SSFE;

II – do Comitê Gestor da Coordenação Nacional das Centrais de Serviços Eletrônicos Compartilhados de Registro de Imóveis, criado no âmbito do Instituto de Registro Imobiliário do Brasil – IRIB; e

III – do manual operacional de que trata o Decreto Federal n. 8.764, de 10 de maio de 2016.

Parágrafo único. Os modelos de estruturação de dados, em *XML eXtensible Markup Language*) ou outro método de estruturação de dados, observando-se as especificações enumeradas no *caput* deste artigo, deve constar de manual técnico operacional a ser instituído, no prazo de 90 (noventa) dias, pelo grupo de trabalho de que trata o Art. 17, § 2º deste Provimento.

Art. 10. O titular ou responsável pelo expediente de serviço notarial e ou de registro deverá, obrigatoriamente, acessar o portal da Central Eletrônica de Serviços Compartilhados para recebimento de títulos e solicitações de certidões e informações, mediante a adoção de

PROVIMENTO N. 09/2016 **ART. 14**

solução de comunicação sincronizada via *Web-Service* ou outro meio que possibilite a diária alimentação da referida Central, sob pena de responderem administrativamente pela omissão.

§ 1º O titular ou responsável pelo expediente de serviço notarial e ou de registro que não adotarem solução de comunicação sincronizada deverão verificar, diariamente, a existência de comunicações oriundas da Central de Serviços Eletrônicos Compartilhados, adotando as providências necessárias com a maior celeridade possível, sob pena de responder administrativamente pela omissão;

§ 2º Caso haja necessidade de alteração ou exclusão de informações já enviadas à Central de Serviços Eletrônicos Compartilhados, ela deverá ser feita mediante sucinta justificativa, caso em que será mantido versão dos dados e arquivos alterados com a finalidade de preservar a segurança das informações, sendo que as buscas dar-se-ão pela última versão dos dados ou arquivos informados;

§ 3º Eventual suspensão ou interrupção dos serviços da rede mundial de computadores – internet, que inviabilize a diária atualização dos dados deve ser imediatamente comunicada à da Central de Serviços Eletrônicos Compartilhados para acompanhamento pela Corregedoria-Geral da Justiça, ficando o respectivo cumprimento excepcionalmente prorrogado até o dia útil seguinte ao da normalização do serviço.

Art. 11. Ao titular ou responsável pelo expediente de serviço notarial e ou de registro e seus prepostos é vedado:

I – recepcionar ou expedir documentos eletrônicos por e-mail ou serviços postais ou de entrega;

II – postar ou baixar (download) documentos eletrônicos e informações em sites que não sejam os das respectivas centrais de serviços eletrônicos compartilhados;

III – prestar os serviços eletrônicos referidos neste Título, diretamente ou por terceiros, em concorrência com as centrais de serviços eletrônicos compartilhados, ou fora delas.

Parágrafo único. O titular ou responsável pelo expediente de serviço notarial e de registro deverão afixar cartazes nas dependências dos respectivos serviços notariais e ou de registros contendo informações sobre o funcionamento e as funcionalidades da Central de Serviços Eletrônicos Compartilhados, bem como das vedações relacionadas neste artigo.

Capítulo III
DA PRESTAÇÃO DOS SERVIÇOS EXTRAJUDICIAIS ELETRÔNICOS

Art. 12. A Central de Serviços Eletrônicos Compartilhados disponibilizará, no mínimo, os seguintes módulos:

I – Busca Eletrônica de Atos Notariais e Registrais;

II – Certidão Eletrônica de Atos Notariais e Registrais;

III – Ofício e Mandado *online*;

IV – Edital Eletrônico;

V – Andamento Processual *online*;

VI – Visualização *online* de Atos Notariais e Registrais;

VII – Protocolo Eletrônico de títulos;

VIII – Comunicações *online*; e

IX – Correição *online*.

§ 1º Os módulos da Central de Serviços Eletrônicos Compartilhados serão prestados, ao Poder Judiciário, à Administração Pública e ao público em geral, de acordo com cronograma constante do Manual Técnico Operacional;

§ 2º A prestação dos serviços eletrônicos de que trata este provimento dar-se-á, exclusivamente, por meio do portal da Central de Serviços Eletrônicos Compartilhados, sem qualquer custo para os Órgãos da Administração Pública e para o Poder Judiciário, excetuados os serviços destinados à instrução de processos, administrativos ou judiciais, nos quais as partes interessadas não gozam de isenção expressamente contemplada na legislação federal ou do estado do Tocantins;

§ 3º Os serviços eletrônicos serão executados ao Poder Judiciário e aos demais órgãos da Administração Pública mediante prévio cadastramento e aceitação dos termos de uso da Central de Serviços Eletrônicos, vedada a execução ou disponibilização por correio eletrônico ou qualquer outro meio;

§ 4º A prestação de serviços eletrônicos, quando requerida por quem não goze de isenção, gratuidade ou diferimento de emolumentos, dar-se-á mediante o prévio recolhimento das despesas, emolumentos e tributos devidos, ressalvadas as hipóteses previstas em lei;

§ 5º Os emolumentos dos serviços notariais e registrais prestados por meio da Central de Serviços Eletrônicos serão repassados aos respectivos titulares ou responsáveis pelo expediente de serviço notarial e ou de registro até o quinto dia útil do mês subsequente ao da execução do serviço, caso em que não haverá incidência de despesas bancárias, excetuados eventuais impostos incidentes sobre a operação bancária.

Art. 13. Os editais de publicações dos atos notariais e de registros serão realizados por meio de Edital Eletrônico, de livre e amplo acesso ao público, disponível na internet, divulgados e mantidos nos portais de que tratam o art. 7º, § 2º deste Provimento, observando-se:

I – o titular ou responsável pelo expediente de serviço notarial e/ou de registro remeterão diariamente os editais em *layout* e horário definidos no Manual Técnico Operacional;

II – a consulta será sempre gratuita e aberta a todos os usuários e, em se tratando de atos de edital de protesto, até a data da lavratura do protesto, devendo constar do *layout* a data limite em que o edital poderá ser consultado no diário eletrônico; e

III – deverá conter ferramenta de busca baseada no CPF ou no CNPJ do intimado, no caso de protesto, também do sacado não aceitante, que ficará disponível até a data do registro do protesto, e será o meio exclusivo de acesso ao teor do edital.

§ 1º A publicação eletrônica do edital de que trata o artigo 15, § 1º,[3] da Lei n. 9.492/97, conterá apenas:

a) o nome do devedor;

b) o número de inscrição no Cadastro de Pessoas Físicas do Ministério da Fazenda (CPF/MF) ou da cédula de identidade, se o devedor for pessoa física;

c) o número de inscrição no Cadastro Nacional da Pessoa Jurídica (CNPJ/MF), se o devedor for pessoa jurídica;

d) a identificação do título ou do documento de dívida pela sua natureza e pelo número do protocolo;

e) o prazo limite para cumprimento da obrigação no Tabelionato.

§ 2º Desde que previamente autorizado pelo usuário do serviço, a intimação e ou notificação dos atos notariais e de registro poderão ser realizadas por meio eletrônico que assegure a comprovação de efetiva ciência do ato pelo interessado.

Art. 14. Os Órgãos do Poder Judiciário e os demais órgãos da Administração Pública e entidades privadas, estas para simples consulta e remessa de títulos, poderão, mediante convênio, ajustarem com a Associação de Notários e Registradores do Estado do Tocantins (ANOREG/TO) a adoção de solução de comunicação sincronizada entre servidores autenticados com certificados digitais ICP-Brasil, visando assegurar a autenticidade, a segurança e o sigilo das comunicações e dos dados compartilhados.

§ 1º Para identificação inequívoca do usuário e eventual apuração de responsabilidade por uso indevido das informações registrais, o acesso à área restrita do portal eletrônico destinado ao Poder Judiciário e aos demais Órgãos da Administração Pública depende de prévio cadastramento do usuário, cujo acesso poderá ser realizado mediante sistema de acesso facilitado (login e senha) ou mediante a utilização de certificado digital no padrão da Infraestrutura de Chaves Públicas Brasileira (ICP-Brasil), a critério do grupo de trabalho de que trata o Art. 17, § 2º deste Provimento;

§ 2º Para afastamento de homonímia e medida de resguardo e proteção de privacidade, as buscas de atos notariais e de registros serão feitas, exclusivamente, a partir do número de contribuinte da pessoa física (CPF) ou jurídica (CNPJ), assegurada a possibilidade de outros elementos em consulta física e solicitada diretamente ao respectivo serviço notarial e ou de registro;

§ 3º Os termos de uso dos serviços eletrônicos deverão ser disponibilizados nos sítios da Central de Serviços Eletrônicos Compartilhados, com livre acesso para amplo conhecimento de seus termos e condições, assim como para informações dos possíveis interessados, os quais deverão declararem conhecê-los e aceita-los como condição para a utilização dos respectivos serviços;

§ 4º A definição detalhada dos serviços notariais e registrais prestados por meio da Central de Serviços Eletrônicos Compartilhados cons-

---

3. Art. 15. A intimação será feita por edital se a pessoa indicada para aceitar ou pagar for desconhecida, sua localização incerta ou ignorada, for residente ou domiciliada

fora da competência territorial do Tabelionato, ou, ainda, ninguém se dispuser a receber a intimação no endereço fornecido pelo apresentante.

§ 1º O edital será afixado no Tabelionato de Protesto e publicado pela imprensa local onde houver jornal de circulação diária.

165

tará de termo de uso dos serviços extrajudiciais eletrônicos, previamente aprovado pelo Grupo de Trabalho de que trata o Art. 17, § 2º deste Provimento.

SEÇÃO I
SERVIÇOS PRESTADOS AO PODER JUDICIÁRIO E À ADMINISTRAÇÃO PÚBLICA

Art. 15. A pesquisa de informação e solicitação de certidões e documentos será disponibilizada ao Poder Judiciário e aos demais Órgãos da Administração Pública na forma da legislação em vigor, observada para cada caso as isenções e gratuidades de emolumentos previstos em lei.

§ 1º A Corregedoria-Geral da Justiça e os Juízes Corregedores Permanentes terão acesso integral, irrestrito e gratuito a todas as informações constantes do banco de dados relativo à Central de Serviços Eletrônicos Compartilhados, com livre acesso para amplo conhecimento de suas condições e funcionamento;

§2º As comunicações oficiais entre o Poder Judiciário e os Órgãos da Administração Pública com os Notários e Registradores relacionadas as atividades da Central de Serviços Eletrônicos Compartilhados serão, preferencialmente, realizadas por intermédio da Central de Serviços Eletrônicos Compartilhados;

§ 3º Consideram-se comunicações oficiais no âmbito da Central de Serviços Eletrônicos Compartilhados, os Ofícios em gerais e os Mandados Judiciais, os quais serão atendidos na forma prevista em lei;

§ 4º Os usuários vinculados ao Poder Judiciário e aos demais Órgãos da Administração Pública não poderão utilizar os serviços extrajudiciais eletrônicos para fins particulares;

§ 5º É vedado o fornecimento de informações obtidas na Central de Serviços Eletrônicos Compartilhados pelo Poder Judiciário e aos demais Órgãos da Administração Pública a entidades privadas ou terceiros;

§ 6º Além da responsabilização cível, criminal e administrativa cabível, será descredenciado qualquer interessado vinculado ao sistema que utilize de meios impróprios ou ilegais para obtenção de qualquer informação, mediante constatação da Central de Serviços Eletrônicos Compartilhados e pronunciamento da Corregedoria-Geral da Justiça.

Capítulo IV
DOS PRAZOS PARA A ELETRONIZAÇÃO DOS ATOS PRETÉRITOS

Art. 16. O envio das informações para a Central de Serviços Eletrônicos Compartilhados deverá observar os prazos e o padrão definido pelo Grupo de Trabalho.[4]

DISPOSIÇÕES FINAIS

Art. 17. A definição de padrões tecnológicos e o aprimoramento contínuo da prestação de informações dos serviços notariais e registrais por meio eletrônico ficará a cargo da Associação de Notários e Registradores do Estado do Tocantins (ANOREG/TO), com a cooperação do Instituto de Registro de Títulos e Documentos e de Pessoas Jurídicas do Estado do Tocantins (IRTDPJ/TO), do Instituto de Protesto de Títulos do Estado do Tocantins (IEPTB/TO), da Associação dos Registradores de Pessoas Naturais do Estado do Tocantins (ARPEN/TO) e do Fundo Especial de Compensação da Gratuidade dos Atos do Registro Civil de Pessoas Naturais (FUNCIVIL), sob suas expensas, sem nenhum ônus para o Tribunal de Justiça do Estado do Tocantins ou para qualquer outro órgão governamental.

§ 1º Os Portais da Corregedoria Geral de Justiça na internet disponibilizarão link apontando para a Central de Serviços Eletrônicos Compartilhados, acessível por meio do menu relativo aos serviços extrajudiciais, bem como banner na página inicial dos referidos sítios virtuais;

§ 2º Será constituído, no prazo de 30 (trinta) dias a contar da publicação deste provimento, pela Corregedoria Geral de Justiça, mediante portaria, Grupo de Trabalho, com a participação do setor de Tecnologia da Informação desta Corregedoria, da Assessoria Jurídica e do Juiz Auxiliar extrajudicial, assegurando-se ainda a participação de um representante indicado pela ANOREG/TO, pelo IEPTB/TO, pelo IRTDPJ/TO e pela ARPEN/TO e pelo FUNCIVIL, cabendo ao grupo, dentre outras coisas:

I – aprovar o manual técnico operacional do registro eletrônico dos atos notariais e registrais e da Central de Serviços Eletrônicos Compartilhados;

II – estabelecer os modelos de estruturação de dados em *XML* (*eXtensible Markup Language*) ou outro formato que venha a possibilitar a interoperabilidade do registro eletrônico dos atos notariais e registrais e da Central de Serviços Eletrônicos Compartilhados; e

III – aprovar os termos de uso para a prestação dos serviços extrajudiciais eletrônicos por meio da Central de Serviços Eletrônicos Compartilhados, bem como sugerir modificações aos respectivos termos de uso em vigor.

§ 3º Após a aprovação do Manual Técnico Operacional do registro eletrônico dos atos notariais e registrais, os órgãos que firmaram Termo de Cooperação com a Corregedoria Geral de Justiça para utilização do "Modulo Comunica" do Sistema Gise serão informados sobre a criação da Central de Serviços Eletrônicos Compartilhados, bem como a nova sistemática de comunicações com as Serventias Extrajudiciais do Estado do Tocantins.

Art. 18. Este Provimento entrará em vigor na data de sua publicação.

---

4. Tornado sem efeito, conforme Decisão n. 4894 ASJECG-JUS.

PROVIMENTO N. 10/2015

Dispõe sobre a lavratura de escritura pública de declaração de união estável homoafetiva e sua conversão em casamento, no âmbito dos cartórios de serviços notariais e de registros do Estado do Tocantins.

Art. 1º Caberá às Serventias Extrajudiciais do Estado do Tocantins a lavratura de escrituras públicas de declaração de união estável homoafetiva, entre pessoas, plenamente capazes, do mesmo sexo.

Art. 2º A escritura será lavrada como instrumento de prova para as pessoas do mesmo sexo, que vivam uma relação de fato, contínua e duradoura, em comunhão afetiva, estabelecida com o objetivo de constituição de família, nos termos do art. 1.723[1] do Código Civil, com ou sem compromisso patrimonial, legitimando o relacionamento, comprovando seus direitos e disciplinando a convivência de acordo com seus interesses.

Art. 3º A união estável homoafetiva deve ser reconhecida como entidade familiar, servindo a escritura como prova de dependência econômica, constituída para os efeitos administrativos de interesse comum perante a previdência social, entidades públicas e privadas, companhias de seguro, instituições financeiras e creditícias e outras similares.

Art. 4º As partes devem declarar e comprovar, mediante documento hábil, original ou em cópias autenticadas, no ato da lavratura da escritura, que são absolutamente capazes, indicando seus nomes e as datas de nascimento e que não são casadas, sob as penas da lei.

§ 1º Para a prática do ato a que se refere o *caput* deste artigo, as partes poderão ser representadas por procurador, desde que munido de procuração pública com poderes específicos para o ato, outorgada no máximo há 90 (noventa) dias;

§ 2º Na escritura pública de declaração de união estável homoafetiva, deverão as partes declarar expressamente que:

I – não incorrem nos impedimentos do artigo 1.521[2] do Código Civil, salvo quanto ao inciso

VI, quando a pessoa casada se achar separada de fato ou judicialmente;

II – não são casadas ou que não mantêm outro relacionamento com objetivo de constituição de família.

Art. 5º A escritura pública declaratória de união estável homoafetiva conterá os requisitos previstos no § 1º[3] do art. 215 da Lei Federal n. 10.406, de 10 de janeiro de 2002 (Código Civil), sem prejuízo de outras exigências legais.

Art. 6º Na lavratura da escritura, deverão ser apresentados os seguintes documentos, que deverão ser mencionados no respectivo ato:

I – documento de identidade oficial e CPF das partes;

II – certidão de nascimento, quando se tratar de pessoa solteira, ou, então, certidão de casamento, com averbação da separação judicial ou do divórcio, se for o caso, expedida, no máximo, há 90 (noventa) dias, de ambos os conviventes;

III – certidão de propriedade de bens imóveis e direitos a eles relativos;

IV – documentos necessários à comprovação da titularidade dos bens móveis e direitos, se houver, bem como de semoventes.

§ 1º Os documentos apresentados no ato da lavratura devem ser originais ou em cópias autenticadas, salvo as certidões previstas no inciso II deste artigo, que serão sempre originais;

§ 2º As cópias dos documentos apresentados serão arquivadas em pasta própria de documentos de escrituras públicas de declaração de união estável homoafetiva.

Art. 7º A escritura pública deverá fazer menção aos documentos apresentados e ao seu arquivamento, microfilmagem ou gravação por processo eletrônico.

Art. 8º Na escritura pública de declaração de união estável homoafetiva, as partes poderão deliberar sobre as relações patrimoniais, nos termos do art. 1.725[4] do Código Civil.

Art. 9º Havendo bens, distinguir-se-á o patrimônio individual e o patrimônio das partes, podendo os declarantes estabelecer acerca daqueles bens que forem adquiridos como acréscimo principal na constância da convivência, a exemplo das aquisições de imóveis, móveis, direitos, créditos, ações, investimentos, e que ficarão na esfera patrimonial comum, suscetíveis de comunicação e divisão.

Art. 10. Havendo transmissão de propriedade do patrimônio individual de um convivente para o outro, deverá ser comprovado o recolhimento do tributo devido sobre a fração transferida.

Parágrafo único. O recolhimento dos tributos mencionados no *caput* deste artigo deve anteceder à lavratura da escritura.

Art. 11. Quanto aos bens, recomenda-se proceder da seguinte forma:

I – se imóvel urbano, descrição pormenorizada, com prova de domínio por certidão de propriedade atualizada, observando-se eventuais ônus reais e interesses de terceiros, com menção expressa à sua precisa localização e ao número da matrícula;

II – se imóvel rural, descrição pormenorizada, com prova de domínio por certidão de propriedade atualizada, observando-se eventuais ônus reais e interesses de terceiros, além de caracterização, de acordo com o registro imobiliário, havendo, ainda, necessidade de apresentação e menção na escritura do Certificado de Cadastro do INCRA e da prova de quitação do imposto territorial rural, relativo aos últimos cinco anos, nos termos do artigo 22,[5] e §§, da Lei Federal n. 4.947/66;

---

1. Art. 1.723. É reconhecida como entidade familiar a união estável entre o homem e a mulher, configurada na convivência pública, contínua e duradoura e estabelecida com o objetivo de constituição de família.

   § 1º A união estável não se constituirá se ocorrerem os impedimentos do art. 1.521; não se aplicando a incidência do inciso VI no caso de a pessoa casada se achar separada de fato ou judicialmente;

   § 2º As causas suspensivas do art. 1.523 não impedirão a caracterização da união estável.

2. Art. 1.521. Não podem casar:

   I – os ascendentes com os descendentes, seja o parentesco natural ou civil;

   II – os afins em linha reta;

III – o adotante com quem foi cônjuge do adotado e o adotado com quem o foi do adotante;

IV – os irmãos, unilaterais ou bilaterais, e demais colaterais, até o terceiro grau inclusive;

V – o adotado com o filho do adotante;

VI – as pessoas casadas;

VII – o cônjuge sobrevivente com o condenado por homicídio ou tentativa de homicídio contra o seu consorte.

3. Art. 215. A escritura pública, lavrada em notas de tabelião, é documento dotado de fé pública, fazendo prova plena.

   § 1º Salvo quando exigidos por lei outros requisitos, a escritura pública deve conter:

   I – data e local de sua realização;

   II – reconhecimento da identidade e capacidade das partes e de quantos hajam comparecido ao ato, por si, como representantes, intervenientes ou testemunhas;

   III – nome, nacionalidade, estado civil, profissão, domicílio e residência das partes e demais comparecentes, com a indicação, quando necessário, do regime de bens do casamento, nome do outro cônjuge e filiação;

   IV – manifestação clara da vontade das partes e dos intervenientes;

   V – referência ao cumprimento das exigências legais e fiscais inerentes à legitimidade do ato;

   VI – declaração de ter sido lida na presença das partes e demais comparecentes, ou de que todos a leram;

   VII – assinatura das partes e dos demais comparecentes, bem como a do tabelião ou seu substituto legal, encerrando o ato.

4. Art. 1.725. Na união estável, salvo contrato escrito entre os companheiros, aplica-se às relações patrimoniais, no que couber, o regime da comunhão parcial de bens.

5. Art. 22. A partir de 1º de janeiro de 1967, somente mediante apresentação do Certificado de Cadastro, expedido pelo IBRA e previsto na Lei n. 4.504, de 30 de novembro de 1964, poderá o proprietário de qualquer imóvel rural pleitear as facilidades proporcionadas pelos

ART. 12 NORMAS PARA A ATIVIDADE EXTRAJUDICIAL DO ESTADO DO TOCANTINS

III – em caso de imóvel descaracterizado na matrícula, por desmembramento ou expropriação parcial, o Tabelião deve recomendar a prévia apuração do remanescente;

IV – quanto a imóvel com construção ou aumento de área construída, sem prévia averbação no registro imobiliário, é recomendável a apresentação de documento comprobatório, expedido pela Prefeitura e, quando for o caso, CND-INSS;

V – em caso de imóvel demolido, com alteração de cadastro de contribuinte, de número do prédio, de nome de rua, fazer menção, no título, da situação antiga e da atual, mediante apresentação do respectivo comprovante;

VI – tratando-se de bem móvel, apresentar documento comprobatório de domínio e valor, se houver, descrevendo-os com os sinais característicos;

VII – com relação aos direitos relativos à posse, deve haver precisa indicação quanto à sua natureza, com suas determinações e especificações;

órgãos federais de administração centralizada ou descentralizada, ou por empresas de economia mista de que a União possua a maioria das ações e, bem assim, obter inscrição, aprovação e registro de projetos de colonização particular, no IBRA ou no INDA, ou aprovação de projetos de loteamento.

§ 1º Sem apresentação do Certificado de Cadastro, não poderão os proprietários, a partir da data a que se refere este artigo, sob pena de nulidade, desmembrar, arrendar, hipotecar, vender ou prometer em venda imóveis rurais;

§ 2º Em caso de sucessão causa mortis nenhuma partilha, amigável ou judicial, poderá ser homologada pela autoridade competente, sem a apresentação do Certificado de Cadastro, a partir da data referida neste artigo;

§ 3º A apresentação do Certificado de Cadastro de Imóvel Rural (CCIR), exigida no caput deste artigo e nos §§ 1º e 2º, far-se-á, sempre, acompanhada da prova de quitação do Imposto sobre a Propriedade Territorial Rural (ITR), correspondente aos últimos cinco exercícios, ressalvados os casos de inexigibilidade e dispensa previstos no art. 20 da Lei n. 9.393, de 19 de dezembro de 1996;

§ 4º Dos títulos de domínio destacados do patrimônio público constará obrigatoriamente o número de inscrição do CCIR, nos termos da regulamentação desta Lei;

§ 5º Nos casos de usucapião, o juiz intimará o INCRA do teor da sentença, para fins de cadastramento do imóvel rural;

§ 6º Além dos requisitos previstos no art. 134 do Código Civil e na Lei n. 7.433, de 18 de dezembro de 1985, os serviços notariais são obrigados a mencionar nas escrituras os seguintes dados do CCIR:

I – código do imóvel;

II – nome do detentor;

III – nacionalidade do detentor;

IV – denominação do imóvel;

V – localização do imóvel.

§ 7º Os serviços de registro de imóveis ficam obrigados a encaminhar ao INCRA, mensalmente, as modificações ocorridas nas matrículas imobiliárias decorrentes de mudanças de titularidade, parcelamento, desmembramento, loteamento, remembramento, retificação de área, reserva legal e particular do patrimônio natural e outras limitações e restrições de caráter ambiental, envolvendo os imóveis rurais, inclusive os destacados do patrimônio público;

§ 8º O INCRA encaminhará, mensalmente, aos serviços de registro de imóveis, os códigos dos imóveis rurais de que trata o § 7º, para serem averbados de ofício, nas respectivas matrículas.

VIII – semoventes serão indicados em número, espécies, marcas e sinais distintivos;

IX – dinheiro, joias, objetos de metais e pedras preciosos serão indicados com especificação da qualidade, peso e importância;

X – ações, direitos creditícios e títulos também devem ter as devidas especificações;

XII – dívidas ativas especificadas, inclusive com menção às datas, títulos, origem da obrigação, nomes dos credores e devedores;

XIII – a cada bem patrimonial deverá constar o respectivo valor atribuído pelas partes, além do valor venal, quando imóveis;

Parágrafo único. Ônus incidentes sobre os imóveis não constituem impedimento para lavratura da escritura pública.

Art. 12. Se um dos conviventes possuir herdeiros, deverão ser obedecidas as limitações quanto à disposição dos bens segundo as normas pertinentes, sobretudo o Código Civil.

Art. 13. Não há sigilo no ato de lavratura da escritura de que trata este provimento.

Art. 14. O valor da escritura de declaração de união estável homoafetiva corresponderá ao estabelecido na Lei Estadual n. 2.828/2014, de 12 de março de 2014, e eventuais alterações, utilizando-se os critérios fixados na Tabela de Emolumentos das Serventias Extrajudiciais.

Art. 15. O tabelião poderá se negar a lavrar a escritura pública de declaração de união estável homoafetiva, se houver fundados indícios de prejuízo para uma das partes, ou em caso de dúvidas sobre a declaração de vontade, fundamentando a recusa por escrito.

Art. 16. A escritura pública pode ser retificada, desde que haja o consentimento de todos os interessados.

Art. 17. Os erros materiais poderão ser corrigidos, de ofício ou mediante requerimento de qualquer das partes, por averbação à margem do ato notarial ou, não havendo espaço, por escrituração própria lançada no livro das escrituras públicas.

§ 1º Apenas podem ser considerados como erros materiais:

I – omissão ou erro cometidos na transposição de qualquer elemento dos documentos apresentados para lavratura da escritura que constem arquivados, microfilmados ou gravados por processo eletrônico na serventia;

II – correção de mero cálculo matemático;

III – correção de dados referentes à descrição e caracterização de bens individuados na escritura;

IV – inserção ou modificação dos dados de qualificação pessoal das partes, comprovada por documentos oficiais.

§ 2º Havendo necessidade de produção probatória para fins de demonstração do erro apontado, a escritura pública somente poderá ser retificada mediante determinação judicial.

Art. 18. Uma vez lavrada a escritura pública declaratória de união estável homoafetiva, poderão

os conviventes realizar, no serviço de registro de imóveis, os seguintes atos:

I – registro e instituição de bem de família, nos termos do artigo 167, inciso I, item 1,[6] da Lei Federal n. 6.015/1973;

II – averbação, na matrícula, da escritura pública declaratória de união estável homoafetiva, nos termos do artigo 246,[7] caput, da Lei de Registros Públicos.

Parágrafo único. Para prática do ato mencionado no caput deste artigo, deverá ser apresentada escritura pública de declaração de união estável homoafetiva.

Art. 19. A conversão em casamento de união estável homoafetiva anteriormente escriturada, ausentes todos os impedimentos constantes do art. 1.521[8] do Código Civil, poderá, a qualquer tempo, ser requerida pelos conviventes ao Oficial do Registro Civil das Pessoas Naturais da circunscrição do seu domicílio.

Art. 20. Para verificar a inexistência dos impedimentos, a que alude o art. 1.521[9] do Código Civil, e o regime de bens a ser adotado no casamento, o Oficial do Registro Civil iniciará processo de habilitação, com a publicação de edital de proclamas, que deve fazer referência à conversão de união estável homoafetiva em casamento, ouvido o Ministério Público.

Parágrafo único. Em havendo impugnação, observar-se-á o disposto no parágrafo único do art. 1.526[10] do Código Civil.

6. Art. 167. No Registro de Imóveis, além da matrícula, serão feitos.

I – o registro:

1) da instituição de bem de família.

7. Art. 246. Além dos casos expressamente indicados no inciso II do caput do art. 167 desta Lei, serão averbadas na matrícula as sub-rogações e outras ocorrências que, por qualquer modo, alterem o registro ou repercutam nos direitos relativos ao imóvel.

8. Art. 1.521. Não podem casar:

I – os ascendentes com os descendentes, seja o parentesco natural ou civil;

II – os afins em linha reta;

III – o adotante com quem foi cônjuge do adotado e o adotado com quem o foi do adotante;

IV – os irmãos, unilaterais ou bilaterais, e demais colaterais, até o terceiro grau inclusive;

V – o adotado com o filho do adotante;

VI – as pessoas casadas;

VII – o cônjuge sobrevivente com o condenado por homicídio ou tentativa de homicídio contra o seu consorte.

9. Art. 1.521. Não podem casar:

I – os ascendentes com os descendentes, seja o parentesco natural ou civil;

II – os afins em linha reta;

III – o adotante com quem foi cônjuge do adotado e o adotado com quem o foi do adotante;

IV – os irmãos, unilaterais ou bilaterais, e demais colaterais, até o terceiro grau inclusive;

V – o adotado com o filho do adotante;

VI – as pessoas casadas;

VII – o cônjuge sobrevivente com o condenado por homicídio ou tentativa de homicídio contra o seu consorte.

10. Art. 1.526. A habilitação será feita pessoalmente perante o oficial do Registro Civil, com a audiência do Ministério Público.

Parágrafo único. Caso haja impugnação do oficial, do Ministério Público ou de terceiro, a habilitação será submetida ao juiz.

PROVIMENTO N. 10/2015 — ART. 26

Art. 21. Uma vez habilitados os requerentes, e decorrido o prazo legal do edital, sem aparecer quem oponha impedimento, será lavrado o assento da conversão de união estável em casamento, independentemente de qualquer solenidade, prescindindo o ato da celebração do matrimônio.

Art. 22. O assento da conversão de união estável em casamento será lavrado no Livro B, conterá os requisitos do art. 1.536[11] do Código Civil, exarando-se o determinado no art. 70, 1º ao 10º,[12] da Lei de Registros Públicos, sem a indicação da data da celebração, o nome e assinatura do presidente do ato, cujos espaços próprios deverão ser inutilizados, anotando-se no respectivo termo que se trata de conversão de união estável em casamento, tal como regulado no art. 8º[13] da Lei Federal n. 9.278, de 10 de maio de 1996.

Art. 23. Constará obrigatoriamente no assento do registro civil de casamento, realizado a partir da conversão de união estável homoafetiva anteriormente escriturada, a data constante da lavratura da escritura pública de declaração de união estável homoafetiva.

Art. 24. Os cartórios de Registro Civil de Pessoas Naturais do Estado do Tocantins deverão receber os pedidos de habilitação para casamento de pessoas do mesmo sexo, procedendo na forma do art. 67[14] da Lei n. 6.015/73.

Parágrafo único. Mesmo na hipótese de não haver impugnação pelo Órgão do Ministério Público ou, ainda, oposição de impedimento por terceiro, na forma prevista no § 3º do art. 67 da Lei 6.015/73, os autos deverão ser, imediatamente, encaminhados ao Juiz que decidirá sobre o pedido de habilitação.

Art. 25. O Casamento entre pessoas do mesmo sexo será lavrado e registrado no Livro B, observadas as prescrições e os impedimentos contidos no Código Civil e na Lei n. 6.015/73.

Art. 26. Este Provimento entra em vigor na data da sua publicação, revogando-se o Provimento n. 12/2005/CGJ/TO.

---

11. Art. 1.536. Do casamento, logo depois de celebrado, lavrar-se-á o assento no livro de registro. No assento, assinado pelo presidente do ato, pelos cônjuges, as testemunhas, e o oficial do registro, serão exarados:

    I – os prenomes, sobrenomes, datas de nascimento, profissão, domicílio e residência atual dos cônjuges;

    II – os prenomes, sobrenomes, datas de nascimento ou de morte, domicílio e residência atual dos pais;

    III – o prenome e sobrenome do cônjuge precedente e a data da dissolução do casamento anterior;

    IV – a data da publicação dos proclamas e da celebração do casamento;

    V – a relação dos documentos apresentados ao oficial do registro;

    VI – o prenome, sobrenome, profissão, domicílio e residência atual das testemunhas;

    VII – o regime do casamento, com a declaração da data e do cartório em cujas notas foi lavrada a escritura antenupcial, quando o regime não for o da comunhão parcial, ou o obrigatoriamente estabelecido.

12. Art. 70 Do matrimônio, logo depois de celebrado, será lavrado assento, assinado pelo presidente do ato, os cônjuges, as testemunhas e o oficial, sendo exarados:

    1º) os nomes, prenomes, nacionalidade, naturalidade, data de nascimento, profissão, domicílio e residência atual dos cônjuges;

    2º) os nomes, prenomes, nacionalidade, data de nascimento ou de morte, domicílio e residência atual dos pais;

    3º) os nomes e prenomes do cônjuge precedente e a data da dissolução do casamento anterior, quando for o caso;

    4º) a data da publicação dos proclamas e da celebração do casamento;

    5º) a relação dos documentos apresentados ao oficial do registro;

    6º) os nomes, prenomes, profissão, domicílio e residência atual das testemunhas;

    7º) o regime de casamento, com declaração da data e do cartório em cujas notas foi tomada a escritura antenupcial, quando o regime não for o da comunhão ou o legal que sendo conhecido, será declarado expressamente;

    8º) o nome, que passa a ter a mulher, em virtude do casamento;

    9º) os nomes e as idades dos filhos havidos de matrimônio anterior ou legitimados pelo casamento;

    10º) à margem do termo, a impressão digital do contraente que não souber assinar o nome.

13. Art. 8º Os conviventes poderão, de comum acordo e a qualquer tempo, requerer a conversão da união estável em casamento, por requerimento ao Oficial do Registro Civil da Circunscrição de seu domicílio.

14. Art. 67. Na habilitação para o casamento, os interessados, apresentando os documentos exigidos pela lei civil, requererão ao oficial do registro do distrito de residência de um dos nubentes, que lhes expeça certidão de que se acham habilitados para se casarem.

    § 1º Se estiver em ordem a documentação, o oficial de registro dará publicidade, em meio eletrônico, à habilitação e extrairá, no prazo de até 5 (cinco) dias, o certificado de habilitação, podendo os nubentes contrair matrimônio perante qualquer serventia de registro civil de pessoas naturais, de sua livre escolha, observado o prazo de eficácia do art. 1.532 da Lei nº 10.406, de 10 de janeiro de 2002 (Código Civil);

    § 2º (Revogado pela Lei n. 14.382/2022);

    § 3º (Revogado pela Lei n. 14.382/2022);

    § 4º (Revogado pela Lei n. 14.382/2022).

    § 4º-A A identificação das partes e a apresentação dos documentos exigidos pela lei civil para fins de habilitação poderão ser realizadas eletronicamente mediante recepção e comprovação da autoria e da integridade dos documentos;

    § 5º Se houver impedimento ou arguição de causa suspensiva, o oficial de registro dará ciência do fato aos nubentes, para que indiquem, em 24 (vinte e quatro) horas, prova que pretendam produzir, e remeterá os autos a juízo, e, produzidas as provas pelo oponente e pelos nubentes, no prazo de 3 (três) dias, com ciência do Ministério Público, e ouvidos os interessados e o órgão do Ministério Público em 5 (cinco) dias, decidirá o juiz em igual prazo;

    § 6º Quando a celebração do casamento ocorrer perante oficial de registro civil de pessoas naturais diverso daquele da habilitação, deverá ser comunicado o oficial de registro em que foi realizada a habilitação, por meio eletrônico, para a devida anotação no procedimento de habilitação;

    § 7º Expedido o certificado de habilitação, celebrar-se-á o casamento, no dia, hora e lugar solicitados pelos nubentes e designados pelo oficial de registro;

    § 8º A celebração do casamento poderá ser realizada, a requerimento dos nubentes, em meio eletrônico, por sistema de videoconferência em que se possa verificar a livre manifestação da vontade dos contraentes.

PROVIMENTO N. 02/2015

Dispõe sobre as regras de implantação do Selo Digital de Fiscalização no âmbito das Serventias Extrajudiciais do Estado do Tocantins e adota outras providências.

Capítulo I
DAS DISPOSIÇÕES PRELIMINARES

Art. 1º A sistematização das regras inerentes à implantação da tecnologia do Selo Digital de Fiscalização, no âmbito das Serventias Extrajudiciais do Estado do Tocantins, é disposta neste Provimento.

Capítulo II
DA COMPETÊNCIA

Art. 2º Compete à Corregedoria-Geral da Justiça do Estado do Tocantins (CGJUS/TO) realizar as ações necessárias à implantação do selo digital destinado à certificação de autenticidade dos atos praticados pelas Serventias Extrajudiciais, em substituição ao atual modelo de selo físico.

Art. 3º Compete à Diretoria de Tecnologia da Informação do Tribunal de Justiça do Estado do Tocantins a atividade de desenvolvimento e atualização do Sistema de Selo Digital, como Módulo do Sistema de Gestão Integrada das Serventias Extrajudiciais (GISE), nos termos das diretrizes estipuladas pela CGJUS/TO, bem

como realizar suporte acerca de inconsistências verificadas por seus usuários.

Art. 4º Compete à Divisão de Inspetoria Fiscalização e Informática da CGJUS/TO a atividade de gestão do Sistema de Selo Digital.

Capítulo III
DA IMPLANTAÇÃO DO SELO DIGITAL DE FISCALIZAÇÃO

Art. 5º São requisitos para a implantação da tecnologia do Selo Digital na Serventia Extrajudicial:

I – possuir sistema informatizado de registro de atos;

II – possuir serviço de internet capaz de viabilizar a transmissão de dados para operacionalização do sistema.

Art. 6º O cronograma de implantação do Selo Digital priorizará, preferencialmente, as Serventias que atendam aos seguintes requisitos:

I – proximidade geográfica da serventia em relação à sede da CGJUS/TO;

II – serventias com maior volume de atos;

§ 1º A CGJUS/TO indicará, mediante avaliação de critérios técnicos, as serventias que servirão de "piloto" para a implantação do Selo Digital;

§ 2º As demais serventias extrajudiciais serão notificadas para, dentro do cronograma, adotarem as providências necessárias à implantação do Selo Digital.

Art. 7º O Selo Digital será homologado pelo Corregedor-Geral da Justiça, por serventia, após implantação integral da tecnologia no cartório.

Parágrafo único. O extrato do termo de homologação será publicado no Diário da Justiça e afixado no mural da serventia.

Art. 8º Na ocasião da implantação do Selo Digital, a CGJUS/TO e o Fundo Extrajudicial de Compensação da Gratuidade dos Atos do Registro Civil de Pessoas Naturais (FUNCIVIL) realizarão o levantamento do estoque de selos físicos disponíveis na Serventia, os quais serão devolvidos para o FUNCIVIL, fisicamente e via Sistema GISE.

Parágrafo único. O FUNCIVIL, a seu critério, poderá destinar os selos remanejados para outras Serventias.

Art. 9º Os casos omissos serão resolvidos pela Corregedoria-Geral da Justiça do Estado do Tocantins.

Art. 10. Este provimento entrará em vigor a partir da data de sua publicação.

PROVIMENTO N. 07/2014

Regulamenta o Protesto das Certidões da Dívida Ativa (CDA) nos Cartórios de Ofício de Notas deste Estado da Federação, nos termos do parágrafo único[1] do art. 1º da Lei n. 9.492/97, e o seu processamento por meio eletrônico.

Art. 1º Os Tabeliães de Protesto de Títulos deverão receber, para protesto, as certidões da dívida ativa dos créditos tributários e não tributários das Fazendas Públicas da União, dos Estados e dos Municípios, assim como de suas autarquias e fundações públicas, desde que inscritas em conformidade com o art. 202[2] do Código Tributário Nacional e com os §§ 5º e 6º[3] do art. 2º da Lei Federal n. 6.830/1980, observados os

---

1. Art. 1º Protesto é o ato formal e solene pelo qual se prova a inadimplência e o descumprimento de obrigação originada em títulos e outros documentos de dívida.

   Parágrafo único. Incluem-se entre os títulos sujeitos a protesto as certidões de dívida ativa da União, dos Estados, do Distrito Federal, dos Municípios e das respectivas autarquias e fundações públicas.

2. Art. 202. O termo de inscrição da dívida ativa, autenticado pela autoridade competente, indicará obrigatoriamente:

   I – o nome do devedor e, sendo caso, o dos corresponsáveis, bem como, sempre que possível, o domicílio ou a residência de um e de outros;

   II – a quantia devida e a maneira de calcular os juros de mora acrescidos;

   III – a origem e natureza do crédito, mencionada especificamente a disposição da lei em que seja fundado;

   IV – a data em que foi inscrita;

   V – sendo caso, o número do processo administrativo de que se origina o crédito.

   Parágrafo único. A certidão conterá, além dos requisitos deste artigo, a indicação do livro e da folha da inscrição.

3. Art. 2º Constitui Dívida Ativa da Fazenda Pública aquela definida como tributária ou não tributária na Lei n. 4.320, de 17 de março de 1964, com as alterações posteriores, que estatui normas gerais de direito financeiro para elaboração e controle dos orçamentos e balanços da União, dos Estados, dos Municípios e do Distrito Federal.

   § 5º O Termo de Inscrição de Dívida Ativa deverá conter:

   I – o nome do devedor, dos corresponsáveis e, sempre que conhecido, o domicílio ou residência de um e de outros;

   II – o valor originário da dívida, bem como o termo inicial e a forma de calcular os juros de mora e demais encargos previstos em lei ou contrato;

   III – a origem, a natureza e o fundamento legal ou contratual da dívida;

   IV – a indicação, se for o caso, de estar a dívida sujeita à atualização monetária, bem como o respectivo fundamento legal e o termo inicial para o cálculo;

   V – a data e o número da inscrição, no Registro de Dívida Ativa; e

   VI – o número do processo administrativo ou do auto de infração, se neles estiver apurado o valor da dívida.

   § 6º A Certidão de Dívida Ativa conterá os mesmos elementos do Termo de Inscrição e será autenticada pela autoridade competente.

---

preceitos da Lei Federal n. 9.492/1997, com as alterações introduzidas pela Lei n. 12.767/2012.

§ 1º O protesto das Certidões da Dívida Ativa será realizado no Tabelionato de Protesto do domicílio do devedor;

§ 2º É de responsabilidade do apresentante o conteúdo dos dados fornecidos aos tabelionatos de títulos (art. 5[o4] da Lei n. 9.492/1997);

§ 3º As imprecisões nos dados desoneram os devedores de quaisquer encargos;

§ 4º Havendo convênio firmado entre conselhos e entidades de classe, e o Instituto de Estudos de Protestos de Títulos do Brasil – Seção Tocantins, o pagamento dos emolumentos poderá ser postergado para o momento do pagamento ou do cancelamento do protesto, às expensas do devedor.

Art. 2º Suspensa a exigibilidade do crédito tributário, na forma regulada pelo art. 151[5] do Código Tributário Nacional, será emitida declaração de anuência para que o interessado requeira o cancelamento do registro do protesto, conforme prescreve o art. 26[6] da Lei n. 9.492, de 10 de setembro de 1997.

---

4. Art. 5º Todos os documentos apresentados ou distribuídos no horário regulamentar serão protocolizados dentro de vinte e quatro horas, obedecendo à ordem cronológica de entrega.

   Parágrafo único. Ao apresentante será entregue recibo com as características essenciais do título ou documento de dívida, sendo de sua responsabilidade os dados fornecidos.

5. Art. 151. Suspendem a exigibilidade do crédito tributário:

   I – moratória;

   II – o depósito do seu montante integral;

   III – as reclamações e os recursos, nos termos das leis reguladoras do processo tributário administrativo;

   IV – a concessão de medida liminar em mandado de segurança.

   V – a concessão de medida liminar ou de tutela antecipada, em outras espécies de ação judicial;

   VI – o parcelamento.

   Parágrafo único. O disposto neste artigo não dispensa o cumprimento das obrigações assessórios dependentes da obrigação principal cujo crédito seja suspenso, ou dela consequentes.

6. Art. 26. O cancelamento do registro do protesto será solicitado diretamente no Tabelionato de Protesto de Títulos, por qualquer interessado, mediante apresentação do documento protestado, cuja cópia ficará arquivada.

   § 1º Na impossibilidade de apresentação do original do título ou documento de dívida protestado, será exigida a declaração de anuência, com identificação e firma reconhecida, daquele que figurou no registro de protesto como credor, originário ou por endosso translativo.

   § 2º Na hipótese de protesto em que tenha figurado apresentante por endosso-mandato, será suficiente a declaração de anuência passada pelo credor endossante;

Art. 3º O pagamento dos valores correspondentes aos emolumentos devidos pelo apontamento, instrumento e registro do protesto das certidões da dívida ativa expedidas pela Fazenda, bem como as demais parcelas legais e outras despesas legalmente autorizadas, somente será devido pelo devedor cujo nome conste da Certidão, no momento da quitação do débito e da baixa do protesto.

§ 1º Ocorrendo o parcelamento do crédito levado a protesto, ou sua extinção, por quaisquer das hipóteses do artigo 156[7] do Código Tributário Nacional, serão devidos, integralmente, pelo devedor os emolumentos previstos em lei;

§ 2º Quando ocorrer a liquidação do título ou a desistência do protesto após o apontamento e antes da intimação, ou ocorrendo a liquidação depois do apontamento e da intimação serão os emolumentos reduzidos na forma da Lei.

---

§ 3º O cancelamento do registro do protesto, se fundado em outro motivo que não no pagamento do título ou documento de dívida, será efetivado por determinação judicial, pagos os emolumentos devidos ao Tabelião;

§ 4º Quando a extinção da obrigação decorrer de processo judicial, o cancelamento do registro do protesto poderá ser solicitado com a apresentação da certidão expedida pelo Juízo processante, com menção do trânsito em julgado, que substituirá o título ou o documento de dívida protestado;

§ 5º O cancelamento do registro do protesto será feito pelo Tabelião titular, por seus Substitutos ou por Escrevente autorizado;

§ 6º Quando o protesto lavrado for registrado sob forma de microfilme ou gravação eletrônica, o termo do cancelamento será lançado em documento apartado, que será arquivado juntamente com os documentos que instruíram o pedido, e anotado no índice respectivo.

7. Art. 156. Extinguem o crédito tributário:

   I – o pagamento;

   II – a compensação;

   III – a transação;

   IV – remissão;

   V – a prescrição e a decadência;

   VI – a conversão de depósito em renda;

   VII – o pagamento antecipado e a homologação do lançamento nos termos do disposto no artigo 150 e seus §§ 1º e 4º;

   VIII – a consignação em pagamento, nos termos do disposto no § 2º do artigo 164;

   IX – a decisão administrativa irreformável, assim entendida a definitiva na órbita administrativa, que não mais possa ser objeto de ação anulatória;

   X – a decisão judicial passada em julgado.

   XI – a dação em pagamento em bens imóveis, na forma e condições estabelecidas em lei.

   Parágrafo único. A lei disporá quanto aos efeitos da extinção total ou parcial do crédito sobre a ulterior verificação da irregularidade da sua constituição, observado o disposto nos artigos 144 e 149.

ART. 4º NORMAS PARA A ATIVIDADE EXTRAJUDICIAL DO ESTADO DO TOCANTINS

Art. 4º Os títulos de crédito emitidos na forma do artigo 889, § 3º,[8] do Código Civil, e as Certidões da Dívida Ativa podem ser apresentados no original ou por meio eletrônico, mediante a utilização de certificado digital, emitido no âmbito da ICP-Brasil, bastando a simples indicação do órgão público, uma vez firmado convênio pelo interessado, ou, ainda, por outro meio que comprove a autoria e integridade dos documentos na forma eletrônica, ficando a cargo do Tabelião de Protesto a instrumentalização em meio físico (papel), se necessário.

Art. 5º Fica autorizada a criação pelo Instituto de Estudos de Protesto de Títulos do Brasil — Seção Tocantins (IEPTB-TO) da Central Estadual de Protesto (CEPROT), sem nenhum ônus para a Corregedoria-Geral da Justiça ou para qualquer outro órgão estatal, com o objetivo de:

I – criar um banco de dados, contendo todos os protestos válidos lavrados pelos Tabeliães de Protesto do Estado do Tocantins, de forma a permitir, mediante simples inserção de CPF ou CNPJ, consulta gratuita aos usuários acerca da existência ou não de protestos válidos lavrados em desfavor de pessoas físicas ou jurídicas.

II – permitir o recebimento, por meio eletrônico, dos pedidos de protesto de títulos e outros documentos de dívida encaminhados pelas procuradorias públicas, estabelecimentos bancários e outros apresentantes cadastrados.

Art. 6º O IEPTB-TO arcará com os custos e as responsabilidades do desenvolvimento, implantação, manutenção e operação do sistema, ficando o Tabelião de Protestos responsável por dirimir quaisquer dúvidas sobre o sistema através dos telefones (63) 3215-0787 e 3213-3728.

Art. 7º A CEPROT funcionará por meio do portal na rede mundial de computadores e será integrada, obrigatoriamente, por todos os Tabelionatos de Protesto de Títulos, sendo composta dos seguintes módulos:

I – Central de Informações de Protesto (CIP): destinada à pesquisa sobre a existência de protestos.

II – Central de Remessa de Arquivos (CRA): destinada a encaminhar a protesto títulos e outros documentos de dívida apresentados pelos órgãos[9] públicos federais, estaduais e municipais, e por outros apresentantes cadastrados, a todas as serventias de protesto do Estado do Tocantins.

DA CENTRAL DE INFORMAÇÕES DE PROTESTO (CIP)

Art. 8º Os Tabeliães de Protesto de títulos e outros documentos de dívida do Estado do Tocantins, sob pena de responsabilidade disciplinar, deverão enviar ao IEPTB-TO, para formação do banco de dados da CIP, gratuita e diariamente, no prazo de até 72 (setenta e duas) horas da data da prática do ato, por meio de arquivo eletrônico, as informações relativas aos protestos retirados por falta de pagamento, suas suspensões e eventuais revogações, bem como as averbações de cancelamento.

§ 1º Os Tabeliães de Protesto de Títulos e outros documentos de dívida do Estado do Tocantins farão sua adesão à CIP a fim de obter o código de acesso ao sistema, que será informado no ato da adesão;

§ 2º Antes do início da remessa diária, os Tabeliães de Protesto de Títulos deverão enviar arquivo eletrônico contendo informações relativas aos protestos lavrados que não contenham averbação de cancelamento relativo aos últimos 5 (cinco) anos, no prazo máximo de 120 (cento e vinte dias), contado da data de publicação deste Provimento;

§ 3º Realizado o envio das informações relativas aos protestos que não contenham averbações de cancelamento, lavrados nos últimos cinco (5) anos, deverá ter início, no primeiro dia útil subsequente, a remessa das informações diárias mencionadas no *caput* deste artigo;

§ 4º A CIP utilizará o certificado SSL e os dados trafegarão automaticamente, independentemente de qualquer ação da serventia, de forma criptografada;

§ 5º Os arquivos destinados a conter os dados dos títulos devem ser elaborados no padrão *.txt* ou *.xml*, similares aos atualmente utilizados para o envio de informações, sob a forma de certidão diária, às entidades vinculadas à proteção do crédito (art. 29[10] da Lei n. 9.492/97).

Art. 9º Serão enviadas à CIP as informações de cada protesto obedecendo aos seguintes campos:

I – nome do devedor;

II – se pessoa física, o número de inscrição no cadastro das pessoas físicas (CPF);

III – se pessoa jurídica, o número de inscrição no cadastro nacional das pessoas jurídicas (CNPJ);

IV – a espécie do título ou do documento de dívida protestado;

V – a data do protesto;

VI – O valor do título ou documento de dívida.

Art. 10. O banco de dados da CIP funcionará integrado ao banco de dados da Central Nacional de Protesto (CNP), do IEPTB/BR (Instituto de Estudos de Protestos de Títulos do Brasil).

Art. 11. A consulta do Sistema será gratuita e livre para qualquer pessoa.

§ 1º A consulta será feita apenas pelo número de inscrição no CNPJ ou CPF da pessoa pesquisada e somente será permitida se realizada individualmente pelo próprio interessado;

§ 2º Sendo positiva a resposta, deverão ser informados os nomes e endereços das serventias nas quais foi detectada a existência de protestos;

§ 3º A resposta à consulta não terá valor de certidão, sendo que detalhes acerca do registro de protesto deverão ser obtidos mediante pedido de certidão no Tabelionato competente.

DA CENTRAL DE REMESSA DE ARQUIVOS (CRA)

Art. 12. Os Tabeliães de Protesto de Títulos do Estado do Tocantins, sob pena de responsabilidade disciplinar, deverão aderir à CRA, a fim de recepcionar os títulos e outros documentos de dívida enviados, por meio eletrônico, a protesto, pelos órgãos[11] públicos federais, estaduais e municipais e por outros apresentantes previamente cadastrados, devendo adequar-se tecnicamente para operacionalização do sistema.

Parágrafo único. A adesão e a execução de todos os procedimentos inerentes à CRA deverão ser feitos dentro do prazo de 30 (trinta) dias, a contar da data da publicação deste Provimento.

Art. 13. Poderão ser enviadas a protesto, por meio da CRA, sob responsabilidade do apresentante, nos casos previstos em lei, ou em regulamento, as indicações eletrônicas dos títulos e documentos de dívida, bem como as indicações dos dados das certidões da dívida ativa.

Art. 14. Os arquivos que tramitarão no sistema da CRA terão as seguintes denominações:

I – "remessa", consistente no arquivo enviado à CRA pelo apresentante (órgãos[12] públicos federais, estaduais e municipais e outros apresentantes previamente cadastrados), com subsequente encaminhamento ao tabelionato de protesto da comarca, contendo as indicações dos títulos e outros documentos de dívida enviados a protesto;

II – "confirmação", consistente no arquivo enviado pelo tabelionato à CRA após a leitura do arquivo "remessa" com o objetivo de confirmar a protocolização dos títulos e documentos de dívida enviados a protesto;

III – "desistência", consistente no arquivo enviado pelo apresentante à CRA, e disponibilizado ao tabelionato, contendo pedido de desistência do protesto formulado pelos apresentantes;

IV – "retorno", consistente no arquivo enviado pelo tabelionato à CRA, contendo as ocorrências dos títulos e documentos de dívida protocolizados (pago, protestado, retirado, irregular ou sustado judicialmente);

V – "cancelamento", consistente no arquivo enviado pelo apresentante e disponibilizado pela CRA ao tabelionato, contendo as respectivas autorizações de cancelamento do protesto lavrado. Para disponibilização do arquivo de cancelamento ao tabelionato, o sistema CRA deverá certificar que o título foi encaminhado a protesto pelo mesmo apresentante que está autorizando o cancelamento.

Parágrafo único. As informações que trafegarão pela CRA serão criptografadas e o acesso

---

8. Art. 889. Deve o título de crédito conter a data da emissão, a indicação precisa dos direitos que confere, e a assinatura do emitente.

§ 3º O título poderá ser emitido a partir dos caracteres criados em computador ou meio técnico equivalente e que constem da escrituração do emitente, observados os requisitos mínimos previstos neste artigo.

9. Alterado e corrigido. Redação original consta "orgãos".

10. Art. 29. Os cartórios fornecerão às entidades representativas da indústria e do comércio ou àquelas vinculadas à proteção do crédito, quando solicitada, certidão diária, em forma de relação, dos protestos tirados e dos cancelamentos efetuados, com a nota de se cuidar de informação reservada, da qual não se poderá dar publicidade pela imprensa, nem mesmo parcialmente.

§ 1º O fornecimento da certidão será suspenso caso se desatenda ao disposto no caput ou se forneçam informações de protestos cancelados.

§ 2º Dos cadastros ou bancos de dados das entidades referidas no caput somente serão prestadas informações restritivas de crédito oriundas de títulos ou documentos de dívidas regularmente protestados cujos registros não foram cancelados.

11. Alterado e corrigido. Redação original consta "orgãos".

12. Alterado e corrigido. Redação original consta "orgãos".

ao sistema será feito por meio de *login* e senha, sendo que todas as informações de envio e recepção serão gravadas e o sistema oferecerá todos os recursos de rastreamento para a realização de auditoria.

Art. 15. A impossibilidade de cumprimento dos prazos mencionados no art. 8º e no parágrafo único do art. 12 deste Provimento deverá ser comunicada pelo IEPTB-TO ao Corregedor Permanente da respectiva Comarca na qual a serventia estiver localizada.

Art. 16. O descumprimento de prazos e procedimentos relativos às CIP e CRA deverá ser comunicado, através de relatório mensal, pelo IEPTB-TO ao Corregedor Permanente da respectiva comarca na qual a serventia estiver localizada, para a tomada das providências disciplinares cabíveis.

Art. 17. Os livros e os arquivos obrigatórios[13] de Protestos deverão ser mantidos, nos termos do item[14] 2.2.16.4 do Provimento n. 03/2012/CGJUS-TO.

Art. 18. Este Provimento entra em vigor na data de sua publicação.

---

13. Alterado e corrigido. Redação original consta "obrigatorios".
14. Alterado e corrigido. Redação original consta "íntem".

PROVIMENTO N. 05/2014[1]

Regulamenta o Sistema de Gestão Integrada das Serventias Extrajudiciais (GISE), e adota outras providências.

Capítulo I
DAS DISPOSIÇÕES PRELIMINARES

Art. 1º A sistematização das regras inerentes ao Sistema de Gestão Integrada das Serventias Extrajudiciais (GISE), no âmbito da Corregedoria-Geral da Justiça do Estado do Tocantins, do Fundo Extrajudicial de Compensação da Gratuidade dos Atos do Registro Civil de Pessoas Naturais (FUN-CIVIL), e das Serventias Extrajudiciais do Estado do Tocantins, é disposta neste Provimento.

Capítulo II
DA COMPETÊNCIA

Art. 2º Compete à Corregedoria-Geral da Justiça do Estado do Tocantins (CGJUS/TO) estipular regras complementares e dirimir dúvidas relacionadas ao Sistema de Gestão Integrada das Serventias Extrajudiciais (GISE).

Art. 3º Compete à Divisão de Inspetoria e Fiscalização da CGJUS/TO a atividade de gestão do Sistema GISE e de suporte aos seus usuários.

Art. 4º Compete à Diretoria de Tecnologia da Informação do Tribunal de Justiça do Estado do Tocantins a atividade de desenvolvimento e atualização do Sistema GISE, nos termos das diretrizes estipuladas pela CGJUS/TO, bem como realizar suporte acerca de inconsistências verificadas por seus usuários.

Art. 5º Compete à Seção de Registro, Controle e Cadastro da CGJUS realizar a atualização periódica da Ficha Funcional das Serventias Extrajudiciais no Sistema GISE.

Art. 6º Compete ao Juiz Corregedor Permanente realizar o monitoramento acerca da alimentação de informações no Sistema GISE pelas Serventias Extrajudiciais vinculadas à Comarca de sua jurisdição.

Art. 7º Compete às Serventias Extrajudiciais, ao Fundo Extrajudicial de Compensação da Gratuidade dos Atos do Registro Civil de Pessoas Naturais (FUNCIVIL), às instituições representativas de classe ligadas às Serventias Extrajudiciais do Estado do Tocantins, e a outras instituições que optarem por aderir ao Sistema GISE, utilizar o sistema de acordo com as regras estabelecidas neste Provimento.

Capítulo III
DAS CARACTERÍSTICAS DO SISTEMA GISE

Art. 8º O Sistema GISE é uma ferramenta eletrônica, on-line, desenvolvida pela Diretoria de Tecnologia da Informação do Tribunal de Justiça do Estado do Tocantins em conjunto com a Corregedoria-Geral da Justiça do Estado do Tocantins, e atende às seguintes finalidades:

a) gestão e controle das atividades realizadas pelas Serventias Extrajudiciais do Estado do Tocantins;

b) ferramenta de fiscalização e levantamento de dados estatísticos voltados à atuação institucional da Corregedoria-Geral da Justiça e dos Juízes Corregedores Permanentes;

c) ferramenta de controle de arrecadação da Taxa de Fiscalização Judiciária, nos termos da Lei Estadual n. 2.828/2014 (que dispõe sobre a Tabela de Emolumentos).

d) utilitário de apoio, colocado à disposição do Fundo Extrajudicial de Compensação da Gratuidade dos Atos do Registro Civil de Pessoas Naturais (FUNCIVIL), para acompanhamento de arrecadação, e controle de repasse dos valores devidos aos Registradores Civis de Pessoas Naturais.

e) controle de informações sobre imóveis em posse de estrangeiros, para atendimento do disposto no art. 11[2] da Lei Federal n. 5.709/1971;

f) registro funcional das Serventias Extrajudiciais do Estado do Tocantins;

g) informações sobre selos físicos extraviados ou furtados, disponibilizados por meio de consulta pública; e

h) ferramenta de comunicação institucional;

Capítulo IV
DA POLÍTICA DE ACESSO E RESPONSABILIDADE DO USUÁRIO

Art. 9º Compete ao Chefe da Divisão de Inspetoria e Fiscalização da CGJUS deliberar acerca dos pedidos de liberação, alteração ou cancelamento de acesso de usuários do Sistema Gise.

§ 1º As solicitações de acesso serão acompanhadas do nome do usuário, CPF e e-mail pessoal;

§ 2º As solicitações aprovadas serão encaminhadas à Seção de Informática da CGJUS para cumprimento;

§ 3º A Divisão de Inspetoria e Fiscalização da CGJUS realizará, de ofício, a atualização dos acessos do Corregedor-Geral da Justiça, dos Juízes Auxiliares da CGJUS, dos Servidores da CGJUS e dos Juízes Corregedores Permanentes das Comarcas, conforme perfil de acesso adequado a cada tipo de usuário;

§ 4º As regras de acesso ao Sistema GISE acompanharão as diretrizes definidas pela Diretoria de Tecnologia da Informação do Tribunal de Justiça do Estado do Tocantins, no que diz respeito à política de acesso aos sistemas Institucionais.

Art. 10. O acesso ao Sistema GISE será realizado de acordo com o perfil do usuário.

Art. 11. O Sistema GISE conta com os seguintes perfis de acesso:

I – Gestão-Corregedoria, voltado à atividade de fiscalização das atividades desenvolvidas pelas Serventias Extrajudiciais e de controle de arrecadação, por parte da Corregedoria-Geral da Justiça;

II – Gestão-Juiz, voltado à atividade de fiscalização das atividades desenvolvidas pelas Serventias Extrajudiciais e de controle de arrecadação, por parte dos Juízes Corregedores Permanentes das Comarcas;

III – Perfil-Cartório, voltado à atividade de gestão do registro de atos e controle de recolhimentos de tributos, referentes às atividades desempenhadas pelas Serventias Extrajudiciais;

IV – Perfil-FUNCIVIL, voltado à atividade de gestão e acompanhamento de arrecadação das contribuições destinadas ao fundo, e controle de repasse dos valores devidos aos Registradores Civis de Pessoas Naturais.

V – Perfil-Registro Funcional, voltado à gestão e atualização dos dados cadastrais das Serventias de Notas e de Registro.

VI – Perfil-Extravio de Selos, destinado à gestão das informações sobre selos físicos extraviados ou furtados, disponibilizados por meio de consulta pública;

VII – Perfil-Comunica, voltado ao monitoramento das comunicações veiculadas através do Sistema GISE; e

VIII – Perfil-Área do Desenvolvedor – destinado ao apoio dos fornecedores de sistemas informatizados voltados ao serviço extrajudicial.

Art. 12. Compete à Corregedoria-Geral da Justiça autorizar o desenvolvimento de novos perfis de acesso ao Sistema GISE em decorrência de celebração de Termo de Cooperação Técnica com instituições parceiras, visando o compartilhamento de informações disponíveis no banco de dados do Sistema GISE.

---

1. Atualizado até o Provimento n. 11/2015.

2. Art. 11. Trimestralmente, os Cartórios de Registros de Imóveis remeterão, sob pena de perda do cargo, à Corregedoria da Justiça dos Estados a que estiverem subordinados e ao Ministério da Agricultura, relação das aquisições de áreas rurais por pessoas estrangeiras, da qual constem os dados enumerados no artigo anterior.
Parágrafo único. Quando se tratar de imóvel situado em área indispensável à segurança nacional, a relação mencionada neste artigo deverá ser remetida também à Secretaria-Geral do Conselho de Segurança Nacional.

Art. 13. Incumbe ao Tabelião ou Registrador responsável pela Serventia Extrajudicial, titular ou interino, comunicar à Divisão de Inspetoria e Fiscalização e CGJUS, imediatamente, após o ato:

I – acerca do desligamento de qualquer funcionário para fins de exclusão das permissões de acesso no GISE.

II – acerca do afastamento de qualquer funcionário para fins de suspensão das permissões de acesso no GISE.

Parágrafo único. A não comunicação sobre desligamento ou afastamento de usuário poderá ensejar a instauração de procedimento administrativo, a fim de imputar eventual responsabilização do notário ou registrador.

Capítulo V
DAS FUNCIONALIDADES DO SISTEMA GISE E DAS REGRAS PROCEDIMENTAIS

SEÇÃO I
ESTOQUE DE SELOS FÍSICOS

Art. 14. Compete à Serventia Extrajudicial gerenciar seu respectivo estoque de selos físicos de fiscalização por meio do Sistema GISE.

Art. 15. Os pedidos de selos físicos feitos ao FUNCIVIL deverão ser formalizados no Sistema GISE.

Art. 16. O FUNCIVIL deliberará acerca do pedido de selos encaminhado pela serventia, podendo atender integralmente ou parcialmente o pedido, ou, ainda, recusá-lo, caso esteja em desacordo com a política de fornecimento de selos do fundo.

Art. 17. Ao remeter o lote de selos físicos para a serventia, o FUNCIVIL deve alterar o status do pedido para "enviado".

Art. 18. Ao receber os selos físicos, a serventia deve conferir a quantidade e a integridade dos selos.

Art. 19. O cartório deverá confirmar o recebimento do lote de selos físicos no GISE, ou recusá-lo, caso constate alguma irregularidade relacionada à remessa;

Art. 20. Os selos físicos encaminhados à serventia somente poderão ser utilizados após confirmação do recebimento do lote no GISE.

Art. 21. A confirmação de recebimento de lote de selos físicos deve ocorrer, obrigatoriamente, na data do recebimento.

Art. 22. Cada serventia deverá realizar o balanço mensal dos selos físicos sob sua responsabilidade, mediante a comparação do estoque físico com o estoque virtual disponível no Sistema GISE, utilizando-se dos relatórios de apoio disponíveis no sistema.

Parágrafo único. Recomenda-se a realização de balanço de estoque de selos físicos na ocasião imediatamente anterior ao envio do movimento mensal de atos à Corregedoria.

SEÇÃO II
REGISTRO DE ATOS

Art. 23. Os atos praticados pelas Serventias Extrajudiciais do Estado do Tocantins deverão ser registrados no Sistema GISE até às 23h59min59s do dia imediatamente posterior à prática do ato.

Art. 24. O registro do ato deverá conter as informações necessárias ao seu correto enquadramento, conforme especificações contidas na tabela de emolumentos instituída por lei.

Art. 25. Será admitida utilização de outros sistemas informatizados destinados ao controle dos atos praticados pela serventia, desde que haja compatibilidade de integração das informações obrigatórias com o Sistema GISE.

Art. 26. A Serventia Extrajudicial deve guardar documentação comprobatória necessária à prática dos atos contemplados pela isenção de emolumentos e tributos, os quais serão vistoriados na ocasião das Correições realizadas pela CGJUS ou pelos Juízes Corregedores Permanentes.

Art. 27. O registro de ato no Sistema GISE é passível de estorno quando for verificado qualquer equívoco.

Art. 28. O estorno do ato ocasionará o retorno do selo para o estoque virtual de selos livres da serventia no Sistema GISE.

SEÇÃO III
INUTILIZAÇÃO DE SELOS FÍSICOS

Art. 29. A inutilização de selo físico ocorre quando há rasura, dano, quando é identificada falha de impressão no selo, ou quando o ato sofrer cancelamento após colado o selo.

Art. 30. Os selos físicos impróprios para uso devem ser registrados no GISE com status de "inutilizado".

Art. 31. Ao ser registrado, o selo físico é baixado do estoque virtual da serventia e passa a constar na pesquisa pública como selo inutilizado.

Art. 32. Após registro no GISE acerca da ocorrência de inutilização, a serventia deve seguir os procedimentos instituídos pelo FUNCIVIL, para retirada de circulação dos selos físicos inservíveis.

SEÇÃO IV
FURTO OU EXTRAVIO DE SELOS FÍSICOS

Art. 33. Consideram-se extravio de selos as hipóteses de furto ou desaparecimento de selos físicos da serventia.

Art. 34. Ao constatar a ocorrência de furto ou extravio de selos físicos, a serventia deve registrar Boletim de Ocorrência na autoridade policial competente.

Art. 35. Os selos físicos furtados ou não encontrados na serventia devem ser registrados no GISE com status de "extraviado".

Art. 36. Após realizado o registro de extravio de selo físico, o Sistema GISE encaminha aviso automático à Corregedoria-Geral da Justiça, a qual deve realizar publicação de aviso no Diário da Justiça.

Art. 37. A CGJUS emitirá alertas no GISE das ocorrências de extravio de selos físicos, os quais aparecerão nos painéis iniciais de todas as Serventias Extrajudiciais e das Diretorias de Foro das Comarcas do Estado do Tocantins, com a finalidade de promover amplo conhecimento sobre o fato, bem como para inibir possíveis fraudes que eventualmente venham a ser praticadas com os selos desaparecidos.

Art. 38. Ao ser registrado, o selo físico furtado ou desaparecido é baixado do estoque virtual da serventia e passa a constar na pesquisa pública como selo extraviado.

SEÇÃO V
ENVIO DO MOVIMENTO

Art. 39. Os movimentos mensais dos atos praticados pelas Serventias Extrajudiciais devem ser encaminhados obrigatoriamente e exclusivamente por meio do Sistema GISE.

Art. 40. A Corregedoria-Geral da Justiça não admite o recebimento de prestação de contas de atos apresentada por meio diverso ao Sistema GISE.

Art. 41. Conforme disposto no § 1º, art. 8º[03] da Lei Estadual n. 2.828/2014, o envio do movimento deve ser realizado até o quinto dia útil do mês subsequente ao mês de efetivação dos atos notariais ou registrais respectivos.

Parágrafo único. O atraso no envio do movimento poderá ensejar responsabilização do notário ou registrador no âmbito administrativo disciplinar, mesmo que o envio seja regularizado posteriormente.

Art. 42. A serventia pode solicitar ajuste dos movimentos já encaminhados à CGJUS, caso identifique a necessidade de retificação.

Parágrafo único. A CGJUS deliberará acerca da aprovação das solicitações de ajuste de movimento.

Art. 43. Na hipótese de não realização de atos no mês de referência, a serventia deve informar a situação no GISE através da opção "comunicar inexistência de movimento" no mesmo prazo disposto no § 1º, art. 8º[04] da Lei Estadual n. 2.828/2014.

Art. 44. A sonegação de informações com o intuito de fraudar a arrecadação de tributos e de contribuições devidos pela serventia é considerada falta grave, passível de responsabilização administrativa, civil ou criminal do notário ou registrador que incorrer na referida prática.

SEÇÃO VI
CONTROLE DE ARRECADAÇÃO DE TAXA DE FISCALIZAÇÃO JUDICIÁRIA (TFJ)

Art. 45. O integral recolhimento da Taxa de Fiscalização Judiciária deve ser realizado até o décimo dia útil do mês subsequente ao mês de efetivação do ato.

Art. 46. O boleto bancário correspondente ao Documento de Arrecadação Judiciária de que trata o § 2º do art. 8º[06] da Lei Estadual n. 2.828/2014 é automaticamente gerado pelo GISE na ocasião do envio do movimento mensal de atos.

Seção VII
DO RECOLHIMENTO ESTIPULADO NO ART. 13, I, DO PROVIMENTO N. 45/2015 DO CONSELHO NACIONAL DE JUSTIÇA (CNJ)

Art. 47. A diferença de remuneração líquida, excedente a 90,25% dos subsídios de Ministro do Supremo Tribunal Federal, dos responsáveis

---

3.   Dispositivo revogado pela Lei n. 3.408/2018.
4.   Dispositivo revogado pela Lei n. 3.408/2018.
5.   Dispositivo revogado pela Lei n. 3.408/2018.

PROVIMENTO N. 05/2014 — ART. 71

interinamente por delegações vagas de notas e de registro (de que trata o art. 13, I[6] do Provimento n. 45/2015 do Conselho Nacional de Justiça – CNJ) deverá ser recolhida mediante pagamento de DAJ disponível no GISE especificamente para esta finalidade (DAJ Interino).

SEÇÃO VIII
FICHA FINANCEIRA

Art. 48. Após compensação bancária, os pagamentos realizados a título de recolhimento de TFJ constam na ficha financeira da serventia, disponível no painel inicial do Sistema GISE.

Art. 49. Cumpre ao FUNCIVIL manter a importação diária no Sistema GISE dos dados relativos aos pagamentos efetuados pelas serventias, a título de contribuição ao fundo, para que constem na ficha financeira.

Art. 50. Considera-se quitado o pagamento efetivamente baixado no sistema, dispensando-se a apresentação de comprovantes em meio físico.

Parágrafo único. Os comprovantes de pagamento físicos somente serão analisados quando restar evidente a possibilidade de erro de compensação do pagamento por parte da instituição bancária.

Art. 51. O comprovante de agendamento não faz prova de recolhimento.

Art. 52. Os recolhimentos de Taxa de Fiscalização Judiciária devem ser realizados em parcela única, considerando-se o somatório de todos os atos praticados em uma mesma competência.

SEÇÃO IX
REGISTRO DE IMÓVEIS POR ESTRANGEIROS

Art. 53. As Serventias de Registro de Imóveis devem registrar no Sistema GISE as informações relacionadas às aquisições e baixas de imóveis por estrangeiros ocorridas dentro de sua jurisdição territorial.

Parágrafo único. As informações de que trata o caput deste artigo devem ser registradas dentro da competência em que for lavrado o respectivo ato registro ou de baixa.

Art. 54. Os dados sobre a aquisição de imóveis por estrangeiros declarados dentro de uma competência (mês) são confirmados na ocasião do envio do movimento mensal de atos para a Corregedoria-Geral da Justiça.

Art. 55. Quando não houver registros de aquisições de imóveis por estrangeiros em determinada competência, o GISE consta automaticamente a informação, dispensando-se a necessidade de apresentar declaração negativa.

Art. 56. O registro de informações sobre aquisições de imóveis por estrangeiros no Sistema GISE substitui a obrigatoriedade de envio trimestral de informações para a CGJUS/TO relacionadas ao tema, e atende ao disposto no art. 11[7] da Lei Federal n. 5.709/1971.

Parágrafo único. O disposto no caput deste artigo não dispensa a obrigatoriedade de envio das informações trimestrais ao Ministério da Agricultura/Incra.

Art. 57. A partir da data de publicação deste Provimento, a Corregedoria-Geral da Justiça somente tomará conhecimento das informações sobre aquisição de imóveis por estrangeiros que foram registradas no Sistema GISE.

Art. 58. As comunicações relacionadas ao tema, encaminhadas por outros veículos de comunicação, serão desconsideradas.

SEÇÃO X
COMUNICA

Art. 59. As comunicações oficiais veiculadas entre as Serventias Extrajudiciais do Estado do Tocantins e o Poder Judiciário devem ocorrer exclusivamente em meio eletrônico.

Art. 60. Os expedientes direcionados à Corregedoria-Geral da Justiça do Estado do Tocantins, aos Juízes Corregedores Permanentes das Comarcas, ao Fundo Extrajudicial de Compensação da Gratuidade dos Atos do Registro Civil de Pessoas Naturais (FUNCIVIL), a outras Serventias Extrajudiciais do Tocantins, e às demais instituições parceiras habilitadas, devem obrigatoriamente ser veiculados por meio da ferramenta denominada Comunica, disponível no Sistema de Gestão Integrada das Serventias Extrajudiciais (GISE).

Art. 61. O módulo Comunica constitui meio de comunicação institucional online, formal e legítimo, sem custos para seus usuários.

Art. 62. Para os efeitos legais, as comunicações encaminhadas via Comunica são formalizadas de uma unidade organizacional para outra, ou entre instituições, e não entre usuários.

Art. 63. No intuito de viabilizar o acesso à informação, a CGJUS realizará ações com a finalidade de ampliar o acesso ao Comunica para Todas as Varas, Juizados e unidades do Poder Judiciário, ocasião em que as Serventias Extrajudiciais também deverão se corresponder via Comunica com as referidas unidades.

Art. 64. A partir da data de publicação deste Provimento, os expedientes direcionados em meio físico pelas Serventias Extrajudiciais não serão admitidos pelo Poder Judiciário.

Art. 65. As Serventias Extrajudiciais do Estado do Tocantins ficam obrigadas a realizar o monitoramento diário dos expedientes recebidos via Comunica, atentando-se para o devido cumprimento de prazos e determinações.

Art. 66. Para os devidos efeitos legais, a contagem dos prazos estipulados nos expedientes remetidos via Comunica tem início automático, independente da leitura do documento pela Serventia Extrajudicial notificada.

Parágrafo único. O prazo de que trata o caput deste artigo inicia após 48 (quarenta e oito) horas, contadas da data e horário de envio registrados no GISE.

Art. 67. Em se tratando de comunicação remetida por Serventia Extrajudicial para atendimento de prazo previamente definido, considera-se realizado o ato por meio eletrônico no dia e hora do seu envio.

Parágrafo único. Quanto ao disposto no caput deste artigo, são consideradas tempestivas as comunicações transmitidas até às 23h59min59s (vinte e três horas, cinquenta e nove minutos e cinquenta e nove segundos) do dia definido para término do prazo.

Art. 68. As instituições aptas a utilizar o Comunica são:

a) a Corregedoria-Geral da Justiça do Estado do Tocantins;

b) as Serventias Extrajudiciais do Estado do Tocantins (todos os seguimentos);

c) as Diretorias dos Foros das Comarcas do Poder Judiciário do Estado do Tocantins;

d) as Varas, Juizados e unidades do Poder Judiciário;

e) o Fundo Extrajudicial de Compensação da Gratuidade dos Atos do Registro Civil de Pessoas Naturais (FUNCIVIL);

f) o Instituto de Estudo e Defesa da Atividade Notarial e Registral do Estado do Tocantins (INOREG-TO);

g) a Associação dos Notários e Registradores do Estado do Tocantins (ANOREG-TO);

h) a Associação dos Registradores de Pessoas Naturais do Estado do Tocantins (ARPEN-TO);

i) outras instituições públicas ou representativas de classe ligadas às Serventias Extrajudiciais do Estado do Tocantins que optarem por aderir ao sistema.

Art. 69. A interface do módulo Comunica permite realizar os seguintes comandos:

a) edição e envio de mensagens mediante o preenchimento dos campos "assunto" e "mensagem" (corpo de texto);

b) anexação de arquivos às mensagens;

c) filtros de pesquisa;

d) recebimento de mensagens;

e) possibilidade de salvar rascunhos de mensagens;

f) emissão de relatórios de leitura por parte dos destinatários;

g) possibilidade de enviar uma única mensagem para vários destinatários.

Art. 70. O Comunica é um meio de comunicação restrito aos usuários cadastrados no sistema, e não admite mensagens de agentes externos que não estejam elencados neste Provimento.

Art. 71. O módulo Comunica deve ser utilizado apenas para veiculação de comunicações institucionais, sendo vedada sua utilização para veiculação de mensagens de cunho pessoal, comercial ou que atentem contra o disposto no

---

6. Art. 13. As normas impostas por este Provimento aos delegatários de serviços notariais e registrais aplicam-se aos designados para responder interinamente por serventias vagas, observadas as seguintes peculiaridades:

I – os responsáveis interinamente por delegações vagas de notas e de registro lançarão no Livro Diário Auxiliar o valor da renda líquida excedente a 90,25% dos subsídios de Ministro do Supremo Tribunal Federal que depositarem à disposição do Tribunal de Justiça correspondente, indicando a data do depósito e a conta em que realizado, observadas as normas editadas para esse depósito pelo respectivo Tribunal.

7. Art. 11. Trimestralmente, os Cartórios de Registros de Imóveis remeterão, sob pena de perda do cargo, à Corregedoria da Justiça dos Estados a que estiverem subordinados e ao Ministério da Agricultura, relação das aquisições de áreas rurais por pessoas estrangeiras, da qual constem os dados enumerados no artigo anterior.

Parágrafo único. Quando se tratar de imóvel situado em área indispensável à segurança nacional, a relação mencionada neste artigo deverá ser remetida também à Secretaria-Geral do Conselho de Segurança Nacional.

179

ART. 72 — NORMAS PARA A ATIVIDADE EXTRAJUDICIAL DO ESTADO DO TOCANTINS

Art. 134, incisos XXIII e XXIV[8] da Lei Estadual n. 1.818/2007.

Art. 72. Não consta no Comunica opção para exclusão das mensagens veiculadas (enviadas e recebidas). Tal característica visa resguardar a segurança jurídica das informações, bem como viabilizar a contagem de prazos, quando o teor das mensagens contiver notificações com prazo determinado.

Parágrafo único. Recomenda-se a revisão dos textos antes de confirmar o envio das mensagens.

Art. 73. As mensagens enviadas e recebidas compõem o acervo documental da Unidade Organizacional no banco de dados do Sistema GISE.

Art. 74. As comunicações endereçadas a unidades Judiciais e Extrajudiciais de outros estados da Federação devem ser remetidas por meio do Sistema Hermes – Malote Digital, conforme disposição contida no Provimento n. 25/2012 do Conselho Nacional de Justiça – CNJ.

SEÇÃO XI
ATUALIZAÇÃO CADASTRAL

Art. 75. O Sistema GISE conta com banco de dados destinado à gestão de informações e de documentos relacionados ao cadastro das Serventias Extrajudiciais do Estado do Tocantins, bem como de seus Titulares, Interinos e prepostos.

Art. 76. Compete à Seção de Registro, Controle e Cadastro da CGJUS realizar o monitoramento das informações cadastrais apresentadas pelas Serventias Extrajudiciais.

Art. 77. Os Oficiais de Notas e de Registro do Estado do Tocantins manterão atualizado o cadastro de sua respectiva serventia no Sistema GISE, devendo observar os prazos institucionais de recadastramento estipulados pela CGJUS.

Capítulo VI
DA ATIVIDADE DO JUIZ CORREGEDOR PERMANENTE

Art. 78. Os Juízes Corregedores Permanentes das Comarcas devem possuir acesso ao Sistema GISE para utilização do módulo Comunica,

bem como para emissão de relatórios gerenciais acerca da atividade extrajudicial exercida pelas serventias sob sua jurisdição.

Art. 79. O Juiz Corregedor Permanente pode, a seu critério, designar servidores da Comarca para auxiliarem no monitoramento do Sistema GISE.

Art. 80. Compete ao Juiz Corregedor Permanente:

I – monitorar diariamente as mensagens recebidas via Comunica; e

II – fiscalizar as serventias sob sua jurisdição quanto ao cumprimento das obrigações descritas neste Provimento.

Art. 81. É disponibilizado no GISE um módulo específico voltado à atividade dos Juízes Corregedores Permanentes, cujo painel inicial indica, de forma resumida e de fácil visualização, informações sobre as serventias que estejam em situação irregular no GISE, quanto aos itens:

I – mensagens não lidas, recebidas pelo Comunica;

II – envio de movimento mensal em atraso; e

III – recolhimentos de Taxa de Fiscalização Judiciária e de contribuição ao FUNCIVIL em situação de atraso ou não efetuados.

Art. 82. Os relatórios extraídos do Sistema GISE constituem prova para fim de instrução de procedimento administrativo disciplinar, destinado à apuração de eventual responsabilização de Serventia Extrajudicial que incorra em descumprimento dos deveres previstos na Lei Estadual n. 2.828/2014 e contidos neste Provimento.

Capítulo VII
DAS PARCERIAS

Art. 83. Instituições públicas ou representativas de classe ligadas às Serventias Extrajudiciais do Estado do Tocantins poderão solicitar acesso ao Sistema GISE.

Art. 84. Os pedidos de acesso ao Sistema GISE serão submetidos ao Corregedor-Geral da Justiça para deliberação.

Art. 85. O código fonte do Sistema de Gestão Integrada das Serventias Extrajudiciais (GISE) é de propriedade exclusiva do Poder Judiciário do Estado do Tocantins.

Capítulo IX
DISPOSIÇÕES GERAIS

Art. 86. A Corregedoria-Geral da Justiça manterá uma página específica em seu site institucional dedicada ao Sistema GISE, onde constarão os contatos para suporte, além de notícias e material de apoio ao usuário.

Art. 87. Encontra-se disponibilizada no site da CGJUS a consulta pública acerca do status dos selos de fiscalização.

Art. 88. Compete à Corregedoria-Geral da Justiça deliberar acerca do desenvolvimento de novas ferramentas e aprimoramentos do Sistema GISE.

Art. 89. A Divisão de Inspetoria e Fiscalização poderá editar manual complementar com diretrizes de auxílio aos usuários do Sistema GISE.

Art. 90. Havendo a necessidade de atualização do manual, este será identificado por meio da especificação da respectiva versão.

Art. 91. Os casos omissos e excepcionais serão resolvidos pela Corregedoria-Geral da Justiça do Estado do Tocantins.

Art. 92. Ficam revogados a partir da data de publicação deste Provimento os seguintes dispositivos contidos no Provimento n. 01/2009 desta Corregedoria-Geral da Justiça: parágrafo único do art. 9º; § 1º do art. 11; art. 12; art. 13; § 3º do art. 14; art. 15 com todos os seus incisos e parágrafo único; art. 16 e parágrafo único; §§ 1º e 2º do art. 24; §§ 1º a 4º do art. 25; incisos III e VIII do art. 26; e incisos II e VI do art. 27.

Art. 93. Os notários e os oficiais de registro que descumprirem as disposições contidas neste Provimento estão sujeitos às penas previstas no art. 32º da Lei Federal n. 8.935/1994.

Art. 94. Este Provimento entrará em vigor a partir do dia 1º de janeiro de 2015.

---

8. Art. 134. Ao servidor é proibido:

   XXIII – introduzir ou distribuir, no órgão de trabalho, quaisquer escritos que atentem contra a disciplina e a moral;

   XXIV – utilizar a internet para jogos ou acesso a páginas de conteúdo pornográfico ou outras atividades estranhas ao serviço.

9. Art. 32. Os notários e os oficiais de registro estão sujeitos, pelas infrações que praticarem, assegurado amplo direito de defesa, às seguintes penas:

   I – repreensão;

   II – multa;

   III – suspensão por noventa dias, prorrogável por mais trinta;

   IV – perda da delegação.

PROVIMENTO N. 01/2014

Dispõe sobre o procedimento a ser adotado nos registros das citações de ações reais ou pessoais reipersecutórias, relativas à imóvel envolvido em demanda judicial (art. 167, inciso I, item 21, da Lei n. 6015, de 1973).

Art. 1º Determinar aos Registradores de Imóveis deste Estado que procedam, a requerimento do interessado, o registro das citações de ações reais ou pessoais reipersecutórias, relativas à imóvel envolvido em demanda judicial (art. 167, inciso I, item 21,[1] da Lei n. 6.015, de 1973), independentemente de ordem judicial.

Art. 2º Para a lavratura do registro, o interessado deverá apresentar certidão extraída do processo, acompanhada de cópia da petição inicial (art. 221, IV,[2] Lei n. 6.015/73).

§ 1º A certidão deverá conter, obrigatoriamente:

I – a identificação do juízo, no qual a ação foi proposta;

II – número e natureza do processo, qualificação das partes e data da citação.

§ 2º A certidão e os documentos em referência deverão ser arquivados no ofício imobiliário correspondente.

---

1. Art. 167. No Registro de Imóveis, além da matrícula, serão feitos.

    I – o registro:

    21) das citações de ações reais ou pessoais reipersecutórias, relativas a imóveis.

2. Art. 221. Somente são admitidos registro:

    IV – cartas de sentença, formais de partilha, certidões e mandados extraídos de autos de processo.

PROVIMENTO N. 18/2012

Regulamenta o horário de atendimento nas serventias extrajudiciais e o plantão do registro civil de pessoas naturais.

Art. 1º O horário de expediente nas serventias extrajudiciais será, nos dias úteis, das 8 às 11h e das 13 às 18h, nos termos do art. 109,[1] da Lei Complementar n. 10, de 11 de janeiro de 1996.

Parágrafo único. As serventias poderão funcionar em expediente ininterrupto, das 8 às 17 horas, desde que autorizadas pelo Corregedor Permanente da Comarca, por ato fundamentado e justificado, que o submeterá ao crivo da Corregedoria-Geral da Justiça, nos termos do item 1.1.3, do Provimento n. 02, de 21 de janeiro de 2011, deste Censório.

Art. 2º O serviço de registro civil de pessoas naturais será prestado, também, aos sábados, domingos e feriados, em regime de plantão.

§ 1º O plantão consistirá na oferta do serviço em sistema de sobreaviso, devendo o Oficial disponibilizar em local visível e de fácil acesso ao público, na parte interna e externa da serventia, aviso indicativo contendo o número do telefone e o nome do funcionário responsável pelo atendimento;

§ 2º A indicação feita pelo Oficial também deverá ser encaminhada ao Corregedor Permanente da Comarca, para disponibilização do número do telefone e do nome do funcionário nos avisos do plantão judicial;

§ 3º Nas localidades em que haja mais de uma serventia com atribuições para o registro civil de pessoas naturais, o plantão será cumprido segundo escala ajustada entre os próprios Registradores e previamente comunicada ao Corregedor Permanente da Comarca.

Art. 3º Os tabelionatos de notas poderão funcionar, com atendimento ao público, além dos horários estabelecidos no art. 1º e aos sábados, observando-se as normas trabalhistas vigentes.

§ 1º O funcionamento da serventia na forma prevista no caput dependerá de requerimento do respectivo Titular ao Diretor do Foro que, deferindo o pleito, baixará ato próprio, ao qual dará ampla publicidade;

§ 2º A adoção do atendimento na forma deste artigo não poderá se dar de forma fracionada ou em determinados dias, implicando no atendimento em caráter geral, sem restrições quanto às datas ou ao público;

§ 3º As serventias notariais que cumulem os serviços de registro, exceto o registro civil de pessoas naturais, deverão, caso adotem o sistema de funcionamento previsto no caput deste artigo, praticar, única e exclusivamente, atos notariais, sob pena de nulidade, conforme preconizado no art. 9º[2] da Lei 6.015, de 31 de dezembro de 1973;

§ 4º Para as serventias que adotem o horário na forma do caput deste artigo e que cumulem serviços de natureza registral, os livros de protocolos referentes aos atos registrais serão encerrados no horário normal de expediente, na forma deste Provimento.

Art. 4º O não cumprimento das disposições contidas neste Provimento acarretará a responsabilização do Oficial ou Notário faltoso, nos termos da Lei.

Art. 5º Este Provimento entra em vigor no dia 02 de janeiro de 2013, revogando-se os arts. 1º, 2º e 5º, do Provimento n. 07, de 1º de outubro de 2007.

---

1. § 2º Os tabeliães de notas podem lavrar os atos de seu ofício, dentro de sua circunscrição, a qualquer hora do dia útil, na serventia ou fora dela, enquanto que os causa mortis podem ser praticados mesmo em dias não úteis;

   § 3º Os oficiais de justiça, atendendo determinação judicial, podem realizar atos funcionais fora dos horários legais.

2. Art. 9º Será nulo o registro lavrado fora das horas regulamentares ou em dias em que não houver expediente, sendo civil e criminalmente responsável o oficial que der causa à nulidade.

   § 1º Serão contados em dias e horas úteis os prazos estabelecidos para a vigência da prenotação, para os pagamentos de emolumentos e para a prática de atos pelos oficiais dos registros de imóveis, de títulos e documentos e civil de pessoas jurídicas, incluída a emissão de certidões, exceto nos casos previstos em lei e naqueles contados em meses e anos;

   § 2º Para fins do disposto no § 1º deste artigo, consideram-se:

   I – dias úteis: aqueles em que houver expediente; e

   II – horas úteis: as horas regulamentares do expediente.

   § 3º A contagem dos prazos nos registros públicos observará os critérios estabelecidos na legislação processual civil.

PROVIMENTO N. 09/2012

Dispõe sobre a recepção, pelos Oficiais de Registro Civil das Pessoas Naturais, de indicações de supostos pais de pessoas registradas sem paternidade estabelecida, bem como sobre o reconhecimento espontâneo de filhos perante os referidos registradores.

Art. 1º O procedimento oficioso de reconhecimento de paternidade, descrito no art. 2º,[1] *caput*, da Lei n. 8.560/92, deverá ser observado a qualquer tempo, sempre que, durante a menoridade do filho registrado sem a paternidade declarada, a mãe comparecer pessoalmente perante o Oficial de Registro de Pessoas Naturais e apontar o suposto pai.

Art. 2º Poderá valer-se de igual faculdade o filho maior, comparecendo pessoalmente perante Oficial de Registro de Pessoas Naturais.

Art. 3º O Oficial providenciará o preenchimento de termo, conforme modelo instituído no Anexo I deste Provimento, do qual constarão os dados fornecidos pela mãe (art. 1º) ou pelo filho maior (art. 2º), e colherá a sua assinatura, firmando-o também e zelando pela obtenção do maior número possível de elementos para identificação do suposto pai, especialmente nome, profissão (se conhecida) e endereço.

§ 1º Para indicar o suposto pai, com preenchimento e assinatura do termo, a pessoa interessada poderá, facultativamente, comparecer a Ofício de Registro de Pessoas Naturais diverso daquele em que realizado o registro de nascimento;

§ 2º No caso do § 1º deste artigo, deverá ser apresentada, obrigatoriamente, ao Oficial, que conferirá sua autenticidade, a certidão de nascimento do filho a ser reconhecido, anexando-se cópia ao termo;

§ 3º Em caso de registro de nascimento lavrado na própria serventia, o Oficial expedirá nova certidão e a anexará ao termo.

Art. 4º O Oficial perante o qual houver comparecido a pessoa interessada remeterá ao Juiz Diretor do Foro ao qual estiver subordinado o termo mencionado no art. 3º, acompanhado da certidão de nascimento, em original ou cópia (art. 3º, parágrafos 2º e 3º).

§ 1º O Juiz, sempre que possível, ouvirá a mãe sobre a paternidade alegada e mandará, em qualquer caso, notificar o suposto pai, independente de seu estado civil, para que se manifeste sobre a paternidade que lhe é atribuída;

§ 2º O Juiz, quando entender necessário, determinará que a diligência seja realizada em segredo de justiça e se considerar conveniente, requisitará do Oficial perante o qual foi realizado o registro de nascimento, certidão integral;

§ 3º No caso do suposto pai confirmar expressamente a paternidade, será lavrado termo de reconhecimento, conforme Anexo II deste Provimento, e remetida certidão ao Oficial da serventia em que originalmente foi feito o registro de nascimento, para a devida averbação;

§ 4º Se o suposto pai não atender, no prazo de 30 dias, a notificação judicial, ou negar a alegada paternidade, o Juiz remeterá os autos ao representante do Ministério Público ou da Defensoria Pública para que intente, havendo elementos suficientes, a ação de investigação de paternidade;

§ 5º Nas hipóteses previstas no § 4º deste artigo, é dispensável o ajuizamento de ação de investigação de paternidade pelo Ministério Público se, após o não comparecimento ou a recusa do suposto pai em assumir a paternidade a ele atribuída, a criança for encaminhada para adoção;

§ 6º A iniciativa conferida ao Ministério Público ou à Defensoria Pública não impede a quem tenha legítimo interesse de intentar investigação, visando a obter o pretendido reconhecimento da paternidade.

Art. 5º A sistemática estabelecida neste Provimento não poderá ser utilizada se já pleiteado em juízo o reconhecimento da paternidade, razão pela qual constará, ao final do termo referido nos artigos precedentes, conforme Anexo I, declaração da pessoa interessada, sob as penas da lei, de que isto não ocorreu.

Art. 6º Sem prejuízo das demais modalidades legalmente previstas, o reconhecimento espontâneo de filho poderá ser feito perante Oficial de Registro de Pessoas Naturais a qualquer tempo, por escrito particular, que será arquivado em cartório.

§ 1º Para tal finalidade, a pessoa interessada poderá optar pela utilização de termo, cujo preenchimento será providenciado pelo Oficial, conforme modelo constante no Anexo II deste Provimento, o qual será assinado por ambos;

§ 2º A fim de efetuar o reconhecimento de paternidade, poderá o interessado, facultativamente, comparecer a Ofício de Registro de Pessoas Naturais diverso daquele em que lavrado o assento de nascimento do filho, apresentando cópia da certidão de nascimento deste ou informando em qual serventia foi realizado o respectivo registro e fornecendo dados para induvidosa identificação do registrado;

§ 3º No caso do parágrafo precedente, o Oficial perante o qual houver comparecido o interes-

sado remeterá ao registrador da serventia em que realizado o registro natalício do reconhecido, o documento escrito e assinado em que consubstanciado o reconhecimento, com a qualificação completa da pessoa que reconheceu o filho e com a cópia, se apresentada, da certidão de nascimento;

§ 4º O reconhecimento de filho por pessoa relativamente incapaz independerá de assistência de seus pais, tutor ou curador.

Art. 7º A averbação do reconhecimento de filho realizado sob a égide deste Provimento será concretizada diretamente pelo Oficial da serventia em que lavrado o assento de nascimento, independentemente de manifestação do Ministério Público ou decisão judicial, mas dependerá de anuência escrita do filho maior ou, se menor, da mãe.

§ 1º A colheita dessa anuência poderá ser efetuada não só pelo Oficial do local do registro, como por aquele, se diverso, perante o qual comparecer o reconhecedor;

§ 2º Na falta da mãe do menor ou impossibilidade de manifestação válida desta ou do filho maior, o caso será apresentado ao Juiz competente (art. 4º);

§ 3º Sempre que qualquer Oficial de Registro de Pessoas Naturais, ao atuar nos termos deste Provimento, suspeitar de fraude, falsidade ou má-fé, não praticará o ato pretendido e submeterá o caso ao Juiz Diretor do Foro, comunicando, por escrito, os motivos da suspeita.

Art. 8º Nas hipóteses de indicação de suposto pai e de reconhecimento voluntário de filho, competirá ao Oficial a minuciosa verificação da identidade da pessoa interessada que, para os fins deste Provimento, perante ele comparecer, mediante colheita, no termo próprio, de sua qualificação e assinatura, além de rigorosa conferência de seus documentos pessoais.

§ 1º Em qualquer caso, o Oficial perante o qual houver o comparecimento, após conferir o original, manterá em arquivo cópia de documento oficial de identificação do interessado, juntamente com cópia do termo ou documento escrito, por este assinado;

§ 2º Na hipótese do art. 6º, parágrafos 2º e 3º deste Provimento, o Oficial perante o qual o interessado comparecer, sem prejuízo da observância do procedimento já descrito, remeterá ao registrador da serventia em que lavrado o assento de nascimento, também, cópia do documento oficial de identificação do declarante.

Art. 9º Haverá observância, no que couber, das normas legais referentes à gratuidade de atos.

Art. 10. Este Provimento entra em vigor na data de sua publicação.

---

1. Art. 2º Em registro de nascimento de menor apenas com a maternidade estabelecida, o oficial remeterá ao juiz certidão integral do registro e o nome e prenome, profissão, identidade e residência do suposto pai, a fim de ser averiguada oficiosamente a procedência da alegação.

185

PROVIMENTO N. 08/2012[1]

Dispõe sobre a instalação e funcionamento das Unidades Interligadas dos Serviços de Registro Civil de Pessoas Naturais nas unidades hospitalares de propriedade ou conveniadas com o Estado do Tocantins.

Art. 1º A emissão de certidão de nascimento nos estabelecimentos de saúde que realizam partos será feita por meio de sistema informatizado que os interligue às Serventias de Registro Civil que aderirem ao Sistema Interligado, em postos de remessa, recepção de dados e impressão de certidão, via rede mundial de computadores, denominada "Unidade Interligada".

Parágrafo único. Todo o processo de comunicação de dados entre a Unidade Interligada e os Cartórios de Registro Civil de Pessoas Naturais deverá ser feito com o uso de certificação digital que atenda aos requisitos da Infraestrutura de Chaves Públicas Brasileira – ICP.

Art. 2º Para a implantação das Unidades Interligadas deverá ser firmado convênio entre o estabelecimento de saúde e o registrador civil local, com a supervisão e fiscalização da Corregedoria-Geral da Justiça.

§ 1º A Unidade Interligada deverá ser cadastrada no Sistema Justiça Aberta, mediante solicitação do registrador conveniado, contendo certificação digital e encaminhada para o endereço eletrônico justica.aberta@cnj.jus.br;

§ 2º Da solicitação deverá constar, obrigatoriamente, o nome completo e o CPF do registrador e dos substitutos ou escreventes autorizados a nela praticar atos pertinentes ao registro civil e que possuam a certificação digital exigida;

§ 3º Todos os Cartórios de Registro Civil deverão manter atualizadas, no Sistema Justiça Aberta, informações sobre:

a) a sua participação ou não no Sistema Interligado;

b) o nome e o CPF do registrador (titular ou responsável pelo expediente);

c) os nomes dos substitutos e dos escreventes autorizados a praticar atos de registro civil; e

d) o endereço completo da serventia, inclusive com identificação do bairro e CEP, quando existentes.

Art. 3º O profissional da Unidade Interligada será escrevente preposto do registrador, contratado nos termos do art. 20[2] da Lei n. 8.935/94 e, caso os registradores interessados enten-

dam possível a aplicação analógica do contido no art. 25-A[3] da Lei n. 8.212/91, o escrevente preposto poderá ser contratado por consórcio simplificado, formado pelos registradores civis interessados.

Parágrafo único. Caso na localidade exista mais de um registrador civil e inexistindo consenso para que preposto de apenas um deles ou contratado por meio de consórcio atue na Unidade Interligada, fica facultada a execução do serviço por meio de rodízio, em formato a ser estabelecido pelos próprios registradores, comunicando-se à Corregedoria-Geral da Justiça.

Art. 4º Não ocorrendo a designação de preposto na forma prevista no art. 4º, poderão ser indicados empregados pelos estabelecimentos de saúde, os quais deverão ser credenciados por, pelo menos, um registrador civil da localidade onde funcione a Unidade Interligada.

§ 1º Havendo a indicação prevista no *caput* deste artigo, e sem prejuízo do disposto nos arts. 22[4] e seguintes da Lei n. 8.935/94, em relação aos credenciadores, o estabelecimento

---

§ 1º Em cada serviço notarial ou de registro haverá tantos substitutos, escreventes e auxiliares quantos forem necessários, a critério de cada notário ou oficial de registro;

§ 2º Os notários e os oficiais de registro encaminharão ao juízo competente os nomes dos substitutos;

§ 3º Os escreventes poderão praticar somente os atos que o notário ou o oficial de registro autorizar;

§ 4º Os substitutos poderão, simultaneamente com o notário ou o oficial de registro, praticar todos os atos que lhe sejam próprios exceto, nos tabelionatos de notas, lavrar testamentos;

§ 5º Dentre os substitutos, um deles será designado pelo notário ou oficial de registro para responder pelo respectivo serviço nas ausências e nos impedimentos do titular.

3. Art. 25-A. Equipara-se ao empregador rural pessoa física o consórcio simplificado de produtores rurais, formado pela união de produtores rurais pessoas físicas, que outorgar a um deles poderes para contratar, gerir e demitir trabalhadores para prestação de serviços, exclusivamente, aos seus integrantes, mediante documento registrado em cartório de títulos e documentos.

§ 1º O documento de que trata o caput deverá conter a identificação de cada produtor, seu endereço pessoal e o de sua propriedade rural, bem como o respectivo registro no Instituto Nacional de Colonização e Reforma Agrária (INCRA) ou informações relativas à parceria, arrendamento ou equivalente e a matrícula no Instituto Nacional do Seguro Social (INSS) de cada um dos produtores rurais;

§ 2º O consórcio deverá ser matriculado no INSS em nome do empregador a quem hajam sido outorgados os poderes, na forma do regulamento;

§ 3º Os produtores rurais integrantes do consórcio de que trata o caput serão responsáveis solidários em relação às obrigações previdenciárias;

§ 4º (Vetado).

4. Art. 22. Os notários e oficiais de registro são civilmente responsáveis por todos os prejuízos que causarem a terceiros, por culpa ou dolo, pessoalmente, pelos substi-

---

de saúde encaminhará termo de compromisso para a Corregedoria-Geral da Justiça, obrigando-se a:

I – responder civilmente pelos erros cometidos por seus funcionários;

II – noticiar à autoridade competente a ocorrência de irregularidades quando houver indícios de dolo;

III – aceitar a supervisão pela Corregedoria-Geral da Justiça e pela Corregedoria Nacional de Justiça no que pertine aos empregados que manter na Unidade Interligada;

§ 2º Cópia da comunicação do estabelecimento de saúde à Corregedoria-Geral da Justiça, com o respectivo comprovante de entrega, permanecerá arquivada na Unidade Interligada;

§ 3º O Juízo Diretor do Foro competente para a fiscalização do serviço solicitará, de ofício ou a requerimento do registrador civil, a substituição de tais empregados quando houver indícios de desídia ou insuficiência técnica na operação da Unidade Interligada.

Art. 5º Os custos de manutenção do equipamento destinado ao processamento dos registros de nascimento, bem como os custos da transmissão dos dados físicos ou eletrônicos para as serventias de Registro Civil, quando necessário serão financiados:

I – com recursos de convênio, nas localidades onde houver sido firmado entre a unidade federada e a Secretaria de Direitos Humanos da Presidência da República;

II – com recursos da maternidade, nas localidades não abrangidas pelo inciso anterior;

III – com recursos de convênios firmados entre os Poderes Judiciário e Executivo do Estado do Tocantins;

IV – com recursos de convênios firmados entre os registradores e suas entidades e a União, os Estados ou os Municípios.

Art. 6º Todos os profissionais das Unidades Interligadas que forem operar os sistemas informatizados, inclusive, os empregados dos estabelecimentos de saúde referidos no *caput* do art. 5º deste Provimento, devem ser previamente credenciados junto a registrador civil conveniado da unidade e capacitados de acordo com as orientações fornecidas pelo registrador conveniado à unidade ou por suas entidades representativas, sem prejuízo de parcerias com o Poder Executivo Estadual e supervisão pela

---

1. Atualizado até o Provimento n. 13/2012.
2. Art. 20. Os notários e os oficiais de registro poderão, para o desempenho de suas funções, contratar escreventes, dentre eles escolhendo os substitutos, e auxiliares como empregados, com remuneração livremente ajustada e sob o regime da legislação do trabalho.

tutos que designarem ou escreventes que autorizarem, assegurado o direito de regresso.

Parágrafo único. Prescreve em três anos a pretensão de reparação civil, contado o prazo da data de lavratura do ato registral ou notarial.

187

ART. 7º NORMAS PARA A ATIVIDADE EXTRAJUDICIAL DO ESTADO DO TOCANTINS

Corregedoria-Geral da Justiça e pela Corregedoria Nacional de Justiça.

Parágrafo único. A capacitação, necessariamente, contará com módulo específico sobre a identificação da autenticidade das certificações digitais.

Art. 7º Aos profissionais que atuarão nas Unidades Interligadas incumbe:

I – receber os documentos comprobatórios da declaração de nascimento, por quem de direito, na forma do art. 9º deste Provimento;

II – acessar o sistema informatizado de registro civil e efetuar a transmissão dos dados preliminares do registro de nascimento;

III – receber o arquivo de retorno do cartório contendo os dados do registro de nascimento;

IV – imprimir o termo de declaração de nascimento, colhendo a assinatura do declarante e das testemunhas, se for o caso, na forma do art. 37[5] e seguintes, da Lei n. 6.015/73;

V – transmitir o Termo de Declaração para o registrador competente;

VI – imprimir a primeira via da certidão de nascimento, já assinada eletronicamente pelo Oficial de Registro Civil competente com o uso de certificação digital;

VII – apor o respectivo selo de fiscalização;

VIII – zelar pela guarda do papel de segurança, quando obrigatória sua utilização (Provimento 03 da Corregedoria Nacional de Justiça).

§ 1º Em registro de nascimento de criança apenas com a maternidade estabelecida, o profissional da Unidade Interligada facultará a respectiva mãe a possibilidade de declarar o nome e o prenome, profissão, identidade e residência do suposto pai, reduzindo a termo a declaração positiva ou negativa. O oficial do registro remeterá ao juiz competente da Comarca certidão integral do registro, a fim de ser averiguada a procedência da declaração positiva (Lei n. 8.560/92);

§ 2º As assinaturas apostas no termo de declaração de nascimento de que trata o inciso IV deste artigo suprem aquelas previstas no *caput* do art. 37 da Lei n. 6.015/73;

§ 3º A utilização dos selos de fiscalização nas Unidades Interligadas ficará sob a responsabilidade do registrador civil.

Art. 8º O profissional da Unidade interligada que operar o sistema recolherá do declarante do nascimento a documentação necessária para que se proceda ao respectivo registro.

§ 1º Podem declarar o nascimento perante as unidades interligadas:

I – o pai maior de 16 anos, desde que não seja absolutamente incapaz, ou pessoa por ele autorizada mediante instrumento público;

II – a mãe maior de 16 anos, desde que não seja absolutamente incapaz.

§ 2º Caso a mãe seja menor de 16 anos ou absolutamente incapaz, ou esteja impedida de declarar o nascimento, seus representantes legais podem fazê-lo;

§ 3º A paternidade somente poderá ser reconhecida voluntariamente:

I – por declaração do pai, desde que maior de 18 anos e não seja absolutamente incapaz;

II – por autorização ou procuração do pai, desde que formalizada por instrumento público;

III – por incidência da presunção do art. 1.597,[6] do Código Civil, caso os pais sejam casados.

Art. 9º O registro de nascimento por intermédio da Unidade Interligada depende, em caráter obrigatório, da apresentação de:

I – Declaração de Nascido Vivo (DNV), com a data e local do nascimento;

II – documento oficial de identificação do declarante;

III – documento oficial que identifique o pai e a mãe do registrando, quando participem do ato;

IV – certidão de casamento dos pais, na hipótese de serem estes casados e incidir a presunção do art. 1.597,[7] do Código Civil;

V – termo negativo ou positivo da indicação da suposta paternidade firmado pela mãe, nos termos do § 1º, do art. 7º deste Provimento, quando ocorrente a hipótese.

§ 1º O registro de nascimento solicitado pela Unidade Interligada será feito em cartório de cidade ou distrito de residência dos pais, se este for interligado, ou, mediante expressa opção escrita do declarante e arquivada na Unidade Interligada, em cartório da cidade ou distrito em que houver ocorrido o parto;

---

5. Art. 37. As partes, ou seus procuradores, bem como as testemunhas, assinarão os assentos, inserindo-se neles as declarações feitas de acordo com a lei ou ordenadas por sentença. As procurações serão arquivadas, declarando-se no termo a data, o livro, a folha e o ofício em que foram lavradas, quando constarem de instrumento público.
    § 1º Se os declarantes, ou as testemunhas não puderem, por qualquer circunstância assinar, far-se-á declaração no assento, assinando a rogo outra pessoa e tomando-se a impressão dactiloscópica da que não assinar, à margem do assento;
    § 2º As custas com o arquivamento das procurações ficarão a cargo dos interessados.

6. Art. 1.597. Presumem-se concebidos na constância do casamento os filhos:
    I – nascidos cento e oitenta dias, pelo menos, depois de estabelecida a convivência conjugal;
    II – nascidos nos trezentos dias subsequentes à dissolução da sociedade conjugal, por morte, separação judicial, nulidade e anulação do casamento;
    III – havidos por fecundação artificial homóloga, mesmo que falecido o marido;
    IV – havidos, a qualquer tempo, quando se tratar de embriões excedentários, decorrentes de concepção artificial homóloga;
    V – havidos por inseminação artificial heteróloga, desde que tenha prévia autorização do marido.

7. Art. 1.597. Presumem-se concebidos na constância do casamento os filhos:
    I – nascidos cento e oitenta dias, pelo menos, depois de estabelecida a convivência conjugal;
    II – nascidos nos trezentos dias subsequentes à dissolução da sociedade conjugal, por morte, separação judicial, nulidade e anulação do casamento;
    III – havidos por fecundação artificial homóloga, mesmo que falecido o marido;
    IV – havidos, a qualquer tempo, quando se tratar de embriões excedentários, decorrentes de concepção artificial homóloga;
    V – havidos por inseminação artificial heteróloga, desde que tenha prévia autorização do marido.

---

§ 2º Caso o cartório da cidade ou distrito de residência dos pais não faça parte do sistema interligado, e não haja opção do declarante por cartório do lugar em que houver ocorrido o parto, deve-se informar ao declarante quanto à necessidade de fazer o registro diretamente no cartório competente.

Art. 10. Não poderá ser obstada a adesão à Unidade Interligada, de qualquer registrador civil do município ou distrito no qual se localiza o estabelecimento de saúde que realiza partos, desde que possua os equipamentos e certificados digitais necessários ao processo de registros de nascimento e emissão da respectiva certidão pela rede mundial de computadores.

§ 1º A adesão do registrador civil a uma Unidade Interligada será feita mediante convênio, cujo instrumento será remetido a Corregedoria Nacional de Justiça nos moldes dos parágrafos 1º e 2º do art. 3º deste Provimento;

§ 2º No caso do cartório responsável pelo assento ser diverso daquele que remunera o preposto atuante na Unidade Interligada, o ato será cindido em duas partes. A primeira será praticada na unidade integrada e formada pela qualificação, recebimento das declarações e entrega das certidões. A segunda será praticada pelo cartório interligado responsável pelo assento e formada pela conferência dos dados e a lavratura do próprio assento;

§ 3º O ressarcimento pelo registro de nascimento no caso do parágrafo anterior, deve ser igualmente dividido, na proporção de metade para o registrador civil ou consórcio responsável pela remuneração do preposto que atua na unidade interligada, metade para o registrador que efetivar o assento;

§ 4º Caso o operador da Unidade Interligada seja remunerado por pessoa diversa dos registradores civis ou de seus consórcios, o ressarcimento será feito na proporção de metade para o registrador responsável pelo credenciamento do preposto que atua na Unidade Interligada, e metade para o registrador que efetivar o assento.

Art. 11. Os documentos listados no art. 7º, V, e no art. 9º, serão digitalizados pelo profissional da Unidade Interligada e remetidos ao cartório de registro civil das pessoas naturais, por meio eletrônico, com observância dos requisitos da Infraestrutura de Chaves Públicas Brasileira – ICP-Brasil.

§ 1º O Oficial do Registro Civil, recebendo os dados na forma descrita no *caput*, deverá conferir a adequação dos documentos digitalizados para a lavratura do registro de nascimento e posterior transmissão da respectiva certidão para a unidade interligada;

§ 2º Tratando-se de Unidade Interligada operada nos termos do art. 3º, poderá o Oficial de Registro Civil competente para a lavratura do assento, autorizar, previamente, o preposto a lhe remeter por meio eletrônico apenas declaração por este assinada digitalmente, em que constem os elementos para o registro de nascimento e de que tais elementos foram conferidos e atendem os requisitos legais, ficando obrigado a enviar eletronicamente, em até cinco dias úteis, os documentos referidos nos artigos 7º, V, e 9º, I, bem como, se o caso, o documento do art. 9º, V;

188

PROVIMENTO N. 08/2012 ART. 20

§ 3º A declaração de conferência prevista no parágrafo anterior será considerada, para todos os efeitos, como feita por preposto do Oficial que lavrar o registro, ainda que contratado por consórcio ou atuante em sistema de rodízio.

Art. 12. O Oficial do Registro Civil responsável pela lavratura do assento de nascimento, frente à inconsistência ou dúvida em relação à documentação ou declaração, devolverá ao profissional da Unidade Interligada, por meio do sistema informatizado, o requerimento de registro, apontando as correções ou diligências necessárias à lavratura do registro de nascimento.

Art. 13. A certidão do registro de nascimento deverá conter a identificação da respectiva assinatura eletrônica, com o objetivo de propiciar a sua conferência junto à rede mundial de computadores pelo preposto da Unidade Interligada, que nela aporá a sua assinatura, ao lado da identificação do responsável pelo registro, antes da entrega aos interessados.

Parágrafo único. A certidão somente poderá ser emitida depois de assentado o nascimento no livro próprio de registro, ficando o descumprimento deste dispositivo sujeito às responsabilidades previstas nos artigos 22/24[8] e 31º e seguintes da Lei n. 8.935/94 e art. 47,[10] da Lei n. 6.015/73.

Art. 14. A certidão de nascimento deverá ser entregue pelo profissional da Unidade Interligada ao declarante ou interessado, nos moldes padronizados, com o número de matrícula (Provimentos n. 02 e 03 da Corregedoria Nacional de Justiça) e sempre antes da alta da mãe e/ou da criança registrada.

Art. 15. Ressalvada a hipótese do art. 11, § 2º, o profissional da Unidade Interligada, após a expedição da certidão, enviará em meio físico, ao registrador que lavrou o respectivo assento, a DNV e o Termo de Declaração referidos nos artigos 7º, V, e 9º, I, deste Provimento.

§ 1º Ressalvada a hipótese do art. 11, § 2º, os cartórios de registro civil das pessoas naturais que participem do Sistema Interligado deverão manter sistemática própria para armazenamento dos documentos digitais referidos nos artigos 7º, V, e 9º deste Provimento. E arquivo físico para o armazenamento dos termos de declaração de nascimento e respectivas DNVs;

§ 2º Na hipótese do art. 11, § 2º, os cartórios de registro civil das pessoas naturais que participem do Sistema Interligado deverão manter sistemática própria para armazenamento dos documentos digitais referidos nos artigos 7º, V, e 9º, I e V, deste Provimento. A guarda física dos termos de declaração de nascimento e respectivas DNVs se realizará na Unidade Interligada ou,

se vier a ser desativada, no cartório em que lavrado o assento respectivo.

Art. 16. Sem prejuízo dos poderes conferidos à Corregedoria Nacional de Justiça e à Corregedoria Geral da Justiça, a fiscalização judiciária dos atos de registro e emissão das respectivas certidões, decorrentes da aplicação deste Provimento é exercida pelo Juízo competente (art. 48,[11] da Lei n. 6.015/73), sempre que necessário ou mediante representação de qualquer interessado, em face de atos praticados pelo oficial de registro civil, seus prepostos ou credenciados.

Art. 17. É dever do responsável pela Unidade Interligada manter em seu poder os dados de todos os Cartórios de Registro Civil de Pessoas Naturais do Estado, inclusive, sistema de plantão adotado, para facilitar os registros que eventualmente venham ser realizados durante os plantões.

Art. 18. Fica expressamente vedada a expedição de segunda via de certidão de nascimento pela Unidade Interligada.

Art. 19. Os casos omissos serão resolvidos pela Corregedoria-Geral da Justiça.

Art. 20. Este Provimento entra em vigor na data de sua publicação, revogando-se os Provimentos ns. 23/2002, 03/2007 e 05/2010.

---

8. Art. 22. Os notários e oficiais de registro são civilmente responsáveis por todos os prejuízos que causarem a terceiros, por culpa ou dolo, pessoalmente, pelos substitutos que designarem ou escreventes que autorizarem, assegurado o direito de regresso.

   Parágrafo único. Prescreve em três anos a pretensão de reparação civil, contado o prazo da data de lavratura do ato registral ou notarial.

   Art. 23. A responsabilidade civil independe da criminal.

   Art. 24. A responsabilidade criminal será individualizada, aplicando-se, no que couber, a legislação relativa aos crimes contra a administração pública.

   Parágrafo único. A individualização prevista no caput não exime os notários e os oficiais de registro de sua responsabilidade civil.

9. Art. 31. São infrações disciplinares que sujeitam os notários e os oficiais de registro às penalidades previstas nesta lei:

   I – a inobservância das prescrições legais ou normativas;

   II – a conduta atentatória às instituições notariais e de registro;

   III – a cobrança indevida ou excessiva de emolumentos, ainda que sob a alegação de urgência;

   IV – a violação do sigilo profissional;

   V – o descumprimento de quaisquer dos deveres descritos no art. 30.

10. Art. 47. Se o oficial do registro civil recusar fazer ou retardar qualquer registro, averbação ou anotação, bem como o fornecimento de certidão, as partes prejudicadas poderão queixar-se à autoridade judiciária, a qual, ouvindo o acusado, decidirá dentro de cinco (5) dias.

    § 1º Se for injusta a recusa ou injustificada a demora, o Juiz que tomar conhecimento do fato poderá impor ao oficial multa de um a dez salários-mínimos da região, ordenando que, no prazo improrrogável de vinte e quatro (24) horas, seja feito o registro, a averbação, a anotação ou fornecida certidão, sob pena de prisão de cinco (5) a vinte (20) dias;

    § 2º Os pedidos de certidão feitos por via postal, telegráfica ou bancária serão obrigatoriamente atendidos pelo oficial do registro civil, satisfeitos os emolumentos devidos, sob as penas previstas no parágrafo anterior.

---

11. Art. 48. Os Juízes farão correição e fiscalização nos livros de registro, conforme as normas da organização Judiciária.

PROVIMENTO N. 07/2012

Regulamenta o processo de instalação de novos Cartórios de Registro de Imóveis no Estado do Tocantins e revoga o Provimento n. 08/2006-CGJUS/TO.

Art. 1º O procedimento para instalação de novo Cartório de Registro de Imóveis e a respectiva transferência de matrículas para a nova serventia extrajudicial são regulamentadas pelas disposições legais pertinentes e pelas normas deste Provimento.

Art. 2º Provida nova serventia de registro de imóveis, o Juiz Corregedor Permanente da Comarca acompanhará a sua instalação, verificando a aquisição dos livros obrigatórios, o local de funcionamento, a contratação de funcionários e a aquisição de equipamentos, lavrando, ao final, a ata de instalação da serventia, na qual será fixada a data inicial para o início dos trabalhos.

§ 1º O acompanhamento se dará por meio de processo administrativo que será deflagrado ex officio pelo magistrado Diretor do Foro a partir do ato de exercício do novo registrador ou mesmo a requerimento deste, onde serão comprovados todos os requisitos constantes no caput, sem prejuízo de outros fixados pelo Corregedor local;

§ 2º Até o início dos trabalhos do novo Cartório, os atos considerados urgentes poderão ser levados a registro no Cartório originário, evitando-se o perecimento de direitos e obrigações das partes interessadas;

§ 3º O processo de instalação da serventia deverá ser finalizado em até 30 dias, contados da data da entrada em exercício do oficial registrador, podendo este prazo ser prorrogado por igual período a critério do Juiz Diretor do Foro ou a requerimento novo delegatário;

§ 4º Para os Cartórios de Registro de Imóveis recém-providos e já instalados na data de publicação deste provimento, os Corregedores Permanentes adotarão as medidas necessárias para a verificação do cumprimento dos requisitos constantes no caput, podendo, para tanto, designar servidor da respectiva Comarca para a realização de vistoria nas instalações e materiais da serventia.

Art. 3º A migração da matrícula para a nova serventia é obrigatória no caso de novo registro e facultativa para as averbações, na forma prevista no art. 169,[1] c/c art. 170,[2] art. 176, § 1º, inciso I,[3] art. 228[4] e art. 229[5] da Lei n. 6.015/73.

1. Art. 169. Todos os atos enumerados no art. 167 desta Lei são obrigatórios e serão efetuados na serventia da situação do imóvel, observado o seguinte:

    I – as averbações serão efetuadas na matrícula ou à margem do registro a que se referirem, ainda que o imóvel tenha passado a pertencer a outra circunscrição, observado o disposto no inciso I do § 1º e no § 18 do art. 176 desta Lei;

    II – para o imóvel situado em duas ou mais circunscrições, serão abertas matrículas em ambas as serventias dos registros públicos; e

    III – (Revogado pela Lei n. 14.382/2022);

    IV – aberta matrícula na serventia da situação do imóvel, o oficial comunicará o fato à serventia de origem, para o encerramento, de ofício, da matrícula anterior.

    § 1º O registro do loteamento e do desmembramento que abranger imóvel localizado em mais de uma circunscrição imobiliária observará o disposto no inciso II do caput deste artigo, e as matrículas das unidades imobiliárias deverão ser abertas na serventia do registro de imóveis da circunscrição em que estiver situada a unidade imobiliária, procedendo-se às averbações remissivas;

    § 2º As informações relativas às alterações de denominação de logradouro e de numeração predial serão enviadas pelo Município à serventia do registro de imóveis da circunscrição onde estiver situado o imóvel, por meio do SERP, e as informações de alteração de numeração predial poderão ser arquivadas para uso oportuno e a pedido do interessado;

    § 3º Na hipótese prevista no inciso II do caput deste artigo, as matrículas serão abertas:

    I – com remissões recíprocas;

    II – com a prática dos atos de registro e de averbação apenas no registro de imóveis da circunscrição em que estiver situada a maior área, averbando-se, sem conteúdo financeiro, a circunstância na outra serventia; e

    III – se a área for idêntica em ambas as circunscrições, adotar-se-á o mesmo procedimento e proceder-se-á aos registros e às averbações na serventia de escolha do interessado, averbada a circunstância na outra serventia, sem conteúdo financeiro.

2. Art. 170. O desmembramento territorial posterior ao registro não exige sua repetição no novo cartório.

3. Art. 176. O Livro n. 2 – Registro Geral – será destinado, à matrícula dos imóveis e ao registro ou averbação dos atos relacionados no art. 167 e não atribuídos ao Livro n. 3.

    § 1º A escrituração do Livro n. 2 obedecerá às seguintes normas:

    I – cada imóvel terá matrícula própria, que será aberta por ocasião do primeiro ato de registro ou de averbação caso a transcrição possua todos os requisitos elencados para a abertura de matrícula;

4. Art. 228. A matrícula será efetuada por ocasião do primeiro registro a ser lançado na vigência desta Lei, mediante os elementos constantes do título apresentado e do registro anterior nele mencionado.

5. Art. 229. Se o registro anterior foi efetuado em outra circunscrição, a matrícula será aberta com os elementos

§ 1º A transferência de matrícula para a nova serventia imobiliária instalada também pode se dar a requerimento do proprietário, que instruirá o pedido com os documentos indispensáveis, na forma prevista no art. 172[6] e seguintes da Lei n. 6.015/73;

§ 2º O registrador do Cartório originário, quando procurado pelos interessados, deve comunicar a existência de novo Cartório de Registro de Imóveis, bem como a nova circunscrição por ele abrangida.

Art. 4º Aberta nova matrícula na serventia extrajudicial instalada, o registrador desta comunicará o fato imediatamente ao Cartório primitivo, para o devido encerramento da matrícula anterior.

§ 1º A comunicação será feita formal e diretamente ao Cartório onde estava registrado o imóvel, dela devendo constar o número da nova matrícula, o livro e a folha em que foi lançada e a data da sua abertura, além de outras informações reputadas necessárias pelo Oficial comunicante;

§ 2º Recebida a comunicação de abertura da nova matrícula do imóvel, o registrador comunicado deverá proceder imediatamente à respectiva anotação de encerramento na matrícula primitiva, ato sobre o qual não incidem quaisquer emolumentos ou taxas;

§ 3º Os Oficiais manterão em seus arquivos os comprovantes das comunicações expedidas e recebidas a que se referem os parágrafos anteriores.

Art. 5º O não cumprimento das disposições contidas neste Provimento acarretará a responsabilização do Oficial faltoso, nos termos da lei.

Art. 6º Este Provimento entra em vigor na data de sua publicação, revogando-se o Provimento n. 08/2006-CGJUS/TO.

---

constantes do título apresentado e da certidão atualizada daquele registro, a qual ficará arquivada em cartório.

6. Art. 172. No Registro de Imóveis serão feitos, nos termos desta Lei, o registro e a averbação dos títulos ou atos constitutivos, declaratórios, translativos e extintos de direitos reais sobre imóveis reconhecidos em lei, "inter vivos" ou "mortis causa" quer para sua constituição, transferência e extinção, quer para sua validade em relação a terceiros, quer para a sua disponibilidade.

191

PROVIMENTO N. 08/2011

Implanta e Regulamenta a utilização do Sistema GISE (Gestão Integrada das Serventias Extrajudiciais) no âmbito do Poder Judiciário do Estado do Tocantins

Art. 1º Determinar, a partir do dia 1º de dezembro de 2011, no âmbito da Comarca de Palmas, o uso obrigatório do Sistema GISE pelas Serventias Extrajudiciais, FUNCIVIL e Corregedoria-Geral da Justiça; nas demais comarcas a partir de 1º de fevereiro de 2012.

Art. 2º Estabelecer o 5º dia útil do mês subsequente à movimentação como dia final do prazo de envio, por meio do Sistema GISE, dos atos realizados pelo Cartório no mês anterior.

Art. 3º Adotar manual do usuário do Sistema GISE, que será editado por meio de Portaria e disponibilizado no próprio sistema.

Art. 4º A Corregedoria-Geral de Justiça realizará treinamento dos usuários, objetivando o uso adequado do Sistema GISE.

Art. 5º Ficam revogadas as disposições em contrário.

Art. 6º Este Provimento entrará em vigor na data de sua publicação.

PROVIMENTO N. 12/2010

Altera dispositivos do Provimento n. 02/2010.

Art. 1º Revogar o § 2º, do artigo 5º do Provimento n. 02/2010.

Art. 2º Alterar a última parte da redação do § 2º, do artigo 6º do Provimento n. 02/2010 que reza "Sendo negativa a indicação, a declaração ficará arquivada em cartório", para a seguinte redação:

"[...]."

Art. 3º. O § 1º do artigo 8º, passará a ter a seguinte redação:

"§ 1º [...]."

Art. 4º. O modelo de "Indicação de Paternidade" apresentado no Anexo I, do Provimento n. 02/2010, passará a ter o modelo de declaração apresentada no Anexo I deste presente Provimento.

Art. 5º. Este Provimento entrará em vigor na data de sua publicação.

PROVIMENTO N. 02/2010[1]

Revoga, na íntegra, os Provimentos 06/1995, 02/2000 e 16/2009, bem como dispõe sobre os registros de nascimento e óbito e dá outras providências.

Capítulo I
DO REGISTRO DE NASCIMENTO:

SEÇÃO I
DO PROCEDIMENTO COMUM A SER OBSERVADO:

Art. 1º Determinar que todo nascimento que ocorrer no Estado do Tocantins, deverá ser registrado, doravante, no município em que tiver ocorrido o parto, ou no lugar da residência dos pais do registrando, mediante atestado médico ou declaração de duas pessoas idôneas, que dele tenham conhecimento, contendo o termo, nesse caso, o nome e endereço do médico atestante, ou a afirmação das testemunhas de conhecerem o declarante e saberem da existência do recém-nascido, observadas, ainda, as regras contidas neste Provimento, na legislação que regula a espécie e, ainda, o disposto no art. 3º, abaixo.

§ 1º O registro, a que se refere o caput deste artigo, deverá ser lavrado dentro do prazo de 15 (quinze) dias, quando o declarante for o pai, e de 45 (quarenta e cinco) dias, se feito pela mãe do registrando;

§ 2º Quando o nascimento tiver ocorrido em lugar, cuja distância seja superior a 30 (trinta) quilômetros da sede do cartório, onde ocorreu parto, ou do local de residência dos pais do registrando, esse prazo será ampliado em até 3 (três) meses;

§ 3º Depois de decorrido o prazo legal, acima indicado, o registro será levado a efeito pelo Oficial do Registro Civil do lugar de residência dos pais do registrando, mediante requerimento firmado por 02 (duas) testemunhas, que atestem as informações prestadas pelo requerente, sob as penas da lei;

§ 4º Havendo dúvidas sobre a veracidade das declarações prestadas, na forma do parágrafo anterior, o Oficial Registrador exigirá prova suficiente do alegado, ou, se as provas apresentadas não bastarem, persistindo a suspeita, encaminhará os autos ao juízo competente, para apreciação;

§ 5º O menor de 21 e maior de 18 anos poderá requerer seu próprio registro de nascimento com isenção de multas;

§ 6º O menor, em situação irregular, só será registrado mediante mandado judicial, devendo o oficial, antes de efetivar o registro, comunicar ao juiz acerca da existência de assento anterior.

---
1. Atualizado até o Provimento n. 03/2021.

Art. 2º Quando for diverso o lugar da residência dos pais, observar-se-á a seguinte ordem de precedência, para efetivação do registro:

a) do pai;

b) da mãe, na falta ou impedimento do pai, hipótese em que deverá ser observada, neste caso, a regra de prorrogação de prazo, nos termos do § 1º, do artigo 1º deste Provimento;

c) no impedimento de ambos, o parente mais próximo e, na falta deste, o administrador do hospital, ou o médico, ou a parteira, que tenha assistido o parto.

Art. 3º Se o parto ocorrer em hospital conveniado, para efeito de registro de nascimento, quando possível, as declarações de nascimento serão colhidas no próprio hospital, mas o assento do registro será lavrado e a certidão, respectiva, emitida pelo cartório do local de residência dos pais do registrando, desde que residentes neste Estado, respeitada, entretanto, a opção do interessado pelo local do nascimento do registrando.

Art. 3º-A No caso de a genitora ser relativamente ou absolutamente incapaz, o registro de nascimento será feito mediante a apresentação da Declaração de Nascido Vivo ou declaração médica, com firma reconhecida, que confirme a maternidade, sendo dispensada a representação ou assistência, salvo para fins de prestar declaração em termo de alegação positivo ou negativo de paternidade.

SEÇÃO II
DA FILIAÇÃO HAVIDA FORA DO CASAMENTO:

Art. 4º No registro de filhos havido fora do casamento cabe ao oficial observar o seguinte:

§ 1º Quando ambos os pais do registrando comparecerem pessoalmente, ou representados por procurador com poderes específicos, ao Cartório do Registro Civil de Pessoas Naturais, efetuará o assento, dele constando, os nomes completos dos genitores e dos respectivos avós;

§ 2º Comparecendo apenas um dos genitores, porém munido de instrumento público, ou particular com a firma do signatário reconhecida, o qual será arquivado em Cartório, de procuração, declaração de reconhecimento, ou anuência do outro, a efetivação do registro se dará na forma acima. Caso contrário, apenas os nomes do genitor declarante e dos pais deste, bem como os seus sobrenomes serão anotados.

SEÇÃO III
DO RECONHECIMENTO:

Art. 5º O reconhecimento de filho independe do estado civil dos genitores, podendo ser feito:

a) no próprio termo de nascimento, na forma das disposições anteriores;

b) por escritura pública;

c) por testamento;

d) por documento público ou escrito particular, neste caso, com firma do signatário reconhecida.

§ 1º O filho maior não poderá ser reconhecido sem o seu consentimento (art. 1.614,[2] Código Civil);

§ 2º (Revogado).

Provimento n. 12/2010.

SEÇÃO IV
DA INVESTIGAÇÃO DA PATERNIDADE OFICIOSA:

Art. 6º No ato do registro de nascimento de menor com apenas a maternidade estabelecida, o registrador deverá reduzir a termo as declarações da mãe, acerca da paternidade do registrando.

§ 1º Independentemente de indicar ou não a paternidade, em qualquer caso, o registrador deverá reduzir a termo as declarações de mãe do registrando, conforme modelo do Anexo I deste Provimento;

§ 2º Quando a mãe do registrando indicar a paternidade, o oficial remeterá, ao Juiz Diretor do Foro competente, cópia integral do registro, bem como da declaração contendo os dados de qualificação e endereço do suposto pai e ciência de responsabilidade civil e criminal decorrente, para instauração da investigação oficiosa da paternidade. Sendo negativa a indicação, a declaração deverá ser encaminhada ao Ministério Público, para a adoção das providências que entender necessária;

§ 3º Ouvido o suposto pai, acerca da paternidade, será lavrado o respectivo termo de reconhecimento e remetido ao oficial do Registro Civil, para a correspondente averbação;

§ 4º Negada a paternidade ou não atendendo o suposto pai à notificação, em 30(trinta) dias, serão os autos remetidos ao Órgão do Ministério Público, que tem atribuição para ajuizar Ação de Investigação de Paternidade, respeitada a faculdade de intentar a Investigação, conferida pelo art. 2º, § 5º,[3] da Lei n. 8.560/92, a quem tenha legítimo interesse;

---
2. Art. 1.614. O filho maior não pode ser reconhecido sem o seu consentimento, e o menor pode impugnar o reconhecimento, nos quatro anos que se seguirem à maioridade, ou à emancipação.

3. Art. 2º Em registro de nascimento de menor apenas com a maternidade estabelecida, o oficial remeterá ao juiz certidão integral do registro e o nome e prenome, profis-

197

§ 5º Todos os atos referentes a esse procedimento serão realizados em segredo de Justiça, especialmente as notificações.

SEÇÃO V
DA ADOÇÃO:

Art. 7º O filho adotivo possui os mesmos direitos e qualificações da filiação biológica (art. 227, § 6º,[4] da Constituição Federal) e a adoção será inscrita no registro civil, mediante determinação judicial, sendo que o mandado judicial, que ficará arquivado, cancelará o registro original do adotado (art. 47,[5] ECA) e nenhuma observação, quanto à adoção, poderá constar nas certidões dos registros de nascimentos.

SEÇÃO VI
DOS REQUISITOS OBRIGATÓRIOS DO ASSENTO DO REGISTRO CIVIL:

Art. 8º O registro de nascimento conterá:

---

são, identidade e residência do suposto pai, a fim de ser averiguada oficiosamente a procedência da alegação.

§ 5º Nas hipóteses previstas no § 4º deste artigo, é dispensável o ajuizamento da ação de investigação de paternidade pelo Ministério Público se, após o não comparecimento ou a recusa do suposto pai em assumir a paternidade a ele atribuída, a criança for encaminhada para adoção.

4.   Art. 227. É dever da família, da sociedade e do Estado assegurar à criança, ao adolescente e ao jovem, com absoluta prioridade, o direito à vida, à saúde, à alimentação, à educação, ao lazer, à profissionalização, à cultura, à dignidade, ao respeito, à liberdade e à convivência familiar e comunitária, além de colocá-los a salvo de toda forma de negligência, discriminação, exploração, violência, crueldade e opressão.

§ 6º Os filhos, havidos ou não da relação do casamento, ou por adoção, terão os mesmos direitos e qualificações, proibidas quaisquer designações discriminatórias relativas à filiação.

5.   Art. 47. O vínculo da adoção constitui-se por sentença judicial, que será inscrita no registro civil mediante mandado do qual não se fornecerá certidão.

§ 1º A inscrição consignará o nome dos adotantes como pais, bem como o nome de seus ascendentes.

§ 2º O mandado judicial, que será arquivado, cancelará o registro original do adotado;

§ 3º A pedido do adotante, o novo registro poderá ser lavrado no Cartório do Registro Civil do Município de sua residência;

§ 4º Nenhuma observação sobre a origem do ato poderá constar nas certidões do registro;

§ 5º A sentença conferirá ao adotado o nome do adotante e, a pedido de qualquer deles, poderá determinar a modificação do prenome;

§ 6º Caso a modificação de prenome seja requerida pelo adotante, é obrigatória a oitiva do adotando, observado o disposto nos §§ 1º e 2º do art. 28 desta Lei;

§ 7º A adoção produz seus efeitos a partir do trânsito em julgado da sentença constitutiva, exceto na hipótese prevista no § 6º do art. 42 desta Lei, caso em que terá força retroativa à data do óbito;

§ 8º O processo relativo à adoção assim como outros a ele relacionados serão mantidos em arquivo, admitindo-se seu armazenamento em microfilme ou por outros meios, garantida a sua conservação para consulta a qualquer tempo;

§ 9º Terão prioridade de tramitação os processos de adoção em que o adotando for criança ou adolescente com deficiência ou com doença crônica.

§ 10. O prazo máximo para conclusão da ação de adoção será de 120 (cento e vinte) dias, prorrogável uma única vez por igual período, mediante decisão fundamentada da autoridade judiciária.

---

a) o dia, mês, ano e lugar do nascimento, bem como a hora certa, sendo possível determiná-la, ou aproximada;

b) o sexo do registrando;

c) o fato de ser gêmeo, quando assim tiver acontecido;

d) o nome e o prenome, que forem postos à criança;

e) a declaração de que nasceu morta, ou morreu no ato, ou logo depois do parto;

f) Os nomes e prenomes, a naturalidade, a profissão dos pais, a idade da genitora do registrando, em anos completos, na ocasião do parto, o domicílio e/ou a residência do registrando;

g) os prenomes e sobrenomes dos avós paternos e maternos, se não houver impedimento;

h) os prenomes e sobrenomes, a profissão e a residência das duas testemunhas do assento, quando se tratar de parto ocorrido sem assistência médica, em residência, ou fora de unidade hospitalar, ou casa de saúde.

§ 1º No registro de nascimento não se fará qualquer referência à natureza da filiação, à sua ordem em relação a outros irmãos do mesmo prenome, exceto gêmeos, ao lugar e cartório do casamento dos pais e ao estado civil destes. Nas certidões de nascimento não constarão indícios da concepção ter sido decorrente de relação extraconjugal, o estado civil dos pais e a natureza da filiação, bem como o lugar e cartório do casamento;

§ 2º No caso de gêmeos, o Oficial deverá declarar, no assento do registro de cada um, a ordem do nascimento;

§ 3º O enteado ou a enteada poderá requerer ao juiz competente a averbação, no seu assento do registro de nascimento, do nome de família de seu padrasto e/ou madrasta, desde que haja expressa concordância destes, nos termos dos parágrafos 2º e 7º,[6] do artigo 57, da Lei n. 6.015/1973.

---

6.   Art. 57. A alteração posterior de sobrenomes poderá ser requerida pessoalmente perante o oficial de registro civil, com a apresentação de certidões e de documentos necessários, e será averbada nos assentos de nascimento e casamento, independentemente de autorização judicial, a fim de:

§ 2º Os conviventes em união estável devidamente registrada no registro civil de pessoas naturais poderão requerer a inclusão de sobrenome de seu companheiro, a qualquer tempo, bem como alterar seus sobrenomes nas mesmas hipóteses previstas para as pessoas casadas;

§ 3º (Revogado pela Lei n. 14.382/2022);

§ 3º-A O retorno ao nome de solteiro ou de solteira do companheiro ou da companheira será realizado por meio da averbação da extinção de união estável em seu registro;

§ 4º (Revogado pela Lei n. 14.382/2022);

§ 5º (Revogado pela Lei n. 14.382/2022);

§ 6º (Revogado pela Lei n. 14.382/2022);

§ 7º Quando a alteração de nome for concedida em razão de fundada coação ou ameaça decorrente de colaboração com a apuração de crime, o juiz competente determinará que haja a averbação no registro de origem de menção da existência de sentença concessiva da alteração, sem a averbação do nome alterado, que somente poderá ser procedida mediante determinação posterior, que levará em consideração a cessação da coação ou ameaça que deu causa à alteração.

CAPÍTULO II
DO REGISTRO DE ÓBITO.

Art. 9º O assento de óbito será lavrado mediante declaração de óbito, atestada por médico, ou, não havendo, no lugar da ocorrência, à vista de declaração firmada por duas pessoas devidamente qualificadas, que presenciaram, ou verificaram a morte, e será levado a registro, no prazo de até 24:00 horas, no lugar onde ocorreu o falecimento.

§ 1º Quando não for possível sua realização, no prazo acima referido, tendo em vista a distância, ou outro motivo relevante, o assento do óbito poderá ser lavrado em até 15 dias da data do falecimento ou, no caso de ter ocorrido em local, cuja distância ultrapasse 30 (trinta) km da sede do cartório, o prazo será ampliado para até 3 (três) meses;

§ 2º Ultrapassados os prazos acima estipulados, o registro tardio de óbito poderá ser feito:

a) pelo delegatário do Registro Civil do local de ocorrência do falecimento ou da residência do falecido, independentemente de autorização judicial, devendo o requerimento ser firmado pelas pessoas referidas no art. 79,[7] da Lei n. 6.015/73, instruído com a declaração de óbito regularmente preenchida, atestada e assinada por médico responsável, sendo que, em caso de fundada dúvida, o Oficial do Registro Civil poderá exigir complementação de provas e, persistindo a dúvida, encaminhará os autos ao juiz competente; ou

b) por ordem judicial, nos casos em que haja necessidade de realização de audiência de justificação e/ou produção de provas.

§ 3º No Município, onde não houver o Serviço de Verificação de Óbito, o atestado será lavrado por médico de setor público e, na impossibilidade, por médico do setor privado;

§ 4º Na lavratura do óbito, quando a morte for natural, com ou sem assistência médica, ou que, no atestado, se refira à moléstia mal definida, é imprescindível a declaração de óbito, expedida pelo Serviço de Verificação de Óbito;

§ 5º Nos casos de morte violenta, o atestado de óbito deverá ser expedido por médico do Instituto Médico Legal da localidade, onde o corpo foi localizado, e, não existindo, por médico do

---

7.   Art. 79. São obrigados a fazer declaração de óbitos:

1º) o chefe de família, a respeito de sua mulher, filhos, hóspedes, agregados e fâmulos;

2º) a viúva, a respeito de seu marido, e de cada uma das pessoas indicadas no número antecedente;

3º) o filho, a respeito do pai ou da mãe; o irmão, a respeito dos irmãos e demais pessoas de casa, indicadas no n. 1; o parente mais próximo maior e presente;

4º) o administrador, diretor ou gerente de qualquer estabelecimento público ou particular, a respeito dos que nele faleceram, salvo se estiver presente algum parente em grau acima indicado;

5º) na falta de pessoa competente, nos termos dos números anteriores, a que tiver assistido aos últimos momentos do finado, o médico, o sacerdote ou vizinho que do falecimento tiver notícia;

6º) a autoridade policial, a respeito de pessoas encontradas mortas.

Parágrafo único. A declaração poderá ser feita por meio de preposto, autorizando-o o declarante em escrito, de que constem os elementos necessários ao assento de óbito.

PROVIMENTO N. 02/2010 ART. 12

setor público e, na impossibilidade, por médico do setor privado.

Art. 10. Para o recebimento dos honorários, pelo médico particular que firmar o atestado, quando necessário, serão observadas as orientações contidas no Provimento n. 09/2009.

CAPÍTULO III.
DISPOSIÇÕES GERAIS

Art. 11. As certidões de Nascimento, Casamento e Óbito, a partir de 1º de janeiro de 2010, serão expedidas nos modelos instituídos pelo Provimento n. 03/2009, do Conselho Nacional de Justiça.

Art. 12. Este Provimento entrará em vigor na data de sua publicação, revogando-se as disposições em contrário, especialmente os Provimentos n. 06/1995, 02/2000 e 16/2009.

PROVIMENTO N. 02/2009

Trata do fornecimento de certidões às entidades vinculadas à proteção do crédito, adota índice para correção dos valores dos emolumentos devidos aos notários e registradores do Estado do Tocantins e outras providências.

Art. 1º O Cartório de Distribuição fornecerá às entidades representativas da indústria e do comércio e àquelas vinculadas ao serviço de proteção do crédito, mensalmente, por meio automatizado, ou convencional, quando solicitado, certidão contendo a relação completa dos processos de falência, concordata, insolvência, execução e busca e apreensão promovidos no mês de referência, bem como das extinções ocorridas no mesmo período.

§ 1º As custas, taxas e emolumentos devidos, na forma da Lei n. 1.286/01, serão recolhidas antes do fornecimento de cada certidão, guardando a serventia, em arquivo, cópia do respectivo pagamento;

§ 2º No caso de certidão conjunta, negativa ou informativa, esta poderá ser expedida por meio virtual, magnético ou convencional, em forma de relação, cobrando-se, a cada grupo de vinte nomes, o limite máximo fixado no item IV do número 103 da Tabela XVII da referida Lei n. 1.286/01, e, no que exceder, o mesmo valor, independentemente do número de nomes ser inferior.

Art. 2º Os Cartórios de Protestos de Títulos e Documentos do Estado do Tocantins deverão fornecer, para as mesmas entidades, diariamente, por meios automatizados, ou convencionais, a relação de títulos protestados e/ou cancelados, com a devida identificação dos devedores, obedecidas as mesmas regras do artigo anterior.

Art. 3º Os valores constantes das tabelas XII, XIII, XIV, XV, XVI e XVII, do Capítulo II, do Anexo Único, da mencionada Lei n. 1.286/2001, serão corrigidos anualmente pela aplicação do Índice Geral de Preços – Disponibilidade Interna (IGP-DI) da Fundação Getúlio Vargas, compreendido entre os meses de janeiro a dezembro do ano anterior, a partir de 1º de janeiro de 2010.

Art. 4º Ficam revogados o Provimento n. 21/2002-CGJ-TO e demais atos normativos contrários a este provimento.

Art. 5º Este Provimento entrará em vigor na data de sua publicação.

PROVIMENTO N. 01/2009[1]

Regulamenta os procedimentos relativos à aquisição, repasse e uso do Selo de Fiscalização dos Serviços Extrajudiciais e disciplina o ressarcimento aos registradores civis das pessoas naturais pelos atos gratuitos praticados em decorrência de lei.

TÍTULO I
DO SELO DE FISCALIZAÇÃO

Capítulo I
DISPOSIÇÕES GERAIS

Art. 1º A utilização e fiscalização do selo criado pela Lei Estadual n. 2.011, de 18 de dezembro de 2008, obedecerão às regras previstas neste Provimento;

§ 1º A prática dos atos notariais e de registro no Estado do Tocantins, a partir de 1º de outubro de 2009, será obrigatoriamente realizada com a utilização do selo de fiscalização;

§ 2º A ausência do referido selo, no documento que o exige, tornará ineficaz o ato praticado pelo notário ou registrador e o sujeitará às sanções legais cabíveis;

§ 3º O selo possuirá as características descritas no anexo I a este Provimento;

Art. 2º Nos documentos que necessitarem a aplicação do selo constará, obrigatoriamente, a advertência: VÁLIDO SOMENTE COM O SELO DE AUTENTICIDADE, que não poderá ser aplicada sobre a respectiva numeração.

Art. 3º O uso do selo de fiscalização é exclusivo do cartório que o solicitou, sendo vedado seu repasse de uma para outra serventia.

Art. 4º Os notários e registradores, seus substitutos e os interventores, interinos, ou designados para responder pela serventia, velarão pela guarda e conservação dos selos e serão responsabilizados em caso de desídia.

Capítulo II
DOS TIPOS DE SELOS

Art. 5º São instituídos os seguintes tipos de selo, sem prejuízo de que outros sejam criados posteriormente, para atender e aperfeiçoar o controle dos atos praticados:

I – Tipo I, contendo a inscrição REGISTRAL, será utilizado para o Registro de Imóveis, Títulos e Documentos, Registro Civil de Pessoas Naturais e Documentos Marítimos, pela prática dos atos especificados nas Tabelas XIII, XIV, XV e XVI, Cap. II, Anexo único, da Lei n. 1.286/01;

II – Tipo II, contendo a inscrição NOTARIAL, será utilizado pelos Tabelionatos de Notas e de Protestos de Títulos, pela prática dos atos espe-

cificados nas Tabelas XII e XVII, Cap. II, Anexo único, da Lei n. 1.286/01;

III – Tipo III – contendo a inscrição AUTENTICAÇÃO, será utilizado exclusivamente para autenticação;

IV – Tipo IV – contendo a inscrição RECONHECIMENTO DE FIRMA, será utilizado exclusivamente para o reconhecimento de firma;

V – Tipo V – contendo a inscrição ISENTO DE EMOLUMENTOS, será utilizado somente nos registros de nascimento, óbito e natimorto.

Capítulo III
DO PROCEDIMENTO DE UTILIZAÇÃO

Art. 6º O selo será utilizado de forma a criar um vínculo com o respectivo ato, observando-se o seguinte procedimento:

I – a utilização dos selos observará rigorosamente a ordem sequencial da numeração de série neles contida;

II – o selo deve ser retirado pela borda e afixado imediatamente no documento;

III – o carimbo da serventia deverá ser colocado sobre a parte do selo que não contenha a numeração em série;

IV – o documento que possuir mais de um ato receberá tantos selos quantos forem os atos praticados;

V – o documento que possuir mais de uma folha, e constituir-se num só ato, receberá o selo na folha onde houver a assinatura do agente autorizado a praticá-lo;

VI – o documento que possuir mais de uma folha, e constituir-se em mais de um ato, receberá tantos selos quanto a quantidade de atos praticados, os quais poderão estar distribuídos pelo documento.

Art. 7º A aplicação dos selos nos atos notariais e de registros obedecerá a forma abaixo:

I – no serviço notarial:

a) na escritura pública, procuração, ata notarial, substabelecimento e testamento, quando da lavratura do ato será aposto um selo em cada traslado entregue ao interessado.

b) na autenticação de fotocópias, serão utilizados tantos selos quantos forem os documentos reproduzidos, ainda que a reprodução de mais de um documento seja feita em apenas uma folha, da seguinte forma:

b.1) nos documentos formados por mais de uma folha ou página, cada reprodução será autenticada e receberá um selo;

b.2) nos documentos formados por anverso e verso, a autenticação será feita pela quantidade de reproduções, uma para o anverso e outra

para o verso e cada ato receberá um selo, ainda que a reprodução seja feita apenas em um lado da folha;

b.3) nos documentos únicos de identidade: RG. Título de Eleitor, CPF ou Carteira de Habilitação será aposto apenas um selo, correspondente a apenas uma autenticação.

c) no reconhecimento de firmas serão utilizados tantos selos quantas forem as assinaturas reconhecidas no documento;

d) será afixado selo na certidão pública-forma e traslado expedidos pelo serviço notarial, a requerimento de interessado, caso em que será desnecessário informar o número e a série do selo de autenticidade no ato originário.

II – no tabelionato de protesto:

a) será afixado selo de autenticidade no título ou documento de dívida, entregue ao interessado, nas hipóteses de quitação, retirada pelo apresentante ou sustação;

b) será afixado selo no instrumento de protesto entregue ao interessado, devendo o tabelião informar a série e número do selo utilizado no registro que formar o livro respectivo;

c) também será afixado selo na certidão expedida pelo tabelião;

d) as certidões expedidas em forma de relação receberão apenas um selo.

III – no registro civil de pessoas naturais será afixado selo, para a certidão expedida em virtude de ato praticado, ou por requerimento do interessado, ainda que fornecida gratuitamente;

IV – no registro de imóveis:

a) no caso de título apresentado para registro, em que se pratique mais de um ato, serão utilizados tantos selos quantos forem os atos praticados, que serão afixados na folha do título em que contiver a certidão oferecida pelo registrador;

b) no título ou documento apresentado, em mais de uma via para registro e que tenham destinatários diversos, será afixado, em cada via, um selo por ato praticado na folha do título, em que contiver a certidão oferecida pelo registrador;

c) no documento apresentado para averbação, somente será afixado selo, quando houver devolução de uma via, com a certidão da prática do ato, e conterá tantos selos quanto a quantidade de atos praticados;

d) nas demais certidões fornecidas pelo serviço de registro de imóveis que decorram de requerimento também serão afixados selos.

V – no registro de títulos e documentos:

a) no documento apresentado para registro, em que se pratique mais de um ato, será afixada a

---

1. Atualizado até o Provimento n. 14/2011.

ART. 8º — NORMAS PARA A ATIVIDADE EXTRAJUDICIAL DO ESTADO DO TOCANTINS

quantidade de selos correspondentes a de atos praticados;

b) no documento apresentado, em mais de uma via, que tenha destinatários diversos, será afixado um selo por ato praticado em cada via entregue ao interessado;

c) a aposição do selo, nesses casos, será feita na folha em que contiver a certidão da prática do ato;

d) fica vedada a utilização de certidões por carimbo, ou outro meio, em substituição ao selo que deve ser afixado em todas as vias do documento apresentado para registro;

e) nas demais certidões fornecidas, que decorram de requerimento, também serão afixados selos.

VI – no registro civil de pessoas jurídicas:

a) no documento apresentado em mais de uma via, que tenha destinatários diversos, será afixado um selo por ato praticado, em cada via destinada ao interessado, vedada a utilização de certidão, por carimbo ou outro meio, que informe a aposição do selo na primeira via;

b) a aposição do selo, nesses casos, será feita na folha em que contiver a certidão da prática do ato;

c) nas demais certidões fornecidas, que decorram de requerimento também serão afixados selos;

Art. 8º Cada ato notarial ou registral entregue ao interessado receberá o selo correspondente.

§ 1º No ato levado a registro ou averbação, que implique na expedição de certidão, será afixado selo na certidão expedida, com a respectiva informação no livro;

§ 2º A obrigação de informar não prevalecerá, no caso de fornecimento de certidão e traslado, por requerimento.

Capítulo IV
DAS ISENÇÕES E DO PAGAMENTO DIFERIDO

Art. 9º São isentas de emolumentos:

I – fornecidas para fins de alistamento militar e eleitoral;

II – decorrentes de assistência judiciária;

III – expedidas por requisição de autoridade judicial ou policial, de órgão do Ministério Público e da União.

Parágrafo único. (Revogado).

Provimento n. 05/2014.

Art. 9º-A As certidões requeridas aos Cartórios Extrajudiciais pela Fazenda Pública Federal, Estadual ou Municipal, no âmbito de ações executivas fiscais, devem ser expedidas na forma e no prazo definido pela legislação vigente, dispensando-se o pagamento antecipado dos emolumentos e taxas incidentes, que deverão ser recolhidos somente ao final do processo, ficando a cargo do vencido.

§ 1º Sendo vencida a Fazenda Pública somente é devido o pagamento dos emolumentos à serventia extrajudicial, ficando isenta das taxas incidentes – judiciária e FUNCIVIL. No caso de ser vencido o particular, deverão ser pagos os emolumentos e as respectivas taxas – judiciária e FUNCIVIL;

§ 2º Quanto aos selos de fiscalização dos atos praticados com fundamento neste artigo, aplicam-se as disposições do parágrafo único, do artigo 9º, deste Provimento.

Capítulo V
DO PEDIDO DE FORNECIMENTO DE SELO

Art. 10. Os serviços de notas e de registros do Estado serão cadastrados na Corregedoria-Geral de Justiça e no Conselho Gestor do FUNCIVIL.

Parágrafo único. O cadastro conterá os dados do titular e de até quatro pessoas da serventia, que ficarão autorizadas a requerer e a receber os selos de fiscalização, conforme constante do anexo II a este Provimento.

Art. 11. Salvo situações excepcionais, assim reconhecidas pelo Presidente do Conselho Gestor do Fundo, os serviços de notas e de registros encaminharão a este, no máximo, dois pedidos de fornecimento de selos por mês, utilizando-se do formulário previsto no anexo III a este Provimento.

§ 1º (Revogado);

Provimento n. 05/2014.

§ 2º O pedido de fornecimento dos selos consignará números inteiros, múltiplos de cinquenta (50), para cada tipo de selo;

§ 3º Os selos somente serão solicitados, ou entregues, para as pessoas devidamente cadastradas, constituindo o cadastro base de segurança para os pedidos e para sua obtenção.

Arts. 12 e 13. (Revogados).

Provimento n. 05/2014.

Art. 14. O repasse ao FUNCIVIL dos valores arrecadados pelos serviços de notas e de registro, pertinentes ao selo de fiscalização, será efetuado via depósito identificado, em conta mantida em banco oficial pelo Conselho Gestor;

§ 1º É de responsabilidade exclusiva do notário ou registrador o recolhimento dos valores devidos ao FUNCIVIL, sendo vedada qualquer cessão dessa obrigação ao usuário dos serviços extrajudiciais ou ao devedor dos emolumentos;

§ 2º A partir da prática do ato, o notário ou registrador constitui-se em depositário fiel dos valores devidos ao FUNCIVIL, até o efetivo recolhimento ao Conselho Gestor;

§ 3º (Revogado).

Provimento n. 05/2014.

§ 4º O não recolhimento desses valores, no prazo estabelecido sujeita o notário e registrador às penalidades administrativas da Lei Federal n. 8.935, de 18 de novembro de 1992, sem prejuízo de multa de um salário-mínimo, aplicado pelo corregedor permanente, recolhida ao FUNCIVIL; (§ 3º,[2] art. 5º, Lei Estadual n. 2.011/08).

Capítulo VI
DO RELATÓRIO DE UTILIZAÇÃO DOS SELOS

Art. 15 e 16. (Revogados).

Provimento n. 05/2014.

Capítulo VII
DAS DISPOSIÇÕES FINAIS

Art. 17. As dúvidas e os casos omissos serão dirimidos pelo Corregedor-Geral de Justiça.

Art. 18. Os serviços de notas e de registro manterão afixados, em local de fácil visualização, cartaz de apresentação dos selos.

Art. 19. As serventias judiciais e extrajudiciais distribuirão aos usuários panfletos e manuais referentes aos selos.

Art. 20. O descumprimento do disposto neste provimento sujeitará o infrator às sanções previstas nos arts. 32[3] e 33[4] da Lei n. 8.935, de 18 de novembro de 1994.

TITULO II
DO FUNDO ESPECIAL DE COMPENSAÇÃO DA GRATUIDADE DOS ATOS DO REGISTRO CIVIL DE PESSOAS NATURAIS – FUNCIVIL

Capítulo I
ADMINISTRAÇÃO DO FUNCIVIL

Art. 21. A administração do Fundo Especial de Compensação da Gratuidade dos Atos do Registro Civil – FUNCIVIL – previsto no art. 2º,[5] da Lei Estadual n. 2.011, de 18 de dezembro de 2008, obedecerá as disposições deste provimento.

§ 1º A administração do FUNCIVIL será realizada por um Conselho Gestor, com sede na capital, constituído por cinco membros e respectivos suplentes, com mandato de três anos, indicados pela Diretoria da ANOREG-TO, dentre seus associados, consoante previsto no art. 4º,[6] da lei supra mencionada;

§ 2º As atribuições dos membros do Conselho Gestor serão definidas em seu Regimento Interno;

§ 3º O Conselho reunir-se-á pelo menos uma vez a cada 30 (trinta) dias, em sessão pública e acessível a qualquer associado da entidade referida neste artigo, assim como, a um representante da Corregedoria Geral da Justiça, que poderá fazer indagações e pedir esclarecimentos, constando em ata todas as deliberações.

Art. 22. Compete ao Conselho Gestor do FUNCIVIL, no âmbito de sua autonomia administrativa e financeira, elaborar o seu Regimento Interno, nele dispondo sobre sua organização, atribuições e funcionamento, inclusive sobre a fiscalização da sua movimentação financeira

---

3. Art. 32. Os notários e os oficiais de registro estão sujeitos, pelas infrações que praticarem, assegurado amplo direito de defesa, às seguintes penas:

    I – repreensão;

    II – multa;

    III – suspensão por noventa dias, prorrogável por mais trinta;

    IV – perda da delegação.

4. Art. 33. As penas serão aplicadas:

    I – a de repreensão, no caso de falta leve;

    II – a de multa, em caso de reincidência ou de infração que não configure falta mais grave;

    III – a de suspensão, em caso de reiterado descumprimento dos deveres ou de falta grave;

5. Dispositivo revogado pela Lei n. 3.408/2018.

6. Dispositivo revogado pela Lei n. 3.408/2018.

2. Dispositivo revogado pela Lei n. 3.408/2018.

pelo Conselho Fiscal da Associação dos Notários e Registradores do Estado do Tocantins – ANOREG-TO;

Parágrafo único. O Regimento Interno também disporá sobre normas específicas que assegurem o controle, o equilíbrio orçamentário, a regularidade e a prestação de contas das transferências bancárias sob responsabilidade do Conselho Gestor do FUNCIVIL, que dará ciência à Corregedoria Geral da Justiça, inclusive da prática de eventuais irregularidades praticadas pelos delegatários em detrimento do Fundo;

Capitulo II
DA GRATUIDADE DOS ATOS DE REGISTRO
CIVIL DE PESSOAS NATURAIS

Art. 23. A gratuidade dos atos praticados pelos cartórios de registro civil de pessoas naturais, prevista no art. 2º, inciso II[7] da Lei Estadual n. 2.011/08, efetivar-se-á através de recursos captados no FUNCIVIL, deduzidas as despesas com o funcionamento e operacionalização do fundo, das despesas com a aquisição do selo de fiscalização, a contribuição à ANOREG e aos repasses ao FUNJURIS e atenderá, prioritariamente, as seguintes regras:

§ 1º A compensação devida aos registradores civis de pessoas naturais e a complementação da receita bruta mínima devem ser efetuadas pelo Conselho Gestor, por rateio do saldo existente, na mesma proporção dos atos gratuitos praticados, até o dia 20 (vinte) do mês subsequente ao da prática do ato, considerando:

a) o valor de compensação por cada ato será definido pelo Conselho Gestor, de acordo com os recursos existentes em conta, na conformidade do disposto no inc. VII,[8] do parágrafo único, do art. 4º, da Lei n. 2.011/08;

b) 50% dos valores previstos na respectiva tabela de emolumentos, para remuneração dos demais atos, quando praticados a usuários beneficiários da gratuidade, inclusive os isentos.

Art. 24. Além da compensação pela prática dos atos gratuitos, havendo *superávit,* fica assegurada a complementação pelo Conselho Gestor, da receita bruta mínima mensal das serventias do Registro de Pessoas Naturais deficitárias em até três salários-mínimos;

§ 1º (Revogado);

§ 2º (Revogado).

Provimento n. 05/2014.

Art. 25. O pagamento aos Oficiais do Registro Civil de Pessoas Naturais, a título de compensação pela prática de atos gratuitos, será feito mediante transferência bancária identificada, da conta do FUNCIVIL para a conta do titular ou da respectiva serventia;

§ 1º (Revogado);

§ 2º (Revogado);

§ 3º (Revogado);

§ 4º (Revogado);

Provimento n. 05/2014.

§ 5º Nas hipóteses de afastamentos, impedimentos legais ou regulamentares dos titulares das Serventias do Registro Civil de Pessoas

---
7. Dispositivo revogado pela Lei n. 3.408/2018.
8. Dispositivo revogado pela Lei n. 3.408/2018.

Naturais, seu substituto, legalmente investido na função, fará jus ao ressarcimento respectivo, pago na proporção dos dias de efetiva substituição;

TÍTULO III
DAS COMPETÊNCIAS

Art. 26. Compete à Corregedoria Geral da Justiça:

I – expedir atos complementares para disciplinar a utilização do selo e para o controle de sua aquisição e distribuição aos serviços notariais e de registro;

II – manter atualizado cadastro dos habilitados ao recebimento do selo;

III – (Revogado).

Provimento n. 05/2014.

IV – dar publicidade os selos furtados, roubados, extraviados e, de qualquer forma desaparecidos;

V – aprovar o manual explicativo para distribuição às serventias;

VI – exigir do Conselho Gestor certificado obtido junto a empresa fornecedora do selo, sobre a destruição daqueles cancelados;

VII – exercer o controle da qualidade do selo;

VIII – (Revogado)

Provimento n. 05/2014.

IX – exercer ampla fiscalização sobre o funcionamento e os recursos patrimoniais do FUNCIVIL, independente dos relatórios que deverão ser encaminhados pelo Conselho Gestor, por força do que dispõe a Lei Estadual n. 2.011/08;

X – fiscalizar o recolhimento dos valores devidos ao FUNCIVIL e, em cada Comarca, pelo Juiz Diretor do Foro, sem prejuízo das correições e inspeções de rotina;

Art. 27. Compete aos titulares das serventias de notas e de registro:

I – efetuar os recolhimentos dos valores recebidos ao FUNCIVIL, através de depósito identificado;

II – (Revogado);

Provimento n. 05/2014.

III – manter atualizada, na Corregedoria Geral da Justiça e junto ao conselho Gestor do FUNCIVIL, a relação de pessoas credenciadas a movimentar os selos;

IV – receber os selos, ficando responsáveis, junto com seus substitutos legais, por seu uso, guarda e conservação;

V – comunicar à Corregedoria Geral da Justiça e ao Conselho Gestor, qualquer extravio de selos e, na hipótese de crime, apresentar o correspondente boletim de ocorrência;

VI – (Revogado);

(Provimento n. 05/2014).

VII – enviar para o Conselho Gestor, em envelope lacrado, os selos danificados e os atos anulados, na forma prevista no item anterior;

VIII – manter o livro de controle de selos e sua distribuição interna;

IX – remeter cópia do comprovante de depósito identificado, semanalmente, ao Conselho Gestor.

Art. 28. Compete ao Conselho Gestor do FUNCIVIL:

I – elaborar o respectivo regimento interno encaminhando cópia à Corregedoria Geral da Justiça;

II – receber da instituição bancária os valores depositados diretamente pelas serventias;

III – efetuar os pagamentos a cargo do FUNCIVIL, promovendo os respectivos registros contábeis;

IV – repassar às serventias de registro civil de pessoas naturais os valores correspondentes, conforme previsto na lei de regência e neste provimento;

V – exercer o controle da execução orçamentário-financeira, do patrimônio, de programas, ações, contratos e convênios;

VI – adquirir e distribuir o Selo de Fiscalização, gratuitamente, aos notários e registradores;

VII – transferir, mensalmente, 20% (vinte por cento) do valor arrecadado pelo FUNCIVIL ao Fundo Especial de Modernização e Aprimoramento do Poder Judiciário (FUNJURIS-TO) e 1% à ANOREG-TO;

VIII – fixar os valores destinados à compensação dos atos gratuitos de registros de nascimento, de óbito e de natimorto;

IX – encaminhar à Corregedoria Geral da Justiça do Estado do Tocantins relatório:

a) anual, sobre a execução orçamentário-financeira do Fundo, o qual deverá ser publicado no Diário da Justiça do Estado do Tocantins;

b) mensal, sobre o valor arrecadado e dos repasses efetuados.

X – sem prejuízo dos relatórios acima especificados, prestar contas mensais de suas receitas na forma contábil, mantendo os balancetes, demonstrativos mensais de aplicação dos seus recursos na compensação dos atos gratuitos e com a administração do fundo, além dos documentos contábeis correspondentes;

XI – abrir e manter conta bancária em instituição financeira oficial, para a movimentação de todos os recursos do FUNCIVIL;

XII – encaminhar à Corregedoria Geral da Justiça do Estado do Tocantins, extratos bancários devidamente conciliados.

§ 1º A prestação de contas será elaborada por um contador devidamente registrado no CRC;

§ 2º A Seção de Inspetoria, Fiscalização e Arrecadação da Corregedoria Geral da Justiça procederá auditagem em toda documentação apresentada pelo FUNCIVIL, podendo o órgão censor solicitar o auxílio da Diretoria de Controle Interno do Tribunal de Justiça do Estado do Tocantins, sempre que necessitar.

TITULO IV
DISPOSIÇÕES FINAIS E TRANSITÓRIAS

Art. 29. Fica mantida a atual sistemática de ressarcimento adotada para retribuição dos atos abrangidos pela gratuidade, até a implantação definitiva do selo de fiscalização.

Art. 30. (Revogado).

Provimento n. 12/2009.

Art. 31. Este Provimento entrará em vigor na data de sua publicação, revogando-se as disposições em contrário.

PROVIMENTO N. 06/2007[1]

Dispõe sobre a comunicação de decretação de indisponibilidade de bens.

Art. 1º A Corregedoria-Geral da Justiça deste Estado do Tocantins não mais recepcionará expedientes contendo solicitações para comunicar aos Oficiais de Registro de Imóveis sobre a decretação de indisponibilidade de bens, para efeito de averbação nos serviços de registro imobiliário.

Art. 2º A Autoridade Judiciária, desta ou de qualquer outra Unidade da Federação, que decretar a indisponibilidade de bens deverá cadastrá-la imediatamente na Central Nacional de Indisponibilidades de Bens (CNIB), sendo vedada a expedição de ofícios ou mandados em papel com tal finalidade às Corregedorias da Justiça dos Estados e aos Oficiais de Registro de Imóveis, salvo para o fim específico de indisponibilidade relativa a imóvel certo e determinado, hipótese em que a ordem será enviada diretamente à serventia competente para a averbação, com indicação do nome e do CPF do titular do domínio ou outros direitos reais atingidos, o endereço do imóvel e o número da respectiva matrícula.

Art. 3º O mesmo tratamento será dado aos pedidos correlatos, oriundos de procedimentos de Liquidação Extrajudicial, disciplinados na Lei n. 9.656/2001.

Art. 4º Havendo exigência a ser satisfeita e não cumprida pelo interessado, o Oficial Registrador comunicará o interessado, e, se for o caso, suscitará dúvida perante o Juízo competente, nos termos e na forma do art. 198,[2] da Lei n. 6.015/73.

Art. 5º Os expedientes que vierem a aportar nesta Corregedoria-Geral da Justiça, tratando da matéria aqui referida, serão devolvidos de plano ao solicitante.

Art. 6º Revogam-se quaisquer atos normativos anteriores que possam conflitar com a disciplina aqui estabelecida.

Art. 6º[3] Este Provimento entrará em vigor na data de sua publicação.

---

2. Art. 198. Se houver exigência a ser satisfeita, ela será indicada pelo oficial por escrito, dentro do prazo previsto no art. 188 desta Lei e de uma só vez, articuladamente, de forma clara e objetiva, com data, identificação e assinatura do oficial ou preposto responsável, para que:

   I – (Revogado pela Lei n. 14.382/2022);

   II – (Revogado pela Lei n. 14.382/2022);

   III – (Revogado pela Lei n. 14.382/2022);

   IV – (Revogado pela Lei n. 14.382/2022);

   V – o interessado possa satisfazê-la; ou

   VI – caso não se conforme ou não seja possível cumprir a exigência, o interessado requeira que o título e a declaração de dúvida sejam remetidos ao juízo competente para dirimi-la.

   § 1º O procedimento da dúvida observará o seguinte:

   I – no Protocolo, o oficial anotará, à margem da prenotação, a ocorrência da dúvida;

   II – após certificar a prenotação e a suscitação da dúvida no título, o oficial rubricará todas as suas folhas;

   III – em seguida, o oficial dará ciência dos termos da dúvida ao apresentante, fornecendo-lhe cópia da suscitação e notificando-o para impugná-la perante o juízo competente, no prazo de 15 (quinze) dias; e

   IV – certificado o cumprimento do disposto no inciso III deste parágrafo, serão remetidos eletronicamente ao juízo competente as razões da dúvida e o título.

   § 2º A inobservância do disposto neste artigo ensejará a aplicação das penas previstas no art. 32 da Lei n. 8.935, de 18 de novembro de 1994, nos termos estabelecidos pela Corregedoria Nacional de Justiça do Conselho Nacional de Justiça.

---

1. Atualizado até o Provimento n. 05/2019.

3. Dispositivo com numeração repetida.

PROVIMENTO N. 01/2007

Regulamenta a cobrança, por parte dos Tabelionatos de Protestos de Títulos, de emolumentos para fornecimento de certidões a órgãos do Poder Público.

Art. 1º O fornecimento de certidões, por parte dos Tabelionatos de Protestos de Títulos, a órgãos do Poder Público, se dará através de solicitação por escrito encaminhada à respectiva Serventia.

Art. 2º A entrega da(s) certidão(ões) está condicionada ao recolhimento dos emolumentos correspondentes.

Art. 3º É permitida a expedição de certidão conjunta, seja negativa ou informativa, caso em que a mesma deverá conter o número máximo de 20 (vinte) nomes.

Parágrafo único. Nesta hipótese, a cobrança de emolumentos rege-se pelo disposto no número 103, incisos I a IV, da TABELA XVII – ATOS DOS TABELIÃES DE PROTESTOS DE TÍTULOS, da LEI N. 1.286/01;

Art. 4º Este Provimento entrará em vigor na data de sua publicação.

PROVIMENTO N. 06/2006[1]

Regula a atuação e funcionamento das serventias extrajudiciais no Estado do Tocantins, compreendendo os Ofícios de Notas, de Protesto de Títulos, de Registro de Imóveis, de Registro Civil das Pessoas Naturais, Registro Civil das Pessoas Jurídicas, Registro de Títulos e Documentos e os demais cumulativos, no sentido de imprimir maior segurança jurídica nos atos notariais e de registro.

1. DOS OFÍCIOS DE NOTAS

Art. 1º O Tabelião, os substitutos e os escreventes autorizados, antes da lavratura de procuração, ou substabelecimento, deverão inicialmente:

I – verificar se as partes e demais interessados acham-se munidos dos respectivos documentos originais de identificação, RG e CNPF ou CNPJ, e conferi-los, com todo o cuidado, para certificar-se de que, de fato, estes correspondem àqueles, arquivando-os em cópias autenticadas, recomendando-se, para conferência, a aquisição de uma luz ultravioleta para que, sob o foco desta, se constate a legitimidade, ou não, dos documentos de identidade apresentados;

II – verificar a capacidade das partes e a licitude do objeto;

III – exigir, caso se tratem de pessoas jurídicas que vão figurar como partes outorgantes, os documentos comprobatórios da representação;

IV – conferir as procurações, para verificar se outorgam poderes competentes e se os nomes das partes coincidem com os correspondentes ao ato a ser lavrado, se as firmas dos outorgantes ou de quem assinou o traslado ou certidão, quando o ato exigir procuração por instrumento público, estão reconhecidas na comarca onde está produzindo efeitos e, quando passada no exterior, se atende a todas as exigências legais;

V – tratando-se de partes, espólio, massa falida, herança jacente ou vacante, ou de sub-rogação de gravames, de concordatária, incapazes e outros que, para dispor ou adquirir imóveis ou direitos a eles relativos, dependam de autorização judicial, exigir os respectivos alvarás, observando se a firma do juiz está reconhecida;

VI – exigir de todos os que compareçam portando procuração ou substabelecimento que preencham, cada qual, uma ficha padrão de assinaturas e que forneçam uma cópia autenticada do respectivo documento de identidade apresentado, para arquivamento.

Art. 2º Os alvarás, traslados e certidões de procurações e substabelecimentos de procurações outorgados em cartórios, instrumentos particulares de mandato e cópias dos atos constitutivos das pessoas jurídicas, estes quando registrados em comarca diversa, deverão ser arquivados, mencionando-se no corpo da procuração ou substabelecimento a origem dos mesmos, e também, se for o caso, o número do livro e da folha do Registro de Títulos e Documentos em que tenham sido transcritos, inclusive os de origem estrangeira.

Art. 3º Nas procurações em que advogado figure como mandatário, constará o número de sua inscrição na OAB ou a declaração do outorgante de que o ignora; e nas outorgadas a sociedades de advogados constarão, como mandatários, os advogados que as integram.

§ 1º Somente poderá ser lavrado substabelecimento de instrumento público;

Art. 4º O Tabelião, Substituto ou Escrevente Autorizado, ao lavrar procuração ou substabelecimento que conste a revogação de procuração escriturada em sua própria serventia, anotará esta circunstância, imediatamente e sem ônus às partes, à margem do ato revogado ou substabelecido.

§ 1º Tratando-se de ato lavrado em outra serventia, será comunicada esta circunstância àquela, mediante o pagamento, inclusive das despesas postais, pelo interessado;

§ 2º O mesmo procedimento de anotação será adotado quando o Tabelião receber comunicado de atos revogados ou substabelecidos originários de sua serventia.

Art. 5º Serão aceitos como documentos de identificação civil:

I – a cédula de identidade expedida pelos órgãos de identificação civil dos Estados;

II – a carteira emitida pelos órgãos controladores do exercício profissional, criados por lei federal (art. 1º da Lei Federal n. 6.206/75) contendo foto;

III – o passaporte, no caso de estrangeiros não residentes no país, dentro do prazo de validade e com foto;

IV – Carteira Nacional de Habilitação (CNH), no modelo atual, com foto, assinatura e dentro do prazo de validade;

V – Carteira de Trabalho e Previdência Social (CTPS), no modelo atual, informatizado.

Parágrafo único. Além das hipóteses dos incisos I a V do caput deste artigo, fica autorizada a realização de ato jurídico-notarial, como prova de identificação, quando o documento apresentado pelo interessado for previsto em lei, em sentido estrito.

2.1. DO RECONHECIMENTO DE FIRMA

Art. 6º Nos documentos que transfiram bens móveis e imóveis, ou direitos a eles relativos (veículos, telefones, casas, apartamentos, terrenos, usufruto etc.), ou ainda nos que sejam assumidos compromissos, dívidas, fianças etc., recomenda-se que as assinaturas dos vendedores, cedentes, compromissários, devedores, fiadores etc., sejam feitas na presença do Tabelião, substituto ou escrevente autorizado, para que o reconhecimento possa ser feito por autenticidade e dificultar, assim, a ação de falsificadores e estelionatários.

Art. 7º É vedado o reconhecimento de firma em documentos sem data, incompletos ou que contenham, no contexto, espaços em branco.

Parágrafo único. Se o instrumento contiver todos os elementos do ato, pode-se reconhecer a firma de apenas uma das partes, não obstante faltar a assinatura da outra, ou das outras.

Art. 8º Quando o Tabelião, substituto ou escrevente autorizado observar divergências entre os dados e/ou assinaturas da respectiva ficha padrão e os dados e/ou assinaturas do documento apresentado ou, ainda, sempre que houver dúvida quanto à autenticidade daquele documento apresentado, poderá exigir a presença do signatário ou signatários.

2.2. DA AUTENTICAÇÃO

Art. 9º Poderão os Tabeliães, seus Substitutos ou Escreventes autorizados, excepcionalmente, autenticar cópias de outras já autenticadas, desde que o ato de autenticação anterior seja de sua lavra.

3. DAS DISPOSIÇÕES GERAIS

Art. 10. É proibida, nas serventias extrajudiciais, a prestação de serviços, remunerados ou não, por pessoas estranhas ao seu quadro de funcionários.

Art. 11. O quadro de empregados das serventias extrajudiciais será obrigatoriamente afixado em local de fácil acesso e verificação pelo público.

Parágrafo único. O titular deverá afixar quadro de aviso, do tamanho máximo de 60x30cm, em que se especifiquem os atos cartorários de sua competência, contendo abaixo os seguintes dizeres: "Obs.: o Cartó-

---

1. Atualizado até o Provimento n. 20/2018.

ART. 12 — NORMAS PARA A ATIVIDADE EXTRAJUDICIAL DO ESTADO DO TOCANTINS

rio não se responsabiliza pelos atos praticados por pessoa estranha ao seu quadro de funcionários".

Art. 12. Os titulares efetivos ou vitalícios das serventias extrajudiciais não podem omitir-se no cumprimento de leis, regulamentos, provimentos, portarias, instruções e normas procedimentais, sob pena de falta disciplinar grave e de responsabilidade.

Art. 13. Serão arquivadas nas serventias extrajudiciais, em pasta própria, os relatórios e as determinações decorrentes de todas as correições, ordinárias e extraordinárias, da Corregedoria-Geral ou do Juiz de Direito Diretor do Foro correspondente.

Art. 14. No caso de atos emanados de serventias extrajudiciais que devam ser renovados por negligência, imperícia ou erro destas, caberá ao titular fazê-lo à sua própria custa, respondendo pelos danos que possa ter causado ao interessado ou a terceiro, sem prejuízo da imposição da penalidade cabível.

Art. 15. Este Provimento entrará em vigor na data de sua publicação, revogando-se as disposições em contrário.

Art. 16 e 17. (Revogados).

➜ Provimento n. 02/2007.

PROVIMENTO N. 01/2006

Estabelece prazo para o arquivo de registros de títulos e documentos nos Cartórios de Protestos, e normatiza a emissão de certidões negativa ou positiva.

Art. 1º Os Cartórios de Protestos devem manter em seus arquivos, registros de títulos protestados em nome de Pessoas Físicas e Jurídicas, e a emissão de Certidões deverá compreender apenas o período de 05 (cinco) anos anteriores à data do pedido.

§ 1º O quinquênio não será observado quando o pedido referir-se a protesto específico, sendo que tal indicação deverá ser feita pelo solicitante, e constará na certidão que se trata de protesto determinado, conforme determina o Art. 27, parágrafo 2º,[1] da Lei de Protesto.

Art. 2º Este Provimento entrará em vigor na data de sua publicação, revogando-se as disposições em contrário.

---

1. Art. 27. O Tabelião de Protesto expedirá as certidões solicitadas dentro de cinco dias úteis, no máximo, que abrangerão o período mínimo dos cinco anos anteriores, contados da data do pedido, salvo quando se referir a protesto específico.

   § 2º Das certidões não constarão os registros cujos cancelamentos tiverem sido averbados, salvo por requerimento escrito do próprio devedor ou por ordem judicial.

PROVIMENTO N. 03/2005

Veda o apontamento de Cheques devolvidos pelos motivos que especifica.

Art. 1º É vedado o apontamento de cheques quando estes tiverem sido devolvidos pelo estabelecimento bancário sacado, nos termos das circulares de n.(s) 2.655, COMPE 96/45 e 3.050, e da Resolução n. 1682, todas do Banco Central do Brasil, desde que os títulos não tenham circulado por meio de endosso, nem estejam garantidos por aval, pelos seguintes motivos:

a) 20 – Folha de cheque cancelada por solicitação do correntista (Circular n. 3.050, art. 1º[1]);

b) 25 – Cancelamento de talonário pelo banco sacado (Resolução n. 1.682, art. 6º[2] e 14[3]);

2. Art. 6º. O cheque poderá ser devolvido por um dos motivos a seguir classificados:

11 – Cheque sem Fundos – 1ª Apresentação;

12 – Cheque sem Fundos – 2ª Apresentação;

13 – Conta Encerrada;

14 – Prática Espúria;

21 – Contraordem (ou revogação) ou oposição (ou sustação) ao pagamento pelo emitente ou pelo portador;

22 – Divergência ou insuficiência de assinatura;

23 – Cheques emitidos por entidades e órgãos da administração pública federal direta e indireta, em desacordo com os requisitos constantes do artigo 74, 2º, do Decreto-lei n. 200, de 25.02.67;

24 – Bloqueio judicial ou determinação do banco central do Brasil;

25 – Cancelamento de Talonário Pelo Banco Sacado;

26 – Inoperância Temporária de Transporte;

27 – Feriado Municipal não Previsto;

31 – Erro formal (sem data de emissão, com o mês grafado numericamente, ausência de assinatura, não registro do valor por extenso);

32 – Ausência ou irregularidade na aplicação do carimbo de compensação;

33 – Divergência de endosso;

34 – Cheque apresentado por estabelecimento bancário que não o indicado no cruzamento em preto, sem o endosso-mandato;

35 – Cheque fraudado, emitido sem prévio controle ou responsabilidade do estabelecimento bancário ("cheque universal"), ou ainda com adulteração da praça sacada;

41 – Cheque apresentado a banco que não o sacado;

42 – Cheque não compensável na sessão ou sistema de compensação em que apresentado;

43 – Cheque devolvido anteriormente pelos motivos 21, 22, 23, 24 e 31, não passível de reapresentação em virtude de persistir o motivo da devolução;

44 – Cheque prescrito;

45 – Cheque emitido por entidade obrigada a realizar movimentação e utilização de recursos financeiros do tesouro nacional mediante ordem bancária;

49 – Remessa nula, caracterizada pela reapresentação de cheque devolvido pelos motivos 12, 13, 14, 43, 44 e 45, podendo a devolução ocorrer a qualquer tempo.

3. Art. 14. Será cobrada, pelo executante do serviço de compensação de cheques e outros papéis, taxa de serviço equivalente a 1 (um) BTN, pela devolução de cheque à câmara de compensação:

a) Do banco sacado, no caso de ocorrência causada por qualquer dos motivos de 11 a 25, que a poderá transferir ao correntista quando configurados os motivos de 11 a 24;

b) Do banco portador, no caso de ocorrência causada por qualquer dos motivos de 31 a 49, que a poderá transferir para o depositante quando configurado o motivo 31.

c) 28 – contraordem (ou revogação) ou oposição (ou sustação) ocasionada por furto ou roubo (Circular n. 2.655, art. 1º[4]);

d) 30 – Furto ou roubo de malotes;

e) 35 – Cheque fraudado, emitido sem prévio controle ou responsabilidade do estabelecimento bancário (cheque universal) ou ainda com adulteração da praça sacada, e cheques contendo a expressão "PAGÁVEL EM QUALQUER AGÊNCIA" apresentado em desacordo com o MNI (Resolução n. 1.682, art. 6º e 14).

§ 1º Em havendo endosso ou aval, o protesto será possível, mas nessa hipótese deverão ser omitidos os nomes ou outros dados identificadores dos titulares das respectivas contas bancárias, anotando-se unicamente, nos campos próprios, ser(em) emitente(s) desconhecido(s).

Art. 2º Este Provimento entrará em vigor na data de sua publicação.

---

1. Art. 1º Criar o motivo de devolução n. 20 – Folha de cheque cancelada por solicitação do correntista.

§ 1º O motivo de que trata o caput deve ser utilizado pelas instituições financeiras nas devoluções de cheques cujas folhas em branco tenham sido roubadas, furtadas ou extraviadas depois de recebidas pelo correntista;

§ 2º Constitui pré-requisito para a utilização do motivo de que trata o caput a existência de pedido formulado pelo correntista à instituição financeira mantenedora da respectiva conta de depósitos, na forma do disposto no art. 3º da Resolução n. 2.747, de 28 de junho de 2000.

4. Art. 1º Criar o motivo de devolução n. 28 – Contra ordem (ou revogação) ou oposição (ou sustação) ao pagamento, ocasionada por furto ou roubo, cuja utilização fica condicionada à apresentação, pelo emitente, em ambos os casos, ou portador legitimado, no caso de oposição (ou sustação), da respectiva ocorrência policial.

PROVIMENTO N. 24/2002

Determina como os Cartórios de Registro e Tabelionatos de Notas devem proceder no caso de atendimento aos cidadãos portadores de deficiência visual.

Art. 1º Os Cartórios de Registro e os Tabelionatos de Notas do Estado do Tocantins, ao procederem ao atendimento de portadores de deficiência visual, depositante cego ou portador de visão subnormal, exare certidão de que o depositante exibiu cédula de identidade, cujo número deverá ser anotado, bem como de que as assinaturas do depositante e as de 2 (duas) testemunhas devidamente qualificadas, foram lançadas na presença do notário;

Art. 2º O presente Provimento entrará em vigor na data de sua publicação.

PROVIMENTO N. 04/2001

Institui procedimento a ser observado pelos Cartórios de Registros de Imóveis, quando do registro de desmembramento de imóvel rural.

Art. 1º Na hipótese de desmembramento de imóvel rural, a parte interessada deverá instruir o título de transferência de propriedade com a planta do imóvel originário (gleba a ser desmembrada) que confira com a matrícula do imóvel, indicando precisamente as partes desmembradas, com seus limites e confrontações próprias, e se for o caso, da reserva legal também, apresentando os memoriais descritivos dos imóveis desmembrados, devidamente assinados pelo profissional responsável.

I – quanto ao imóvel novo (parte desmembrada) o Registrador deverá obedecer a forma prevista no artigo 176, inciso II,[1] da Lei Federal n. 6.015/73, criando uma nova matrícula específica, com todos os seus requisitos.

II – quanto ao imóvel remanescente o Registrador deverá proceder conforme prescrito no artigo 167, inciso II, n. 4,[2] da Lei Federal n. 6.015/73, averbando-se à margem de sua matrícula a diminuição da área, fixando precisamente a área remanescente, devendo precisar os novos limites e confrontações, a rigor da regra insculpida no artigo 176, inciso II, n. 03,[3] da referida Lei Federal, utilizando-se do memorial descritivo a ser apresentado.

Art. 2º Este Provimento entrará em vigor a partir da data de sua publicação, revogando-se as disposições em contrário.

---

1. Art. 176. O Livro n. 2 – Registro Geral – será destinado, à matrícula dos imóveis e ao registro ou averbação dos atos relacionados no art. 167 e não atribuídos ao Livro n. 3.

   II – são requisitos da matrícula:

   1) o número de ordem, que seguirá ao infinito;

   2) a data;

   3) a identificação do imóvel, que será feita com indicação:

   a) se rural, do código do imóvel, dos dados constantes do CCIR, da denominação e de suas características, confrontações, localização e área;

   b) se urbano, de suas características e confrontações, localização, área, logradouro, número e de sua designação cadastral, se houver.

   4) o nome, domicílio e nacionalidade do proprietário, bem como:

   a) tratando-se de pessoa física, o estado civil, a profissão, o número de inscrição no Cadastro de Pessoas Físicas do Ministério da Fazenda ou do Registro Geral da cédula de identidade, ou, à falta deste, sua filiação;

   b) tratando-se de pessoa jurídica, a sede social e o número de inscrição no Cadastro Geral de Contribuintes do Ministério da Fazenda.

   5) o número do registro anterior;

   6) tratando-se de imóvel em regime de multipropriedade, a indicação da existência de matrículas, nos termos do § 10 deste artigo;

2. Art. 167. No Registro de Imóveis, além da matrícula, serão feitos.

   II – a averbação:

   4) da mudança de denominação e de numeração dos prédios, da edificação, da reconstrução, da demolição, do desmembramento e do loteamento de imóveis.

3. Art. 176. O Livro n. 2 – Registro Geral – será destinado, à matrícula dos imóveis e ao registro ou averbação dos atos relacionados no art. 167 e não atribuídos ao Livro n. 3.

   III – são requisitos do registro no Livro n. 2:

   1) a data;

   2) o nome, domicílio e nacionalidade do transmitente, ou do devedor, e do adquirente, ou credor, bem como:

   a) tratando-se de pessoa física, o estado civil, a profissão e o número de inscrição no Cadastro de Pessoas Físicas do Ministério da Fazenda ou do Registro Geral da cédula de identidade, ou, à falta deste, sua filiação;

   b) tratando-se de pessoa jurídica, a sede social e o número de inscrição no Cadastro Geral de Contribuintes do Ministério da Fazenda;

   3) o título da transmissão ou do ônus;

   4) a forma do título, sua procedência e caracterização;

   5) o valor do contrato, da coisa ou da dívida, prazo desta, condições e mais especificações, inclusive os juros, se houver.

PROVIMENTO N. 02/2001

Dispõe sobre normas ao Ofício de Protesto de Títulos Extrajudiciais. Fornecimento de certidão, revoga os Provimentos n. 07/96; 01/97 e 05/97, e dá outras providências.

Art. 1º Os Ofícios de Protesto de Títulos Extrajudiciais somente poderão expedir certidões do respectivo título protestado, na forma dos artigos 11, VII[1] da Lei n. 8.935/94 e artigos 3º,[2] e 27 a 31[3] da Lei n. 9.492/97.

---

1. Art. 11. Aos tabeliães de protesto de título compete privativamente:

    VII – expedir certidões de atos e documentos que constem de seus registros e papéis.

2. Art. 3º Compete privativamente ao Tabelião de Protesto de Títulos, na tutela dos interesses públicos e privados, a protocolização, a intimação, o acolhimento da devolução ou do aceite, o recebimento do pagamento, do título e de outros documentos de dívida, bem como lavrar e registrar o protesto ou acatar a desistência do credor em relação ao mesmo, proceder às averbações, prestar informações e fornecer certidões relativas a todos os atos praticados, na forma desta Lei.

3. Art. 27. O Tabelião de Protesto expedirá as certidões solicitadas dentro de cinco dias úteis, no máximo, que abrangerão o período mínimo dos cinco anos anteriores, contados da data do pedido, salvo quando se referir a protesto específico.

    § 1º As certidões expedidas pelos serviços de protesto de títulos, inclusive as relativas à prévia distribuição, deverão obrigatoriamente indicar, além do nome do devedor, seu número no Registro Geral (R.G.), constante da Cédula de Identidade, ou seu número no Cadastro de Pessoas Físicas (C.P.F.), se pessoa física, e o número de inscrição no Cadastro Geral de Contribuintes (C.G.C.), se pessoa jurídica, cabendo ao apresentante do título para protesto fornecer esses dados, sob pena de recusa.

    § 2º Das certidões não constarão os registros cujos cancelamentos tiverem sido averbados, salvo por requerimento escrito do próprio devedor ou por ordem judicial.

    Art. 28. Sempre que a homonímia puder ser verificada simplesmente pelo confronto do número de documento de identificação, o Tabelião de Protesto dará certidão negativa.

    Art. 29. Os cartórios fornecerão às entidades representativas da indústria e do comércio ou àquelas vinculadas à proteção do crédito, quando solicitada, certidão diária, em forma de relação, dos protestos tirados e dos cancelamentos efetuados, com a nota de se cuidar de informação reservada, da qual não se poderá dar publicidade pela imprensa, nem mesmo parcialmente.

    § 1º O fornecimento da certidão será suspenso caso se desatenda ao disposto no caput ou se forneçam informações de protestos cancelados;

    § 2º Dos cadastros ou bancos de dados das entidades referidas no caput somente serão prestadas informações restritivas de crédito oriundas de títulos ou documentos de dívidas regularmente protestados cujos registros não foram cancelados.

    Art. 30. As certidões, informações e relações serão elaboradas pelo nome dos devedores, conforme previstos no § 4º do art. 21 desta Lei, devidamente identificados, e abrangerão os protestos lavrados e registrados por falta de pagamento, de aceite ou de devolução, vedada a ex-

Art. 2º A duplicata será passível de protesto por falta de aceite, devolução ou por falta de pagamento.

Art. 3º Poderá ser fornecida certidão dos títulos protestados, na forma plurinominativa, na forma dos artigos 29[4] e 31[5] da Lei n. 9.492/97, vedada sua publicação pela imprensa, mesmo que parcialmente;

I – serão observadas as custas e emolumentos permitidos pela tabela específica (artigo 37[6] da Lei n. 9.492/97);

---

clusão ou omissão de nomes e de protestos, ainda que provisória ou parcial.

Art. 31. Poderão ser fornecidas certidões de protestos, não cancelados, a quaisquer interessados, desde que requeridas por escrito.

4. Art. 29. Os cartórios fornecerão às entidades representativas da indústria e do comércio ou àquelas vinculadas à proteção do crédito, quando solicitada, certidão diária, em forma de relação, dos protestos tirados e dos cancelamentos efetuados, com a nota de se cuidar de informação reservada, da qual não se poderá dar publicidade pela imprensa, nem mesmo parcialmente.

5. Art. 31. Poderão ser fornecidas certidões de protestos, não cancelados, a quaisquer interessados, desde que requeridas por escrito.

6. Art. 37. Pelos atos que praticarem em decorrência desta Lei, os Tabeliães de Protesto perceberão, diretamente das partes, a título de remuneração, os emolumentos fixados na forma da lei estadual e de seus decretos regulamentadores, salvo quando o serviço for estatizado.

    § 1º Poderá ser exigido depósito prévio dos emolumentos e demais despesas devidas, caso em que, igual importância deverá ser reembolsada ao apresentante por ocasião da prestação de contas, quando ressarcidas pelo devedor no Tabelionato;

    § 2º Todo e qualquer ato praticado pelo Tabelião de Protesto será cotado, identificando-se as parcelas componentes do seu total;

    § 3º Pelo ato de digitalização e gravação eletrônica dos títulos e outros documentos, serão cobrados os mesmos valores previstos na tabela de emolumentos para o ato de microfilmagem.

Art. 4º Seja sempre facultado ao devedor o prazo previsto em lei, de três dias úteis (art. 12[7] da Lei n. 9.492/97), contado da notificação, para que efetue o pagamento do título, antes do protesto;

Art. 5º Na hipótese de ser desconhecido o endereço ou a pessoa indicada para aceitar ou para pagar, seja feita a intimação através de edital afixado no átrio do foro local, publicado pela imprensa, em jornal de grande circulação no município;

Art. 6º O presente Provimento entrará em vigor na data de sua publicação.

---

7. Art. 12. O protesto será registrado dentro de três dias úteis contados da protocolização do título ou documento de dívida.

    § 1º Na contagem do prazo a que se refere o caput exclui-se o dia da protocolização e inclui-se o do vencimento;

    § 2º Considera-se não útil o dia em que não houver expediente bancário para o público ou aquele em que este não obedecer ao horário normal.

PROVIMENTO N. 06/2000

Dispõe sobre a necessidade da outorga de ambos os genitores para lavratura da escritura pública de emancipação.

Art. 1º A lavratura do Registro de Emancipação, deverá ser feita somente com a outorga expressa do pai e da mãe do menor.

Parágrafo único. Nos casos em que a lei permita que apenas um dos genitores autorize a emancipação do menor, esta deverá estar acompanhada, impreterivelmente, da documentação que comprove a situação fática-legal.

Art. 2º Não sendo atendido o disposto no artigo anterior, o registro de emancipação não poderá ser lavrado.

Art. 3º O Registrador Civil não procederá ao registro de emancipação, quando este for deferido por apenas um dos genitores, salvo casos especificados legalmente.

Art. 4º O Tabelião ou Registrador que não atender o disposto neste Provimento, responderá pelo ato praticado nos termos da lei.

Art. 5º Este Provimento entra em vigor na data de sua publicação.

PROVIMENTO N. 02/1999

Disciplina a cobrança de emolumentos pelos Oficiais de Registro de Imóveis, quando da prática de atos de registro de ordens judiciais decorrentes de constrição de imóveis por penhora, arresto e sequestro.

Art. 1º Os registros oriundos de ordens judiciais, inclusive da Justiça do Trabalho, consistentes em constrições por penhora, arresto e sequestro, realizados pelos Oficiais do Registro de Imóveis, serão precedidos de pagamento dos emolumentos pelas partes interessadas, salvo os casos decorrentes do benefício da assistência judiciária.

Art. 2º Os registros, formalizados nos termos do art. 176,[1] da Lei n. 6.015/73, serão efetuados

---

1. Art. 176. O Livro n. 2 – Registro Geral – será destinado, à matrícula dos imóveis e ao registro ou averbação dos atos relacionados no art. 167 e não atribuídos ao Livro n. 3.

    § 1º A escrituração do Livro n. 2 obedecerá às seguintes normas:

    I – cada imóvel terá matrícula própria, que será aberta por ocasião do primeiro ato de registro ou de averbação caso a transcrição possua todos os requisitos elencados para a abertura de matrícula;

    II – são requisitos da matrícula:

    1) o número de ordem, que seguirá ao infinito;

    2) a data;

    3) a identificação do imóvel, que será feita com indicação:

    a) se rural, do código do imóvel, dos dados constantes do CCIR, da denominação e de suas características, confrontações, localização e área;

    b) se urbano, de suas características e confrontações, localização, área, logradouro, número e de sua designação cadastral, se houver.

    4) o nome, domicílio e nacionalidade do proprietário, bem como:

    a) tratando-se de pessoa física, o estado civil, a profissão, o número de inscrição no Cadastro de Pessoas Físicas do Ministério da Fazenda ou do Registro Geral da cédula de identidade, ou à falta deste, sua filiação;

    b) tratando-se de pessoa jurídica, a sede social e o número de inscrição no Cadastro Geral de Contribuintes do Ministério da Fazenda;

    5) o número do registro anterior;

    6) tratando-se de imóvel em regime de multipropriedade, a indicação da existência de matrículas, nos termos do § 10 deste artigo;

    III – são requisitos do registro no Livro n. 2:

    1) a data;

    2) o nome, domicílio e nacionalidade do transmitente, ou do devedor, e do adquirente, ou credor, bem como:

    a) tratando-se de pessoa física, o estado civil, a profissão e o número de inscrição no Cadastro de Pessoas Físicas do Ministério da Fazenda ou do Registro Geral da cédula de identidade, ou, à falta deste, sua filiação;

    b) tratando-se de pessoa jurídica, a sede social e o número de inscrição no Cadastro Geral de Contribuintes do Ministério da Fazenda;

    3) o título da transmissão ou do ônus;

    4) a forma do título, sua procedência e caracterização;

5) o valor do contrato, da coisa ou da dívida, prazo desta, condições e mais especificações, inclusive os juros, se houver.

§ 2º Para a matrícula e registro das escrituras e partilhas, lavradas ou homologadas na vigência do Decreto n. 4.857, de 9 de novembro de 1939, não serão observadas as exigências deste artigo, devendo tais atos obedecer ao disposto na legislação anterior;

§ 3º Nos casos de desmembramento, parcelamento ou remembramento de imóveis rurais, a identificação prevista na alínea a do item 3 do inciso II do § 1º será obtida a partir de memorial descritivo, assinado por profissional habilitado e com a devida Anotação de Responsabilidade Técnica (ART), contendo as coordenadas dos vértices definidores dos limites dos imóveis rurais, georreferenciadas ao Sistema Geodésico Brasileiro e com precisão posicional a ser fixada pelo INCRA, garantida a isenção de custos financeiros aos proprietários de imóveis rurais cuja somatória da área não exceda a quatro módulos fiscais;

§ 4º A identificação de que trata o § 3º tornar-se-á obrigatória para efetivação de registro, em qualquer situação de transferência de imóvel rural, nos prazos fixados por ato do Poder Executivo;

§ 5º Nas hipóteses do § 3º, caberá ao Incra certificar que a poligonal objeto do memorial descritivo não se sobrepõe a nenhuma outra constante de seu cadastro georreferenciado e que o memorial atende às exigências técnicas, conforme ato normativo próprio;

§ 6º A certificação do memorial descritivo de glebas públicas será referente apenas ao seu perímetro originário;

§ 7º Não se exigirá, por ocasião da efetivação do registro do imóvel destacado de glebas públicas, a retificação do memorial descritivo da área remanescente, que somente ocorrerá a cada 3 (três) anos, contados a partir do primeiro destaque, englobando todos os destaques realizados no período;

§ 8º O ente público proprietário ou imitido na posse a partir de decisão proferida em processo judicial de desapropriação em curso poderá requerer a abertura de matrícula de parte de imóvel situado em área urbana ou de expansão urbana, previamente matriculado ou não, com base em planta e memorial descritivo, podendo a apuração de remanescente ocorrer em momento posterior;

§ 9º A instituição do direito real de laje ocorrerá por meio da abertura de uma matrícula própria no registro de imóveis e por meio da averbação desse fato na matrícula da construção-base e nas matrículas de lajes anteriores, com remissão recíproca;

§ 10. Quando o imóvel se destinar ao regime da multipropriedade, além da matrícula do imóvel, haverá uma matrícula para cada fração de tempo, na qual se registrarão e averbarão os atos referentes à respectiva fração de tempo, ressalvado o disposto no § 11 deste artigo;

§ 11. Na hipótese prevista no § 10 deste artigo, cada fração de tempo poderá, em função de legislação tributária municipal, ser objeto de inscrição imobiliária individualizada;

§ 12. Na hipótese prevista no inciso II do § 1º do art. 1.358-N da Lei n. 10.406, de 10 de janeiro de 2002 (Código Civil), a fração de tempo adicional, destinada à realização de reparos, constará da matrícula referente à fração de tempo principal de cada multiproprietário e não será objeto de matrícula específica;

§ 13. Para a identificação de que tratam os §§ 3º e 4º deste artigo, é dispensada a anuência dos confrontantes, bastando

mediante cumprimento de mandado ou à vista de certidão do escrivão, com todos os requisitos previstos no art. 239, § único, da referida lei, atendendo-se a requerimento do interessado.

Parágrafo único. Efetivada a constrição judicial e não havendo recursos para a efetivação do registro, o Oficial de Justiça certificará o ocorrido e, após o cumprimento integral do mandado, o devolverá ao cartório.

Art. 3º Os emolumentos a serem cobrados pelos referidos registro serão calculados de acordo com o disposto na Tabela XIV, item 82, do Regimento de Custas e Emolumentos – Provimento n. 05/94, de 12.07.94, com redução de 50% (cinquenta por cento), excetuando-se do desconto o valor mínimo ali assegurado.

§ 1º Observar-se-á como base de cálculo para cobrança dos emolumentos devidos o valor da causa ou da avaliação do bem existente nos autos, o que for menor;

§ 2º Não havendo avaliação do bem nos autos, esta será substituída pelo último valor de aquisição do imóvel constante dos registros imobiliários, corrigido pelos fatores de atualização monetária fornecidos mensalmente pela Corregedoria-Geral da Justiça;

§ 3º O registro posterior de constrição judicial de outro imóvel, localizado na mesma circunscrição geográfica do anteriormente constritado, oriundo do mesmo processo, o que vise o reforço da garantia, terá como limite máximo para a base de cálculo de cobrança de emolumentos o valor adicional da garantia que representa.

Art. 4º Este Provimento entrará em vigor na data da sua publicação, revogadas as disposições em contrário.

---

para tanto a declaração do requerente de que respeitou os limites e as confrontações;

§ 14. É facultada a abertura da matrícula na circunscrição onde estiver situado o imóvel, a requerimento do interessado ou de ofício, por conveniência do serviço;

§ 15. Ainda que ausentes alguns elementos de especialidade objetiva ou subjetiva, desde que haja segurança quanto à localização e à identificação do imóvel, a critério do oficial, e que constem os dados do registro anterior, a matrícula poderá ser aberta nos termos do § 14 deste artigo;

§ 16. Se não forem suficientes os elementos de especialidade objetiva ou subjetiva, será exigida a retificação, no caso de requerimento do interessado na forma prevista no § 14 deste artigo, perante a circunscrição de situação do imóvel;

§ 17. Os elementos de especialidade objetiva ou subjetiva que não alterarem elementos essenciais do ato ou negócio jurídico praticado, quando não constantes do título ou do acervo registral, poderão ser complementados por outros documentos ou, quando se tratar de manifestação de vontade, por declarações dos proprietários ou dos interessados, sob sua responsabilidade;

§ 18. Quando se tratar de transcrição que não possua todos os requisitos para a abertura de matrícula, admitir-se-á que se façam na circunscrição de origem, à margem do título, as averbações necessárias.

225

PROVIMENTO N. 09/1998

Regulamenta o art. 7º[1] da Lei n. 9.534, de 10.12.97 – estabelece normas de como devem proceder os oficiais dos cartórios de Registro Civil deste Estado em relação aos serviços itinerantes de registro.

Art. 1º Quando solicitado pelo Poder Público Estadual ou Municipal, o Juiz de Direito Diretor do Foro designará até dois (02) dias na semana, para que o Oficial do Registro Civil se ausente do Cartório a fim de realizar os serviços itinerantes[2] de registro.

Parágrafo único. Os serviços de que trata este artigo serão realizados sem prejuízo do regular funcionamento do cartório.

Art. 2º O Poder Público indicará ao Juiz o local a ser designado para a realização desses serviços, o qual deverá apresentar condições adequadas ao seu efetivo funcionamento.

Art. 3º Deverá ser fornecido pelo Poder Público, todo o material necessário para efetivar os registros, quais sejam: livro, certidões, material de expediente e ainda cessão de funcionários previamente treinados para tal finalidade;

Art. 4º Nos Cartórios informatizados, esses serviços serão realizados no próprio Cartório, sendo que os interessados receberão as senhas nos locais designados e encaminhados ao cartório, em ordem cronológica, no período estabelecido pelo Diretor do Foro;

Art. 5º No Município em que houver mais de um Cartório de Registro Civil, será utilizado o critério de rodízio entre eles na realização desses serviços, conforme estabelecer o Diretor do Foro;

Art. 6º Não se farão registros de óbitos, mormente aqueles fora do prazo, nos locais de realização dos serviços itinerantes;

Art. 7º Não poderá o Poder Público, de forma alguma, interferir nas atribuições pertinentes ao Cartório, pois a responsabilidade administrativa e criminal é exclusiva do Oficial, *ex-vi* dos artigos 22/24[3] da Lei n. 8.935/94.

Art. 8º Este Provimento entrará em vigor na data de sua Publicação.

---

1. Art. 7º Os Tribunais de Justiça dos Estados poderão instituir, junto aos Ofícios de Registro Civil, serviços itinerantes de registros, apoiados pelo poder público estadual e municipal, para provimento da gratuidade prevista nesta Lei.
2. Alterado e corrigido. Redação original consta "initinerantes".
3. Art. 22. Os notários e oficiais de registro são civilmente responsáveis por todos os prejuízos que causarem a terceiros, por culpa ou dolo, pessoalmente, pelos substitutos que designarem ou escreventes que autorizarem, assegurado o direito de regresso.

   Parágrafo único. Prescreve em três anos a pretensão de reparação civil, contado o prazo da data de lavratura do ato registral ou notarial.

   Art. 23. A responsabilidade civil independe da criminal.

   Art. 24. A responsabilidade criminal será individualizada, aplicando-se, no que couber, a legislação relativa aos crimes contra a administração pública.

   Parágrafo único. A individualização prevista no caput não exime os notários e os oficiais de registro de sua responsabilidade civil.

PROVIMENTO N. 03/1998

Proíbe qualquer modificação ou alteração nos registros dos imóveis que abrigavam as agências do Banco do Estado de Goiás S/A, em território tocantinense, até nova deliberação da CGJ.

Art. 1º Proibir qualquer modificação ou alteração nos registros dos imóveis que abrigavam as agências do Banco do Estado de Goiás S.A., em território tocantinense, até nova deliberação da Corregedoria Geral da Justiça.

Art. 2º Este Provimento entra em vigor na data de sua publicação.

PROVIMENTO N. 11/1996

Dispõe sobre autenticação de documentos fotocopiados, mediante a apresentação dos originais.

Art. 1º Determinar que todas as cópias apresentadas à autenticação, somente sejam aceitas se vierem acompanhadas de seu respectivo original, ou seja, é terminantemente proibida a autenticação de documentos fotocopiados sem a comparação com o seu original.

Art. 2º Compete aos Tabeliães de Notas a autenticação, face ao original, de cópias de documentos públicos ou particulares.

Parágrafo único. Ao proceder a autenticação do documento não deverá o serventuário, a quem a cópia for apresentada, se restringir à mera conferência dos textos ou ao simples aspecto morfológico da escrita, mas, verificar, acima de tudo e com a máxima cautela, se o documento copiado contém rasuras ou quaisquer outros sinais suspeitos, indicativos de possíveis fraudes.

Art. 3º Compete aos Oficiais de Registros Públicos reconhecer somente cópias de documentos ou peças extraídas de livros ou processos arquivados ou outros papéis em trânsito ou detidos em poder do respectivo cartório, em razão de seu ofício, certificando a origem do documento copiado.

Art. 4º Compete aos Escrivães Judiciais reconhecer somente cópias extraídas de instrumentos do foro judicial, que estejam em andamento em sua escrivania, ou de qualquer outro documento que, em razão de seu ofício, esteja em seu poder, certificando a origem do documento copiado.

Art. 5º Finalmente, em qualquer dos casos, deverá o serventuário declarar, expressamente, que as cópias se acham iguais ao original apresentado, identificando-se, claramente, bem como o Cartório que responde.

PROVIMENTO N. 08/1995

Dispõe sobre a execução de atos do Registro Civil.

Art. 1º Todas as habilitações de casamentos deverão ser formuladas junto ao Cartório da residência de ambos se for o mesmo ou de um dos nubentes, devendo ser a certidão de habilitação expedida pelo mesmo oficial.

Art. 2º Os processos só deverão ser remetidos ao Juiz Diretor do Foro, no caso de impugnação pelo representante do Ministério Público e em outros casos expressos em lei.

Art. 3º Deverão os nubentes, no momento da declaração de sua residência serem advertidos de que são criminalmente responsáveis pela veracidade da declaração e em caso de dúvidas, deverá o Oficial solicitar respectivo comprovante, sem embargo da faculdade que possui o Ministério Público, constante do art. 67, § 1º[1] da L.R.P.

Art. 4º Residindo os nubentes em diferentes distritos do Registro Civil, em um e em outro deverá ser publicado e registrado o edital.

Art. 5º Concluída a habilitação e expedida a competente certidão nos termos do presente, faculta-se aos nubentes, conforme art. 67, § 6º,[2] da aludida lei, escolherem a circunscrição onde pretendem realizar o casamento, devendo esse Oficial comunicar ao da habilitação, encaminhando os elementos necessários para que tome as providências de mister, com as respectivas anotações.

---

1. Art. 67. Na habilitação para o casamento, os interessados, apresentando os documentos exigidos pela lei civil, requererão ao oficial do registro do distrito de residência de um dos nubentes, que lhes expeça certidão de que se acham habilitados para se casarem.

    § 1º Se estiver em ordem a documentação, o oficial de registro dará publicidade, em meio eletrônico, à habilitação e extrairá, no prazo de até 5 (cinco) dias, o certificado de habilitação, podendo os nubentes contrair matrimônio perante qualquer serventia de registro civil de pessoas naturais, de sua livre escolha, observado o prazo de eficácia do art. 1.532 da Lei n. 10.406, de 10 de janeiro de 2002 (Código Civil).

2. Art. 67. Na habilitação para o casamento, os interessados, apresentando os documentos exigidos pela lei civil, requererão ao oficial do registro do distrito de residência de um dos nubentes, que lhes expeça certidão de que se acham habilitados para se casarem.

    § 6º Quando a celebração do casamento ocorrer perante oficial de registro civil de pessoas naturais diverso daquele da habilitação, deverá ser comunicado o oficial de registro em que foi realizada a habilitação, por meio eletrônico, para a devida anotação no procedimento de habilitação.

PROVIMENTO N. 03/1994

Manter, no ato de escrituração da matrícula de imóvel, colocação do número de ordem ao infinito.

Art. 1º A correção depende de autorização do Juiz Corregedor Permanente que, em consulta que lhe seria dirigida, autorizaria a REMUNERAÇÃO. Assim, onde está a matrícula n. 1 no livro 2, renumerar-se-ia para a matrícula seguinte à última do livro 1 e, assim, sucessivamente;

Art. 2º Não basta, porém, renumerar as matrículas, devendo ser feita e renumeração nos indicadores Pessoal e Real;

Art. 3º Quando apresentadas, em Cartório, escrituras que tenham relacionamento com os imóveis cujas matrículas foram renumeradas, não se deve, entretanto, exigir retificação da escritura, que será aceita com o número antigo e alertar-se-á os adquirentes para a alteração feita;

Art. 4º Este Provimento entrará em vigor na data de sua publicação, revogando-se as disposições em contrário.

PROVIMENTO N. 01/1994

Determina mencionar a data e o número de registro anterior por ocasião da abertura da matrícula.

Art. 1º Determinar que as matrículas de imóveis devem obrigatoriamente mencionar a data e o número do registro anterior eliminar na maioria dos casos a necessidade de expedição de certidões vintenárias complementares.

Art. 2º São requisitos essenciais das matrículas de imóveis:

a) o número de ordem que seguirá ao infinito;

b) a data;

c) a identificação e caracterização do imóvel bem como algum ônus se existir;

d) o nome e a qualificação do proprietário;

e) o número e a data do registro anterior ou em se tratando de imóvel oriundo de loteamento, o número do registro ou inscrição do loteamento.

Art. 3º Este Provimento entrará em vigor na data de sua publicação, revogando-se as disposições em contrário.

PROVIMENTO N. 12/1990

Autoriza o uso de livro de folhas soltas e fichas pelos Tabelionatos e Cartórios dos Registros Públicos.

Art. 1º Autorizar aos Tabeliães de Notas e Oficiais de Registro Público deste Estado o uso da escrituração mecânica em livros de folhas soltas, em substituição ao sistema tradicional.

Art. 2º Determinar que para isso, os serventuários usem modelos, tipo e dimensões do papel, uniformes para todo o Estado, podendo serem aprovados pela própria classe.

Art. 3º A escrituração mecânica observará as prescrições gerais indispensáveis à validade e à regularidade da escritura ou do ato levado a registro ou lançado em ficha.

Art. 4º Cada folha ou ficha conterá, na parte superior, impressas as armas da República, as designações do Estado do Tocantins, da Comarca, do Município, da serventia, o CIC do titular, a espécie e o número do Livro, bem como o número da folha.

Art. 5º O Tabelião ou Oficial, o Escrevente, os comparecentes, os intervenientes e as testemunhas assinarão todas as folhas utilizadas.

§ 1º A cópia, tomada por meio reprográfico, de preferência, ou com uso de carbono novo e indelével, deverá também ser assinada por todas as pessoas referidas no caput deste artigo;

§ 2º A cópia, com as mesmas características do instrumento original, deverá reproduzir o inteiro teor do ato, inclusive o número das folhas e do livro: conterá a menção de "traslado" e será autenticada pelo Titular em todas as folhas, inutilizados os espaços em branco;

§ 3º Todo traslado que se pretender extrair da folha ou ficha será feito por certidão, ficando assim, proibida a extração de traslado ou certidão por meio reprográfico, além da mencionada no parágrafo anterior.

Art. 6º Os livros de que trata este Provimento terão duzentas (200) folhas e conterão, ainda, os termos usuais de abertura e de encerramento, além dos índices específicos.

Parágrafo único. Os livros escriturados pelo sistema de fichas dispensam os termos de abertura e encerramento, deverão ser autenticados manual ou mecanicamente.

Art. 7º As folhas utilizadas deverão, até a encadernação, ser guardadas em pasta própria, correspondentes ao livro a que pertençam, sob inteira responsabilidades do titular da serventia.

Art. 8º A faculdade em tela exige dos titulares das serventias redobrado cuidado, posto que oferece maiores riscos que o modelo tradicional, de modo que ficam advertidos de que devem exercer vigilância permanente sobre o seu arquivo.

Art. 9º Só podem ser substituídos pelo sistema de escrituração mecânica em livros de folhas soltas ou fichas aqueles livros que a Lei dos Registros Públicos permitir.

Art. 10. Os livros já abertos poderão ser utilizados até o final, com o seu encerramento, Caso o Tabelião ou Oficial queira adotar, de imediato, o livro de folhas soltas ou fichas, deverá encerrar o substituído logo após o último ato nele inscrito.

Art. 11. O serventuário que pretender utilizar do sistema em epígrafe, fica obrigado a comunicar à Diretoria do Foro e a esta Corregedoria que assim o fez.

Art. 12. Fica proibida, terminantemente, a saída dos livros, folhas ou fichas da serventia.

Art. 13. Este provimento entra em vigor na data de sua publicação.

PROVIMENTO N. 09/1990

Dispõe sobre procedimento a ser adotado acerca de Registro de Imóveis nos Municípios recém-instalados.

Art. 1º Determinar aos Srs. Oficiais de registro de imóveis dos municípios recém-instalados e dos demais que vierem a ser criados que, ao procederem às matrículas e registros na forma do art. 197[1] da Lei dos Registros Públicos, comuniquem através de ofício em que constem os dados respectivos aos cartórios de registro de imóveis dos municípios primitivos a fim de que façam as devidas anotações devendo estas serem inseridas nas certidões que dali se extraírem.

Art. 2º Este Provimento entrará em vigor na data de sua publicação.

---

1. Art. 197. Quando o título anterior estiver registrado em outro cartório, o novo título será apresentado juntamente com certidão atualizada, comprobatória do registro anterior, e da existência ou inexistência de ônus.

RESOLUÇÃO N. 21
DE 21 DE JULHO DE 2021

Dispõe sobre a delegação do cumprimento de atos de comunicação processuais aos titulares dos serviços notariais e de registro no âmbito do Poder Judiciário do Estado do Tocantins.

Art. 1º Delegar, pelo prazo de 1 (um) ano, aos titulares e interinos dos serviços notariais e registrais do Estado do Tocantins, a prática dos atos de comunicação processual, no âmbito do Poder Judiciário do Estado do Tocantins, na forma desta Resolução.

§ 1º A adesão ao convênio para cumprimento dos atos de comunicação processual será voluntária;

§ 2º Ficam excluídos da delegação os atos de constrição de bens, condução coercitiva, prisão, busca e apreensão;

§ 3º Os atos delegados aos titulares e interinos dos serviços notariais e de registro devem obedecer ao disposto no Código de Processo Civil (CPC), em seu Título II – Da Comunicação dos Atos Processuais, quando de seu cumprimento;

§ 4º O envio de mandados às serventias extrajudiciais dispensa a expedição de carta precatória;

§ 5º O procedimento e o fluxo processual no cumprimento dos atos delegados aos titulares e interinos dos serviços notariais e de registro serão regulamentados por meio de instrução normativa editada pelo presidente do Tribunal de Justiça do Estado do Tocantins.

Art. 2º Os serviços prestados pelos titulares e interinos dos serviços notariais e de registro serão remunerados por ato, cujo valor será fixo e em caráter remuneratório.

Parágrafo único. Serão acrescidos ao valor do ato delegado, em caráter indenizatório, parcela destinada a cobrir despesas com locomoção.

Art. 3º Os valores pelos serviços prestados ficam assim estabelecidos:

I – para cumprimento do ato delegado na sede das Comarcas de Araguaína, Colinas do Tocantins, Gurupi, Porto Nacional, Paraíso do Tocantins e Palmas, o valor será de R$ 30,00 (trinta reais);

II – para cumprimento do ato delegado nas demais cidades e Comarcas do Estado, o valor será de R$ 60,00 (sessenta reais).

Parágrafo único. O valor destinado à indenização por locomoção observará a Tabela VII da Lei n. 3.408, de 28 de dezembro de 2018 – Atos Comuns: Item 1.1.1 (por quilômetro percorrido).

Art. 4º O juiz poderá ouvir testemunhas, utilizando espaço físico dos cartórios extrajudiciais, na forma a ser estabelecida por instrução normativa a ser editada pelo Presidente do Tribunal de Justiça do Estado do Tocantins.

§ 1º Pela utilização da sala dos cartórios extrajudiciais, para realização do ato previsto neste artigo, será devida remuneração ao tabelião, no valor de R$ 10,00 (dez) reais por pessoa inquirida;

§ 2º A inquirição de pessoas na sede física da serventia extrajudicial será feita diretamente pelo juiz presidente do processo, sem expedição de carta precatória.

Art. 5º Os valores previstos nesta Resolução poderão ser reajustados, para mais ou para menos, no prazo de 6 (seis) meses, como forma de manter a exequibilidade do serviço e a economicidade para o Poder Judiciário.

Art. 6º A Presidência do Tribunal de Justiça do Estado do Tocantins solucionará eventuais omissões e regulamentará, por meio de instrução normativa, o que for necessário para o integral cumprimento desta Resolução.

Art. 7º Esta Resolução entra em vigor na data de sua publicação.

RESOLUÇÃO N. 43
DE 1º DE OUTUBRO DE 2020

Regulamenta o art. 39 da Lei n. 3.408, de 28 de dezembro de 2018, que instituiu o fundo destinado à compensação dos custos referentes aos atos registrais da Regularização Fundiária Urbana de Interesse Social (Reurb-S) e ao custeio da eletronização dos serviços notariais e de registro do Estado do Tocantins.

Art. 1º Regulamentar o art. 39, da Lei Estadual n. 3.408, de 28 de dezembro de 2018, que instituiu o Fundo Especial de Compensação e Eletronização de Serventias Extrajudiciais (FUNCESE), destinado:

I – à compensação dos custos referentes aos atos registrais da Regularização Fundiária Urbana de Interesse Social (Reurb-S), nos termos do art. 73[1] da Lei Federal n. 13.465, de 11 de julho de 2017; e

II – ao custeio da eletronização dos serviços notariais e de registro do Estado do Tocantins, nos termos do art. 39 da Lei n. 3.408/18.

Parágrafo único. O FUNCESE tem como objetivo assegurar recursos necessários à Regularização Fundiária Urbana de Interesse Social (Reurb-S), mediante o ressarcimento dos emolumentos correspondentes aos atos registrais e, ainda, à eletronização dos serviços notariais e de registro do Estado do Tocantins.

Art. 2º Constituem fontes de receitas do FUNCESE:

I – repasses do Fundo Nacional de Habitação de Interesse Social – FNHIS –, criado pela Lei Federal n. 11.124, de 16 de junho de 2005, conforme previsto no art. 73,[2] da Lei Federal n. 13.465, de 11 de julho de 2017, regulamentado pelo art. 54,[3] do Decreto Federal n. 9.310, de 15 de março de 2018;

---

1. Art. 73. Devem os Estados criar e regulamentar fundos específicos destinados à compensação, total ou parcial, dos custos referentes aos atos registrais da Reurb-S previstos nesta Lei.

   Parágrafo único. Para que os fundos estaduais acessem os recursos do Fundo Nacional de Habitação de Interesse Social (FNHIS), criado pela Lei n. 11.124, de 16 de junho de 2005, deverão firmar termo de adesão, na forma a ser regulamentada pelo Poder Executivo federal.
2. Art. 73. Devem os Estados criar e regulamentar fundos específicos destinados à compensação, total ou parcial, dos custos referentes aos atos registrais da Reurb-S previstos nesta Lei.

   Parágrafo único. Para que os fundos estaduais acessem os recursos do Fundo Nacional de Habitação de Interesse Social (FNHIS), criado pela Lei n. 11.124, de 16 de junho de 2005, deverão firmar termo de adesão, na forma a ser regulamentada pelo Poder Executivo federal.
3. Art. 54. Os atos necessários ao registro da Reurb-S, a que se refere o caput do art. 53, compreendem, entre outros:

   I – o primeiro registro da Reurb-S, o qual confere direitos reais aos beneficiários;

II – a parcela descrita nas tabelas previstas em lei específica sobre fixação, contagem, cobrança e pagamento de emolumentos relativos aos atos praticados pelos serviços notariais e de registro;

III – as dotações orçamentárias consignadas no Orçamento Geral do Estado e créditos adicionais;

IV – as dotações orçamentárias consignadas no Orçamento Geral de Municípios e créditos adicionais;

V – as doações, subvenções e contribuições de pessoas físicas ou jurídicas de direito privado; e

VI – outros recursos que lhe forem destinados, bem como os rendimentos de aplicações financeiras com recursos do fundo.

§ 1º Os valores de que tratam o inciso II deste artigo, descritos nos atos notariais e de registro, são fixados em R$ 2,00 (dois reais), reajustados, uma vez ao ano, observando-se o disposto no art. 9º, da Lei Estadual n. 3.408, de 28 de dezembro de 2018;

§ 2º A destinação dos recursos do FUNCESE atende à seguinte ordem de prioridade:

I – custeio da eletronização dos serviços notariais e de registro do Estado do Tocantins; e

II – compensação dos custos referentes aos atos registrais da Regularização Fundiária Urbana de Interesse Social (Reurb-S), nos termos do art. 73[4] da Lei Federal n. 13.465, de 11 de julho de 2017.

II – o registro da legitimação fundiária;

III – o registro do título de legitimação de posse e a sua conversão em título de propriedade;

IV – o registro da CRF e do projeto de regularização fundiária, com abertura de matrícula para cada unidade imobiliária urbana regularizada;

V – a primeira averbação de construção residencial, desde que respeitado o limite de até setenta metros quadrados;

VI – a aquisição do primeiro direito real sobre unidade imobiliária derivada da Reurb-S;

VII – o primeiro registro do direito real de laje no âmbito da Reurb-S;

VIII – a averbação das edificações de conjuntos habitacionais ou condomínios;

IX – a abertura de matrícula para a área objeto da regularização fundiária, quando necessária;

X – a abertura de matrículas individualizadas para as áreas públicas resultantes do projeto de regularização; e

XI – a emissão de certidões necessárias para os atos previstos neste artigo.

Parágrafo único. As certidões referidas no inciso XI no caput são relativas à matrícula, à transcrição, à inscrição, à distribuição de ações judiciais e aos registros efetuados no âmbito da Reurb, entre outras.

4. Art. 73. Devem os Estados criar e regulamentar fundos específicos destinados à compensação, total ou parcial,

---

Art. 3º Os recursos arrecadados pelo FUNCESE são contabilizados em unidade orçamentária própria vinculada ao TJTO, atendendo ao disposto na Lei Federal n. 4.320, de 1964, no art. 48[6] da Lei Complementar Federal n. 101, de 4 de maio de 2000 e nas normas do Tribunal de Contas do Estado.

§ 1º Os recursos destinados ao FUNCESE são centralizados em conta bancária mantida em

---

dos custos referentes aos atos registrais da Reurb-S previstos nesta Lei.

Parágrafo único. Para que os fundos estaduais acessem os recursos do Fundo Nacional de Habitação de Interesse Social (FNHIS), criado pela Lei n. 11.124, de 16 de junho de 2005, deverão firmar termo de adesão, na forma a ser regulamentada pelo Poder Executivo federal.
5. Art. 48. São instrumentos de transparência da gestão fiscal, aos quais será dada ampla divulgação, inclusive em meios eletrônicos de acesso público: os planos, orçamentos e leis de diretrizes orçamentárias; as prestações de contas e o respectivo parecer prévio; o Relatório Resumido da Execução Orçamentária e o Relatório de Gestão Fiscal; e as versões simplificadas desses documentos.

   § 1º A transparência será assegurada também mediante:

   I – incentivo à participação popular e realização de audiências públicas, durante os processos de elaboração e discussão dos planos, lei de diretrizes orçamentárias e orçamentos;

   II – liberação ao pleno conhecimento e acompanhamento da sociedade, em tempo real, de informações pormenorizadas sobre a execução orçamentária e financeira, em meios eletrônicos de acesso público; e

   III – adoção de sistema integrado de administração financeira e controle, que atenda a padrão mínimo de qualidade estabelecido pelo Poder Executivo da União e ao disposto no art. 48-A.

   § 2º A União, os Estados, o Distrito Federal e os Municípios disponibilizarão suas informações e dados contábeis, orçamentários e fiscais conforme periodicidade, formato e sistema estabelecidos pelo órgão central de contabilidade da União, os quais deverão ser divulgados em meio eletrônico de amplo acesso público;

   § 3º Os Estados, o Distrito Federal e os Municípios encaminharão ao Ministério da Fazenda, nos termos e na periodicidade a serem definidos em instrução específica deste órgão, as informações necessárias para a constituição do registro eletrônico centralizado e atualizado das dívidas públicas interna e externa, de que trata o § 4º do art. 32;

   § 4º A inobservância do disposto nos §§ 2º e 3º ensejará as penalidades previstas no § 2º do art. 51;

   § 5º Nos casos de envio conforme disposto no § 2º, para todos os efeitos, a União, os Estados, o Distrito Federal e os Municípios cumprem o dever de ampla divulgação a que se refere o artigo;

   § 6º Todos os Poderes e órgãos referidos no art. 20, incluídos autarquias, fundações públicas, empresas estatais dependentes e fundos, do ente da Federação devem utilizar sistemas únicos de execução orçamentária e financeira, mantidos e gerenciados pelo Poder Executivo, resguardada a autonomia.

245

ART. 4º NORMAS PARA A ATIVIDADE EXTRAJUDICIAL DO ESTADO DO TOCANTINS

instituição financeira pública brasileira, na capital Palmas, cujos saldos, em cada exercício, são automaticamente transferidos para o exercício seguinte;

§ 2º Os demonstrativos contábeis a que se refere o *caput* serão divulgados mensalmente no portal transparência do Tribunal de Justiça para consulta pública na internet.

Art. 4º A compensação dos atos relativos à Regularização Fundiária Urbana de Interesse Social (Reurb-S), verificada a disponibilidade financeira, é realizada até o décimo dia do mês subsequente ao da prática do ato e, no caso de insuficiência dos recursos financeiros, observa-se o seguinte rateio:

I – compensação da integralidade dos atos praticados por serventias com rendimento bruto mensal não superior a 20 (vinte) salários-mínimos;

II – atendido o disposto no inciso anterior, procede-se à compensação da integralidade dos atos praticados por serventias com rendimento bruto mensal não superior a 50 (cinquenta) salários-mínimos;

III – atendido o disposto nos incisos anteriores, procede-se à compensação da integralidade dos atos praticados por serventias com rendimento bruto mensal não superior a 100 (cem) salários-mínimos; e

IV – atendido o disposto nos incisos anteriores, procede-se à compensação da integralidade dos atos praticados pelas demais serventias.

Parágrafo único. A compensação de que trata este artigo é realizada de acordo com as tabelas de emolumentos vigentes, excluídos os valores relativos à Taxa de Fiscalização Judiciária (TFJ) e do valor destinado ao Fundo de Compensação das Gratuidades dos Atos do Registro Civil das Pessoas Naturais (FUNCIVIL), devendo ser apurada por meio de sistema gerido pela CGJUS e processada pelo sistema de execução orçamentária, financeira, contábil e patrimonial em uso pelo TJTO.

Art. 5º Os valores arrecadados nos termos do artigo 2º, inciso II, desta Resolução, são destinados, exclusivamente, ao custeio da eletronização dos serviços notariais e de registro do Estado do Tocantins, mediante a criação e ou aquisição e manutenção de sistemas de geração, armazenamento unificado e sincronizado, tecnicamente capacitados a possibilitar, dentre outros requisitos, o seguinte:

I – segurança e criptografia: Servidores instalados em mais de um espaço físico e capacidade de assegurar que somente o titular, interino e interventor de serviço notarial ou de registro e seus respectivos prepostos tenham acesso aos documentos e dados eletrônicos neles armazenados, tendo à Corregedoria-Geral da Justiça total e irrestrito acesso aos dados por meio de visualização, para fins de fiscalização, bem

como para levantamento de dados que possibilite sua destinação a políticas públicas;

II – computação virtualizada: capacidade de virtualização com contêineres Docker e virtualização com VM (Virtual Machine), que possibilite aumentar ou diminuir recursos de computação virtual baseando-se na demanda, facilitando o fornecimento de novas instâncias de servidores virtuais de acordo com a necessidade dos sistemas das serventias extrajudiciais;

III – armazenamento de arquivos: capacidade de armazenamento escalável, confiável, altamente disponível, de qualquer tipo de arquivos, documentos, downloads de usuários ou backups, bem como a possibilidade de liberação e ou limitação de tempo de acesso público a determinados arquivos;

IV – armazenamento de dados: capacidade de armazenamento escalável, relacional (SQL) e não relacional (NoSQL), indexado e sem manutenção, em conjunto com processamento e enfileiramento para conjuntos de dados, bem como capacidade de recuperação de ponto no tempo, além de backup redundante; e

V – sistema de mensagens: capacidade de desacoplar componentes das aplicações usando o sistema de mensagens, possibilitando a construção de aplicações escaláveis de acordo com a necessidade dos sistemas das serventias extrajudiciais.

§ 1º A implantação no *Data Center* será mediante criação, aquisição e instalação pelo próprio Tribunal de Justiça do Estado do Tocantins ou, se for o caso, mediante processo licitatório visando à contratação de prestadora de serviços de fornecimento de *Data Center* e serviços eletrônicos de que trata este artigo, o que deverá ser deflagrado no prazo de 90 dias a contar da publicação desta Resolução;

§ 2º O sistema de automação cartorário deverá armazenar os atos notariais e registrais e encaminhá-los para o *Data Center*, preferencialmente em formato PDF/A, via *web service*, disponibilizado no Sistema de Gestão Integrado das Serventias Extrajudiciais (GISE), no prazo de até 24 horas da prática do ato;

§ 3º O backup do sistema de automação cartorário deverá ser enviado periodicamente para o *Data Center*, que deverá conter todos os dados e arquivos necessários para o seu pleno restabelecimento;

§ 4º O Presidente do Tribunal de Justiça, mediante proposta da Corregedoria-Geral da Justiça e após prévia manifestação da Comissão de Assuntos Notariais e de Registro (CPANR), editará instruções normativas complementares à regulamentação dos sistemas de eletronização dos serviços notariais e de registro;

§ 5º O prazo para implantação do disposto nos §§ 2º e 3º deste artigo será definido pela Corregedoria-Geral da Justiça em conjunto com a Diretoria de Tecnologia da Informação do Tribunal

de Justiça do Estado do Tocantins, observada a política de segurança da informação existente.

Art. 6º O FUNCESE é administrado por um colegiado composto pelo Presidente do Tribunal de Justiça e pelos integrantes da Comissão de Assuntos Notariais e de Registro (CPANR), órgão de natureza administrativa, de fiscalização, acompanhamento e controle, não remunerado, ao qual compete:

I – adotar medidas visando à obtenção dos repasses do Fundo Nacional de Habitação de Interesse Social (FNHIS), conforme previsto no art. 73,[6] da Lei Federal n. 13.465, de 11 de julho de 2017;

II – receber os recursos financeiros de que trata esta Lei;

III – alocar os recursos para o atendimento das demandas; e

IV – os atos de regulamentação das especificações técnicas de infraestrutura dos servidores e *Data Centers* de que trata o art. 39, § 3º e § 4º, da Lei 3.408, de 28 de dezembro de 2018, serão baixados após prévia manifestação da Diretoria de Tecnologia da Informação e da Corregedoria-Geral da Justiça.

§ 1º À Diretoria Financeira do Tribunal de Justiça do Estado do Tocantins compete:

I – exercer o controle da execução orçamentário-financeira do fundo;

II – efetuar os pagamentos a cargo do FUNCESE, promovendo os correspondentes registros contábeis; e

III – prestar contas, anualmente, ao Tribunal de Contas do Estado do Tocantins.

§ 2º O Colegiado Gestor do FUNCESE reúne-se, ordinariamente, bimestralmente, e extraordinariamente, sempre que convocado pelo Presidente do Tribunal, que pode ser substituído nas reuniões ordinárias pelo Juiz Auxiliar da Presidência;

§ 3º Os delegatários integrantes e os respectivos suplentes da Comissão de Assuntos Notariais e de Registro (CPANR) serão designados pelo Corregedor-Geral da Justiça, para mandato de 2 (dois) anos, admitida uma recondução, mediante prévia indicação pela Associação dos Notários e Registradores do Tocantins (ANOREG/TO), na forma do artigo 38, § 2º, incisos I a V, da Lei Estadual n. 3.408, de 28 de dezembro de 2018.

Art. 7º A gestão do FUNCESE se sujeita, no que couber, ao disposto na Lei Federal n. 4.320/64, às normas brasileiras de contabilidade aplicadas ao setor público, bem como às normas gerais e específicas do Tribunal de Contas do Estado.

Parágrafo único. Cabe à Corregedoria-Geral da Justiça fiscalizar e orientar a observância das disposições desta Resolução pelos serviços notariais e de registro.

Art. 8º Esta Resolução entra vigor na data de sua publicação.

---

6. Art. 73. Devem os Estados criar e regulamentar fundos específicos destinados à compensação, total ou parcial, dos custos referentes aos atos registrais da Reurb-S previstos nesta Lei.

    Parágrafo único. Para que os fundos estaduais acessem os recursos do Fundo Nacional de Habitação de Interesse Social (FNHIS), criado pela Lei n. 11.124, de 16 de junho de 2005, deverão firmar termo de adesão, na forma a ser regulamentada pelo Poder Executivo federal.

RESOLUÇÃO N. 12[1]
DE 19 DE SETEMBRO DE 2013

Dispõe sobre o concurso público de provas e títulos para a outorga das delegações dos serviços de notas e de registro.

TÍTULO I
DAS DISPOSIÇÕES GERAIS

Art. 1º O ingresso, por provimento ou remoção, na titularidade dos serviços notariais e de registro declarados vagos ocorrerá por meio de concurso público de provas e títulos realizado pelo Tribunal de Justiça, segundo o disposto nesta Resolução.

Art. 2º As vagas serão preenchidas da seguinte forma:

I – 2/3 (dois terços) por concurso público de provas e títulos, destinado à admissão dos candidatos que preencherem os requisitos legais previstos no art. 14[2] da Lei n. 8.935, de 18 de novembro de 1994;

II – 1/3 (um terço) por concurso de provas e títulos de remoção, com a participação exclusiva daqueles que já estiverem exercendo a titularidade de delegação notarial ou de registro por mais de dois anos, na forma do art. 17[3] da Lei n. 8.935, de 18 de novembro de 1994, apurados na data da publicação do primeiro edital de abertura do certame.

§ 1º Para efeito do *caput* deste artigo, serão considerados todas as serventias vagas existentes no Estado, ainda que integrantes de comarcas ou distritos distintos;

§ 2º Na alternatividade, será observado o critério cronológico de vacância das serventias, sendo as duas mais antigas providas por concurso público de ingresso e a terceira por concurso de remoção e, assim, sucessivamente;

§ 3º Do edital do concurso constarão as serventias vagas, relacionadas por ordem decrescente de vacância e com indicação do critério de provimento;

§ 4º O Edital de vacância será elaborado e publicado pela Corregedoria-Geral da Justiça;

---

1. Atualizada até a Resolução n. 40/2015.
2. Art. 14. A delegação para o exercício da atividade notarial e de registro depende dos seguintes requisitos:
   I – habilitação em concurso público de provas e títulos;
   II – nacionalidade brasileira;
   III – capacidade civil;
   IV – quitação com as obrigações eleitorais e militares;
   V – diploma de bacharel em direito;
   VI – verificação de conduta condigna para o exercício da profissão.
3. Art. 17. Ao concurso de remoção somente serão admitidos titulares que exerçam a atividade por mais de dois anos.

§ 5º Havendo empate nas datas de vacância das titularidades, observar-se-á a data da instalação do serviço;

§ 6º Os critérios previstos nos parágrafos anteriores também serão aplicados no provimento das serventias que vagarem ou forem criadas após a edição desta Resolução;

§ 7º A vacância de delegação entre a abertura do concurso e a expedição do ato de outorga não alterará o critério de provimento do serviço previsto no edital.

TÍTULO II
DO CONCURSO PÚBLICO

Art. 3º O concurso para provimento, inicial ou de remoção, das delegações notariais e de registro será organizado e coordenado pela Comissão de Seleção e Treinamento do Tribunal de Justiça.

Parágrafo único. A Corregedoria-Geral da Justiça disponibilizará para todos os candidatos os dados disponíveis sobre a receita, despesas, encargos e dívidas das serventias colocadas em concurso.

Capítulo I
DA COMISSÃO DE CONCURSO

Art. 4º Para a realização do concurso será constituída Comissão de Concurso, integrada por um Desembargador, Membro da Comissão de Seleção e Treinamento, que será seu Presidente, três Juízes de Direito, um Membro do Ministério Público, um Advogado, um Registrador e um Tabelião, cujos nomes constarão do edital.

§ 1º O Desembargador, os Juízes de Direito, o Registrador e o Notário serão designados pelo Presidente do Tribunal de Justiça, depois de aprovados os nomes pelo Tribunal Pleno;

§ 2º O Membro do Ministério Público e o Advogado serão indicados, respectivamente, pelo Procurador-Geral de Justiça e pelo Presidente da Ordem dos Advogados do Brasil, Seccional Tocantins;

§ 3º A Comissão de Concurso será secretariada por um servidor designado por sua Presidência e decidirá pelo voto da maioria simples;

§ 4º Fica vedada mais de uma recondução consecutiva de membros da Comissão de Concurso, aos quais se aplicam as disposições dos

arts. 134[4] e 135[5] do Código de Processo Civil

---

4. Dispositivo revogado pela Lei n. 13.105/2015. Corresponde ao artigo 144 do NCPC.
   Art. 144. Há impedimento do juiz, sendo-lhe vedado exercer suas funções no processo:
   I – em que interveio como mandatário da parte, oficiou como perito, funcionou como membro do Ministério Público ou prestou depoimento como testemunha;
   II – de que conheceu em outro grau de jurisdição, tendo proferido decisão;
   III – quando nele estiver postulando, como defensor público, advogado ou membro do Ministério Público, seu cônjuge ou companheiro, ou qualquer parente, consanguíneo ou afim, em linha reta ou colateral, até o terceiro grau, inclusive;
   IV – quando for parte no processo ele próprio, seu cônjuge ou companheiro, ou parente, consanguíneo ou afim, em linha reta ou colateral, até o terceiro grau, inclusive;
   V – quando for sócio ou membro de direção ou de administração de pessoa jurídica parte no processo;
   VI – quando for herdeiro presuntivo, donatário ou empregador de qualquer das partes;
   VII – em que figure como parte instituição de ensino com a qual tenha relação de emprego ou decorrente de contrato de prestação de serviços;
   VIII – em que figure como parte cliente do escritório de advocacia de seu cônjuge, companheiro ou parente, consanguíneo ou afim, em linha reta ou colateral, até o terceiro grau, inclusive, mesmo que patrocinado por advogado de outro escritório;
   IX – quando promover ação contra a parte ou seu advogado.
   § 1º Na hipótese do inciso III, o impedimento só se verifica quando o defensor público, o advogado ou o membro do Ministério Público já integrava o processo antes do início da atividade judicante do juiz;
   § 2º É vedada a criação de fato superveniente a fim de caracterizar impedimento do juiz;
   § 3º O impedimento previsto no inciso III também se verifica no caso de mandato conferido a membro de escritório de advocacia que tenha em seus quadros advogado que individualmente ostente a condição nele prevista, mesmo que não intervenha diretamente no processo.
5. Dispositivo revogado pela Lei n. 13.105/2015. Corresponde ao artigo 145 do NCPC.
   Art. 145. Há suspeição do juiz:
   I – amigo íntimo ou inimigo de qualquer das partes ou de seus advogados;
   II – que receber presentes de pessoas que tiverem interesse na causa antes ou depois de iniciado o processo, que aconselhar alguma das partes acerca do objeto da causa ou que subministrar meios para atender às despesas do litígio;
   III – quando qualquer das partes for sua credora ou devedora, de seu cônjuge ou companheiro ou de parentes destes, em linha reta até o terceiro grau, inclusive;
   IV – interessado no julgamento do processo em favor de qualquer das partes.
   § 1º Poderá o juiz declarar-se suspeito por motivo de foro íntimo, sem necessidade de declarar suas razões;
   § 2º Será ilegítima a alegação de suspeição quando:

ART. 5º NORMAS PARA A ATIVIDADE EXTRAJUDICIAL DO ESTADO DO TOCANTINS

quanto aos candidatos inscritos no concurso.

Art. 5º Compete à Comissão de Concurso:

I – decidir os pedidos de inscrição, publicando no Diário da Justiça a relação dos candidatos que tiverem os pedidos deferidos ou indeferidos;

II – publicar no Diário da Justiça, com pelo menos 10 (dez) dias de antecedência, os locais, datas e horários onde serão aplicadas as provas;

III – elaborar, aplicar e corrigir as provas de conhecimento e analisar os títulos apresentados pelos candidatos, atribuindo-lhes pontuação conforme o previsto no edital do concurso, ressalvado o disposto no parágrafo único deste artigo;

IV – decidir os casos de empate entre os candidatos e organizar a lista dos aprovados;

V – realizar, durante o processo seletivo e em caráter reservado, sindicância sobre os aspectos social e profissional da vida pregressa dos candidatos, cujo resultado terá caráter eliminatório, cabendo à comissão, no prazo de 10 (dez) dias anteriores à prova oral, fundamentar a recusa de qualquer dos candidatos, dando a estes ciência pessoal e reservadamente;

VI – encaminhar, findo o procedimento seletivo, o processo do concurso ao Pleno do Tribunal de Justiça, para homologação;

VII – cumprir outras atribuições que lhe caibam por força de lei, desta resolução ou do edital do concurso.

Parágrafo único. Por deliberação da Comissão de Concurso, o Tribunal de Justiça poderá contratar pessoa jurídica, pública ou privada, de reconhecida idoneidade, para realizar quaisquer das incumbências previstas neste artigo.

Capítulo II
DO CONCURSO DE INGRESSO

SEÇÃO I
DO EDITAL

Art. 6º O concurso público de ingresso nos serviços notariais e de registro será aberto por meio de edital expedido pelo Presidente da Comissão de Seleção e Treinamento e publicado no Diário da Justiça por três vezes consecutivas, o qual disporá sobre a forma de realização das provas, que incluirão exames objetivo, escrito prático, sindicância da vida pregressa, oral e análise de títulos.

§ 1º Do edital, deverão constar:

I – a relação das serventias a serem preenchidas;

II – a indicação das serventias destinadas, em sorteio público, para candidatos com deficiência;

III – o conteúdo programático sobre o qual versarão as provas de conhecimento;

IV – os critérios de desempate;

V – os títulos que o candidato poderá apresentar e sua valoração;

VI – os requisitos para a inscrição e posse.

I – houver sido provocada por quem a alega;

II – a parte que a alega houver praticado ato que signifique manifesta aceitação do arguido.

§ 2º O edital somente poderá ser impugnado no prazo de 15 (quinze) dias da sua primeira publicação.

Art. 7º São requisitos para inscrição no concurso público de provas e títulos, para provimento inicial ou de remoção:

I – nacionalidade brasileira;

II – capacidade civil;

III – quitações com as obrigações eleitorais e militares;

IV – ser bacharel em Direito, com diploma registrado, ou ter exercido, por dez anos, completados antes da publicação do primeiro edital, função em serviços notariais ou de registros;

V – comprovar conduta condigna para o exercício da atividade delegada.

Parágrafo único. Deverão ser apresentadas certidões dos distribuidores cíveis e criminais das Justiças Federal e Estadual, bem como de protesto, emitidas nos locais em que o candidato manteve domicílio nos últimos 10 (dez) anos.

Art. 8º Para inscrever-se, o candidato entregará cópia autenticada de documento pessoal e declarará preencher os requisitos previstos no art. 7º desta Resolução.

Parágrafo único. Os documentos comprobatórios dos requisitos legais deverão ser apresentados até a posse.

Art. 9º O prazo para inscrição será de, no mínimo, 30 (trinta) dias, contados da publicação do edital de abertura do concurso.

SEÇÃO II
DAS PROVAS DE CONHECIMENTO

Art. 10. As provas de conhecimento do concurso de ingresso ou de remoção serão escritas, objetivas ou práticas, e orais, terão caráter eliminatório e deverão abordar os seguintes temas, sem prejuízo de outros:

I – conhecimentos gerais sobre direito notarial e de registro;

II – conhecimentos técnicos específicos sobre as funções notarial e de registro;

III – conhecimentos gerais de Direito.

§ 1º As provas de conhecimento teóricas e práticas valerão até 10 (dez) pontos e terão peso 4 (quatro);

§ 2º A prova oral será realizada de acordo com as regras e prazos fixados no edital do concurso, valerá até 10 (dez) pontos e terá peso 4 (quatro);

§ 3º Os pontos a serem atribuídos às provas variarão de 0 (zero) a 10 (dez), sendo eliminado o candidato que não obtiver, em cada prova, o mínimo de 5 (cinco) pontos.

Art. 11. O domínio da língua portuguesa será avaliado em prova específica ou como critério de correção das provas escritas.

SEÇÃO III
DA PROVA DE TÍTULOS

Art. 12. O candidato classificado nas provas de conhecimento poderá apresentar títulos, cuja prova valerá, no máximo, 10 (dez) pontos e terá peso 2 (dois), considerando-se como tais os seguintes:

I – exercício da advocacia ou de delegação, cargo, emprego ou função pública privativa de bacharel em Direito, por um mínimo de três anos até a data da primeira publicação do edital do concurso (2,0);

II – exercício de serviço notarial ou de registro, por não bacharel em direito, por um mínimo de dez anos até a data da publicação do primeiro edital do concurso (art. 15, § 2º,[6] da Lei n. 8.935/1994) (2,0);

III – exercício do Magistério Superior na área jurídica pelo período mínimo de 5 (cinco) anos:

a) mediante admissão no corpo docente por concurso ou processo seletivo público de provas e/ou títulos (1,5);

b) mediante admissão no corpo docente sem concurso ou processo seletivo público de provas e/ou títulos (1,0);

IV – diplomas em Cursos de Pós-Graduação:

a) Doutorado reconhecido ou revalidado: em Direito ou em Ciências Sociais ou Humanas (2,0);

b) Mestrado reconhecido ou revalidado: em Direito ou em Ciências Sociais ou Humanas (1,0);

c) Especialização em Direito, na forma da legislação educacional em vigor, com carga horária mínima de trezentos e sessenta (360) horas-aula, cuja avaliação haja considerado monografia de final de curso (0,5);

V – exercício, no mínimo durante 1 (um) ano, por ao menos 16 horas mensais, das atribuições de conciliador voluntário em unidades judiciárias, ou na prestação de assistência jurídica voluntária (0,5);

VI – prestação de serviço, em qualquer condição, à Justiça Eleitoral, por período igual a 3 (três) eleições, contado uma só vez, ainda que se trate de eleições com dois turnos (0,5).

§ 1º Os valores dos títulos serão informados no edital do concurso;

§ 2º As pontuações previstas nos incisos I, II e VI não poderão ser contadas de forma cumulativa;

§ 3º Será admitida a apresentação, por candidato, de, no máximo, dois títulos de doutorado, dois de mestrado e dois de

especialização previstos no inciso IV deste artigo;

§ 4º Os títulos somarão no máximo dez pontos, desprezando-se a pontuação superior;

§ 5º Os critérios de pontuação referidos nos incisos I a VI deste artigo aplicam-se, no que for cabível, ao concurso de remoção.

Art. 13. A convocação para apresentação de títulos far-se-á por publicação de edital no Diário da Justiça.

Parágrafo único. A prova de títulos será feita em reunião pública realizada pela Comissão de Concurso ou por representante da pessoa jurí-

----
6. Art. 15. Os concursos serão realizados pelo Poder Judiciário, com a participação, em todas as suas fases, da Ordem dos Advogados do Brasil, do Ministério Público, de um notário e de um registrador.

    § 2º Ao concurso público poderão concorrer candidatos não bacharéis em direito que tenham completado, até a data da primeira publicação do edital do concurso de provas e títulos, dez anos de exercício em serviço notarial ou de registro.

dica contratada, com prévia divulgação do local, data e horário da realização.

SEÇÃO IV
DA CLASSIFICAÇÃO DOS CANDIDATOS

Art. 14. A classificação dos candidatos observará a nota final obtida pela soma das notas e pontos das provas, multiplicados por seus respectivos pesos e divididos por dez.

Parágrafo único. Havendo empate na classificação, decidir-se-á pelos seguintes critérios:

I – a maior nota no conjunto das provas ou, sucessivamente, na prova escrita e prática, na prova objetiva e na prova oral;

II – exercício na função de jurado;

III – mais idade.

Art. 15. Publicado o resultado do concurso, os candidatos escolherão, pela ordem de classificação, as delegações vagas que constavam do respectivo edital, vedada re-escolha de serventias a inclusão de novas vagas.

Art. 16. O resultado final do concurso será publicado no Diário da Justiça e submetido ao Tribunal Pleno para homologação.

SEÇÃO V
DOS RECURSOS

Art. 17. Das decisões da Comissão de Concurso caberá recurso, no prazo de 05 (cinco) dias de sua publicação, ao Tribunal Pleno, que decidirá em única instância.

§ 1º Os recursos das decisões proferidas pela pessoa jurídica eventualmente contratada serão apreciados pela Comissão de Concurso;

§ 2º O recurso não terá efeito suspensivo, podendo o Relator deferir a participação provisória do candidato no concurso até o julgamento;

§ 3º No caso do § 1º deste artigo, a aprovação do candidato não implica em prejudicialidade do recurso;

§ 4º Nos recursos referentes à classificação dos candidatos, será assegurado o sigilo da identificação destes.

Capítulo III
DA OUTORGA DA DELEGAÇÃO, POSSE E EXERCÍCIO

Art. 18. Encerrado o concurso e homologado seu resultado final pelo Tribunal Pleno, o Presidente do Tribunal convocará os candidatos classificados para, em 10 (dez) dias, manifestarem sua opção pelas serventias pretendidas e, de acordo com suas escolhas, editará e mandará publicar os atos de outorga das delegações, com observância à ordem de classificação, vedada a inclusão de novas vagas.

Art. 19. A investidura na delegação, perante a Corregedoria-Geral da Justiça, ocorrerá no prazo de 30 (trinta) dias, contados da data da publicação do ato de outorga, prorrogável por igual período e por uma única vez.

§ 1º O exercício na atividade notarial ou de registro deverá ter início nos 15 (quinze) dias subsequentes à investidura, perante o Corregedor-Geral da Justiça ou magistrado por ele designado;

§ 2º Não ocorrendo a investidura ou o exercício nos prazos fixados, o Corregedor-Geral da Justiça comunicará o fato ao Presidente do Tribunal

de Justiça que tornará sem efeito a outorga da delegação;

§ 3º No ato da posse, o outorgado prestará o compromisso de desempenhar com retidão as funções nas quais foi investido, cumprindo a Constituição e as leis e apresentará os seguintes documentos:

I – ato de outorga da delegação;

II – fotocópia autenticada da certidão de nascimento ou de casamento, com as necessárias averbações, se houver;

III – fotocópia autenticada do documento oficial de identidade, do qual conste a filiação, fotografia e assinatura do candidato;

IV – certidão fornecida pela Justiça Eleitoral do Estado de residência do candidato, de que se encontra em dia com as obrigações eleitorais;

V – fotocópia autenticada do certificado de reservista ou documento equivalente, se candidato do sexo masculino;

VI – fotocópia autenticada do diploma de bacharel em Direito, expedido por faculdade oficial ou reconhecida ou certidão equivalente;

VII – declaração de bens;

VIII – certidão negativa de interdição, tutela, curatela, insolvência civil e de falência, das localidades onde tenha residido nos últimos 10 (dez) anos;

IX – folha corrida judicial, fornecida por certidão dos distribuidores criminais das Justiças Federal e Estadual, dos locais em que tenha residido nos últimos 10 (dez) anos;

X – laudo médico firmado por junta médica da rede oficial, comprobatório de capacidade física e mental;

XI – declaração de inexistência de demissão ou exoneração a bem do serviço público, expedida pelos entes públicos ou órgãos jurisdicionais nos quais tenha trabalhado nos últimos 10 (dez) anos;

XII – declaração de inexistência de condenação com trânsito em julgado ou de decisão de órgão colegiado nos casos de atos de improbidade administrativa e dos crimes contra a fé pública; hediondos; praticados por organização criminosa, quadrilha ou bando; de redução de pessoa à condição análoga à de escravo; eleitorais para os quais for cominada pena privativa de liberdade; e, de lavagem ou ocultação de bens, direitos e valores;

XIII – declaração de não acúmulo de outro cargo, emprego ou função pública;

XIV – declaração de bens ou valores atualizada.

§ 4º O outorgado não bacharel em Direito deverá cumprir o previsto no § 1º deste artigo e, ainda, comprovar ter completado, até a data da publicação do edital do concurso em que se inscreveu, pelo menos 10 (dez) anos de efetivo exercício em serviço notarial ou de registro, por meio dos seguintes documentos:

I – atestado fornecido pelo Diretor do Foro da comarca onde estiver sediada a serventia, que comprove, de forma clara e inequívoca, o exercício das funções dos cargos de oficial de registro ou de tabelião, de escrevente juramentado substituto, de escrevente juramentado autorizado ou de auxiliar de cartório, quando se tratar de oficial de registro, notário ou servidor de investidura estatutária ou de regime especial;

II – certidão fornecida pelo oficial de registro ou tabelião que comprove, de forma clara e inequívoca, o exercício das funções de escrevente, de escrevente substituto, de auxiliar ou de ocupante de função equivalente, nos termos do art. 20[7] da Lei federal n. 8.935, de 18 de novembro de 1.994, acompanhada de cópias autenticadas das anotações na Carteira de Trabalho e Previdência Social e da ficha de registro de empregado.

§ 5º Quando o candidato for cônjuge ou parente, na linha reta ou na colateral, consanguíneo ou afim, até o terceiro grau, do oficial de registro ou do tabelião, a certidão especificada no § 2º deverá ser expedida por servidor designado pelo Diretor do Foro;

§ 6º Caso tenha havido interrupção de exercício, a certidão ou o atestado deverá conter, de forma detalhada, os períodos de efetivo exercício no respectivo serviço notarial ou de registro;

§ 7º Não se dará posse ao outorgado que deixar de cumprir as exigências dos parágrafos anteriores.

Art. 20. Aquele que estiver respondendo pela serventia transmitirá ao empossado toda a documentação que constitua o acervo cartorial, compreendendo os livros de escrituração, folhas soltas ou fichas que os substituírem, os documentos arquivados, inclusive microfilmes e, em caso de informatização, os programas ou bancos de dados que o integram, a fim de permitir a continuidade dos serviços.

Capítulo IV
DA VALIDADE DO CONCURSO

Art. 21. A validade do concurso expira com a investidura dos outorgados em suas respectivas delegações.

Parágrafo único. Caso o candidato classificado renuncie ou desista antes da posse ou exercício, será aberto novo concurso.

Capítulo V
DO CONCURSO DE REMOÇÃO

Art. 22. Ao concurso de remoção somente serão admitidos os titulares de serviços notariais e de registro que exerçam a atividade por mais de 2 (dois) anos no Estado do Tocantins.

Parágrafo único. As serventias destinadas ao concurso de remoção e não preenchidas serão delegadas aos aprovados no concurso simultâ-

---

7. Art. 20. Os notários e os oficiais de registro poderão, para o desempenho de suas funções, contratar escreventes, dentre eles escolhendo os substitutos, e auxiliares como empregados, com remuneração livremente ajustada e sob o regime da legislação do trabalho.

§ 1º Em cada serviço notarial ou de registro haverá tantos substitutos, escreventes e auxiliares quantos forem necessários, a critério de cada notário ou oficial de registro;

§ 2º Os notários e os oficiais de registro encaminharão ao juízo competente os nomes dos substitutos;

§ 3º Os escreventes poderão praticar somente os atos que o notário ou o oficial de registro autorizar;

§ 4º Os substitutos poderão, simultaneamente com o notário ou o oficial de registro, praticar todos os atos que lhe sejam próprios exceto, nos tabelionatos de notas, lavrar testamentos;

§ 5º Dentre os substitutos, um deles será designado pelo notário ou oficial de registro para responder pelo respectivo serviço nas ausências e nos impedimentos do titular.

ART. 23 — NORMAS PARA A ATIVIDADE EXTRAJUDICIAL DO ESTADO DO TOCANTINS

neo de ingresso por provas e títulos, observando a ordem de classificação.

Art. 23. O edital de abertura do concurso de remoção aos serviços notariais e de registro será expedido pelo Presidente da Comissão de Seleção e Treinamento e publicado no Diário da Justiça.

Art. 24. No ato da inscrição, o candidato deverá indicar a serventia disponível à remoção para a qual pretende concorrer e apresentar:

I – os títulos que possuir, dentre os elencados no edital do concurso;

II – os documentos relacionados no § 3º do art. 19 desta Resolução;

III – certidão comprovando o exercício da atividade notarial ou de registro no Estado do Tocantins, por mais de 2 (dois) anos, até a data da publicação do edital de abertura do concurso;

IV – atestado do Diretor do Foro da comarca onde estiver sediada a serventia, de que é titular, comprovando a regularidade dos serviços a seu cargo nos últimos 2 (dois) anos;

V – certidões negativas comprobatórias da regularidade de sua situação em relação as obrigações trabalhistas, fiscais e previdenciárias, nos últimos 5 (cinco) anos;

VI – certidão fornecida pela Corregedoria-Geral da Justiça, comprovando não ter sido punido administrativamente nos últimos 5 (cinco) anos;

VII – folha corrida judicial, fornecida por certidões dos distribuidores criminal das Justiças Federal e Estadual, das localidades de residência nos últimos 5 (cinco) anos, comprovando não ter sido condenado por crime contra o patrimônio, contra a administração pública e contra a economia popular ou por sonegação fiscal, no período.

Art. 25. A análise dos títulos será procedida pela Comissão de Concurso, em sessão pública previamente convocada por edital.

§ 1º Na sessão, atribuir-se-ão notas aos títulos apresentados pelos candidatos, de acordo com a pontuação definida no edital do concurso;

§ 2º Ocorrendo empate entre candidatos, serão utilizados os critérios de desempate previstos no parágrafo único do art. 14 desta Resolução;

§ 3º Após a atribuição dos pontos, a Comissão de Concurso organizará, na mesma sessão, a classificação final dos candidatos, por serventia, e fará publicar seu resultado no Diário da Justiça, submetendo-o ao Tribunal Pleno para homologação.

Art. 26. Homologado o concurso, o Presidente do Tribunal de Justiça expedirá e mandará publicar os atos de remoção.

Art. 27. O removido entrará em exercício perante o Diretor do Foro da situação da serventia para a qual se remover, no prazo de 30 (trinta) dias da publicação do ato de remoção.

§ 1º No ato do exercício o outorgado prestará o compromisso de desempenhar com retidão as funções nas quais foi investido, cumprindo a Constituição e as leis;

§ 2º Não ocorrendo o exercício dentro do prazo marcado, o Corregedor-Geral da Justiça comunicará o fato ao Presidente do Tribunal de Justiça, que tornará sem efeito a remoção.

Art. 28. Aplicam-se ao concurso de remoção as regras e critérios estabelecidos para o concurso público de ingresso, no que couber e não conflitar com as regras previstas neste Capítulo.

Art. 29. O titular removido deverá observar o interstício de 2 (dois) anos para se candidatar a nova remoção.

Art. 30. Inexistindo candidato ou interesse por vaga destinada à remoção, esta será destinada a concurso público de ingresso, antes da providência a que se refere o art. 44⁸ da Lei Federal n. 8.935, de 18 de novembro de 1.994.

Parágrafo único. A vaga a que se refere o *caput* deste artigo não será computada para a fixação da proporcionalidade estabelecida nesta Resolução.

TÍTULO III
DAS DISPOSIÇÕES TRANSITÓRIAS FINAIS

Art. 31. Vagando, por qualquer motivo, a delegação, o Diretor do Foro designará o substituto mais antigo que estiver em exercício legal para responder pelo expediente e, na falta deste, outro notário ou registrador da mesma comarca, até o provimento da vaga por concurso.

Parágrafo único. O Diretor do Foro designará pessoa que preencha os requisitos legais, para responder pelo expediente, até o provimento da vaga, por concurso:

I – caso não seja possível atender a regra do *caput* deste artigo;

II – em caso de instalação de serviço notarial ou de registro.

Art. 32. Verificada a absoluta impossibilidade de se prover, mediante concurso público, a titularidade de serviço notarial ou de registro, por desinteresse ou inexistência de candidato, o Diretor do Foro proporá ao Presidente do Tribunal de Justiça a extinção do serviço e a anexação de suas atribuições ao serviço de mesma natureza mais próximo ou aquele localizado na sede do respectivo município ou de município contíguo, o que se fará por lei complementar.

Art. 33. O serviço notarial ou de registro que, estando vago, não apresentar receita ou volume de serviço que justifique sua manutenção ou instalação, ou não tenha tido candidato para provimento, poderá ser acumulado a outro serviço, de natureza idêntica ou diversa, da mesma comarca, por proposta justificada do Diretor do Foro, por meio de resolução do Pleno do Tribunal de Justiça.

Art. 34. Para a realização do concurso de ingresso e remoção nos serviços notariais e de registro do Estado do Tocantins, a Corregedoria-Geral da Justiça fará publicar, em 30 (trinta) dias, a relação de todas as serventias vagas no Estado, contendo:

I – designação, distrito e comarca de localização;

II – a data da criação;

III – a data da vacância;

IV – o nome da pessoa designada para responder pelo serviço.

Parágrafo único. De posse da relação, a Comissão de Seleção e Treinamento estabelecerá os critérios de provimento das delegações, por ordem crescente de vacância, e adotará as providências para realização dos concursos de ingresso e remoção.

Art. 35. Esta Resolução entra em vigor na data de sua publicação, revogando a Resolução n. 11 de 15 de maio de 2008.

---

8. Art. 44. Verificada a absoluta impossibilidade de se prover, através de concurso público, a titularidade de serviço notarial ou de registro, por desinteresse ou inexistência de candidatos, o juízo competente proporá à autoridade competente a extinção do serviço e a anexação de suas atribuições ao serviço da mesma natureza mais próximo ou àquele localizado na sede do respectivo Município ou de Município contíguo.

    § 1º (Vetado);

    § 2º Em cada sede municipal haverá no mínimo um registrador civil das pessoas naturais;

    § 3º Nos municípios de significativa extensão territorial, a juízo do respectivo Estado, cada sede distrital disporá no mínimo de um registrador civil das pessoas naturais.

RESOLUÇÃO N. 13
DE 19 DE SETEMBRO DE 2011

Institui e determina a implantação e obrigatoriedade do Sistema GISE (Gestão Integrada das Serventias Extrajudiciais) no âmbito do Poder Judiciário do Estado do Tocantins.

Art. 1º Instituir o Sistema GISE (Gestão Integrada das Serventias Extrajudiciais) como ferramenta eletrônica de monitoramento dos atos praticados pelas serventias extrajudiciais do Estado do Tocantins, interligando-as com a Corregedoria Geral da Justiça e o FUNCIVIL.

Art. 2º Caberá à Corregedoria elaborar o cronograma de implantação do Sistema GISE, fixando prazo para a sua conclusão.

§ 1º A implantação terá início na Comarca de Palmas;

§ 2º A Diretoria de Tecnologia da Informação do Tribunal de Justiça prestará o necessário suporte às serventias extrajudiciais, sob a orientação da Corregedoria Geral da Justiça;

§ 3º As serventias extrajudiciais do Estado deverão, em 30 (trinta) dias após a publicação desta Resolução, adequar suas instalações e equipamentos para a implantação e utilização do sistema mediante acesso à *internet*;

§ 4º A serventia extrajudicial localizada em município que não é provido de acesso à *internet* deverá requerer à Corregedoria autorização para o envio das informações por meio físico.

Art. 3º O acesso ao sistema será feito pelo endereço eletrônico http://www.funjuris.tjto.jus.brmediante a utilização dos *login* e *senha* já existentes para o Sistema de Emissão de DAJ (Documento de Arrecadação Judicial).

§ 1º Os Notários e Registradores poderão solicitar a criação de usuários e senhas para seus escreventes e substitutos, com perfis e autorizações especiais a cada funcionalidade do Sistema;

§ 2º Todas as senhas serão de inteira responsabilidade do usuário, que deverá mantê-la sob o devido sigilo;

§ 3º Os Corregedores Permanentes terão senha de acesso para fins de fiscalização das serventias extrajudiciais sob sua jurisdição.

Art. 4º As regras para utilização do Sistema GISE serão editadas pela Corregedoria Geral de Justiça, que poderá revê-las quando necessário.

Art. 5º O uso do Sistema GISE será obrigatório para as serventias extrajudiciais, que deverão alimentá-lo na forma prescrita no Manual do Usuário e nos demais regramentos da Corregedoria Geral da Justiça, nos prazos a serem estabelecidos.

Parágrafo único. As informações prestadas na alimentação do Sistema são de inteira responsabilidade do titular da serventia extrajudicial.

Art. 6º O Sistema GISE substituirá o preenchimento, em meio físico, dos mapas estatísticos a que se refere o Provimento n. 17/2009 e dos relatórios previstos no Provimento n. 01/2009, ambos da CGJUS, ressalvada a hipótese prevista no Art. 2º, § 3º, desta Resolução.

Art. 7º O descumprimento desta resolução acarretará a responsabilização do Oficial faltoso, nos termos da lei.

Art. 8º A Corregedoria Geral da Justiça poderá adotar provimento para regulamentação de questões afetas ao Sistema GISE e aos serviços judiciais e extrajudiciais atingidos pelo seu uso.

Art. 9º Esta Resolução entrará em vigor na data de sua publicação, revogando-se as disposições em contrário.

RESOLUÇÃO N. 08
DE 25 DE MARÇO DE 2021

Dispõe sobre o Regimento Interno da Corregedoria-Geral da Justiça do Estado do Tocantins e dá outras providências.

ANEXO I
REGIMENTO INTERNO DA CORREGEDORIA-GERAL DA JUSTIÇA

TÍTULO I
DA ESTRUTURA E ORGANIZAÇÃO DA CORREGEDORIA-GERAL DA JUSTIÇA DO ESTADO DO TOCANTINS

Capítulo I
DISPOSIÇÕES PRELIMINARES

Art. 1º A Corregedoria-Geral da Justiça é órgão integrante da estrutura do Tribunal de Justiça do Estado do Tocantins, com sede na capital, Palmas, e tem a atribuição precípua de exercer a vigilância, controle, planejamento, supervisão, orientação e fiscalização disciplinar dos serviços judiciários do primeiro grau de jurisdição do Poder Judiciário do Estado do Tocantins, bem como dos serviços notariais e de registro em todo o Estado do Tocantins.

Art. 2º As funções da Corregedoria-Geral da Justiça do Estado do Tocantins são exercidas pelo(a) Desembargador(a) Corregedor(a)-Geral da Justiça e, na sua ausência e impedimentos, pelo(a) Vice-Corregedor(a)-Geral da Justiça, nos termos da Lei Orgânica da Magistratura Nacional (LOMAN), da Lei Orgânica do Poder Judiciário do Estado do Tocantins, do Regimento Interno do Tribunal de Justiça e deste Regimento Interno da Corregedoria-Geral da Justiça.

Capítulo II
DA ESTRUTURA ORGÂNICA

Art. 3º A Corregedoria-Geral da Justiça é composta pelos órgãos e unidades internas que integram a sua estrutura organizacional, cuja organização e funcionamento regem-se pelas disposições deste Regimento.

I – Órgãos de Assessoramento e Assistência ao(à) Corregedor(a)-Geral da Justiça:

a) Gabinete do(a) Corregedor(a)-Geral da Justiça;

1. Assessoria Jurídica do Gabinete;

2. Assistência Militar.

b) Chefia de Gabinete do(a) Corregedor(a)-Geral da Justiça;

1. Assessoria Jurídico-Administrativa do Gabinete;

2. Assessoria de Planejamento, Projeto e Ações Estratégicas;

3. Assessoria de Comunicação e Imprensa;

4. Assessoria de Tecnologia da Informação e de Gestão de Sistemas;

5. Coordenadoria de Administração;

5.1. Secretaria Administrativa, Procedimento e Arquivo;

5.2. Serviço de Distribuição, Protocolo e Atendimento;

5.3. Serviço Disciplinar e de Movimentação de Magistrados(as);

5.4. Serviço de Registro Funcional, Controle e Cadastro;

5.5. Serviço de Transporte, Patrimônio e Serviços Gerais.

II – Órgãos Auxiliares do(a) Corregedor(a)-Geral da Justiça:

a) Gabinete do(a) Juiz(a) Auxiliar da Corregedoria Supervisor(a) dos Órgãos do Primeiro Grau de Jurisdição;

1. Assessoria Jurídico-Administrativa do Gabinete;

2. Coordenadoria de Correição, Planejamento e Aprimoramento da Primeira Instância;

2.1. Divisão de Correição e Inspeção;

2.2. Divisão de Monitoramento Pós-correcional;

2.3. Divisão de Monitoramento de Metas e Indicadores;

2.4. Divisão de Suporte ao Planejamento e à Gestão.

b) Gabinete do(a) Juiz(a) Auxiliar da Corregedoria Supervisor(a) dos Serviços Notariais e de Registro do Estado do Tocantins;

1. Assessoria Jurídico-Administrativa do Gabinete;

2. Coordenadoria dos Serviços Notariais e de Registro;

2.1. Divisão de Correição, Inspeção e Fiscalização dos Serviços Notariais e de Registro;

2.2. Divisão de Acompanhamento e Monitoramento das Atividades Correcionais e de Fiscalização dos Serviços Notariais e de Registro.

III – Órgãos Especializados da Corregedoria-Geral da Justiça:

a) Núcleo de Monitoramento de Perfis de Demandas (NUMOPEDE);

b) Núcleo de Prevenção e Regularização Fundiária (NUPREF);

c) Coordenadoria da Cidadania;

d) Comissão Estadual Judiciária de Adoção (CEJA);

e) Comissão Permanente de Sindicância;

f) Comissão Permanente de Processo Administrativo Disciplinar.

Art. 4º A estrutura organizacional da Corregedoria-Geral da Justiça poderá ser revisada a qualquer tempo, por iniciativa do(a) Corregedor(a)-Geral da Justiça, considerando-se novas exigências orgânicas.

TÍTULO II
DA COMPOSIÇÃO E ATRIBUIÇÕES

Capítulo I
DAS ATRIBUIÇÕES DO(A) CORREGEDOR(A)-GERAL DA JUSTIÇA

Art. 5º Além das atribuições previstas na Lei Orgânica do Poder Judiciário do Estado do Tocantins e no Regimento Interno do Tribunal de Justiça, ao(à) Corregedor-Geral da Justiça, ao(à) qual são subordinados os órgãos do primeiro grau de jurisdição do Poder Judiciário do Estado do Tocantins e as serventias extrajudiciais, bem como os(as) servidores(as) lotados(as) na Corregedoria-Geral da Justiça, compete:

I – superintender, fiscalizar, corrigir, orientar e coordenar todos os serviços afetos à Corregedoria-Geral da Justiça;

II – expedir provimentos, portarias, recomendações, decisões, despachos, orientações, ofícios-circulares e demais expedientes voltados a impulsionar e disciplinar os serviços judiciais e extrajudiciais;

III – expedir atos internos com a finalidade de regulamentar os serviços administrativos da Corregedoria-Geral da Justiça;

IV – decidir sobre pedidos de emissão de certidão que envolva matéria de caráter sigiloso;

V – resolver controvérsias entre Juízes(as) da primeira instância do Poder Judiciário do Estado do Tocantins sobre matéria administrativa;

VI – elaborar o regimento interno da Corregedoria-Geral da Justiça e modificá-lo, em ambos os casos, com a aprovação do Tribunal Pleno;

VII – realizar correição geral ordinária anual, pessoalmente ou por delegação aos(às) Juízes(as) Auxiliares, nas comarcas do Estado do Tocantins, e cumprir a programação de forma a assegurar que cada comarca seja correcionada ao menos uma vez a cada dois anos, podendo determinar que as reuniões correcionais sejam realizadas por videoconferência;

VIII – determinar a realização de correições gerais ou parciais nas comarcas e de inspeções nas serventias judiciais ou extrajudiciais, sempre que necessário;

253

ART. 6º NORMAS PARA A ATIVIDADE EXTRAJUDICIAL DO ESTADO DO TOCANTINS

IX – indicar ao Tribunal Pleno do Tribunal de Justiça os(as) Juízes(as) de Direito titulares da terceira entrância para o exercício das atribuições de Juízes(as) Auxiliares;

X – delegar poderes aos(às) Juízes(as) Auxiliares da Corregedoria-Geral da Justiça ou aos(às) demais Juízes(as) de Direito da primeira instância para a realização de correições ou inspeções;

XI – delegar poderes aos(às) Juízes(as) Auxiliares da Corregedoria-Geral da Justiça para atuação em procedimento preliminar investigatório, em sindicância, e na instrução e realização dos demais atos necessários, bem como na apresentação do relatório final, a ser submetido à sua apreciação;

XII – acompanhar e fiscalizar os serviços da primeira instância do Poder Judiciário do Estado do Tocantins, bem como detectar omissão de deveres e prática de abusos;

XIII – indicar ao(à) Presidente do Tribunal de Justiça, para nomeação, os(as) ocupantes de cargos de provimento em comissão e de funções comissionadas da Corregedoria-Geral da Justiça, com a designação de substitutos(as) automáticos(as);

XIV – propor ao(à) Presidente do Tribunal de Justiça a criação, na Corregedoria-Geral da Justiça, de cargos e funções necessárias à execução e ao aperfeiçoamento dos serviços desenvolvidos pelo órgão correcional;

XV – tomar conhecimento de representações e de reclamações relativas aos serviços judiciários, cartorários e prisionais, determinar e promover as diligências e providências necessárias, ou encaminhá-las, se for o caso, ao Conselho Nacional de Justiça (CNJ), ao(à) Procurador(a)-Geral da Justiça, ao(à) Procurador(a)-Geral do Estado, ao(à) Presidente da Ordem dos Advogados do Brasil, à Secretaria de Estado da Segurança Púbica, à Secretaria de Estado da Cidadania e Justiça, bem como a órgãos federais, conforme o caso;

XVI – determinar a instauração de sindicância ou de processo administrativo disciplinar, no âmbito de sua competência, e ordenar as medidas necessárias ao cumprimento das decisões;

XVII – julgar as sindicâncias e os processos administrativos de sua iniciativa e competência, e determinar as medidas necessárias ao cumprimento de suas decisões;

XVIII – fiscalizar o cumprimento dos deveres funcionais pelos(as) Juízes(as) do primeiro grau de jurisdição;

XIX – instaurar procedimento preliminar investigatório para a apuração de eventual irregularidade ou de falta imputada a magistrado(a) do primeiro grau de jurisdição;

XX – determinar a instauração de sindicância, mediante a edição da respectiva portaria, ou propor diretamente ao Tribunal Pleno a instauração de processo administrativo disciplinar (PAD) contra magistrado(a), quando:

a) verificada a configuração de falta funcional ou de infração penal ou disciplinar, apurada em procedimento preliminar investigatório;

b) forem suficientes os elementos trazidos ao seu conhecimento.

XXI – determinar o arquivamento, de plano, quando não restar configurada a prática de infração disciplinar ou de ilícito penal no procedimento preliminar investigatório, com a comunicação ao Conselho Nacional de Justiça (CNJ), no prazo de 15 (quinze) dias, a contar da decisão proferida;

XXII – instaurar sindicância e processos disciplinares de ofício ou por meio de representação, contra servidor(a) lotado(a) na Corregedoria-Geral da Justiça para, mediante decisão fundamentada, determinar o seu arquivamento, aplicar as penalidades de sua competência ou encaminhar à autoridade competente;

XXIII – aplicar, no âmbito de sua competência, penas disciplinares de advertência e de suspensão em servidores(as) da primeira instância do Poder Judiciário do Estado do Tocantins, e comunicar à Presidência do Tribunal de Justiça quanto às providências adotadas;

XXIV – conhecer dos recursos administrativos interpostos contra decisões prolatadas pelos(as) Juízes(as) de Direito Diretores(as) de Foro com sanções aplicadas aos(às) servidores(as) do Poder Judiciário e aos(às) delegatários(as) de serviço extrajudicial;

XXV – julgar recurso administrativo interposto contra decisão proferida por Juiz(a) de Direito em sindicância ou processo administrativo disciplinar contra servidores(as) da primeira instância do Poder Judiciário do Estado do Tocantins, inclusive delegatários(as) de serviço extrajudicial;

XXVI – julgar recurso interposto contra decisão de Juiz(a) de Direito da primeira instância do Poder Judiciário do Estado do Tocantins que tenha por objeto a cobrança de custas judiciais, taxa judiciária ou emolumentos;

XXVII – inutilizar espaços em branco nos livros oficiais das serventias extrajudiciais, a fim de se evitar a prática de fraudes e/ou acréscimos indevidos, e apreender livros, papeis e documentos utilizados indevidamente;

XXVIII – anular escrituras lançadas há mais de 30 (trinta) dias, se pendentes da assinatura das partes para poder se aperfeiçoar;

XXIX – decretar a nulidade constatada em instrumento de procuração no ato da inspeção ou da correição;

XXX – decretar o fechamento provisório de qualquer unidade judicial ou extrajudicial, para a apuração de irregularidades, pelo prazo de até 90 (noventa) dias, prorrogável por igual período, em caso de necessidade e mediante decisão fundamentada;

XXXI – adotar as medidas administrativas cabíveis no caso de descumprimento dos prazos estabelecidos para o envio de informações, de falhas no fornecimento de dados estatísticos e de omissão e manipulação destes;

XXXII – apreciar todos os questionamentos, recursos e demais demandas relativas às estatísticas da primeira instância do Poder Judiciário do Estado do Tocantins;

XXXIII – lotar os(as) servidores(as) designados(as) para prestar serviço na Corregedoria-Geral da Justiça;

XXXIV – exercer o controle administrativo sobre os(as) servidores(as) lotados(as) na Corregedoria-Geral da Justiça;

XXXV – apresentar ao Tribunal Pleno, na primeira sessão do Ano Judiciário subsequente, o relatório anual dos trabalhos desenvolvidos pela Corregedoria-Geral da Justiça no Ano Judiciário anterior;

XXXVI – acompanhar a produtividade dos(as) Juízes(as) de Direito da primeira instância do Poder Judiciário do Estado do Tocantins que estão cumulando atribuições e recomendar ao(à) Presidente do Tribunal de Justiça o cancelamento da designação do(a) magistrado(a) cuja unidade apresente volume de trabalho incompatível com a cumulação ou que não atenda satisfatoriamente à unidade substituída;

XXXVII – dirimir dúvidas quanto à interpretação e aplicação das normas que dispõem sobre as custas judiciais, taxa judiciária ou emolumentos; e

XXXVIII – apreciar os relatórios correicionais dos(as) Juízes(as) de Direito, e decidir sobre a sua aprovação ou não, com a indicação, em qualquer caso, das providências cabíveis.

Art. 6º Das decisões do(a) Corregedor(a)-Geral da Justiça, salvo disposição em contrário, cabe recurso para o Tribunal Pleno do Tribunal de Justiça, no prazo de 15 (quinze) dias contados a partir da data do conhecimento da decisão pelo(a) interessado(a) ou por quem legalmente o(a) represente.

Art. 7º O(A) Corregedor(a)-Geral da Justiça, no exercício de suas funções, será auxiliado(a) por 2 (dois/duas) Juízes(as) de Direito titulares de varas da terceira entrância do Poder Judiciário do Estado do Tocantins.

§ 1º Nos afastamentos legais ou impedimentos eventuais do(a) Juiz(a) Auxiliar, o(a) segundo(a) Juiz(a) Auxiliar, referido(a) no caput deste artigo, poderá substituí-lo(a), mediante delegação do(a) Corregedor(a)-Geral da Justiça;

§ 2º Os(As) Juízes(as) Auxiliares prestarão apoio mútuo, um ao(à) outro(a), podendo praticar conjuntamente, em processos ou procedimentos que requeiram a formação de colegiado, qualquer ato processual.

Art. 8º O(A) Corregedor(a)-Geral da Justiça poderá, mediante aprovação do Tribunal Pleno, convocar Juiz(a) de Direito para auxiliá-lo(a) nas questões alusivas ao planejamento estratégico, metas, projetos e ações da Corregedoria-Geral da Justiça, por período não superior a dois anos.

Parágrafo único. O(A) Juiz(a) convocado(a) na forma do caput deste artigo não exercerá a função de Juiz(a) Corregedor(a) e perceberá pelo exercício de função administrativa, sem prejuízo das suas atribuições jurisdicionais.

Art. 9º Os atos expedidos pelo(a) Corregedor(a)-Geral da Justiça, de natureza normativa, no âmbito de sua competência, observarão as seguintes nomenclaturas:

I – provimento: ato de caráter normativo interno e externo com a finalidade de esclarecer e orientar a execução dos serviços judiciais e extrajudiciais em geral, e quando se destinar a alterar outro provimento, deverá ser redigido de tal forma a indicar expressamente a norma alterada, a fim de se preservar a sistematização e a numeração existente;

II – portaria: ato contendo delegações ou designações, de natureza geral ou especial, para desempenho de funções definidas no próprio ato; destinado ainda a aprovar e alterar o regulamento da Corregedoria-Geral da Justiça, bem como a instaurar procedimentos;

254

III – orientação: ato de caráter explicativo com medidas para o aperfeiçoamento dos serviços das unidades judiciais da primeira instância do Poder Judiciário do Estado do Tocantins e do serviço extrajudicial;

IV – ofício-circular: ato de caráter requisitório ou de divulgação, com solicitações de informações administrativas, técnicas, processuais e financeiras, e com o estabelecimento do modo de sua realização, ou a divulgação de decisões e atos da Corregedoria-Geral da Justiça;

V – recomendação: ato sem caráter normativo por meio do qual a Corregedoria-Geral da Justiça adverte ou sugere às unidades judiciais e/ou extrajudiciais acerca da prática ou não de determinados atos em prol da melhoria dos serviços judiciários, que sejam de relevância ou digam respeito aos interesses da Corregedoria-Geral da Justiça.

§ 1º Nos casos em que a proposta de ato normativo ensejar impacto financeiro-orçamentário, receberá prévio parecer técnico do setor competente do Tribunal de Justiça e da Corregedoria-Geral da Justiça;

§ 2º Os atos normativos serão publicados no Diário da Justiça eletrônico e no sítio da Corregedoria-Geral da Justiça, exceto os que necessitam de sigilo;

§ 3º É dever dos(as) magistrados(as) e servidores(as) da primeira instância do Poder Judiciário do Estado do Tocantins acompanhar os atos normativos e administrativos publicados pela Corregedoria-Geral da Justiça no Diário da Justiça eletrônico e no sítio do órgão correcional.

Capítulo II
DO(A) VICE-CORREGEDOR(A)-GERAL DA JUSTIÇA

Art. 10. O(A) Vice-Corregedor(a)-Geral da Justiça, que será eleito(a) pelo Tribunal Pleno para um mandato de dois anos, toma posse conjuntamente com o(a) Corregedor(a)-Geral da Justiça perante o(a) Presidente do Tribunal de Justiça, e atuará nas ausências, impedimentos ou suspeições do(a) titular, sem prejuízo de suas funções judicantes ordinárias.

TÍTULO III
ÓRGÃOS DE ASSESSORAMENTO E ASSISTÊNCIA AO(À) CORREGEDOR(A)-GERAL DA JUSTIÇA

Capítulo I
DO GABINETE DO(A) CORREGEDOR(A)-GERAL DA JUSTIÇA

Art. 11. O Gabinete do(a) Corregedor(a)-Geral da Justiça, subordinado diretamente ao(à) Corregedor(a)-Geral da Justiça, é dirigido pelo(a) Chefe de Gabinete e tem como objetivo assegurar o planejamento e a execução das atividades de assistência administrativa ao(a) Corregedor(a)-Geral da Justiça.

SEÇÃO I
DA ASSESSORIA JURÍDICA DO GABINETE

Art. 12. A Assessoria Jurídica do Gabinete, diretamente subordinada ao Gabinete do(a) Corregedor(a)-Geral da Justiça, contará com equipe de apoio direto, com objetivo de oferecer subsídios às decisões:

I – jurisdicionais dos processos de competência do(a) Corregedor(a)-Geral da Justiça;

II – dos processos administrativos de competência do(a) Corregedor(a)-Geral da Justiça;

Parágrafo único. A critério do(a) Corregedor(a)-Geral da Justiça, a Assessoria Jurídica poderá ser integrada por servidores(as) do seu gabinete no Tribunal de Justiça, sem prejuízo de outros(as) servidores(as) requisitados(as) ou designados(as) internamente, que se revelarem imprescindíveis ao bom desenvolvimento das atividades da unidade.

Art. 13. São atribuições da Assessoria Jurídica do Gabinete:

I – prestar assessoria jurídica ao Gabinete do(a) Corregedor(a)-Geral da Justiça nos expedientes e processos administrativos em trâmite e minutar pareceres para subsidiar decisões ou deliberações;

II – subsidiar a elaboração de informações para instruir ações judiciais e recursos administrativos interpostos contra atos ou decisões do(a) Corregedor(a)-Geral da Justiça;

III – redigir e/ou subsidiar a redação jurídica de atos normativos, administrativos e despachos da competência do Gabinete do(a) Corregedor(a)-Geral da Justiça;

IV – revisar o conteúdo jurídico das minutas de atos normativos elaborados pelas unidades administrativas da Corregedoria-Geral da Justiça previamente à assinatura do(a) Corregedor(a)-Geral da Justiça, assegurando-se a sua legalidade;

V – elaborar minutas de portarias de processos administrativos instaurados pelo(a) Corregedor(a)-Geral da Justiça contra servidores(as) integrantes do quadro de pessoal da primeira instância do Poder Judiciário do Estado do Tocantins, notários(as), registradores(as), e de sindicâncias contra Juízes(as) de Direito;

VI – acompanhar a movimentação das ações judiciais, recursos administrativos e de outros procedimentos em andamento no Tribunal de Justiça e em outros órgãos jurisdicionais ou administrativos, que digam respeito à Corregedoria-Geral da Justiça, ao(à) Corregedor(a)-Geral da Justiça e aos(às) Juízes(as) Auxiliares da Corregedoria-Geral da Justiça, bem como sugerir ao(à) Corregedor(a)-Geral da Justiça ou ao(à) Juiz(a) Auxiliar a adoção de providências, quando a matéria assim o requerer;

VII – realizar estudos e pesquisas em matérias sujeitas à consideração do(a) Corregedor(a)-Geral da Justiça;

VIII – apreciar e minutar pareceres sobre questões jurídicas nos procedimentos de consulta que lhes forem atribuídos pelo(a) Corregedor(a)-Geral da Justiça;

IX – minutar pareceres sobre pedidos de prorrogação de correição, para a apreciação do(a) Corregedor(a)-Geral da Justiça;

X – acompanhar a atualização de atos normativos do Conselho Nacional de Justiça, propor e minutar medidas de alinhamento;

XI – minutar expediente com informações nos processos em trâmite no Conselho Nacional de Justiça;

XII – analisar as notícias de irregularidades sobre condutas de magistrados(as), servidores(as) e delegatários(as) de serviços extrajudiciais e propor o encaminhamento devido;

XIII – minutar atos relacionados à investigação preliminar sobre conduta de magistrados(as);

XIV – minutar parecer em sindicâncias e processos disciplinares relacionados a servidores(as) e delegatários(as);

XV – fazer pesquisas relativas a doutrinas e jurisprudências;

XVI – ajustar a classe e assunto processual, com a devida certificação nos autos, tão logo verificado o cadastramento indevido; e

XVII – executar outras tarefas que lhe forem atribuídas.

Parágrafo único. A Assessoria Jurídica contará com 02 (dois/duas) Assessores(as) Jurídicos(as), bacharéis em Direito, a quem, uma vez nomeados(as) para o exercício de cargo de provimento em comissão por indicação do(a) Corregedor(a)-Geral da Justiça, incumbe velar pela:

I – distribuição equânime dos processos e demais expedientes entre os(as) servidores(as) lotados(a) na unidade;

II – orientação da equipe quanto à padronização dos procedimentos e dos critérios adotados para a emissão de pareceres e demais expedientes da unidade;

III – aprovação das minutas de pareceres;

IV – gestão do banco eletrônico contendo todos os pareceres elaborados pela Assessoria Jurídica;

V – gerenciamento funcional dos(as) assessores(as); e

VI – organização das rotinas de trabalho e controle da respectiva frequência dos(as) servidores(as) lotados(as) na unidade.

SEÇÃO II
DA ASSISTÊNCIA MILITAR DA CORREGEDORIA-GERAL DA JUSTIÇA

Art. 14. A Assistência Militar da Corregedoria-Geral da Justiça, diretamente subordinada ao(à) Assessor(a) Militar do Tribunal de Justiça e supervisionada, no âmbito do órgão correcional pelo(a) Corregedor(a)-Geral da Justiça, contará com equipe de policiais militares e de seguranças privados terceirizados sob o seu alcance de comando, e tem por objetivo precípuo a gestão da segurança e a proteção do(a) Corregedor(a)-Geral da Justiça, de sua equipe e das pessoas que transitam nas dependências do órgão correcional.

§ 1º A Coordenação da Assistência Militar da Corregedoria-Geral da Justiça será executada por um(a) policial militar, de livre escolha do(a) Corregedor(a)-Geral da Justiça, e será integrada por outros(as) profissionais de segurança que se fizerem necessários para o bom desempenho das atividades;

§ 2º A Assistência Militar da Corregedoria-Geral da Justiça é parte integrante do serviço de segurança do Tribunal de Justiça e deve garantir, no desempenho das suas atribuições, a padronização, alinhamento e unicidade às diretrizes do Tribunal de Justiça.

Art. 15. Compete à Assistência Militar da Corregedoria-Geral da Justiça:

I – organizar, dirigir e executar os serviços de segurança, proteção pessoal e acompanhamento do(a) Corregedor(a)-Geral da Justiça e dos(as) Juízes(as) Auxiliares;

II – zelar pela segurança e proteção patrimonial da Corregedoria-Geral da Justiça;

III – controlar e fiscalizar o acesso e a circulação de servidores(as) e visitantes às instalações físicas da Corregedoria-Geral da Justiça nos horários de expediente e durante a permanência do(a) Corregedor(a)-Geral da Justiça;

IV – fiscalizar o serviço terceirizado de segurança privada no que se refere à abertura e fechamento dos locais de trabalho e acesso à Corregedoria-Geral da Justiça;

V – manter aberta a Corregedoria-Geral da Justiça nos horários de expediente forense e, extraordinariamente, quando determinado pelo(a) Corregedor(a)-Geral da Justiça;

VI – colaborar, quando solicitada, no planejamento e elaboração dos programas e planos de viagens e visitas do(a) Corregedor(a)-Geral da Justiça, e proceder ao levantamento de dados e informações para a supervisão da operação sob o aspecto de sua segurança;

VII – acompanhar, quando solicitada, as autoridades da Corregedoria-Geral da Justiça nos seus deslocamentos oficiais e protocolares;

VIII – participar de comissões ou de grupos de trabalho constituídos com a finalidade de discutir e de propor soluções para questões internas de segurança, sob a designação do(a) Corregedor(a)-Geral da Justiça;

IX – realizar o acompanhamento de policiais militares quando de visitas aos setores internos da Corregedoria-Geral da Justiça;

X – zelar pela incolumidade da equipe de servidores e visitantes, para que sejam observadas as normas gerais de segurança nas dependências da Corregedoria-Geral da Justiça;

XI – zelar pela proteção e segurança do patrimônio do Poder Judiciário do Estado do Tocantins que está sob a administração e cuidados da Corregedoria-Geral da Justiça; e

XII – executar outras tarefas que lhe forem atribuídas no que se refere à segurança institucional.

Capítulo II
DA CHEFIA DE GABINETE

Art. 16. A Chefia de Gabinete, diretamente subordinada ao(à) Corregedor(a)-Geral da Justiça, é responsável por dirigir o Gabinete do(a) Corregedor(a)-Geral da Justiça e, prioritariamente, executar as atividades de assistência administrativa e judicial ao(à) Corregedor(a)-Geral da Justiça e abrange as seguintes unidades:

I – Assessoria Jurídico-Administrativa do Gabinete;

II – Assessoria de Planejamento, Projeto e Ações Estratégicas;

III – Assessoria de Comunicação e Imprensa;

IV – Assessoria de Tecnologia da Informação e de Gestão de Sistemas; e

V – Coordenadoria de Administração.

§ 1º A Chefia de Gabinete será exercida por bacharel(a) em Direito, nomeado(a) para o exercício do cargo de provimento em comissão de Chefe de Gabinete do(a) Corregedor(a)-Geral da Justiça, mediante livre escolha do(a) Corregedor(a)-Geral da Justiça;

§ 2º Nos seus afastamentos e impedimentos, o(a) Chefe de Gabinete será substituído(a) por servidor(a) designado(a) pelo(a) Corregedor(a)-Geral da Justiça, dentre os(as) lotados(as) na Corregedoria-Geral da Justiça e graduados(as) em Direito.

Art. 17. São atribuições da Chefia de Gabinete:

I – programar, organizar e divulgar as atividades administrativas, de representação social e institucionais do(a) Corregedor(a)-Geral da Justiça;

II – agendar e organizar as audiências, reuniões e os despachos do(a) Corregedor(a)-Geral da Justiça;

III – atender às partes que buscarem ao gabinete e fazer a triagem dos assuntos a serem submetidos ao(à) Corregedor(a)-Geral da Justiça;

IV – atender aos(às) servidores(as) da Corregedoria-Geral da Justiça, às autoridades e ao público em geral, e solucionar as solicitações e/ou sanar as dúvidas que lhe forem submetidas e, caso necessário, encaminhar ao(à) Corregedor(a)-Geral da Justiça;

V – despachar o expediente do gabinete com o(a) Corregedor(a)-Geral da Justiça e adotar as medidas cabíveis para a realização dessas tarefas;

VI – providenciar ou subsidiar a redação de pronunciamentos oficiais do(a) Corregedor(a)-Geral da Justiça;

VII – auxiliar jurídica e administrativamente em:

a) decisões do(a) Corregedor(a)-Geral da Justiça;

b) relatórios e outros atos referentes às atribuições do(a) Corregedor(a)-Geral da Justiça;

c) pareceres e votos das matérias administrativas de interesse da Corregedoria-Geral da Justiça para as sessões do Conselho da Magistratura e do Tribunal Pleno e para as reuniões das comissões e dos comitês dos quais o(a) Corregedor(a)-Geral da Justiça é membro.

VIII – assessorar o(a) Corregedor(a)-Geral da Justiça nas correições, quando solicitado(a);

IX – realizar contatos com outros órgãos do Poder Judiciário, do serviço público em geral e entidades particulares, acerca de assuntos de interesse da Corregedoria-Geral da Justiça, quando determinado pelo(a) Corregedor(a)-Geral da Justiça;

X – coordenar a elaboração do relatório anual da Corregedoria-Geral da Justiça;

XI – aprovar a escala de férias dos(as) servidores(as) lotados(as) na Corregedoria-Geral da Justiça, dando-se ciência ao(à) Corregedor(a)-Geral da Justiça;

XII – manter o(a) Corregedor(a)-Geral da Justiça informado(a) quanto ao andamento das ações judiciais, recursos administrativos e de outros procedimentos em tramitação no Tribunal de Justiça e em outros órgãos jurisdicionais ou administrativos e que digam respeito à Corregedoria-Geral da Justiça, ao(à) Corregedor(a)-Geral da Justiça e/ou aos(às) Juízes(as) Auxiliares da Corregedoria-Geral da Justiça;

XIII – organizar, programar e adotar todas as providências necessárias para a realização de encontros, eventos e solenidades promovidos pela Corregedoria-Geral da Justiça;

XIV – diligenciar junto às áreas do Tribunal de Justiça com vistas à obtenção dos recursos e meios necessários ao desenvolvimento das ações e projetos de interesse da Corregedoria-Geral da Justiça;

XV – orientar a execução dos trabalhos das unidades subordinadas, de modo a agilizar e racionalizar as demandas e expedientes submetidos ao(à) Corregedor(a)-Geral da Justiça, a fim de se conferir eficiência aos trabalhos desempenhados;

XVI – prestar suporte técnico e administrativo à Comissão Estadual Judiciária de Adoção (CEJA), de forma a permitir o pleno exercício de suas atribuições regimentais;

XVII – supervisionar os serviços de suporte ao funcionamento da Corregedoria-Geral da Justiça;

XVIII – supervisionar as atividades das unidades diretamente subordinadas;

XIX – supervisionar as ações de planejamento e estratégia da Corregedoria-Geral da Justiça; e

XX – executar atividades afins que digam respeito às atribuições do(a) Corregedor(a)-Geral da Justiça ou que envolvam a esfera de atuação do Gabinete do(a) Corregedor(a)-Geral da Justiça.

SEÇÃO I
DA ASSESSORIA JURÍDICO-ADMINISTRATIVA DO GABINETE

Art. 18. A Assessoria Jurídico-Administrativa do Gabinete, diretamente subordinada à Chefia de Gabinete do(a) Corregedor(a)-Geral da Justiça, contará com equipe de apoio direto, com objetivo de oferecer subsídios às decisões:

I – jurisdicionais dos feitos de competência do(a) Corregedor(a)-Geral da Justiça;

II – dos processos administrativos de competência do(a) Corregedor(a)-Geral da Justiça.

Parágrafo único. A critério do(a) Corregedor(a)-Geral da Justiça, a Assessoria Jurídico-Administrativa poderá ser integrada por servidores(as) do seu gabinete no Tribunal de Justiça, sem prejuízo de outros(as) servidores(as) requisitados(as) ou designados(as) internamente e que se revelarem imprescindíveis ao bom desenvolvimento das atividades da unidade.

Art. 19. São atribuições da Assessoria Jurídico-Administrativa do Gabinete:

I – prestar assessoria jurídica ao Gabinete do(a) Corregedor(a)-Geral da Justiça nos expedientes e processos administrativos em trâmite e minutar parecer para subsidiar decisão ou deliberação;

II – subsidiar a elaboração de informações para instruir ações judiciais e recursos administrativos interpostos contra ato ou decisão do(a) Corregedor(a)-Geral da Justiça;

III – redigir e/ou subsidiar a redação jurídica de atos normativos, administrativos e despachos da competência do Gabinete do(a) Corregedor(a)-Geral da Justiça;

IV – revisar o conteúdo jurídico das minutas de atos normativos elaborados pelas unidades administrativas da Corregedoria-Geral da Justiça previamente à assinatura do(a) Corregedor(a)-

RESOLUÇÃO N. 08 DE 25 DE MARÇO DE 2021 — ART. 23

-Geral da Justiça, assegurando-se a sua legalidade;

V – elaborar minutas de portarias de processos administrativos instaurados pelo(a) Corregedor(a)-Geral da Justiça contra servidores(as) integrantes dos quadros de pessoal da primeira instância do Poder Judiciário do Estado do Tocantins, notários(as), registradores(as), e de sindicâncias contra Juízes(as) de Direito;

VI – acompanhar a movimentação das ações judiciais, recursos administrativos e outros procedimentos em andamento no Tribunal de Justiça, Conselho Nacional de Justiça e em outros órgãos jurisdicionais ou administrativos, que digam respeito à Corregedoria-Geral da Justiça, e sugerir providências ao(à) Corregedor(a)-Geral da Justiça, quando a matéria assim o requerer;

VII – realizar estudos e pesquisas em matérias sujeitas à consideração do(a) Corregedor(a)-Geral da Justiça;

VIII – apreciar e minutar parecer sobre questões jurídicas nos procedimentos de consulta que lhe forem atribuídos pelo(a) Corregedor(a)-Geral da Justiça;

IX – minutar parecer sobre pedidos de prorrogação de correição, para a apreciação do(a) Corregedor(a)-Geral da Justiça;

X – acompanhar a atualização de normas do Conselho Nacional de Justiça, propor e minutar medidas de alinhamento;

XI – minutar expediente com informações nos processos em trâmite no Conselho Nacional de Justiça;

XII – minutar atos relacionados à investigação preliminar sobre a conduta de magistrados(as) da primeira instância do Poder Judiciário do Estado do Tocantins;

XIII – minutar parecer em sindicâncias e processos disciplinares relacionados a servidores(as) da primeira instância do Poder Judiciário do Estado do Tocantins e delegatários(as) de serviço extrajudicial;

XIV – fazer pesquisas relativas a doutrinas e jurisprudências;

XV – ajustar a classe e assunto processual, com a devida certificação nos autos, tão logo verificado o cadastramento indevido; e

XVI – executar outras tarefas que lhe forem atribuídas.

Parágrafo único. A Assessoria Jurídico-Administrativa será coordenada por 1 (um/a) Assessor(a) Jurídico-Administrativo(a), bacharel(a) em Direito, a quem, uma vez nomeado(a) para o exercício de cargo de provimento em comissão por indicação do(a) Corregedor(a)-Geral da Justiça, incumbe velar pela:

I – distribuição equânime dos processos e demais expedientes entre os(as) servidores(as) lotados(as) na unidade;

II – orientação da equipe quanto à padronização dos procedimentos e dos critérios adotados para a emissão de pareceres e demais expedientes da unidade;

III – aprovação das minutas de pareceres;

IV – gestão do banco eletrônico contendo todos os pareceres elaborados pela Assessoria Jurídico-Administrativa;

V – gerenciamento funcional dos(as) assessores(as); e

VI – organizar as rotinas de trabalho e controlar a respectiva frequência dos(as) servidores(as) lotados(as) na unidade.

SEÇÃO II
DA ASSESSORIA DE PLANEJAMENTO, PROJETO E AÇÕES ESTRATÉGICAS

Art. 20. A Assessoria de Planejamento, Projeto e Ações Estratégicas, diretamente subordinada à Chefia de Gabinete do(a) Corregedor(a)-Geral da Justiça, contará com equipe de apoio direto e tem o objetivo precípuo de oferecer auxílio técnico e jurídico no desenvolvimento de planejamento, projetos e ações que visem o aprimoramento dos serviços prestados pela Corregedoria-Geral da Justiça, com o alinhamento às estratégias nacional e estadual.

Art. 21. Compete à Assessoria de Planejamento, Projeto e Ações Estratégicas:

I – elaborar a proposta orçamentária anual da Corregedoria-Geral da Justiça, submetê-la ao(à) Corregedor(a)-Geral da Justiça e acompanhar a execução do orçamento;

II – revisar anualmente e elaborar o Planejamento Estratégico da Corregedoria-Geral da Justiça, alinhando-o à estratégia do Poder Judiciário nacional e estadual;

III – propor ao Gabinete do(a) Corregedor(a)-Geral da Justiça as políticas, diretrizes e o plano anual de atuação da Corregedoria-Geral da Justiça a partir da perspectiva sistêmica e em compatibilidade com o Planejamento Estratégico;

IV – acompanhar a consecução dos objetivos da Corregedoria-Geral da Justiça expressos em planos, programas e orçamentos;

V – propor e acompanhar projetos no âmbito de suas atribuições no cumprimento das diretrizes definidas e aprovadas no planejamento estratégico da Corregedoria-Geral da Justiça;

VI – acompanhar a observância de dispositivos legais e de normas técnicas no planejamento e execução dos programas de trabalho;

VII – realizar reuniões de análise dos resultados decorrentes da execução do plano anual de atuação da Corregedoria-Geral da Justiça e do cumprimento das metas do Planejamento Estratégico da Corregedoria-Geral da Justiça, tendo como membros natos o(a) Corregedor(a)-Geral da Justiça, Vice-Corregedor(a)-Geral da Justiça, Juízes(as) Auxiliares e Chefe de Gabinete da Corregedoria-Geral da Justiça;

VIII – pronunciar-se, quando solicitada pelo(a) Corregedor(a)-Geral da Justiça, sobre questões técnicas pertinentes à sua esfera de atuação;

IX – assessorar e deliberar sobre demais matérias, objetivando a correta execução das funções legais e normativas da Corregedoria-Geral da Justiça e o regular exercício das atribuições do(a) Corregedor(a)-Geral da Justiça;

X – identificar tempestivamente os métodos, processos e práticas de trabalho disfuncionais e pontos de estrangulamento na execução de programa de trabalho que ocasionem desperdício de tempo, de recursos financeiros, materiais, humanos e técnicos nas atividades da Corregedoria-Geral da Justiça;

XI – propor a racionalização, a uniformização e a implementação de medidas de melhoria dos procedimentos e das rotinas pertinentes às atividades desenvolvidas pela Corregedoria-Geral da Justiça;

XII – solicitar, quando necessário, a criação ou o aperfeiçoamento de sistemas e/ou ferramentas que favoreçam o acompanhamento e o controle mais eficiente das atividades desenvolvidas pela Corregedoria-Geral da Justiça;

XIII – acompanhar a execução mensal das iniciativas implementadas no âmbito da Corregedoria-Geral da Justiça ou por ela supervisionadas, e verificar, por meio de indicadores de desempenho, os resultados alcançados, considerados os seus objetivos e as metas;

XIV – consolidar as informações necessárias para subsidiar as reuniões de que o(a) Corregedor(a)-Geral da Justiça e o(a) Chefe de Gabinete participam;

XV – propor a adoção de ações pedagógicas direcionadas à orientação de Juízes(as) de Direito e servidores(as) da primeira instância do Poder Judiciário do Estado do Tocantins, notários(as) e registradores(as), visando à qualidade da prestação jurisdicional, bem como desenvolver projetos relacionados à competência da Corregedoria-Geral da Justiça;

XVI – elaborar os relatórios anual, bienal e de transição das atividades da Corregedoria-Geral da Justiça e submetê-los ao(à) Corregedor(a)-Geral da Justiça, para análise e aprovação; e

XVII – executar outras tarefas que lhe forem atribuídas.

Parágrafo único. As unidades da Corregedoria-Geral da Justiça deverão encaminhar à Assessoria de Planejamento, Projeto e Ações Estratégicas da Corregedoria-Geral da Justiça, até o dia trinta de novembro de cada ano, os relatórios das atividades desenvolvidas.

Art. 22. O(A) Corregedor(a)-Geral da Justiça poderá designar, por meio de portaria e mediante prévia aprovação do Tribunal Pleno, um(a) Juiz(a) de Direito, segundo o disposto no art. 8º deste Regimento Interno, para o exercício da função de Coordenador(a) de Planejamento, Projeto e Ações Estratégicas, que exercerá tal múnus sem prejuízo de sua função jurisdicional e ficará vinculado(a) à Chefia de Gabinete da Corregedoria-Geral da Justiça.

§ 1º Caso não haja a designação prevista no caput deste artigo, as atribuições de coordenação das ações de planejamento e estratégia da Corregedoria-Geral da Justiça recairão na Chefia de Gabinete do órgão correcional;

§ 2º Cabe ao(à) Juiz(a) Coordenador(a) de Planejamento, Projeto e Ações Estratégicas da Corregedoria-Geral da Justiça supervisionar os serviços estratégicos das áreas integrantes do órgão correcional, com o apoio da Assessoria de Planejamento, Projeto e Ações Estratégicas, de modo a assegurar o atendimento aos requisitos legais e formais para a regular execução do planejamento e da gestão estratégica da Corregedoria-Geral da Justiça, com foco na excelência e resultado.

Art. 23. São atribuições do(a) Juiz(a) Coordenador(a) de Planejamento, Projeto e Ações Estratégicas:

I – superintender os trabalhos e orientar a atuação da Assessoria de Planejamento, Projeto e Ações Estratégicas;

257

ART. 24 — NORMAS PARA A ATIVIDADE EXTRAJUDICIAL DO ESTADO DO TOCANTINS

II – supervisionar as atividades de padronização, normatização, orientação e suporte ao planejamento e à gestão da Corregedoria-Geral da Justiça; e

III – exercer outras atividades voltadas ao desenvolvimento e à execução do planejamento e da estratégia da Corregedoria-Geral da Justiça, delegadas pelo(a) Corregedor(a)-Geral da Justiça ou pela Chefia de Gabinete.

Parágrafo único. Além das atribuições elencadas nos incisos I a III deste artigo, o(a) Juiz(a) Coordenador(a) de Planejamento, Projeto e Ações Estratégicas da Corregedoria-Geral da Justiça receberá delegação do(a) Corregedor(a)-Geral da Justiça para exercer a função de gestor(a) de projetos e ações da Corregedoria-Geral da Justiça, pelo que deverá adotar todas as providências cabíveis para o cumprimento das metas estabelecidas e para a obtenção dos resultados desejados, em consonância com o planejamento estratégico do órgão correcional.

Art. 24. A Assessoria de Planejamento, Projeto e Ações Estratégicas da Corregedoria-Geral da Justiça será coordenada por um(a) Assessor(a) de Planejamento e Projetos, com graduação em nível superior e que será nomeado(a) para o exercício de cargo de provimento em comissão, de livre escolha do(a) Corregedor(a)-Geral da Justiça, e poderá ser integrada por outros(as) servidores(as) que se revelarem imprescindíveis ao bom desenvolvimento das atividades da unidade.

SEÇÃO III
DA ASSESSORIA DE COMUNICAÇÃO E IMPRENSA

Art. 25. A Assessoria de Comunicação e Imprensa, diretamente vinculada e supervisionada pela Chefia de Gabinete do(a) Corregedor(a)-Geral da Justiça, contará com equipe de apoio direto, e tem o objetivo precípuo de gerir o relacionamento e a comunicação da Corregedoria-Geral da Justiça com a imprensa e a sociedade.

Parágrafo único. A Assessoria de Comunicação e de Imprensa é parte integrante do serviço de comunicação do Tribunal de Justiça e deve garantir, no desempenho das suas atribuições, a padronização, o alinhamento e a unicidade às diretrizes do Tribunal de Justiça.

Art. 26. Compete à Assessoria de Comunicação e Imprensa:

I – estabelecer relações sólidas e confiáveis com os meios de comunicação e seus agentes, com o objetivo de se tornar fonte de informação respeitada e requisitada;

II – criar situações para a cobertura sobre as atividades da Corregedoria-Geral da Justiça, para alcançar e manter – e, em alguns casos, recuperar – uma boa imagem perante a opinião pública;

III – apresentar, firmar e consolidar as informações pertinentes aos interesses da Corregedoria-Geral da Justiça no contexto midiático local, nacional e internacional;

IV – produzir comunicados de imprensa, ou releases, para informar, anunciar, contestar, esclarecer ou responder à mídia sobre algum fato que envolva a Corregedoria-Geral da Justiça, positivamente ou não;

V – implementar a cultura de comunicação de massa nos aspectos interno e externo relativamente ao(à) assessorado(a) por meio de condutas proativas junto à estrutura midiática;

VI – coordenar as publicações institucionais, de modo a assegurar a padronização da linguagem e identidade visual da Corregedoria-Geral da Justiça;

VII – planejar e coordenar os projetos, produtos e as atividades jornalísticas voltadas para os públicos interno e externo;

VIII – produzir e coordenar os trabalhos de criação e design nas páginas da internet e intranet;

IX – organizar as solenidades da Corregedoria-Geral da Justiça e as recepções a personalidades nacionais e estrangeiras, observando-se o cerimonial adequado;

X – manter atualizadas as redes sociais da Corregedoria-Geral da Justiça;

XI – orientar o corpo funcional da Corregedoria-Geral da Justiça a lidar com a imprensa;

XII – elaborar anualmente plano de comunicação e ações correspondentes; e

XIII – executar outras tarefas que lhe forem atribuídas.

Parágrafo único. A Assessoria de Comunicação e Imprensa será coordenada por um(a) Assessor(a) de Comunicação e Imprensa graduado(a) em Comunicação Social, Relações Públicas ou Jornalismo e nomeado(a) para o exercício de cargo de provimento em comissão de livre escolha do(a) Corregedor(a)-Geral da Justiça, e poderá ser integrada por outros(as) servidores(as) que se revelarem imprescindíveis ao bom desenvolvimento das atividades da unidade.

SEÇÃO IV
DA ASSESSORIA DE TECNOLOGIA DA INFORMAÇÃO E DE GESTÃO DE SISTEMAS

Art. 27. A Assessoria de Tecnologia da Informação e de Gestão de Sistemas, diretamente vinculada e supervisionada pela Chefia de Gabinete do(a) Corregedor(a)-Geral da Justiça, contará com equipe de apoio direto e tem por objetivo precípuo a gestão de dados dos sistemas judiciais e extrajudiciais da primeira instância do Poder Judiciário do Estado do Tocantins.

Parágrafo único. A Assessoria de Tecnologia da Informação e de Gestão de Sistemas é parte integrante da Diretoria de Tecnologia da Informação do Tribunal de Justiça e deve garantir, no desempenho das suas atribuições, a padronização, o alinhamento e a unicidade às diretrizes estabelecidas pelo Tribunal de Justiça.

Art. 28. Compete à Assessoria de Tecnologia da Informação e de Gestão de Sistemas:

I – planejar a atualização sistemática e permanente dos recursos tecnológicos;

II – planejar, organizar e supervisionar as atividades de implementação e manutenção dos sistemas relativos às áreas judicial e extrajudicial da Corregedoria-Geral da Justiça;

III – prover meios para a garantia da integridade e da disponibilidade dos ativos de informática e das informações produzidas pelas ações de Tecnologia da Informação da Corregedoria-Geral da Justiça;

IV – planejar e estimular práticas de melhoria contínua no âmbito das unidades da Corregedoria-Geral da Justiça, integradas ao Tribunal de Justiça, visando à maior eficiência na utilização dos recursos de Tecnologia da Informação e melhoria no atendimento aos usuários interno e externo;

V – coordenar e fiscalizar o cumprimento das metas estabelecidas em planejamento estratégico da Corregedoria-Geral da Justiça, concernentes à competência da Assessoria de Tecnologia da Informação e de Gestão de Sistemas;

VI – coordenar as atividades com o apoio do corpo técnico subordinado, quanto à necessidade de aquisição, para a análise das solicitações de aquisições de bens e serviços de informática dos pedidos realizados pela Corregedoria-Geral da Justiça;

VII – elaborar "Projeto Básico" e "Termo de Referência" visando atender à necessidade dos processos licitatórios para a aquisição de bens e serviços de informática, em conformidade com os pedidos de compras realizados pela Corregedoria-Geral da Justiça;

VIII – implantar e acompanhar o funcionamento de sistemas de terceiros ou parceiros relativos à automação de dados de processos judiciais ou administrativos da primeira instância do Poder Judiciário do Estado do Tocantins;

IX – realizar atividades que envolvam a gestão de informação, a análise e o diagnóstico das necessidades dos usuários, relativas aos sistemas de informação;

X – coordenar e gerar processos de desenvolvimento de sistemas;

XI – estabelecer e monitorar a utilização de normas, padrões e metodologias para o desenvolvimento de sistemas de informação;

XII – prestar assessoramento técnico no que se refere a prazos, recursos e alternativas de desenvolvimento de sistemas, bem como efetuar a prospecção, análise e implementação de novas ferramentas de desenvolvimento;

XIII – coordenar treinamentos relativos à utilização dos sistemas de informação;

XIV – fiscalizar as atividades relativas às alterações, manutenções e adequações necessárias ao bom funcionamento dos sistemas desenvolvidos;

XV – planejar a necessidade de capacitação do corpo técnico visando à atualização do conhecimento e novas alternativas tecnológicas na área de desenvolvimento de sistemas;

XVI – coordenar e estabelecer critérios de organização e métodos de trabalho para a alimentação dos sistemas;

XVII – administrar e dar consultoria de suporte ao uso de sistemas judiciais e extrajudiciais;

XVIII – parametrizar e dar suporte aos usuários dos sistemas judiciais da primeira instância do Poder Judiciário do Estado do Tocantins;

XIX – estabelecer o levantamento de regras de negócio consolidadas pela Corregedoria-Geral da Justiça e demais órgãos reguladores dos sistemas judicial e extrajudicial;

XX – planejar, projetar e desenvolver programas e aplicativos que auxiliem nos trabalhos e nas atividades da Corregedoria-Geral da Justiça, em conformidade com as políticas de desen-

RESOLUÇÃO N. 08 DE 25 DE MARÇO DE 2021 **ART. 30**

volvimento de software definidas pela Diretoria de Tecnologia da Informação do Tribunal de Justiça;

XXI – realizar a manutenção dos sistemas sob a sua responsabilidade, garantir o seu perfeito funcionamento e adequá-los às novas tecnologias, bem como orientar os seus usuários;

XXII – conduzir grupos de trabalho para encontrar as melhores soluções de informática de acordo com as novas tecnologias existentes e pertinentes;

XXIII – exarar pareceres sobre matérias da área de Tecnologia da Informação;

XXIV – manter, inclusive de forma preventiva, os equipamentos de informática da unidade em condições de operacionalidade;

XXV – desinstalar programas, aplicativos, sistemas e equipamentos instalados diretamente pelos usuários e que sejam potencialmente nocivos ao parque tecnológico ou à segurança dos dados mantidos pela Corregedoria-Geral da Justiça;

XXVI – responsabilizar-se pelos equipamentos de rede de dados e de telefonia instalados e fornecer suporte ao funcionamento de redes locais e remotas;

XXVII – efetuar todos os procedimentos necessários para a ativação e desativação dos computadores, servidores de rede e os demais equipamentos de comunicação de dados;

XXVIII – realizar e responsabilizar-se pelas cópias de segurança (backup) de todas as informações mantidas nos equipamentos e servidores de rede, remetendo-as à Diretoria de Tecnologia da Informação do Tribunal de Justiça, conforme a periodicidade estabelecida por esta última;

XXIX – instalar, retirar e configurar sistemas e equipamentos, quando necessário;

XXX – reportar à Diretoria de Tecnologia da Informação do Tribunal de Justiça e ao serviço terceirizado de assistência técnica, quando a este couber, falhas e/ou defeitos nos equipamentos, inclusive nos sistemas, aplicativos e no sistema operacional;

XXXI – responsabilizar-se, quando não for de competência exclusiva da Diretoria de Tecnologia da Informação do Tribunal de Justiça, pela requisição e pelo controle patrimonial e de estoque dos bens de informática e de telefonia da Corregedoria-Geral da Justiça;

XXXII – realizar, a cada ciclo de empréstimo de notebooks e dispositivos móveis, a revisão de softwares e a padronização nos aparelhos, bem como alimentar o sistema de controle automatizado de seu empréstimo e devolução;

XXXIII – orientar e esclarecer usuários internos quanto aos conhecimentos básicos de informática;

XXXIV – fiscalizar o uso racional de recursos e equipamentos da área de informática;

XXXV – gerenciar e configurar sistemas informatizados, inclusive e-mails e agendas virtuais, afetos à Corregedoria-Geral da Justiça;

XXXVI – gerenciar, para fins de videoconferências, as salas de reuniões da Corregedoria-Geral da Justiça e provisionar reuniões nas ferramentas oficiais;

XXXVII – publicar na página da internet da Corregedoria-Geral da Justiça os atos normativos edi-

tados pelo(a) Corregedor(a)-Geral da Justiça, relatórios de gestão, relatórios de correição e outros documentos, conforme lhe for determinado;

XXXVIII – manter contato permanente com os usuários dos sistemas judiciais informatizados da primeira instância do Poder Judiciário do Estado do Tocantins, para levantamento de necessidades e identificação de oportunidades de melhoria;

XXXIX – responsabilizar-se pelo cadastro e a exclusão de usuários em sistemas informatizados colocados à disposição da Corregedoria-Geral da Justiça pelo Conselho Nacional de Justiça ou por outros órgãos públicos, por meio de convênios ou termos de cooperação;

XL – acompanhar a alimentação, pelas serventias judiciais, dos sistemas do Conselho Nacional de Justiça quanto aos dados estatísticos dos atos praticados e encaminhar ao(à) Corregedor(a)-Geral da Justiça informações quanto às irregularidades constatadas; e

XLI – executar outras tarefas que lhe forem atribuídas.

§ 1º Na Assessoria de Tecnologia da Informação e de Gestão de Sistemas atuarão analistas de sistemas e/ou servidores(as) com formação técnica na área de tecnologia da informação;

§ 2º A Assessoria de Tecnologia da Informação e de Gestão de Sistemas será coordenada por um(a) Assessor de Tecnologia da Informação e Sistemas, graduado(a) na área de Tecnologia da Informação e nomeado(a) para o exercício de cargo de provimento em comissão indicado pelo(a) Corregedor(a)-Geral da Justiça, e poderá ser integrada por outros servidores que se revelarem imprescindíveis ao bom desenvolvimento das atividades da unidade.

SEÇÃO V
DA COORDENADORIA DE ADMINISTRAÇÃO DA CORREGEDORIA-GERAL DA JUSTIÇA

Art. 29. A Coordenadoria de Administração da Corregedoria-Geral da Justiça, diretamente subordinada à Chefia de Gabinete do(a) Corregedor(a)-Geral da Justiça, contará com equipe de apoio direto e tem a função precípua de coordenar e supervisionar os serviços administrativos do órgão correcional.

§ 1º A Coordenadoria de Administração da Corregedoria-Geral da Justiça é integrada pelo:

I – Secretaria Administrativa, Procedimento e Arquivo;

II – Serviço de Distribuição, Protocolo e Atendimento;

III – Serviço Disciplinar e de Movimentação de Magistrados(as);

IV – Serviço de Registro Funcional, Controle e Cadastro; e

V – Serviço de Transporte e Serviços Gerais.

§ 2º Em suas faltas e impedimentos, o(a) Coordenador de Administração da Corregedoria-Geral da Justiça será substituído(a) por servidor(a) lotado(a) no órgão correcional e designado(a) pelo(a) Corregedor(a)-Geral da Justiça, com a habilitação exigida para o desempenho da função.

Art. 30. À Coordenadoria de Administração da Corregedoria-Geral da Justiça incumbe:

I – cumprir e fazer cumprir as ordens e determinações do(a) Corregedor(a)-Geral da Justiça e do(a) Chefe de Gabinete;

II – comunicar ao Gabinete do(a) Corregedor(a)-Geral da Justiça as irregularidades constatadas na execução dos serviços administrativos da Corregedoria-Geral da Justiça;

III – realizar diligências e requisitar as informações necessárias à solução dos assuntos administrativos de competência da Corregedoria-Geral da Justiça;

IV – apresentar ao(à) Corregedor(a)-Geral da Justiça o relatório anual das atividades desenvolvidas pela Coordenadoria e por suas unidades subordinadas;

V – coordenar as atividades relacionadas com a administração de pessoal da Corregedoria-Geral da Justiça;

VI – organizar a rotina de trabalho e controlar a respectiva frequência dos(as) servidores(as) lotados(as) na unidade;

VII – planejar, dirigir, coordenar e controlar a execução dos serviços administrativos da Corregedoria-Geral da Justiça;

VIII – propor a elaboração de normas, orientações e de procedimentos relativos às unidades de trabalho integrantes da Coordenadoria;

IX – participar de correições e de inspeções, quando determinado pelo(a) Corregedor(a)-Geral da Justiça;

X – dar apoio logístico na execução dos projetos e ações desenvolvidas pela Corregedoria-Geral da Justiça;

XI – elaborar ou colaborar na elaboração de termos de referência relativos às aquisições e serviços previstos no orçamento e planejamento estratégico da Corregedoria-Geral da Justiça;

XII – fiscalizar e controlar a execução dos contratos de competência da Corregedoria-Geral da Justiça;

XIII – acompanhar regularmente o funcionamento e providenciar a manutenção dos equipamentos e reparos na Corregedoria-Geral da Justiça;

XIV – supervisionar os serviços de copa, cozinha e de limpeza da Corregedoria-Geral da Justiça;

XV – supervisionar a distribuição dos materiais de expediente, bens de consumo e equipamentos, e observar, quando for o caso, o registro e a transferência de patrimônio;

XVI – publicar no Diário da Justiça eletrônico os atos normativos expedidos pelo(a) Corregedor(a)-Geral da Justiça;

XVII – supervisionar o serviço de correspondência e os canais de comunicação da Corregedoria-Geral da Justiça, com vistas a garantir a comunicação com o(a) cidadão(a) e o(a) usuário(a) dos serviços do órgão correcional;

XVIII – supervisionar o encaminhamento diário de todos os requerimentos, ofícios e outros expedientes dirigidos ao(à) Corregedor(a)-Geral da Justiça e aos(às) Juízes(a) Auxiliares;

XIX – expedir, mediante autorização do(a) Corregedor(a)-Geral da Justiça ou a requerimento de parte interessada, certidões referentes a processos em tramitação na Corregedoria-Geral da Justiça;

259

ART. 31 NORMAS PARA A ATIVIDADE EXTRAJUDICIAL DO ESTADO DO TOCANTINS

XX – providenciar e controlar a requisições de passagens aéreas, diárias e de material de expediente necessárias ao desenvolvimento dos trabalhos da Corregedoria-Geral da Justiça;

XXI – solicitar as informações necessárias ao encaminhamento ou à solução dos assuntos administrativos da competência da Corregedoria-Geral da Justiça;

XXII – supervisionar os dados cadastrais da vida funcional de notários(as), registradores(as) e/ou de seus prepostos, bem como buscar a atualização de tais informações;

XXIII – zelar pelo sigilo das informações pessoais dos(as) magistrados(as), servidores(as) do Poder Judiciário do Estado do Tocantins e delegatários(as) dos serviços extrajudiciais;

XXIV – gerenciar o correio eletrônico da Corregedoria-Geral da Justiça, o malote digital e demais documentos protocolados, bem como zelar para que os expedientes sejam encaminhados aos setores competentes, conforme a natureza do documento;

XXV – apresentar a previsão orçamentária anual, pautada nas demandas administrativas da Corregedoria-Geral da Justiça;

XXVI – elaborar, aperfeiçoar e padronizar os papeis de trabalho necessários ao bom desempenho das atividades da Corregedoria-Geral da Justiça;

XXVII – verificar a existência de recursos humanos, técnicos, econômicos, materiais e financeiros, ociosos ou insuficientemente aproveitados;

XXVIII – sugerir ao(à) Corregedor(a)-Geral da Justiça demandas do processo de qualificação continuada dos servidores lotados na Corregedoria-Geral da Justiça, a partir das suas respectivas competências e papeis de trabalho;

XXIX – desempenhar outras atribuições inerentes a seu cargo ou que lhe forem determinadas pelo(a) Corregedor(a)-Geral da Justiça e/ou pelo(a) Chefe de Gabinete.

Art. 31. A Coordenadoria de Administração da Corregedoria-Geral da Justiça será dirigida por um(a) Coordenador(a) Administrativo(a), com graduação superior e de livre escolha do(a) Corregedor(a)-Geral da Justiça, e que ocupará cargo de provimento em comissão, e, a critério de conveniência e oportunidade, poderá ser integrada por outros servidores que se revelarem imprescindíveis ao bom desenvolvimento das atividades da unidade.

SUBSEÇÃO I
DA SECRETARIA ADMINISTRATIVA, PROCEDIMENTO E ARQUIVO

Art. 32. A Secretaria Administrativa, Procedimento e Arquivo, diretamente subordinada à Coordenadoria de Administração da Corregedoria-Geral da Justiça, tem as seguintes atribuições:

I – encaminhar ao Gabinete do(a) Corregedor(a)--Geral da Justiça os processos e expedientes sujeitos à análise deste e os protegidos pelo sigilo;

II – controlar a entrada e saída de processos na Corregedoria-Geral da Justiça;

III – proceder a juntada de documentos nos autos, quando determinado pelo(a) Corregedor(a)-Geral da Justiça ou pelos(as) Juízes(as) Auxiliares;

IV – apensar, no sistema eletrônico, os processos que possuam vínculo;

V – exercer o controle sobre o cumprimento de mandados e diligências determinadas pelo(a) Corregedor(a)-Geral da Justiça ou pelos(as) Juízes(as) Auxiliares da Corregedoria-Geral da Justiça;

VI – comunicar sobre a instrução, encerramento e resultado de processos e sindicâncias aos órgãos competentes do Tribunal de Justiça e ao Conselho Nacional de Justiça, quando determinado pelo(a) Corregedor(a)-Geral da Justiça;

VII – conceder acesso aos autos às partes ou aos procuradores munidos dos respectivos instrumentos de mandato, desde que autorizado pelo(a) Corregedor(a)-Geral da Justiça ou pelos(as) Juízes(as) Auxiliares;

VIII – elaborar ofícios, cartas de ordem, intimações, notificações e todos os demais atos necessários ao fiel cumprimento de despachos e decisões exaradas pelo(a) Corregedor(a)-Geral da Justiça ou pelos(as) Juízes(as) Auxiliares da Corregedoria-Geral da Justiça, observado o caráter sigiloso de determinados casos;

IX – providenciar a catalogação e a classificação dos processos e documentos arquivados;

X – disponibilizar os processos e documentos quando formalmente solicitado, observado o caráter sigiloso de determinados documentos;

XI – organizar o arquivo da Corregedoria-Geral da Justiça;

XII – manter classificados documentos, expedientes e processos arquivados;

XIII – prestar informações sobre a movimentação, localização ou solução de processos arquivados;

XIV – arquivar no sistema eletrônico, por determinação superior, os processos solucionados que tiverem origem na Corregedoria-Geral da Justiça;

XV – organizar o esquema de trabalho e controlar a respectiva frequência dos(as) servidores(as) lotados(as) na unidade;

XVI – exercer outras atividades sob a sua responsabilidade e as funções gerais de secretaria da Corregedoria-Geral da Justiça;

XVII – ajustar a classe e assunto processual, com a devida certificação nos autos, tão logo verificado o cadastramento indevido;

XVIII – executar outras atividades que lhe forem atribuídas.

Art. 33. A Secretaria Administrativa, Procedimento e Arquivo da Corregedoria-Geral da Justiça será coordenada por um(a) Chefe de Serviço, que ocupará cargo de provimento em comissão de livre escolha do(a) Corregedor(a)--Geral da Justiça, e, observados os critérios de conveniência e oportunidade, poderá ser integrada por outros(as) servidores(as) que se revelarem imprescindíveis ao bom desenvolvimento das atividades da unidade.

SUBSEÇÃO II
DO SERVIÇO DE DISTRIBUIÇÃO, PROTOCOLO E ATENDIMENTO

Art. 34. O Serviço de Distribuição, Protocolo e Atendimento, diretamente subordinado à Coordenadoria de Administração da Corregedoria--Geral da Justiça, tem as seguintes atribuições:

I – proceder à juntada de documentos nos autos quando protocolados na Corregedoria-Geral da Justiça, registrá-los em sistema informatizado e distribuir toda a documentação, expedientes e processos encaminhados ao órgão correcional, de acordo com as normas vigentes;

II – realizar todo o serviço de postagem de correspondência da Corregedoria-Geral da Justiça, quando tal não puder ser encaminhada por meio eletrônico;

III – receber e selecionar a correspondência encaminhada à Corregedoria-Geral da Justiça e lhe dar o destino conveniente, de acordo com a natureza do assunto;

IV – protocolar e digitalizar os documentos físicos recebidos, atribuir-lhes a numeração de autuação correspondente e anotar a procedência, data, assunto, entrada e outros dados que possam interessar, por meio de cadastramento no sistema eletrônico de processo administrativo;

V – conferir as peças dos processos e documentos recebidos via postal, sistema eletrônico, e-mail e malote digital;

VI – zelar pela correta autuação de processo, notadamente quanto à classe e assunto, bem como encaminhar para as unidades competentes os processos e documentos protocolados, conforme a natureza do assunto;

VII – prestar informações aos interessados, quanto à movimentação, localização e solução de processos em trâmite ou arquivados na Corregedoria-Geral da Justiça;

VIII – encaminhar ao(à) Corregedor(a)-Geral da Justiça as correspondências, os processos administrativos autuados e demais expedientes de caráter sigiloso;

IX – organizar o esquema de trabalho e controlar a respectiva frequência dos servidores lotados na unidade;

X – receber, diretamente ou por intermédio da Ouvidoria Judiciária, consultas, informações, sugestões, reclamações, denúncias, críticas e elogios sobre as atividades judiciais e extrajudiciais da primeira instância do Poder Judiciário do Estado do Tocantins e promover o seu regular processamento, mediante apresentação, no mínimo, das seguintes informações:

a) nome completo;

b) número de inscrição no Cadastro de Pessoas Físicas (CPF) ou no Cadastro Nacional de Pessoa Jurídica (CNPJ);

c) domicílio (endereço);

d) endereço eletrônico (*e-mail*);

e) número de telefone móvel (celular).

XII[1] – manter a parte interessada informada quanto às providências adotadas pela Corregedoria-Geral da Justiça, observado o dever de sigilo;

XIII – manter organizado e atualizado o registro das consultas, informações, sugestões, reclamações, denúncias, críticas e elogios recebidos;

XIV – encaminhar ao(à) Corregedor(a)-Geral da Justiça relatório mensal consolidado dos atendimentos prestados, devidamente separado por assunto, para o permanente aperfeiçoamento dos procedimentos da primeira instância do

---

1. Redação original não consta inciso "XI".

260

RESOLUÇÃO N. 08 DE 25 DE MARÇO DE 2021 **ART. 40**

Poder Judiciário do Estado do Tocantins, bem como das serventias extrajudiciais; e

XV – executar outras tarefas que lhe forem atribuídas.

Art. 35. O Serviço de Distribuição, Protocolo e Atendimento da Corregedoria-Geral da Justiça caracteriza-se pela celeridade, informalidade, eficiência e discrição, de modo que as consultas, informações, sugestões, reclamações, denúncias, críticas e elogios podem ser feitos por qualquer pessoa, brasileira ou não, por meio dos canais eletrônicos disponíveis, por telefone ou mesmo pessoalmente, na sede da Corregedoria-Geral da Justiça.

§ 1º O atendimento da Corregedoria-Geral da Justiça é um serviço público gratuito e funcionará nas dependências do órgão correcional durante o expediente forense;

§ 2º Nos casos em que houver ameaça à intimidade do(a) magistrado(a), servidor(a) público(a) da primeira instância do Poder Judiciário do Estado do Tocantins ou delegatário(a), assim como nos casos que envolverem a vida privada ou em que a conduta atinja a intimidade de terceiros, e desde que não haja relevante interesse público, o(a) Corregedor(a)-Geral da Justiça pode, de ofício ou a requerimento da parte interessada, determinar a tramitação sigilosa do processo mediante decisão devidamente fundamentada.

Art. 36. Não serão processadas pelo Serviço de Distribuição, Protocolo e Atendimento da Corregedoria-Geral da Justiça:

I – consultas, reclamações, denúncias e postulações que exijam a adoção de providência ou a manifestação da competência do Tribunal Pleno ou do Conselho da Magistratura;

II – notícias de fatos que constituam crime ou contravenção penal, tendo em vista as competências institucionais do Ministério Público e das polícias;

III – pedidos de esclarecimentos jurídicos quanto a decisões prolatadas em processo judicial ou administrativo, bem como de argumentos para o ajuizamento de ações judiciais;

IV – consultas que digam respeito a Direito material;

V – consultas relativas a prerrogativas da Advocacia;

VI – pedidos de informações protegidas pelo sigilo legal;

VII – qualquer tipo de manifestação relativa a órgãos não integrantes do Poder Judiciário; e

VIII – qualquer tipo de manifestação anônima.

Art. 37. O Serviço de Distribuição, Protocolo e Atendimento da Corregedoria-Geral da Justiça será coordenado por um(a) Chefe de Serviço, que ocupará cargo de provimento em comissão, de livre escolha do(a) Corregedor(a)-Geral da Justiça, e poderá ser integrado por outros(as) servidores(as) que se revelarem imprescindíveis ao bom desenvolvimento das atividades da unidade.

SUBSEÇÃO III
DO SERVIÇO DISCIPLINAR E DE MOVIMENTAÇÃO DE MAGISTRADOS(AS)

Art. 38. O Serviço Disciplinar e de Movimentação de Magistrados(as), diretamente subor-

dinado à Coordenadoria de Administração da Corregedoria-Geral da Justiça, tem as seguintes atribuições:

I – manter atualizados os registros das lotações, afastamentos, termos de exercício e ausências dos(as) Juízes(as) de Direito, valendo-se, para tanto, dos dados lançados no sistema eGesp pela Diretoria de Gestão de Pessoas do Tribunal de Justiça;

II – atualizar os endereços residenciais e eletrônicos, bem como os telefones de contato dos(as) Juízes(as) de Direito com atuação no primeiro grau de jurisdição, valendo-se, para tanto, de dados lançados anualmente no sistema eGesp por ocasião da atualização cadastral obrigatória, sem prejuízo de outros dados fornecidos diretamente pelos(as) magistrados(as) à Corregedoria-Geral da Justiça;

III – prestar informações ao(à) Corregedor(a)-Geral da Justiça quanto aos(às) Juízes(as) de Direito candidatos(as) a promoção, remoção ou permuta;

IV – fornecer ao(à) Corregedor(a)-Geral da Justiça informações quanto à vida funcional de Juiz(a) de Direito, quando necessário para a instrução de processo administrativo;

V – organizar e manter atualizados os registros disciplinares, valendo-se, para tanto, dos sistemas oficiais mantidos pelo Tribunal de Justiça ou pela Corregedoria-Geral da Justiça, com a devida anotação das penalidades impostas aos(às) Juízes(as) de Direito;

VI – expedir certidões sobre a existência ou não de sindicância ou processo administrativo, bem como de penalidades impostas em desfavor de Juízes(as) de Direito;

VII – encaminhar à Diretoria de Gestão de Pessoas do Tribunal de Justiça informações a respeito das penalidades impostas a magistrado(a) da primeira instância do Poder Judiciário do Estado do Tocantins;

VIII – prestar informações nos processos de vitaliciamento dos(as) Juízes(as) de Direito;

IX – instruir os processos de cumulação ou auxílio judicial dos Juízes(as) de Direito nas unidades da primeira instância do Poder Judiciário do Estado do Tocantins;

X – fornecer relatórios de produtividade dos(as) Juízes(as) de Direito;

XI – registrar atos normativos, datas e demais circunstâncias que versem sobre a criação, instalação e desinstalação de comarcas, varas e cartórios extrajudiciais;

XII – elaborar certidões, atestados e declarações, bem como prestar informações, por determinação do(a) Corregedor(a)-Geral da Justiça ou a requerimento de parte interessada;

XIII – manter atualizadas as informações de sua competência constantes na página eletrônica da Corregedoria-Geral da Justiça; e

XIV – executar outras tarefas que lhe forem atribuídas.

Art. 39. O Serviço Disciplinar e de Movimentação de Magistrados(as) da Corregedoria-Geral da Justiça será coordenado por um(a) Chefe de Serviço, de livre escolha do(a) Corregedor(a)-Geral da Justiça, que ocupará cargo de provimento em comissão, e poderá ser integrado por outros(as) servidores(as) que se revelarem

imprescindíveis ao bom desenvolvimento das atividades da unidade.

SUBSEÇÃO IV
DO SERVIÇO DE REGISTRO FUNCIONAL, CONTROLE E CADASTRO DE PESSOAL

Art. 40. O Serviço de Registro Funcional, Controle e Cadastro de Pessoal, diretamente subordinado à Coordenadoria de Administração da Corregedoria-Geral da Justiça, tem as seguintes atribuições:

I – manter atualizados os registros funcionais dos(as) servidores(as) lotados(as) na Corregedoria-Geral da Justiça;

II – realizar as anotações necessárias ao controle do estágio probatório dos(as) servidores(as) da primeira instância do Poder Judiciário do Estado do Tocantins, bem como a conferência dos pontos atribuídos no respectivo estágio;

III – administrar o registro de pessoas estrangeiras, físicas ou jurídicas, no sistema de gestão das serventias extrajudiciais;

IV – manter atualizados no sistema de gestão das serventias extrajudiciais os assentamentos dos(as) notários(as) e registradores(as), assim como os seus registros funcionais;

V – manter o registro dos atos normativos editados pelos(as) magistrados(as) da primeira instância do Poder Judiciário do Estado do Tocantins e submetidos à apreciação da Corregedoria-Geral da Justiça;

VI – manter atualizado no sítio eletrônico do Conselho Nacional de Justiça e no sistema de serventias extrajudiciais do Estado do Tocantins as seguintes informações:

a) status de provimento das serventias extrajudiciais;

b) vinculação do(a) responsável pela serventia extrajudicial;

c) documentação de investidura da serventia extrajudicial;

d) documentação de criação da serventia extrajudicial.

VII – organizar e manter atualizado o cadastro de todas as serventias extrajudiciais do Estado do Tocantins, inclusive no que se refere aos(às) juízes(as) de paz e às unidades interligadas de registro civil;

VIII – fornecer ao(à) Corregedor(a)-Geral da Justiça, para a instrução de processos, informações sobre a vida funcional e cadastral dos(as) servidores(as) da primeira instância do Poder Judiciário do Estado do Tocantins e dos(as) lotados(as) na Corregedoria-Geral da Justiça, notários(as), registradores(as), interinos(as) e juízes(as) de paz;

IX – organizar e manter atualizados os registros disciplinares dos(as) servidores(as) da primeira instância do Poder Judiciário do Estado do Tocantins e dos(as) lotados(as) na Corregedoria-Geral da Justiça, notários(as), registradores(as), interinos(as) e juízes(as) de paz, valendo-se de dados constantes em sistemas oficiais do Tribunal de Justiça ou da Corregedoria-Geral da Justiça;

X – expedir certidões sobre a existência ou não de sindicância e processo administrativo, bem como de penalidades impostas em desfavor

261

ART. 41 NORMAS PARA A ATIVIDADE EXTRAJUDICIAL DO ESTADO DO TOCANTINS

de servidores(as) da primeira instância do Poder Judiciário do Estado do Tocantins e dos(as) lotados(as) na Corregedoria-Geral da Justiça, notários(as), registradores(as), interinos(as) e juízes(as) de paz;

XI – encaminhar à Diretoria de Gestão de Pessoas informações quanto às penalidades impostas a servidor(a) da primeira instância do Poder Judiciário do Estado do Tocantins e da Corregedoria-Geral da Justiça;

XII – manter atualizadas as informações de sua competência constantes na página eletrônica da Corregedoria-Geral da Justiça;

XIII – promover, anualmente, a atualização cadastral dos(as) notários(as), registradores(as), interinos(as) e juízes(as) de paz, valendo-se o mesmo período e do sistema eletrônico estabelecidos para servidores(as) e magistrados(as) da primeira instância do Poder Judiciário do Estado do Tocantins, com a coleta das seguintes informações:

a) endereço domiciliar atualizado;

b) endereço eletrônico (e-mail);

c) número de telefone móvel (celular);

d) declaração de inexistência de relação familiar ou parentesco que importe em prática vedada no Provimento n. 77/2018, do Conselho Nacional de Justiça;

XIV – elaborar e providenciar a publicação dos avisos de vacância de serviços notariais e de registro;

XV – elaborar, manter atualizada e providenciar a publicação, sempre nos meses de janeiro e de julho, da lista geral dos serviços notariais e de registro com vacância declarada; e

XVI – executar outras tarefas que lhe forem atribuídas.

Art. 41. O Serviço de Registro Funcional, Controle e Cadastro de Pessoal da Corregedoria-Geral da Justiça será coordenado por um(a) Chefe de Serviço, de livre escolha do(a) Corregedor(a)-Geral da Justiça, que ocupará cargo de provimento em comissão, e, observados os critérios de conveniência e oportunidade, poderá ser integrado por outros(as) servidores(as) que se revelarem imprescindíveis ao bom desenvolvimento das atividades da unidade.

SUBSEÇÃO V
DO SERVIÇO DE TRANSPORTE, PATRIMÔNIO E SERVIÇOS GERAIS

Art. 42. O Serviço de Transporte, Patrimônio e Serviços Gerais, vinculado ao Tribunal de Justiça e supervisionado pela Coordenadoria de Administração da Corregedoria-Geral da Justiça, tem as seguintes atribuições:

I – cumprir e fazer cumprir as determinações do(a) Corregedor(a)-Geral da Justiça;

II – coordenar e controlar os serviços de transporte, limpeza, conservação e higienização, serviços gerais, garçonaria, copeiragem e recepção;

III – identificar o estoque de material existente e apurar a quantidade a ser adquirida de acordo com as diretrizes e planos anuais estabelecidos;

IV – requisitar, receber e controlar o material de consumo necessário aos serviços da Corregedoria-Geral da Justiça;

V – organizar e manter em boa ordem o subalmoxarifado da Corregedoria-Geral da Justiça, bem como responsabilizar-se pela guarda e distribuição do material de expediente necessário às suas unidades;

VI – preparar, mediante prévia autorização do(a) Corregedor(a)-Geral da Justiça, a solicitação de bens móveis, máquinas e equipamentos destinados aos serviços da Corregedoria-Geral da Justiça;

VII – organizar e manter atualizado o controle patrimonial dos bens do Poder Judiciário do Estado do Tocantins que estão sob a responsabilidade da Corregedoria-Geral da Justiça;

VIII – manter o arquivo da Corregedoria-Geral da Justiça e velar pela sua conservação e inviolabilidade;

IX – providenciar a limpeza, higienização e a manutenção dos veículos à disposição da Corregedoria-Geral da Justiça;

X – zelar pela integridade dos veículos sob a sua guarda, mantendo-se os respectivos registros;

XI – gerenciar e opinar sobre a renovação da frota de veículos da Corregedoria-Geral da Justiça quando tal se afigurar necessário a fim de se evitar gastos excessivos com manutenção;

XII – controlar a entrada, saída e o estacionamento de veículos na garagem e na área disponível para os veículos oficiais da Corregedoria-Geral da Justiça;

XIII – supervisionar o abastecimento dos veículos da Corregedoria-Geral da Justiça;

XIV – manter atualizados os relatórios de consumo e de manutenção dos veículos da Corregedoria-Geral da Justiça;

XV – elaborar a escala de serviço dos(as) motoristas à disposição da Corregedoria-Geral da Justiça;

XVI – organizar o esquema de trabalho e controlar a respectiva frequência dos(as) servidores(as) lotados(as) na unidade; e

XVII – executar outras tarefas que lhe forem atribuídas.

Art. 43. O Serviço de Transporte, Patrimônio e Serviços Gerais da Corregedoria-Geral da Justiça será coordenado por um(a) Chefe de Serviço, que ocupará cargo de provimento em comissão, de livre escolha do(a) Corregedor(a)-Geral da Justiça, e, observados os critérios de conveniência e oportunidade, poderá ser integrado por outros(as) servidores(as) que se revelarem imprescindíveis ao bom desenvolvimento das atividades da unidade.

TÍTULO IV
ÓRGÃOS AUXILIARES AO(À) CORREGEDOR(A)-GERAL DA JUSTIÇA

Capítulo I
DO GABINETE DOS(AS) JUÍZES(AS) AUXILIARES

Art. 44. O Gabinete dos(as) Juízes(as) Auxiliares da Corregedoria-Geral da Justiça, diretamente subordinado ao(à) Corregedor(a)-Geral da Justiça, é dirigido por 02 (dois/duas) Juízes(as) de Direito, indicados(as) pelo(a) Corregedor(a)-Geral da Justiça dentre os titulares de varas de terceira

entrância e submetidos à aprovação do Tribunal Pleno.

Parágrafo único. Os(As) Juízes(as) Auxiliares atuarão pelo prazo de dois anos, sem cumulação com as funções anteriormente ocupadas.

Art. 45. Integram o Gabinete dos(as) Juízes(as) Auxiliares da Corregedoria-Geral da Justiça:

I – Juiz(a) Auxiliar da Corregedoria Supervisor(a) dos Serviços Administrativos e dos Órgãos do Primeiro Grau de Jurisdição;

II – Juiz(a) Auxiliar da Corregedoria Supervisor(a) dos Serviços Notariais e de Registro do Estado do Tocantins.

SEÇÃO I
DA ASSESSORIA JURÍDICO-ADMINISTRATIVA DO GABINETE

Art. 46. A Assessoria Jurídico-Administrativa, diretamente subordinada ao Gabinete dos(as) Juízes(as) Auxiliares, tem como objetivo precípuo oferecer subsídios técnico, jurídico e administrativo, nos processos:

I – de orientação;

II – de fiscalização;

III – disciplinares;

IV – administrativos; e

V – judiciais.

Parágrafo único. Além de atuar nos processos a que se referem os incisos I a V deste artigo, a Assessoria Jurídico-Administrativa, quando solicitada, também prestará assessoria em outros expedientes da competência dos(as) Juízes(as) Auxiliares.

Art. 47. A Assessoria Jurídico-Administrativa do Gabinete tem as seguintes atribuições:

I – controlar a agenda dos(as) Juízes(as) Auxiliares da Corregedoria-Geral da Justiça;

II – elaborar minuta de parecer em processo de competência do Gabinete dos(as) Juízes(as) Auxiliares da Corregedoria-Geral da Justiça;

III – reunir, organizar e disponibilizar para os(as) Juízes(as) Auxiliares da Corregedoria-Geral da Justiça informações gerenciais sobre o acervo de processos, movimento forense e operosidade dos(as) Juízes(as), bem como sobre as serventias extrajudiciais, a partir da emissão e análise de relatórios extraídos de sistemas de informatização para subsidiar ações de orientação, de fiscalização e decisões da Corregedoria-Geral da Justiça;

IV – elaborar minutas de correspondência oficial, relatório, despacho, manifestações e outros atos administrativos de competência dos(as) Juízes(as) Auxiliares da Corregedoria-Geral da Justiça;

V – acompanhar a tramitação dos processos de responsabilidade dos(as) Juízes(as) Auxiliares da Corregedoria-Geral da Justiça e diligenciar para que não ocorra perda ou excesso de prazo;

VI – analisar consultas formuladas e atos praticados pelos(as) Juízes(as) de Direito, notários(as) e registradores(as), minutar expedientes para os(as) Juízes(as) Auxiliares da Corregedoria-Geral da Justiça, com a apresentação de sugestões de respostas e providências de encaminhamento das questões apresentadas;

262

RESOLUÇÃO N. 08 DE 25 DE MARÇO DE 2021 ART. 52

VII – encaminhar aos setores competentes os expedientes determinados pelos(as) Juízes(as) Auxiliares da Corregedoria-Geral da Justiça;

VIII – instruir processos administrativos, reclamações, representações, pedidos de providências e comunicações em tramitação nos Gabinetes dos(as) Juízes(as) Auxiliares(as), bem como secretariar os trabalhos das respectivas Comissões que referidos(as) magistrados(as) integram;

XIX[2] – dar suporte aos(às) Juízes(as) Auxiliares na elaboração de respostas às solicitações e requisições oriundas, dentre outros, do Conselho Nacional de Justiça, do Tribunal de Justiça, do Conselho Superior da Magistratura e da Escola Superior da Magistratura Tocantinense;

X – organizar o esquema de trabalho e controlar a respectiva frequência dos(as) servidores(as) lotados na unidade; e

XI – executar outras tarefas que lhe forem atribuídas pelos(as) Juízes(as) Auxiliares.

Art. 48. À Assessoria Jurídico-Administrativa, que será composta por 02 (dois/duas) assessores(as) de livre escolha do(a) Corregedor(a)-Geral da Justiça, cabe velar por:

I – distribuição equânime dos processos e demais expedientes entre os(as) servidores(as) da unidade;

II – orientação da equipe quanto à padronização dos procedimentos e dos critérios adotados para subsidiar os pareceres;

III – compartilhamento do banco eletrônico contendo todos os pareceres elaborados pela Assessoria Jurídico-Administrativa;

IV – gerenciamento funcional dos(as) assessores(as); e

V – organizar as rotinas de trabalho e controlar a respectiva frequência dos(as) servidores(as) lotados(as) na unidade.

Parágrafo único. A Assessoria Jurídico-Administrativa contará com 02 (dois/duas) Assessores(as) Jurídico-Administrativo(as), necessariamente bacharéis(las) em Direito e nomeados(as) para o exercício de cargos de provimento em comissão por livre indicação do(a) Corregedor(a)-Geral da Justiça, e poderá ser integrada por servidores(as) do seu gabinete no Tribunal de Justiça, bem como por outros(as) servidores(as) designados(as), que se revelarem imprescindíveis ao bom desenvolvimento das atividades da unidade.

Capítulo II
DO(A) JUIZ(A) AUXILIAR DA CORREGEDORIA SUPERVISOR(A) DOS SERVIÇOS ADMINISTRATIVOS DA CORREGEDORIA-GERAL DA JUSTIÇA E DOS ÓRGÃOS DO PRIMEIRO GRAU DE JURISDIÇÃO

Art. 49. O(A) Juiz(a) Auxiliar Supervisor(a) dos Serviços Administrativos da Corregedoria e dos Órgãos do Primeiro Grau de Jurisdição é responsável por auxiliar o(a) Corregedor(a)-Geral da Justiça, a quem é diretamente subordinado(a), nas inspeções e correições realizadas pela Corregedoria-Geral da Justiça nas unidades judiciais da primeira instância do Poder Judiciário do Estado do Tocantins e nos estabelecimentos prisionais, socioeducativos, entidades de acolhi-

mento e estabelecimentos de cumprimento de medidas de segurança, bem como assegurar o aperfeiçoamento da primeira instância, mediante a adoção de ações de orientação, planejamento, gestão, fiscalização e disciplinar, devidamente consideradas as políticas e diretrizes da Corregedoria-Geral da Justiça.

Art. 50. O(A) Juiz(a) Auxiliar Supervisor(a) dos Serviços Administrativos da Corregedoria e dos Órgãos do Primeiro Grau de Jurisdição contará com equipe de apoio direto e a ele(a) diretamente será subordinada a Coordenadoria de Correição, Planejamento e Aprimoramento da Primeira Instância.

Art. 51. São atribuições do(a) Juiz(a) Auxiliar Supervisor(a) dos Serviços Administrativos da Corregedoria e dos Órgãos do Primeiro Grau de Jurisdição, sem prejuízo de outras que lhe forem delegadas pelo(a) Corregedor(a)-Geral da Justiça:

I – examinar e manifestar-se, por meio de despachos e pareceres, nos processos que lhes forem distribuídos;

II – elaborar, por determinação do(a) Corregedor(a)-Geral da Justiça, propostas, sugestões, projetos e minutas de atos normativos;

III – representar o(a) Corregedor(a)-Geral em atos e solenidades oficiais, quando por este(a) determinado;

IV – mediante delegação do(a) Corregedor(a)-Geral da Justiça:

a) superintender, orientar e realizar as correições e inspeções, a cargo da Corregedoria-Geral da Justiça, nas unidades judiciais, sanar eventuais irregularidades encontradas e apresentar ao(à) Corregedor(a)-Geral da Justiça os respectivos relatórios;

b) presidir sindicância que vise à apuração de eventual irregularidade ou falta funcional imputada a magistrado(a) da primeira instância do Poder Judiciário do Estado do Tocantins;

c) inspecionar estabelecimentos prisionais, socioeducativos, entidades de acolhimento e estabelecimentos de cumprimento de medidas de segurança, inteirar-se de seu estado e funcionamento e, ao final dos trabalhos, apresentar relatório circunstanciado ao(à) Corregedor(a)-Geral da Justiça para que este(a) adote as providências cabíveis.

V – analisar relatórios e demais documentos relativos a inspeções e correições a cargo da Corregedoria-Geral da Justiça, e submetê-los ao(à) Corregedor(a)-Geral da Justiça;

VI – requerer ao(à) Corregedor(a)-Geral da Justiça, quando for o caso e fundamentadamente, a prorrogação de correição ordinária, inspeção ou entrega do relatório;

VII – submeter ao(à) Corregedor(a)-Geral da Justiça, até o mês de dezembro do ano em curso, o calendário das correições do ano subsequente;

VIII – supervisionar a elaboração de plano de ação pela unidade correcionada;

IX – supervisionar o cumprimento do plano de ação estabelecido, as causas de eventual não cumprimento e as providências cabíveis para sanar as anomalias levantadas;

X – acompanhar a utilização dos sistemas de informática desenvolvidos para a primeira instância do Poder Judiciário do Estado do Tocantins

e propor ao(à) Corregedor(a)-Geral da Justiça medidas necessárias para a adequação de seu uso e aprimoramento;

XI – requisitar informações às unidades judiciais da primeira instância do Poder Judiciário do Estado do Tocantins, e assinalar prazo para a apresentação de resposta;

XII – requisitar certidões, diligências, informações e/ou quaisquer outros esclarecimentos necessários ao desempenho de função que lhe for delegada pelo(a) Corregedor(a)-Geral da Justiça;

XIII – orientar, de ofício ou quando solicitado, as unidades judiciais da primeira instância do Poder Judiciário do Estado do Tocantins, cuja eficiência ou regularidade dos serviços esteja comprometida ou cujos métodos de trabalho possam ser aprimorados;

XIV – supervisionar as atividades de padronização, normatização, orientação e suporte ao planejamento e à gestão da primeira instância do Poder Judiciário do Estado do Tocantins;

XV – instruir, após a aprovação pelo(a) Corregedor(a)-Geral da Justiça, a respeito de consulta sobre matéria administrativa em tese;

XVI – propor ao(à) Corregedor(a)-Geral da Justiça a apuração de condutas que requeiram a adoção de medidas disciplinares;

XVII – redistribuir a outro setor da Corregedoria-Geral da Justiça processos e expedientes cuja apreciação, em razão da matéria, não seja de sua competência;

XVIII – orientar a Assessoria Jurídica nas suas atribuições;

XIX – propor ao(à) Corregedor(a)-Geral da Justiça ações para a orientação de Juízes(as) de Direito e servidores(as) do quadro de pessoal da primeira instância do Poder Judiciário do Estado do Tocantins, quanto:

a) às diretrizes, critérios e procedimentos relativos à atividade correcional na primeira instância do Poder Judiciário do Estado do Tocantins;

b) à padronização, à normatização, à orientação e ao suporte ao planejamento e à gestão da primeira instância do Poder Judiciário do Estado do Tocantins.

XX – desempenhar outros encargos que lhes forem delegados pelo(a) Corregedor(a)-Geral da Justiça.

SEÇÃO I
DA COORDENADORIA DE CORREIÇÃO, PLANEJAMENTO E APRIMORAMENTO DA PRIMEIRA INSTÂNCIA

Art. 52. A Coordenadoria de Correição, Planejamento e Aprimoramento da Primeira Instância, diretamente subordinada ao(à) Juiz(a) Auxiliar Supervisor(a) dos Serviços Administrativos da Corregedoria e dos Órgãos do Primeiro Grau de Jurisdição, tem por objetivos precípuos a coordenação e o apoio ao aperfeiçoamento da gestão e das atividades das unidades judiciais e administrativas, bem como a coordenação e supervisão das atividades correcionais e de inspeção na primeira instância, abrangendo a seguinte estrutura:

I – Divisão de Correição e Inspeção;

II – Divisão de Monitoramento Pós-correcional;

---

2.   Redação original não consta inciso "IX".

263

ART. 53 NORMAS PARA A ATIVIDADE EXTRAJUDICIAL DO ESTADO DO TOCANTINS

III – Divisão de Monitoramento de Metas e Indicadores;

IV – Divisão de Suporte ao Planejamento e à Gestão;

Parágrafo único. Em suas faltas e impedimentos, o(a) Coordenador(a) de Correição, Planejamento e Aprimoramento da Primeira Instância será substituído(a) por servidor(a) lotado(a) na Corregedoria-Geral da Justiça, designado(a) pelo(a) Corregedor(a)-Geral da Justiça, com a habilitação exigida para o desempenho da função.

Art. 53. À Coordenadoria de Correição, Planejamento e Aprimoramento da Primeira Instância incumbe:

I – monitorar o cumprimento das metas instituídas pelo Poder Judiciário do Estado do Tocantins e pelo Conselho Nacional de Justiça afetas à primeira instância;

II – definir a programação de iniciativas (projetos, ações e programas) a serem desenvolvidas pela Corregedoria-Geral da Justiça na primeira instância do Poder Judiciário do Estado do Tocantins para o cumprimento das políticas, diretrizes e metas de gestão, mediante prévia aprovação do(a) Corregedor(a)-Geral da Justiça;

III – propor e instruir, mediante determinação do(a) Corregedor(a)-Geral da Justiça, o processo de criação, classificação, instalação, elevação, rebaixamento e extinção de comarcas, bem como a modificação de competência das unidades judiciais da primeira instância do Poder Judiciário do Estado do Tocantins, desde que realizados os estudos necessários para a adoção de quaisquer das medidas acima elencadas;

IV – instruir processos de auxílio jurisdicional e de regime de cumulação judicial a fim de subsidiar a decisão do(a) Corregedor(a)-Geral da Justiça, desde que realizados os estudos necessários para a adoção de quaisquer das medidas acima elencadas;

V – apresentar mensalmente ao(à) Juiz(a) Auxiliar ao(à) qual se subordina os resultados das metas institucionais instituídas pelo Poder Judiciário do Tocantins e pelo Conselho Nacional de Justiça alcançados pelas unidades judiciais e administrativas da primeira instância, como também o cumprimento das políticas e diretrizes estabelecidas;

VI – programar, organizar e diligenciar todas as providências para a realização das correições e inspeções nas unidades judiciais da primeira instância do Poder Judiciário do Estado do Tocantins e estabelecimentos prisionais, socioeducativos, entidades de acolhimento e estabelecimentos de cumprimento de medidas de segurança;

VII – assegurar que as atividades correcionais e de inspeção nas unidades judiciais da primeira instância do Poder Judiciário do Estado do Tocantins se desenvolvam de forma sistêmica, coordenada e em compatibilidade com a política, diretriz e metas de gestão aprovadas pela Corregedoria-Geral da Justiça;

VIII – manter permanente contato com o(a) Juiz(a) Auxiliar ao(à) qual se subordina, auxiliá-lo(a) no planejamento das atividades de correição e inspeção e pronunciar-se em questões técnicas e executivas afetas à sua área de atuação;

IX – reunir, organizar e disponibilizar, informações e relatórios gerenciais decorrentes das atividades de correição e de inspeção para subsidiar

ações de orientação, de fiscalização e disciplinares da Corregedoria-Geral da Justiça;

X – consolidar e apresentar ao(à) Corregedor(a)-Geral da Justiça o planejamento correcional anual e o balanço das ações correcionais do ano anterior, previamente aprovado pelo(a) Juiz(a) Auxiliar ao(à) qual se subordina;

XI – propor ao(à) Juiz(a) Auxiliar ao(à) qual se subordina, até o mês de novembro do ano em curso, o calendário das correições do ano subsequente;

XII – propor justificadamente ao(à) Juiz(a) Auxiliar ao(à) qual está vinculada a prorrogação de correição ou da entrega do relatório;

XIII – garantir o registro e a organização de informações referentes às ações de correição e de inspeção, registro das aprendizagens, processo de trabalho, boas práticas e seus resultados;

XIV – encaminhar ao(à) Juiz(a) Auxiliar ao(à) qual se subordina propostas de aperfeiçoamento de políticas e de diretrizes relacionadas às ações correcionais e de inspeção;

XV – acompanhar e assegurar o alcance das metas e diretrizes estabelecidas pelo Conselho Nacional de Justiça e pela Corregedoria Nacional de Justiça no que diz respeito às ações correcionais;

XVI – promover a tramitação, expedição e publicação de documentos, editais, portaria, e demais expedientes no Diário do Judiciário eletrônico de assuntos de sua área de atuação;

XVII – apresentar a previsão orçamentária anual, pautada no plano de atuação correcional da Corregedoria-Geral da Justiça;

XVIII – diligenciar, por meio do(a) Juiz(a) Auxiliar ao(à) qual se subordina, os meios necessários à implementação de planos de ação elaborados em virtude de ações correcionais;

XIX – diligenciar as providências necessárias para a realização da solenidade de abertura e de encerramento das correições ordinárias anuais;

XX – velar pela padronização de encaminhamentos e de procedimentos de competência do setor; e

XI – gerenciar e executar outras tarefas que lhe forem atribuídas.

Art. 54. A Coordenadoria de Correição, Planejamento e Aprimoramento da Primeira Instância da Corregedoria-Geral da Justiça será dirigida por um(a) Coordenador(a), necessariamente bacharel(a) em Direito, de livre escolha do(a) Corregedor(a)-Geral da Justiça, que ocupará cargo de provimento em comissão, e, observados os critérios de conveniência e oportunidade, poderá ser integrada por outros servidores que se fizerem necessários para o bom desempenho das atividades da unidade.

SUBSEÇÃO I
DA DIVISÃO DE CORREIÇÃO E INSPEÇÃO

Art. 55. A Divisão de Correição e Inspeção, diretamente subordinada à Coordenadoria de Correição, Planejamento e Aprimoramento da Primeira Instância, contará com equipe de apoio direto, e tem por objetivo precípuo de executar os trabalhos correcionais e de inspeção.

Parágrafo único. O(A) Corregedor(a)-Geral da Justiça designará os membros da equipe de

correição ou de inspeção dentre os servidores integrantes da Divisão de Correição e Inspeção, podendo designar servidores(as) de outras unidades para auxiliarem nas atividades.

Art. 56. À Divisão de Correição e Inspeção incumbe:

I – correcionar e inspecionar, sob a direção do(a) Corregedor(a)-Geral da Justiça e do(a) Juiz(a) Auxiliar ao(à) qual se subordina, as unidades judiciais da primeira instância do Poder Judiciário do Estado do Tocantins e estabelecimentos prisionais, socioeducativos, entidades de acolhimento e estabelecimentos de cumprimento de medidas de segurança;

II – realizar, a critério do(a) Corregedor(a)-Geral da Justiça e preferencialmente por videoconferência, as reuniões necessárias durante as correições e inspeções;

III – orientar e instruir as pessoas sujeitas à correição e inspeção, sem prejuízo da apuração disciplinar, caso constatada a ocorrência de infração;

IV – solicitar informações das unidades setoriais do Tribunal de Justiça, da Corregedoria-Geral da Justiça e da unidade com vistas à instrução do processo de correição ou de inspeção, mediante prévia autorização do(a) coordenador(a) ou Juiz(a) Auxiliar ao(à) qual se subordina;

V – examinar e extrair dados de processos e de outros documentos, desde que sejam necessários à apuração dos fatos sujeitos à correição e inspeção;

VI – elaborar, em até 30 (trinta) dias depois da conclusão dos trabalhos de correição e de inspeção, relatório circunstanciado de cada unidade correcionada ou inspecionada, com as sugestões de providências, recomendações e determinações, que serão submetidas ao(à) Corregedor(a)-Geral da Justiça;

VII – publicar no sítio eletrônico da Corregedoria-Geral da Justiça os relatórios gerais das correições ou inspeções das comarcas;

VIII – manter arquivo ou sistema eletrônico das correições e inspeções realizadas pela Corregedoria-Geral da Justiça e pelos(as) Juízes(as) de Direito da primeira instância do Poder Judiciário do Estado do Tocantins;

IX – sugerir o aperfeiçoamento, mediante revisão periódica, dos serviços de correição e de inspeção, dos termos de correição, da metodologia de trabalho e da estrutura do relatório de correição;

X – zelar pela padronização de procedimentos de competência da unidade;

XI – auxiliar na elaboração do plano de ação determinado por ocasião do relatório final de correição, caso solicitado o auxílio pela unidade correcionada ou inspecionada; e

XII – executar outras tarefas que lhe forem atribuídas.

Art. 57. A Divisão de Correição e Inspeção da Corregedoria-Geral da Justiça será dirigida por um(a) Chefe da Divisão de livre escolha do(a) Corregedor(a)-Geral da Justiça, que ocupará cargo de provimento em comissão, e contará com um(a) Assistente de Apoio ao Serviço Judicial e Administrativo, que ocupará função comissionada, e, observados os critérios de conveniência e oportunidade, poderá ser integrada por outros(as) servidores(as) que se fizerem ne-

264

RESOLUÇÃO N. 08 DE 25 DE MARÇO DE 2021 — ART. 65

cessários para o bom desempenho das atividades da unidade.

SUBSEÇÃO II
DA DIVISÃO DE MONITORAMENTO PÓS-CORRECIONAL

Art. 58. A Divisão de Monitoramento Pós-correcional, diretamente subordinada à Coordenadoria de Correição, Planejamento e Aprimoramento da Primeira Instância, contará com equipe de apoio direto, e tem por objetivo precípuo monitorar os trabalhos pós-correcionais e de inspeção.

Parágrafo único. Incluem-se no monitoramento realizado pela Divisão de Monitoramento Pós-correcional as providências e determinações da Corregedoria Nacional da Justiça às unidades da primeira instância decorrentes ou não de inspeção realizada no Poder Judiciário do Estado do Tocantins.

Art. 59. À Divisão de Monitoramento Pós-correcional incumbe:

I – controlar os prazos determinados para a solução das irregularidades detectadas nas unidades judiciais e administrativas da primeira instância do Poder Judiciário do Estado do Tocantins durante a correição ou inspeção e registrar quando estas forem sanadas;

II – acompanhar o cumprimento das providências determinadas por ocasião das correições e das inspeções, diligenciando junto às diversas áreas do Tribunal de Justiça e da Corregedoria-Geral da Justiça para a obtenção dos resultados esperados;

III – solicitar informações das unidades setoriais do Tribunal de Justiça, da Corregedoria-Geral da Justiça e da unidade correcionada ou inspecionada com vistas à instrução do processo de monitoramento pós-correcional;

IV – instruir o processo de acompanhamento e monitoramento, com informações e manifestações necessárias para o seu regular trâmite;

V – elaborar relatório de monitoramento com informações das não conformidades, como também das boas práticas identificadas na última correição ou inspeção realizada na unidade, com o fim de subsidiar as correições ordinárias anuais;

VI – sugerir a abertura de pedido de providências em desfavor do(a) responsável pela unidade judicial ou administrativa da primeira instância quando, reiteradamente e sem justificativa ou manifestamente, resistir ao cumprimento das determinações da Corregedoria-Geral da Justiça, da Corregedoria Nacional de Justiça ou do Conselho Nacional de Justiça decorrentes dos trabalhos de correição e inspeção;

VII – apresentar no mês de outubro de cada ano, ao(à) Corregedor(a)-Geral da Justiça e ao(à) Juiz(a) Auxiliar ao(à) qual se subordina, relatório circunstanciado das ações monitoradas e o deslinde de cada uma delas;

VIII – manter, no sítio eletrônico da Corregedoria-Geral da Justiça, banco de boas práticas identificadas durante as correições nas unidades judiciais e administrativas da primeira instância do Poder Judiciário do Estado do Tocantins;

IX – velar pela padronização de encaminhamentos e de procedimentos de competência do setor;

X – registrar as irregularidades encontradas, recomendações sugeridas e as ações a serem cumpridas pelas unidades judiciais e administrativas da primeira instância do Poder Judiciário do Estado do Tocantins para fins de controle das providências advindas das correições e inspeções; e

XI – executar outras tarefas que lhe forem atribuídas.

Art. 60. A Divisão de Monitoramento Pós-correcional da Corregedoria-Geral da Justiça será dirigida por um(a) Chefe de Divisão de livre escolha do(a) Corregedor(a)-Geral da Justiça, que ocupará cargo de provimento em comissão e contará com um(a) Assistente de Correição Judicial e Administrativa e um(a) Assistente de Monitoramento de Correição Judicial e Administrativo, os(as) quais ocuparão funções comissionadas, e, observados os critérios de conveniência e oportunidade, poderá ser integrada por outros(as) servidores(as) que se fizerem imprescindíveis para o bom desempenho das atividades da unidade.

SUBSEÇÃO III
DA DIVISÃO DE MONITORAMENTO DE METAS E INDICADORES

Art. 61. A Divisão de Monitoramento de Metas e Indicadores, diretamente subordinada à Coordenadoria de Correição, Planejamento e Aprimoramento da Primeira Instância, contará com equipe de apoio direto, e tem por objetivo precípuo o monitoramento de metas e indicadores estratégicos e de gestão direcionados à primeira instância do Poder Judiciário do Estado do Tocantins.

Art. 62. À Divisão de Monitoramento de Metas e Indicadores compete prioritariamente:

I – apoiar as unidades jurisdicionais na definição de indicadores e metas de desempenho, avaliar os seus resultados e propor planos de ação para o cumprimento das metas afetas à primeira instância do Poder Judiciário do Estado do Tocantins;

II – elaborar relatório prévio sobre o desempenho estatístico da unidade judicial, com a estrutura de indicadores de desempenho, a fim de subsidiar a elaboração do planejamento das ações de correição e de inspeção;

III – analisar consultas e orientar magistrados(as) e servidores(as) da primeira instância do Poder Judiciário do Estado do Tocantins quanto à aplicação e interpretação de metas estratégicas e de gestão, assim como os indicadores e diretrizes direcionadas às unidades da primeira instância do Poder Judiciário do Estado do Tocantins;

IV – garantir a produção e a organização de informações gerenciais referentes à prestação jurisdicional na primeira instância do Poder Judiciário do Estado do Tocantins;

V – apresentar ao(à) Corregedor(a)-Geral da Justiça, por meio de indicadores de desempenho, os resultados alcançados no âmbito da primeira instância do Poder Judiciário do Estado do Tocantins, com a devida apresentação da análise dos dados apurados;

VI – propor a adoção de iniciativas que impactem diretamente na execução das metas nacionais do Poder Judiciário e das metas institucionais, para a inclusão no Planejamento Estraté-

gico do Tribunal de Justiça e da Corregedoria-Geral da Justiça;

VII – contribuir com dados e análises estatísticas para a definição dos indicadores e metas de desempenho da Corregedoria-Geral da Justiça e das unidades jurisdicionais, bem como elaborar a projeção para o período seguinte;

VIII – manifestar-se nos questionamentos, recursos e demais demandas relativas à estatística da primeira instância do Poder Judiciário do Estado do Tocantins;

IX – elaborar mensalmente relatório comparativo entre as metas previstas e as realizadas pelas unidades jurisdicionais da primeira instância do Poder Judiciário do Estado do Tocantins e demonstrar analiticamente a evolução dos dados estatísticos;

X – apresentar e opinar sobre o critério para o cálculo da mediana e do desvio padrão referente à produtividade das unidades jurisdicionais da primeira instância do Poder Judiciário do Estado do Tocantins;

XI – prestar informação em processos quando a matéria se relacionar à sua área de atuação; e

XII – executar outras tarefas que lhe forem atribuídas.

Art. 63. A Divisão de Monitoramento de Metas e Indicadores da Corregedoria-Geral da Justiça será dirigida por um(a) Chefe de Divisão, de livre escolha do(a) Corregedor(a)-Geral da Justiça, que ocupará cargo de provimento em comissão e contará com um(a) Assistente de Acompanhamento e Gestão da Primeira Instância, o(a) qual ocupará função comissionada e, observados os critérios de conveniência e oportunidade, poderá ser integrada por outros(as) servidores(as) que se fizerem necessários para o bom desempenho das atividades da unidade.

SUBSEÇÃO IV
DA DIVISÃO DE SUPORTE AO PLANEJAMENTO E À GESTÃO

Art. 64. A Divisão de Suporte ao Planejamento e à Gestão, diretamente subordinada à Coordenadoria de Correição, Planejamento e Aprimoramento da Primeira Instância, tem o objetivo precípuo de auxiliar as atividades relacionadas à elaboração, revisão e orientação de padrões relacionados aos processos de trabalho inerentes à prestação jurisdicional na primeira instância do Poder Judiciário do Estado do Tocantins e ao planejamento, execução estratégica e gestão judiciária.

Art. 65. À Divisão de Suporte ao Planejamento e à Gestão compete prioritariamente:

I – acompanhar os planos de ação para a execução das metas nacionais do Poder Judiciário e das metas institucionais da Justiça pelas unidades da primeira instância do Poder Judiciário do Estado do Tocantins;

II – apoiar as unidades judiciais na elaboração de planos de ação objetivando o melhor desempenho em relação às metas e indicadores da primeira instância do Poder Judiciário do Estado do Tocantins;

III – padronizar métodos, compartilhamento de práticas e coordenação das atividades destinadas à melhoria da prestação jurisdicional, no âmbito de sua competência;

265

ART. 66 — NORMAS PARA A ATIVIDADE EXTRAJUDICIAL DO ESTADO DO TOCANTINS

IV – contribuir na elaboração, implementação e atualização permanente do desdobramento do plano estratégico nas unidades da primeira instância do Poder Judiciário do Estado do Tocantins;

V – acompanhar a execução das iniciativas estratégicas do Poder Judiciário nas unidades da primeira instância e avaliar os resultados e oportunidades de melhoria;

VI – promover ações de sensibilização nas unidades da primeira instância do Poder Judiciário do Estado do Tocantins sobre a importância do planejamento, dos projetos estratégicos e das metas e indicadores de desempenho;

VII – promover o intercâmbio com outras Corregedorias em assuntos relacionados à gestão estratégica e à gestão de processos de trabalho;

VIII – monitorar a produção e a metodologia de trabalho das unidades da primeira instância do Poder Judiciário do Estado do Tocantins, por meio de análise crítica que implique em sugestões de melhoria no atendimento e na produtividade;

IX – propor a criação de grupos de trabalhos para a realização de estudos, pesquisas e formulação de proposições ligadas aos seus objetivos precípuos, princípios fundamentais ou assuntos de interesse estratégico das unidades da primeira instância do Poder Judiciário do Estado do Tocantins;

X – auxiliar na definição dos treinamentos e da capacitação dos(as) magistrados(as) e servidores(as) das unidades da primeira instância do Poder Judiciário do Estado do Tocantins;

XI – propor o desenvolvimento de materiais instrucionais a serem utilizados nas ações de orientação e de desenvolvimento dos(as) magistrados(as) e servidores(as), em relação às normas e demais padrões de trabalho estabelecidos para a primeira instância do Poder Judiciário do Estado do Tocantins;

XII – orientar as unidades da primeira instância do Poder Judiciário do Estado do Tocantins quanto aos aspectos inerentes à aplicação da legislação e das normas complementares da Corregedoria-Geral da Justiça, no âmbito de sua competência;

XIII – apresentar mensalmente ao(à) Juiz(a) Auxiliar ao(à) qual se subordina os resultados alcançados pelas unidades da primeira instância do Poder Judiciário do Estado do Tocantins frente às metas estabelecidas, devidamente analisados, assim como as medidas corretivas a serem implementadas, quando for o caso;

XIV – prestar apoio operacional à tramitação dos processos relativos à gestão e planejamento dos serviços judiciais, instruí-los e imprimir-lhes pronto andamento, conforme lhe for determinado; e

XV – executar outras tarefas que lhe forem atribuídas.

Art. 66. A Divisão de Suporte ao Planejamento e à Gestão da Corregedoria-Geral da Justiça será dirigida por um(a) Chefe de Divisão de livre escolha do(a) Corregedor(a)-Geral da Justiça, que ocupará cargo em comissão, e contará com um(a) Assistente de Supervisão e Apoio à Primeira Instância, o(a) qual ocupará cargo de provimento em comissão, e, observados os critérios de conveniência e oportunidade, poderá ser integrada por outros(as) servidores(as) que se fizerem necessários para o bom desempenho das atividades da unidade.

Capítulo III
DO(A) JUIZ(A) AUXILIAR SUPERVISOR(A) DOS SERVIÇOS NOTARIAIS E DE REGISTRO DO ESTADO DO TOCANTINS

Art. 67. O(A) Juiz(a) Auxiliar Supervisor(a) dos Serviços Notariais e de Registro do Estado do Tocantins, diretamente subordinado(a) ao(à) Corregedor(a)-Geral da Justiça, será responsável por auxiliá-lo nas correições, inspeções e fiscalizações realizadas no serviço notarial e de registro, bem como assegurar o atendimento aos requisitos legais e formais na prestação dos serviços notariais e de registro, mediante ações de orientação, planejamento, gestão e disciplinar no campo de atuação dos serviços notariais e de registro do Estado do Tocantins, devidamente consideradas as políticas e diretrizes da Corregedoria-Geral da Justiça.

Art. 68. O(A) Juiz(a) Auxiliar Supervisor(a) dos Serviços Notariais e de Registro do Estado do Tocantins, contará com equipe de apoio direto, sendo-lhe subordinada a Coordenadoria de Gestão Serviços Notariais e de Registros.

Art. 69. São atribuições do(a) Juiz(a) Auxiliar Supervisor(a) dos Serviços Notariais e de Registro do Estado do Tocantins:

I – exercer inspeção permanente em processos eletrônicos e sistemas de informação dos serviços notariais e de registro, e apontar ao(à) Corregedor(a)-Geral da Justiça os erros, falhas, irregularidades, omissões e eventual solução, para que sejam adotadas as providências necessárias para sanar tais vícios;

II – examinar e manifestar-se, mediante a emissão de parecer, nos processos que lhes forem distribuídos;

III – elaborar propostas, sugestões, projetos e minutas de atos normativos quando determinados pelo(a) Corregedor(a)-Geral da Justiça, e submeter à análise deste(a);

IV – representar o(a) Corregedor(a)-Geral da Justiça em atos e solenidades oficiais, quando por este(a) determinado;

V – superintender, orientar e realizar, mediante delegação do(a) Corregedor(a)-Geral da Justiça, as correições e inspeções nos serviços notariais e de registro, sanar eventuais irregularidades encontradas e apresentar os respectivos relatórios ao(à) Corregedor(a)-Geral da Justiça;

VI – analisar relatórios e demais documentos apresentados relativos a inspeções e correições realizadas nos serviços notariais e de registro;

VII – requisitar certidões, diligências, informações ou quaisquer outros esclarecimentos necessários ao desempenho de função que lhe for delegada pelo(a) Corregedor(a)-Geral da Justiça;

VIII – orientar os(as) delegatários(as) dos serviços notariais e de registro, cuja eficiência ou regularidade dos serviços esteja comprometida ou cujos métodos de trabalho possam ser aprimorados;

IX – supervisionar as atividades de padronização, normatização, orientação e suporte ao planejamento e à gestão dos serviços notariais e de registro;

X – dar instruções aos(às) Juízes(as) de Direito quando houver consulta sobre matéria dos serviços notariais e de registro, em tese, após a devida aprovação pelo(a) Corregedor(a)-Geral da Justiça;

XI – redistribuir diretamente a outro setor da Corregedoria-Geral da Justiça processos e expedientes cuja apreciação, em razão da matéria, claramente não seja de sua competência;

XII – orientar a Assessoria Jurídica nas suas atribuições;

XIII – propor ao(à) Corregedor(a)-Geral da Justiça a adoção de ações para a orientação dos(as) delegatários(as) quanto à padronização, normatização, orientação e ao suporte ao planejamento e à gestão dos serviços notariais e de registro;

XIV – superintender e orientar as ações de correição de competência dos(as) Juízes(as) Diretores(as) de Foro junto aos serviços notariais e de registro, considerando-se os critérios, as diretrizes e os atos normativos da Corregedoria-Geral da Justiça;

XV – elaborar o planejamento anual de fiscalização e orientação dos serviços notariais e de registro, com o auxílio da Coordenadoria de Gestão Serviços Notariais e de Registros;

XVI – requerer ao(à) Corregedor(a)-Geral da Justiça, de forma fundamentada, a prorrogação de correição ordinária ou da entrega do relatório;

XVII – submeter ao(à) Corregedor(a)-Geral da Justiça, até o mês de dezembro do ano em curso, o calendário das correições e inspeções do ano subsequente;

XVIII – analisar os relatórios preparados pela Coordenadoria de Gestão Serviços Notariais e de Registros, dos quais devem constar os resultados do procedimento de fiscalização, as anomalias detectadas e as oportunidades de melhorias nos serviços notariais e de registro;

XIX – supervisionar a elaboração do plano de ação em conjunto com o(a) delegatário(a) do serviço notarial ou registral fiscalizado, tomando-se como base o relatório de correição ou de inspeção em que foram apontadas as anomalias observadas e as oportunidades de melhoria, fixando-se prazo para o cumprimento das medidas corretivas;

XX – interagir com os(as) delegatários(as) dos serviços notariais e de registro ou os seus prepostos para o alcance dos objetivos e metas estabelecidas pela Corregedoria-Geral da Justiça e Corregedoria Nacional de Justiça;

XXI – identificar, no âmbito de sua atuação, as ações que exijam a adoção de medidas disciplinares e propor as providências cabíveis;

XXII – apurar, mediante delegação do(a) Corregedor(a)-Geral da Justiça, denúncias e representações referentes à atuação de notários(as) e registradores(as), em relação aos serviços notariais e de registro;

XXIII – atuar em processos disciplinares e sindicâncias que envolvam notários(as) e registradores(as), em sua esfera de atuação;

XXIV – acompanhar o andamento dos processos disciplinares e sindicâncias, no seu limite de atuação;

XXV – propor ao(à) Corregedor(a)-Geral da Justiça a edição de normas e a adoção de estratégias de atuação da Corregedoria-Geral da Justiça em relação aos serviços notariais e de registro, devidamente consideradas as novas demandas identificadas;

XXVI – sugerir a abertura de pedido de providências em desfavor do(a) responsável pelas serventias extrajudiciais quando, reiteradamente e sem justificativa ou manifestamente, resistir ao cumprimento de determinações da Corregedoria-Geral da Justiça, da Corregedoria Nacional de Justiça ou do Conselho Nacional de Justiça decorrentes dos trabalhos de correição ou de inspeção;

XXVII – gerir e decidir fundamentadamente sobre qualquer pedido de alteração, ajustes ou desenvolvimento de nova funcionalidade no sistema da Corregedoria-Geral da Justiça, que gerencia os serviços notariais e de registro; e

XXVIII – desempenhar outros encargos que lhes forem conferidos pelo(a) Corregedor(a)-Geral da Justiça.

Parágrafo único. Além das atribuições elencadas nos incisos I a XXVIII deste artigo, o(a) Juiz(a) Auxiliar Supervisor(a) dos Serviços Notariais e de Registro do Estado do Tocantins deverá tomar todas as providências cabíveis para o cumprimento das metas nacionais do Poder Judiciário, metas institucionais e diretrizes estratégicas afetas aos serviços notariais e de registro, para fins de obtenção dos resultados desejados pela Corregedoria-Geral da Justiça e pelo Conselho Nacional de Justiça.

SEÇÃO I
DA COORDENADORIA DOS SERVIÇOS NOTARIAIS E DE REGISTRO

Art. 70. A Coordenadoria dos Serviços Notariais e de Registro, diretamente subordinada ao(à) Juiz(a) Auxiliar da Corregedoria Supervisor(a) dos Serviços Notariais e de Registro do Estado do Tocantins, contará com equipe de apoio direto, tem por objetivo precípuo a coordenação e o aperfeiçoamento das atividades e serviços notariais e registrais, e abrangerá as seguintes unidades:

I – Divisão de Correição, Inspeção e Fiscalização dos Serviços Notariais e de Registro;

II – Divisão de Acompanhamento e Monitoramento das Atividades Correcionais e de Fiscalização do Extrajudicial;

Parágrafo único. Em suas faltas e impedimentos, o(a) Coordenador(a) dos Serviços Notariais e de Registro será substituído(a) por servidor(a) lotado(a) na Corregedoria-Geral da Justiça e com a habilitação exigida para o desempenho da função, devidamente designado(a) pelo(a) Corregedor(a)-Geral da Justiça.

Art. 71. À Coordenadoria dos Serviços Notariais e de Registro incumbe:

I – programar, organizar e diligenciar para a realização das correições e inspeções nas serventias extrajudiciais;

II – assegurar que as atividades correcionais nas serventias extrajudiciais se desenvolvam de forma sistêmica, coordenada e em compatibilidade com a política, diretriz e metas de gestão aprovadas pela Corregedoria-Geral da Justiça e pelo Conselho Nacional de Justiça;

III – manter permanente contato com o(a) Juiz(a) Auxiliar ao(à) qual se subordina, pronunciar-se em questões técnicas e executivas afetas à sua área de atuação e auxiliá-lo(a) no planejamento das ações correcionais nas serventias extrajudiciais;

IV – reunir, organizar e disponibilizar, informações e relatórios gerenciais decorrentes das atividades de correição e inspeção nas serventias extrajudiciais para subsidiar ações de orientação,

de fiscalização e disciplinares da Corregedoria-Geral da Justiça;

V – consolidar e apresentar ao(à) Corregedor(a)-Geral da Justiça o planejamento correcional anual e o balanço das ações correcionais do ano anterior, previamente aprovado pelo(a) Juiz(a) Auxiliar da Corregedoria Supervisor(a) dos Serviços Notariais e de Registro do Estado do Tocantins;

VI – propor ao(à) Juiz(a) Auxiliar ao(à) qual se subordina, até o mês de novembro do ano em curso, o calendário das correições e inspeções do ano subsequente;

VII – garantir o registro e a organização de informações referentes às ações de correição e de inspeção, registro das aprendizagens, processo de trabalho, boas práticas e seus resultados;

VIII – encaminhar ao(à) Juiz(a) Auxiliar ao(à) qual se subordina propostas de aperfeiçoamento de políticas e de diretrizes relacionadas às ações correcionais e de inspeção no serviço extrajudicial;

IX – acompanhar e assegurar o alcance das metas e diretrizes estabelecidas pela Corregedoria Nacional de Justiça ao serviço extrajudicial;

X – promover a tramitação, expedição e publicação de documentos, editais, portaria e demais expedientes no Diário do Judiciário eletrônico de assuntos de sua área de atuação;

XI – apresentar a previsão orçamentária anual, pautada no plano de atuação correcional no serviço extrajudicial da Corregedoria-Geral da Justiça;

XII – diligenciar, por meio do(a) Juiz(a) Auxiliar ao(à) qual se subordina, os meios necessários à implementação de planos de ação elaborados em virtude de ações correcionais no serviço extrajudicial;

XIII – diligenciar, conjuntamente com a Coordenadoria, as providências necessárias para a realização da solenidade de abertura e de encerramento das correições ordinárias anuais;

XIV – coordenar grupo técnico gestor do sistema de Gestão Integrada das Serventias Extrajudiciais do Tocantins;

XV – organizar o processo de trabalho e controlar a respectiva frequência dos(as) servidores(as) lotados(as) no setor;

XVI – auxiliar na definição dos treinamentos e da capacitação direcionados ao serviço extrajudicial;

XVII – manter o(a) Juiz(a) Auxiliar ao(à) qual se subordina informado(a) do resultado das correições e inspeções;

XVIII – atender, orientar e prestar informações ao público nas consultas dirigidas à Corregedoria-Geral da Justiça sobre matérias de sua atribuição, devidamente resguardados os casos que envolvam sigilo;

XIX – elaborar relatórios técnicos, minutas de pareceres, de despachos e de decisões, pesquisas e estudos solicitados pelos setores aos quais responde hierarquicamente; e

XX – executar outras tarefas que lhe forem atribuídas.

Art. 72. A Coordenadoria dos Serviços Notariais e de Registro da Corregedoria-Geral da Justiça será dirigida por um(a) Coordenador(a), com graduação superior e de livre escolha do Corregedor-Geral da Justiça, que ocupará

cargo de provimento em comissão, e, observados os critérios de conveniência e oportunidade, poderá ser integrada por outros(as) servidores(as) que se fizerem necessários(as) para o bom desempenho das atividades da unidade.

SUBSEÇÃO I
DA DIVISÃO DE CORREIÇÃO, INSPEÇÃO E FISCALIZAÇÃO DOS SERVIÇOS NOTARIAIS E DE REGISTRO

Art. 73. A Divisão de Correição, Inspeção e Fiscalização dos Serviços Notariais e de Registro, diretamente subordinada à Coordenadoria dos Serviços Notariais e de Registro, contará com equipe de apoio direto, e tem por objetivo precípuo a execução dos trabalhos correcionais e de inspeção nas serventias extrajudiciais.

Parágrafo único. O(A) Corregedor(a)-Geral da Justiça designará os membros da equipe de correição ou de inspeção dentre os(as) servidores(as) integrantes da Divisão de Correição, Inspeção e Fiscalização dos Serviços Notariais, podendo ainda designar servidores(as) de outras unidades para auxiliar nas atividades.

Art. 74. À Divisão de Correição, Inspeção e Fiscalização dos Serviços Notariais incumbe:

I – correcionar e inspecionar, sob a direção do(a) Corregedor(a)-Geral da Justiça e do(a) Juiz(a) Auxiliar da Corregedoria Supervisor(a) dos Serviços Notariais e de Registro do Estado do Tocantins, as serventias extrajudiciais, no que tange ao cumprimento das normas internas editadas pelo Poder Judiciário do Tocantins e das diretrizes do Conselho Nacional de Justiça, e a verificação de:

a) regularidade no cálculo, cobrança e recolhimento de taxas, emolumentos e contribuições na composição dos recursos destinados ao FUNJURIS;

b) cumprimento tempestivo de obrigações acessórias, prestação de contas e de informações;

c) zelo e condições de guarda do acervo, veracidade das informações contidas em livros, pastas, arquivos, prestações de contas e afins de competência dos titulares de cartórios.

II – realizar, preferencialmente e a critério do(a) Corregedor(a)-Geral da Justiça, as reuniões correcionais ordinárias, extraordinárias e de inspeção nas serventias extrajudiciais, na modalidade remota, por videoconferência, desde que exista suporte adequado do sistema de tecnologia e sempre que afastado qualquer prejuízo às atividades correcionais;

III – orientar e instruir as pessoas sujeitas à correição e inspeção, sem prejuízo da apuração disciplinar, caso constatada a ocorrência de infração;

IV – examinar e extrair dados de processos e outros documentos, desde que sejam necessários à apuração dos fatos sujeitos à correição e inspeção;

V – elaborar, ao final da correição e inspeção, relatório circunstanciado da serventia extrajudicial, conforme o caso, contendo sugestões de providências, recomendações e determinações, que serão submetidas ao(à) Corregedor(a)-Geral da Justiça em até 30 (trinta) dias depois do final dos trabalhos correcionais e de inspeção;

VI – disponibilizar, no sítio eletrônico da Corregedoria-Geral da Justiça, o relatório circunstanciado da serventia extrajudicial e cientificar esta quanto aos resultados verificados, a fim de que

ART. 75 NORMAS PARA A ATIVIDADE EXTRAJUDICIAL DO ESTADO DO TOCANTINS

possam ser adotadas, pelo serviço extrajudicial, as providências cabíveis;

VII – manter arquivo ou sistema eletrônico das correições e inspeções realizadas pela Corregedoria-Geral da Justiça e pelos(as) Juízes(as) de Direito da primeira instância do Poder Judiciário do Estado do Tocantins;

VIII – sugerir o aperfeiçoamento, mediante revisão periódica, dos serviços de correição e inspeção, dos termos de correição, da metodologia de trabalho e da estrutura de relatório circunstanciado;

IX – zelar pela padronização de procedimentos de competência do setor;

X – elaborar, por ocasião da confecção do relatório individual da serventia extrajudicial, ou em até 30 (trinta) dias depois da ciência do relatório pela unidade correcionada, e em conjunto com a Divisão de Correição, Inspeção e Fiscalização dos Serviços Notariais, plano de ação que contenha as iniciativas para a mitigação das deficiências encontradas durante os trabalhos correcionais;

XI – fiscalizar durante a correição ordinária a escala de plantão entre as serventias de registro civil;

XII – expedir certidões dentro da área de sua competência, informações em expedientes e processos diversos, referentes aos(às) delegatários(as), interinos(as) ou interventores(as);

XIII – organizar o esquema de trabalho e controlar a respectiva frequência dos(as) servidores(as) lotados(as) na unidade; e

XIV – executar outras tarefas que lhe forem atribuídas.

Art. 75. Nenhum processo, documento, livro, registro ou informação, inclusive acesso a banco de dados de sistemas de informação, poderá ser sonegado no exercício inerente às atividades correcionais, inspeção, fiscalização e avaliação para atender às demandas da Corregedoria-Geral da Justiça.

Art. 76. A Divisão de Correição, Inspeção e Fiscalização dos Serviços Notariais da Corregedoria-Geral da Justiça será dirigida por um(a) Chefe de Divisão de livre escolha do Corregedor-Geral da Justiça, que ocupará cargo de provimento em comissão, e contará com um(a) Assistente de Apoio ao Serviço Extrajudicial, o(a) qual ocupará função comissionada, e, observados os critérios de conveniência e oportunidade, poderá ser integrada por outros(as) servidores(as) que se fizerem necessários(as) para o bom desempenho das atividades da unidade.

SUBSEÇÃO II
DA DIVISÃO DE ACOMPANHAMENTO E MONITORAMENTO DAS ATIVIDADES CORRECIONAIS E DE FISCALIZAÇÃO DOS SERVIÇOS NOTARIAIS E DE REGISTRO

Art. 77. A Divisão de Acompanhamento e Monitoramento das Atividades Correcionais e de Fiscalização do Extrajudicial, diretamente subordinada à Coordenadoria dos Serviços Notariais e de Registro, contará com equipe de apoio direto, e tem por objetivo precípuo acompanhar e monitorar os planos de ação, providências, determinações e recomendações dirigidas às serventias extrajudiciais, decorrentes dos trabalhos correcionais, de inspeção, monitoramento e fiscalização.

Parágrafo único. Incluem-se no acompanhamento e monitoramento realizados pela Divisão Acompanhamento e Monitoramento das Atividades Correcionais e de Fiscalização do Extrajudicial as providências e determinações da Corregedoria Nacional da Justiça ao serviço extrajudicial decorrentes ou não de inspeção do Conselho Nacional de Justiça.

Art. 78. À Divisão de Acompanhamento e Monitoramento das Atividades Correcionais e de Fiscalização do Extrajudicial incumbe:

I – controlar os prazos determinados para a solução de irregularidades encontradas no serviço extrajudicial durante a correição ou inspeções, bem como registrar quando estas forem sanadas;

II – acompanhar a efetivação das providências por ocasião das correições e das atividades de inspeção, diligenciando pelo setor às diversas áreas do Tribunal de Justiça e da Corregedoria-Geral da Justiça para a obtenção dos resultados esperados;

III – solicitar informações das unidades setoriais do Tribunal de Justiça, da Corregedoria-Geral da Justiça e da serventia extrajudicial, quando necessário para a instrução do processo de acompanhamento e monitoramento;

IV – instruir o processo de acompanhamento e monitoramento da atividade correcional com informações e manifestações necessárias para o seu regular trâmite;

V – elaborar relatório de monitoramento da serventia extrajudicial, para subsidiar as correições ordinárias anuais estabelecidas para o ano, com informações dos achados e o estado em que se encontram, bem como as boas práticas identificadas na última correição ou inspeção realizada na unidade;

VI – sugerir ao(à) Juiz(a) Auxiliar ao(à) qual se subordina a abertura de pedido de providências quando, reiteradamente e sem justificativa ou manifestadamente, a unidade extrajudicial resistir ao cumprimento de determinações da Corregedoria-Geral da Justiça, da Corregedoria Nacional de Justiça ou do Conselho Nacional de Justiça decorrentes dos trabalhos de correição ou de inspeção;

VII – apresentar ao(à) Corregedor(a)-Geral da Justiça e ao(à) Juiz(a) Auxiliar ao(à) qual se subordina, no mês de novembro de cada ano, relatório detalhado das ações monitoradas e acompanhadas pela Divisão e o deslinde de cada uma delas;

VIII – manter no sítio eletrônico da Corregedoria-Geral da Justiça banco das boas práticas identificadas nas serventias extrajudiciais durante as correições ordinárias anuais;

IX – velar pela padronização de encaminhamentos e de procedimentos de competência do setor;

X – auxiliar no planejamento e realização dos trabalhos de correição, inspeção, levantamento e visita às serventias extrajudiciais, quando for solicitada;

XI – monitorar o cumprimento dos provimentos e dos ofícios circulares relacionados ao serviço extrajudicial;

XII – fiscalizar os valores pertinentes ao produto da arrecadação de taxas incidentes sobre os emolumentos declarados pelas serventias extrajudiciais;

XIII – encaminhar ao(à) Juiz(a) Auxiliar ao(à) qual se subordina informações sobre as irregularidades constatadas nas rotinas das serventias extrajudiciais;

XIV – supervisionar as ações de fiscalização e orientação das serventias extrajudiciais, no sentido do fiel cumprimento de seus deveres e das penalidades a que estão sujeitos;

XV – supervisionar o banco de dados acerca da criação, instalação, desativação ou extinção de serventias extrajudiciais e zelar pela sua constante atualização;

XVI – manter atualizado, por meio eletrônico, o cadastro de todas as serventias extrajudiciais, de seus respectivos endereços, telefones e delegatários(as) responsáveis;

XVII – informar ao(à) Corregedor(a)-Geral da Justiça e ao(à) Juiz(a) Auxiliar ao(à) qual se subordina a respeito das vacâncias ocorridas nas serventias extrajudiciais, para fins de publicidade e provimento;

XVIII – acompanhar e verificar o cumprimento do plano de ação estabelecido após a fiscalização, identificar as causas do não cumprimento e tomar as providências cabíveis para sanar as anomalias levantadas;

XIX – orientar e notificar as serventias extrajudiciais cuja eficiência ou regularidade esteja comprometida ou cujos métodos de trabalho possam ser aprimorados;

XX – publicar no Diário da Justiça eletrônico e em outros meios eletrônicos as comunicações oriundas de avisos de furto, roubo ou extravio de selos de outros tribunais;

XXI – elaborar, aperfeiçoar e padronizar os papéis de trabalho necessários ao desempenho da fiscalização nas serventias extrajudiciais;

XXII – manter-se atualizado com a legislação pertinente à sua área de atuação; e

XXIII – executar outras tarefas que lhe forem atribuídas.

Art. 79. A Divisão de Acompanhamento e Monitoramento das Atividades Correcionais e de Fiscalização do Extrajudicial da Corregedoria-Geral da Justiça será dirigida por um(a) Chefe de Divisão de livre escolha do Corregedor(a)-Geral da Justiça, que ocupará cargo de provimento em comissão, e contará com 02 (dois/duas) Assistentes de Monitoramento de Correição Extrajudicial, os(as) quais ocuparão funções comissionadas, e, observados os critérios de conveniência e oportunidade, poderá ser integrada por outros(as) servidores(as) que se fizerem necessários(as) para o bom desempenho das atividades da unidade.

TÍTULO V
ÓRGÃOS ESPECIALIZADOS DA CORREGEDORIA-GERAL DA JUSTIÇA

Capítulo I
DOS NÚCLEOS, COMISSÕES E COORDENADORIA

Art. 80. Os Núcleos, Comissões e Coordenadoria Especializadas são unidades diretamente subordinadas ao(à) Corregedor(a)-Geral da Jus-

RESOLUÇÃO N. 08 DE 25 DE MARÇO DE 2021 — ART. 93

tiça e são dirigidas por um(a) Juiz(a) de Direito, mediante designação por portaria, e têm como objetivo assegurar a execução das políticas e atividades inerentes à missão institucional da Corregedoria-Geral da Justiça.

SEÇÃO I
DO NÚCLEO DE MONITORAMENTO DO PERFIL DE DEMANDAS (NUMOPEDE)

Art. 81. O Núcleo de Monitoramento do Perfil de Demandas (NUMOPEDE), diretamente vinculado ao Gabinete do(a) Corregedor(a)-Geral da Justiça, será presidido por um(a) Juiz(a) de Direito, de livre escolha e diretamente subordinado(a) ao(à) Corregedor(a)-Geral da Justiça e contará com outros membros, dentre magistrados(as) e servidores(as), além de equipe de apoio sob o seu alcance de comando.

§ 1º O Núcleo de Monitoramento do Perfil de Demandas (NUMOPEDE) tem a atribuição precípua de centralizar as informações sobre a distribuição de ações, perfis de demandas e ações predatórias, a fim de aprimorar a tutela jurisdicional prestada pelo Poder Judiciário do Estado do Tocantins e selecionar as boas práticas adotadas diante dessas situações.

§ 2º Os membros do Núcleo de Monitoramento do Perfil de Demandas (NUMOPEDE) serão designados pelo(a) Corregedor(a)-Geral da Justiça por meio de portaria, a quem também caberá a escolha do(a) coordenador(a) do Núcleo dentre os(as) magistrados(as) integrantes de referido colegiado, os quais atuarão sem prejuízo de suas atribuições jurisdicionais originárias;

§ 3º O(A) Presidente do Núcleo de Monitoramento do Perfil de Demandas (NUMOPEDE) perceberá indenização pelo exercício de função administrativa, definida na Resolução n. 09, de 2014.

Art. 82. Ao Núcleo de Monitoramento do Perfil de Demandas (NUMOPEDE) incumbe:

I – monitorar as demandas dos serviços judiciários, notariais e de registro;

II – identificar, de ofício ou mediante recebimento de notícias, as demandas fraudulentas, predatórias ou outras igualmente atentatórias à dignidade da Justiça;

III – identificar os eventos que possam comprometer a funcionalidade, a eficiência e/ou a correção dos serviços judiciários, notariais ou de registro;

IV – apoiar os(as) magistrados(as) e servidores(as) na identificação de demandas relacionadas às situações previstas nos incisos anteriores;

V – elaborar estudos e publicar subsídios técnicos que permitam aos(às) Juízes(as) de Direito e servidores(as) a identificação de novas demandas que possam ter sido postuladas em duplicidade ou em desacordo com preceitos legais;

VI – propor ao(à) Corregedor(a)-Geral da Justiça a realização de diligências e a comunicação de fatos que exijam a investigação das autoridades competentes;

VII – identificar as boas práticas relacionadas à sua competência; e

VIII – realizar outras atividades correlatas atribuídas pelo(a) Corregedor(a)-Geral da Justiça.

Art. 83. O Núcleo de Monitoramento do Perfil de Demandas (NUMOPEDE) deverá encaminhar ao(à) Corregedor(a)-Geral da Justiça relatórios trimestrais com o detalhamento das ações e dos trabalhos desenvolvidos e instruídos com planilhas e painéis para a demonstração analítica de suas atividades.

Art. 84. O Núcleo de Monitoramento do Perfil de Demandas (NUMOPEDE), contará com servidores que se fizerem necessários para o bom desempenho das atividades.

SEÇÃO II
DO NÚCLEO DE PREVENÇÃO E REGULARIZAÇÃO FUNDIÁRIA (NUPREF)

Art. 85. O Núcleo de Prevenção e Regularização Fundiária (NUPREF), diretamente vinculado ao Gabinete do(a) Corregedor(a)-Geral da Justiça, será coordenado por um(a) Juiz(a) de Direito de livre escolha e subordinado(a) diretamente ao(à) Corregedor(a)-Geral da Justiça, contará com membros integrantes de outras instituições, além de equipe de apoio sob o seu alcance de comando, e terá como objetivo precípuo atuar na prevenção de conflitos fundiários não judicializados e na promoção da regularização de áreas rurais e urbanas no Estado do Tocantins.

§ 1º As atribuições dos membros e do Núcleo de Prevenção e Regularização Fundiária (NUPREF) serão reguladas por meio de provimento;

§ 2º Os membros do Núcleo de Prevenção e Regularização Fundiária (NUPREF) serão indicados e designados pelo(a) Corregedor(a)-Geral da Justiça por meio de portaria, a quem também caberá a escolha do(a) presidente do Núcleo dentre os(as) magistrados(as) integrantes de referido colegiado, os(as) quais atuarão sem prejuízo de suas atribuições jurisdicionais originárias;

§ 3º O(A) Coordenador do Núcleo de Prevenção e Regularização Fundiária (NUPREF) perceberá indenização pelo exercício de função administrativa, definida na Resolução n. 09, de 5 de junho de 2014.

Art. 86. Ao Núcleo de Prevenção e Regularização Fundiária (NUPREF) incumbe:

I – atuar nos processos administrativos envolvendo conflitos de imóveis que tramitem no âmbito da Corregedoria-Geral da Justiça e naqueles de atribuição dos(as) Juízes(as) Corregedores(as) Permanentes;

II – propor medidas concretas voltadas à otimização das atividades do Núcleo;

III – realizar vistorias e perícias em locais de conflitos fundiários para subsidiar a atuação do Núcleo;

IV – realizar estudos, monitoramentos e fiscalização das atividades dos cartórios de registro de imóveis, nas questões relacionadas à regularização fundiária;

V – elaborar projetos de regularização fundiária;

VI – prestar apoio técnico, material e operacional às ações judiciais fundiárias, quando solicitado pelo(a) Juiz(a) competente;

VII – elaborar estratégias que conduzam à regularização fundiária;

VIII – reduzir a burocracia procedimental que ocasiona entrave à regularização fundiária.

Art. 87. O Núcleo de Prevenção e Regularização Fundiária (NUPREF) deverá encaminhar re-latórios trimestrais ao(à) Corregedor(a)-Geral da Justiça com o detalhamento das ações e dos trabalhos desenvolvidos e devidamente instruído com planilhas e painéis para a demonstração analítica de suas atividades.

Art. 88. O Núcleo de Prevenção e Regularização Fundiária (NUPREF) contará com um(a) secretário(a), que ocupará função comissionada, e, observados os critérios de conveniência e oportunidade, poderá ser integrado por outros(as) servidores(as) que se fizerem necessários(as) para o bom desempenho das atividades da unidade.

SEÇÃO III
DA COORDENADORIA DA CIDADANIA

Art. 89. A Coordenadoria da Cidadania, diretamente vinculada ao Gabinete do(a) Corregedor(a)-Geral da Justiça, será coordenada por um(a) Juiz(a) de Direito de livre escolha e diretamente subordinado(a) ao(à) Corregedor(a)-Geral da Justiça, contará com equipe de apoio direto, e tem o objetivo precípuo de melhor estruturar projetos e executar as ações capazes de mobilizar, articular, coordenar e assegurar o fortalecimento da cidadania, além de implementar e desenvolver métodos que contribuam para a solução dos conflitos judiciais.

§ 1º As atribuições da Coordenadoria da Cidadania serão reguladas por meio de provimento;

§ 2º O(A) Corregedor(a)-Geral da Justiça, por meio de portaria, indicará o(a) Coordenador(a) da Cidadania, o(a) qual atuará sem prejuízo das suas atribuições jurisdicionais originárias, e pelo que perceberá indenização pelo exercício de função administrativa, definida na Resolução n. 09, de 2014.

Art. 90. À Coordenadoria da Cidadania incumbe:

I – planejar e executar todas as ações decorrentes da efetivação dos Projetos "Meu Pai, Meu Presente", "Constelação Familiar" e outras ações com a mesma finalidade social e de cidadania;

II – manter contatos dos órgãos públicos e dos segmentos da sociedade civil com o Poder Judiciário para a consecução dos projetos, com vistas a alcançar os objetivos propostos pela Corregedoria Nacional de Justiça; e

III – promover a ampla divulgação dos projetos e ações.

Art. 91. A Coordenadoria da Cidadania deverá encaminhar ao(à) Corregedor(a)-Geral da Justiça relatórios trimestrais com o detalhamento das ações e dos trabalhos desenvolvidos e devidamente instruídos com planilhas e painéis para a demonstração analítica de suas atividades.

Art. 92. A Coordenadoria da Cidadania contará com um(a) secretário(a) de livre escolha do(a) Corregedor(a)-Geral da Justiça, que ocupará função comissionada, e, observados os critérios de conveniência e oportunidade, poderá ser integrada por outros(as) servidores(as) que se fizerem necessários(as) para o bom desempenho das atividades da unidade.

SEÇÃO IV
DA COMISSÃO ESTADUAL JUDICIÁRIA DE ADOÇÃO (CEJA)

Art. 93. A Comissão Estadual Judiciária de Adoção do Estado do Tocantins (CEJA), dire-

269

tamente subordinada ao Gabinete do(a) Corregedor(a)-Geral da Justiça, será presidida pelo(a) Corregedor(a)-Geral da Justiça, o(a) qual poderá delegar atribuições a um(a) dos(as) Juízes(as) Auxiliares da Corregedoria-Geral da Justiça, e contará com equipe de servidores(as) de apoio direto, tendo como objetivo precípuo contribuir para a garantia do direito à convivência familiar de crianças e adolescentes no Estado do Tocantins.

§ 1º A composição, atribuições e o funcionamento da Comissão Estadual Judiciária de Adoção do Estado do Tocantins (CEJA) serão definidos em regimento interno próprio;

§ 2º Os membros da Comissão e os seus respectivos suplentes, exceto o(a) Corregedor(a)-Geral da Justiça, serão nomeados por ato do(a) Presidente do Tribunal de Justiça.

Art. 94. A Comissão Estadual Judiciária de Adoção do Estado do Tocantins (CEJA) manterá intercâmbio com comissões similares de outros Estados da Federação, visando à consecução de seus objetivos e poderá também realizar trabalho de divulgação de projetos de adoção e de esclarecimento de suas finalidades objetivando a conscientização geral acerca da necessidade do uso regular e ordenado do instituto da adoção, sempre respeitados o sigilo e a gratuidade.

Art. 95. A Comissão Estadual Judiciária de Adoção do Estado do Tocantins (CEJA) contará com 01 (um/uma) secretário(a) e 01 (um/uma) assistente técnico(a) de livre escolha do(a) Corregedor(a)-Geral da Justiça, que ocuparão funções comissionadas, e, observado os critérios de conveniência e oportunidade, poderá ser integrada por outros(as) servidores(as) que se fizerem necessários(as) para o bom desempenho das atividades da unidade.

Parágrafo único. O(A) Secretário(a) da Comissão Estadual Judiciária de Adoção do Estado do Tocantins (CEJA) deverá encaminhar ao(à) Corregedor(a)-Geral da Justiça relatórios trimestrais com o detalhamento das ações e dos trabalhos desenvolvidos e devidamente instruídos com planilhas e painéis para a demonstração analítica de suas atividades.

SEÇÃO V
DA COMISSÃO PERMANENTE DE SINDICÂNCIA

Art. 96. No âmbito da Corregedoria-Geral da Justiça, a sindicância será conduzida pela Comissão Permanente de Sindicância, à qual é conferida a atribuição precípua de apurar irregularidades no serviço público praticadas por servidores(as) públicos(as) do Poder Judiciário do Estado do Tocantins, bem como por responsáveis pelas serventias extrajudiciais, nos termos da legislação que rege a matéria.

Art. 97. A Comissão Permanente de Sindicância será composta por quatro servidores(as) estáveis do quadro de servidores efetivos do Poder Judiciário lotados na Corregedoria-Geral da Justiça, preferencialmente bacharéis(las) em Direito, escolhidos(as) pelo(a) Corregedor(a)-Geral da Justiça, com ciência da chefia imediata e da Presidência do Tribunal de Justiça.

§ 1º Os membros da Comissão Permanente de Sindicância serão designados por meio de portaria editada pelo(a) Corregedor(a)-Geral da Justiça para o exercício das atribuições por um período de 2 (dois) anos, sendo facultada a recondução;

§ 2º A Comissão Permanente de Sindicância terá presidente, secretário(a) e suplente, designados pelo(a) Corregedor(a)-Geral da Justiça dentre os seus membros;

§ 3º Não poderão participar da Comissão Permanente de Sindicância cônjuge, companheiro(a) ou parente do(a) investigado(a), consanguíneo ou afim, em linha reta ou colateral, até o terceiro grau, inclusive;

§ 4º Havendo a necessidade reconhecida pelo(a) Corregedor(a)-Geral da Justiça, os membros da Comissão Permanente de Sindicância poderão dedicar tempo integral aos trabalhos disciplinares.

Art. 98. Para preservar a independência e a isenção dos membros da Comissão Permanente de Sindicância, o(a) Corregedor(a)-Geral da Justiça poderá determinar que a presidência da Comissão seja exercida pelo(a):

I – Juiz(a) Auxiliar da Corregedoria-Geral da Justiça;

II – Juiz(a) Diretor(a) do Foro em que o(a) servidor(a) investigado(a) está lotado(a) ou onde o(a) responsável pelo serviço extrajudicial exerce o seu múnus.

Art. 99. A Comissão Permanente de Sindicância exercerá as suas atividades com independência e imparcialidade e velará pelo sigilo necessário à apuração do fato ou exigido pelo interesse da administração.

Parágrafo único. As reuniões e as audiências da Comissão Permanente de Sindicância terão caráter reservado e serão registradas em atas que deverão detalhar as deliberações adotadas.

Art. 100. À Comissão Permanente de Sindicância, por seu(sua) presidente, incumbe:

I – processar sindicância contra servidor(a) público(a) e responsáveis pelas serventias extrajudiciais, quando instaurado o procedimento pelo(a) Corregedor(a)-Geral da Justiça;

II – prestar informações a quem de direito sobre a movimentação, localização ou solução do processo de sindicância relacionado a servidores(as) públicos(as) do Poder Judiciário do Estado do Tocantins ou responsáveis pelas serventias extrajudiciais, desde que necessariamente observado o sigilo;

III – organizar o processo de trabalho e controlar a respectiva frequência dos(as) servidores(as) lotados(as) no setor; e

IV – exercer outras atividades sob sua responsabilidade.

Art. 101. A atuação da Comissão Permanente de Sindicância será determinada por ato do(a) Corregedor(a)-Geral da Justiça diante de requerimento fundamentado do(a) Juiz(a) Corregedor(a) Permanente da respectiva unidade judiciária.

Art. 102. A Comissão Permanente de Sindicância da Corregedoria-Geral da Justiça contará com um(a) presidente, que ocupará função comissionada.

SEÇÃO VI
DA COMISSÃO PERMANENTE DE PROCESSO ADMINISTRATIVO DISCIPLINAR

Art. 103. No âmbito da Corregedoria-Geral da Justiça, o processo disciplinar será conduzido pela Comissão Permanente de Processo Administrativo Disciplinar, à qual é conferida a atribuição precípua de apurar a prática de irregularidades no serviço público, com a necessária condução de processos administrativos disciplinares em face de servidores(as) públicos(as) do Poder Judiciário do Estado do Tocantins e de responsáveis pelas serventias extrajudiciais, nos termos da legislação que rege a matéria.

Art. 104. A Comissão Permanente de Processo Administrativo Disciplinar será composta por 4 (quatro) servidores(as) estáveis do quadro de servidores efetivos do Poder Judiciário lotados(as) na Corregedoria-Geral da Justiça, preferencialmente bacharéis(las) em Direito escolhidos(as) pelo(a) Corregedor(a)-Geral da Justiça, com a ciência da chefia imediata e da Presidência do Tribunal de Justiça.

§ 1º Os membros da Comissão Permanente de Processo Administrativo Disciplinar serão designados por meio de portaria editada pelo(a) Corregedor(a)-Geral da Justiça, para o exercício das atribuições por um período de 2 (dois) anos, sendo facultada a recondução;

§ 2º A Comissão Permanente de Processo Administrativo Disciplinar terá presidente, secretário(a) e suplente, designados(as) pelo(a) Corregedor(a)-Geral da Justiça dentre os seus membros;

§ 3º Não poderá participar como membro da Comissão Permanente de Processo Administrativo Disciplinar o cônjuge, companheiro(a) ou parente do(a) acusado(a), consanguíneo ou afim, em linha reta ou colateral, até o terceiro grau, inclusive;

§ 4º Não poderá participar como membro da Comissão Permanente de Processo Administrativo Disciplinar aquele que já tenha participado da sindicância ou da inspeção que fundamentou a constituição da comissão processante;

§ 5º Havendo a necessidade reconhecida pelo(a) Corregedor(a)-Geral da Justiça, os membros da Comissão Permanente de Processo Administrativo Disciplinar poderão dedicar tempo integral aos trabalhos disciplinares.

Art. 105. Para preservar a independência e a isenção dos membros da Comissão Permanente de Processo Administrativo Disciplinar, o(a) Corregedor(a)-Geral da Justiça poderá determinar que a presidência da Comissão seja exercida pelo(a):

I – Juiz(a) Auxiliar da Corregedoria-Geral da Justiça;

II – Juiz(a) Diretor(a) do Foro em que o(a) servidor(a) acusado(a) está lotado(a) ou onde o(a) responsável pelo serviço extrajudicial exerce o seu múnus.

Art. 106. A Comissão Permanente de Processo Administrativo Disciplinar exercerá as suas atividades com independência e imparcialidade e velará pelo sigilo necessário à elucidação do fato ou exigido pelo interesse da administração.

Parágrafo único. As reuniões e as audiências da Comissão Permanente de Processo Administrativo Disciplinar terão caráter reservado e serão registradas em atas que deverão detalhar as deliberações adotadas.

Art. 107. À Comissão Permanente de Processo Administrativo Disciplinar, por seu(sua) presidente, incumbe:

I – receber e processar as reclamações, representações e demais documentos encaminhados à Corregedoria-Geral da Justiça relativos aos(às) servidores(a) da primeira instância do Poder Judiciário do Estado do Tocantins e responsáveis pelas serventias extrajudiciais;

II – prestar informações a quem de direito sobre a movimentação, localização ou solução dos processos relacionados aos(às) servidores(as) da primeira instância do Poder Judiciário do Estado do Tocantins e responsáveis pelas serventias extrajudiciais, desde que necessariamente observado o sigilo;

III – processar representação contra servidor(a) público(a) quando instaurado o procedimento administrativo pelo(a) Corregedor(a)-Geral da Justiça;

IV – organizar o processo de trabalho e controlar a respectiva frequência dos(as) servidores(as) lotados(as) na unidade; e

V – exercer outras atividades sob sua responsabilidade.

Art. 108. A atuação da Comissão Permanente de Processo Administrativo Disciplinar será determinada por ato do(a) Corregedor(a)-Geral da Justiça, diante de requerimento fundamentado do(a) Juiz(a) Corregedor(a) permanente da respectiva unidade judiciária.

Art. 109. A Comissão Permanente de Processo Administrativo Disciplinar da Corregedoria-Geral da Justiça contará com um(a) presidente, que ocupará função comissionada.

TÍTULO VI
DAS DISPOSIÇÕES COMPLEMENTARES

Art. 110. As unidades da Corregedoria-Geral da Justiça funcionarão nos dias-úteis e no expediente forense estabelecido pelo Tribunal de Justiça.

Art. 111. O(A) Corregedor(a)-Geral da Justiça poderá determinar a realização de cursos, treinamento ou aperfeiçoamento para os servidores(as) e magistrados(as) lotados(as) na Corregedoria-Geral da Justiça, em grupo ou individualmente, mediante proposição dirigida ao(à) Presidente do Tribunal e ao(à) Diretor(a)-Geral da Escola Superior da Magistratura Tocantinense (ESMAT).

Art. 112. Cumpre aos(às) servidores(as) ocupantes de cargos de provimento em comissão e de funções comissionadas e que dirigem unidades internas da Corregedoria-Geral da Justiça manter a disciplina nos respectivos ambientes de trabalho, adotar e propor medidas que visem à melhoria dos serviços, executar e exigir que sejam praticados em tempo hábil e com eficiência os encargos sob a sua responsabilidade, bem como cuidar para que as partes sejam tratadas com hospitalidade e presteza, sendo vedada a divulgação de qualquer ato sigiloso sem a prévia autorização do(a) Corregedor(a)-Geral da Justiça.

Art. 113. Os(As) servidores(as) lotados(as) na Corregedoria-Geral da Justiça estão sujeitos(as) à comprovação de pontualidade e frequência e não poderão se ausentar do ambiente de trabalho durante o horário de expediente, salvo por motivo de força maior, e sempre mediante prévia comunicação à chefia imediata.

Art. 114. Após a publicação deste Regimento Interno será formada comissão com membros designados pelo(a) Corregedor(a)-Geral da Justiça com o objetivo de se elaborar minutas de atos normativos ou mesmo de alteração das normas já existentes, a fim de se viabilizar a aplicabilidade e alinhamento destas normas regimentais.

Art. 115. O(A) Corregedor(a)-Geral da Justiça tomará as providências necessárias com a Presidência do Tribunal de Justiça para a criação e lotação dos cargos e funções comissionadas necessários à consecução das atividades desenvolvidas pela Corregedoria-Geral da Justiça.

Parágrafo único. A Corregedoria-Geral da Justiça será composta por servidores(as) efetivos(as) e cedidos(as), além dos ocupantes dos cargos de provimento em comissão e de funções comissionadas constantes nos Anexos IV e V deste Regimento Interno.

Art. 116. Ficam transformados, no âmbito do Poder Judiciário do Tocantins, segundo o disposto no art. 4º, § 5º³, da Lei Estadual n. 2.409, de 16 de novembro de 2010, sem implicação no aumento de despesas, os seguintes cargos:

I – 1 (um) cargo em comissão DAJ-7, 2 (dois) cargos em comissão DAJ-5, 1 (um) cargo em comissão DAJ-4 e 4 (quatro) cargos em comissão DAJ-3, que são transformados em 3 (três) cargos em comissão DAJ-8 e 1 (um) cargo em comissão DAJ-2, conforme o Anexo V desta Resolução.

II – as funções comissionadas previstas no Anexo IV e V serão providas dentre as vagas existentes na Lei Estadual n. 2.409, de 16 de novembro de 2010.

Parágrafo único. As transformações estabelecidas no caput deste artigo serão destinadas ao atendimento da estrutura funcional da Corregedoria-Geral da Justiça.

Art. 117. O inciso V do art. 1º da Resolução n. 9, de 24 de julho de 2014, passa a vigorar acrescido das seguintes alíneas "m", "n" e "o":

"Art. 1º [...]

V – [...]

m) [...];

n) [...];

o) [...]."

Art. 118. O organograma da Corregedoria-Geral da Justiça é o constante do Anexo II desta Resolução.

Art. 119. Nos casos omissos aplicar-se-á, subsidiária e sucessivamente, o Regimento Interno do Tribunal de Justiça, no que couber e for compatível.

Art. 120. As dúvidas surgidas a partir da interpretação deste Regimento Interno, bem como os casos omissos, serão resolvidas pelo Corregedor-Geral da Justiça por meio de provimentos.

---

3. Art. 4º Integram os quadros de pessoal dos órgãos do Poder Judiciário Estadual as Funções Comissionadas, escalonadas em FC-1 a FC-4, e os Cargos em Comissão, escalonados de DAJ-1 a DAJ-10, para o exercício de atribuições de Direção, Chefia e Assessoramento.

§ 5º Fica autorizado o Poder Judiciário do Estado do Tocantins, pelo Tribunal Pleno, a transformar, sem aumento de despesa, no âmbito de suas competências, as funções comissionadas e os cargos em comissão de seu quadro de pessoal, vedada a transformação de função em cargo ou vice-versa.

RESOLUÇÃO N. 104[1]
DE 21 DE JUNHO DE 2018

Dispõe sobre o Regimento Interno do Tribunal de Justiça do Estado do Tocantins.

REGIMENTO INTERNO DO TRIBUNAL DE JUSTIÇA DO ESTADO DO TOCANTINS

DISPOSIÇÃO PRELIMINAR

Art. 1º Este Regimento regula a competência e o funcionamento dos órgãos jurisdicionais e administrativos do Tribunal de Justiça do Estado do Tocantins e dá outras providências.

TÍTULO I
DO TRIBUNAL DE JUSTIÇA

Capítulo I
DA COMPOSIÇÃO DO TRIBUNAL

Art. 2º O Tribunal de Justiça compõe-se de doze desembargadores, tem jurisdição em todo o Estado do Tocantins e sede na capital.

§ 1º A alteração do número de seus membros dependerá de proposta do Tribunal;

§ 2º Ao Tribunal é devido o tratamento de "Egrégio", seus integrantes têm o título de "Desembargador", o tratamento de "Excelência" e usarão nas sessões públicas vestes talares.

Art. 3º São órgãos do Tribunal de Justiça:

I – Colegiados:

a) o Tribunal Pleno;

b) o Conselho da Magistratura;

c) a Primeira Câmara Cível;

d) a Segunda Câmara Cível;

e) a Primeira Câmara Criminal;

f) a Segunda Câmara Criminal;

g) as Comissões Permanentes.

II – Monocráticos:

a) a Presidência do Tribunal;

b) a Corregedoria-Geral da Justiça;

c) a Vice-Presidência;

d) a Vice-Corregedoria-Geral da Justiça

e) os Gabinetes dos Desembargadores;

f) a Escola Superior da Magistratura (ESMAT);

g) a Ouvidoria Judiciária;

h) o Centro Judiciário de Solução de Conflitos e Cidadania de 2º Grau.

Capítulo II
DO TRIBUNAL PLENO

Art. 4º O Tribunal Pleno compõe-se de todos os desembargadores e é presidido pelo presidente do Tribunal de Justiça.

Parágrafo único. O presidente do Tribunal e o corregedor-geral da Justiça participarão do Tribunal Pleno apenas como vogais, não lhes sendo distribuídos processos, ressalvadas as exceções constantes de lei e deste Regimento.

Art. 5º O Tribunal Pleno é unicameral e só funcionará com a presença da maioria absoluta de seus membros, até mesmo seu presidente, salvo nos casos em que a lei exigir quórum superior.

Art. 6º O Tribunal de Justiça reunir-se-á, ordinariamente, em sessão plenária, nas primeiras e terceiras quintas-feiras do mês, às 14 horas, podendo seu presidente convocar sessões extraordinárias.

Parágrafo único. Na impossibilidade de realização das sessões ordinárias na forma do *caput* deste artigo, por recair em feriado ou ponto facultativo, fica automaticamente prorrogada para a primeira quinta-feira útil seguinte, independentemente de convocação.

Art. 7º O Tribunal Pleno não tem área de especialização, competindo-lhe:

I – processar e julgar, originariamente:

a) a ação direta de inconstitucionalidade de lei ou ato normativo estadual ou municipal em face da Constituição do Estado;

b) a representação visando à intervenção do Estado em Município, para assegurar a observância dos princípios enunciados nas Constituições Federal e Estadual ou para promover a execução de lei, ordem ou decisão judicial;

c) o vice-governador, os deputados estaduais e os prefeitos, nos crimes comuns;

d) os secretários de Estado, nos crimes comuns e nos de responsabilidade não conexos com os do governador;

e) os juízes de primeira instância e os membros do Ministério Público, nos crimes comuns e nos de responsabilidade, bem como a ação para perda do cargo de magistrado (art. 189 deste Regimento);

f) o *habeas corpus* e a representação ou requerimento de prisão preventiva ou temporária, sendo paciente, ou representado, qualquer das pessoas referidas nas alíneas anteriores;

g) o mandado de segurança e o *habeas data* contra atos do Tribunal, do seu presidente e demais membros, do governador do Estado, da Mesa da Assembleia Legislativa, bem como de seu presidente, do Tribunal de Contas do Estado, dos secretários de Estado, do procurador-geral do Estado, do comandante-geral da Polícia Militar, do titular da Defensoria Pública e do procurador-geral de Justiça;

h) a ação rescisória dos seus julgados e a revisão criminal;

i) a reclamação para preservar a competência do Tribunal ou garantir a autoridade de suas decisões;

j) o mandado de injunção, quando a elaboração da norma for atribuição do governador do Estado, da Assembleia Legislativa ou de sua Mesa diretiva, do Tribunal de Contas ou do próprio Tribunal de Justiça;

k) o conflito de jurisdição entre os órgãos do próprio Tribunal;

l) a exceção oposta aos desembargadores, até mesmo ao presidente, bem assim ao procurador-geral de Justiça e a juízes de primeira instância de jurisdição;

m) as proposições de enunciados de Súmulas, o Incidente de Assunção de Competência, o Incidente de Resolução de Demandas Repetitivas e a revisão da tese jurídica firmada no seu julgamento;

n) o feito ou recurso que, por lei, exceda a competência das Câmaras (LOMAN, art. 101, § 1º[2]);

o) os embargos de declaração opostos aos seus acórdãos;

p) o agravo interno e o agravo legal interposto da decisão do presidente ou do relator em processo de sua competência;

q) questão incidente, em processo da sua competência;

r) as impugnações ao cumprimento de decisão/acórdão no âmbito dos processos individuais de competência originária, pelo mesmo Relator;

s) o processo de crime contra a honra em que for querelante qualquer pessoa sujeita pela Constituição à jurisdição do Tribunal de Justiça, quando oposta e admitida a exceção da verdade;

t) a arguição incidental de inconstitucionalidade de lei ou de atos do Poder Público em todos os processos sujeitos ao conhecimento dos órgãos julgadores do Tribunal.

II – processar e julgar, administrativamente:

---

1. Atualizada até a Resolução n. 16/2022.

2. Art. 101. Os Tribunais compor-se-ão de Câmaras ou Turmas, especializadas ou agrupadas em Seções especializadas. A composição e competência das Câmaras ou Turmas serão fixadas na lei e no Regimento Interno.

   § 1º Salvo nos casos de embargos infringentes ou de divergência, do julgamento das Câmaras ou Turmas, participarão apenas três dos seus membros, se maior o número de composição de umas ou outras.

ART. 8º NORMAS PARA A ATIVIDADE EXTRAJUDICIAL DO ESTADO DO TOCANTINS

a) a incapacidade dos magistrados;

b) o processo administrativo instaurado por provocação da Corregedoria-Geral da Justiça contra magistrado, aplicando-se-lhe quaisquer das penas disciplinares cabíveis;

c) a matéria administrativa disciplinar, até em grau de recurso, sempre pelo voto da maioria absoluta;

d) o feito ou recurso que, por lei, exceda a competência das Câmaras (LOMAN, art. 101, § 4º[3]);

e) a reclamação sobre a antiguidade dos membros do Tribunal;

f) o processo para perda do cargo de magistrado que não tenha completado o estágio probatório;

g) a proposta do Conselho da Magistratura de desconto dos vencimentos dos magistrados, formulada nos termos do art. 15, inciso VIII, e para os fins do art. 12, § 1º, inciso XXVII, deste Regimento;

h) o processo instaurado contra titulares de delegações notariais e de registro, cuja penalidade aplicada seja a perda da delegação.

III – eleger os membros de seus órgãos diretivos;

IV – elaborar, adaptar, consolidar, emendar, interpretar, aprovar seu Regimento Interno e referendar os atos normativos dos demais Órgãos do Tribunal;

V – organizar sua Secretaria e os serviços auxiliares e os dos juízos que lhe forem vinculados, provendo-lhes os cargos, na forma da lei, e velando pelo exercício da atividade correicional respectiva;

VI – prover os cargos de juiz, delineando as diretrizes dos concursos para ingresso na magistratura;

VII – prover, por concurso público de provas, ou de provas e títulos, os cargos necessários à administração da Justiça, exceto os de confiança, assim definidos em lei, observadas as limitações do orçamento da Lei de Diretrizes Orçamentárias e da Lei de Responsabilidade Fiscal;

VIII – criar comissões temporárias que se fizerem necessárias, para desempenho de tarefas específicas;

IX – propor ao Poder Legislativo:

a) a alteração do número de seus membros;

b) a criação, transformação e extinção de cargos e funções, bem como a fixação e revisão dos subsídios de seus membros, dos juízes e dos servidores dos seus serviços auxiliares;

c) a criação ou extinção de Tribunal inferior;

d) a alteração da organização e da divisão judiciárias;

e) o anteprojeto, se aprovado, da lei de emolumentos e custas, apresentado pela Corregedoria-Geral da Justiça.

X – solicitar a intervenção no Estado, nos casos previstos nas Constituições Federal e Estadual;

XI – formar, por votação secreta, a lista tríplice de magistrados, destinada a promoções e remoções, por merecimento, para os fins do art. 12, § 1º, inciso XXIII;

XII – elaborar lista tríplice, a ser enviada ao governador, para preenchimento da vaga de desembargador da classe do Ministério Público e da Advocacia;

XIII – escolher, por meio de voto secreto, para compor o Tribunal Regional Eleitoral:

a) dois desembargadores e dois juízes de direito, e seus respectivos suplentes;

b) seis advogados de notável saber jurídico e idoneidade moral, a serem nomeados na forma prevista na Constituição Federal.

XIV – votar a recusa de magistrado que figurar na lista de antiguidade;

XV – determinar a remoção, aposentadoria ou a disponibilidade de magistrados, até de seus próprios membros, bem como decidir sobre o aproveitamento dos juízes em disponibilidade;

XVI – decidir, por maioria absoluta, sobre afastamento de magistrado do exercício de suas funções, quando sujeito a processo disciplinar;

XVII – decidir, por dois terços de seus membros, por proposta do Conselho da Magistratura, quanto à instauração de processo administrativo para perda do cargo de juiz substituto (art. 15, VI, deste Regimento);

XVIII – decidir sobre pedido de permuta de desembargadores em Câmaras especializadas e de juízes de direito, em varas da mesma entrância;

XIX – aprovar o nome de juiz de direito de terceira entrância, a ser convocado para completar o quórum de julgamento;

XX – estabelecer o número mínimo de comarcas a serem visitadas anualmente pelo corregedor--geral, em correição geral ordinária, sem prejuízo das correições extraordinárias, gerais ou parciais, que entenda fazer, ou haja de realizar por determinação do Conselho da Magistratura;

XXI – remover, compulsoriamente, servidores da Justiça, no interesse desta;

XXII – conceder licença por mais de trinta dias a magistrados e servidores da Justiça.

XXIII – aprovar, por maioria absoluta, a indicação de membro do Conselho da Magistratura, nos termos do art. 14, *caput*, deste Regimento;

XXIV – referendar a designação, pelo presidente, de juiz para substituir, auxiliar ou cooperar com o titular de vara;

XXV – aprovar a proposta orçamentária do Poder Judiciário;

XXVI – referendar a tabela de substituições automáticas das varas e comarcas, apresentada pelo presidente;

XXVII – referendar as disposições realizadas pelo presidente sobre os plantões que ultrapassem três dias (LC n. 10, de 1996, art. 134[4]), quando não regulamentados.

Capítulo III
DAS CÂMARAS CÍVEIS E CRIMINAIS

SEÇÃO I
DA COMPOSIÇÃO DAS CÂMARAS

Art. 8º As Câmaras Cíveis e Criminais são compostas por cinco desembargadores cada uma, com exceção do presidente e do corregedor--geral da Justiça, e divididas em cinco turmas julgadoras, numeradas ordinalmente, integradas por três desembargadores em ordem decrescente de antiguidade.

§ 1º Na Primeira Turma Julgadora, o desembargador mais antigo da câmara será o relator; o segundo mais antigo, seu revisor; e o terceiro mais antigo atuará como vogal;

§ 2º Na Segunda Turma Julgadora, o segundo desembargador mais antigo da câmara será o relator; o terceiro mais antigo, seu revisor; e o quarto mais antigo atuará como vogal;

§ 3º Na Terceira turma Julgadora, o terceiro desembargador mais antigo da câmara será o relator; o quarto mais antigo, seu revisor; e o quinto mais antigo atuará como vogal;

§ 4º Na Quarta Turma Julgadora, o quarto desembargador mais antigo da câmara será o relator; o quinto mais antigo, seu revisor; e o primeiro mais antigo atuará como vogal;

§ 5º Na Quinta Turma Julgadora, o quinto desembargador mais antigo da câmara será o relator; o primeiro mais antigo, seu revisor; e o segundo mais antigo atuará como vogal;

§ 6º Nos casos de ausência eventual ou impedimento do revisor ou do vogal, serão estes substituídos pelos membros das Turmas subsequentes, na ordem de antiguidade (LOMAN, art. 117[5]);

§ 7º Nos casos de ausência eventual ou impedimento do relator, por mais de duas sessões, será convocada sessão extraordinária para julgamento dos processos de sua Relatoria;

§ 8º Nos feitos de natureza cível, haverá revisor apenas nos casos em que a lei assim o exigir.

Art. 9º A primeira e segunda Câmaras Criminais funcionarão às terças-feiras e a primeira e segunda Câmaras Cíveis, às quartas-feiras, das 14 às 18 horas, com a presença de, no mínimo, três desembargadores, computando-se os seus respectivos presidentes para verificação do quórum.

Parágrafo único. Incumbe ao presidente da Câmara requisitar a lotação de servidores suficientes para o bom e regular desempenho das atividades e indicar ao presidente do Tribunal de Justiça o servidor que servirá como secretário e, bem assim, o seu substituto, não se admitindo nenhuma movimentação de pessoal nas Câmaras sem a prévia requisição do seu presidente.

---

3. Art. 101. Os Tribunais compor-se-ão de Câmaras ou Turmas, especializadas ou agrupadas em Seções especializadas. A composição e competência das Câmaras ou Turmas serão fixadas na lei e no Regimento Interno.
   § 4º Cada Câmara, Turma ou Seção especializada funcionará como Tribunal distinto dos demais, cabendo ao Tribunal Pleno, ou ao seu órgão especial, onde houver, o julgamento dos feitos que, por lei, excedam a competência de Seção.

4. Art. 134. Ao Presidente do Tribunal de Justiça compete dispor sobre os plantões nos períodos de férias coletivas e nos feriados e recessos que ultrapassarem a três dias.

Parágrafo único. O recesso, de que trata este artigo, será concedido pelo Presidente do Tribunal de Justiça em épocas e pelo espaço de tempo que julgar conveniente.

5. Art. 117. Para compor o quórum de julgamento, o magistrado, nos casos de ausência ou impedimento eventual, será substituído por outro da mesma Câmara ou Turma, na ordem de antiguidade, ou, se impossível pela de outra, de preferência da mesma Seção especializada, na forma prevista no Regimento Interno. Na ausência de critérios objetivos, a convocação far-se-á mediante sorteio público, realizado pelo Presidente da Câmara, Turma ou Seção especializada.

RESOLUÇÃO N. 104 DE 21 DE JUNHO DE 2018 — ART. 12

SEÇÃO II
DA COMPETÊNCIA
DAS CÂMARAS CÍVEIS

Art. 10. Compete à Câmara Cível:

I – executar, por seu presidente, no que couber, as suas decisões;

II – processar e julgar (LOMAN, art. 101, § 3º[6]), em matéria cível:

a) o conflito de jurisdição;

b) o mandado de segurança contra ato de juiz de direito;

c) a ação rescisória do julgamento de primeiro grau, da própria Câmara ou das respectivas turmas, que terá, obrigatoriamente, a presença e voto de todos os membros da Câmara, ressalvando-se que, em caso de impedimento, suspeição ou abstenção de voto por um ou mais membros do colegiado, serão convocados quantos membros da outra Câmara forem suficientes para se atingir o *quórum* do colegiado;

d) os embargos de declaração opostos ao seu acórdão;

e) o agravo interno e o agravo legal interposto da decisão do presidente ou do relator em processo da sua competência;

f) a questão incidente, em processo da sua competência.

III – julgar as impugnações ao cumprimento de decisão/acórdão no âmbito dos processos individuais de competência originária, pelo mesmo Relator;

IV – julgar, por suas Turmas, em matéria cível:

a) a apelação;

b) a remessa necessária;

c) o agravo de instrumento;

d) os embargos de declaração opostos ao seu acórdão;

e) o agravo interno interposto da decisão do relator em processo de sua competência;

f) a questão incidente, em processo de sua competência.

V – processar e julgar, por suas Turmas, a reclamação do despacho irrecorrível do juiz que importe em inversão da ordem legal do processo cível ou resulte de erro de ofício ou abuso de poder;

VI – processar e julgar as ações de *habeas corpus* nos casos de prisão civil.

---

6. Art. 101. Os Tribunais compor-se-ão de Câmaras ou Turmas, especializadas ou agrupadas em Seções especializadas. A composição e competência das Câmaras ou Turmas serão fixadas na lei e no Regimento Interno.

§ 3º A cada uma das Seções caberá processar e julgar:

a) os embargos infringentes ou de divergência das decisões das Turmas da respectiva área de especialização;

b) os conflitos de jurisdição relativamente às matérias das respectivas áreas de especialização;

c) a uniformização da jurisprudência, quando ocorrer divergência na interpretação do direito entre as Turmas que a integram;

d) os mandados de segurança contra ato de Juiz de Direito;

c) as revisões criminais e as ações rescisórias dos julgamentos de primeiro grau, da própria Seção ou das respectivas Turmas.

SEÇÃO III
DA COMPETÊNCIA
DAS CÂMARAS CRIMINAIS

Art. 11. Compete à Câmara Criminal:

I – executar, por seu presidente, no que couber, as suas decisões;

II – processar e julgar (LOMAN, art. 101, § 3º[7]), em matéria criminal:

a) o *habeas corpus*, exceto o da competência do Tribunal Pleno e o da competência da Câmara Cível;

b) os embargos infringentes e de nulidade da decisão das Turmas, bem como o recurso da decisão que os indeferirem de plano;

c) o conflito de jurisdição;

d) a uniformização da jurisprudência, quando ocorrer divergência na interpretação do direito entre as Turmas que a integram;

e) o mandado de segurança contra ato de juiz de direito;

f) os embargos de declaração opostos ao seu acórdão;

g) o agravo interno interposto da decisão do presidente ou do relator em processo de sua competência;

h) a questão incidente, em processo de sua competência.

III – julgar, por suas Turmas, em matéria criminal:

a) a apelação;

b) a remessa necessária;

c) o recurso em sentido estrito;

d) a carta testemunhável;

e) o agravo;

f) o desaforamento;

g) os embargos de declaração opostos ao seu acórdão;

h) o agravo interno interposto da decisão do relator em processo da sua competência;

i) a questão incidente, em processo da sua competência.

IV – processar e julgar, por suas Turmas, a reclamação do despacho irrecorrível do juiz que importe em inversão da ordem legal do processo penal ou resulte de erro de ofício ou abuso de poder.

---

7. Art. 101. Os Tribunais compor-se-ão de Câmaras ou Turmas, especializadas ou agrupadas em Seções especializadas. A composição e competência das Câmaras ou Turmas serão fixadas na lei e no Regimento Interno.

§ 3º A cada uma das Seções caberá processar e julgar:

a) os embargos infringentes ou de divergência das decisões das Turmas da respectiva área de especialização;

b) os conflitos de jurisdição relativamente às matérias das respectivas áreas de especialização;

c) a uniformização da jurisprudência, quando ocorrer divergência na interpretação do direito entre as Turmas que a integram;

d) os mandados de segurança contra ato de Juiz de Direito;

c) as revisões criminais e as ações rescisórias dos julgamentos de primeiro grau, da própria Seção ou das respectivas Turmas.

Capítulo IV
DA PRESIDÊNCIA DO TRIBUNAL

Art. 12. Ao presidente, além de dirigir os trabalhos do Tribunal, presidir o Tribunal Pleno, o Conselho da Magistratura, a Comissão de Distribuição e a Comissão de Orçamento, Finanças e Planejamento, até mesmo suas sessões, e de exercer a superintendência de todos os serviços do Tribunal compete:

§ 1º Em matéria administrativa:

I – representar o Tribunal, nas suas relações externas, e o Poder Judiciário, em todos os negócios com os demais Poderes, correspondendo-se com outras autoridades sobre todos os assuntos relacionados à administração da Justiça;

II – designar juiz para a Diretoria do Foro, nas comarcas com mais de uma vara;

III – conceder licença, por até trinta dias, férias e outros afastamentos aos magistrados e aos servidores da Secretaria do Tribunal e decidir sobre as justificativas apresentadas para suas faltas;

IV – convocar, após aprovação do Tribunal Pleno, juiz de direito de terceira entrância, para completar o quórum de julgamento;

V – designar juiz para substituir, auxiliar ou cooperar com o titular de vara, de conformidade com as normas expedidas pelo Tribunal e pelo Conselho Nacional de Justiça, mediante referendo do Tribunal Pleno na primeira sessão administrativa posterior ao ato de designação;

VI – nomear, exonerar, demitir, aposentar, movimentar, colocar em disponibilidade e à disposição de outro Poder servidores do Poder Judiciário e providenciar-lhes reclassificação nos termos da legislação vigente e, ainda, atender às requisições formuladas pela Justiça Eleitoral;

VII – determinar, autorizar e dispensar licitações, nos termos da lei;

VIII – firmar contratos pertinentes à administração do Poder Judiciário;

IX – submeter a proposta orçamentária do Poder Judiciário ao Tribunal Pleno, bem como, encaminhar diretamente os pedidos de abertura de créditos adicionais e requisitar as dotações orçamentárias especificadas;

X – velar pela regularidade e exatidão dos dados estatísticos mensais dos julgamentos do Tribunal, a fim de que sejam publicados até o dia dez do mês seguinte (LOMAN, art. 37, parágrafo único[8]);

XI – apresentar, na primeira sessão ordinária do Tribunal Pleno de cada ano, relatório circunstanciado do Poder Judiciário, com estatísticas do movimento forense em todo o Estado e o demonstrativo da aplicação do respectivo orça-

---

8. Art. 37. Os Tribunais farão publicar, mensalmente, no órgão oficial, dados estatísticos sobre seus trabalhos no mês anterior, entre os quais: o número de votos que cada um de seus membros, nominalmente indicado, proferiu como relator e revisor; o número de feitos que lhe foram distribuídos no mesmo período; o número de processos que recebeu em consequência de pedido de vista ou como revisor; a relação dos feitos que lhe foram conclusos para voto, despacho, lavratura de acórdão, ainda não devolvidos, embora decorridos os prazos legais, com as datas das respectivas conclusões.

Parágrafo único. Compete ao Presidente do Tribunal velar pela regularidade e pela exatidão das publicações.

275

ART. 12 — NORMAS PARA A ATIVIDADE EXTRAJUDICIAL DO ESTADO DO TOCANTINS

mento, bem como o plano administrativo para o exercício imediato;

XII – abonar as faltas, até três dias em cada mês, dos magistrados e do diretor-geral do Tribunal;

XIII – fixar a tabela de substituições automáticas das varas e comarcas, submetendo-a ao referendo do Tribunal Pleno;

XIV – aprovar a escala de férias dos servidores do Tribunal;

XV – dispor sobre os plantões que ultrapassem três dias (LC n. 10, de 1996, art. 134⁹), quando não regulamentados, submetendo o ato a referendo do Tribunal Pleno;

XVI – presidir a instalação de comarca ou designar, para isso, outro magistrado, na impossibilidade justificada de realização do ato pelo vice-presidente, pelo corregedor-geral ou pelo vice-corregedor-geral da Justiça;

XVII – praticar todos os atos necessários à execução do orçamento do Tribunal, requisitando, se necessário, os adiantamentos, e expedindo notas de empenho e ordens de pagamento;

XVIII – requisitar passagens, leito e transporte para magistrados e servidores do Poder Judiciário, quando tiverem de se afastar em missão oficial ou a serviço deste;

XIX – rubricar os livros de expediente do Tribunal de Justiça;

XX – regulamentar o cerimonial das sessões solenes;

XXI – delegar, mediante prévia aprovação do Tribunal Pleno, observado o disposto no inciso XXXVII, a prática de atos administrativos, não privativos do presidente, ao chefe de gabinete da Presidência, juiz auxiliar da Presidência e diretor-geral do Tribunal;

XXII – determinar as épocas e prazos dos recessos forenses (LC n. 10, de 1996, art. 134, parágrafo único¹⁰);

XXIII – escolher o juiz que será promovido ou removido, por merecimento, dentre os integrantes da lista tríplice formada pelo Tribunal Pleno;

XXIV – nomear e dar posse aos desembargadores e juízes substitutos, bem assim aos eleitos para os cargos do Tribunal de Justiça;

XXV – designar substitutos para os servidores ocupantes de cargos de direção do Tribunal de Justiça, em suas faltas e impedimentos temporários;

XXVI – julgar os recursos interpostos das decisões administrativas do diretor geral do Tribunal e dos magistrados de primeiro grau de jurisdi-

ção, exceto daquelas de natureza disciplinar (LC n. 10, de 1996, art. 97, inciso II¹¹);

XXVII – determinar o desconto nos vencimentos dos magistrados e dos servidores, mediante proposta do Conselho da Magistratura, que tenha sido aprovado pelo Tribunal Pleno na forma da lei (arts. 7º, inciso II, "g", e 15, inciso VIII, deste Regimento);

XXVIII – determinar o fechamento do Tribunal e de fóruns, por motivo de ordem pública, e o encerramento antecipado do expediente;

XXIX – determinar averbação, no prontuário respectivo, do tempo de serviço público e privado, prestado por magistrado ou servidor, em outro cargo, função ou emprego, bem como o desconto nos vencimentos dos juízes e servidores, sem prejuízo de igual atribuição de outros órgãos;

XXX – votar e dar cumprimento às decisões em processos administrativos de competência do Tribunal Pleno mediante expedição dos atos normativos em matérias relacionadas a provimento de cargos, remoção, promoção, posse, aposentadoria, disponibilidade ou outros semelhantes ou de sua própria competência, submetendo-os ao Tribunal Pleno nos casos previstos neste Regimento;

XXXI – declarar excluso, mediante a publicação do ato competente, o juiz de direito que tiver sido, por decisão judicial transitada em julgado, condenado à perda do cargo;

XXXII – requisitar a inclusão no orçamento da verba necessária ao pagamento dos débitos constantes de precatórios judiciais;

XXXIII – funcionar como relator nas reclamações sobre antiguidade dos membros do Tribunal;

XXXIV – julgar os recursos administrativos apresentados contra decisões da comissão permanente de licitação (art. 109, § 4º,¹² da Lei n. 8.666, de 1993);

XXXV – expedir os atos de aposentação de magistrados e servidores, de concessão de benefícios previdenciários e de abonos, e determinar suas averbações no instituto previdenciário estadual, ordenando seus pagamentos na forma da lei;

XXXVI – prestar informações ao Supremo Tribunal Federal, ao Superior Tribunal de Justiça e ao Conselho Nacional de Justiça, no âmbito das suas atribuições, após informar e ouvir o relator ou o magistrado interessado, justificando em decisão fundamentada eventual impossibilidade de ouvi-lo;

XXXVII – decidir pessoal e fundamentadamente os requerimentos de compensação de plantões,

fracionamento de férias, benefícios previdenciários e outros formulados por magistrados e pela Associação dos Magistrados do Estado do Tocantins em procedimento administrativo próprio, observada a competência do Tribunal Pleno.

§ 2º Em matéria judicial:

I – funcionar como relator nas exceções opostas aos desembargadores e ao procurador-geral de Justiça;

II – decidir sobre a admissibilidade dos recursos interpostos para o Supremo Tribunal Federal e Superior Tribunal de Justiça, resolvendo as questões suscitadas;

III – suspender a execução de liminar proferida em 1º grau de jurisdição e de sentença em mandado de segurança, bem como em ação civil pública, nos casos previstos em lei;

IV – relatar o agravo interposto de sua decisão;

V – homologar a desistência de recurso ou ações da competência originária deste Tribunal, formulada antes da distribuição;

VI – promover a execução das suas decisões ou das do Tribunal, exaradas no âmbito dos processos individuais de competência originária deste, facultada a delegação de atribuições para a prática de atos processuais;

VII – proferir voto de desempate nos casos previstos em lei;

VIII – votar nas matérias relacionadas com a inconstitucionalidade de lei ou de ato normativo estadual ou municipal em face da Constituição do Estado e nos casos de nomeação, provimento de cargo, remoção, transferência, aposentadoria, promoção e disponibilidade de magistrado, concessão de vitaliciedade ou perda do cargo do juiz substituto;

IX – manter, sob sua custódia, o magistrado preso em flagrante, por crime inafiançável;

X – prestar informações ao Supremo Tribunal Federal e Superior Tribunal de Justiça, ouvindo o relator, se for o caso;

XI – delegar a prática de atos judiciais a membro do Tribunal ou a juiz de direito, salvo em caso de competência privativa.

§ 3º Nas sessões do Tribunal, compete ao presidente, no exercício do poder de polícia, manter a ordem, determinar a expulsão dos perturbadores e a prisão dos desobedientes;

§ 4º Os atos da Presidência são expressos por meio de portarias, decretos judiciários, instruções normativas, despachos e ofícios, devendo os três primeiros ser publicados no Diário da Justiça;

§ 5º Propor ao Tribunal Pleno, ouvida a Comissão de Regimento Interno e Organização Judiciária, a edição de Resoluções destinadas a disciplinar assuntos de interesse institucional;

§ 6º Propor ao Tribunal Pleno, ouvida a Comissão de Regimento Interno e Organização Judiciária, a reestruturação orgânica do Poder Judiciário;

§ 7º As propostas de normatização e de alteração das normas de organização judiciária, regimentais e de natureza administrativa tramitarão perante a Comissão de Regimento Interno e de Organização Judiciária.

---

9. Art. 134. Ao Presidente do Tribunal de Justiça compete dispor sobre os plantões nos períodos de férias coletivas e nos feriados e recessos que ultrapassarem três dias.
    Parágrafo único. O recesso, de que trata este artigo, será concedido pelo Presidente do Tribunal de Justiça em épocas e pelo espaço de tempo que julgar conveniente.

10. Art. 134. Ao Presidente do Tribunal de Justiça compete dispor sobre os plantões nos períodos de férias coletivas e nos feriados e recessos que ultrapassarem três dias.
    Parágrafo único. O recesso, de que trata este artigo, será concedido pelo Presidente do Tribunal de Justiça em épocas e pelo espaço de tempo que julgar conveniente.

11. Art. 97. São competentes para conhecer do recurso:
    II – o Presidente do Tribunal de Justiça, dos interpostos das decisões do Diretor-Geral da Secretaria do Tribunal de Justiça e dos magistrados do 1º grau de jurisdição, salvo nos casos indicados no inciso anterior.

12. Art. 109. Dos atos da Administração decorrentes da aplicação desta Lei cabem:
    § 4º O recurso será dirigido à autoridade superior, por intermédio da que praticou o ato recorrido, a qual poderá reconsiderar sua decisão, no prazo de 5 (cinco) dias úteis, ou, nesse mesmo prazo, fazê-lo subir, devidamente informado, devendo, neste caso, a decisão ser proferida dentro do prazo de 5 (cinco) dias úteis, contado do recebimento do recurso, sob pena de responsabilidade.

276

Capítulo V
DA VICE-PRESIDÊNCIA DO TRIBUNAL

Art. 13. Ao vice-presidente do Tribunal compete:

I – substituir o presidente nas férias, licenças, faltas, impedimentos e em ausências eventuais, mediante prévia comunicação, sempre que possível;

II – auxiliar na elaboração da proposta orçamentária;

III – executar atos administrativos que lhe forem delegados pelo presidente;

IV – relatar as exceções opostas ao presidente, por ele não reconhecidas;

V – exercer a Presidência do Conselho Institucional e Acadêmico da Escola Superior da Magistratura Tocantinense.

Capítulo VI
DO CONSELHO DA MAGISTRATURA

Art. 14. O Conselho da Magistratura compõe-se do presidente do Tribunal, que o presidirá, do vice-presidente, que será o seu primeiro vice nato, do corregedor-geral da Justiça, que será o seu segundo vice nato, do vice-corregedor-geral da Justiça e de mais um membro indicado e aprovado na forma deste Regimento e funcionará somente com a presença de, no mínimo, três dos seus integrantes.

§ 1º O Conselho reunir-se-á em sessão ordinária todas as primeiras e terceiras quintas-feiras do mês, às 9 horas, e, extraordinariamente, por iniciativa de qualquer dos seus membros e convocação do presidente;

§ 2º As sessões serão públicas, podendo o presidente, se o interesse público o exigir, limitar a presença às próprias partes e aos seus advogados;

§ 3º Será convocado para compor o quórum o desembargador mais antigo que não integrar o Conselho, quando, por afastamento, licença, impedimento ou impossibilidade de qualquer ordem recaia sobre os seus membros, em número que impeça a instalação da sessão;

§ 4º Ausentes ou impedidos o presidente e os respectivos vices, a Presidência do Conselho caberá ao desembargador mais antigo que o compuser ou que vier a integrá-lo.

Art. 15. Compete ao Conselho da Magistratura exercer a inspeção da Magistratura e, ainda:

I – velar pelo acatamento à dignidade e às prerrogativas dos magistrados, adotando as providências necessárias à sua preservação e restauração quando ameaçadas ou desrespeitadas, reclamando às autoridades competentes a punição dos que contra elas atentarem, quando não lhe couber essa iniciativa, e desagravando publicamente os magistrados atingidos;

II – determinar o registro, no prontuário dos magistrados, de elogios e menções honrosas que lhes tenham sido feitas por atos demonstrativos de mérito excepcional;

III – observar em relação aos juízes de primeira instância, com o auxílio da Corregedoria-Geral da Justiça:

a) se residem na sede da comarca e dela não se ausentam, salvo com autorização do presidente do Tribunal ou órgão disciplinar a que estiver subordinado;

b) se comparecem ao fórum pontualmente à hora de início do expediente e não se ausentam injustificadamente antes de seu término;

c) se não excedem os prazos destinados a sentenças, decisões e despachos;

d) se mantêm conduta irrepreensível no exercício do cargo e na vida particular;

e) se não reincidem em erro de ofício, demonstrando, assim, incapacidade, desídia ou desapreço ao estudo;

f) se cumprem os demais deveres do cargo.

IV – propor ao Tribunal Pleno, mediante provocação da Corregedoria Geral da Justiça, a realização de correições extraordinárias, salvo se já não instaurada de ofício, além da instauração de sindicância, e requerer a abertura de processo administrativo contra magistrado;

V – propor a remoção compulsória, a disponibilidade e a declaração de incapacidade de magistrados;

VI – apreciar o parecer da Corregedoria Geral da Justiça e, conforme o caso, propor ao Tribunal Pleno abertura de processo administrativo para a perda do cargo do juiz substituto ou de seu vitaliciamento;

VII – solicitar esclarecimentos aos magistrados quando houver reiteradas declarações sobre os motivos de suspeição de natureza íntima, apreciando-os em segredo de justiça;

VIII – propor ao Tribunal Pleno, por iniciativa de qualquer dos membros deste Tribunal ou da Corregedoria Geral da Justiça, o desconto nos subsídios dos magistrados, de importância correspondente aos dias em que, injustificadamente, se ausentarem de suas funções, observados o contraditório e o devido processo administrativo;

IX – processar e julgar:

a) a reclamação relativa a antiguidade dos juízes de direito;

b) a acumulação de cargos por magistrados;

c) o recurso interposto da decisão administrativa do presidente do Tribunal e dos presidentes das comissões permanentes ou temporárias, relativas a magistrados, exceto os de natureza disciplinar;

X – informar ao presidente do Tribunal, para efeito de não inclusão em lista de promoção ou de remoção, o nome do juiz que residir fora da comarca;

XI – informar em caráter sigiloso, ao Tribunal, com antecedência necessária, quanto à conduta e capacidade dos juízes em condição de serem promovidos, de acordo com os assentamentos existentes e qualquer outra informação;

XII – representar ao Tribunal Pleno sobre a declaração de incapacidade de magistrado, em virtude de invalidez, ou por necessidade de aposentadoria por implemento de idade, se já não solicitado por este;

XIII – propor ao Tribunal Pleno a designação de juiz como auxiliar de vara ou de comarca;

XIV – verificar, quanto a juízes, determinando providências:

a) se seus títulos de nomeação revestem-se das formalidades legais, se a posse, assunção, exercício e o afastamento são regulares e/ou têm sido comunicados ao Tribunal;

b) se exercem acumulação proibida de cargos.

XV – conduzir investigação sigilosa relativa aos aspectos moral e social dos integrantes da lista sêxtupla que almejam preencher vaga de desembargador da classe do Ministério Público e da Advocacia, com o seguinte procedimento:

a) o processo de investigação sigilosa deverá ser concluído no prazo máximo de 90 (noventa) dias e antecederá a escolha dos integrantes da lista tríplice pelo Tribunal Pleno;

b) o processo de investigação poderá ser conduzido com o auxílio da Comissão Permanente de Segurança Institucional (COPESI) e outras diligências poderão ser realizadas, através de delegação, por juiz auxiliar designado;

c) a identificação de fatos ou circunstâncias que desabonem a conduta de qualquer dos integrantes da lista sêxtupla deverá ser comunicada ao concorrente, que poderá se manifestar no prazo de 10 dias;

d) o Conselho da Magistratura aprovará o relatório final do processo de investigação sigilosa, encaminhando-o aos membros do Tribunal Pleno.

Capítulo VII
DA CORREGEDORIA-GERAL DA JUSTIÇA

Art. 16. A Corregedoria-Geral da Justiça, órgão de fiscalização, vigilância e orientação, é exercida em todo o Estado por um desembargador, com a denominação de Corregedor-Geral da Justiça.

Art. 17. Compete ao Corregedor-Geral da Justiça:

I – cumprir a pauta anual de correições elaborada pelo Tribunal Pleno;

II – realizar, pessoalmente, por delegação ao vice-corregedor ou por meio de sistema eletrônico, as correições gerais ordinárias, bem como as correições extraordinárias e inspeções, quando entender necessárias ou quando determinadas pelo Tribunal Pleno.

III – aprovar os projetos dos edifícios do fórum e da cadeia pública, de acordo com as normas legais e precedidos de pareceres técnicos;

IV – inspecionar os estabelecimentos penitenciários e educacionais, para inteirar-se de seu estado, reclamando, a quem de direito, as providências necessárias;

V – apresentar ao Tribunal Pleno, até a última sessão do ano, o relatório dos trabalhos da Corregedoria-Geral;

VI – elaborar o Regimento Interno da Corregedoria-Geral, submetendo-o à aprovação do Tribunal Pleno;

VII – propor, ao Tribunal Pleno, a pena de perda de delegação contra titular de serventia extrajudicial;

VIII – julgar:

a) o processo administrativo instaurado contra servidor que lhe seja subordinado;

b) o recurso interposto da decisão administrativa de magistrado do primeiro grau de jurisdição, quando se cogitar de matéria de natureza disciplinar (LC n. 10, de 1996, art. 97, inciso I[13]);

---

13. Art. 97. São competentes para conhecer do recurso:

I – o Corregedor-Geral da Justiça, das decisões dos juizados do 1º grau de jurisdição e do Juiz de Direito Presidente dos Conselhos da Justiça Militar, quando se cogitar de matéria de natureza disciplinar.

ART. 18 NORMAS PARA A ATIVIDADE EXTRAJUDICIAL DO ESTADO DO TOCANTINS

c) o recurso de decisão de juiz referente a reclamações sobre cobrança de custas e emolumentos pelos servidores, notários e registradores.

IX – instaurar sindicância e processo administrativo de servidor auxiliar da Justiça;

X – representar à Presidência do Tribunal de Justiça para instauração de processo de aposentadoria por invalidez ou implemento de idade contra servidores das comarcas ou do Tribunal;

XI – determinar, após o devido procedimento, a restituição das custas e emolumentos;

XII – baixar provimentos relativos aos serviços judiciários;

XIII – preparar o anteprojeto da lei de emolumentos e custas, submetendo-o à apreciação do Tribunal Pleno;

XIV – dar instruções aos juízes e responder às suas consultas, em matéria administrativa;

XV – apresentar ao Tribunal Pleno relatório sobre a inspeção realizada em comarca a ser instalada;

XVI – representar ao presidente para que requisite, para si, juízes e funcionários que servirem na Corregedoria-Geral, passagem, leito ou transporte;

XVII – verificar, quanto a servidores, adotando providências:

a) se seus títulos de nomeação se revestem das formalidades legais;

b) se a posse, assunção, exercício e o afastamento são regulares e têm sido comunicados ao Tribunal;

c) se exercem acumulação proibida de cargos.

XVIII – indicar os nomes para provimento dos cargos comissionados da Corregedoria Geral;

XIX – apreciar os questionamentos, recursos e demais demandas relativas à estatística de 1º Grau;

XX – requisitar a força necessária para garantir a execução de suas ordens e dar cobertura às suas diligências pessoais ou delegadas.

§ 1º O corregedor-geral poderá delegar aos juízes auxiliares da Corregedoria a prática dos atos correicionais que discriminar;

§ 2º As correições gerais ordinárias poderão ser realizadas virtualmente, a critério do corregedor-geral da Justiça, desde que exista suporte adequado do sistema de tecnologia;

§ 3º Os atos do corregedor-geral são expressos por meio de portarias, despachos, ofícios e provimentos, devendo estes ser publicados no Diário da Justiça.

Capítulo VIII
DAS COMISSÕES PERMANENTES

SEÇÃO I
DAS DISPOSIÇÕES COMUNS

Art. 18. Haverá, no Tribunal, as seguintes comissões permanentes:

a) Regimento e Organização Judiciária;

b) Jurisprudência, Documentação e Memória;

c) Seleção e Treinamento;

d) Sistematização;

e) Distribuição e Coordenação;

f) Orçamento, Finanças e Planejamento.

§ 1º Cada comissão será composta de três membros efetivos e um suplente, e secretariada por servidor indicado pelo desembargador que a presidir;

§ 2º As comissões funcionarão com a presença de três integrantes;

§ 3º As comissões serão presididas pelo desembargador mais antigo que as compuser, exceto a Comissão de Distribuição e Coordenação e a Comissão de Orçamento, Finanças e Planejamento, cuja presidência caberá ao presidente do Tribunal;

§ 4º A Comissão de Orçamento, Finanças e Planejamento compõe-se do presidente do Tribunal, que a presidirá, do vice-presidente, que será seu primeiro vice nato, e do corregedor-geral da Justiça, que será seu segundo vice nato, com atribuições de elaborar, organizar os Projetos de Lei Orçamentária e o Plano Judiciário, encaminhando-os ao Tribunal Pleno para discussão;

§ 5º O vice-corregedor-geral da Justiça servirá como suplente da Comissão de Orçamento, Finanças e Planejamento e da Comissão de Distribuição.

SEÇÃO II
DA COMISSÃO DE REGIMENTO E ORGANIZAÇÃO JUDICIÁRIA

Art. 19. À Comissão de Regimento e Organização Judiciária compete:

I – elaborar a proposta de alteração do Código de Organização e Divisão Judiciária do Estado, bem como emitir parecer sobre sua aplicação;

II – sugerir emendas e elaborar projetos de reforma deste Regimento e dos demais órgãos do Tribunal, bem assim emitir parecer sobre sua aplicação;

III – opinar sobre propostas de emendas provenientes de outros órgãos ou membros do Tribunal;

IV – elaborar propostas de leis relativas à classificação e vantagens dos membros e servidores do Poder Judiciário e bem assim quanto aos subsídios daqueles;

V – emitir parecer sobre os projetos de resoluções de competência do Tribunal Pleno.

§ 1º O processo legislativo, quando não iniciado na Comissão, por proposta de algum dos seus membros, será distribuído e autuado eletronicamente;

§ 2º No prazo de até quinze dias, salvo motivo justificado, o relator lançará nos autos o relatório e o voto, acompanhados do anteprojeto de norma, encaminhando-os aos demais membros;

§ 3º As sessões da Comissão de Regimento Interno e Organização Judiciária poderão ser realizadas virtualmente, a critério do seu presidente, caso não haja pedido expresso dos demais membros para que se realize pelo sistema presencial;

§ 4º A Comissão de Regimento Interno e Organização Judiciária disporá, por instrução normativa *ad referendum* do Tribunal Pleno, sobre o seu Regimento, e a realização de sessões na modalidade virtual.

SEÇÃO III
DA COMISSÃO DE JURISPRUDÊNCIA E DOCUMENTAÇÃO

Art. 20. À Comissão de Jurisprudência, Documentação e Memória compete:

I – superintender a organização de índices que facilitem a pesquisa de jurisprudência e de legislação;

II – superintender, com a cooperação da Escola Superior da Magistratura, o trabalho de seleção

da matéria para publicação, composição, edição, distribuição e divulgação da Revista Tocantinense de Jurisprudência;

III – orientar e realizar o processo de análise, avaliação e gestão documental produzida e acumulada no âmbito do Poder Judiciário do Estado do Tocantins;

IV – identificar, definir e zelar pela aplicação dos critérios de valor secundário (histórico, probatório, informativo etc.) dos documentos e processos;

V – analisar e aprovar os editais de eliminação de documentos e processos do Poder Judiciário do Estado do Tocantins;

VI – superintender as ações e práticas de preservação, valorização e divulgação da história contida nos documentos, processos, arquivos, bibliotecas, museus, memoriais, relativo às personalidades, objetos e imóveis do Poder Judiciário do Estado do Tocantins.

SEÇÃO IV
DA COMISSÃO DE SELEÇÃO E TREINAMENTO

Art. 21. À Comissão de Seleção e Treinamento compete:

I – velar pelo preenchimento das vagas existentes nos quadros da magistratura e dos servidores do Poder Judiciário;

II – superintender o processamento de concursos, bem como definir critério para sua realização;

III – elaborar os regulamentos e cronograma dos concursos, com a confecção e publicação dos editais, a constituição das bancas examinadoras, os programas padrões, a realização das provas e a homologação dos resultados finais, submetendo-os à aprovação do Tribunal Pleno.

Art. 22. O anúncio, realização e julgamento dos concursos, de competência do diretor do Foro, não se subordinam às normas desta seção, salvo quanto à organização dos programas padrões.

SEÇÃO V
DA COMISSÃO DE SISTEMATIZAÇÃO

Art. 23. À Comissão de Sistematização compete:

I – sugerir ao presidente medidas tendentes à modernização administrativa do Tribunal;

II – sugerir aos presidentes do Tribunal e das Câmaras medidas destinadas a aumentar o rendimento das sessões, abreviar a publicação dos acórdãos e facilitar a tarefa dos advogados;

III – supervisionar os serviços de informática, fiscalizando a sua execução e propondo as providências para sua atualização e aperfeiçoamento;

IV – orientar os serviços de guarda e conservação dos sistemas eletrônicos, bancos de dados e arquivos digitais, assim como os processos físicos, livros e documentos do Tribunal.

SEÇÃO VI
DA COMISSÃO DE DISTRIBUIÇÃO E COORDENAÇÃO

Art. 24. À Comissão de Distribuição e Coordenação compete:

I – orientar e fiscalizar a distribuição dos feitos;

RESOLUÇÃO N. 104 DE 21 DE JUNHO DE 2018 — ART. 36

II – decidir as reclamações sobre distribuição, ressalvada a competência dos demais órgãos do Tribunal;

III – indicar, no seu âmbito de atuação, medidas destinadas a aumentar o rendimento das sessões, abreviar a publicação dos acórdãos e facilitar a tarefa das partes, seus procuradores e do Ministério Público.

Capítulo IX
DA ESCOLA SUPERIOR DA MAGISTRATURA

Art. 25. A Escola Superior da Magistratura Tocantinense (ESMAT) é uma instituição de ensino superior governamental, mantida pelo Tribunal de Justiça do Estado do Tocantins, com autonomia administrativa, didático-pedagógica, dotada de rubrica orçamentária específica, sediada em Palmas, capital do Estado do Tocantins.

Art. 26. A Escola será dirigida por um diretor-geral e por um diretor adjunto eleitos pelo Tribunal Pleno dentre os desembargadores e por outros dois diretores adjuntos escolhidos dentre os juízes de direito, mediante indicação do diretor-geral da ESMAT, por dois anos, permitida recondução.

§ 1º O Conselho Institucional e Acadêmico, órgão normativo, consultivo, deliberativo e disciplinar em matéria de ensino e pesquisa e instância final de recurso, será composto pelo vice-presidente do Tribunal de Justiça, que o presidirá, pelo diretor-geral da ESMAT, que o substituirá nas ausências e impedimentos, pelos diretores adjuntos, por um representante da Associação dos Magistrados do Estado do Tocantins (ASMETO) e pelo diretor-geral do Tribunal de Justiça;

§ 2º Cabe ao Conselho Institucional e Acadêmico definir suas atribuições e elaborar o Regimento Interno da ESMAT.

Art. 27. Na consecução de sua missão de "formar e aperfeiçoar magistrados e servidores em busca de boas práticas e da excelência da prestação jurisdicional", a Escola Superior da Magistratura Tocantinense poderá capacitar outros profissionais do sistema de justiça e atuar em cooperação com outras instituições públicas ou de ensino superior, cabendo-lhe:

I – proporcionar meios para formação, aperfeiçoamento, especialização e atualização dos magistrados ao exercício da função jurisdicional, bem como dos servidores da Justiça, com vista ao domínio da Gestão Pública e do Direito e suas interfaces, a fim de melhor contribuírem para a prestação jurisdicional;

II – contribuir para o aprimoramento cultural e jurídico dos envolvidos na prestação jurisdicional;

III – concorrer para aperfeiçoar os princípios e garantias de tutela e respeito à pessoa humana, às instituições democráticas, aos ideais de verdade e justiça e para o fortalecimento do Poder Judiciário;

IV – buscar o intercâmbio e o desenvolvimento de parcerias com outras escolas da Magistratura e instituições de ensino superior, dentro e fora do país, em áreas de interesse e atuação da Escola, incentivando o estudo do direito comparado e fenômenos culturais, sociais, políticos e econômicos com potencialidade de impactar o sistema jurídico brasileiro;

V – incentivar o desenvolvimento de habilidades, estimulando a autogestão de suas carreiras;

VI – incentivar a pesquisa científica e o debate jurídico de temas relevantes, a fim de colaborar para o desenvolvimento da Ciência do Direito, com vista ao aperfeiçoamento do sistema jurídico, seja na elaboração, interpretação e aplicação das leis e apresentação de projetos de aperfeiçoamento da legislação;

VII – incentivar o exercício da justiça, o fortalecimento da solidariedade humana, a compreensão e a promoção dos direitos e deveres da pessoa;

VIII – proporcionar ao meio acadêmico e à sociedade em geral acesso ao conhecimento do sistema jurídico como forma de aprimorar a sociedade e prevenir conflitos;

IX – propiciar a efetivação da cidadania por meio do aprimoramento de estudos e pesquisa científica em busca do respeito e fortalecimento dos direitos fundamentais da pessoa humana.

Capítulo X
DA OUVIDORIA JUDICIÁRIA

Art. 28. A função de ouvidor judiciário é exercida por um desembargador eleito pela maioria do Tribunal Pleno, para o período de dois anos, que deverá coincidir com o do presidente em exercício, admitida recondução.

§ 1º A Ouvidoria Judiciária contará com um ouvidor substituto, eleito conjuntamente com o ouvidor, o qual atuará em caso de ausência, impedimento ou suspeição do titular, aplicando-se nas substituições, no que couber, o disposto neste Regimento Interno;

§ 2º O ouvidor judiciário exercerá a direção das atividades da Ouvidoria Judiciária, podendo baixar regras complementares acerca de procedimentos internos, observados os parâmetros fixados neste Regimento Interno e na Resolução n. 103, de 24 de fevereiro de 2010, do Conselho Nacional de Justiça (CNJ).

Art. 29. São atribuições da Ouvidoria Judiciária:

I – receber consultas, diligenciar junto com os setores competentes e prestar informações e esclarecimentos sobre os atos praticados no âmbito do Poder Judiciário do Estado do Tocantins;

II – receber informações, sugestões, reclamações, denúncias, críticas e elogios sobre as atividades do Tribunal e encaminhar tais informações aos setores administrativos competentes, mantendo o interessado sempre informado sobre as providências adotadas;

III – promover a apuração das reclamações acerca de deficiências na prestação dos serviços, abusos e erros cometidos por servidores e magistrados, observada a competência da Corregedoria-Geral da Justiça;

IV – promover a interação com os órgãos que integram o Poder Judiciário, visando ao atendimento das demandas recebidas e ao aperfeiçoamento dos serviços prestados;

V – sugerir aos órgãos do Poder Judiciário a adoção de medidas tendentes à melhoria e ao aperfeiçoamento das atividades desenvolvidas, com base nas informações, sugestões, dúvidas, reclamações, denúncias, críticas e elogios recebidos;

VI – buscar a integração com as demais Ouvidorias Judiciárias, visando à troca das informações

necessárias ao atendimento das demandas sobre os serviços prestados pelos órgãos do Poder Judiciário;

VII – apresentar e dar publicidade aos dados estatísticos acerca das manifestações recebidas e providências adotadas;

VIII – criar um canal de divulgação do papel inerente à Ouvidoria Judiciária ao público, como fator preponderante de comunicação e avaliação das ações do Poder Judiciário;

IX – manter organizado e atualizado o arquivo digital dos documentos referentes às reclamações, críticas, denúncias, sugestões, dúvidas e elogios recebidos;

X – desenvolver outros serviços conexos;

XI – encaminhar mensalmente à Coordenadoria de Gestão Estratégica, Estatísticas e Projetos relatório estatístico relativo aos atendimentos prestados;

XII – encaminhar relatório anual das atividades desenvolvidas pela Ouvidoria Judiciária ao presidente do Tribunal de Justiça, que o encaminhará ao Plenário do Tribunal de Justiça, por ocasião da abertura do ano judiciário.

Art. 30. Cabe ao Tribunal de Justiça do Estado do Tocantins ofertar estrutura administrativa permanente e adequada à Ouvidoria Judiciária, com vista a propiciar o atendimento das demandas.

Art. 31. Cabe ao ouvidor judiciário a propositura do Regimento Interno da Ouvidoria Judiciária, para apreciação da Comissão de Regimento e Organização Judiciária e do Tribunal Pleno do Tribunal de Justiça do Estado do Tocantins.

Capítulo XI
DOS SERVIÇOS AUXILIARES DO TRIBUNAL

Art. 32. Os serviços auxiliares do Tribunal de Justiça serão regidos por Resolução, que definirá sua estrutura, atribuições e funcionamento, em caráter complementar a este Regimento Interno.

Art. 33. À Diretoria-Geral do Tribunal de Justiça, ocupada por bacharel em direito, administração, economia ou ciências contábeis, incumbe a execução dos serviços administrativos do Órgão.

Art. 34. Todos os órgãos do Tribunal de Justiça terão Secretaria própria, chefiada por um secretário e com lotação de funcionários em número suficiente.

Parágrafo único. Os secretários serão nomeados pelo presidente, por indicação exclusiva dos respectivos presidentes ou titulares dos órgãos, conforme o caso.

Art. 35. Os cargos de secretário do Tribunal Pleno e das Câmaras são privativos de graduados em direito.

Capítulo XII
DA REVISTA TOCANTINENSE DE JURISPRUDÊNCIA

Art. 36. A Revista Tocantinense de Jurisprudência, órgão oficial de divulgação de jurisprudência do Tribunal de Justiça, será dirigida pelo desembargador titular da Primeira Diretoria Adjunta da ESMAT.

279

Capítulo XIII
DO CENTRO JUDICIÁRIO DE SOLUÇÃO DE CONFLITOS E CIDADANIA DE 2º GRAU

Art. 37. O Centro Judiciário de Solução de Conflitos e Cidadania de 2º Grau, responsável por realizar sessões e audiências de conciliação e mediação e por desenvolver programas destinados a auxiliar, orientar e estimular a autocomposição, será coordenado por um desembargador a ser designado pelo Tribunal Pleno e será auxiliado por, pelo menos, um servidor conciliador.

TÍTULO II
DOS DESEMBARGADORES
CAPÍTULO I
DO RELATOR

Art. 38. Ao relator compete:

I – dirigir e ordenar o processo no Tribunal, até mesmo em relação à produção de prova, bem como, quando for o caso, homologar autocomposição das partes;

II – indeferir a inicial, sempre que a parte, intimada para sanar a irregularidade, não cumprir a diligência no prazo de quinze dias, em qualquer ação ou recurso, nos termos do art. 321[14] do Código de Processo Civil e nas seguintes hipóteses:

a) o recurso ou ação forem manifestamente inadmissíveis, prejudicados, ou que não tenha impugnado especificamente os fundamentos da decisão recorrida;

b) for contrário à Súmula do Supremo Tribunal Federal, do Superior Tribunal de Justiça, ou do próprio Tribunal; a acórdão proferido pelo Supremo Tribunal Federal ou pelo Superior Tribunal de Justiça em julgamento de recursos repetitivos; e a entendimento firmado em incidente de resolução de demandas repetitivas ou de assunção de competência.

III – lançar nos autos o relatório, passando-os ao revisor, nos seguintes feitos:

a) apelação de sentença proferida em processo por crime a que a lei comine pena de reclusão e na revisão criminal;

b) embargos de nulidade.

IV – lançar o seu visto nos seguintes feitos, pondo-os em mesa para julgamento:

a) habeas corpus;

b) recurso em habeas corpus;

c) conflito de jurisdição;

d) embargos de declaração em matéria criminal e em matéria cível, quando apresentados a julgamento na sessão subsequente à sua conclusão ao relator;

e) verificação de cessação da periculosidade (art. 775[15] do Código de Processo Penal);

f) exceção de suspeição;

g) habilitação;

h) agravo em execução penal;

i) outros feitos não incluídos no inciso seguinte.

V – lançar seu visto, pedindo dia para o julgamento nos seguintes feitos:

a) mandado de segurança;

b) apelação cível;

c) remessa necessária;

d) agravo de instrumento;

e) recurso em sentido estrito;

f) carta testemunhável;

g) desaforamento;

h) apelação de sentença proferida em processo por crime a que a lei não comine pena de reclusão;

i) arguição de inconstitucionalidade de lei ou ato do poder público;

j) agravo interno;

l) embargos à execução;

m) ação rescisória;

n) embargos de declaração quando não apresentados a julgamento na sessão subsequente à sua conclusão ao relator.

VI – relatar e votar os agravos interpostos de suas decisões.

Art. 39. Ao relator do acórdão compete, ainda:

I – determinar a remessa dos autos à distribuição, quando admitir embargos infringentes e de nulidade em matéria criminal;

II – relatar e votar os embargos de declaração opostos aos acórdãos que redigir;

---

14. Art. 321. O juiz, ao verificar que a petição inicial não preenche os requisitos dos arts. 319 e 320 ou que apresenta defeitos e irregularidades capazes de dificultar o julgamento de mérito, determinará que o autor, no prazo de 15 (quinze) dias, a emende ou a complete, indicando com precisão o que deve ser corrigido ou completado.

Parágrafo único. Se o autor não cumprir a diligência, o juiz indeferirá a petição inicial.

15. Art. 775. A cessação ou não da periculosidade se verificará ao fim do prazo mínimo de duração da medida de segurança pelo exame das condições da pessoa a que tiver sido imposta, observando-se o seguinte:

I – o diretor do estabelecimento de internação ou a autoridade policial incumbida da vigilância, até um mês antes de expirado o prazo de duração mínima da medida, se não for inferior a um ano, ou até quinze dias nos outros casos, remeterá ao juiz da execução minucioso relatório, que o habilite a resolver sobre a cessação ou permanência da medida;

II – se o indivíduo estiver internado em manicômio judiciário ou em casa de custódia e tratamento, o relatório será acompanhado do laudo de exame pericial feito por dois médicos designados pelo diretor do estabelecimento;

III – o diretor do estabelecimento de internação ou a autoridade judicial deverá, no relatório, concluir pela conveniência da revogação, ou não, da medida de segurança;

IV – se a medida de segurança for o exílio local ou a proibição de frequentar determinados lugares, o juiz, até um mês ou quinze dias antes de expirado o prazo mínimo de duração, ordenará as diligências necessárias, para verificar se desapareceram as causas da aplicação da medida;

V – junto aos autos o relatório, ou realizadas as diligências, serão ouvidos sucessivamente o Ministério Público e o curador ou o defensor, no prazo de três dias para cada um;

VI – o juiz nomeará curador ou defensor ao interessado que o não tiver;

VII – o juiz, de ofício, ou a requerimento de qualquer das partes, poderá determinar novas diligências, ainda que já expirado o prazo de duração mínima da medida de segurança;

VIII – ouvidas as partes ou realizadas as diligências a que se refere o número anterior o juiz proferirá a sua decisão, no prazo de três dias.

III – observar a determinação dos arts. 76,[16] 88,[17] 89[18] e 91[19] da Lei n. 9.099, de 26 de setembro de 1995, nas ações penais originárias, quando

---

16. Art. 76. Havendo representação ou tratando-se de crime de ação penal pública incondicionada, não sendo caso de arquivamento, o Ministério Público poderá propor a aplicação imediata de pena restritiva de direitos ou multas, a ser especificada na proposta.

§ 1º Nas hipóteses de ser a pena de multa a única aplicável, o Juiz poderá reduzi-la até a metade;

§ 2º Não se admitirá a proposta se ficar comprovado:

I – ter sido o autor da infração condenado, pela prática de crime, à pena privativa de liberdade, por sentença definitiva;

II – ter sido o agente beneficiado anteriormente, no prazo de cinco anos, pela aplicação de pena restritiva ou multa, nos termos deste artigo;

III – não indicarem os antecedentes, a conduta social e a personalidade do agente, bem como os motivos e as circunstâncias, ser necessária e suficiente a adoção da medida.

§ 3º Aceita a proposta pelo autor da infração e seu defensor, será submetida à apreciação do Juiz;

§ 4º Acolhendo a proposta do Ministério Público aceita pelo autor da infração, o Juiz aplicará a pena restritiva de direitos ou multa, que não importará em reincidência, sendo registrada apenas para impedir novamente o mesmo benefício no prazo de cinco anos;

§ 5º Da sentença prevista no parágrafo anterior caberá a apelação referida no art. 82 desta Lei;

§ 6º A imposição da sanção de que trata o § 4º deste artigo não constará de certidão de antecedentes criminais, salvo para os fins previstos no mesmo dispositivo, e não terá efeitos civis, cabendo aos interessados propor ação cabível no juízo cível.

17. Art. 88. Além das hipóteses do Código Penal e da legislação especial, dependerá de representação a ação penal relativa aos crimes de lesões corporais leves e lesões culposas.

18. Art. 89. Nos crimes em que a pena mínima cominada for igual ou inferior a um ano, abrangidas ou não por esta Lei, o Ministério Público, ao oferecer a denúncia, poderá propor a suspensão do processo, por dois a quatro anos, desde que o acusado não esteja sendo processado ou não tenha sido condenado por outro crime, presentes os demais requisitos que autorizariam a suspensão condicional da pena (art. 77 do Código Penal).

§ 1º Aceita a proposta pelo acusado e seu defensor, na presença do Juiz, este, recebendo a denúncia, poderá suspender o processo, submetendo o acusado a período de prova, sob as seguintes condições:

I – reparação do dano, salvo impossibilidade de fazê-lo;

II – proibição de frequentar determinados lugares;

III – proibição de ausentar-se da comarca onde reside, sem autorização do Juiz;

IV – comparecimento pessoal e obrigatório a juízo, mensalmente, para informar e justificar suas atividades.

§ 2º O Juiz poderá especificar outras condições a que fica subordinada a suspensão, desde que adequadas ao fato e à situação pessoal do acusado;

§ 3º A suspensão será revogada se, no curso do prazo, o beneficiário vier a ser processado por outro crime ou não efetuar, sem motivo justificado, a reparação do dano;

§ 4º A suspensão poderá ser revogada se o acusado vier a ser processado, no curso do prazo, por contravenção, ou descumprir qualquer outra condição imposta;

§ 5º Expirado o prazo sem revogação, o Juiz declarará extinta a punibilidade;

§ 6º Não correrá a prescrição durante o prazo de suspensão do processo;

§ 7º Se o acusado não aceitar a proposta prevista neste artigo, o processo prosseguirá em seus ulteriores termos.

19. Art. 91. Nos casos em que esta Lei passa a exigir representação para a propositura da ação penal pública, o ofendido ou seu representante legal será intimado para oferecê-la no prazo de trinta dias, sob pena de decadência.

couber, submetendo à apreciação do Órgão competente.

Art. 40. Depois do visto do revisor é defeso ao relator determinar diligências ou proferir decisão, salvo por deliberação do órgão julgador.

Capítulo II
DO REVISOR E VOGAL

Art. 41. O revisor será o desembargador imediato ao relator, na ordem decrescente de antiguidade, ou o mais antigo, se o relator for o menos antigo.

Parágrafo único. Ao revisor compete lançar o seu visto nos autos, declarando concordar com o relatório, se houver, ou retificando-o, se for o caso, e pedir dia para o julgamento.

Art. 42. Os vogais serão os desembargadores imediatos ao relator, ou ao revisor, se o feito estiver sujeito à revisão.

Capítulo III
DOS GABINETES DOS DESEMBARGADORES

Art. 43. Os gabinetes dos desembargadores compõem-se dos servidores a que alude o Plano de Cargos, Carreiras e Remuneração dos Servidores do Poder Judiciário do Estado do Tocantins.

§ 1º Os servidores serão nomeados, lotados e exonerados pelo presidente do Tribunal, exclusivamente a pedido do desembargador titular do respectivo gabinete, salvo nos casos de substituição por afastamento, após deliberação do Tribunal Pleno;

§ 2º A pedido do desembargador, o presidente do Tribunal poderá lotar servidores efetivos no gabinete, enquanto necessário para a boa execução dos serviços e razoável duração do processo;

§ 3º Os desembargadores poderão expedir instruções normativas de âmbito interno no respectivo Gabinete, para melhor organização e execução dos trabalhos.

Art. 44. O horário do pessoal de gabinete, observadas a duração legal e as peculiaridades do serviço, será o determinado pelo desembargador.

Parágrafo único. Incumbe ao assessor chefe de gabinete o controle de horários e a elaboração da escala de férias, submetendo-os à aprovação do desembargador.

Capítulo IV
DA ELEIÇÃO E NOMEAÇÃO

Art. 45. No caso de vaga do cargo de desembargador ou criação de novo cargo, o presidente do Tribunal convocará todos os membros efetivos em condições legais de votar para participar da eleição do novo membro.

§ 1º Antes do provimento da vaga ou da posse do novo membro, os desembargadores poderão requerer a remoção de uma para outra Câmara especializada, cabendo ao Pleno a decisão, caso haja mais de um pedido. Havendo apenas um pedido, ser-lhe-á dado assento na Câmara especializada pela qual optou;

§ 2º A qualquer tempo os desembargadores componentes de Câmaras especializadas distintas poderão requerer permuta, cabendo ao Pleno decidir sobre o pedido;

§ 3º Nos casos de remoção ou permuta entre órgãos fracionários ou gabinetes, os desembargadores removidos assumirão os processos respectivos e receberão, na nova atuação, idêntica ou superior quantidade de processos da unidade anterior;

§ 4º Na hipótese de o desembargador assumir unidade com acervo menor que o deixado, receberá distribuição exclusiva até que o quantitativo de processos atinja quantidade de processos da unidade anterior, num prazo máximo de nove meses.

Art. 46. Em se tratando de escolha por antiguidade, será submetido à votação, inicialmente, o juiz mais antigo. Em sendo recusado por dois terços dos membros do Tribunal, passar-se-á à votação, sucessivamente, daqueles que se seguirem na lista de antiguidade, até se fixar a indicação.

Art. 47. Quando o preenchimento da vaga couber por merecimento, o Tribunal organizará lista tríplice, de conformidade com os arts. 7º, inciso XI, e 335, incisos I a III, para os fins do art. 12, § 1º, inciso XXIII, todos deste Regimento.

Art. 48. Quando a vaga for do quinto constitucional, recebidas as indicações das respectivas classes, o Tribunal formará lista tríplice, encaminhando-a ao governador, para a escolha e nomeação.

§ 1º Recebidas as indicações, incumbirá ao decano do Tribunal entrevistar os integrantes da lista, colher informações sobre a vida profissional e social de cada um deles, realizando as diligências que se fizerem necessárias para bem informar ao Tribunal, garantindo o sigilo necessário em relação ao público, bem como a manifestação pessoal do interessado sobre os dados colhidos a seu respeito;

§ 2º Em seguida, o desembargador decano encaminhará seu relatório ao presidente do Tribunal.

Art. 49. Em qualquer dos casos deste Capítulo, o Tribunal deliberará, em sessão aberta e voto fundamentado, pela maioria absoluta de votos dos seus membros em condições legais de votar, salvo quando se tratar da recusa do juiz mais antigo, cujo quórum é o previsto nos arts. 46 deste Regimento, e 93, inciso II, "d"[20], da Constituição Federal.

Art. 50. Para a formação da lista tríplice, os desembargadores votarão simultaneamente em três nomes diferentes, no primeiro escrutínio.

§ 1º Aqueles que obtiverem a maioria absoluta de votos terão seus nomes incluídos, de imediato, na lista;

§ 2º Se com uma só votação não se formar a lista, ocorrerá novo escrutínio, devendo o desembargador votar em tantos nomes quantos faltarem para três indicações;

§ 3º Se com um terceiro escrutínio não se completar a lista, o presidente do Tribunal poderá suspender a sessão, convocando outra para o mesmo dia ou para o seguinte;

§ 4º Persistindo o empate, incluir-se-á na lista o nome do candidato mais antigo na carreira da magistratura, ou com mais tempo de Ministério Público ou na advocacia, conforme o caso.

Art. 51. Os desembargadores poderão pedir ao Conselho da Magistratura ou à Corregedoria Geral da Justiça informações concernentes a qualquer candidato, adiando-se a votação se elas não puderem ser desde logo fornecidas.

Capítulo V
DO COMPROMISSO, POSSE E EXERCÍCIO

Art. 52. A posse de desembargador será dada em sessão plenária especial pelo presidente, que lhe tomará o seguinte compromisso: "Por minha honra e pela Pátria, prometo cumprir com exatidão, dignidade e escrúpulo, os deveres inerentes ao cargo de Desembargador".

§ 1º Faculta-se ao nomeado dispensar a sessão especial, requerendo o compromisso em sessão ordinária do Tribunal Pleno ou no gabinete do presidente, perante este;

§ 2º Do compromisso, o secretário lavrará, em livro próprio, o respectivo termo, que será assinado pelo presidente e compromissado.

Art. 53. O prazo para a posse é de trinta dias, contados da publicação do ato de nomeação no órgão oficial.

§ 1º O nomeado poderá requerer, por motivos justificados, a prorrogação da posse por até trinta dias, sobre a qual decidirá o presidente do Tribunal;

§ 2º Se a posse não se verificar nesse prazo, a nomeação tornar-se-á sem efeito.

Art. 54. O membro do Ministério Público ou o advogado nomeado desembargador apresentará, na Diretoria Geral do Tribunal, no ato da posse, os documentos que comprovem os requisitos para o provimento do cargo, bem assim a sua declaração de bens.

Art. 55. A Diretoria Geral do Tribunal providenciará a matrícula do novo desembargador, consoante os elementos fornecidos pelo interessado.

Capítulo VI
DAS INCOMPATIBILIDADES

Art. 56. O magistrado que ocupar qualquer outro cargo deverá comunicar o fato, imediatamente, ao Conselho da Magistratura, que julgará sua legalidade.

Art. 57. Quando se tratar de decisões dos órgãos do Tribunal, não se considerará impedido para julgar o recurso delas interposto o desembargador que neles haja funcionado.

Art. 58. Não poderão ter assento no Tribunal, na mesma Turma ou Câmara, cônjuges ou parentes consanguíneos ou afins em linha reta, bem como em linha colateral, até o terceiro grau (LOMAN, art. 128[21]).

---

20. Art. 93. Lei complementar, de iniciativa do Supremo Tribunal Federal, disporá sobre o Estatuto da Magistratura, observados os seguintes princípios:

II – promoção de entrância para entrância, alternadamente, por antiguidade e merecimento, atendidas as seguintes normas:

d) na apuração de antiguidade, o tribunal somente poderá recusar o juiz mais antigo pelo voto fundamentado de dois terços de seus membros, conforme procedimento próprio, e assegurada ampla defesa, repetindo-se a votação até fixar-se a indicação;

---

21. Art. 128. Nos Tribunais, não poderão ter assento na mesma Turma, Câmara ou Seção, cônjuges e parentes consanguíneos ou afins em linha reta, bem como em linha colateral até o terceiro grau.

ART. 59 — NORMAS PARA A ATIVIDADE EXTRAJUDICIAL DO ESTADO DO TOCANTINS

Parágrafo único. Nas sessões do Tribunal Pleno, o primeiro dos membros mutuamente impedidos, que votar, excluirá a participação do outro no julgamento (LOMAN, art. 128, parágrafo único).

Art. 59. Resolve-se a incompatibilidade:

I – antes da posse, contra o último nomeado, ou o menos antigo, sendo as nomeações da mesma data;

II – depois da posse, contra o que deu causa à incompatibilidade, ou se for imputada a ambos, contra o menos antigo.

§ 1º Se a incompatibilidade for incontornável, por falta de vaga no Tribunal, o Pleno declarará a circunstância e proporá a disponibilidade do desembargador contra quem se resolveu a incompatibilidade;

§ 2º Surgindo a vaga que permita a solução da incompatibilidade ou desaparecendo os motivos que a ensejaram, o desembargador será aproveitado.

Capítulo VII
DA ANTIGUIDADE

Art. 60. Regula a antiguidade, no Tribunal:

I – a data da posse;

II – a data da nomeação;

III – a idade.

Art. 61. As questões sobre antiguidade dos desembargadores serão resolvidas pelo Tribunal Pleno, sob a relatoria do presidente.

Capítulo VIII
DAS FÉRIAS, LICENÇAS E DEMAIS VANTAGENS

Art. 62. Às questões relativas a férias, licenças, aposentadorias e concessões de vantagens se aplicam os dispositivos da LOMAN, arts. 66[22] e ss.

§ 1º O magistrado que completar, no exercício das funções, setenta e cinco anos de idade, será compulsória e automaticamente aposentado, independente de prévia comunicação, cabendo ao presidente do Tribunal a declaração da inatividade;

§ 2º No interesse da jurisdição, as férias dos magistrados poderão ser fracionadas, desde que em períodos não inferiores a trinta dias;

§ 3º Ainda que em que gozo de férias, o magistrado poderá exercer funções administrativas nos órgãos fracionários a fim de que suas atividades não sejam prejudicadas por seu substituto;

§ 4º Os pedidos de férias dos desembargadores serão requeridos diretamente ao presidente do Tribunal, por meio do sistema eletrônico administrativo, instruídos com certidões sobre o período aquisitivo, e decididos pelo Tribunal Pleno na sessão imediatamente subsequente;

§ 5º O pedido poderá ser formulado e deliberado em sessão, colhendo-se posteriormente informações da Diretoria de Gestão de Pessoas sobre o período aquisitivo, caso o interessado não apresente a respectiva certidão no ato do pedido.

Capítulo IX
DAS SUBSTITUIÇÕES

Art. 63. Nas ausências, afastamentos e impedimentos, serão substituídos:

§ 1º O presidente do Tribunal será substituído pelo vice-presidente e este pelos demais membros na ordem decrescente de antiguidade (LOMAN, art. 114[23]);

§ 2º O corregedor-geral da Justiça pelo vice-corregedor e este pelos demais membros do Tribunal na ordem decrescente de antiguidade, e não podendo cumular a Presidência do Tribunal em substituição enquanto estiverem no exercício do cargo de corregedor-geral;

§ 3º O diretor-geral da Escola da Magistratura pelos 1º, 2º e 3º diretores adjuntos, sucessivamente, cabendo ao diretor-geral da ESMAT substituir o presidente do Conselho Institucional e Acadêmico;

§ 4º O ouvidor-geral será substituído pelo ouvidor substituto, e este pelos demais membros do Tribunal na ordem decrescente de antiguidade.

Art. 64. Os presidentes das Câmaras, das Comissões Permanentes e os membros do Conselho da Magistratura serão substituídos na ordem decrescente de antiguidade, sendo o mais antigo pelo mais moderno, retornando a incumbência ao mais antigo quando o substituído for o mais moderno.

Parágrafo único. Com exceção do disposto no § 2º do art. 63, aplicável aos demais órgãos fracionários, não haverá incompatibilidade de funções nos casos de substituições.

Art. 65. Em caso de afastamento, a qualquer título, por período igual ou superior a trinta dias, os feitos em poder do desembargador afastado, mesmo aqueles em que tenha lançado relatório ou posto em mesa para julgamento, serão atribuídos ao juiz de direito convocado.

§ 1º Se esses feitos não forem julgados até o retorno do relator primitivo, serão a ele devolvidos, dispensando-se nesse caso a compensação;

§ 2º O julgamento que tiver sido iniciado prosseguirá, computando-se os votos já proferidos, ainda que o desembargador afastado seja o relator;

§ 3º Somente quando indispensável para decidir nova questão surgida no julgamento será dado substituto ao ausente, cujo voto, então, não se computará;

§ 4º O desembargador que houver substituído aquele que se aposentou, renunciou, perdeu o cargo ou faleceu, receberá todos os processos que a este estavam conclusos;

§ 5º Tão logo quanto possível, serão conclusos, do mesmo modo, os processos que estiverem com vista para o Ministério Público ou em cumprimento de diligência;

§ 6º Nas demais hipóteses da substituição, os processos devolvidos à Secretaria pelo desembargador serão redistribuídos entre os membros do órgão julgador, mediante oportuna compensação. Os que forem devolvidos pelo substituto serão conclusos ao desembargador substituído.

Art. 66. Nos casos de convocação de juiz de direito para substituir desembargador, o gabinete concorrerá normalmente à distribuição de processos.

§ 1º Ressalvada a hipótese de vacância do cargo, não haverá redistribuirão de processos ao juiz convocado (LOMAN, art. 118, § 4º[24]);

§ 2º A convocação de juiz de direito também se fará para completar, como vogal, o quórum de julgamento quando, por suspeição ou impedimento de desembargador, não for possível a substituição por outro membro do Tribunal;

§ 3ª O Tribunal Pleno poderá convocar juiz de direito para auxiliar desembargador quando a necessidade do serviço assim o exigir.

Art. 67. O juiz de direito convocado deixará a jurisdição de seu juízo de origem, que será exercida por substituto designado na forma deste Regimento, e perceberá a diferença de subsídios correspondente ao cargo de desembargador, proporcionalmente ao período da substituição.

Art. 68. O desembargador ou juiz não poderá recusar a substituição, salvo por motivo justo.

Art. 69. Nas redistribuições e passagens, o substituto ocupará o lugar do substituído e, durante as sessões, terá assento em seguida ao desembargador menos antigo, na ordem decrescente de antiguidade dos membros do Tribunal.

Capítulo X
DA APOSENTADORIA

Art. 70. Incumbe à Diretoria Geral do Tribunal informar o processo de aposentadoria, quanto ao tempo de serviço, subsídios e demais vantagens.

Art. 71. Publicado o decreto de aposentadoria, serão remetidas cópias do respectivo processo e Diário da Justiça que publicou o ato declamatório, ou disponibilizado o acesso eletrônico a tais documentos ao Tribunal de Contas e ao Instituto de Gestão Previdenciária, para os devidos fins.

Parágrafo único. O processo, o ato de aposentação, a concessão de benefícios e o pagamento desses valores pelo Tribunal de Justiça obedecerão ao disposto na legislação específica.

Parágrafo único. Nas sessões do Tribunal Pleno ou órgão que o substituir, onde houver, o primeiro dos membros mutuamente impedidos, que votar, excluirá a participação do outro no julgamento.

22. Art. 66. Os magistrados terão direito a férias anuais, por sessenta dias, coletivas ou individuais.

§ 1º Os membros dos Tribunais, salvo os dos Tribunais Regionais do Trabalho, que terão férias individuais, gozarão de férias coletivas, nos períodos de 2 a 31 de janeiro e de 2 a 31 de julho. Os Juízes de primeiro grau gozarão de férias coletivas ou individuais, conforme dispuser a lei;

§ 2º Os Tribunais iniciarão e encerrarão seus trabalhos, respectivamente, nos primeiro e último dias úteis de cada período, com a realização de sessão.

23. Art. 114. O Presidente do Tribunal é substituído pelo Vice-Presidente, e este e o Corregedor, pelos demais membros, na ordem decrescente de antiguidade.

24. Art. 118. Em caso de vaga ou afastamento, por prazo superior a 30 (trinta) dias, de membro dos Tribunais Superiores, dos Tribunais Regionais, dos Tribunais de Justiça e dos Tribunais de Alçada, (vetado) poderão ser convocados Juízes, em Substituição (vetado) escolhidos (vetado) por decisão da maioria absoluta do Tribunal respectivo, ou, se houver, de seu Órgão Especial:

§ 4º Em nenhuma hipótese, salvo vacância do cargo, haverá redistribuição de processos aos Juízes convocados.

TÍTULO III
DOS SERVIÇOS JUDICIAIS
Capítulo I
DO REGISTRO E CLASSIFICAÇÃO

Art. 72. Os recursos interpostos nos autos originários serão remetidos eletronicamente ao Tribunal pelo juízo de origem, o qual providenciará as necessárias alterações nos registros.

§ 1º O juízo a que for distribuído o feito fará a conferência e a retificação dos dados, se necessário;

§ 2º Os processos sujeitos à remessa necessária serão autuados sob esse título, não adotando igual solução quando se tratar de apelação voluntária;

§ 3º Os processos que tramitem em segredo de justiça devem ser indicados de modo expresso.

Art. 73. Os agravos de instrumento serão interpostos eletronicamente pela parte-agravante diretamente no Tribunal, onde serão processados em autos apartados, com nova numeração.

Art. 74. Os feitos serão registrados por classe, de conformidade com a uniformização implementada pelo Conselho Nacional de Justiça (CNJ).

Parágrafo único. A tabela de classes poderá ser alterada e atualizada mediante aprovação do Tribunal Pleno, observada a padronização do Conselho Nacional de Justiça.

Capítulo II
DAS CUSTAS E DAS DESPESAS

Art. 75. As partes devem pagar as despesas dos atos que realizarem ou requererem no processo.

Art. 76. O autor, se não for beneficiário da gratuidade ou do parcelamento das custas, deve adiantar as despesas relativas a atos, cuja realização o relator ou presidente determinar de ofício ou a requerimento do Ministério Público, quando sua intervenção ocorrer como fiscal da ordem jurídica (art. 82, § 1º[25], do Código de Processo Civil).

Art. 77. As despesas dos atos processuais realizados a pedido do Órgão do Ministério Público, da Fazenda Pública ou da Defensoria Pública, serão pagas ao final pelo vencido (art. 91[26] do Código de Processo Civil).

---

25. Art. 82. Salvo as disposições concernentes à gratuidade da justiça, incumbe às partes prover as despesas dos atos que realizarem ou requererem no processo, antecipando-lhes o pagamento, desde o início até a sentença final ou, na execução, até a plena satisfação do direito reconhecido no título.

§ 1º Incumbe ao autor adiantar as despesas relativas a ato cuja realização o juiz determinar de ofício ou a requerimento do Ministério Público, quando sua intervenção ocorrer como fiscal da ordem jurídica.

26. Art. 91. As despesas dos atos processuais praticados a requerimento da Fazenda Pública, do Ministério Público ou da Defensoria Pública serão pagas ao final pelo vencido.

§ 1º As perícias requeridas pela Fazenda Pública, pelo Ministério Público ou pela Defensoria Pública poderão ser realizadas por entidade pública ou, havendo previsão orçamentária, ter os valores adiantados por aquele que requerer a prova;

§ 2º Não havendo previsão orçamentária no exercício financeiro para adiantamento dos honorários periciais,

Capítulo III
DA DISTRIBUIÇÃO

Art. 78. A distribuição dos feitos de competência do Tribunal de Justiça se realizará de forma ininterrupta mediante sorteio eletrônico automático pelo Sistema Processual Eletrônico do Tribunal de Justiça do Tocantins, observados os princípios da publicidade e da alternatividade.

§ 1º Na hipótese de indisponibilidade do sistema, deverão ser adotadas as seguintes providências:

I – nas interrupções programadas, determinadas pela autoridade competente, as medidas indicadas no ato que as anunciar;

II – nos demais casos, o registro da ocorrência no sistema com a indicação da data e hora do início e do término da indisponibilidade.

§ 2º Considera-se indisponibilidade por motivo técnico a interrupção de acesso ao sistema decorrente de falha nos equipamentos e programas de bancos de dados do Judiciário, na sua aplicação e conexão com a *internet*, certificada pela Coordenação Técnica do Sistema Processual Eletrônico do Tribunal de Justiça do Tocantins, ou pelos responsáveis pelo controle da manutenção da conexão desses equipamentos e programas à *internet*;

§ 3º Não se aplica a regra prevista no § 1º deste artigo à impossibilidade de acesso ao sistema que decorrer de falha nos equipamentos ou programas dos usuários ou em suas conexões à *internet*;

§ 4º O juiz da causa poderá determinar eventual prorrogação de prazo em curso, até mesmo quando o acesso à *internet* decorrer de problemas referidos no § 2º deste artigo, cabendo às respectivas escrivanias cumprir a decisão em cada processo;

§ 5º Em caso de indisponibilidade absoluta do Sistema Processual Eletrônico do Tribunal de Justiça do Tocantins, devidamente certificada, e para o fim de evitar perecimento de direito ou ofensa à liberdade de locomoção, a petição inicial poderá ser protocolada em meio físico para distribuição por sorteio mecânico, por meio de esferas numeradas por quem for designado pela Presidência do Tribunal de Justiça do Tocantins ou pela Diretoria do Foro, com posterior digitalização e inserção no sistema pelo juízo a que for distribuída;

§ 6º A ocorrência de quaisquer dos casos previstos no parágrafo anterior deverá ser comunicada à Corregedoria Geral da Justiça, para fins de registro;

§ 7º A distribuição obedecerá às seguintes normas:

I – será livre e aleatória de modo que cada desembargador receba o mesmo quantitativo de processos por classe, compensando-se automaticamente nas eventuais redistribuições;

II – no caso de impedimento do relator sorteado, será renovado o sorteio, fazendo-se a compensação;

---

eles serão pagos no exercício seguinte ou ao final, pelo vencido, caso o processo se encerre antes do adiantamento a ser feito pelo ente público.

III – o número dos desembargadores será encontrado pela ordem de antiguidade, a começar pelo mais antigo;

IV – decidindo o Tribunal conhecer de um recurso por outro, será retificada e compensada a distribuição, sem necessidade de redistribuição.

§ 8º A distribuição do mandado de segurança, *habeas corpus*, reclamação e recurso cível ou criminal previne a competência do relator para todos os feitos posteriores, ainda que deduzido por outro sujeito da relação processual, desde que seja relativo ao mesmo fato que ensejou a prevenção;

§ 9º Vencido o relator, será prevento, nos termos do § 8º deste artigo, o desembargador que inaugurou a divergência, ou aquele designado para lavrar o acórdão;

§ 10. Afastando-se o desembargador por período igual ou superior a três dias, serão redistribuídos, mediante oportuna compensação, os *habeas corpus*, os mandados de segurança e os demais feitos que, consoante fundada petição do interessado, reclamem solução urgente (LOMAN, art. 116[27]);

§ 11. Serão sempre respeitadas, porém, as regras sobre conexão e continência previstas no Código de Processo Penal (arts. 76[28] e ss.), sendo defesa a distribuição a relatores distintos, processos que, embora possuam mais de um réu, sejam relativos ao mesmo fato a ser apurado;

§ 12. Desaparecerá a prevenção se da Turma não fizer parte nenhum dos desembargadores que funcionaram em julgamento anterior ou se tiver havido total alteração da composição das Turmas.

Art. 79. Os processos que, em virtude da vacância do cargo, ficarem sem o respectivo relator, ou aqueles que lhe deveriam caber por compensação, serão distribuídos, independentemente de sorteio, ao desembargador que vier a ocupar a vaga.

Art. 80. As distribuições serão efetivadas no sistema eletrônico, com a individualização dos processos por seu número, classe processual, comarca de origem, nome do relator, data da distribuição e redistribuição, bem como despachos de eventuais modificações de competência.

Art. 81. A Comissão de Distribuição e Coordenação disporá de uma relação de impedimentos dos desembargadores decorrentes de paren-

---

27. Art. 116. Quando o afastamento for por período igual ou superior a três dias, serão redistribuídos, mediante oportuna compensação, os habeas corpus, os mandados de segurança e os feitos que, consoante fundada alegação do interessado, reclamem solução urgente. Em caso de vaga, ressalvados esses processos, os demais serão atribuídos ao nomeado para preenchê-la.

28. Art. 76. A competência será determinada pela conexão:
I – se, ocorrendo duas ou mais infrações, houverem sido praticadas, ao mesmo tempo, por várias pessoas reunidas, ou por várias pessoas em concurso, embora diverso o tempo e o lugar, ou por várias pessoas, umas contra as outras;

II – se, no mesmo caso, houverem sido umas praticadas para facilitar ou ocultar as outras, ou para conseguir impunidade ou vantagem em relação a qualquer delas;

III – quando a prova de uma infração ou de qualquer de suas circunstâncias elementares influir na prova de outra infração.

NORMAS PARA A ATIVIDADE EXTRAJUDICIAL DO ESTADO DO TOCANTINS

tesco com outros juízes, promotores de justiça, advogados ou servidores.

Art. 82. A Comissão de Distribuição e Coordenação fiscalizará todos os atos relativos à distribuição e decidirá eventuais suscitações de dúvidas sobre distribuições ou redistribuições.

Capítulo IV
DA BAIXA DOS AUTOS

Art. 83. Publicado o acórdão e esgotado o prazo de recurso, os autos deverão baixar à comarca de origem, no prazo máximo de cinco dias, independentemente de despacho, com o devido registro no Sistema Processual Eletrônico do Tribunal de Justiça do Tocantins.

Parágrafo único. Tratando-se de processo-crime, a baixa poderá ser ordenada imediatamente pelo presidente, a requerimento do réu preso, se houver motivo justo e a parte contrária não tiver interesse em recorrer da decisão do Tribunal.

Art. 84. A baixa do processo em diligência independerá de publicação da respectiva decisão.

Capítulo V
DOS JUÍZES CERTOS

Art. 85. São juízes certos:

I – o presidente do órgão julgador que, para proferir voto de desempate, adiar julgamento;

II – os que tiverem pedido adiamento do julgamento;

III – os que tiverem proferido voto em julgamento adiado;

IV – os que houverem lançado nos autos o seu relatório, visto ou pedido de dia para julgamento, ainda que eleitos presidente do Tribunal ou corregedor-geral da Justiça;

V – os que tiverem tomado parte em decisão sobre conversão em diligência ou questão de inconstitucionalidade, para o novo julgamento a que se proceder;

VI – os relatores de acórdãos, nos embargos declaratórios a eles opostos;

VII – Os relatores de decisões monocráticas, terminativas, ou não, nos recursos de agravo interno a elas opostas.

§ 1º No caso de o feito se encontrar em pauta por mais de trinta dias, será dado substituto ao juiz certo, exceto as ações de *habeas corpus*, que não poderão ser prorrogadas por mais de uma sessão;

§ 2º Nas ações penais originárias será juiz certo aquele que iniciar a instrução do feito;

§ 3º Nas ações cíveis originárias será juiz certo aquele que iniciar a instrução do feito, com a prolação, quando couber, do despacho saneador.

Capítulo VI
DA APRESENTAÇÃO DE MEMORIAIS

Art. 86. É facultado às partes, por seus advogados ou defensores, e ao Ministério Público apresentarem memoriais e esquemas de sustentação oral que facilitem a compreensão dos pontos controvertidos, até 48 horas antes do julgamento, deixando-as nos gabinetes e na Secretaria da Câmara.

Capítulo VII
DO FUNCIONAMENTO DO TRIBUNAL DAS SESSÕES

Art. 87. No primeiro dia útil do mês de fevereiro, o Tribunal Pleno, salvo decisão em contrário, reunir-se-á em sessão solene de inauguração dos serviços forenses.

Art. 88. As sessões do Tribunal Pleno, Câmaras Cíveis e Câmaras Criminais terão início às 14 horas e término às 18 horas, com intervalo de 15 minutos, podendo, extraordinariamente, serem realizadas entre 8 e 20 horas, desde que o horário conste da pauta publicada.

Parágrafo único. O horário do término das sessões ordinárias será automaticamente prorrogado pelo tempo que se fizer necessário, se assim for deliberado na mesma sessão, até que se esgotem todas as matérias constantes da pauta de julgamento.

Art. 89. Nas sessões, o presidente do órgão julgador tomará assento na parte central da mesa, o representante do Ministério Público à sua direita e o secretário à esquerda. Os demais desembargadores sentar-se-ão, na ordem decrescente de antiguidade, alternadamente, nos lugares laterais, a começar pela direita do presidente.

§ 1º Quando o presidente do Tribunal tiver de proferir votos nas Câmaras, para julgar processos a que estiver vinculado ou a elas comparecer, assumirá a presidência dos trabalhos;

§ 2º A cadeira do desembargador que não comparecer à sessão ou dela se retirar será preenchida na ordem prevista no *caput* deste artigo;

§ 3º Nas sessões solenes, tomarão assento à mesa os chefes dos demais Poderes, além de outras autoridades que o presidente indicar.

Art. 90. A transmissão, filmagem, fotografia e gravação das sessões de julgamento por pessoas estranhas ao Tribunal dependerá de consentimento dos presidentes dos respectivos órgãos julgadores.

Parágrafo único. A degravação da sessão de julgamento poderá ser requerida por petição dirigida ao presidente do Órgão julgador, que ao decidir verificará a pertinência e a relevância do pedido, bem como os fins a que se destina.

Art. 91. À hora marcada, verificado o quórum, o presidente declarará aberta a sessão.

§ 1º O secretário e os oficiais de justiça deverão estar em seus lugares antes da entrada do presidente;

§ 2º Os desembargadores contarão com computadores instalados em suas respectivas mesas para acesso ao sistema eletrônico de processos.

Art. 92. Iniciada a sessão, nenhum desembargador poderá retirar-se do recinto sem comunicar ao presidente.

Art. 93. Do que ocorrer na sessão, o secretário lavrará ata circunstanciada, que será distribuída aos desembargadores e submetidas a discussão, as alterações que houver, e a aprovação na sessão subsequente.

§ 1º As atas poderão ser aprovadas na própria sessão;

§ 2º Quando se tratar de sessão reservada ou julgamento em segredo de justiça, a ata será lavrada separadamente;

§ 3º A ata mencionará:

I – o dia, mês e ano da sessão e a hora da abertura e do encerramento;

II – os nomes dos desembargadores que a tenham presidido, os dos que compareceram, pela ordem de antiguidade, os dos que não compareceram ou se retiraram momentaneamente ou antes do encerramento e bem assim do representante do Ministério Público;

III – os nomes dos advogados que ocuparam a tribuna, com a menção dos processos em que atuaram;

IV – os processos julgados, sua natureza, número de ordem e comarca de origem, o resultado da votação, nome do relator e dos desembargadores vencedores e vencidos, bem como dos que se declararam impedidos ou deixaram de votar por qualquer motivo;

V – as propostas apresentadas, com a respectiva votação;

VI – a indicação da matéria administrativa tratada e votada;

VII – tudo o que mais tenha ocorrido.

Art. 94. As manifestações de regozijo, de pesar e outras estranhas aos trabalhos normais somente serão admitidas em casos excepcionais, mediante aprovação da proposta pela maioria dos desembargadores.

Art. 95. Em regra, nenhum feito será julgado sem prévia publicação do dia para esse fim designado.

§ 1º Independem dessa publicação o julgamento dos *habeas corpus* e seus recursos, do conflito de jurisdição suscitado de ofício, dos embargos de declaração que forem apresentados a julgamento na sessão subsequente, a exceção de suspeição, a verificação de cessação de periculosidade e a habilitação incidente;

§ 2º Entre a data de publicação da pauta e a da sessão de julgamento decorrerá, pelo menos, o prazo de cinco dias, incluindo-se em nova pauta os processos que não tenham sido julgados, salvo aqueles cujo julgamento tiver sido expressamente adiado para a primeira sessão seguinte;

§ 3º A pauta será disponibilizada para consulta pública no sítio eletrônico do Tribunal de Justiça, bem como afixada ou exposta em painel eletrônico na sala em que se realizar a sessão de julgamento.

Art. 96. O diretor de Secretaria atenderá, preferencialmente, à ordem cronológica de recebimento para publicação e efetivação dos pronunciamentos judiciais.

Parágrafo único. A lista de processos recebidos deverá ser disponibilizada, de forma permanente, para consulta pública na Secretaria e no sítio eletrônico do Tribunal.

Art. 97. Prevalecerá no julgamento cível, ressalvadas as preferências legais e regimentais, os recursos, a remessa necessária no cível e os processos de competência originária, a seguinte ordem:

I – aqueles nos quais houver sustentação oral, observada a ordem dos requerimentos;

RESOLUÇÃO N. 104 DE 21 DE JUNHO DE 2018 — ART. 104

II – os requerimentos de preferência apresentados até o início da sessão de julgamento;

III – aqueles cujo julgamento tenha iniciado em sessão anterior;

IV – os demais casos a seguir listados:

a) processos de mandado de segurança e *habeas corpus,* seus recursos e incidentes;

b) processos constantes das pautas das sessões anteriores;

c) processos que independam de inclusão em pauta;

d) processos de falência e de concordata preventiva, seus recursos e incidentes;

e) agravos de instrumento;

f) remessa necessária;

g) processos de execução fiscal, seus recursos e incidentes;

h) apelações em procedimento sumário;

i) outras apelações;

j) ações rescisórias.

Art. 98. No crime, salvo disposição em contrário, prevalecerá, no julgamento, a seguinte ordem:

I – aqueles nos quais houver sustentação oral, observada a preferência dos *habeas corpus* e a ordem dos requerimentos;

II – processos com julgamentos iniciados em sessão anterior;

III – processos de mandado de segurança, seus recursos e incidentes;

IV – processos constantes das pautas das sessões anteriores;

V – processos que independam de inclusão em pauta;

VI – incidentes da execução da pena;

VII – desaforamentos;

VIII – recursos em sentido estrito e cartas testemunháveis;

IX – apelações;

X – embargos infringentes;

XI – revisões criminais;

XII – ações penais de competência originária ou que dependam de pronunciamento do Tribunal, em virtude de exceção da verdade;

XIII – inquéritos.

Parágrafo único. Dentro da mesma classe, os processos de réus presos terão preferência sobre os de réus soltos, os de acidente de trabalho e falimentares, sobre os demais.

Art. 99. Os feitos administrativos serão submetidos à apreciação do Tribunal, após o julgamento dos processos judiciais, salvo se houver inversão das pautas por deliberação plenária.

Art. 100. Não poderá haver mais de uma pauta de julgamento para a mesma sessão, quer de processos judiciais ou de administrativos.

§ 1º Se, encerrada a sessão, restarem em pauta ou em mesa processos sem julgamento, serão eles incluídos na pauta da sessão seguinte, independentemente de nova publicação, devendo a informação do adiamento constar expressamente da ata;

§ 2º Sempre que houver necessidade, o presidente poderá convocar sessão extraordinária para julgar processos remanescentes das pautas anteriores;

§ 3º Salvo as exceções previstas no § 1º deste artigo e nos processos reencetados, os processos judiciais não poderão ser julgados, sem que tenham sido relacionados nas pautas, devendo estas ser entregues aos membros do órgão julgador com antecedência mínima de 48 horas.

Art. 101. Além dos casos de preferência, previstos em lei, a ordem de julgamento poderá ser alterada:

I – se o relator ou o revisor, afastado por motivo de férias ou licença, tiver comparecido em virtude de convocação ou de vinculação ao processo;

II – se o relator ou o revisor, por justo motivo, tiver de ausentar-se da sessão;

III – se o relator, por motivo superveniente, pedir o adiamento;

IV – se, julgados os *habeas corpus* e os feitos preferenciais da seção criminal, estiver presente à sessão advogado constituído, aguardando julgamento previsto na pauta;

V – se, julgados os feitos preferenciais e os das pautas anteriores da seção cível, estiverem presentes à sessão os advogados constituídos por todos os interessados, aguardando julgamento previsto na pauta, desde que todos eles requeiram, por escrito e conjuntamente, ao presidente do órgão respectivo, essa preferência para proferirem sustentações orais;

VI – se, julgado um feito, houver outro da mesma natureza e idêntica relação jurídica, e o relator puder presumir que seja decidido do mesmo modo.

Parágrafo único. No caso do inciso VI deste artigo, os feitos poderão ser julgados simultaneamente.

Art. 102. Havendo pedido de sustentação oral ou destaque para julgamento presencial, o feito a ser julgado deve ser anunciado e apregoadas as partes, se necessário. Em seguida, o presidente dará a palavra ao relator, que fará breve relatório, caso não tenha sido disponibilizado em meio eletrônico para acesso dos interessados.

Art. 103. O julgamento dos recursos e dos processos de competência originária poderá ser realizado por meio eletrônico, mediante sistema informatizado disponibilizado aos gabinetes dos desembargadores, os quais manifestarão seus votos no respectivo sistema com antecedência à sessão de julgamento.

§ 1º Qualquer das partes poderá, até o início da sessão de julgamento, apresentar discordância quanto ao julgamento por meio eletrônico;

§ 2º A discordância não necessita de motivação, sendo apta a determinar o julgamento em sessão presencial;

§ 3º No julgamento virtual, o relator encaminhará seu voto aos demais componentes da turma julgadora, com três dias de antecedência, por meio do respectivo sistema eletrônico, no qual os demais integrantes do Colegiado poderão lançar seus votos, manifestações e pedidos de vista;

§ 4º Após verificar a participação dos desembargadores aptos a votar em cada feito, o presidente proclamará eletronicamente o resultado mediante publicação em painel eletrônico instalado na sala de julgamento, acessível ao público, cabendo ao secretário da sessão, após o seu término, oferecer aos advogados, defensores e representantes do Ministério Público os esclarecimentos sobre o julgamento.

Art. 104. Havendo previsão de sustentação oral e pedido formulado tempestivamente, o presidente dará a palavra sucessivamente, na ordem que estabelecer, aos advogados, defensores e representante do Ministério Público, nos casos em que este seja parte ou fiscal da lei, pelo prazo improrrogável de quinze minutos.

§ 1º Havendo litisconsorte, com procuradores diferentes, o prazo será duplicado e dividido em partes iguais pelos advogados das partes coligadas, salvo se estes preferirem outra divisão;

§ 2º Se houver preliminares ou prejudiciais destacadas, poderão falar sobre cada uma, de início, o advogado do autor ou do recorrente, e, depois, o do réu ou do recorrido, salvo se este for o suscitante, caso em que lhe será dada a palavra em primeiro lugar;

§ 3º Na hipótese de passar-se ao exame do mérito, após a votação das preliminares ou prejudiciais, o tempo utilizado em relação a estas, pelos advogados das partes, será descontado do prazo a que se refere o *caput* deste artigo;

§ 4º Intervindo terceiro, para excluir o autor e réu, terá prazo próprio para falar, igual ao das outras partes;

§ 5º Havendo assistente na ação penal pública, este falará depois do órgão do Ministério Público, salvo se o recurso ou a ação for de sua autoria;

§ 6º O Ministério Público falará depois do autor da ação privada;

§ 7º Se em processo criminal houver apelação de corréus em posição antagônica, cada grupo terá prazo completo para falar;

§ 8º No caso de apelação de corréus, na qual haja imputação de coautoria, se não tiverem o mesmo defensor, o prazo será contado em dobro e dividido igualmente entre os defensores, salvo se convencionarem outra divisão;

§ 9º Os advogados e membros do Ministério Público, quando no uso da palavra, poderão responder às indagações dos desembargadores que objetivem dar mais clareza à sustentação ou contribuir para a compreensão da causa em julgamento, mas não poderão ser aparteados sem consentimento, ou autorização fundamentada do presidente, que restituirá ao interlocutor o tempo transcorrido durante a interrupção;

§ 10. A sustentação oral por meio de videoconferência ou outro meio similar será feita conforme o recurso tecnológico regulamentado pelo Tribunal de Justiça, desde que o advogado a requeira até o dia anterior ao da sessão;

§ 11. É permitida a sustentação oral:

I – no mandado de segurança de competência originária do Tribunal, na sessão de julgamento do mérito ou do pedido liminar;

II – sempre que o feito retornar a julgamento, após o cumprimento de diligência ou, quando oficie novo juiz, em julgamento adiado, ou que tenha prosseguimento em outra sessão.

285

Art. 105. Os advogados terão assento em lugar separado do público e poderão, usando beca, ocupar a tribuna para formular requerimentos, produzir sustentação oral, ou responder às perguntas dos desembargadores.

§ 1º Os requerimentos para sustentação oral em processos pautados para as sessões de julgamento previamente designadas serão encaminhados via Sistema Processual Eletrônico do Tribunal de Justiça do Tocantins, endereçados ao relator, até o início da sessão;

§ 2º Os requerimentos para sustentação oral serão organizados pela Secretaria do órgão julgador, de acordo com o horário em que inseridos no Sistema Processual Eletrônico do Tribunal de Justiça do Tocantins, independentemente da ordem da pauta;

§ 3º Não haverá sustentação oral no julgamento de embargos de declaração, arguição de suspeição, agravo interno, ressalvada a hipótese de extinção, por decisão do relator, de agravo interno interposto na ação rescisória, mandado de segurança e reclamação, e agravo de instrumento, ressalvados os interpostos contra decisões interlocutórias que versem sobre tutelas provisórias de urgência ou de evidência e quando houver reforma da decisão que julgar parcialmente o mérito.

Art. 106. Encerrado o debate entre as partes, o presidente colherá o voto do relator e, em seguida, o do revisor, se houver, não podendo nenhum deles ser interrompido, salvo para, mediante intervenção sumária, concedida a critério do julgador, esclarecer equívoco ou dúvida surgida em relação a fatos, documentos ou afirmações que influam ou possam influir no julgamento.

Art. 107. Depois do voto do relator e do revisor, se houver, ficará aberta a discussão da matéria em julgamento, entre os desembargadores, usando da palavra os que a solicitarem, pela ordem decrescente de antiguidade, após o revisor.

§ 1º O relator e o revisor poderão usar da palavra para sustentarem ou modificarem suas conclusões;

§ 2º Cada desembargador poderá explicar a modificação de voto; ninguém, todavia, se pronunciará sem que o presidente lhe conceda a palavra, nem aparteará o que estiver no uso dela, a menos que haja consentimento;

§ 3º Os desembargadores falarão sem limite de tempo;

§ 4º No caso de aparte ou intervenções tumultuárias, o presidente tomará as providências cabíveis à normalização da sessão de julgamento, podendo, se entender conveniente, suspendê-la temporariamente.

Art. 108. Encerrada a discussão, o presidente tomará os votos dos vogais na ordem decrescente de antiguidade, ou verificará seus lançamentos no sistema eletrônico quando o julgamento se realizar exclusivamente por meio digital.

§ 1º Chamado a votar, o desembargador que não tiver tomado parte na discussão poderá justificar seu pronunciamento, usando da palavra pelo tempo necessário;

§ 2º O juiz de direito, quando em substituição no Tribunal, votará após o desembargador menos antigo, na ordem decrescente de antiguidade dos membros do Tribunal;

§ 3º A Secretaria do órgão julgador lançará nos autos uma certidão na qual constará o resultado do julgamento e os membros presentes na sessão;

§ 4º Havendo questão preliminar ou incidental à votação, em processos judiciais ou administrativos, votará primeiro aquele que a arguiu, seguido pelo imediato, na ordem decrescente de antiguidade, depois de ouvido o relator;

§ 5º O relator e o revisor encaminharão aos demais desembargadores os votos e manifestações referentes aos processos incluídos em pauta ou levados em mesa, por meio digital, até três dias antes da respectiva sessão, e, não havendo pedidos de sustentação oral, de destaque para discussão, de esclarecimentos ou de vistas, ou pedido para que o julgamento se dê pelo sistema tradicional, os votos serão lançados em sistema digital, e o resultado proclamado virtualmente no subsistema *e-plenário;*

§ 6º As salas das sessões serão guarnecidas com monitores de vídeo para publicidade da votação virtual.

Art. 109. O representante do Ministério Público e os advogados das partes poderão solicitar a palavra, pela ordem, durante o julgamento, para, mediante intervenção sumária, esclarecer equívoco ou dúvida surgida em relação a fatos, documentos ou afirmações que influam ou possam influir no julgamento, limitando-se, porém, ao esclarecimento solicitado, sob pena de lhes ser cassada a palavra.

Parágrafo único. O requerimento deverá ser dirigido ao desembargador que estiver falando.

Art. 110. A questão preliminar suscitada no julgamento será decidida antes do mérito, deste não se conhecendo caso seja incompatível com a decisão, nos termos do art. 938 do Código de Processo Civil.

§ 1º Constatada a ocorrência de vício sanável, até mesmo aquele que possa ser conhecido de ofício, o relator determinará a realização ou a renovação do ato processual, no próprio Tribunal ou em primeiro grau de jurisdição, intimadas as partes;

§ 2º Rejeitada a preliminar ou se com ela não for incompatível a apreciação do mérito, seguir-se-ão discussão e julgamento da matéria principal, devendo sobre esta pronunciarem-se os juízes vencidos na preliminar, e também o Relator.

Art. 111. Julgar-se-á prejudicada a pretensão quando houver cessado sua causa determinante ou já tiver sido plenamente alcançada por outra via, judicial, ou não.

Art. 112. A pretensão será julgada sem objeto, se este houver desaparecido ou perecido.

Art. 113. O desembargador pedirá vista dos autos previamente pelo sistema eletrônico, ou no momento de ser convidado a votar em sessão, devendo retorná-los a julgamento dentro de dez dias, no máximo, contados do dia de pedido, prosseguindo-se o julgamento na primeira sessão subsequente a esse prazo.

§ 1º Havendo mais de um pedido de vista, a preferência se dará pela ordem da chamada para votar;

§ 2º Se os autos não forem devolvidos tempestivamente ou se não for solicitada pelo desembargador prorrogação de prazo de, no máximo mais dez dias, o presidente os requisitará para continuidade do julgamento na sessão ordinária subsequente, devendo tal providência constar expressamente na respectiva pauta, com a necessária publicação;

§ 3º O feito retirado com vista permanecerá em pauta até que retorne a julgamento;

§ 4º O pedido de vista, que poderá ser formulado tanto em processos judiciais quanto administrativos, não impede que votem os desembargadores que se sintam habilitados a fazê-lo;

§ 5º Não se admitirá pedido de vista em assuntos em discussão, que não tenham processos formados. Se o desembargador não se encontrar habilitado a proferir o seu voto, terá direito ao adiamento do debate, nos limites dos prazos estabelecidos para o pedido de vista.

Art. 114. Quando se reencetar julgamento adiado, serão computados os votos proferidos pelos desembargadores ausentes, ainda que tenham deixado a jurisdição, e mesmo que o afastado seja o relator.

§ 1º Somente quando indispensável para decidir nova questão, surgida no julgamento, será dado substituto ao ausente, cujo voto então não se computará;

§ 2º Os juízes presentes poderão, todavia, modificar seus votos;

§ 3º No julgamento reencetado não tomará parte o desembargador que não houver assistido o relatório, salvo quando, faltando número, o relator renove o relatório e os advogados a sustentação oral. O julgador poderá, se se considerar apto, dispensar esses dois últimos atos;

§ 4º Aplica-se o disposto neste artigo aos embargos de declaração interpostos contra acórdão em julgamento reencetado.

Art. 115. Quando o resultado da apelação não for unânime, suspender-se-á o julgamento, remetendo-se o processo para sessão posterior a ser designada, da qual participarão os julgadores originários e os membros remanescentes da Câmara, em número suficiente para garantir a possibilidade de inversão do resultado inicial, assegurado às partes e a eventuais terceiros o direito de sustentar oralmente suas razões perante os novos julgadores.

§ 1º Sendo possível, o prosseguimento do julgamento dar-se-á na mesma sessão, colhendo-se os votos de outros julgadores que compõem a câmara;

§ 2º Até a proclamação do resultado final pelo presidente, os julgadores que já tiverem votado poderão rever seus votos por ocasião do prosseguimento do julgamento;

§ 3º O disposto neste artigo aplica-se ao julgamento não unânime proferido em agravo de instrumento, quando houver reforma da decisão que julgar parcialmente o mérito;

§ 4º Nas hipóteses em que a câmara não possuir número suficiente de julgadores, serão convocados os desembargadores que compõem a outra câmara, da mesma natureza, do Tribunal de Justiça, em número suficiente para garantir a possibilidade de inversão do resultado inicial, na ordem decrescente de antiguidade.

Art. 116. Na decisão não unânime proferida em ação rescisória, quando o resultado for a rescisão da sentença, os autos serão remetidos ao Tribunal Pleno, onde ocorrerá a continuidade do

RESOLUÇÃO N. 104 DE 21 DE JUNHO DE 2018 — ART. 131

julgamento, observando-se o disposto nos parágrafos do art. 115, no que couber.

Art. 117. Sempre que o objeto da decisão puder ser decomposto em questões distintas, cada uma delas será votada separadamente.

§ 1º Quando, no julgamento e em seu reencetamento houver questão global indecomponível, ou das questões distintas, se formarem mais de duas opiniões, sem que nenhuma delas alcance a maioria exigida, proceder-se-á na forma seguinte:

I – nos feitos cíveis, prevalecerá o voto médio, que se apurará mediante votações sucessivas, das quais serão obrigados a participar todos os desembargadores que houverem tomado parte no julgamento. Serão submetidas a votação, em primeiro lugar, duas quaisquer das soluções. Destas, a que for vencida considerar-se-á eliminada, devendo a vencedora ser submetida novamente ao Tribunal com uma das demais; e assim, colocando sempre em votação a solução preferida e outra das restantes, se procederá até que só fiquem duas, das quais se haverá como adotada, mediante o voto médio, a que reunir maior número de votos, considerando-se vencidos os votos contrários;

II – tratando-se de determinação de valor ou quantidade, o resultado do julgamento será expresso pela média aritmética, isto é, pelo quociente da divisão da soma dos diversos valores ou quantidades pelo número de desembargadores que os houver determinado;

III – em processo penal, se, havendo votos pela absolvição, divergir a maioria que condena, porque alguns dos desembargadores determinam desde logo o valor ou quantidade, enquanto outros mandem liquidar na execução, prevalecerá, entre essas duas correntes, a maioria relativa ou, no caso de empate, a que fixar desde logo o valor ou a quantidade;

IV – também nos feitos criminais, formando-se mais de duas opiniões acerca da pena aplicável, sem que nenhuma delas alcance a maioria, os votos pela aplicação da pena mais grave serão reunidos aos dados para a imediatamente inferior e assim por diante, até constituir-se a maioria.

§ 2º Não será motivo de adiamento da sessão a divergência verificada por ocasião da votação;

§ 3º Não havendo disposição em contrário, as deliberações serão tomadas por maioria simples ou relativa.

Art. 118. Ocorrendo empate, em julgamento de matéria criminal, o presidente, se não participou da votação, proferirá o voto do desempate; se houver participado, prevalecerá a decisão que mais favoreça o réu.

Art. 119. Em matéria cível, observar-se-ão as seguintes regras:

I – nas ações rescisórias, havendo empate no julgamento do mérito, a ação será julgada improcedente;

II – nos embargos e agravos de decisões dos presidentes e relatores, ocorrendo empate, prevalecerá a decisão recorrida.

Art. 120. O julgamento, uma vez iniciado, ultimar-se-á na mesma sessão, salvo motivo superior.

Art. 121. Proclamado pelo presidente o resultado da votação, os desembargadores poderão, na mesma sessão, retificar ou modificar os seus votos enquanto não iniciado o julgamento seguinte.

Parágrafo único. Se, ao conferir o acórdão, o relator verificar equívocos na apuração dos votos, proclamação do resultado ou erro material, poderá levantar questão de ordem para retificação do equívoco na sessão imediatamente subsequente em que participar.

Art. 122. Proferido o julgamento, o presidente anunciará o seu resultado, que será consignado no extrato da ata referente ao processo.

Art. 123. Não se conhecendo da apelação criminal, por ser o caso de recurso em sentido estrito, os autos baixarão à instância inferior para que o juiz mantenha ou reforme a decisão recorrida.

Parágrafo único. Mantida a decisão recorrida, os autos voltarão ao presidente do Tribunal para nova distribuição, que será feita ao mesmo relator.

Art. 124. Tomando-se a apelação por agravo, adotar-se-á, pelo mesmo relator, o procedimento estabelecido no Código de Processo Civil, após as devidas anotações na distribuição.

Art. 125. Não se conhecendo de agravo ou de recurso em sentido estrito, por ser o caso de apelação, esta será processada e julgada na forma da lei, retificada a distribuição anterior.

Capítulo VIII
DOS ACÓRDÃOS

Art. 126. As decisões dos órgãos do Tribunal terão a forma de acórdão, lavrado e assinado eletronicamente pelo relator, ou por outro desembargador designado.

§ 1º Vencido o relator, o prolator do primeiro voto vencedor redigirá o acórdão;

§ 2º O acórdão será redigido em meio eletrônico, com fonte *times new roman* 12, exclusivamente na cor preta, com expressões em latim ou em outro idioma grafadas em itálico, quando não incorporadas ao idioma português oficial, espaço simples entre linhas, sem sublinhados, tachados, bordas ou destaques, utilizando-se caixa alta para o cabeçalho e indexação da ementa, cujo conteúdo deverá ser capitulado, quando possível, para melhor compreensão do julgamento;

§ 3º O acórdão conterá o nome das partes e dos seus advogados, do representante do Ministério Público e do relator do processo, a ementa do julgado, o extrato da ata com o fundamento e demais informações sobre o julgamento, o resultado proclamado pelo presidente, o nome dos desembargadores que dele participaram, e a síntese dos seus votos, quando divergentes;

§ 4º Integrarão o acórdão o relatório, o voto do relator e os votos lançados pelos demais desembargadores;

§ 5º O acórdão assinado eletronicamente pelo relator será publicado no Sistema Processual Eletrônico do Tribunal de Justiça do Tocantins e também no Diário da Justiça eletrônico, quando não houver advogado de alguma das partes ou interessados cadastrados nos autos.

Art. 127. O acórdão será juntado aos autos no prazo de dez dias corridos, contando-se do dia útil seguinte ao da sessão de julgamento, salvo motivo de força maior.

§ 1º Ao desembargador vencido, ou que houver protestado por declaração de voto escrito, a Secretaria fará conclusão dos autos, logo após a sessão de julgamento, sendo permitido aos demais vencidos, após apresentação daquele voto, subscrevê-lo, se concordarem com seus fundamentos;

§ 2º As inexatidões materiais, devidas a lapso manifesto, ou os erros de escrita ou de cálculo, poderão ser corrigidos por despacho do relator, *ex officio*, ou a requerimento de qualquer das partes, até a publicação do acórdão.

Art. 128. O acórdão, com a respectiva ementa, será remetido ao órgão oficial, dentro de 48 horas, para a devida publicação.

Art. 129. As decisões nos feitos administrativos não distribuídos serão registradas na ata e certificadas nos autos pelo secretário da sessão.

Art. 130. A Corregedoria Geral, com o auxílio da Seção de Estatísticas, extrairá, no Sistema Processual Eletrônico do Tribunal de Justiça do Tocantins, até o dia cinco do mês seguinte ao vencido, os dados estatísticos sobre os trabalhos do Tribunal Pleno, da Câmara Criminal e da Câmara Cível, no mês anterior.

Capítulo IX
DAS AUDIÊNCIAS

Art. 131. Nos processos de competência originária do Tribunal, as audiências serão presididas pelo respectivo relator.

§ 1º Quando preenchidos os requisitos da petição inicial e não for o caso de improcedência liminar do pedido, o relator designará audiência de conciliação nos termos do artigo 334[29] e parágrafos do Código de Processo Civil;

---

29. Art. 334. Se a petição inicial preencher os requisitos essenciais e não for o caso de improcedência liminar do pedido, o juiz designará audiência de conciliação ou de mediação com antecedência mínima de 30 (trinta) dias, devendo ser citado o réu com pelo menos 20 (vinte) dias de antecedência.

§ 1º O conciliador ou mediador, onde houver, atuará necessariamente na audiência de conciliação ou de mediação, observando o disposto neste Código, bem como as disposições da lei de organização judiciária;

§ 2º Poderá haver mais de uma sessão destinada à conciliação e à mediação, não podendo exceder a 2 (dois) meses da data de realização da primeira sessão, desde que necessárias à composição das partes;

§ 3º A intimação do autor para a audiência será feita na pessoa de seu advogado;

§ 4º A audiência não será realizada:

I – se ambas as partes manifestarem, expressamente, desinteresse na composição consensual;

II – quando não se admitir a autocomposição.

§ 5º O autor deverá indicar, na petição inicial, seu desinteresse na autocomposição, e o réu deverá fazê-lo, por petição, apresentada com 10 (dez) dias de antecedência, contados da data da audiência.

§ 6º Havendo litisconsórcio, o desinteresse na realização da audiência deve ser manifestado por todos os litisconsortes;

§ 7º A audiência de conciliação ou de mediação pode realizar-se por meio eletrônico, nos termos da lei;

§ 8º O não comparecimento injustificado do autor ou do réu à audiência de conciliação é considerado ato atentatório à dignidade da justiça e será sancionado com multa de até dois por cento da vantagem econômica pretendida ou do valor da causa, revertida em favor da União ou do Estado;

ART. 132 NORMAS PARA A ATIVIDADE EXTRAJUDICIAL DO ESTADO DO TOCANTINS

§ 2° As audiências serão realizadas em dia, lugar e hora designados pelo desembargador a quem couber a presidência do ato;

§ 3° A audiência não será realizada se ambas as partes manifestarem expressamente desinteresse na composição consensual ou quando não se admitir a autocomposição;

§ 4° As audiências serão públicas, salvo nos casos previstos em lei ou quando o interesse da Justiça determinar o contrário.

Art. 132. Os atos da instrução prosseguirão somente com a assistência do advogado, se o constituinte se portar inconvenientemente.

Art. 133. Respeitada a prerrogativa dos advogados e membros do Ministério Público, nenhum dos presentes se dirigirá ao presidente da audiência sem a sua licença.

Art. 134. Só deixará de se realizar a audiência se não comparecer o seu presidente ou seu substituto imediato.

Parágrafo único. Se, até 30 minutos após a hora marcada, o presidente ou seu substituto imediato não houverem comparecido, os presentes poderão retirar-se, devendo o ocorrido constar de termo nos autos, ou na ata respectiva.

Art. 135. Da audiência, será lavrada ata circunstanciada.

§ 1° O interessado, mediante petição dirigida ao presidente da sessão, poderá reclamar contra erro contido em ata, dentro de 48 horas, contadas da disponibilização no Sistema Processual Eletrônico do Tribunal de Justiça do Tocantins;

§ 2° A reclamação não suspenderá o prazo para recurso; se acolhida, restituir-se-ão os dias que faltarem para a complementação.

Capítulo X
DO NOTICIÁRIO DO EXPEDIENTE

Art. 136. Estão sujeitos à publicação no Diário da Justiça, para efeito de intimação nos processos administrativos e judiciais, os seguintes atos:

I – o relatório eletrônico diário da distribuição;

II – a pauta de julgamento;

III – a intimação para advogados se cadastrarem no Sistema Processual Eletrônico do Tribunal de Justiça do Tocantins.

§ 1° Nos processos administrativos, a publicação poderá ser substituída pela intimação direta às partes ou aos seus procuradores;

§ 2° Nenhuma publicação se fará durante as férias forenses, para efeito de citação ou intimação, observado o disposto no artigo 214[30] do Código de Processo Civil.

---

§ 9° As partes devem estar acompanhadas por seus advogados ou defensores públicos;

§ 10. A parte poderá constituir representante, por meio de procuração específica, com poderes para negociar e transigir;

§ 11. A autocomposição obtida será reduzida a termo e homologada por sentença;

§ 12. A pauta das audiências de conciliação ou de mediação será organizada de modo a respeitar o intervalo mínimo de 20 (vinte) minutos entre o início de uma e o início da seguinte.

30. Art. 214. Durante as férias forenses e nos feriados, não se praticarão atos processuais, excetuando-se:

TÍTULO IV
DOS PROCESSOS E RECURSOS
Capítulo I
DO CONFLITO DE COMPETÊNCIA E DE ATRIBUIÇÕES

Art. 137. O conflito de competência poderá ocorrer entre autoridades judiciárias e o de atribuições, entre estas e as administrativas.

Parágrafo único. Dar-se-á o conflito nos casos previstos em lei.

Art. 138. O conflito pode ser suscitado pela parte interessada, pelo Ministério Público, ou por qualquer das autoridades conflitantes.

Art. 139. Poderá o relator, de ofício, ou a requerimento de qualquer das partes, determinar, quando o conflito for positivo, seja sobrestado o processo pelo prazo máximo de noventa dias e, em qualquer caso, bem assim no de conflito negativo, designar um dos órgãos para resolver, em caráter provisório, as medidas urgentes.

Art. 140. Sempre que necessário, o relator mandará ouvir as autoridades em conflito, no prazo de dez dias.

Art. 141. O relator poderá, liminarmente, decidir o conflito de competência, quando sua decisão se fundar em:

I – súmula do Supremo Tribunal Federal, do Superior Tribunal de Justiça ou do próprio Tribunal;

II – tese firmada em julgamento de casos repetitivos ou em incidente de assunção de competência

Parágrafo único. Cabe agravo interno da decisão que, liminarmente, decidir o conflito de competência.

Art. 142. Prestadas, ou não, as informações, o relator dará vista dos autos ao procurador-geral de justiça, nos casos do art. 178[31] do Código de Processo Civil, por quinze dias, e, a seguir, apresentá-lo-á, em mesa, para julgamento.

Art. 143. A decisão será disponibilizada no Sistema Processual Eletrônico do Tribunal de Justiça do Tocantins no bojo dos autos do conflito suscitado, e serão informadas de seu teor as autoridades contra as quais tiver sido levantado o conflito ou que o houverem suscitado.

Art. 144. O presidente poderá determinar o imediato cumprimento da decisão, lavrando-se posteriormente o acórdão.

Art. 145. No caso de conflito entre relatores, Turmas ou Câmaras, feita a distribuição, proceder-se-á, no que couber, na forma estabelecida no presente Capítulo.

I – os atos previstos no art. 212, § 2°;

II – a tutela de urgência.

31. Art. 178. O Ministério Público será intimado para, no prazo de 30 (trinta) dias, intervir como fiscal da ordem jurídica nas hipóteses previstas em lei ou na Constituição Federal e nos processos que envolvam:

I – interesse público ou social;

II – interesse de incapaz;

III – litígios coletivos pela posse de terra rural ou urbana.

Parágrafo único. A participação da Fazenda Pública não configura, por si só, hipótese de intervenção do Ministério Público.

Capítulo II
DA AÇÃO DIRETA DE INCONSTITUCIONALIDADE

Art. 146. O julgamento da ação direta de inconstitucionalidade de que trata o inciso I[32] do § 1° do art. 48 da Constituição do Estado do Tocantins, com ou sem exame de mérito, será sempre de atribuição exclusiva do Tribunal Pleno (art. 7°, I, "a").

§ 1° Proposta a ação, não se admitirá a desistência;

§ 2° Não se admitirá assistência a nenhuma das partes;

§ 3° Prestadas, ou não, no prazo de trinta dias, as informações solicitadas, os autos serão enviados à Procuradoria Geral de Justiça, que deverá se manifestar no prazo de quinze dias;

§ 4° A inconstitucionalidade de que prevê o *caput* deste artigo, somente será declarada por decisão da maioria absoluta dos membros do Tribunal, exigindo-se, para a instalação da sessão de julgamento, a presença de, pelo menos, oito de seus integrantes;

§ 5° Não atingido o quórum necessário para deliberação, o julgamento será suspenso, para concluir-se na sessão seguinte, indicando-se, na minuta, os votos que ainda devam ser colhidos.

Art. 147. Se houver pedido de medida cautelar para suspensão liminar do ato impugnado, presente relevante interesse de ordem pública, o relator poderá submeter a matéria a julgamento na primeira sessão seguinte do Tribunal Pleno, dispensada a publicação de pauta.

§ 1° A decisão concessiva ou denegatória de pedido cautelar, se e quando requerido, para sua eficácia, somente será proferida em Plenário, pelo relator, mediante deliberação do Tribunal Pleno;

§ 2° Se o relator entender que a decisão da espécie é urgente, em face de relevante interesse de ordem pública, poderá requerer ao presidente do Tribunal a convocação extraordinária do Tribunal Pleno.

Art. 148. Decidido o pedido liminar ou na ausência deste, o relator determinará a notificação da(s) autoridade(s) responsável(eis) pelo ato impugnado, a fim de que, no prazo de trinta dias, apresentem as informações solicitadas;

§ 1° Decorrido o prazo previsto no *caput*, os autos serão enviados à Procuradoria Geral de Justiça, que deverá se manifestar no prazo de quinze dias;

§ 2° O relator, considerando a relevância da matéria, a especificidade do tema objeto da demanda ou a repercussão social da controvérsia, poderá, por decisão, de ofício ou a requerimento das partes ou de quem pretenda manifestar-se,

---

32. Art. 48. Compete privativamente ao Tribunal de Justiça:

§ 1° Compete ao Tribunal de Justiça, além de outras atribuições previstas nesta Constituição, processar e julgar, originariamente:

I – a ação direta de inconstitucionalidade de Lei ou ato normativo estadual ou municipal, em face da Constituição do Estado, legitimados para sua propositura as partes indicadas no art. 103 da Constituição Federal e seus equivalentes nos municípios, e ações cautelares de qualquer natureza contra atos das autoridades que originariamente são jurisdicionados ao Tribunal de Justiça.

288

solicitar ou admitir a participação de *amicus curiae*;

§ 3º Será irrecorrível a decisão que deferir a participação do *amicus curiae*, e recorrível a decisão que a indeferir.

Art. 149. No julgamento será facultado ao autor, ao procurador da autoridade responsável pelo ato impugnado, ao procurador-geral do Estado, quando intervir, ao procurador-geral de Justiça e ao *amicus curie*, quando admitido, a sustentação oral de suas razões, durante 15 minutos, seguindo-se a votação.

Art. 150. A inconstitucionalidade prevista no *caput* deste artigo, somente será declarada por decisão da maioria absoluta dos membros do Tribunal, exigindo-se, para a instalação da sessão de julgamento, a presença de, pelo menos, oito de seus integrantes.

Parágrafo único. Não atingido o quórum necessário para deliberação, o julgamento será suspenso, para concluir-se na sessão seguinte, indicando-se, na minuta, os votos que ainda devam ser colhidos.

Capítulo III
DA DECLARAÇÃO INCIDENTAL DE INCONSTITUCIONALIDADE

Art. 151. Se, perante qualquer dos órgãos do Tribunal, for arguida por desembargador, pelo órgão do Ministério Público ou por alguma das partes, a inconstitucionalidade de lei ou ato normativo do poder público, proceder-se-á conforme o disposto nos arts. 948[33] e seguintes do Código de Processo Civil, observadas as disposições do Capítulo II deste Regimento, no que lhes for aplicável.

Art. 152. Será declarada a inconstitucionalidade, nas condições previstas nos arts. 146 e seguintes deste Regimento.

Art. 153. A decisão que declarar a inconstitucionalidade ou rejeitar a arguição será de aplicação obrigatória para todos os órgãos do Tribunal.

§ 1º Na hipótese deste artigo, enviar-se-á cópia da decisão aos demais órgãos julgadores do Tribunal de Justiça, ao Ministério Público Estadual, ao Conselho Seccional da Ordem dos Advogados do Brasil e, caso se tenha declarado a inconstitucionalidade de lei ou ato normativo municipal, à Assembleia Legislativa, para o fim previsto no art. 19, inciso XVII,[34] da Constituição Estadual;

§ 2º Qualquer órgão julgador, por motivo relevante, reconhecido pela maioria de seus membros, poderá provocar novo pronunciamento do Tribunal, salvo se a Assembleia Legislativa já houver suspendido a execução da lei ou ato normativo declarado inconstitucional.

---

33. Art. 948. Arguida, em controle difuso, a inconstitucionalidade de lei ou de ato normativo do poder público, o relator, após ouvir o Ministério Público e as partes, submeterá a questão à turma ou à câmara à qual competir o conhecimento do processo.

34. Art. 19. É de competência privativa da Assembleia Legislativa:

XVII – suspender, no todo ou em parte, a execução de lei estadual ou municipal, declarada inconstitucional por decisão definitiva do Supremo Tribunal Federal ou Tribunal de Justiça, conforme o caso.

Capítulo IV
DA REQUISIÇÃO DE INTERVENÇÃO FEDERAL NO ESTADO

Art. 154. O pedido para que o Tribunal de Justiça requisite intervenção federal no Estado será dirigido ao presidente, acompanhado de cópia da petição e dos documentos.

§ 1º Estando devidamente instruído, será o pedido distribuído a um relator e, em caso contrário, indeferido pelo presidente, em decisão recorrível por agravo interno;

§ 2º O relator solicitará informações à autoridade ou autoridades apontadas na inicial, para que as prestem em dez dias;

§ 3º Apresentadas as informações ou esgotado o respectivo prazo, o relator levará o feito a julgamento na primeira sessão do Tribunal Pleno;

§ 4º A decisão do Tribunal será tomada por maioria absoluta dos seus membros, votando, na ordem comum, o presidente e o corregedor-geral.

Art. 155. O Tribunal Pleno, por proposta de qualquer de seus membros, poderá, de ofício, promover a requisição de intervenção federal, nos casos previstos na Constituição Federal.

Parágrafo único. A proposta será apresentada, se conveniente, em sessão secreta.

Art. 156. O presidente do Tribunal tomará as providências oficiais que lhe parecerem adequadas, para remover a causa da intervenção federal.

Art. 157. Se aprovado, o pedido de intervenção deverá ser encaminhado ao Supremo Tribunal Federal, no prazo de 48 horas.

Capítulo V
DA INTERVENÇÃO DO ESTADO NOS MUNICÍPIOS

Art. 158. A representação do procurador-geral de justiça, nos casos de intervenção do Estado nos Municípios, que dependa de decisão do Tribunal, será dirigida ao presidente.

§ 1º O relator designado solicitará informações, no prazo de dez dias, à autoridade municipal, encaminhando-lhe a cópia da representação e cópia dos documentos que a acompanharem;

§ 2º Com as informações ou, findo o prazo, sem elas, o relator levará o pedido a julgamento na primeira sessão do Tribunal Pleno, que decidirá, por maioria absoluta de votos.

Art. 159. Provida a representação, o presidente requisitará ao governador do Estado a expedição do decreto.

Capítulo VI
DO *HABEAS CORPUS*

Art. 160. Recebido o *habeas corpus*, o relator requisitará informações à autoridade indicada como coatora, fixando-lhe o prazo máximo de dez dias para prestá-las, podendo ainda:

I – deferir, *in limine*, a ordem, determinando a expedição de alvará de soltura ou salvo-conduto, conforme o caso, comunicando-se, imediatamente, à autoridade coatora para seu pronto cumprimento;

II – sendo relevante a matéria, nomear defensor público ou advogado para acompanhar e defen-

der oralmente o pedido, se o impetrante não for diplomado em Direito;

III – ordenar diligências necessárias à instrução do pedido, se a deficiência não for imputável ao impetrante;

IV – se convier, ouvir o paciente, determinando sua apresentação à sessão de julgamento;

V – expedir ordem de *habeas corpus*, quando, no curso de qualquer processo, verificar que alguém se encontra na situação de constrangimento ilegal na sua liberdade de locomoção.

Art. 161. Instruído o processo e ouvido o Ministério Público, em dois dias, o relator colocará o feito em mesa na primeira sessão do órgão julgador, podendo, entretanto, adiar o julgamento para a sessão seguinte.

Parágrafo único. Na falta de parecer escrito do Ministério Público, seu pronunciamento, na sessão de julgamento, será obrigatório.

Art. 162. A decisão concessiva de *habeas corpus* será imediatamente comunicada à autoridade coatora, a quem couber cumpri-la, anexando-se cópia digital do acórdão ao processo originário.

§ 1º A comunicação, mediante ofício ou telegrama, bem como o alvará de soltura ou salvo-conduto, serão firmados pelo presidente do Tribunal ou do órgão que tiver concedido a ordem;

§ 2º Na hipótese de anulação do processo, deve o juiz aguardar o recebimento da cópia digital do acórdão para o efeito de renovação dos atos processuais.

Art. 163. Ordenada a soltura do paciente em virtude de *habeas corpus*, a autoridade que, por má-fé ou evidente abuso de poder tiver determinado a coação, será condenada nas custas, remetendo-se ao Ministério Público, em caso de crime doloso, o traslado das peças necessárias à propositura da ação penal.

Art. 164. O carcereiro ou o diretor da prisão, o escrivão, o oficial de justiça, ou a autoridade judiciária, policial ou militar, que por qualquer forma embaraçarem ou procrastinarem o processamento, a concessão ou execução do *habeas corpus*, serão multados na forma da legislação processual, sem prejuízo de outras sanções penais ou administrativas.

Art. 165. Havendo desobediência ou retardamento abusivo no cumprimento da ordem de *habeas corpus*, por parte do detentor ou carcereiro, o presidente do Tribunal ou do órgão que a concedeu expedirá mandado de prisão contra o desobediente e oficiará ao Ministério Público, a fim de que promova a ação penal.

Parágrafo único. Na hipótese deste artigo, o Tribunal ou seu presidente tomará as providências necessárias ao cumprimento da decisão, com emprego dos meios legais cabíveis, e determinará, se necessário, a apresentação do paciente ao relator ou a juiz por ele designado.

Art. 166. A fiança concedida pelo Tribunal, em virtude de *habeas corpus*, será processada pelo relator, a menos que este delegue a atribuição a outro magistrado.

Art. 167. Se, pendente o processo de *habeas corpus*, cessar a coação, julgar-se-á prejudicado o pedido, podendo, porém, o Tribunal declarar a ilegalidade do ato e tomar as providências cabíveis para a punição do responsável.

ART. 168 — NORMAS PARA A ATIVIDADE EXTRAJUDICIAL DO ESTADO DO TOCANTINS

Art. 168. Quando o pedido for manifestamente incabível, ou for manifesta a incompetência do Tribunal para dele tomar conhecimento originariamente, ou for reiteração de outro com os mesmos fundamentos, o relator o indeferirá liminarmente.

Capítulo VII
DO MANDADO DE SEGURANÇA

Art. 169. A petição inicial de mandado de segurança, cujo conhecimento for da competência originária do Tribunal, deverá conter a indicação precisa da autoridade a quem se atribui o ato impugnado, além de preencher os requisitos estabelecidos pela lei do mandado de segurança e legislação processual.

Art. 170. Compete ao relator:

I – requisitar, preliminarmente, por ofício, a exibição do documento, em original ou por cópia, no prazo de dez dias, se o impetrante afirmar que o documento necessário à prova de suas alegações se acha em repartição ou estabelecimento público, ou em poder de autoridade que lhe recuse certidão. Se a autoridade indicada pelo impetrante for a coatora, a requisição se fará no próprio instrumento da notificação. Exibido o documento, a Secretaria do Tribunal mandará extrair cópias digitais em número necessário à instrução do pedido;

II – requisitar o processo administrativo relacionado com o ato impugnado, e, nesse caso, recebido o processo, mandar extrair, às expensas do impetrante, cópias digitais de suas peças para juntada aos autos, após, será o processo devolvido à repartição de origem, no prazo de trinta dias;

III – representar contra o funcionário que não atender à requisição do documento no prazo marcado ou que não justificar essa omissão, desde que ocorra qualquer das hipóteses previstas em lei;

IV – ordenar:

a) que se notifique a autoridade coatora, disponibilizando-lhe a consulta dos autos no Sistema Processual Eletrônico do Tribunal de Justiça do Tocantins, fornecendo-lhe o número e a chave do processo, se for o caso, a fim de que, no prazo de dez dias, preste as informações que achar necessárias;

b) que se suspenda a execução do ato que deu motivo ao pedido quando relevante o fundamento deste e do ato impugnado puder resultar a ineficiência da medida, caso seja deferida.

Art. 171. A Secretaria fará juntar aos autos a cópia do ofício expedido e a prova da entrega do original ao destinatário, ou da recusa deste em recebê-lo.

Parágrafo único. A recusa será certificada, circunstancialmente, pelo servidor encarregado da diligência.

Art. 172. Prestadas as informações ou decorrido o respectivo prazo, será ouvido o representante do Ministério Público, dentro de dez dias; em seguida, o relator pedirá dia para julgamento.

Art. 173. A concessão ou a denegação de segurança será, imediatamente, comunicada à autoridade apontada como coatora, independentemente de conferência do respectivo acórdão.

Art. 174. O julgamento de processo de mandado de segurança não se suspende, salvo motivo de força maior devidamente comprovado.

Art. 175. Quando a impetração de mandado de segurança for contra ato do Tribunal ou Câmara, ao respectivo presidente competirá prestar as informações, ouvido o relator, se necessário. Figurando na condição de impetrado o relator de qualquer das Turmas, as informações serão de sua competência.

Capítulo VIII
DO MANDADO DE INJUNÇÃO E DO HABEAS DATA

Art. 176. O mandado de injunção terá seu processo iniciado por petição que preencherá os requisitos previstos na lei processual civil, devendo o autor indicar a autoridade competente que se omitiu na elaboração da norma regulamentadora que torne viável o exercício dos direitos e liberdades constitucionais e das prerrogativas inerentes à nacionalidade, à soberania e à cidadania.

Art. 177. Se for manifesta a incompetência do Tribunal ou se a petição inicial não atender aos requisitos legais, poderá o relator indeferir, desde logo, o pedido, em decisão recorrível por agravo interno.

Art. 178. Ao despachar a inicial, o relator mandará ouvir a autoridade nela indicada a fim de que preste as informações no prazo de dez dias.

Parágrafo único. Concedida a liminar e verificando o relator tratar-se de situação emergencial, poderá, por decisão motivada, determinar o pronto cumprimento da ordem, caso não verse a matéria sobre a liberação de valores, mantendo os seus efeitos, uma vez referendada.

Art. 179. Transcorrido o prazo previsto no artigo anterior, serão os autos encaminhados ao Ministério Público.

Art. 180. Julgado procedente o pedido, será disponibilizado o acórdão à autoridade competente.

Art. 181. Aplicam-se ao mandado de injunção, no que couber, as normas processuais da legislação específica do mandado de segurança.

Art. 182. No *habeas data* da competência originária do Tribunal de Justiça, o processo e o rito procedimental observarão o disposto na legislação específica.

Art. 183. A petição inicial deverá preencher os requisitos estabelecidos na legislação processual pertinente, devendo ser indicada a autoridade coatora que se nega a fornecer suas informações constantes de registros ou bancos de dados de entidades governamentais ou de caráter público, ou dos dados que deseja retificar.

Art. 184. A inicial será desde logo indeferida, quando não for o caso de *habeas data* ou se lhe faltar algum dos requisitos legais, em decisão recorrível por agravo interno.

Art. 185. Ao despachar a inicial, o relator mandará ouvir a autoridade indicada na inicial a fim de que preste informações, no prazo de dez dias.

Art. 186. Transcorrido o prazo assinalado no artigo anterior, com ou sem as informações, os autos serão encaminhados ao Ministério Público que emitirá parecer.

Parágrafo único. Devolvidos os autos, o relator deverá pedir dia e submetê-lo a julgamento na primeira sessão subsequente.

Art. 187. Julgado procedente o pedido, será disponibilizado o acórdão à autoridade coatora.

Art. 188. Aplicam-se ao *habeas data*, no que couber, as normas processuais da legislação específica do mandado de segurança.

Capítulo IX
DA AÇÃO PARA A PERDA DO CARGO DE MAGISTRADO

Art. 189. À ação para a perda do cargo de magistrado aplicar-se-ão as disposições relativas às ações penais originárias.

Capítulo X
DA AÇÃO PENAL ORIGINÁRIA

SEÇÃO I
DA ACUSAÇÃO E DA INSTRUÇÃO

Art. 190. A acusação e a instrução, nos processos das ações penais originárias do Tribunal, obedecerão ao rito previsto em lei específica e no Código de Processo Penal (arts. 1º a 11[35]

---

35. Art. 1º Nos crimes de ação penal pública, o Ministério Público terá o prazo de quinze dias para oferecer denúncia ou pedir arquivamento do inquérito ou das peças informativas.

§ 1º Diligências complementares poderão ser deferidas pelo relator, com interrupção do prazo deste artigo;

§ 2º Se o indiciado estiver preso:

a) o prazo para oferecimento da denúncia será de cinco dias;

b) as diligências complementares não interromperão o prazo, salvo se o relator, ao deferi-las, determinar o relaxamento da prisão.

§ 3º Não sendo o caso de arquivamento e tendo o investigado confessado formal e circunstanciadamente a prática de infração penal sem violência ou grave ameaça e com pena mínima inferior a 4 (quatro) anos, o Ministério Público poderá propor acordo de não persecução penal, desde que necessário e suficiente para a reprovação e prevenção do crime, nos termos do art. 28-A do Decreto-Lei n. 3.689, de 3 de outubro de 1941 (Código de Processo Penal).

Art. 2º O relator, escolhido na forma regimental, será o juiz da instrução, que se realizará segundo o disposto neste capítulo, no Código de Processo Penal, no que for aplicável, e no Regimento Interno do Tribunal.

Parágrafo único. O relator terá as atribuições que a legislação processual confere aos juízes singulares.

Art. 3º Compete ao relator:

I – determinar o arquivamento do inquérito ou de peças informativas, quando o requerer o Ministério Público, ou submeter o requerimento à decisão competente do Tribunal;

II – decretar a extinção da punibilidade, nos casos previstos em lei.

III – convocar desembargadores de Turmas Criminais dos Tribunais de Justiça ou dos Tribunais Regionais Federais, bem como juízes de varas criminais da Justiça dos Estados e da Justiça Federal, pelo prazo de 6 (seis) meses, prorrogável por igual período, até o máximo de 2 (dois) anos, para a realização do interrogatório e de outros atos da instrução, na sede do tribunal ou no local onde se deva produzir o ato.

Art. 4º Apresentada a denúncia ou a queixa ao Tribunal, far-se-á a notificação do acusado para oferecer resposta no prazo de quinze dias.

§ 1º Com a notificação, serão entregues ao acusado cópia da denúncia ou da queixa, do despacho do relator e dos documentos por este indicados;

RESOLUÇÃO N. 104 DE 21 DE JUNHO DE 2018 **ART. 196**

da Lei n. 8.038, de 1990, com a alteração promovida pelo art. 400[36] do Código de Processo Penal).

Parágrafo único. Nas ações penais originárias serão observadas as determinações constan-

tes dos artigos 76[37], 88[38], 89[39] e 91[40], da Lei n. 9.099, de 1995, quando couber, submetendo à apreciação do Órgão competente.

---

37. Art. 76. Havendo representação ou tratando-se de crime de ação penal pública incondicionada, não sendo caso de arquivamento, o Ministério Público poderá propor a aplicação imediata de pena restritiva de direitos ou multas, a ser especificada na proposta.

§ 1º Nas hipóteses de ser a pena de multa a única aplicável, o Juiz poderá reduzi-la até a metade;

§ 2º Não se admitirá a proposta se ficar comprovado:

I – ter sido o autor da infração condenado, pela prática de crime, à pena privativa de liberdade, por sentença definitiva;

II – ter sido o agente beneficiado anteriormente, no prazo de cinco anos, pela aplicação de pena restritiva ou multa, nos termos deste artigo;

III – não indicarem os antecedentes, a conduta social e a personalidade do agente, bem como os motivos e as circunstâncias, ser necessária e suficiente a adoção da medida.

§ 3º Aceita a proposta pelo autor da infração e seu defensor, será submetida à apreciação do Juiz;

§ 4º Acolhendo a proposta do Ministério Público aceita pelo autor da infração, o Juiz aplicará a pena restritiva de direitos ou multa, que não importará em reincidência, sendo registrada apenas para impedir novamente o mesmo benefício no prazo de cinco anos;

§ 5º Da sentença prevista no parágrafo anterior caberá a apelação referida no art. 82 desta Lei;

§ 6º A imposição da sanção de que trata o § 4º deste artigo não constará de certidão de antecedentes criminais, salvo para os fins previstos no mesmo dispositivo, e não terá efeitos civis, cabendo aos interessados propor ação cabível no juízo cível.

38. Art. 88. Além das hipóteses do Código Penal e da legislação especial, dependerá de representação a ação penal relativa aos crimes de lesões corporais leves e lesões culposas.

39. Art. 89. Nos crimes em que a pena mínima cominada for igual ou inferior a um ano, abrangidas ou não por esta Lei, o Ministério Público, ao oferecer a denúncia, poderá propor a suspensão do processo, por dois a quatro anos, desde que o acusado não esteja sendo processado ou não tenha sido condenado por outro crime, presentes os demais requisitos que autorizariam a suspensão condicional da pena (art. 77 do Código Penal).

§ 1º Aceita a proposta pelo acusado e seu defensor, na presença do Juiz, este, recebendo a denúncia, poderá suspender o processo, submetendo o acusado a período de prova, sob as seguintes condições:

I – reparação do dano, salvo impossibilidade de fazê-lo;

II – proibição de frequentar determinados lugares;

III – proibição de ausentar-se da comarca onde reside, sem autorização do Juiz;

IV – comparecimento pessoal e obrigatório a juízo, mensalmente, para informar e justificar suas atividades.

§ 2º O Juiz poderá especificar outras condições a que fica subordinada a suspensão, desde que adequadas ao fato e à situação pessoal do acusado;

§ 3º A suspensão será revogada se, no curso do prazo, o beneficiário vier a ser processado por outro crime ou não efetuar, sem motivo justificado, a reparação do dano;

§ 4º A suspensão poderá ser revogada se o acusado vier a ser processado, no curso do prazo, por contravenção, ou descumprir qualquer outra condição imposta;

§ 5º Expirado o prazo sem revogação, o Juiz declarará extinta a punibilidade;

§ 6º Não correrá a prescrição durante o prazo de suspensão do processo;

§ 7º Se o acusado não aceitar a proposta prevista neste artigo, o processo prosseguirá em seus ulteriores termos.

40. Art. 91. Nos casos em que esta Lei passa a exigir representação para a propositura da ação penal pública, o ofendido ou seu representante legal será intimado para oferecê-la no prazo de trinta dias, sob pena de decadência.

---

§ 2º Se desconhecido o paradeiro do acusado, ou se este criar dificuldades para que o oficial cumpra a diligência, proceder-se-á a sua notificação por edital, contendo o teor resumido da acusação, para que compareça ao Tribunal, em cinco dias, onde terá vista dos autos pelo prazo de quinze dias, a fim de apresentar a resposta prevista neste artigo.

Art. 5º Se, com a resposta, forem apresentados novos documentos, será intimada a parte contrária para sobre eles se manifestar, no prazo de cinco dias.

Parágrafo único. Na ação penal de iniciativa privada, será ouvido, em igual prazo, o Ministério Público.

Art. 6º A seguir, o relator pedirá dia para que o Tribunal delibere sobre o recebimento, a rejeição da denúncia ou da queixa, ou a improcedência da acusação, se a decisão não depender de outras provas.

§ 1º No julgamento de que trata este artigo, será facultada sustentação oral pelo prazo de quinze minutos, primeiro à acusação, depois à defesa;

§ 2º Encerrados os debates, o Tribunal passará a deliberar, determinando o Presidente as pessoas que poderão permanecer no recinto, observado o disposto no inciso II do art. 12 desta lei.

Art. 7º Recebida a denúncia ou a queixa, o relator designará dia e hora para o interrogatório, mandando citar o acusado ou querelado e intimar o órgão do Ministério Público, bem como o querelante ou o assistente, se for o caso.

Art. 8º O prazo para defesa prévia será de cinco dias, contado do interrogatório ou da intimação do defensor dativo.

Art. 9º A instrução obedecerá, no que couber, ao procedimento comum do Código de Processo Penal.

§ 1º O relator poderá delegar a realização do interrogatório ou de outro ato da instrução ao juiz ou membro de tribunal com competência territorial no local de cumprimento da carta de ordem;

§ 2º Por expressa determinação do relator, as intimações poderão ser feitas por carta registrada com aviso de recebimento.

Art. 10. Concluída a inquirição de testemunhas, serão intimadas a acusação e a defesa, para requerimento de diligências no prazo de cinco dias.

Art. 11. Realizadas as diligências, ou não sendo estas requeridas nem determinadas pelo relator, serão intimadas a acusação e a defesa para, sucessivamente, apresentarem, no prazo de quinze dias, alegações escritas.

§ 1º Será comum o prazo do acusador e do assistente, bem como o dos corréus;

§ 2º Na ação penal de iniciativa privada, o Ministério Público terá vista, por igual prazo, após as alegações das partes;

§ 3º O relator poderá, após as alegações escritas, determinar de ofício a realização de provas reputadas imprescindíveis para o julgamento da causa.

36. Art. 400. Na audiência de instrução e julgamento, a ser realizada no prazo máximo de 60 (sessenta) dias, proceder-se-á à tomada de declarações do ofendido, à inquirição das testemunhas arroladas pela acusação e pela defesa, nesta ordem, ressalvado o disposto no art. 222 deste Código, bem como aos esclarecimentos dos peritos, às acareações e ao reconhecimento de pessoas e coisas, interrogando-se, em seguida, o acusado.

§ 1º As provas serão produzidas numa só audiência, podendo o juiz indeferir as consideradas irrelevantes, impertinentes ou protelatórias;

§ 2º Os esclarecimentos dos peritos dependerão de prévio requerimento das partes.

Art. 191. O relator, escolhido na forma regimental, será o juiz da instrução, que se realizará segundo o disposto no Código de Processo Penal, no que for aplicável, e neste Regimento.

Parágrafo único. O relator terá as atribuições que a legislação processual confere aos juízes singulares.

Art. 192. Compete ao relator:

I – submeter o requerimento de arquivamento do inquérito ou das peças informativas, quando requerer o Ministério Público ao Tribunal Pleno;

II – decretar a extinção da punibilidade, nos casos previstos em lei.

Art. 193. Apresentada a denúncia ou a queixa ao Tribunal, far-se-á a notificação do acusado para oferecer resposta no prazo de quinze dias.

Parágrafo único. Se desconhecido o paradeiro do acusado, ou se criar ele dificuldades para que o oficial cumpra a diligência, proceder-se-á à sua notificação por edital, que conterá o teor resumido da acusação e assinará ao acusado prazo para comparecimento ao Tribunal.

Art. 194. Se, com a resposta do acusado, forem apresentados novos documentos, será intimada a parte contrária para sobre eles se manifestar, no prazo de cinco dias.

Parágrafo único. Na ação penal de iniciativa privada, será ouvido, em igual prazo, o Ministério Público.

Art. 195. Finda a instrução, o relator dará vista dos autos às partes, pelo prazo de cinco dias, para requererem o que considerarem conveniente apresentar na sessão de julgamento.

§ 1º O relator apreciará e decidirá esses requerimentos para, em seguida, lançando relatório nos autos, encaminhá-los ao revisor, que pedirá dia para julgamento;

§ 2º Ao designar a sessão de julgamento, o presidente determinará a intimação das partes e das testemunhas e peritos cujos depoimentos o relator tenha deferido;

§ 3º O relatório deverá ser disponibilizado no Sistema Processual Eletrônico do Tribunal de Justiça do Tocantins até cinco dias antes da sessão.

SEÇÃO II
DO JULGAMENTO

Art. 196. Na sessão de julgamento, observar-se-á o seguinte:

I – o Tribunal Pleno se reunirá com a presença de pelo menos dois terços de seus membros, não se computando para o cálculo dessa fração os cargos vagos por afastamento do titular em decorrência de processo administrativo disciplinar;

II – aberta a sessão, apregoadas as partes e as testemunhas e peritos arrolados e admitidos, lançado o querelante que deixar de comparecer (CPP, art. 29), e salvo o caso do art. 60, inciso III, do Código de Processo Penal, proceder-se-á às demais diligências preliminares;

III – a seguir, o relator apresentará relatório do feito, resumindo as principais peças dos autos e a prova produzida. Se algum desembargador solicitar a leitura integral dos autos ou de parte deles, o presidente poderá ordenar seja ela feita pelo secretário;

291

ART. 197 NORMAS PARA A ATIVIDADE EXTRAJUDICIAL DO ESTADO DO TOCANTINS

IV – o relator passará a inquirir as testemunhas e peritos, podendo reperguntar-lhes outros desembargadores e as partes;

V – findas as inquirições e efetuadas as diligências determinadas, o presidente dará a palavra, sucessivamente, à acusação e à defesa para sustentação oral, pelo prazo de até 10 minutos para cada parte.

Art. 197. O julgamento se efetuará em uma ou mais sessões, a critério do Tribunal, observado, no que for aplicável, o disposto nos arts. 381 a 393[41] do Código de Processo Penal.

---

41. Art. 381. A sentença conterá:

I – os nomes das partes ou, quando não possível, as indicações necessárias para identificá-las;

II – a exposição sucinta da acusação e da defesa;

III – a indicação dos motivos de fato e de direito em que se fundar a decisão;

IV – a indicação dos artigos de lei aplicados;

V – o dispositivo;

VI – a data e a assinatura do juiz.

Art. 382. Qualquer das partes poderá, no prazo de 2 (dois) dias, pedir ao juiz que declare a sentença, sempre que nela houver obscuridade, ambiguidade, contradição ou omissão.

Art. 383. O juiz, sem modificar a descrição do fato contida na denúncia ou queixa, poderá atribuir-lhe definição jurídica diversa, ainda que, em consequência, tenha de aplicar pena mais grave.

§ 1º Se, em consequência de definição jurídica diversa, houver possibilidade de proposta de suspensão condicional do processo, o juiz procederá de acordo com o disposto na lei;

§ 2º Tratando-se de infração da competência de outro juízo, a este serão encaminhados os autos.

Art. 384. Encerrada a instrução probatória, se entender cabível nova definição jurídica do fato, em consequência de prova existente nos autos de elemento ou circunstância da infração penal não contida na acusação, o Ministério Público deverá aditar a denúncia ou queixa, no prazo de 5 (cinco) dias, se em virtude desta houver sido instaurado o processo em crime de ação pública, reduzindo-se a termo o aditamento, quando feito oralmente.

§ 1º Não procedendo o órgão do Ministério Público ao aditamento, aplica-se o art. 28 deste Código;

§ 2º Ouvido o defensor do acusado no prazo de 5 (cinco) dias e admitido o aditamento, o juiz, a requerimento de qualquer das partes, designará dia e hora para continuação da audiência, com inquirição de testemunhas, novo interrogatório do acusado, realização de debates e julgamento;

§ 3º Aplicam-se as disposições dos §§ 1º e 2º do art. 383 ao caput deste artigo;

§ 4º Havendo aditamento, cada parte poderá arrolar até 3 (três) testemunhas, no prazo de 5 (cinco) dias, ficando o juiz, na sentença, adstrito aos termos do aditamento;

§ 5º Não recebido o aditamento, o processo prosseguirá.

Art. 385. Nos crimes de ação pública, o juiz poderá proferir sentença condenatória, ainda que o Ministério Público tenha opinado pela absolvição, bem como reconhecer agravantes, embora nenhuma tenha sido alegada.

Art. 386. O juiz absolverá o réu, mencionando a causa na parte dispositiva, desde que reconheça:

I – estar provada a inexistência do fato;

II – não haver prova da existência do fato;

III – não constituir o fato infração penal;

IV – estar provado que o réu não concorreu para a infração penal;

V – não existir prova de ter o réu concorrido para a infração penal;

VI – existirem circunstâncias que excluam o crime ou isentem o réu de pena (arts. 20, 21, 22, 23, 26 e § 1º

do art. 28, todos do Código Penal), ou mesmo se houver fundada dúvida sobre sua existência;

VII – não existir prova suficiente para a condenação.

Parágrafo único. Na sentença absolutória, o juiz:

I – mandará, se for o caso, pôr o réu em liberdade;

II – ordenará a cessação das medidas cautelares e provisoriamente aplicadas;

III – aplicará medida de segurança, se cabível.

Art. 387. O juiz, ao proferir sentença condenatória:

I – mencionará as circunstâncias agravantes ou atenuantes definidas no Código Penal, e cuja existência reconhecer;

II – mencionará as outras circunstâncias apuradas e tudo o mais que deva ser levado em conta na aplicação da pena, de acordo com o disposto nos arts. 59 e 60 do Decreto-Lei n. 2.848, de 7 de dezembro de 1940 - Código Penal;

III – aplicará as penas de acordo com essas conclusões;

IV – fixará valor mínimo para reparação dos danos causados pela infração, considerando os prejuízos sofridos pelo ofendido;

V – atenderá, quanto à aplicação provisória de interdições de direitos e medidas de segurança, ao disposto no Título XI deste Livro;

VI – determinará se a sentença deverá ser publicada na íntegra ou em resumo e designará o jornal em que será feita a publicação (art. 73, § 1º, do Código Penal).

§ 1º O juiz decidirá, fundamentadamente, sobre a manutenção ou, se for o caso, a imposição de prisão preventiva ou de outra medida cautelar, sem prejuízo do conhecimento de apelação que vier a ser interposta;

§ 2º O tempo de prisão provisória, de prisão administrativa ou de internação, no Brasil ou no estrangeiro, será computado para fins de determinação do regime inicial de pena privativa de liberdade.

Art. 388. A sentença poderá ser datilografada e neste caso o juiz a rubricará em todas as folhas.

Art. 389. A sentença será publicada em mão do escrivão, que lavrará nos autos o respectivo termo, registrando-a em livro especialmente destinado a esse fim.

Art. 390. O escrivão, dentro de três dias após a publicação, e sob pena de suspensão de cinco dias, dará conhecimento da sentença ao órgão do Ministério Público.

Art. 391. O querelante ou o assistente será intimado da sentença, pessoalmente ou na pessoa de seu advogado. Se nenhum deles for encontrado no lugar da sede do juízo, a intimação será feita mediante edital com o prazo de 10 dias, afixado no lugar de costume.

Art. 392. A intimação da sentença será feita:

I – ao réu, pessoalmente, se estiver preso;

II – ao réu, pessoalmente, ou ao defensor por ele constituído, quando se livrar solto, ou, sendo afiançável a infração, tiver prestado fiança;

III – ao defensor constituído pelo réu, se este, afiançável ou não, a infração, expedido o mandado de prisão, não tiver sido encontrado, e assim o certificar o oficial de justiça;

IV – mediante edital, nos casos do no II, se o réu e o defensor que houver constituído não forem encontrados, e assim o certificar o oficial de justiça;

V – mediante edital, nos casos do no III, se o defensor que o réu houver constituído também não for encontrado, e assim o certificar o oficial de justiça;

VI – mediante edital, se o réu, não tendo constituído defensor, não for encontrado, e assim o certificar o oficial de justiça.

§ 1º O prazo do edital será de 90 dias, se tiver sido imposta pena privativa de liberdade por tempo igual ou superior a um ano, e de 60 dias, nos outros casos;

§ 2º O prazo para apelação correrá após o término do fixado no edital, salvo se, no curso deste, for feita a intimação por qualquer das outras formas estabelecidas neste artigo.

Art. 393. (Revogado pela Lei n. 12.403/2011).

Parágrafo único. Não se aplicam, para o julgamento das ações penais originárias, fundadas na prerrogativa de função prevista no inciso X[42] do art. 29 da Constituição Federal, as disposições desta Seção, sujeitando-se, no que couber, as disposições do Capítulo VII, Título III, deste Regimento.

Art. 198. Poderá o presidente limitar a presença no recinto às partes e seus advogados ou defensores públicos, ou somente a estes profissionais, se o interesse público o exigir.

Capítulo XI
DA REVISÃO CRIMINAL

Art. 199. O pedido de revisão criminal será distribuído a um relator que não tenha tomado parte no julgamento anterior.

§ 1º O pedido será instruído com certidão de haver passado em julgado a decisão condenatória, podendo o relator determinar sejam os autos originais relacionados ao feito no Sistema Processual Eletrônico do Tribunal de Justiça do Tocantins;

§ 2º Se o relator julgar insuficientemente instruído o pedido e for inconveniente a vinculação dos autos originais, ou se o pedido for reiteração de outro com os mesmos fundamentos, poderá indeferi-lo liminarmente;

§ 3º A reiteração de pedido dependerá de novas provas, devendo os pedidos anteriores de revisão estarem relacionados aos autos no Sistema Processual Eletrônico do Tribunal de Justiça do Tocantins;

§ 4º A renovação de pedido deverá ser distribuída para o mesmo relator.

Art. 200. Relacionados os autos originais no Sistema Processual Eletrônico do Tribunal de Justiça do Tocantins, quando requisitados, dar-se-á vista à Procuradoria Geral de Justiça, pelo prazo de dez dias.

Art. 201. Ao processo revisto juntar-se-á cópia do acórdão que julgar a revisão e, quando este for modificativo da decisão condenatória, remeter-se-á uma via ao juízo da execução.

Parágrafo único. Nas hipóteses de absolvição, de redução de pena que coincida com o tempo já cumprido ou com o da extinção da punibilidade, expedir-se-á *incontinenti* alvará, assinado pelo presidente do órgão julgador.

Art. 202. Na sessão de julgamento admitir-se-á sustentação oral, por 15 minutos, por parte do acusado e do procurador de justiça, usando da palavra aquele em primeiro lugar.

Capítulo XII
DA AÇÃO RESCISÓRIA

Art. 203. A ação rescisória terá início por petição escrita, deverá conter os requisitos estabelecidos na lei processual civil e estar acompanhada do comprovante do depósito e da certidão comprobatória do trânsito em julgado da decisão de mérito.

---

42. Art. 29. O Município reger-se-á por lei orgânica, votada em dois turnos, com o interstício mínimo de dez dias, e aprovada por dois terços dos membros da Câmara Municipal, que a promulgará, atendidos os princípios estabelecidos nesta Constituição, na Constituição do respectivo Estado e os seguintes preceitos:

X – julgamento do Prefeito perante o Tribunal de Justiça.

RESOLUÇÃO N. 104 DE 21 DE JUNHO DE 2018 **ART. 222**

§ 1º O relator poderá ordenar que o autor, no prazo de quinze dias, emende a inicial quando os requisitos estabelecidos nas normas de regência não forem cumpridos, ou quando a petição inicial apresentar defeitos ou irregularidades capazes de dificultar o julgamento do mérito, indicando com precisão o que deve ser corrigido ou completado, sob pena de indeferimento liminar;

§ 2º A petição inicial será indeferida liminarmente nos casos indicados na lei processual civil e quando não realizado o depósito a que alude o *caput* deste artigo, em decisão recorrível por agravo interno.

Art. 204. À distribuição da ação rescisória não concorrerá o desembargador que houver servido como relator do acórdão rescindendo.

§ 1º Verificada a hipótese de incompetência do Tribunal para julgar a ação rescisória, nos termos do art. 968[43] do Código de Processo Civil, o autor será intimado para emendar a petição inicial, a fim de adequar o objeto da ação rescisória, quando a decisão apontada como rescindenda:

I – não tiver apreciado o mérito nem se enquadrar na situação prevista no artigo 966, § 2º,[44] do Código de Processo Civil;

II – tiver sido substituída por decisão posterior.

§ 2º Na hipótese do § 1º, após a emenda da inicial, será permitido ao réu complementar os fundamentos de defesa e, em seguida, os autos serão remetidos ao Tribunal competente.

Art. 205. Revestindo-se a petição dos requisitos necessários, o relator ordenará a citação do réu, assinalando-lhe prazo, não inferior a quinze dias, nem superior a trinta, para a resposta.

Art. 206. Com a resposta, ou transcorrido o prazo, o relator fará o saneamento do processo, deliberando sobre as provas requeridas.

Art. 207. Incumbe ao relator decidir sobre as questões incidentes, até mesmo a impugnação ao valor da causa e, se verificar a relevância de matéria preliminar que ponha a termo o processo, lançará relatório e o submeterá a julgamento pelo órgão competente.

Art. 208. Das decisões interlocutórias proferidas pelo relator caberá agravo interno no prazo legal.

Art. 209. Encerrada a instrução, o relator abrirá vista, sucessivamente, ao requerente e requerido, pelo prazo de quinze dias, para as alegações finais. O representante do Ministério Público emitirá parecer após o prazo para as razões das partes, salvo se for o requerente. Em seguida, o relator lançará, nos autos, o relatório, passando ao revisor, que pedirá dia para julgamento.

Art. 210. A restituição do depósito ao autor, se houver procedência da ação, ou a sua reversão ao réu, no caso de desistência, extinção, carência ou improcedência, será determinada pelo presidente do órgão julgador.

Capítulo XIII
DA SUSPEIÇÃO E DO IMPEDIMENTO

Art. 211. No incidente de impedimento ou suspeição de juiz, distribuído no órgão fracionário competente, o relator, se verificar falta de fundamento ou dos requisitos legais, proporá o arquivamento.

§ 1º Caso contrário, mandará citar as partes e, se necessário, designará audiência de instrução. Encerrada esta fase, porá o feito em mesa;

§ 2º Acolhido o incidente, o juiz será comunicado *incontinenti*, independentemente da lavratura do acórdão e, no caso de erro inescusável, condenado nas custas, remetendo-se os autos ao substituto legal.

Art. 212. Poderá ser arguida a incompetência de desembargador ou de órgão do Tribunal, em feito que nele tramite.

Parágrafo único. A arguição se fará em petição fundamentada e devidamente instruída, que indicará, se for o caso, o desembargador ou o órgão que seria competente.

Art. 213. O desembargador deverá dar-se por suspeito ou impedido, nos casos previstos em lei, podendo ser recusado pelas partes, caso não se afaste voluntariamente do processo.

Art. 214. O desembargador que se considerar suspeito ou impedido declarará o motivo por despacho nos autos, encaminhando-os à nova distribuição, se for relator, ou passando-os ao seu substituto, na ordem de precedência, se revisor.

§ 1º O vogal deverá declarar-se impedido ou suspeito, verbalmente, na sessão de julgamento, registrando-se na ata a declaração;

§ 2º Dando-se por impedido ou suspeito o presidente do Tribunal, competirá a seu substituto designar dia para julgamento e a este presidir.

Art. 215. Não se conformando com a causa da suspeição, salvo a de natureza íntima, ou impedimento alegado, o substituto submeterá a divergência ao Tribunal Pleno, onde, após o relatório do presidente, será julgada, consignando-se nos autos a decisão.

Art. 216. A exceção de suspeição deverá ser oposta perante o presidente do Tribunal, que será o seu relator, com direito a voto. Se o excepto for o presidente, ao vice-presidente será dirigida a petição e, se ambos forem recusados, o relator será o desembargador mais antigo na ordem de substituição ao presidente.

§ 1º A petição conterá os fatos que motivaram a arguição e indicará as provas em que se fundar o arguente;

§ 2º Assinará a petição o próprio arguente ou seu procurador com poderes especiais;

§ 3º A suspeição do relator poderá ser suscitada até quinze dias após a distribuição; a do revisor, em igual prazo, após a conclusão dos autos; e a dos demais desembargadores, até o início do julgamento;

§ 4º A suspeição superveniente poderá ser arguida dentro do prazo de quinze dias a contar do fato que a houver ocasionado;

§ 5º O processo correrá em segredo de justiça.

Art. 217. Não se admitirá arguição de suspeição provocada, nem mesmo quando o arguente houver praticado qualquer ato que importe em aceitação de desembargador.

Art. 218. Recebida a exceção, o relator comunicará ao excepto o incidente, disponibilizando-lhe consulta aos autos no Sistema Processual Eletrônico do Tribunal de Justiça do Tocantins, ou indeferirá a petição inicial, se esta for manifestamente improcedente.

§ 1º Se o recusado reconhecer sua suspeição, afirmá-la-á nos autos e na petição, providenciando, em 48 horas, a remessa dos autos ao seu substituto;

§ 2º Não reconhecendo a suspeição, o desembargador dará a sua resposta dentro de dez dias, podendo instruí-la com documentos e oferecer testemunhas.

Art. 219. Ao receber a resposta do recusado, o relator tomará uma das seguintes providências:

a) mandará juntar a petição, com os documentos que a instruírem, aos autos principais, uma vez reconhecida pelo recusado a suspeição;

b) mandará autuar a petição em apartado, se entender relevante a arguição, determinando as diligências necessárias à instrução do processo.

Art. 220. As testemunhas serão ouvidas no prazo de dez dias, em dia e hora que o relator designar.

Parágrafo único. Os atos de instrução poderão ser delegados a juiz ou membro do Tribunal do local onde se proceder ao cumprimento do ato.

Art. 221. Encerrada a instrução, o relator submeterá o feito a julgamento do Tribunal Pleno, sem a presença do juiz recusado.

Art. 222. Distribuído o incidente, o relator deverá declarar os seus efeitos, sendo que, se o incidente for recebido:

I – sem efeito suspensivo, o processo voltará a correr;

II – com efeito suspensivo, o processo permanecerá suspenso até o julgamento do incidente.

---

43. Art. 968. A petição inicial será elaborada com observância dos requisitos essenciais do art. 319, devendo o autor:

I – cumular ao pedido de rescisão, se for o caso, o de novo julgamento do processo;

II – depositar a importância de cinco por cento sobre o valor da causa, que se converterá em multa caso a ação seja, por unanimidade de votos, declarada inadmissível ou improcedente.

§ 1º Não se aplica o disposto no inciso II à União, aos Estados, ao Distrito Federal, aos Municípios, às suas respectivas autarquias e fundações de direito público, ao Ministério Público, à Defensoria Pública e aos que tenham obtido o benefício de gratuidade da justiça;

§ 2º O depósito previsto no inciso II do caput deste artigo não será superior a 1.000 (mil) salários-mínimos;

§ 3º Além dos casos previstos no art. 330, a petição inicial será indeferida quando não efetuado o depósito exigido pelo inciso II do caput deste artigo.

§ 4º Aplica-se à ação rescisória o disposto no art. 332;

§ 5º Reconhecida a incompetência do tribunal para julgar a ação rescisória, o autor será intimado para emendar a petição inicial, a fim de adequar o objeto da ação rescisória, quando a decisão apontada como rescindenda:

I – não tiver apreciado o mérito e não se enquadrar na situação prevista no § 2º do art. 966;

II – tiver sido substituída por decisão posterior.

§ 6º Na hipótese do § 5º, após a emenda da petição inicial, será permitido ao réu complementar os fundamentos de defesa, e, em seguida, os autos serão remetidos ao tribunal competente.

44. Art. 966. A decisão de mérito, transitada em julgado, pode ser rescindida quando:

§ 2º Nas hipóteses previstas nos incisos do caput, será rescindível a decisão transitada em julgado que, embora não seja de mérito, impeça:

I – nova proposição da demanda; ou

II – admissibilidade do recurso correspondente.

Parágrafo único. Concluído o julgamento da Suspeição, a Secretaria comunicará a decisão à Câmara.

Art. 223. A arguição será sempre individual, não ficando outro desembargador impedido de apreciá-la, ainda que também recusado.

Art. 224. Afirmado, ou reconhecido, ou declarado pelo Tribunal, o impedimento ou a suspeição, haver-se-ão por nulos os atos praticados pelo arguido, passando os autos ao desembargador que o seguir na ordem de antiguidade.

Art. 225. Apenas ao excipiente e ao excepto serão fornecidas certidão e cópia das peças do processo de exceção, ainda que julgada improcedente.

Parágrafo único. Da certidão constará, obrigatoriamente, o nome do requerente e a decisão que houver sido proferida.

Art. 226. Aplicam-se as normas desta seção às exceções opostas ao procurador-geral de justiça, bem como, no que couber, àquelas arguidas contra juiz do primeiro grau de jurisdição.

Capítulo XIV
DA EXCEÇÃO DA VERDADE

Art. 227. No processo por crime de calúnia e difamação, em que o ofendido for pessoa que, por prerrogativa de função, deva ser julgada originariamente pelo Tribunal de Justiça, a exceção da verdade será por ele processada.

Art. 228. O Relator ordenará as diligências necessárias à instrução e ouvirá as testemunhas arroladas.

Parágrafo único. Terminada a instrução, as partes poderão, em 24 horas, requerer diligências.

Art. 229. Não havendo diligências, ou já efetuadas as que forem determinadas, o relator dará vista dos autos às partes, por cinco dias, para alegações, tomando-se, em igual prazo, o parecer do Ministério Público.

Art. 230. No prazo de dez dias, o relator lançará nos autos o relatório, passando-os, em seguida, ao revisor, que, em idêntico prazo, pedirá dia para julgamento.

Parágrafo único. O relatório e o voto serão disponibilizados aos desembargadores por meio do Sistema Processual Eletrônico do Tribunal de Justiça do Tocantins até três dias antes da sessão de julgamento.

Art. 231. No julgamento, será permitida a sustentação oral ao excipiente, ao excepto e ao Órgão do Ministério Público, durante 15 minutos para cada um.

§ 1º Encerrados os debates, o Tribunal passará a funcionar em sessão reservada;

§ 2º Julgando procedente a exceção, o Tribunal absolverá o querelado e providenciará a intimação e remessa eletrônica dos autos ao procurador-geral de justiça, para oferecimento de denúncia correspondente ao crime admitido;

§ 3º Entendendo o Tribunal, preliminarmente, não ser caso de exceção da verdade, ou se, no mérito, a julgar improcedente, devolverá os autos ao juízo de origem, para prosseguir no julgamento;

§ 4º Evidenciando-se existir causa de extinção de punibilidade, o Tribunal desde logo a reconhecerá, de ofício, dando fim ao processo principal.

Capítulo XV
DA HABILITAÇÃO INCIDENTE

Art. 232. A habilitação será requerida ao relator da causa ou recurso, sendo apensados aos autos respectivos.

Art. 233. O relator, se contestado o pedido, facultará às partes sumária produção de provas, em cinco dias, e julgará, em seguida, a habilitação, cabendo da decisão agravo interno.

Art. 234. Não dependerá de decisão do relator o pedido de habilitação fundado nas hipóteses do art. 689[45] do Código de Processo Civil.

Art. 235. O pedido de habilitação será indeferido se requerido após o prazo de cinco dias anteriores à sessão de julgamento.

Art. 236. A parte, que não se habilitar perante o Tribunal, poderá fazê-lo na instância inferior.

Capítulo XVI
DO INCIDENTE DE FALSIDADE

Art. 237. O incidente de falsidade, processado perante o relator do feito, na conformidade da lei processual, será julgado pelo órgão competente para conhecer da causa principal.

Capítulo XVII
DA RESTAURAÇÃO DE AUTOS

Art. 238. A petição de restauração de autos será distribuída, sempre que possível, ao relator que tiver funcionado nos autos perdidos ou corrompidos, correndo o processo na forma prevista no Código de Processo Civil.

Art. 239. Em se tratando de autos de processo oriundos das comarcas, proceder-se-á à restauração no juízo de origem quanto aos atos nele realizados.

§ 1º Não existindo cópia digital de segurança ou certidão do processo, mandará o relator, de ofício ou a requerimento, que a Secretaria certifique o estado do processo e reproduza o que houver a respeito, em seus registros;

§ 2º Em seguida, as peças serão remetidas ao juiz competente para a restauração.

Art. 240. Quando se tratar de autos de ação penal de competência originária do Tribunal, o relator observará, no que for aplicável, as disposições estabelecidas no Código de Processo Penal e, subsidiariamente, nos arts. 712[46] e seguintes do Código de Processo Civil.

Capítulo XVIII
DA GRATUIDADE DA JUSTIÇA

Art. 241. A pessoa natural ou jurídica, brasileira ou estrangeira, com insuficiência de recursos para pagar as custas, as despesas processuais e os honorários advocatícios nos processos cíveis ou na ação penal privada, poderá requerer a gratuidade da justiça na forma da lei.

---

45. Art. 689. Proceder-se-á à habilitação nos autos do processo principal, na instância em que estiver, suspendendo-se, a partir de então, o processo.

46. Art. 712. Verificado o desaparecimento dos autos, eletrônicos ou não, pode o juiz, de ofício, qualquer das partes ou o Ministério Público, se for o caso, promover-lhes a restauração.

Parágrafo único. Havendo autos suplementares, nesses prosseguirá o processo.

Art. 242. O pedido de gratuidade da justiça poderá ser formulado na petição, na contestação ou defesa preliminar, na petição para ingresso de terceiro ou em recurso.

§ 1º O relator somente poderá indeferir o pedido se houver nos autos elementos que evidenciem a falta dos pressupostos legais para a concessão da gratuidade, devendo, antes de indeferir o pedido, determinar à parte, no prazo de cinco dias, a comprovação do preenchimento dos referidos pressupostos;

§ 2º Requerida a gratuidade da justiça em recurso, o recorrente estará dispensado de comprovar o recolhimento do preparo, incumbindo ao relator, neste caso, apreciar o requerimento e, se o indeferir, será concedido o prazo de cinco dias para a sua efetivação, sob pena de deserção;

§ 3º No caso de silêncio do relator quanto ao pedido de gratuidade da justiça, presumir-se-á deferido o pleito.

Art. 243. Deferido o pedido, a parte contrária poderá oferecer impugnação na contestação, na réplica, nas contrarrazões de recurso, ou nos casos de pedido superveniente ou formulado por terceiro, por meio de petição simples, a ser apresentada no prazo de quinze dias, nos autos do próprio processo, sem suspensão de seu curso.

§ 1º Na ação penal privada, a impugnação poderá ser feita na primeira oportunidade que a parte dispuser para se manifestar nos autos após a concessão do benefício;

§ 2º Se houver necessidade o relator poderá determinar, a requerimento da parte, a produção de prova documental.

Art. 244. Das decisões concedendo, denegando ou revogando a gratuidade da justiça caberá agravo interno no prazo legal.

Art. 245. Nos crimes de ação privada, o querelante ou o querelado, quando hipossuficientes, poderão requerer ao relator lhes sejam nomeados defensores ou advogados para promoverem ou se defenderem na ação penal de competência originária do Tribunal, e para prosseguir no processo, quando em grau de recurso.

Art. 246. Deferido o pedido de gratuidade, será solicitada à Defensoria Pública do Estado que indique, no prazo de dois dias úteis, defensor para atuar na causa do hipossuficiente.

§ 1º Não sendo feita essa indicação, o relator poderá oficiar a Ordem dos Advogados do Brasil ou nomear livremente um advogado;

§ 2º Será nomeado advogado aquele que, indicado pelo interessado, aceitar o encargo.

Capítulo XIX
DO INCIDENTE DE INSANIDADE MENTAL

Art. 247. O incidente de insanidade mental, quando não promovido na primeira instância, poderá ser suscitado pelo Ministério Público, defensor, curador, ascendente, descendente, irmão ou cônjuge do acusado, perante o relator, ou por ele instaurado de ofício em autos apartados e vinculados ao feito principal.

Capítulo XX
DO DESAFORAMENTO

Art. 248. A parte requererá desaforamento em petição dirigida ao presidente do Tribunal, ins-

294

truída com certidão da pronúncia do réu e com as provas que dispuser.

§ 1º Sendo o pedido de desaforamento fundado em dúvida sobre a imparcialidade do júri, o requerente apresentará procuração com poderes especiais;

§ 2º O relator solicitará informação ao juiz do processo, para que a preste no prazo de cinco dias.

Art. 249. Recebida a informação, ou a representação do juiz, dar-se-á vista à Procuradoria Geral, para opinar em cinco dias, após, o relator pedirá dia para julgamento.

Art. 250. Se faltar fundamento à petição, o relator a levará a julgamento imediato.

Art. 251. Poderá o relator ordenar, fundamentadamente, a suspensão do julgamento do réu, desde que lhe pareça relevante o motivo invocado para o desaforamento.

Capítulo XXI
DA SUSPENSÃO CONDICIONAL DA PENA

Art. 252. Concedida a suspensão condicional da pena em ação penal originária, o presidente do Tribunal designará dia e hora para a realização da audiência admonitória, que presidirá, ou delegará, para tanto, poderes ao juiz do domicílio do condenado.

Parágrafo único. Concedido o benefício, em grau de recurso, a réu preso, far-se-á comunicação, quanto às condições impostas ao juiz do processo, para realização de audiência admonitória, independentemente da baixa dos autos.

Capítulo XXII
DO LIVRAMENTO CONDICIONAL

Art. 253. Reformada, em grau de recurso, a sentença denegatória de livramento condicional, os autos baixarão à primeira instância, a fim de que o juiz determine as condições a serem impostas ao liberando.

Art. 254. Se a sentença condenatória foi proferida em única instância pelo Tribunal, incumbe ao relator decidir o pedido de livramento condicional, nos termos da lei processual.

Capítulo XXIII
DA VERIFICAÇÃO DE CESSAÇÃO DA PERICULOSIDADE

Art. 255. Formulado pedido de exame para verificação de cessação da periculosidade, visando à revogação da medida de segurança, caberá ao relator ordenar, se necessário, que seja vinculado aos autos da execução e pedidos anteriores da mesma natureza, relativos ao interessado.

§ 1º A seguir, será ouvida, em cinco dias, a Procuradoria Geral de Justiça, quando não for a autora do requerimento;

§ 2º O julgamento será realizado na primeira sessão ordinária do órgão competente;

§ 3º Deferido o pedido, a decisão deverá ser imediatamente comunicada ao juiz;

§ 4º Se a decisão que houver imposto medida de segurança for da competência originária do Tribunal, ao presidente, como relator, caberá prosseguir no incidente.

Capítulo XXIV
DA GRAÇA, INDULTO E ANISTIA

Art. 256. A extinção da punibilidade, decorrente de anistia, graça ou indulto, será decidida

pelo Tribunal nos processos de sua competência originária.

Art. 257. Concedida a graça, indulto ou anistia, proceder-se-á na forma da lei processual penal, funcionando como relator do incidente:

I – o presidente, se se tratar de condenação com trânsito em julgado, proferida, originalmente, pelo Tribunal;

II – o relator, tanto nos processos da competência originária como na pendência de recursos, se anterior à execução.

Capítulo XXV
DA REABILITAÇÃO

Art. 258. O incidente de reabilitação relativo a causas criminais de competência originária do Tribunal será processado e decidido monocraticamente pelo mesmo relator da condenação, cabendo-lhe ordenar as diligências necessárias à instrução, ouvida sempre a Procuradoria Geral de Justiça, obedecendo-se, no que couber, às disposições do Código de Processo Penal.

Parágrafo único. Da decisão que conceder a reabilitação haverá recurso de ofício.

Capítulo XXVI
DA TUTELA PROVISÓRIA NOS PROCESSOS DE COMPETÊNCIA ORIGINÁRIA E DAS MEDIDAS CAUTELARES NOS FEITOS CRIMINAIS

Art. 259. Nos processos de competência originária, a tutela provisória atenderá ao disposto na legislação processual civil.

Art. 260. As medidas assecuratórias, em processo criminal da competência originária, serão determinadas pelo relator.

§ 1º O incidente não suspenderá o curso do processo principal;

§ 2º A prisão cautelar referida na alínea "f" do art. 7º deste Regimento não produzirá efeito senão *ad referendum* do Tribunal Pleno.

Art. 261. O relator não concederá pedido cautelar sem audiência da parte contrária, exceto quando provável que, realizada tal audiência, a medida se tornará ineficaz.

Capítulo XXVII
DO SOBRESTAMENTO

Art. 262. O sobrestamento do processo será determinado pelo relator, nos casos previstos na lei processual, por despacho nos autos.

Art. 263. Os feitos cujas questões constitucionais e infraconstitucionais estejam sob análise do Supremo Tribunal Federal e do Superior Tribunal de Justiça, em face de repercussão geral e de recursos repetitivos, serão sobrestados por decisão fundamentada do presidente do Tribunal, intimadas as partes.

§ 1º Os autos dos respectivos processos permanecerão sobrestados no sistema, vinculados ao Gabinete da Presidência, até ulterior pronunciamento do Supremo Tribunal Federal ou do Superior Tribunal de Justiça, conforme o caso;

§ 2º Caberá agravo interno contra a decisão que determinar o sobrestamento, decidir a distinção, aplicar equivocadamente a decisão do Tribunal superior que resolva a repercussão geral, e nos demais casos previstos no Código de Processo Civil.

Capítulo XXVIII
DA FIANÇA

Art. 264. Concedida a fiança, nos termos da legislação processual, o respectivo termo será lavrado, perante o relator ou presidente do órgão que a deferiu.

Capítulo XXIX
DISPOSIÇÕES GERAIS ACERCA DA EXECUÇÃO

Art. 265. Cabe ao Tribunal, nas causas de sua competência originária, a execução de seus acórdãos.

Art. 266. Estando o réu preso, nos casos de absolvição proferida em recurso ou revisão, caberá ao presidente do Tribunal ou do órgão julgador, ou ao relator, expedir alvará de soltura, comunicando imediatamente à autoridade judiciária competente para a sua execução.

Art. 267. Livrando-se solto o réu ou afiançado, se mantida condenação privativa de liberdade e não couberem, ou forem rejeitados, os embargos infringentes e de nulidade, o presidente do órgão julgador ou do Tribunal fará expedir mandado de prisão logo que transite em julgado a sentença condenatória, salvo o caso de suspensão condicional da pena.

§ 1º Se, em grau de recurso, for reformada sentença absolutória, estando o réu solto, e não cabendo embargos infringentes e de nulidade, logo após a sessão de julgamento, o presidente do órgão julgador ou do Tribunal, ocorrendo os pressupostos legais que o autorize, fará remeter ao juiz do feito, bem como ao secretário da Segurança Pública, mandado de prisão do condenado;

§ 2º Cabendo embargos infringentes e de nulidade, a providência do parágrafo anterior será tomada em seguida à decisão que os rejeitar ou, se não tiverem sido interpostos, ao término do respectivo prazo.

SEÇÃO I
DA CARTA DE SENTENÇA

Art. 268. A requerimento do interessado será extraída carta de sentença para execução de decisões:

I – quando o interessado não a houver providenciado na instância de origem e pender de julgamento no Tribunal recurso sem efeito suspensivo;

II – quando, interposto recurso, houver matéria não abrangida por este e, assim, preclusa.

Parágrafo único. O requerimento será, no primeiro caso, destinado ao relator, já distribuído o recurso; nos demais casos, ao presidente do Tribunal.

Art. 269. A carta de sentença conterá as peças indicadas na lei processual e outras que o requerente indicar, sendo autenticada pelo secretário da Câmara e assinada por quem determinar sua expedição.

SEÇÃO II
DA REQUISIÇÃO DE PAGAMENTO

Art. 270. Os pagamentos devidos pela Fazenda Pública estadual ou municipal, em virtude de sentença judicial, far-se-ão na ordem de apresentação dos precatórios, dirigidos ao presidente do Tribunal.

Art. 271. Os precatórios conterão, em traslado, ou certidão, as seguintes peças:

I – decisão exequenda;

II – conta de liquidação;

III – certidão de que a sentença de liquidação passou em julgado;

IV – procuração com poderes expressos para receber e dar quitação, no caso de pedido de pagamento a procurador.

Art. 272. O precatório será registrado, em ordem numérica e cronológica, em livro próprio, na data de sua apresentação.

Art. 273. Registrado e autuado o precatório,

será aberta vista ao procurador-geral de justiça, para dizer sobre a requisição, no prazo de cinco dias.

Art. 274. Com o parecer da Procuradoria Geral de Justiça, ou esgotado o respectivo prazo, será o instrumento concluso ao presidente do Tribunal, que julgará o pedido ou determinará as diligências que entender necessárias.

Parágrafo único. Além de publicada no Diário da Justiça, a decisão que deferir o pagamento será transmitida ao juiz requisitante, para ser juntada aos autos da execução.

Art. 275. Deferido o precatório, far-se-á a requisição, observando-se com rigor a ordem cronológica da entrada, diretamente ao secretário da Fazenda do Estado ou ao prefeito municipal, para o atendimento no prazo de quinze dias, de acordo com a disponibilidade da verba orçamentária.

§ 1º Esgotada a verba, far-se-á comunicação às autoridades já referidas, para que incluam, obrigatoriamente, nos respectivos orçamentos, a garantia necessária ao pagamento dos débitos constantes dos precatórios judiciários apresentados até primeiro de julho;

§ 2º As dotações orçamentárias e os créditos abertos serão consignados ao Poder Judiciário, recolhendo-se as importâncias respectivas à repartição competente;

§ 3º Caberá ao presidente do Tribunal determinar o pagamento, segundo as possibilidades do depósito e autorizar, a requerimento do credor preterido no seu direito de precedência, ouvido o procurador-geral de justiça, o sequestro da quantia necessária à satisfação do débito;

Capítulo XXX
DOS PROCESSOS E RECURSOS JUDICIAIS

SEÇÃO I
DO PREPARO E DESERÇÃO

Art. 276. No ato de interposição do recurso, o recorrente comprovará, quando exigido pela legislação pertinente, o respectivo preparo, sob pena de deserção.

§ 1º São dispensados de preparo, os recursos interpostos pelo Ministério Público, pela União, pelo Distrito Federal, pelos Estados, pelos Municípios, e respectivas autarquias, e pelos que gozam de isenção legal;

§ 2º A insuficiência no valor do preparo, implicará deserção se o recorrente, intimado na pessoa de seu advogado, não vier a supri-lo no prazo de cinco dias;

§ 3º O recorrente que não comprovar o recolhimento do preparo no ato de interposição do recurso será intimado, na pessoa de seu advogado, para realizar o recolhimento em dobro, sob pena de deserção;

§ 4º É vedada a complementação se houver insuficiência parcial do preparo, no recolhimento realizado na forma do § 3º;

§ 5º Provando o recorrente justo impedimento, o relator relevará a pena de deserção, por decisão irrecorrível, fixando-lhe prazo de cinco dias para efetuar o preparo;

§ 6º O equívoco no preenchimento da guia de custas não ensejará a aplicação da pena de deserção, cabendo ao relator, na hipótese de dúvida quanto ao recolhimento, intimar o recorrente para sanar o vício no prazo de cinco dias;

§ 7º O comprovante de agendamento de pagamento não é documento hábil a demonstrar o devido recolhimento do preparo, hipótese em que o recorrente deverá ser intimado para comprovar o efetivo pagamento, sob pena de deserção do recurso.

Art. 277. Excetuam-se da exigência do preparo:

I – os processos criminais, salvo os iniciados mediante queixa, se não ocorrer a hipótese do inciso II, e os de ação privada subsidiária;

II – os processos em que a parte for beneficiária da gratuidade da justiça;

III – os embargos de declaração;

IV – os recursos e as ações ajuizadas pelo Ministério Público, pela União, pelos Estados e Municípios e respectivas autarquias, e pelos que gozam de isenção legal.

Parágrafo único. Os embargos infringentes e de nulidades criminais não se sujeitam a preparo, ainda que relativos à ação penal de iniciativa privada (art. 257).

Art. 278. Quando autor e réu recorrerem, cada recurso estará sujeito ao preparo integral.

Parágrafo único. O terceiro prejudicado que recorrer fará o preparo do seu recurso, independentemente do preparo do recurso que, porventura, tenha sido interposto pelo autor ou pelo réu.

Art. 279. O preparo será feito pela forma prevista no Regimento de Custas.

SEÇÃO II
DOS RECURSOS EXTRAORDINÁRIO E ESPECIAL

Art. 280. Os recursos extraordinário e especial serão interpostos perante o presidente do Tribunal de Justiça, na forma e prazo estabelecidos na legislação processual vigente, e recebidos no efeito devolutivo, salvo quando interposto do julgamento de mérito do incidente de resolução de demandas repetitivas, hipótese em que terá efeito suspensivo (art. 987, § 1º,[47] do Código de Processo Civil).

Art. 281. Recebida a petição, proceder-se-á na forma prevista na legislação processual.

---

47. Art. 987. Do julgamento do mérito do incidente caberá recurso extraordinário ou especial, conforme o caso.

§ 1º O recurso tem efeito suspensivo, presumindo-se a repercussão geral de questão constitucional eventualmente discutida.

SEÇÃO III
DO RECURSO ORDINÁRIO CONSTITUCIONAL

Art. 282. Os recursos ordinários serão interpostos perante o presidente do Tribunal de Justiça, processando-se na forma prevista na legislação pertinente.

SEÇÃO IV
DO RECURSO EM SENTIDO ESTRITO

Art. 283. Registrado e distribuído o recurso em sentido estrito, o relator abrirá vista ao Ministério Público, pelo prazo de cinco dias, caso não seja necessária a adoção de nenhuma diligência no juízo de origem.

§ 1º Apresentado o parecer, o relator examinará os autos e pedirá dia para julgamento;

§ 2º Em se tratando de recurso de decisão proferida em *habeas corpus*, o Ministério Público terá vista pelo prazo de dois dias, após, o relator colocará o processo em mesa para julgamento.

SEÇÃO V
DO AGRAVO DE INSTRUMENTO

Art. 284. O trâmite do agravo de instrumento é aquele previsto na legislação processual.

SEÇÃO VI
DO AGRAVO EM RECURSO ESPECIAL E EM RECURSO EXTRAORDINÁRIO

Art. 285. Cabe agravo, no prazo de quinze dias, contra decisão do presidente do Tribunal de Justiça que inadmitir recurso extraordinário ou recurso especial, salvo quando fundada na aplicação de entendimento firmado em regime de repercussão geral ou em julgamento de recursos repetitivos, na forma da legislação processual.

§ 1º O agravado será intimado, de imediato, para oferecer resposta no prazo de quinze dias;

§ 2º Após o prazo de resposta, o presidente poderá, dentro de 48 horas, reformar a decisão agravada;

§ 3º Não havendo retratação, o agravo será remetido ao Tribunal superior competente.

SEÇÃO VII
DO AGRAVO INTERNO

Art. 286. Nos recursos cíveis e nos processos de competência originária cíveis, contra a decisão proferida pelo relator, caberá agravo interno ao respectivo órgão colegiado no prazo de quinze dias.

§ 1º Na petição de agravo interno, o recorrente impugnará especificadamente os fundamentos da decisão agravada;

§ 2º O agravo será processado nos próprios autos e dirigido ao relator, que intimará o agravado para manifestar-se sobre o recurso no prazo de quinze dias, ao final do qual, não havendo retratação, será levado a julgamento, com inclusão na primeira pauta disponível;

§ 3º Caberá agravo interno contra a decisão que indeferir o ingresso de *amicus curiae* no processo.

Art. 287. Nos recursos criminais e nos processos de competência originária criminal, contra a decisão proferida pelo relator, caberá agravo

RESOLUÇÃO N. 104 DE 21 DE JUNHO DE 2018 — ART. 302

interno ao respectivo órgão colegiado no prazo de cinco dias.

SEÇÃO VIII
DA APELAÇÃO CRIMINAL

Art. 288. Distribuída a apelação criminal, abrir-se-á, independentemente de despacho, vista à Procuradoria Geral de Justiça, para parecer.

Art. 289. Se o apelante houver protestado para arrazoar na instância superior, o relator ordenará sua intimação, ouvindo-se, em seguida, o apelado.

§ 1º Neste caso, a vista à Procuradoria Geral de Justiça será dada após a manifestação das partes;

§ 2º O Ministério Público sempre promoverá as razões ou contrarrazões no Juízo de origem, atuando como apelante ou apelado, mediante intimação pessoal por meio eletrônico.

Art. 290. No julgamento, o Tribunal poderá proceder a novo interrogatório do acusado, reinquirir testemunhas ou determinar outras diligências.

Parágrafo único. As partes serão ouvidas sobre a prova que se produzir por determinação do Tribunal.

SEÇÃO IX
DA APELAÇÃO CÍVEL

Art. 291. Recebido o recurso de apelação no Tribunal e distribuído imediatamente, o relator:

I – dirigirá e ordenará o processo, até mesmo em relação à produção de prova, bem como, quando for o caso, homologará autocomposição das partes;

II – mandará abrir vista à Procuradoria Geral de Justiça, se for o caso;

III – decidirá sobre requerimento de concessão de efeito suspensivo, nos termos do art. 1.012, § 3º, inciso II,[48] do Código de Processo Civil;

IV – decidi-lo-á monocraticamente nas hipóteses do art. 932, incisos III a V,[49] do Código de Processo Civil.

---

48. Art. 1.012. A apelação terá efeito suspensivo.
§ 3º O pedido de concessão de efeito suspensivo nas hipóteses do § 1º poderá ser formulado por requerimento dirigido ao:
II – relator, se já distribuída a apelação.
49. Art. 932. Incumbe ao relator:
III – não conhecer de recurso inadmissível, prejudicado ou que não tenha impugnado especificamente os fundamentos da decisão recorrida;
IV – negar provimento a recurso que for contrário a:
a) súmula do Supremo Tribunal Federal, do Superior Tribunal de Justiça ou do próprio tribunal;
b) acórdão proferido pelo Supremo Tribunal Federal ou pelo Superior Tribunal de Justiça em julgamento de recursos repetitivos;
c) entendimento firmado em incidente de resolução de demandas repetitivas ou de assunção de competência;
V – depois de facultada a apresentação de contrarrazões, dar provimento ao recurso se a decisão recorrida for contrária a:
a) súmula do Supremo Tribunal Federal, do Superior Tribunal de Justiça ou do próprio tribunal;
b) acórdão proferido pelo Supremo Tribunal Federal ou pelo Superior Tribunal de Justiça em julgamento de recursos repetitivos;
c) entendimento firmado em incidente de resolução de demandas repetitivas ou de assunção de competência.

§ 1º O relator determinará a intimação das partes para manifestação na hipótese do art. 933,[50] *caput*, do Código de Processo Civil;

§ 2º Antes de distribuída a apelação, o requerimento previsto no inciso III será formulado por meio de petição, observado o disposto no art. 1.012, § 3º, inciso I,[51] do Código de Processo Civil;

§ 3º A petição de que trata o § 2º será distribuída por sorteio eletrônico, salvo prevenção anterior e, oportunamente, vinculada aos autos da apelação.

Art. 292. Observado o disposto no artigo anterior, o relator solicitará dia para julgamento.

SEÇÃO X
DOS EMBARGOS INFRINGENTES E DE NULIDADES CRIMINAIS

Art. 293. Os embargos infringentes e de nulidade criminais são cabíveis, no prazo de dez dias, contra decisão não unânime e desfavorável ao réu, na forma da legislação processual.

Parágrafo único. A escolha do relator recairá, se possível, em magistrado que não haja participado do julgamento anterior.

Art. 294. Interpostos os embargos, abrir-se-á vista ao recorrido para contrarrazões e, em seguida, o relator do acórdão embargado apreciará a admissibilidade do recurso.

§ 1º Da decisão que inadmitir os embargos caberá agravo interno no prazo de cinco dias para o órgão competente para julgamento do recurso;

§ 2º Provido o agravo interno, os embargos infringentes serão distribuídos de conformidade com o disposto no parágrafo único do artigo 293;

§ 3º Feita a distribuição, os autos serão remetidos à Procuradoria Geral de Justiça para oferta de parecer no prazo de dez dias.

Art. 295. O relator e o revisor disporão, sucessivamente, do prazo de dez dias para exame; após, o revisor pedirá a inclusão em pauta de julgamento.

Art. 296. Julgados os embargos infringentes e de nulidade criminais relativos ao acusado preso, a Secretaria do órgão julgador comunicará a decisão à Vara de Execuções Penais.

SEÇÃO XI
DO INCIDENTE DE RESOLUÇÃO DE DEMANDAS REPETITIVAS

Art. 297. O Incidente de Resolução de Demandas Repetitivas do Tribunal de Justiça deste Estado far-se-á na forma estabelecida no Código

---

50. Art. 933. Se o relator constatar a ocorrência de fato superveniente à decisão recorrida ou a existência de questão apreciável de ofício ainda não examinada que devam ser considerados no julgamento do recurso, intimará as partes para que se manifestem no prazo de 5 (cinco) dias.
51. Art. 1.012. A apelação terá efeito suspensivo.
§ 3º O pedido de concessão de efeito suspensivo nas hipóteses do § 1º poderá ser formulado por requerimento dirigido ao:
I – tribunal, no período compreendido entre a interposição da apelação e sua distribuição, ficando o relator designado para seu exame prevento para julgá-la.

de Processo Civil (Lei n. 13.105, de 16 de março de 2015).

Art. 298. O julgamento do Incidente caberá ao Tribunal Pleno, na forma do art. 7º, inciso I, "n", deste Regimento.

Parágrafo único. O Incidente será distribuído ao mesmo relator do recurso, remessa necessária ou ação originária que tramita no Tribunal de Justiça.

Art. 299. O julgamento desdobrar-se-á em duas fases distintas:

I – exame da admissibilidade, considerando a presença dos pressupostos do art. 976 do Código de Processo Civil;

II – apreciação do mérito das teses em confronto.

§ 1º O julgamento da primeira fase, a que se refere o inciso I, será tomado por maioria simples; o da segunda fase, que se refere ao inciso II, por maioria absoluta;

§ 2º Se não for alcançada a maioria absoluta no julgamento da segunda fase (inciso II), existindo julgadores ausentes, a sessão de julgamento será suspensa, a fim de colher os votos dos julgadores ausentes.

Art. 300. O relator submeterá, por meio eletrônico, aos demais desembargadores, integrantes do Órgão competente, sua manifestação sobre a admissibilidade, ou não, do respectivo Incidente.

§ 1º O procedimento de que trata o *caput* não terá lugar quando o Incidente versar sobre questão cuja admissibilidade já houver sido reconhecida pelo Tribunal, ou quando impugnar decisão contrária à Súmula ou à jurisprudência dominante, casos em que se presume a admissão do Incidente.

§ 2º Recebida a manifestação do relator, os demais desembargadores encaminhar-lhe-ão, também por meio eletrônico, no prazo comum de vinte dias, manifestação sobre a questão da admissibilidade de Incidente;

§ 3º Decorrido o prazo sem manifestações suficientes para recusa do Incidente, este será considerado admitido;

§ 4º Até a implantação do sistema eletrônico necessário para a admissibilidade do Incidente de Resolução de Demandas Repetitivas, o referido julgamento será realizado na sessão de julgamento regular do Tribunal Pleno.

Art. 301. O relator recusará monocraticamente os Incidentes que manifestamente não preencham os requisitos de admissibilidade ou que se fundamentem em entendimentos já estabelecidos segundo precedentes deste Tribunal, salvo se a tese tiver sido revista ou estiver em procedimento de revisão.

Parágrafo único. Da decisão monocrática que inadmitir o Incidente caberá agravo interno.

Art. 302. Admitido o Incidente, o relator, após a regular instrução do feito, levará a questão a julgamento, perante o colegiado, observando-se no seu conteúdo as seguintes etapas:

I – esgotamento da temática, na forma do art. 984, § 2º[52], do Código de Processo Civil;

---

52. Art. 984. No julgamento do incidente, observar-se-á a seguinte ordem:

II – exposição do histórico de aplicação das teses jurídicas utilizadas para subsidiar o Incidente;

III – fixação e distinção das razões de decidir e questões acessórias da decisão;

IV – utilização de técnicas processuais idôneas de distinção ou superação do padrão decisório, quando o caso concreto assim o exigir.

Art. 303. Julgado o Incidente, a tese jurídica será aplicada:

I – a todos os processos individuais e coletivos que versem sobre questão idêntica de direito e que tramitem na área de jurisdição do respectivo Tribunal, até mesmo àqueles que tramitem nos juizados especiais do respectivo estado ou região;

II – aos casos futuros que versem idêntica questão de direito e que venham a tramitar no território de competência do Tribunal, salvo revisão na forma do art. 986[53] do Código de Processo Civil.

Art. 304. As ementas dos Incidentes de Resolução de Demandas Repetitivas serão reproduzidas fielmente nos acórdãos que versem sobre matéria idêntica, com a respectiva identificação do acórdão paradigma.

Art. 305. O julgamento firmado em Incidente de Resolução de Demandas Repetitivas poderá ser compendiado em enunciado de súmula do Tribunal de Justiça.

SEÇÃO XII
DO INCIDENTE DE ASSUNÇÃO DE COMPETÊNCIA

Art. 306. É admissível a assunção de competência quando:

I – o julgamento de recurso, de remessa necessária ou de processo de competência originária envolver relevante questão de direito, com grande repercussão social, sem repetição em múltiplos processos;

II – ocorrer relevante questão de direito a respeito da qual seja conveniente a prevenção ou a composição de divergência entre câmaras ou turmas cíveis.

Parágrafo único. Não será admitida a arguição quando a questão de direito tiver sido objeto de decisão em julgamento de casos repetitivos.

Art. 307. Verificados os requisitos previstos nos incisos I e II do *caput*, o relator proporá, de ofício ou a requerimento das partes, do Ministério Público ou da Defensoria Pública, que seja o recurso, a remessa necessária ou o processo de competência originária, julgado pelo Tribunal Pleno.

Art. 308. O pedido será instruído com os documentos necessários à demonstração dos requisitos de admissibilidade do incidente.

Parágrafo único. Da decisão que admitir ou inadmitir o incidente, caberá agravo interno.

___
§ 2º O conteúdo do acórdão abrangerá a análise de todos os fundamentos suscitados concernentes à tese jurídica discutida, sejam favoráveis ou contrários.

53. Art. 986. A revisão da tese jurídica firmada no incidente far-se-á pelo mesmo tribunal, de ofício ou mediante requerimento dos legitimados mencionados no art. 977, inciso III.

Art. 309. A proposta será submetida ao órgão colegiado competente pelo mesmo relator do recurso, remessa necessária ou ação originária.

§ 1º O relator submeterá, por meio eletrônico, aos demais desembargadores, integrantes do órgão competente, sua manifestação sobre a admissibilidade, ou não, do incidente;

§ 2º Recebida a manifestação do relator, os demais desembargadores encaminhar-lhe-ão, também por meio eletrônico, no prazo comum de vinte dias, manifestação sobre a questão da admissibilidade.

Art. 310. Acolhida a proposta e lavrado o acórdão, o relator determinará a oitiva da Procuradoria-Geral de Justiça no prazo de quinze dias.

Parágrafo único. Rejeitada a proposta, prosseguir-se-á no julgamento do feito.

Art. 311. O relator juntará aos autos o relatório, em até trinta dias, e solicitará inclusão em pauta para julgamento.

Art. 312. Na sessão de julgamento haverá deliberação prévia sobre o interesse público na assunção de competência.

§ 1º Inadmitida a assunção de competência, será lavrado acórdão, e os autos retornarão ao órgão originário para julgamento do recurso, da remessa necessária ou do processo de competência originária;

§ 2º Admitida a assunção de competência, o Tribunal Pleno julgará o recurso, por maioria absoluta, a remessa necessária ou o processo de competência originária e fixará a tese respectiva.

Art. 313. O acórdão vinculará todos os juízes e órgãos fracionários do Tribunal, exceto quando houver revisão da tese em qualquer das hipóteses previstas na legislação processual.

Parágrafo único. A revisão da tese atenderá ao disposto nos artigos anteriores, no que couber.

Art. 314. O julgamento firmado em Incidente de Assunção de competência poderá ser compendiado em enunciado de Súmula do Tribunal de Justiça.

SEÇÃO XIII
DAS SÚMULAS

Art. 315. Poderá ser compendiada em enunciado de súmula, por voto de maioria absoluta, a matéria correspondente à jurisprudência dominante do Tribunal, na forma do art. 926, § 1º,[54] do Código de Processo Civil, de cumprimento obrigatório pelos órgãos fracionários do Tribunal e pelos desembargadores.

§ 1º Observar-se-ão, na edição dos enunciados de súmula, as circunstâncias fáticas dos precedentes que motivaram sua criação, conforme exigido pelo § 2º[55] do art. 926 do Código de Processo Civil;

___
54. Art. 926. Os tribunais devem uniformizar sua jurisprudência e mantê-la estável, íntegra e coerente.

§ 1º Na forma estabelecida e segundo os pressupostos fixados no regimento interno, os tribunais editarão enunciados de súmula correspondentes a sua jurisprudência dominante.

55. Ao editar enunciados de súmula, os tribunais devem ater-se às circunstâncias fáticas dos precedentes que motivaram sua criação.

§ 2º Qualquer desembargador poderá apresentar ao Tribunal Pleno proposta de edição de súmula da jurisprudência dominante sobre determinada interpretação do direito;

§ 3º A hipótese de que trata o *caput* deste artigo prescinde da prévia instauração do Incidente de Resolução de Demandas Repetitivas ou Incidente de Assunção de Competência, e deverá ser apresentada com o respectivo projeto de enunciado, indicando-se os precedentes em que se baseia;

§ 4º A proposta de edição, revisão ou cancelamento de enunciado de súmula não autoriza a suspensão dos processos em que se discuta a mesma questão;

§ 5º A aprovação do enunciado de súmula far-se-á em sessão administrativa do Tribunal Pleno, distribuindo-se aos respectivos componentes a proposta e sugestão, por meio eletrônico, com cinco dias de antecedência, oficiando como relator o proponente;

§ 6º A Procuradoria-Geral de Justiça se manifestará, no prazo de quinze dias, acerca das propostas de edição, revisão ou cancelamento de enunciado de súmula da jurisprudência dominante do Tribunal de Justiça.

Art. 316. Qualquer desembargador pode propor revisão da jurisprudência compendiada em súmula, desde que o faça de forma fundamentada, justificando os motivos pelos quais aquele entendimento não deve mais prevalecer.

Art. 317. A apreciação de modificações nas súmulas somente será levada à deliberação do Tribunal Pleno quando:

I – ocorrer alteração na legislação ou na jurisprudência do Supremo Tribunal Federal ou do Superior Tribunal de Justiça;

II – algum órgão do Tribunal apresentar novos argumentos relevantes a respeito do tema sumulado.

Parágrafo único. Instaurar-se-á o procedimento de revisão de súmula pelo voto da maioria absoluta dos membros do Tribunal Pleno.

Art. 318. Enquanto não forem modificadas, as súmulas deverão ser observadas pelo Tribunal Pleno e por todos os demais órgãos do Tribunal, até mesmo os da administração, quando a matéria sumulada lhes for pertinente.

Art. 319. Proferido o acórdão que decidiu pela aprovação da súmula, a Secretaria, no prazo para a respectiva publicação, remeterá cópia à Comissão de Jurisprudência, Documentação e Memória, que deverá:

I – efetuar, em ordem numérica de apresentação, o registro da súmula e do acórdão, na íntegra;

II – providenciar a publicação dos enunciados de súmula, datados e numerados, por três vezes, no Diário de Justiça Eletrônico, em datas próximas.

Parágrafo único. Ficarão vagos, com a nota correspondente, para efeito de eventual restabelecimento, os números dos enunciados que o Tribunal cancelar ou alterar, tomando os que forem modificados novos números da série.

Art. 320. A citação da súmula, pelo número correspondente, perante o Tribunal e seus demais órgãos judiciais, dispensará a referência a outros julgados no mesmo sentido.

SEÇÃO XIV
DOS EMBARGOS DE DECLARAÇÃO

Art. 321. Os embargos de declaração serão opostos por petição dirigida ao relator do acórdão, nos prazos e na forma previstos na legislação processual.

§ 1º O relator intimará o embargado para, querendo, manifestar-se, no prazo de cinco dias, sobre os embargos opostos, caso seu eventual acolhimento implique a modificação da decisão embargada;

§ 2º A Relatoria competirá ao prolator da decisão embargada, exceto quando impossível seu comparecimento, em virtude de licença ou férias, ou outro motivo;

§ 3º O relator apresentará os embargos em mesa na sessão subsequente, proferindo voto, e, não havendo julgamento nessa sessão, será o recurso incluído em pauta automaticamente;

§ 4º Quando evidente a intenção protelatória na oposição dos embargos, fato este declarado na decisão que o rejeita, precluirá o prazo para interposição de qualquer outro recurso, sem prejuízo das sanções impostas pelo art. 1.026, §§ 2º e 3º,[56] do Código de Processo Civil;

§ 5º No julgamento dos embargos de declaração aviados contra acórdão em julgamento reencetado observar-se-á o mesmo quórum ampliado.

SEÇÃO XV
DA RECLAMAÇÃO

Art. 322. Caberá reclamação da parte interessada ou do Ministério Público para:

I – preservar a competência do Tribunal;

II – garantir a autoridade das decisões do Tribunal;

III – garantir a observância de enunciado de súmula vinculante e de decisão do Supremo Tribunal Federal em controle concentrado de constitucionalidade;

IV – garantir a observância de acórdão proferido em julgamento de Incidente de Resolução de Demandas Repetitivas ou de Incidente de Assunção de Competência.

Art. 323. O julgamento da reclamação compete ao órgão jurisdicional do Tribunal cuja competência se busca preservar ou cuja autoridade se pretende garantir.

§ 1º A reclamação será dirigida ao presidente do Tribunal de Justiça, e o reclamante a instruirá com prova documental que permita a compreensão da controvérsia;

§ 2º O relator, se entender insuficiente ou incompleta a prova documental, determinará ao reclamante que, no prazo de cinco dias, instrua a reclamação de forma adequada, sob pena de indeferi-la liminarmente;

§ 3º Caberá agravo interno, no prazo de quinze dias, da decisão monocrática do relator que indeferir a reclamação na situação prevista no § 2º;

§ 4º A reclamação será autuada e distribuída, sempre que possível, ao relator do processo principal;

§ 5º É inadmissível a reclamação proposta após o trânsito em julgado da decisão;

§ 6º A inadmissibilidade ou o julgamento do recurso interposto contra a decisão proferida pelo órgão reclamado não prejudica a reclamação.

Art. 324. Ao despachar a reclamação, o relator:

I – indeferirá de plano a reclamação inadmissível, prejudicada ou proposta em face de decisão transitada em julgado;

II – requisitará informações da autoridade a quem for imputada a prática do ato impugnado, que as prestará no prazo de dez dias;

III – se necessário, ordenará a suspensão do processo ou do ato impugnado para evitar dano irreparável;

IV – determinará a citação do beneficiário da decisão impugnada, que terá prazo de quinze dias para apresentar a sua contestação.

Art. 325. Qualquer interessado poderá impugnar o pedido do reclamante.

Art. 326. O Ministério Público, na reclamação que não houver formulado, terá vista do processo por cinco dias, após o decurso do prazo para informações e para o oferecimento da contestação pelo beneficiário do ato impugnado.

Art. 327. Em seguida, devolvidos os autos pelo Ministério Público, o relator pedirá dia para julgamento.

Art. 328. Julgando procedente a reclamação, o Tribunal, por seu órgão competente, cassará a decisão exorbitante de seu julgado ou determinará medida adequada à preservação de sua competência.

Parágrafo único. O presidente do órgão julgador determinará o imediato cumprimento da decisão, lavrando-se o acórdão posteriormente.

Art. 329. Se for apurada falta funcional do juiz, proceder-se-á de acordo com o disposto no Regimento Interno deste Tribunal e Atos Normativos do Conselho Nacional de Justiça, devendo os autos ser remetidos à Corregedoria-Geral da Justiça.

TÍTULO V
DOS PROCESSOS E PROCEDIMENTOS ADMINISTRATIVOS

Capítulo I
DA ELEIÇÃO PARA OS CARGOS DO TRIBUNAL

Art. 330. O presidente, o vice-presidente, o corregedor-geral da justiça, o vice-corregedor, os demais membros do Conselho da Magistratura e bem assim o diretor-geral e o primeiro diretor-adjunto da ESMAT, o ouvidor-judiciário, ouvidor-substituto, coordenador do Centro Judiciário de Solução de Conflitos e Cidadania de 2º Grau e os membros das Comissões Permanentes serão eleitos para um mandato de dois anos, por meio do escrutínio secreto da maioria do Tribunal Pleno, em sessão pública, sendo esta a primeira sessão do mês de outubro do biênio expirante.

§ 1º Proceder-se-á à nova votação, entre os mais votados a um mesmo cargo, no caso de empate, e, persistindo este, será escolhido o mais antigo;

§ 2º São inelegíveis para os cargos de presidente, vice-presidente e corregedor-geral da justiça, respectivamente, quem os tenham exercido, até que se esgotem todos os nomes;

§ 3º O disposto no § 2º não se aplica ao eleito para completar período de mandato inferior a um ano, a contar de sua posse;

§ 4º É obrigatória a aceitação do cargo, salvo recusa manifestada e aceita antes da eleição.

Art. 331. Se houver vaga em quaisquer dos cargos eletivos antes do último semestre do mandato a cumprir, haverá eleição do sucessor, para o tempo restante, a qual será providenciada no prazo de dez dias. Nesse caso, a posse dar-se-á no mesmo dia.

Parágrafo único. Se ocorrer vacância dos cargos durante o primeiro semestre do mandato, assumirá o exercício do cargo, pelo tempo restante, o substituto regimental, que se tornará inelegível para o período seguinte. Dando-se a vacância a partir do segundo semestre do mandato, se o substituto manifestar sua disposição de não assumir o cargo, será o período completado pelo desembargador mais antigo, salvo inelegibilidade ou renúncia, quando assumirá o desembargador seguinte na ordem de antiguidade.

Art. 332. A posse do presidente do Tribunal dar-se-á em sessão plenária solene, às 14 horas do primeiro dia útil de fevereiro, perante o presidente, cujo mandato se extingue, seguindo-se, ato contínuo, a transmissão do cargo.

§ 1º A posse do vice-presidente, do corregedor-geral da justiça, do vice-corregedor-geral da justiça, dos demais membros do Conselho da Magistratura, do diretor geral da ESMAT e do seu primeiro diretor adjunto, do ouvidor-judiciário, do ouvidor substituto, do coordenador do Centro Judiciário de Solução de Conflitos e Cidadania de 2º Grau e dos membros das Comissões Permanentes dar-se-á na mesma sessão, perante o novo presidente, ocorrendo a transmissão dos cargos na mesma ocasião;

§ 2º O Conselho da Magistratura e as Câmaras reunir-se-ão oportunamente para as necessárias transmissões;

§ 3º Se a sessão de posse não se realizar no dia designado, assumirá a Presidência no Tribunal o desembargador mais antigo, o qual providenciará para que o ato se realize no dia imediato, no mesmo horário, em sessão plenária solene.

Art. 333. O presidente do Tribunal e o corregedor-geral da justiça, ao deixarem os cargos, passam a integrar as Câmaras e Turmas de que saírem os seus sucessores.

Art. 334. Os presidentes das Câmaras Cível e Criminal serão eleitos dentre seus membros, por escrutínio secreto, para um mandato de dois anos, na penúltima sessão do biênio expirante.

---

56. Art. 1.026. Os embargos de declaração não possuem efeito suspensivo e interrompem o prazo para a interposição de recurso.

§ 2º Quando manifestamente protelatórios os embargos de declaração, o juiz ou o tribunal, em decisão fundamentada, condenará o embargante a pagar ao embargado multa não excedente a dois por cento sobre o valor atualizado da causa;

§ 3º Na reiteração de embargos de declaração manifestamente protelatórios, a multa será elevada a até dez por cento sobre o valor atualizado da causa, e a interposição de qualquer recurso ficará condicionada ao depósito prévio do valor da multa, à exceção da Fazenda Pública e do beneficiário de gratuidade da justiça, que a recolherão ao final.

CAPÍTULO II
DA PROMOÇÃO DE JUIZ DE DIREITO

Art. 335. Além do que prescreve a Constituição Federal, a Lei Orgânica da Magistratura Nacional, o Código de Organização Judiciária do Estado e os Atos Normativos do Conselho Nacional de Justiça, serão observadas, na promoção de juízes de direito, as seguintes normas:

I – a promoção de entrância para entrância observará, alternadamente, critérios de antiguidade e merecimento, atendidas as seguintes normas:

a) é obrigatória a promoção do juiz que figure por três vezes consecutivas ou cinco alternadas em lista de merecimento;

b) a promoção por merecimento pressupõe dois anos de exercício na respectiva entrância e integrar o juiz a primeira quinta parte da lista de antiguidade desta, salvo se não houver com tais requisitos quem aceite o lugar vago;

c) a aferição do merecimento conforme o desempenho e pelos critérios objetivos de produtividade, presteza no exercício da jurisdição, pela frequência e aproveitamento em cursos oficiais ou reconhecidos de aperfeiçoamento e adequação da conduta ao Código de Ética da Magistratura Nacional;

d) na apuração de antiguidade, o Tribunal somente poderá recusar o juiz mais antigo pelo voto fundamentado de dois terços de seus membros, conforme procedimento próprio e assegurada a ampla defesa, repetindo-se a votação até fixar-se a indicação;

e) não será promovido o juiz que, injustificadamente, retiver autos em seu poder além do prazo legal, não podendo devolvê-los ao cartório sem o devido despacho ou decisão.

II – o acesso aos tribunais de segundo grau far-se-á por antiguidade e merecimento, alternadamente, apurados na última entrância;

III – a relação organizada dos magistrados concorrentes à promoção deverá ser disponibilizada pelo Conselho da Magistratura a todos os desembargadores, pelo menos 48 horas antes da sessão, sob pena de nulidade da decisão.

Capítulo III
DA REMOÇÃO VOLUNTÁRIA DE JUIZ DE DIREITO

Art. 336. A remoção de juiz de direito obedecerá às prescrições da Constituição Federal, a Lei Orgânica da Magistratura Nacional, o Código de Organização Judiciária do Estado e os Atos Normativos do Conselho Nacional de Justiça.

Capítulo IV
DO PROCESSO ADMINISTRATIVO DISCIPLINAR RELATIVO A MAGISTRADOS

Art. 337. Nos processos disciplinares que resultem em advertência, censura, remoção compulsória, disponibilidade, aposentadoria compulsória e demissão, além do que estabelecem a Constituição Federal, a Lei Orgânica da Magistratura Nacional, o Código de Organização Judiciária e os Atos Normativos do Conselho Nacional de Justiça, atender-se-ão as seguintes normas:

I – caberá ao Tribunal, por meio do Pleno, o processo e julgamento dessas matérias;

II – qualquer punição prevista no *caput* desse dispositivo, somente será aplicada se fundada em decisão de maioria absoluta dos membros do Tribunal;

III – o processo tramitará em sigilo, garantindo-se ao magistrado o direito ao contraditório e à ampla defesa.

Art. 338. Os processos administrativos disciplinares serão sempre processados e julgados pelo Pleno, garantindo-se ao acusado o contraditório e a ampla defesa, com os meios recursais que lhe são inerentes.

Capítulo V
DO VITALICIAMENTO

Art. 339. O juiz de direito substituto adquirirá vitaliciedade ao concluir o curso de formação inicial e obter aprovação no estágio probatório correspondente a dois anos de efetivo exercício na judicatura, contados a partir da posse.

Art. 340. A partir da posse e enquanto perdurar o estágio probatório, as atividades do juiz,[57] respeitadas a sua independência e dignidade, serão especialmente acompanhadas pelo corregedor-geral da justiça, enquanto componente do Conselho da Magistratura, sem prejuízo das atribuições da Corregedoria-Geral da Justiça.

Art. 341. Compete ao Conselho da Magistratura apreciar e opinar sobre as condições, comportamento e adequação pessoal do juiz substituto, baseando-se em prontuário organizado para cada juiz, tão logo este inicie o exercício das funções inerentes ao cargo.

Parágrafo único. Do prontuário constarão:

a) os documentos pessoais e de escolaridade, os títulos e outros remetidos pelo próprio interessado;

b) os registros mantidos pela Comissão de Concurso sobre o magistrado;

c) informações obtidas na Presidência do Tribunal, Corregedoria Geral da Justiça, presidentes de Órgãos Julgadores e desembargadores;

d) informações obtidas na Corregedoria Geral da Justiça e Secretaria do Conselho da Magistratura, acerca de faltas, afastamentos, licenças e produtividade baseada nos registros estatísticos;

e) informações obtidas nas Secretarias das Câmaras Cível e Criminal, quanto a sentenças ou decisões recorridas de sua autoria, bem como a presteza em atender às solicitações do Tribunal e às requisições de informações em *habeas corpus* e mandados de segurança;

f) as referências constantes em acórdãos ou declarações de voto enviados por seus prolatores;

g) as informações reservadas sobre a conduta moral e competência funcional;

h) informações ao presidente e ao corregedor-geral do Tribunal Regional Eleitoral, quando o juiz houver exercido jurisdição eleitoral.

Art. 342. O estágio probatório de cada juiz será apreciado por meio de processo administrativo individual que tramitará perante o Conselho da Magistratura e terá como relator o corregedor-geral da justiça, a quem caberá a fiscalização e a coleta de todas as informações julgadas necessárias a instruí-lo.

§ 1º A abertura do processo será determinada pelo corregedor-geral da justiça, por portaria, no prazo de quarenta e cinco dias, a contar da posse no cargo;

§ 2º O corregedor-geral da justiça poderá delegar a magistrado vitalício de 3ª entrância o acompanhamento, fiscalização e coleta das informações dispostas no *caput*, devendo este magistrado apresentar relatório e parecer no prazo máximo de sessenta dias antes do término do estágio.

Art. 343. O processo deverá ser encaminhado à Presidência, no prazo máximo de quarenta e cinco dias antes do término do biênio previsto no inciso II do art. 22[58] da LOMAN, que deverá submeter à apreciação do Tribunal Pleno na primeira sessão, ou convocar o órgão extraordinariamente para os próximos três dias, na hipótese de haver recomendação pela perda do cargo.

§ 1º Caso o relatório proponha a perda do cargo do magistrado, o Tribunal Pleno decidirá por maioria absoluta sobre o afastamento de suas funções até a decisão final a ser tomada pela Corte;

§ 2º Imediatamente após a decisão plenária, a Presidência determinará a intimação do magistrado para que em cinco dias, querendo, apresente defesa escrita;

§ 3º Apresentada a defesa, os autos retornarão ao corregedor-geral da justiça para exame. No prazo máximo de trinta dias, o corregedor-geral deverá devolver os autos à Presidência com pedido de inclusão em pauta para deliberação plenária;

§ 4º A proposição inicial de perda do cargo do vitaliciando implica suspensão automática do prazo de vitaliciamento.

Art. 344. A Secretaria da Corregedoria Geral da Justiça, tão logo cientificada da posse nas funções dos novos juízes, agendará a data do termo final do processo e adotará as providências necessárias para que os autos sejam conclusos ao corregedor-geral, de forma que possa

---

58. Art. 22. São vitalícios:

I – a partir da posse:

a) os Ministros do Supremo Tribunal Federal;

b) os Ministros do Tribunal Federal de Recursos;

c) os Ministros do Superior Tribunal Militar;

d) os Ministros e Juízes togados do Tribunal Superior do Trabalho e dos Tribunais Regionais do Trabalho;

e) os Desembargadores, os Juízes dos Tribunais de Alçada e os Tribunais de segunda instância da Justiça Militar dos Estados.

II – após dois anos de exercício:

a) os Juízes Federais;

b) os Juízes Auditores e Juízes Auditores substitutos da Justiça Militar da União;

c) os Juízes do Trabalho Presidentes de Junta de Conciliação e Julgamento e os Juízes do Trabalho Substitutos;

d) os Juízes de Direito e os Juízes substitutos da Justiça dos Estados, do Distrito Federal e dos Territórios, bem assim os Juízes Auditores da Justiça Militar dos Estados.

§ 1º Os Juízes mencionados no inciso II deste artigo, mesmo que não hajam adquirido a vitaliciedade, não poderão perder o cargo senão por proposta do Tribunal ou do órgão especial competente, adotada pelo voto de dois terços de seus membros efetivos;

§ 2º Os Juízes a que se refere o inciso II deste artigo, mesmo que não hajam adquirido a vitaliciedade, poderão praticar todos os atos reservados por lei aos Juízes vitalícios.

---

57. Alterado e corrigido. Redação original consta "duiz".

relatá-los no prazo fixado no *caput* do artigo antecedente.

Parágrafo único. A Presidência manterá concomitante à Secretaria da Corregedoria Geral agenda do prazo de quarenta e cinco dias para remessa do relatório final. Caso não seja observado o prazo, deverá adotar providências necessárias para que os processos sejam ultimados em tempo hábil para impedir a imerecida e indevida declaração de vitaliciedade.

Art. 345. O processo será instruído com cópia dos principais documentos do prontuário do magistrado.

Art. 346. Em sessão pública do Tribunal Pleno, o corregedor-geral apresentará seu relatório, após, será facultado ao vitaliciando apresentar sustentação oral por 10 minutos improrrogáveis. Em seguida, será procedida a votação iniciando-se pelo corregedor-geral.

§ 1º A decisão pela perda do cargo será tomada por maioria absoluta do Tribunal Pleno;

§ 2º Caso haja pedido de vista, a Presidência concederá em caráter coletivo, e o feito será obrigatoriamente colocado em pauta na próxima sessão de julgamento.

Capítulo VI
DOS RECURSOS ADMINISTRATIVOS

Art. 347. Das decisões do Conselho da Magistratura, caberá recurso voluntário ao Tribunal Pleno, no prazo de quinze dias, contado da intimação.

§ 1º Toda decisão proferida pelo Conselho da Magistratura, que venha ou possa resultar, imediata ou mediatamente, consequência financeira ao erário, está sujeita à remessa necessária, não produzindo efeito senão depois de confirmada pelo Tribunal Pleno;

§ 2º O recurso *ex-officio* de que trata o § 1º, juntamente com o recurso voluntário, se houver, será remetido pelo presidente do Conselho ao Tribunal Pleno, para julgamento na primeira sessão plenária subsequente, figurando como relator aquele a quem, por distribuição, couber o mister.

Capítulo VII
DA REFORMA DO REGIMENTO

Art. 348. Qualquer desembargador poderá propor a reforma do Regimento mediante apresentação de anteprojeto escrito e articulado, endereçado ao presidente da Comissão de Regimento Interno e Organização Judiciária.

Parágrafo único. O presidente da Comissão determinará a distribuição por sorteio eletrônico a um dos membros da Comissão de Regimento e Organização Judiciária, e a tramitação atenderá ao disposto no artigo 19 deste Regimento.

Art. 349. O projeto de resolução ou o anteprojeto de lei aprovado pela Comissão será encaminhado eletronicamente ao presidente do Tribunal, que o distribuirá aos desembargadores até cinco dias antes da sessão plenária na qual será discutido e votado.

Art. 350. Recebidas as propostas, que também serão imediatamente disponibilizadas, por meio do sistema eletrônico, aos membros do Tribunal, o presidente designará sessão para discussão e votação do projeto.

§ 1º As propostas de alteração apresentadas pelos desembargadores serão votadas simultaneamente à apreciação do texto correspondente do projeto. Havendo mais de uma proposta sobre um mesmo dispositivo, terá preferência a apresentada pelo mais antigo;

§ 2º Salvo motivo de força maior, que justifique a interrupção dos trabalhos, o projeto será votado em uma única sessão, não se admitindo pedido de vistas ou adiamento.

Art. 351. Considerar-se-á aprovado o texto que obtiver os votos da maioria absoluta dos desembargadores.

Art. 352. As resoluções, com a data de sua aprovação, serão numeradas ordinalmente, independentemente do ano em que forem aprovadas.

Capítulo VIII
DA INTERPRETAÇÃO DO REGIMENTO

Art. 353. No caso de dúvida sobre a inteligência de norma regimental, o Tribunal Pleno fixará a interpretação que se deverá observar.

Parágrafo único. Se o Tribunal entender conveniente, a Comissão de Regimento Interno e Organização Judiciária elaborará projeto para alteração do texto a cujo respeito persistir dúvida.

TÍTULO VI
DAS DISPOSIÇÕES GERAIS E TRANSITÓRIAS

Art. 354. Para os fins deste Regimento, define-se:

a) maioria simples ou relativa: o número inteiro imediatamente superior à metade dos membros presentes na sessão;

b) maioria absoluta: o número inteiro imediatamente superior à metade do total dos membros do Tribunal em condições legais de votar;

c) dois terços: o número inteiro que corresponda a duas terças partes ou que lhe seja, havendo fração, imediatamente superior, considerada a totalidade dos membros do Tribunal em condições legais de votar.

§ 1º Consideram-se em condições legais de votar os desembargadores não atingidos por impedimento ou suspeição e os não licenciados por motivo de saúde (LOMAN, art. 24, parágrafo único[59]);

§ 2º Salvo disposição em contrário, as deliberações deste Tribunal serão tomadas por maioria simples ou relativa;

§ 3º Para o cálculo dos membros efetivos em condições legais de votar não se computarão os afastados em decorrência de ação penal ou processo administrativo disciplinar.

Art. 355. Nas eleições para os cargos diretivos do Tribunal, o presidente designará, dentre os desembargadores desimpedidos, dois escrutinadores, que registrarão, com o auxílio do secretário das sessões, os votos apurados, os nulos e brancos, e quaisquer outras ocorrências.

Art. 356. São feriados no Poder Judiciário tocantinense, além daqueles fixados em lei:

a) os dias onze de agosto e oito de dezembro;

b) os dias compreendidos entre vinte de dezembro e seis de janeiro;

Parágrafo único. O presidente do Tribunal poderá determinar, mediante justo motivo, o seu fechamento.

Art. 357. O prazo para eventuais recursos administrativos não previstos especificamente neste Regimento (art. 15, inciso IX, alínea "c", e art. 347), será de quinze dias.

Art. 358. Nos casos omissos, aplicar-se-ão, subsidiária e sucessivamente, os Regimentos Internos do Supremo Tribunal Federal e do Superior Tribunal de Justiça, no que couber e for compatível.

Art. 359. Fica revogada a Resolução n. 04, de 7 de junho de 2001.

Art. 360. Este Regimento entrará em vigor trinta dias após sua publicação, revogadas as disposições em contrário.

---

59. Art. 24. O Juiz togado, de investidura temporária (art. 17, § 4º), poderá ser demitido, em caso de falta grave, por proposta do Tribunal ou do órgão especial, adotado pelo voto de dois terços de seus membros efetivos.

Parágrafo único. O quórum de dois terços de membros efetivos do Tribunal, ou de seu órgão especial, será apurado em relação ao número de Desembargadores em condições legais de votar, como tal se considerando os não atingidos por impedimento ou suspeição e os não licenciados por motivo de saúde.

LEI COMPLEMENTAR N. 10[1]
DE 11 DE JANEIRO DE 1996

Institui a Lei Orgânica do Poder Judiciário do Estado do Tocantins e dá outras Providências.

TÍTULO I
DA ORGANIZAÇÃO JUDICIÁRIA
Capítulo I
DAS DISPOSIÇÕES GERAIS

Art. 1º Esta Lei Orgânica estabelece a Organização e a Divisão Judiciária do Estado, bem como a administração da Justiça e de seus serviços auxiliares.

Art. 2º O Tribunal de Justiça, o Conselho da Magistratura, a Corregedoria-Geral da Justiça e a Justiça Militar têm jurisdição em todo o território do Estado.

Capítulo II
DA DIVISÃO JUDICIÁRIA

Art. 3º O território do Estado, para os fins da administração da Justiça, divide-se em comarcas e distritos judiciários.

Art. 4º A comarca constitui-se de um ou mais municípios contíguos, formando uma unidade judiciária.

§ 1º Quando o movimento forense o exigir, a comarca poderá ser dividida em duas ou mais varas.

§ 2º A sede da comarca é a do município que lhe dá o nome.

Art. 5º A cada município e a cada distrito da divisão administrativa corresponde um distrito judiciário.

Capítulo III
DA CRIAÇÃO, CLASSIFICAÇÃO, INSTALAÇÃO, ELEVAÇÃO, REBAIXAMENTO E EXTINÇÃO DAS COMARCAS.

Art. 6º São requisitos indispensáveis para criação e instalação da comarca de primeira entrância:

I – população mínima de 21.000 (vinte e um mil) habitantes, no município ou municípios por ela abrangidos;

II – mínimo de 10.500 (dez mil e quinhentos) eleitores inscritos;

III – movimento forense de, no mínimo, 1.200 (um mil e duzentos) feitos, referentes ao distrito a ser desmembrado em comarca;

IV – existência de edifícios, convenientemente mobiliados, com capacidade e condições para a instalação do fórum, e cadeia dotada de hi-giene, segurança, solário e alojamento do destacamento policial.

Parágrafo único. A comarca de origem não poderá perder os requisitos de constituição, estabelecidos no caput deste artigo, com a criação de comarca nova.

Art. 7º As comarcas classificam-se em três (3) entrâncias, sendo a de terceira a de categoria mais elevada.

Art. 8º A instalação da comarca dependerá de inspeção da Corregedoria-Geral da Justiça, que submeterá ao Tribunal Pleno relatório circunstanciado.

Art. 9º São requisitos indispensáveis para a elevação da comarca:

I – à segunda entrância:

a) população mínima de 30.000 (trinta mil) habitantes;

b) mínimo de 15.000 (quinze mil) eleitores inscritos;

c) volume de serviço forense de número igual, no mínimo, a 1.500 (um mil e quinhentos) feitos ajuizados no ano anterior.

II – à terceira entrância:

a) população mínima de 51.000 (cinquenta e um mil) habitantes;

b) mínimo de 25.500 (vinte e cinco mil e quinhentos) eleitores inscritos;

c) volume de serviço forense de número igual, no mínimo, a 2.100 (dois mil e cem) feitos ajuizados no ano anterior.

Art. 10. Somente será criada nova vara cível ou criminal, nas comarcas de terceira entrância, se atendidos os requisitos constantes do artigo 9º, inciso II, letra "c", desta Lei, quando o volume de feitos em andamento, na vara existente, for superior a mil e quinhentos (1.500).

Art. 11. Os dados referidos nos artigos anteriores serão apurados no ano do pedido de criação de comarca, de varas ou de elevação de entrância.

Art. 12. Dependerá de lei específica a mudança da sede da comarca, quando se verificar a ausência ou insuficiência das condições estabelecidas nesta Lei Orgânica.

TÍTULO II
DOS ÓRGÃOS JUDICIÁRIOS

Art. 13. São órgãos do Poder Judiciário estadual:

I – Tribunal de Justiça;

II – Juízes de direito e juízes substitutos;

III – Juizados Especiais;

IV – Justiça de Paz;

V – Tribunais do Júri;

VI – Conselhos da Justiça Militar.

Parágrafo único. Os órgãos jurisdicionais somente poderão exercer suas funções dentro da circunscrição territorial que lhes for atribuída.

Capítulo I
DO TRIBUNAL DE JUSTIÇA

SEÇÃO I
DA COMPOSIÇÃO

Art. 14. O Tribunal de Justiça compõe-se de doze (12) desembargadores, nomeados ou promovidos de acordo com as normas constitucionais vigentes, e funciona como órgão supremo do Poder Judiciário do Estado do Tocantins, com sede na Capital.

Parágrafo único. O preenchimento das vagas ora criadas serão observados os limites das disponibilidades orçamentárias.

Art. 15. São órgãos do Tribunal de Justiça:

I – Tribunal Pleno;

II – Câmara Cível;

III – Câmara Criminal;

IV – Presidência e Vice-Presidência;

V – Conselho da Magistratura;

VI – Corregedoria-Geral de Justiça e Vice-Corregedoria-Geral de Justiça;

VII – Comissões Permanentes;

VIII – Ouvidoria Judiciária.[2]

Art. 16. As funções de Presidente, Vice-Presidente, Corregedor-Geral da Justiça e Vice-Corregedor-Geral da Justiça serão exercidas por desembargadores eleitos pela maioria dos membros do Tribunal, dentre os mais antigos, em votação aberta, na penúltima sessão plenária do biênio expirante, para um mandato de 2 (dois) anos, vedada a reeleição até que se esgote o rodízio de todos os membros da Corte.

Art. 16-A. As funções de Ouvidor Judiciário e Ouvidor Judiciário Substituto serão exercidos por desembargadores eleitos pela maioria dos membros do Tribunal, em votação aberta, na penúltima sessão plenária do biênio expirante, para um mandato de 2 (dois) anos, admitida recondução.

Art. 17. O Tribunal Pleno e o Conselho da Magistratura serão presididos pelo Presidente do Tribunal de Justiça e, as Câmaras, por um dos seus membros, por ordem de antiguidade, sem prejuízo das funções judicantes, durante 2 (dois) anos.

---

1. Atualizada até a Lei Complementar n. 116, de 14 de março de 2019.

2. Alterado e corrigido. Redação original consta "Juciária".

303

ART. 18 — NORMAS PARA A ATIVIDADE EXTRAJUDICIAL DO ESTADO DO TOCANTINS

Art. 18. O Regimento Interno do Tribunal de Justiça estabelecerá normas complementares de composição, competência e funcionamento, bem como para o procedimento dos feitos e recursos de seus órgãos.

SEÇÃO II
DA COMPETÊNCIA

Art. 19. Compete, privativamente, ao Tribunal de Justiça, observado o disposto nos artigos 96[3] da Constituição Federal e 48[4] da Constituição Estadual:

___
3. Art. 96. Compete privativamente:

I – aos tribunais:

a) eleger seus órgãos diretivos e elaborar seus regimentos internos, com observância das normas de processo e das garantias processuais das partes, dispondo sobre a competência e o funcionamento dos respectivos órgãos jurisdicionais e administrativos;

b) organizar suas secretarias e serviços auxiliares e os dos juízos que lhes forem vinculados, velando pelo exercício da atividade correicional respectiva;

c) prover, na forma prevista nesta Constituição, os cargos de juiz de carreira da respectiva jurisdição;

d) propor a criação de novas varas judiciárias;

e) prover, por concurso público de provas, ou de provas e títulos, obedecido o disposto no art. 169, parágrafo único, os cargos necessários à administração da Justiça, exceto os de confiança assim definidos em lei;

f) conceder licença, férias e outros afastamentos a seus membros e aos juízes e servidores que lhes forem imediatamente vinculados;

II – ao Supremo Tribunal Federal, aos Tribunais Superiores e aos Tribunais de Justiça propor ao Poder Legislativo respectivo, observado o disposto no art. 169:

a) a alteração do número de membros dos tribunais inferiores;

b) a criação e a extinção de cargos e a remuneração dos seus serviços auxiliares e dos juízos que lhe forem vinculados, bem como a fixação do subsídio de seus membros e dos juízes, inclusive dos tribunais inferiores, onde houver;

c) a criação ou extinção dos tribunais inferiores;

d) a alteração da organização e da divisão judiciárias;

III – aos Tribunais de Justiça julgar os juízes estaduais e do Distrito Federal e Territórios, bem como os membros do Ministério Público, nos crimes comuns e de responsabilidade, ressalvada a competência da Justiça Eleitoral.

4. Art. 48. Compete privativamente ao Tribunal de Justiça:

I – eleger seus órgãos diretivos e elaborar seu regimento interno, com observância das normas de processo e das garantias processuais das partes, dispondo sobre a competência e o funcionamento dos respectivos órgãos jurisdicionais e administrativos;

II – organizar sua secretaria e serviços auxiliares e os dos juízos que lhe forem vinculados, velando pelo exercício da atividade correicional respectiva;

III – conceder licença, férias e outros afastamentos a seus membros, aos juízes e servidores que lhe forem imediatamente vinculados;

IV – prover os cargos de juiz de carreira;

V – prover, por concurso público de provas ou de provas e títulos, os cargos necessários à administração da Justiça, exceto os de confiança assim definidos em lei, observadas as limitações do orçamento e da lei de diretrizes orçamentárias;

VI – propor à Assembleia Legislativa:

a) a alteração do número de seus membros, ressalvado o disposto no art. 235, da Constituição Federal;

b) a criação e a extinção de cargos e a remuneração dos serviços auxiliares, dos juízos que lhe forem vinculados e do subsídio de seus membros, dos juízes, ressalvado o disposto no art. 48, XV, da Constituição Federal;

I - resolver as questões omissas nesta Lei e as resultantes de sua interpretação;

II – definir a competência, especialização e jurisdição das varas e juizados da comarcas, que compõem a organização judiciária do Estado;

III – exercer as demais atribuições que lhe forem conferidas por lei ou por seu regimento.

SEÇÃO III
DO TRIBUNAL PLENO

Art. 20. O Tribunal Pleno é constituído por todos os desembargadores. As suas sessões são presididas pelo Presidente do Tribunal de Justiça e, no seu impedimento, sucessivamente, pelo Vice-Presidente ou pelo desembargador mais antigo.

SEÇÃO IV
DO PRESIDENTE E VICE-PRESIDENTE

___
c) a criação ou extinção de tribunal inferior;

d) a alteração da organização e da divisão judiciárias.

§ 1º Compete ao Tribunal de Justiça, além de outras atribuições previstas nesta Constituição, processar e julgar, originariamente:

I – a ação direta de inconstitucionalidade de Lei ou ato normativo estadual ou municipal, em face da Constituição do Estado, legitimados para sua propositura as partes indicadas no art. 103 da Constituição Federal e seus equivalentes nos municípios, e ações cautelares de qualquer natureza contra atos das autoridades que originariamente são jurisdicionadas ao Tribunal de Justiça;

II – representação visando à intervenção do Estado em Município para assegurar a observância de princípios indicados nesta Constituição, ou para promover a execução de lei, ordem ou decisão judicial;

III – o Vice-Governador e os Deputados Estaduais;

IV – os Secretários de Estado, o Procurador-Geral do Estado, os Comandantes-Gerais da Polícia Militar e do Corpo de Bombeiros Militar, nos crimes comuns e nos de responsabilidade não conexos com os do Governador;

V – os juízes do primeiro grau e os membros do Ministério Público, nos crimes comuns e nos de responsabilidade, ressalvada a competência da Justiça Eleitoral;

VI – os Prefeitos Municipais;

VII – o *habeas corpus*, sendo paciente qualquer das pessoas referidas nos incisos anteriores;

VIII – o mandado de segurança e o habeas-data contra atos do Governador do Estado, dos Secretários de Estado, da Mesa da Assembleia Legislativa, dos membros do Tribunal de Contas do Estado, do Procurador-Geral do Estado, dos Comandantes-Gerais da Polícia Militar e do Corpo de Bombeiros Militar, do Procurador-Geral de Justiça e do próprio Tribunal de Justiça;

IX – a revisão criminal e a ação rescisória de seus julgados;

X – a reclamação para preservação de sua competência e garantia de autoridade de suas decisões;

XI – a execução de sentença nas causas de sua competência originária, facultada a delegação de atribuições para a prática de atos processuais;

XII – o pedido de medida cautelar nas ações diretas de inconstitucionalidade;

XIII – o mandado de injunção, quando a elaboração da norma for atribuição do Governador do Estado, da Assembleia Legislativa ou de sua Mesa, do Tribunal de Contas ou do próprio Tribunal de Justiça;

XIV - os conflitos de competência entre juízes.

§ 2º Compete, ainda, ao Tribunal:

I – julgar, em grau de recurso, as causas decididas pelos órgãos do primeiro grau;

II – solicitar a intervenção no Estado, nos casos previstos nesta e na Constituição Federal.

Art. 21. O Presidente e o Vice-Presidente do Tribunal de Justiça exercerão as atribuições previstas nesta Lei, no Estatuto da Magistratura Nacional e no Regimento Interno do Tribunal de Justiça. As Câmaras Cível e Criminal serão compostas de 5 (cinco) desembargadores, com exceção do Presidente do Tribunal e do Corregedor-Geral da Justiça, divididas em turmas de 3 (três) juízes, para efeito de julgamento, e sua competência será definida no Regimento Interno do Tribunal.

Parágrafo único. Poderá haver na Presidência até dois juízes de Direito Auxiliares, escolhidos pelo Presidente do Tribunal de Justiça ad referendum do Tribunal Pleno, dentre titulares de Varas de 3ª Entrância, observados os critérios de conveniência e oportunidade, demais regras previstas em lei e resoluções do Conselho Nacional de Justiça.

SEÇÃO V
DO CONSELHO DA MAGISTRATURA

Art. 22. O Conselho da Magistratura, composto pelo Presidente, Vice-Presidente, Corregedor-Geral da Justiça, Vice-Corregedor-Geral da Justiça e mais um integrante indicado pela Presidência ad referendum do Tribunal Pleno, exerce a inspeção superior da magistratura estadual, cumprindo-lhe velar pela salvaguarda da dignidade e das prerrogativas dos magistrados tocantinenses, adotando as providências necessárias a sua preservação e, quando violadas, a sua restauração.

Parágrafo único. As atribuições e o funcionamento do Conselho da Magistratura são as estabelecidas no Regimento Interno do Tribunal de Justiça.

SEÇÃO VI
DA CORREGEDORIA-GERAL DA JUSTIÇA E DA VICE-CORREGEDORIA-GERAL DA JUSTIÇA

Art. 23. A Corregedoria-Geral da Justiça, dirigida pelo Desembargador Corregedor-Geral, é órgão de orientação e fiscalização dos serviços judiciários, notariais e de registro, e tem a sua composição e atribuições conferidas pelo seu próprio Regimento e pelo do Tribunal de Justiça.

Parágrafo único. Em caso de vacância, férias, licenças, suspeições ou impedimentos, o Corregedor-Geral da Justiça será substituído pelo Vice-Corregedor-Geral da Justiça, e este pelos demais membros, na ordem decrescente de antiguidade.

Art. 23-A. Haverá, na Corregedoria-Geral da Justiça, até dois Juízes de Direito Auxiliares, indicados pelo Corregedor, ad referendum do Tribunal Pleno, dentre os titulares de Varas de 3ª Entrância.

Art. 23-B. O Vice-Corregedor-Geral da Justiça não perceberá qualquer gratificação pelo exercício da função e o exercerá sem prejuízo de suas funções judicantes ordinárias.

Art. 23-C. Não se aplica ao Vice-Corregedor-Geral da Justiça as disposições contidas no art. 102,[5] do Estatuto da Magistratura Nacional.

___
5. Art. 102. Os Tribunais, pela maioria dos seus membros efetivos, por votação secreta, elegerão dentre seus Juízes mais antigos, em número correspondente aos dos cargos de direção, os titulares destes, com mandato por dois anos, proibida a reeleição. Quem tiver exercido

304

LEI COMPLEMENTAR N. 10 DE 11 DE JANEIRO DE 1996 ART. 25

Parágrafo único. (Revogado).

→ Lei Complementar n. 23, de 02/12/1999.

SEÇÃO VII
DAS COMISSÕES PERMANENTES

Art. 24. São comissões permanentes do Tribunal de Justiça, com atribuições e composições previstas no Regimento Interno:

a) Comissão de Regimento e Organização Judiciária;

b) Comissão de Jurisprudência e Documentação;

c) Comissão de Seleção e Treinamento;

d) Comissão de Distribuição e Coordenação;

e) Comissão de Sistematização;

f) Comissão de Orçamento, Finanças e Planejamento.

SEÇÃO VIII
DA OUVIDORIA JUDICIÁRIA

Art. 24-A. A Ouvidoria Judiciária do Poder Judiciário do Estado do Tocantins, dirigida pelo Desembargador Ouvidor Judiciário, tem por missão servir de canal de comunicação direta entre o cidadão e os órgãos que integram o Poder Judiciário do Estado do Tocantins, com vistas a orientar, transmitir informações e colaborar no aprimoramento das atividades desenvolvidas, no intuito de promover o eficaz atendimento das demandas acerca dos serviços prestados pelos órgãos do Poder Judiciário, e tem a sua composição e atribuições conferidas por Resolução do Tribunal de Justiça.

§ 1º Em caso de vacância, férias, licenças, suspeições ou impedimentos, o Ouvidor Judiciário será substituído pelo Ouvidor Judiciário Substituto, e este pelos demais membros, na ordem decrescente de antiguidade;

§ 2º O Ouvidor Judiciário Substituto não perceberá qualquer gratificação pelo exercício da função e a exercerá sem prejuízo de suas funções judicantes ordinárias.

Capítulo II
DOS JUÍZES DE DIREITO E JUÍZES SUBSTITUTOS

Art. 25. Integram as comarcas as seguintes varas judiciárias, juizados e diretorias:

§ 1º Na Comarca de Palmas, além dos Conselhos da Justiça Militar (artigos 34 a 40):

I – quatro varas criminais, cabendo à 4ª vara a competência exclusiva para processar e julgar os delitos relativos ao uso e tráfico de substâncias entorpecentes que causem dependência física ou psíquica, os feitos de execução penal e o cumprimento de cartas precatórias oriundas de feitos criminais;

II – cinco varas cíveis;

III – quatro varas de feitos das fazendas e registros públicos;

---

quaisquer cargos de direção por quatro anos, ou o de Presidente, não figurará mais entre os elegíveis, até que se esgotem todos os nomes, na ordem de antiguidade. É obrigatória a aceitação do cargo, salvo recusa manifestada e aceita antes da eleição.

Parágrafo único. O disposto neste artigo não se aplica ao Juiz eleito, para completar período de mandato inferior a um ano.

IV – três varas de família e sucessões;

V – uma vara de precatórias cíveis, falências e concordatas;

V-A – uma vara especializada no combate à violência doméstica e familiar contra a mulher, com competência cível e criminal, para processar e julgar os feitos decorrentes da aplicação da Lei n. 11.340/2006, inclusive para aplicação e execução das medidas protetivas especificadas na referida lei;

VI – um juizado especial da infância e juventude;

VII – um juizado especial cível;

VIII – um juizado especial criminal;

IX – três juizados especiais cível e criminal;

X – (Revogado);

XI – (Revogado);

XII – (Revogado);

→ Lei Complementar n. 32, de 23/07/2002.

XIII – uma diretoria do foro.

§ 2º Na Comarca de Araguaína:

I – três varas cíveis;

II – duas varas criminais;

III – duas varas de família e sucessões;

IV – um juizado especial da infância e juventude;

V – um juizado especial cível;

VI – um juizado especial criminal;

VII – duas varas dos feitos das fazendas e registros públicos;

VIII – uma vara de precatórias, falência e concordatas;

IX – uma diretoria do foro;

X – uma vara especializada no combate à violência doméstica e familiar contra a mulher com competência cível e criminal para processar e julgar feitos decorrentes da aplicação da Lei n. 11.340/2009, inclusive para aplicação e execução das medidas protetivas especificadas na referida lei.

§ 3º Na Comarca de Colinas do Tocantins:

I – duas varas cíveis;

II – uma vara de família, sucessões, infância e juventude;

III – uma vara criminal;

IV – um juizado especial cível e criminal;

V – uma diretoria do foro.

§ 4º Na Comarca de Guaraí:

I – duas varas cíveis;

II – uma vara criminal;

III – um juizado especial cível e criminal;

IV – uma diretoria do foro.

§ 5º Na Comarca de Paraíso do Tocantins:

I – duas varas cíveis;

II – uma vara criminal;

III – um juizado especial cível e criminal;

IV – uma diretoria do foro.

§ 6º Na Comarca de Tocantinópolis:

I – uma vara cível;

II – uma vara criminal;

III – um juizado especial cível e criminal;

IV – uma Diretoria do Foro.

§ 7º Na Comarca de Miracema do Tocantins:

I – uma vara cível;

II – uma vara criminal;

III – um juizado especial cível e criminal;

IV – uma Diretoria do Foro.

§ 8º Na Comarca de Gurupi:

I – três varas cíveis;

II – duas varas criminais;

III – uma vara de família e sucessões;

IV – um juizado especial da infância e juventude;

V – um juizado especial cível;

VI – um juizado especial criminal;

VII – uma vara de precatórias, falência e concordata;

VII[6] – uma vara dos feitos das fazendas e registros públicos;

IX – uma diretoria do foro;

X – uma vara especializada no combate à violência doméstica e familiar contra a mulher com competência cível e crimina para processar e julgar feitos decorrentes da aplicação da Lei n. 11.340/2009, inclusive para aplicação e execução das medidas protetivas especificadas na referida lei.

§ 9º Na Comarca de Dianópolis:

I – uma vara cível;

II – uma vara criminal;

III – um juizado especial cível e criminal;

IV – uma diretoria do foro.

§ 10. Na Comarca de Porto Nacional:

I – duas varas cíveis;

II – uma vara de família, sucessões, infância e juventude;

III – duas varas criminais;

IV – um juizado especial criminal;

V – um juizado especial cível;

VI – uma diretoria do foro.

§ 10-A. Nas Comarcas de Araguatins, Arraias, Pedro Afonso, está elevada pelo art. 142-A, e Taguatinga:

I – uma vara cível;

II – uma vara criminal;

III – uma diretoria do foro.

§ 11. Nas comarcas de primeira e segunda entrâncias:

I – uma serventia cível;

II – uma serventia criminal;

III – uma diretoria do foro.

§ 12. O Diretor do Foro da Capital exercerá suas atividades com exclusividade;

§ 13. As comarcas de primeira e segunda entrâncias serão providas por um único juiz;

---

6. Redação original repete inciso "VII".

305

ART. 26 NORMAS PARA A ATIVIDADE EXTRAJUDICIAL DO ESTADO DO TOCANTINS

§ 14. A competência das varas e juizados poderá ser modificada por meio de resolução do Tribunal Pleno;

§ 15. Nas comarcas com mais de uma vara criminal:

I – a primeira vara terá competência privativa para processar e julgar os crimes dolosos contra a vida;

II – a segunda vara terá competência privativa para processar e julgar as execuções penais, seus incidentes, os delitos relativos ao uso e tráfico de substâncias entorpecentes que causem dependência física ou psíquica, e o cumprimento de cartas precatórias oriundas de feitos criminais, ressalvado o disposto no inciso I do § 1º deste artigo;

III – os demais feitos criminais serão distribuídos a todas, equitativamente, compensando-se os de competência privativa.

§ 16. São criados 15 (quinze) cargos de juízes substitutos.

Art. 26. As serventias do foro judicial e extrajudicial das comarcas mencionadas no artigo anterior são as relacionadas no anexo desta Lei, às quais incumbe o desempenho das atribuições próprias, nos termos legais, conforme as indicações constantes das suas denominações.

Art. 27. As comarcas do interior, suas denominações e seus distritos estão classificados em anexo da presente Lei.

§ 1º Nas comarcas com mais de uma vara, a competência de cada uma delas é estabelecida pelo Tribunal de Justiça;

§ 2º As serventias do foro judicial e extrajudicial, bem como o quantitativo de seus servidores são as relacionadas no anexo específico.

Capítulo III
DOS JUIZADOS ESPECIAIS

Art. 28. Os juizados especiais instituídos no inciso IX, do § 1º, desta Lei Complementar, terão competência cível e criminal e serão instalados em foros distritais, nas localidades de maior concentração da população urbana da região metropolitana da Capital.

Parágrafo único. Na comarca em que houver Juizado Especial haverá também uma turma julgadora como órgão recursal, com a composição prevista no Regimento Interno do Tribunal.

Capítulo IV
DA JUSTIÇA DE PAZ

Art. 29. Cada distrito judiciário terá um juiz de paz, remunerado pelos cofres públicos, eleito juntamente com um suplente, dentre os cidadãos locais, pelo voto direto, universal e secreto, com mandato de 4 (quatro) anos.

§ 1º Nos distritos judiciários com mais de um registro civil de pessoas naturais haverá igual número de juízes de paz;

§ 2º O processo eleitoral para escolha dos juízes de paz será regido pelas prescrições legais vigentes.

Capítulo V
DOS TRIBUNAIS DO JÚRI

Art. 30. Haverá em cada comarca um Tribunal do Júri, com a organização e a competência estabelecidas em lei.

Art. 31. O Tribunal do Júri funcionará mensalmente, em todas as comarcas, obedecidas as formalidades legais.

Art. 32. O sorteio dos jurados será realizado até 15 (quinze) dias antes da data designada para a instalação dos trabalhos do Tribunal do Júri.

Art. 33. As sessões do Tribunal do Júri serão iniciadas dentro do horário de expediente forense.

Capítulo VI
DOS CONSELHOS DA JUSTIÇA MILITAR

Art. 34. A Justiça Militar é constituída, em primeiro grau, por um Juiz de Direito e pelos Conselhos da Justiça Militar, com jurisdição em todo o Estado e sede na Capital, e, em segundo grau, pelo Tribunal de Justiça, competindo-lhe processar e julgar, exclusivamente, os policiais e bombeiros militares, nos ilícitos militares definidos em lei.

Parágrafo único. Compete ao Tribunal de Justiça, após o julgamento originário do Juiz de Direito ou dos Conselhos da Justiça Militar, decidir sobre a perda do posto e patente dos oficiais e da graduação dos praças.

Art. 35. A Justiça Militar dividir-se-á em dois Conselhos:

I – Conselho Especial composto por um Juiz de Direito, que o presidirá, e por quatro juízes militares e seus suplentes, escolhidos dentre policiais ou bombeiros militares, conforme a origem do réu, de igual patente ou superior à do acusado, com competência para julgar oficiais, sendo constituído para cada processo, dissolvendo-se depois de concluído os seus trabalhos;

II – Conselho Permanente, composto por um Juiz de Direito, que o presidirá, e quatro juízes militares e seus suplentes, escolhidos dentre policiais ou bombeiros militares, conforme a origem do réu, com competência para julgar praças, constituído pelo período de um ano;

III – um juízo monocrático exercido por um Juiz de Direito, cuja competência privativa é afixada pela Constituição Federal e pela legislação infraconstitucional diretamente oriunda dela.

§ 1º Na falta de oficial da ativa, com a patente exigida, para compor o Conselho Especial, recorrer-se-á a oficiais em inatividade, e, em última hipótese, a oficiais de outras Instituições Militares Estaduais;

§ 2º A escolha dos militares, policiais ou bombeiros, integrantes dos Conselhos, e de seus suplentes, far-se-á por sorteio público, dentre os integrantes de relação encaminhada ao Juiz de Direito, Presidente dos Conselhos, pelos Comandantes-Gerais da Polícia Militar e do Corpo de Bombeiros Militar, em que não se incluirão o Chefe da Casa Militar, os Chefes do Estado-Maior e os oficiais que responderem a processo na Justiça Militar;

§ 3º Na ausência de oficiais suficientes de uma das forças para julgamento de seus integrantes, poderá integrar o Conselho Especial oficial de outra força, observado o disposto no inciso I deste artigo.

Art. 36. Os Conselhos da Justiça Militar serão presididos por um Juiz de Direito de terceira entrância, provido mediante promoção e/ou remoção, na forma da Lei, competindo-lhe, privativamente:

I – instalar os Conselhos;

II – presidir os sorteios dos oficiais que integrarão os Conselhos;

III – (Revogado);

→ Lei Complementar n. 35, de 30.12.2002.

IV – decidir sobre o recebimento da denúncia, pedido de arquivamento do processo ou devolução do inquérito ou representação;

V – relaxar, em despacho fundamentado, a prisão que lhe for comunicada por autoridade encarregada de investigações[7] criminais militares;

VI – decidir sobre o pedido de prisão preventiva e temporária;

VII – dirigir os processos, desde a instauração até o julgamento pelos Conselhos, determinando todas as diligências necessárias ao esclarecimento dos fatos;

VIII – relatar todos os processos e redigir, no prazo e na forma legais, as sentenças e decisões;

IX – presidir as sessões, apurando e proclamando as decisões dos Conselhos;

X – exercer o poder de polícia no recinto das sessões, requisitando força quando necessário;

XI – promover a execução das decisões dos Conselhos;

XII – decidir quanto à admissibilidade do recurso;

XIII – determinar a expedição de alvarás, mandados e outros atos, em cumprimento às decisões dos Conselhos, ou no exercício de sua própria competência;

XIV – conceder habeas corpus, quando a coação for imputada a autoridade judiciária militar, ressalvada a competência do Tribunal de Justiça;

XV – apresentar ao Tribunal de Justiça, anualmente, relatório das atividades desenvolvidas pelos Conselhos;

XVI – dar posse aos servidores auxiliares da Justiça Militar;

XVII – nomear, ad hoc, outros servidores auxiliares para a Justiça Militar, quando os titulares estiverem temporariamente ausentes ou impedidos;

XVIII – conceder férias anuais aos servidores auxiliares da Justiça Militar;

XIX – dar cumprimento às cartas precatórias cíveis e criminais oriundas das justiças militares de outros Estados da Federação e do Distrito Federal.

Art. 37. A ordem dos trabalhos dos Conselhos obedecerá a regimento interno próprio, aprovado pelo Tribunal de Justiça.

Art. 38. Funcionará junto à Justiça Militar um promotor de justiça, designado pela Procuradoria-Geral de Justiça, com as atribuições de lei.

Art. 39. A defesa do acusado na Justiça Militar será exercida por advogado por ele constituído ou defensor público nomeado pelo Juiz de Direito Presidente dos Conselhos.

Art. 40. O escrivão, o oficial de justiça e os técnicos judiciários da Justiça Militar serão re-

---

7. Alterado e corrigido. Redação original consta "invessiações".

LEI COMPLEMENTAR N. 10 DE 11 DE JANEIRO DE 1996 ART. 42

quisitados pelo Juiz de Direito, Presidente dos Conselhos, junto à Polícia Militar e ao Corpo de Bombeiros Militar do Estado.

Parágrafo único. Ao escrivão, ao oficial de justiça e aos técnicos judiciários da Justiça Militar serão atribuídas as mesmas funções e prerrogativas dos cargos assemelhados previstos em Lei.

Capítulo VII
DA COMPETÊNCIA DOS ÓRGÃOS JUDICIÁRIOS DA PRIMEIRA INSTÂNCIA

SEÇÃO I
ÂMBITO JUDICIAL

Art. 41. Compete ao juiz de direito ou ao seu substituto:

I – como membro da Turma Julgadora:

a) participar do julgamento dos recursos interpostos das decisões dos Juizados Especiais;

b) exercer as atribuições que lhe forem conferidas por lei e pelo Regimento Interno do Tribunal de Justiça.

II – no juízo da Fazenda Pública Estadual e Municipal, processar e julgar:

a) as causas cíveis de jurisdição contenciosa ou voluntária, ações populares, inclusive as trabalhistas onde não houver Junta de Conciliação e Julgamento, em que o Estado do Tocantins ou Município, suas autarquias, empresas públicas e fundações por eles instituídas forem autoras, réus, assistentes ou terceiros intervenientes, e as que lhes forem conexas ou acessórias;

b) os mandados de segurança contra atos das autoridades estaduais e municipais, inclusive os administradores e representantes de autarquias e pessoas naturais ou jurídicas, com função delegada do poder público estadual ou municipal, somente no que entender com essa função, ressalvados os mandados de segurança sujeitos à jurisdição do Tribunal;

c) as causas que versarem sobre registros públicos;

d) as causas que tiverem por objeto questão relativa a loteamento e venda a prestação de imóveis loteados pelo Poder Público;

e) as dúvidas dos oficiais de registros, quanto à prática de atos de seu ofício;

III – nos juizados especiais, cível e criminal, as causas previstas na Lei n. 9.099, de 26 de setembro de 1995 (Lei dos Juizados Especiais);

a) as causas que versarem sobre registros públicos;

b) as causas que tiverem por objetivo questão relativa à loteamento e venda a prestações de imóveis loteados;

c) as dúvidas dos oficiais de registros quanto à prática de atos de seu ofício;

IV – no Juízo de Família e Sucessões, processar e julgar as causas cíveis de jurisdição contenciosa ou voluntária que versarem sobre questões subordinadas aos direitos de família e de sucessões e as relativas à capacidade de pessoas, ressalvada a competência dos Juizado Especial da Infância e da Juventude;

V – nos Juizados Especiais Cível: processar e julgar as causas cíveis cujo valor não exceda a quarenta vezes o salário-mínimo vigente no país,

exceto as de natureza alimentar, falimentar, fiscal, de interesse da Fazenda Pública, e também as relativas a acidentes do trabalho, a resíduos, ao estado e capacidade das pessoas, ainda que de cunho patrimonial, bem como todas as que, em razão da matéria, sejam da competência de outro juízo;

VI – no Juizado[8] Especial Criminal: a conciliação, o julgamento e a execução das infrações penais de menor potencial ofensivo, assim consideradas em lei;

VII – no Juizado da Infância e da Juventude, processar e julgar:

a) as causas previstas no Estatuto da Criança e do adolescente e na legislação complementar, inclusive as relativas às infrações cometidas por menores de 18 (dezoito) anos;

b) as questões cíveis em geral, inclusive as pertinentes a registro público, desde que concernentes a solução de situação irregular em que se encontra a criança ou o adolescente[9] interessado.

VIII – no juizado de Precatórios, Falência e Concordatas:

a) dar cumprimento às cartas precatórias;

b) processar e julgar as falências e concordatas, bem assim os feitos que, por força da lei, devam por ele tramitar.

IX – no Juízo Cível, processar e julgar as causas de natureza cível, excluídas as de competência privativa;

X – no Juízo Criminal, processar e julgar:

a) as ações penais, de qualquer natureza, por crimes praticados no território das respectivas comarcas, exceto quando:

1) o acusado tiver foro privilegiado;

2) a competência for expressamente atribuída a outrem;

3) tratar-se de crime doloso contra a vida.

b) nas execuções penais:

1) executar as sentenças condenatórias, decidindo também sobre seus incidentes, quando a pena tenha de ser cumprida em presídios do Estado, ressalvada a competência do juízo de condenação;

2) inspecionar os estabelecimentos penais, adotando as providências necessárias, comunicando ao Corregedor-Geral da Justiça as irregularidades e deficiências constatadas.

XI – no juizado especial agrário e de meio ambiente, as causas fundiárias, agrárias e as relativas ao meio ambiente, cujo valor não ultrapasse quarenta (40) salários-mínimos.

SEÇÃO II
ÂMBITO ADMINISTRATIVO

Art. 42. Compete administrativamente ao juiz de direito, titular de vara judiciária, Juizados Especiais ou seu substituto:

I – como Diretor do Fórum:

a) superintender a administração e o policiamento do Fórum, promovendo, inclusive, a prisão em flagrante de infratores, sem prejuízo

de igual atribuição dos demais juízes de direito, onde houver, para manter a ordem nas audiências, sessões do Tribunal do Júri e outros locais onde haja de presidir a realização de ato;

b) elaborar o Regimento Interno da Diretoria do Fórum, submetendo-o à aprovação do Corregedor-Geral da Justiça;

c) praticar os atos cuja execução lhe for delegada pelo Presidente do Tribunal de Justiça;

d) requisitar ao Tribunal de Justiça o material permanente e de consumo que deva ser empregado nos serviços da comarca;

e) aplicar, de acordo com suas finalidades, os recursos financeiros que forem entregues à sua administração;

f) preparar o inventário dos bens sob a administração da Diretoria do Fórum, o respectivo balanço financeiro e a prestação de contas, quando houver aplicação de recursos financeiros, entregando-os a quem de direito nos momentos oportunos;

g) organizar e manter a biblioteca do Fórum;

h) baixar instruções, quando considerar conveniente, disciplinando o funcionamento da Diretoria do Fórum e das serventias da comarca, sem prejuízo da atribuição do Corregedor- da Justiça;

i) informar ao Corregedor-Geral da Justiça sobre as deficiências do Fórum, e da cadeia pública;

j) conceder licença para tratamento de saúde e por motivo de doença em pessoas da família, à juiz de paz e à servidor auxiliar do Fórum, por até 30 (trinta) dias, e à gestante e à adotante, pelo prazo legal, comunicando a concessão ao Tribunal de Justiça;

k) opinar sobre:

1) pedidos de licença para interesses particulares de servidores auxiliares bem como licença prêmio;

2) estágio probatório de servidores auxiliares sob sua subordinação, em relatórios periódicos, consoante normas próprias do Tribunal de Justiça;

l) elaborar as escalas de férias dos funcionários com exercício no Fórum,[10] encaminhando uma cópia ao Tribunal de Justiça;

m) velar para que se mantenham atualizados os assentamentos funcionais dos juízes de paz e servidores auxiliares da comarca;

n) instaurar e presidir procedimentos disciplinares contra funcionários que lhes sejam subordinados, impondo-lhes as sanções de sua competência;

o) requisitar à autoridade policial a força necessária à manutenção da ordem no Fórum ou órgão do Poder Judiciário, a fim de garantir o cumprimento de suas determinações ou para assegurar a realização de diligência judicial;

p) abrir e rubricar os livros usados pela Diretoria do Fórum, fiscalizar a regularidade de sua escrituração e encerrá-los no momentos oportunos;

q) velar para que não falte ao Fórum a Bandeira Nacional, para que seja urgentemente conservada, hasteada e arriada corretamente nos dias designados pela legislação específica;

---

8. Alterado e corrigido. Redação original consta "Juízado".
9. Alterado e corrigido. Redação original consta "adolescente".

---

10. Alterado e corrigido. Redação original consta "Forum".

307

ART. 43 NORMAS PARA A ATIVIDADE EXTRAJUDICIAL DO ESTADO DO TOCANTINS

r) apresentar, até o dia 10 (dez) de cada mês, à Corregedoria-Geral da Justiça, os mapas estatísticos das atividades forenses da comarca, relativos ao mês anterior, observadas as instruções pertinentes;

s) conhecer e decidir sobre reclamações, formuladas fora de processo judicial em tramitação, contra a contagem ou a cobrança de custas ou emolumentos, à vista do respectivo regimento, bem como das serventias extrajudiciais;

t) decidir sobre:

1) a lotação dos escreventes nomeados para a comarca;

2) afastamento do exercício de funcionário da comarca que completar a idade limite para a aposentadoria compulsória, comunicando o fato à Presidência do Tribunal de Justiça.

u) fiscalizar os serviços judiciários, notariais e de registro dos distritos judiciários integrantes da comarca;

v) instalar serventia judicial criada por lei, desmembrada ou desanexada, dando posse ao titular designando pessoa para o exercício das respectivas funções, até o provimento efetivo, dentre as que esta Lei Complementar autorizar;

x) determinar e fiscalizar a transferência dos arquivos relativos às serventias desmembradas e desanexadas, assim como os livros, autos e documentos de interesse exclusivo da comarca criada;

y) solicitar o pronunciamento da Corregedoria-Geral da Justiça sobre dúvidas existentes quanto a matéria administrativa.

II – como juiz de direito ou substituto:

a) celebrar casamento, quando tiver competência para o juízo de família, na impossibilidade de fazê-lo o juiz de paz e seu suplente;

b) abrir e rubricar os livros usados pelas serventias do foro judicial que lhe são subordinadas, fiscalizar a regularidade de sua escrituração e encerrá-los nos momentos oportunos;

c) apurar, através do procedimento disciplinar adequado, as faltas praticadas por servidores auxiliares que lhe são subordinados, impondo-lhes as sanções administrativas de sua alçada e comunicando o ato ao Diretor do Fórum, à Corregedoria-Geral de Justiça e ao Tribunal de Justiça, para efeito de registro nos assentamentos funcionais do faltoso;

d) resolver dúvidas suscitadas por seus subordinados;

e) realizar correição permanente, ordinárias e extraordinárias, nos serviços das serventias que lhe são subordinadas, observadas as instruções e o Regimento Interno da Corregedoria-Geral da Justiça;

f) encaminhar ao Diretor do Fórum, até o dia 5 (cinco) de cada mês, os mapas estatísticos do movimento de sua vara no mês anterior, observadas as instruções baixadas pela Corregedoria-Geral de Justiça;

g) exercer outras atribuições administrativas de interesse dos serviços forenses que não forem conferidas expressamente ao Diretor do Fórum, ou a outro juiz de direito da comarca.

III – como Juiz da Infância e da Juventude:

a) mediante autorização do Presidente do Tribunal de Justiça, participar de órgãos assistenciais ou consultivos, relativos às crianças e adolescentes.

Art. 43. Em todas as comarcas, as funções correicionais são exercidas, em caráter permanente, pelo Diretor do Foro, sem prejuízo da fiscalização que deve ser realizada pelo demais juízes de direito, onde houver mais de uma vara, nas serventias a eles vinculadas.

SEÇÃO III
DA JUSTIÇA DE PAZ

Art. 44. Aos juízes de paz compete:

I – presidir os procedimentos de habilitação para casamento, verificando a sua regularidade, de ofício ou mediante impugnação;

II – celebrar casamento;

III – promover, sem caráter jurisdicional, a conciliação de pessoas desavindas;

IV – desempenhar outras atribuições que lhes forem legalmente cometidas.

Parágrafo único. Em caso de impugnação à regularidade do procedimento de habilitação ou de oposição de impedimento ao casamento, o julgamento da questão competirá ao juiz de direito.

TÍTULO III
DOS AUXILIARES DA JUSTIÇA
Capítulo I
DAS DISPOSIÇÕES GERAIS

Art. 45. São auxiliares da justiça:

I – os servidores auxiliares do Poder Judiciário;

II – os nomeados em processo judicial.

§ 1º São servidores auxiliares os nomeados para cargos integrantes da estrutura de pessoal do Poder Judiciário, sujeitos ao Regime Jurídico Único dos Servidores Civis do Estado do Tocantins;

§ 2º São auxiliares eventuais os nomeados em processo judicial para a prestação de serviços específicos de natureza temporária, sem estabelecimento de vínculo empregatício e de qualquer natureza.

Art. 46. As atribuições dos servidores auxiliares da Justiça poderão ser exercidas, isolada ou cumulativamente, dependendo da organização de cada serventia.

Art. 47. As Diretorias dos Fóruns terão uma secretaria, exercida por ocupante de cargo em comissão, e servidores administrativos, cujos cargos efetivos serão providos através de concurso, em número compatível com as necessidades do serviço, observados os quantitativos constantes de anexo à presente Lei Orgânica.

Art. 48. Os titulares das serventias oficializadas ou seus substitutos perceberão apenas vencimentos, devendo as custas e emolumentos pelos atos por eles praticados, ser recolhidos ao Tesouro Estadual.

Art. 49. Os auxiliares eventuais perceberão as custas previstas nas tabelas do respectivo regimento, ou honorários arbitrados pelo juiz de direito.

Capítulo II
DOS DEVERES COMUNS

Art. 50. São deveres comuns ao auxiliar da justiça, além dos previstos na legislação estatutária relativa aos servidores civis do Estado:

I – residir na sede da comarca ou do distrito judiciário em que tiver exercício;

II – permanecer no seu local de trabalho durante o horário de expediente;

III – desempenhar com probidade o seu ofício;

IV – dispensar atendimento respeituoso e cordial às autoridades judiciárias e aos representantes do Ministério Público;

V – tratar os interessados com urbanidade e atendê-los com presteza;

VI – fornecer,[11] no prazo legal, as certidões com informações que lhe forem solicitadas, salvo por motivo justificado;

VII – observar rigorosamente o respectivo regimento para efeito de contagem e cobrança de custas e emolumentos;

VIII – cotar, nos autos e documentos, as custas ou emolumentos devidos, consignando a tabela e o número que autorizam o seu recebimento, dando recibo especificado às partes;

IX – fiscalizar o pagamento de impostos e taxas devidos ao erário à vista do que constar de autos ou documentos de que deva conhecer;

X – manter a ordem e a higiene no seu local de trabalho;

XI – ter sob sua guarda, conservando-os com zelo, os autos, livros e papéis entregues à sua responsabilidade;

XII – elaborar pontualmente os mapas estatísticos de sua serventia;

XIII – encaminhar seus pedidos de natureza administrativa às autoridades superiores, através do Diretor do Fórum;

XIV – executar os atos de seu ofício de forma regular e nos prazos legais;

XV – apresentar-se pessoalmente, nos dias úteis, registrando sua presença através do sistema adotado, salvo quando expressamente dispensado.

Parágrafo único. O disposto no caput deste artigo aplica-se, no que couber, aos auxiliares eventuais da Justiça.

SEÇÃO I
DAS ATRIBUIÇÕES, DEVERES E PROIBIÇÕES ESPECÍFICOS DOS ESCRIVÃES

Art. 51. Incumbe ao escrivão:

I – manter os livros necessários e escriturá-los em forma regular e com letras legíveis;

II – velar pela observância dos prazos legais, exigindo dos advogados, promotores de justiça, peritos e outros auxiliares da Justiça a devolução de autos com carga, certificando os atrasos ocorridos, sob comunicação ao juiz do feito;

III – lavrar os termos que devam lançar em livros ou em autos, podendo fazê-lo em folhas soltas

_____
11. Alterado e corrigido. Redação original consta "ornecer".

308

LEI COMPLEMENTAR N. 10 DE 11 DE JANEIRO DE 1996 — ART. 57

datilograficamente ou através de informatização, se autorizado pelo Corregedor-Geral da Justiça;

IV – expedir guias de recolhimento de tributos e de outros valores;

V – registrar,[12] na íntegra, as sentenças proferidas nos processos em que funcionar, no prazo de 48 (quarenta e oito) horas contado da sua publicação, na forma determinada pela Corregedoria-Geral da Justiça;

VI – conferir e concertar os traslados extraídos por outro escrivão para instruir recurso;

VII – exigir recibo no livro de carga, assim que os autos forem retirados da escrivania, inclusive no caso de conclusão ao juiz, registrando a baixa à vista do interessado;

VIII – juntar aos autos os mandados, no ato da sua devolução;

IX – rever, pelo menos mensalmente, os autos que não estiverem tramitando, certificar o motivo da paralisação e fazê-los conclusos ao juiz;

X – numerar e rubricar as folhas dos autos em que funcionar e as dos documentos e certidões que expedir;

XI – fornecer cópias reprográficas, devidamente autenticadas, de peças de processos e outros documentos existentes na serventia;

XII – quando autorizado pelo Corregedor-Geral da Justiça, fazer a microfilmagem total ou parcial dos arquivos e a incineração dos originais;

XIII – elaborar o esboço e a realização da partilha, da sobrepartilha dos bens e dos rateios de qualquer natureza, exceto os das atribuições dos contadores, observadas as normas jurídicas e deliberação do juiz de direito.

Art. 52. É defeso ao escrivão:

I – retirar ou permitir a retirada da escrivania dos autos originais, salvo:

a) quando forem conclusos ao juiz;

b) nos casos de vista, fora da escrivania, quando permitida por lei, a advogados ou membros do Ministério Público;

c) no cumprimento de decisão judicial.

II – fornecer certidão, sem despacho do juiz de direito, relativa aos seguintes processos:

a) de interdição, antes de publicada a sentença;

b) de arresto, de sequestro ou de busca e apreensão, antes de realizado o ato;

c) de separação judicial, de divórcio, inexistência, nulidade ou anulação de casamento e alimento, salvo para as partes;

d) contra menor infrator;

e) desenvolvidos em segredo de justiça.

III – cancelar, riscar, emendar, rasurar ou fazer entrelinhas em qualquer escrito oficial, sem consignar a devida ressalva;

IV – usar abreviaturas e consignar as datas com algarismos, salvo quando o fizer também por extenso;

V – realizar diligência ou praticar ato que dependa da presença do juiz de direito, do representante do Ministério Público ou de qualquer auxiliar da justiça, sem que haja, efetivamente, esta presença;

---

12. Alterado e corrigido. Redação original consta "egistrar".

VI – deixar as fitas magnéticas ou equivalentes, entregues à sua guarda, no aparelho de gravação ou reprodução, ou em outro local inadequado para a sua conservação.

SEÇÃO II
DA CONTADORIA

Art. 53. Ao contador incumbe:

I – contar, em processos ou documentos, custas e emolumentos, de conformidade com o respectivo regimento;

II – proceder aos cálculos para liquidação de sentença ou para rateios, em geral;

III – promover a atualização monetária de valores financeiros nominais;

IV – converter em valores de moeda nacional os títulos da dívida pública, os quantitativos financeiros expressos em unidade convencional de valor, as obrigações em moeda estrangeira e vice-versa;

V – proceder a outros cálculos determinados pelo juiz de direito;

VI – conferir as cotas de custas ou emolumentos lançados por outros funcionários em documentos constantes de processos;

VII – salvo nas comarcas em que as custas forem recolhidas através de estabelecimento bancário, receber os valores referidos, na sua totalidade, repassando a cada interessado a parcela que lhe for devida.

SEÇÃO III
DA DISTRIBUIÇÃO

Art. 54. Ao titular incumbe:

I – fazer a distribuição de petições iniciais e de feitos sujeitos à redistribuição, de maneira equitativa, observada a natureza e o valor das causas;

II – distribuir os mandados entre os oficiais de justiça;

III – lançar diariamente as distribuições em livros próprios ou, se devidamente autorizado pelo Diretor do Fórum, organizar e manter atualizado outro sistema de registro e controle das distribuições;

IV – expedir certidões de existência de processos;

V – alterar ou dar baixa nas distribuições cumprindo determinações judiciais;

VI – observar rigorosamente, na distribuição de feitos ou mandados, a ordem de sua apresentação e levar em conta a numeração das varas;

VII – fazer, nos casos de impedimento, suspeição, incompatibilidade ou qualquer outro motivo que determine a modificação da distribuição a devida compensação, procedendo-se de ofício ou mediante requerimento do interessado, nos casos de erro na distribuição.

§ 1º Semanalmente, o distribuidor apresentará o livro de distribuição ao Diretor do Fórum, que o datará e visará, determinando, se for o caso, as devidas compensações;

§ 2º A omissão das providências previstas no parágrafo anterior será considerada como negligência no cumprimento dos deveres do cargo, punível disciplinarmente.

SEÇÃO V
DO DEPOSITÁRIO[13]

Art. 55. Ao depositário incumbe:

I – guardar, conservar e administrar os bens constritados por ordem judicial;

II – registrar, em livro próprio, todos os depósitos realizados;

III – manter sistema de controle que facilite a localização e a identificação dos bens depositados;

IV – receber e escriturar os frutos e rendimentos dos bens depositados, inclusive dos imóveis;

V – realizar, mediante autorização judicial, as despesas especiais que se fizerem necessárias à guarda, assim como à conservação e à administração dos bens depositados;

VI – representar, semanalmente, ao juiz de direito, sobre a necessidade ou a conveniência de venda de bens de fácil ou de iminente deterioração ou de guarda muito dispendiosa;

VII – expor os bens depositados a qualquer interessado e exibi-los por determinação judicial;

VIII – prestar, ao juiz de direito, contas anuais e apresentar-lhe os balanços mensais dos bens depositados e de seus rendimentos;

IX – entregar ao interessado, no prazo legal, mediante mandado judicial, os bens cujo depósito houver sido levantado.

Art. 56. As importâncias em dinheiro, pedras e metais preciosos, joias, apólices, títulos de crédito em geral, inclusive os da dívida pública, ações, letras hipotecárias, debêntures e outros papéis representativos de obrigações legais ou convencionais serão recolhidos em estabelecimentos bancários, privados ou oficiais, de preferência naqueles em que o maior acionista seja pessoa jurídica de direito público ou que seja reconhecido como agente financeiro do Estado.

Parágrafo único. As importâncias em espécie serão aplicadas em contas remuneradas em forma de depósito judicial.

SEÇÃO VI
DAS ATRIBUIÇÕES DOS OFICIAIS DE JUSTIÇA-AVALIADORES

Art. 57. Ao oficial de justiça incumbe:

I – comparecer ao fórum e aí permanecer durante as horas de expediente, salvo quando em serviço externo;

II – manter-se presente nas audiências, velando pela incomunicabilidade das testemunhas e executando as ordens do juiz de direito;

III – efetuar as citações, notificações e intimações, devolvendo os respectivos instrumentos ao distribuidor ou à escrivania, de acordo com as instruções baixadas pela Diretoria do Fórum, ou Corregedoria-Geral da Justiça;

IV – cumprir os mandados de prisão, sem prejuízo da ação polícia;

V – realizar penhora, arrestos, sequestros, busca e apreensões, remoções, despejos, arrombamentos, manutenções, reintegrações ou imissões de posse e outros atos de seu ofício;

---

13. Redação original não consta "Secção IV".

309

NORMAS PARA A ATIVIDADE EXTRAJUDICIAL DO ESTADO DO TOCANTINS

VI – lavrar autos e lançar certidões referentes a atos que realizar, observadas as normas legais aplicáveis.

Art. 58. Como avaliador incumbe a avaliação de bens de qualquer natureza e a elaboração de laudos circunstanciados, observando os preços de mercado, as pautas de valores vigentes no Estado, além de outros fatores relevantes.

SEÇÃO VII
DAS ATRIBUIÇÕES DOS PORTEIROS DOS AUDITÓRIOS

Art. 59. Ao porteiro dos auditórios incumbe:

I – zelar pela boa ordem e limpeza do fórum;

II – abrir o fórum no horário de início do expediente, fechando-o depois de encerrados os trabalhos;

III – receber e distribuir aos interessados, com as formalidades de mister, a correspondência endereçada ao fórum;

IV – registrar as petições, requerimentos, precatórias e quaisquer outros papéis e documentos que derem entrada no fórum e que devam receber despacho judicial, fazendo consignar o número de ordem do registro, sua data, os nome dos interessados e seus procuradores, se houver, ou, em sendo o caso, o nome do autor, seu domicílio, espécie de ação e o valor da causa;

V – apregoar as audiências e outros atos judiciais em que a formalidade for exigida, certificando-os;

VI – tomar as providências materiais necessárias à realização de audiências e sessões do Tribunal do Júri, cumprindo as ordens do juiz de direito;

VII – afixar editais no átrio do fórum, certificando as providências;

VIII – apregoar os bens levados à praça ou leilão.

Capítulo III
DAS ATRIBUIÇÕES DE OUTROS AUXILIARES DA JUSTIÇA

SEÇÃO I
DAS ATRIBUIÇÕES DOS ESCREVENTES

Art. 60. Incumbe ao escrevente, além da execução de outras tarefas funcionais que lhe forem cometidas, oficiar em todos os feitos em tramitação na serventia, observadas as determinações do escrivão ou do juiz de direito, a que estiver subordinado.

SEÇÃO II
DAS ATRIBUIÇÕES DOS ASSISTENTES SOCIAIS

Art. 61. Aos assistentes sociais incumbe:

I – pesquisar sobre as condições sociais e econômicas das famílias, em função de processos de alimentos, de busca, apreensão e guarda de menores, de tutela ou relacionados com o exercício, a suspensão e a perda do pátrio-poder, relatando suas conclusões ao juiz de direito;

II – proceder ao estudo social da criança e do adolescente em situação irregular, sugerindo o tratamento adequado para cada caso;

III – promover o tratamento social da criança ou do adolescente internado ou entregue à família ou ao lar substituto e daquele que se encontra sob regime de liberdade assistida, de modo a preservar as suas condições da sanidade física,

moral e mental e concorrer para a sua melhor adaptação social;

IV – promover o tratamento social da família da criança ou do adolescente que praticar ato infracional, de modo a obter sua readaptação;

V – orientar e supervisionar as condições de vida da família substituta da criança ou adolescente;

VI – colaborar na fiscalização das condições legais exigíveis para o desempenho do trabalho de menor;

VII – apresentar ao juiz de direito relatórios periódicos das crianças ou adolescentes submetidos a tratamento social, sugerindo as medidas cuja adoção lhes pareça útil;

VIII – promover o entrosamento dos serviços desenvolvidos em juízo, em benefício de crianças ou adolescentes em situação irregular, com obras, campanhas ou instituições que se proponham a equacionar e solucionar os seus problemas.

SEÇÃO III
DAS ATRIBUIÇÕES DOS COMISSÁRIOS DE VIGILÂNCIA DE CRIANÇAS E ADOLESCENTES

Art. 62. Aos comissários de vigilância de crianças e adolescentes incumbe:

I – proceder às investigações acerca de crianças e adolescentes, seus pais, tutores ou encarregados de sua guarda, com a supervisão e a colaboração dos assistentes sociais;

II – apreender as crianças e adolescentes em situação irregular e as publicações, armas, tóxicos e outros objetos danosos encontrados em seu poder, apresentando-os imediatamente ao juiz competente;

III – fiscalizar os adolescentes sujeitos ao regime de liberdade assistida;

IV – promover a fiscalização de restaurantes, cinemas, cafés, teatros, casas de bebidas, boates, motéis, clubes, bailes, praças de esportes e outros locais de diversão pública;

V – lavrar autos de infração ao Estatuto da Criança e do Adolescente e leis complementares;

VI – cumprir e fazer executar, em benefício da criança e do adolescente, os demais atos que a legislação determinar ou que lhes forem ordenados pelo juiz competente.

SEÇÃO IV
DAS ATRIBUIÇÕES DOS SERVIDORES AUXILIARES DO PODER JUDICIÁRIO E AUXILIARES EVENTUAIS

Art. 63. Os servidores[14] auxiliares do Poder Judiciário, com as denominações correspondentes aos cargos que ocupam no quadro permanente do Poder Judiciário, terão exercício no Tribunal de Justiça e nos serviços de apoio às unidades judiciárias de primeira instância, incumbindo-lhes a execução dos serviços administrativos que lhes forem determinados, segundo suas aptidões funcionais, pelos dirigentes a que se subordinarem.

Art. 64. Aos auxiliares eventuais incumbem as atribuições processuais que lhes forem cometidas por lei.

Art. 65. Integram a presente Lei Complementar os seguintes anexos:

I – relação e jurisdição das comarcas;

II – relação das comarcas de 3ª entrância, número de varas e juízes;

III – número de serventias judiciais e servidores;

IV – relação das serventias extrajudiciais;

V – número de servidores das diretorias de fórum.

TÍTULO IV
DO REGIME JURÍDICO DOS MAGISTRADOS E SERVIDORES AUXILIARES DO PODER JUDICIÁRIO

Capítulo I
DO PROVIMENTO, POSSE E EXERCÍCIO

Art. 66. No provimento, nomeação, posse e exercício dos cargos da magistratura e servidores auxiliares do Poder Judiciário, observar-se-á[15] o disposto nas Constituições da República e do Estado, no Estatuto da Magistratura Nacional, no Estatuto Único dos Servidores do Estado e nesta Lei.

Parágrafo único. O ingresso na magistratura de carreira dar-se-á de conformidade com as prescrições contidas nas Constituições Federal e Estadual e nas demais leis pertinentes à matéria, mediante concurso público.

Art. 67. O regulamento de cada concurso estabelecerá as normas que deverão ser observadas.

Art. 68. São competentes para dar posse:

I – o Tribunal Pleno, ao Presidente e Vice- Presidente do Tribunal de Justiça, ao Corregedor-Geral da Justiça e aos desembargadores;

II – o Presidente do Tribunal de Justiça, aos Juízes Substitutos, ao Chefe de Gabinete da Presidência e ao Diretor-Geral do Tribunal;

III – o Corregedor-Geral da Justiça, aos Juízes e aos servidores auxiliares da Justiça nomeados para cargos em comissão na Corregedoria-Geral;

IV – o Diretor-Geral do Tribunal, aos assessores, aos diretores dos órgãos e aos demais servidores do Tribunal de Justiça;

V – os Diretores dos Fóruns, aos juízes de paz e aos servidores nomeados para a sua comarca.

Art. 69. Ao entrar em exercício, o magistrado fará comunicação ao Presidente do Tribunal de Justiça, ao Presidente do Tribunal Regional Eleitoral, ao Corregedor-Geral da Justiça e às demais autoridades que entender conveniente.

Art. 70. Os juízes de direito terão exercício nas comarcas ou varas de que são titulares, podendo ser designados para substituições, cumulativamente.

Art. 71. O juiz substituto terá exercício na comarca ou vara para a qual for designado.

---

14. Alterado e corrigido. Redação original consta "sevidores".

15. Alterado e corrigido. Redação original consta "observa--se-á".

310

Art. 72. O magistrado e o servidor que não comparecerem ao expediente forense, injustificadamente, sofrerão descontos no tempo de serviço e nos vencimentos, correspondentes ao número de dias de ausência, além das demais penalidades previstas em lei.

Capítulo II
DO ESTÁGIO PROBATÓRIO

Art. 73. No período do estágio probatório, serão observadas a eficiência funcional, a conduta social e a aptidão para as funções de magistrado.

§ 1º O desempenho funcional e a conduta social do magistrado, que se encontra em estágio probatório, serão acompanhados e avaliados pela Corregedoria-Geral da Justiça, à qual serão encaminhadas cópias de todas as sentenças e decisões proferidas;

§ 2º Antes de decorrido o biênio, havendo decisão do Tribunal Pleno pela exoneração, o magistrado será automaticamente afastado de suas funções;

§ 3º A decisão que considerar satisfatório o estágio será manifestada através de resolução do Tribunal Pleno e comunicada ao interessado.

Art. 74. O disposto neste capítulo aplica-se, no que couber, aos servidores auxiliares nomeados em caráter efetivo, observando-se que:

I – o acompanhamento e a instauração do procedimento de que trata o § 1º do artigo 73, da presente lei orgânica, no que respeita aos da primeira Instância, será disciplinado por ato da Corregedoria-Geral da Justiça;

II – em se tratando dos demais, o acompanhamento e instauração dos procedimentos referidos ficam a cargo da Diretoria-Geral do Tribunal de Justiça.

Capítulo III
DA PROMOÇÃO, DA REMOÇÃO, DA PERMUTA, DO ACESSO E DA TRANSFERÊNCIA

Art. 75. A promoção, a remoção, a permuta e o acesso aos quadros da magistratura de carreira são regulados pelo que dispõem a Constituição da República, o Estatuto da Magistratura Nacional e esta Lei Orgânica.

Parágrafo único. (Revogado)

➔ Lei Complementar n. 26, de 15/12/2000.

Art. 76. Para concorrer à promoção ou remoção, o juiz substituto ou de direito comprovará, com documentos fornecidos pela Corregedoria-Geral da Justiça, que estão regulares os seus serviços e que reside na sede da comarca.

Parágrafo único. O Presidente do Tribunal de Justiça indeferirá, liminarmente, o requerimento de promoção por merecimento ou remoção de magistrado residente fora da sede da comarca sem autorização do Conselho da Magistratura.

Art. 77. A transferência de servidores auxiliares da Justiça, vitalícios ou efetivos, não constitui direito do requerente, condicionando-se o deferimento do pedido à conveniência administrativa e ao cumprimento dos seguintes requisitos:

I – o requerimento, sob pena de indeferimento liminar, deverá ser protocolizado no Tribunal de Justiça no prazo máximo de 60 (sessenta) dias, contados da data da criação ou da vacância do cargo pretendido;

II – a transferência só poderá ser feita para cargo da mesma comarca ou de outra de igual entrância, com o mesmo regime remuneratório.

Capítulo IV
DA ANTIGUIDADE NA MAGISTRATURA

Art. 78. No mês de janeiro de cada ano, a Diretoria-Geral do Tribunal de Justiça organizará quadro de antiguidade dos desembargadores e dos juízes de direito, na entrância ou categoria, e na carreira, que prevalecerá para todos os efeitos legais.

§ 1º Os critérios adotados para o desempate da antiguidade dos magistrados são, pela ordem, os seguintes:

I – tempo de serviço na entrância;

II – tempo de serviço como magistrado;

III – tempo de serviço público no Estado; (ADI 4.462, de 18.08.2016)

IV – tempo de serviço público em geral; (ADI 4.462, de 18.08.2016)

V – idade.

§ 2º No prazo de 30 (trinta) dias, contados da publicação do quadro no Diário da Justiça, qualquer interessado poderá reclamar ao Conselho da Magistratura sobre erro ou omissão que lhe seja prejudicial.

Capítulo V
DAS SUBSTITUIÇÕES

Art. 79. No caso de afastamento ou qualquer impedimento, será observado, no Tribunal de Justiça, o que determinam o seu Regimento Interno e o Estatuto da Magistratura Nacional.

Art. 80. No primeiro grau de jurisdição, serão substituídos:

I – os juízes de direito, inclusive os dos Juizados Especiais e o Presidente dos Conselhos da Justiça Militar, na conformidade da tabela elaborada anualmente pelo Presidente do Tribunal de Justiça;

II – o juiz de paz, conforme o Estatuto da Magistratura Nacional;

III – o escrivão, por um escrevente, ou outro funcionário designado pelo Diretor do Fórum;

IV – o escrivão e o oficial de justiça dos Conselhos da Justiça Militar por funcionário do órgão, designado pelo Juiz de Direito Presidente;

V – os oficiais de justiça-avaliadores, um pelo outro ou por servidores nomeados em cada processo, pelo magistrado que o dirige;

VI – o contador, o distribuidor, o depositário e o porteiro dos auditórios, pelo respectivo auxiliar, se houver, ou outro servidor designado pelo Diretor do Fórum;

VII – os conciliadores e os secretários dos juizados, por servidores, de preferência, pertencentes ao mesmo órgão, designados pelo juiz titular ou seu substituto.

§ 1º Os atos que designarem ou dispensarem substitutos devem ser encaminhados ao Tribunal de Justiça;

§ 2º Nas substituições o substituto perceberá a diferença entre a sua remuneração e o vencimento do substituído.

TÍTULO V
DOS VENCIMENTOS, VANTAGENS E OUTROS DIREITOS
Capítulo I
DOS VENCIMENTOS E VANTAGENS

Art. 81. Os vencimentos e vantagens dos magistrados e servidores auxiliares da Justiça são os fixados em lei, observado o que dispõem as Constituições da República e do Estado, o Estatuto da Magistratura Nacional e o Estatuto Único dos Servidores do Estado.

Art. 82. A ajuda de custo para despesas de mudança ou de transporte pessoal será concedida em virtude de promoção, remoção compulsória[16] ou deslocamento da comarca em objeto de serviço, na forma estabelecida em ato da Presidência do Tribunal de Justiça.

§ 1º Ao magistrado promovido ou removido será concedida licença de até 10 (dez) dias, por motivo de mudança para a nova comarca;

§ 2º Periodicamente, o Presidente do Tribunal de Justiça baixará a tabela de valores que serão pagos, como ajuda de custo, nas hipóteses de transportes de móveis e utensílios domésticos ou de simples deslocamento pessoal, limitada ao valor de dois vencimentos básicos.

Art. 83. Quando devidamente aprovado o deslocamento de magistrado para a participação em reunião de autoridades judiciárias ou em congresso jurídico, o Presidente do Tribunal de Justiça arbitrar-lhe-á, além das diárias, ajuda de custo para fazer face às despesas com transportes, paga antecipadamente.

Art. 84. As diárias serão devidas nos casos de deslocamento dos magistrados de suas comarcas, em objeto de serviço, destinando-se à reposição das despesas de hospedagem e alimentação, sendo fixadas por ato do Presidente do Tribunal de Justiça.

Art. 85. A gratificação de representação dos magistrados será a estabelecida em lei.

Capítulo II
DA APOSENTADORIA

Art. 86. A aposentadoria dos magistrados e servidores auxiliares da justiça será voluntária, compulsória ou por invalidez, nos casos e formas estabelecidas pelas Constituições da República e do Estado, pelo Estatuto da Magistratura Nacional e pelo Estatuto Único dos Servidores do Estado.

Parágrafo único. O tempo de serviço será comprovado com certidões passadas pelo sistema previdenciário respectivo.

Art. 87. Os proventos da aposentadoria serão previstos e revistos na forma da lei.

Capítulo III
DAS FÉRIAS

Art. 88. As férias coletivas dos magistrados serão gozadas de acordo com o que prescreve a Lei Orgânica da Magistratura Nacional:

I – de 2 (dois) a 31 (trinta e um) de janeiro;

II – de 2 (dois) a 31 (trinta e um) de julho.

---

16. Alterado e corrigido. Redação original consta "compulsória".

Art. 89. O Presidente do Tribunal de Justiça, o Corregedor Geral de Justiça, os Desembargadores e os Juízes gozarão de férias anuais de sessenta dias, sendo trinta dias de férias coletivas e trinta dias de férias individuais, cabendo-lhes apenas, neste último período, o abono de férias.

Art. 90. As férias individuais serão gozadas, nos momentos considerados de maior conveniência administrativa:

I – pelo Presidente do Tribunal de Justiça;

II – pelo Corregedor-Geral da Justiça;

III – pelos juízes que permanecerem em plantão nos períodos de férias coletivas, a seu critério;

IV – pelos magistrados que, por exigência da Justiça Eleitoral, deixarem de gozar as férias coletivas.

Art. 91. Os servidores auxiliares da Justiça gozarão suas férias de acordo com o Estatuto Único dos Servidores do Estado.

Art. 92. Os magistrados e os servidores da Justiça somente poderão acumular férias por imperiosa necessidade do serviço, no máximo de 2 (dois) períodos de trinta dias.

Capítulo III
DAS LICENÇAS[17]

Art. 93. Ao magistrado e aos servidores auxiliares da Justiça poderão ser concedidas as licenças previstas em lei.

Art. 94. Têm atribuições para conceder licenças:

I – o Tribunal Pleno, ao Presidente e demais desembargadores;

II – o Presidente do Tribunal de Justiça, aos juízes de direito e substitutos e aos servidores auxiliares da Justiça, exceto nos casos dos itens seguintes;

III – o Corregedor-Geral da Justiça, aos servidores auxiliares da Justiça com exercício no órgão, as licenças, para tratamento de saúde ou por motivo de doença em pessoa da família, por até 30 (trinta) dias, a licença paternidade, e à adotante, pelo prazo legal;

IV – o Diretor do Fórum, nos casos especificados no artigo 45, I, k;

V – o Diretor-Geral do Tribunal, aos servidores auxiliares da Justiça com exercício no órgão, as licenças indicadas no inciso III;

VI – o titular de Juizado Especial e o Juiz de Direito Presidente dos Conselhos da Justiça Militar, aos servidores auxiliares da Justiça dos Juizados e da Justiça Militar, respectivamente, as licenças indicadas no inciso III, nos mesmos moldes.

TÍTULO VI
DOS RECURSOS

Art. 95. O prazo para interpor recurso de qualquer decisão administrativa é de 15 (quinze) dias.

Parágrafo único. O recurso administrativo não tem efeito suspensivo, mesmo quando interposto de decisão impositiva de penalidade disciplinar, exceutando-se, apenas, os decorrentes de indeferimento de pedido de promoção ou remoção.

17. Redação oficial repete "Capítulo".

Art. 96. Recebido o recurso, poderá ser reconsiderada a decisão recorrida. Caso contrário, será o recurso encaminhado à autoridade ou órgão competente para o seu conhecimento.

Art. 97. São competentes para conhecer do recurso:

I – o Corregedor-Geral da Justiça, das decisões dos juizados de 1º grau de jurisdição e do Juiz de Direito Presidente dos Conselhos da Justiça Militar, quando se cogitar de matéria de natureza disciplinar;

II – o Presidente do Tribunal de Justiça, dos interpostas das decisões do Diretor-Geral da Secretaria do Tribunal de Justiça e dos magistrados do 1º grau de jurisdição, salvo nos casos indicados no inciso anterior;

III – o Conselho da Magistratura, dos recursos interpostos das decisões do Presidente do Tribunal e dos presidentes de comissão permanente ou temporária, relativos a magistrados, exceto os de natureza disciplinar;

IV – o Tribunal Pleno, quando interposto das decisões de qualquer órgão deste Tribunal, não previstas acima.

Art. 98. A decisão do recurso encerra a discussão da matéria na esfera administrativa, não se admitindo a interposição de novo recurso ou a renovação do mesmo pedido, salvo, quanto a este, se estribado em outro fundamento, e nos casos de revisão do processo disciplinar.

TÍTULO VII
DO REGIME DISCIPLINAR
Capítulo I
DOS DEVERES E PROIBIÇÕES

Art. 99. Além de cumprir os deveres impostos pelo Estatuto da Magistratura, os magistrados devem:

I – usar vestes talares, de acordo com os modelos aprovados pelo Tribunal de Justiça, nas audiências e sessões de que participarem;

II – prestar, nos prazos estabelecidos, as informações que lhes forem solicitadas pelo Presidente do Tribunal de Justiça, pelo Corregedor-Geral da Justiça, por presidente de comissão ou por relator de processo pendente de julgamento;

III – permanecer na sede de sua comarca nos dias úteis, salvo nos casos de afastamentos para a realização de diligência processual ou quando autorizado.

Art. 100. Além das proibições comuns aos servidores públicos civis em geral, aos servidores auxiliares da Justiça é defeso:

I – frequentar locais de má ou duvidosa reputação, capazes de comprometer o seu prestígio social;

II – fazer críticas irreverentes a magistrados, representantes do Ministério Público, advogados e outros auxiliares da Justiça, podendo, entretanto, manifestar-se em termos respeitosos acerca da impossibilidade, legal ou material, de cumprir alguma determinação recebida;

III – influenciar o magistrado, ou tentar fazê-lo, acerca de julgamento que haja de proferir, ressalvado o dever de esclarecer sobre fatos ou circunstâncias desconhecidas do juiz, que possam induzi-lo a erro;

IV – formular pedido a magistrado relativo a feitos sujeitos ao seu julgamento;

V – promover reunião de cunho partidário nas dependências da serventia ou do fórum, ou valer-se da sua qualificação funcional para propaganda partidária, salvo as reuniões classistas, na defesa dos interesses da categoria.

Capítulo II
DAS PENAS DISCIPLINARES

SEÇÃO I
DAS PENAS APLICÁVEIS AOS MAGISTRADOS E FUNCIONÁRIOS

Art. 101. Aos magistrados são aplicáveis as penas disciplinares previstas no Estatuto da Magistratura Nacional, nos casos e na forma nele estabelecidos.

Parágrafo único. Aos servidores auxiliares da Justiça serão aplicáveis as penas disciplinares previstas no Estatuto Único dos Servidores do Estado.

SEÇÃO II
DA COMPETÊNCIA PARA APLICAÇÃO DAS PENAS

Art. 102. São competentes para aplicar as penas:

I – o Tribunal Pleno, ao magistrado e, em grau de recurso, aos servidores auxiliares da Justiça, qualquer delas;

II – Conselho da Magistratura, o Presidente do Tribunal e o Corregedor-Geral da Justiça, a juiz, as previstas no Estatuto da Magistratura, e a servidor auxiliar, além destas, as contempladas no Estatuto Único dos Servidores do Estado;

III – o Diretor do Fórum, a juiz de paz, as de repreensão, e, a servidor auxiliar da Justiça, seu subordinado, além dessa, a de suspensão;

IV – o juiz de direito, a servidor auxiliar da Justiça que lhe seja subordinado, as de repreensão e suspensão;

V – o titular dos Juizados, aos seus auxiliares, as de repreensão e suspensão;

VI – o Juiz de Direito Presidente dos Conselhos da Justiça Militar, a servidores e auxiliares da Justiça Militar, as de repreensão e suspensão;

VII – o Diretor-Geral do Tribunal de Justiça, aos servidores auxiliares da Corte, exceto aos ocupantes exclusivamente de cargos comissionados, repreensão e suspensão.

Art. 103. Havendo mais de uma autoridade competente para aplicar a penalidade, fixar-se-á a competência pela prevenção, ressalvado ao órgão superior o direito de avocar o procedimento instaurado pela autoridade inferior, se esta não proferir julgamento no prazo de 60 (sessenta) dias, contados da instauração do processo.

Parágrafo único. O prazo supra poderá ser prorrogado, justificadamente, em até 60 (sessenta) dias, quando as circunstâncias ou incidentes processuais o exigirem.

Capítulo II
DOS PROCEDIMENTOS

Art. 104. Além das normas previstas no Estatuto Único dos Servidores do Estado, nos procedimentos disciplinares observar-se-ão os seguintes preceitos:

LEI COMPLEMENTAR N. 10 DE 11 DE JANEIRO DE 1996 — ART. 127

I – a citação do acusado far-se-á por carta entregue contra recibo ou com aviso de recebimento, acompanhada de cópia da representação despachada ou da portaria;

II – se o acusado encontrar-se em lugar desconhecido ou inacessível, será citado por edital, com prazo de 15 (quinze) dias, publicado no Diário da Justiça e afixado no órgão onde tem exercício;

III – a realização dos atos probatórios poderá ser delegada, pelos órgãos do Tribunal de Justiça, às autoridades judiciárias do primeiro grau de jurisdição, fixando-se prazo razoável para o cumprimento;

IV – a prova testemunhal será colhida no prazo de 30 (trinta) dias, devendo, as testemunhas de acusação, ser ouvidas antes das arroladas pela defesa.

Capítulo III
DAS CORREIÇÕES

Art. 105. Todos os serviços do foro judicial e extrajudicial estão sujeitos a correições, nos casos e formas estabelecidos nos Regimentos Internos do Tribunal de Justiça e da Corregedoria-Geral da Justiça.

Art. 106. As correições são permanentes, ordinárias e extraordinárias.

Art. 107. O Juiz de Direito ou o Juiz Substituto realizará, anualmente, a correição ordinária em todas as serventias de sua comarca.

Parágrafo único. Nas comarcas com mais de uma vara, a atribuição, a que se refere este artigo, será exercida pelo Diretor do Fórum.

Capítulo IV
DO EXPEDIENTE FORENSE

Art. 108. Os órgãos do Poder Judiciário funcionarão em todos os dias úteis, assim considerados os de segunda a sexta-feira.

Art. 109. O expediente forense será o seguinte:

I – das 8 (oito) às 11 (onze) horas;

II – das 13 (treze) às 18 (dezoito) horas.

§ 1º Aos sábados, domingos e feriados os cartórios de registro civil de pessoas naturais funcionarão das 8 (oito) às 13 (treze) horas, ficando ainda obrigados ao atendimento dos casos urgentes fora do período de expediente;

§ 2º Os tabeliães de notas podem lavrar os atos de seu ofício, dentro de sua circunscrição, a qualquer hora do dia útil, na serventia ou fora dela, enquanto que os causa mortis podem ser praticados mesmo em dias não úteis;

§ 3º Os oficiais de justiça, atendendo determinação judicial, podem realizar atos funcionais fora dos horários legais.

Art. 110. São feriados, para efeito forense, os dias da Semana Santa a partir de quarta-feira, inclusive, e os legalmente instituídos.

Parágrafo único. Não haverá expediente forense na segunda e terça-feira de carnaval; e na quarta-feira de cinzas até 12 (doze) horas.

Art. 111. Fora dos horários de expediente, as petições de habeas corpus serão despachadas pelo juiz da comarca ou vara, a quem forem apresentadas, e recebidas por qualquer escrivão criminal, fazendo-se posterior compensação.

Art. 112. Em caso de urgência, juízes e servidores auxiliares atenderão às partes a qualquer hora, ainda que fora dos auditórios e das serventias.

Art. 113. Em virtude de luto ou por motivo de ordem pública, poderá o Presidente do Tribunal de Justiça decretar o fechamento de qualquer órgão do Poder Judiciário, bem como encerrar o expediente antes da hora.

TÍTULO VIII
DAS DISPOSIÇÕES FINAIS E TRANSITÓRIAS

Art. 114. São aplicáveis aos magistrados e aos servidores auxiliares do Poder Judiciário, salvo nos casos em que haja disposição especial a respeito, as normas do Estatuto Único dos Servidores do Estado do Tocantins e legislação complementar.

Art. 115. A serventia judicial servirá a uma vara, observada a sua respectiva especialização e competência, definidas pelo Tribunal de Justiça.

Parágrafo único. As serventias judiciais deverão, obrigatoriamente, ser instaladas no fórum, salvo os juizados especiais, os Conselhos da Justiça Militar e o Juizado Especial da Infância e Juventude.

Art. 116. A denominação das antigas varas judiciárias e das serventias, assim como a situação funcional dos seus titulares, são as constantes dos anexos à presente Lei.

Art. 117. As comarcas são criadas, extintas e classificadas, quanto à sua categoria, por lei específica de iniciativa do Tribunal de Justiça. A criação e extinção de município, que não for sede de comarca, e de distrito administrativo importarão na consequente criação ou extinção de distrito judiciário.

Parágrafo único. A elevação, rebaixamento ou extinção de comarca só se efetivará com a vacância do cargo de juiz de direito.

Art. 118. A criação e a elevação de comarca e vara implicam a criação dos cargos de Juiz de Direito e, se for o caso, de Juiz de Paz, das serventias previstas para a unidade e dos cargos destinados a atender às correspondentes necessidades funcionais.

Art. 119. Serão redistribuídos os processos cíveis ou criminais em tramitação nas comarcas onde forem criadas novas varas da mesma espécie.

Art. 120. (Revogado)

→ Lei Complementar n. 112, de 30.04.2018.

Art. 121. As serventias do foro judicial das comarcas extintas passarão a desempenhar suas atribuições na sede da comarca a que vierem a pertencer, observados os limites de sua anterior circunscrição, até a sua extinção, que ocorrerá com a vacância.

Parágrafo único. Havendo vacância de serventia judicial na comarca que absorver a serventia da extinta unidade, caso o seu titular esteja habilitado para o desempenho das novas atribuições, nas hipóteses previstas na parte final, no caput deste artigo, poderá ele, a critério do Tribunal de Justiça, ser aproveitado em outra serventia.

Art. 122. Nos casos de extinção de vara, os servidores a ela vinculados continuarão em exercício na comarca, observada a aprovação do Presidente do Tribunal.

Parágrafo único. Os servidores que eventualmente não forem enquadrados na nova unidade continuarão exercendo suas atribuições nos limites de sua anterior circunscrição, até a extinção, com a vacância, dos cargos respectivos.

Art. 123. Com a elevação ou o rebaixamento da categoria de comarca, os titulares das serventias que continuarem existindo manterão a sua condição funcional, até a sua vacância.

§ 1º As serventias, que forem modificadas com a alteração ocorrida, serão exercidas pelos servidores da antiga unidade, conferindo-se preferência de opção àquele que desempenhava funções mais assemelhadas com as da nova serventia. Caso mais de um apresente a mesma condição, dar-se-á preferência ao mais antigo na função, em serviço público ou ao mais idoso;

§ 2º Quando, a critério do Tribunal de Justiça, não for possível a solução prevista no parágrafo anterior, a serventia será havida como extinta e o seu titular posto em disponibilidade, nos termos da lei, até seu provimento em serventia com atribuições e categoria iguais às da sua.

Art. 124. Os enquadramentos de que tratam os artigos anteriores serão decididos pelo Tribunal Pleno, competindo ao Presidente do Tribunal de Justiça a expedição das respectivas apostilas declaratórias.

Art. 125. Ocorrendo extinção de serventia, o seu acervo documental será transferido para a que houver sido incumbida de suas atribuições, promovendo-se a distribuição equitativa, caso haja mais de um sucessor. Os móveis e utensílios, se públicos, terão a destinação que lhes for dada pelo Diretor do Fórum.

Art. 126. As serventias poderão, mediante lei de iniciativa do Poder Judiciário, ser desmembradas, criando-se outras na mesma comarca com iguais atribuições, e desanexadas, transferindo-se para as novas serventias algumas das atribuições das primeiras.

§ 1º Na hipótese de desanexação, o titular da antiga poderá optar por uma das serventias, devendo fazê-lo no prazo de 30 (trinta) dias, a contar da data da publicação da lei que promover a medida, salvo se outro termo houver sido legalmente estabelecido;

§ 2º Em se tratando de desmembramento, só se dará direito de opção quando as serventias tiverem circunscrição própria;

§ 3º Se a nova serventia tiver atribuições antes conferidas a duas ou mais unidades desmembradas ou desanexadas, o direito de opção deverá ser exercido, inicialmente, pelo titular com mais tempo na função, observando-se o mesmo critério de antiguidade nos casos de não opção pelos primeiros manifestantes, para os demais interessados, se houver. Nessa hipótese, o prazo para a manifestação das opções subsequentes iniciar-se-á do vencimento do período reservado à anterior;

§ 4º A desistência, expressa ou tácita, do direito de opção, revelada pela omissão do interessado no prazo legal, enseja à administração da Justiça, se for o caso, promover o enquadramento em qualquer das serventias resultantes da desanexação ou desmembramento.

Art. 127. No prazo máximo de 180 (cento e oitenta) dias da data da entrada em vigor da lei

ART. 128 NORMAS PARA A ATIVIDADE EXTRAJUDICIAL DO ESTADO DO TOCANTINS

que desmembre serventia de registro de imóveis, a Corregedoria-Geral da Justiça delimitará a circunscrição de cada uma delas, submetendo-a à aprovação do Tribunal Pleno.

Parágrafo único. Na hipótese prevista neste artigo, o prazo de 30 (trinta) dias para a manifestação de opção, pelo titular da serventia desmembrada, contar-se-á da data da publicação do ato delimitador das circunscrições.

Art. 128. Ficam criados todos os cargos necessários ao provimento das comarcas, varas, juizados e serventias que integram a estrutura do Poder Judiciário, de acordo com o estabelecido em normas legais e nos anexos desta Lei, com os vencimentos fixados para as classes funcionais correspondentes.

Parágrafo único. Ficam criados dois cargos de juiz de direito de terceira entrância, que exercerão suas funções na comarca de Palmas, substituindo aqueles titulares que venham a ser designados juiz corregedor e diretor do fórum.

Art. 129. No caso de simples mudança na denominação da serventia, não haverá alteração na situação funcional de seu titular e servidores auxiliares, devendo o ato declaratório ser expedido pelo Presidente do Tribunal de Justiça através de apostila.

Art. 130. O quadro do pessoal administrativo dos órgãos do Poder Judiciário é o instituído pela Lei n. 214/90, alterada pela Lei n. 262/91 e pela presente Lei Orgânica.

Parágrafo único. Dentro do prazo de noventa dias (90), o Tribunal de Justiça apresentará projeto de lei no qual serão especificados os cargos comissionados de direção e assessoramento superior e as funções de confiança,[18] que correspondem às unidades de sua estrutura.

Art. 131. Ficam extintos todos os cargos de auxiliares vagos, na data da entrada em vigor desta Lei, que não correspondam às funções das serventias que integram a estrutura judiciária estabelecida para as comarcas ou distritos judiciários respectivos.

Art. 132. O Tribunal de Justiça poderá celebrar convênio com a Empresa Brasileira de Correios e Telégrafos de modo a viabilizar a melhor utilização de seus serviços por órgão do Poder Judiciário.

Art. 133. Os pontos facultativos que a União e o Estado decretarem não impedirão quaisquer atos da vida forense, salvo determinação expressa do Presidente do Tribunal de Justiça.

Parágrafo único. Ao Juiz de Direito Diretor do Foro compete deliberar sobre o expediente na sua comarca quando se tratar de ponto facultativo decretado pela autoridade municipal, mediante comunicação ao Tribunal de Justiça e à Corregedoria-Geral da Justiça.

Art. 134. Ao Presidente do Tribunal de Justiça compete dispor sobre os plantões nos períodos de férias coletivas e nos feriados e recessos que ultrapassarem a três dias.

Parágrafo único. O recesso, de que trata este artigo, será concedido pelo Presidente do Tribunal de Justiça em épocas e pelo espaço de tempo que julgar conveniente.

Art. 135. As comarcas criadas por esta Lei orgânica continuarão, até sua instalação, como distritos judiciários daquelas de que forem desmembradas.

Art. 136. Para efeito de execuções em que as penas devam ser cumpridas nos centros penitenciários, a jurisdição das respectivas varas das comarcas de Wanderlândia, Gurupi e Palmas compreende a das comarcas constantes no anexo específico da presente Lei Complementar.

Art. 137. O Diretor do Fórum da comarca em que houver mais de uma vara será de livre escolha e designação do Presidente do Tribunal de Justiça.

Art. 138. O Presidente do Tribunal de Justiça encaminhará à Assembleia Legislativa, até 31 de dezembro de 1996, projeto de lei fixando o quadro único de pessoal do Poder Judiciário.

Parágrafo único. Após transformado em lei o projeto de que trata o caput deste artigo, o Presidente do Tribunal de Justiça deverá, no prazo de seis meses, promover a realização de concursos públicos para provimento dos cargos vagos existentes e criados por esta Lei Complementar.

Art. 139. As comarcas de Monte do Carmo, Novo Acordo e Nazaré serão instaladas independentemente das exigências contidas no artigo 6º desta Lei Complementar.

§ 1º A Comarca de Augustinópolis, após a sua vacância, fica elevada à segunda entrância, independentemente das exigências contidas no inciso I, do artigo 9º, desta Lei Complementar;

§ 2º As Comarcas de Ananás, Arapoema e Xambioá ficam elevadas à segunda entrância, as de Araguatins, Arraias e Taguatinga ficam elevadas à terceira entrância, após as respectivas vacâncias e independentemente das exigências contidas nos incisos I e II do artigo 9º desta Lei Complementar.

Art. 140. O Diário da Justiça é o órgão de divulgação dos atos e decisões do Poder Judiciário do Estado do Tocantins.

Art. 141. Os anexos que integram esta Lei, quanto ao número de servidores que atuam em primeiro grau, obedecerão aos seguintes quantitativos:

I – nas Comarcas de Primeira Entrância:

a) dois escrivães;

b) dois escreventes;

c) dois oficiais de justiça.

II – nas Comarcas de Segunda Entrância:

a) dois escrivães;

b) quatro escreventes;

c) três de oficiais de justiça.

III – nas Comarcas de Terceira Entrância, em cada vara ou juizado:

a) um escrivão;

b) três escreventes;

c) três oficiais de justiça, para cada duas varas instaladas, arredondando-se em caso de fração para o número inteiro imediatamente superior.

§ 1º O Distrito Judiciário de São Bento do Tocantins passa a integrar a Comarca de Araguatins;

§ 2º O Distrito Judiciário de Aparecida do Rio Negro passa a integrar a Comarca de Novo Acordo.

Art. 142. Os servidores ocupantes de cargos extintos por esta Lei poderão optar por outros, que estejam vagos, inclusive em comarca diversa, com preferência para os de mesma entrância.

§ 1º Os pedidos deverão ser formulados ao Juiz Diretor do Foro, devidamente instruídos, que emitirá seu parecer, encaminhando-o à Presidência do Tribunal para decisão;

§ 2º Não havendo opção voluntária do servidor ocupante de cargo extinto, poderá o Juiz Diretor do Foro dar-lhe nova designação, mediante portaria que deverá ser submetida ad referendum do Presidente do Tribunal.

Art. 142-A. Fica elevada à categoria de 3ª Entrância a Comarca de Pedro Afonso, contando com uma vara cível, uma vara criminal e uma diretoria do foro, independentemente das exigências enumeradas no art. 9º.

§ 1º A vara criminal mencionada neste artigo será instalada a partir de 1º de agosto de 2002;

§ 2º Enquanto não instalada a vara criminal, sua competência será exercida cumulativamente pela vara cível;

§ 3º Integram a Comarca de Pedro Afonso os Distritos Judiciários de Bom Jesus do Tocantins, Santa Maria do Tocantins, Anajanópolis e Tupirama.

Art. 143. Esta Lei Complementar entrará em vigor na data de sua publicação.

Art. 144. Revogam-se as disposições em contrário, especialmente a Lei n. 143, de 09 de abril de 1990.

---

18. Alterado e corrigido. Redação original consta "confiaça".

314

ANEXOS

TABELA DE EMOLUMENTOS[1]
ANEXO ÚNICO À LEI N. 3.408, DE 28 DE DEZEMBRO DE 2018

TABELA I				
REGISTRO CIVIL DE PESSOAS NATURAIS				
ATOS DOS OFICIAIS DE REGISTRO CIVIL DAS PESSOAS NATURAIS	**EMOLUMENTOS**	**TFJ**	**FUNCIVIL**	**TOTAL**
1. Do protocolo:				
1.1 Protocolo para realização de qualquer serviço registral, excetuado os pedidos de emissão de certidão.				R$ 11,71
1.2 Protocolo de título, em meio físico, para remessa eletrônica ao registro de pessoas naturais de outra circunscrição, incluindo digitalização, inserção no sistema eletrônico competente e a respectiva certidão eletrônica.				R$ 52,80
2. Dos atos de registros:				
2.1 Registro de nascimento:				Gratuito
2.2 Registro de óbito ou de natimorto:				Gratuito
2.3 Registro dos demais atos gratuitos previstos em lei federal:				Gratuito
2.4 Registro de adoção, Interdição, ausência ou emancipação por atos judiciais:				R$ 58,65
2.5 Registro de proclamas:				R$ 87,99
2.6 Registro de emancipação e demais registros provenientes de atos notariais;				R$ 175,99
2.7 Registro de opção de nacionalidade:				R$ 175,99
2.8 Registro de casamento das pessoas amparadas pelas Leis Federais n. 10.741/2003 e 13.146/2015:				R$ 117,32
2.9 Registro de casamento religioso para efeitos civis e conversão de união estável em casamento:				R$ 175,99
2.10 Registro de casamento civil:				R$ 234,66
2.11 Registro de casamento civil de estrangeiro:				R$ 352,00
2.12 Demais registros advindos de atos judiciais:				R$ 87,99
2.13 Demais registros advindos de atos notariais:				R$ 234,66
2.14 Registro dos demais atos no Livro E.				R$ 87,99
3. Dos atos de averbações:				
3.1 Averbação de reconhecimento de paternidade e demais averbações gratuitas previstas em lei federal:				Gratuito
3.2 Averbação decorrente de ato judicial:				R$ 58,65
3.3 Averbação de adoção e demais atos provenientes de ato notarial:				R$ 87,99
3.4 Averbação de retificação de registro a requerimento do interessado:				R$ 117,32
4. Dos processos em geral:				
4.1 Do processamento, incluindo a autuação, arquivamento, conservação e expedição de editais, relativo à prática de ato de registro nos livros B e B-Auxiliar das pessoas amparadas pelas leis Federais n. 10.741/2003 e 13.146/2015:				R$ 117,32
4.2 Do processamento, incluindo a autuação, arquivamento, conservação e expedição de editais, relativo à prática de ato de registro nos livros B e B-Auxiliar de estrangeiro:				R$ 410,67
4.3 Do processamento, incluindo a autuação, arquivamento, conservação e expedição de editais, relativo à prática de ato de registro nos livros B e B-Auxiliar não contemplados nos itens anteriores:				R$ 269,86
4.4 Do processamento, incluindo a autuação, arquivamento e conservação, de dispensa de edital de proclamas e de registro extemporâneo previstos em lei:				R$ 87,99
4.5 Do processamento, incluindo a autuação, arquivamento e conservação, dos demais atos não previstos nos itens anteriores:				R$ 175,99
5. Das certidões:				
5.1 Certidão de nascimento, óbito e natimorto expedida por ocasião da realização do respectivo registro:				Gratuito
5.1.1 Certidão de nascimento, casamento, óbito e natimorto expedida posterior à realização do respectivo registro:				R$ 46,93
5.2 Demais certidões ou traslado impresso, com ou sem buscas, extraídos por qualquer meio, exceto as certidões expedidas por meio da central de serviços eletrônicos compartilhados:				R$ 35,19
5.2.1 Por anotação ou averbação constante do registro na respectiva certidão.				R$ 11,71

---

1. Atualizada até o Provimento n. 28, de 17 de dezembro de 2021.

NORMAS PARA A ATIVIDADE EXTRAJUDICIAL DO ESTADO DO TOCANTINS

TABELA I				
REGISTRO CIVIL DE PESSOAS NATURAIS				
ATOS DOS OFICIAIS DE REGISTRO CIVIL DAS PESSOAS NATURAIS	**EMOLUMENTOS**	**TFJ**	**FUNCIVIL**	**TOTAL**
5.2.2 Certidão ou traslado emitido por meio eletrônico, com ou sem buscas, independentemente da quantidade de anotações ou averbações:				R$ 46,93
5.3 Pela informação verbal ou eletronicamente disponibilizada, quando dispensada a expedição da respectiva certidão:				R$ 11,71
6. Dos atos complementares em geral:				
6.1 Pela informação, física ou eletrônica, disponibilizada aos bancos de dados públicos, em decorrência de lei ou de ato normativo, relativos aos atos gratuitos previstos nesta Lei:				Gratuito
6.2 Por anotação realizada decorrente de comunicação advinda de outra serventia;				Gratuito
6.3 Por anotação ou comunicação decorrente de registro ou averbação realizado na mesma serventia:				R$ 23,45
6.4 Pela informação, física ou eletrônica, disponibilizada aos bancos de dados públicos, em decorrência de lei ou de ato normativo, independentemente do número de destinatários:				R$ 11,71
7. Do valor da compensação pelos atos gratuitos:				
7.1 Pelo ressarcimento, a cargo do Fundo de Compensação das gratuidades dos atos de Registro Civil de Pessoas Naturais, é devido:				
7.2 No registro de nascimento, óbito ou de natimorto:				R$ 46,93
7.3 Certidão de nascimento, óbito e natimorto expedida por ocasião da realização do respectivo registro e demais certidões expedidas sem cobrança de emolumentos:				R$ 23,45
7.4 Registro dos demais atos gratuitos previstos em lei federal:				R$ 35,19
7.5 Pelo processamento, incluindo a autuação, arquivamento e conservação, dos atos de reconhecimento de paternidade e demais averbações gratuitas previstas em lei federal:				R$ 41,06
7.6 Por anotação realizada decorrente de comunicação advinda de outra serventia;				R$ 11,71
7.7 Pela informação, física ou eletrônica, disponibilizada aos bancos de dados públicos, em decorrência de lei ou de ato normativo, relativos aos atos gratuitos previstos nesta Lei:				R$ 5,84
NOTAS EXPLICATIVAS:				
Nota 01: Os emolumentos desta tabela não incluem as despesas com a publicação de ato na imprensa, o qual é custeado separadamente pelo usuário, inclusive mediante equitativo rateio entre os interessados, nos casos de publicação de edital coletivo;				
Nota 02: Para a diligência do casamento realizado fora da Serventia, o interessado fornecerá condução para o Juiz de Paz e o Oficial de Registro ou seu preposto, além dos emolumentos previstos nesta Tabela, será devido o pagamento de locomoção em consonância com a tabela dos atos comuns a tabeliães e registradores (Tabela VII desta Lei);				
Nota 02: O Registrador que se incumbir da prestação de serviço que não é de sua competência exclusiva e nem de sua obrigação, incluindo fotocópia de documento, despesa de remessa eletrônica e ou postal, bem como pelos demais serviços necessários ao aperfeiçoamento do ato registral cobrará as despesas efetuadas, desde que autorizado pela parte interessada.				

ANEXOS

TABELA II				
REGISTRO DE PESSOAS JURÍDICAS				
DOS ATOS DOS OFICIAIS DE REGISTRO CIVIL DE PESSOAS JURÍDICAS	**EMOLUMENTOS**	**TFJ**	**FUNCIVIL**	**TOTAL**
1. Dos atos relativos a situações jurídicas sem conteúdo financeiro:				
1.1 Protocolo de documentos ou títulos apresentados.	R$ 2,51	R$ 0,68	R$ 0,28	R$ 3,47
1.2 Protocolo de título, em meio físico, para remessa eletrônica ao registro de pessoas jurídicas de outra circunscrição, incluindo digitalização, inserção no sistema eletrônico competente e a respectiva certidão eletrônica.	R$ 38,12	R$ 10,55	R$ 4,09	R$ 52,76
1.3 Pelo registro de qualquer instrumento sem conteúdo financeiro, assim considerados os atos constitutivos de pessoas jurídicas, matrícula de jornais ou outro periódico e de oficina impressora (tipografia), cobra-se:				
I – Até 03 (três) páginas.	R$ 105,82	R$ 26,27	R$ 12,77	R$ 144,86
II – Por página que acrescer.	R$ 0,85	R$ 0,22	R$ 0,07	R$ 1,14
1.4 Por averbação em registro sem conteúdo financeiro, cobra-se:				
I – Até 03 (três) páginas.	R$ 11,95	R$ 7,03	R$ 11,60	R$ 30,58
II – Por página que acrescer.	R$ 0,85	R$ 0,22	R$ 0,07	R$ 1,14
2. Dos atos relativos a situações jurídicas com conteúdo financeiro:				
2.1 Pelo registro de qualquer instrumento com conteúdo financeiro, tendo como base de cálculo o valor nominal do referido instrumento:				
I – De R$ 0,01 a 10.000,00	R$ 105,82	R$ 25,80	R$ 11,60	R$ 143,22
II – De R$ 10.000,01 a R$ 20.000,00	R$ 135,16	R$ 31,67	R$ 11,60	R$ 178,43
III – De R$ 20.000,01 a R$ 30.000,00	R$ 170,36	R$ 41,99	R$ 19,81	R$ 232,16
IV – De R$ 30.000,01 a R$ 40.000,00	R$ 217,29	R$ 51,38	R$ 19,81	R$ 288,48
V – De R$ 40.000,01 a R$ 50.000,00	R$ 270,09	R$ 63,12	R$ 22,74	R$ 355,95
VI – Acima de R$ 50.000,00	R$ 334,63	R$ 76,02	R$ 22,74	R$ 433,39
2.2 Pela averbação em registro de qualquer instrumento com conteúdo financeiro, cobra-se metade do valor dos emolumentos previstos nas faixas de valores deste item.				
3. Das certidões:				
3.1 Certidão ou traslado impresso, com ou sem buscas, extraídos por qualquer meio, exceto aquelas expedidas por meio da central de serviços eletrônicos compartilhados:				
I – Até 03 (três) páginas;	R$ 23,68	R$ 9,84	R$ 12,77	R$ 46,29
II – Por página que acrescer.	R$ 2,22	R$ 0,68	R$ 0,57	R$ 3,47
3.2 Certidão emitida por meio eletrônico, com ou sem buscas, independentemente da quantidade de páginas.	R$ 23,68	R$ 9,84	R$ 12,77	R$ 46,29
3.3 Pela informação verbal ou eletronicamente disponibilizada, quando dispensada a expedição da respectiva certidão.	R$ 8,49	R$ 2,33	R$ 0,87	R$ 11,69
NOTAS EXPLICATIVAS:				
Nota 01: Não constando do documento ou título apresentado valor expresso em moeda nacional, converter-se-á o valor expresso em moeda estrangeira, observado o câmbio de compra do dia da apresentação;				
Nota 02: Havendo mais de um registro ou averbação no mesmo título apresentado, os emolumentos serão contados e cobrados separadamente, sendo que os aditivos ou anexos só poderão ser considerados averbações quando o ato aditivado houver sido registrado.				
Nota 03: Considera-se com conteúdo financeiro a averbação que produza aumento do valor econômico constante de ato anteriormente registrado, tendo-se por base de cálculo dos emolumentos a diferença dos mencionados valores monetários.				
Nota 04: Além dos emolumentos previstos nesta Tabela, serão devidos emolumentos correspondente às diligências e demais atos previstos na Tabela VII desta Lei;				
Nota 05: Não se aperfeiçoando o ato notarial ou registral, no prazo legal, por desistência ou deficiência de requisitos a cargo do usuário, é devida indenização ao registrador equivalente a 20% (vinte por cento) do valor adiantado para sua realização, dos quais são abatidos os valores relativos aos atos efetivamente praticados. Não é devido a indenização de que trata o caput quando o usuário optar pela compensação do valor adiantado com os emolumentos devidos para a prática de outro ato notarial e ou registral;				
Nota 06: Quando o usuário apresentar arquivo magnético em formato editável que, a exclusivo critério do Registrador, venha a agilizar a execução do serviço registral, poderá reduzir até 1/10 (um décimo) do valor dos emolumentos, limitado ao valor cobrado pelo serviço do item 1.2 desta Tabela;				
Nota 07: O direito a isenção ou reduções previstas em Lei deve ser requerido pelo usuário no momento da apresentação do título, oportunidade em que deverá comprovar o preenchimento das condições e dos requisitos previstos em lei para sua concessão, não se constituindo em direito adquirido, nos termos do art. 179, do Código Tributário Nacional; e				
Nota 08: O Registrador que se incumbir da prestação de serviço que não é de sua competência exclusiva e nem de sua obrigação, incluindo fotocópia de documento, despesa de remessa eletrônica e ou postal, bem como pelos demais serviços necessários ao aperfeiçoamento do ato registral cobrará as despesas efetuadas, desde que autorizado pela parte interessada.				

NORMAS PARA A ATIVIDADE EXTRAJUDICIAL DO ESTADO DO TOCANTINS

TABELA III				
REGISTRO CIVIL DE TÍTULOS E DOCUMENTOS				
DOS ATOS DOS OFICIAIS DE REGISTRO DE TÍTULOS E DOCUMENTOS	**EMOLUMENTOS**	**TFJ**	**FUNCIVIL**	**TOTAL**
1. Dos atos relativos a situações jurídicas sem conteúdo financeiro:				
1.1 Protocolo de documentos ou títulos apresentados.	R$ 2,51	R$ 0,68	R$ 0,28	R$ 3,47
1.2 Protocolo de título, em meio físico, para remessa eletrônica ao registro de títulos e documentos de outra circunscrição, incluindo digitalização, inserção no sistema eletrônico competente e a respectiva certidão eletrônica.	R$ 38,12	R$ 10,55	R$ 4,09	R$ 52,76
1.3 Pelo registro de qualquer título ou documento sem conteúdo financeiro, assim considerados a simples comunicação ou demonstração de expressões monetárias (recibos, declarações, termo de quitação e outros), em que não conste transferência de valor econômico para quaisquer pessoas, cobra-se:				
I – Até 03 (três) páginas.	R$ 26,04	R$ 9,84	R$ 11,60	R$ 47,48
II – Por página que acrescer.	R$ 0,85	R$ 0,22	R$ 0,07	R$ 1,14
1.4 Pelo registro de documento eletrônico sem conteúdo financeiro, apenas para fins de conservação (art. 127, VII, da Lei Federal n. 6.015/73), assim considerado o documento acessível e interpretável por meio de sistema computacional, incluindo aquele criado originariamente em meio eletrônico (nato-digital) e o obtido a partir da conversão de documento físico, incluindo a comprovação eletrônica do respectivo registro, cobra-se:				
I – Até 30Kbytes (trinta quilobytes).	R$ 3,51	R$ 0,93	R$ 0,57	R$ 5,01
II – A cada 10Kbytes (dez quilobytes) que acrescer.				R$ 0,01
1.4.1 Por requisição eletrônica de acesso ao documento do item anterior (1.4), incluindo a comprovação eletrônica do respectivo registro, cobra-se 1/3 (um terço) do valor cobrado pelo respectivo seu registro.				
1.4.2 Pelo registro de Certificado Eletrônico de Registro de Veículo – CRVe e ou de Autorização Eletrônica para Transferência de Propriedade de Veículo – ATPVe, cobra-se:	R$ 35,19	R$ 8,20	R$ 2,91	R$ 46,30
1.5 Por averbação em registro sem conteúdo financeiro, cobra-se:				
I – Até 03 (três) páginas.	R$ 16,53	R$ 7,03	R$ 11,60	R$ 35,16
II – Por página que acrescer.	R$ 0,85	R$ 0,22	R$ 0,07	R$ 1,14
1.6 Em qualquer dos atos previstos nos itens anteriores, quando o apresentante requerer a notificação dos demais interessados ou de quaisquer terceiros, acrescenta-se o valor correspondente à diligência (Tabela VII).				
2. Dos atos relativos a situações jurídicas com conteúdo financeiro:				
2.1 Pelo registro, independentemente do tipo de garantia constante de qualquer instrumento de financiamento rural, tendo como base de cálculo a garantia de maior valor, limitado ao valor do crédito constante do respectivo instrumento, cobra-se:				
I – De R$ 0,01 a 10.000,00	R$ 141,02	R$ 32,84	R$ 11,60	R$ 185,46
II – De R$ 10.000,01 a R$ 20.000,00	R$ 211,42	R$ 46,93	R$ 11,60	R$ 269,95
III – De R$ 20.000,01 a R$ 30.000,00	R$ 352,24	R$ 78,37	R$ 19,81	R$ 450,42
IV – De R$ 30.000,01 a R$ 40.000,00	R$ 493,03	R$ 106,53	R$ 19,81	R$ 619,37
V – De R$ 40.000,01 a R$ 60.000,00	R$ 704,25	R$ 149,94	R$ 22,74	R$ 876,93
VI – De R$ 60.000,01 a R$ 80.000,00	R$ 985,86	R$ 206,26	R$ 22,74	R$ 1.214,86
VII – De R$ 80.000,01 a R$ 100.000,00	R$ 1.267,47	R$ 262,58	R$ 22,74	R$ 1.552,79
VIII – Pelo que exceder de R$ 100.000,00 (cem mil reais), a cada R$ 50.000,00 (cinquenta mil reais), acrescenta-se o valor constante nesta tabela, limitando ao valor de R$ 13.119,96.	R$ 35,19	R$ 11,71	R$ 11,71	R$ 58,61
2.1.1 Pela averbação em registro de instrumento de financiamento rural, cobra-se ¼ (um quarto) dos emolumentos previstos nas faixas de valores deste item.				
2.2 Pelo registro de qualquer outro instrumento com conteúdo financeiro não previstos nos itens anteriores, tendo como base de cálculo o valor nominal do referido instrumento:				
I – De R$ 0,01 a 10.000,00	R$ 169,18	R$ 38,47	R$ 11,60	R$ 219,25
II – De R$ 10.000,01 a R$ 20.000,00	R$ 253,67	R$ 55,37	R$ 11,60	R$ 320,64
III – De R$ 20.000,01 a R$ 30.000,00	R$ 422,63	R$ 92,44	R$ 19,81	R$ 534,88
IV – De R$ 30.000,01 a R$ 40.000,00	R$ 591,60	R$ 126,25	R$ 19,81	R$ 737,66
V – De R$ 40.000,01 a R$ 60.000,00	R$ 845,05	R$ 178,10	R$ 22,74	R$ 1045,89
VI – De R$ 60.000,01 a R$ 80.000,00	R$ 1.267,47	R$ 262,58	R$ 22,74	R$ 1.552,79
VII – De R$ 80.000,01 a R$ 100.000,00	R$ 1.520,91	R$ 313,27	R$ 22,74	R$ 1.856,92
VIII – Pelo que exceder de R$ 100.000,00 (cem mil reais), a cada R$ 50.000,00 (cinquenta mil reais), acrescenta-se o valor constante nesta tabela, limitando ao valor de R$ 13.119,96.	R$ 58,65	R$ 16,42	R$ 11,71	R$ 86,78
2.2.1 Tratando-se de registro de garantia constante de qualquer outro instrumento de financiamento não compreendido no item anterior, a base de cálculo será o valor total das garantias, limitado ao valor do crédito constante do respectivo instrumento.				
2.2.2 Pela averbação em registro de qualquer outro instrumento com conteúdo financeiro não previstos nos itens anteriores, cobra-se metade do valor dos emolumentos previstos nas faixas de valores deste item.				
3. Das certidões:				

318

ANEXOS

TABELA III				
REGISTRO CIVIL DE TÍTULOS E DOCUMENTOS				
DOS ATOS DOS OFICIAIS DE REGISTRO DE TÍTULOS E DOCUMENTOS	**EMOLUMENTOS**	**TFJ**	**FUNCIVIL**	**TOTAL**
3.1 Certidão ou traslado impresso, com ou sem buscas, extraídos por qualquer meio, exceto aquelas expedidas por meio da central de serviços eletrônicos compartilhados:				
I – Até 03 (três) páginas;	R$ 23,68	R$ 9,84	R$ 12,77	R$ 46,29
II – Por página que acrescer.	R$ 2,33	R$ 0,68	R$ 0,57	R$ 3,58
3.2 Certidão emitida por meio eletrônico, com ou sem buscas, independentemente da quantidade de páginas.	R$ 23,68	R$ 9,84	R$ 12,77	R$ 46,29
3.3 Pela informação verbal ou eletronicamente disponibilizada, quando dispensada a expedição da respectiva certidão.	R$ 8,49	R$ 2,33	R$ 0,87	R$ 11,69
NOTAS EXPLICATIVAS:				
Nota 01: A presente tabela de emolumentos aplica-se ao registro de contratos marítimos;				
Nota 02 Não constando do documento ou título apresentado valor expresso em moeda nacional, converter-se-á:				
a) O valor expresso em moeda estrangeira, observado o câmbio de compra do dia da apresentação; e				
b) O valor dos frutos, produtos ou coisas, de acordo com a cotação divulgada em jornais ou sites específicos.				
Nota 03: A base de cálculo dos emolumentos relativos a atos com previsão de prestação divisível em parcelas periódicas (leasing, arrendamento, locação e outros) é o valor da soma das primeiras 12 (doze) parcelas se o prazo de duração for indeterminado ou, se determinada, a quantidade total das parcelas previstas no instrumento;				
Nota 04: O registro de garantia constante de qualquer instrumento de financiamento rural contendo garantia registrada perante Serviço de Registro de Imóveis do Estado do Tocantins, cobra-se ¼ (um quarto) dos emolumentos previstos nas faixas de valores do item 2.1 desta Tabela;				
Nota 05: Considera-se com conteúdo financeiro a averbação que produza aumento do valor econômico constante de ato anteriormente registrado, tendo-se por base de cálculo dos emolumentos a diferença dos mencionados valores monetários.				
Nota 06: Além dos emolumentos previstos nesta Tabela, serão devidos emolumentos correspondente às diligências e demais atos previstos na Tabela VII desta Lei;				
Nota 07: Não se aperfeiçoando o ato notarial ou registral, no prazo legal, por desistência ou deficiência de requisitos a cargo do usuário, é devida indenização ao registrador equivalente a 20% (vinte por cento) do valor adiantado para sua realização, dos quais são abatidos os valores relativos aos atos efetivamente praticados. Não é devido a indenização de que trata o caput quando o usuário optar pela compensação do valor adiantado com os emolumentos devidos para a prática de outro ato notarial e ou registral;				
Nota 08: Quando o usuário apresentar arquivo magnético em formato editável que, a exclusivo critério do Registrador, venha a agilizar a execução do serviço registral, poderá reduzir até 1/10 (um décimo) do valor dos emolumentos, limitado ao valor cobrado pelo serviço do item 1.2 desta Tabela;				
Nota 09: O direito a isenção ou reduções previstas em Lei deve ser requerido pelo usuário no momento da apresentação do título, oportunidade em que deverá comprovar o preenchimento das condições e dos requisitos previstos em lei para sua concessão, não se constituindo em direito adquirido, nos termos do art. 179, do Código Tributário Nacional; e				
Nota 10: O Registrador que se incumbir da prestação de serviço que não é de sua competência exclusiva e nem de sua obrigação, incluindo fotocópia de documento, despesa de remessa eletrônica e ou postal, bem como pelos demais serviços necessários ao aperfeiçoamento do ato registral cobrará as despesas efetuadas, desde que autorizado pela parte interessada.				

NORMAS PARA A ATIVIDADE EXTRAJUDICIAL DO ESTADO DO TOCANTINS

TABELA IV				
REGISTRO DE IMÓVEIS				
DOS ATOS DOS REGISTRADORES DE IMÓVEIS	**EMOLUMENTOS**	**TFJ**	**FUNCIVIL**	**TOTAL**
1. Dos atos relativos a situações jurídicas sem conteúdo financeiro:				
1.1 Protocolo de qualquer título apresentado em meio físico ou eletrônico;	R$ 7,03	R$ 2,33	R$ 2,33	R$ 11,69
1.2 Pelo registro de convenção pré-nupcial ou pós-nupcial:	R$ 150,41	R$ 35,19	R$ 12,77	R$ 198,37
1.3 Pelo registro de cédula de crédito rural, cobra-se o valor:	R$ 195,00	R$ 46,93	R$ 19,81	R$ 261,74
1.4 Pelo registro sem conteúdo financeiro não expressamente relacionados nos itens anteriores:	R$ 50,68	R$ 15,23	R$ 12,77	R$ 78,68
1.5 Por averbação sem conteúdo financeiro:	R$ 23,68	R$ 9,84	R$ 12,77	R$ 46,29
2. Dos atos relativos a situações jurídicas com conteúdo financeiro:				
2.1 Pelo registro de garantia constante de qualquer cédula de financiamento rural (penhor, hipoteca, alienação fiduciária etc.), tem-se como base de cálculo o valor da garantia ou, se houver mais de uma, a garantia de maior valor a ser registrada no mesmo serviço de registro de imóveis, se houver mais de uma única garantia, limitado ao valor do crédito constante do respectivo instrumento, cobra-se:				
I – De R$ 0,01 a R$ 10.000,00	R$ 117,56	R$ 28,15	R$ 11,60	R$ 157,31
II – De R$ 10.000,01 a R$ 20.000,00	R$ 187,97	R$ 42,22	R$ 11,60	R$ 241,79
III – De R$ 20.000,01 a R$ 30.000,00	R$ 328,76	R$ 70,38	R$ 11,60	R$ 410,74
IV – De R$ 30.000,01 a R$ 40.000,00	R$ 469,58	R$ 98,54	R$ 11,60	R$ 579,72
V – De R$ 40.000,01 a R$ 60.000,00	R$ 680,78	R$ 140,79	R$ 11,60	R$ 833,17
VI – De R$ 60.000,01 a R$ 80.000,00	R$ 962,38	R$ 197,11	R$ 11,60	R$ 1.171,09
VII – De R$ 80.000,01 a R$ 100.000,00	R$ 1.241,65	R$ 253,43	R$ 12,77	R$ 1.507,85
VIII – Pelo que exceder de R$ 100.000,00 (cem mil reais), a cada R$ 50.000,00 (cinquenta mil reais), acrescenta-se o valor constante nesta tabela, limitando ao valor de R$ 13.119,96.	R$ 17,58	R$ 5,84	R$ 5,84	R$ 29,26
2.1.1 Havendo, na mesma cédula de financiamento rural, mais de uma garantia (penhor, hipoteca, alienação fiduciária etc.), acrescenta-se o equivalente a ¼ (um quarto) dos emolumentos contados na forma do item anterior (item 2.1) por registro a ser realizado no mesmo serviço de registro de imóveis.				
2.2 Pelo registro de garantia constante de instrumento de crédito emitido em favor de instituição financeira ou qualquer cédula de financiamento não prevista no item anterior (item 2.1), tem-se como base de cálculo o valor da garantia ou, se houver mais de uma, a garantia de maior valor a ser registrada no mesmo serviço de registro de imóveis, limitado ao valor do crédito constante do respectivo instrumento, cobra-se:				
I – De R$ 0,01 a R$ 10.000,00	R$ 145,72	R$ 33,78	R$ 11,60	R$ 191,10
II – De R$ 10.000,01 a R$ 20.000,00	R$ 230,19	R$ 50,68	R$ 11,60	R$ 292,47
III – De R$ 20.000,01 a R$ 30.000,00	R$ 399,17	R$ 84,47	R$ 11,60	R$ 495,24
IV – De R$ 30.000,01 a R$ 40.000,00	R$ 568,14	R$ 118,27	R$ 11,60	R$ 698,01
V – De R$ 40.000,01 a R$ 60.000,00	R$ 821,59	R$ 168,95	R$ 11,60	R$ 1.002,14
VI – De R$ 60.000,01 a R$ 80.000,00	R$ 1.244,00	R$ 253,43	R$ 11,60	R$ 1.509,03
VII – De R$ 80.000,01 a R$ 100.000,00	R$ 1.497,45	R$ 304,12	R$ 12,77	R$ 1.814,34
VIII – Pelo que exceder de R$ 100.000,00 (cem mil reais), a cada R$ 50.000,00 (cinquenta mil reais), acrescenta-se o valor constante nesta tabela, limitando ao valor de R$ 13.119,96.	R$ 17,58	R$ 5,84	R$ 5,84	R$ 29,26
2.2.1 Havendo, no mesmo instrumento de crédito emitido em favor de instituição financeira ou qualquer cédula de financiamento, mais de uma garantia, acrescenta-se o equivalente a ¼ (um quarto) dos emolumentos contados na forma do item anterior (item 2.2) por registro a ser realizado no mesmo serviço de registro de imóveis.				
2.3 Por qualquer outro registro com conteúdo financeiro não previsto nos itens anteriores (itens 2.1 e 2.2), cobra-se:				
I – De R$ 0,01 a R$ 3.000,00	R$ 162,15	R$ 35,19	R$ 6,91	R$ 204,25
II – De R$ 3.000,01 a R$ 6.000,00	R$ 328,76	R$ 70,38	R$ 11,60	R$ 410,74
III – De R$ 6.000,01 a R$ 10.000,00	R$ 443,75	R$ 93,86	R$ 12,77	R$ 550,38
IV – De R$ 10.000,01 a R$ 20.000,00	R$ 619,76	R$ 129,05	R$ 12,77	R$ 761,58
V – De R$ 20.000,01 a R$ 30.000,00	R$ 971,77	R$ 199,46	R$ 12,77	R$ 1.184,00
VI – De R$ 30.000,01 a R$ 40.000,00	R$ 1.265,12	R$ 258,13	R$ 12,77	R$ 1.536,02
VII – De R$ 40.000,01 a R$ 60.000,00	R$ 1.558,46	R$ 316,80	R$ 12,77	R$ 1.888,03
VIII – De R$ 60.000,01 a R$ 80.000,00	R$ 1.898,74	R$ 384,86	R$ 12,77	R$ 2.296,37
IX – De R$ 80.000,01 a R$ 100.000,00	R$ 2.078,27	R$ 427,10	R$ 28,61	R$ 2.533,98
X – Pelo que exceder de R$ 100.000,00 (cem mil reais), a cada R$ 50.000,00 (cinquenta mil reais), acrescenta-se o valor constante nesta tabela, limitando ao valor de R$ 13.119,96.	R$ 82,12	R$ 23,45	R$ 17,58	R$ 123,15
2.4 Pelo registro de alienação onerosa (venda) ou gratuita (doação) com reserva de usufruto, cobra-se metade dos emolumentos previstos nas faixas de valores do item 2.3 desta Tabela, relativamente a cada ato registral;				
2.5 Pelo registro de instituição de usufruto, cobra-se metade dos emolumentos previstos nas faixas de valores do item 2.3 desta Tabela;				

ANEXOS

TABELA IV				
REGISTRO DE IMÓVEIS				
DOS ATOS DOS REGISTRADORES DE IMÓVEIS	**EMOLUMENTOS**	**TFJ**	**FUNCIVIL**	**TOTAL**
2.6 Pelo registro de transações cuja instrumentalização admite forma particular, inclusive o instrumento de promessa ou compromisso de compra e venda ou respectiva cessão destes, de parceria pecuária, de arrendamento rural, de constituição de direito real de superfície, de servidão ou de renúncia de imóvel, inclusive para viabilização de regularização fundiária, cobra-se metade dos emolumentos previstos nas faixas de valores do item 2.3 desta Tabela;				
2.7 Pelo registro de citação de ação real, de penhora, arresto, sequestro, arrolamento de bens, protesto contra alienação de bem ou de qualquer das tutelas de urgência de natureza cautelar (art. 301, do CPC), cobra-se 1/3 (um terço) dos emolumentos previstos nas faixas de valores do item 2.3 desta Tabela;				
2.8 Por averbação com conteúdo financeiro cobra-se metade dos emolumentos previstos nas faixas de valores relativas ao registro objeto da averbação (respectivamente, itens 2.1, 2.2 e 2.3 desta tabela);				
2.8.1 Pela averbação de restrição administrativa, convencional ou decorrente de constrição judicial (art. 54, incisos II e III, da Lei Federal n. 13.097/2015), inclusive a averbação premonitória (art. 799, IX e art. 828, do CPC), cuja base de base de cálculo é o valor econômico do imóvel objeto da constrição, cobra-se ¼ (um quarto) dos emolumentos previstos nas faixas de valores do item 2.3 desta Tabela;				
3. Dos processos em geral:				
3.1 Pelo processamento de desmembramento, de loteamento, de incorporação imobiliária, de instituição de condomínio e especificação de unidade autônoma de empreendimento imobiliário, incluindo a autuação, impugnações e manifestações de interessados, abertura e encerramento de matrículas, transcrição de memoriais, arquivamento e conservação, cobra-se:				
I – Quando se tratar de desmembramento ou de incorporação imobiliária ou especificação de unidade autônoma de empreendimento imobiliário:	R$ 326,41	R$ 70,38	R$ 12,77	R$ 409,56
II – Quando se tratar de loteamento ou de instituição de condomínio:	R$ 786,38	R$ 164,26	R$ 17,47	R$ 968,11
3.1.1 Tratando-se de imóvel urbano, além do valor previsto no item anterior (item 3.1), por matrícula aberta:	R$ 70,62	R$ 18,77	R$ 11,60	R$ 100,99
3.1.2 Tratando-se de imóvel rural, além do valor previsto no item anterior (item 3.1), por matrícula aberta:	R$ 152,75	R$ 37,54	R$ 17,47	R$ 207,76
3.2 Tratando-se de incorporação imobiliária ou de instituição de condomínio, além do valor previsto no item anterior (item 3.1), por unidade autônoma constante do memorial descritivo da incorporação:	R$ 19,93	R$ 4,20	R$ 0,57	R$ 24,70
3.3 Tratando-se de especificação de unidade autônoma de empreendimento imobiliário, além do valor previsto no item anterior (item 3.1), por unidade autônoma constante do memorial descritivo da incorporação:	R$ 23,68	R$ 9,84	R$ 12,77	R$ 46,29
3.4 Pelo processamento de convenção de condomínio, incluindo a autuação, transcrição de regras convencionadas, arquivamento e conservação, registro e averbações nas matrículas das unidades autônomas, cobra-se:				
I – Pelo registro da convenção:	R$ 199,69	R$ 46,93	R$ 17,47	R$ 264,09
3.4.1 Por unidade autônoma, acrescenta-se o equivalente à 1/6 (um sexto) dos emolumentos previsto no item anterior;				
3.5 Pelo processamento de retificação administrativa de matrícula, incluindo a autuação, impugnações e manifestações de interessados, abertura e encerramento de matrículas, transcrição de memoriais, arquivamento e conservação, cobra-se:				
I – Quando não houver alteração da descrição do perímetro do imóvel urbano ou rural:	R$ 23,68	R$ 9,84	R$ 12,77	R$ 46,29
II – Quando houver alteração da descrição do perímetro de imóvel urbano, calculado por metro quadrado do imóvel objeto da retificação:	R$ 1,16	R$ 0,45	R$ 0,57	R$ 2,18
III – Quando houver alteração da descrição do perímetro de imóvel rural, por hectare do imóvel urbano objeto da retificação, limitado a 250 ha (duzentos e cinquenta hectares):	R$ 10,84	R$ 2,33	R$ 0,42	R$ 13,59
3.5.1 Tratando-se de imóvel urbano, além do valor previsto no item anterior (item 3.5), por matrícula aberta:	R$ 70,62	R$ 18,77	R$ 11,60	R$ 100,99
3.5.2 Tratando-se de imóvel rural, além do valor previsto no item anterior (item 3.5), por matrícula aberta:	R$ 152,75	R$ 37,54	R$ 17,47	R$ 207,76
3.6 Pelo processamento dos demais atos não previstos no item anterior (item 3.5), incluindo a autuação, transcrição de memoriais, impugnações e manifestações de interessados, arquivamento e conservação, que importe em abertura de matrícula, cobra-se:				
I – Por imóvel urbano:	R$ 70,62	R$ 18,77	R$ 11,60	R$ 100,99
II – Por imóvel rural:	R$ 152,75	R$ 37,54	R$ 17,47	R$ 207,76
3.6.1 É isento de emolumentos a abertura e ou encerramento de matrícula decorrente de transferência de circunscrição registral imobiliária.				
4. Das certidões:				
4.1 Certidão ou traslado impresso, com ou sem buscas, extraídos por qualquer meio, exceto aquelas expedidas por meio da central de serviços eletrônicos compartilhados:				
I – Até 03 (três) páginas;	R$ 23,68	R$ 9,84	R$ 12,77	R$ 46,29
II – Por página que acrescer.	R$ 2,33	R$ 0,68	R$ 0,57	R$ 3,58
4.2 Certidão emitida por meio eletrônico, com ou sem buscas, independentemente da quantidade de páginas.	R$ 23,68	R$ 9,84	R$ 12,77	R$ 46,29
4.3 Pela informação verbal ou eletronicamente disponibilizada, quando dispensada a expedição da respectiva certidão.	R$ 8,49	R$ 2,33	R$ 0,87	R$ 11,69
NOTAS EXPLICATIVAS:				

NORMAS PARA A ATIVIDADE EXTRAJUDICIAL DO ESTADO DO TOCANTINS

TABELA IV				
REGISTRO DE IMÓVEIS				
DOS ATOS DOS REGISTRADORES DE IMÓVEIS	EMOLUMENTOS	TFJ	FUNCIVIL	TOTAL
Nota 01 – Atos relativos a situações jurídicas sem conteúdo financeiro:				
a) Pelo registro de ato sem conteúdo financeiro não expressamente nominado, são devidos emolumentos calculados de acordo com item 1.4 desta tabela; e				
b) É ato sem conteúdo financeiro, a averbação em registro que não importar na alteração a maior do conteúdo financeiro do ato registrado, inclusive o cancelamento de cláusulas de inalienabilidade, incomunicabilidade, impenhorabilidade, o bloqueio de matrícula e de indisponibilidade de bens (Provimento n. 39, do CNJ), bem como a averbação, mediante decisão judicial, da existência de outro tipo de ação cujos resultados ou responsabilidade patrimonial possam reduzir seu proprietário à insolvência (art. 54, incisos IV, da Lei Federal n. 13.097/2015) e a alteração do estado civil das pessoas, excluída eventual partilha, adjudicação ou outro ato relativo à titularidade de bens e direitos (vide Nota 2, "c").				
Nota 02 – Atos relativos a situações jurídicas com conteúdo financeiro:				
a) Pelo registro de ato com conteúdo financeiro não expressamente nominado, são devidos emolumentos de acordo com as faixas de valores previstas no item 2.3 desta tabela, calculados sobre o valor do bem ou direito objeto do registro;				
b) Considera-se ato com conteúdo financeiro o registro referente à cessão e à transmissão, a qualquer título, da propriedade de bens ou direitos, ou do domínio útil, inclusive o ato de renúncia de tais direitos, bem como a averbação que produza alteração a maior do conteúdo financeiro de ato anteriormente registrado;				
c) Havendo mais de um registro ou averbação no mesmo título apresentado, inclusive nos atos de meação, de partilha ou de adjudicação de bens, os emolumentos serão cobrados separadamente;				
d) Excetuada a comunhão entre cônjuges ou companheiros, o registro de meação, parte, fração ideal ou quinhão contam-se os emolumentos separadamente, tendo por base de cálculo a respectiva meação, parte, fração ou quinhão;				
e) No registro de garantia real, os emolumentos serão calculados sobre o valor da garantia, assim considerado o valor do crédito dividido pela quantidade de imóveis dado em garantia e, não constando o valor do título apresentado, é considerado o produto na data da apresentação do ato no serviço registral imobiliário;				
f) No ato relativos a documentos cujo valor não esteja expresso em moeda nacional, converter-se-á o respectivo valor, observado o câmbio de compra do dia da apresentação e, nos frutos, produtos ou coisas, converter-se-á de acordo com a cotação divulgada em jornais ou sites específicos;				
g) O registro de garantia real constante de contrato de financiamento habitacional, observa-se a isenção parcial de emolumentos prevista na legislação federal, observando-se sempre o valor mínimo ali previsto e a não cumulatividade com outras isenções, total ou parcial, previstas em Lei; e				
h) Havendo previsão, em legislação federal ou do Estado do Tocantins, de isenção total ou parcial de emolumentos, aplica-se aquela que mais for favorável ao usuário, observando-se a não cumulatividade com outras reduções previstas em Lei.				
Nota 03 – Dos processos em geral:				
a) Processam-se na forma do item 3.5 desta Tabela os procedimentos que tenha por finalidade a retificação de matrícula de imóvel, bem como os procedimentos que, não incidindo nos itens 3.1 a 3.4 desta Tabela, importem em desmembramento, parcelamento de imóveis desdobrados em novas matrículas, inclusive nos casos de aquisição por usucapião judicial ou administrativa; e				
b) Processam-se na forma do item 3.6 desta Tabela os procedimentos que, não incidindo nos itens 3.1 a 3.5 desta Tabela, importem fusão ou remembramento de imóvel, bem como na arrecadação administrativa ou judicial de imóvel público.				
Nota 04 – Atos diversos:				
a) Além dos emolumentos previstos nesta Tabela, serão devidos emolumentos correspondentes às diligências e demais atos previstos na Tabela VII desta Lei;				
b) Não incidem emolumentos nas averbações de revogação, de substabelecimento, de retificação, de ratificação ou qualquer outra averbação realizada em ato notarial;				
c) Não se aperfeiçoando o ato notarial ou registral, no prazo legal, por desistência ou deficiência de requisitos a cargo do usuário, é devida indenização ao registrador equivalente a 20% (vinte por cento) do valor adiantado para sua realização, dos quais são abatidos os valores relativos aos atos efetivamente praticados. Não é devido a indenização de que trata o caput quando o usuário optar pela compensação do valor adiantado com os emolumentos devidos para a prática de outro ato notarial e ou registral;				
d) Quando o usuário apresentar arquivo magnético em formato editável que, a exclusivo critério do Registrador, venha a agilizar a execução do serviço registral, poderá reduzir até 1/10 (um décimo) do valor dos emolumentos, limitado ao valor cobrado pelo serviço do item 1.3 desta Tabela;				
e) O direito a isenção ou reduções previstas em Lei deve ser requerido pelo usuário no momento da apresentação do título, oportunidade em que deverá comprovar o preenchimento das condições e dos requisitos previstos em lei para sua concessão, não se constituindo em direito adquirido, nos termos do art. 179, do Código Tributário Nacional; e				
f) O Registrador que se incumbir da prestação de serviço que não é de sua competência exclusiva e nem de sua obrigação, incluindo fotocópia de documento, despesa de remessa eletrônica e ou postal, bem como pelos demais serviços necessários ao aperfeiçoamento do ato registral cobrará as despesas efetuadas, desde que autorizado pela parte interessada.				

ANEXOS

TABELA V				
TABELIONATO DE NOTAS				
DOS ATOS DOS TABELIÃES DE NOTAS	**EMOLUMENTOS**	**TFJ**	**FUNCIVIL**	**TOTAL**
1. Dos atos relativos a situações jurídicas sem conteúdo financeiro:				
1.1 Protocolo de qualquer documento para realização de qualquer serviço, exceto os serviços de autenticação, reconhecimento de firmas e emissão de certidão;	R$ 8,49	R$ 2,33	R$ 0,87	R$ 11,69
1.2 Protocolo de qualquer documento, em meio físico, para remessa eletrônica à outra serventia, incluindo digitalização, inserção no sistema eletrônico competente e a respectiva certidão eletrônica;	R$ 46,93	R$ 11,71	R$ 5,84	R$ 64,48
1.3 Pelo reconhecimento de firma, por assinatura, ou autenticação, por documento ou página reproduzida;	R$ 2,91	R$ 0,81	R$ 0,57	R$ 4,29
1.3.1 No reconhecimento de firma por semelhança, cobra-se o dobro do valor previsto no item anterior (item 1.3);				
1.4 Pela autenticação, por documento ou página, quando a autenticidade depender de verificação em sítios de órgãos públicos disponibilizados na rede mundial de computadores (internet);	R$ 5,27	R$ 1,39	R$ 0,87	R$ 7,53
1.5 Pela abertura de firma, incluindo a confecção, guarda e conservação do primeiro cartão ou ficha de assinatura em qualquer meio;	R$ 7,61	R$ 2,09	R$ 0,81	R$ 10,51
1.5.1 Pela atualização de dados relativo ao ato previsto no item acima, cobra-se 2/3 (dois terços) do valor previsto no item anterior;				
1.6 Por instrumento de mandato, quando o outorgante for pessoa amparada pelas Leis Federais n. 10.741/2003 e 13.146/2015, conferindo mandato, exclusivamente, para representação perante o Instituto Nacional do Seguro Social – INSS, bem como mandato para o ajuizamento de demandas previdenciárias;	R$ 23,56	R$ 7,03	R$ 5,79	R$ 36,38
1.7 Por instrumento de mandato, de substabelecimento ou de revogação de mandato;	R$ 47,15	R$ 14,06	R$ 11,60	R$ 72,81
1.8 Por instrumento de mandato relativo à transmissão, à divisão, à aquisição ou à oneração, a qualquer título de bens, direitos ou valores ou a constituição de direitos reais sobre os mesmos;	R$ 82,35	R$ 21,10	R$ 11,60	R$ 115,05
1.9 Por outorgante ou outorgado que acrescer ao primeiro, cobra-se ¼ (um quarto) do valor previsto no respectivo item (1.7 ou 1.8);				
1.10 Quando o substabelecimento ou a revogação de mandato for lavrado em serviço notarial diverso do que foi lavrado o instrumento substabelecido ou revogado, acrescenta-se o equivalente à metade dos emolumentos previsto no respectivo item (1.7 ou 1.8);				
1.11 Pela lavratura de escritura, além do valor devido à diligência (Tabela VII):				
a) De ata notarial;	R$ 267,75	R$ 58,65	R$ 12,77	R$ 339,17
b) De convenção de condomínio;	R$ 561,09	R$ 117,32	R$ 12,77	R$ 691,18
1.11.1 Nos atos previstos no item anterior (1.11), por página que acrescer à terceira página;	R$ 41,06	R$ 11,71	R$ 5,84	R$ 58,61
1.12 Pela lavratura de escritura de incorporação imobiliária, instituição de condomínio e especificação das respectivas unidades autônomas, além do valor devido à diligência (Tabela VII):				
I – Até 10 (dez) unidades autônomas.	R$ 786,38	R$ 164,26	R$ 17,47	R$ 968,11
II – Por unidade autônoma que acrescer, limitado os emolumentos ao valor equivalente a 100 (cem) unidades autônomas.	R$ 16,99	R$ 4,68	R$ 1,74	R$ 23,41
1.13 Pela lavratura de escritura de pacto nupcial, reconhecimento de paternidade, emancipação, testamento, constituição e ou dissolução de união estável, separação, divórcio, inventário, quando, em qualquer caso, não houver bens a partilhar;	R$ 223,16	R$ 49,26	R$ 11,60	R$ 284,02
1.13.1 Aprovação de testamento cerrado, incluindo a nota de sua aprovação e entrega, acrescenta-se 2/3 (dois terços) do valor previsto no item anterior;				
1.14 Pela lavratura de escritura visando o aditamento, a retificação ou ratificação dos atos previstos nos itens anteriores, cobra-se metade do valor constante do respectivo item desta tabela;				
1.15 Pela lavratura de qualquer escritura, não relacionadas nos itens anteriores, sem conteúdo financeiro, inclusive aquelas de mera declaração de expressões monetárias ou de quitação, sem transferência de valor econômico;				
I – Até 03 (três) páginas;	R$ 64,76	R$ 17,58	R$ 11,60	R$ 93,94
II – Por página que acrescer.	R$ 12,90	R$ 3,51	R$ 1,16	R$ 17,57
1.16 No ato sem conteúdo financeiro, lavrado fora do horário de expediente da serventia, os emolumentos são cobrados em dobro, além do valor devido à diligência (Tabela VII).				
2. Dos atos relativos a situações jurídicas com conteúdo financeiro:				
2.1 Pela lavratura de escritura com conteúdo financeiro, incluindo o respectivo traslado, cobra-se:				
I – De R$ 0,01 a R$ 3.000,00	R$ 162,15	R$ 35,19	R$ 6,91	R$ 204,25
II – De R$ 3.000,01 a R$ 6.000,00	R$ 328,76	R$ 70,38	R$ 11,60	R$ 410,74
III – De R$ 6.000,01 a R$ 10.000,00	R$ 561,09	R$ 117,32	R$ 12,77	R$ 691,18
IV – De R$ 10.000,01 a R$ 20.000,00	R$ 795,77	R$ 199,46	R$ 12,77	R$ 1.008,00
V – De R$ 20.000,01 a R$ 30.000,00	R$ 1.323,79	R$ 293,33	R$ 12,77	R$ 1.629,89

NORMAS PARA A ATIVIDADE EXTRAJUDICIAL DO ESTADO DO TOCANTINS

TABELA V				
TABELIONATO DE NOTAS				
DOS ATOS DOS TABELIÃES DE NOTAS	**EMOLUMENTOS**	**TFJ**	**FUNCIVIL**	**TOTAL**
VI – De R$ 30.000,01 a R$ 40.000,00	R$ 1.734,47	R$ 387,20	R$ 12,77	R$ 2.134,44
VII – De R$ 40.000,01 a R$ 60.000,00	R$ 2.086,49	R$ 469,34	R$ 12,77	R$ 2.568,60
VIII – De R$ 60.000,01 a R$ 80.000,00	R$ 2.285,97	R$ 509,23	R$ 12,77	R$ 2.807,97
IX – De R$ 80.000,01 a R$ 100.000,00	R$ 2.532,36	R$ 633,62	R$ 28,61	R$ 3.194,59
X – Pelo que exceder de R$ 100.000,00 (cem mil reais), a cada R$ 50.000,00 (cinquenta mil reais), acrescenta-se o valor constante nesta tabela, limitando ao valor de R$ 13.119,96.	R$ 82,12	R$ 23,45	R$ 17,58	R$ 123,15
2.2 Pela lavratura de instrumento de mandato em causa própria são devidos emolumentos de acordo com as faixas de valores do item 2.1 desta Tabela;				
2.3 Na hipótese de reserva, instituição ou renúncia de usufruto, cobra-se 1/3 (um terço) dos emolumentos previstos nas faixas de valores do item 2.1 desta Tabela;				
2.4 Pela lavratura de escritura de renúncia de imóvel rural para viabilização de regularização fundiária, bem como o instrumento de retificação ou ratificação que importe na alteração a maior do conteúdo financeiro do ato anterior, cuja base de cálculo dos emolumentos será apenas a diferença que acrescer ao ato aditado, cobra-se metade dos emolumentos previstos nas faixas de valores do item 2.1 desta Tabela;				
2.5 As transações cuja instrumentalização admite forma particular, inclusive o instrumento de promessa ou compromisso de compra e venda ou respectiva cessão destes, de parceria pecuária, de arrendamento rural, de constituição de direito real de superfície ou de servidão, cobra-se metade dos emolumentos previstos nas faixas de valores do item 2.1 desta Tabela;				
3. Das certidões:				
3.1 Certidão ou traslado impresso, com ou sem buscas, extraídos por qualquer meio, exceto aquelas expedidas por meio da central de serviços eletrônicos compartilhados:				
I – Até 03 (três) páginas;	R$ 23,68	R$ 9,84	R$ 12,77	R$ 46,29
II – Por página que acrescer.	R$ 2,33	R$ 0,68	R$ 0,57	R$ 3,58
3.2 Certidão emitida por meio eletrônico, com ou sem buscas, independentemente da quantidade de páginas.	R$ 23,68	R$ 9,84	R$ 12,77	R$ 46,29
3.3 Pela informação verbal ou eletronicamente disponibilizada, quando dispensada a expedição da respectiva certidão.	R$ 8,49	R$ 2,33	R$ 0,87	R$ 11,69

NOTAS EXPLICATIVAS:

Nota 01 – Atos relativos a situações jurídicas sem conteúdo financeiro:

a) Pela lavratura de ato sem conteúdo financeiro não expressamente nominado, são devidos emolumentos calculados de acordo com item 1.15 desta tabela;

b) Na hipótese de duas ou mais cópias de documentos em uma mesma folha, todos devem ser objeto de autenticação, não se admitindo que algum deles não seja autenticado; e

c) Na hipótese de autenticação de cópia de documentos para fins de comprovação de votação, o título de eleitor e os comprovantes de votação serão considerados um único documento.

d) Enquadra-se no item 1.7 desta tabela, inclusive, o instrumento de mandato com cláusula de celebração de contrato consigo mesmo (art. 117, in fine, do Código Civil), bem como o mandato relativo a veículo automotor; e

e) Quando um mesmo instrumento, além da outorga, contiver a formalização de substabelecimento, revogação de mandato ou outro ato, os valores dos emolumentos serão calculados por inteiro e por ato.

Nota 02 – Atos relativos a situações jurídicas com conteúdo financeiro:

a) Pela lavratura de ato com conteúdo financeiro não expressamente nominado, são devidos emolumentos de acordo com as faixas de valores previstas no item 2.1 desta tabela, calculados sobre o valor do bem ou direito transacionado;

b) Excetuada a renuncia à herança (art. 1.804, do Código Civil) ou ao direito de preferência (art. 504, do Código Civil), consideram-se atos com conteúdo financeiro autônomo os atos referentes à transmissão, a qualquer título, da propriedade de bens ou direitos, ou do domínio útil, inclusive as escrituras de renúncia de tais bens ou direitos, mesmo quando cumulados com outros atos notariais.

c) A partilha de bens, exclusivamente na escritura de separação, de divórcio, de dissolução de união estável ou de inventário, os emolumentos serão calculados levando-se em conta a soma dos bens e direitos partilhados, enquadrando-se nas faixas de valores previstas no item 2.1 desta tabela;

d) Quando um mesmo instrumento, contiver a formalização de mais de um contrato ou estipulação que, por sua autonomia, possa ser objeto de outra escritura, serão contados integralmente os emolumentos relativos a cada transação, enquadrando-se nas faixas de valores previstas no item 2.1 desta tabela;

e) Os atos notariais em que houver intervenientes, inclusive do Ministério Público ou da Defensoria Pública, que não contiver a formalização de mais de um contrato ou estipulação que, por sua autonomia, possa ser objeto de outra escritura, não autorizam acréscimo de emolumentos;

f) A base de cálculo dos emolumentos relativos a atos com obrigação de trato sucessivo (leasing, arrendamento, locação, pensão alimentícia e outros) é o valor da soma das primeiras 12 (doze) parcelas se o prazo de duração for indeterminado ou, se determinada, a quantidade total das parcelas previstas no instrumento;

g) Nos instrumentos de constituição de hipoteca, penhor ou alienação fiduciária, a base de cálculo dos emolumentos deve ser considerada o valor da dívida confessado ou estimado, limitando ao valor do crédito, sem prejuízo dos emolumentos relativos a outros atos notariais que vierem a ser cumulados;

h) Quando dois ou mais bens forem dados em garantia, para os quais não tenha sido individualmente atribuído o valor, a base de cálculo para cobrança de emolumentos será o valor da dívida confessado ou estimado, dividido pelo número de bens ofertados;

ANEXOS

TABELA V				
TABELIONATO DE NOTAS				
DOS ATOS DOS TABELIÃES DE NOTAS	**EMOLUMENTOS**	**TFJ**	**FUNCIVIL**	**TOTAL**
i) Pela lavratura de instrumento de permuta ou troca, a base de cálculo dos emolumentos é o valor de cada bem ou direito permutado, acrescido da torna, se houver (art. 533, I, do Código Civil);				
j) Nos instrumentos relativos a documentos cujo valor não esteja expresso em moeda nacional, converter-se-á o respectivo valor, observado o câmbio de compra do dia da apresentação e, nos frutos, produtos ou coisas, converter-se-á de acordo com a cotação divulgada em jornais ou sites específicos;				
k) Nas escrituras da primeira aquisição de imóveis urbanos residenciais decorrentes de regularização fundiária ou de programas sociais, o valor dos emolumentos é cobrado de acordo com a lei específica federal ou do Estado do Tocantins, aplicando-se a redução, se houver, que for mais favorável ao usuário;				
Nota 03 – Atos diversos:				
a) Além dos emolumentos previstos nesta Tabela, serão devidos emolumentos correspondente às diligências e demais atos previstos na Tabela VII desta Lei;				
b) Não incidem emolumentos nas averbações de revogação, de substabelecimento, de retificação, de ratificação ou qualquer outra averbação realizada em ato notarial;				
c) Não se aperfeiçoando o ato notarial ou registral, no prazo legal, por desistência ou deficiência de requisitos a cargo do usuário, é devida indenização ao registrador equivalente a 20% (vinte por cento) do valor adiantado para sua realização, dos quais são abatidos os valores relativos aos atos efetivamente praticados. Não é devido a indenização de que trata o caput quando o usuário optar pela compensação do valor adiantado com os emolumentos devidos para a prática de outro ato notarial e ou registral;				
d) Quando o usuário apresentar arquivo magnético em formato editável que, a exclusivo critério do Registrador, venha a agilizar a execução do serviço registral, poderá reduzir até 1/10 (um décimo) do valor dos emolumentos, limitado ao valor cobrado pelo serviço do item 1.2 desta Tabela; e				
e) O direito a isenção ou reduções previstas em Lei deve ser requerido pelo usuário no momento da apresentação do título, oportunidade em que deverá comprovar o preenchimento das condições e dos requisitos previstos em lei para sua concessão, não se constituindo em direito adquirido, nos termos do art. 179, do Código Tributário Nacional; e				
f) O Tabelião que se incumbir da prestação de serviço que não é de sua competência exclusiva e nem de sua obrigação, incluindo fotocópia de documento, despesa de remessa eletrônica e ou postal, bem como pelos demais serviços necessários ao aperfeiçoamento do ato notarial cobrará as despesas efetuadas, desde que autorizado pela parte interessada.				

NORMAS PARA A ATIVIDADE EXTRAJUDICIAL DO ESTADO DO TOCANTINS

TABELA VI				
TABELIONATO DE PROTESTO				
ATOS DO TABELIÃO DE PROTESTO DE TÍTULOS	**EMOLUMEN-TOS**	**TFJ**	**FUNCIVIL**	**TOTAL**
1. Dos atos relativos a situações jurídicas sem conteúdo financeiro:				
1.1 Protocolo de qualquer título apresentado em meio físico ou eletrônico;	R$ 1,69	R$ 0,45	R$ 0,16	R$ 2,30
1.2 Pela informação fornecida às entidades de proteção ao crédito, por remessa ou arquivo, física ou eletronicamente enviados, cobra-se o valor:	R$ 23,68	R$ 9,84	R$ 12,77	R$ 46,29
1.4.1 Acrescenta-se ao valor previsto no item anterior (item 1.2), por nome de pessoa que da relação constar:	(*)R$ 4,20	(*)R$ 1,16	(*)R$ 0,45	(*)R$ 5,81
2. Dos atos relativos a situações jurídicas com conteúdo financeiro:				
2.1 Pelo acolhimento do aceite ou devolução, recebimento do pagamento, desistência ou sustação judicial definitiva do protesto de título, documento de dívida ou indicação, apresentando a protesto, inclusos a gravação eletrônica da imagem do título ou documento de dívida e o processamento de dados:				
I – De R$ 0,01 a R$ 25,00	R$ 6,09	R$ 2,56	R$ 3,38	R$ 12,03
II – De R$ 25,01 a R$ 50,00	R$ 11,95	R$ 5,14	R$ 6,91	R$ 24,00
III – De R$ 50,01 a R$ 150,00	R$ 23,68	R$ 7,50	R$ 6,91	R$ 38,09
IV – De R$ 150,01 a R$ 300,00	R$ 35,42	R$ 11,71	R$ 11,60	R$ 58,73
V – De R$ 300,01 a R$ 500,00	R$ 58,89	R$ 16,42	R$ 11,60	R$ 86,91
VI – De R$ 500,01 a R$ 1.000,00	R$ 82,35	R$ 21,10	R$ 11,60	R$ 115,05
VII – De R$ 1.000,01 a R$ 2.000,00	R$ 117,56	R$ 28,15	R$ 11,60	R$ 157,31
VIII – De R$ 2.000,01 a R$ 3.000,00	R$ 176,23	R$ 39,87	R$ 11,60	R$ 227,70
IX – De R$ 3.000,01 a R$ 4.000,00	R$ 256,01	R$ 56,31	R$ 12,77	R$ 325,09
X – De R$ 4.000,01 a R$ 6.000,00	R$ 349,89	R$ 75,09	R$ 12,77	R$ 437,75
XI – De R$ 6.000,01 a R$ 8.000,00	R$ 469,58	R$ 100,89	R$ 17,47	R$ 587,94
XII – De R$ 8.000,01 a R$ 10.000,00	R$ 610,37	R$ 129,05	R$ 17,47	R$ 756,89
XIII – De R$ 10.000,01 a R$ 20.000,00	R$ 740,62	R$ 158,40	R$ 25,68	R$ 924,70
XIV – De R$ 20.000,01 a R$ 40.000,00	R$ 881,42	R$ 187,72	R$ 28,61	R$ 1.097,75
XV – Pelo que exceder de R$ 40.000,00 (quarenta mil reais), a cada R$ 40.000,00 (quarenta mil reais), acrescenta-se o valor constante nesta tabela, limitado ao valor de R$ 1.333,68.	R$ 61,00	R$ 17,58	R$ 9,36	R$ 87,94
2.2 Pelo cancelamento definitivo do registro do protesto ou dos seus efeitos, inclusos a gravação eletrônica da imagem dos documentos e o processamento de dados, inclusive do protesto do título, documento de dívida ou indicação, acrescenta-se o equivalente a ¼ (um quarto) dos emolumentos contados na forma do item anterior (item 2.1).				
3. Das certidões:				
3.1 Certidão ou traslado impresso, com ou sem buscas, extraídos por qualquer meio, exceto aquelas expedidas por meio da central de serviços eletrônicos compartilhados:				
I – Até 03 (três) páginas;	R$ 23,68	R$ 9,84	R$ 12,77	R$ 46,29
II – Por página que acrescer.	R$ 2,33	R$ 0,68	R$ 0,57	R$ 3,58
3.2 Certidão emitida por meio eletrônico, com ou sem buscas, independentemente da quantidade de páginas.	R$ 23,68	R$ 9,84	R$ 12,77	R$ 46,29
3.3 Pela informação verbal ou eletronicamente disponibilizada, quando dispensada a expedição da respectiva certidão.	R$ 8,49	R$ 2,33	R$ 0,87	R$ 11,69
NOTAS EXPLICATIVAS:				
Nota 01 – Atos sem conteúdo financeiro:				
a) Havendo convênio firmado entre o Instituto de Estudos de Protesto de Títulos do Brasil – Seção Tocantins e as entidades de proteção ao crédito, podem os emolumentos, a TFJ e o FUNCIVIL, serem reduzidos até a 1/5 (um quinto) do estipulado no item 1.4.1.				
Nota 02 – Atos diversos:				
a) O direito à isenção ou reduções previstas em Lei deve ser requerido pelo usuário no momento da apresentação do título, oportunidade em que deverá comprovar o preenchimento das condições e dos requisitos previstos em lei para sua concessão, não se constituindo em direito adquirido, nos termos do art. 179, do Código Tributário Nacional; e				
b) O Tabelião de Protestos que se incumbir da prestação de serviços que não são de sua competência exclusiva e nem de sua obrigação, incluindo fotocópias de documentos, despesas de remessa eletrônica e ou postais, bem como pelos demais serviços necessários ao aperfeiçoamento do ato notarial cobrarão as despesas efetuadas, desde que autorizado pela parte interessada.				

(*) valores sujeitos a redução, mediante convênios firmados pelo IEPTB-TO, com as entidades de proteção ao crédito conforme previsão na **Nota Explicativa 01, alínea "a", da Tabela VI da Lei n. 3.408, de 2018.**

326

ANEXOS

TABELA VII				
ATOS COMUNS				
DOS ATOS COMUNS	**EMOLUMENTOS**	**TFJ**	**FUNCIVIL**	**TOTAL**
1. Dos atos comuns ao notário, ao tabelião e ao registrador:				
1.1 Por diligência (além da condução e hospedagem, quando for o caso), cobra-se:				
I – No perímetro urbano da sede da serventia:	R$ 35,19	R$ 8,20	R$ 2,91	R$ 46,30
II – Na zona rural ou perímetro urbano diverso da sede da serventia:	R$ 70,38	R$ 16,42	R$ 5,84	R$ 92,64
1.1.1 Além do valor previsto no item anterior, por quilômetro percorrido (ida e volta), acrescenta-se:	R$ 2,51	R$ 0,68	R$ 0,28	R$ 3,47
1.1.2 Os valores de que trata os itens anteriores (item 1.1 e 1.1.1) são computados em dobro quando os atos tiverem que ser realizados fora do horário de expediente da serventia.				
1.1.3 Quando a diligência se destina a viabilizar a realização de casamento fora da Serventia, além do valor previsto no item anterior (item 1.1 e 1.1.1), cobra-se:	R$ 252,26	R$ 70,38	R$ 29,32	R$ 351,96
1.2 Por notificação pessoal (além do valor relativo à diligência), cobra-se:	R$ 35,19	R$ 8,20	R$ 2,91	R$ 46,30
1.2.1 Pela intimação pessoal do devedor (Lei Federal n. 9.492/97), por pessoa, cobra-se:	R$ 4,20	R$ 1,16	R$ 0,45	R$ 5,81
1.3 Pela publicação de edital de notificação ou de intimação em diário eletrônico do serviço notarial e ou de registro, cobra-se:	R$ 3,51	R$ 1,16	R$ 1,16	R$ 5,83
1.3.1 Quando se tratar de edital de intimação de atos do tabelionato de protesto, além do valor previsto no item anterior (item 2.1), por pessoa intimada, acrescenta-se:	R$ 2,51	R$ 0,68	R$ 0,28	R$ 3,47
1.3.2 Quando se tratar de edital de loteamento, além do valor previsto no item anterior (item 2.1), por unidade autônoma, acrescenta-se:	R$ 4,20	R$ 1,16	R$ 0,45	R$ 5,81
1.3.3 Quando se tratar de edital de notificação dos demais atos do registro de imóveis, além do valor previsto no item anterior (item 2.1), por pessoa notificada, acrescenta-se:	R$ 25,21	R$ 7,03	R$ 2,91	R$ 35,15
1.3.4 Quando se tratar de edital de notificação das demais especialidades não elencadas nos itens anteriores (item 1.3.1 e 1.3.3), além do valor previsto no item anterior (item 2.1), por pessoa notificada ou intimada, acrescenta-se:	R$ 16,71	R$ 4,68	R$ 2,03	R$ 23,42
1.4 Pelo levantamento de dúvida (art. 198, da Lei Federal n. 6.015/73), na hipótese de ser julgada procedente (não se efetivar o ato), cobra-se:	R$ 35,19	R$ 8,20	R$ 2,91	R$ 46,30
1.5 Pela transcrição de áudio gravado, cobra-se:				
I – Com até 05 (cinco) minutos de gravação:	R$ 70,38	R$ 16,42	R$ 5,84	R$ 92,64
II – Por grupo de 05 (cinco) minutos que acrescer, cobra-se.	R$ 16,71	R$ 4,68	R$ 2,03	R$ 23,42
1.6 Pela comunicação, em meio físico ou eletrônico, em decorrência de determinação legal ou judicial, não contempladas nas demais tabelas, cobra-se:	R$ 8,49	R$ 2,33	R$ 0,87	R$ 11,69
1.7 Pela aposição de apostila (apostilamento) de documento, na forma disciplinada em ato do Conselho Nacional de Justiça, cobra-se:	R$ 50,44	R$ 14,06	R$ 5,84	R$ 70,34
2. Dos valores devidos ao juiz de paz:				
2.1 Pela diligência visando a celebração de casamento, cobra-se:				
I – Na sede da Serventia:	R$ 50,44	R$ 14,06	R$ 5,84	R$ 70,34
II – No perímetro urbano da circunscrição, em local diverso da sede Serventia:	R$ 76,25	R$ 21,10	R$ 8,20	R$ 105,55
III – Na zona rural da circunscrição:	R$ 100,89	R$ 28,15	R$ 11,71	R$ 140,75
2.1.1 Aplica-se ao juiz de paz, os valores previstos, a título de emolumentos, nos itens 1.1 a 1.1.3 desta Tabela.				
2.1.2 Quando, por razão alheia ao juiz de paz, o ato não for realizado na hora marcada pelos usuários, acrescenta-se metade do valor previsto no subitem I do item 2.1 por hora de atraso.				

327

NORMAS PARA A ATIVIDADE EXTRAJUDICIAL DO ESTADO DO TOCANTINS

PROVIMENTO N. 13/2020
ANEXO ÚNICO
SELO DIGITAL DE FISCALIZAÇÃO

1 – FINALIDADE

O Selo Digital de Fiscalização tem o objetivo de aprimorar a segurança dos atos praticados nas serventias extrajudiciais do Estado do Tocantins.

Sua utilização é obrigatória em todos os atos praticados pelas serventias extrajudiciais, como meio de controle e fiscalização dos atos notariais e registrais, conferindo assim autenticidade ao ato. Essa inovação do Poder Judiciário Tocantinense garante o maior controle do sistema de fiscalização e o oferecimento de segurança aos atos praticados no serviço notarial e de registro, o que implica maior segurança jurídica e inegável garantia aos direitos de cidadania insertos na Constituição da República Federativa do Brasil.

Mantidos os demais aspectos, o enfoque do Selo Digital sobre a questão da segurança visa atender às recentes necessidades das serventias, do próprio Poder Judiciário e de todos os usuários do serviço notarial e de registro.

2 – NECESSIDADE

A utilização do selo de fiscalização é de fundamental importância para a consecução dos objetivos que levaram a sua instituição. O correto uso deste importante instrumento permitirá aos usuários dos serviços a possibilidade de conferir que o ato foi realmente confeccionado em uma serventia. De outra parte, só assim os serventuários deficitários serão ressarcidos pelos atos que praticarem, medida essencial à saúde financeira de algumas serventias.

3 – CARACTERÍSTICAS

Seguem as características do Selo Digital de Fiscalização que deverão ser utilizadas por todas as serventias extrajudiciais:

Resolução: 300ppi.

Tamanho (largura x altura): 720x360 pixels (aprox. 6,0x3,0 cm).

Borda contínua: 3 pixels.

Espaçamento entre linhas: 1,2 linha.

Elementos:

1. "Poder Judiciário".

Posição: primeira linha, topo do selo, centralizado.

Fonte: Arial, 8 pts.

2. "Estado do Tocantins".

Posição: segunda linha, centralizado.

Fonte: Arial, 8 pts.

3. Identificação "Selo Digital de Fiscalização".

Posição: terceira linha, centralizado.

Fonte: Arial, 8 pts.

4. Tipo do Selo (NOTAS, IMÓVEIS, PROT., RTD, RCPJ, RCPN).

Posição: quarta linha, centralizado.

Fonte: Arial, 8 pts.

5. Número do Selo e Dígitos Validadores.

Posição: quinta linha, centralizado.

Fonte: Arial, Negrito, 11 pts.

Formato: Código do Cadastro Nacional das Serventias - CNS, estabelecido pelo Conselho Nacional de Justiça, Três caracteres alfabéticos, seguidos de seis numéricos, hífen e mais três caracteres alfabéticos.

6. Mensagem "Confira a autenticidade do ato em:".

Posição: sexta linha, centralizado.

Fonte: Arial, 8 pts.

7. Mensagem "http://www.tjto.jus.br".

Posição: sétima linha, centralizado.

Fonte: Arial, Negrito, 10 pts.

8. QR Code. Tamanho: 2,0x2,0 cm

Posição: localizado à esquerda do texto, centralizado

Versão do código: 6

Nível de correção: Q

Tipo: URL

URL:https://gise.tjto.jus.br/Gise/qr?c=123456AAA000000&v=AAA

Observação: A variável "c" recebe o código do selo e "v" o código de validação.

Estampa:

4 – QUANDO DEVE SER UTILIZADO

Conforme a Lei Estadual n. 3.408/2018, a utilização do Selo Digital de Fiscalização é obrigatória em todos os atos praticados pelas serventias, e para cada ato um único selo, devendo ser impresso no próprio ato, igualmente reproduzidos nos traslados, no canto inferior direito, e nos atos de autentica-

ANEXOS

ção de documentos, reconhecimento de firma e reconhecimento de firma em documento D.U.T. bem como nos demais atos em que o selo é impresso na etiqueta, ressalvada a identificação da serventia, deverá ser impresso o selo conforme o modelo antes apresentado, com sua figura padrão. Quanto ao QR Code na etiqueta seguirá as seguintes características:

QR Code: Tamanho 1,2x1,2 cm, versão 6 (pode variar dependendo da quantidade de selos relacionados), nível de correção Q, tipo URL, URL "https://gise.tjto.jus.br/Gise/qr?c=123456AAA000000&v=AAA", devendo ser informado no campo 'c' o número do selo e no campo 'v' seus dígitos verificadores.

Caso seja necessário, pode haver a quebra de página para acomodar o selo digital ao final do ato, assim como, nas situações em que forem aplicados dois ou mais selos, deverão ser eles apostos lado a lado.

Os elementos constitutivos do Selo Digital de Fiscalização não poderão ser sobrepostos, assegurada ao usuário sua plena visualização.

5 – TIPOS DE SELOS DIGITAIS DE FISCALIZAÇÃO

Com a introdução do Selo Digital de Fiscalização, os tipos de selos foram reduzidos de modo a serem utilizados apenas o tipo isento, normal e especial (D.U.T. escritura com valor). A partir da adoção da nova sistemática, não mais existirão selos "Múltiplos"(pago – 2 atos, pago – 4 atos, D.U.T. – 2 atos), como também será extinta a forma de aquisição "Emergencial". Os selos "D.U.T." serão utilizados nos atos de reconhecimento de firma lançada em documento de transferência de veículo automotor, e os selos "escritura com valor" nos traslados dos atos notariais que visem dispor de bens ou direitos de conteúdo apreciável, dentre outros, aqueles referentes à transmissão e divisão de propriedade e constituição de ônus reais (Lei Complementar Estadual n. 265/2006, art.8º, e Lei Complementar Estadual n. 219/2001, Regimento de Emolumentos, Tabela I, item n. 1).

5.1 – SELO DIGITAL DE FISCALIZAÇÃO ISENTO E OU GRATUITO

Nos atos em que a lei conceda isenção de emolumentos será aplicado o selo com o status de "Isento" e ou "Gratuito", sem ônus para o usuário.

5.2 – SELO DIGITAL DE FISCALIZAÇÃO DIFERIDO

Nos atos em que tiverem os emolumentos, taxa de fiscalização judiciária e o Funcivil postergados, estes inicialmente ficarão com o status de "Diferido", e quando da sua conclusão o status mudará para "Diferido Concluído".

5.3 – SELO DIGITAL DE FISCALIZAÇÃO TRIBUTADO

Nos demais atos, mesmo naqueles em que legalmente for conferida redução do valor dos emolumentos, serão aplicados selos com o status de "tributado" e especiais - D.U.T. e escritura com valor, conforme o caso.

O Selo Digital de Fiscalização será pago pelo usuário dos serviços das serventias nos atos notariais ou registrais que não forem objeto de isenção, bem como nas hipóteses em que houver redução do valor dos emolumentos, conforme as exigências a seguir discriminadas:

1. Contendo o documento mais de um ato, para cada um será impresso um Selo Digital de Fiscalização individualmente identificado(exemplos:123456AAA0001-XXX, 123456AAA0002-XXX, 123456AAA0003-XXX, 123456AAA0004-XXX e 123456AAA0005-XXX);

2. No ato de autenticação de cópia de frente e verso do CPF, título de eleitor ou documento de identidade válido em todo o território nacional, será utilizado um selo pago, com a cobrança do respectivo ato - um por documento - e do valor relativo ao selo impresso;

3. No ato de autenticação de documento contendo várias páginas, cada uma correspondera um Selo Digital de Fiscalização, começando pela primeira e avançando sem que haja interrupção (ordem decrescente). Destaca-se que no verso do documento autenticado será utilizado o carimbo "EM BRANCO";

4. Desdobrando-se o documento em mais de uma folha, mas constituindo um só ato, será utilizado apenas um selo digital, impresso na página final que contiver a assinatura do responsável pela serventia.

6 – FORMA DE UTILIZAÇÃO

Os elementos constitutivos do selo digital não poderão ser sobrepostos, assegurando-se ao usuário sua plena visualização.

A serventia, dotada de mais de um sistema de automação, poderá solicitar e consumir o Selo Digital de Fiscalização em cada um deles, respeitado o limite de um sistema por especialidade de serviço (notas, protesto de títulos, registro civil das pessoas naturais, registro de imóveis, registro civil das pessoas jurídicas e de títulos e documentos).

O consumo de selos, em toda a serventia, deve se dar de modo sequencial ou alternado na medida em que os atos forem sendo praticados, ou seja, no momento em que eles forem finalizados no sistema de automação, automaticamente será utilizado um selo digital de fiscalização do lote em uso, somente utilizando o segundo lote disponível após utilização de 100% do primeiro.

7 – UTILIZAÇÃO EQUIVOCADA DE SELOS

Quando o ato, mesmo depois de conferido, for concluído e enviado ao Sistema GISE com equívoco, seja de digitação ou conteúdo, independentemente dos procedimentos de retificação constantes da legislação própria, o responsável pela serventia poderá solicitar o reajuste do selo ou o cancelamento a pedido, já devidamente declarado e registrado no sistema GISE.

Em hipótese alguma haverá estorno do selo digital de fiscalização eletrônico para sua reutilização.

7.1 – REAJUSTE DO SELO

Ocorrendo inconformidade ou erro material dos dados que foram declarados junto ao selo Digital de Fiscalização o delegatário, por meio do sistema GISE – Ajustes – Solicitar ajuste de selo, solicitará o reajuste, devendo para tanto:

1. Anexar o novo arquivo XML com a correção;

2. Anexar cópia do documento em que o selo foi utilizado, juntamente com ofício narrando os fatos que ensejaram a inconsistência;

3. Informar a empresa responsável pelo sistema de automação em que o selo foi utilizado.

7.2 – CANCELAMENTO DO SELO

Na hipótese de utilização equivocada do selo digital de fiscalização, decorrente de falha operacional do sistema de automação, cancelamento do ato que não produziu efeitos contra terceiros, o delegatário, por meio do sistema GISE – Ajustes – Solicitar Cancelamento de selo, comunicará tal fato à Corregedoria-Geral da Justiça, solicitando o Cancelamento do selo, devendo para tanto:

1. Anexar ofício expondo os motivos da inutilização do selo, responsabilizando-se civil e criminalmente pelas informações prestadas;

2. Cópia do ato inutilizado/cancelado em que o selo foi utilizado;

3. Nesse caso, o selo equivocadamente utilizado terá seu status alterado para "Cancelado";

4. Nos casos de consulta externa do selo digital de fiscalização inutilizado deverá aparecer a seguinte mensagem "Selo Digital de Fiscalização Cancelado pelo Delegatário responsável pela Serventia";

5. Nos casos de consulta interna do selo digital de fiscalização todas as informações constantes no selo será disponibilizada para visualização.

PROVIMENTO N. 09/2012
ANEXO I
TERMO DE INDICAÇÃO DE PATERNIDADE

Qualificação completa (nome completo, nacionalidade, naturalidade, data de nascimento, estado civil, profissão, RG, CPF, endereços e telefones) da pessoa que faz a indicação (filho maior ou mãe de filho menor):

_____

_____

Qualificação completa do filho menor (se o caso): _____

_____

Dados do suposto pai:

A) De preenchimento obrigatório:

Nome: _____

Endereço: _____

B) De preenchimento tão completo quanto possível (mas observando-se que a falta dos dados abaixo não obstará o andamento do pedido):

Profissão: _____

Endereço do local de trabalho: _____

Telefones fixos (residencial e profissional): _____

Telefone(s) celular(es): _____

_____

Outras informações (inclusive RG e CPF): _____

_____

_____

Declaração da pessoa que faz a indicação: DECLARO, sob as penas da lei, que o reconhecimento da paternidade não foi pleiteado em juízo.

Local:_____, data:_____

Assinaturas:

_____

(pessoa que faz a indicação)

_____

(Oficial de Registro de Pessoas Naturais, com identificação e carimbo)

ANEXO II
TERMO DE RECONHECIMENTO DE FILHO(A)

Qualificação completa da pessoa que comparece espontaneamente para reconhecer filho (nome completo, nacionalidade, naturalidade, data de nascimento, estado civil, profissão, RG, CPF, endereços, telefones e filiação, com especificação dos nomes completos dos respectivos genitores, para constarem como avós do reconhecido):

_____

_____

Dados para identificação induvidosa do filho(a) reconhecido(a), em especial seu nome completo e indicação do Ofício de Registro de Pessoas Naturais em que realizado seu registro de nascimento, que poderá ser diverso daquele em que preenchido o presente termo (sem prejuízo de outros elementos que seja possível consignar, tais como nome da mãe, endereços desta e do filho(a), respectivos telefones, identificação e localização de outros parentes etc.):

_____

_____

Declaração da pessoa que realiza o reconhecimento: DECLARO, sob as penas da lei, que a filiação por mim afirmada é verdadeira e que RECONHEÇO, nos termos do art. 1.609, II, do Código Civil, meu(minha) FILHO(A) BIOLÓGICO(A) acima identificado(a). Por ser expressão da verdade, firmo o presente termo.

Local: _____, data: _____

Assinaturas:

_____

Pessoa que reconhece o(a) filho (a)

_____

Filho(a) maior ou mãe de filho(a) menor, caso compareça simultaneamente para anuência (com qualificação no campo acima)

_____

(Oficial de Registro de Pessoas Naturais, com identificação e carimbo)

NORMAS PARA A ATIVIDADE EXTRAJUDICIAL DO ESTADO DO TOCANTINS

PROVIMENTO N. 12/2010
ANEXO I

DECLARAÇÃO

MM. Juiz de Direito.

Em acatamento ao disposto no artigo 2º, da Lei n. 8.560 de 29.12.1.992, informo a Vossa excelência, que conforme cópia da respectiva certidão de nascimento em anexo. nesta data foi registrado(a):

1 – DADOS DA CRIANÇA

Nome:_____.

Data de nascimento: ___/___/___

Filiação:_____ e _____.

Endereço:_____.

2 – DADOS DO SUPOSTO PAI

Nome:_____.

Filiação:_____e_____.

Endereço:_____.

3 – ROL DE TESTEMUNHAS

Nome:_____

Endereço:_____.

Nome:_____

Endereço:_____.

Nome:_____

Endereço:_____.

4 – NARRATIVA DOS FATOS (Descrever os fatos narrados pela genitora, com o maior detalhamento possível)

_____
_____
_____
_____
_____
_____

5 – DOCUMENTOS ANEXOS

(   )Xerox da Certidão de Nascimento da: mãe

(   )Xerox da Certidão de nascimento da menor

(   )Xerox da Declaração de Nascido Vivo

(   )Outros:_____
_____

_____
Assinatura do Oficial

Declaro que estou ciente que no prazo de até 30 (trinta) dias, contados da presente data. Deverei contatar com o Promotor de Justiça desta Comarca (ou da Comarca indicada pelo Oficial), visando apresentar outros elementos para propositura de eventual ação de investigação de paternidade. Declaro que estou ciente que não procurando o(a) Promotoria) de Justiça o procedimento será arquivado.

Data___/___/___.

_____
Assinatura da genitora

ANEXOS

PROVIMENTO N. 01/2009

ANEXO I

CARACTERÍSTICAS TÉCNICAS ESSENCIAIS DO SELO DE FISCALIZAÇÃO

a) Do papel adesivo:

Ø Frontal: papel branco off-set. Gramatura: entre 50 g/m² a 75 g/m².

Ø Adesivo: permanente com boa adesão inicial e alta adesão após 24 a 48 horas, resistente a variações de temperatura e agressivo em vários substratos. Gramatura: 25 g/m² com variação de 5%.

Ø Gramatura: 25 g/m² com variação de 5%.

b) Do faqueamento:

Ø Faqueamento de destaque;

Ø Sistema de faqueamento de fragmentação com desenho estrelado ou similar.

c) Da impressão:

Ø Exclusivamente impressão tipográfica ou impressão eletrônica por impacto com três letras e cinco números, em ordem sequencial, impressa ao lado direito da expressão N., cada selo sendo único e possuindo seu próprio arranjo alfanumérico;

Ø Fundo numismático e geométrico dotado de imagem latente, com holografia (tamanho 9x 15mm), com formato do mapa do Estado do Tocantins;

Ø Guilhoche em off-set;

Ø Texto off-set;

Ø Fundo geométrico positivo;

Ø Texto microscópico (micro-letras) positivo linear e negativo;

Ø Fundo invisível fluorescente, reativo a luz ultravioleta, incorporando a expressão "AUTÊNTICO" e brasão do Estado do Tocantins;

d) Fita holográfica em uma única cor e com pelo menos uma imagem fantasma ou latente; textos e brasão do Estado do Tocantins.

e) Da arte:

Ø O selo conterá estrutura gráfica com desenho do brasão do Estado do Tocantins, textos FUNCIVIL – TO, Selo de Fiscalização – Lei n. 2.011/08, Brasão na cor azul Pantone 2995 C, e Amarelo Pantone 7404 C, rodeada com Rosácea Negativa e micro texto "ESTADO DO TOCANTINS" e "REPÚBLICA FEDERATIVA DO BRASIL" e dízeres de cada modalidade de selo, conforme ode ato: REGISTRAL, NOTARIAL, AUTENTICAÇÃO, RECONHECIMENTO DE FIRMA e ISENTO DE EMOLUMENTOS, apostos abaixo do título SELO DE FISCALIZAÇÃO.

f) Do formato:

Ø Retangular, "em pé".

Ø Podendo medir aproximadamente: 4,0 cm de largura e 2,0 cm de altura .

Ø O selo será aposto no ato praticado.

g) Da apresentação:

Ø Formulário Contínuo, sem moldura, ou folha plana (esqueletado) para facilitar o destaque do selo, com o número adequado de selos por imagem de doze polegadas na altura do formulário, maior ou igual a 40 (quarenta) e menor ou igual a 60 (sessenta), contendo também cada folha uma etiqueta resumo indicando no rodapé da página a numeração inicial e final dos selos correspondente àquela página, envoltos em plástico termo-encolhível, rotulados e embalados e caixas de papelão resistentes ao transporte, com lacre de inviolabilidade.

ANEXO II
FICHA CADASTRAL – SELO DE AUTENTICIDADE

Denominação do Serviço:			
Comarca:		Município/Distrito:	
Endereço:			
CNPJ:		CEP:	
Telefone:		FAX:	
Correio Eletrônico:			

Nome do Autorizado:		
Função		
Identidade e U. F.	CPF:	
Assinatura do Autorizado:		

Nome do Autorizado:		
Função		
Identidade e U. F.	CPF:	
Assinatura do Autorizado:		

Nome do Autorizado:		
Função		
Identidade e U. F.	CPF:	
Assinatura do Autorizado:		

Nome do Autorizado:		
Função		
Identidade e U. F.	CPF:	
Assinatura do Autorizado:		

ANEXO III
FORMULÁRIO DE PEDIDO – SELO DE FISCALIZAÇÃO

Denominação do Serviço:			
Comarca:		Município/Distrito:	
Endereço:			
CNPJ:		CEP:	
Telefone:		FAX:	
Correio Eletrônico:			

OBSERVAÇÕES:

1) Serão aceitos, no máximo, dois pedidos por mês. (art. 11 do Provimento n. 01/2009).

2) O pedido deve consignar número inteiro múltiplo de cinquenta para cada tipo de selo de autenticidade. (§2º do art. 11 do Provimento n. 01/2009).

3) Adquira sempre a quantidade suficiente para o funcionamento da serventia, não mantenha estoque em demasia.

Tipo de Selo	Quantidade
I – Registral	
II - Notarial	
III – Autenticação	
IV – Reconhecimento de Firma	
V – Isento de Emolumentos	

_____   _____
Local e data   Assinatura do Responsável

NORMAS PARA A ATIVIDADE EXTRAJUDICIAL DO ESTADO DO TOCANTINS

ANEXO IV
RELATÓRIO MENSAL DE SELO
MÊS:

Serviço:		CNPJ:	
Comarca:		Município/Distrito:	
Delegado:			

TIPO I – REGISTRAL

Em estoque no cartório		Recebidos no mês		Utilizados no mês	Inutilizados, Subtraídos Extraviados no mês.		Remanescentes	
Série/número a Série/número	Quant.	Série/número a Série/número	Quant.	Quant.	Série/número a Série/número	Quant.	Série/número a Série/número	Quant.

TIPO II – NOTARIAL

Em estoque no cartório		Recebidos no mês		Utilizados no mês	Inutilizados, Subtraídos Extraviados no mês.		Remanescentes	
Série/número a Série/número	Quant.	Série/número a Série/número	Quant.	Quant.	Série/número a Série/número	Quant.	Série/número a Série/número	Quant.

TIPO III – AUTENTICAÇÃO

Em estoque no cartório		Recebidos no mês		Utilizados no mês	Inutilizados, Subtraídos Extraviados no mês.		Remanescentes	
Série/número a Série/número	Quant.	Série/número a Série/número	Quant.	Quant.	Série/número a Série/número	Quant.	Série/número a Série/número	Quant.

ANEXOS

TIPO IV – RECONHECIMENTO DE FIRMA

Em estoque no cartório		Recebidos no mês		Utilizados no mês	Inutilizados, Subtraídos Extraviados no mês.		Remanescentes	
Série/número a Série/número	Quant.	Série/número a Série/número	Quant.	Quant.	Série/número a Série/número	Quant.	Série/número a Série/número	Quant.

TIPO V – ISENTO DE EMOLUMENTOS

Em estoque no cartório		Recebidos no mês		Utilizados no mês	Inutilizados, Subtraídos Extraviados no mês.		Remanescentes	
Série/número a Série/número	Quant.	Série/número a Série/número	Quant.	Quant.	Série/número a Série/número	Quant.	Série/número a Série/número	Quant.